剑桥经济史系列

THE CAMBRIDGE HISTORY OF CAPITALISM

剑桥资本主义史

资本主义的兴起：从远古到1848年

THE RISE OF CAPITALISM: FROM ANCIENT ORIGINS TO 1848

拉里·尼尔（Larry Neal）
杰弗里·G.威廉姆森（Jeffrey G.Williamson） 主编

李酣 译

中国人民大学出版社
·北京·

撰稿人

杰里米·阿塔克（Jeremy Atack），范德堡大学经济学和历史学荣休教授

阿兰·布雷森（Alain Bresson），芝加哥大学古典学系教授

何塞·路易斯·卡多佐（Jose Luis Cardoso），里斯本大学社会科学学院研究教授

安·M. 卡洛斯（Ann M. Carlos），科罗拉多大学经济学与历史学教授

奥斯卡·格尔德布姆（Oscar Gelderblom），乌特勒支大学历史学系副教授

卡尔·贡纳·珀森（Karl Gunnar Persson），哥本哈根大学经济学荣休教授

C. 尼克·哈雷（C. Knick Harley），牛津大学经济史教授

莫滕·杰尔文（Morten Jerven），西蒙弗雷泽大学国际研究学院副教授

威廉·M. 琼格曼（Willem M. Jongman），格罗宁根大学历史系高级讲师

朱斯特·琼克（Joost Jonker），乌特勒支大学经济及社会史副教授

魏义天 (Étienne De La Vaissière)，巴黎高等研究应用学院教授

迈克尔·朱尔萨 (Michael Jursa)，维也纳大学亚述学教授

弗兰克·D. 刘易斯（Frank D. Lewis），加拿大安大略省金斯顿市皇后大学经济学教授

拉里·尼尔（Larry Neal），伊利诺伊大学厄巴纳－香槟分校和伦敦政治经济学院荣休教授

帕特里克·卡尔·奥布莱恩（Patrick Karl O’Brien），伦敦政治经济学院全球经济史教授

沙威克·帕慕克（Sevket Pamuk），伦敦政治经济学院欧洲研究所当代土耳其研究讲席教授

卢西亚诺·佩佐洛（Luciano Pezzolo），威尼斯大学人文系副教授

西斯安卡·罗伊（Tirthankar Roy），伦敦政治经济学院经济史教授

理查德·萨尔武奇（Richard Salvucci），得克萨斯圣安东尼奥市三一大学经济学系教授

杰弗里·G. 威廉姆森（Jeffrey G. Williamson），哈佛大学莱德·贝尔经济学荣休教授

王国斌（R. B. Wong），加州大学洛杉矶分校亚洲研究所所长，历史学教授

剑桥资本主义史

《剑桥资本主义史》(第一卷)* 从最早的开端起，对资本主义的演变做了全面的叙述。从资本主义在古巴比伦的遥远起源开始，后续章节追溯其进步过程，一直到美国作为资本主义的“应许之地”。学者们采用一种具有广泛的地理覆盖面和比较的视角，探讨了希腊、罗马和一些亚洲文明国家，如中国、印度和阿拉伯这几个国家对资本主义发展做出的贡献。它们决定了现代资本主义在每一个时间段和地点体现出来的特征，以及为什么资本主义的各种先行者没有幸存下来。通过观察中世纪欧洲的最终成功，以及意大利北部和低地国家中的城邦例子，本书分析了欧洲对英国重商主义的模仿和美国的成功，以及资本主义最终是如何在全球范围内扩散的。

拉里·尼尔（Larry Neal）是伊利诺伊大学厄巴纳-香槟分校（University of Illinois，Urbana-Champaign）的荣休教授，国民经济研究局（National Bureau of Economic Research）研究员，伦

* 本书的第一卷指《剑桥资本主义史（资本主义的兴起：从远古到 1848 年）》，第二卷指《剑桥资本主义史（资本主义的传播：从 1848 年到现在）》。

敦政治经济学院的访问教授，专攻金融史和欧洲经济。他是《金融资本主义的兴起：理性时代的国际资本市场》（*The Rise of Financial Capitalism: Internation Capital Markets in the Age of Reason*）（剑桥大学出版社，1990），《欧洲经济与欧盟》（*The Economics of Europe and the European Union*）（剑桥大学出版社，2007），以及《“我不是事件的主宰”：约翰·劳和伦敦德里勋爵在密西西比河和南海泡沫事件中的投机行为》（*‘I Am Not Master of Events’: The Speculations of John Law and Lord Londonderry in the Mississippi and South Sea Bubbles*）（2012）等著作的作者。他也是《金融市场和金融机构的起源和发展：从 17 世纪到现在》（*The Origins and Development of Financial Markets and Institution: From the Seventeenth Century to the Present*）（剑桥大学出版社，2009）的共同主编。

杰弗里·G. 威廉姆森（Jeffrey G. Williamson）是哈佛大学莱德·贝尔（Laird Bell）经济学荣休教授，以及威斯康星大学麦迪逊分校经济学系名誉研究员。他也是国民经济研究局研究员、经济政策研究中心研究员，曾经在世界 17 所大学担任访问教授。威廉姆森教授专门研究发展、不平等、全球化和历史，他著有约 230 篇学术文章和 30 本书。他的作品包括《贸易与贫穷：第三世界何时落后》（*Trade and Poverty: When the Third World Fell Behind*，2011），《全球化与 1950 年之前的贫困边缘》（*Globalization and the Poor Periphery before 1950*，2006），《全球移民与世界经济》[*Global Migration and the World Economy*，2005，与 T. 哈顿（T. Hatton）合作]，以及《历史视野中的全球化》[*Globalization in Historical Perspective*，2003，与 M. 博尔多（M. Bordo）和 A. M. 泰勒（A. M. Taylor）共同编辑]。

目录

第
1
章

引言

拉里·尼尔

现代经济增长被定义为人均收入随着人口增长而持续增长（Kuznets，1966），为地球上比开始之前想象的更多的人创造了更高的繁荣水平。更近一步地，现代经济增长的出现并不遥远，也许不迟于19世纪中期，且一定不早于17世纪末期。如同现代经济增长仅出现在少数幸运的国家，现代资本主义也开始呈现出一些显著的特征，同时国家间的财富也开始分化。资本主义同时塑造并回应了维持到现在的现代经济增长结构变化。现代经济增长带来的更高生活水平刺激人们努力模仿英国和美国的成功先例。然而，早期资本主义给当今社会施加的那些明显的障碍排斥了其他后来者。此外，资本主义和现代经济增长之间的联系很难在其早期阶段看到。结果，19世纪中叶之后，现代经济增长和资本主义的扩展既不持续也不平衡。 1

即使当现代经济增长的有益效应在领先的工业化国家当中变得不断明显，就像本书第二卷，即“资本主义的传播”（*The Spread of*

Capitalism）中的文章所表明的，在其他国家当中，资本主义的扩展仍受到本地社会、政治和文化条件的制约。

总体而言，这些文章还是提供证据说明，用所有参与者都关注的市场信号来协调经济活动的资本主义系统，成为在21世纪初期全世界取得如此显著物质进步的根本原因。不过，如果将资本主义视为生发出现代经济增长的经济体系，会带来人均收入的持续增长能否维持及在其基础上资本主义这一经济体系能否持续的疑问。这些都是第二卷的文章中会探讨的问题。

2 然而，第二卷中的文章不会提及的问题是：为什么当初资本主义和现代经济增长花费了那么长的时间才得以启动？第一卷，即“资本主义的兴起”中的文章，试图回答这一问题。它们的答案主要是，协调用以建设和保障永久定居点的各种条件在开始的时候是非常非常困难的，即使这些努力通常会提高人均收入（即经济学家定义的“集约边际上的经济增长”）。因此，面对从外部事件或者内部冲突自然引发的连续性冲击的时候，在长期中维持这种协调就更加困难了。不管这些挫折是来自自然灾害、传染性疾病、军事失败，还是领导地位的丧失，它们之间的共性是：无论之前获得了怎样的成功，都没有为后续的恢复奠定基础。因此，第一卷中所有文章的共同主题是，探讨不同时代和地域所体现出的现代资本主义的特征，并进一步说明，为什么资本主义的各种先行者没有经受住挫折，随后又继续按以前的水平继续人口和人均收入增长。

资本主义的概念

什么是现代资本主义的显著特征？这些特征在早期的表现是什么呢？各种学术文献中提到了农业资本主义、工业资本主义、金融资本主义、垄断资本主义、国家资本主义、裙带资本主义，甚至是创新资本主义这些说法。然而，不管这些说法指代的是哪一种特定类型的资本主义，其内涵基本上都是负面意义的。这是因为“资本主义”这个词是由资本家的批评者在 1848 年之后出现的第一个全球经济和 1914 年之前资本主义在全球范围内的传播中发明和运用的。随着 21 世纪初期全球经济的再次复苏，学者们开始承认存在多种类型的资本主义，而且各有其比较优势（Hall and Soskice, 2001）。

不过，每一类资本主义当中还是有着四种共同的要素，它们强调的无外乎是：

1. 私有产权；

2. 第三方可强制执行的契约；

3. 价格灵活变动的市场；

4. 支持型的政府。

以上每一种要素与资本都有特定的关联，后者是以某种物质的 3
方式内化在建筑物和设备，或者是土地的改良及有着特定知识的人群中的生产要素。不管其采取的是哪种方式，资本都必须能够长期维持而不是转瞬即逝，才能获得有意义的经济结果。这就意味着，以上列出的每一种资本主义的特征都必须有着较长的时间维度，至少能够跨越好几年，最好是几代人。资本也应该具有生产力并因此在其整个经济寿命期间得以使用，由于存在过时淘汰，这一寿命可能比其物质寿命要短。无论采取何种形式，生产性资本的所有权都可能与其管理相分离，这导致人们明确地考虑为经营、维持、扩大或改变资本存量而建立各种组织和程序。

然而，除了现代经济学家为学术研究目的客观地定义“资本”而使用的这些技术术语之外，“资本主义”还必须被视为一种体系，市场在其中有效运作，产生价格信号，每个相关的人——消费者、生产者和监管者——都能有效地观察和响应这些信号。由市场驱动的资本主义制度的有效性也取决于它的制度为所有有关各方创造的激励。由于它所提供的开放性，该系统的参与者能够对激励做出反应。道格拉斯·C. 诺思（Douglass C. North）对制度的定义是：

> 社会的游戏规则及其结果提供了形成经济、政治和社会组织的激励机制的框架。制度由正式规则（宪法、法律和条例）、非正式约束（习俗、实施守则和行为规范）及其实施的有效性构成。第三方（法律执行、社会流放）、第二方（报复）或者第一方（自律行为）承担制度的实施。制度与其所采用的技术一起，通过决定组成生产总成本的交易和转换（生产）成本影响经济绩效。（North，1997：6）

因此，除了能够实际观察到的经济活动的基本要素之外，对资本主义史的考察也应该对类似行会、企业、政府等这些在其中运转并实施“博弈规则”的组织加以关注。进一步地，那些不太容易观察到的要素，如管理个人对外部条件的反应的非正式制度和思维模式，也可能决定了市场在创造及维持经济增长中的有效性（North，
4 2005）。在经济体内不断地重新配置资源对于经济增长的可持续性，以及遇到挫折之后的恢复至关重要，不管这种挫折是由战争、饥荒、自然灾害、疾病这样的外部因素造成的，还是由金融危机或政权更迭这样的内部因素造成的。市场信号对于指导资源的重新分配和指导继续或恢复增长所需的努力是必要的。然而，向新的经济状态转换所需的金融资源不一定是由市场信号驱动的，而是取决于资

本市场的存在性和中央管制经济的迫切需要。因此，更加需要关注的是融资的来源及其在过去一段时间的有效配置，特别是在当时的技术水平下，针对远距离贸易和对可持续经济增长至关重要的长期性项目的融资。

此外，虽然一个由劳动力、土地和资本市场，以及最终商品和服务市场组成的完善的市场体系有其自身内在的逻辑，它也必然地植根于更为广泛的政治、文化和社会制度当中。因此，在资本主义市场体系内产生的价格信号必须得到政治、文化和社会团体以及经济中的消费者和生产者的观察和回应（Ogilvie，2007）。这样，资本主义就能够有效地被定义为在更广泛的、起支撑作用的社会、政治和文化系统中运行的一个复杂而具有适应性的经济制度。

这种对资本主义的操作性定义引导我们去寻找那些在不同的历史环境中出现的一些特征，在这种环境中经济增长会维持较长的时间（与现代资本一样，至少是几个世纪）。定居式农业与城市建筑群的考古证据为探究那些可能或者不能作为初期资本主义制度证据的复杂经济系统的研究设置了最早的限制。例如，现代考古学能从古代遗址中识别出食物来源的构成，据此认定栽培的植物和驯化的动物种类。橄榄油、葡萄酒和果脯的证据可能表明，至少需要几年时间才能使橄榄树、葡萄或椰子树成熟，以便反复收割。航空测绘展现了灌溉工程和运河的遗址，以及在一些集中居住地周边的古代加高或者梯田化的土地，同时也为长期的资本形成和增长的生产率提供了诱人的证据。基于对不管出于何种原因而被保存的文献资料的适当关注，金融方面的资料和契约执行的问题也被援引作为证据。在整个中东不同区域发现的黏土片上面记录了一些算术测验和 5
不同字母的比较，这表明存在培养记账和传播市场信息专业人士的可能性，而这是一种仅存在于城市环境中的非常特殊的人力资本。

这些通过可信赖的支付系统来保持经济活动运行的早期努力能否成为长期经济规划的基础，仍然没有定论，主要是因为证明金融资本与实际资本之间的联系所需的证据仍然很难找到。欧洲学者在得到商人的账目、信件，甚至是印刷术发明后的报纸，并且与司法争议和裁决的档案材料结合上有优势。不过，其他地方的学者也逐渐能够发掘出一些他们的商人企业家的对应材料，尤其是与欧洲接触之后的资料。意大利人对于外国汇票的发展长期以来都被视为推动欧洲资本主义发展的重要因素，而随着公元 7 世纪伊斯兰教兴起建立的阿拉伯帝国也使用了相似的金融工具。哈瓦拉（hawala，即将存款从一地的某种货币转移到另一地的其他货币的一种汇款系统）和信用证（saftaja，将信用从一地的某种货币转移到另一地的同种货币）为阿拉伯的贸易扩展以及整个地中海区域的其他商人提供了融资，并且深入到了中亚和北印度（帕慕克，本卷第 8 章）。与欧洲接触和棉纺织品大量出口到欧亚大陆其他地区很久之前，南部印度就在使用同类金融工具（罗伊，本卷第 7 章）。中国商人在他们的贸易中也使用飞钱（flying money）或者便换（credit exchange）作为类似的金融工具（Thompson，2011：98；王国斌，本卷第 6 章）。

在欧洲，这些为长距离贸易提供融资的工具最终与为战争融资的工具结合在一起，成为欧洲在现代社会早期阶段主宰全球贸易的金融基础（Neal，1990）。相对地，早期出现的一些可资比较的帝国却是使用等价值的对资本征税的方式来为战争融资，这不仅会扰乱既有的支付体系，而且会破坏此前商业资本的积累。帕特里克·卡尔·奥布莱恩在本卷第 12 章中认为，长距离贸易维持资本主义和经济增长，并且受后者的支撑，反复出现的战争、叛乱和袭击则打断了资本主义和经济增长，这都使得英国重商主义政策的最终成功显得尤为突出。

长期以来，人们都认为，现代经济增长始于英国最初实行的
工业化，尽管 18 世纪之前很久，工业化的先兆在欧洲大部分地区、 6
中东各国，特别是中国和印度就已经比较明显了。因此，大多数以“资本主义史”作为标题并以此编目的著作都最早从 1500 年开始探讨西欧的发展（Appleby，2010；Beaud，2001），不过大多从 1700 年开始 [例如，Broadberry and O’Rourke（2010）]。然后，他们将其覆盖面扩展到主要包括美国、加拿大、澳大利亚，或者 19 世纪及之后的日本和俄罗斯。不过，更晚一些，学者们已经开始尝试采用一种更长的时间维度（Graeber，2011；Jones，1988；Morris，2010）和更宽广的地理范围（Parthasarathi，2011；Pomeranz，2000；Rosenthal and Wong，2011）。

与这些研究成果一致，我们认为现代的世界经济很早就开始酝酿形成了，所以我们从考古学家能够发现的最久远的，与现代资本主义实践即使不是完全吻合也是一致的有形人类活动证据中找寻“资本主义兴起”的源头。在长距离上发生的有组织的市场活动，与随之产生的较长时间范畴和长期的组织结构一起，都留下了考古学意义上的遗迹和一些间断性的历史记录。其中最有用的是与不断上升的人均消费相伴的人口密度上升这样的信号，这就是琼斯（Jones，1988）所定义的集约边际（intensive margin）上的经济增长，这与扩展边际（extensive margin）上的经济增长并存。这些与经典马尔萨斯理论所宣称的，现代经济增长出现之前的人口增长会导致来自任何来源的人均收入都被耗散的观点有着明显的矛盾，因而可以称之为“马尔萨斯奇点”(Malthusian singularities)。[1]

使用现代科学工具获得的各类证据使得考古学家和很多古代史学者相信，在资本主义国家中开始产生现代经济增长之前，就已经出现过人均收入水平较高的阶段了。更有趣的是，这些历史片段常

常伴随着较长时间的人口增长和技术进步，而这些看起来都是现代高收入社会的一些征兆。然而，为什么这些历史片段最终没有更早成功实现可能的现代经济增长和快速的技术进步，依然是一个引发了各种猜测的历史之谜。

7 马尔萨斯奇点的最早证据似乎来自古代文明的中东，主要是巴比伦和埃及。鉴于地中海世界后来的发展，最引人注目的是腓尼基人的经济活动（Aubet，2001；Moscati，2001）。显然，腓尼基人建立了很多城市和一种市场结构来为其居民提供补给，以作为专业化手工艺品的回报，并提供很长时间的保护，这一时期的长度要比现代资本主义时代高出一个数量级，而且他们的贸易路线覆盖了整个地中海和非洲大陆的大西洋沿岸。比如，研究腓尼基历史的考古学家就坚定不移地认为，第一次环绕非洲大陆的航行是由腓尼基元帅汉诺（Hanno）于大约公元前 425 年完成的。但是，他们也只能推测他们所发掘的古代遗物的经济意义，以及他们在地中海周围各处找到的历史遗址的日常功能。

与在美索不达米亚和埃及，以及稍晚一些的希腊和罗马所形成的当代文明不同，很难从腓尼基文明中找到启发我们了解他们的经济组织的文字证据。例如，奥贝特（Aubet，2001）就推断，在西班牙发现的很多腓尼基的村落遗址，就是一些最早被设计主要用来从加的斯向上游进入银矿区域的飞地，但是，这种最先从提尔，后来从迦太基开展的广泛贸易是如何组织和获得资金支持的，依然还处于揣测中。那些腓尼基人从西班牙进口奢侈品的明显的考古证据可能表明，这些其实是给当地部落领袖的礼物，以为腓尼基人推动有利可图的出口贸易，这与 18 世纪北美洲哈得孙湾的商人在海狸皮贸易中的行为非常类似（卡洛斯和刘易斯，本卷第 15 章）。但是，我们对腓尼基人如何组织、控制和维护他们的这种长途贸易依然所知甚少。

对于稍晚一些的文明，现代考古学可以利用一些古代文本所提供的丰富文字记录来评价这些考古学家所发掘的如此大量的有形物质证据的经济意义。从 19 世纪末期开始，从古巴比伦遗迹发掘出的、现在存放于世界各地博物馆的大量黏土片和浮雕档案，已经被逐步地解读了。来自庙宇和私人商业者的多到令人发麻的经济行为记录，已经被不同的考古学家团队逐步解读和拼接在一起，从而为我们提供了一幅描述充满活力的、引人入胜的经济的图卷，其时间范围从公元前 1200 年的铁器时代初期一直到亚历山大大帝（Alexander the Great）于公元前 322 年征服了美索不达米亚平原，持续了好几个世纪。

资本主义兴起的案例研究

迈克尔·朱尔萨（本卷第 2 章）在广泛分析古巴比伦证据的基 8
础上，介绍了基于考古学的对古代经济实践的重新解释。在他早期的文章中（Jursa，2010），他得到的结论认为，公元前 6 世纪的巴比伦已经达到了比其历史上更早的阶段更高的繁荣水平。“经济在增长，（常常是市场导向的）农业的生产率在提高，相当大一部分城市居民在非农业行业中就业，有着较高的劳动专业化水平，这一经济大体上也货币化了”（Jursa，2010：815）。一言以蔽之，早在希腊城邦或罗马帝国建立很久之前，本书后文各章节中所描述的、构成资本主义的基本要素就已经很好地得到体现了。然而，个人的生命依然充满不确定性，很多人饱受疾病和饥饿之苦，同时，甚至是当时的精英阶层的成员也偶尔被随意地处死，财产被没收，劳工被迫在没有提供食物或衣服的情况下工作。进一步地，皇室开展的大量建筑工程看起来主要是通过不断袭击周边的国家，尤其从腓尼基人那里所夺取的战利品来提供资金。这基本上不能成为持续性经济增长的基础，更不用说在社会中植入资本家的思维模式了。

巴比伦的经济繁盛期一直持续到波斯人统治之后。然后，直到公元前 331 年被亚历山大大帝征服，随后此前的帝国被分割为几个独立的总督辖地才打断了这种繁荣。不过，一直到伊斯兰教的兴起，巴比伦取得经济上成功的几个基本要素——灌溉的粮食产地和有着成群牛羊的椰枣树丛以产生较高的农业生产率——都为位于美索不达米亚平原两条大河之间或沿着这些河流而创建的城市居民维持了更高的生活水平（帕慕克，本卷第 8 章）。

与此同时，古希腊的城邦开始兴盛起来，从公元前 1000 年直到古罗马帝国的兴起，他们一直统治着地中海的东部。在逐渐建立共和政府的理念和为西方哲学打下文化基础的过程中，他们也成功地将人口密度的增长和人均收入的增加结合在一起。现代考古学家的一些近期发现表明，在古希腊产生了数量可观的集约型经济增长，这种增长建立在技术创新、劳动分工、贸易扩张，以及金融和契约应用取得根本性改进的基础之上，正如阿兰·布雷森在第 3 章中所表明的，这些都存在于一个有利的世界性制度框架中。然而，
9 罗马军团发动了另一场军事革命，建立了一支常备的专业军队，取代被分散的希腊城邦所青睐的雇佣兵，将军团与海军的支援结合在由雅典在古典荣耀巅峰时期建立起来的防线上（Hale，2009）。通过将古希腊的金融、法律和契约执行的原则延伸到一个不断扩张的帝国的最远边疆，罗马人超越了希腊人提供的范例，人口增长达到了另一个水平高度，同时生活水平更高。依据威廉·M. 琼格曼在第 4 章的分析，直到公元 2 世纪的安东尼瘟疫（Antonine plague）才降低了罗马帝国西部的人口和人均收入，而公元 7 世纪的查士丁

尼瘟疫（Justinian plague）则中断了东罗马帝国的经济进步。

传说中的丝绸之路被逐利的商人穿越了很多个世纪，表明那些即使被局限在欧亚大陆内部的人们也能从事长途贸易并独立完成技术创新。其中最著名的是粟特的贸易商，他们比在 13 世纪使得欧洲人了解丝绸之路的存在和忽必烈可汗的惊人财富的马可·波罗要早得多。现代考古学家再一次发掘出围绕着撒马尔罕和布哈拉的贸易中心的经济繁荣的惊人证据，它们不仅在很长时间内将黑海和地中海东部与中国的很多政权联系在一起，同时将贸易路线向南一直拓展到印度，向北延伸到波罗的海。根据魏义天在第 5 章的分析，所有这些贸易都是在处于竞争状态的各种军阀的照管下开展的，他们的胜算取决于各种商人的财富，这对于资本主义的兴起并非一个有利的环境。

所有这些将集约型经济增长与局限在广阔的欧亚大陆之内并扩展到北非的扩张性贸易关系相结合的早期试验，在各种不同时期都遭遇过突然的停滞，不过 14 世纪中叶黑死病的暴发所带来的停滞最为普遍和广泛。当时，整个欧亚大陆和北非大部分地区都在积极从事长途贸易，这也是腺鼠疫（bubonic plague）如此迅速、如此彻底地在大陆蔓延的原因（Abu-Lughod，1989）。第 6 章到第 8 章开始分析那些在黑死病爆发前就参与跨欧亚大陆贸易，并且一直到现代以不同的方式回应贸易中断和人口破坏的伟大文明。

中国在这一时期作为全世界最先进和人口最多的经济体占据领
先位置。在第 6 章中，王国斌通过不断发生的瘟疫、饥荒和蛮族入 10
侵，以及从初次接触一直到 1850—1864 年发生的太平天国运动的挑战累积在一起的倭寇，探索了中国的政治和经济制度安排的复杂性。他没有把中国历史的漫长历程看作以控制和维持大规模灌溉工程为基础的令人失望的东方专制，相反，他发现中央政府的指挥能力受到国家规模的限制，因此需要与其臣民，特别是地区精英进行谈判，为他们创造有利的条件。这意味着有必要维持土地、劳动力以及消费必需品和奢侈品的市场，并通过历代的变化证明，随着时间的推移而形成的制度安排是可行的。虽然管理着从欧洲标准来看人口密集社会所面对的资源约束很有挑战，但中国却用与欧洲式的资本主义相反的方式，即较低的税赋、没有中央政府长期债务或者私有企业取得了成功。

在第 7 章中，西斯安卡 · 罗伊考察了印度次大陆，各种军事政权在那些内陆河谷和各种贸易港口探寻或者建立统治，试图从与亚洲其他区域，或者与西方竞争的帝国的贸易关系中获得利润，直到充满活力的英国东印度公司征服了与其竞争的军阀和海上商人为止。这些商业中心逐渐转向去满足欧洲市场的需求，却是以传统产业，尤其是以棉制品为代价的。印度的棉纺织业成了这种去工业化过程的牺牲品，而这一过程在 19 世纪被证明是非常常见的。内陆军阀撤回到了他们原来的领地上，在那里他们能够保持其寻租的特权。由逐利公司进行政治统治会带来灾难性的经济后果，这已经被斯密在 18 世纪通过荷属东印度公司对东印度群岛和印度尼西亚群岛进行统治的例子中尽情嘲弄，在 19 世纪英国东印度公司的统治中甚至变得更为明显。

第 8 章中，沙威克 · 帕慕克将其关于黑死病之后产生的奥斯曼帝国的权威历史阐述扩展回溯到其源头，即从 7 世纪开始的伊斯兰教的兴起，以及与之相伴的经济实践。虽然在黑死病之前的多个世纪中，中东已经经历了许多制度变化过程，但实际上在此之后，独立的城市商人精英们并不像他们在西欧（以及更早一点的腓尼基和希腊城邦中）那样发挥着关键作用。城市往往处于中央政权的统治之下，同时本地工匠和商人的经济行为是由中央政

府优先考虑的事项所引导的。既不是实际上对商业合作非常有利的地理因素，也不是被证明为面对经济压力非常有适应能力的宗 11
教因素，实际上是中央政权保持稳定阶层关系的主要利益限制了奥斯曼帝国对于 19 世纪兴起的西欧资本主义经济所带来挑战的回应。

在第 9 章，卡尔·贡纳·珀森对点缀在西罗马帝国遗址上竞争性的各个王国如何寻求在各种来源的蛮族的入侵下保持独立，以及在传统贸易模式崩溃的情况下维持一定程度上经济的自给自足进行了分析。埃弗塞·多马（Evsey Domar）在 1970 年提出的自由劳动力、自由流通的土地和寻租的地主在长期中不能共存的三难困境被证实为正好体现了中世纪欧洲的例子。但是，所有这种三难困境的可能解决方法，不管是使得劳动力成为奴隶、限制土地的获取，或者寻找收取租金之外的地主的保护，都已经在中世纪欧洲被尝试过了。数百个主权国家之间出现的新贸易模式为西方欧洲资本主义的最终崛起奠定了基础。结果，多马对于俄国农奴制的解释只能适用于俄国，因为只有那里的地主才能使得更高级别的政府来实施农奴制度。在欧洲的其他地方，尤其是在那些从传统贸易线路中兴起的城市之间，自由流动的劳动力数量在激增。

在欧洲内部，各种不同的实践带来了资本主义的兴起，因为资本主义最终出现在了随后的几个世纪当中。在第 10 章中，卢西亚诺·佩佐洛对热那亚、威尼斯和佛罗伦萨的城邦进行了比较，它们每一个在从黑死病导致的废墟中恢复之后，都形成了独特的政治体系。这三个城邦都严重依赖于家族网络，这是 1850 年之后资本主义模仿者的特征，却是以截然不同的形式体现的。圣乔治银行（Casa di San Giorgio）的常设公司对热那亚政府的控制是最为成功的，这也许是因为热那亚权贵家族认同在他们中间轮流行使该公司的治理权力是非常重要的。威尼斯的各个大家族关闭了新家族取得政治权力的路径，并且通过控制晋升体系防止了新竞争者的崛起。佛罗伦萨的政治家族相互之间由于剧烈的对抗而分裂，诱使局外人选择支持一方或者其他人，直到城市的财富挥霍一空为止。所有这三个城邦的经济命运最终都屈服于在欧洲大西洋沿岸形成的商业国家。

荷兰因为在“三十年战争”中相对受损不太严重而逐渐发展起来，它曾经沉醉于完全基于奇特郁金香品种的前景的短期投机
12 上，不过其主要聚焦于通过在荷兰东印度公司（后文用 VOC 代表 Vereenigde Oost-indische Compagnie，即英文的 Dutch East India Company）的港口运输东印度群岛的各种产品。在第 11 章中，奥斯卡 · 格尔德布姆和朱斯特 · 琼克对这个在 1607 年创立的作为世界最大的股份公司，能够在其全盛时期为荷兰的国内经济创造如此多的财富和繁荣，却依然不能承受来自其获利众多的贸易活动中的外来者竞争的原因进行了分析。该公司曾经试图与英国东印度公司分享市场，并且消除不时地来自其他欧洲强国，包括法国、丹麦、瑞典，甚至是奥地利（在 1715 年维也纳哈布斯堡家族开始控制荷兰南部之后）的竞争，但这些尝试最终都以失败告终，原因在于对其施加的政治限制使得其在 1620 年之后再也不能扩充其原始资本存量了。再者，如同之前关于中国、印度和阿拉伯哈里发等章节所提及的，此前沿着古丝绸之路和跨越印度洋的贸易路线也得以恢复。

尽管如此，在其作为一个独立的、拥有主权的共和国的全盛时期，虽然没有产生工业资本主义，但荷兰为商业资本主义所能释放的各种可能性提供了一个值得羡慕的例子。低地国家内港口城市之间的和平竞争以及后来在北部的荷兰各省之间的和平竞争，导致了

产品专业化。沿着广阔的水路进行的商品和人员运输的便利，为每个城市或各个省的特产提供了广阔的市场，结果为全部低地国家带来了更高的生产率。随后在北方各省中发生的成功的反抗，最终被 1648 年的《威斯特伐利亚和约》（Treaty of Westphalia）所承认，从而创造了一种商业精英治理联合省内部的城市，而且能够比在南部各省的同类精英征收更高的税收和以更低收益率借贷的局面。仍然留在西属荷兰（后来的奥属荷兰）的城市，依然受到来自马德里或者维也纳的遥远君主的各种控制。

欧洲的重商主义就是来自大西洋沿岸港口城市之间的竞争，目的是看谁能够以最有效的方式整合其资源，从而收割从欧洲地理大发现创造出来的新贸易机会中所预期的利润。这些新的市场包括欧洲人在大西洋彼岸发现的地区，以及所有通向传说中的印度和东印度群岛的海上航线。在第 12 章中，帕特里克·卡尔·奥布莱恩令人信服地证明，只有英国成功地调动了其海军和贸易组织，完成了对西班牙、法国和荷兰这些有力竞争对手的超越。“三十年战争”（the Thirty Years War，1618—1648 年）使得中欧的人口遭受了一场堪与其从黑死病中受到的摧残相仿的浩劫。30 年的无情战事带来了新的军事技术和主要用来资助战争的新的财政手段，同时为 13
西欧长达一个半世纪的国家建设做好了准备。当奥利弗·克伦威尔（Oliver Cromwell）通过保持他的“新模范军”（new model army）始终参与作战，同时使用便宜的铸铁大炮打垮遍及爱尔兰、威尔士和苏格兰的中世纪城堡的幕墙的时候，他也为未来维持一支常备军队创造了财政基础。在奥布莱恩看来，从那个时候开始，英国资本主义的基本特征就被确定了，因为继承的君主们保持了这种新的税收体系的完整，在海军胜利之后，英国港口的贸易也随之扩张，新税制也带来了相应的收入增长。

欧洲强权各国在与这些重商主义的政权进行竞争，尝试用与他们不同的资本主义模式来拓展在亚洲和美洲定居和贸易的可能性的同时，这些国家在撒哈拉以南非洲地区、北美内陆地区，以及最著名的拉丁美洲，遇到了以前被孤立的人口。欧洲人与这些以前不为人所知的社会的接触，对这些受到接触的人群和资本主义的未来都产生了持久性的影响。对于土著人群的破坏，以及由在墨西哥的科特斯和秘鲁的弗朗西斯科·皮泽洛率领的西班牙征服者对他们事实上的奴役，从此为资本主义的历史蒙上了一层阴影。但是，如同理查德·萨尔武奇在第 13 章中所展示的，这些西班牙人或者葡萄牙人的殖民事业，最初基本上不能称为资本主义的原型。只有当随后几代的殖民统治者接受土著美洲人的人口减少所导致的劳动力与土地比例的急剧变化这一现实的时候，他们才能够经济地利用这片区域，这就导致了整个拉丁美洲的殖民地扩张。开采出来并以较大和不断增加的数量出口到欧洲和西印度群岛，并最终主要输出到中国的白银，在近 200 年的时间内，为资助西班牙皇室的军事冒险行动提供了很好的服务，但实际上在为其墨西哥和秘鲁的总督提供财政支持这方面几乎毫无帮助。烟草和糖的垄断在财政上更重要，政府的开发大体上还是沿着资本主义出现之前的路线，这种情况一直延续到这里的纺织工厂开始模仿 18 世纪的英国出现的生产车间。

随着欧洲商品市场的持续扩张，建立在种植园式耕作基础上的垄断厂商依赖于大量的奴隶劳动力，从而导致了奴隶贸易。同样，这也与资本主义的兴起有关，甚至在某种程度上，资本主义在英国工业中的进步被认为与英国奴隶主从非洲西海岸向英国、西班牙和葡萄牙统治的美洲输出奴隶所获得的利润联系在一起了。在第 14
14 章中，莫滕·杰尔文回顾了在非洲的西海岸发展起来的，便于跨大西洋奴隶贸易的复杂贸易关系系统。非洲的酋长们很乐意为来自布里斯托尔和利物浦的英国奴隶贸易商提供奴隶，不过前提是他们用欧洲商人提供的欧洲或者亚洲商品来确定奴隶的价格。随着非洲人向大陆内部深处拓展奴隶的来源，奴隶的价格也随时间的推移而上升了。在奴隶贸易消亡之前，一些其他替代性的商品贸易也开始出现了，例如胡椒、棕榈油和红木，这些是1807年与英国的奴隶贸易结束之间，在旧卡拉巴尔和布里斯托尔之间的主要贸易活动。为了维持长距离的通信和融资，以使得来自印度的适当的纺织品能从英国运出，同时相应使得最有利可图的奴隶种群能从非洲运到加勒比地区那些产白糖的岛屿，就需要在非洲的酋长们和英国的船长们之间保持有利于重复交易的私人关系，前者如尼日尔河三角洲的安特拉·杜克（Antera Duke），后者如来自布里斯托尔的托马斯·琼斯（Thomas Jones）。

在第15章中，安·M.卡洛斯和弗兰克·D.刘易斯展现了在北美印第安人中产生的对欧洲贸易商的相似反应，这些印第安人当时已经在从事长距离和本地贸易，并且很快就将这种与欧洲人的接触转变为扩展到整个北美大陆的贸易活动。正如人类学家长期观察到的，与现有印度习俗相对应的送礼行为也变成了哈得孙湾公司（Hudson's Bay Company）与美洲土著的定期交易行为的一部分，这只是用来开展随着每一个贸易点的年度集市开始的重要商品贸易活动的一种礼节。各个印第安部落对来自欧洲贸易商的商品的需求数量和种类在不断上升，当海狸皮的购买价格更高的时候更是如此。在拉丁美洲、非洲或者北美大陆的荒野中，欧洲资本主义商人与本地居民的早期接触可能多是来自偶然性的回应，结果带来了互惠的交易，并且常常是这样的。

在第16章中，C.尼克·哈雷对欧洲的重商主义如何最终发展成欧洲的工业化这一长期以来的难题进行了探索。他的研究表明，英国发生了一场工业革命，但它向现代经济增长的发展更趋渐进，而不是单纯地将工厂制度引入纺织业，这一点在过去和现在与早期资本主义的那些标志一样引人注目。最终结果是，英国的工业化实践本应该能够很容易地在临近的欧洲大部分地方被模仿，然而通常并非如此。缺乏这种模仿的原因在于，对于采用这种能源密集、资本使用和劳动集约型的英国技术，欧洲的要素价格是不经济的。这种差异背后的驱动因素更可能来自农业，英国在这一行业中的劳动生产率要显著高于除了荷兰之外的其他欧洲大陆国家。

英国和荷兰都成功创造出具有经济效率的农业组织，在土地所有者和耕种者之间形成了激励相容的契约关系，用以维持并试图提升以可贸易产品定义的更高的生产率水平。随着英国的工业化水平提高和不断扩张的海外贸易的增长，尤其是在 1815 年结束的与法国的长期战争期间，欧洲大陆国家开始寻找用不同方式来模仿英国的成功，不过通常不是通过保护国内产品以避免英国产品的竞争。直到 1850 年之后，大多数欧洲国家才开始通过主要的政策变化来获得竞争中的成功，这些变化始自农业生产率的提高。采用英国一些制度安排的变体，特别是以代议制政府的形式推动交通、农业和工业中的资本主义企业的发展，这已经被证明是最终迈向成功的钥匙，但在大多数情况下，甚至在欧洲，直到 19 世纪中期以后，才实现了这一目标（Cardoso and Lains，2010）。

杰里米·阿塔克在第 17 章中，通过记录英国式股份公司的重要性和殖民初期开始的英国君主们的治理，开始分析疯狂生长的资本主义的典型例子，即美利坚合众国。面对实际上几乎广袤无垠的土地，并怀有从任何养殖或者收割的商品出口中挣取利润的目标，这样一片白纸般土地上的殖民者尽力去攫取最大可能程度的利润。向可耕种的土地和各种商业中心扩张的、增长迅速却一直有着高工资的人口，直到 21 世纪都是经济增长的奇迹之一。阿塔克将公司及其逐利的倾向（甚至对于由它进化而来的城市和地区政府）视为创造美国经济成功的决定性资本主义制度，而且它持续挑战着政府的霸权。

在美国南部，种植园奴隶制变得越来越独特，从而与美国北部各州之间产生了一种躁动的紧张关系，这些州的农业可以说是商业的，但可能不那么明显，而且是以家庭拥有和经营的农场为基础的。在政治妥协和向西部扩张的作用下，这种不断上升的紧张氛围被成功控制了几十年，直到这种扩张到达了美国西海岸为止。美国内战开始的时候，美国已经成为世界上规模最大的资本主义经济体，而内战后，联邦军队也成为世界上最大和最强有力的军事力量。在大规模的工业集团成立之前很长一段时间，成千上万的小规 16
模商业，特别是在北方，开始盛行起来，一直到今天都在推动着美国的经济增长和政治分歧。

资本主义的兴起及其对现有的经济、商业、政治，甚至宗教结构构成的挑战，在当时的欧洲观察家看来尤为明显，其源头是对 16 世纪下半叶数量不断增长的白银进入欧洲市场，及其对贸易模式和冲突中各国军事实力的影响的观察。第 18 章中，何塞·路易斯·卡多佐认为，当代对于资本主义兴起原因和后果的分析，形成了一种应该有着重要政策效应的新的政治经济科学。亚当·斯密的巨著虽然建立在前期关于多边贸易利益分析思想的长久传统之上，但明显试图为政府部门开出明智的经济政策的处方（参见《国富论》第五卷）。他对于在不断上升的文明社会当中，互利贸易带来财富和幸福积累可能性的乐观主义态度，虽然并没有立刻产生政策效果，但无疑对于 1848 年之后英国走向自由贸易的进程有着确定性的影响。

就在那一年（1841 年），马克思和恩格斯出版了《共产党宣言》（*Communist Manifesto*），并在其中预言，由于需要不断扩张的市场并同时需要增加对工人的剥削，这一内在矛盾带来了资本主义的崩溃。但是，这一年，约翰 · 斯图亚特 · 穆勒（John Stuart Mill）出版了《政治经济学原理》（*Principles of Political Economy*）这一古典经济学的巅峰之作，在书中他颂扬了即将到来的平稳状态的文明可能性，而且他预期这很快就会出现。这两种关于资本主义未来的相互矛盾的预见最终都由于接下来一个半世纪资本主义在全球范围内的迅速扩散而没有成为现实，这就使得这两种预测依然在 21 世纪产生回响显得不那么奇怪了。

结 论

通过接受过去各经济体经济表现收敛的必然性，这一资本主义崛起史的贡献者创造了一种新的元叙事（meta-narrative），与资本主义历史的现有处理方式形成了鲜明对比。在 20 世纪早期的第一次世界大战灾难前完成的最早叙述，流露出一种充满必胜信念的感觉。在遭遇大萧条的创伤之后，第二轮的历史叙事一直在寻找经济
17 组织的其他备选形式。第二次世界大战之后，全世界在不同形式的西方资本主义国家与中央计划经济体之间的竞争中分裂，导致了另一套元叙事，常常用来为在发展中国家经济中的另一些实验进行辩护。随着自大约 1980 年以来全球化的更新经验，当代历史学者寻找到一种强有力的新的元叙事，这似乎适合将过去的经验运用到当前的挑战中去。

对 20 世纪 90 年代中央计划经济体崩溃的各种政策反应，清楚地表明了为了实现现代经济增长而正确行事的困难。如果在 20 世纪末，现代资本主义的某些版本似乎比其他一些版本对于转型经济体而言更有吸引力，那么成功模仿所需的制度就很难建立和维持（参见尼尔和威廉姆森所写的总结第二卷内容的第 16 章）。在过去一段时间，改变传统的政治结构以有效容纳在不同时代变得更加明显的物质进步的多种可能性，并不是一个很容易解决的问题，但有时又并不困难。政治安排的成功变化补充了繁荣经济体中的动态变化，其基本特征究竟是什么还处于猜测中，不过，经济学家、政治科学家和历史学家正在付出巨大的努力，来解剖少数经得起调查的成功案例中的关键要素。

英国的案例是研究最深入的，而与 1688—1689 年著名的光荣革命相关联的政治制度通常被赋予了最显著的地位。阿西莫格鲁和鲁宾逊（Acemoglu and Robinson，2012）认为，罢免詹姆斯二世（James Ⅱ）的议会牵扯到广泛的经济利益，其中包括世袭地主，以及有着不同宗教和地理倾向的海外商人。诺思和温加斯特（North and Weingast，1989）认为，议会限制了君主的掠夺性倾向，迫使其接受议会设立的一些关于拓展新税源、产生新债务或者建立新企业的条款。由此创立的“可信承诺”（credible commitment）机制是使得企业家们在之后获得蓬勃发展的英国宪法（不过依然没有形成正式法律文本）的核心特征，并最终导致了工业革命。然而研究这一段历史的大多数历史学家都发现这些事件其实要复杂得多，并且需要更多的承诺机制，其中一些产生于 1689 年政权更迭之前，而其他一些机制则花费了更长的时间才得以稳固地建立起来（Coffman，Leonard，and Neal，2012）。无论如何，所有其他早期资本主义的案例都应该沿着多种维度与英国的例子进行比较，尤其是从政治和法律制度方面，而不能仅仅局限于经济层面。

18 从19世纪到现在，民族国家采用了不同的方式来克服进行模仿的障碍。我们现在知道，跟随国的创新已经不仅仅是为了更大规模地调动资本，而是为了应用最新的技术。如果想要模仿得以成功，政治、社会、文化，以及也许精神上的调整都是需要的。协调构成任何一种经济体的各种过程，是使得资本主义或者其替代方案得以最终运转所必须要解决好的基础性问题。这种协调首先是将几种生产要素结合起来，创造出理想的商品和服务；然后在分散于空间的消费者之间分配产出和需求变化变得更加复杂；最终解决补偿各种生产要素所有者的棘手问题。

虽然协调问题是多方面的和复杂的，但也许可以将它们作为克服各种困境、三难困境和其他经济内部问题的尝试加以有益地分析，而不论这些问题在多大程度上是资本主义的、工业化的或面向市场的。例如，20世纪末的现代宏观经济学为参与全球经济的民族国家面临的具体三难困境奠定了理论基础。进入全球资本市场需要资本自由进出国外，以固定汇率增加进入全球商品市场的机会，而保持国内稳定则需要独立的货币政策。不幸的是，并非所有这三种称心如意的经济政策体制都能在同一时间得以维持。最终，这三种迫切必需物（desiderata）中必然有一种被放弃（Obstfeld and Taylor，2004）。

解决这种特定的三难困境为评价开始于19世纪中期的全球资本主义的发展提供了一个有用的分析框架。在此之前，西欧商业资本主义的兴起也提供了一系列有趣的实验，一些主要大国，如荷兰、英国和法国，大概在1648年的《威斯特伐利亚和约》到1815年的《维也纳体系》（the Treaty of Vienna）这段时间内（Neal，2000），各自聚焦在固定汇率（荷兰）、资本流动性（英国）和独立的货币政策（法国）。需要再次说明的是，来自长期竞争，特别是从被 1648—1815 年间接连不断的战争中不断增长的军事革命支出的融资需求所驱动的长期竞争中得到的教训是，正如同英国人所发现的那样，维持资本流动性是最有用的（参见奥布莱恩在第 12 章中的论述）。

埃弗塞·多马（Evsey Domar，1970）在其一篇经典文章中发现了另一种更为基础的三难困境，在这篇文章中他提出的假设是，自由流通的土地、自由农民和不工作的地主，这三种前现代农业结 19
构中的要素永远不能并存。对于可持续的农业经济而言，至少其中一种要素不得不被消灭掉。定居式的农业不断受到间歇性袭击者的威胁，农民需要军事保护，而这通常是由不从事劳作的地主提供。在这种情形当中，或者是自由流通的土地（西欧），又或者是自由农民（东欧）不得不被放弃了。多马用从对俄国历史的广泛阅读和刚出现的关于美国南部奴隶制可获利性的研究文献中提取的一些例子对其假设进行了验证。在黑死病改变了土地 / 劳动力比例，从而更有利于农奴制之后，农奴制没有在英国和易北河西边的欧洲重现依然是一个有待解释的问题，不过，这是多马希望交给历史学家和政治学家去解决的问题。本卷书中接下来的内容中，珀森（本卷第 9 章）和萨尔武奇（本卷第 13 章）对分析多马三难困境的其他含义做出了贡献。

对于由各种帝国兴起和最终衰落所主导的很早期阶段而言，一个有趣的问题是，是否以大陆为基础的帝国必须以扩展市场容量为代价而变得以命令来驱动，而以海洋为基础的帝国却能够通过进入新的市场来更好地多样化它们对于外部冲击的响应方式？这些例子可能包括，获得新的食物来源以供购买，以雇佣兵的形式换取军事支持，或者是通过限制港口的出入来躲避传染病。如果以大陆为基础的帝国在长期具有内在的不稳定性，那么为什么埃及或者中国在建立之后却能够延续那么久呢（Allen，1997；Wong，1997）？罗马帝国试图在日益遥远的帝国边界上安置职业军人，这对农业改良和资本主义崛起有什么长期影响？后来奥匈帝国甚至瑞典帝国都更成功地效仿了这一努力，与之相对照的另一种典型方式是雅典人、随后的意大利城邦，以及最终的英国人所依赖的雇佣兵制。

约翰·希克斯（John Hicks）爵士在其1969年的《经济史理论》（*Theory of Economic History*）一书中，通过提出一种具有争议性的两难困境来应对这一问题。从人类社会往往是自上而下（指令性经济）或自下而上（习惯性经济）地进行组织的前提出发，希克斯假设，尽管市场经济可能不时出现，以进行资源或货物的有效分配，却没有在大部分的历史进程中变得流行。面临自然灾害、军事入侵或瘟疫等冲击的人类社会会自然地以指令式的经济进行回应，通过尽可能快地调动资源来应对新的挑战。然而，免受冲击威胁的社会将会无限期地保持它们利用资源的传统方式，不管这种配置对于社会整体而言是不是最优的。由于社会要么经历过冲击，要么没有经历过冲击，所以它们要么成为指令性经济体，要么成为习惯性经济体。结果就是市场经济将总会处于危险之中。或者它会被遵守命令的力量搁置在一旁，或者它将会由于大众的漠视而枯萎。这种“命令式例子”是早期市场经济资本主义在冲击中失败的主要原因。马克思的分析提出了两种不同的可能导致资本主义崩溃的命令式情形：或者是经济统治者之间的内在冲突，或者是导致无产阶级专政的革命。拉詹和津加莱斯（Rajan and Zingales，2003）的文章可能是这种分析思路的当代变体，他们认为，顽固不化的资本家可能扼杀对于冲击带来的挑战的创造性回应。另一种分析来自拉詹（Rajan，2010），他认为顽固的政治统治者在回应冲击的时候可能保持错误的政策。“习惯式例子”也许能解释为什么原始社会居民不能走向繁荣，同时也可能成为发达经济体走向衰落的原因，或者是因为资本家不能进行创新（Schumpeter，1950），或者是因为工人无法对新的消费机会作出回应（Bell，1976）。

希克斯认为，市场经济的兴起依赖于由致力于维持长途贸易的当局统治的独立城邦，地中海的地理环境对维持这种经济特别有利，威尼斯和热那亚就是其中的典型例子。希克斯并没有研究为什么迦太基这个罗马帝国成立之前的腓尼基商业专业化的繁荣中心不能对罗马保持优势，不过可以大体上证明一个观点：市场导向的社会在冲突中相对于命令式或者习惯式的社会而言是脆弱的。王国斌的介绍中国的文章（本卷第 6 章）说明，希克斯的两难困境也能被大陆国家的官僚精英所克服，假如他们也能像一个自给自足和可防御的岛屿经济一样有效地合为一体。

希克斯的两难困境的另一种解决方法是聚焦于发展一个有关政府债务的金融市场的重要性。希克斯借助于其朋友 T. S. 阿什顿（T. S. Ashton）的观点来解释 18 世纪的英国在面对来自西班牙、法 21
国和荷兰的挑战的时候，成功地避免了走向习惯式的或者命令式的经济体制。阿什顿（Ashton，1948）认为，英国的利率，作为资本的成本，在政府债务收益率下降的影响下，整个 18 世纪都在稳定地下降。这一观点的问题在于，政府债务的利率当时在欧洲的其他地方甚至更低，而且在比 18 世纪更早的时期就是如此（本卷第 10 章）。尽管如此，仍然能找到一些有关一个国家的金融改革带来可持续的经济扩展的例子（Rousseau，2003）。如果政府能够通过将其债券销售给有潜力的、大而分散的、富裕的投资者群体来快速获得资金，那么它就能凭借其对于资金的掌控来购买用以应对外部冲击的资源。所需要的劳动力、资本、商品，或者服务的相关市场就会得以提升，并且对相应冲击做出有效回应的能力会增强。通过这种方式，对于出现的命令式经济的倾向将会被转变为对扩展和深化市场经济的偏好。这种观点提供了一个例子，就是本卷中所描述的个人对各种制度面对外部冲击时的可适应性做出的贡献是多么重要。命令式经济的要素出现了吗？它们是以各种资源或者特定商品的市场为代价而维持的吗？如果市场的确做出了响应，它们是怎样得到资金的？是通过强迫性贷款、强制性的现金流通，还是通过以主权债券形式为其所获取的外部资源供给提供支付？也许马克思是正确的，他认为英国创造了一个由议会明确承诺提供资金的真正的国家债务。1688 年以后，用具体的税收来为它的支付进行服务，这是现代资本主义崛起的关键因素！

注释

[1] 詹姆斯·赫顿（James Hutton，1795）定义了现代地质学当中的“奇点”一词，当时他在苏格兰海岸观察到，来自两个迥异岩层的石头并排在一起。在全球范围内对于这种奇点发生可能性的研究，驱动地质学成为一个现代的、全球性的科学。

参考文献

Abu-Lughod, J. (1989). *Before European Hegemony: The World System A.D. 1250—1350*. New York: Oxford University Press.

Acemoglu, D. and J. Robinson (2012). *Why Nations Fail: The Origins of Power, Prosperity, and Poverty*. New York: Crown Publishers.

Allen, R. C. (1997). “Agriculture and the Origins of the State in Ancient Egypt,” *Explorations in Economic History* 34: 135-154.

Appleby, J. (2010). *The Relentless Revolution: A History of Capitalism*. New York: W. W. Norton.

Ashton, T. S. (1948). *The Industrial Revolution, 1760—1830*. Oxford University Press.

Aubet, M. E. (2001). *The Phoenicians and the West: Politics, Colonies and Trade.* Cambridge and New York: Cambridge University Press.

Beaud, M. (2001). *A History of Capitalism, 1500—2000.* New York: Monthly Review Press.

Bell, D. (1976). *The Cultural Contradictions of Capitalism.* New York: Basic Books.

Broadberry, S. and K. O'Rourke, eds. (2010). *The Cambridge Economic History of Modern Europe*, 2 vols. Cambridge University Press.

Cardoso, J. L. and P. Lains, eds. (2010). *Paying for the Liberal State: The Rise of Public Finance in Nineteenth-century Europe.* Cambridge University Press.

Coffman, D., A. Leonard, and L. Neal, eds. (2013). *Questioning Credible Commitment: Perspectives on the Rise of Financial Capitalism.* Cambridge University Press.

Domar, E. (1970). " The Causes of Slavery or Serfdom: A Hypothesis, " *Journal of Economic History*, 30(1): 18–32.

Drobak, J. N. and J. V. C. Nye, eds. (1997). *The Frontiers of the New Institutional Economics.* San Diego: Academic Press.

Findlay, R. and K. H. O'Rourke (2007). *Power and Plenty: Trade, War and the World Economy in the Second Millennium.* Princeton University Press.

Floud, R. and D. N. McCloskey (1981). *The Economic History of Britain.* Vol. 1: *1700—1870.* Cambridge University Press.

Graeber, D. (2011). *Debt: The First 5,000 Years.* Brooklyn, NY: Melville House Publishing.

Hale, J. R. (2009). *Lords of the Sea: The Epic Story of the Athenian Navy and the Birth of Democracy.* New York: Viking Press.

Hall, P. A. and D. Soskice, eds. (2001). *Varieties of Capitalism: The Institutional Foundations of Comparative Advantage.* Oxford University Press.

Harris, R. (2009). " The Institutional Dynamics of Early Modern Eurasian Trade: The Corporation and the Commenda, " *Journal of Economic Behavior and Organization,* 71(3): 606–622.

Hatton, T. J. and J. G. Williamson (2008). *Global Migration and the World Economy: Two Centuries of Policy and Performance.* Cambridge, MA: The MIT Press.

Hicks, J. R. (1969). *A Theory of Economic History.* London: Oxford University Press.

Hutton, J. (1795). *Theory of the Earth, with Proofs and Illustrations,* 2 vols. Edinburgh: William Creech.

Jones, E. L. (1988). *Growth Recurring: Economic Change in World History.* Oxford: Clarendon Press.

Jursa, M. (2010). *Aspects of the Economic History of Babylonia in the First Millennium*

BC:Economic Geography, Economic Mentalities, Agriculture, the Use of Money and the Problem of Economic Growth. Münster: Ugarit-Verlag.

Kuznets, S. (1966). *Modern Economic Growth: Rate, Structure, and Spread.* New Haven: Yale University Press.

Marx, K. (c. 1932). *Capital, the Communist Manifesto and Other Writings,* ed. Max Wastman. New York: The Mordern Library.

Morris, I. (2010). *Why the West Rules – for Now: The Patterns of History and What They Reveal About the Future.* New York: Farrar, Straus and Giroux.

Moscati, S. (2001). *The Phoenicians.* London and New York: I. B. Tauris.

Neal, L. (1990). *The Rise of Financial Capitalism: International Capital Markets in the Age of Reason.* New York: Cambridge University Press.

(2000). " How it All Began: The Monetary and Financial Architecture of Europe from 1648 to 1815," *Financial History Review,* 7(2): 117–140.

North, D. C. (1990). *Institutions, Institutional Change and Economic Performance.* Cambridge and New York: Cambridge University Press.

(1997). "Theoretical Foundations," in Drobak and Nye (eds.), p. 6.

(2005). *Understanding the Process of Economic Change*. Princeton University Press.

North, D. C. and B. Weingast (1989). " Constitutions and Commitment: The Evolution of Institutional Governing Public Choice in Seventeenth-Century England," *Journal of Economic History,* 49(4): 803–832.

North, D. C., J. Wallis, and B. Weingast (2010). *Violence and Social Orders: A Conceptual Framework for Interpreting Recorded Human History.* Cambridge and New York: Cambridge University Press.

O'Brien, P. (1988). " The Political Economy of British Taxation, 1660–1815," *Economic History Review* 41: 1–32.

Obstfeld, M. and A. Taylor (2004). *Global Capital Markets: Integration, Crisis, and Growth.* New York: Cambridge University Press.

Ogilvie, S. (2007). " ' Whatever Is, Is Right ' ? Economic Institutions in Pre-industrial Europe," *Economic History Review,* 60(4): 649–684.

O'Rourke, K. H. and J. G. Williamson (1999). *Globalization and History: The Evolution of a Nineteenth-century Atlantic Economy.* Cambridge, MA: The MIT Press.

Parthasarathi, P. (2011). *Why Europe Grew Rich and Asia Did Not: Global Economic Divergences, 1600—1850.* Cambridge and New York: Cambridge University Press.

Pomeranz, K. (2000). *Great Divergence: China, Europe, and the Making of the Modern World Economy.* Princeton University Press.

Rajan, R. (2010). *Fault Lines: How Hidden Fractures Still Threaten the World Economy.*

Princeton University Press.

Rajan, R. and L. Zingales (2003). *Saving Capitalism from the Capitalists: Unleashing the Power of Financial Markets to Create Wealth and Spread Opportunity.* Princeton University Press.

Rosenthal, J. L. and R. B. Wong (2011). *Before and Beyond Divergence: The Politics of Economic Change in China and Europe.* Cambridge, MA: Harvard University Press.

Rousseau, P. (2003). " Historical Perspectives on Financial Development and Growth, " *Federal Reserve Bank of St. Louis Review,* 85(4): 81–105.

Schumpeter, J. A. (1950). *Capitalism, Socialism, and Democracy,* 3rd edn. London: George Allen and Unwin.

Thompson, E. A. (2011). *Trust is the Coin of the Realm: Lessons from the Money Men in Afghanistan.* Karachi, New York and Oxford: Oxford University Press.

Williamson, J. G. (2006). *Globalization and the Poor Periphery before 1950: The 2004 Ohlin Lectures.* Cambridge, MA: The MIT Press.

Wong, R. B. (1997). *China Transformed: Historical Change and the Limits of European Experience.* Ithaca, NY: Cornell University Press.

第 2 章

公元前 1000 年的巴比伦——帝国时代的经济增长

迈克尔·朱尔萨

引　言

24 从 19 世纪开始，在伊拉克、叙利亚和伊朗的考古挖掘已经发现了公元前 3000 年、2000 年和 1000 年在古代近东区域的那些兴旺发达的文明古国的遗址。在这些发现中，比较突出的是用楔形文字在超过 25 万块黏土块上刻写的文字记录。在古代世界，只有希腊的原始资料能够在数量上超越这种语料库；从古代近东的语言，即苏美尔、亚述和巴比伦语的古迹中存留的文字信息要比拉丁语中的要多（Streck，2011）。大约 80% 的古代近东的文字语料是关于社会经济内容的，这是有关经济史的一座信息富矿，可以追溯到与首次出现的阶层分化的城市社会非常接近的时期。

尽管有着数量和质量都非常充分的文字信息，但对古代近东经济史的扩展处理很少，它们是由理论关注和模型以及对主要来源的充分了解所提供的，涉及随时间推移的经济发展和经济绩效的变化。[1] 由于数据分布的不平衡（van de Mieroop，1997），以及缺乏对于整体的人口发展、经济表现和生活水平这些情况的考古学研究，为了对研究进行一般化总结，就需要掌握大量完全是语言学范 25 畴上的细节问题，这妨碍了研究的进展。[2]

环境与古代美索不达米亚经济的“传统”范式

古代美索不达米亚社会是一种“复杂的农民社会”：高度分层的国家构建的社会，其特征是城市化程度较高（Bang，2006：55）。环境条件在很大程度上决定了经济活动（例如，Postgate，1994；Potts，1997；Wilkinson，2003；Wirth，1962）。可以在美索不达米亚平原的南部区分出四种主要的生态区：河流和灌溉沟渠纵横交织的中央冲积平原；沼泽式的河流三角洲和其他水涝区域；紧邻冲积平原的干草原（牧羊人的领地）；城市。与这些区域相关的主要经济活动包括灌溉农业、狩猎、捕渔、牧羊、手工业和其他基于城市产生的非农业活动。在美索不达米亚平原的北部，具有较多丘陵的田野适合一种依靠灌溉和降雨结合的农业。主要的谷物作物为大麦，在该平原南部有椰枣作为补充：美索不达平原南部的农业建立在两种主要的农作物基础上，而不是一种。芝麻是植物性脂肪的主要来源，大麦啤酒以及后来一种由发酵过的椰枣制成的“啤酒”是这里主要的两种饮料。重要的是，在最早出现城市化的美索不达米亚平原南部，很多重要的自然资源都比较匮乏，特别是铁、石材和优质木材，总是依赖于从邻近的伊朗、黎凡特、安纳托利亚，以及通过波斯湾从印度和阿拉伯获取。

在这种环境中取得繁荣发展的社会，它们所采用的各种社会经济的组织形式常常被视为一种基本模型的变体。[3] 根据利夫伦尼（Liverani，2011：41–44）的定义，这一模型建立在“民间”和“皇室”这种生产方式两分法的基础之上。前者基于村庄，是一种处于或者接近纯粹维持生存水平的农业；生产者就是土地所有者，
26 自产自销占据主导地位，交易行为有限，主要位于当地并且以互惠交换为主导；全职的经济专业化基本上不存在。这一经济部门从属于由大型的庙宇和皇室家庭主导的“皇室”（或制度性）部门。此时，生产者相对于生产资料（尤其是土地）的所有者处于从属地位；在这些制度性家庭中存在劳动专业化和商品的再分配。这类经济部门以城市为基础，也就是说与城市化过程紧密相连。这种制度性部门的生存有赖于（季节性）劳动力和在“民间”经济部门产生的剩余。特别是自第二个千年以来，这种剩余主要是通过“朝贡体系”的方式进行收集（参见 Liverani，2011：52–53；Renger，2002，2003，2004；Van de Mieroop，1999：113–114，至于他的研究方法，参见 Graslin-Thomé，2009：116–118）。

这一模型的支持者也承认存在其他类型的生产方式。有这样一种共识：在美索不达米亚平原历史的所有时期，即自公元前 4000 年以来（Powell，1994），私人土地所有制（并不一定是耕地所有制）都是受到法律认可和保护的。然而，与体制性部门和（以村庄为基础的）家庭（和社区）这两个经济部门相比，关于在这一经济战略和其他经济生存战略必须分配的权重方面，学者们之间也存在着相当大的历时性差异（diachronic variation）——学者们也有相当大的分歧，而美索不达米亚经济的主导模式正是在这两个部门相互作用的基础上建立起来的。可以确定，在公元前第三个千年至为重要的是庞大的制度性家庭框架中官僚式控制分配的复杂系统。一些学者认为，基本上美索不达米亚平原南部的整个人口都被纳入了这样一种家庭体系当中，而在后期，在小块土地上维持生计的生产行

为主导了绝大多数人的生活。[4] 其他学者并不完全认同这种彻底的一般化（例如，Liverani，2011：43；Van de Mieroop，1999：115）或者强调在公元前 3000 年，经济中的“私有”部门和“制度性部门”是共存的（例如，Garfinkle，2007），但也认为，在有历史记载 27
的古代近东 3 000 年的历史当中，维持生计的生产方式和“皇室”经济部门的主导，为能够被定义为“资本主义”的经济现象只留下了有限的空间，正像本卷引言中所定义的，这种经济现象有赖于政府支撑下的私有产权、契约关系和供需关系控制的市场这三种关系的交互作用。

美索不达米亚平原经济的“两部门”分析范式主要是基于来自公元前 3000 年的证据发展而来的，同时这一范式也与这些证据比较吻合。对于之后的时间段，这一模型的重要性值得怀疑。虽然“民间”和“制度性”（或者按照利夫伦尼“皇室”）的生产方式的持续存在和关联性无须质疑，但是他们的累积性经济权重的变化就要求这种两部门模型对美索不达米亚历史后期的一段时间的应用有定的差别。最持续的挑战来自对长距离（和国内）贸易的记载，这些记载证明，存在由复杂的社会和法律结构支撑的以市场为基础、以利润为导向的商业[5]，同时来自公元前 1000 年的证据表明，有一段时间的经济增长，这一时期的经济增长主要是通过不断增长的货币化和市场导向的经济交换驱动的。这些现象将在本章的其余部分加以讨论。

古代近东地区的市场、长途贸易和商业：资本主义的不同维度

美索不达米亚社会能够通过暴力、军事袭击、强制纳贡或者

是通过与国外统治者进行制度性的礼物交换，从相邻的一些区域获取重要的金属类的资源（例如 Veenhof，2010：40–41）。然而，这些货物往往是通过贸易获得的，最好的证据来自公元前第二个千年的前半期。特别是在美索不达米亚平原的北部，如亚述，公元前 1850 年左右的数据记载了纺织业和贵贱金属行业中发生的逐利性商业活动，而根据引言部分的定义，这可以被归类为“资本主义”。
28 在一个有着 25 000 个楔形文字的土块的遗迹当中，记载了古亚述人的商队贸易情况（如 Dercksen，2004；Veenhof，2008，2010）。我们将会在此概括它的基本结构。亚述人贸易的中心是底格里斯河上的阿舒尔城。亚述和外国商人将纺织品和铜矿（从南边）以及伊朗的锡和青金石进口到阿舒尔城。来自这座城市宽阔腹地的游牧部落带来了羊毛，阿舒尔城中以家庭为基础的工场将其编织为纺织品，而这些工场常常是由妇女经营的（通常是这些商人的妻子）。亚述贸易商用银子来支付这些商品。这些银子（和金子）是通过将商品出口到安纳托利亚地区赚取的。

阿舒尔城的国王关于城市经济这一重要方面的权利受到了限制。主要的行政权力掌握在市议会的手中，这是一个由城市精英（商人）家庭的代表组成的集体性组织，同时也控制着“市政厅”，即城市的经济中心。虽然由市政厅代表的城市在一些贸易商品（铁陨石和青金石）上拥有垄断力量，其在经济当中的主要功能是保证契约、设定包括保障计量系统的稳定性和贸易的贵重金属的纯度在内的所有贸易行为的法律框架，以及建立亚述商队贸易所依赖的与其他区域政权之间的外交关系。城市管理者也会限制来自其他城市的贸易商对本市商人的竞争（Veenhof，2010：51–52）。双边条约保障了亚述商人在外国城市居留的权利，包括设立贸易殖民地、治外法权、安全行为的保障，以及应对强盗的保护（Eidem，1991：

189）。市政厅也会对贸易商品进行征税。城市也会将其一些权力委托给由亚述商人在一些安纳托利亚城市的商业区建立的几个“殖民地”的管理机构，在他们与安纳托利亚人的交易当中，亚述贸易商能够依赖当地代理人的支持。

关于实际交易行为的制度有着丰富的记载。贸易企业通常建立在家庭基础之上，但是商队的冒险行为通常由“合资基金”提供融资［naruqqum，即亚述语中的“钱袋子”（Veenhof，2010：55）］。多达十几名投资者，即贸易商的家庭成员和商业伙伴，但也可能仅仅是亚述的富有公民，将以金本位计算的各种资源集合在一起，为贸易商的商业旅行提供资金。这种投资常常会长达十年，并且预期会为投资者带来是其投资数量一倍以上的收益，加上一些额外的利润。信贷常常借进借出，债务产生利息，而且常常体现为复利。债务票据也是能够交易的，它们是类似中世纪汇票的可流通票据。这 29
些商人已经意识到价格和市场机制的波动，并且尝试利用任何可能的机会并从中获益。他们受到对地位渴望的刺激，这从他们已经被发掘出来的大型住宅就可以看出来。至于利润，就像对一个过于狂热的商人的一句警告所表达的那样：“你热爱金钱，但你憎恶你的生活”。

这些亚述商人不过是美索不达米亚长途贸易商最著名的例子，他们的工作背景是，尽管国家经济活动所涉及的对象——出口商品都是来自皇室或寺庙的盈余，而在公元前第一个千年，长途贸易商往往是皇室商人，他们表现出所有以市场为基础和利润导向型的贸易方式。[6] 即使当他们代表政府的时候，这些商人也是自己承担了他们经营活动的风险，并且采用各种策略将风险最小化（Graslin-Thomé，2009：381-428；Jursa，2002）。因此，在整个古代近东的历史当中，基于市场的交换活动主导了贸易领域，在长途贸易中更是如此。这一经济领域是创业活动的一部分，可以用新古典理论的概念进行有益的分析。然而，可能有争议的是，按照这种“两部门”模型，古亚述人的那种情况，以及整体而言的（长距离）贸易范围，都不是大部分古代近东历史的主导性经济结构和他们中大多数人经历的生活的主要特征。正如一位对于公元前3000年的私人企业家精神的作用最毫无保留的支持者所观察到的，看起来比较明显，“古代世界的个体常常从一个利润动机得到动力，同时按照传统做出经济决策”，不过虽然“很大比例的城市人口……能够自由从事商业活动”，“最大比例的人口……完全依赖于控制了他们劳动力的制度”（Garfinkle，2012：153）。只是到了公元前第一个千年，特别是公元前7世纪末期、公元前6世纪和公元前5世纪早期的美索不达米亚平原南部，人们才能找到一个经济大体上转向市场为基础的交易行为的例子。这一转变带来了集约边际上的经济增长，同时又在扩展边际上有经济增长，这可能是一个“马尔萨斯奇点”的例子。[7] 本章的后续内容将会关注这一现象。

公元前第一个千年中巴比伦的经济增长

30 公元前第一个千年当中，包括这些章节将会集中介绍的漫长的公元前6世纪，巴比伦经济生活的环境和技术矩阵与其更早时期相比，没有什么显著的不同：巴比伦依然是一个以灌溉农业为主导的社会，依赖于大麦和更为劳动密集型且更有生产力的椰枣种植这两种作物。绵羊繁殖是排在第三位的主要农业活动。

在这一框架中，一系列相互依赖的生态、人口和政治因素累积在一起导致了结构性的经济变动。在公元前8世纪，那场开始于公元前1000年左右、显著影响了近东地区危机的气候异常已经结束：

气候变得更为湿润，美索不达米亚的洪水淤积平原中的河流系统稳定下来了，同时美索不达米亚平原南部的农业生产条件也得到了明显的改善。人口水平上升，城市化的增长阶段也开始了（Adams，1981）。在政治上，公元前 7 世纪末新巴比伦帝国的兴起，使得漫长的动乱和战争时期就此终结。作为一个领土从黎凡特一直延展到伊朗高原山麓的帝国的中心城市，巴比伦可以同时收获和平与帝国统治带来的收益。

这些因素的共同作用触发了经济的扩张和影响深远的变化。[8] 通过众多定性的，以及不太丰富却依然充足的可量化数据，我们能够很详细地追踪这一发展过程。我们此处关注的焦点是“漫长的公元前 6 世纪”，这一时期开始于公元前 7 世纪末期巴比伦的兴起，结束于公元前 484 年，这一年巴比伦人对薛西斯和波斯人的反抗结束了，报复行为对该国的社会经济结构造成了严重的破坏。超过 2 万块刻有楔形文字的黏土块对这一时期进行了记载（Jursa，2005）；还有更多的记载依然没有向世人公布。紧随亚述帝国的覆灭（公元前 612 年）和巴比伦的兴起，在这 130 年间（处于漫长的公元前 6 世纪）发生的经济转型导致的结果可以大致描述如下：农业生产总体上得到了提高，同时有着强烈的市场导向。很大一部分（如果不能量化）城市居民从事非农职业，其中也存在着较高程度的劳动专业化。在美索不达米亚历史上，城市和农村劳动力首次不是主要由 31
受到强迫的劳动者组成，而是由以银子的形式获得市场工资的自由雇佣者构成。这一经济的货币化达到了比之前任何时候都要高的程度——白银不仅仅用来服务于高价值的交易活动，同时也是低息货币。城市人口中很少有人能完全不受货币经济的影响。这一时期的消费模式表明，此时的繁荣程度要比巴比伦历史的早期阶段更高。

这些现象之间的关联性能够通过一种带有斯密式灵感的“商

业化模型”建立起来［例如，可以参见 Hatcher and Bailey，2001：121-173，以及 Millett，2001；朱尔萨（Jursa，2010a：783-800）将这一模型应用于当代］，我们接下来会对此进行更细致的描述。人口变化是农业和商业发展，以及技术进步的一个重要的刺激因素，政府机构也是如此。政府机构从其控制的农业基础设施投资和总体来说过分丰富的政府支出中获取利润[9]，人口增长和相伴而生的城市化过程带来了（反过来也被此支撑着）经济中正向反馈的循环。这就导致了需求的上升，以及人均产出和总产出的上升。城市化包容了劳动分工和经济专业化的增长，并因此带来了更高的生产率。作为行政、宗教和经济中心，这些城市聚集了较高的消费，同时依赖于非农劳动力储备的增长。通过提供更多的市场机会，它们促进了不断增长的农业剩余的生产。由此导致的少量经济增长不仅（暂时）抵消了与人口增长相伴的马尔萨斯式威胁，同时容许一种较为明显的比以前（和之后）一段时间更高的总体生活水平。我们将会简短讨论支撑这一模型的一些证据。[10]

从公元前 7 世纪以来开始的巴比伦的人口扩张，在考古调查的结果中可以看得最为清楚。根据亚当斯（Adams，1981：178）的观点，这一时期开始的长期人口增长，在经过 500 ～ 700 年后，使得本地的人口增长了 5 倍。其他一些估计则更为保守（Brinkman，
32 1984）。不过，确定的是，在此处考察的时期之内，在巴比伦居住的人口要比此前几个世纪更多。他们也居住在更大的定居点中：城市居民的增长更加不成比例，这是“完全突发的，可能是政府设计的定居点建设政策”带来的结果。

这一经济的农业基础经历了一场深刻的结构变迁（Jursa，2010a：316-468）。建造运河的工程和政府资助的土地开垦项目拓展了可供耕种的区域。农业生产也在质量上得到了加强。与公元前

第二个千年和第三个千年相比，在作物栽培过程中，播种率变得更高，而犁沟之间的距离得到缩减。归因于由此产生的劳动力和资源的更多投资，在公元前 6 世纪，巴比伦的谷物种植要比之前一些时期的产出平均高出 25%。更进一步地，这一时期非常多的土地所有者相比作物栽培更偏爱椰枣园艺，并且将农田变成了棕榈园。和平环境以及政府资助下对灌溉系统的改进有利于整个社会的长期农业投资趋势。文字性档案对这一过程有着丰富的记录。下面只举一个例子，在巴比伦中部尼普尔城周边的区域，其农业转型过程可以通过一些历时超过 4 个世纪的书面记录进行回溯（Jursa，2010a：405–418）。在公元前 8 世纪，尼普尔是一个彻底的谷物种植区，到了公元前 6 世纪的时候获得了一些发展，特别是到了公元前 5 世纪之时，则变成更为密集的二熟制的区域。重要的是，椰枣园艺不仅能比作物栽培获得更高的表面性收益，同时在劳动力投入意义上有着更高的生产力（高出 10% ～ 100%，Jursa，2010a：51–52）。在这一时期的农业系统中，园艺在数量上的优势对于整个经济结构而言是关键性因素：它导致了整个社会范围内可用农业剩余的增长，并且带来了农业劳动力的人均生产率的提升，并因此成为经济中最大的部门。

在（特别是城市）市场的影响下，农业生产变得更加多样化。在这些城市的内陆腹地，经济作物的生产激增。我们能找到描述这种状况的两个例子。首先是土块上的档案提供了洋葱这种经济作物生产的证据，而其是直接由巴比伦的市场和专业化销售这种适销对路产品的企业家所刺激起来的：农民根据与销售其产出的中间商 33
的契约义务，种植大量的洋葱（Jursa，2010a：216–218；Wunsch，1993，2010）。另一项来自寺庙的档案表明，大量的制度性家庭的存在值得怀疑，因为根据关于“皇室”经济的传统观点，它们在本质上应该是自给自足的，实际上在没有市场的时候，本不可能通过省吃俭用幸存下来——寺庙在市场上将其农业收成的一半出售以换取银子——获得的货币大部分被用来支付雇佣的劳动力和购买牲畜，特别是绵羊（Jursa，2010a：572–576）。上述描述美索不达米亚经济的传统观点不适用于这些现象。

在美索不达米亚历史的早期阶段，非硬币化的银子已经作为记账货币和价值标准，同时是一种仅仅在交换贵重商品的时候在实体上换手的高价值货币（参见 Graslin-Thomé，2009：238–254；Jursa，2010a：469–474），银子的功能在公元前第一个千年的头一个世纪发生了改变。在公元前 8 世纪的时候，人们依然可以看到一种相对“传统的”货币使用的模式——银子在大多数情况下用于专业贸易商和富有客户之间的高价值的交易行为。到了公元前 6 世纪，这种情况已经发生了改变，银质货币不再像之前一样作为无实际用途的高价值货币。很多类型的交易行为实际上总是用货币来实施的，同时也没有与货币无关的交易。在城市环境当中，采用银子作为支付手段，基本上可以获得所有的商品和服务，包括雇佣专业化或非专业化的劳动力，以及购买各种食物。农村居民大多作为城市中和乡村大型建筑项目受雇的劳动力，并通过在城市市场中销售经济作物以获得货币。

银子的重要性也可以通过术语学来反映，其首次区分了银子的质量和纯度，从公元前大约 545 年，政府最终开始为此承担责任。如果不是更早的话，那么至少在阿契美尼德时期，硬币就一定已经开始流通了，但是巴比伦的术语体系偏于保守，并且一直忽视了它们的存在。所有形式的银子，不管是铸成硬币还是其他形式，一直到古希腊时期都是有称重的，所以它们的珍贵程度取决于其内在价值。货币经济的扩张引起了新的契约形式的发展，其中就包括各种创新类型的商业伙伴关系。即一个（或者多个）投资者和另一个（或者多个）代理人之间在有限合伙制（commenda-type partnerships）之外的双边（或者多边）的伙伴关系。巴比伦法律在此达到了相当高程度的抽象性。商业企业有了自己的合法身份，它的资产被视为与投资者的资产是有区别的（Jursa，2010b）。尽管巴比伦的储蓄银 34
行仅仅在公元前 5 世纪晚期和公元前 4 世纪早期有所发展，却出现了对应用广泛的生产性信贷的法律和制度要求。这些制度安排为一系列经济活动提供服务：客栈经营和啤酒酿造，手工艺品生产，小规模农业企业，区域性和长途贸易。然而，商业合伙制主要是对一些小规模的企业进行融资的方式。投资者的数目常常只有 2 ～ 3 名，所投入的银子总额相对来说仍然很小。在大多数例子当中，他们可以用一头或者几头驴，或者是一个或多个奴隶的价值来代表，很少达到一座房屋的价值。个体性商业企业的融资能力没有超过富裕的私人家庭的财力，同时与这些制度性家庭的财富相比还有较大差距。

白银在市场上流通着。从我们所处的时代来看巴比伦王国，基于高质量和非常丰富的量化数据，自公元前 7 世纪晚期以来，都能观察到商品市场的运行；对于公元前第一个千年后期的几个世纪而言，在所谓的“天文学日记”（astronomical diaries）当中有着极为丰富的数据——这些文字收集了大量的天文观察记录，以及价格数据和其他“人间”的现象（例如 Pirngruber，2012）。此处的价格数据实际上受制于季节波动和供求法则。统计上的证据是令人信服的：价格波动是不可预测的，消费者无法预见，而且通过替代和互补，价格之间有着密切的联系（例如 Pirngruber，2012；Temin，2002；van Leeuwen and Pirngruber，2011）。由于有着无处不在的水路运输、运输成本，以及一般意义上的交易成本，相对于其他古代文明而言都要低。

尽管如此，在巴比伦这个例子中，也许不应该夸大其市场的有效性。就像在晚古时期的埃及例子中，有着一个相似的观点（Rathbone，1997），这里有着“相对”运行良好、“相对”统一的市场：市场失灵是一种常见现象。[11] 可能可以将希腊和罗马市场的“集市经济”这一概念，在有着可比较的证据支持的基础上，应用于巴比伦的市场（Bang，2006，2008）：“一种以不确定性、不可 35 预测性和本地化的市场分割为主要特征的稳定而复杂的商业环境”（Bang，2006：79）。将商业的稳定性制度背景和由随附的外部偶然因素导致的不稳定性并列显然是有用的，也适用于巴比伦的情形，但是至于我们能否在这里看到一种基本的质量上的差异，而不是渐进的差别，却不太清楚。这种差别应该能够将古代的这些市场与例如现代欧洲早期的类似制度区别开来。

社会结构塑造了要素市场的发展。这种社会经济环境对于劳动力市场的发展特别有利。这一时期经历了人口的增长，因而劳动力是有供应的。然而，经济体中的“皇家”部门，即寺院家户和皇家机构，并没有可供其任意支配的、足够支撑一国在农业基础设施和雄心勃勃的公共建设项目中所需的依赖性劳动力的储备。人口中的相当一部分并没有受到制度性的束缚，能够自由地寻找工作，甚至是政府机构的受抚养人，在接受独立的雇佣方面，也可以享有一定程度的自由，就像私有制中那些得到许可的奴隶一样（Dandamaev，1984）。很多劳动力是契约性的，是基于双方原则上以自己的自由意志订立合同的协议。工资经过了双方的协商，同时依赖于供给和需求：例如，在收割时节，建筑工人能够从普遍的劳动力短缺中获利，并要求较高的工资。随着时间的推移，工资的增长也会跟随着商品价格的上涨（Jursa，2010a：673-681）。

劳动力的大量雇佣可以在寺庙的档案中得到很好的证明（Beaulieu，2005；Jursa，2010a：661-681）。对于公共建筑工程而言，被雇佣的劳动力如同，甚至要比受强迫的劳动力更为重要。城市中的手工业生产依赖于货币化的交换及可供雇佣的劳动力的供给，这也导致了手工艺的专业化和新行业的出现。这里最好的证据是铁匠（Payne in Jursa，2010a：688-694）、烤面包行业（Hackl in Jursa，2010：708）和独立的洗衣行业，后者是妇女也能进入市场的经济活动分支之一（Waerzeggers，2006）。即使不是大多数，也有很多私人拥有的土地是由自由的佃户来耕作的，或者以相似的条件让奴隶来种植。否则，奴隶们则出现在一个具有监督和管理能力的私人农场的区域中；他们仅仅是偶然才出现在普通劳动力中（Dandamaev，1984：252-278；Jursa，2010a：234-235）。最后，国家强迫劳动和服兵役的制度依赖于可替代的工人和士兵的可获得性，受税收和徭役责任拖累的土地所有者能够雇佣他们提供服务以 36
作为代替；这些人得到了很高的现金工资（Jursa，2011；van Driel，2002）。

可以区分出三种主要的土地所有制类型：制度性（皇家和寺庙）不动产（institutional estates）；个体持有的土地；政府授予不同集体以作为军事服务和税收回报的不动产（Jursa，2010a：171-205，316-468；van Driel，2002）。大范围的，但常常缺乏人手和开发不充分的公共产业，是由被强迫的和受雇佣的劳动力，以及自由（或者更少见的奴隶）佃户来耕种，他们常常是由那种将企业性质因素引入国家土地管理的私人承包商代表国王或者寺院来进行管理。皇室授予的土地是由这种授权的接受者或者自由的佃农来耕种的。掌握在私人手中的土地被了解得更多一些，这是这一时期巴比伦的土地所有制中最有创新性的部分。在私有土地上进行的私人小规模椰枣种植是公元前6世纪最精耕细作和最有生产力的农业形式，同时也是农业进步的先驱（Jursa，2010a：760）。对可租用土地的获取，在部分程度上是由时间或许比较长久的、与庇护（patron-client）关系相似的人际关系所控制的，但这里也存在短期租约和承租人快速转换的足够证据，这些都意味着佃户（通常是自由人）和地主都是相当灵活可变的。佃户和出租人之间存在的更大可能范围的经济关系反映了“租赁市场”上各种经济和社会力量的相互作用。总的来说，合同法和习俗创造出了一种稳定和可预测的制度性框架，至于在制度性范畴之外的部分和它对于侍从劳动力的部分依赖，很少有关于使用的约束和对于这部分地主行使其权力的信息。

财产权通常得到了明确的界定和良好的保护，土地的制度性权力（或国家的权力）和私人产权只在一些明显的例子中有交叉。通过国家干预收回的区域会面临特定类型的税收和劳务的限制，同时寺庙会对特定不动产声称一种残留的索偿，并且要求对其课以什一税。然而，在这两个例子中，私人所有者都没有对土地的让渡施加限制。事实上，只有授予士兵们的皇家土地不能出卖（但是它们能够被典当、出租和继承），除此以外，这里没有对任何土地买卖行为的绝对的法律限制。在实践中，皇家和寺庙的土地极少，并且仅仅在非常特殊的条件下才会被出让，但是，私人拥有的农业土地所有权的变化却记录得非常好。在这里谈论一下土地市场是有道理的：财产权得到了法律的保证，土地的类型和质量是其价格的决定
37 性因素。然而，这一市场的社会嵌入性决定了在其内部运行的框架；存在一种在尽可能的情况下避免卖出土地的思维方式，所以大部分的出让行为都是在逼迫的情况下发生的；即使是这样，土地也更倾向于卖给具有同等社会地位的人。这些社会约束条件使得外人

很难通过购买来获取生产性土地。如果发生了这种情况，那么通常一定意味着“圈子外”的买家和卖家的社会权力和经济资源之间存在显著的不平衡。

如同此前的章节所做的，聚焦到与生产有关的数据上，那么在漫长的公元前 6 世纪中，巴比伦经济的优异表现（以古代这一区域的标准来看）就很明显了，它在扩展边际和集约边际上都获得了增长。从谷物种植全面转向偏爱园艺的农业最明显的是导致了人均劳动生产率的增长。经济的这一特征能够通过聚焦于消费和生活水平而表现得更为清楚（Jursa，2010a：804-816）。关于一些方法论的问题，参见 Morris（2004，2005）和 Scheidel（2010）。在缺乏关于生活水平代理数据（身材、营养、死亡率和预期寿命，疾病模式和住房条件）的可靠和详细的考古研究的情况下，文本数据得到了使用。小麦工资，也就是一个非熟练的自由工人平均每天的工资能够购买的小麦数量，是实际收入的粗糙但有效的一个指标。在大多数古代和中世纪的社会，占据主导的是价值为 3.5 ～ 6.5 升小麦的每日工资水平（Scheidel，2010），但是在漫长的公元前 6 世纪中，巴比伦人挣得的小麦工资为 9.6 ～ 14.4 升，这要比他们在公元前 3000 年晚期和 2000 年早期的美索不达米亚先祖挣得明显多出很多（后者为 4.8 ～ 8 升）。这是漫长的公元前 6 世纪大部分时间中，不寻常的高度繁荣水平的一个强有力的标志。一个关于旧巴比伦（公元前 2000—前 1600 年）和新巴比伦的嫁妆与遗产记录的比较，以及他们大体上的家庭用品和物质财富的清单，都指明了同样的方向：公元前 6 世纪的城市家庭要比他们在 16—17 世纪的社会同类（social homologues）拥有范围更广的家庭物品，同时嫁妆和遗产也更为丰富（Jursa，2010：806-811）。这些数据支撑了上面所总结的生产导向的分析，它们给我们展示了关于一个相对繁荣时期的清晰明白的景象，而这一时期则受益于不断提高的农业生产率、不断增加的城市人口的刺激和一种有着较低交易成本的相对自由的经济交换文化所带来的内在经济增长。在漫长的公元前 6 世纪的大部分时间中，这一经济也受益于巴比伦对于近东大部分地区的帝国统治而输入的财富。

38 首先，国家的作用对于创造和保持这种动态的经济而言可能是关键性的。新巴比伦帝国及后来的波斯帝国基本上都在它们的土地上成功地维持了和平，而这是漫长的公元前 6 世纪取得经济发展的决定性前提条件。其次，目的在于开拓和改善土地的大规模政府资助的建设项目改变了相当一部分的农村地形。在经过了几十年的战争和动乱之后，公元前 7 世纪—前 6 世纪早期的皇家土地分配计划给城市周围贫瘠的土地或没有充分利用的土地带来了最初的动力。王权使新巴比伦农业的制度、管理和技术基础得以成形。它通过增进公共结构和私人经济相互作用下的企业性质活动促进了商业开发。它同时也通过引入各种监管白银质量的方式（也包括试图设定固定的利率）干预了货币系统。除了在农业基础设施上的投资之外，新巴比伦的国王们在他们任期中对经济扩张做出的最重要贡献就包含在他们大量的建设活动当中。规模巨大的新庙宇、宫殿、城墙和遍及全国的防御体系，在很大程度上是由来自亚述、叙利亚和黎凡特的贡品和战利品提供资金的。这些建筑工程将大量的银条带入了流通领域，而且暂时使得许多城市中的非熟练劳动力可以大体上依靠货币工资维持生活，因为他们能在一年的大部分时间中找到工作。因此，帝国统治成了通货膨胀的根源，这一过程使得银子的价值下降到了其公元前第二个千年水平的大约三分之一，从而使得银子在美索不达米亚历史上第一次具有了万能货币的功能。进一步地，皇室对于（现金）税收、劳动力和军事服务的需求推动了经济交易的货币化，无论愿意与否，纳税人都被迫进入货币经济当中。

综上所述，通过阅读这里提供的证据可以得到的故事，是关于一个有局限性的斯密式的成功故事，就像偶尔也发生在其他前现代经济体中的一样。这个例子的有趣性主要在于它发生的时间较早和它的特殊性，用布罗代尔主义者的术语来表示，就在于这种长期的地理和气候因素与特定的较为暂时性的经济史和事件的要素之间的结合。特别是，帝国统治促进了导致经济增长和进一步繁荣的农业发展和交易的货币化。相应地，也是通过作为波斯人征服巴比伦（公元前 539 年）的间接后果之一的政治变化，使得漫长的公元前 39
6 世纪的特殊繁荣期走向了终结，该国的繁荣增长被新的统治阶级以一种最终毁坏其根基的方式束缚住了。

在公元前 5 世纪末期及其之后，经历过一场反抗波斯统治的不成功的叛乱，作为前一时期经济扩张过程主体的传统巴比伦城市精英阶层的财富下降了。他们的经济利益不再像在新巴比伦帝国的统治下一样，以及在波斯统治的前几十年中，也不再由于制度惯性得到国家政权的服务。波斯贵族和波斯统治的巴比伦拥护者的大规模土地所有权的扩张，在巴比伦的社会经济系统中引入了一种新的阶级主体，他们的繁荣依赖于其对政治权力的利用，而不是取决于建立在稳定的法律制度和得到普遍认同的产权制度之上的商业和农业经营。这种新的精英阶层要比公元前 6 世纪的巴比伦城市上层阶级有更多的权力来强迫劳动，同时也许带有一种从外省攫取尽可能多的可用资源的倾向。工资水平下降了，同时如果可获得的粗略数据被准确解读的话，经济繁荣的水平看起来即使没有下降，也已经是停滞不前了。从长期来看，在漫长的公元前 6 世纪开始的农业转变和扩张过程一直持续到之后的几个世纪，并且为伊斯兰时代早期伊拉克地区异常的繁荣打下了基础。然而，发展过程并不是线性的。公元前 6 世纪异常的经济扩张是由长期的经济和气候背景条件和更短暂的政治因素之间的偶然结合所创造的。随着后者的消失，这一暂时的马尔萨斯奇点（Malthusian singularity）也走向了尽头。

注 释

[1] 大多数数据来自美索不达米亚平原的南部，也就是现在的伊拉克地区。我们将会主要分析这一区域，而不涉及不太著名的古代伊朗、叙利亚和黎凡特（古代地中海中部地区）的经济发展。在所有对古代近东地区历史的一般分析当中，波斯特盖特（Postgate，1994）和利夫伦尼（Liverani，2011）对于其经济结构和发展的描述是最深入的。同时，可参见范 · 德 · 梅鲁普（Van de Mieroop，1999），以及拉德纳和罗布森（Radner and Robson，2011）对于楔形文字资料研究的方法论。

[2] 亚当斯（Adams，1981）的研究是一个主要的例外，这是关于美索不达米亚平原南部聚居地模式发展的经典研究。参见马修斯（Matthews，2003）和威尔金森（Wilkinson，2003）对于近东考古研究的评述。

[3] 参见格拉斯林 – 托姆（Graslin-Thomé，2009：91-131）和朱尔萨（Jursa，2010a：13-33）对于这一问题和其他相似模型的讨论，并进一步参考了其他一些对于古代近东经济史的理论研究方法，其中包括“原始主义 – 现代主义”和“实体主义 – 形式主义”这些争论在这种古代研究中的反映。

[4] 例如 Renger（2005；2007：193）。也可参见 Dahl（2010），他描述了在公元前第三个千年的后期，专业化的手工艺人永久固定地为政府提供服务而没有为市场工作的任何空间。按照有影响力的古典学派学者摩西 · 芬利（Moses Finley）的观点，这种关于美索不达米亚平原经济的论点被认为是将美索不达米亚从更为宽泛的古代（例如希腊罗马式的）经济语境中，因其“彻底不同”而排除的充分理由。[参见 Jursa（2010a：19）。]

[5] 对此分析而言，这方面的最佳证据可追溯到公元前第二个千年的前半部分，不过在公元前 3000 年，私人的企业活动就比较明显了，尤其是在制度性经济的边际上（例如 Jursa，2002；Garfinkle，2012）。

[6] 参见范 · 德里尔（van Driel，2002）和加芬克尔（Garfinkle，2012）对于公元前第三个千年后期的描述，以及斯托尔（Stol，2004：868-899）对于公元前第二个千年时的美索不达米亚平原南部（巴比伦）和格拉斯林 – 托姆（Graslin-Thomé，2009）对于公元前第一个千年的分析。

[7] 参见戈德斯通（Goldstone，2002）和引言的介绍。

[8]　接下来的论据建立在朱尔萨（Jursa，2010a）研究的基础上，读者能够从中找到完整的记录。此处的参考文献可供备选。

[9]　可供雇佣的劳动力供给充足。以战利品和进贡的形式从巴比伦帝国的周边地区不断获取的资本也是如此。

[10]　要注意，在结构上决定了漫长的公元前 6 世纪经济发展和使得美索不达米亚平原南部享有一段特别繁荣期的因素，与导致早期伊斯兰时期同一区域的另一段集约式增长和经济繁荣期的因素非常相似（Pamuk and Shatzmiller，2014；帕慕克，本卷第 8 章）。

[11]　有几篇关于（实体）市场的最明确的参考文献指出，这里并没有可供买卖的商品（Jursa，2010a：642——要注意的是，这些观点来自报道特殊而不是普通情况的信件）。在皮尼格鲁伯（Pirngruber，2012）和朱尔萨（Jursa，in press b）的研究当中，他们也讨论了巴比伦商品市场的运行状况。

参考文献

Adams, R. McC. (1981). *Heartland of Cities: Surveys of Ancient Settlement and Land Use on the Central Floodplain on the Euphrates.* University of Chicago Press.

Andreau, J. et al., eds. (1997). *Économie antique. Prix et formation des prix dans les économies antiques.* Entretiens d'archéologie et d'histoire 3. Saint-Bertrand-de-Comminges: Musée Archéologique Départemental.

Attinger, P., W. Sallaberger, and M. Wäfler (2004). *Annäherungen* 4, *Mesopotamien. Die altbabylonische Zeit.* Orbis Biblicus et Orientalis 160/4. Fribourg and Göttingen: Academic Press/Vandenhoeck and Ruprecht.

Baker, H. D. and M. Jursa, eds. (2005). *Approaching the Babylonian Economy: Proceedings of the START Project Symposium Held in Vienna, 1–3 July 2004.* AOAT 330. Münster: Ugarit-Verlag.

Bang, P. F. (2006). "Imperial Bazaar: Towards a Comparative Understanding of Markets in the Roman Empire," in Bang et al. (eds.), pp. 51–88.

(2008). *The Roman Bazaar: A Comparative Study of Trade and Markets in a Tributary Empire.* Cambridge University Press.

Bang P. F. et al., eds. (2006). *Ancient Economies, Modern Methodologies: Archaeology, Comparative History, Models and Institutions.* Bari: Edipuglia.

Beaulieu, P. A. (2005). "Eanna's Contribution to the Construction of the North Palace at Babylon," in Baker and Jursa (eds.), pp. 45–73.

Brinkman, J. A. (1984). "Settlement Surveys and Documentary Evidence: Regional

Variation and Secular Trend in Mesopotamian Demography," *Journal of Near Eastern Studies* 43: 169–180.

Charpin, D. and F. Joannès, eds. (1991). *Marchands, diplomates et empereurs. Études sur la civilization mésopotamienne offertes à Paul Garelli.* Paris: ERC.

Clancier, Ph. et al., eds. (2005). *Autour de Polanyi. Vocabulaires, théories et modalités des échanges*. Paris: De Boccard.

Dahl, J. (2010). " A Babylonian Gang of Potters: Reconstructing the Social Organization of Crafts Production in the Late Third Millennium BC Southern Mesopotamia," in Kogan et al. (eds.), pp. 275–306.

Dandamaev, M. A. (1984). *Slavery in Babylonia from Nabopolassar to Alexander the Great (626–331 BC)*. DeKalb, IL: Northern Illinois University Press.

Dercksen, J. G. (2004). *Old Assyrian Institutions.* Leiden: Nerderlands Instituut voor net Nabije Oasten (NINO).

Diakonoff, I. M., ed. (1982). *Societies and Languages of the Ancient Near East: Studies in Honour of I. M. Diakonoff.* Warminster: Aris and Phillips.

Driel, G. van (2002). *Elusive Silver: In Search of a Role for a Market in an Agrarian Environment. Aspects of Mesopotamia's Society.* Leiden: NINO.

Eidem, J. (1991). " An Old Assyrian Treaty from Tell Leilan, " in Charpin and Joannès (eds.), pp. 185–207.

Garfinkle, S. J. (2012). *Entrepreneurs and Enterprise in Early Mesopotamia: A Study of Three Archives from the Third Dynasty of Ur (2112–2004 BCE)*. Bethesda, MA: CDL Press.

Goldstone, J. (2002). " Efflorescences and Economic Growth in World History: Rethinking the ' Rise of the West ' and the Industrial Revolution," *Journal of World History* 13: 323–389.

Graslin-Thomé, L. (2009). *Les échanges à longue distance en Mésopotamie au Ier millénaire. Une approche économique*. Paris: De Boccard.

Hatcher, J. and M. Bailey (2001). *Modelling the Middle Ages: The History and Theory of England's Economic Development.* Oxford University Press.

Hausleiter, A. et al., eds. (2002). *Material Culture and Mental Spheres. Rezeption archäologischer Denkrichtungen in der Vorderasiatischen Altertumskunde. Internationales Symposium für Hans J. Nissen, Berlin, 23–24. Juni 2000.* AOAT 293. Münster: Ugarit-Verlag.

Hilgert, M., ed. (2011). *Altorientalistik im 21. Jahrhundert: Selbstverständnis, Herausforderungen, Ziele.* Mitteilungen der Deutschen Orient-Gesellschaft 142 (2010). Deutsche Orient- Gesellschaft zu Berlin.

Jursa, M. (2002). *Prywatyzacja i zysk? Przedsie̜biorcy a gospodarka instytucjonalna w Mezopotamii od 3 do 1 tysia̜clecia przed Chr* [Polish: Privatization and Profit? Entrepreneurs and Institutional Households in Mesopotamia from the Third to the First Millennium BC]. Poznan: Poznańskie Towarzystwo Przyjaciół Nauk.

(2005). *Neo-Babylonian Legal and Administrative Documents: Typology, Contents and Archives.* Guides to the Mesopotamian Textual Record 1. Münster: Ugarit-Verlag.

(2010a). *Aspects of the Economic History of Babylonia in the First Millennium BC: Economic Geography, Economic Mentalities, Agriculture, the Use of Money and the Problem of Economic Growth.* With contributions by J. Hackl, B. Janković, K. Kleber, E. E. Payne, C. Waerzeggers, and M. Weszeli. AOAT 377. Münster: Ugarit-Verlag.

(2010b). " Business Companies in Babylonia in the First Millennium BC: Structure, Economic Strategies, Social Setting," in Wissa (ed.), pp. 53–68.

(2011). "Steuer. D. Spätbabylonisch," *Reallexikon der Assyriologie* 13(1/2): 168–175.

(in press a). " Factor Markets in Babylonia from the Late Seventh to Fourth Century BC," *Journal of the Economic and Social History of the Orient.*

(in press b). " Market Performance and Market Integration in Babylonia in the ' Long Sixth Century ' BC," in van der Spek et al. (eds.).

Kogan, L. et al., eds. (2010). *City Administration in the Ancient Near East: Proceedings of the 53rd Rencontre Assyriologique Internationale*, vol. 11. Winona Lake, IN: Eisenbrauns.

Landes, D. S., J. Mokyr, and W. J. Baumol, eds. (2010). *The Invention of Enterprise: Entrepreneurship from Ancient Mesopotamia to Modern Times.* Princeton University Press.

Larsen, M. T. (1982). " Your Money or Your Life! A Portrait of an Assyrian Businessman," in Diakonoff (ed.), pp. 214–245.

Leeuwen, B. van and R. Pirngruber (2011). " Markets in Pre-Industrial Societies: Storage in Hellenistic Babylonia in the Medieval English Mirror," *Journal of Global History* 6: 169–193.

Leick, G., ed. (2007). *The Babylonian World.* London and New York: Routledge.

Liverani, M. (1998). *Uruk la prima città.* Rome and Bari: Laterza.

(2011). *Antico Oriente. Storia società economia.* Rome and Bari: Laterza.

Manning, J. G. and I. Morris, eds. (2005). *The Ancient Economy: Evidence and Models.* Stanford University Press.

Matthews, R. (2003). *The Archaeology of Mesopotamia: Theories and Approaches.* London and New York: Routledge.

Morris, I. (2004). " Economic Growth in Ancient Greece, " *Journal of Institutional and Theoretical Economics* 160: 709–742.

(2005). " Archaeology, Standards of Living, and Greek Economic History," in Manning and Morris, pp. 91–126.

Pamuk, S,., and M. Shatzmiller (2014). " Plagues, Wages and Economic Change in the

Islamic Middle East, 700–1500," *Journal of Economic History* 74: forthcoming.

Pirngruber, R. (2012). " The Impact of Empire on Market Prices in Babylon in the Late Achaemenid and Seleucid periods, ca. 400–140 B.C. " Ph.D. Thesis Vrije Universiteit Amsterdam.

Postgate, J. N. (1994). *Early Mesopotamia: Society and Economy at the Dawn of History,* 2nd edn. London and New York: Routledge.

Potts, D. T. (1997). *Mesopotamian Civilization: The Material Foundations.* London: Athlone Press.

Powell, M. (1994). " Elusive Eden: Private Property at the Dawn of History," *Journal of Cuneiform Studies* 46: 99–104.

Radner, K. and E. Robson, eds. (2011). *The Oxford Handbook of Cuneiform Culture.* Oxford University Press.

Rathbone, D. (1997). " Prices and Price Formation in Roman Egypt, " in Andreau et al. (eds.), pp. 183–244.

Renger, J. (2002). " Wirtschaftsgeschichte des alten Mesopotamien. Versuch einer Standortbestimmung," in Hausleiter et al. (eds.), pp. 239–265.

(2003). "Oikos, Oikoswirtschaft," *Reallexikon der Assyriologie* 10(1/2): 43–45.

(2004). "Palastwirtschaft," *Reallexikon der Assyriologie* 10(3/4): 276–280.

(2005). " K. Polanyi and the Economy of Ancient Mesopotamia, " in Clancier et al. (eds.), pp. 45–65.

(2007). " Economy of Ancient Mesopotamia: A General Outline," in Leick (ed.), pp. 187–197.

Scheidel, W. (2010). " Real Wages in Early Economies: Evidence for Living Standards from 1800 BCE to 1300 CE, " *Journal of the Social and Economic History of the Orient* 53: 425–562.

Spek, R. J.van der, B. van Leeuwen, and J. L. van Zanden, eds. (in press). *A History of Market Performance from Ancient Babylonia to the Modern World.* London and New York: Routledge.

Stol, M. (2004). " Wirtschaft und Gesellschaft in altbabylonischer Zeit, " in Attinger, Sallaberger, and Wäfler (eds.), pp. 643–975.

Streck, M. P. (2010). " Großes Fach Altorientalistik. Der Umfang des keilschriftlichen Textkorpus," in Hilgert (ed.), pp. 35–58.

Temin, P. (2002). " Price Behaviour in Ancient Babylon, " *Explorations in Economic History* 39: 49–60.

Van de Mieroop, M. (1997). "Why Did They Write on Clay?" *Klio* 79: 1–18.

(1999). *Cuneiform Texts and the Writing of History.* London and New York: Routledge.

Veenhof, K. R. (2008). "The Old Assyrian Period," in Wäfler (ed.), pp. 13–263.

(2010). " Ancient Assur: The City, its Traders, and its Commercial Network," *Journal of the Social and Economic History of the Orient* 53: 39–82.

Waerzeggers, C. (2006). "Neo-Babylonian Laundry," *Revue d'Assyriologie* 100: 83–96.

Wäfler, M., ed. (2008). *Annäherungen 5, Mesopotamia. The Old Assyrian Period, part I.* Orbis Biblicus et Orientalis 160/5. Fribourg and Göttingen: Academic Press/Vandenhoeck and Ruprecht.

Wilkinson, T. J. (2003). *Archaeological Landscapes of the Near East.* Tucson: University of Arizona Press.

Wirth, E. (1962). *Agrargeographie des Irak.* Hamburger Geographische Studien 13. Hamburg: Institut für Geographie und Wirtschaftsgeographie.

Wissa, M. ed. (2010), *The Knowledge Economy and Technological Capabilities: Egypt, the Near East and the Mediterranean Second Millennium B.C. – First Millennium A.D. Proceedings of a Conference Held at the Maison de la Chimie Paris, France 9–10 December 2005.* Aula Orientalis Supplementa 26. Barcelona: Aula Orientalis.

Wunsch, C. (1993). *Die Urkunden des babylonischen Geschäftsmannes Iddin-Marduk. Zum Handel mit Naturalien im 6. Jahrhundert v. Chr.* Groningen: Styx.

(2010). "Neo-Babylonian Entrepreneurs," in Landes et al. (eds.), pp. 40–61.

Zawadzki, S. (2005). " The Building Project North of Sippar in the Time of Nabonidus," in Baker and Jursa (eds.), pp. 381–392.

第 3 章

资本主义和古希腊经济

阿兰·布雷森

43 我们能够谈谈公元前 800 年至公元元年之间古希腊世界的资本主义吗？或者这一问题是完全无关紧要的吗？古老的古典世界的历史演变，首先是希腊，然后是罗马，是否有理由与早期现代和现代欧洲的“资本主义革命”相提并论？我们是否应该采用更宽泛的“资本主义”定义，使得如同古典时期地中海世界的过往社会的“资本主义特征”能得到理解？这些都是合理的问题。但在开始之前，有必要强调，将过去的，如巴比伦和古典时代的经济体重新整合到关于“资本主义”的争论当中，会表现出一系列最受欢迎的优点。首先，这使得我们可以重新展开一场已经被打断了几十年的关于长期经济发展的对话。其次，同样有趣的是，这些过去的复杂经济体和现代“资本主义”社会在组织形态上可能的相似性与差别，导致了对它们的经济发展模式的相互质疑。同时，对古代古典经济体在完成向现代资本主义和现代性“大跃进”中的“失败”的无情问题，也可以转而用一个新的议程来解决。

古代和资本主义

古代经济可能具有的“资本主义”特征，在 19 世纪末和 20 世
纪初的德国学术界当中是一个热门的讨论话题。这是一个不仅是生
产组织形式，而且是整个社会组织都在发生彻底转型的工业化时
代。从 1830 年到 1900 年这三代人的时间当中，一个农业和手工业
提供了大量产品的、依然以农业为主的社会，被一个以市场为导向
的重工业和大规模生产主导的、以城市占优势的世界所彻底摧毁和 44
取代了。银行和工厂构成了新的经济和社会环境。资本主义，或者
它似乎是这样，可以用一方面是能够调动大量金融工具，另一方面
是面向大规模生产的新生产和组织技术的结合来进行分析，科学进
步是其中的核心。这种组合可以容纳人均可用的能源和生产数量上
的巨大增长。这也挑战了传统的价值观，以及盛行了几个世纪的旧
政权的社会生活形式。在欧洲，德国向新的社会系统的转型当然是
最快的。这一突破是如此巨大和令人印象深刻的，以至必然影响到
在德国那些新建的、出色而活跃的大学中的社会思想家、经济学家
和历史学家群体之间发生的争论。在这个世界上，古典世界的声望
依然还处于巅峰，其精英群体的成员通常还沉浸在拉丁和希腊文化
之中。因此，提出希腊和罗马这些逝去的，在艺术、文学和哲学等
方面取得巨大成就的著名文明，是否也可能经历了类似的转变的问
题，也就不足为奇了。这是一直持续到现在的关于古代经济性质辩
论的起点。

事实上，从一开始，关于古代经济性质的争论就是在德国帝国将要采取的政策辩论的框架内发展起来的。很快，自由贸易就被当成一种英国用以征服外国市场的阴谋而被否定了。德国政府支持的是一种政府干预和封闭式经济发展的政策，对进口商品施加较重的

关税而以较低的出口价格占领外国市场。这种“国民经济”的政策被德国学术界的各个组成部分所接受和理论化了。德国历史经济学学派采取了一种全面的方法，并且强烈反对秉持经济自由主义的英国拥护者，以及基于开放市场中的个体性偏好提出的各种概念。

这就是关于古代经济性质的辩论的历史背景。所提出的基本问题是，古代经济是否与新的“资本主义社会”享有共同的特征？不同答案之间有着激烈的对立。然而，大多数拥护者有着同样的、盛行于那个时代欧洲思想界的进化主义观点，即一种在人类历史的每一个“阶段”都以一种特定形式的经济和社会组织为代表的思想。
45 在历史学派的领军人物当中，对古代经济最有兴趣的是卡尔·布赫（Karl Bücher）。对他而言，正像他在其著作《国民经济学的兴起》[*Die Entstehung der Volkswirtschaft*，1968（1893）] 中所主张的，不仅古代世界忽视了资本主义，它实际上是资本主义社会的对立模式。他认为，资本主义经济一方面应该以机器、原材料和合适的建筑物形式的固定资本的存在，另一方面应该以贷款、债券、股票和其他金融工具形式的抽象资本的存在来定义。金融为经济体的不同部分提供了联系。布赫认为，古代世界非但没有任何“资本主义特征”，反而处于家庭生产和消费的阶段。每一个家庭的目标在于满足自己的需求。自给自足也是国家的座右铭。贸易和货币只起到了边际上的作用。直到很晚的中世纪“城市经济”之后，与资本主义时代对应的国民经济学才能够发展起来。这样，我们就很容易理解为什么布赫似乎成了很快被称为古代经济学“原始主义”学派的领袖。

历史学家爱德华·迈耶（Eduard Meyer）和卡尔·朱利叶斯·贝洛赫（Karl Julius Beloch）是这一理论最为著名的反对者，他们认为，在古代世界可以看到一种难以置信的“现代”经济发展

（Finley，1979；Schneider，1990）。他们坚持认为当时已经出现了城镇和城市人口的巨大和前所未有的发展、铸币的引入和货币在交易行为中的广泛使用，以及贸易的巨大发展。根据迈耶的观点，人们也能观察到不同结构的存在，以及城市之间为了确保它们产品在国外市场上处于比较有利的位置而展开的竞争。此外，迈耶认为“大财富”（big money）应该为小农场的消失负责。这就可能使得古代希腊世界成为一个在很大程度上与我们时代相似的经济体。这就是相对于布赫，迈耶和贝洛赫被定义为“现代主义者”（modernists）的原因。这种进化论者的印记出现在对古希腊经济发展不同阶段的描述当中，即类似于中世纪、现代早期和西欧现代时期的各种不同发展阶段。

事实上，应该从一开始就比较清楚，大规模工厂和城市间把它们自己产业的产品售卖给外部市场的竞争并不是古代经济的特点。当然，这也并不意味着那时不存在一些比较大的手工业作坊。这种可能拥有几十个工人［如同利西阿斯（Lysias，12.19）提到的，在公元前 4 世纪雅典的外乡人克法洛斯的例子中有时可以达到 120 人（Todd，2000）］的大作坊的确是存在的，但也是稀少的。即使它们能够在劳动的技术分工（在作坊的不同工序上的专业化）基础 46
上组织起来，它们也不需要大量的资本，因为需要在机器上进行大量投资的技术（如同工业革命时的情况）根本不存在。此外，虽然古代商业城市之间的竞争也是常态，但这些城市的目标通常是从其他国家获得贸易优惠，而不是在公开市场上以低价出售它们的工业产品。

因此，如果资本主义的存在性这一问题是以古代世界的（希腊或罗马）大工业存在与否来确定的，答案无疑是否定的。但是，自“原始主义者”和“现代主义者”之间的争论开始的时间起，人们就能在关于古代经济的“资本主义”性质的辩论中看到一个有趣的转变。这一质疑超越了工厂生产的存在与否。因为如果迈耶认为古代世界中存在着与他那个时代相似的工厂，那么布赫将古代世界定义为一个以自我消费为基础的经济体系，而忽视了市场和金融，那也是完全错误的。因此，罗伯特·波尔曼（Robert Pöhlmann）已经认为古代经济通过贸易的大发展、低息贷款、租金和奴隶制度而被资本所主导（Pöhlmann，1925）。它的“资本主义精神”是由一心从事利润探究的人物的存在所揭示的。这就是进行理财学实践的那些人，也就是亚里士多德所谴责的货币的贸易。在庞贝古城一栋房子的入口处刻下的著名语句——“利润万岁”（salve lucrum）可能就是他们的座右铭。

波尔曼的中心思想与沃纳·松巴特（Werner Sombart）的《近代资本主义》（*Der moderne Kapitalismus*，1902）一书是一致的。事实上，他在职业生涯的这一阶段受到了马克思主义观点的强烈影响，松巴特也认为存在两类人群，即资本持有者和被剥夺了任何生产资料所有权的工人。他还强调，资本主义需要某种思想上的倾向，其特点是不存在与任何特定的国家利益的联系，以及对社会或经济现象的独特的理性态度。与他所处时代的偏见一致，松巴特将资本主义与犹太主义联系在一起（Sombart，1913）。他认为，新的资本主义企业的一个核心特征就是拥有复式记账法。它是在中世纪意大利商人城市的世界中发明的，但只有在资本主义充分发展的情况下才能充分发挥其作用。松巴特认为，资本主义企业合理的管理离不开这个系统。

马克斯·韦伯（Max Weber）这位在那个时期理论家中无可争
47 议的巨人，介绍了在很多方面与松巴特相似的主题。韦伯认为，是新教信仰成为资本主义的源泉 [Weber，1930（1904–1905）]。此外，他主张对生活和劳动的一般性理性态度对于资本主义发展发挥了作用。这其中的一个关键因素（要比松巴特支持的复式记账系统更重要）就是资本家的资本与其个人财产之间的分离 [Swedberg，1998：7–21；Weber，1968（1921–1922）]。当然，这些要素在古代是完全缺乏的，但有趣的是，韦伯对此给予了特别的关注 [Weber，1976（1909）]。韦伯本人并没有避免使用“资本主义”一词来代表古代经济，前提是它局限于指代发达的海运贸易、银行业务、种植园经济，当然还包括了奴隶制的存在（Love，1991：9–55）。但对他来说，资本主义发展的具体特征的缺失也有消极的一面。系统性地忽视农业的改善及制造业技术进步的缺乏，使那个世界注定会陷入经济停滞。只要那些独立的城市或国家能够利用支离破碎的地中海提供的各种可能性，有限的增长还是能够发生的。停滞从头至尾都是古代经济的基本特征。在韦伯式的定义中，这就是古代经济的“理想类型”（Swedberg，1998：193–196）。地中海区域的统一和罗马帝国统治的建立，加之国家重要性的提高，引发了一个不可阻挡的、对古代世界的经济是致命的衰退过程。

这就是 20 世纪 20 年代学术辩论的状况。奇怪的是，从那时起一直到 20 世纪 80 年代末，这一辩论一直是僵化的。就像摩西·芬利（Moses I. Finley）著名的《古代经济》（*Ancient Economy*）[Finley，1999（1973）] 一书中的例子一样，它甚至只集中在韦伯思想中最为原始主义的那一面上。直到一代人以前，人们仍然认为古希腊是一个由富有的地主精英主导的社会，他们居住在城镇中，同时剥削着一个贫穷的乡野，那里的人们生活在极端穷困之中。盛行的正统观念承认贸易的存在，但认为它在程度上是有限的，因为它被视为几乎只是为了给精英们提供奢侈品。金融业务可能仍然是原始的，主要包括私人贷款者的高利贷行为。此时可能存在着人口，甚至是产出数量的扩张。但是，那种（有限的）扩张纯粹是扩展边际性的，也就是说，它是人口增长的机械性结果。对应于人均收入增长的集约式增长却没有发生。生产率增长的缺乏被认为是源于技术进步的缺失，其本身根植于精英阶层对任何类型的研究投资均缺乏兴趣。

48 结论是很明确的：建立在从穷人身上征收地租和剥削农民的停滞性经济和社会几乎不能被视为是资本主义性质的。这也是为什么曾经认为的古代古典经济模式可能具有的“资本主义”的一面，现在却完全不被认可了。如果这种分析是正确的，古希腊就不应该在资本主义世界史中占有一席之地。

这个看似非常完善的正统学说现在完全被打破了。一个全新的、更加动态的关于古代经济的整体图景已经从最近的研究中出现了（Bowman and Wilson，2009；Scheidel，2012；Scheidel，Morris，and Saller，2007）。这并没有使得古代希腊经济成为一个“现代资本主义经济”。但是，在公元前 1000 年到公元 1700 年这一时期的、总产品中大部分都是农产品的主导性社会当中，古希腊（以及稍后的早期罗马帝国）展现出一个非常充满活力的社会和经济的一些特征。基于一个非常有利的全球性制度框架、劳动分工、广泛性贸易、金融和契约实践的激进改善，以及技术创新，一个显著的集约型增长产生了。

如果我们把定义限制为那些人造的资本（而不是土地）是主要生产要素，而且竞争性市场架构中的资本积累对确定经济制度至关重要，那么古希腊就不是一个真正意义上的资本主义社会。但是，这却足以证明古希腊在世界资本主义发展史中的地位，这不但是基于它为后世提供的更详细的经济发展的可比较证据，还因为在长期，它在技术、科学和经济制度上带来了根本性和持续性的贡献。

增长、人口和消费

衡量以往社会的增长总是一个艰巨的任务。我们能使用的只是为增长提供评价的代理变量。尽管数字或评估将总会是一个争论的对象，但增长的现实是毋庸置疑的，这完全改变了旧范式的停滞不前社会的图景。正是在这个意义上，“富有的希腊”是古希腊经济的一个完美的表征（Ober，2010）。希腊世界的经济扩张并不局限于地中海地区。它引发了更大范围的扩张，也是公元前 200 年后西方主导的更大扩张的一部分。从公元前 700 年到公元元年这段时间的沉船统计数据无可辩驳地揭示了那一时期贸易的异常膨胀以及由此带来的全球性繁荣（见图 3－1）。公元 50 年之后，桶 49

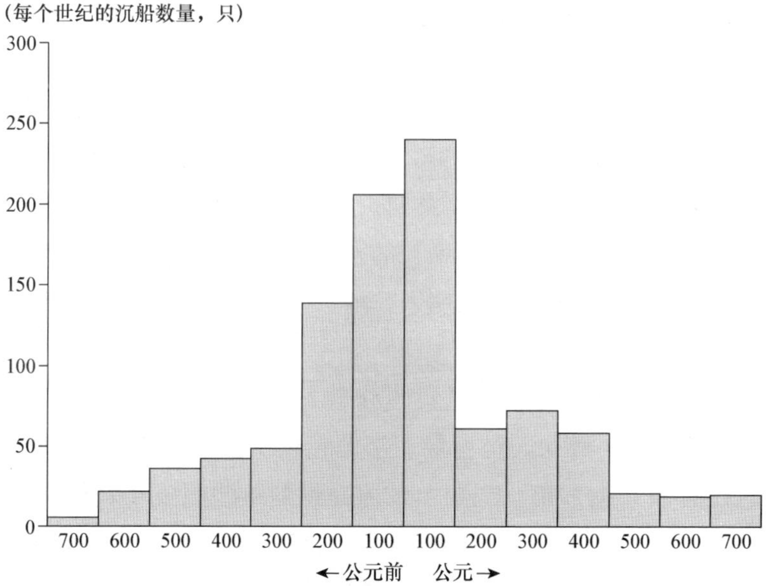

图 3－1　以 100 年区间范围计的地中海沉船数量

（根据时间范围内任何年份每一只船沉没的等概率绘制）

资料来源：Wilson，2011a：35，Figure 2.4.

状容器取代了椭圆土罐。在这个范围内，椭圆土罐是沉船最好的标志，而木制的圆桶会朽烂，这也意味着直到公元 1 世纪之后，沉船不再是经济活动的可靠代理变量。

对于古希腊而言，考古数据（所占的遗址数量和这些遗址的大小）也提供了公元前第一个千年开始至公元前第四个世纪结束期间，不同区域的一个关于重大人口增长的确凿证据（Scheidel，2007：44–47）。更具体地说，在公元前 750 年至公元前 300 年之间，人口可能增长了 4 倍（有的学者甚至认为要更多），而希腊向外部的移民的确在意大利南部、西西里岛以及北非和黑海周边创造出许多新的希腊人口的注入（Morris，2006b）。

毫无疑问，公元前 300 年的希腊大陆和基克拉泽斯州要比其在
50 19 世纪末期有更多人口。然而，公元前 300 年之后，至少在希腊大陆和岛屿，缓慢的衰退已经开始了，而且在希腊化时代的末期变得更加明显了。相比之下，在小亚细亚和邻近的岛屿中，人口增长一直持续到希腊化时期的结束，这就意味着区域分布差异和形成对比的演化过程的存在性，以及初始的希腊人口的激增都需要得到解释。希腊如何养育其不断增长的人口？这个问题更加需要得到回答，因为考古学证据不仅表明人口增长，而且也指向了人均产出和消费的增长。

这种新的繁荣可以通过集体和个人消费情况观察到。公共物品，如下水道、喷泉、体育场、浴池，以及公共花园、公共节日，有时还有公共图书馆，现在由政府提供的这些服务在其他文明中还基本上没有看到。这些服务的质量在古典希腊末期大幅上升，并且在希腊化时代达到了顶峰。至于私人消费，它也被古典希腊时期相对于 500 年前，人口中更大一部分能够获得的商品数量所广泛证实，同时在希腊化时代达到顶点。花瓶上的图案和众多的

考古发现都证明，大房子通常配备有瓦屋顶和储水池；衣服，基本生活用品（如陶瓷或金属制的餐具和炊具），一般而言足够数量的合理多样的食物，浴缸，金属门锁，儿童玩具，死者的复杂墓碑（有时甚至奴隶也可能有一个小的丧葬纪念碑的福利），这些都是当时常见的被消费对象（Morris，2004，2005；Ober，2010）。

这并没有使得希腊成为现代意义上的消费社会，因为稀缺而不是富裕仍然是普遍现象。但至少在这个社会里，很大一部分人口可以接触到各种基本的，甚至是半奢侈的商品。直到荷兰和英格兰这些国家的现代早期开始（这些国家的消费水平确实要更高一些），这些都没有先例。每年资本收入的人均增长同样也是如此，即使它只是在 0.07% ～ 0.14% 的范围内（Ober，2010：251）。这一长时间段内的总增长率比同时期任何其他社会都高多了。对于现代早期的荷兰，然后是英国取得突破之前的任何其他社会而言，这些观察也同样适用。这就意味着古代希腊经济也成功避免了常见的马尔萨斯陷阱，即人均增长很快被人口增长所抵消。

城邦的具体架构

为了理解古代与古典时期希腊世界的经济增长，这一扩张也 51
适用于希腊化世界中那些新的希腊化区域，我们应该看到，这显然与一种原创性的制度联系在了一起：一个新的且具有特定形式的城邦。直到青铜时代末期的大崩溃，希腊世界的政治和经济制度与近东地区那些帝国，特别是强大的美索不达米亚王国的制度都没有什么差别。这是一个建立在本地农民社区向国王以实物形式支付贡品，同时有着复杂的宫廷管理体系的世界（Shelmerdine，Bennet，and Preston，2008）。公元前 1200 年后不久，与近东的这些王国一样，处于迈锡尼文明时期的希腊也开始陷入崩溃（Deger-Jalkotzy，2008）。在青铜时代末期的这场普遍危机之后，东方国家在实物进贡与国王向他的仆人、军官和士兵提供配给的类似基础上进行了重新组合。此外，我们也可以在公元前第一个千年中观察到贵金属，主要是原银在价值传递中日益增大的作用。适当称重的银块可用于国家、寺庙，甚至是个人的交易当中。然而，银子仍然不是唯一和普遍的支付或价值储藏形式。以谷物或者其他商品作为例如工资这些报酬的支付方式依然是常见的。但是，银子在公元前 7 世纪和 6 世纪的巴比伦越来越多地承担了货币的功能（美索不达米亚和阿契美尼德时期近东最发达的那些部分也同样如此）。这就创造了一个尽管是新的，但却是具体的市场经济形式（Jursa，2010：469–753）。

我们不应该忘记，古代和古典世界中的希腊城邦的替代制度是贡品帝国。在古代时代结束时，即在公元前 525 年之后，其东方的所有帝国都统一为一个单独的帝国，即有着显著的扩张和成功时期的波斯帝国（Bedford，2007）。这一体系的挑战和吸引力不应被低估。在当时的地中海 – 中东世界，如果有一个“制度选择”的话，它介于由波斯人这一单一民族主导的等级和官僚帝国与希腊人的组织模式之间。

希腊世界遵循了一种非常不同的发展路径。在青铜时代末期的大崩溃之后，它在新的基础上进行了重组（Morris，2006a）。这一铁器时代的新世界建立在大量小型国家的基础上，其中每一个国家都发展出一种特定的身份认同，并且经常与邻国交战（Hall，2007）。在铁器时代早期，由地主和首领组成的贵族统治着农民阶
52 级，并且在他们手中集中了实物形式的徭役和税收，以及通过长途贸易从近东地区带来的奢侈品（Morgan，2009；Osborne，2009：35–65）。但是，这些国家并没有通过逐步摧毁和吞并邻国而将自

己转变为更大的藩属国，而是走了一条不同的发展道路。

对以前青铜时代宏伟系统破坏的深度当然是这一希腊世界特定路径得以建立的一个不可或缺的前提条件。铁器和其他新技术的引入，以及长途贸易的重新兴起带来了新的繁荣。可以想象，这些贵族们已经能够轻易地获取这种新的繁荣的好处。但是，这些城邦之间持续不断的内斗导致了一种不同的平衡状态。统治阶级需要农民士兵的帮助以维持城邦的独立。由此，他们不得不把一些不成比例的政治特权让渡给普通大众。这些农民士兵拥有自己的军事装备，因此他们不可能被转化为大量一贫如洗和政治上毫无话语权的农村人。即使这一解释需要更为细致的分析（Krentz，2007），也依然是经得起批判的。长期以来，大多数城邦都无法摧毁和奴役它们的邻国（Osborne，2009：161–189）。此外，在公元前 5 世纪初期短暂的波斯人入侵之前，希腊大陆从未受到过外部敌人的威胁。（如果确实是这样，这些微型国家就会被几个甚至一个强大的国家所取代，或者入侵者就会轻松获胜了。）结果就导致了这些城邦国家之间，以及贵族阶级和平民之间的一种原始的均衡状态（Morris，2009）。

这并非一个由唯一君主，或者是由面对一众极端贫穷和被剥夺了所有政治权力的人民的少数富有贵族统治的世界，我们所看到的是一个由富裕农民组成的中产阶级且能够遏制贵族阶级垄断政治权力企图的有自我意识的人民群体。这并不是民主。民主是古代时期最后和古典时期最初阶段的一种特定发展阶段。但是，农民的军事和经济能力的结合，为城邦内部特定形式的政治契约提供了基础。古代希腊和古典希腊世界的特点是形成了一套统治社会生活的政治协定。

早在公元前 7 世纪下半叶开始，随着这些协定不断地在法律

和命令中重复出现，法律在社会当中被讨论和表决，并且适用于每个人。特定的制度确保了在城市中，政治权力不会被一小群人或者
53 单独的个体所垄断。这并不意味着这种情况从来没有发生过，但古希腊政治生活的一个显著特点就是，极端的寡头或专制政权（我们今天的说法是独裁统治）从来不会是稳固的，最终会被摧毁，新的更为平等的系统迟早会重新掌握权力。在古代时代末期，以弗所的哲学家赫拉克利特（Heraclitus）并非偶然地宣称："人民应该像保护他们的城墙一样为捍卫法律而战" [Heraclitus，由沃特菲尔德（Waterfield，2000）翻译：45 页 53 段 = Diels-Kranz（1951–1952）第 22 段 B44 = 狄奥杰尼斯 · 拉尔修（Diogenes Laertius)《著名哲学家的生平和著作》(*Lives of Eminent Philosophers*) 9.2.2–3Long [1964])。

换句话说，古希腊世界是法治的。法律为私有财产和安全的契约行为的发展提供了根本性的制度基础。在古典或者希腊化时期，如果契约被违反了，当事人可以寻求法院的帮助。这对于长途贸易尤其重要，因为城市提供了交易安全所需的法律框架 [Cohen，1973；兰尼（Lanni，2006：149–174）对雅典的分析]。这反过来又提供了能够作为对个人主动性和经济进步最好激励的制度稳定性。在古代世界中，只有那些比较有钱的人才在城市里有发言权，民主则对应于将实际的公民权利延伸到社区所有成员的一个阶段。这后来变成了古典时代末期和希腊化时期的标准制度。这一契约在希腊化时期的结束阶段被彻底打破了，古罗马人对希腊施加的统治，也对应着一种精英阶层垄断政治权力的制度。

市场、金融和商业组织

不管是希腊人还是非希腊人组织的，在城市内部进行的内贸和

与外部世界进行的外贸，在古希腊经济中都发挥了关键性的作用。古希腊城市的一个特殊的特征是存在两种机构：内部市场（agora）和外部市场（emporion），后者是致力于国际贸易的市场（Bresson，2000：263-307）。在内部市场，每个人都能在法律的保护下把他们的产品带来并进行自由销售。在古希腊城市中，税负相对比较低，农产品的税率大约是 10%。这意味着希腊的农民或其他生产者要比近东地区更有激励向市场带来更多的农产品，近东地区的税收水平要高得多。希腊的市场提供的不仅仅是偶尔获得剩余的方便 54
途径，也提供了让生产者可以专注于为特定市场提供特定产品的激励。这意味着随着时间的推移，虽然在不确定的世界里出于安全原因，自给自足的农业从未被放弃过，但还是存在着生产的重组，以便将产品出售给市场。一度流行的关于希腊农业被墨守成规和效率低下所困扰，而且只注重自给自足的观点，应该被彻底地抛弃。希腊农民非常清楚地知道如何从市场机会中获利。

在这些城邦边界之内真实发生的事情对于国际贸易来说就更加如此了。国际贸易十分活跃，在城市生活中也发挥了至关重要的作用。它对于国际劳动分工的建立也是有帮助的。早至古代时期结束（公元前 800 年到公元前 480 年），同时在古典时期则更加如此，希腊人不断扩张，以致本地生产无法提供足够的食物。希腊世界的核心部分（大陆和爱琴海地区）从之前几个世纪中由希腊殖民者建立的"新世界"进口了大量的粮食。雅典的情况比较突出：在公元前 4 世纪下半叶，其三分之二到四分之三的人口都依赖于进口的粮食（Whitby，1998）。然而，希腊大陆南部或者爱琴海地区大多数其他城邦也同样从意大利南部、西西里、昔兰尼（Bresson，2011）、埃及和黑海沿岸地区大量进口粮食。为了支付这些进口品，希腊城市出售各种它们大量生产的高价值商品，例如油料、葡萄酒、手工艺品、奢侈品，或以白银付款。

如果没有出售这些粮食、原材料或纺织品的贸易伙伴组成的网络，希腊世界的人口扩张就不可能实现。能够获得进口的“便宜”粮食（因为它不可能生产出如此大量的粮食或者其他进口商品）使得希腊有可能专业化生产高质量产品。古希腊世界远非一个纯粹致力于满足其人口最直接需求的封闭社会，它所经历的是第一个基于长途贸易的“世界经济”。长途贸易之前就已经在许多区域存在。比如有这样一个案例：在公元前 2000 年早期安纳托利亚地区的亚述殖民地坎内什，从亚述进口锡和珍贵的羊毛布料到安纳托利亚，而黄金和白银则按相反的方向出口（Veenhof，1997：338-339；Veenhof and Eidem，2008：82-90）。在公元前 1000 年的美索不达米亚，高价值的商品在长途贸易中依然占有优势地位（Graslin-Thomé，2009）。

55 希腊世界的特殊情况是，由于海上运输和一个较为复杂的贸易网络，参与长途贸易的商品不仅仅是高价值的物品，还包括大量消费品。不管农民的社会地位如何，生产粮食的积极性（除了埃及，这是一个不同的世界，甚至当希腊人在公元前 332 年控制了这个国家之后都是如此），及产品的选择总是掌握在农民手中。此外，尽管有时城市可以替代个人买主，以争取在国际市场上获得可用货物的更多份额，但贸易航行的主动权总是由私人控制的。在这种情况下，实际的货物运输一直保持在私人手中。但是，贸易商还是需要资本和一种保护性的法律框架。希腊世界在这一领域再次有着惊人的创新。

市场在古希腊（或古罗马）经济中的作用依然是学者们当中一个争论最激烈的议题。市场的问题在于，虽然不等同于长途贸易，却是与其联系在一起的。显然，长途贸易似乎是古代经济最明显的一种成功形式。事实上，现在每个人似乎都同意，从公元前 6 世纪在古希腊世界开始的长途贸易交易（以及作为希腊在整个地中海地区所获得的突破结果），有着一种稳定而显著的增长过程。即使这一代理变量有着自身的缺陷，这也完全可以由从古代到希腊化时期尾声的地中海区域沉船统计数据来验证（参见图 3－1）。从基本的食物，如谷物、红酒、油料，到更精致的产品，如陶瓷、家具、武器、衣服、香水和书籍，以及铁、铜或铅锭、羊毛、木材和大理石这些原材料或半成品，一切都可以进行交易。这种长途贸易的证据，无论是沉船残骸还是陆地和文字资料的考古发现，现在都是压倒性的，而且其重要性无法再被否认。

这并没有使古老的地中海世界成为一个可以与现代市场相媲美的完美或统一的市场。事实上，尽管远距离贸易的存在不可否认，但区域格局也是清晰可见的 [参见雷格（Reger，2011）对于希腊化时期的分析]。在罗马帝国方面，关于市场一体化的辩论似乎主要是在贸易参与者的数量或者繁荣程度方面展开的（Wilson et al.，2012）。同样值得强调的是，除了与当时的技术水平相关的成本之外，古代地中海和现代世界的一个主要区别是，其中很大一部分货物走向市场交易的原因是政治限制的结果：例如，当波斯总督们或 56
希腊的国王们在国际市场上把作为贡品收集而来的粮食出售或者有时赠与的时候，就的确如此。这当然严重影响了在城邦的市场体系中进行经营的生产者的活动。在对外国人，通常是“野蛮人”的人群进行大规模奴役的情况下也一样。这对于可能的“劳动力市场”产生了重大的破坏性影响。

古代希腊世界的基础性创新之一就是新的货币工具的创造：用贵金属制成的硬币（Howgego，1990，1995：1-18；Kroll，2012；Meadows，2008；Schaps，2004）。超越了其中的技术性以及实施这一系统所需要的基本要求（在爱琴海地区有丰富的贵重金属资源），原始的银制货币（就像近东和希腊引入铸币形式的货币之前所使用的）转变为铸币，这意味着货币在社会关系作用上的一次激进的变革。在美索不达米亚或地中海东部的一般传统中，货币完全是私人持有的。它是交易伙伴所选择的商品，同时它的具体构成是由交易中的主导方决定的。在这一点上，政府本身并没有表现出与任何寺庙、银行家或者地主有什么不同。在古希腊，铸币就意味着城市会体现在所有的交易行为中，也就是说所有的交易行为都涉及城市政府，也潜在地与其所有成员相关。在一个城市中的交易意味着只能使用这个城市赋予了其法定货币地位的那种等价物。因此，有价值的交易的空间范围是受到政府掌控的。这些交易现在被社会化了：不再是个人之间纯粹的权力平衡的对象，它们变成了定义希腊城市的互惠网络的一部分 [参见布雷森（Bresson，2005a）对于古典时代末期和希腊化时代的分析]。这恰好是柏拉图在写作《理想国》（*Republic*，2369c–371e）时所思考的，他把希腊城市定义为一种成员之间不断进行互利交易的社区（Bloom，1991：46–48）。

因此，在这一地区，自古代末期或者古典时代以来，铸币成为这些希腊城市中基本的货币形式。它始于银金矿的铸造，即一种金和银的人造合金，最先出现在公元前 7 世纪后半叶的小亚细亚西部。这种统一的货币体系是那个时代世界上的一种独特和激进的创新（Bresson，2009）。后来到了公元前 6 世纪的前半叶，出现了纯金和纯银的首次提炼。这两种贵重金属主导了那些最重要的交易行
57 为（涉及大量银币甚至是金币）。重量较轻的银币，以及后来在公元前 5 世纪后半叶首次引入的具有信用价值的铜币，甚至都在最小规模的交易中得到了使用。这一灵活的工具使得在贸易中和其他商业活动中进行投资具有可行性（如果航行成功完成将会是一次可以

获得很高利润的操作）。

一般来说，资本循环流动使得任何商业活动都有可能进行融资。这对于城市边界之内及其周边的商业都是如此，因为具有国际上认可价值（也就是希腊人所称的“希腊货币”）的铸币允许价值快速而方便地转移。毫无疑问，铸币形式的货币是国家构建的一种工具，同时也是一种新的收税模式（von Reden，2007：58–83，2010：18–47）。

此外，直接由个人或者“朋友”群体，以及银行或者庇护所操作的贷款有效地促进了经济活动（Chankowski，2011；Cohen，1992：111–189；Gabrielsen，2005；Millett，1991：109–217）。希腊城邦通常既会从其内部，也会从外部借得资金（Migeotte，1984）。不过应该强调的是，不管是私人还是公共债务，当时这里都还没有债务工具的交易（Andreau，2006）。这一点当然与现代欧洲早期时有显著的差异（Brewer，1989）。

研究古希腊城邦世界当中商业伙伴关系的分析家之前都喟叹于这种商业伙伴关系的原始性。资本主义企业，及其演化而来的、具有有限责任的合伙制和企业法人形式的公司形式的缺乏，都可以成为古代经济落后性的充分证据。同样也可以根据复式记账制度的缺乏下此定论，因为这可能是能够用来衡量资本的盈利能力的唯一系统。

实际上，不管是在希腊还是后来的罗马，现代形式的资本主义企业在古代都不存在。我们更应该看到的是，私人经营者不是尝试着组建常设的机构，而是竭力将他们的商业活动个体化。例如，商业伙伴会同意只在单次商业交易的基础上进行合作，而不是创造出大规模的商业企业。可能存在许多投资者，以及一个或者几个活跃的商业伙伴（贸易商和船主），但是他们的合作仅限于一次航行以及一项业务。当利润分配完之后，由契约创造出来的义务也就消失了。造成这种商业结构的原因有很多。

根据科斯（Coase）的著名定义，资本主义企业首先被定义为一
58 种对于通过外部市场协调生产和分配的替代方案（Coase，1937）。然而，像是一种悖论且与中世纪世界的情况相反，在古代世界进行市场交易是如此容易，以至于建立狭义上的永久性企业看起来没什么必要。投资者们能够为一系列不同的商业行为订立契约，并通过为他们自己做出投资的最佳选择最小化了风险，也最大化了他们的利润。只要这些商业活动能够被分割成一系列不同的商业行为，计算所投入资本的利润就比较简单了。它不需要在中世纪贸易公司中常见的那些复杂的记账业务，这首先是因为只有精确的会计核算才能使得公司的合作伙伴进行利润的分享。但有趣的是，它们也没有体现出早至公元前2000年开始的时候，在亚述的殖民地坎内什就能观察到的那种集中式的组织形式（Veenhof，1997；Veenhof and Eidem，2008：90–93）。由于它在一个非常不同的体制框架下运作，地理上更多样化，但有更好的法律保障，希腊的商业组织相对较为不集中、比较零散，但也因此更灵活。

如果我们想找到古代的“企业”（尽管通常只有单一的所有者），也是比较容易的。它们主要存在于（但不是完全）农业当中，这里有很多由奴隶工人耕作的大农场。在农场当中，市场不复存在，同时奴隶们必须像在军队中一样服从命令。实际上，市场创造出农场存在的先决条件，因为一方面，土地、农场的建筑、各种工具和工人能够从市场上购得；另一方面，农场会为了市场组织生产。投资所需的资本也可能是借来的，这使得农场成为完整意义上的“资本主义”企业。但是，在日常基础上，同时这也是其与现代资本主义世界的关键差异，农场主并不需要求助于市场。相反，它们竭

力避免诉诸市场。虽然信贷对于现代资本主义企业的经营十分关键（购买原材料或者按照既定契约的要求进行投资），但在古代农场的生产性行为中没有什么作用，农场主或者他的雇工们尽力在农场上生产他们能生产的所有商品（如种子、工具、食物和役畜，等等），同时在销售谷物的时候最大化他的货币收益（Bresson and Bresson，2004）。这就是会计没有像在中世纪晚期和近代早期那样获得发展的原因。不过，希腊世界创造出了一个复杂的单式簿记系统，我们可以在托勒密埃及的大量地产，或者在迪洛斯管理阿波罗神殿的大规模和复杂的金融业务中看到（参见 Bresson and Aubert, in press）。

奴隶制和其他形式的受强迫的劳动力

奴隶制度也完美展现了古代国家给市场带来的特定形式的约 59
束。奴隶制的形象长期以来一直与落后和疲软的经济形态联系在一起。但事实并非如此。实际上，古希腊所实践的传统形式的“动产奴隶制”（chattel-slavery），不仅与市场导向的经济和集约式的增长相容，而且只有在与这两者相关的情况下是有意义的。

不可否认，在希腊大陆上，各种不同形式的强迫劳动共存了一段时间。第一种类型（在时间顺序上是第一个大量出现的）是那些不得不为主人的土地进行劳作的农民群体（Garlan，1988：85-106）。这是一种集体农奴制，与斯巴达的希洛人的例子一样著名（Hodkinson，2008）。这些农民不能在市场上被出售，但是他们对主人的依赖性是可以继承的财产。这种体系在希腊南部的传统城市，如斯巴达和克里特早就已经流行了。这些城市的特征是，除了其他情况之外，由于它们渴望（在不同程度上）将自己与国际贸易分离开来，它们与市场的联系也较少。但是，这种传统的模式受到了建立在雅典模式上的城市的挑战，每一个城市都统一自己的领土，汇集它们的资源，创造了有较大容量的国内市场。在这些城市当中，对劳动力的制约是建立在通过国际市场买卖劳动力的“动产奴隶制”基础之上的，而任何对于本地人口的奴役都是被禁止的。在大多数时候，奴隶是来自非希腊地区，即爱琴海周边或者更遥远的“野蛮人”区域（Garlan，1988：45–55）。很明显，对权力的约束——以自由民众的有效军事组织为基础，其核心是公民群体——使这一系统得以持续。

全世界人口中的奴隶比例始终是争论的一个对象。但是，有一件事是确定的：在古典希腊或者希腊化时期最发达的城市当中，奴隶制度是一种大规模存在的现象。在可能展现给雅典人的任何可行的活动类型当中都使用奴隶（Fisher，2003：34–78）。例如家庭农场中的农业生产，或者是（大量）针对市场的专业化于大规模生产的庄园（特别是需要大量劳动力的油料和红酒的生产）都是如此。同样，采矿业（在当时的生产条件下劳动力的损失比较严重），以及手工业，或者从陶瓷到纺织品，抑或是武器生产的各种手工业也都是如此。奴隶也可以被用作秘书、教师和管理人
60 员。自由劳动者在很多部门也存在，例如在公共建筑工地，他们与奴隶一起工作（Feyel，2006）。然而，确定的是，古代希腊时期之后——至少是在那些拥有充裕的资本和贸易网络的最先进的希腊城市当中——农业和手工业总产出的主要部分是由奴隶生产出来的。

奴隶制对于生产的经济影响是巨大的。诉诸奴隶制并不是“不经济”的，否则会给生产带来负面影响。从奴隶的个体成本、可获利性和管理约束（Scheidel，2012）这些角度，对罗马帝国的奴

隶制体系进行经济分析，同样也完全适用于古希腊的情形。采用动产奴隶制度的基本原因来自市场，不仅因为奴隶劳动力是通过市场提供的，而且因为它将会增加获得递增的投资回报（return on investment，ROI）的机会，尽管劳动生产率没有增长。自由工人永远也不会接受在矿山工作的奴隶承受的那种可怕环境，或者更一般地说，强加给他们的无止境的劳动时间（Scheidel，2007：62–63）。但是，如果奴隶们想免受奴隶主可能给他们施加的可怕惩罚的话，他们就没有其他的选择，而只能接受这一现状。就像亚里士多德提出的著名观点：奴隶是直接增加投资回报率和绕过自动化瓶颈的一种手段 [《政治学》（*Politics*）1.4.3 1253b 34–39，巴克（Barker，1948：14）翻译]：如果物体能够从它们自己的运行中移动，“梭子就会自己织布，而琴拨会自己弹奏竖琴。在此情况下，管理人员不再需要下属，同时奴隶主也不需要奴隶了”。然而，这并不意味着奴隶制度会妨碍创新（关于这一问题，参见下面的分析）。

建立奴隶制度的基本原因有：（1）劳动力的相对缺乏（与可耗竭的资源相比），这就意味着对于奴隶能生产出来的商品或服务有很高的需求，自由劳动力的工资也会很高；（2）一种资本的积累以及对能被奴役的人们在物质上的获取（Scheidel，2008）。沿着这些线索，就可以很容易解释为什么古典雅典的奴隶制度有这么巨大的发展。在阿提卡南部的劳里昂，由奴隶采掘的富银矿提供了巨额利润。反过来，这些利润也给自由人口带来了相对较高的收入（Loomis，1998），以及在国际市场上购买奴隶的大量资本。在当时，广阔的“野蛮的”希腊周边地区能够提供所需的大量奴隶。在这个意义上，劳里昂银矿的奴隶是这一系统的核心，他们采 61
掘出的银矿使得雅典人能够购买或者掌握大量的外国奴隶作为投入品。

通过大量增加劳动力的总投入，奴隶成为古典希腊和希腊化时期经济加速增长的一个基本因素。因为他们是被过度剥削的一种劳动力，同时也没有对他们从事的工作进行补偿，通常不认为奴隶们能够自我繁衍（即使一些繁衍行为发生了，也不足以在稳定的水平上保持奴隶的数量）。因此，奴隶制度需要不断从或多或少较为野蛮的周边地区，输入经过战争而被奴役，或者是海盗袭击的受害者，又或者仅仅是被其家庭出售的男人、女人和儿童，以作为劳动力的新鲜血液输入。即使不总是在同一水平上，对奴隶的总需求也是永久性的，同时也能被视为古代希腊经济的一种基础性特征（从古罗马经济中也能得到相同的观察，在罗马共和国的最后几个世纪以及罗马帝国的初期，对奴隶的需求增长变得让人眩晕）。

养育劳动力的成本对于当时的希腊城市而言几乎可以忽略不计。除了获取并把它们运送到出售的市场的成本之外，这是一种完全会带来利益的行为。对于整个古代世界的总体而言，奴隶制度的全球平衡在生产的意义上大体上是积极的，因为这些奴隶被强制地从较低技术生产率的区域转移到了具有较高技术生产率的区域，在这里他们会被用来从事大量大大优于他们在故乡环境中的工作。当然，这时是希腊一方从投资和产出的额外回报中获得了收益。如果没有奴隶制度，古希腊这些城邦的增长就永远不会如此迅速。在这个意义上，无可争议的是，“希腊文明是否应建立在奴隶劳动力的基础上”（Finley，1983：97-115）这一问题应该得到肯定的回答。

由于被过度剥削的奴隶的生产率在大多数部门都不可避免地优于一个自由劳动者，奴隶制度因此是一个增长的加速因子，最重要的是，在古代世界环境中，动产奴隶劳动力群体得到了足够的激励，以维持最低限度的自然繁衍。这就使得奴隶购买者的投资回报得到了最大化。因此，奴隶制度是古代希腊世界增长过程中的关键因子也就变得很清楚了。这使得市场中的生产投入获得了大量而快速的增长。在短期中，它也促进了资本持有者的利润和资本集中的 62
过程。

最初，在一个只存在有限程度的较高生产率的奴隶经济的世界中，那些已经选择了使用动产奴隶制的城邦将会从巨大的比较优势中获益。而那些保持传统的劳动力剥削形式的城市被边缘化或者崩溃了。只要还没有采用动产奴役制度的地区存在比较优势，这一点就依然成立；换言之，只要奴隶制农场或手工工场的产品能够找到为生产者带来合适利润的市场，就会如此。奴隶制度与贸易，特别是与地中海地区的海上长途贸易，是古代希腊末期和古典希腊时期所谓的“黄金时代”背后的诀窍。爱琴海地区的城市能够将奴隶农场生产的劳动密集型商品或优质手工艺产品全部售卖给一系列顾客，特别是地中海东部的国家——埃及和波斯。

通过它们自己的方式，这些国家富裕和发达起来了，但它们没有把对它们劳动力的剥削建立在奴隶制度之上。在埃及，可能希望为了满足国家的需求而进口特定的一系列希腊商品，而在波斯帝国是为了满足国家和精英贵族二者的需求。那些所谓的“野蛮周边区域”的首领也是如此，他们被希腊的武器、奢侈品或者葡萄酒所吸引。最后，对于后来在被殖民的地中海区域新建的许多希腊城市，或者在许多地中海东部和西部的非希腊人城邦也是如此，在这些地方，可能存在奴隶体系，但没有像位于爱琴海的希腊城市那样有如此大的规模。在希腊化时期，这种比较优势依然能够部分地得以维持。波斯帝国的征服和东方的希腊王国的创立开拓了新的市场。此外，在同一时期，作为此前时代所取得成就的关键因素的各种技术和制度（大规模奴隶制），向地中海西部的转移不断增加，开始对爱琴海地区的增长产生了不同程度的影响。这一过程当然与罗马帝国的政治扩张直接联系在一起，从而变成了一个巨大而自发的增长极。

当罗马征服了整个地中海世界，并且把它转变成一个单一帝国和有潜力的市场时，这些希腊贸易城市的比较优势就开始消失了。尽管有着不同的比例，但动产奴隶制能被引入任何地方——在罗马
63 埃及，这一比例可能是7%～15%（Scheidel，2008：106）。但是，现在越来越缺乏的是非动产奴隶制地区，这些地区可以吸收奴隶经济核心的生产。换言之，正是奴隶体系的存在不可避免地开始影响增长。作为一个整体，古代世界经济增长的一个显著特点是，尽管一度保持了高水平的繁荣，但从罗马帝国开始经历了一个随时间流逝而加速的负增长阶段。以奴隶制为基础的增长的缺点或矛盾是，它也阻止了一个数量巨大的、挣取工资的阶级的产生，该阶级本身可能也代表了一个潜在的大规模市场。

能源和技术创新

给定整个古代时期，农业一直都保持着生产中的主要部门的地位，同时农村被认为总是由日常活动所支配，人们长期以来一直都认为，技术创新整体上在古代世界是非常有限的。但是，这种分析现在已经不再被接受了。科学对技术创新的系统应用是现代资本主义经济的主要特征之一，但在古代世界中仍然是未知的，尽管科学的一些显著的技术应用被证明具有根本的重要性。

甚至那种认为农业生产技术保持不变的观点也应该受到挑战。古希腊的农业并非纯粹建立在一种低效率的日常活动、家庭生产和自给自足之上。实际上，某种惯例是不可避免的。过去的经验让人

们在面对极端的气候、战争和市场不确定性的时候采取一种风险规避的态度。在一个陆路运输成本非常昂贵的世界中，家庭内部消费也是完全合理的，这就意味着家庭和奴隶们生产了他们自己所需的大部分食物。但是，而且很值得注意的是，古希腊的农业不是注定有着低生产率和低效率。如果不是在其基本的生产技术当中（除了在细节上的创新，以及仅仅关系到生产过程的有限阶段的，如同水车或榨油机的引入），它也经历了结构和导向的重大转型。例如，从谷物到葡萄酒或者油料生产的转移带来了每公顷土地热量产出的惊人上升（参见琼格曼，本卷第 4 章）。因此，农业也越来越以市场为导向，总是关注改善种子，甚至没有忽视牲畜的选择性育种和 64
谷物轮作。

也就是说，古希腊的农业由于缺乏便宜而优质的金属工具、肥料（由于地中海式气候限制了放牧而显得特别尖锐），以及非人力或动物的能量投入而严重受阻。在这一点上，它面临着工业革命以前几乎所有传统耕作制度都经历过的局限性。古希腊农业产量的增长当然要比 18 世纪英国农业的急剧飞跃要有限得多。但是，它在当时也是相当了不起的。

古希腊各种技术创新的清单很长，而且令人印象深刻。它反映了一种乐于创新和承受风险的企业家精神（Greene，2000，2007，2008；Wilson，2002，2008）。对于一些例如能源（使用水力）这样的部门，古代世界的技术基础一直存在，直到 18 世纪和 19 世纪的“工业革命”（这个术语似乎又被支持了）。这一长串创新中值得一提的是那些现在我们很熟悉，以至我们可能忘记了它们已经有一段历史的东西，比如有着当下同样形式的装订书籍（Roberts and Skeat，1983）、玻璃瓶（Stern，2008）或者在前文已经提及的铸币形式的货币。分析两个部门的技术创新将有助于说明其形式和导致的后果。

第一个部门是船舶建造技术部门，其在古代希腊的末期经历了急剧的转型（McGrail，2008；Wilson，2011a，2011b）。不再是古代时期那种由拼接模板构成外壳的希腊式船舶，榫卯连接技术的使用（已知在公元前2000年的东方就已经使用了）使得建造更大和更结实的船成为可能。尽管在古代希腊的末期，长途贸易船舶的载货能力似乎很少有超过30公吨的，而在古典希腊末期和希腊化时代的早期，可载重量似乎一般而言已经达到了60～100公吨，有一些较大的船舶已经可以达到120公吨（甚至可能更多）。公元前100年之后，船舶的容量继续上升，许多船只的容量都超过了100公吨，其中有一些船的容量在300～500公吨的范围内（Wilson，2011b：214–215）。帆索和制锚技术（最早是石头，后来是铁和铅，有助于更好地钩住海床）的进步、测深锤、更为复杂的测深舵或舱底泵的使用为航海技术做出了重要的贡献。以著名的亚历山大灯塔为榜样，建造得到更好保护的港口和灯塔——预示着帝国时期甚
65 至可以取得更为壮观的发展——在希腊化时期开始了（Blackman，2008）。使用起重机械来装卸船只也是一个典型例子。

如果没有这些创新，那么就不可能建立一个可持续的网络来运输成千上万的双耳细颈椭圆土罐（amphoras，在古典时代的后期一般每艘船已经可以运送3 000个）、成千上万吨的谷物，以及通过外海的直接海运运输到各种非常遥远的地中海港口的更为普遍的多种多样的商品（Arnaud，2011；Wilson，2011a）。实际上，在劳动力的国际分工过程与各个希腊城邦和希腊化王国的增长中，这都是至关重要的。

第二个有着令人吃惊创新的部门是引入了水车的能源部门（Wikander，2008）。公元前3世纪的这一发明在古代要比以前的设

想有更为广泛的发展（Wilson，2002）。这可能是人类历史上第一次借助于轮子和齿轮的复杂组合，将流水的能量进行转化并用于一个特定的目的，最先是用循环运动来碾磨谷物。现在可以肯定的是，这种新技术很快就得到了采用。在罗马帝国时期，又做了进一步革新，把它与一个曲柄连杆结合在一起，使得水车的旋转运动能够被转化成一种往复运动。这就是希拉波利斯古城的锯木机（公元 3 世纪的前半叶）的工作原理，这是一项后来在罗马帝国各个地方都能看到的创新，特别是用于石材的切割（Ritti，Grewe，and Kessener，2007）。现代资本主义系统合理地与其掌握的各种利用不同能源资源的技术能力联系在一起，这是获得可持续增长的关键。令人惊奇的是，古希腊人发明并广泛使用了第一个具有可操作性的能源转换系统。

然而不可否认的是，尽管有它的好处，水车仍然还不是一种“通用”的能量来源。这就意味着，尽管它带来了巨大的利益，但它影响的仅仅是生产过程的有限环节。例如对于谷物生产而言，在碾磨谷物的过程中水力起到了关键作用，但对于正常的粮食生产，水力在严格意义上没有影响（Zelener，2006）。只有现代的“通用”能量来源导致了生产过程每一个单一环节的革命。这就要求我们重温古代创新的成功之处及其局限性。

传统的分析范式认为，奴隶制已经成为一个限制技术创新的主要因素（Michell，1940：167-168）。低成本的奴隶劳动力（如同人们所认为的）的存在，可能是技术创新的一种抑制因素。这种观点出现在人们认为古代世界既没有经历增长也没有技术创新的时 66
代，这两种观点现在都完全被推翻了。现在需要解释的是，一种相对比较显著的创新过程是如何能够与奴隶制度并行不悖的（Rihll，2008）。

正如上面所观察到的，农民或工匠之间的竞争是普遍存在的，购买和管理奴隶的成本必须得到仔细的监控。奴隶制度没有严重阻碍技术创新的根本原因在于奴隶的基础成本，也就是说，资本投资所代表的，以及在一个混乱市场环境中对其的维护成本（这就表明诉诸条件性解放是合理的，新获得自由的人必须在他的下一个主人需要他们的时候为其工作，而在其他时间他必须自己谋生）。一旦能够在合理的成本下获得新的技术，它就会被广泛采用，就像水车的扩散所证明的，这是一项极大地节约了畜力（不过有时也是奴隶）的技术。在一个竞争性的市场中，同时使用新技术和奴隶总是相对比较有吸引力，而不是仅仅使用奴隶。如果确实有一些创新的潜力可能失去了，只是因为这些奴隶（至少是那些在采矿场或者是大型的农场主农场这种最艰苦的环境中工作的奴隶）在创新中没有获得直接的利益。但是，对于在商店或者工场中独立工作，并且向其主人支付固定租金的奴隶而言，则并非如此，因为创新可能可以使得他们更快地积累起能够令他们赎回自身自由的那笔钱。

技术进步有两种源泉，首先，它绝大多数来源于相互竞争的独立农民或工匠的创新能力，他们试图通过创新来获取更大的利润份额，仅仅是为了在市场上生存。引入创新意味着节省时间和金钱。创新可能对应着已经知道的技术的转移。这就是将一种技术从生产的一个分支部门转移到另一个的例子，就像生产陶瓷产品的模具，在希腊化时期变得很普遍了（Rotroff，1997，2006）。采用已经在另一个地理区域得到开发的技术也是如此，例如上面已经提到的用来制造船舶的榫卯结构，在古代时期结束时在希腊获得了发展，但实际上它起源于地中海东部；又或者是原产于地中海西部，却在希腊化时期被希腊人加以采用并改进的旋转磨盘。创新也可能对应着一种新技术的真正创造，就像公元前 1 世纪早期在腓尼基和犹太王

国中的玻璃吹制工艺（Stern，2008），或者是像水车或者后来的水 67
力锯木厂中的那种新机器。

其次，创新的来源有时就是科学研究。这就是亚历山大博物馆的数学家和科学家的案例，这些人是公元前 3 世纪的托勒密国王们从整个希腊世界邀请而来，或者是像来自锡拉丘兹的阿基米德一样，是其他学校的成员（也是公元前 3 世纪）。齿轮、螺杆、连杆和活塞是这种抽象（同时当然不是直接利润导向的）研究的“副产品”，这些研究对于水车、螺旋压榨机（screw-press，在古代用来压榨橄榄或者葡萄）或者阿基米德式的螺旋升水泵（Archimedean screw，在船舶中或者采矿场中用作抽水泵）等机器的创造具有决定性的作用。

这就引发了在这些发展中存在（或不存在）一种“理性思维”的著名案例。“启蒙”或者一种系统性的面向进步的新文化，一直被倡导为现代资本主义和工业革命的决定性因素（Mokyr，2009）。这种新文化自身可能建立在 18 世纪和 19 世纪中的资产阶级获得的新地位基础之上，并且从此之后是基于在经济事务中创新的自由（McCloskey，2010）。这就是被标记为“理想主义”的方法（Clark，2012）。实际上，对利润和资产阶级“新的尊严”的系统性研究，是工业革命这一方程式的一部分。但是，如果不是以“历史唯物主义”的分析为基础，且如果不是基于已有的经济转型，我们很难想象这种新的态度是如何成为可能的。不过，这种对现代性的简短回顾使我们得以考虑一种可能存在“古代启蒙运动”的问题。

古代世界存在那种能够在工业革命过程中被识别出来的、针对行为的理性模式，以及因此带来的可能针对经济行为的理性模式的态度吗？在古希腊自由市民的行为中非常容易证明“理性态度”的存在性，因为他们系统性地旨在将他们的决策建立在成功或者失败的概率之上，而不是基于宗教或者是其他传统信仰的形式。希腊化时期最先进的科学家们能够设想出地球是圆形的，同时能够相当准确地测度它的周长。在公元 2 世纪，托勒密（Ptolemy）的《地理学》（*Geograshy*）一书描述了他那个时代的世界，每个地点都是由经纬度坐标定义的。至于科学在技术创新中的应用，甚至可以证明，即使在现代工业革命中，经验发现、试验和错误，以及更普遍的非科学而不是科学过程，在第一阶段也是至关重要的（Allen，
68 2009）。有趣的是，热力学的抽象原理是卡诺（Carnot）在 19 世纪 20 年代发展出来的，而这已经是纽科门蒸汽机使用之后一个世纪了（Mokyr，2009：124–144）。

增长、增长极限和古希腊的“资本主义”

古希腊世界长期享受着前所未有的经济增长。这种增长根本上来源于一种原始的城邦制度。法治确立了契约上的平等性，也在议会中确立了公民之间的平等性。这反过来也触发了相对有效率的国内外市场的设立，而这在没有能源成本的条件下利用了地中海区域的资源，也就是风力资源（Bresson，2005b）。这也同样促进了积极的劳动力分工，以及一种相对没有先例的创新过程。

如果铸造货币使得积累资本和生产大量财富变得更为容易，那么古希腊城市的一个显著特点就是存在着一大类较为富有的人群，他们完全得益于城邦模式的存在性。至于下层阶级，它受益于城邦实施的保护系统，其在一个合理的价格水平上维持了一种最低水平的食品供给，甚至是在可负担水平上的公共医师服务。在古代希腊，曾经出现过几段食物缺乏的时期，但是除了在战争时期，地中海世界的近东部分，甚至是欧洲中世纪发生的那种类型的大规模饥

荒都没有出现过。普通古代希腊城市中的收入不平等程度当然要比那些近代社会低，也要比与其同时代的东方类似国家低得多。这在很大程度上促进了古代城邦世界的全球性经济成功。

这些成就受到了罗马征服者的挑战，他们实行了相对较为不平等的政治制度。这其中的一个悖论是，正是地中海区域的统一和对于一个似乎是“统一”市场提供的机会的利用，伴随着相应的旧城邦模式的破坏，导致了整个系统的崩溃。此前建立在中心－外围模式（中心区域从不断带来的奴隶身上获得利润）上的巨大商业利润现在变得不可能了。此外，精英阶层和普通百姓之间的社会差距的扩大现在变得不可避免了，因为前者不再因受到压力而做出任何社会或者政治让步了。这反过来通过降低大多数人改善他们生存环 69
境的激励，削弱了与市场的存在性相关联的创新力量。最后，通过压制言论和政治辩论的自由，它也不可避免地损害了科技创新的能力。在经历了一直延续到希腊化时代末期的有规律增长之后，在罗马帝国期间，数学家和科学家的数量一般都下降了，最后直到第五个世纪，它变得几乎可以忽略不计（Keyser，2010）。从古代时期到希腊化时期，城邦世界中科技创新的蓬勃发展气氛之间的对比是显著的。

还有如何看待蒸汽机的问题，因为尽管这种新技术所带来的直接影响有一些细微差别（Mokyr，2009：123–126），即使不是立刻，也至少在 19 世纪中，它依然代表了新的资本主义产业革命，同时实际上成为它的驱动力。一般来说，燃料（仅仅是木头）的能源成本在古代时期普遍都维持在极高的水平（除了罗马帝国统治下的不列颠，有趣的是，煤炭似乎在那里得到了大规模利用）。地中海世界的核心区域缺乏煤炭，它本来可以提供这种替代性的能量来源。虽然亚历山大学校中的赫伦（Heron）已经构想出了蒸汽机的原理

（Keyser，1992），但在真正的蒸汽机可能被发明出来之前，在金属的质量和金属成型方面还是存在着需要解决的根本性工程难题。但在根本上，地中海世界核心区域煤炭的缺乏意味着，出于成本上的根本原因，蒸汽机的发展绝对是不可能的（Bresson，2006）。

基于这些原因，由于此前几个世纪的“增长引擎”停滞不前，罗马帝国发现自己对于外部冲击显得比较脆弱。在这一意义上，也仅仅是在这种意义上，罗马帝国作为后续的古希腊世界的历史是一个存在中断的故事。发展所缺乏的并不是一种特定的意识形态，据说是因为食利地主一直忽视了他们作为企业家的角色定位。取而代之的是一种利润的中心 - 外围模型的崩溃，古希腊城邦法律意义上的平等模式的崩溃，随之而来的一种关于盈利的理性研究模式的崩溃，以及对于自由辩论和科学研究的正面态度的崩溃。作为韦伯式模型的静态“理想类型”范式的替代，一种动态的新制度主义的分析模式使得我们可以更好地理解古代古典世界的复杂历史、它的史无前例的特殊“资本主义”类型增长，以及它的局限性和最终的失败。

参考文献

Allen, R. C. (2009). *The British Industrial Revolution in Global Perspective.* Cambridge University Press.

Andreau, J. (2006). " Existait-il une dette publique dans l'Antiquité romaine?, " in Andreau et al. (eds.), pp. 101–114.

Andreau, J., C. Béaur, and J. -Y. Grenier, eds. (2006). *La dette publique dans l'histoire.* Paris:Comité pour l'Histoire économique et financière de la France.

Archibald, Z. H., J. K. Davies, and V. Gabrielsen, eds. (2005). *Making, Moving and Managing: The New World of Ancient Economies, 323–31 BC.* Oxford Books.

(2011). *The Economies of Hellenistic Societies, Third to First Centuries BC.* Oxford

University Press.

Arnaud, P. (2011). " Ancient Maritime Trade and Sailing Routes in their Administrative, Legal and Economic Contexts," in Wilson and Robinson (eds.), pp. 59–78.

Barchiesi, A. and W. Scheidel, eds. (2010). *The Oxford Handbook of Roman Studies.* Oxford University Press.

Barker, E. (1948). *The Politics of Aristotle,* trs. E. Barker. Oxford: Clarendon Press.

Bedford, P. R. (2007). "The Persian Near East," in Scheidel et al. (eds.), pp. 302–329.

Blackman, D. J. (2008). "Sea Transport, Part 2: Harbors," in Oleson (ed.), pp. 638–670.

Bloom, A. (1991). *The Republic of Plato,* trs. A. Bloom, 2nd edn. New York: Basic Books.

Bowman, A. and A. I. Wilson (2009). *Quantifying the Roman Economy: Methods and Problems.* Oxford University Press.

Bresson, A. (2000). *La cité marchande,* Bordeaux: Ausonius.

(2005a). " Coinage and Money Supply in the Hellenistic Age," in Archibald et al. (eds.),pp. 44–72.

(2005b). "Ecology and Beyond," in Harris (ed.), pp. 94–114.

(2006). " La machine d'Héron et le coût de l'énergie dans le monde antique," in Lo Cascio (ed.), pp. 55–80.

(2009). " Electrum Coins, Currency Exchange and Transaction Costs in Archaic and Classical Greece," *Revue Belge de Numismatique et de Sigillographie* 140: 71–80.

(2011). "Grain from Cyrene," in Archibald et al. (eds.), pp. 66–95.

Bresson, A. and J.-J. Aubert (in press). " Accounting in Greece and Rome," in Bresson et al. (eds.).

Bresson, A. and F. Bresson (2004). "Max Weber, la comptabilité rationnelle et l'économie du monde gréco-romain," *Cahiers du Centre de Recherches Historiques (EHESS)* 34: 91–114.

Bresson, A., E. Lo Cascio, and F. R. Velde, eds. (in press). *The Oxford Handbook of Ancient Economics.* Oxford University Press.

Brewer, J. (1989). *The Sinews of Power: War, Money, and the English State, 1688–1783.* New York: Knopf.

Bücher, K. (1968 [1893]). *Industrial Evolution.* Trs. from the third German edn. New York: A. M. Kelley.

Calder, W. M. Ⅲ and A. Demandt (1990). *Eduard Meyer. Leben und Leistung eines Universalhistorikers.* Leiden and New York: Brill.

Chankowski, V. (2011). " Divine Financiers: Cults as Consumers and Generators of Value," in Archibald et al. (eds.), pp. 142–165.

Clark, G. (2012). " Review of Mokyr 2009, " *Journal of Economic Literature* 50(1):

85–95.

Coase, R. H. (1937). "The Nature of the Firm," *Economica* 4(16): 386–405.

Cohen, E. E. (1973). *Ancient Athenian Maritime Courts.* Princeton University Press.

(1992). *Athenian Economy and Society: A Banking Perspective.* Princeton University Press.

Dal Lago, E. and C. Katsari, eds. (2008). *Slave Systems: Ancient and Modern.* Cambridge University Press.

Deger-Jalkotzy, S. (2008). " Decline, Destruction, Aftermath, " in Shelmerdine (ed.), pp. 387–416.

Diels, H. and W. Kranz (1951–1952). *Die Fragmente der Vorsokratiker.* Griechisch und Deutsch von Hermann Diels. Herausgegeben von Walther Kranz, sixth edn. Hildesheim: Weidmann.

Feyel, C. (2006). *Les artisans dans les sanctuaires grecs à travers la documentation financière en Grèce.* Paris: De Boccard.

Finley, M. I. (1983 [1981]). *Economy and Society in Ancient Greece,* ed. with introduction by B. D. Shaw and R. P. Saller. London: Penguin Books.

(1999 [1973 and 1985]). *The Ancient Economy.* Berkeley: University of California Press.

Finley, M. I., ed. (1979). *The Bücher-Meyer-Controversy.* New York: Arno Press.

Fisher, N. R. E. (1993). *Slavery in Classical Greece.* Bristol Classical Press.

Gabrielsen, V. (2005). " Banking and Credit Operations in Hellenistic Times, " in Archibald et al. (eds.), pp. 136–164.

Garlan, Y. (1988). *Slavery in Ancient Greece.* Ithaca and London: Cornell University Press.

Graslin-Thomé, L. (2009). *Les échanges à longue distance en Mésopotamie au Ier millénaire. Une approche économique.* Paris: De Boccard.

Greene, K. (2000). " Technological Innovation and Economic Progress in the Ancient World: M. I. Finley Re-Considered," *Economic History Review 53*: 29–59.

(2007). " Late Hellenistic and Early Roman Invention and Innovation: The Case of Lead-Glazed Pottery," *American Journal of Archaeology* 111: 653–671.

(2008). "Historiography and Theoretical Approaches," in Oleson (ed.), pp. 62–90.

Hall, J. M. (2007). "Polis, Community and Ethnic Identity," in Shapiro (ed.), pp. 40–61.

Harris, William V., ed. (2005). *Rethinking the Mediterranean.* Oxford University Press.

Harris, W. V. and K. Iara, eds. (2011). *Maritime Technology in the Ancient Economy: Ship Design and Navigation.* JRA Supplementary Series 84. Portsmouth, RI: Journal of Roman Archaeology.

Heinen, H., ed. (2010). *Antike Sklaverei. Ruckblick und Ausblick.* Stuttgart: Steiner.

Hodkinson, S. (2008). " Spartiates, Helots and the Direction of the Agrarian Economy:

Toward an Understanding of Helotage in Comparative Perspective," in Dal Lago and Katsari (eds.), pp. 285–320.

Howgego, C. J. (1990). " Why did Ancient States Strike Coins?" *Numismatic Chronicle* 150:1–25.

(1995). *Ancient History from Coins*. London and New York: Routledge.

Jursa, M. (2010). *Aspects of the Economic History of Babylonia in the First Millennium BC: Economic Geography, Economic Mentalities, Agriculture, the Use of Money and the Problem of Economic Growth*. Munster: Ugarit-Verlag.

Keyser, P. T. (1992). " A New Look at Heron's ' Steam Engine ' ," *Archive for History of Exact Sciences* 44: 107–124.

(2010). "Science," in Barchiesi and Scheidel (eds.), pp. 859–881.

Krentz, P. (2007). "Warfare and Hoplites," in Shapiro (ed.), pp. 61–84.

Kroll, J. H. (2012). " The Monetary Background of Early Coinage," in Metcalf (ed.), pp. 33–42.

Lanni, A. (2006). *Law and Justice in the Courts of Classical Athens*. Cambridge University Press.

Lo Cascio, E., ed. (2006). *Innovazione tecnica e progresso economico nel mondo romano*. Bari: Edipuglia.

Long, H. S. ed. (1964). *Diogenes Laertius. Vitae philosophorum*. Oxford: Clarendon Press.

Loomis, W. T. (1998). *Wages, Welfare Costs and Inflation in Classical Athens*. Ann Arbor: University of Michigan Press.

Love, J. R. (1991). *Antiquity and Capitalism: Max Weber and the Sociological Foundations of Roman Civilization*. London and New York: Routledge.

Manning, J. G. and I. Morris (2005). *The Ancient Economy: Evidence and Models*. Stanford University Press.

McCloskey, D. (2010). *Bourgeois Dignity: Why Economics can't Explain the Modern World*. University of Chicago Press.

McGrail, S. (2008). " Sea Transport, Part 1: Ships and Navigation," in Oleson (ed.), pp. 606–637.

Meadows, A. (2008). "Coinage," in Oleson (ed.), pp. 769–777.

Metcalf, W. E., ed. (2012). *The Oxford Handbook of Greek and Roman Coinage*. Oxford University Press.

Michell, H. (1940). *The Economics of Ancient Greece*. Cambridge University Press.

Migeotte, L. (1984). *L'emprunt public dans les cités grecques*. Paris: Les Belles Lettres.

Millett, P. (1991). *Lending and Borrowing in Ancient Athens*. Cambridge University

Press.

Mokyr, J. (2009). *The Enlightened Economy: An Economic History of Britain 1700–1850.* New Haven: Yale University Press.

Morgan, C. (2009). "The Early Iron Age," in Raaflaub and van Wees (eds.), pp. 41–63.

Morris, I. (2004). " Economic Growth in Ancient Greece, " *Journal of Institutional and Theoretical Economics* 160: 709–742.

(2005). " Archaeology, Standards of Living, and Greek Economic History," in Manning and Morris (eds.), pp. 91–126.

(2006a). "The Collapse and Regeneration of Complex Society in Greece, 1500–500 BC," in Schwartz and Nichols (eds.), pp. 72–85.

(2006b). " The Growth of Greek Cities in the First Millennium BC," in Storey (ed.), pp. 27–51.

(2009). "The Eighth-Century Revolution," in Raaflaub and van Wees (eds.), pp. 64–80.

Ober, J. (2010). "Wealthy Hellas." *Transactions of the American Philological Association* 140: 241–286.

Oleson, J. P., ed. (2008). *The Oxford Handbook of Engineering and Technology in the Classical World.* Oxford University Press.

Osborne, R. (2009). *Greece in the Making, 1200–479 BC.* London and New York: Routledge.

Parkins, H. and C. Smith (1998). *Trade, Traders and the Ancient City.* London and New York: Routledge.

Pöhlmann, Robert von (1925). *Geschichte der sozialen Frage und des Sozialismus in der antiken Welt,* 2 vols. Munich: C. H. Beck.

Raaflaub, K. A. and H. van Wees (2009). *A Companion to Archaic Greece.* Chichester and Malden, MA: Wiley-Blackwell.

Reden, Sitta von (2007). *Money in Ptolemaic Egypt: From the Macedonian Conquest to the End of the Third Century BC.* Cambridge University Press.

(2010). *Money in Classical Antiquity.* Cambridge University Press.

Reger, G. (2011). " Inter-Regional Economies in the Aegean Basin, " in Archibald et al. (eds.), pp. 368–389.

Rihll, T. (2008). " Slavery and Technology in Pre-Industrial Contexts," in Dal Lago and Katsari (eds.), pp. 127–147.

(2010). " Skilled Slaves and the Economy: The Silver Mines of the Laurion, " in Heinen (ed.), pp. 203–220.

Ritti, T., K. Grewe, and P. Kessener (2007). " A Relief of a Water-Powered Stone Saw Mill on a Sarcophagus at Hierapolis and its Implications, " *Journal of Roman Archaeology*

20:138–163.

Roberts, C. H. and T. C. Skeat (1983). *The Birth of the Codex.* Oxford University Press.

Rotroff, S. I. (1997). *Hellenistic Pottery: Athenian and Imported Wheelmade Table Ware and Related Material,* 2 vols. Princeton, NJ: American School of Classical Studies at Athens.

(2006). " The Introduction of the Moldmade Bowl Revisited: Tracking a Hellenistic Innovation," *Hesperia* 75: 357–378.

Schaps, David M. (2004). *The Invention of Coinage and the Monetization of Ancient Greece.* Ann Arbor: University of Michigan Press.

Scheidel, W. (2007). "Demography," in Scheidel, Morris and Saller (eds.), pp. 38–86.

(2008). " The Comparative Economics of Slavery in the Greco-Roman World," in Dal Lago and Katsari (eds.), pp. 105–126.

Scheidel, W., ed. 2012. *The Cambridge Companion to the Roman Economy.* Cambridge University Press.

Scheidel, W., I. Morris, and R. P. Saller, eds. (2007). *The Cambridge Economic History of the Greco-Roman World.* Cambridge University Press.

Schneider, H. (1990). " Die Bücher – Meyer Kontroverse," in Calder and Demandt (eds.), pp. 417–445.

Schwartz, G. M. and J. J. Nichols (2006). *After Collapse: The Regeneration of Complex Societies.* Tucson: University of Arizona Press.

Shapiro, H. A. (2007). *The Cambridge Companion to Archaic Greece.* Cambridge University Press.

Shelmerdine, C. W., ed. (2008). *The Cambridge Companion to the Aegean Bronze Age.* Cambridge University Press.

Shelmerdine, C. W., J. Bennet, and L. Preston (2008). " Mycenaean States: Economy and Administration," in Shelmerdine (ed.), pp. 289–309.

Sombart, W. (1902). *Der moderne Kapitalismus.* Vol I: *Die Genesis des Kapitalismus.* Leipzig: Duncker and Humblot.

(1913). *The Jews and Modern Capitalism.* Trs. from the German edn 1911. London: Unwin.

Stern, E. M. (2008). "Glass Production," in Oleson (ed.), pp. 520–547.

Storey, G. R. (2006). *The Archaeology of Preindustrial Cities.* Tuscaloosa: The University of Alabama Press.

Swedberg, R. (1998). *Max Weber and the Idea of Economic Sociology.* Princeton University Press.

Todd, S. C., trans. (2000). *Lysias* (*The Oratory of Classical Greece*). Austin, TX: University of Texas Press

Veenhof, Klaas R. (1997). " Modern Features of Old Assyrian Trade, " *Journal of the*

Economic and Social History of the Orient 40: 336–366.

Veenhof, K. R. and J. Eidem (2008). *Mesopotamia: The Old Assyrian Period.* Göttingen: Vandenhoeck and Ruprecht.

Waterfield, R. (2000). *The First Philosophers: The Presocratics and Sophists.* Trs. with commentary R. Waterfield. Oxford University Press.

Weber, M. (1930 [1904–1905]). *The Protestant Ethic and the Spirit of Capitalism.* English trs. T. Parsons and A. Giddens. London and Boston: Unwin Hyman.

(1968 [1921–1922]). *Economy and Society: An Outline of Interpretative Sociology,* ed. G. Roth and C. Wittich. New York: Bedminster Press.

(1976 [1909]). *The Agrarian Sociology of Ancient Civilizations.* London and Atlantic Highlands, NJ: Humanities Press.

Whitby, M. (1998). " The Grain Trade of Athens in the Fourth Century BC," in Parkins and Smith (eds.), pp. 102–128.

Wikander, Ö. (2008). " Sources of Energy and Exploitation of Water Power," in Oleson (ed.), pp. 136–157.

Wilson, A. I. (2002). " Machines, Power and the Ancient Economy," *Journal of Roman Studies* 92: 1–32.

(2008). "Machines in Greek and Roman Technology," in Oleson (ed.), pp. 337–366.

(2011a). " Developments in Mediterranean Shipping and Maritime Trade from the Hellenistic Period to AD 1000," in Robinson and Wilson (eds.), pp. 33–59.

(2011b). " The Economic Influence of Developments in Maritime Technology in Antiquity," in Harris and Iara (eds.), pp. 211–233.

Wilson, A. I. and Robinson, D., eds. (2011). *Maritime Archaeology and Ancient Trade in the Mediterranean.* Oxford University Press.

Wilson, A. I., P. F. Bang, P. Erkamp, and N. Morley (2012). " A Debate on the Market," in Scheidel (ed.), pp. 287–317.

Zelener, Y. (2006). " Between Technology and Productivity," in Lo Cascio (ed.), pp. 303–318.

第
4
章

重构古罗马经济

威廉·琼格曼

现代正统观念

在过去的几十年里，关于罗马经济的现代正统观念一直很简单：绝大多数人的生活位于或者接近于维持生存的水平，而这在罗马文明的整个存在期间几乎没有变化（Finley，1985；Jongman，1988：15-62）。存在的财富仅仅属于很小部分的地主精英阶层，例如罗马公共建筑这样的金碧辉煌实际上代表帝国主义的荣耀。罗马经济是一种没有经济增长的欠发达和停滞的经济。这是一种长期中没有任何变化的终极世界，文化因素是这种停滞的一个解释：主流的价值体系阻止了精英涉足贸易和制造业。结果就是，这些经济部门的规模依然较小，同时市场也不重要。这些精英们当然都是贪得无厌的，但未能形成一种以利润最大化为目标的创新型经济理性。在军事领域之外，对技术创新的兴趣是不存在的。精英阶层的思维还是一种地主的思维，厌恶风险，常常更为关注的是自给自足

75

而不是最大化利润。结果，不仅市场维持不发达的状态，银行部门或者货币系统同样也是如此。除了财政政策之外，国家也没有制定出其他能够保证收益的经济政策，这是因为它既没有把经济设想为一个概念，也看不清它本身在其中的作用。所有这些带来的结果就是，经济没有获得增长。在分析上，依循实体主义经济人类学（以及他们的德国经济学历史学派的先驱者）的脚步，现代经济理论被认为与希腊和罗马经济停滞的文化解释无关。因此，过去几十年的古代经济史学家从他们更现代时期的同僚那里，进行了一个完全不同的理论转变。

76 从这一分界线的他们自己一方来看，较为近期的历史学家乐意认同他们自己的历史，而这些历史往往在公元1000年左右才开始：在此之前，“什么都没有发生过”。伴随着中世纪的增长、早期的现代商业城市和商业性资产阶级（或者仅仅是工业革命），才出现了一些变化。因此，古代和更为现代的经济史学家在此期间使用了一个简单的历史发展模型，这其中的运动只是单向的。关于古代经济的讨论大部分都局限于它不是什么，以及为什么。

这种悲观模式的优点在于，它强调了我们现代繁荣的资本主义世界和一个没有现代经济增长的、更遥远的过去世界之间的区别。这是充分认识到前工业化的过去实际上是一个陌生的和我们已经失去的世界的产物。没有人能够写出米哈伊尔·罗斯托夫采夫（Michail Rostovtzeff）曾经写下的话语：

> 我毫不怀疑的是，一部分或者大多数的现代意大利城市与它们罗马时期的祖先几乎没有什么差异……我们可以说，在舒适、美丽和卫生方面，罗马帝国的城市，作为希

> 腊主义父母的优秀继承者，并不比许多现代的欧美城市逊色。（Rostovtzeff，1957：142-143）

现代世界和前工业化时代这种对比的缺点是，它太容易忽视前工业化社会内部发生的变化，以及一些前工业化社会和其他社会之间的差异。并不是所有的前工业化社会都存在勉强糊口的生活。它们中有一些即使没有经历工业革命或现代经济增长，也显然要更加繁荣和成功（Allen，2009）。

例如，我们的文艺复兴时期的先辈已经很清楚地意识到了这种差别，并且认为古典时代（尤其是古代罗马）要比他们自己的时代优越。实际上，例如，与 35 000 人一起生活在曾经有 100 万居民的罗马城市的废墟中，他们的这种赞叹和敬畏就很容易被理解了。几个世纪以来，罗马帝国在文化、行政和经济上一直都是灵感和敬佩的源泉。这是一种直到工业革命的早期阶段，当现代欧洲第一次开始超越古罗马时才得以消退的敬佩情节。古罗马的工程师们制定了高标准，罗马人比此前任何一个社会（以及很多在其之后的社会）都使用更多的铁和其他金属，不过他们没有建造一座铁桥，也没有掌握蒸汽动力。因此，对罗马时期所获得成就的赞赏，被关于现代 77
社会的自由乐观主义，以及一种完全否认中世纪是一段黑暗时期的新浪漫主义中世纪精神所排挤，反而认为它们是现代世界的摇篮。

现代经济当然要比前工业化社会时期成功得多。在平均水平上，我们的寿命至少是原来的两倍，而且我们的人口要多得多，同时我们的生活水平还比前工业化的过去任何时代都要高得多。最后，这种生活水平几乎每年都在大幅度改善，而且越来越多的世界人口都享受到了。这一过往实际上变得陌生了。不过，这依然不是将所有前工业化的过去社会都认为是一种不变的世界，在其中生活永远是野蛮和短暂的。马尔萨斯模式是关于前工业化社会经济变迁的一个流行模式：随着人口增长，边际劳动生产率下降，因此劳动者收入也下降。只有类似饥荒和传染病这样的正面抑制因素才能逆转这一趋势，此时人口的下降再一次提高了劳动生产率。因此，人口和大众繁荣的长期趋势朝着相反的方向发展。历史上的问题就是，这是否就是它的全部：马尔萨斯模式是逃不掉的吗？

实际表现：人口和其他趋势

有趣的是，关于这种悲观的现代正统思想几乎还没有经过任何实证检验。虽然对于罗马精英阶层没有从事贸易和制造业的命题有批评意见，但是几乎没有人尝试测度实际的经济表现：我们都认为自己知道古罗马的经济表现不是特别好，然而没有人思考过我们应该如何对这种经济表现进行实证上的真实测度。我们大多数人都在讨论停滞的可能解释。数据获得确实是一个问题，因为除了一些例外情况之外，我们没能获得提供统计数据的档案或者其他文件资料。最大的例外是古罗马统治下的埃及，那里干燥的沙漠环境保存了一些用莎草纸写的行政文件。然而，即使是这样，尽管这些记录实际上足以表明，在罗马时代确实存在着丰富的公共和私人书面管理资料，但这些留存下来的只是早期现代历史学家本该拥有的很小一部分。

除了埃及之外，几乎整个关于古罗马的现代历史描述都是以大多数是精英作家的古代文学描述为基础的。这些野史轶事式的描写缺乏任何可靠的数量信息，而且至少需要对这些作者的偏见进行严肃的解构。因此，关于工资和价格的数据几乎寥寥无几。对
78 古希腊和罗马感兴趣的现代历史学家可能不了解，例如，对古罗

马 GDP 进行的巧妙重建往往是在少数几个数据点的基础上进行的（Goldsmith，1984；Hopkins，1980；Lo Cascio and Malanima，2009；Maddison，2007；Scheidel and Friesen，2009；Temin，2013）。这就像仅仅基于 20 世纪 30 年代肯塔基州的汉堡价格、20 世纪 60 年代弗吉尼亚州的汽车价格、20 世纪 90 年代旧金山的电工工资和 20 世纪 40 年代路易斯安那州一个村的税收收入来重构 20 世纪美国 GDP 的变化一样 [参见沙伊德尔（Scheidel，2010）对工资和价格的分析]。简而言之，这些重构是来自迥然不同的地区和时期的复合产物，同时所提供的在空间和时间上进行分解的可能性也很小。增长作为一种随着时间进行精确变化的过程，在这些数据重构中依然看不到。另外，对任何更好的分析结果而言，这些观察实在是太少了。因此，许多量化看起来像真实的东西，其实都是骗人的。

不管怎样，过去几年当中，一种完全不同的研究方法论的潜力已经展现出来了。尽管我们没有关于古罗马经济活动的文字记录，我们却有一些物质遗迹。现代研究古罗马的考古学家已经明显摆脱了印第安纳 · 琼斯（Indiana Jones）的那种刻板形象，关注的是对过去的经济和社会生活（除其他外）的彻底重建。他们的方法论是复杂的，所得的结果能使我们更接近古代生活的现实。这些新的方法论可以分为三种。第一种是现代的、包括考古学科学在内的深入挖掘技术分辨能力的提高。第二种是聚落考古学（settlement archaeology），特别是实地调查，即收集大面积的地表数据以重建居住和土地使用的模式。第三种是对诸如精美的餐具、双耳细颈椭圆土罐和沉船遗骸这些不同类别发现物的综合分析。如果一个沉船事故比较有趣，那么对所有已知的沉船的年代和地理分布的分析将会成倍地提供更多信息。在专业传统上，考古学家们仍然关注独特性和特殊性，但有影响的聚合数据集的研究正在改变这种传统。特别是，很多这些数据都允许构造时间序列，从而可以分析随着时间推移的经济变化。随着从文化解释到实际表现的转变，将人口、生产和消费等经典变量作为考古学代表变量的使用，要比以往任何时候都更为相关。

这些新的证据类型和新的方法也产生了超越文化的新解释类型。如果只是为了识别这些相关的变量，现代经济理论在这场辩论
79 中艰难地比以往发挥了更为突出的作用（Jongman，1988），尽管实质上更为悲观（Jongman，2012b）。最后，与过去几十年几乎所有研究不同的是，这其中涉及一些严肃的量化问题。

这些新的时间序列数据确实与现代正统观念相矛盾，后者认为罗马是一个极端贫穷、停滞不前的和没有什么变化的社会。首先，我要表明的是罗马世界的许多地方，不仅在其核心区域，而且在许多新征服的地区，在公元前的最后几个世纪中发生了巨大的人口增长，随后大多是从公元 2 世纪下半叶开始发生了同样剧烈的人口下降（以及在古代晚期的帝国东部人口有所恢复，但是在西部则没有）。这一过程的大事记年表在古罗马的意大利部分最为明显，在那里，几十年的考古实地调查产生了反映从铁器时代到中世纪早期的聚落形态和居住密度的详细变化拼图（Ikeguchi，2007；Launaro，2011）。考古学家经常强调他们所研究的区域的独特性，但现在已经很清楚，几乎所有的意大利区域，也许从公元前 4 世纪晚期或公元前 3 世纪早期，一直到公元 2 世纪的某段时间，都遵循着一种人口增长的基本模式（Jongman，2009；Lo Cascio and Malanima，2005）。此后，人口下降开始了，有时甚至是戏剧性的。显然，在古罗马时期，大地前所未有地被人口填满了，但到了古代晚期和中世纪早期，人口又再次大幅度减少了。图 4－1 把近期对内图诺和阿

尔本加谷地这两个区域人口变动历史的重现放在一起，以表明这种显著的相似性。

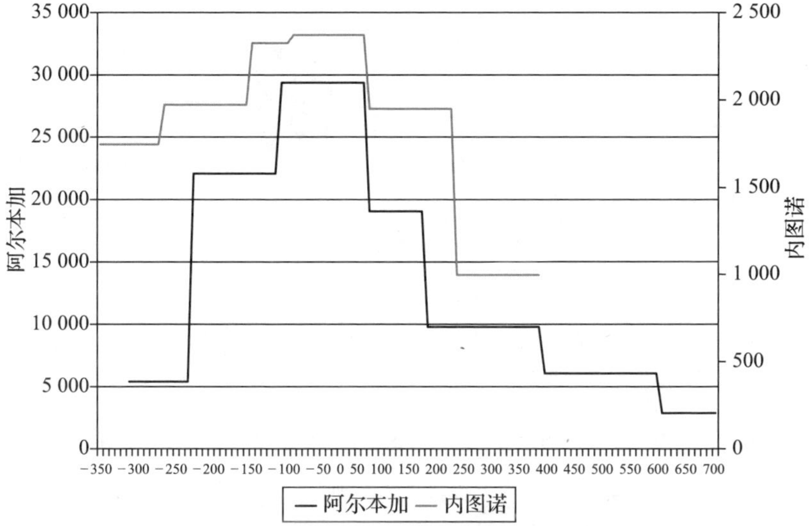

图 4－1　来自实地调查数据的人口趋势和每个区域的总人口

资料来源：De Haas, Tol, and Attema, 2010；Fentress, 2009.

另外，意大利绝不是独一无二的：其他区域在罗马时期也有较高的人口密度。例如在莱茵兰地区，其中一些研究特别充分的区域的详细考古分析，已经为欧洲非常长时间段内的人口趋势提供了可能是最好的估计。在这里，罗马时代的人口密度比之前和之后的时期都大得多（见图 4－2）。

罗马帝国许多地区的人口密度在近代才被超越，即使不是明显得多，帝国的总人口也至少增长到大约 6 000 万人（根据一些学者的研究，甚至高达 9 000 万至 1 亿）（Scheidel，2007a）。随着人口的增长，城市的规模和数量都在增长（见后文）。在欧洲前工业化的历史上，罗马帝国的城市化程度比其他任何社会都要高，城市越来越多，生活方式也越来越都市化。

80

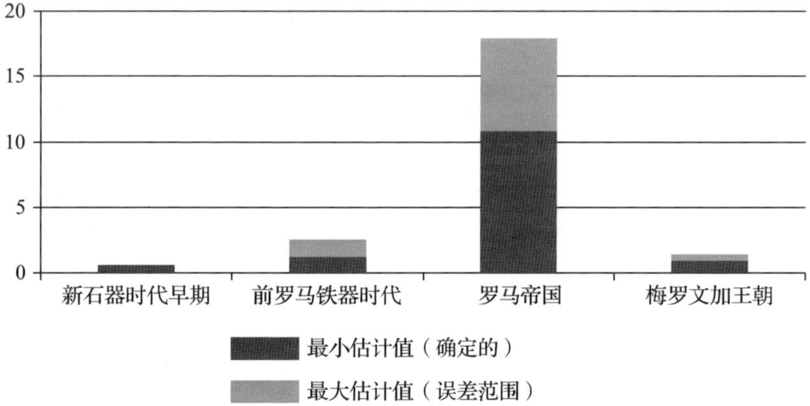

图 4－2　莱茵兰地区的人口密度（每平方千米）

资料来源：Zimmermann et al., 2009：377.

当然，很难回答的问题是，是否所有这些都是好事情？人口密度过高会降低劳动生产率，进而影响人民的生活水平吗（正如我曾经认为的，其他一些人仍然认为如此）？或者它实际上是经济成功和繁荣的产物吗（正如我最近所讨论的那样，）（Jongman，1988，2007b；Scheidel and Friesen，2009）？人口密度已经比较危险地接近马尔萨斯式的天花板了吗？同时它实际能够解释后来
81 的一些衰退吗？这些衰退最先发生在公元 2 世纪后半叶，后来又发生在公元 6 世纪中期当流行病肆虐整个帝国人口的时候。或者生活水平没有受到人口增长的影响，同时对后来的衰退有一种非马尔萨斯式的解释吗？同样地，城市变得如此之大的原因，难道正是因为所争论的，因为城市吸纳了大量被赶出他们自己土地的绝望而贫困的农民吗？或者城市的增长是由于城乡之间增加的和有利的劳动分工，对城市商品和服务的需求增加，以及由此导致的对城市劳动力的需求增加吗（Hopkins，1978；Jongman，2003a）？城市是否因为不断上升的繁荣而发展，并成为经济进一

步增长的引擎？人口和繁荣的趋势是否朝着良性的、与马尔萨斯式路径相反的方向移动？它们可能都是同一个经济成功故事的一部分吗？

我想表明的是，关键绩效指标显示，从公元前 3 世纪或稍晚一点的某个时间，一直到罗马经济在公元前 1 世纪至公元 1 世纪期间达到一个惊人的高峰，生产和消费的总量与人均水平都出现了戏剧性的增长，也许一直持续到公元 2 世纪中期（de Callataÿ，2005；Hong et al.，1994）。正如我之前所说，我们没有关于古罗马工资的重要数据，更不要说任何长时间段的数据了。然而，这里有一个好的具有独创性的例外。我们从德尔菲解放奴隶的碑文中得到了很好的一系列隐含的奴隶价格（Hopkins，1978：161）。这些数据表明，恰好在公元前 2 世纪至公元前 1 世纪奴隶供给大规模上升的时间当中，解放奴隶的价格在上升，也就意味着奴隶的价格在上升。因为奴隶的价格代表了超过生存水平的未来劳动收入的净现值，这就意味着劳动收入在这些世纪实际上上升了（Domar，1970；Jongman，2007b：601–602）。

有很好的考古证据表明生活水平确实在提高。对人口和具有高收入弹性的消费品的实地调查数据的分析，为此提供了一个案例。我们再次转向内图诺的调查，不过这一次我们是将重新构建的人口数量时间序列数据，与双耳细颈椭圆土罐碎片和精美餐具的时间序列数据进行比较。这些都是具有高收入弹性的商品，因此也是繁荣程度上升的很好标志。然而，双耳细颈椭圆土罐和精美餐具消费的简单序列数据只是相对有趣，因为我们知道人口数量也上升了：我们想要看到人均消费的变化。因此，图 4 – 3 利用图 4 – 2 中内图诺的人口数据作为分母，来重新构建了双耳细颈椭圆土罐和精美餐具的人均消费的一种增长趋势。

82

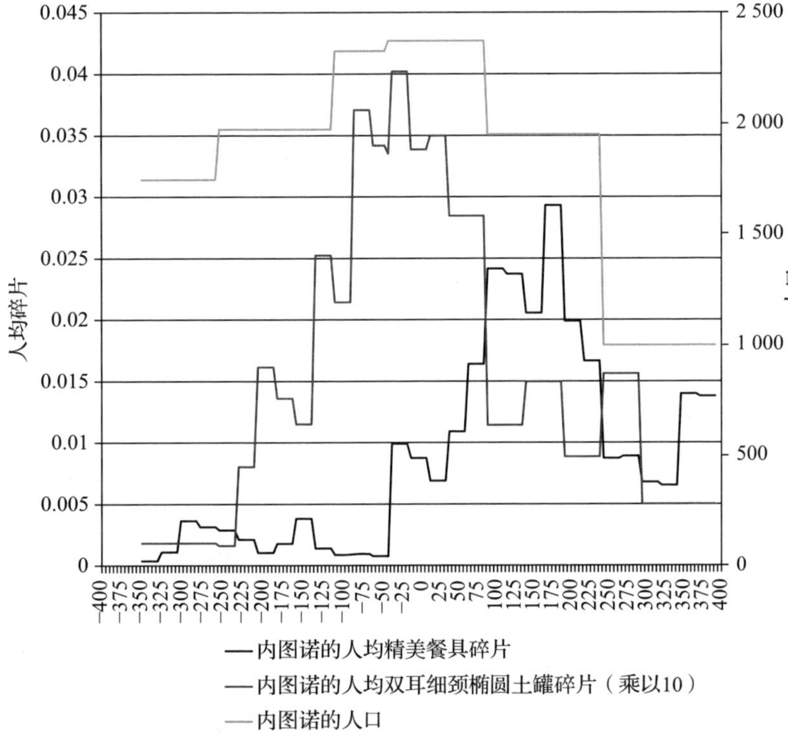

图 4－3　内图诺的人口和人均消费

资料来源：De Haas，Tol，and Attema，2010.

在日常饮食方面也可以发现类似的趋势。在罗马遗址发现的动物骨骼被用作一种肉类消费的代理变量，表现出公元前 4 世纪后期意大利以及被罗马征服之后的那些省份，在此类消费上的一个快速增长。图 4－4 描绘了整个罗马帝国的这些数据，虽然一些区域的代表性不可避免地比另一些区域要好。

83 原材料和制成品的生产也表现出了同样的趋势。来自格陵兰岛冰芯的数据表明，作为古罗马采矿活动的产物，重金属物污染从公元前 1 世纪到公元 2 世纪有着显著的峰值，同时罗马统治下的英国煤炭开采的趋势（见图 4－5）也表明，其在古罗马时代的早期上升，随后在公元 3 世纪的危机期间下降，在公元 4 世纪得到恢复，并随着罗马统治的结束而最终崩溃（de Callataÿ，2005；Hong et al.，1994；Malanima，2013）。

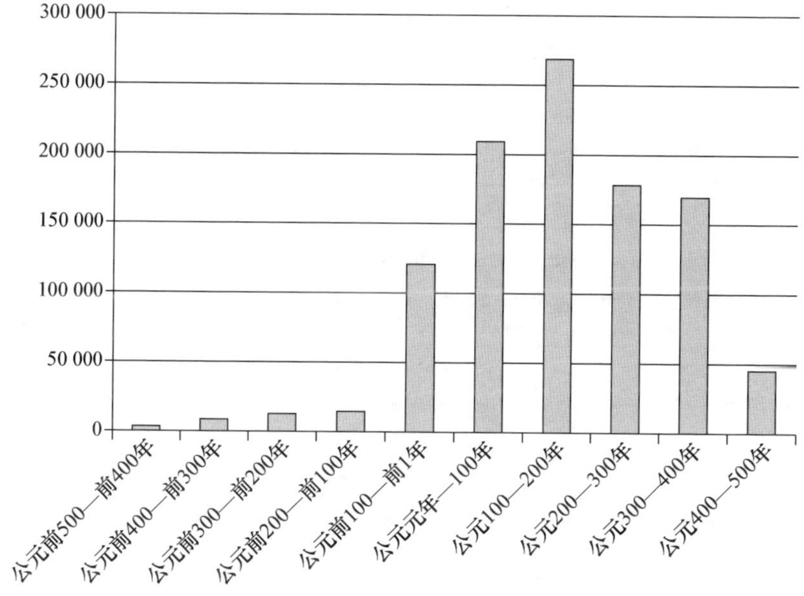

图 4－4　古罗马帝国动物骨骼数量的时间分布

资料来源：Jongman，2007b：613-614，基于 King（1999）。

来自德国的木材数据也表明，古罗马时期的建筑活动实现了爆发，并在其后急剧下降。木材数据的优点在于，它们是通过年轮来确定时间的，因此其在时间纪年上的分辨率就可以仅以一年为限。图 4－6 描述的是每年发现的木材数量。

84

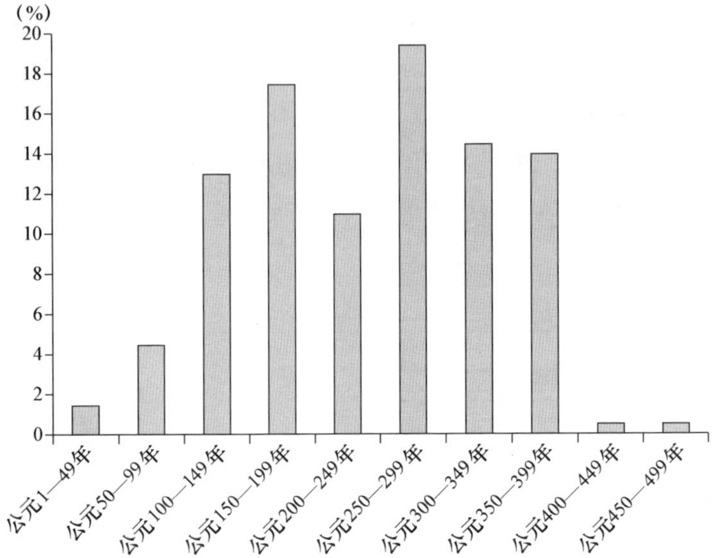

图 4－5　古罗马统治下的不列颠地区煤炭开采年表

资料来源：Malanima，2013；Smith，1997：322-324.

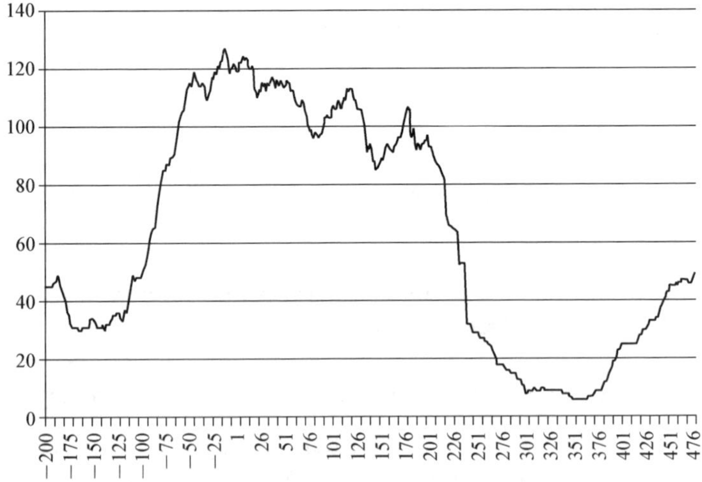

图 4－6　德国西部木材消费年表（每年发现的木材数量）

资料来源：Holstein，1980. 非常感谢科隆大学年轮－考古学实验室（laboratory for dendro-archaeology）的托马斯博士提供的这些数据检索的电子版本。

最近对于古罗马时期意大利地区公共建筑物年表的重建（见图 4－7）也发现，剧院、露天剧场、柱廊和公共浴池这类建筑的数量，一直到大约公元 170 年都在持续上升，此后又大幅度下降，并且自公元 3 世纪早期以来有重大衰减（Heinrich，2010）。当然，这不仅仅是一个公共购买能力的测度，也是精英阶层对于公民文化与公共生活的承诺。我指的是精英，因为是本地精英阶层为大部分这类建筑工程提供了资金。

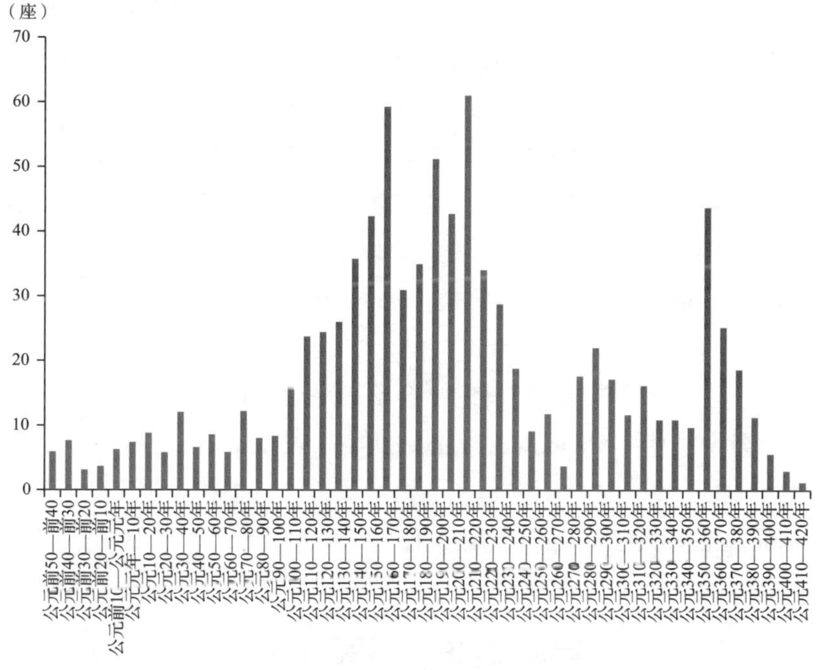

85

图 4－7 古罗马意大利地区公共建筑物的建设（建筑物的数量）

资料来源：Heinrich，2010.

因此，罗马经济不仅在人口和总产出上有着可观且持续的增长，而且在一段时间内，也享受着通过改善的饮食和物质文明体现出来的较高的人均收入。我认为现在有充分的理由相信，它已经达到了相当长一段时间内无法再达到的经济水平，这也许只有在近代初期的英国和荷兰才能达到了。

最后，必须强调的是，繁荣并不局限于帝国的少数精英阶层。罗马的物质财富甚至出现在遥远外省的普通家庭。从城市遗址和较小农村发掘出来的证据表明，红土陶餐具得到了大量的生产并用于出口，随后在整个帝国范围内进行了仿制。城市社会中出现了大量和富有的次级精英。例如庞贝古城，可能存在一个由大概 100 个家庭组成的政治精英群体，但这座城市至少有 500 幢宏伟而精致的城镇房屋，每幢房屋可能只居住着一个富裕的家庭，以及六个或十几个家庭奴隶（Wallace-Hadrill，1994）。在这个城市的 100 个生而自
86 由的精英之外，这些豪华住宅的其他 400 名所有者中，如果不是大多数，也有很多人是获得自由的奴隶，他们在获得解放之后依然从事着他们实际上在作为他们主人的奴隶时就从事的职业，如秘书、簿记员、商务代理，诸如此类（Jongman，1988，2007a；Aubert，1994）。对这些人来说，有许多向上层流动的机会。也许令人惊讶的一个可能结果就是，罗马的社会不平等可能要比其他一些前工业化社会少一些（Milanovic，Lindert，and Willamson，2011）。一段时间以来，罗马社会不仅是相当繁荣的，而且是相对包容的 [参见 Acemoglu and Robinson（2012）]。

促进成功的原因是什么？

如果罗马经济真的像我想的那样成功，那么这其中还有一些东西需要得到解释。最令人怀疑的解释可能就是，认为所有这些结果都是罗马帝国主义的产物，并且只要来自帝国主义的收入能通过（意大利）经济来维持就可以持续（Scheidel，2007b）。这种解释

有三点是可取的。首先是它吸引了对处于帝国形成阶段的古罗马贪婪和残忍程度的应有关注。罗马的战争行为是巨大的，然而初始阶段的资本转移（包括所奴役的人力资本）及随后从压榨和税收（这两者并非总是容易区分）中得到的收入流也是如此。其次是它使人们注意到罗马作为一个巨大的政治和经济单位的重要性。此前的研究常常只是把罗马帝国视为拥有领土的大量城市，几乎再没有别的了。规模确实是重要的。最后是它解释了罗马帝国后来发生的经济衰退。

毫无疑问，巨额资金从各省转移到了帝国中心，但其后果并不是很清楚。基思·霍普金斯（Keith Hopkins）很多年以前提出了另一种乐观的模型：罗马在小亚细亚这样的内陆富裕省份征收的税赋，以及把这笔收入用作意大利中心区域和边远省份的支出，刺激了这些内陆省份发展出口产业，以赚回它们以税收形式支付的钱（Hopkins，1980，2002）。这就激发了使得每个人都受益的一种帝国的长距离经济一体化。

为了检验这些模型与现实的不同，意大利的例子是无关紧要的，因为增长情景和开发情景都会显示出意大利的繁荣。真正的考验是在各省发生的情况：它们在罗马的统治下是繁荣了还是萧条了？在我看来，它们变得繁荣了，而且我确信有充足的证据支 87
撑这一观点。从人口统计学的角度看，毫无疑问，在最初的征服之后，如果不是全部，也有许多被征服省份的人口都增加了。同样明显的是，这些省份日益与帝国经济联系在一起。它们开始为了遥远的市场而生产，同时它们也开始消费来自其他遥远地方的食品和制成品。

近期对罗马贝提卡地区（即今天的安达卢西亚）的一项研究，详细展示了这一区域是如何与罗马帝国的市场联系起来的，以及它是如何部分地通过向罗马城出口橄榄油而受益的（Haley，2003）。

在罗马城当中，泰斯塔修山就是主要由被抛弃的、来自贝提卡地区装油料的双耳细颈椭圆土罐所形成的一座人造土堆，它证明了这种出口的规模。它有 58 万立方米，意味着单从这一来源看，每年进口的橄榄油估计就有 750 万升。莱茵地区和罗马统治下的不列颠是另一些明显的，并且得到较好研究的、获益的省份区域的例子。如同上面所提到的，随着罗马的到来，欧洲那一地区的饮食得到了极大的改善，住房条件或者房屋内的物质文化也是如此。就像每一个田野考古学家所知道的，罗马的物质文化水平相对要比水平在其之上和之下的更高。那里有更多和更好的陶器、厨房设备，以及工具、锁具、铰链、炉具和许多其他应用领域中大大增加的铁和青铜。紧随罗马的征服之后，有了许多技术进步的明显迹象。生活在罗马帝国是很好的，而且被罗马征服也是很好的。为什么其他的野蛮人也试图进入罗马帝国，难道仅仅是为了从中获益吗？

如果罗马帝国主义也不能成为远远超越帝国中心区域的繁荣的解释，我们就需要关于这些成功和随之产生的衰退原因的其他解释。因而，我们应该观察一些例如制度、劳动分工和技术这类经典备选原因，同时我们需要区分解释初始的增长和最终的衰落的不同原因（它们可以是一样的，但是并不必须如此）。

如果罗马的成就当中有一个永恒的遗产，那一定是罗马法，更确切地说是罗马民法。直到今天，它仍然是许多现代法律体系的基础，它成功地解决了许多可能损害经济的紧迫问题。它保障了私有财产，阻止了商业中的不诚信行为，同时它使得契约执行起来相对更容易，甚至在更长的时间里也是如此。我们现在知道，与早期的怀疑观点相对，这一法律实际上不管是在大大小小的契约中
88 还是在诉讼和行政文件中，都得到了广泛和专业的应用（Terpstra，2013）。这些法律文件以维苏威地区木制写字板形式、从英国的哈

德良长城一线的潮湿土壤中幸存，以及在一些其他区域以更少的数量得以幸存。它们也以更大的数量从罗马埃及的莎草纸中幸存。这一法律得到了使用，并且使得交易更加容易了。

因此，罗马法无疑是罗马经济成功故事的一部分。另外，很难理解它是如何解释这个故事的开端的。它似乎发展较晚，主要是为了应对一个日益复杂的社会的需求。最后，它最令人印象深刻的表述只产生于后来的帝国时期，而这正是经济面临现实困难的时候。所以，罗马法不能解释罗马帝国初始的增长，或者最终的衰退。

我们还可以看到，国家和私有企业都利用广泛的行政管理来了解它们的事务。对于每一个被评估者，罗马埃及的征税人都将前几年的记录与现在的记录一起保留着，以检查其一致性，同时，军队保存了大量的支付和其他财务记录，士兵们得到的大部分收入都是作为他们单位管理部门储蓄账户的会计分录。在罗马埃及一个大庄园的管理记录中，我们同样看到了大量保留的记录（Hopkins，1991；Rathbone，1991）。向罗马城中大约 20 万个成年男性市民进行食物分配（大约一年是 400 千克，每个月是 33 千克）之所以可行，只是因为接受者必须在指定的那天到神之回廊（Porticus Minucia）45 个柜台中的特定一个出示个人专属的令牌，那里保存着那一天在那个柜台的约 150 个接受者的名单（Jongman，1997）。为了征税，还保留了精确的土地登记册，同时也记录了所有权和抵押贷款。同样，罗马中央政府也保留了所有单个士兵（任何一个时间有 30 万或者更多）的记录以及他们的福利津贴。从早期开始，罗马就已经每五年进行一次人口和财产普查。毕竟，在公元前 107 年引入一支专业化的军队之前，罗马需要记录谁能在军队中服役，也需要记录公民的财富，因为政治地位和投票权在很大程度上取决于财富数量（Nicolet，1976）。因此，帝国严重依赖于书面记录，并在足够广泛的识字率上充分利用它们（Hopkins，1991）。然而，没有迹象表明，除了人口普查以外，在罗马经济扩张的早期阶段使用了书面记录。当然，在罗马时代之前，埃及就已经存在文字了，但在意大利本土，文字和大多数书面行政文件都是伴随着而不
89 是引发了经济繁荣。

这就引出了更广泛的政府和官僚问题。公元1—2世纪的罗马皇帝一再强调善政的重要性。我们可以冷嘲热讽地反驳其虚伪性，但罗马统治是由法律规定的。罗马皇帝接受律师的建议，以确保他们的决定遵循法律先例。在奥古斯都（Augustus）的统治下，较早期的省级税收系统私有化制度被置于中央的控制之下，仅仅是为了避免之前的过度行为。仍然是从奥古斯都统治时期开始，帝国官僚制的管理系统得到了逐步发展，有了财政部这样的单独部门，并且由帝国的奴隶和自由民作为职员（Millar，1977；Weaver，1972）。它是史无前例的，即使是奥古斯都的典型风格，他采用的也是之前使用其私人仆从来处理国家事务的罗马高级官员的模式。这是规模上的差别，同时也是非常大的差别。

中央政府为帝国提供了诸如道路、港口这样的基础设施，以及如同在奥斯蒂亚和波特斯建造的巨大仓储设施，或者是那些常常直到现代都能作为主要的城市供水设施或者使得罗马和其他地方受益的异常昂贵的引水渠（Hodge，1992；Keay et al.，2005；Laurence，2002；Rickman，1971；Robinson and Wilson，2011）。共和国时期和帝国时代早期的罗马人是公民而不是臣民，他们有权享有公民权带来的福利。因此，罗马市民有时会得到大笔救济现金。每个月他们都得到充足的口粮以满足大约一半的家庭热量需求。每天大约有7 000名罗马男子带着他们每月33千克的小麦配给回家，这是对帝国统治好处的一个形象的提示。公元2世纪，意大利城

市的居民也获得了有着相似价值的硬币收益（Jongman，2002）。角斗比赛在罗马和帝国的许多其他城市提供了盛大的娱乐活动（Hopkins，1983）。在罗马，这些演出是为皇帝而准备的，无人能抢了他的风头，不过在其他地方，它们大多是由地方上的执政官支付的。

罗马统治的另一个好处是内部和外部安全。从奥古斯都的时代开始，“罗马和平”（Pax Romana）时期就提供了比一个典型的前工业国家所能提供的更多的安全感，当然在帝国时代早期其经济成功的高峰阶段，海盗和抢劫活动明显减少了。在那些日子里，罗马城市不需要或者根本没有防御的城墙。这些时候的外部安全同样也是如此。罗马的专业化军队不仅很少打败仗，而且常常仅仅因为其压 90
倒性战斗力的存在，就足以吓住潜在的敌人甚至不敢开始一场战斗（Campbell，1984）。罗马军团接受过更好的训练，薪水更高，领导更好，装备也比任何对手都要好。直到公元 2 世纪晚些时候，他们毫无疑问地以他们维持的和平获得了经济上的回报。

货币是发达经济的另一个重要制度，罗马在这方面的成就无疑是令人印象深刻的。在罗马帝国早期已经基本上（尽管有一些例外）创建了一套完整的货币体系，这一稳定的货币体系覆盖了其大部分领土，并且提供了覆盖整个交易范围的货币额度，从青铜标准的微小变化到银质第纳里（denarii），再到价值几乎可以维持一个人一整年温饱食物的高价值金币奥里斯（aurei）（Burnett，1987）。最近的研究表明，这种硬币得到了广泛使用。以前工业化经济的标准来看，人均货币存量非常大，同时现在还可以找到甚至还有偏远地区小规模交易广泛货币化的充分证据（Duncan-Jones，1994；Harl，1996；Harris，2006；Howgego，2009；Jongman，2003b）。直到公元 2 世纪末期，该系统运转良好，其中很少有或没有通货膨胀的情况，而疯狂的通货膨胀只是在更晚之后才出现了苗头。在罗马经济史上最成功的 4 个世纪中，这种货币体系的成功建立和维持就是罗马成就的证明，但再次很难想象的是，它如何能被用来解释罗马的早期增长或者罗马的最终衰落。

与这一区域中的其他强权相比，罗马制造自己的铸币的时间相对较晚，甚至它实际上最早只是出现在意大利南部，在那里，从公元前 3 世纪初期开始就不得不与希腊的硬币进行竞争。在公元前 211 年的第二次布匿战争（Second Punic War）期间，罗马最终引入了一种更轻的银制第纳里的系统，而这直到公元 3 世纪中期一直都是其货币系统的基础。随着人口、帝国规模，以及人均产量和消费量的增长，（银制）货币存量在公元前 2—前 1 世纪期间也增加了（Hopkins，1980：109）。银币的增长在公元前 1 世纪后期逐渐减缓了，这时罗马也开始了金币的铸造。从那时起，要想估计整体的货币存量，就必须加上金币。如同上面提到的，人均的金币、银币和铜制硬币的存量可能甚至比最发达的早期现代欧洲经济体还要大（Jongman，2003b）。

91 公元 2 世纪后期，这一系统开始瓦解了。在之前的几个世纪当中，罗马只是在偶然的情况下才会使其铸币贬值，降低幅度也不太大，而且大多数情况下似乎是对多年的歉收和由此带来的令人失望的税收收入的反应（在没有公债的情况下，这是政府所能做的一切）。公元 160 年，事情确实发生了变化，但开始时也只是非常缓慢地变化。原因似乎是以下几种情况的组合：紧随安东尼（Antonine）统治期间发生的瘟疫所产生的令人失望的纳税申报，为了应付边境地区的军事动乱而增加的军事开支，以及在例如西班牙这样的采矿区产生的、使得铸造新硬币以支持公共支出变得更困难的一些麻烦。价格也首次在这一期间开始上升了。在埃及这个我们拥有一些不错数据的唯一区域，很多价格似乎紧随着安东尼时期的瘟疫发生之后就大约翻倍了（Scheidel，2002；Bagnall，2002）。在经受了如此多的人口死亡之后，人均货币存量出现了急剧的上升。由于货币的总存量（M）大体上保持不变，同时其流通速度（V）也是如此，因而更低的人口数量导致的交易数量（T）的减少必然会根据经典的等式 MV=PT 推高价格（P）。正是这一原因，而不是任何仍然相当小的贬值导致了公元 2 世纪末期的通货膨胀。货币系统对危机作出了反应，因而没有导致危机。

除了铸币业之外，罗马也有一个银行部门。传统上，罗马时期的银行被认为是相对原始的：它不能创造出货币，银行家们也没有足够的财富来满足上层社会和经济等级人群的需求（Andreau，1999；Finley，1985）。为此，地主精英成员之间的私人交易依然有其必要性。由于缺乏好的证据支撑，很难看出罗马的银行家们能够或者不能提供什么。重要的是，对于这样一个大帝国来说，钱可以从帝国的一部分转移到另一部分。即使我们不知道这是如何进行的，但大型公共项目得以完成，如大型船舶航行到印度这样复杂的商业冒险活动也得到了融资。罗马的经济没有受到资本缺乏的限制。

货币一体化只是帝国的巨大版图上发生的经济一体化更宏大叙事的一个方面。人口、商品和服务可以而且确实跨过了巨大的距离，把市场连接成一个大系统。地中海当然是枢纽，便利了核心区域的廉价海运，并得益于港口和仓储的优质基础设施（Robinson and Wilson，2011）。公元前 2 世纪期间，当罗马首先在西部，但很快也在东部，变成了地中海区域的主导力量之时，出现了罗德岛和提洛岛这样的商业枢纽，海上运输获得了极大的增长。船运业务蓬 92
勃发展的最明显标志就是古旧的沉船数量的大规模增长（见前文）。不过，并非只有地中海区域出现了长途贸易的增长，红海周边及其港口也见证了与印度地区贸易的繁荣（Nappo，2007）。

港口通过河流和陆路运输与内地市场连接在了一起。莱茵河、法国和别的地区的其他河流将地中海区域的经济与欧洲西北部和英格兰联系了起来。罗马帝国昂贵的、修筑良好的公路网，以及在必要的地方修建的桥梁和隧道，直到现代也是无与伦比的。当然，最初是为了军事目的修建这些道路，但从一开始这些道路也被用于私人旅行和运输。

这其中的好处是：一个新的、更大的和更加一体化的“全球”经济出现了，在其中更先进的技术可以迅速传播，商品可以在更远的距离上交易，甚至大大提高了普通罗马人的生活质量。帝国通过长途通信和运输网络变得越来越一体化了。在其最成熟的形式当中，当市场已经变得足够大之后，有时会伴随着当地更多的仿制品生产。

在地方一级，罗马的住宅通常刚好位于道路沿线，从而便于将其产品运到城市市场，同时也使个人旅行更舒适。一个很好的例子就是从罗马到卡普阿的阿皮亚大道，它完工于公元前 4 世纪后期。它完成于罗马征服这座城市之后，也是排干肥沃的蓬蒂内沼泽这一更庞大计划的一部分。它带动了沿途新住宅和更多的商业性农业的建设，既是对这一时期开始起飞的城市发展做出的反应，同时也进一步刺激了城市发展。如果我们看一下年表，可以很明显地发现，罗马经济的全球化和长途贸易的增长，是伴随着较早期的城市增长和市场化农业的增长而出现的。那似乎才是这个故事正在开始的地方。

罗马帝国在经济成功的顶峰时期确实是一个异常都市化的社会（Hanson，2011）。整个罗马帝国大概有 2 500 个城市，其中在意大利一地就超过 400 个。罗马社会在其巅峰时期是一个城市化社会。城市在经济当中起到了举足轻重的作用。与中世纪时期的世界不同，此时城乡之间没有经济、社会或法律上的鸿沟。拥有土地的精英主要生活在城市，从农业庄园中获得租金。因此，与封建社会不同，这一城市经济是建立在其最大的经济部门之上，而不是在其 93 边缘地带维持发展。城市是本地城乡交换网络、长途运输和通信系统当中的连接节点。因此，罗马帝国是从城市进行管理的，而且罗马文化也是城市文化。甚至小的罗马城镇也有一些公共建筑，如寺庙、论坛、柱廊或公共浴室。无论是在英国还是在叙利亚沙漠，这些都被公认是罗马时期的建筑。

罗马城市的数量不仅比后来的很长一段时间要多得多，而且许多城市也大得多。这其中，有许许多多的城市有成千上万的居民，同时其中至少 6 个城市有 100 000 ～ 200 000 个居民。除此之外，还有一些世界上从未见过的，而且后来在很长一段时间之内也不会再看到的真正大城市。罗马统治下的迦太基、亚历山大和安提阿各有 20 万～ 50 万人口，加起来总人口在 100 万左右。这里还有罗马城。在公元前最后两到三个世纪当中，其人口到奥古斯都时代也许增长到了 100 万人，这是一个直到宋朝的中国城市，或者 1800 年左右的工业革命早期阶段的伦敦，都没有再达到过的规模（Jongman，2003a）。在帝国时期早期，帝国人口的 5% 可能都居住在拥有超过 10 万居民的城市之中。

这些大城市的重要性在于，尽管大多数城市确实正如许多人所说的比较小，但是大多数城市居民生活在较大的，甚至是非常大的城市，这也比中世纪或早期现代欧洲要多得多。在经济、社会和文化上，城市居民过的是一种真正的大城市生活。这虽然没有得到普遍的认同，但是有重要的意义。罗马时期的城市体验是一种真正的城市化，有专门交易城市商品和服务的复杂而高级的市场，还有高级技能劳动力的先进分工。这不仅适用于食品贸易或金融服务业，也适用于制造业或建筑业。精英阶层的购买力是巨大的，对来自远方的商品的需求也很大。在不同省份的罗马人可以期望得到帝国遥远地区所生产的陶器或食物的供给，并可以与他们所知世界另一边的亲戚进行交流。

在工业化之前的经济当中，要使得这样一种城市化获得成功，总是需要满足一个条件：农业生产力的增长。只有农业具有足够高的生产率，才能支撑这样一个庞大的非农业部门。在较高人口密度的情况下，这一点更为重要。毕竟，这种农业系统的问题在于人口压力下农业劳动生产率的下降。在罗马帝国，尤其是在其核
94 心地区，人口密度确实相对比较高。因此，劳动生产率下降和低劳动收入的马尔萨斯幽灵（Malthusian specter）时隐时现。这将会推动经济进入适应人口压力的简·德·弗里斯农民模式（Jan de Vries peasant model)：农民避免市场行为，尽量为自己生产所有需要的产品（de Vries，1974：4–17；Boserup，1965）。罗马农民避免这种严峻局面，并避免劳动生产率下降的可能性是什么呢？

正如我们所看到的，在公元前4世纪末期至公元前3世纪初期，意大利的早期城市增长与在更大农场（希腊化的庄园是它们通常的称呼，但这一术语对于一个更大的农场来说有点过于宏大）崛起的葡萄酒和橄榄油生产的新农业齐头并进（Terrenato，2001）。这些农场的产量相对于它们自己的消费量而言显然太大，它们往往位于良好的运输条件附近也就不足为奇了。它们的市场在新建或扩建的城镇当中。需要审视一下它们的商业逻辑：它们是如何摆脱劳动生产率下降的惨淡前景的？农作物的选择揭示出了实情：选择葡萄酒和油料作物，每公顷土地生产的热量大约可以比谷类食品多出5倍（Jongman，2007b)。因此，如果罗马人喝了足够的酒，食用

了足够的橄榄和橄榄油，那么经常提到的人口上限就一下子就被提高了。这些经济作物使得城镇和乡村都能够容纳更多的人口。生产这些作物也具有经济上的吸引力，因为这些都能提供昂贵的热量。我们从帝国早期的意大利地区那里得到的少量价格数据表明，提供每卡路里热量的葡萄酒可能要比小麦贵 5 倍，而油料的价格至少是其 2 倍。当然，这些也都是劳动密集型作物，因此成本也较高，但远远没有那么多倍。部分地转向葡萄酒和油料的生产，避免了农业劳动生产率下降的噩梦，充分利用了不断增长的人口，而且利润很高（琼格曼即将发表的研究）。

因为这些是更为昂贵的热量，所以这种转换当然取决于先前的繁荣增长。这反过来又可以提供促进进一步增长的正反馈效应。基本上我们有解释这一现象的两个备选因素。第一个是罗马帝国主义带来的繁荣。公元前 4 世纪末期至公元前 3 世纪初期，罗马征服了整个意大利。这其中的难解之谜在于，这种转变不仅发生在罗马地域范围内，也发生在被罗马征服之前的意大利其他地方（Terrenato，2001）。繁荣程度的上升不是一个仅局限于罗马的现象。第二个是气候变化。毕竟大体上这一时期处于所谓的罗马温暖期（Roman warm period）的开始阶段（McCormick et al.，2012）。从理论上讲， 95
一个更有利的气候可以被看作一种技术进步：由于在同样数量的土地、资本和劳动力条件下，现在比以前生产得更多，生产函数发生了变化。尽管数据还没有人们想象的那么好，这依然是一个很有吸引力的解释。

增长的极限是什么？

因此，罗马帝国经济是一种高水平的均衡，由于繁荣程度很高，而且帝国的成功才使得一个国家体制和公共服务的体系得以维持，所以全要素生产率才能很高。从公元 2 世纪后期开始，当所谓的安东尼瘟疫蹂躏帝国的人口、开创了一个压迫和军事动荡不断增加的时期之时，这一体系似乎已经衰退了（Jongman，2012a；Lo Cascio，2012）。在帝国的西半部分，这是故事的结尾，但在东部则有一个很大的恢复，至少一直延续到公元 6 世纪查士丁尼瘟疫时期。

在其他条件不变的情况下，类似安东尼瘟疫这样严重的传染病应该会提高劳动生产率和劳动者收入。这就是公元 14 世纪黑死病之后发生的变化。然而，似乎这一切在公元 2 世纪或者 3 世纪初期并没有发生。来自埃及的几个有争议的标志表明，安东尼瘟疫带来的直接后果是实际工资的提高，但绝大部分证据指出，不仅经济收缩了，而且对普通人来说，富裕程度也下降了（Bagnall，2002；Scheidel，2002）。城市受到了重创，很多情况下城市精英们退回到了他们在乡下的庄园。因此，在城市中，公民文化的结构开始瓦解了。角斗士比赛举办得更少了，公共建筑建设也停止了（见图 4－7），杰出的市民不再像他们以前那样承担公共资助者的角色了（见图 4－8）。杰出市民作用的一部分开始被基督教所取代，其慈善目标是为了帮助穷人。

长途贸易在很多区域都被中断了，贸易商品的制造也是如此（Erickson-Gini，2010）。遭受了类似经济危机的、与印度的海上贸易实际上也被放弃了（Nappo，2007）。在农村，我们不仅可以观察到人口急剧萎缩的迹象，而且看到了财产的集中（Duncan-Jones，2004）。较小的农场几乎消失了，甚至小规模的庄园也不见踪影。在很多地方，这是一个由真正大型和堡垒化的庄园主导
96 乡村风景的时代。在法律体系中，不平等程度的上升表现在公民

价值的侵蚀，以及在有着地位和财产的上等人和被拷打或被钉在十字架上作为刑罚的下等人之间的、新的社会和法律区别的增强（Garnsey，1970）。因此，总的来说，罗马世界似乎相对于 14 世纪的欧洲而言发生了不同的转变，而这一转变看起来更像欧洲的第二次农奴制度。罗马已经从一个包容性强的社会转变为一个更具攫取性的社会（Acemoglu and Robinson，2012）。高水平的均衡被破坏了。

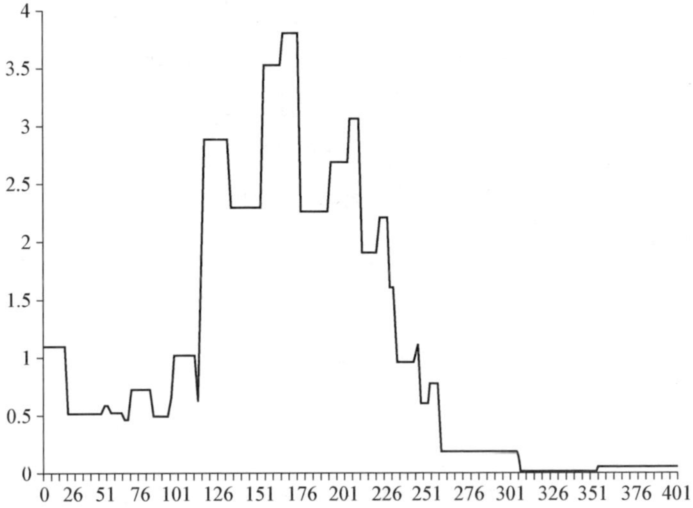

图 4－8　小亚细亚（部分区域）的公共资助者

资料来源：Zuiderhoek，2009：18.

对这一转变的一个可能的解释是，风调雨顺的时期确实结束了（McCormick et al.，2012；Jongman，2012b）。就像在黑死病之前的一些年份，安东尼瘟疫产生之前的一些年份当中也出现了长期以来一些最为糟糕的天气，而这些仅仅是一段延续了几个世纪之久的、出现更为不利的气候条件时代的开端（Campbell，2010）。

公元 2 世纪发生的人口和经济的崩溃，在一段时间之后才转移到其他领域，而2世纪末期和3世纪初期在位的赛佛鲁皇帝（Severan emperors）在这方面的成就是真正令人印象深刻的；但公元235—284年间半个世纪的军事和政治困境还是不可避免地发生
97 了。在这之后，故事转向了另一个方向，罗马帝国的东部和西部有了巨大的分化：西半部分经历了稳步下降，但东半部分显示出神奇的复苏，人口有了大量增长，在例如犹太区域出现了商业性农业的一个爆发，印度的贸易得以恢复，同时城市生活在很多领域得到复兴。一个原因可能是，这是一个较为寒冷和多雨的时期，使得西北区域受损，但受益的正是地中海东部的黎凡特地区。在东部，这种新的繁荣一直持续到查士丁尼统治时期，这时一种新的流行病、一次真正的瘟疫，使大量人口死亡。有趣的是，现在看来很明显，这种流行病也发生在一个重大的气候事件之前。东半部分的经济则从来没有真正恢复。

参考文献

Acemoglu, D. and J. A. Robinson (2012). *Why Nations Fail: The Origins of Power, Prosperity, and Poverty.* New York: Random House.

Allen, R. (2009). " How Prosperous Were the Romans? Evidence from Diocletian's Price Edict (AD 301)," in Bowman and Wilson (eds.), pp. 327–345.

Andreau, J. (1999). *Banking and Business in the Roman World.* Cambridge University Press.

Aubert, J.-J. (1994). *Business Managers in Ancient Rome: A Social and Economic Study of Institores, 200 B.C.–A.D. 250.* Leiden: E. J. Brill.

Bagnall, R. (2002). " Effects of Plague: Model and Evidence, " *Journal of Roman Archaeology* 15: 114–120.

Bakels, C. C. and S. Jacomet (2003). " Access to Luxury Foods in Central Europe during the Roman Period," *World Archaeology* 34: 542–557.

Boserup, E. (1965). *The Conditions of Agricultural Growth.* London: Allen & Unwin.

Bowman, A. and A. Wilson, eds. (2009). *Quantifying the Roman Economy: Methods and*

Problems. Oxford Studies in the Roman Economy I. Oxford University Press.

Burnett, A. (1987). *Coinage in the Roman World.* London: Seaby.

Campbell, B. M. S. (2010). " Nature as Historical Protagonist: Environment and Society in Preindustrial England: The 2008 Tawney Memorial Lecture," *Economic History Review* 63: 281–314.

Campbell, J. B. (1984). *The Emperor and the Roman Army 31 B.C.–A.D. 235.* Oxford University Press.

de Callataÿ, F. (2005). " The Greco-Roman Economy in the Super Long-run: Lead, Copper and Shipwrecks," *Journal of Roman Archaeology* 18: 361–372.

De Haas, T., G. Tol, and P. Attema (2010). " Investing in the Colonia and Ager of Antium," *Facta* 4: 225–256.

de Vries, J. (1974). *The Dutch Rural Economy in the Golden Age 1500–1700.* New Haven: Yale University Press.

Domar, E. (1970). "The Causes of Slavery or Serfdom: A Hypothesis," *Economic History Review* 30: 18–32.

Duncan-Jones, R. P. (1994). *Money and Government in the Roman Empire.* Cambridge University Press.

(2004). " Economic Change and the Transition to Late Antiquity, " in S. Swain and M. Edwards (eds.), *Approaching Late Antiquity: The Transformation from Early to Late Empire.* Oxford University Press, pp. 20–52.

Erickson-Gini, T. (2010). *Crisis and Renewal: Nabataean Settlement in the Central Negev during the Late Roman and Early Byzantine Periods.* Oxford: Archaeopress.

Fentress, E. (2009). " Peopling the Countryside: Roman Demography in the Albenga Valley and Jerba," in Bowman and Wilson (eds.), pp. 127–161.

Finley, M. I. (1985). *The Ancient Economy,* 2nd edn. London: Chatto and Windus.

Garnsey, P. D. A. (1970). *Social Status and Legal Privilege in the Roman Empire.* Oxford University Press.

Goldsmith, R. W. (1984). " An Estimate of the Size and Structure of the National Product of the Early Roman Empire," *Review of Income and Wealth* 30: 263–288.

Haley, E. W. (2003). *Baetica Felix: People and Prosperity in Southern Spain from Caesar to Septimius Severus.* Austin: University of Texas Press.

Hanson, J. W. (2011). " The Urban System of Roman Asia Minor and Wider Urban Connectivity, " in Bowman and Wilson (eds.), *Settlement, Urbanization, and Population.* Oxford Studies on the Roman Economy. Oxford University Press, pp. 229–275.

Harl, K. W. (1996). *Coinage in the Roman Economy, 300 B.C. to A.D. 700.* Baltimore, MD: Johns Hopkins University Press.

Harris, W. V. (2006). " A Revisionist View of Roman Money," *Journal of Roman Studies* 96: 1–24.

Heinrich, F. B. J. (2010). " Publieke constructies in Romeins Italië (225 v.Chr.–425 n.Chr.): een conjuncturele benadering, " in P. Attema and W. Jongman (eds.), *Archeologie en Romeinse economie.* Special issue of *Tijdschrift voor Mediterrane Archeologie*, 44: 14–21.

Hodge, A. T. (1992). *Roman Aqueducts and Water Supply.* London: Duckworth.

Holstein, E. (1980). *Mitteleuropäische Eichenchronologie.* Mainz: von Zabern.

Hong, S., J. P. Candelone, C. C. Patterson, and C. F. Boutron (1994). " Greenland Ice Evidence of Hemispheric Lead Pollution Two Millennia ago by Greek and Roman Civilizations," *Science* 265: 1841–1843.

Hopkins, K. (1978). *Conquerors and Slaves.* Cambridge University Press.

(1980). " Taxes and Trade in the Roman Empire (200 B.C.–A.D. 400)," *Journal of Roman Studies* 70: 101–125.

(1983). *Death and Renewal.* Cambridge University Press.

(1991). " Conquest by Book," in M. Beard et al., *Literacy in the Roman World.* Ann Arbor: Journal of Roman Archaeology Supplement 3, pp. 133–158.

(2002). " Rome, Taxes, Rents and Trade, " in W. Scheidel and S. von Reden (eds.), *The Ancient Economy.* Edinburgh University Press, pp. 190–230.

Howgego, C. (2009). " Some Numismatic Approaches to Quantifying the Roman economy," in Bowman and Wilson (eds.), pp. 287–295.

Ikeguchi, M. (2007). " A Method for Interpreting and Comparing Field Survey Data, " in P. Bang, M. Ikeguchi, and H. Ziche (eds.), *Ancient Economies and Modern Methodologies.* Bari: Edipuglia, pp. 137–158.

Jongman, W. M. (1988). *The Economy and Society of Pompeii.* Amsterdam: J. C. Gieben and ACLS Humanities Ebook.

(1997) " Lemma ' cura annonae ' ," in H. Cancik and H. Schneider (eds.), *Der Neue Pauly. Enzyclopädie der Antike,* vol. III. Stuttgart/Weimar, pp. 234–236.

(2002). " Beneficial Symbols: *Alimenta* and the Infantilization of the Roman Citizen," in W. Jongman and M. Kleijwegt (eds.), *After the Past: Essays in Ancient History in Honour of H. W. Pleket.* Leiden: E. J. Brill, pp. 47–80.

(2003a). " Slavery and the Growth of Rome: The Transformation of Italy in the First and Second Century BCE," in C. Edwards and G. Woolf (eds.), *Rome the Cosmopolis.* Cambridge University Press, pp. 100–122.

(2003b). " A Golden Age: Death,Money Supply and Social Succession in the Roman Empire," in E. Lo Cascio (ed.), *Credito e moneta nel mondo romano.* Bari: Edipiglia, pp. 181–196.

(2007a). " The Loss of Innocence: Pompeian Economy and Society between Past and Present," in J. J. Dobbins and P. W. Foss (eds.), *The World of Pompeii.* London: Routledge, pp. 499–517.

(2007b). " The Early Roman Empire: Consumption, " in W. Scheidel, I. Morris, and R. P. Saller (eds.), *The Cambridge Economic History of the Greco-Roman World.* Cambridge University Press, pp. 592–618.

(2009). " Archaeology, Demography and Roman Economic Growth, " in Bowman and Wilson (eds.), pp. 115–126.

(2012a). " Roman Economic Change and the Antonine Plague: Endogenous, Exogenous, or What?," in E. Lo Cascio (ed.), pp. 253–263.

(2012b). " Lemma ' Formalism–substantivism debate ' ," in *The Encyclopedia of Ancient History.* New York/Oxford: Wiley-Blackwell.

(forthcoming). "The New Economic History of the Roman Empire."

Keay, S., M. Millett, L. Paroli, and K. Strutt (2005). *Portus: An Archaeological Survey of the Port of Imperial Rome.* Archaeological Monographs of the British School at Rome 15. London: British School at Rome.

King, A. (1999). " Diet in the Roman World: A Regional Inter-site Comparison of the Mammal Bones," *Journal of Roman Archaeology* 12: 168–202.

Launaro, A. (2011). *Peasants and Slaves: The Rural Population of Italy (200 B.C. to A.D. 100*). Cambridge University Press.

Laurence, R. (2002). *The Roads of Roman Italy: Mobility and Cultural Change.* London: Taylor and Francis.

Lo Cascio, E., ed. (2012). *L'impatto della peste Antonina.* Bari: Edipuglia.

Lo Cascio, E. and P. Malanima (2005). " Cycles and Stability: Italian Population before the Demographic Transition (225 B.C.–A.D. 1900)," *Rivista di Storia Economica* 21(3): 197–232.

(2009). " GDP in Pre-Modern Agrarian Economies (1–1820 AD): A Revision of the Estimates," *Rivista di Storia Economica* n.s. 25(3): 391–419.

Maddison, A. (2007). *Contours of the World Economy, 1–2030: Essays in Macroeconomic History.* Oxford University Press.

Malanima, P. (2013). " Energy Consumption and Energy Crisis in the Roman World," in W. Ham (ed.), *The Ancient Mediterranean Environment between Science and History.* Leiden: E. J. Brill, pp. 13–36.

McCormick, M., U. Büntgen, M.A. Cane, E.R. Cook, K. Harper, P. Huybers, T. Litt, S. W. Manning, P. A. Mayewski, A. F.M. More, K. Nicolussi, and W. Tegel (2012). "Climate Change during and after the Roman Empire: Reconstructing the Past from Scientific and Historical

Evidence," *Journal of Interdisciplinary History* 43(2): 169–220.

Milanovic, B., P. H. Lindert, and J. G. Williamson (2011). " Pre-industrial Inequality, " *The Economic Journal* 121(551): 255–272.

Millar, F. (1977). *The Emperor in the Roman World (31 B.C.–A.D. 337)*. London: Duckworth.

Nappo, D. (2007). " The Impact of the Third Century Crisis on the International Trade with the East, " in O. Hekster, G. de Kleijn, and D. Slootjes (eds.), *Crises and the Roman Empire: Proceedings of the Seventh Workshop of the International Network Impact of Empire (Nijmegen, June 20–24, 2006)*. Leiden: E. Brill, pp. 183–199.

Nicolet, C. (1976). *Le métier de citoyen dans la Rome républicaine.* Paris: Gallimard.

Rathbone, D. (1991). *Economic Rationalism and Rural Society in Third-Century AD Egypt: The Heroninos Archive and the Appianus Estate.* Cambridge University Press.

Rickman, G. E. (1971). *Roman Granaries and Store Buildings.* Cambridge University Press.

Robinson, D. and A. Wilson (2011). *Maritime Archaeology and Ancient Trade in the Mediterranean.* Monograph 6. Oxford Centre for Maritime Archaeology.

Rostovtzeff, M. (1957). *The Social and Economic History of the Roman Empire,* 2 vols., 2nd edn. Oxford University Press.

Rowan, E. (forthcoming). " Sewers, Archaeobotany and Diet at Pompeii and Herculaneum," in M. Flohr and A. Wilson (eds.), *The Economy of Pompeii.* Oxford Studies on the Roman Economy. Oxford University Press.

Scheidel, W. (2002). " A Model of Demographic and Economic Change in Roman Egypt after the Antonine Plague," *Journal of Roman Archaeology* 15: 97–114.

(2007a). " Demography, " in W. Scheidel, I. Morris, and R. Saller (eds.), *The Cambridge Economic History of the Greco-Roman World.* Cambridge University Press, pp. 38–86.

(2007b). " A Model of Real Income Growth in Italy," *Historia* 56(3): 22–46.

(2010). *Prices and other Monetary Valuations in Roman History: Ancient Literary Evidence.* http://www.stanford.edu/～scheidel/NumIntro.htm, accessed may 15.

Scheidel, W. and S. Friesen (2009). " The Size of the Economy and the Distribution of Income in the Roman Empire," *Journal of Roman Studies* 99: 61–91.

Smith, A. H. V. (1997). " Provenance of Coals from Roman Sites in England and Wales," *Brittannia* 28: 297–324.

Temin, P. (2013). *The Roman Market Economy.* Princeton University Press.

Terpstra, T. T. (2013). *Trading Communities in the Roman World: A Micro-economic and Institutional Perspective.* Leiden: E. J. Brill.

Terrenato, N. (2001). " The Auditorium Site and the Origins of the Roman Villa," *Journal of Roman Archaeology* 14: 5–32.

Wallace-Hadrill, A. (1994). *Houses and Society in Pompeii and Herculaneum.* Princeton University Press.

Weaver, P. R. C. (1972). *Famila Caesaris: A Social Study of the Emperor's Freedmen and Slaves.* Cambridge University Press.

Wilson, A. (2006). " Fishy Business: Roman Exploitation of Marine Resources," *Journal of Roman Archaeology* 19: 525–537.

Zimmermann, A., J. Hilpert, and K. P. Wendt (2009). " Estimates of Population Density for Selected Periods between the Neolithic and A.D. 1800, " *Human Biology* 81(2–3): 357–380.

Zuiderhoek, A. (2009). *The Politics of Munificence in the Roman Empire: Citizens, Elites and Benefactors in Asia Minor.* Cambridge University Press.

第
5
章

泛亚洲贸易或丝绸之路的解构（古代、中世纪时期）

魏义天

101 基于整个欧亚大陆规模的经济史分析是一种挑战，尤其是从长期来看，而且来源于一系列语言文字——汉语、犍陀罗语、巴利语、拉丁语、阿拉伯语、波斯语、亚美尼亚语、粟特语、泰米尔语、亚拉姆语、希腊语和意大利语的方言，这些仅仅是在古代和中世纪时期，被不同亚洲贸易路线上的贸易商们所使用的语言的一部分。因此，泛亚洲贸易的经济史研究从一开始就受到欧洲中心论这种偏见的影响，这是很自然的。这些研究主要关注的是找到一种方法来思考西方的历史和力量，把西方作为焦点要比挣扎着掌握非西方语言更为容易。欧洲资本主义的起源问题在这方面处于中心位置，无论是把它归因于 13 世纪意大利的贸易城市还是 16—17 世纪的欧洲海洋强国。我显然将把这种欧洲视角整合到本章之中，尤其是这些罗马莎草纸和关于罗马、威尼斯或热那亚对亚洲贸易的意大利档案文件的专家收集的卓越数据。但是，我将首先尝试提供一个亚洲人的，更确切地说是一个中亚人的，对泛亚洲贸易以及中亚与印度洋这一时期两个主要的贸易动脉之一的看法。撒马尔罕的贸易没有任何西方文献提起过，与西方的增长也没有明显的联系，因此，在以欧洲为中心的资本主义起源的探索中被忽略了。我将专注于丝绸贸易，它当然是这一时期最长距离的贸易，虽然所提供的比较对象是带有更多“地域性”的交易，我指的是仅连接了古代世界部分地区的长途贸易，例如在印度洋中从马拉巴尔海岸到埃及的胡椒买卖。我将会尝试进行比较，以评估这些不同行业的经济重要性。

一个简短的年表概览

首先确定年代是很有用的。如果仅仅在某些时期很重要，而且 102
通常是相当短暂和有限的，那么泛亚洲贸易肯定不会持续到 11 世纪。所谓的“丝绸之路”——一个比较新的形象（1877 年），而不是一个实际的科学概念——在几个世纪里受到了糟糕的践踏，而且不是人们经常所认为的那样，是一个永久性的东西方联系。

早在公元前 2 世纪之前，一些中国丝绸可能就已经穿越了欧亚大陆：从哈尔施塔特的凯尔特人墓地到雅典的凯拉米克斯公墓，又或者是在巴泽雷克墓冢，在古代欧洲和亚洲的各种墓地中都发现了蚕丝。在整个斯基泰世界，有一条史前丝绸之路，除了一些丝绸流通之外，我们对它一无所知。然而，丝绸还没有足够重要到被任何文本资料关注到——希腊的各种资料不能被看作对亚洲毫无兴趣。由于不为人们所知的原因而只在不出名的人群中流传，丝绸在这些社会的经济中只是扮演了一个无足轻重的角色，也许在一些更为重要的产品当中，成为某些社会等级成员一个最不常见和最有异国情调的标志物（参考巴泽雷克的一些发现）。古代早期的一些其他产品更适合用来进行关于亚洲远程贸易的分析，如以青金石为例，早在公元前4000年开始，就已经从靠近帕米尔高原的科克恰河谷独有的矿山，交易到了美索不达米亚和埃及，以及后来的印度，但并不包括朝鲜或者中国（Herrmann，1968）。

丝绸之路的实际起点在中国古代王朝的历史当中得到了很好的描述。由于汉朝试图在公元前2世纪末与中亚的游牧部落建立一个联盟，中国的使者们带上了各种礼物，丝绸在其中扮演了重要的角色。这在中亚和西亚创造出了与中国保持更经常联系的市场。第一批对这些政治外交活动做出反应的商人，在公元前1世纪从印度和伊朗的边界地区，从犍陀罗（今天的巴基斯坦北部），然后是巴克特里亚（也称大夏，阿富汗北部）组织了通向中国的探险活动，不久之后，这些地区在公元1世纪被并入了贵霜帝国（Kushan empire）的版图中。这些商人都习惯了长途贸易——在公元前5世纪，巴尔赫的贸易商已经开始沿着印度地区销售一些宝石（青金石，玛瑙？）。张骞，这位前往中亚西部地区的第一位中国使者，在公元前2世纪这样描写关于大夏的情况："民商贾用车及船，行旁国或数
103 千里"（《史记·大宛列传》）。这些商人在几个世纪当中成功地在中国北部建立了贸易据点。在某种意义上，丝绸之路的开创可以看作旧的中东贸易与汉朝的扩张主义政策的结合。这两个系统结合在了一起。

海上长途贸易的起点则完全不同。自公元前100年左右西帕路斯（Hippalus）"发现"它们以来，伴随着季风而来的红海和印度西海岸之间的直接贸易无疑具有日益增长的重要性。贝列尼凯这一罗马埃及在红海沿岸的主要港口，在公元1世纪达到了顶峰，那时老普林尼（Pliny the Elder，Ⅻ，41）写道："按照最低的估计，印

度、中国和阿拉伯半岛从我们帝国每年拿走了 1 亿赛斯特斯——这相当于我们每年在奢侈品和女人身上支付的总数。”这 1 亿赛斯特斯当中，一半是用于阿拉伯香水，在剩下的一半当中，我们不知道由贵霜商人从中国进口到印度的丝绸和香料之间的不同比例。鉴于这些数额，有人认为，对进口货物征收 25% 的税可能是罗马在公元 1—2 世纪的一个重要收入来源。贝列尼凯的考古发掘结果显示（Sidebotham，2011），在 2 世纪中期之后，一直到 4 世纪中期，这一贸易有了大幅度下降，一直到 5 世纪末期才经历了重要的复兴。

内陆贸易可能在 3 世纪出现了衰退，当时中国遭遇了内部的麻烦和分裂，变得风雨飘摇，而贵霜帝国则被波斯萨珊王朝（Sassanid）入侵所摧毁。3 世纪的拉丁文作者很少提到丝绸。这段已经逝去时代的最后两个见证是在 3 世纪：甘肃一个提到了贵霜贸易社区的文件和一套商业信件，即所谓的粟特古信札（La Vaissière，2005：Chapter 2），在第 313 页描写了一些在洛阳的印度贸易商人的死亡情况。这些都把来自贵霜帝国的贸易商和粟特的这些新加入者联系在了一起。他们起初是贵霜商人的学生和学徒，来自中亚地区更靠北方（撒马尔罕、布哈拉、塔什干）的更贫穷区域。粟特人商业词汇的一部分来源于大夏，而一些最早的粟特商人在印度已经为人所知。粟特古信札表明，在中国内地和甘肃的主要城市当中存在着一些粟特人的商业社区，它们以网络的形式组织在了一起。我们有证据表明，公元 4 世纪，大夏商人被粟特人所取代，而且在经历了大约两个世纪的衰退和之后的中断以后，丝绸之路在 5 世纪得到了重生。

从公元 5 世纪到 8 世纪前半叶，丝绸之路可能一直处于繁荣 104
的顶点，粟特人成为中亚主要的长途商队商人。一直到 8 世纪中期，与古代时期的贸易不同，古代时期的资料来源参差不齐，我们却有关于这种持续性内陆贸易的充足的考古和文字证据。粟特人的移民社群是中国奢侈品出口和进口的主要陆路媒介，因而也控制了主要的泛亚洲贸易路线。除了丝绸外，粟特人还从事麝香、奴隶、贵重金属和宝石、皮草、银器、琥珀、文物、纸、香料、黄铜、姜黄、硇砂、药用植物、糖和香水等贸易（Schafer，1963；Skaff，1998b）。粟特人的贸易在8世纪经历了两个事件之后大大减少了。阿拉伯军队对于粟特地区的征服是缓慢而艰难的，也部分地摧毁了这个国家，同时中国自身也由于公元755年发生的安史之乱而被破坏。由于缺乏关于中亚地区的中文和阿拉伯文资料，我们对8世纪中期到9世纪晚期这一时期的信息所知甚少。在整个中亚地区发生的连绵不断的战争必然削弱了粟特人的贸易。尽管7世纪的前三分之一时期依然有一些粟特商人前往中国的信息被提及，但之后关于他们的消息就没有踪迹了。

同时，与中国的海上贸易的发展在9世纪已经超越了大陆商队贸易。至少从古代以来，人们就知道海上长途贸易已经到达了中国。然而在古代，这种印度和中国之间的海上贸易的东部分支，似乎没有西部的印度和罗马世界之间的海上贸易发达。主要是在萨珊王朝时期（公元224—651年），伊朗、锡兰、印度尼西亚和中国之间的海上贸易得到了真正的发展。在西方，萨珊王朝时期的波斯湾区域超越了红海区域。在波斯湾和印度洋沿岸，已经发现了一些波斯萨珊王朝时期仓库的考古遗址，而萨珊王朝似乎已经实行了激进的商业政策（Kervran，1994，1999；Whitehouse and Williamson，1973）。波斯商人已经成为通向中国南部的海上贸易道路上熟悉的面孔。但是，我们在6世纪科斯马斯·印第科普莱特斯（Cosmas Indicopleustes）的景教徒（Nestorian）文字记

录中，发现了关于亚洲贸易路线的等级，其中指出，通过陆地商
队路线，而不是海上贸易，波斯获得了大多数的丝绸（Cosmas
Indicopleustes，Ⅱ：45–46）。然而，在 9 世纪，陆路贸易的下降
可能引发了以波斯湾 [怀特豪斯（Whitehouse）在尸罗夫的考古发
掘] 为起点的海上贸易的增长。有几本阿拉伯和波斯人的书籍，特
别是《中国印度见闻录》（*Akhḥbār aṣ-Ṣīn wa'l-Hind*）一书证实了这一
贸易的存在。在中国的文献资料中，中国南部的主要港口庇护了 105
波斯人的聚居区、袄教徒（Zoroastrian）、穆斯林和基督教徒。从考
古的角度来看，对尸罗夫的主要贸易港口的发掘发现了大量的中国
陶器，以及后期的瓷器碎片，所有与印度洋有接触的其他伊斯兰港
口也有这些发现。与之形成对比的是，在撒马尔罕进行了几十年的
发掘之后，只发现了少数的碎片瓷器（Sokolovskaia and Rougeulle，
1992）。

在中亚，主要的贸易不再是东西方贸易，而变成了南北贸易。10 世纪的萨曼王朝（Samanids）的贸易，恢复了从伊朗到俄罗斯南部和乌拉尔山脉地区旧有的西北部粟特贸易路线，以及通向突厥部落附近的东北部路线。这些路线对于粟特人而言早已是比较熟悉的了，但所处的经济条件有很大差异。在东欧已经发现了超过 100 万的萨曼王朝钱币。相比之下，在中国还没有发现萨曼王朝的钱币。我们依据现存的考古或文字资料没有理由认为，在这一时期有重要的商队贸易联系着中国与西方世界。

10 世纪以来，亚洲的长途贸易似乎已经发生了改变。我们不应再谈“丝绸之路”，而应该简单地说是多方面的亚洲长途贸易。随着丝绸技术在 6 世纪向西方的转移，近东和中东地区的丝绸逐渐变得能够自给自足了（Jacoby，2004），而在中国，由于更为偏爱银锭，丝绸失去了作为货币的部分作用。剩余的大部分贸易一定是

通过海运进行的：在中亚，之前的贸易网络被分成两半，一半是通向西方的，其中喀喇汗王朝（Qarakhanid empire）似乎成为政治符号——其领土完全符合10世纪的地理学中描述的撒马尔罕商人的商业扩张区域，在东部，一条回鹘商人的路线从吐鲁番一直通向了中国内地。在这两者之间，实际的联系似乎依然是相当有限的。从750年到1100年，内陆的丝绸之路已经缩减为一条很窄的路径，在元朝之后，面对区域网络重要性的不断增长，内陆的丝绸之路已经消失了。

13世纪蒙古帝国的建立，从商业的角度来看，是这些贸易网络的一次巨大的重新洗牌，因为蒙古人在一系列角色中同时利用穆斯林和回鹘商人。欧亚大陆的统一，让得益于大量生产而获得相对价格优势的中国丝绸再次出现在欧洲的市场上（Jacoby，2010）。
106 但这次真实的陆地丝绸之路的复兴，只有在通往近东的所有道路上保持安全和统一，也就是在蒙古帝国的官方保护能够降低保护费的情况下才可能发生。在14世纪，随着各个封地（uluses）之间和内部的战争爆发，加之黑死病导致的死亡加剧，衰退很快到来。此后，由于亚洲各地交易的复杂性增加，即便曾经如此，丝绸之路也不再有意义了。

丝绸经济学

作为中国北部一种重要的家庭生产产品，丝绸在经济生活中无处不在。它滋养了私人、商业网络和官方税收系统。唐代的税收系统使得粮食的缴纳、劳役、实物税收都能用纺织品支付。在生产丝绸的地区，主要是中国北部，这一税收额度是每人20英尺的丝绸和3盎司的丝棉。一直到9世纪的唐朝中期，宽0.56米、长12米的标准丝绸卷都是一种准货币。大量交易可以用丝绸卷支付。丝绸从汉朝一直到唐朝中期（8 世纪）的重要作用，被作为钱币生产不足的一个证明。这一作用后来衰退了——从 780 年开始，税收被要求用钱币而不是用商品支付——虽然有时在钱币短缺的情况下，也可以恢复采用商品支付。

在中国，由于国家通过税收制度对于丝绸的分配有着很强的控制，私人商业出口可以被理解为小的或重要专业交易者的贸易，仅仅是将丝绸运送到西方的两种主要可能性之一，另一种是政府行为。不幸的是，由于数据资料来源的性质，尽管可以做一些比较分析，我们对后者的了解还是要比前者多。

在官方范围内，向亚洲其他地区运送丝绸有两个主要原因。与游牧民族的外交或朝贡关系是第一个可能原因，而将亚洲其他区域纳入中国货币领域是第二个原因。

但是，也很明显，在西方接收端的是那些贸易商们。如果中国政府在东方的经济控制能力十分强大，那么从中亚一直向西，则是由中亚贸易商的私人网络运送和出售这些丝绸。所以，我们必须考虑两个交互的情景：丝绸是如何从游牧部落的精英阶层手中——丝绸作为赏赐，或者中国政府官员手中——丝绸作为货币——渗漏到了这些贸易商自己的手中的。

从贡品到贸易：斡脱商人

斡脱（ortaq）这一概念对于将丝绸之路反映的朝贡关系维度和 107
商业维度联系在一起是极为重要的。从长远来看，中国往往向北方的游牧部落赏赐丝绸卷匹。这些东西很容易在戈壁滩上运输，而且相对于游牧世界的生产知识和能力完全是陌生的。这些丝绸卷匹可以用于国内消费，特别是可以作为一种用来标识游牧精英阶层之间的等级制度的社会工具。但是，其内部的消费肯定不足以吸收中国政府每年赏赐的成千上万匹丝绸。大量的丝绸将会从游牧部落政权的中心区域，通常是蒙古本身，或是黄河九曲部分的上段，又或者是天山北坡，进一步运送到西方。这里可以考虑几种可能性。当然这些丝绸卷匹能够被当作游牧帝国内部流通的货币：我们确实有关于证实用丝绸来支付喀喇汗国武士的文字资料（Ṭabarī Ⅱ，1689）。但是，主要的中介还是贸易商。

在元朝，蒙古王子们和贸易商通过一种名为斡脱的特殊关系联系在一起，这一词来源于突厥语的“合伙”（ortaq）。蒙古帝国的斡脱贸易商是一种其资本由蒙古王子或者官员提供的商人（Allsen，1989；Endicott-West，1989）。元朝的词汇把斡脱定义为“用于贸易的政府资金作为资本被分配来赚取利息的这种行为的名称”（引自 Endicott-West，1989：130）。“官有其利七，商有其三。”（Sen，2006：431，引自《元史》94.2402）。斡脱贸易商很快就成了帝国的重要角色，在例如为其蒙古主人包收中国或者伊朗区域的税收方面获得了成功（Aigle，2005：123f.，141f.）。斡脱商人系统的扩展远远超出了蒙古帝国的疆界。例如 13 世纪末期和 14 世纪初期，马拉巴尔海岸和伊朗之间的海上贸易完全是由提比（Tibi）兄弟两人控制了。两兄弟中的一个——马里库尔·依斯拉木（Maliku-l Islam）——控制了波斯湾的主要中转港口，即盖斯岛，同时也作为蒙古人的斡脱，根据他们的要求包收法尔斯省的赋税。兄弟俩的另一个则是马拉巴尔海岸地区领主的大臣。在这里，

对于来自最遥远的中国和印度的任何货物和商品，代

> 理人应该被允许最先进行选择，否则其他人不能购买。当他选好了自己的商品之后，用自己的船只进行派运，或者 108
> 把这些商品交给其他商人或者船主运送到盖斯岛。这里也不允许任何商人进行契约协商，除非在马里库尔·依斯拉木的代理商们选择好他们要求的商品之后……通过这种贸易管理方式，来自最遥远中国的产品在最遥远的西方得到了消费。（Vaṣṣāf，1871：35）

在历史学家瓦斯阿夫（Vaṣṣāf）后来的记载中，我们发现马里库尔·依斯拉木的儿子法卡乌·德丁（Fakhr-ud din）承担了在伊朗的伊尔汗国（Ilkhans）和中国的蒙古王朝之间的大使和斡脱商人的双重角色：

> 用衣服、珠宝、昂贵的服饰和狩猎得的豹子作为礼物，他换回了皇室的认可，财政大臣给了他十万两黄金作为贸易的资本。法卡乌·德丁用船舶和中国式帆船装载了其航行需要的必需品供给，同时也装运了他自己的货物和大量的珠宝、珍珠，以及属于他的亲戚朋友和他父亲的，适合帖木儿汗国（Timur Kha'an's）的其他商品。（Vaṣṣāf，1871：45）

从经济史的视角来看，在蒙古政权和贸易商之间建立的斡脱式合作的主要意义在于，它们使得朝贡品转向了真实的贸易。这是中国或伊朗的税收通过向蒙古人的朝贡中介路径变成贸易商资本的主要经济工具。

我们自然感到很好奇，这一制度的起源能否追溯得更为久远一些，一直到粟特人和突厥人之间的特殊关系那里？我们可以肯定的是，斡脱商人在蒙古时期之前就为人所知了。在 11 世纪喀什的词典中就有这个词，更早之前在 9—10 世纪的回鹘文件资料中也有记载（Hamilton，1986：138）。然而，最早的证明材料，不是关于这一名称而是这种制度，可以追溯到粟特贸易商开始进入突厥帝国经济生活的最初阶段，大约在 567 年：

> 粟特人的首领马尼亚赫（Maniakh）找准机会谏言室点密（Sizabul），说培养与罗马人的友谊并把生丝销售给他们对突厥人而言更为有利，因为罗马人比其他人更善于使用丝绸。马尼亚赫非常乐意与突厥人的使节一同前往，并且认为通过这种方式，罗马和突厥将会变成朋友。室点密同意了这个建议，他派马尼亚赫和其他人，携带着宝贵的生丝礼物和一封信，作为拜访罗马皇帝的使节。（Menander Protector，1985：111-115）

109 马尼亚赫是突厥王子室点密的斡脱，提出了通过把生丝销售给亚洲的主要市场，即萨珊王朝——在此前的一次尝试中——以及希腊人，来增加他从中国人的贡品中获得的利润。然而在这个早期阶段，这个制度与外交没有明显的差异，这种演变在 6 世纪期间发生，从而使得马尼亚赫脱颖而出。

从货币到贸易：中亚的丝绸

中国向中亚的扩张主要发生在汉朝和唐朝，中国和中亚区域的统一则发生在元朝。在中亚，维持军队和行政部门的费用是很重要的，而且对唐朝时期的情况已经有了相当精确的研究（Skaff，1998a：81ff.）。

为了支付这些费用，最方便的方法是运送丝绸卷匹。士兵或行政管理人员的工资最先是用谷物计算的，然后是用硬币，再之后转化成并且是用标准化的丝绸卷进行实际支付。例如，不是从中国内地运送 7 200 升小米，或着是 160 千克的铜币，在 745 年，政府会用每 6 个月 83.5 卷丝绸来支付在敦煌军队中的中层将领的俸禄。我们有确切的文件资料显示，军方向位于中亚的中国军队派遣了装载数千卷丝绸的车队，这与商队贸易的标准形象截然不同。在同一时期，能够装载共计 15 000 卷丝绸的两个车队，从国家仓库取得丝绸之后运往距其 7 000 米远的敦煌以支付士兵的俸禄（Trombert，2000：109-111）。在中国的中亚占领地早期，这一点肯定是相同的，因为我们从 3 世纪末期的文献资料中看到，在中亚的中国军事仓库里有数千卷丝绸，而这种丝绸中的一些被用来为士兵们购买粮食（Lin，1985：235，291）。

从关于中亚地区的中国文献资料和阿拉伯文字记载中可以找到这些丝绸流向西方世界的下一个步骤：这些丝绸成为一种本地货币，能被用来在市场上购买商品。从这些中国军队的需求中衍生出一整套经济系统：比如说，粮食批发贸易商向中国士兵提供面粉而获得了丝绸卷匹作为支付。同样的，当撒马尔罕在公元 712 年向阿拉伯军队投降的时候，在条约中规定需要交付的赎金数量是以银迪拉姆（dirham）标记的，还有用以实际支付赎金的当下各种商品的转化比例，其中就有标准的中国丝绸卷匹（La Vaissière，2005：271）。在当时，丝绸之路可以更 110
好地被描述为一种在不同货币区形成的交易的行政性现金支付方式。

私人贸易

现在出现的问题是，行政性的丝绸交易是否存在于交易者自己创造的商品流之上？从长期中的任何时间来看，从中国到西方的私人贸易都可能被政府的干预所彻底打乱和完全摧毁。由政府出资的、通过中国军队和中国使节向西方进行的丝绸运输只可能破坏中国内陆和中亚之间的贸易网络。相反地，它却为贸易商从事进一步通向西方的业务创造出了很多机会，包括从中国控制的中亚地区到中东和近东区域，这可以用马尼亚赫愿意成为突厥可汗在中亚、伊朗和拜占庭帝国的斡脱商人为例证。如果我们没有精确的中国个体贸易商因这种做法遭受损害的任何细节资料，显然从社会的角度来看，在中国控制中亚和每年运送 500 万卷丝绸到甘肃和新疆的鼎盛时期，那些把基业建立在中国的西方贸易商家族的子嗣放弃了被雇佣为政府或者军队的贸易商和商队的工作。军队那时雇佣了之前的贸易商队来帮助将大量的丝绸运往西方。我们确实有关于这一现象的准确社会数据，这似乎证实了上述中国征服西方造成的私人贸易网络毁灭的分析（La Vaissière and Trombert，2004：958）。

然而，应该说这些政府力量在西方发生干涉作用的时期，在整体上是很少出现的，这在蒙古王朝之前中国人对西方感兴趣的 14 个世纪当中，只在不超过 4 个世纪当中出现过。在任何情况下，它们都要比向游牧民族赏赐的时间还罕见。这些赏赐本身就波动很大，而且在大多数时间中，并不像在中国北部有着普遍政治危机的那些时期里，给突厥人或者回鹘人的赏赐那么重要。

正常情况下应该进行的是私人贸易。然而不幸的是，我们没有数据，也没有账簿或统计数据来评估这种私人的贸易流。对于唐代，我们唯一知道的定量数据是，一个位于裴康特（Paykant），即布哈拉附近的小型粟特人贸易城镇的富有商人，在 8 世纪早期的阿拉伯将军屈底波·伊本·穆斯利姆（Qutayba b. Muslim）入侵时期，用 5 000 卷丝绸赎回了自己的生命（Ṭabarī Ⅱ：1188–1189）。在蒙古王朝时期，我们知道一些富有的意大利贸易商和公司在意大 111
利的资产情况，以及一些前往伊朗、印度或者中亚西部地区的牧师的数量，但确实没有来自中国的任何信息（Bautier，1970；Lopez，1943）。在热那亚代理人裴格罗蒂（Pegolotti）的中世纪贸易商手册，即《通商指南》（*Practica della Mercatura*）当中（1866 年），却给出了在 14 世纪的前几十年，总量达到 25 000 金弗罗林（golden florins）的贸易投机资本从陆路运往中国的例子。在伊斯兰教的文献资料当中，我们确实获得了几个真实的例子，证明海上贸易运输要重要得多：一位卡里米商人曾经 5 次通过海路到达中国，在 1304 年的最后一次航行当中，他为埃及带回“300 布哈斯（buhârs）的丝绸（接近 40 吨），450 拉特尔（ratl）的麝香（195 千克），大量的中国瓷器，以及一批精美的、镶嵌着黄金的大玉盘”（al-Khazraji，引自 Lane and Serjeant，1948：114）。我们知道，对这些商品的支付费用会达到 30 万迪拉姆，这是一个与彼哥罗蒂的例子中的 25 000 弗罗林资本相当的数量，但仅仅是从其缴纳的税收上来看是如此。

上面总结的这些年表记录表明，这种贸易对于没有政治动乱干扰有着严重依赖。在爆发战争、劫掠和侵略的时候，贸易会急剧地下降或者完全停止：在 439 年北魏入侵甘肃之后，那里的中亚贸易商与该省很大一部分人口一起被抓捕和遣送到了中国东北部，直到二三十年的长期接触之后才得以恢复，粟特的国王才能派遣使节把他们领回来。在这些艰难的时期，只有由几百位贸易商、私人护卫和驮畜一同组成的商队才可能完成贸易路途，这极大地提高了运输成本，与不那么危险时期由小得多的团队完成的相当自由的旅行（一旦他们得到了官方的通行证）形成了对比。较长的距离导致的信任问题似乎已经在家庭基础上得到了解决。

量化数据

能够根据这些不同的可能性来评估在丝绸之路进行贸易的货物数量是非常有意思的。如果这是不可行的，我们的确有一些关于中国政府官方送往西方的丝绸数量的想法。在 8 世纪前半叶，超过 500 万块布料——主要是丝绸，但也有优质的麻布——每年都由唐朝送往丝绸之路，去支付它在甘肃和中亚的军队与行政机构的费用。

应该将这一数量与支付给北方的游牧部落政权当作贡品的丝绸
112 卷匹数量进行对比。这些数字通常相当模糊。例如在 1 世纪 60—70 年代的突厥势力顶峰时期，有文献指出，北周和北齐这两个王朝都试图控制中国北部，它们每年都向突厥支付 10 万件丝绸以使其保持中立，或者也许能够换得突厥帮助对抗作为竞争对手的另一个王朝（根据《周书》卷五十总结）。为了获得突厥人的好感和军事服务，这两个王朝因此也掏空了它们的金库。马尼亚赫和他的粟特商人向可汗提出在波斯帝国进行销售的正是作为贡品的丝绸。但是，这里所说的“10 万”是指“很多”而不是任何具体准确的数字。对于 9 世纪的最初几十年而言，当然我们有更为坚实的基础：中国的文献资料提到了每年向回鹘人支付数量为 50 万卷的丝绸（Beckwith，1991）。这个数字得到了一个独立的资料来源，即一位前往回鹘帝国的穆斯林大使的证实（Tamīn b. Baḥr，1948：283）。

元朝时期则有很大的不同，因为这时银币和纸钞已经取代了丝绸作为货币，同时在这一时期，穿过整个中亚区域确实可能发展出一条“白银之路”。然而，如果我们不立足于中世纪历史学家或作家撰写的文本，而是基于回鹘的实际文献，理论上以银币支付的税款通常是以实物，特别是以丝绸支付的。中国丝绸在欧洲市场的复兴，不仅与帝国中穆斯林商人的活力有关，而且与唐朝时期以丝绸作为货币的现象有着严格的相似性（Schurmann，1956）。

有了这些数字，很明显，在中国对中亚进行军事控制和将丝绸作为货币的时期，也应该可以看到，在汉唐时期，通过行政方式将丝绸输送到西方达到了最大流量。在我们已知的作为贡品和作为货币的丝绸数量之间的变动范围为 1 ～ 10。尽管这些文字记录是无声的，但在 8 世纪上半叶，当唐朝的丝绸向西方的输送达到高潮期间，阿拉伯人在中亚奉行非常具有侵略性的军事政策并非偶然。

位于中亚的中国军队以其庞大的丝绸开支创造出了一些大宗商品的经济流动。例如，一份例行的陆军文件描述了 600 千克铁是如何从天山运送到 2 500 千米以东的中国军队那里的（Trombert，2000：99），粟特国王同样提议，向大约 1 000 千米外东北方向正在作战的中国军队长距离运送粮食。

然而，就数量而言，商队贸易的运输量远低于海运。举例来说，一篇文献描述了 6 世纪时有着 600 匹骆驼和 240 个粟特商人的一个庞大商队。除其他商品之外，它运送了 10 000 卷丝绸，也就是说，在可能总量为 120 吨的货物中有大约 5 吨的丝绸。该文献还提到了中亚至伏尔加河上游之间在 10 世纪早期的一个更大的商队，拥有大约 3 000 头驮兽，如果都是骆驼的话，可以携带大约 600 吨 113

货物。但是，在幸存的独一无二的穆泽里斯纸草（Muziris papyrus）中所描述的，大约公元 150 年来自印度地区马拉巴尔海岸的船舶所能装载的数量可能相当于一整个大的商队运送的量，罗马与印度进行贸易的船舶平均可以运送 300 吨（De Romanis，2012）。在公元 1 世纪，每年有 120 艘这样的船被派往印度，总载重量大约为 36 000 吨，也就是需要 18 万头骆驼才能运送与之相当的重量。从这些文献资料中可以非常清楚地看到，那种大型的商队并不常见，在泛亚洲贸易的低潮时期，每年只有几批次。尽管商队贸易在技术上无法发展，14 世纪的中国帆船能装载的重量却达到了穆泽里斯纸草中所描述船只的 3 倍（Sen，2006：425）。

价格和成本

可以计算出，在 8 世纪上半叶的一个平静时期，运输成本增加了贸易商的收益，使得在中亚东端的敦煌和撒马尔罕之间交易一卷丝绸的成本增加了一倍，从 14 枚银币变成了 28 枚银币（La Vaissière，2005：271），而人们的偏见是，在敦煌，同样一卷丝绸需要的白银要少得多。同样的数据显示，在撒马尔罕，1 克黄金的购买力为 84 克丝绸。在丝绸之路的西端，查士丁尼统治下的拜占庭帝国，我们也有由法律设定的丝绸的最高价格，即每磅 8 诺米斯玛塔（nomismata），也就是 36.4 克纯金换取 324 克生丝，即 1∶9 的兑换比率，在查士丁尼统治的后期，则是 1∶5 的比率（Oikonomides，1986：34），这就证明了与政治环境有关的价格的高波动性（拜占庭的皇帝与突厥人和波斯人的战争实际上是与丝绸提供者的战争）。

作为蒙古帝国对大草原的统一创造出来的内陆道路安全的结

果，在丝绸之路的短暂复兴时期，也就是从 13 世纪 90 年代到正好在其被废弃之前的 14 世纪 40 年代早期，从中国到意大利，平纹丝绸的价格增加了三倍（Lopez，1952：75）。《通商指南》当中精确地描述了 14 世纪上半叶的道路安全情况，而且给出了一旦与安保成本区分之后的实际运输成本的概念：

> 你可能计算出，一位带着一个向导（翻译）、两个
> 仆人和携带价值 2.5 万金弗罗林商品的商人，应该在他
> 去往卡塞（Cathay，即中国）的路途上花费 60 ～ 80 索
> 米（sommi）的银子（银锭），如果他管理得好就不会花
> 费更多；对于从中国回到塔纳（Tana，在亚速海）的整
> 个路途来说，包括生活费用、对仆人的支付，以及所有
> 其他费用，这一成本将会是大约每头牲畜 5 索米，或者 114
> 更少一些。你可能会认为这些索米价值 5 金弗罗林，你
> 可能也会认为，每辆牛拉的货车将需要一头牛，并将携
> 带 10 坎塔斯（cantars）的热那亚重量单位的货物；每辆
> 骆驼拉的货车需要三头骆驼，能够携带 30 坎塔斯的热那
> 亚重量单位的货物；每辆马拉货车需要一匹马，通常能
> 装载 6.5 坎塔斯，每坎塔斯约为 150 热那亚磅。一捆丝
> 绸的重量可能为 110 ～ 150 热那亚磅。（Pegolotti，1866：
> 153-154）

这可能意味着一个极低的总运输成本，大约是蒙古控制的那部分道路的 3% ～ 4%。

几年之后，当蒙古帝国的动乱开始袭扰丝绸运输的时候，丝绸的价格很快就在意大利市场上翻了一番。

对经济的影响：中世纪早期

中国在中亚的扩张在朝堂上讨论了许久，官员们提出了各种赞成或反对这种征服的意见。从这些争论来看，不管是在汉代还是唐代，很明显，中国从来都没有把这些征服视为在经济上是有利可图的。有人对这种征服可能带来的高昂成本提出了尖锐的批评意见，而赞同这一征服的人实际上仅仅是出于军事和外交方面的原因（Skaff，1998a：62ff.）。由于中亚地区的对外贸易完全由中亚的移民社群所主导，中国商人没有任何内部的社会动机来支持这种征服。但在相关文献资料的一些有关这些议题的更正规的讨论中，有时会提到贸易。允许中亚商人进入中国是在文献中反复争论的一个议题：吐鲁番的高昌国王对贸易进行封锁和征收高额税收是唐朝皇帝在 640 年为发动征服这一绿洲的战争所提出的理由，虽然这一举动被一些朝臣所抵制，他们认为离开中原地区如此遥远，要维持军队的成本会非常高。此外，唐朝意识到了这些外国商人对降低军队维护费用的用处：在远离中亚的东北部边疆，唐朝实施了一整套安置外国商人的定居社区政策（La Vaissière，2005：143）。一种积极的商业存在可能会减少唐朝的军事力量在这些遥远地区所要付出的高昂代价。更普遍的是，可能政府已经把粟特商人写入了人口登记
115 簿当中，就像对汉人所做的一样，这是为了更容易追踪他们以及他们在中国境内的活动。政府还授权这些外国商人在市场上支付银币。粟特人的商业活动在中国各地的扩展和对他们在唐朝都城中某些特定商业领域的管控，都是唐朝精心设计的用于推进外国商人在商业中作用的一个政策的成果。而人们通常认为，直到 8 世纪下半叶，中国士大夫对于商人这一职业的非常负面的态度才得以消除——这是一种带来了 11 世纪宋朝商业文明的发展——在实践

中，唐朝自掌权以来就已经求助于这些外国商人的高效服务了（La Vaissière and Trombert，2004）。

我们自然会很好奇，这种在中国产生的粟特贸易的发展，以及它对丝绸的兴趣，是否导致了向一些早期资本主义形式的演化？实际上，一个非常孤立且来源于文学作品的文本资料很吸引人：

> 唐定州何明远大富，主官中三驿。每于驿边起店停商，专以袭胡为业，资财巨万。家有绫机五百张。（《太平广记》，第 243 卷，转引自 Qi，2005：118）

根据他的名字推测，何明远自身就生于粟特商人家庭。这一例子表明了远途贸易与生产的结合，以及资本和工作的分离。我们从 10 世纪的中亚可以看到类似的例子，但仅限于区域贸易（Sims-Williams and Hamilton，1990）。

鉴于我们所掌握的文献资料的匮乏，计算中国参与丝绸之路导致的全球经济失衡是不可能的，但是这不仅需要考虑到保持中国在那里商业存在的巨额真实成本和在商队轨迹上进行中亚私人贸易的巨额真实成本，也需要考虑这些中亚贸易商在中国商业贸易中的参与程度、可能的生产增长——只要何明远的例子能够得到一般化——以及到中国的成本的降低。虽然唐朝曾经拥有一些非常强大的汉族商号，然而似乎外国人能够提供一些汉族人无法提出的建议。丝绸之路也是一条商业技能之路，其性质因缺乏法律文本而不为人所知。

显然，国际贸易是中亚绿洲上各种活动的重要组成部分，人 116
们认为贸易对这些绿洲国家的发展起到了重要作用。但实际上，我们没有任何定量的资料，同时关于古代的文字资料也是非常有限的。我们确实有一个文字证据：3 世纪塔里木盆地绿洲上的楼兰古国的经济要依赖于来自中原的丝绸进行上层社会的经济交易。唐朝一个穿过中亚的中国朝圣者是这样描述粟特的情况的："家长和孩子都在谋划如何获得财富，他们得到的越多，就更加尊重对方……身体强壮的耕种土地，余下的（一半）从事赚钱的营生（商业）"。后来是这样描述撒马尔罕的情况的："许多外国的珍贵商品都收藏在这里"。其他中文文献资料对此作了补充，"他们精于商业并且热衷于利润；一旦男人达到 20 岁的年纪，他们就离家前往邻国；每一个能够挣钱的地方，他们都会前往"。这些证据得到了研究粟特商人的其他当代观测结果的支持。因此，一位亚美尼亚的地理学家写道，"粟特商人是生活在土耳其和艾尔亚奈土地上的富有而勤奋的商人"（La Vaissière，2005：160）。

然而，仍有待证明的是，中亚地区 4—10 世纪所经历的全球性增长与国际贸易直接相关，而不是与农业新发展有关。例如，粟特人聚居地向北的扩张，一直到七河地区的天山北麓（现吉尔吉斯斯坦北部），通常被认为是丝绸之路通往这个方向的结果。然而，考古发掘表明，从一开始，这里就存在由创造这些城镇的贵族在处女地上进行的农业投资，只是后来这些贸易商才利用这些城镇作为中途的停留地。此外，如果我们转向更为全面的关于整个亚洲的格局，中亚地区的国际贸易的重要性就必须由这些地区相对贫乏的人口来平衡。如果粟特人的数量可能达到了几十万之多，吐鲁番这一丝绸之路上的一个重要中转点却从来没有住过超过 50 000 个居民（Skaff，1998：365ff.）。这些数字应该与唐朝统治下的 7 000 万～8 000 万汉族人（Pulleyblank，1961），以及类似的这一时期其他强权国家的几百万居民进行对比。甚至在吐鲁番，近期的研究指出，这里的大部分人口与国际贸易之间没有什么联系（Hansen，2005）。

但是，关于丝绸之路在古代和中世纪经济史上的经济重要性的争论焦点，实际上是那些处于接收位置的社会，而不是中国 117
或者那些途经的国家。有人争辩说，无论奢侈品贸易的数量有多么小，它对处于接收位置的社会的重要性都是巨大的。沃勒斯坦（Wallerstein）在他对 16 世纪欧洲资本主义增长的分析中，抛弃了奢侈品贸易而支持大宗商品贸易，这将大大低估了这样一个事实，即从远处运来的每单位奢侈品都传递了巨大的价值，从而弥补了其有限的数量。此外，从人类学的角度来看，奢侈品是社会歧视的基本工具（Schneider，1977）。事实上，中世纪早期是证明这一点的一个很好的时期：在拜占庭帝国，丝绸服装是帝国秩序的主要政治工具，其使用有严格的规定。为管理丝绸贸易和控制拜占庭帝国的分配而设立了一个特别的官方组织（Oikonomides，1986：34f.)。后来，各伊斯兰帝国和蒙古人利用君主或其代表赠送的豪华服装作为区分精英中杰出成员的主要工具（Allsen，1997：79f.)。但是，这种向人类学原因的转变提出了一个关键的问题，即丝绸本身能否比国内生产的可能同样被用作社会歧视工具的其他商品引发出更大的经济活动？依赖丝绸可能削弱了接收国的内部增长，丝绸在进口商品的等级结构中处于较高的地位，因而对该国的生产增长没有发挥任何作用。一个产业的创造则是另一回事，这里假定了一种技术转移——僧侣们把蚕种藏在他们的拐杖中带到拜占庭的著名故事——或者至少有源源不断的原材料，这在当时的运输条件下意味着在邻国进行生产。在那种转让之前，谈到源自遥远中国的非常遥远和脆弱的贸易关系时，没有任何理由去支持这种奢侈品贸易所导致的任何经济增长。

蒙古帝国的幻象

蒙古帝国显然存在一个不同的问题。在游牧社会中，进口奢侈纺织品作为社会标志在传统上的重要性，再加上征服了欧亚大陆的大部分地区，给予了蒙古人在积极贸易政策方面过去几个世纪前所未有的影响。存在于整个帝国的蒙古王公的斡脱商人肯定能够获得规模巨大的资源。蒙古人的政策不局限于贸易，还包括人口，尤其是纺织工的大转移，就像来自赫拉特的纺织工，
118 在1221年被转移到了吐鲁番北部的别失八里（Allsen，1997：40），又或者是撒马尔罕的纺织工被转移到了北京以北（Pelliot，1927）。

然而，极大部分史学已经被这种贸易的欧洲中心论视野所破坏了。事实上，由于缺乏与中国贸易的真实资料，《马可·波罗游记》和裴格罗蒂的《通商指南》被认为是关于蒙古贸易情况的最好见证。因此，从黑海的意大利殖民地到中国，北方直接贸易路线的重要性被夸大了。意大利档案文献的专家在40多年前表明，通过这一路线运送而来的中国丝绸的质量是比较差的，在意大利市场上也比来自中东的丝绸实际上更便宜，而且这从来只能代表欧洲所获得的有限部分丝绸数量。从中世纪欧洲的主要丝制品生产城镇卢卡的档案资料当中，鲍蒂尔（Bautier）证明，一年6辆骆驼驮车的生丝就足以为卢卡提供其所需要的所有中国丝绸了（Bautier，1970：289）。黑海的意大利城市的实际腹地范围并没有超出伊朗的大不里士和咸海南部的乌尔根奇。再往东，所有《马可·波罗游记》中提到的名人当中，选择从这条路通向中国的真正西方贸易商的数量是非常有限的，阿力麻里和元大都的西方人群聚居区的人口并不多（Petech，1962）。此外，最近有人认为，即使是关于威尼斯人和热

那亚人参与黑海贸易的问题，长途贸易并不是它的主要原因，而是粮食等大宗货物的区域和地中海贸易。长途贸易是一个有很大价值的附加项目，但它留给了与这两个对立城市没有直接关联的私营商人（Di Cosmo，2010）。至于欧洲，实际上比较重要的贸易像以往一样，是在穆斯林和拜占庭领土边缘，在从北方的塔纳一直到南方的叙利亚的海上进行的大宗商品贸易。所谓的“蒙古治下的和平”（pax Mongolica）打开的主要是通往伊朗的道路，或者是直接从叙利亚海岸北部开始，或者是通过金帐汗国。裴格罗蒂用几个段落描写了通往中国的道路，而用好几页纸讲述了通向大不里士的道路。至于亚洲和全球格局当中，主要的贸易是通过穆斯林进行的，其次是突厥。海上贸易的图景与之类似：在 13 世纪末期，马可·波罗提醒我们，针对每一担从马拉巴尔海岸出口到欧洲的辣椒，就有另外 100 担是出口到中国的。

也就是说，我们受制于史学的研究现状。这里要排除奥尔森（Allsen）的那些研究，这些都是更为定性而不是定量的（Allsen，1997，2001），关于蒙古帝国时期中国和伊朗之间实际主要商业关系所做的研究还非常少。人们希望数以百计的波斯 119
语、察合台语（Chagatay）、阿拉伯语或亚美尼亚语的文件可能正在等待进行手稿的解读，并且用来从真实的亚洲经济史的视角对这种贸易进行重构。由于缺乏这些研究，人们仍然可能通过研究从中国到西方，主要就是穆斯林统治的中东地区的白银流动，从而确定泛亚洲交易的重要性。蒙古人主要在伊朗、伊拉克、叙利亚、西部草原的金帐汗国和主要的货币是银锭即索姆（som）的中国之间建立了一个巨大的、安全的商业区域，其结果是所有欧亚地区的铸币厂，不管是在蒙古帝国的内部还是外部，都能见到这种货币。在第一个白银时代，可能来自云南的用白银制成的新硬币是从塞浦路斯或特拉布宗铸造的，铸好后运往孟加拉，亚洲各地都与蒙古帝国保持着联系。蒙古“丝绸之路”的真实效应是实际上产生了第一个白银时代（Kuroda，2009）。

这些银子的大部分都经过了中东常见的那些中间商之手。其原因可以从奥尔森对于蒙古等级制度中对奢侈的伊斯兰纺织品那种非同寻常欲望的研究当中很清楚地看到。除了上贡和驱逐之外，蒙古人通过遍及其帝国的斡脱贸易商网络，用他们的索姆以及丝绸来购买伊斯兰国家珍贵的金线织锦（nasîj）织物。如同中东地区正在消耗中国的白银，当然也有丝绸，尽管我们在意大利人的档案资料中看不到有关欧洲的统计数字，但它也在消耗欧洲的白银。这一现象在这一时期的所有文献资料中都是普遍存在的，大量的白银正在向中东转移。然而，我们无法在什么与通常的地中海贸易相关联，以及什么与蒙古的丝绸之路实际联系在一起这两者之间进行区分。

但是，为了确定蒙古时期长期的实际经济的重要性，应该提出两点意见。第一，这在时间上非常有限：至于北边的，即佩戈洛季（Pegolotti）所描绘的从中国到黑海的这条路线，实际上正常使用的时间至多有半个世纪——大约从 1290 年到 1343 年——如同佩戈洛季自己所描述的那样，这是一段安全的旅途不断被连续的斗争打断的时期。南边的路线穿过了帝国的伊斯兰部分，持续的时间也仅仅稍微长一点，大约从 1260 年一直到 1335 年。后来，卷入政治斗争之后，两条路线都急剧地衰退了，特别是在 14 世纪 60 年代之后更是如此。贸易再次回到了埃及和叙利亚之间（Ashtor，1983：64ff.）。第二点也是主要的一点，这种贸易完全嵌入政治当中。蒙古人毫不犹豫地毁掉了黑海的意大利人贸易港口，他们从中显然大大受益，这纯粹是出于政治原因——在这里彰显了蒙古的力量。类似地，如果我们在中国和波斯的文献资料中，看到斡脱商人作为蒙 120 古朝廷当中一个强有力的群体拥有了不断增长的权力，这是因为这个群体的主要目的似乎是控制中国和伊朗的税收包收，而不是为贸易创造一个安全的法律环境，一旦政治局势转变，他们通常会失去一切。甚至对这一系统外部的主要贸易商而言也是如此。例如，前面提到过的盖斯岛上的提比王朝渴望能够包收法尔斯地区的税收，但是最终由于蒙古朝廷的政治斗争而损失了大量的金钱，最终敌对的霍尔木兹（Hormuz）王朝取得了统治波斯湾的权力（Aubin，1953：89-100）。14 世纪 40 年代的蒙古帝国解体期间，摇摇欲坠的中亚丝绸贸易也证明，蒙古帝国没有在长期改变亚洲的贸易组织方式，可能实际上是削弱了它。中国的贸易转回海上，从此不再受到蒙古人的控制。

蒙古时期可能是在第一个真正世界帝国的贸易政策中进行的政治试验，但西方史学却因其对商人所代表的伟大开放着迷而受损。实际上，如果我们要在全球范围内对蒙古时期进行评估，这种贸易网络的重组很可能是虚假的，最终是破坏性的。中亚地区的许多主要贸易城市，如撒马尔罕或巴尔赫，或者在伊朗和伊拉克——巴格达——都被摧毁了，作为继承者的帖木儿汗国也没有做得更好。我们不知道在蒙古帝国结束后中亚的贸易网络是如何重建的，但在 15 世纪初的东方实现了有限的复兴（Rossabi，1990），在长期，穆斯林商人发展出一种与 500 年前的撒马尔罕时期所产生的类似的贸易，即一种在穆斯林控制的中亚、俄罗斯和西伯利亚地区之间的贸易（Burton，1993）。

从中国到近东的贸易非但没有支持建立在其重要性基础上的宏大理论，反而是一个断断续续的、往往具有强政治性的现象，它从没有获得超过限制范围的增长，而且主要是在中间人当中完成的。至于在古代和中世纪的丝绸贸易，根据我们的资料来源，不能表明它刺激了伊朗或拜占庭的增长。此外，这种距离上的运输和保护费用完全阻止了国际上的任何专业化分工。政治上大幅降低运输成本的三个时期并没有显示出任何存在系统性经济变化的证据，不仅完全容易受到外部政治冲击的影响，而且受到自身内部政治冲击的影响。

知识网络

121 然而，刺激经济增长的是知识，即众所周知的实际技术转移。尽管西方棉花传到中世纪中国的时候没有做到这一点，但丝绸和造纸术传到西方的确创造出了新的产业。但是，重新构建这样一个太直接的因果联系可能太幼稚了。常常出现的情况是，知识传递了，却没有发生后续的效应。例如，我们现有档案资料的证据表明，造纸术在伊斯兰化之前的伊朗就已经为人所知了，但它的投入使用却花了几个世纪的时间。还有一点就是，除了贸易路线的知识以外，这些转移往往与贸易本身没有直接联系：难民、移民和宗教网络同样与技术转移相关，甚至更为重要。一些难民把玻璃制作的秘诀传送到中国，有一些僧侣将丝绸技术传播到拜占庭，还有一些朝圣者一直沿着朝觐网络推广坎儿井灌溉技术。

事实上更重要的是一些更广泛的东西，比如对其他国家存在性的彻底了解，即对于通过外交和贸易所创造的世界的基本地理情况，尤其是位于所有这些接触之间的中东国家的彻底了解。早至古代晚期，就已经产生了一幅可能源自印度，并且一直到 10 世纪都遍及整个亚洲大陆的关于四个世界之王（中国，印度或伊朗，游牧民，希腊）的世界图像：这一点从倭马亚宫殿到中国的佛教经典文献，或者粟特人的绘画都可以得知（La Vaissière，2006）。在全世界的这一分工当中，比较明显的是中国人能作为出类拔萃的天才工匠，而游牧民族则提供职业武士。尽管在不规律的基础上可能进行贸易的是任何数量的商品，即使没有实际实现，也应该会考虑一种国际性的劳动分工。伊斯兰地理学家继承了这一基本地理知识，并且发展出他们更广阔的世界视野。他们掌握一个即使呈现碎片化，也实际是对于整个欧亚大陆和非洲大陆的了解，其范围从日本一直到马达加斯加和塞内加尔。他们所处的中心地位使他们能够控制中世纪时期各种较大的区块之间的数据流。蒙古人的入侵打破了这种对知识的垄断。

在 12 世纪的西西里国王试图将伊斯兰地理知识融入基督教世界失败之后，13 世纪在欧洲的新奇之处是发现了贸易的可能性，这被证明在长期来看要比实际的贸易更为重要。这就是使葡萄牙人环绕非洲到印度洋寻找香料和基督教徒的原因。两个世纪之后，
在经历了热那亚人维瓦尔第兄弟（Vivaldi brothers）的失败尝试以 122
后，与前者有着直接的知识连续性，迪亚士和达伽马成功地进入了印度洋。同样地，西班牙人也在热那亚领航员的带领下来到了美洲大陆，这个人就是哥伦布这位处于进退维谷境地的中世纪旅行家，他从 14 世纪皮埃尔·戴利（Pierre d’Ailly）主教的《世界的形象》（*Ymago mundi*）中学到了他全部的中世纪世界地理知识。为了打破穆斯林的中心地位，明朝初期支持了郑和（1405—1433 年）的海上探险，利用了伊斯兰的海上航行知识，为中国的利益服务。

在某种程度上，当明朝最终结束这些尝试的时候，可以说，从长远来看，马可·波罗的“奇迹”要比蒙古贵族强制执行的贸易的重新定向更为重要：实际上这些边缘的热那亚和威尼斯商人带回来

的不是商品，而是对伊斯兰世界以外的另一个世界的了解，以及自狄奥菲特拉·西莫卡塔（Theophylact Simocatta）对丝绸之路第二阶段期间的突厥和中国进行描述之后，完全被忘却的亚洲的深度。试图从经济角度和 16 世纪欧洲经济扩张看蒙古时期的真实内陆贸易似乎是一个错误。到 13 世纪，重要的贸易都已经通过海上进行了，其重要性还在不断增强，因为在成吉思汗之前的 500 年，商队贸易已经达到了其技术上的极限。但是，为了理解内地的丝绸之路和欧洲经济增长之间的实际联系，我们需要跳出经济史，而且要考虑新创造出来的《世界的形象》的动员性力量。

参考文献

所有中文文献都是引自标准的中华书局版本。

Aigle, D. (2005). *Le Fa- rs sous la domination mongole. Politique et fiscalité (XIIIe-XIVe s.)*, Cahier de Studia Iranica 31. Paris: Association pour l'Avancement des Études Iraniennes.

Allsen, T. (1989). " Mongolian Princes and Their Merchant Partners, 1200–1260, " *Asia Major* 2(2): 83–126.

(1997). *Commodity and Exchange in the Mongol Empire: A Cultural History of Islamic Textiles.* Cambridge University Press.

(2001). *Culture and Conquest in Mongol Eurasia.* Cambridge University Press.

Ashtor, E. (1983). *Levant Trade in the Later Middle Ages.* Princeton University Press.

Aubin, J. (1953). " Les princes d'Ormuz du XIIIe au XVe s., " *Journal Asiatique* 241: 177–238.

Bautier, R.-H. (1970). " Les relations économiques des Occidentaux avec les pays d'Orient, au Moyen Âge, points de vue et documents, " in M. Mollat (ed.), *Sociétés et companies de commerce en Orient et dans l'Océan Indien. Actes du huitième colloque international d'histoire maritime.* Paris: SEVPEN, pp 263–331.

Beckwith, C. (1991). " The Impact of the Horse and Silk Trade on the Economies of T'ang China and the Uighur Empire, " *Journal of the Economic and Social History of the Orient* 34: 183–198.

Burton, A. (1993). *Bukharan Trade, 1558–1718.* Bloomington, IN: Indidana University

Press.

Cosmas Indicopleustes (1968–1973). Trs. W. Wolska-Conus, *Topographie chrétienne,* 3 vols. Sources Chrétiennes, 141, 159, 197. Paris: Éditions du Cerf.

De Romanis, F. (2012). " Playing Sudoku on the Verso of the ' Muziris papyrus ' : Pepper, Malabathron and Tortoise Shell in the Cargo of the Hermapollon," *Journal of Ancient Indian History* 27: 75–101.

Di Cosmo, N. (2010). " Black Sea Emporia and the Mongol Empire: A Reassessment of the Pax Mongolica," *Journal of the Economic and Social History of the Orient* 53: 83–108.

Endicott-West, E. (1989). " Merchant Associations in Yüan China: The Ortog, " *Asia Major* 2(2): 127–154.

Hamilton, J. (1986). *Manuscrits ouïgours du IXe Xe siècle de Touen Houang.* Paris: Peeters.

Hansen, V. (2005). " The Impact of the Silk Road Trade on a Local Community: The Turfan Oasis, 500–800," in E. de la Vaissière and E. Trombert (eds.), *Les Sogdiens en Chine.* Paris: EFEO, pp. 283–310.

Herrmann, G. (1968). "Lapis-Lazuli: The Early Phases of its Trade," *Iraq* 30: 21–57.

Jacoby, D. (2004). " Silk Economics and Cross-Cultural Artistic Interaction: Byzantium, the Muslim World, and the Christian West," *Dumbarton Oaks Papers* 58: 197–240.

(2010). " Oriental Silks Go West: A Declining Trade in the Later Middle Ages, " in C. Schmidt Arcangeli and G. Wolf (eds.), *Islamic Artefacts in the Mediterranean World: Trade, Gift, Exchange and Artistic Transfer.* Venice: Marsilio, pp. 71–88.

Kervran, M. (1994). " Forteresses, entrepôts et commerce. Une histoire à suivre depuis les rois sassanides jusqu'aux princes d'Ormuz," *Itinéraires d'Orient. Hommages à Claude Cahen.* Res Orientales VI. Bures-sur-Yvette: GECMO, pp. 325–351.

(1999), " Caravansérails du delta de l'Indus. Réflexions sur l'origine du caravansérail islamique," *Archéologie islamique* 8–9: 143–176.

Kuroda, A. (2009). " The Eurasian Silver Century, 1276–1359: Commensurability and Multiplicity," *Journal of Global History* 4: 245–269.

La Vaissière, É. de (2005). *Sogdian Traders: A History.* Leiden: Brill.

(2006). " Les Turcs, rois du monde à Samarcande," in M. Compareti and É. de la Vaissière (eds.), *Royal Nawruz in Samarkand: Proceedings of the conference held in Venice on the pre-Islamic painting at Afrasiab. Supplemento 1, Rivista degli Studi Orientali,* vol. 78. Pisa/Rome: 147–162.

La Vaissière, É. de and E. Trombert (2004). " Des Chinois et des Hu. Migrations et intégration des Iraniens orientaux en milieu chinois durant le Haut Moyen-Âge, " *Annales. Histoire, Sciences Sociales* 59(5–6): 931–969.

Lane, A. and R. B. Serjeant (1948). " Pottery and Glass Fragments from Littoral, with Historical Notes, " *Journal of the Royal Asiatic Society of Great Britain and Ireland* 2: 108–133.

Lin, M. (1985). *Loulan Niya chutu wenshu.* Beijing: Wenwu chubanshe.

Lopez, R. (1952). " China Silk in Europe in the Yuan Period," *Journal of the American Oriental Society* 72: 72–76.

Lopez, R. S. (1943). " European Merchants in the Medieval Indies: The Evidence of Commercial Documents," *Journal of Economic History* 3: 164–184.

Menander Protector (1985). In R. C. Blockley (trs.), *The History of Menander the Guardsman.* ARCA, 17. Liverpool: Francis Cairns.

Oikonomides, N. (1986). " Silk Trade and Production in Byzantium from the Sixth to the Ninth Century: The Seals of Kommerkiarioi," *Dumbarton Oaks Papers* 40: 33–53.

Pegolotti, F. B. (1866). *Cathay and the Way Thither,* trs. H. Yule, vol. Ⅲ . London: Hakluyt Society, pp. 143–173.

Pelliot, P. (1927). " Une Ville musulmane dans la Chine du Nord sous les Mongols, " *Journal asiatique* 21(1): 261–279.

Petech, L. (1962). "Lesmarchands italians dans l'empire mongol," *Journal asiatique* 250: 549–574.

Pliny (1945). *Natural History*, vol. Ⅳ , books 12–16, trans. H. Rackham. Loeb Classical Library 370. Cambridge, MA: Harvard University Press, p. 63.

Pulleyblank, E. (1961). " Registration of Population in China in the Sui and Tang Periods," *Journal of the Economic and Social History of the Orient* 4: 289–301.

Qi, D. (2005). " The Hejiacun Treasure and Sogdian Culture," in É. de la Vaissière and E. Trombert (eds.), *Les Sogdiens en Chine*. Paris: EFEO, pp. 107–121.

Rossabi, M. (1990). " The Decline of the Central Asian Caravan Trade," in J. Tracy (ed.), *The Rise of Merchant Empires: Long-Distance Trade in the Early Modern World*. Cambridge University Press, pp. 351–371.

Schafer, E. (1963). *The Golden Peaches of Samarkand: A Study of T'ang Exotics.* Berkeley: University of California Press.

Schneider, J. (1977). " Was There a Precapitalist World-System?," *Peasant Studies* 6(1): 20–29.

Schurmann, H. (1956). " Mongolian Tributary Practices of the Thirteenth Century, " *Harvard Journal of Asiatic Studies* 19(3/4): 304–389.

Sen, T. (2006). " The Formation of Chinese Maritime Networks to Southern Asia, 1200–1450," *Journal of the Economic and Social History of the Orient* 49(4): 421–453.

Sidebotham, S. (2011). *Berenike and the Ancient Maritime Spice Route*. Berkeley:

University of California Press.

Sims-Williams, N. and J. Hamilton (1990). *Documents turco-sogdiens du IXᵉ–Xᵉ siècle de Touenhouang*, Corpus Inscriptionum Iranicarum, II/III. London: SOAS.

Skaff, J. (1998a). " Straddling Steppe and Sown: Tang China's Relations with the Nomads of Inner Asia (640–756). " Unpublished dissertation, University of Michigan.

(1998b). " Sasanian and Arab Sasanian Silver Coins from Turfan: Their Relationship to International Trade and the Local Economy," *Asia Major* 9(2): 67–115.

Sokolovskaia, L. and A. Rougeulle (1992). " Stratified Finds of Chinese Porcelains from Pre-Mongol Samarkand (Afrasyab)," *Bulletin of the Asia Institute* 6: 87–98.

Ṭabar ī (1879–1901). *Tārīkh al Rusul wa'l Mulūk*, ed. M. J. de Goejr et al., 15 vols. Leiden: Brill.

Tam ī n b. Baḥr (1948). In V. Minorsky (trs.), " Tam ī n ibn Baḥr's Journey to the Uyghurs," *Bulletin of the School of Oriental and African Studies* 12(2): 275–305.

Trombert, É. (2000). " Textiles et tissus sur la Route de la Soie. Éléments pour une géographie de la production et des échanges, " in M. Cohe, J. P. Drège, and J. Giès(eds.), *La Sérinde, terre d'échanges*. Paris: La documentation française, pp. 107–120.

Vaṣṣāf, Tajziyat al-amṣār wa-tazjiyat al-a'ṣār (1871), trs. H. M. Elliot, in *The History of India, as told by its Own Historians. The Muhammadan Period*. London: Trubner & Co.

Whitehouse, D. and A. Williamson (1973). "Sasanian Maritime Trade," *Iran* Ⅱ : 29–49.

第
6
章

资本主义之前的中国

王国斌

引言

125 资本主义导致了工业化吗？它是必要或者是充分条件吗？我们对这些问题的许多回答取决于我们如何解释16—19世纪的技术变革。如果我们认为资本主义作为一种经济体系使得导致工业化的技术变革成为可能，那么欧洲就有世界上其他地区不曾有过的那种资本主义。如果欧洲实行的资本主义没有产生这种关键的技术变革，我们也许可以用“资本主义”一词来描述世界其他地区的经济实践；至少我们可以从那些解释资本主义的角度来分析对工业化进行解释的问题。当我们进入20世纪，并考虑到苏联和中国的工业化经验时，将资本主义与工业化分离开来的优势就更明显了。如果我们承认资本主义既非产生工业化的必要条件，也非充分条件这一前提，我们就可以在西方背景环境之下或者超越它，通过审视更早的一些时期，来构建我们对于它们在19世纪的西欧和北美是如何彼此联系在一起的理解了。

工业化需要动员和集中资本。19 世纪下半叶，大型私营企业和发达的金融市场证实了工业化的需求和资本主义制度之间的良好契合。重大技术变革的反复发生使得新的产业、市场和产品能够依靠多种融资，而这种融资是资本市场发达的最佳结果。没有成熟的金融市场和大型企业（后者有一些会成为市场中的主导力量），很难想象会存在现代经济增长。资本主义与现代经济增长之间的这种密切联系已经被追溯到历史的早期，引领着世界很多地方的经济史学家寻找那些与欧洲相似的制度和实践。这些学术实践中有一些隐 126
含的经过了一种实证假设的再特定化：（1）早期的现代欧洲资本主义实践创造出了经济增长和活力；（2）只有早期的现代欧洲资本主义实践才能创造经济增长；（3）早期欧洲资本主义实践的缺失就意味着经济增长的缺位。

通过对 19 世纪末期之前转变中国经济的资本主义企业和市场的发展的中国经济史的一个评估，本章试图对这一系列命题提出质疑。因此我将会区分作为一般范畴的经济增长和作为一种更具体的经济增长种类的工业化。我提出，中国经济拥有本书主编拉里·尼尔所指出的在资本主义中发现的四个特征中的三个。它们存在于一个非资本主义的经济当中，至少以拥有能够积累大量资金和控制它们市场主要份额的大企业为标准来判断的确如此，这意味着人们可以在资本主义体系之外找到私人财产权利、强制执行的契约和定价的市场。尼尔提出的“支持型政府”的第四个特点，对于评估而言更为复杂。至少对我来说，认为作为“支持”的任何政府政策和活动没有被执行以达到影响经济状况和可能性的目的是没有什么意义的。按照这一标准，早期的现代欧洲国家在战争中的作用，无论是否有积极的经济结果，在很大程度上可能没有资格作为一个健康的经济能够增长的政府支撑——除非我们只看赢家，并低估竞争者为实现他人利益而遭受的损失。

为了评估工业化之前的经济增长的可能性，私有财产制度、契约执行制度和定价市场的有效性都是很重要的。事实上，中国经济确实表现出了所有这些特征，但没有为能够支配特定市场的企业创造出大量资本。在缺乏这些类型的资本市场，以及缺乏我们在现代欧洲早期所看到的控制大量资本的企业的情况下，中国如何动员与管理自然资源和财政资源，就体现出一种我们在欧洲没有发现的政府对于经济增长的支持。虽然中国的这些财政机制不是简单的替代品，但它们有助于我们了解早期中国经济是如何在没有欧洲商业资本主义制度的情况下得以发展的。此外，欧洲商业资本主义的出
127 现，并不意味着这些在商业资本主义方面特别发达的经济体也需要在创造工业资本主义上起到带头作用，这就像荷兰的例子提醒我们的一样。最后，在中国 20 世纪的经济转型中，使中国政治经济有活力的思想和制度仍然是关键的概念资源和物质实践，尽管这一点不如欧洲从商业资本到工业资本的运动那么明显。如果不承认中国清末政治经济与后来的经济变革的相关性，那么人们就很容易假定早期的中国现代实践存在问题，以及现代外国制度也带来了种种可能性。半真半假只会让我们半途而废。

农业和农村手工业生产

自近代早期以来反复出现的一个欧洲帝国独裁者的形象，就是一个在他领地上拥有所有土地的统治者。东方帝国没有欧洲人想象中的那种私有财产，统治者的财富与政府的财富之间也没有任何真正的区别。当然在中国，统治者能够如同他所希望的那样控制他

王国中所有的资源，同时具有随心所欲地剥夺人民土地的能力，上述印象是错误的。早期的统治者成功地推行了独立的农耕家庭，他们可以通过征税来支持他们的政府。但是，这些统治者很容易受到大地主家族力量的影响，从而使得政府及其官僚无法在其领土上进行统治。在随后的几个世纪中，政治意识形态强调的是一个小农社会支持政府，而农村的现实则是大土地所有者一直存在，甚至在一些区域还有大庄园的增长。在这些庄园工作的一些农民处于一种从属的奴役地位，从而限制了他们的流动性和收入（Wu Tingyu，1987）。大土地所有制结构的持久性以多种形式一直持续到中国的晚清时期，也就是从全球范围来看的近代早期，但是，尽管有这些挑战，农业税在 14 世纪末期至 19 世纪初可能至少提供了一半，而且经常是超过三分之二的国家财政收入。在某种程度上，清帝国能够满足其早期帝国的愿望，即把财政支持建立在农耕家庭基础上。然而，10—13 世纪，直接的农业税被证明没有帝国早期的愿望引导我们所预期的那样重要，也没有晚期的帝国实践证明的那样重要。

无论农村社会中最富阶层和最穷阶层的土地所有权存在什么差异，农业种植的规模几乎总是停留在由个体照看的小块土地水平 128
上。农业生产的社会组织是建立在不同生态条件下的家庭耕作基础上的。改良的犁地、播种、施肥、除草和收割技术在 3 世纪之后传遍了整个中国，但总是在促进家庭农业的改善，而不是创造出农业的替代形式。在 10 世纪，开始出现了中国北方以旱地农业为主和南方普遍存在的水田灌溉农业的对比，这一现象使得一些学者认为 8—12 世纪中国出现了农业革命（Elvin，1973：113-130）。这种“革命”涉及播种前土地的改良、更广泛地使用肥料以及开发新的种子品种，这些都有助于提供更高产、更持续或者更早成熟的收成。尤其是在南方，这意味着水力技术的改进和更精细的灌溉网络。最后，对经济作物的商业需求的增长超过了基本粮食作物，刺激了对之前没有开垦过的土地的开发利用。

这一系列发生在中国的农业变革，不管它们是否被认为是一场革命，都要比现代欧洲早期的农业变革早几个世纪，而后者被一些学者认为是一场革命。从这两次转型都可以看到，技术的改进使得更高的农业产出成为可能，后者反过来也与粮食商品流通的增强，以及在中国和欧洲一些区域能够支撑更大的、不需要种植他们自己的粮食的城市人口联系在一起。然而，在其他方面，中国农业的变化是不同的。第一，需要更多的技术变革和财政投资，因为在更大范围和具有多样性的土地上推广灌溉技术需要建设和后续维护的资本。第二，中国的农业革命在没有改变农户的基本生产组织的前提下，提高了生产力，扩大了生产；它促进了现有社会秩序的发展，而不是以英国圈地运动的方式促进社会变革。第三，也许最令人惊讶的是，18 世纪欧洲农业技术变化的三个基本特征之前已经在中国北方被共同使用了，而没有在别的地区一起出现过——双壁开沟犁、播种机和马蹄铁（Bray，1984：566）。许多个世纪前的中国其他革命性的发展，例如灌溉技术，基本上还不是那时欧洲人所使用的技术，甚至在后者的农业革命之后很久也没有出现。

129 中国宋代（960—1279 年）的农业发展，连同交通运输的改进一起，使得建立新型的以商业为导向的城市成为可能，而其中的手工业生产达到了新的水平。这些发展得益于普通民众发展经济作物和手工业生产的努力，以及改善长途商品运输的水上交通的政府项目。新的制度便利了中国内部，以及从沿海区域一直到中国以外区域的贸易增长（Elvin，1973：131-199）。水稻农业的发展使土地能够更密集地用于水稻生产。虽然专家们在他们对于宋朝期间水稻种植扩展到了多大范围的评估存在差别，但他们肯定，水稻生产已经增长到了足以支持由贸易商进行大米长途贸易的规模，这些贸易商从农民和更为富裕的家庭那里购买大米，同时把大米销售给那些反过来在城镇和城市经营零售店铺的经销商。农业的扩张还包括开辟新的旱地和种植经济作物。通过提高棉花、麻类植物的种植和养蚕，增加了纺织品的手工业生产。谷物之外的食品作物变得更为商业化了，甘蔗在中国的南方得到了种植，同时在许多区域种植了水果和蔬菜。中国人对药用植物和草药的商业化消费也在这一时期扩大了，商业化的水产业也是如此。林地种植了商业性的树木和竹子，这些提供了用以制造纸张、漆器和各种篮子的原材料（Qi Xia，1987：139-181）。

中国中期市场的扩张对中国所有地区的影响，肯定不如中世纪欧洲的商业那样普遍。然而，中国许多地区商业增长的证据确实表明，在中期，农业增长、城市化和手工业扩张都在进行着熟悉的结合。商业增长在某种程度上取决于信用工具的创造，这种手段允许商人在一个地区销售商品，并在另一个地区收到付款。信贷的利用弥补了铜和铁制硬币的供应无法以支持商业经济增长的速度扩张的不足。这些信贷政策的发展与宋朝在面临军事威胁时日益增长的资源需求密切相关。国家用可以在任何其他地方进行兑换的凭证来支付前线的军事供给，通常是用政府也能控制的其他商品。用于买卖信贷工具的二级市场得到了发展。政府持续致力于扩大其收入最终 130
导致了过量的纸币印刷，并且破坏了货币和信贷系统（Mou，2002）。然而，在这到来之前，中国已证明其有强大的能力，在两个世纪左右的时间内，能够充分利用不断扩大的市场经济。

经济的扩张主要取决于集约化农业生产的扩散。通过水利项目塑造自然生态的能力上升所带来的影响产生了明显而积极的经济收益，同时也造成了不那么明显和更令人不安的环境问题。例如，沿长江下游进行的土地复垦始于 8 世纪，在 13 世纪时基本完成。沿杭州湾边缘至江南也进行了额外的土地开垦（Shiba，1998）。圩垸土地（polder lands）的产生，在许多方面类似于黄金时代荷兰从北海进行的土地复垦项目，而后者要比沿着长江流域开始的这类项目晚发生 8 个世纪（de Vries and Woude，1997：27–32）。修建海堤、开凿沟渠和围垦土地的最初工作是由动员劳动力和资本开垦土地的官员承担的。这项投资的目的不仅仅是为农民创造经济机会，也是让更多的农民能够交税。从 1263 年开始的一个多世纪以来，元明两朝政府严重依赖于在长江沿岸六省的灌溉土地上征收的粮食。在元代，将近 40% 的国家收入来自这个地区的粮食收成，其中大约有 40% 是来自政府拥有直接所有权的那些土地（Shiba，1998）。

对于接下来的几个世纪，有证据表明社区是如何管理和支付用于调节稻田灌溉用水流入和流出的堤坝系统的。有些是根据它们得益于这一系统的土地数量来对不同家庭进行征收摊派的（Li，2012）。我们可以认为这种社区安排是社区机构有效性的一个例子，因此也是一种习惯活动，但我们同样可以认为这是一种基本的收益 - 成本驱动的系统，它模仿单一来源提供商在市场环境中可能发展出的服务费用。政府在水资源的管理中也发挥了作用，但是其管理水平时起时落。经过 18 世纪的官方监督时期之后，政府于 19 世纪期间在很大程度上把水利项目的管理控制权力让渡给了本地的精英阶层（Morita Akira，2002）。这种自我管理在广泛的措施上与
131 政府采取的措施是平行的，政府也采取了一些措施，以取消对某些类型的社区粮仓的监督，这些粮仓储存的粮食是备用于春季青黄不接的时候，特别是收成比较糟糕的年份的（Will and Wong，1991）。

为了控制水资源，这种政治上的脱离意味着精英阶层可以在没有政府官员作为不同利益的仲裁者出现的情况下，为了他们自己的利益而管理社区资源。但是，这也意味着，人们，尤其是更富有和更强大的个人，可以利用这种政府的更不明显的存在状态，通过排干沼泽和圈地获得水田的方式取得利润。

例如在长江中游地区，曾经有过两次通过水田的创造扩大水稻种植的浪潮，第一次开始于 14 世纪下半叶，结束于 17 世纪初期，第二次则是始于 17 世纪末期和 18 世纪，一直到 19 世纪末期遭遇了衰退。这一努力是明太祖朱元璋（在位时间 1368—1398 年）更广泛动议的一部分，他想要创造出一个在国家的不同区域组织建造与维护 40 987 座水库和大堤、4 162 条运河及 5 418 个堤坝的临时性官僚机构。随着水利控制管理的基本基础设施得以完成或者修复，持续维护的责任以及偶尔的水利控制工程扩建的责任就落到了本地居民身上。精英们拥有遵从自己的利益却使得他人处于不利地位的行为力量，就意味着在某些情况下，官员们倾向于使用强制手段来强加不同的利益分配。政府使用强制命令的目的是界定一种更普遍的公共利益，这种利益受到了通过使一个地区更容易遭受洪水而破坏生态平衡的私人逐利者的威胁（Perdue，1982；Will，1985）。

发展水利工程以提高耕地的生产力和改善运输路线，涉及一种调度资源和劳动力以实施大型项目的政府指挥与对水稻农业至关重要的灌溉渠道的成本和收益进行管理的本地社区努力程度的一种结合。政府和社区在水利控制方面的努力都与市场生产和交换有关。由官员发起的自上而下的组织工作以及由地方精英和普通民众自下而上的组织实践，都能用来维持和扩展一种市场经济，其中包括农作物和工艺品在内的很多商品都来自作为商品生产和消费基本单位的农村家庭。除了国家在水利控制工程中的各种角色到了中期阶段在经济上变得更为重要之外，近代早期的官员也促进了这些最佳做法传播到更为落后的地区。这些努力包括选种、作物培育，以及手
132 工艺技术。官员和学者们一起编纂了农业手册，详细介绍了农作物和栽培方法的相关信息。在 1708 年出版的植物学百科全书《广群芳谱》中，就包含了关于谷物、纺织纤维植物、蔬菜和树木的各个章节。乾隆皇帝亲自为一部名为《钦定授时通考》的关于农业的大部头巨制撰写了序言（Deng，1993）。

可用于计算或推断土地生产力水平的稀少数据表明，10—18 世纪，至少在一些地区土地生产力有所改善。少数收集了分散信息的学者并不认同这种技术改进和生产力提升的相对重要性（Li Bozhong，2003；Liu，2013）。不管生产力的准确水平以及它随着时间和在不同区域中的变化是什么，水稻农业区域要比旱地农业区域承载更为密集的人口。近代早期家庭手工业生产不断加快的发展，创造出了一种被市场证实为是基本的制度，并且在很大程度上受到承认市场交易利益的政府政策支持的农业经济。

农业大国商业经济的早期现代增长

在 16—18 世纪，在中国的很多地方可以发现集镇的发展，通过这些集镇，经济作物和手工艺品被转移到附近和远方的当地居民手中。在例如围绕着今天上海所在的江南地区，或者是今天广州所在的珠江三角洲地区，要比中国的西北或者西南地区发展出更多的市场和贸易。但是，即使是中国商业化程度最低的地区，也并非没有贸易发展。其他地区，如中国北方和东南沿海，有活跃的商业经

济，这两个地方都与跨越中国边疆的贸易捆绑在了一起。例如，在中国北部的山东省，农户发展了手工艺和粮食加工活动以作为粮食作物栽培的补充。他们从事着棉布或丝绸生产、造纸、烟草或粮食加工以及香料制造或瓷器生产。那些靠近海边的家庭从事商业捕渔和盐业生产。粮食和棉花的专业市场证明了日常生活用品的商业流通；存在着农户可以购买作为肥料的大豆饼、用于手工艺品生产的 133
棉花这样的原材料，以及用于土地耕种的工具的各种市场。在中国中部，水稻生产的增加成了商业扩张的动力，这种增加是通过始于16—17 世纪的水稻耕作的增加得以实现的，到了 18 世纪已经成为长江下游区域这一主要商业区域的关键性粮食供给来源。除了农民种植的大米在市场上销售而形成的重要长途贸易之外，其他家庭也开始种植和销售其他经济作物，包括棉花、烟草和茶叶。在这一区域市场上，其他本区域生产的作物和工艺品也在流通，包括麻布、铁、煤、纸张，以及输入这一区域的商品，如盐巴（Ren Fang，2003）。除了种植农作物的农民和生产工艺品的村庄之外，还有从事采矿和捕鱼的家庭。明朝初期建立定居农业社会的理想转变为一种相关但不同的商品化社会的现实，其中商品和资源的流动是一个以农户为主的定居社会的基本特征。

中国最发达的市场在长江下游地区，俗称江南。除了靛蓝染料、食用种子油和纸制品等较为普遍的市场之外，原棉、丝线、桑叶、粮食、丝绸、棉布、茶叶和其他日常生活用品专业市场也得以形成。江南的市场与其他区域的市场连接在一起。江南商人去往中国的其他地方，中国其他地方的商人群体也来到了江南。江南的贸易也走向了海外（Fan Jinmin，1998；Zhang Haiying，2002）。江南家庭生产的一些农村手工业产品无疑比中国其他地方的质量更高。这些纺织生产农户和完成某些生产过程的城镇企业之间的联系创造了一种比其他地方更紧密、更密集的生产关系。但是，即使在这些高度商业化的条件下，生产和交换也支持了由小农家庭组成的农业社会的发展。更普遍地说，整个中国的农户都与市场交易有关。许多人种植经济作物，还有一些人从事手工艺生产。丘陵地区被用来扩大种植茶叶、烟草和可制取用来把棉花染成蓝色的靛蓝的蓝草。所有农户都必须在市场上购买他们用以种植粮食作物的铁制工具及用于食品消费和储存的瓷器。这时的农户既是市场上的生产者，又是市场上的消费者。

134 在福建省东南沿海的商人从事海上贸易，使我们可以从一个同时在中国内部和中国之外从事贸易的特定区域的有利位置来考虑贸易网络。台湾地区在 18 世纪是福建省行政区划的一部分，与台湾地区的贸易不断增长，将台湾的大米和白糖带到了大陆市场。沿着海岸线向北进行了包括来自东南亚的一些商品的贸易，如苏木、鱼翅、胡椒、锡和乳香，但福建省的产品更加丰富，包括茶叶、烟草、纺织品、纸张、陶瓷、蜜饯、糖果、药材和水果，这些产品许多都是本地特产。有些船去了天津，另外一些船只进一步向北去往了东北。这些船只回程的时候带回了华北和长江区域特有的工艺品和农作物——各种丝绸、绸缎、药材、小麦、豆类、盐、红枣和干贻贝（Ng，1983：133–167）。

一些复杂的生产发生在从农业中分离出来的专门地点。政府对优质丝绸和精致瓷器的需求促进了优质产品的生产。我们从持续与不断变化的陶瓷和纺织品生产中得知，中国人一定有能力传授先进生产技术的知识。显然，陶瓷生产中的先进水平，特别是景德镇的瓷器，以及江南的城市和乡镇中所生产出来的丝绸织物的范围，都表明了相当多的技术性知识的产生和传播（Fan Shuzhi，1990：188–231；Finlay，2010；Liang Miaotai，1991）。但到目前为止，我们缺乏有关技术知识传播的实证细节，即使我们有能够将相对有较好记载的中国情况与欧洲的做法进行对比的信息。中国的手工业行会似乎并没有像欧洲的行会组织一样，严格地或者成功地保护行业内部知识。能够被农户家庭所掌握的技术从城市到农村的转移，是中国近代早期历史的一个基本特征，这在棉纺织品中表现得最为明显。我们还看到了陶瓷生产的多中心的发展，其中一些技术的共享似乎是解释这些模式的相似性的唯一合理途径，即使这些技术不是在相同的水平上。政府生产和消费的影响并不局限于纺织品和陶瓷。皇帝也喜欢收到手表和自动装置这些礼物。由于这些装置经常损坏，朝廷不得不发展修理业；从学习如何修理这些机械装置开
始，中国工匠也发展出了自己制造这些装置的能力。技术从皇室开 135
始传播到在富有的江南家族中工作的手工艺人那里，而且一直到了广州南部港口，这些人满足了始于江南和华南地区的富有消费者对于钟表的喜好（Pagani，2001）。在 18 世纪，如果他们自己从欧洲带来的礼物在旅途中没有得以幸存，外国人甚至可以在中国购买这些“洋”产品。

与此同时，当朝廷对于外国机械装置的喜爱更广泛地扩散到社会当中时，由特殊的作坊为朝廷生产的丝绸和瓷器催生了更广泛的手工艺产业，这些产业的时髦产品在近代欧洲早期和作为殖民地的美洲有着大量的需求。这些丝绸和瓷器，与那些由高技能工匠和农民家庭生产的其他工艺品一起，作为商品进入了长途贸易的回路当中。在中国内部，谷物也是一种非常常见的长距离交易货物。几个带有区域标识的商人集团在自己的省份内部或在更广泛的空间范围内从事贸易。两个最大的集团是晋商和徽商（Zhang Haipeng and Wang Yanyuan，1995；Huang Jianhui，2002）。晋商通过将粮食输送到驻扎在中国西北部的军队确立了他们自己的地位。这样的服务

使他们获得了贩盐的许可证。此外，晋商也开始发展与蒙古人和俄罗斯人的茶叶和纺织品的贸易。来自安徽省的徽商也开始涉足盐业贸易，以及在中国南方的许多其他行业。此外，福建商人是中国沿海地区和东南亚之间海上贸易的主角。与政府终止了郑和在 15 世纪早期的探险活动之后，中国开始闭关锁国的形象相反，私人贸易依然在持续，有时得到扩张，在其他时候会有收缩，这是受到了政府试图限制私人海外贸易的部分影响。

中国的主要商业路线是沿着河流延伸的，其中最重要的是长江及其上中游河段那些支流。北方的淮河和黄河、南方的珠江，都有沿着河流的商业往来，中国东北和中部的其他几条河流也是如此。除了河流边上的商业活动之外，还有一些主要的商业路线，包括从西南地区穿过华中，一直到首都北京的路线，从西北的乌鲁木齐到北京和上海的路线，以及穿过中国北部的路线（Niu Guanjie，2008）。在乌鲁木齐的西边分布着中亚的各个绿洲，因组成了丝绸之路而闻名于前几个世纪。在中国沿海港口之外，存在通往朝鲜、日本，以及通往东南亚和从那里走向更远西方的海上航线。

136 为了理解促进了横跨和越过中国这个农业大国广大疆域的繁荣商业经济的制度安排，接下来的章节将会更密切地关注生产和交换是如何组织起来的。

契约、企业与市场

吴承明和他的同事们估计，贸易额在 19 世纪初已经达到了大约 4 亿两白银——那时清朝中央政府的收入也只是这一数量的 10% ～ 15%。对于粮食和棉布这两种最重要的商品，他估计有超过

20% 的粮食和 15% 的棉布进入了长途贸易领域，剩余部分则处于本地和区域贸易中。当然，中国的“区域性”贸易在空间范围上与欧洲较大的国家相似（Xu and Wu，2000：173-178）。中国贸易的规模和价值意味着汇率这一经济挑战得到了基本解决。在中国内部以及中国以外的许多地方，通过几条陆路和水路路线进行长途运输的早期现代中国商人集团成功解决了建立信任、确保融资和解决争端的基本问题。当然，相对于某些欧洲案例，我们关于这种用来实现这些交易网络的正式和非正式机构的信息则少得多。

亲属关系和乡土关系提供了将人们联结到网络的重要原则，而这种网络为展开信任关系奠定了基础。中国南部宗族血缘关系对商业企业的形成具有重要意义，形成了中国商业行为的一种模式（Faure，1989；Ruskola，2000）。旅居商人在他们家乡之外的城市建立的同乡社团，使得人们能够比仅仅依靠自己建立更大范围和更为紧密的一系列关系。然而，尽管亲情和乡情在中国商业中具有很大的重要性，但仍有无数客商同意与他们可能并不熟悉的人达成交易。商业活动手册建议他们在陆地上或河流上要小心对待自己的货物和金钱，并向他人体面地展示自己（Lufrano，1987）。对于某些商品，商标或品牌名称就确定了商品的质量水平，正如山西和蒙古之间的贸易所显示的那样（Liu Jiansheng et al.，2005：206）。

除了家庭以外，中国企业还有其他几种组织形式，其中亲属关系和籍贯对于选择合适的人选组建公司发挥了相当大的作用。更普 137
遍的是，中国的商业惯例包括资金调动的机制，以及社区机构、政府监管和决议权力相结合的争端解决机制。尽管这与出现在现代欧洲早期，针对金融市场和解决商业纠纷的司法机制的制度混合体有着显著的差异，我们也不能轻易从组织差异推断出在其不同语境中相对有效性的任何基本差异。

对于一些特定类型的贸易，我们的确有关于交易组织的信息。来自东南部的福建商人通过海路向北到达了中国内部的港口，向南到了东南亚各国的港口。18 世纪的船主在政府登记注册，一些人带着他们的货物旅行，其他人雇佣了船长和船员代替自己。还有一些人采取的是合伙制，特别是对于航行到南洋的较大船只，这些对于经营而言规模更大且更为昂贵。在 18 世纪 20 年代，一千多艘船只沿着北部的航线航行，而每年有数十艘船舶航行到东南亚。有关个别航行的资料表明，把货物装载在一艘船上的商人们之间往往是亲戚。在罕见的情况下，有证据表明，同一艘船沿着不同的航线航行时，会再次发现一些相同的商人，但有些商人是不同的。福建商人的海上贸易融资使用的是个体在特定航线上拥有资本份额的体系。所涉及的这些个体之间通常存在一定的亲属关系，或者至少是同乡关系，从而提供了人们把不同资本份额投入同一段航程的基本关系网络（Chen Zhiping，2009：91–93）。如果在失败的或者不完全成功的航行中出现了关于风险责任的争端，这些争端通常在现有的关系网络中得到解决。但当商业纠纷涉及不同国家商人的时候，官员可以参与进来裁决这些有争议的诉求（Chen Zhiping，2009：260–276）。

在福建省港口卸下货物的航运商人把商品出售给政府特许经纪商（牙行），这些牙行确认商品的数量、质量和价格，并且记录了交易细节。这一基本的贸易组织形式在中国的许多地区都很常见。从国家的角度来看，它希望这些牙行能够管理在中国各种贸易路线上运送的商品交易的公平性和有效运作。由于那些扎根在广东、与
138 欧洲商人打交道的人们，这些机构的重要性被扩大了。维护社会秩序和管理与外国人的经济关系是他们的责任。官员们认为外国商人的存在是潜在的社会不和谐以及商业纠纷的一个根源。

保罗·范·戴克（Paul Van Dyke）发掘和分析了中国人与荷兰人、丹麦人或者瑞典人之间的超过 100 个双语契约，他发现这些对于在外国商人和中国人之间建立信任关系至关重要。但是，这些契约的签订并不一定要符合中国的法律。这里也没有可以很容易地解决争议的中国法庭。相反，契约是解释交易条款的书面协议。它们可能包括中国商人接受商品的赊账或者从外国商人那里借入资金，而这是中国法律所不允许的。契约被引入了纠纷解决的过程当中，由商人、译员，以及有时仅仅是一名官员构成的调查组来考虑一个特定纠纷的是非曲直，并向当局建议他们认为应如何最好地解决争端。国家的两位最高官员之一——总督或者户部尚书（Hoppo，管理外贸税收的财政部官员）接受这些建议，或者要求调查组提供一个替代方案。那些对官员们特别有帮助并且可能与未来争端有关的建议，可以通过皇家法令纳入法律。很多纠纷都与中国经纪商对外国商人背负的债务有关。问题不是因为法律禁止这样的债务，而是如何实际解决这个问题，以便外国商人继续从事贸易，官员也可以从中征税（Van Dyke，2011：31-49）。

从当代角度来看，似乎 18 世纪的中国法律并不有效，但从近代早期欧洲的一个角度来看，即多个法院提供解决不同种类的合同纠纷的场所，中国的做法似乎只是商家为了解决纠纷而利用政府和法律的另外一个路径。为用经济效果判断现代早期法律实践的成败创建标准是很难的，然而通向欧洲和美洲殖民地的瓷器、茶叶和丝绸贸易的增长表明，中国对外贸易的制度性纽带并没有以间接的方式扼杀交流。对这种贸易而言，更大的挑战在于不断增长的由欧洲重商主义者激发出来的焦虑，即用来支付这些商品的白银的外流，而这又促使了以鸦片贸易作为替代。对当前而言，与欧洲人进行的中国对外贸易当中，使用契约的重要性在于，它们与中国内部使用 139

契约的方式有着相似之处，在中国境内交易更为频繁和广泛了。

在中国内部从事长途贸易的商人使用了契约，就像那些在欧洲境内跨越类似空间距离的欧洲商人一样。虽然中国没有发展出早期现代欧洲人创造的各种法律制度，但中国官员确实参与了商业纠纷的解决。更一般地，在18世纪，知县需审理的案件增多了。这种上升意味着诉讼专家的出现，其既代表诉讼当事人，也会建议官员在一整套判例和规则，或者是有时在省一级层面收集的法律基础上进行协商和解（Macauley，1999）。许多商业案例解决的是与和欧洲人进行贸易的广州商人遇到的类似的债务问题——所谓的客商与作为他们债务人的经纪商之间的问题。通常而言，这些官员试图强化客商与经纪商协商契约条款的能力，在特定的纠纷例子当中，他们会寻求使得这些存在争议的双方对于解决方案达成共识。到了19世纪晚期，政府开始促进商人组织的建立，也就是英国人所称的商会，让它们在政府的监督下管理许多纠纷解决过程（Ch'iu Peng-Sheng，2008；Fan Jinmin，2007）。这种纠纷解决过程取决于契约存在与否，而且解决过程涉及政府官员和商人自身主要的和互补性的角色。

一些由某一城市的总部和其他城市或城镇的分支机构组成的商号，避免了行商和坐贾通过市场交易所遇到的一些困难。例如，在山西的商号中，企业本身可以由两个或两个以上投入资本和共同管理的个人组成，或者形成一种个人（或多个人）提供资本而其他人提供管理职能的结构；对于第二种类型的企业，资本提供者和管理企业的个人都获得了能够决定其在企业利润中所占份额的股份（Liu Jiansheng et al.，2005）。投资者分散风险的一种方法是拥有多家公司的股票；投资者形成了一个个人网络，在任何给定的地区，他们都可能与其他人进行不止一次投资。山西商号有时是由一个位

于城镇的总部和两个或者多个其他城镇的分支机构所组成的。非常 140
明确的规则规定了各账户之间的收支平衡，以及分支机构之间对交易行为的报告（Liu Jiansheng et al.，2005：172，204）。中国企业中更为常见的是一种出资数量存在较大差异而管理职能通常仅掌握在一个合伙人手中的典型合伙制。拥有大量资本的中国企业家经常投资于多家公司，有时是与许多相同的其他个体一起进行，因此，存在一个建立了不同类型合作伙伴关系的投资者网络。合伙人根据他们投资的资金数量在公司中拥有股份，在四川的盐卤水蒸发业务中，公司可以通过给公司中的这些人增发股票来增加资本（Zelin，2005：38-45）。

早期的中国现代企业似乎很少成长为在任何特定的市场上占主导地位的企业。换言之，这些企业家并没有成为商业资本家，特别是集中大量资金，实现对某些商品的市场控制。这一概括的主要例外是，政府挑选出来的与位于广州的欧洲商人打交道的中国商人，以及由国家给予售卖食盐许可的商人。在这两种情况下，这些企业家在单一的一套商业操作当中积累了大量资金，他们能够做到这一点的原因是政府创造出来的制度性安排。尽管这些案例的具体细节与欧洲国家为在海外经营的海运贸易公司规定的具体细节不同，但政府分配有限的财富积累机会以创造资本运营的类似逻辑都在起作用。但就中国而言，可以肯定的是，政府创造和管理的商业运作只是中国商业经济的一小部分。在任何市场中的企业通常都有多个，所需的少量资本可以通过合伙关系来实现，这些人如果有额外的资本，会选择投资于其他伙伴关系，而不是把更多的资金用于单一的经营活动当中。这种商业经济并不特别需要能够为数量有限的大公司调动大量资本的资本市场。

在中国金融市场和商业纠纷解决机制中的非正式和正式机制的

结合表明，这是一种不同于欧洲经验的习俗和法律之间的关系。欧洲法律涉及把习惯具体化和成文化以形成正式的法律。而中国法律则以更为密切和相互关联的方式与社会纠纷解决机制共同起作用。
141 中国人的“习俗”所指代的是有时政府规制和法律能够容纳的本土实践，而在其他场合可能不被接受；无论是哪一种情况，法律和习俗一般都被认为是截然不同的。资本的流动显然依赖于通过血缘关系或本土关系而彼此亲近的人之间的信任，但是，也制定了更正式的文件，规定了他们在某一特定投资中的资本份额。同时，这些文件在某种意义上是“合法”的，官员使用这些文件来判定困难的纠纷，而且它们在一个更普遍意义上是社会性的，即人们自己确定这是规定他们协议的文件。

当我们转向土地和劳动力市场的时候，也出现了一系列类似的挑战。在近代中国早期存在着活跃的土地市场，但是交易的制度构建与现代的土地契约有很大差异。中国的土地契约在两个方面似乎表现出受到了习俗的制约。首先，契约通常涉及卖给他人之前先提供给亲属的土地。其次，很多契约包括允许在将来某一日期按规定价格赎回或回购土地的条款，这些契约甚至能够使得后代找回被其祖先卖掉的土地（Yang Guozhen，2009）。在劳动力市场我们同样观察到，在早期现代欧洲家庭将家庭成员送出去，以寻找作为家佣或者工人以取得工资收入的工作，而中国的家庭成员更可能留在家里，有时从事着欧洲人能够获得工资的同类工作，但自己并没有经历过一些更为明确和正规的劳动力市场。在中国的情况中，习俗似乎取代了市场。对于土地和劳动力市场而言，我们可以合理地争辩说，中国的市场由于存在习惯做法而使得其有效运作受到限制，因此，最有效地利用资源的机会没有实现。但是，这种推断取决于对土地和劳动力使用的假设，如同下文所述，这些假设可能与近代早期的中国具体情况非常相关。

无论所有制采取什么形式，中国几乎总是以小块土地的方式使用农业用地。因此，哪块土地进入生产函数并不像有实际规模经济的时候，它们能够具有的那种方式变动。假定以使得较大的单位开垦耕地成为可能的方式改变资本 – 劳动比率在经济上是有利可图的，那么这样的规模经济可能在有着特定的机械技术的条件下得以实现。但是，在没有相对要素价格的经济激励使得资本使用型技术更有利可图，或者缺乏可用的技术来实现这种生产的情况下，把土地卖给更广泛的人群，与中国大多数区域已经做的那样有多大差异，还并不是非常清晰。因此，把土地首先卖给亲戚的这种传统习 142
俗约束的重要性并非那么强。若土地的生产力在由买者而不是卖者经营的时候更高，那么允许在有条件的销售土地当中进行回购或赎回的做法可能会损害效率。但是，如果这不是真的，我们则不清楚允许回购的经济损失是什么。

中国官员担心的是，土地出售的可能性往往是由身处困难时期的家庭所造成的，政府希望通过使得他们可以赎回之前卖掉的土地来增加使其得以摆脱困难的机会。他们在近代早期的时候并没有比在帝国时代早期要求得更多，以支撑富人手中土地集约的增长，以及创造出不得不出租土地或干脆完全离开土地的家庭。

幸存的土地契约表明，在近代早期的中国，土地确实有相当频繁的易手现象（Yang Guozhen，2009）。其结果可能会增加一些地方的所有权集中现象，但不必然如此。即使当人们通过从其他人那里购买土地成了地主，生产的基本单元依然还是家庭，当他们不是所有者的时候会以佃农的方式在成块的土地上劳作。由于存在一个土地市场，资本、土地和劳动力的规模和组合没有发生剧烈的变动。政府不想看到土地所有权变得更加集中，甚至官员们希望简化卖方重新获得土地的复杂条件，该卖方声称，在多年前他或他的亲属让与的一块土地上，他保留了赎回权。通过采用适合这种规模经营的技术，农业生产率得到了提高。

近代早期中国农业家庭作为整个中国基本生产单元的重要性，既包括其提供的粮食，也包括手工艺品的产出。把这一家庭看作一个制定生产决策的小型企业，劳动力通常被分配从事多种活动，有些是作物种植，而其他则参与手工活动。一个典型的劳动性别分工就体现在“男耕女织”这一俗语中了。中国家庭扩展他们的生产活动，以使所有家庭成员拥有产生收入机会的欲望和能力，这与近代早期欧洲所创造的，使得雇佣劳动力成为一种选择的偏好和机制形成了鲜明对比，特别是对于年轻妇女离开家庭在其他人家里从
143 事服务以及其他一些工作更是如此。在近代早期的欧洲，为了在农村和城市中工作，劳动力市场发展得更为普遍了（Knotter，2001；Lucassen，2001；Schlumbohm，2001）。在近代早期的中国，有人作为被雇佣的劳动者在农村工作，但只有那些缺乏购买或者租用土地的财力，完全没有土地的人才会变成被雇佣的劳动力。由于个体家庭是生产单位，而且它通常从事各种作物种植和手工艺活动，因此劳动力市场的发展比欧洲近代早期更为有限。从经济学角度看，这种差异可以看作近代早期这两个世界地区企业与市场的不同分界点。

总之，近代早期的中国与近代早期的欧洲相比，有更不发达的资本市场和劳动力市场，但这并不意味着企业不能以有效的生产方式将资本和劳动力组合起来。正如我们已经看到的，政府官员确实促进了小农家庭作为一个粮食和手工艺品生产单元的生存能力。更一般地说，正如我们在下文中更详细地看到的那样，近代早期的中国政府是亲市场的，但也在一些基本的方面是反资本主义的。政府

并不赞同土地的集中、少数大企业控制市场，或者是创造一个依赖于被雇佣劳动力的较大规模的无地人口。然而，这并不意味着政府没有积极地追求和促进经济增长。

政府对经济发展的支持

定义政府对经济发展的支持作用并不简单。将在 20 世纪有用的这些政策时代错置地放回更早的一些时代进行解读，可能是有诱惑力的，同时将在世界的某一部分起到了扶持作用的政策作为世界另一部分所需要的指南也同样如此。然而，国家对经济发展进行支持的可能性和适当性显然必须根据政府发现自己所处的环境差异而有所不同——工业化之前的农业社会所包含的环境显然与那些已经进行了工业化，以及工业化已经变成了一种自觉构想出来的愿景的社会有很大差别。我理解国家对经济发展的支持来自有意改善经济条件的努力，而且这些努力实际上是成功的。政府在经济发展之外可能还有其他动机，但是在我看来，政府所支持的本不应该包括一些有着意想不到后果的案例，相反，只有那些精心考虑的意图与某种程度的成功相结合的情况才能被视为政府支持的例子。

下面基于这个分析框架来考虑中国官员所采用的用来支持经 144
济的基本取向，即中国善治思想的一系列基本活动。与例如马基雅维利的《君主论》（*The Prince*）这类文本提供给近代早期欧洲统治者的建议不同，很多写于公元前 221 年秦始皇统一中国之前一段时期的古代中国建议，向统治者提出了如何最好地使人们相信他们是适当的统治者的建议。很多建议都包括对于促进生活在受大自然的反复无常影响而导致的不确定收获，以及政府抽取用来支付军队费用可能会引起的麻烦之下的人们物质保障的关注。物质上的幸福感与拥有土地和在没有沉重税收负担的情况下享受自己的劳动成果联系在一起，在农业社会这并不令人惊讶。人们合乎逻辑地在考虑更抽象的公平和正义问题之前，优先满足他们的需求，使得政府促进物质保障的努力成为实现其政治合法性的一个基本条件。从这一点得出的结论是：当统治者未能实现预期的时候，人们，尤其是精英阶层，有权进行反抗。从古代思想中流传下来的关于善治的财政原则一直到近代社会的早期都有很大影响（Wong，2012）。

中国政府的轻赋税政策旨在使人民更加富裕，从而提供一个更大的经济基础，使国家能够在未来从中获取资源。如果整个社会能够变得富裕起来，那么即使国家暂时是贫穷的，后来它也能获得所需的资源。然而，如果整个社会一贫如洗，即使国家一时富裕，它也将变得贫穷，因为它将无法提高以后需要用来支付其日常开支的收入。在这里起作用的逻辑强调的是，限制从人民输送给政府的资源数量的重要性，从而使得人们的生活变好，而且在未来能够更好地满足政府对资源的需求。中国人重视人民的物质成功，把人民的物质成功视为维持一个明智的政府的基础。这种逻辑得以成立的一个基本前提是，存在一个向政府交税的由农户家庭组成的社会。一个由大地主从其佃农收取地租的社会，将会在政府和普通民众之间形成一个强有力的精英阶层。因此，中国的政治思想强调了土地所有制的重要性，并将生产和税收与这些制度条件联系了起来。

中国政府在漫长的时代当中也曾经数次转向了间接课税。但奇
145 怪的是，从欧洲历史的角度来看，在16—19世纪，间接税并没有日渐取代直接税。关于政府是否应该直接控制某些类型的生产和分配，以及是否应该对商品征税的问题多次被提出，但毫无疑问，直到20世纪末期之前，如何对商业征税都没有达成最终的共识。在

汉武帝时期，朝廷在关于政府直接控制盐和铁的生产和分配的可行性上展开了一场大辩论。那些反对官方控制的人声称国家干预了人民通过生产和贸易来使得自己变得富裕的能力。而那些主张政府进行垄断专营的人，希望借此阻止富商们获得来自对重要商品进行控制所取得的所有利润，并以此确保政府从控制食盐销售中获得的收益。他们反对少数富人控制关键性资源，我们把其视为一种资本主义的实践，他们也声称政府能够并且愿意看到资源按照供给和需求的变动而更为广泛地流通（Hsiao，1979：457–462）。11 世纪中叶，随着度支判官王安石扩大使用国家垄断和商业税收再次为紧迫的军事开支提供资金，有关政府在经济中的作用的争论再次出现了（Li Huarui，2004；Liu，1959）。然而，在中国王朝历史的大部分时间里，是农业税而不是商业税为中国政府提供了主要资源。无论军事支出对国家施加了什么压力，基本上都是通过增加土地收入来满足的。这种把农民作为政府财政和政治支持的主要来源的依赖，导致了对于农民征收较轻的税赋和以收定支的反复强调。

到了近代初期，国家对农民开发新土地以扩大生产基础的支持造成了经济效益和环境成本之间的紧张关系。在林地管理方面，中国官员和人民对土地使用的选择是明确的。清理林地来进行农作物的培育似乎是一种导致中国森林覆盖程度不断下降的单向运动。长江中下游丘陵地带的清理和开垦通常很快就耗尽了新开发的土地（Osborne，1998）。在华北地区，农民清理土地和寻找作为燃料使用的木材所伴随的林地逐渐减少，一直延续到了 1850 年之后，即使到民国时期政府推动植树造林计划之时也没有逆转（Pomeranz，1993：120–145）。但是，在这幅陷入危机的长期衰落图景之中，我们也了解了一些可能没有总是确保但也促进了其生存的林地管理 146

方面的努力。例如，华南地区的宗族会将部分土地作为族田，并且设立规则来限制获取和定义可接受的使用范围（Menzies，1994：75-98）。经济利润和环境保护之间的权衡也并不简单。经营木材贸易而为景德镇的瓷窑提供燃料的徽州商人很注重对那些他们从中砍伐作为可再生资源木材的森林的维护（Menzies，1994：77）。他们明白，对于一种商业上有价值的资源，需要有一个经济上合理的管理计划，以避免迅速枯竭。

尽管中国人对于一些资源，例如林地使用上的有害影响存在认知，但也不能忽略他们在长期中大规模砍伐森林的过程和不断扩散的燃料不足问题。但是，用来管理同时作为集体物品和私人物品，从而进行社会保护和经济性使用的林地的多元制度安排的存在，提醒我们中国当时面临着在世界其他地方已经成为当代问题的，在环境保护和经济利润之间的权衡取舍。清朝政府也明显关心一些作为宗教和象征性的空间，以及其他作为皇家狩猎场所的特定土地。官员和精英们奉行土地使用的多种策略，这反映了市场、宗教和象征性空间以及贫穷地区对林地的依赖之间的竞争性需求，这是资源如何通过市场、命令和习俗得到不同管理的另一个例子。

当我们转向用水管理时，我们发现中国人在管理运输用水、灌溉农田和防洪方面也有丰富的经验。有时这些水利工程项目主要关心的是一个目标，但往往由于存在相互竞争的利益和优先事项，使得做出的决策在最好时是复杂的、在最糟糕时是无效的。在某些情况下，水是公共物品，或者至少是一种需要政府投资于基础设施性支持的物品。但是，水也是一种资源，可以由当地组织进行管理以分配用于灌溉用途的水，同时根据人们能够从这些灌溉工程中获得的预期收益，向他们收取费用以维护和保养水利工程。水资源的产权制度相对于土地的相关制度要更不发达且更为复杂。与森林的破坏一样，中国人在近代早期已经开始面临着环境挑战，他们开始沿着自己的大河流域对水流进行调节。

当然，政府对于水利控制努力的支持部分是出于自身的目的——扩大生产性基础以增加政府能够用来征税的经济产出。这可 147
以被视为符合藏富于民的准则，因为它创造出人民制造更多财富的能力，以使国家能够征收更多的税收。除了这些规范性的动机之外，令人震惊的是，国家能够以与计划经济类似的方式为主要水利工程动员资本和劳力，同时允许当地社区组织根据成本－收益计算来管理灌溉工程。它也试图平衡生产者和商人之间对于其作为灌溉用水和运输路线的不同利益，因为需要注意的是，富人们寻求创造新围垦的土地，这破坏了这些运输路线的可通过性，并且因使水域面积减小而使遭受洪灾的危险性增加了。与土地管理问题一样，中国人努力试图满足相互竞争的目标必然意味着不能同时满足各方的愿望。这种情况也许对其他早期现代政府来说是不寻常的，但已经在现代社会变得更加典型了。

关于市场和贸易，官方态度多种多样。食盐的生产和贸易被官员控制以作为收入来源。一些例如关于粮食这样的贸易网络得到了官员们的积极推动，以作为一种确保在给定区域内发生的年度不平衡可以通过它们之间的可变流通来缓解的手段。18 世纪时，中国官员通常允许中国内部的贸易在最少的税收和监管的条件下进行。在 17 世纪晚期至 19 世纪早期，除了政府对食盐生产和销售的垄断之外，在一些港口对贸易征收的税率很低，在一些年份甚至不到政府财政收入的 5%，而在另一些年份则略微超过政府财政总收入的 10%（Zhou Zhichu，2002）。这些轻微的税在运送粮食的时候甚至能够免除，以使得商人有激励沿着这些运输路线为遭受食物短缺的人们输送补给。事实上，官员们对粮食供给给予了极大的关注，因为这被认为是社会保障，因而也是政治稳定的基础。那些在依赖商业进口的地区任职的官员，由于他们辖区内居民直接受益于粮食进口，从而对供给和需求的市场原则表示出强有力的支持。然而，粮食出口地区的官员则会担心在多年歉收的情况下有过多粮食离开他们的管辖区。在整个中国，官员们表达出对于是否将粮食排除在市场交易之外的不同态度。当他们认为囤积是少数富人和有权势的人操纵市场的时候，他们通过把这些商品驱逐出市场而将这些活动标记为不可接受的提高价格的方式。然而，政府官员也注意到使粮食
148 从本地市场中离开对于将其运送到价格更高的其他市场是有必要的；这种将粮食从低价地区运往价格较高地区的活动被认为是有益的（Wong，1999）。

整个中国范围内奉行的经济政策的空间差异，反映了政府承认在其多样化的自然和社会环境中存在着不同的挑战和机遇。在最发达的商业区，官员基本上促进了市场的平稳运行。在经济欠发达地区，官员们促进生产，并且确定不迟于 18 世纪中期，预期产量增加，以创造出更多的贸易。在人们渴望并且能够从事海运贸易的沿海地区出现了特殊的挑战和机遇。在 17 世纪后期，新成立的清朝政府不确定东南沿海居民对其的忠诚度，闭关锁国被认为是加强政治安全的一个可以接受的经济代价。在其他时候，官员们也认识到了海运贸易对沿海地区人民的重要性（Wong，2004）。到 1500 年，后来的政府拥有了用来塑造经济活动的复杂政策选择传统，既可以用来增加收入，又可以实现稳定的社会秩序。官员的选择在不断波动。两种通用方式定义了不同可能性的端点。首先，国家可以选择激进主义的和干涉主义的政策来控制或指挥经济活动，这些实践包括对采矿的管制和用食盐券交换对西北地区军队的粮食运输（Terada Takanobu，1972：80–119）。其次，国家可以通过监

测私营部门的努力，甚至是非正式地下放责任或依靠他人帮助实现其目标，例如市场监督或依靠精英阶层来完成饥荒救济（Mann，1987；Will，1990）。在直接政府控制和间接监测的这两个极端之间，有各种各样的方式来重新定向、引导或限制私营部门的经济实践。

在技术上有了相当大变化的环境当中，18 世纪的官员们在寻求稳定和扩张的经济类型上有着一种基本的共识，以维持一个大多数人居住在村庄里，那里既有经济作物，也有手工艺品生产的社会。官员们普遍同意主要依靠农业税，并且税赋较轻。因为在 18 世纪的大部分时间，他们能够并愿意越过县域和省际的交界处使他们的资源得以流通，不仅是通往首都，也输送到其他有着特殊需求的区域，这些需求是来自歉收或者军事需求，官员们对于借债没有太多需求——他们能够在空间上转移资源而不必承受需要用未来的税收进行偿付的贷款。因此，至少在某些方面，国家打算采取一些 149
行动来补充和扩大市场的自然边界。在其他方面，在市场交换的要求涉及将谷物带到很远的距离的情况下，它寻求平衡当地习惯性的商品流通方式，至少在粮食供给方面是如此。市场、习惯和政府的流通循环都被证明是持久的，并且以相辅相成的方式相互连接在一起，因为它们也限制或限定了每一个内部采取的行动种类。

特别是在 18 世纪的大部分时间里，在所有区域，国家都投资于水利工程的运作，用以维持大量粮食储备来帮助穷人，并更普遍地保护人们免受收成短缺的影响。政府明白轻税可以使得人民留存更多财富，从而使他们不太可能引发社会冲突，更有可能变得具有生产力和支付得起对他们征收的税款。为了理解与世界其他地区的经济政策和做法相一致的、中国经济政策和实践做法的重要元素，以及那些对这个特殊世界区域而言更具特色的政策和做法，这一章的最后一节将1850年之前的中国经济与其他帝国、欧洲，以及1850年之后将会在中国发生的状况进行了比较。

比较语境中的中国

帝国之间

较早的一代学者将古代的这些帝国与现代民族国家进行对比，他们认为帝国是一种比近代的这些民族国家通常拥有更多领土的更古老形式。这种普遍做法强调了帝国崩溃之后，取而代之的是由西欧首先发展出的思想和制度所统治的政权这一全世界性的历史变化。这种做法使民族国家构成的世界成为一种不同于世界历史上所有经历过的政治制度的系统。它可以用来研究具有不同规模，以及不同数量的财富和权力的政权，但忽视了在国家形成的同一时期，欧洲海外帝国的建设。面对这些困难，一些学者自觉地扩展了“帝国”的含义，以覆盖在许多历史时期出现的更多样的政治形式。例如，简·伯班克（Jane Burbank）和弗雷德里克·库珀（Frederick Cooper）在他们的《世界帝国史》（*Empires in World History*）一书当中，聚焦于“帝国把征服变成统治的不同方式，以及帝国在维持它们之间区别的基础上如何平衡人们与政体之间的结合”（Burbank
150 and Cooper，2010：15）：为了实现这种统一，统治者派出其代理人——文职人员、军官、法官、税务人员——并且指派常常带有皇权赋予的头衔的地方领导人为他们提供服务。伯班克和库珀提出：

> 帝国是一种变化多端的政治形式，我们强调了其中融

合和差异成对出现的多种方式。帝国的持久性在很大程度上取决于它们是否有能力组合和转变战略，从巩固领土到设置“飞地”，从对中介的松散监督到严格的自上而下的控制，从坦率地主张帝国权威到拒绝像帝国一样行事。单一的王国、城邦、部落和民族国家对变化的世界的反应则不那么灵活。（Burbank and Cooper，2010：16）

这种帝国的定义是宽松的，所以许多不同政体都能符合——帝国作为一个类别在时间上是持久的，即使特定的帝国并非如此。虽然帝国有大量的战略和技术储备可以运用，但它们中似乎没有多少能够有效地在几代人的时间当中利用它们的选择集合。使用直接和间接统治的不同技巧，以及拉拢当地领导人和从中央政府委任忠实追随者的能力，指出了两者的局限性。

帝国一般非常缺乏的是由依法行事的管理者形成一个官僚体制的方式。这些条件与马克斯·韦伯著名的有关现代官僚统治形成的论述有了本质区别。韦伯认为这种形式的统治与前现代社会统治者构造的任何形式的个人化行政手段都有根本的不同，这也包括那些能够控制帝国的人。然而，一个依法行事的官僚制度正是中国在漫长的世纪岁月中发展而来的，这一历史跨越了汉朝及在时间上对应的罗马帝国，经历了当阿巴斯王朝兴盛并出兵帮助唐朝平定安史之乱的帝国时代中期，特别是一直到当奥斯曼、莫卧儿和俄罗斯帝国虽然达到了它们权力和成功的顶峰，但土地加在一起也没有清朝统治的土地多的帝国时代末期。

官僚统治能力在帝国时代的早期、中期和末期之间的扩张包括官僚机构绝对规模的增长，在官员中的垂直结构层次上的职位划分，以及在日常行政模块之外的功能性具体办事机构的创建。中国

确立出来的原则和做法在不同程度上得到朝鲜和越南的不同政府的
151 认同，并且启发了琉球王国在国家构建上的不那么成功的努力。但是，中国发展官僚统治的经验要更为持久，而且比其他任何进行这种尝试的地方要影响到更多的人口。善政的实质和官僚统治的目标包括本章检视过的许多要素，这些政策旨在影响整个国家范围内经济活动的组织。即使是想象一下关于土地所有制和管理、食品供给短缺和流通，以及生产和运输的水利控制这些目标的政策合理性，更不要说实施了，如果没有常规的资源获取和动员人力来完成重大项目的能力，这些都不可能存在。这些能力可以被认为是中国的命令式经济的一部分，但这种表征无法充分聚焦于这些政策的意图和影响，这些政策至少能够促进其臣民的物质福利，就像它们能丰富国家的财富一样，并取决于市场机构的积极支持、私人财产权的承认以及契约的使用。这显然都不符合帝国的传统定义。

以希克斯爵士的《经济史理论》（*A Theory of Economic History*）为例，这本书提出了一种概念清晰的方式来思考相对于其他政体的帝国经济。希克斯认为，在世界历史上，市场的发展和维持是罕见的。当战争和社会混乱使人们转向依赖以相互支持为原则的习俗时，市场很容易崩溃。市场面对帝国这样的专制政权的贪婪攫取时同样脆弱，它们强加了削弱市场原则的命令结构。如果希克斯的建议能在历史学家中展开更广泛、更近期的讨论，即是什么使帝国在世界历史上变得不同，我们就可以开始看到是什么使中国与其他帝国如此不同了。如果其他帝国都是脆弱的，而且如果命令式经济是它们都渴望的共同战略集合的一部分，那么也许中国的政治再生产能力可能在一定程度上取决于它对于商业经济的培育，以补充和整合其命令性更强的政策。中国并不符合希克斯定义的帝国形象，因此他提出的政治形式和经济制度之间的关系在中国变得不那么清晰了。特别是对于中国而言，用希克斯所设想的方式，或者更一般地，以适用于欧洲历史的方式来区分习俗、市场和命令是不容易的，在欧洲，这三种逻辑之间的选择是相互排斥的。

10 世纪之后，在中国发展起来的商业制度所表现出的耐久性 152
和扩张能力，清楚地表明了中国的市场与中国人的统治制度之间的相容性。这些制度绝不是一般帝国的典型特征。但这也只是中国与其他帝国之间区别的一部分。国家要发展经济，必须从基层进行有效的经济制度建设，使市场交易成为可能。中国在生产和交易两方面快速而有效地组织自己的能力，已经被 10 世纪之后农业和手工业生产的可观增长，以及在后来的几个世纪当中的持续发展和商人组织的进一步完善所证实了。在 1400 年后，中国的生产和交换能力在很大程度上依赖于国家统治的政治稳定，而这是之后的四个半世纪当中的典型特征。在那些在这四个半世纪当中被征服和打败的其他区域，政府无法提供在中原地区有利于经济扩张的和平条件。不过，辽阔领土上的和平条件实际上不是商业增长的必要条件，因为其他帝国也有商业生产和交换的空间。事实上，饱受冲突困扰的近代早期欧洲也是如此。当我们把中国和欧洲进行比较时，考虑的第一个对比就是在中国这样一个大体上和平的国家，以及一个在近代早期时常受到战争蹂躏的欧洲大陆上商业增长的可能性。

中国和欧洲

从汉朝和罗马帝国最成功时刻的角度来看，中国就像在之前的很多个世纪一样，在近代早期的时候是一个庞大而相对和平的国家，而欧洲在政治上则是四分五裂的，易受战争的威胁。从某种意义来说，和平环境使得在中国进行长距离的国内贸易的物质安全得到了保障，而在欧洲，这种类型的贸易则是“陌生的”，并且遭受了在中国所不存在的破坏和暴力。所以我们应该期望看到，在其他条件不变的情况下，在近代中国早期要比同期的欧洲有更多进行长途商业活动的可能性。在中国境内，进入多种交易渠道的各种各样的路线，实际上的确看起来要比欧洲的商业活动在更长的距离上运输了更多样的商品。尽管经济制度不同，正式和非正式机制的组合也各不相同，然而不太可能说，更不用说显而易见，中国的制度
153 在促进经济增长方面相比欧洲的这些制度不太成功。我们被引导从早期欧洲的这些实践与后来的现代经济增长之间的联系来想象这些更有利于欧洲的差异。这些做法是用来解释彭慕兰（Kenneth Pomeranz）明确地标识出的中国和欧洲经济体之间，在 19 世纪变得明显可见的“大分流”的更大努力的一部分。学者们提出了许多解释，其相对重要性难以评估，因为我们缺乏能够强有力地识别不同的看似合理的因果机制必然相互作用的模式，以及以相应的方式检验它们的数据。

对彭慕兰自己而言，“大分流”关键取决于英国人对于新世界的棉花的获取，这是一个最早由于殖民化，然后是后续的奴隶制度扩张使其变得可能的意外收获（Pomeranz，2000）。从实证上看，近代欧洲人前往海外，尤其是在美洲实行了剥削和攫取型的制度。但是，这种机遇只对于以彭慕兰的方式所解释的经济增长有意义，因为棉花纺织技术的进步造成了 19 世纪初英国对原棉需求的大幅度增加。技术变革是美国棉花变得具有重要的经济意义的一个必要条件。另外，对那些想要强调欧洲人进入新世界具有关键意义的人同样重要的是，有必要从一个地区的农业产出依据市场交易原则被出口到另一个市场的更一般问题中，分离出特定的殖民主义和奴隶制的制度特征。奴隶制不需要成为用以交换的棉花生产背后的

基本劳动关系——在这种制度下，棉花可能更便宜，因此棉花的需求将在没有奴隶制度的情况下降低，但在一个不同的农业劳动力制度下，英国纺织厂的基本比较优势相对于其他生产者会变得如何不同呢？

将政治进程从正在进入更大交换网络的新生产领域分离开来的各种问题，以及询问这些过程的哪些特征对我们后来观察到的其他经济变动是否必要，并不能很轻易地通过诉诸数据得到解答，因为我们是在问一个反事实的问题。这一问题与中国和欧洲之间的一个更一般化的对比相关，这一对比将这两个世界区域置于那些具有领土范围上的较大政权和不具有领土范围上的较大政权的极端地位。欧洲作为一个地区的政治分裂与欧洲统治者将他们之间的竞争带到
海外的刺激因素直接相关。这场竞争的获胜者对经济的影响，并不 154
比对 19 世纪英国崛起这一先例的独特调查让我们所期待的更为明显。西班牙当然是欧洲在拉丁美洲的赢家，因此可以开采新世界的银矿。这一增长的白银数量并没有带来重大的经济增长。成功的寻租并不必然转化为积极的经济变革。欧洲人在欧洲大陆内部和之外的政治竞争影响了战利品的分配，但它并不总是有助于更好地改善经济。

让·劳伦特·罗森塔尔（Jean-Laurent Rosenthal）和我表明，政治差异相对于近代早期的小政体之间的政治竞争有一些更重要的经济影响（Rosenthal and Wong，2011）。我们认为，在近代有许多手工艺制造的形式，在其他条件不变的情况下，更容易设立在乡村而不是城市，因为乡村的劳动力成本更低，而劳动力是很多生产工序中的主要生产要素。乡村的食物成本更低，所以劳动力也更为便宜，而城市当中的公共卫生风险提高了城市就业的成本。因此，我们需要能够解释手工制造业更可能在欧洲的城市设立，而不

是在乡村开展的原因。我们认为，主要原因是战争的威胁。在近代，欧洲内部的战争威胁要高于中国。此外，当战争的恐惧在中国更高的时候，就像 10—13 世纪，手工业要更多地出现在城市。同样与我们的观点一致的是，在欧洲那些我们看到了农村手工业繁盛的时代和区域，都面对较少的战争威胁。虽然在近代早期，与欧洲城市相比，中国有更多的乡村手工艺生产场所更有利于中国，但长期来看，这种秩序是完全不同的。与此同时，农村的劳动力更便宜，城市的资本更便宜，因为监控成本更低，借款者获得信息也更便宜。因为城市的资本比农村的更便宜、劳动力的成本更高，相对要素价格造成了欧洲人偏向资本而不是劳动力。由于技术的应用通常涉及额外的资本支出，做出这种改变的可能性在欧洲要比在中国更高。因此，近代早期欧洲的技术变革的需求高于中国，而不管这两个世界区域当中表现出来的科学技术的特定供给函数如何。

155 作为关于世界历史中的资本主义著作一部分的一个章节，我们可能会问，资本主义自身对于中国和欧洲之间新出现的经济对比有多么重要？罗森塔尔和我认为，这种 19 世纪的明显差别在这两个世界区域的政治历史中出现得更早的原因，既不是依赖于私有产权制度、契约和市场制度，也不依赖于政府对于经济发展的支持。如果我们遵循资本主义的定义，认为它是在开发和控制市场的数量有限的企业当中集中大量资本，那么我们确实有一个合理的备选解释来说明中国和欧洲之间在近代的差异，因为欧洲海上商业和生产的扩张的确涉及的是数量有限的企业动员相当大量的资本来发展和控制新的市场。而在中国扩张的市场经济并不是由同样一类因素所驱动的。

我们能够提供对中国和欧洲这两个世界区域的政治经济学意

义上的差异的解释，但这显然超出了本章可能的内容范围。更为相关的是近代早期欧洲商业资本主义是否创造出了工业资本主义这一议题。它可能似乎是显而易见的，即工业资本主义是从商业资本主义中产生的，也有一些值得重视的方法来理解促进了这种观点的现代经济的出现。但是，如果资本主义的“工业”部分是现代经济增长的关键，那么在关于 19 世纪经济变革的叙述中，这些能力和可能性的发展是值得特别注意的。一旦在技术和技能方面具备工业化的可能性，就会出现一系列能够支持和确实促进工业化和现代经济增长的体制环境。为了理解资本主义意味着什么，这个问题变成了确立资本主义的种类或资本主义的局限性的某种版本，作为当代世界主要经济活动的一个覆盖性的术语。中国的近代时期就变成了研究我们的解释性质疑和选择的一个时间范围。

1850 年前的中国及其对更近期的影响

研究从 19 世纪末期开始的中国经济的学者通常认为，20 世纪之前的经济实践对于理解现代经济增长或者是中国当代经济特征几乎没有什么意义。当然，如果我们的基准线是大约 1850 年前后，我们面对的是被各种重大的叛乱撕裂的中国，而且在 19 世纪 60 年代，维持对整个国家统治的政府能力的重新巩固，不再包括我们在 156
之前的那些世纪中看到的政府对于农业经济的有效支持，而它们与后续经济增长之间可能的相关性，不能因为与欧洲的制度不一致这个原因而被轻易地抛弃。无论我们是从国家对待经济活动的观点这个角度，还是从经济主体组织生产和交换的视角来看，这些过去做法之间的相关性可能与它们对于理解其他得到更好研究的世界区域，例如欧洲或者北美的经济变化一样重要。

在19世纪末期之前，中国只有两次重大的工业生产和分配。这可能并不那么奇怪，因为在19世纪之前，工业发展的可能性在全球范围内都受到了限制。如本章之前简要提到的，在帝国早期和中期，中国政府对于生产和分配都采用了控制政策，首先是盐和铁，后来又扩展到更大的商品类别之上。在帝国的晚期，或者从世界历史意义来看的近代早期，变得更为典型的是与被政府授予许可而从事受严格管制的贸易的特定类别商人之间的紧密官商联系，就像食盐和与欧洲人之间的交易行为，以及与大量商人之间的一种更为宽松的互补关系，这类商人组织了商业交换并且被寄予期望，在官员的最少直接干预下管理各种事务；总体来看，他们的活动会使对食盐贸易和与外国人进行贸易施加更多限制与少数选定的变得非常富裕的商人相比相形见绌。近代的中国政府对于直接税收或者政府垄断没有很强的依赖，因此缺乏在政府官员和商人之间构建更紧密联系的激励，而这种关系在近代欧洲历史和世界其他区域的历史当中能够见到；中国官员和商人之间更多的是基于劳动分工，而不是他们之间的利益结合而产生了更多互补性的作用——商人组织了商业交易活动，官员们大体上让他们管理自己的各项事务。鉴于这一背景，在19世纪初期，中国政府对西方工业技术带来的机遇和威胁做出的反应就不足为奇了，这使得官员们与企业家建立伙伴关系，开办了造船厂、采矿业务，以及建立在利益互补基础之上但没有明确规定如何管理他们之间关系的各种工厂（Chan，1980）。

157 20世纪初，清王朝进行了一系列官僚制度改革，成立了一个新的商部，后来又改为包括农业和商业。至少在观念和意图上，中国最后一个王朝开始建立官僚机构来一起促进农业、工业和商业；这样的总体愿景代表了对促进在西方创造的工业技术出现之前就存在的农业经济的扩张和稳定的早期关注的扩展和延伸（Wang Kui，2008）。尽管清王朝在 1911 年垮台了，而且在民国政府时期没有有效地制定新的官僚机制，经济主体自己在创造农业、商业和工业之间的连接关系上，取得了 20 世纪早期的政府努力想要实现的一些成果。

伴随着中华民国在 1912 年成立以来的四分之一个世纪当中的新产业发展，包括设立在城市，尤其是上海的产业，以及在最偏远的城镇形成的工厂，再就是新技术在农村家庭生产中的应用。新技术激活农村手工业发展的一个重要例子出现在华北的高阳县，在那里，从日本进口的、带有铁质齿轮的织布机促进了手工业生产在家庭当中的扩张，从而形成了大量从事不同类型的纺织品生产的小企业。这些家庭的做法在很大程度上沿袭了帝国时代晚期的中国农村家庭的做法，表明了一种系统利用适用于劳动密集型生产的技术的能力（Grove，2006）。在南通这个位于上海上游的长江北岸的江苏县城，清朝和民国政府官员张謇创立了一个新的棉纺织工厂；他的一些初始设备投资得益于他与政府的联系，同时充满了为作为县城的这个城镇创造出新的经济机会的愿景。张謇的纺织工厂后来成了一个规模更大且业务更多元化的商业实体的基石，但在他去世后走向了衰败（Köll，2003）。在这个例子中，我们也能看到过去存在的一些问题的要素，以及中国企业家通过引入新的技术形成一种全新的组合的可能性，他们通过借鉴本土和国外的管理方式而以一种独特的方式进行管理。这些变化的发生区域远远超出了最明显可见的产业变革的城市中心，其中上海是最重要的。但是，上海发生的变化也绝没有与发生在小城镇和农村家庭的生产分离开来，也 158
并非其替代品。上海的新生产方式与城市周边区域生产之间的一种基本的互补关系，在 20 世纪 20—30 年代得到了发展（Rawski，

1989：344）。在1931年日本侵华之前，与农村、小城镇和城市中的生产有关的经济发展的迹象至少在全国部分地区出现了。与19世纪在工业化进程中的欧洲国家发生的情况相比，虽然会由于规模有限且在空间范围上不太大而很容易被轻视，但如果我们只看像中国一样大的一个欧洲区域，那么它就会包括有很多像20世纪30年代的中国那样的没有进行工业化转型的地方。托马斯·罗斯基（Thomas Rawski）在25年前提出了一个反事实的疑问，即在没有日本侵华战争的情况下，中国经济将会获得何种程度的增长（Rawski，1989）？虽然难以非常精确地想象出将会发生什么情况，但在一些农村和城市地区的经济增长，包括农村手工业技术的持续发展和改造，以及在小城镇建设劳动密集型工厂生产，也并非不可能。

战争的破坏使国民党政府将受到日本人威胁和后来被占领的上海和其他地方的大部分资本迁移到别处。他们将大量机器设备转移到战时首都重庆。战争期间，政府也接管了一些企业。后来中华人民共和国在20世纪50年代前半叶的一系列决策开始发展国有产业并且消除私人企业，因此看起来并不像把它仅视为一个计划经济的苏联模式的输入结果那样激进。尽管不像所评论的那样典型，但可能至少就像来自在乡村实施去工业化的努力带来的经济变化一样显著，即将农业中国不合适地转变为一个去除了手工业和小规模工厂的农业化中国，以适应一种苏联模型的计划经济。

手工业的破坏基本上是成功的，这使得农村大部分是农业。20世纪50年代末期，国家在促进一些农村生产者的商品产业上所做的努力，大体上是因为所谓的大炼钢铁的失败。需要资本和管理专长的尖端技术转化成在农村环境中可行的形式的观念，似乎充其量是可笑的；然而，化肥厂的效果更好一些。更重要的是，国家计划以外的小型工业在上海地区于 20 世纪 70 年代初期得到了发展，从而为国家计划控制下的更大工厂提供它们在计划内不能确 159
保的、足够数量的投入品（White，1998：112-151）。在经济改革初期阶段官方允许计划部门外的经济增长之前，在计划控制下经营的企业已经开始变得不受计划约束了。国家随后决定在计划之外促进经济增长和工业化，因此在地方一级开始实施和推广这些做法。

回顾 20 世纪 70 年代末以来中国经济的显著增长，人们很容易忘记一个复杂的商业经济在 1850 年前的几个世纪里就已经发展起来了。我们能够用传统的经济学原理来解释中国在 20 世纪后期的增长，即把这种发展视为采用在世界其他地方创造出经济增长的措施的成果。我们可以快速识别出这种计划经济的效率低下和不合理之处，它破坏了中国的市场，使得企业服从于行政控制。如果我们把视角回溯到 19 世纪中期和末期，我们看到的是一个羸弱的国家，一个受到国内动乱威胁的社会，以及一个与西欧和北美的工业化经济相比明显落后的经济；中国后来的增长显然与改革开放、资本流入和企业家精神有关。如果我们将历史视角延伸到更早的几个世纪，能够为我们对中国近代经济转型的传统观点增添什么新意呢？

20 世纪 80 年代工业产出总值的快速增长，主要来源于乡镇企业的发展。这些企业形成于计划经济之外，并且通常设立在农村和小城镇当中。由于缺乏正式的制度环境来保障销售合同、进行银行贷款或雇佣工人，中国的企业在更多要归功于历史的非正式机制和在 1949 年之前广泛应用的商业惯例集合的支持下继续前进。在农村地区设立工业，在那里它们可以吸收一些农业剩余劳动力，否则这些劳动力要么流向既有的更大城市中心，要么依然停留在农业当中，这就意味着乡村再次拥有了制造业产业。该产业肯定与过去的小规模手工业产业不同，但与作为早期西方工业化经验和计划经济下的中国标志的将城市和工业等同、农村和农业等同相比，20 世纪 80 年代的中国要更像早期的中国（Wong，2002）。

160 历经 20 世纪 90 年代并且进入新的千年，变得越来越清楚的是，中国政府允许市场交易，这并不意味着从接受一系列不同于其他发展中国家和发达国家的责任、挑战和机会的菜单的政府那里撤退、后退。政府成了几个全国最大型企业的主要所有者，而其他国家的政府则从主要企业中撤出它们拥有的国有份额。中国政府并不像西方政府那样，拥有同一种将国家与社会彻底分离的达观的承诺，后者的经济政策往往符合早期历史实践中定下的理想状态；中国的实践也与早期的问题和各种可能性联系在一起，即使在没有明确承认的情况下也是如此。从大多数西方的角度来看，中国经济表现出两个很难调和的特点。一方面，政府作为大企业的管理者，仍然发挥着非常大的作用；另一方面，大多数自下而上的企业经营活动在政府监管和控制不力的影响下继续前行。争端的解决仍然取决于谈判解决方案，这些解决方案不能满足外国主体对他们通常遇到的制度环境的期望。

从历史上看，中国庞大的领土面积和众多人口引发了其特有的问题和正面的机遇，而这对欧洲是陌生的。但是，随着欧盟努力想变成一种新型的政体，同时在与自汉朝和罗马帝国时代以来的任何时点上的中国土地面积相比更大的区域上，建立一种垂直一体化的管理体制，欧盟正不断发现在中国历史上不断重复出现的困难和挑战。当然，欧盟是在不同的政治思想和制度传统下这样做的，也不大可能变得与中国非常相像。相应地，我们也可以调整我们的预期，要认识到中国不会变得更像一个西方的政权或者西方的经济体。

参考文献

Bray, F. (1984). *Science and Civilization in China*. Vol. VI: *Biology and Biological Technology*. Cambridge University Press, Part 2.

Burbank, J. and F. Cooper (2010). *Empires in World History: Power and the Politics of Difference*. Princeton University Press.

Chan, W. (1980). " Government, Merchants and Industry to 1911, " in John Fairbank and Kwang-ching Liu (eds.), *Cambridge History of China*. Vol. XI: *Late Ch'ing*, part 2, *1800–1911*. Cambridge University Press, pp. 416–462.

Chen Zhiping (2009). *Minjian wenshu yu Ming Qing Dongnan zushang yanjiu* [Non-official Documents and Research on Lineage Merchants in Southeast China during the Ming and Qing Dynasties]. Zhonghua shuju.

Ch'iu Peng-sheng (2008). *Dang falü yu jingji: Ming Qing Zhongguo de shangye falü* [When Law Meets the Economy: Ming Qing Chinese Commercial Law]. Wunan tushu chuban gongsi.

Deng, Gang (1993). *Development versus Stagnation: Technological Change and Agricultural Progress in Pre-modern China*. Greenwood Press.

Elvin, M. (1973). *The Pattern of the Chinese Past*. Stanford University Press.

Fan Jinmin (1998). *Ming Qing Jiangnan shangye de fazhan* [The Development of the Ming Qing Period Jiangnan Commercial Economy]. Nanjing daxue chubanshe.

(2007). *Ming Qing shangshi jiufen yu shangye susong* [Ming Qing Commercial Dispute Resolution and Commercial Disputes]. Nanjing daxue chubanshe.

Fan Shuzhi (1990). *Ming Qing Jiangnan shizhen tanwei* [A Study of Ming Qing Era Jiangnan Market Towns]. Fudan daxue chubanshe.

Faure, D. (1989). " The Lineage as Business Company: Patronage versus Law in the Development of Chinese Business, " in *Second Conference on Modern Chinese Economic History*. Academia Sinica, pp. 347–376.

Finlay, R. (2010). *The Pilgrim Art: Cultures of Porcelain in World History*. University of California Press.

Grove, L. (2006). *A Chinese Economic Revolution: Rural Entrepreneurship in the Twentieth Century*. Rowman & Littlefield.

Hicks, J. (1973). *A Theory of Economic History.* Oxford University Press.

Hsiao, K. (1979). *A History of Chinese Political Thought*, vol. I. Trs. F. W. Mote. Princeton University Press.

Knotter, A. (2001). " Problems of the ' Family Economy ' : Peasant Economy, Domestic Production and Labor Markets in Pre-industrial Europe, " in M. Prak (ed.), *Early Modern Capitalism: Economic and Social Change in Europe, 1400–1800*. Routledge, pp. 135–160.

Huang Jianhui (2002). *Ming Qing Shanxi shangren yanjiu* [Studies of Ming Qing Era Shanxi Merchants]. Shanxi jingji chubanshe.

Köll, E. (2003). *From Cotton Mill to Business Empire: The Emergence of Regional Enterprises in Modern China*. Cambridge, MA: Harvard University Asia Center.

Li, B. (2003). " Was There a ' Fourteenth-Century Turning Point ' ? " in Paul Jakov Smith and Richard von Glahn (eds.), *The Song-Yuan-Ming Transition in Chinese History*. Cambridge, MA: Harvard University Asia Center.

Li, C. (2012). " Beneficiary Pays: Forging Reciprocal Connections Between Private Profit and Public Good in Hydraulic Reform in the Lower Yangzi Delta, 1520s—1640s, " *T'oung Pao* 98: 385–438.

Li Huarui (2004). *Wang Anshi bianfa yanjiu shi* [A History of Research on Wang Anshi's New Policies]. Renmin chubanshe.

Liang Miaotai (1991). *Ming Qing Jingdezhen chengshi jingji yanjiu* [Studies of the Ming Qing Period Jingdezhen Urban Economy]. Jiangxi renmin chubanshe.

Liu, G. (2013). " Agricultural Productivity in Early Modern Jiangnan, " in B. K. L. So (ed.), *Economic History of Lower Yangzi Delta in Late Imperial China*. Routledge.

Liu Jiansheng et al. (2005). *Ming Qing Jinshang zhidu bianqian yanjiu* [Studies of Institutional Change among Ming Qing Era Shanxi Merchants]. Shanxi renmin chubanshe.

Liu, T. C. (1959). *Reform in Sung China: Wang An-shih (1021–1086) and his New Policies*. Harvard University Press.

Lucassen, J. (2001). " Mobilization of Labour in Early Modern Europe, " in Maarten Prak (ed.), *Early Modern Capitalism: Economic and Social Change in Europe, 1400–1800*. Routledge, pp. 161–174.

Lufrano, R. (1987). *Honorable Merchants: Commerce and Self-Cultivation in Late Imperial China*. University of Hawaii Press.

Macauley, M. (1999). *Social Power and Legal Culture: Litigation Masters in Late Imperial China*. Stanford University Press.

Mann, S. (1987). *Local Merchants and the Chinese Bureaucracy, 1750–1950*. Stanford University Press.

Menzies, N. (1994). *Forest and Land Management in Imperial China*. Macmillan Press.

Morita, Akira (2002). *Shindai no suiri to chi'ikki shakai* [Qing Dynasty Water Control and Local Society]. Chūgoku shoten.

Mou Kenhe (2002). *Songdai xinyong piaoju yanjiu* [Studies of Song Dynasty Credit]. Yunnan daxue chubanshe.

Ng, C.-K. (1983). *Trade and Society: The Amoy Network on the China Coast 1683–1735*. National University of Singapore Press.

Niu Guanjie (2008). *17–19 shiji Zhongguo de shichang yu jingji fazhan* [Chinese Markets and Economic Development, 17th–19th Centuries]. Huangshan shushe.

Osborne, A. (1998). " Highland and Lowlands: Economic and Ecological Interaction in the Lower Yangzi Region under the Qing," in M. Elvin and T. Liu (eds.), *Sediments of Time. Part I: Environment and Society in Chinese History*. Cambridge University Press, pp. 203–234.

Pagani, C. (2001). *Eastern Magnificence and European Ingenuity: Clocks in Late Imperial China*. University of Michigan Press.

Perdue, P. (1982). " Water Control in the Dongting Lake Region during the Ming and Qing Periods," *Journal of Asian Studies* 41(4): 747–765.

Pomeranz, K. (1993). *The Making of a Hinterland: State, Society, and Economy in Inland North China, 1853–1937*. University of California Press.

(2000). *The Great Divergence: Europe, China and the Making of the Modern World Economy*. Princeton University Press.

Qi Xia (1987). *Songdai jingji shi* [Song Dynasty Economic History], Vol. 1. Shanghai renmin chubanshe.

Rawski, T. (1989). *Economic Growth in Prewar China*. University of California Press.

Ren Fang (2003). *Ming Qing Changjiang zhongyou shizhen jingji yanjiu* [Studies of the Market Economy in the Middle Yangzi Region during the Ming Qing Period]. Wuhan daxue chubanshe.

Rosenthal, J. L. and R. B. Wong (2011). *Before and Beyond Divergence: The Politics of Economic Change in China and Europe*. Harvard University Press.

Ruskola, Teemu (2000). " Conceptualizing Corporations and Kinship: Comparative Law and Development Theory in a Chinese Perspective," *Stanford Law Review*, 52(6): 1599–1729.

Schlumbohm, J. (2001). " Labour in Proto-industrialization: Big Questions and Microanswers," in M. Prak (ed.), *Early Modern Capitalism: Economic and Social Change in Europe, 1400–1800*. Routledge, pp. 125–134.

Shiba, Y. (1998). " Environment versus Water Control: The Case of the Southern Hangzhou Bay Area from the mid-Tang Through the Qing," in Mark Elvin and T. Liu (eds.), *Sediments of Time Part 1: Environment and Society in Chinese History*. Cambridge University Press, pp. 135–164.

Terada Takanobu (1972). *Sansei shōnin no kenkyū* [Research on the Shanxi Merchants]. Dohosha.

Van Dyke, P. (2011). *Merchants of Canton and Macao: Politics and Strategies of Eighteenth-century Chinese Trade*. Hong Kong University Press.

Vries, J. and A. van der Woude. (1997). *The First Modern Economy: Success, Failure and Perseverance of the Dutch Economy, 1500–1815*. Cambridge University Press.

Wang Kui (2008). *Qingmo shangbu yanjiu* [A Study of the Late Qing Dynasty Ministry of Finance). Renmin chubanshe.

White, L. (1998). *Unstately Power.* Vol. I: *Local Causes of China's Economic Reforms*. M. E. Sharpe.

Will, P. E. (1985). " State Intervention in the Administration of a Hydraulic Infrastructure: The Example of Hubei Province in Late Imperial Times," in S. R. Schram (ed.), *The Scope of State Power in China*. SOAS and Chinese University Press, pp. 295–348.

(1990). *Bureaucracy and Famine in Eighteenth-century China*. Stanford University Press.

Will, P.-E. and R. B. Wong (1991). *Nourish the People: The State Civilian Granary System in China, 1650–1850*. University of Michigan Center for Chinese Studies.

Wong, R. B. (1999). " The Political Economy of Agrarian China and its Modern Legacy," in T. Brook and G. Blue (eds.), *China and Capitalism: Genealogies of Sinological Knowledge*. Cambridge University Press, pp. 210–245.

(2002). " The Political Economy of Chinese Rural Industry and Commerce in Historical Perspective, " *Études Rurales* (*Le retour du marchand dans la Chine rurale*) 161–162: 153–164.

(2004). " Relationships between the Political Economies of Maritime and Agrarian China, 1750–1850, " in G. Wang and C.-K. Ng (eds.), *Maritime China and the Overseas Chinese Communities*. Harrassowitz Verlag, pp. 19–31.

(2012). " Taxation and Good Governance in China, 1500–1914," in B. Yun-Casalilla and P. K. O'Brien with F. Comín Comín (eds.), *The Rise of Fiscal States: A Global History, 1500–1914*. Cambridge University Press.

Wu Tingyu (1987). *Zhongguo lidai tudi zhidu shigang* [A History of Chinese Land Systems]. Jilin daxue chubanshe.

Xu, D. and C. Wu, eds. (2000). *Chinese Capitalism, 1522–1840*. Macmillan Press.

Xu Tan (1998). *Ming Qing shiqi Shandong shangpin jingji de fazhan* [The Development of Shandong's Commercial Economy in the Ming-Qing Period]. Zhongguo shehui kexue chubanshe.

Yang Guozhen (2009). *Ming Qing tudi qiyue wenshu yanjiu* [Studies of Land Contract Documents of the Ming Qing Era]. Zhongguo renmin daxue chubanse.

Zhang Haiying (2002). *Ming Qing Jiangnan shangpin liutong yu shicang tixi* [Commercial Circulation and Market Structures in Ming Qing Era Jiangnan]. Huadong shifan daxue chubanshe.

Zelin, M. (2005). *The Merchants of Zigong: Industrial Entrepreneurship in Early Modern China*. Columbia University Press.

Zhang Haipeng and Wang Yanyuan, eds. (1995). *Hui shang yanjiu* (Studies of Huizhou Merchants). Anhui renmin chubanshe.

Zhou Zhichu (2002). *Wan Qing caizheng jingji yanjiu* [Research on Late Qing Fiscal Administration]. Jilu shushe.

第

7

章

超长期中的印度资本主义

西斯安卡·罗伊

165 任何关于印度资本主义发展的一般性描述都需要注意该区域的两个特点。第一，印度人已经和外部世界做了几千年的生意。印度次大陆由于有着数千英里长的海岸线，从非洲和东南亚可以很方便地到达，存在熟练的工匠以及一个强大的航海传统，所以长期以来一直处于商业和文化交流的交叉网络的中心位置。第二，印度次大陆的区域多样性仍然非常显著。例如，如果沿海一带和三角洲区域长期从事对外贸易，那么其内部的高地、洪水冲积平原和内陆的干旱地区则在一个更小的程度上参与其中；同时部分出于这种差异，位于内陆的商人和银行家与他们位于沿海区域的同行是不同类型的。这些特点，也就是说与世界交往的倾向和商业企业当中的巨大多样性，从很早开始就已经成了印度历史的特征。因为它们是如此持久，所以任何关于印度资本主义的一般性的描述都应该是长期的。

本章将提出这样一个解释：这个故事的情节一方面是多样性

和差异之间的相互作用，另一方面是区域国家试图联系多样性和差异的各种尝试。多样性指的是存在两种不同的资本主义，一种建立在形成于内陆核心区域的强大帝国的首都之中，另一种建立在沿海地区，这些地区由较为弱小的国家统治。前者依赖于粮食贸易和财政体制，后者依赖于对外贸易。它们之间的距离是通过帝国参加海洋贸易的野心来缩短的。结果显示，这些尝试在 17 世纪以有限的方式取得了成功，在此之前是断断续续的。这个故事紧随着印欧贸易的出现发生了戏剧性的转折，那时在印度历史上是第一次，一个由商人统治的沿海国家开始控制内陆地区，从而为这两个世界的融合奠定了基础。除非将其与印度资本主义特有的土语运动 166
（dialectical movement）联系在一起，否则无法完全把握这种变化的意义。

这一章需要经常使用资本主义和趋同这两个概念。我所说的这两个术语是什么意思呢？“资本主义”倾向于以三种不同的方式进入比较经济史的研究领域：作为正统马克思主义的一种生产方式；作为世界体系分析中的国际贸易；作为当前国际发展话语体系中的制度。基于将会在下一节进行解释的理由，我将忽略这种正统定义，并在本章的前半部分讨论贸易问题，而在后半部分讨论制度问题。反过来，“趋同”将意味着不同交易秩序之间的更多交流，或它们在制度上更为相似。

两种资本主义

20 世纪 60—70 年代，马克思主义史学遵循马克思的《资本论》，参照生产关系，特别是大量使用被雇佣的劳动力来定义资本主义（Desai，1991）。在做全球史和比较史研究的时候，这个定义不轻易使用，生产关系是一种过于依赖于特定的生产场所，以致不太便利的概念。探索出来的另一种替代方法是指定欧洲为资本主义而且非欧洲区域为非资本主义的。“资本主义渗透”，罗伯特·布伦纳（Robert Brenner）写道，“通过贸易和资本投资进入发展中国家之中，不仅未能为其带来资本主义经济的发展，而且为这种发展树立了积极的障碍”，使得“旧生产方式”更深地嵌入中国和印度的内部（Brenner，1977：26）。这种做法在今天不会受到欢迎。在印度，学术圈在名为“生产方式”辩论的交流当中展现出最大程度的发展，对殖民地时期印度农业制度的适当表征进行了探讨[帕特奈克（Patnaik，1990）的一些论文]。这场辩论没有后文。这表明了处理商业史方面存在的不确定更倾向于语义学而非真实历史，同时发现了印度经验中的多样性难以处理。

有趣的是，马克思在《资本论》出版前首次发表在新闻文章中的关于印度的评论中，采用了一种不同的理解经济系统的方式，更
167 多强调的是政府，而不是资本和劳动的关系。尽管如此，正是这个观点带来了解读印度资本主义历史的最有影响的尝试。

在 1969 年，一篇关于这个主题的文章得以发表（Habib，1969）。这篇文章属于一种解释性的学问，它运用资本主义的概念来勾画出西方和东方经济轨迹的大致区别。对亚洲商业的较早期刻画利用了诸如行商（J. C. Van Leur）、前资本主义（J. H. Boeke）和非物质主义（Max Weber）等这样的概念。哈比卜（Habib）的文章遵循的是一个与詹姆斯·穆勒（James Mill）和马克思的文章不同的传统，关注的是莫卧儿帝国和帝国领域内的大商人及银行家之间的关系。他的观点是：一个集中化和缺乏财政收入的国家使得资本主义太依赖于一种“由小规模的统治阶级对农业进行直接剥削”的“寄生式”体系（Habib，1969：77）。显然，印度

的资本家只在受到宫廷权力控制的城市之外剩下少数经营企业的机会。

尽管资本主义模式之间存在差异，但直到 20 世纪 80 年代，人们普遍认为印度代表资本主义的一个不纯粹的版本，而其最纯粹的表现形式是在现代西方。对世界历史和印度历史的解释含蓄地保留了假设。学者频繁使用“阶层”来定义印度经验的独特性，尤其是英国殖民统治的过程中经历的经济变化的独特模式，那时，世界经济不平等达到了前所未有的水平（Bagchi，1982）。

20 世纪 80—90 年代关于沿海地区海运贸易的研究对这一假设提出了一个重大挑战。这项学术研究揭示了近代早期印度的另一种企业制度，即一种不符合具有政治依赖性的商业世界图景的制度。在这个范围当中，这些国家要比内陆地区更小，而且更弱，拥有资本的商人和那些在帝国城市里的商人经营着不同的生意，国家和商人的关系也不同。关于印度洋贸易的研究不仅表明欧洲人在古吉拉特邦、科罗曼德尔和孟加拉的商业成功如何深深地依赖于印度商人和银行家提供的代理、食宿和伙伴关系，而且表明了陆上帝国对沿海地区的企业家精神的直接影响有多小。[1] 大片的沿海地区被那些与内陆形成的国家保持一定程度差别的政权所统治，这种情况使英 168
国东印度公司可以在其能够像地主一样不受干扰运行的地方获得港口。印度洋的贸易，以及印度作为中转站的战略作用被证明是非常古老的。学术研究也表明，莫卧儿帝国的衰落可能使沿海地区的企业家在政治上比以前更为雄心勃勃，甚至使他们更紧密地与欧洲人合作。这样，早期的现代商业化被视为是对 18 世纪商人统治帝国的开端做好了准备。

在这一点上，内陆商业史学研究与沿海贸易的史学研究达成了共识。它们都认为自己所偏爱的不同版本的资本主义走向全面发展的“潜力”受到了限制。[2] 在哈比卜的描述当中，这一前景没有得到实现的原因在于，商人都太依赖于专制政权了。其他人努力在 18 世纪用一种自由的和制度上更为先进的资本主义替代依赖式的资本家印象。以这种方式衡量的印度商业是“复杂的”（Perlin，1983：69；Ray，1995：455）。但是，随着欧洲殖民统治在这一区域的强化，印度商人逐渐失去了就不同条件进行谈判的自由。印度商人日益变得面向欧洲，而且由欧洲资本家进行协调。这样，这两个不同的故事——一个是关于莫卧儿帝国统治下的恒河平原的商业世界，另一个是关于沿海地区的商业世界，两者融合成一体，即我们可以称之为中断的资本主义故事。使得这个故事有意义的是，很多精通印度历史的学者感到有必要解释 19 世纪的印度为何没有变得像西欧资本主义一样，这导致了一种“被殖民征服和衰退的预兆主导”的历史学（Washbrook，2007）。

重温这一衰退和衰落过程的宏大叙事并不是本章的目的。之所以如此有两个原因。首先，在更为近代时期发生在南亚的资本主义复兴的背景下，衰退和衰落的想法显得有些奇怪。难道这种复苏确实在某种程度上要归结为殖民地印度的贸易遗产吗？这一衰退和衰落的故事表明，令人难以置信的是，它并非如此。其次，资本主义
169 的前景是否受到殖民统治的阻碍其实是一个反问。相反，我们应该用这种研究来做真正的商业史，我的意思是更加关注学者提出的经验命题。

迄今为止，在关于近代早期印度的史学中，海洋和内地仍然是两个分离的世界。这两者成了不同专业领域的目标，部分原因在于相关档案的差异，直到 18 世纪晚期，东印度公司的文件记录显示，该公司开始对恒河平原表现出很大的兴趣。这两个专业领域甚至已经在关于 18 世纪的经济衰退原因的分析上谁更正确展开了激烈的

争论（Marshall，2003）。

本章的论点是：这两类商业企业的制度，一种建立在陆地而另一种是以海洋为界，并非代表着这一历史的两种可替代的解释，而是应该将其结合起来构建一个两分的商业世界的图像。陆地和海洋之间的二元论在近代早期之前几个世纪就已经出现了，因为它的起源主要是地理层面的。但是，它也是一个政治行动的领域，因为可以利用的手段还不足，陆地强国想要控制海洋的努力直到 17 世纪才获得了有限的成功。此后，印欧贸易通过稳步增强沿海地区的军事和政治力量为这一政治增添了新的层面。

为了解政治是如何在这些阶段当中演化的，我们应该从更为早期的那些时代开始我们的考察之旅。[3]

直到 1200 年的早期贸易

只要瞥一眼印度次大陆的地图，我们就会发现，它的地形使任何一个生活在蒸汽时代之前的长途商人同时拥有巨大的优势和巨大的劣势。该地区的明显地理优势是其漫长的海岸线，位于东南亚和西亚之间的海路中间，非常便利。这两个地区都属于古代海上商业网络。阿拉伯海、波斯湾和红海提供了来自印度贡根和马拉巴尔海岸的商品进入西亚、地中海、欧洲和北部非洲市场的便利，而孟加拉湾同样使得孟加拉和科罗曼德尔的产品能够进入缅甸、柬埔寨、苏门答腊、爪哇和中国的市场。

另外，在陆地上进行大宗贸易的成本通常是非常高的。在18—19 世纪编制的数据有所提示，用马车运输货物的吨 / 英里的 170
成本是使用船只的 2 ～ 3 倍，而用牛车运输的成本则又是马车的 2 ～ 3 倍。这些差异是货物运输所需的时间，以及运用这些运输方式的各种风险和折旧的结果。在穿越喜马拉雅山脉的主要贸易路线上，由于牲畜的能力有限，加之死亡的风险很大，商队的费用变得异常高。牛车只适合在几英里的范围内运输货物，不适合长途运输。即使是针对有限运输，马车在中部和南部的高地也很少使用（参见地图 7－1）。在恒河和印度河流域以外的地方，船只不能进行长距离移动，因为除了喜马拉雅山脉融雪形成的河流之外，很少有河流能通航。在孟加拉三角洲那里有一个稠密的通航河流的网络。
171 河流的形态从一个区域到另一个区域会发生很大的改变，因而船只的建造和航行知识往往是扎根于本地的。这种情况不利于大规模运输系统的发展。在孟加拉三角洲，以及那些可以找到相对平静的深水通道的恒河和印度河下游，内河航运受到了水位的季节性波动、泥沙、旋涡、突然出现的沙洲和海盗袭击的限制（Roy，2011a）。

从海岸进入大洋相对容易，以及从内陆到达沿海相对困难，这使得古代商业有了鲜明的特点。有组织的贸易和银行业沿着两个轴心——沿海地区和帝国城市发展。沿海地区的商人和银行家以海上贸易为生；内陆地区的人直接或间接地依赖土地收入系统，并在一定程度上依赖陆路贸易。来自海上贸易的收入为沿海国家提供急需的收入，但其本身不足以维持庞大的军队和官僚机构。强大的政治中心通常位于内陆，在那些利用来自河岸平原收入的国家之中。

这种情况的例外出现了。也许一个似乎连接了内陆和海洋的较大国家的最重要例子出现在公元第二个千年之交的南印度朱罗王国（Chola），该王国管理着该半岛一个最大和地理上最容易到达的三角洲之一，即高韦里河（River Kaveri）的三角洲区域。类似的例子可能很难在别处找到。相比之下，虽然恒河三角洲的规模更大，但从内陆和海洋都更难到达。朱罗王国实现这种统一的程度如何，这还是一个值得商榷的问题。

在商品贸易的方向和构成方面，沿海地区的商业集群看起来主要向外，而内陆集群主要面向当地消费。这两个世界之间一直都保持着联系。主要的商队路线在德干高原上纵横交错，并沿着半岛的河谷移动。尽管如此，运输费用还是像上面所描述的那样高，商队贸易也不可能有足够的能力大规模地运输内陆农业社会的产品。相反，它所装运的有利可图的商品都是相对而言价格很高的小体积商品。最重要的可交易商品有精美的纺织品、香料、丝绸、珍珠、钻石、精细瓷器、黄金和青金石之类的其他宝石。

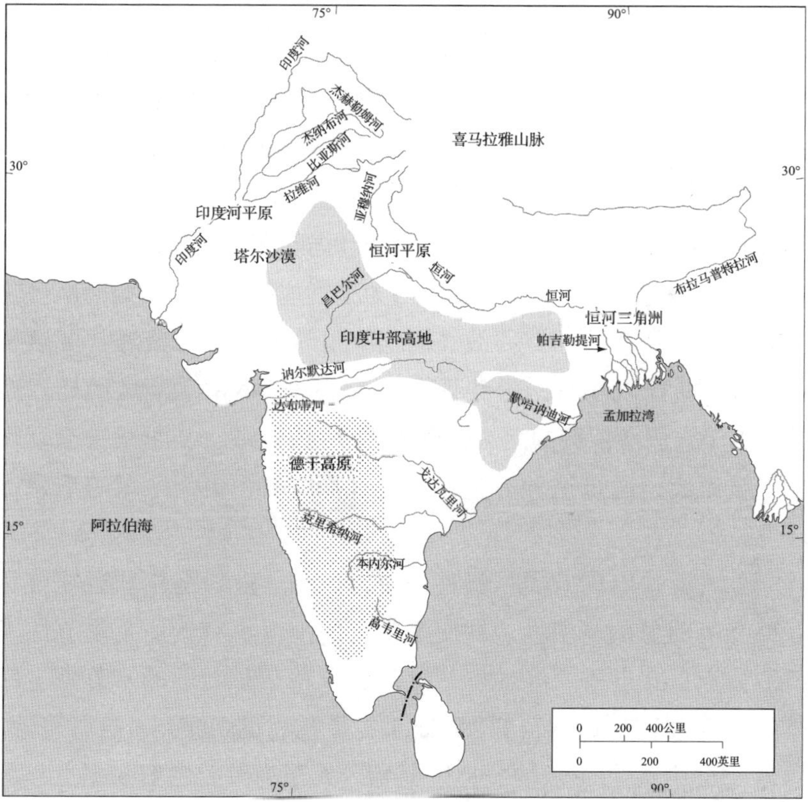

地图 7－1　印度的地理区域

沿海商业集群可以得到这些高价值而小体积的商品。但是，它们也会从紧邻地区获取各种商品。尽管有着很长的海岸线，这些港
172 口的发展却并不是随机的。实际上，古代的印度港口几乎无一例外地都坐落在河口上，这一方面可以保护它们免受季风的侵袭，另一方面也为它们提供了一种便利的办法通过河流从三角洲内部获取原材料、食物和货物。海洋和陆地之间的有形联系都是通过河流来实现的。默希河上的坎贝湾、达布蒂河上的苏拉特、讷尔默达河上的布罗奇、邦奈亚尔河上的阿里卡梅杜、鲁普那拉扬纳河上的耽摩栗底、萨拉斯沃蒂河上的萨普塔葛兰姆、克里希纳三角洲中的默吉利伯德讷姆、帕吉勒提河上的胡格利、很容易到达苏伯尔讷雷卡河和布迪巴郎的巴拉索尔、施塔拉卡亚河上的索纳尔岗、曼多维河上的果阿旧城、马拉巴尔港口的穆泽里斯（确切地点仍有争议）、在内河航道上的奎隆——所有这些地方都可以经由它们所处区域上的河流很容易地同时通过海洋和内陆到达。陆地和海上商业世界之间的基本距离保持不变，因为尽管这些河谷常常为商队运输提供了一条便捷的陆路路线，但这些枢纽所在的河流通常可通航的距离不过十几英里，这些地方的长期繁荣取决于当地的地理因素。由于它们所依赖的河流淤塞或者改变了流向，这些地方会衰落或者被抛弃。通过这种方式，商业财富取决于更大区域的不稳定环境。

季风反映出同一类依赖性，使得贸易、港口运作和运输节奏上都有了明显的季节性。即使是最大的港口也有着一个季节性集市的特点：在冬季兴隆的生意之后有一段很长时间的平静期。西泽·弗雷德里克（Cesar Frederick）在贝托利也观察到了这种现象，作为1565年左右下孟加拉地区葡萄牙人最为重要的贸易据点，那里“每年都会建立一个村落”，继而在贸易季节之后被遗弃。[4]

在贡根地区的另一个重要的港口焦尔，也发生着同样的事情。这些港口都有着临时性的特征。沿着海岸开展的船舶建造有着各种各样的形式，显然是因为造船商需要解决各种本地问题。例如，船舶设计需要适应季风而不是洋流。对适应当地限制条件的关注导致印度航运对长途航行以及此类航程所带来的挑战不太重视。因此，即使亚洲内部的贸易为沿海地区的贸易商提供了足够的盈利机会，印度的贸易体系在技术上也不具备冒险越过阿拉伯海或孟加拉湾的能 173
力。虽然确实存在关于建造大型船舶的知识，但并没有商业化。可能需要数月而不是数周的航行并不是交易商或造船商优先考虑的对象。

自公元元年开始很久之前，印度最强大的国家往往形成于距离海岸几百英里以外的地方。它们之中很少有国家能够与沿海地区或者沿海的这些王国维持一种超越非常微妙和间接的联系。反过来，孔雀王朝（Maurya empires）和百乘王朝（Satavahana empires，约公元前 320 年到公元 100 年）、笈多王朝（Gupta empire，公元 250—550 年）、贵霜帝国（Kusans，公元前 200—前 1 年），甚至更晚的德里苏丹国（Delhi sultanate，1206—1526 年）、莫卧儿帝国（1526—1750 年）和毗奢耶那伽罗帝国（Vijayanagar empires，1336—1565 年）实际上都是内陆国家。它们的首都位于距离最近的海港有好几个月，甚至是一整年的路程的地方。上文已经说过，在某种程度上成功打破这种分裂状态的国家是朱罗王朝（850—1280 年），其在印度东南部的海岸得到了发展，那里的三角洲更为宽阔，更容易从内陆地区到达，也有着大量肥沃的土地。

尽管内陆国家远离沿海地区，但随着它们的扩大，它们确实试图控制海岸或与沿海商业世界建立更密切的联系。主要依赖于土地税的国家仍然有兴趣修建道路，以开辟军事供应路线。帝国不时也确保了大量陆上路线的安全，并将它们连接到海边。在公元元年之前，实现这种整合的百乘王朝从科罗曼德尔开始使这种印度和罗马之间的贸易得以存在。在公元元年之交的贵霜帝国确保了印度河上游平原和中亚之间路上交通的安全。印度中西部的笈多王朝保障了乌贾因（Ujjain）的政治中心和古吉拉特邦海岸地区之间的交通。12 世纪的朱罗王朝在不同寻常的程度上实现了海洋和大陆的一体化。

这是两个截然不同的贸易群的图景，一个面向海洋，而另一个基于大陆，两者之间没有足够的联系或交换，因此很容易受到内陆世界想要创造出一条在军事上和政治上都稳定地通向海洋的路径这种企图的影响。从 13 世纪开始，随着伊斯兰教向南部和东部的缓慢传播，这方面的成功开始逐渐成形。

更深层次的整合：1200—1600 年

大约在 1206 年，作为阿富汗军阀和统治者的一位突厥裔马木留克（Turkic Mamluk）将军穆罕默德·古尔（Muhammad Ghori）
174 在印度北部建立了一个强大的国家，开创了德里苏丹国。大约在同一时期，其他军阀也正在德干高原的东部建立起各种庄园。在接下来的几个世纪，随着德里苏丹国的成长壮大，它的军事供应路线从德里渗透进入了古吉拉特邦、德干和孟加拉，这些区域中的北方人聚集区域增加了，贸易联系也同样如此。北方政治强权的扩张，以及泛亚洲宫廷文化向南和向东的扩展与过去相比不在同一个数量级上。一方面，得到了机动灵活的骑兵部队的大规模扩张的支持。也许军事技术能够最好地解释对于帝国的遥远前哨进行控制的可能性。另一方面，伊斯兰教在殖民地的边界、清理出来的森林，以及有时向国家提供士兵的社区中提供了一种合作原则。

1300—1600 年，德里苏丹国或其附庸的权力得到了充分的增长，从而开辟了东西向、北边往南边，以及跨越喜马拉雅山的贸易和军事路线。由德里苏丹国的藩属马尔瓦、德干、古吉拉特邦和孟加拉主导的征服是 17 世纪的莫卧儿王朝统治期间自己建立的道路、内河航道一体化和海洋可持续的一体化的基础。

这些发展对于这一区域长期的商业化模式没有太大影响。帝国各政府依然主要依靠土地税收。沿海各国仍然比较小，处于半自治状态，而且只是间歇性地成为内陆帝国的盟友。让骑兵进入印度西部的丘陵海岸或孟加拉沼泽地区的成本依然太高。德里苏丹国、莫卧儿王朝，以及位于南方的毗奢耶那伽罗帝国都对海外贸易感兴趣，但是它们的收入绝大部分来自土地，同时土地地产维持着这些军事贵族的地位。

除了这些广泛的连贯性因素以外，印度－伊斯兰帝国确实加强了该地区的贸易往来。它们的这种做法主要表现为两种方式。首先，它们把市场整合进更广泛的伊斯兰世界中，例如把印度和丝绸之路联系起来。其次，通过连接印度北部与印度南部、德干高原的东部与西部，以及孟加拉和恒河三角洲与帝国的核心区域，从而刺激了沿着恒河的贸易。这些帝国设法创造出一些更牢固地掌控在陆地国家手中的海上贸易港口。这些港口，即古吉拉特邦莫卧儿省的苏拉特、莫卧儿孟加拉的胡格利，以及在科罗曼德尔的默苏利珀德姆（一个由德干高原的高康达王国支持的港口，参见地图 7－2），在政治上，如果不是经济上的话，所代表的是一种比此前的内陆国家与海洋贸易更紧密的结合。

175

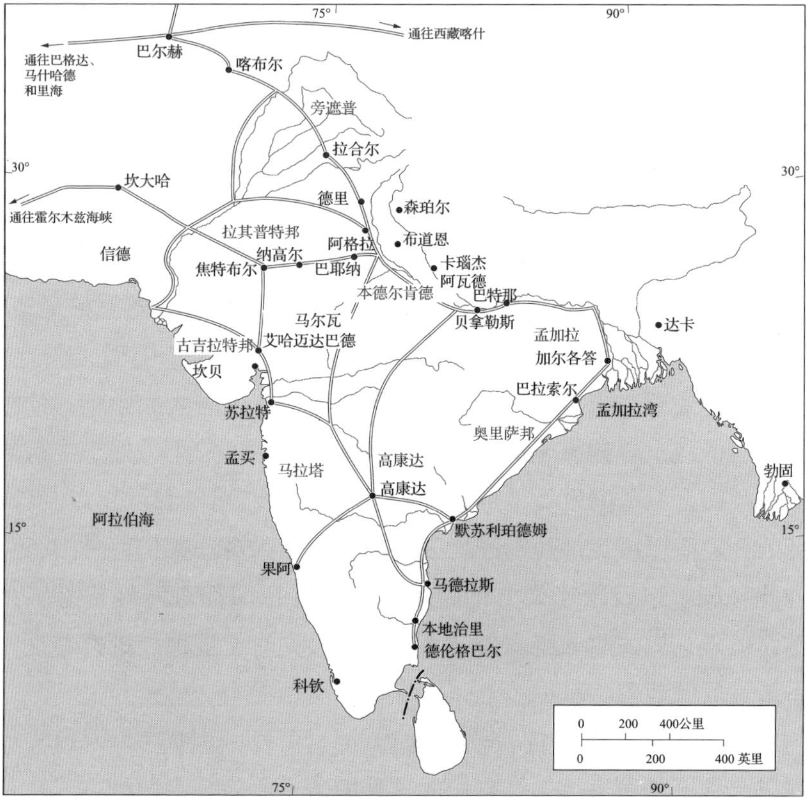

地图 7-2　1650 年前后的印度贸易路线

如果没有提及这种早先的、更深层次的统一，就很难解释欧洲商业企业在印度沿海地区的起源。

印度和欧洲的贸易：1600—1800 年

在达伽马发现绕过好望角通向印度的海上路线（1498 年）之后，欧洲人对印度商品的兴趣形成了，从而绕过了控制经由西亚的印欧贸易的阿拉伯和地中海商人。这种兴趣最初是间接的。从印度采购而来的棉纺织品用以购买印度的香料。纺织品在非洲的奴隶和 176
象牙贸易当中也是一种方便的交易媒介。反过来，来自西亚的战马也是印度纺织品的一种便利的支付手段。战马之于纺织品和纺织品之于香料是印度洋世界的古老交易方式。葡萄牙人的兴趣在于分享海上交易的份额，从而将欧洲和亚洲之间的部分香料贸易从陆地或者地中海路线转移到海洋航线。然而，从 17 世纪中期开始，印度在这一交易中变得更为核心了。在欧洲市场，对于印度棉布的需求增加了，而从西班牙统治下的美洲大陆搜刮而来的白银取代所有其他物品成了印度最重要的交易媒介，从而使得印欧贸易从亚洲贸易中脱离了。

在 16 世纪，葡萄牙的海上力量依然被视为一种海上霸权，可以无视印度西海岸的阿拉伯商人和当地商人，这是因为内陆帝国几乎没有海军力量来控制沿海地区。然而，在 17 世纪，苏拉特和默苏利珀德姆都是省级行政所在地。当荷兰和英国的东印度公司进入贸易领域开始寻找印度纺织品的时候（1615 年），它们的军事力量还不够强大，从而不足以让它们考虑与内陆国家的争夺。征服是不可能的，它们需要通过与阿格拉或者高康达，又或者是与那些通常为了获得来自贸易的收入和出于反抗投机取巧邻居的安全原因而热衷于邀请外国商人的较小国家之一就贸易条约进行谈判，从而在已有的帝国口岸建立据点。实际上，来自内陆国家的这种约束让欧洲北部的这些人相对于葡萄牙人处于上风，同样也帮助这些内陆国家创造出反抗葡萄牙的一种威慑。

在印度洋海域，这些欧洲人代表了两种外生于这一区域的组织原则。开展洲际贸易旅程的硬件和知识便是其中之一。17—18 世纪的船舶总体上要比葡萄牙势力达到顶峰时期（16 世纪中期到晚期）更小，但它们还是要比那些在印度进行海岸之间贸易的船舶大一些，大到足以装载许多枪炮。除了导致暴力冲突的可能性之外，航运技术还将亚洲以外的市场知识与亚洲商品联系起来，对沿海地区的技术变革也产生了深远的影响。它传播了铸铁铸造的知识，而且使印度的船舶建造和航行技术向欧洲标准靠拢。印欧贸易的第二个鲜明的特征，即与英国和荷兰商人更相关的，是股份制公司制
177 度，那时这一制度对于这个世界而言仍然是未知的。由于这种股份制的组织形式，这些公司相对于统治印度商业活动的家族企业规模更大，同时能够更好地防御风险冲击。它们也更专业化于特定商品，但不一定是奢侈品。为了进行专业化，它们需要利用长期契约交易。因此，印度海岸上贸易的市场模式与进行跨洋贸易的欧洲模式并不相容。

虽然这些是它们的优势，但这些特许公司也受制于一些弱点。英国公司是在一种皇权授予的垄断地位上形成的。但是，它几乎没有什么有效的手段来实施这种垄断。实际上，它需要与自己派驻到国外的雇员分享贸易权利，从而给他们提供足够的激励来为公司工作，同时应对近代早期海外贸易带来的巨大风险。不过这一因素在这些委托人和代理人之间创造出了一种根本性的利益冲突。这些代理人可以滥用特权，或是被视为这样做了。反过来，代理人觉得他们需要在一个充满敌意的、委托人也不了解的世界之中保护自己。因此，在公司业务的一个不确定的边缘地带，存在着私人贸易商和从事私人贸易的公司雇员的巨大网络。他们中有些受到了惩罚，但大多数人都由于缺乏有效的监督而没有受到惩罚。

研究印欧贸易的历史学家提醒我们，一方面，欧洲人在开展他们业务的时候，对其印度合作伙伴和代理商的依赖程度有多深。

建立协作网络的确是这种贸易的一个重要特征。在欧洲的商业记载当中，我们了解到几种类型的本土商业企业。最富有和最有政治权力的阶级是银行家。那些统治苏拉特和默苏利珀德姆的是阿什因·杜斯·古普塔（Ashin Das Gupta）集团，即所谓的船主商人（Das Gupta，2001）。像马拉·阿卜杜勒·加福尔（Mullah Abdul Ghafoor）这样的人，拥有大量的船只固定往来于西亚路线，他们和特许公司的业主一样，作为贸易企业的固定首脑，在这一行业的导航和技术方面没有直接的利益。他们雇用了船长，并且放弃了贸易权的一部分以作为一种激励来有效地开展自己的商业交易。欧洲人与这些团体并没有太多的合作，但是依然不得不保持友好关系，因为这些团体掌握了很多政治权利。

另一方面，欧洲人与银行家有常规的交易往来。这一时期的印度银行与区域政权，有时是帝国朝廷有紧密的联系，很多银行都向统治者提供借款和军费融资。在莫卧儿王朝时期的印度，大量的货币掌握在贵族当中，或者是在城市商人当中流转。例如在 17 世纪，阿格拉的储蓄银行就已经把位于同一城市的军政精英作为主要客户 178
了（Habib，1964）。单个企业的历史记载依然比较缺乏。但是，我们却了解到很多关于孟加拉的贾格特塞特（Jagatseth）这个实体的很多信息，而这要感谢企业与它的复杂联系。贾格特塞特家族的企业拥有一种执行多种类型的货币职能的许可，而这些职能通常本应该由政府完成。它们的规模和力量似乎就像孟加拉的货币体系一样强大，但实际却是岌岌可危，货币在孟加拉的价值源于印欧贸易。随着西班牙的白银大量进入印度，获得许可的货币兑换业务大规模增长。在汇款、现金和短期贷款方面，欧洲人主要依靠信誉良好的印度家族企业。这种依赖性在战争期间大大增强了，并且以忠诚和友谊为标准对这些企业进行了排序。

印度纺织商人作为“经纪人”或者承包商对这些企业的长期货币预付情况进行监测。对于当地的货物和物资运输，这些企业完全依赖印度的商队经营者和主要由印度人拥有的沿海之间的运输。熟练的工匠，如纺织工和纺织品加工者，又与这些企业保持着密切联系。

这些印欧伙伴关系的两个总体特征值得特别注意。首先，欧洲人几乎总是与那些他们认为是社区领袖的人签订契约。社会的领导力必须被用于商业用途，因为几乎没有其他方式可以强制执行契约。欧洲人没有足够的治安权力，也不能为此诉诸当地法律。苏拉特和默苏利珀德姆有着强有力的政府，但它们没有一个明确的商业法律框架。任何商业团体都没有强大到把这种法律强加于人。法律，就像它当时那样，是内生于社区规范的，并且由社区领导人和长者来执行。因此，印欧之间的商业贸易创造、利用，有时是强化了等级制度。其次，广泛的契约网络如果没有结束，也削弱了早期沿海贸易的显著季节性。纺织品的契约交易是全年的，尽管在运输方面继续受季风的支配，但全年贸易仍保持忙碌的状态。

还有另外一种印欧贸易的显著趋势：在空间上集中的必要性。尽管纺织工分布得更远且更为分散，但邀请一些商业和加工服务实
179 体选择在仓库附近成立还是有意义的，这被称为工厂。商业交易的庞大规模及终端市场在海港的有形集中，使得集中选址对于各方而言都是经济的。这方面的选择机会在苏拉特和默苏利珀德姆是有限的，因为英国人创造出来的这些设施将被荷兰人侵占的风险是非常大的。这是欧洲商人推动整个贸易新秩序背后的驱动力之一。

英国企业在印度设立的三个港口城市（1630—1690 年）远远超过了作为新的城市中心的意义。孟买、马德拉斯和加尔各答不再像传统印度港口那样是游乐场和商场。相反，它们代表的是专业职业

场所，对纺织品生产有着压倒一切的兴趣，即 19 世纪城市化模式的前身。它们被与内陆地区的莫卧儿城市隔离开来。这三个城市重新定义了地理和商业之间的关系。除了加尔各答，也许还有葡萄牙统治的果阿，这些港口位于不需要借助内河贸易以进入内陆的那些地域。它们甚至都不位于有任何重要意义的河流旁边。即使是坐落于一条河边的加尔各答，也不怎么依靠河流来进行其主要的业务。相反，这些港口面向的是印度洋，三个港口作为一个整体，可以考虑实现海内外一体化的贸易和海军能力（参考地图 7－3 对于区域和沿岸贸易网络的描述）。因此，它们以相比本土的沿海国家更为强大的海军力量保证了自己的安全，从而可以作为那些希望远离内陆的动荡国家的本地商人的避风港。

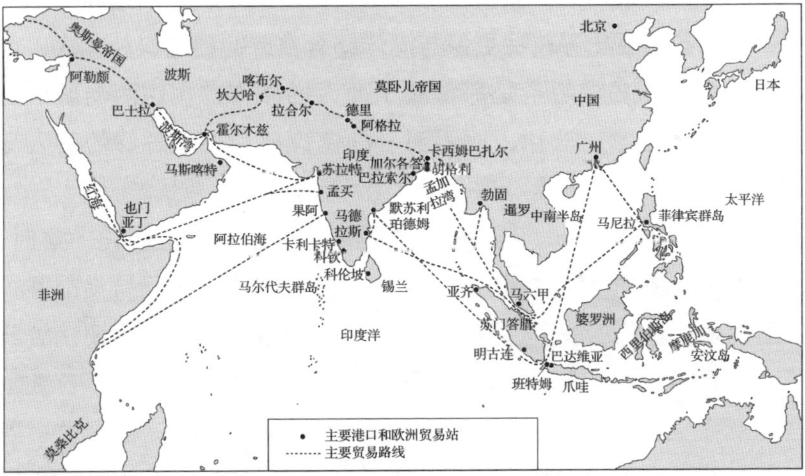

地图 7－3　有欧洲人出现的印度海上贸易路线和港口，1700 年

起初，孟买、马德拉斯和加尔各答还都是部分出于偶然原因而形成的小港口，暴露在敌人攻击的风险之下，也没有一个稳定的未来。不过，随着莫卧儿帝国在 18 世纪早期开始崩溃，这些企业创立的受到较好保护的城镇成长为印度商人和工匠更为安全的目的地。在印度历史上这是第一次，资本、手工技能和企业从内陆逃到了沿海。18 世纪下半叶的涓涓细流变成了 19 世纪早期的滔滔洪水。也许对于这一趋势的最好描述来自我们拥有的关于城镇规模的相当粗略的数据。在 1680—1800 年间，德里、阿格拉和拉合尔的总人口从 120 万下降到了 30 万，而孟买、马德拉斯和加尔各答则是从大约 10 万～ 20 万人口上升到了超过 100 万。

研究贸易的历史学家从孟买、马德拉斯和加尔各答的兴起和迅
180 速崛起中看到的是从既有的贸易中心，即苏拉特、默苏利珀德姆和胡格利的一种转移。实际上，这些新城市也通过吸引资本离开德干高原获益，这代表了印度沿海的一种不同的商业文化。首先，马德拉斯和孟买打破了港口城市在地理上对内部航行和内陆道路的依赖性。它们甚至要比苏拉特更像与海洋结合在一起的港口。其次，苏拉特和默苏利珀德姆不是那种属于商人的城市，在这两个城市当中商人并不能制定法律，而孟买、马德拉斯和加尔各答的商人却可以。

然后，到了 1800 年，印欧贸易的重要性发生了变化。这时，它代表了陆地和海洋之间的政治力量平衡的转变。海运贸易战胜了陆路贸易。直到那一个过渡的时刻，对外贸易和政治权力明确脱节了。强大的国家以前不会在沿海地区形成。这些企业的领土打破了这一模式。商业贸易的财富依然与国家的财富捆绑在一起。这一因素那时并没有在港口城市中发生变化。但是，随后在这些城市里，政权属于商人了，而这是一个新的元素。

从开展贸易的成本角度来看，19 世纪英国殖民帝国的崛起并没有产生什么直接的影响。然而，它确实将欧洲私人贸易从枷锁中
181 解放出来了，尽管效率不高，原因在于受限于一个企业依然是垄断

者的时代。在 19 世纪前半叶，各种新的商业企业开始在这三个港口城市涌现出来。所有这些都要求沿海商人与来自内地的资源或商品进行更大规模和持续性的交易。所有这些同样要求欧洲私营商人和印度资本家建立伙伴关系。有些企业因而开始无法维持生存。用木炭炉子炼铁就是其中一个例子。另外，一些行业，如靛蓝的制造和出口在消亡前赚了很多钱。鸦片贸易将印度和欧洲私人贸易商及中国沿海商人带入了一种很深的相互依赖的关系当中，导致了香港和新加坡这样作为盎格鲁—中国—印度混合产物的地区的兴起。印度孟买的帕西造船业得益于在 19 世纪早期形成的印度—中国贸易和印度—缅甸贸易。棉花出口与茶叶的生产和出口一起，成为投资的主要领域。总的来说，印欧关系的这一新时代创造了泛亚洲的资本主义企业的基础，跨越了陆地和海洋，并准备在工业化时代接受更大的挑战。如果没有孟买和加尔各答的世界性基础，这两个城市的后续工业化在贫穷的热带地区是完全例外的，也是无法解释的。

这种创业的动力大部分都局限于东印度公司建立的港口城市。在 1857 年的印度民族大起义期间，这个世界变得与恒河平原的政治经济之间有多么疏离已经赤裸裸地暴露出来了。在某种程度上，这场起义是心存不满的印度士兵和地主贵族所形成的松散联盟的一种反抗，他们都主要来自恒河平原上游地区，反对东印度公司的统治。这些团体出于明显不同的原因而反对东印度公司，这也是起义最终失败的原因之一。但在另一个层面上，起义显示了来自印度资本家所控制的政权给予的支持。在这三个港口中，都没有对这种军事行动的威胁。实际上，这些港口是抵抗起义的核心，这在很大程度上要感谢以此为基地的印度银行家和商人，他们通过确保补给线能够顺利地运转而表现出对东印度公司政权的支持。即使在内陆，也没有太多商人与旧政权结盟的案例。根据我对印度历史的解读，起义代表了内陆政权最后的立场，他们的最终退却表明了资本主义的忠诚如何决然地向沿海地区的国际贸易体制转变了。

182 在结束了这些叙述之后，我想转而谈谈这种变化的定性方面。这两种资本主义秩序的趋同是否导致了制度趋同？印度和欧洲之间，以及内陆和沿海之间的资本主义制度是不同的吗？

资本主义制度

将资本主义视为一组制度的现代定义，要归功于马克斯·韦伯在《经济通史》（*General Economic History*）中对作为市场经济出现的两个前提条件之一的“法理型统治政府”（ational-legal state）（Collins，1980）的讨论。韦伯对建立在公民权基础上的正式法律法典必要性的强调，对 19 世纪的经济史而言具有特殊的意义，这不仅涉及欧洲，也涉及欧洲以外，以及由欧洲殖民强权统治下的区域，它们有一个形式化的经济法律规范，韦伯对此进行了详细的研究。在 20 世纪 80 年代，新制度经济史学吸收了韦伯的范式为己所用，并且通过强调交易成本，以及可强制执行的私有财产所有权作为降低交易成本的条件之一的重要性，给这种观点带来了一种明显的转折（North，1986）。

在 20 世纪 90 年代，新制度经济史学的研究贡献强调了社会规范的重要性，并且认为一个官僚政府和社会规范的形成可能会导致不同的、有时是替代性的规制框架以及相应的资本主义。一种非韦伯式的新经济社会学的思想分支强调，在各种前工业化的市场交易行为当中，信任和稳定的契约是在没有国家机构的情况下实现的。在分析经济史的研究当中，基于规范的协会和以规则为基础的协会在对前现代社会中的贸易和西方社会兴起的解释当中是相对立的（Greif，2006）。社会认可的调解和国家强制执行的契约法，可以用来降低各种交易中的交易成本，这也是经济人类学和非洲经济史研究中早已耳熟能详的假说（Landa，1994；Lonsdale，1981）。社会规范与制定法之间的关系同样也在关于法律和经济学的文献当中占据了一个突出的位置（McAdams，2001）。

韦伯关于印度的观点是出了名的古怪，部分是因为他并没有将这种制度分析的范式扩展到印度和中国，从而在讨论非西方社会时，把自己局限在难以捉摸的“伦理”点上。但是，新制度经济史学能够做得更好吗？不幸的是，事实并非如此。在当前的应用性研究当中，人们常常倾向于认为法理型统治方式是一种从西方输入非 183
西方区域的舶来品 [参见罗伊（Roy，2011b）的讨论]。这是真实的，因为在殖民征服之后，法律和法律程序更好地正式成文了。不过，在财产法的内容方面却并非如此。在 18 世纪以及之前，产权的安全保障并非欧洲和印度之间的一个重要差别。毕竟，在前工业化时期，印度人和欧洲人的贸易总量不相上下。接下来可能的判断就是，相应的国家都将私人产权视为是有用的，同时也是值得保护的。这并不意味着政治环境不重要。它之所以重要，并不在于国家在保护私人产权方面成功还是失败，而是出于一个不同的原因。政府从不同类型的行业当中获得税收收入，或者借款，并因此能够选择性地在这些商业团体中选择盟友，结果是根据政治体制导致了不同的企业类型。政治既没有抑制，也没有积极地推动企业发展，却在印度强化了企业的二元特征。

关于社会规范的情况如何呢？格里夫（Greif，2006：26）认为，“基于利益的、自治的、非血缘关系的组织”在欧洲的现代化过程中发挥了重要作用，而基于血缘关系的民族集团在如同印度和中国这样的旧世界贸易区域中占有自己的一席之地。全球性商业经营活动在西欧的早期繁荣发展，是这一区域商业组织的性质带来的结果，既降低了各种交易成本，又为商业法的形成提供了基础。言外之意是，在非欧洲社会当中，关于结社和契约的法律形成得比较晚，而且常常是在殖民化、征服和其他类型的强迫性接触过程中从西方借用过来的。这种对社会规范的讨论使得我们提出了一个相关的问题：印度企业是以亲属为基础的还是以社团为基础的？

欧洲贸易之前的制度

研究古印度的经济史学家认为，在伊斯兰时期之前的印度商人群体已经形成了一些集体性的组织，而这些集体性组织同时包含了以亲属关系为基础和不以亲属关系为基础两种类型。在印度教法论（Hindu Dharmasastras）和佛教文献中，有很多关于城市行会的材料。这些文献并不认为以血缘关系为基础是行会的唯一类型。但是，它们的确表明基于血缘的行会在公共生活中是突出的。印度教法论中描述的君主对商人的职责在于保护种姓制度，而不是保护这些行业（Roy，2010）。因此，以血缘为基础的社团组织在印度掌握了一种特殊的道德－宗教性力量，这源于严格的婚姻规则和认
184 定的个体纯洁之间的平衡。这一特点确实是印度资本主义的独特之处。全世界许多商业团体中都实行社群内部的通婚。但是，将人的纯洁性作为婚姻的一种功能在印度之外的其他地方并不是如此普遍。不用说，道德品质在近代前期的世界当中是一个非常重要的商业资产。

宗教机构获得的赞助也主要来自商人，并且这成为团结位于不同遥远地方的商人的一个因素。耆那教和佛教都是商人们信仰的宗

教，同时被流动的商人带到了远方。在印度南部，流动的印度教商人沿着贸易路线建立了庙宇，把它们作为休息站、保障社群内部联系的方式，同时也可能是有防御功能的粮食和贵重物品的仓库。

这些流动的商人团体在一定程度上把农业和海洋的商业世界连接在了一起。实际上，陆地和海洋之间的薄弱政治联系，似乎驱使一些流动商人集团形成了有组织的军事政治机构。它们在行会内部发挥着作用。同时，它们也常常是陆基国家的战略盟友。它们有多个基地，也代表着由强有力的行为规范支撑的广泛商人网络。这些行为规范的力量可能是如此强大，以至于我们知道这些社群中的长老们甚至会用死刑惩罚那些破坏这些规范的人。我们可以在印度北部和南部的富裕商业团体中不同程度地发现这些特征的存在，不过在中世纪的印度南部，同样有很多商人和统治者共生共存，以及行会组织在长途贸易中发挥作用的证据。

有趣的是，到目前为止我们能确定，中世纪印度南部的行会在其势力达到顶峰时并非以血缘关系为基础。这一顶峰是在公元纪年第二个千年中的早期几个世纪，或者是在朱罗王朝晚期达到的。历史学家们认为，随着 14 世纪时主要从事内陆农耕的毗奢耶纳伽罗帝国的出现，这些群体逐渐变得更为固定于一处了，放弃了他们的军事政治角色，而且可能退变为一种基于血缘和种姓的组织模式。当然，这在很大程度上是一种推测，但它确实提醒我们，不要将印度的商业制度当作静态或者单一类型的。

我们对印欧贸易开展之前几个世纪中的商业制度所知并不充分，从而无法得出一般性结论。更安全一点的立场是保持多样性而非给出统一性的论述。在港口城市、主要的商业中心，以及与政府的协商当中，一定程度的非血缘关系之间的合作可能是很常见的。我们能够找到 18 世纪古吉拉特邦一些专业协会的考古遗迹。

185 同样如同贝利（Bayly，1983）关注到的，能够在贝拿勒斯发现一些 18 世纪晚期的类似协会组织。另外，无论行会或者协会的成员通常是在哪里处理这些稀缺的资产——知识、货币或者土地，这些行会似乎最终都汇聚成一种以血缘和种姓为基础的单位。很少有商业伙伴是从那些没有已经通过血缘、婚姻以及种姓制度和社群关系联系在一起的团体中招募而来的。任何要从事贵重资本贸易而需要保障信任的群体都倾向于利用社会建构的各种关系来确保这种信任。

内陆和沿海世界在商业制度这一点上有系统性的差异吗？在这一议题上我们能做的至多是进行推理。与从事海上贸易的商人相比，协调财政税收制度和粮食贸易的商人和银行家对国家来说可能更为重要，因为商业收益只是沿海国家的收入来源之一，但土地税收是所有国家的主要收入。这种情况有时会导致商人对国家的剥削性依赖。但更多的时候，它使得与财政有关的商人成为朝廷的官员，并使他们在银行贷款和税收优惠方面提出要求并获得各种特权。战争期间，以及政府收入匮乏的时期，商人的政治作用会上升。相对而言，沿海地区的商人和银行家与政治的关联较少，在这个意义上，他们有可能更依赖于自己的社群支持系统。而这些正是欧洲人与其进行商业贸易的团体。

欧洲贸易开展后的制度

在 17 世纪，当欧洲人扩大在印度海岸的贸易活动时，他们记载的组织总是以强大的商人和银行家的家族为中心。从社会角度来看，这些家族企业在欧洲人看来似乎特别保守。在世界的大部分地方，一桩与外人的生意总是会以一起用餐宣告结束。在印度，邀请欧洲人到一个印度商人家庭的用餐区却是亵渎神灵的。在隔离妇女方面也保持着同样严格的壁垒，这是欧洲人，其中很多是年轻女子痛苦抱怨的一个事实。商人社群越富有，这种壁垒就越严格。由于如此决然地被禁止进入印度商人的个人和社会领域，这些欧洲人得出的结论是：印度人的商业道德是内化于他们家庭内部的，而且只有他们的亲属才能理解。对这一现象的这种描绘可能有些夸大其实，而且过于平面化。在一定程度上，欧洲人所观察到的这种隔绝性，可能是对欧洲人出现在这种环境中的一种反应。然而，这 186
种描绘也不会过于远离现实。当时的印度本土文学强调了内婚制（endogamous）商业社区的支配地位。

印度企业已经很好地适应了家族企业的支配地位和商法的道德文化特征。要素市场的交易主要是在社区内进行，并且受到只有其成员才能理解的规范的管理。商品市场的交易主要通过拍卖进行，不需要一种详细而明确的正式法律体系。所有长途贸易的机会主义和季节性本质已经使得商业关系变得偶然和无常。拍卖和现货销售，而不是长期的大契约，在贸易集市的模式中更为常见。

这种商业企业特征的差异——印度背景下的家族，而不是欧洲的企业——与欧洲人进入后发生的一场关于印度商业的重要辩论有关。关于印度洋贸易的一些早期文献试图解释为什么印度沿海商人衰落了，而欧洲人在印度洋获得了成功。弗雷德里克·莱恩（Frederic Lane）认为答案是战船；安德烈·冈德·弗兰克（André Gunder Frank）却声称答案应该在西班牙人的美洲白银可获得性上寻找（Frank，1998；Lane，1979）。J. C. 范留尔（J. C. Van Leur）、威廉·莫兰（William Moreland）和 A. I. 奇切洛夫（A. I. Chicherov）是把欧洲的成功和亚洲的衰落归因于商业组织差异的一个学派的杰出代表（Das Gupta，2001）。他们都承认，在欧洲人到来之前，印度洋中已经存在很大的贸易量了，但也都认为印度商人在商业组织方面是保守的，甚至是落后的。家族企业和对零售业的依赖，即范留尔所称的“行商”，使得它们在单个个体上比较弱小，而且没有什么影响。作为对这种观点的反驳，阿什因·杜斯·古普塔表明，在阿拉伯海的贸易当中，一些拥有商船的商人有着相当大的规模，他们享有政治和金融资本的支配权（Das Gupta，2001）。阿什因·杜斯·古普塔自己对印度资本家衰落的解释是：西亚和南亚拥有广袤领土的帝国在同一时期衰落，从而削弱了那些在过去受到这些政权保护的枢纽地带开展贸易的亚洲资本家。

我们现在知道，提出这个问题本身就是错误的。很可能印度的航运根本没有减少，也没有太多的竞争。欧洲人从一开始占据的就是跨洋贸易路线，而印度人则在阿拉伯海和孟加拉湾进行贸易。在
187 沿海，只有一些类似拥有船舶的商人团体消失了。但是，在贸易和航运业，以及在欧洲私营贸易商向其提供资金和市场准入的港口城市，许多新的团体出现了。帕西人就是最著名的例子之一。总的来说，适应的案例要多于衰落。这是对亚洲原有商人的一次创造性破坏，也是一个在泛亚洲规模上从事经营的新阶层的崛起。用拉贾特·雷（Rajat Ray）在这一语境中推而广之的术语来说，这种集市交易体系被证明有着非凡的适应性（Ray，1995）。

这些关于衰落或生存的故事让人不禁要问，为什么印度沿海贸易商不加入跨洋贸易？对这个问题唯一可信的答案必须看这些企业是如何组织的，以及它们的组织具有何种风险承受能力。印度洋贸易提供了实现规模经济的机会，欧洲人可以进行大规模经营。英国和荷兰的海外贸易企业不仅在组织上与印度企业不同，而且有别于葡萄牙皇室授权的垄断经营模式（Steensgaard，1974）。它们在股份制的基础上运作，这使得它们可以汇集大量资本，分散和

分担风险，并建立一个由堡垒、工厂、港口和船只组成的复杂基础设施。英国人从他们的皇室那里得到的垄断特许权也减少了竞争，他们得以从事规模更大的业务，反过来也使得他们能够更多地投资于军事能力和贸易基础设施。印度人围绕着社区和家庭组织在一起，太分散而无法形成专业的联合体。作为家族企业，它们需要成为风险规避者，从而避免让家族陷入危险之中（Das Gupta，2001）。

研究近代早期贸易的经济学家最新的研究表明，欧洲人解决了一个问题——规模问题，只会导致另一个问题——契约失灵。当他们第一次进入印度洋的时候，他们购买的是可能在集市现场买到的东西，而且通常从当地商界中雇佣承包商，以促成交易。但随着交易量的扩大，现货市场的购买需要用长期契约来替代。与当代印度商贸公司相比，英国东印度公司是一家专业公司。它只针对少数商品，而且都是以非常大的规模进行购买的。由于是专业化的，该公司年复一年地与特定的一批供应商签订契约，并且预付一笔款项。这些款项往往是预付一整年的。

印度人以前对于契约销售并非一无所知，但由一家公司进行
这样规模的契约销售没有历史先例。契约销售带有一些风险。在 188
印欧贸易中，交易双方既不受国家法律的保护，也没有共同的习惯法。因此，围绕契约条款和执行的冲突是非常普遍的。因而也不是偶然的，商人兼探险家让·巴蒂斯特·塔维尼耶（Jean-Baptiste Tavernier）在他著名的游记中（1660 年）花费了整整一章在印度的“欺诈”这一主题上（Tavernier，1889）。这些冲突给印欧之间的贸易注入了一些不稳定的气氛。长期以来，历史学家对“族群”的“崛起”和“衰落”的痴迷掩盖了契约失灵这一主题，不过这一主题现在已经进入印欧贸易的史学研究视野之中了［参见 Kranton and

Swamy（2008）；Roy（2011c）]。事后看来，该公司利用主权权威处理了它所拥有的港口的不稳定性。把殖民征服解释为对契约执行面临的各种挑战的政治回应可能很牵强，但事实是，没有任何其他回应方式是有效的。

领土收购引发了一个关于公司自身组织结构的问题。它的领土收购是设计出来的还是偶然的？在这个问题上，可以有两个完全不同的观点，这取决于对英国东印度公司真正意义上是一个什么样的公司的解释。一方面，可以将这个公司视为一个统一的指挥和控制系统，代理人按照委托人的意愿行事，委托人也知道代理人正在做什么。这种解读可能与依据安·M. 卡洛斯（Ann M. Carlos）和斯蒂芬·尼古拉斯（Stephen Nicholas）做出的有影响力的研究贡献中描绘的公司形象一致，他们认为这些特许公司与现代跨国公司相似，因为两者都具有使得管理者节约交易成本和降低代理人的机会主义行为的策略（Carlos and Nicholas，1988）。假如委托人确实能够控制代理人的行为，那么，印度征服和建设港口的决定性步骤是在完全了解这些负责人的情况，并在他们的指挥下采取的。

另一方面，像霍尔登·弗伯（Holden Furber）这样的历史学家认为，拥有港口的实际行动并没有遵循上述这些有意的决策，而是由代理人在不顾公司所有者的知情权和反对的情况下采取的。简而言之，领土扩张是公司内部“人格分裂”的结果。东印度公司完全不像现代科层制的公司，它是一个前现代的，由一方是固定的商人和银行家，另一方是流动的、有着从事私人贸易的受管制特权的水手和士兵所组成的合伙制形式。弗伯写道，“一种真正的对立”

> 189 存在于那些享有从印度的帝国扩张中获得利润，以及那些早已经习惯于只是从贸易中获得利润的不同群体之间，前

> 者来自英国社会的每一个阶层，后者则由在公司的股东大会和董事会中占主导地位的伦敦商人、船主和船长组成。（Furber，1940：636）

这两类不同的人——城市商人和在其分部的各种外派人员、水手和士兵——确实在亚洲贸易的利润中有着共同的利益，但除此之外，他们绝非朋友关系。当地的代理商以贸易商的身份，倾向于更多地与印度精英交往。从这种伙伴关系平衡中的一个决定性变化中，我们可以看到，这些水手兼士兵试图通过无视他们的委托人的意愿，尝试建立一个政治权威的范围。1690—1760 年，正好在奥地利王位继承战争和七年战争之后发生的，莫卧儿帝国崩塌和在印度进行的英法战争，为那些相信建立一个帝国要比贸易更有利可图的人提供了手段和动机，这种裂痕扩大了。

这种关于欧洲人的组织形式是多么特别，而这种特殊性对于印度历史而言意味着什么的争论并不容易解决，因为答案将取决于我们想解释的是什么。一个关于政治冒险主义理论和一个关于如何取得商业成功的理论是差异非常显著的目标追求。但是，这里不存在任何争议的是，领土的扩张最后取得了成功，因为从制度上说，这些由东印度公司控制的城市与印度沿海的那些区域是完全不同的世界。它们有着自己的主权，也是由商人们制定法律的法治区域，而这在海岸地区以前是一个闻所未闻的概念。这一概念不仅吸引了欧洲商人，而且吸引了大量印度商人。资本的转移使这些港口获得了力量，并耗尽了内陆地区的战斗力。

从制度上说，殖民化对印度商业社会的影响是模糊的。以血缘为基础的团体较早具有的凝聚力，依赖于国王作为商业团体司法自主权的保证人。东印度公司政权通过创立有权推翻社区规则的新法庭，不知不觉地使这种保证比以前更弱了。从这些港口城市的早期开始，这些法院需要解决出现在社区中的，同时由认为社区长老的统治令人厌倦而心生不满的暴发户带来的纠纷。这些港口城市也提供了建立跨社区商业伙伴关系的机会，这将需要在社会上不相关的群体之间交换资本、信息和技能，因此需要一个不太受文化影响和更正式的法律框架（Roy，2011b）。

190 那么我们是否在 19 世纪看到了社区的瓦解？没有。印度殖民地立法的重大悖论是：它首先采用了一种二元论的原则——英国普通法适用于欧洲人，同时在默认情况下，对印度人适用的是社区 - 宗教性法律。因此，虽然这些法院可以考验和挑战这些社区的司法自治权，但法院也显示出一种以取代印度传统的方式结案的偏向。也是因为其他一些原因，虽然对于传统的非议倍增了，但是并不必然意味着传统变得更弱了。强化集合债券是个人在进入未知企业形式，或者与不认识的人进行交易时采取的策略之一。其结果是出现了相反的趋势，这就解释了这些社区在与来自内外部的挑战进行对抗的同时，还能够存续到 20 世纪，以及在古老的商业家族中划分财产的法庭案例甚至直到今天还久拖不决的原因。

结　论

这个纲要包括了两个相互交叉的主题——沿海和内部两个贸易世界之间的融合，以及不同商业文化之间一个不稳定但不可避免的融合。这两个过程的相互作用是毋庸置疑的，但它们相互作用的许多方面仍然是未知的。

19 世纪的全球化以前所未有的方式重塑了这些进程。铁路和轮船将陆地与海洋以前所未有的程度整合到了一起。铁路对陆路贸易的成本产生了巨大的影响。由世界不同地区共同组成的大英帝国，拥有共同的官方语言和兼容的法律制度，从而在帝国各地区间的交流中降低了交易成本。因此，帝国对于扩大从商品到资本、劳动力和技术的相互作用至关重要。经济法律，特别是商业交换领域的法律，扩大了契约的范围。铁路和新的贸易活动吸引了来自伦敦的资金。新的货币制度降低了海外投资的风险。奴隶制的废除鼓励了热带种植园进口亚洲劳动力。

虽然这些都是在 19 世纪引入的，但对于这些发展的意义的理解，不可能脱离几个世纪前就已经开始的内陆和沿海地区融合的背景。

注　释

[1] 关于英国和荷兰企业的历史，可以参见 Chaudhuri（1978），Furber（1951）和 Prakash（1998，1985）。关于印度的纺织品，最近两个文集中收录的文章都是最新的：Riello and Parthasarathi（2010），以及 Riello and Roy（2010）。

[2] 阻碍印度商人朝向这一涅槃进步的一些机制包括：去工业化，印度航运衰落，以及印度商人向买办资本家的转化。参见珀林（Perlin，1983）和沃尔斯泰因（Wallerstein，1986）关于资本主义繁荣结束的观点。

[3] 接下来的三节介绍的是罗伊（Roy，2012）的研究。

[4] 参见克尔（Kerr，1824：178-181）对弗雷德里克的下孟加拉贸易论述的分析。

参考文献

Bagchi, A. K. (1982). *The Political Economy of Underdevelopment*. Cambridge University Press.

Bayly, C. A. (1983). *Rulers, Townsmen and Bazaars: North Indian Society in the Age of British Expansion 1770–1870*. Cambridge University Press.

Brenner, R. (1977). " The Origins of Capitalist Development: A Critique of Neo-Smithian Marxism," *New Left Review* 104: 25–92.

Carlos, A. and S. Nicholas (1988). "'Giants of an Earlier Capitalism': The Chartered Trading Companies as Modern Multinationals," *Business History Review* 62: 398–419.

Chaudhuri, K. N. (1978). *The Trading World of Asia and the English East India Company, 1660–1760*. Cambridge University Press.

Collins, R. (1980). "Weber's Last Theory of Capitalism: A Systematization," *American Sociological Review* 45: 925–942.

Das Gupta, A. (2001). *The World of the Indian Ocean Merchant, 1500–1800*. Oxford University Press.

Desai, M. (1991). "Capitalism," in T. Bottomore (ed.), *A Dictionary of Marxist Thought*. Blackwell.

Frank, A. G. (1998). *ReOrient: Global Economy in the Asian Age*. University of California Press.

Furber, H. (1940). Review of A. Mervyn Davies, *Clive of Plassey: A Biography*, Charles Scribner's Sons, 1939, *American Historical Review* 45: 635–637.

(1951). *John Company at Work: A Study of European Expansion in India in the Late Eighteenth Century*. Harvard University Press.

Greif, A. (2006). *Institutions and the Path to the Modern Economy: Lessons from Medieval Trade*. Cambridge University Press.

Habib, I. (1964). "Usury in Medieval India," *Comparative Studies in Society and History* 6: 393–419.

(1969). "Potentialities of Capitalistic Development in the Economy of Mughal India," *Journal of Economic History* 29: 32–78.

Kerr, R., ed. (1824). *A General History and Collection of Voyages and Travels Arranged in Systematic Order*, vol. Ⅶ. London: Hakluyt Society, pp. 178–181.

Kranton, R. E. and A. V. Swamy (2008). "Contracts, Hold-up, and Exports: Textiles and Opium in Colonial India," *American Economic Review* 98: 967–989.

Landa, J. T. (1994). *Trust, Ethnicity, and Identity: Beyond the New Institutional Economics of Ethnic Trading Networks, Contract Law, and Gift-Exchange*. University of Michigan Press.

Lane, F. (1979). *Profits from Power: Readings in Protection Rent and Violence-controlling Enterprises*. Albany, NY: State University of New York Press.

Lonsdale, J. (1981). "States and Social Processes in Africa: A Historiographical Survey," *African Studies Review* 24: 139–225.

Marshall, P. J., ed. (2003). *The Eighteenth Century in Indian History*. Oxford University Press.

McAdams, R. H. (2001). "Signalling Discount Rates: Law, Norms, and Economic

Methodology," *Yale Law Journal* 110: 625–689.

North, D. (1986). *Institutions and Economic Growth: An Historical Introduction.* Ithaca: Cornell University Press.

Patnaik, U., ed. (1990). *Agrarian Relations and Accumulation: The "Mode of Production" Debate in India.* Oxford University Press.

Perlin, F. (1983). " Proto-Industrialization and Pre-Colonial South Asia, " *Past and Present* 98: 30–95.

Prakash, O. (1985). *The Dutch East India Company and the Economy of Bengal 1630–1720.* Princeton University Press.

(1998). *European Commercial Enterprise in Pre-colonial India.* Cambridge University Press.

Ray, R. K. (1995). " Asian Capital in the Age of European Domination: The Rise of the Bazaar, 1800–1914," *Modern Asian Studies* 29: 449–554.

Riello, G. and P. Parthasarathi, eds. (2010). *The Spinning World: A Global History of Cotton Textiles, 1200–1850.* Oxford University Press.

Riello, G. and T. Roy, eds. (2010). *How India Clothed the World: The World of South Asian Textiles 1500–1850.* Brill.

Roy, T. (2010). *Company of Kinsmen: Enterprise and Community in South Asian History 1600–1940.* Oxford University Press.

(2011a). " Where is Bengal? Situating an Indian Region in the Early Modern World Economy," *Past and Present* 213: 115–146.

(2011b), " Law and the Economy of Early Modern India," in D. Ma and J. L. van Zanden (eds.), *Law and Long-term Economic Change: A Eurasian Perspective.* Stanford University Press.

(2011c). "Indigo and Law in Colonial India," *Economic History Review* 64: 60–75.

(2012). *India in the World Economy from Antiquity to the Present.* Cambridge University Press.

Steensgaard, N. (1974). *The Asian Trade Revolution of the Seventeenth Century.* University of Chicago Press.

Tavernier, J. B. (1889). *Travels in India by Jean Baptiste Tavernier*, Vol. Ⅱ . Macmillan.

Thavaraj, M. J. K. (1984). " The Concept of Asiatic Mode of Production: Its Relevance to Indian History," *Social Scientist* 12: 26–34.

Wallerstein, I. (1986). " Incorporation of Indian Subcontinent into Capitalist World-Economy," *Economic and Political Weekly* 21: pe28–pe39.

Washbrook, D. (2007). " India in the Early Modern World Economy: Modes of Production, Reproduction and Exchange," *Journal of Global History* 2: 87–111.

第
8
章

中东地区的制度变迁和经济发展：700—1800年

沙威克·帕慕克

引　言

193 从8世纪一直到11世纪末期，中东地区拥有世界上最有活力的经济。在所谓的“伊斯兰黄金时代”的经济繁荣，首先是基于农业生产力的提高。中东地区位于印度洋和地中海这两个主要海域之间，同时处于主要洲际贸易路线的中心，该区域的经济也享有强大的城市网络和广泛的生产制造活动。劳动分工的深化，制造业、服务业以及农业中新职业和新技能的发展，较高的识字率和一连串的技术革新，所有这些都指向了在伊拉克阿拔斯王朝时期（Abbasid Iraq）产生的一个集约型增长和经济繁荣的插曲。在此期间，针对信贷、商业和其他经营伙伴关系、长途贸易和航运等发展出了复杂的制度结构。这些制度在8世纪或者9世纪被引入了意大利，并且成为康曼达（commenda）契约关系的基础，从而在后来的几个世纪当中促进了欧洲商业、贸易和金融制度的发展（Abu-Lughod，1989；Ashtor，1976；Lombard，1975；Udovitch，1970，1975）。然而到了 11 世纪之后，重心开始从中东地区的城市中心转移到意大利的商业化国家，后来又转到了低地国家和英国（Abu-Lughod，1989；Ashtor，1976；Shatzmiller，2011）。[1]

长期以来，人们一直都在争论造成这种分化的原因是不是一系 194
列外部冲击，例如蒙古入侵、黑死病以及洲际贸易航线的转移。诚然，这些外部冲击都对该区域的经济产生了重大和持久的影响。然而，黑死病对世界其他地区也产生了严重的影响，尤其是欧洲。很明显，欧洲西北部在随后的几个世纪里吸收了这种冲击，并且做出了更积极的反应（Borsch，2005；Pamuk，2007）。洲际贸易航线向大西洋的转移无疑也对该地区产生了影响。然而，在那时，中东已经落后于欧洲的南部和西北部了。

在这一章中，我将首先研究这一区域在三个不同领域中的制度演变情况，即土地制度、私人金融和公共借贷，以展现从伊斯兰教兴起直到现代社会的千年以来，这里已经发生了很多变化。虽然这些变化往往是为了应对不断变化的环境，但它们也反映了这些社会中的社会结构和普遍的权力平衡。我也将说明，城镇和都市地区如何与国家联系在一起，都市地区如何被纳入国家政策，以及它们如何影响体制的形成，这是了解这一地区长期制度和经济变化的关键因素。尽管由各界名流和当地工匠，包括奥斯曼帝国时代的行会领导的地方城市议会享有很多自治权，但该地区的政治权力集中在统治者，以及围绕着这些人的国家精英阶层的手中。相反，各种社会群体，不仅包括地主，也包括商人、制造商和兑换银钱的人，对经济事务，包括中央政府政策的影响，依然是有限的。这种政治格局及相关制度一直延续到现代。因此，在中东社会中，并没有发展出更独立于国家和国家精英，而且更多地支持私营部门的制度。

工资和收入的长期趋势

我首先从一些关于人口数量的估计开始，以便给出数量级的概念。在7—15世纪的中世纪时期，包括伊朗和北非，但除了安纳托利亚地区以外的中东伊斯兰国家，人口估计在2 000万～3 500万之间变动。这些数字清楚地表明，中世纪时期的中东人口要比南亚
195 和中国少得多。它大体可以与中世纪早期的南欧和西欧人口相比，但后者的人口在1100年之后开始超过中东。此外，虽然南亚和中国、南欧、西欧这三个地区的人口在16—18世纪有了显著增加，但中东人口19世纪之前都没有太多变化（Issawi，1981；McEvedy and Jones，1978）。

近年来，关于中世纪和近代早期中东的大量工资和价格数据使得人们有可能进一步了解该地区工资和收入的长期趋势，并将其与邻近地区进行比较。在下文中，我更倾向于定性地陈述这些发现，因为与中东和欧洲的现有估计相关的误差不允许进行高度精确的定量分析，对于较早的一些时期来说更是如此。

近期一项研究的结论表明，由于存在两个长期的人口周期，前一个被称为从6世纪中叶开始一直持续到9世纪的查士丁尼瘟疫时期，后一个为始于14世纪中叶的黑死病时期，以及由于一段被称为黄金时代的集约型增长时期，非熟练工人日常工资的购买力以及中东地区的平均收入不仅表现出显著的中长期波动，而且在中世纪的大部分时期都保持在远高于最低生活水平之上。据估计，该地区非熟练工人的工资购买力大多维持在最低生活水平的1.3～2倍

之间，而平均收入在整个中世纪时期大体保持在最低生活水平的 2 ～ 3 倍（Pamuk and Shatzmiller，2014）。

关于 13 世纪或者 14 世纪之前一段时期中东和欧洲的工资和收入水平，目前还不可能进行直接对比，因为我们对大多数欧洲地区或国家的实际工资或人均国内生产总值水平没有可靠的估计。然而，似乎从 8 世纪到 10 世纪，也可能一直到 11 世纪较晚的某个时候，中东较为繁荣地区的实际工资和收入要高于欧洲的那些较为繁荣地区的实际工资和收入。然而从此之后，中东和欧洲部分地区之间的差距开始出现了。中东部分地区，即伊拉克、伊朗和叙利亚，但不包括埃及，在 13 世纪受到了蒙古入侵的不利影响，尽管这些入侵的长期影响可能并不像很多人想象的那么重要。更为重要的是，欧洲南部以及后来的欧洲西北部开始经历长期的工资和人均 196
收入的增长。在中东的较为繁荣地区和南欧国家这类地区之间收入和生活水平的差异，如果不包括西北欧的话，在 14 世纪的前半叶，即黑死病到来之前就已经变得明显了。

在中东地区，黑死病的最初影响与其在欧洲大部分地区相似，这两个地区的实际工资和人均收入都急剧上升了。然而，随着人口的恢复，实际工资又开始下降。近期的一些研究指出，在许多欧洲国家，18 世纪末期的实际工资并不比 15 世纪时高。同样，最近的一些人均国内生产总值的估计数据表明，在许多情况下，18 世纪末期的平均收入并不高于黑死病之后达到的峰值水平（Allen，2001；Alvarez-Nogal and Prados de la Escosura，2013；Broadberry et al.，2010；van Zanden，1999）。中东地区的长期趋势在这方面是相似的。我们的估计数据表明，在 18 世纪 80 年代左右，开罗和伊斯坦布尔的实际工资并不高于它们在 15 世纪达到的峰值水平。这种模式的主要例外发生在西北欧地区，早在工业革命之前，低地国家和英国近代早期的人均收入而不是工资的估计值，就开始超过它们在黑死病时代所达到的水平。

需要小心注意的是，不要夸大工业革命之前的时代欧洲的实际工资和平均收入与中东的差异。在欧洲更为发达的地区，即英国、低地国家和地中海东部地区之间的城市工资差异在 19 世纪之前很少超过 2∶1。欧洲其他地区和地中海东部地区的差异甚至更小，直到工业革命之后这一状况才改变了。这种差距的出现并不是由于中东地区的衰退，而是由首先出现在南欧，然后出现在西北欧的工资和收入上涨所导致的。因此，与其说谈论中世纪晚期和近代早期欧洲的崛起恰当，不如说谈论中东的衰落更恰当（Özmucur and Pamuk，2002；Pamuk，2007）。

制度和制度变革

近几十年来，制度和制度变革已被视为有助于解释不同社会
197 随着时间的推移从而有着广泛不同经济表现的关键变量。在西欧和欧洲的海外分支成功经验的基础上，诺思等人认为，长期的经济变化是由于底层结构持续强化了组织进行交易和生产活动的激励机制而达到的。制度经济学和经济史学家已经认识到，制度变革通常不是朝着取得最有效结果的方向发展，同时一个社会很少产生或创造出有利于经济增长的制度。在大多数情况下，制度偏爱于那些限制机会而不是扩大机会的活动。同样，国家也没有强化对生产活动的激励，而是在大多数情况下充当了将资源从一个群体转移到另一个群体，或者以牺牲其他人的利益促进自身生存的工具。简言之，制度变革的进程并不总是有利于经济增长（Acemoglu and Robinson，2012；North，1990）。

经济制度是如何确定的，以及为何它们在不同国家之间存在差异？这些还没有得到充分的了解。制度经济学提出了若干制度原因或决定因素。其中最重要的是：（1）地理或资源禀赋；（2）宗教或更普遍意义上的文化；（3）社会冲突或政治经济。中东地区的经济制度肯定受到地理或资源禀赋的影响。在这方面最重要的例子是埃及，其土地制度、财政机构和中央政府的作用在很大程度上取决于灌溉式农业的需求。然而，除埃及之外，该地区的地理或资源禀赋与世界其他温带地区并没有很大差别。有利的区位也可以成为经济发展的重要刺激因素。事实上，中东这种位于欧洲和亚洲之间的地理位置，为商业发展提供了重要的机会，因为这使该地区在中世纪的时候能够更多地转向印度洋，而此时欧洲正经历着它的黑暗时代（Dark Ages）。同样，很难否认洲际贸易航线向大西洋的转移对该区域产生了影响。然而，那个时期的中东已经开始落后于欧洲的南部和西北部。由于这些原因，我不认为地理或资源禀赋是该区域各种制度的主要决定因素，或把它们作为该区域相对经济地位长期变化的主要原因。

宗教和 / 或文化长期以来被认为是中东和西欧经济成果差异的
主要原因。韦伯对于伊斯兰社会的分析强调了其与西欧社会在很 198
多领域当中所形成的对比，包括宗教、法律和政治体系（Weber，1968）。最近，蒂穆尔·库兰（Timur Kuran，2010）指出，植根于伊斯兰法律的中东制度，其中包括继承法、商业法和其他法律等，在过去和在某些情况下持续阻碍了经济发展。因此，他提出，即使中东的制度可能并没有导致经济活动的衰退，但在西方发展现代经济体制的几个世纪里，这些制度通过自我延续变成了一些障碍。文化和宗教当然也影响了这一区域的制度。然而，像韦伯一样，库兰已经淡化了一直存在于欧洲内部和中东内部的巨大差异，并且呈现了这两个地区的社会、制度和长期经济变化模式的理想化版本。因此，他忽视了伊斯兰社会的制度变迁、伊斯兰教法律的变化以及伊斯兰教在各种不同条件下出现的多样性。如果不能忽视，他也倾向于淡化伊斯兰社会常常规避或者改变那些似乎会阻止变化，包括经济变化在内的宗教法规的大量证据。此外，伊斯兰教法律还不是一个脱离这些社会的自治领域。例如，近期对于奥斯曼帝国档案的研究表明，在奥斯曼帝国的早期，政治权威与法律解释和日常司法管理密切相关（Gerber，1994；Hallaq，2005；Udovitch，1970）。一旦允许所谓的伊斯兰规则可以改变或被规避，就必须了解为什么和如何进行。

在最近的制度经济学文献中，坚持用社会冲突或政治经济学解释经济制度的人认为，因为不同的群体和个人通常受益于不同的经济制度，从而对经济制度的选择通常存在冲突。即使在整个社会受益的情况下，制度变革也会遭到那些丧失经济租金或政治权力的社会团体的抵制。因此，制度变革的过程涉及不同群体之间的重大冲突，最终的解决会有利于拥有更大经济和政治权力的群体。反过来，政治权力的分配又是由政治制度和经济权力的分配决定的。因此，政治经济和政治制度被视为经济体制和制度变革方向的关键决定因素（Acemoglu and Robinson，2012；Ogilvie，2007；Rodrik，Subramanian，and Trebbi，2004）。

199 相同的文献还认为，为了长期的经济增长，制度不应该仅向少数精英阶层提供激励，还应该向更广泛的社会开放各种机会。当政治权力掌握在拥有重大投资机会的相对广泛的群体手中时，那些能够在土地投资、物质和人力资本，或者技术方面提供各种激励的制度更容易出现。在这种情况下，政府可以成为一个主要的参与者，因为它经常决定这些规则，并且经常维持着实施这些规则所必需的强制力。

在最近的一个相关研究当中，阿西莫格鲁、约翰逊和鲁宾逊（Acemoglu，Johnson，and Robinson，2005a）解释了强大的私人产权为什么在16世纪初出现在西欧，尤其是在英国和荷兰。他们认为大西洋贸易——通往新世界、非洲和亚洲的海上航线的开放，以及那些殖民帝国的建立——不仅通过其直接经济效应，而且间接地通过诱发根本性制度变革，促进了西欧在1500—1850年间的增长过程。通过丰富和加强王室圈子以外，包括各种海外商人、奴隶贩子和殖民地种植园园主在内的人群的商业利益，英国和荷兰的大西洋贸易改变了政治力量之间的平衡。通过这个渠道，它促成了保护商人免受王室势力冲击的政治制度的出现。总之，他们认为，大西洋贸易在强化资产阶级这一阶层和这些国家的资本主义制度的发展方面起到了关键性作用。相比之下，在王权相对不受限制的地方，如西班牙、葡萄牙和法国，他们强调贸易在很大程度上是垄断和受到管制的，王室及其盟友成为这一大西洋扩张过程的主要受益者，然而同样的诱致性制度变革却没有发生。另外，那些不容易进入大西洋的地区，例如威尼斯和热那亚，没有得到大西洋贸易带来的任何直接或间接的好处。

这一论点也表明，制度与经济发展之间的因果关系不一定是单向的，即从制度到经济发展。经济发展或其缺位也影响着制度及其演进。换句话说，就像大西洋贸易的扩张帮助商人们塑造了欧洲西北部的资本主义制度一样，在中东国家，低水平的经济转型也可能限制了商人和制造商享受到的经济和政治权力。这些低水平的经济
发展也有助于维持一种不同的制度模式，即一种对商人或一般来说 200
对私营部门并不友好的模式。

中东的制度变迁

与许多陈词滥调和误解相反，中东社会在伊斯兰教兴起到近代的千年之间，经历了大量的制度变迁。通过考察在土地制度、私人金融和公共借贷这三个不同领域的制度变迁，本节认为这些变化不是由伊斯兰教的要求或地理因素造成的，而是反映了社会的力量平衡以及对不断变化的经济需求的反应。

土地制度

中世纪后期中东土地制度的演变展现出了一种很大的变化，但可以肯定的是，伊斯兰教法律并不是这一新兴模式的主要决定因素。相反，这些都与社会结构和政治权力的变化密切相关。在伊斯兰教出现的早期几个世纪当中，国家分配给贵族部分领土，这些土地的所有权或者控制权与定期支付的税收相结合。这些转让是不可撤销的。然而，在后来的几个世纪里，随着军事需求的增加和新军事精英的崛起，一种新的安排出现了。当政府开始面临向军官和军队支付款项的困难时，政府开始授予这些军官享有政府控制下的土地的财政权利，而不是对其进行现金支付。政府期望这些军官用来自这些土地的税收收益作为他们自己及其军队的报酬。然而，这些安排并不是永久性的，它们随着军官和军事服务的任期结束而终止。

塞尔柱王朝（Seljukids）将这种做法扩展到其整个广袤的帝国，并且开始对伊朗、伊拉克、叙利亚和安纳托利亚当中的整个省份进行授予。这些土地授予同样在埃及的法蒂玛王朝（Fatimid）和马穆鲁克王朝（Mamluk）得到了扩展。土地授予的地位因入侵、征服和中央政府的力量而长期摇摆。在中央政府分权或其弱化的时期，这种授予的可撤销性消失了，它们变得更具有可继承性了。另外，在中央政府权力日益壮大的时期，前军官及其后代在这些土地上的控制地位被削弱了，土地的控制权又回到中央政府手中，中央政府常常选择将这些财政权分配给新的个体（Ashtor，1976：168-331；Borsch，2005：26-27；Cahen，1971；Lambton，1953；Tsugitaka，1997）。 201

占领非穆斯林人口的新土地、周期性地重复征战和入侵，也削弱了军事精英对土地的可继承性控制。从长期来看，各个政权仍然强大到足以防止土地私有制的出现和强化。结果，土地的私有产权仍然岌岌可危，并且在该区域的大部分地区从未牢固地建立起来。例如在埃及，地理条件有助于形成更强有力的政府，单个的军功采邑（ikta）是不可继承的和短期性的，而且不断受到中世纪后期政治和军事结果风向的影响。蒙古人在 13 世纪的入侵趋向于削弱了该地区的中央政府，却加强了地方统治者的控制。然而，随着伊尔汗国，即蒙古人统治下的波斯解体，本地政府对于土地的控制再一次开始生根了。另外，崛起的奥斯曼帝国在 15—16 世纪控制了该地区大片土地，加强了国家的控制，并且确立了国家对土地的所有权。虽然地方精英阶层对土地的控制程度随时间和空间变化而变化，但很显然，在近代以前的千年里，该地区没有出现一个世袭的土地贵族阶级。

军功采邑的扩展并没有使得农民受益，因为它侵蚀了农民作为自由耕种者的地位，尽管严格地说，土地受领者并不是财产的拥有者，仅仅是财政收入的接受者。土地受领者通常居住在城市地区，很多是在遥远的城市当中，并且与实际的耕种者少有接触。他们通过中间人，即那些会下到庄园收取税款的代表们与耕种者打交道。然而，这些财政上的权利扎根生长的时间没有长到足以演变成私有财产的程度。

军功采邑的演化，以及更具有一般性的中世纪晚期中东地区的土地制度，依然是一个没有经过充分研究的对象。在这里不可能公正地评判它的复杂性。然而，有两件事是很清楚的。军功采邑制度在跨区域之间有着显著的差异。甚至更重要的是，这些变化和更一般意义上的土地制度的演变，不是由于伊斯兰教，而是首先与中央政府和国家精英之间，以及各省的其他各种集团之间不断变化的权力平衡联系在一起的。这同样适用于近代早期的奥斯曼帝国的土地制度。

在奥斯曼帝国领土扩张的早期阶段，从巴尔干地区的邻国占
202 有的土地就已经开始被登记为国有土地了。相对地，土地私有产权在从安纳托利亚地区的各个伊斯兰公国获得的区域中依然延续。然而，在 15 世纪下半叶集权运动的驱动下，农业土地的国家所有制在帝国的最核心区域，即巴尔干半岛、安纳托利亚和叙利亚已经被确立为基本形式。国有土地的可继承性用益权（usufruct）被授予农户家庭，并且土地通常由两头牛和家庭劳动力进行耕种。农户家庭农场因此成为农村的基本经济和财政单位。直到 19 世纪的各项改革，奥斯曼帝国的中央政府都拒绝承认农业土地中的私有制，但城市地区的果园则是例外（Inalcik，1994：103–179）。

在国有土地上，从农民耕种者处征收的税款被用于供养一个庞大的、蒂马尔（timar）体系之下的地方性军队。在这个俸禄制度当中，西帕希骑兵（sipahis）、国家雇员通常是因为战时的英勇而被选中，他们平时生活在农村地区，从农业生产者手中征收到的大多是实物税，同时把这些来自本地的收入用于预定数量士兵的训练和装备，以及他们自身的给养。不过，奥斯曼帝国中央政府并没有试图在所有被征服的土地上实施这种蒂马尔制度，东部的安纳托利亚、

伊拉克、埃及、也门、瓦拉几亚、摩尔达维亚和马格里布地区依然处于这一系统之外。

16 世纪之后，奥斯曼帝国中央政府的权力衰退，同时地方贵族阶层（ayan）的影响上升了。尽管这些地方势力在各个省份获得了对税收征收系统的更大控制权，他们还是无法扩大自己的力量来建立土地的私有产权。直到 19 世纪的改革和 1858 年的土地法案通过之前，除了城市地区的果园之外，中央政府拒绝承认农业土地私有制。地方法院对财产问题具有管辖权，在 17—18 世纪期间很少批准农业用地的买卖。在对列有地方贵族阶层资产情况的记录进行研究之后可以发现，很显然，土地所有权只是他们的一小部分财产。他们的经济实力是通过控制税收征管过程取得和扩展的。因此，在这些国有土地上，用益权留在了农民手里。换句话说，地方贵族无法将他们的权力转换为一种更为持久的自治权（Keyder and Tabak，1991）。

然而，国家权力并不是实现土地私有制道路上的唯一障碍。农业商品化，包括农产品出口，直到 19 世纪始终受到限制。此外，在一个由小农土地所有制主导的土地上，要找到被雇佣的劳动力并 203
非易事。因此，使用全年劳动力的大型农场或庄园数量仍然很少。例外情况主要出现在巴尔干半岛，那里长途贸易的扩大和更高的人口密度为较大的庄园向商业化农业发展提供了更大的支撑力量。另外，在埃及，土地所有权和税收制度，以及耕种的技术和组织，极其依赖于肥沃土地的灌溉。大土地占有和农业土地的买卖在这里更为频繁（Cuno，1992；Shaw，1962）。

另一种重要的土地类型是瓦基弗（vakif）或者虔诚基金（pious foundation）。伊斯兰法律允许拥有私人财产，包括拥有土地的个体将其中的部分或全部资产转化为瓦基弗状态，并且将它们的未来收益用于预先设定的目标。在捐赠的时候，私人所有权就终止了。然后，瓦基弗的理事会被任命，由该理事会对已经指定为瓦基弗的财产进行出租或者经营管理，并且把收益用于指定的用途。这些理事会对土地的控制通常会随着时间的推移而弱化，佃农开始享受更大的自主权，而且租金也减少了。尽管偶尔有国家征用，大量的农业用地以及城市房地产在奥斯曼帝国的漫长统治中始终处于瓦基弗状态，但是直到 19 世纪，瓦基弗土地和法律承认的土地私有产权的范围相对于国有土地仍只是很少一部分。

私人金融机构

人们常常认为，伊斯兰教对利息的禁令阻碍了信贷的发展，或者在最好的情况下是给其带来了严重的障碍。同样，储蓄银行和银行贷款的明显缺失使得很多观察家得出的结论是：金融机构和金融工具在伊斯兰社会中基本上是不存在的。的确是这样，由宗教信仰所激发的对于高利贷交易的禁止，在中世纪的地中海沿岸地区是普遍存在的强大特点，不管是在伊斯兰世界还是在基督教的西方社会都是如此。虽然收取里巴（riba)，即阿拉伯语中的高利贷和利息，在中世纪《古兰经》的一些章节和所有随后产生的伊斯兰宗教文献中受到了尖锐的批判，不过伊斯兰法律也提供了一些方法，使得这种反高利贷的禁令可以像中世纪晚期欧洲同样的禁令一样得以规避。各种主要基于“二次销售”模式形成的法律推定，即便没有得到法学家的热烈赞同，至少也没有被宣布是无效的。因此很明显，无论是针对利息和高利贷的伊斯兰教禁令，还是正式银
204 行机构的缺失，都没有阻止中东地区中世纪时期的信贷和贸易的扩张。

同样，无论是伊斯兰教对利息和高利贷的禁令，还是缺乏正

规的银行机构，都没能阻止奥斯曼社会的信贷扩张。已故的罗纳德·詹宁斯（Ronald Jennings）利用伊斯兰教的法庭记录表明，16 世纪期间，在安纳托利亚的开塞利、卡拉曼、阿马西亚和特拉布松等城市及其周边，密集的贷款人和借款人网络蓬勃发展起来了。在其研究所覆盖的 20 年时间里，他发现了数以千计的涉及债务的法庭案件。在这些记录当中登记了每个家庭的许多成员和妇女，他们与其他家庭成员和外人进行借贷活动。这些记录毫无疑问地表明，信贷的使用在城市乃至农村社会的各个阶层都普遍存在。大多数借贷的规模很小，同时根据伊斯兰教和奥斯曼帝国的法律，在法院和乌理玛委员会（the ulema）的同意和批准下，定期地向贷方收取利息。在与法院打交道的过程中，参与各方认为不需要隐藏利息或采取各种花招来扫清法律障碍。年利率的范围为 10% ～ 20%（Jennings，1973）。

在伊斯坦布尔、巴尔干半岛和安纳托利亚地区的城市中心，一个重要的贷款供应商就是现金瓦基弗（cash vakifs），即把出借现金资产和使用利息收入来实现各自目标作为明确目的的信仰基金（pious foundations）。这些基金开始是在 15 世纪的前期得到了奥斯曼帝国法院的批准，并且在 16 世纪的末期在安纳托利亚和巴尔干地区的各个省份流行开来。受托人利用借来的资金，将其以更高的利率出借给伊斯坦布尔那些为资助更大经营项目，最为重要的是为长途贸易和包税制（tax-farming）而汇集资金的大规模放债人（Çizakça，1996：131-133）。

毫不奇怪，关于是否应该把这种现金瓦基弗视为非法，在 16 世纪奥斯曼帝国的乌理玛委员会中产生了一场激烈的辩论。这些现金瓦基弗被那些认为只有具有永久价值，如不动产这样的商品才应该构成一个信仰基金资产，以及认为现金瓦基弗违反了伊斯兰教禁止利息原则的人所反对。然而，乌理玛委员会中的大多数人一直持有的是非常务实的观点，并且那种认为任何对社会有用的东西就是对伊斯兰教有用的观点最终占了上风。在这场激烈的辩论期间，埃布·乌苏德·埃芬迪（Ebusuud Effendi）这位当时由国家任命的显赫宗教领袖（seyhulislam），从一种纯粹实用主义的角度为这一实践
205 做了辩护，他指出废除利息的收取将会导致很多信仰基金的崩溃，而这是一种将会损害伊斯兰社会的局面（Mandaville，1979）。

尽管有这种实用主义的辩护，现金瓦基弗体系依然面临很多严重的缺陷。收取的利息是由最初的创始人固定的，不能对市场状况的后期变化做出及时反应。更重要的是，资本金主要局限于原有的捐赠资金，可以额外增加的那些都是通过利润和其他边际收入再投资实现的。由于原始资本基本上由单个个体的储蓄组合构成，无论这些人多么富有，这些资金都注定保持在较小的规模水平，长期的增长潜力仍然是有限的。此外，奥斯曼帝国的现金瓦基弗体系很少借钱给企业家们，它们大多提供的是消费信贷。然而，有趣的是，在 18 世纪，当中央政府的借贷需求大幅上升的时候，这些现金瓦基弗对这种新的和不断增长的需求迅速做出了反应。金融家们开始将大量小规模现金瓦基弗的资金进行集中，并且把这些资金贷款给中央政府。简言之，奥斯曼帝国信贷制度体现出大量的实用主义的做法，在近代早期也只发生了有限程度的变化。直到 18 世纪，它们也大都保持着几乎不受欧洲各种发展的影响的状态（Çizakça，1996）。我们将在下一节讨论对这一模式的另一种解释。

商业伙伴关系

即使没有不可跨越的反对使用生息贷款作为商业信贷的障碍，

中世纪的伊斯兰世界并没有推行这一种可供选择的方案。相反，大量其他商业技术手段得以发展，而且它们起到了与生息贷款相同的作用，因此使得贷款的使用没有必要了。这些技术手段就包括了各种商业合作形式，例如利润分享（mudaraba）或康曼达契约、各种信贷协议、债务和信用证转让，所有这些都是宗教理论所认可的。因此，长途贸易不是由涉及利益的简单信贷关系提供资金，而是由各种伊斯兰教商业伙伴关系提供，具体形式取决于风险的性质和不同伙伴所提供的资源（Çizakça，1996：10–32，66–76；Udovitch，1970：170–217）。[2]

自古典时代以来，奥斯曼帝国的商人广泛使用伊斯兰世界实践过的各种伊斯兰教商业伙伴关系（Çizakça，1996：66–76；Udovitch，1970：170–217）。来自伊斯兰法院的关于商业纠纷及其 206
裁决的记录表明，奥斯曼帝国的法学家充分了解中世纪伊斯兰法学家的教义，而且，在这些商业伙伴关系所引起的纠纷当中，一般来说都牢牢坚持了这些经典的伊斯兰教原则。几个世纪以来，这里有一些创新，例如，发展出了一些有趣的利润分享模式和生产活动的组合。

因此，奥斯曼帝国的私人金融制度反映出高度的实用主义和规避伊斯兰教对利息的禁令的意愿。然而，无论是制度还是贷款，都只是发生了有限的变化。同样，来自数百个商业伙伴关系的证据表明，传统伊斯兰教伙伴关系的形式在近代早期只经历了有限的变化（Gedikli，1998）。奥斯曼帝国的商业伙伴关系以及现金瓦基弗仍然比较少、持续时间短，而且只有有限的资本金。在这种情况下，欧洲商业组织从近代早期开始在奥斯曼帝国的海外和国内贸易中占据主导地位也就不奇怪了。

探索奥斯曼帝国时期的现金瓦基弗为何没有变成更正式的贷款

机构，以及为何这一时期伊斯兰教形式的私人伙伴关系几乎没有发生变化，都是非常重要的。其中一种解释指向的是伊斯兰教及其制度的僵化，认为伊斯兰教的规则、禁令和形式，即使在面对改变它们的要求的时候，也没有随着时间而变化（Kuran，2010）。然而，我们已经指出，伊斯兰社会、经济和国家的各层面在面对日常的、实际的需求时表现出了务实性和灵活性。相反，穆拉特·伊扎克（Murat Çizakça）则认为，小规模的企业或合作伙伴关系持续占据主导地位，可能是这个地区始终变化有限的最重要原因。换言之，这些制度体系对于变革的需求还不够强劲（Çizakça，1996）。这一逻辑推理链条表明，制度与经济发展之间的因果关系不是单向的。正像经济制度影响经济发展的程度和方向一样，经济的发展或缺失也影响着制度及其演进。

关于这一地区制度变革的有限性，还有另一个重要和相关的原因。在这几个世纪当中，私营部门、商人和生产商从来没有能力影响国家精英阶层，推动有利于私营部门的发展的体制改革。也就是说，由于国家精英能够在奥斯曼帝国社会和政治中保持其主导地
207 位，各种社会群体，不仅包括地主，也包括贸易商、制造商和货币兑换商，对经济事务，更一般地是对中央政府政策的影响仍然是有限的。

国家举债制度

17—18世纪期间，奥斯曼帝国财政制度的演变不仅为奥斯曼帝国政府的灵活性和务实性，而且为它以惯用的谈判协商方式把那些挑战其权威的社会团体延揽和归并为一个广泛同盟的能力，提供了一个很好的案例（Pamuk，2004）。

虽然在中世纪晚期和近代早期，向各位国王、王子和政府提供

贷款是欧洲银行业常规业务的一部分，但在伊斯兰世界，向统治者和国库提供现金的方式却有所不同。在禁止收取利息的情况下，伊斯兰世界采取了包税制安排的形式，拥有流动资本资产的个人向政府提供预付现金，以换取对某一特定地区或财政单位在某一固定期限内征税的权利。从一开始，奥斯曼帝国就依靠包税制来征收各种城市税收。然而，直到 16 世纪晚期，农业税作为其税收收入的最大部分，依然是在领取俸禄的蒂马尔体系内部从当地，而且主要是以实物的形式征收的。由于通过帝国领土的迅速扩张获得的各种收益，国家财政在这段时间里相对比较强大，而政府也觉得没有必要增加在中心地区获得的收入（Inalcik，1994：212–214）。

然而，随着 16 世纪军事技术的变革，以及维持更大的常备军队的需要，在中心区域征收更大比重的农业剩余的压力增大了。因此，蒂马尔体系开始被遗弃，而包税制受到了青睐，同时在伊斯坦布尔开始拍卖纳税单位（Darling，1996；Inalcik，1980）。17 世纪期间，国家财政状况的恶化加重了中央政府的压力，从而驱使其为了内债更大地发挥包税制度的优势。特别是在财政压力最大的战争时期，中央政府开始将包税契约的期限从一年至三年，延长到三年至五年，甚至更长。它还要求事前得到该契约拍卖价格的一个越来越高的比例。因此，包税制转化为一种实际税收收入被中央政府用作抵押品来举借内债的形式。

随着在 1695 年麻力勘体系（malikane system）的引入，沿着同 208
一方向采取了一些更进一步的措施，收入来源开始在全生命周期的基础上进行出租，以换取一笔较大的初始付款，以及随之而来的年度支付（Genç，1987；Özvar，2003）。经常提供给这一制度的一个合理理由是，通过延长契约期限，政府希望税务承包商能更好地照看这些税收来源，其中最重要的是农业生产者，并设法实现生产的长期增长。实际上，这种麻力勘体系使得国家能够使用税收收入作为担保，并且进行长期借款。与简单的包税制体系相比，这代表了政府向长期借贷的一个重要的转变。

随着契约期限的延长和更多的预付款的引入，这些契约的长期融资作用就更加重要了。因此，私人投资者开始在税收征收过程中发挥越来越重要的作用。在参加了包税制拍卖的个人（往往是穆斯林）背后，通常存在一种包括各种出资人，以及常常是通过将较大的初始契约分成较小的部分，并寻找分包商，从而打算自己组织这一征税过程的代理人的伙伴关系。非穆斯林被禁止持有大多数的麻力勘契约，但希腊人、亚美尼亚人和犹太人是作为金融家、经纪人和会计师这个精英阶层的一部分。这些安排主要是以穆斯林和非穆斯林之间的伊斯兰教商业伙伴关系的形式存在的（Çizakça，1996）。在 18 世纪，大约有 1 000 ～ 2 000 个驻伊斯坦布尔的个人，加上各省的约 5 000 ～ 10 000 人，以及无数的承包商、代理人、投资人、会计师和管理人员，他们一起控制了国家财政收入的一个重大比例。这个以伊斯坦布尔为基础的精英基层和各省的新兴精英阶层的大联盟，构成了一个半私有化但相互依存的政体的组成部分（Salzman，1993）。很多外省人都能够获得，而且可以将农村里中小规模的麻力勘契约股份从一代传给下一代，只要他们继续支持当地的管理者或他们在伊斯坦布尔的保荐人。对于在首都和各省有着良好关系的个人来说，获得一部分政府税收成为一项比在农业、贸易或制造业进行投资更有利可图的活动。

然而从长远来看，这一麻力勘契约体系实际上导致了国家财政收入下降，因为在购买这些契约的人死亡之后，政府无法重新获
209 得对于这一收入来源的控制。因此，自 18 世纪 70 年代以来，中央政府也开始试验其他征税和举借内债的方式。战争期间军事支出

的上升和财政压力的增大再次推动了制度改革。在明显暴露出奥斯曼帝国体系军事及金融弱点的 1768—1774 年战争结束后，金融官僚机构开始采用一种新的长期国内借款相关制度，即伊斯汉姆（esham）。在这个制度中，一种税收来源的年度净收入是以名义方式指定的。这一数额被分成大量的股份，然后以买家的寿命为期限销售给大众。这一年度收入的来源依然由包税商征收。随着对伊斯汉姆持有人的年度政府支付和这种税收来源的潜在收益之间的联系弱化，这种伊斯汉姆制度越来越像这一时期在许多欧洲国家很受欢迎的终身年金体系。由于渴望确保伊斯兰教法律所禁止的利息和高利贷并不适用于这种新的金融工具，政府宣布，一个伊斯汉姆的股份没有结构化为，同时也不构成一种贷款，因为政府有随时赎回的选择权（Genç，1995）。

面对伊斯兰法律明确禁止的利息规则，奥斯曼帝国的税收征管和政府借债制度经历了从短期包税制向终身包税制，再向以税收为抵押品的政府借贷，以及最终向政府年金和债券演进的显著过程，尽管这一演进过程的速度比较缓慢，而且往往具有相当的滞后性，但还是表现出了政府的实用主义及应对不断变化的环境进行重组的能力和意愿。中央政府不仅尝试了新的财政和金融制度，而且它也愿意接受对其政治和行政权力的限制，通过与首都和各个省份的精英和金融家组成广泛联盟来为其迫切的需求进行融资，这种需求在战争期间急剧且迅速升级。直到 19 世纪中叶，在欧洲金融市场借款对于奥斯曼帝国而言都是不可行的。

近代早期，公共财政制度的广泛变化与私人金融制度的有限变动形成了鲜明的对比。这就使得在伊斯兰教法律的刚性条款下，更难解释这些中东的制度变迁或缺失了。相反，这种对比需要根据对 210
不同类型制度变革和 / 或政治经济方面的不同需求水平，以及要求和支持公共财政制度进行变革的国家精英权力之间的差异进行解释。国家精英与私营部门的经济精英不同，商人、工匠和金融家们更偏爱私人金融机构的变革。

城市政治经济与制度

上一节表明，中东社会在近代以前的千年中表现出很大的变化，并经历了大量的制度变迁。上一节还认为，这些变化不是由伊斯兰教的要求或地理变化引起的，而是反映了经济需要和社会结构的变化。本节将聚焦于城镇和都市地区如何与政府联系在一起，都市地区是如何被纳入国家政策，以及它们如何影响制度的成型，而这些都为理解中东地区的长期制度变迁提供了关键。结合许多区域性和跨期的变动，我们能够看到这方面的一些共同和持久的特点。尽管由显要人物领导的城市议会和围绕行会组织起来的本地生产者享有不同程度的自治，但政治制度往往是由君主和围绕在他周围的政府精英所制定的。此外，这些社会当中的经济制度和政策的制定，很大程度上是受这些政府精英的特权和利益影响的。相反，各种社会群体，不仅包括地主，也包括商人、制造商和货币兑换商，对经济事务，以及更一般的对中央政府政策的影响一直是有限的。政府精英们常常表现出很强的实用主义、灵活性、协商的意愿，以及使得他们的制度能够适应不断变化的环境的能力。然而，归根结底，这种实用主义和灵活性却被用来捍卫一种君主和国家精英有能力塑造政治体制的秩序。

在伊斯兰教的早几个世纪当中，该地区是世界上最具活力的经济体之一。它拥有很强的和不断扩大的城市网络、日益增长的消费需求、越来越多的制造活动，以及一个与古代世界的其他地区有着密切联系的高度商业化和货币化的经济。经济繁荣的基础首先是农业生产率的提高，这得益于政治稳定、更高的安全性、灌溉面积扩大，以及许多新作物的引进。非农业部门不断提高的专 211
业化和劳动分工导致了食品加工、纺织、陶瓷、象牙、皮革、金属、纸张、柳条、木材和其他部门的生产扩张。可获得的手册和科学著作记录了在农业和食品生产、造船、航海、纺织、皮革、造纸、化工、制皂、玻璃、陶瓷、矿业、冶金、机械工程，以及包括水力利用当中，一连串令人印象深刻的技术应用和创新（Pamuk and Shatzmiller，2014）。劳动分工的深化，制造业、服务业以及农业当中的新职业和技能的增长，以及这一连串的技术创新，所有这些都指向了在伊拉克阿巴斯王朝时期发生的、在前工业化时期很少能够观察到的一段时期的集约型增长和经济繁荣（Goldstone，2002）。

除了跨越印度洋的贸易之外，该地区在这一时期还与中亚和北欧建立了强大的商业联系。在伏尔加河和斯堪的纳维亚地区发现的数量巨大的窖藏银迪拉姆表明，伊斯兰地区能够从中亚地区的大型银矿获得白银，而且在欧洲加洛林和拜占庭帝国的经济遭受硬币短缺的一段时间里，伊斯兰国家的铸币厂却有着银币的大量产出。长途贸易的兴起和更繁荣的商业化伴随着以现金方式征收的税收的增长，以及伊斯兰国家信用证使用的增长（Shatzmiller，2011）。

在早期的几个世纪里，政治领导跨越了社会的许多团体，包括土地所有者、商人和生产者以及宗教精英。商人和更广义上的经济精英们能够获得政治权力，同时对这一时期的国内政治和政府有很大的影响。他们还发展出广泛的贸易联系，并且发展了从北非到中亚，以及横跨印度洋的远程贸易。中东的城市成为制造业的中心，为当地市场生产大宗商品——纺织品、金属制品、陶器、皮具、加工食品和奢侈品，尤其是针对一个更广阔市场的精细纺织品。但是，与那些从事长途贸易的商人相比，这些制造商和零售贸易商手中的资本积累仍然比较有限。商人以及更广义上的经济精英有更多的免受政府干预的自主性，他们在这一早期阶段享受了更多的支持。他们也对国内政治和政府产生了很大的影响（Ibrahim，1990）。

新国家精英阶层的崛起

212 然而，在 9 世纪中期，随着伊斯兰军队的士兵和军官开始从帝国的边缘地带而不是从伊拉克和叙利亚的城市，或者从阿拉伯沙漠的贝都因人部落中招募，伊斯兰社会开始经历一次重要的转变。这种转变的一个重要原因是 6 世纪的查士丁尼瘟疫引发的劳动力短缺，这至少持续到 9 世纪，可能在此之后都会重复出现。另一个原因是确保士兵不会参与派系之间的冲突，而且会始终忠于中央政府。新政策意味着军队成员开始从与社会其他部分不同的社会团体中招募。虽然这些士兵，尤其是他们的后代，逐渐融入社会，但当地人要想成为军事统治精英的一部分几乎是不可能的。这种军事精英与社会其他成员在起源、习俗甚至是语言上的分离，成了中世纪许多伊斯兰社会的显著特征（Blaydes and Chaney，2013：9-12；Crone，1980：74-81；Kennedy，1986：158-162）。在奥斯曼帝国时代的后期，对从基督教农民的儿子中招募士兵和政府官员的壮丁征召制度（devshirme system）的依赖，强化了政府精英和其他社会成员之间的这种分裂，尽管奥斯曼帝国在 16 世纪之后抛弃了这一体系。虽然进口奴隶在作为军队的士兵和军官，以及作为国家精英方面发挥了突出的作用，但他们的数量和在经济中的作用仍然有限，特别是 9 世纪在伊拉克种植园工作的黑人奴隶进行辛吉起义

（Zanj rebellion）之后。除了在军队和政府工作的奴隶之外，中世纪和近代早期中东的大多数奴隶都是家庭佣人。

随着新军事力量和政治精英力量的崛起，城市政治和社会组织开始发生变化。新的国家精英在某种程度上与宗教精英合作，开始主宰城市政治。这种新的城市政治格局很快开始塑造政治和经济制度。政府的经济政策和实践开始反映新的军事和政治精英的利益和优先权。企业家或者由商人和工匠组成的私营部门，仍有大量的经济力量。这里有很多有钱的商人，中央和地方的各级政府都依赖他们提供的各种服务。然而，商人和私营部门生产者对制度的塑造作用有限（Lapidus，1984：117-130）。据观察，伊斯兰法律不承认城镇是独立的实体，有人认为这是可以用来解释该地区长期经济停 213
滞的伊斯兰法律的主要缺点之一（Kuran，2010；Weber，1968）。实际上，城镇的地方参与性制度的相对弱势和政治自主性缺失，解释了伊斯兰法律中城镇的缺失，也解释了为什么商人无法按照他们所希望的方向来塑造这些制度（Cahen，1970：522）。

政府和商人之间的关系并非一种平等主体之间的关系。政府容忍甚至鼓励了后者的活动。然而，当他们认为这些变化会改变现有的秩序，而且更容易使他们失去政治权力的时候，这些国家的精英们会反对经济和制度变迁。就其本身而言，商人无法和统治者实现足够强大的利益认同，而这种认同将使他们能够影响政府，利用其物质和军事资源来扩大自己的商业利益。他们当然不能宣称“我即国家”（l’état c’est moi），但他们在最好的时代可能可以声称“国家不反对我”（l’état n’est pas contre moi）（Udovitch，1988）。

关于这一情形的明显和重要例外是大商人（Karimi merchants），他们很早就得到了政府的支持，并且在埃及与印度和中国的长途贸易中扮演着一个重要的角色，尤其是在 12—13 世纪印度洋上的香料贸易当中（Ashtor，1978；Labib，1976）。然而很显然，他们享有的政治权力或政府政策的投入是有限的。在这期间，中东的城镇和都市受到中央政府当局和任命的总督的控制。这些大商人仅仅是间接地参与政治，因为当局限制了他们的资本和贸易自由。尽管在早期，政府政策倾向于支持大商人，但在14世纪，特别是15世纪，政府开始转而反对他们了。除了埃及日益恶化的经济条件以外，大商人的衰落主要是因为政府过度征税，以及马穆鲁克统治者试图通过建立政府垄断来控制香料贸易。

奥斯曼帝国政府的优先事项和政策

中世纪晚期和近代早期的国家都必须解决一系列常见的经济
214 问题。这其中最基本的是与维持国家本身直接相关。首都、武装部队以及在较小规模上的其他城市地区的物质供应，对长途贸易的税收、支持和管制，以及维持一个稳定的货币供应量，都是经济政策的主要关注点。[3] 在它们的经济政策中，各个政府并没有从某种抽象意义上追求公众利益。相反，经济政策的目标和设计以及与实施有关的制度都是由社会结构，以及由影响国家的社会和政治影响塑造的。在奥斯曼帝国的例子当中，伊斯坦布尔的经济制度和政府政策在15世纪下半叶穆罕默德二世成功的集权化行动之后，开始更强烈地体现出中央政府管理的优先事项。各种社会团体对这些政策的影响仍然有限。

一个重要的优先事项是城市地区的物资供应，这被认为是政治稳定所必需的（Genç，1989；Inalcik，1994：44–54）。中央政府希望保证商品的稳定供应，特别是对首都来说，同时它非常清楚商人在这方面所起的关键作用。随着帝国的领土扩张，以及16世纪对叙利亚和埃及的合并，长途贸易和洲际贸易航线的控制变得越来越重要，甚至对这些需求而言是至关重要的。

强调供应也要求在进口和出口之间进行一个重要的区分。进口由于能够增加商品的供应而受到鼓励。结果，奥斯曼帝国从来没有使用保护主义的经济政策。例如，在 17—18 世纪，它没有试图保护国内生产商免受印度纺织品的竞争。相反，只有在满足国内经济的要求之后，才容许进行出口。一旦出现短缺的可能性，政府就毫不犹豫地限制商人的活动，禁止出口基本必需品，特别是食品和原材料。

奥斯曼帝国中央政府的另一个优先事项是控制其他社会团体。正如它试图阻止农村地区强大的地主精英阶层的出现一样，奥斯曼帝国中央政府也试图阻止商人、行会成员、前国家雇员和包税商数量的快速积累。在整个奥斯曼帝国时期，地方行会享有相当多的自 215
治权。根植于本地议会的城市显贵们在 17—18 世纪期间获得了大量的权力，并且开始控制大部分的包税制系统。中央官僚机构不愿给予这些团体更大权力。尽管如此，它仍继续与这些团体谈判，在不同团体之间挑拨离间。部分原因是中央政府的反对，这导致即使他们在 18 世纪处于其势力的顶峰时期，本地显贵也无法协调起集体行动，以及使得正式的政治制度变得对他们有利。[4]

近代早期的政府与私营部门

政府对商人和更一般意义上的私营部门的态度仍然是模棱两可的。一方面，私营企业被认为是城市经济运行不可或缺的。国家经常鼓励商人，无论大小，或多或少独立于行会的国内厂商，以及货币兑换商的各种活动，只要他们帮助维持了城市的经济运行。当商人发现，随着政府干预减少，从而有机会从事自己的活动的时候，他们常常会兴旺起来（Hanna，1998）。然而，商人的活动偶尔会导致原材料价格上涨，给行会制度，以及更普遍意义上的城市经济带来压力。因此，通常认为中央行政部门的主要任务是控制商人，而不是保护他们。然而，控制商人要比控制行会困难得多。行会在地域上是固定的，商人却是流动的。不用说，官方对金融家和货币兑换商的态度同样也是含糊的（Inalcik，1969；Islamoğlu and Keyder，1977）。

在奥斯曼帝国对国内商人实施的政府政策当中，最极端的例子之一就是首都的肉类供应。到16世纪下半叶，伊斯坦布尔再次崛起成为欧洲最大的城市。政府努力使首都的粮食价格保持在较低水
216 平。为此，它常常试图利用最高限价体系。对首都的肉类供给，它要依靠大量徒步或海上运输的活动物。然而，当公布的肉价上限低于市场价格时，商人拒绝把牲畜带到首都。作为回应，奥斯曼帝国开始物色那些富有的商人，并给他们指派向首都提供肉食的任务。被指派这项任务的商人往往会产生巨额亏损，并面临财富急剧下降的局面。毫不奇怪，他们试图避免这种责任。于是政府很快就开始向从事非法活动或触犯过政府的商人分配这项任务。这个例子表明，虽然国家在城市，特别是首都的物资供应上需要商人，但在一些重要问题上，它可能采取对这些商人相当不利的做法。16世纪之后，这些严酷的做法变得更加缓和，首都开始越来越多地依赖市场进行肉类供应（Greenwood，1988）。

然而，这种做法并不意味着奥斯曼帝国经常没收商人或行会成员的财产。事实上，奥斯曼帝国区分了私营商人和行会成员的财产，以及政府雇员的财产。公职人员，特别是高级官员在其职业生涯中积累的资产被视为国家财产，在他们去世或离职后，如果不是

定期也是经常被没收。相比之下，国家一般不干预并进而没收私人资产。一个重要的例外发生在 19 世纪即将过去之际，在中央政府和各省的城市显贵发生的权力斗争当中，中央政府开始没收城市达官显贵的财产，其理由是这些资产大都是通过包税制以及与政府的其他交易积累而来的。在这种情况下，对制定和执行契约的制度与执行产权的制度进行区分可能是有用的（Acemoglu and Robinson，2005）。正如许多其他前现代社会的情况一样，在近代早期的奥斯曼帝国，倾向于支持市场和执行契约的制度往往比与保护产权相关的制度能够更好地发挥作用。

在内莉·汉娜（Nelly Hanna，2011）最近的研究当中，她为奥斯曼帝国时期埃及工匠企业家（artisan entrepreneurs）的活动和生活的轨迹提供了重要的见解。这些工匠企业家站在工匠社群的顶端，但比绝大多数商人更为简朴。他们通常并不受行会的限制，同时充当小资本家，从事纺织、制糖、油料和皮革制造业。他们与农 217
村保持着紧密的联系，把他们的经营活动和投资多元化于本地和长途的贸易，以及包税制上。汉娜强调了计划经济的局限性，她认为17—18 世纪期间，埃及的经济扩张为这些工匠企业家和商人共同提供了许多积累的机会。然而，无论是工匠企业家还是商人都没有得到国家的大力支持。相反，即使处于好的光景之中，他们也不得不小心国家和政府精英的干预和蚕食。政府精英不仅索取和征税，还试图规范商人和工匠企业家的活动，但他们自己也从事创业活动，其中最重要的是在包税制中，他们在其中如果不是享有排他性的进入权力，也至少是享有特权。在 18 世纪 60 年代，随着政府精英之间权力斗争的爆发，经济扩张也结束了。马穆鲁克或引进的奴隶出身的政府精英最终赢得了对埃及经济和政治的控制，他们排挤商人和工匠企业家，不仅在征税，而且在生产和贸易中建立了自己的网络。

就像中世纪时期这个地区的商人一样，奥斯曼帝国商人能够建立贸易网络，并且在南亚和北非大量存在。然而，奥斯曼帝国，尤其是穆斯林商人无力控制与欧洲贸易的重要份额，这在长期损害了他们的利益。穆斯林商人面临的一个重要障碍是在欧洲产生的对他们的限制。从 12 世纪起，大多数欧洲国家颁布了法律，禁止包括穆斯林在内的外国侨民长期居留、永久定居或从事商业活动。其他因素对奥斯曼帝国商人在欧洲的弱势地位也有贡献。欧洲国家的政府经常鼓励、资助和支持作为他们臣民或公民的商人，但中东的统治者或者政府并不认为对于那些作为其臣民，并且在本国边界以外从事经营的商人提供保护是一个值得关注的问题。这其中一个主要原因是，各国政府认为海外商人的活动不会产生任何收入，或者不能为中央财政提供财政收入。

在国外经营的本国商人得到的基本信息是：他们的政府对他们的活动漠不关心，因此在他们有需要的时候无法给予他们支持或保护。因此，那些希望在外国经营的穆斯林商人将他们的精力转移
218 到了中亚、南亚和东南亚，以及北非一些大多数人口为穆斯林，或者其中存在很大穆斯林社区的地方。他们在与欧洲的贸易中也很活跃，但也开始落后于那些能够利用他们日益增长的国际网络和与欧洲商人保持联系的非穆斯林的奥斯曼帝国商人（Gilbar，2003）。到 18 世纪，穆斯林商人大多被排除在迅速增长的欧洲贸易之外。事实上，最富有的奥斯曼帝国商人都是非穆斯林，大多是希腊人和亚美尼亚人，这就使得在 18—19 世纪的时候，他们的经济实力更难以转化为政治影响力了。

奥斯曼帝国中央政府成功控制了商人、城市精英和其他群体，但这并不意味着关于中东地区强权专制国家的陈词滥调（cliché）是

真实的。事实上，奥斯曼帝国在许多领域的权力和能力有限。例如，向大帝国的农民和城市生产商征收的税款中，只有一小部分进入了中央财政。大多数税收实际上是由控制了包税制系统的地方精英截留了。最近的一项研究发现，在 17—18 世纪，奥斯曼帝国中央政府的人均征税额度大大低于所有欧洲国家，即使在修正了人均收入水平的差异之后也是如此（Karaman and Pamuk，2010）。地理在这方面也发挥了重要作用。帝国庞大的规模和丰富的地理多样性使奥斯曼帝国更难征税，以及更普遍地推行有效的政策。这种庞大的规模也使地方精英难以协调他们的行动，挑战中央政权，从而改变政治体制并获得更大的权力。

欧洲商人的特权

虽然该地区各国政府对当地商人的政策有许多模糊之处，但同样是这些政府，早在 12 世纪就开始乐意并准备好为欧洲商人提供法律、商业和其他特权。他们之所以获得这些特权，并不是因为伊斯兰政府受到更强大的欧洲国家的胁迫。通过这些特权，统治者们寻求增强商品，特别是奢侈品在当地市场的流通，并从贸易中增加国家收入。另一个动机是使用这种特权作为一种外交政策工 219
具，在欧洲获得影响力和友谊。欧洲商人的特权包括更低的关税甚至免除某些关税。显然，本地商人在这个过程中没有多少发言权，因为特权常常把他们置于相对欧洲同行不利的位置（Inalcik，1973）。

在后续的几个世纪当中，这些特权在中东长途贸易以及沿海和长途运输的大部分转移到欧洲商人手中时发挥了重要作用。由于本地商人越来越弱，为他们政府的贸易政策提供投入，或者改变这一地区的商业或经济制度，对于他们而言变得更加困难了。随着大西洋贸易的兴起，欧洲西北部这些国家的商人的力量大大增强了。这样一来，他们不仅能在本国带来重大的制度变革，而且能够促使他们的政府更加有力地捍卫和发展其在中东的利益。因此在 16 世纪之后，该地区的商人发现与欧洲同行竞争更加困难了。

随着欧洲国家和商人的经济和政治实力增强，他们也开始影响该地区制度改革的方向。18 世纪期间，向欧洲商人提供的特权大幅增加。他们不再是单方面的授予，而是由于中世纪时代的原始拉丁文中的许多标题而被归为一个群体并被认为享有“领事裁判权”(capitulations)(van den Boogert，2005)。到了 19 世纪，这些特权使得本地商人越来越难以与欧洲商人平等竞争，从而成为排他性制度的一个突出例子。这种领事裁判权直到第一次世界大战和奥斯曼帝国的瓦解才得以废止。

结　论

直到 11 世纪末期，中东地区都是世界上最具活力的经济体之一。伊斯兰国家享有强大的城市网络、广泛的制造活动、高度商品化和货币化的经济，以及与旧世界的其他地区有着很好的联系。然而，在 11 世纪之后，古代世界的重心开始从伊斯兰国家的城市中心转移到意大利、低地国家和英格兰的商业国家。然而，两者在生
220 活水平方面的差异直到工业革命一直都是很有限的。在近代早期，中东城市的工资没有出现长期下降的趋势。这和其他证据一起表明，谈论欧洲的崛起可能要比讨论中东的衰落更为恰当。

本章认为，尽管与西欧的增长差异越来越大，但中世纪和近代早期中东产生了大量制度变迁。为了解释制度变迁的方向，本章着

重于中东社会的内部组织，以及社会和政治组织可能如何影响政治和经济体制。在中世纪晚期和近代早期的中东，政府的政治制度，以及经济政策和做法常常反映了国家精英的利益和优先事项。私营部门，即地主、商人、制造商和货币兑换商享有很多本地的权力和自治权，但正式的政治制度并没有充分地使得他们的利益在中央政府和中央政府政策中体现出来。此外，这些集团从未实现与统治者的足够强大的利益认同，而这本来使得他们能够影响政府，从而进一步扩大自己的商业利益。就其本身而言，国家精英们认为商人和私营部门对经济运行不可或缺。国家容许甚至鼓励他们的活动。当商人从他们受到政府较少干预的活动中发现机遇的时候，他们常常会兴盛起来。然而，与此同时，当他们认为这些变革将改变现有的秩序，使他们更有可能失去政治权力的时候，国家精英们会反对经济和体制变革。因此，制度变革依然是选择性的，并且首要反映的是国家和政府精英们的利益和优先事项。

在中世纪时期，西欧和中东在政府政策和制度环境方面的差异仍然是有限的。然而，随着大西洋贸易的兴起，欧洲西北部各个国家商人的经济和政治力量大大增强了。这样一来，他们不仅能在本国带来重大的制度变革，而且能够促使政府更加有力地捍卫和发展其在中东的商业利益。因此，中东地区的商人发现，在 16 世纪之后，与欧洲商人竞争更加困难。当中东地区的商人甚至在自己的地区开始落后于欧洲商人的时候，他们在为政府的贸易政策提供投 221
入，或者使商业或经济制度朝着自己偏爱的方向改变时变得更加困难了。19 世纪初，中东的经济政策和制度改革也开始反映欧洲国家和企业日益增强的实力。

商人的，更一般意义上说是中东地区私营部门的弱点，一直持续到 20 世纪。当大萧条导致一种以农业为基础的经济模式崩溃时，即便没有引发，也是加速了关于工业化的辩论，在整个地区出现了以下争论：私营部门不能进行这种资源调配。有人相信，依赖私营企业家和供求法则将是无效率的，也不会使经济摆脱困境。结果，国家精英和国有企业在20世纪30年代领导了土耳其的工业化，即一种被称为“国家主义”（étatisme）的战略。第二次世界大战后，这种模式在埃及、叙利亚、伊拉克和整个北非地区被复制，因为进口替代的工业化模式不是由私营企业而是由国有部门主导的（Richards and Waterbury，1996：173-204）。

正如该地区一位著名的政治学家所观察到的，当今中东最重要的历史遗产之一是商人与更一般意义上的经济精英在经济实力和政治权力方面的巨大差异。正如过去的情况一样，现代中东大部分地区的商人可以致富，但他们不能指望获得政治权力或影响力（Özbudun，1996：135-137）。经济精英这一部分的政治权力和影响经济制度的能力的缺失，要比任何其他单个因素，如地理或资源禀赋、伊斯兰教或文化，更好地解释了中世纪晚期和近代早期时候，西欧和中东之间存在的不断扩大的经济差距。

注释

感谢拉里·尼尔和杰弗里·威廉姆森，以及其他章节的作者和罗杰·欧文（Roger Owen），他们对于这篇论文的早期版本给予了有益的评论和建议。

[1] “中东”一词是最近一两个世纪才形成的。尽管如此，我更喜欢用这个术语，而不是更早的近东，因为它很方便。

[2] 在本质上，利润分享与欧洲的康曼达契约是相同的。关于起源于伊斯兰教的康曼达契约的讨论，参见 Ashtor（1972），Pryor（1977）和 Udovitch（1962）。

[3] 一个应该补充的条件是：在中世纪晚期和近代早期的大多数社会中，很难将经济领域与政治、行政和财政分开进行讨论（Miller，1963）。

[4] 阿西莫格鲁和鲁宾逊（Acemoglu and Robinson，2006）已经建立了一个模型来研究政治精英由于担心政治更替，从而有可能阻碍技术和制度变革的情况。

参考文献

Abu-Lughod, J. L. (1989). *Before European Hegemony: The World System A.D. 1250—1350*. Oxford University Press.

Acemoglu, D. and S. Johnson, (2005). " Unbundling Institutions, " *Journal of Political Economy* 113: 949-995.

Acemoglu, D. and J. Robinson (2006). " Economic Backwardness in Political Perspective," *American Political Science Review* 100: 115-131.

(2012). *Why Nations Fail: The Origins of Power, Prosperity and Poverty*. London: Profile Books.

Acemoglu, D., S. Johnson, and J. Robinson (2005). " The Rise of Europe: Atlantic Trade, Institutional Change and Economic Growth," *American Economic Review* 95: 546-579.

Allen, R. C. (2001). " The Great Divergence in European Wages and Prices from the Middle Ages to the First World War," *Explorations in Economic History* 38: 411-447.

Alvarez-Nogal, C. and L. Prados de la Escosura (2013). " The Rise and Fall of Spain (1270—1850)," *Economic History Review* 66: 1-37.

Ashtor, E. (1972). " Banking Instruments between the Muslim East and the Christian West," *Journal of European Economic History* 1: 553-573.

(1976). *A Social and Economic History of the Near East in the Middle Ages*. University of California Press.

(1978). *Studies on the Levantine Trade in the Middle Ages*. London: Variorum.

Blaydes, L. and E. Chaney (2013). " The Feudal Revolution and Europe's Rise: Political Divergence of the Christian and Muslim Worlds before 1500 CE," *American Political Science Review* 107(1): 16-34.

Boogert, M. H. van den (2005). *The Capitulations and the Ottoman Legal System, Qadis, Consuls and Beratlis in the 18th Century*. Leiden and Boston: Brill.

Borsch, S. J. (2005). *The Black Death in Egypt and England*. Austin, TX: The University of Texas Press.

Broadberry, S., B. Campbell, A. Klein, M. Overton, and B. Van Leeuwen (2010). " British Economic Growth, Some Preliminary Estimates, 1300-1850," Unpublished manuscript.

Cahen, C. (1970). " Economy, Society and Institutions," in P. M. Holt, Ann K. Lambton, and B. Lewis (eds.), *Islamic Society and Civilization*. Cambridge University Press, pp. 511-538.

(1971). "Ikta," in *Encyclopedia of Islam*, 2nd edn. Leiden: Brill.

Cipolla, C. M. (1963). " The Economic Policies of Governments, " and " The Italian and Iberian Peninsulas, " in M. M. Postan, E. E. Rich, and E. Miller (eds.), *The Cambridge*

Economic History of Europe, Vol. Ⅲ. Cambridge University Press, pp. 397–429.

Çizakça, M. (1996). *A Comparative Evolution of Business Partnerships: The Islamic World and Europe with Specific Reference to the Ottoman Archives*. Leiden: Brill.

Crone, P. (1980). *Slaves on Horses: The Evolution of the Islamic Polity*. Cambridge University Press, pp. 74–81.

Cuno, K. (1992). *The Pasha's Peasants. Land, Society and Economy in Lower Egypt, 1740—1858*. Cambridge University Press.

Darling, L. T. (1996). *Revenue-Raising and Legitimacy: Tax Collection and Finance Administration in the Ottoman Empire, 1560—1660*. Leiden: Brill.

Gedikli, F. (1998). *Osmanli Şirket Kültürü, XVI–XVII. Yüzyillarda Mudarebe Uygulamasi*. Istanbul: Iz Yayincilik.

Genç, M. (1987). "A Study of the Feasibility of Using Eighteenth Century Ottoman Financial Records as an Indicator of Economic Activity," in H. Islamoğlu-Inan (ed.), *The Ottoman Empire and the World Economy*. Cambridge University Press, pp. 345–373.

(1989). "Osmanlı Iktisadi Dünya Görüşünün Ilkeleri," *Istanbul Üniversitesi Edebiyat Fakültesi Sosyoloji Dergis* 3(1): 175–185.

(1995). "Esham," in *Islam Ansiklopedisi* Ankara: Türkiye Diyanet Vakfi.

Gilbar, G. (2003). "The Muslim Big Merchants-Entrepreneurs of the Middle East, 1860—1914," *Die Welt des Islams* 43: 1–36.

Goldstone, J. (2002). "Efflorescences and Economic Growth in World History: Rethinking the 'Rise of the West' and the Industrial Revolution," *Journal of World History*, 13: 323–389.

Greenwood, A. (1988). "Istanbul's Meat Provisioning: A Study of the Celepkesan System," Ph.D. dissertation, University of Chicago.

Hanna, N. (1998). *Making Big Money in 1600: The Life and Times of Ismail Abu Taqiyya, Egyptian Merchant*. The American University in Cairo Press.

(2011). *Artisan Entrepreneurs in Cairo and Early-Modern Capitalism (1600—1800)*. Syracuse University Press.

Ibrahim, M. (1990). *Merchant Capital and Islam*. Austin, TX: University of Texas Press.

Inalcik, H. (1969). "Capital Accumulation in the Ottoman Empire," *The Journal of Economic History* 29: 97–140.

(1973). "Imtiyazat," in *Encyclopedia of Islam*, 2nd edn.

(1980). "Military and Fiscal Transformation in the Ottoman Empire, 1600—1700," *Archivum Ottomanicum* 6: 283–337.

(1994). "The Ottoman State: Economy and Society, 1300—1600," in H. İnalcik and D. Quataert (eds.), *An Economic and Social History of the Ottoman Empire, 1300—1914*.

Cambridge University Press, pp. 9–409.

Islamoğlu, H. and Ç. Keyder (1977). " Agenda for Ottoman History, " *Review, Fernand Braudel Center* 1: 31–55.

Issawi, C. (1981). " The Area and Population of the Arab Empire: An Essay in Speculation, " in A. L. Udovitch (ed.), *The Islamic Middle East 700—1900*. Princeton, NJ: Darwin Press, pp. 375–397.

Jennings, R. C. (1973). " Loans and Credit in Early 17th Century Ottoman Judicial Records," *Journal of the Economic and Social History of the Orient* 16: 168–216.

Karaman, K. and S. Pamuk (2010). " Ottoman State Finances in Comparative European Perspective, 1500—1914," *The Journal of Economic History* 70: 593–627.

Kennedy, H. (1986). *The Prophet and the Age of the Caliphates: The Islamic Near East from the Sixth to the Tenth Century*. Longman, pp. 158–162.

Keyder, C. and F. Tabak, eds. (1991). *Landholding and Commercial Agriculture in the Middle East*. Albany, NY: State University of New York Press.

Kuran, T. (2010). *The Long Divergence: How Islamic Law Held Back the Middle East*. Princeton University Press.

Labib, S. Y. (1976). "Karimi," in *Encyclopedia of Islam*, 2nd edn.

Lambton, A. K. S. (1953). *Landlord and Peasant in Persia: A Study of Land Tenure and Land Revenue Administration*. London: Oxford University Press.

Lapidus, I. (1984). *Muslim Cities in the Later Middle Ages*. New York: Cambridge University Press.

Lombard, M. (1975). *The Golden Age of Islam*, trs. J. Spencer. Amsterdam: North Holland.

McEvedy, C. and R. Jones (1978). *Atlas of World Population History*. Harmondsworth: Penguin Books.

Mandaville, J. E. (1979). " Usurious Piety: The Cash Waqf Controversy in the Ottoman Empire," *International Journal of Middle East Studies* 10: 289–308.

Miller, E. (1963). " France and England, " in M. M. Postan, E. E. Rich, and E. Miller (eds.), *The Cambridge Economic History of Europe*, Vol. Ⅲ . Cambridge University Press, pp. 282–291.

North, D. C. (1990). *Institutions, Institutional Change and Economic Performance*. Cambridge University Press.

Ogilvie, S. (2007). " ' Whatever Is, Is Right? ' . Institutions in Pre-Industrial Europe, " *Economic History Review* 60: 649–684.

Özbudun, E. (1996). " The Continuing Ottoman Legacy and State Tradition in the Middle East," in L. Carl Brown (ed.), *Imperial Legacy: The Ottoman Imprint on the Balkans and the*

Middle East. Columbia University Press, pp. 133–157.

Özmucur, S. and S. Pamuk (2002). " Real Wages and Standards of Living in the Ottoman Empire, 1489—1914," *The Journal of Economic History* 62: 292–321.

Özvar, E. (2003). *Osmanlı Maliyesinde Malikâne Uygulaması*. Istanbul: Kitabevi.

Pamuk, S. (2004). " Institutional Change and the Longevity of the Ottoman Empire, 1500—1800," *Journal of Interdisciplinary History* 35: 225–247.

(2007). " The Black Death and the Origins of the Great Divergence inside Europe, 1300—1600," *European Review of Economic History* 11: 289–317.

Pamuk, S. and M. Shatzmiller (2014). " Plagues, Wages and Economic Change in the Islamic Middle East, 700—1500," *Journal of Economic History* 74 (forthcoming).

Pryor, J. H. (1977). "Origins of the Commenda Contract," *Speculum* 52: 5–37.

Richards, A. and J. Waterbury (1996). *A Political Economy of the Middle East*, 2nd edn. Boulder, Westview Press.

Rodrik, D., A. Subramanian, and F. Trebbi (2004). " Institutions Rule: The Primacy of Institutions over Geography and Integration in Economic Development, " *The Journal of Economic Growth* 9: 131–165.

Salzman, A. (1993). " An Ancien Regime Revisited: Privatization and Political Economy in the Eighteenth Century Ottoman Empire," *Politics and Society* 21: 393–423.

Shan, S. J. (1962). *The Financial and Administrative Organization and Development of Ottoman Egypt, 1517—1798*. Princeton University Press.

Shatzmiller, M. (2011). " Economic Performance and Economic Growth in the Early Islamic World, 700—1000, " *Journal of the Economic and Social History of the Orient* 54: 132–184.

Tsugitaka, S. (1997). *State and Rural Society in Medieval Islam: Sultans, Muqta's and Fallahun*, Leiden: Brill.

Udovitch, A. L. (1962). " At the Origins of the Western Commenda: Islam, Israel, Byzantium," *Speculum* 37: 198–207.

(1970). *Partnership and Profit in Medieval Islam*. Princeton University Press.

(1975). "Reflections on the Institutions of Credits and Banking in the Medieval Islamic Near East," *Studia Islamica* 56: 5–21.

(1988). " Merchants and *Amirs*: Government and Trade in Eleventh Century Egypt," *Asian and African Studies* 22: 53–72.

Weber, M. (1968). *Economy and Society*, ed. G. Roth and C. Wittich, 3 vols. New York: Bedminster Press.

Zanden, J. L. van (1999). " Wages and the Standard of Living in Europe, 1500—1800," *The European Review of Economic History* 3: 175–197.

第
9
章

中世纪欧洲的市场与胁迫

卡尔·贡纳·珀森[1]

引　言

中世纪的欧洲实际上是建立在解体的罗马帝国留下的废墟上的 225
（McCormick，2001；Wickham，2005，2009）。但是，在这段一直到近代早期的漫长复兴时期，欧洲从一种经济停滞的状态转变为世界上最先进的地区。到 1500 年，在欧洲领先地区，也就是西班牙、英格兰、低地国家（分成了比利时和荷兰），以及意大利（主要由意大利北部和中部组成），人均 GDP 是维持生存所需收入水平的 3 ～ 5 倍，按 1990 年不变价格计算大约是 400 美元（参见表 10 - 1）。这一成就在关于中世纪欧洲的流行但带有偏见的观点看来似乎是自相矛盾的，它将中世纪欧洲视为文化落后、制度简单，同时经济和技术停滞的地区。

中世纪欧洲是在一个很多先进的专业化和充满活力的贸易所取得的成果已经丧失的状态下开始的。城市早已被遗弃，道路和桥梁不再进行维护，造币厂和工场依然关闭，同时地中海世界随着西罗马帝国衰落之后的阿拉伯文明的进步而沿着不同的宗教路线分裂。但在 8 世纪，经历过几个世纪的肆虐的传染病流行、政治分裂和灾难性的人口危机之后，人口又开始持续增长。欧洲不仅成功地将其城市进行了重建，城市人口得以恢复，重新建立起了长途运输，而且它还达到了世界历史上此前从未经历过的技术、经济、文化和制
226 度的先进水平。这种复苏与贸易激发的区域专业化，以及为商品、服务和生产要素创造了市场的、不断增长的劳动分工这种“斯密式”力量紧密相关。人口增长也使总需求水平变得更高，这是在具有更高生产率的“高固定成本和低可变成本”的投资，如在道路、桥梁、船舶、水车和风车上进行支出的必要条件。

后罗马时代的中世纪欧洲贸易和市场的扩张并没有被人们忽视。它一直是研究的中心，而且通常被贴上了“商业革命”的标签，无疑应该是这样（Britnell，1993；Favier，1987；Lopez，1971）。再加上技术进步的历史（White，1962），这些研究促进了对中世纪经济的动态诠释。这一观点挑战了流行的、更多依靠马尔萨斯条件约束的更为悲观的观点。M. M. 波斯坦（M. M. Postan）和 E. 勒罗伊 · 拉迪里（E. Le Roy Ladurie）这样的学者已经把他们的注意力转向了土地有限的经济体中人口增长所导致的后果，这最终成了有约束力的限制条件。在这一解释中，中世纪经济由于所谓的技术惯性而无法摆脱长期停滞状态。技术进步对于资源约束反应不足的假设，是对前工业化经济进行马尔萨斯式解释的基石，这就使得这些相对富裕时期，即使在最好的情况下也仅仅是短暂的。正向的技术冲击只会在短期内增加人均收入，并最终导致长期维持生计收入的人口水平的永久提高。然而，这种技术进步并不重要的假设受到了这样一种观点的挑战，即劳动分工不

仅能提高劳动生产率，而且使能够持续提高生产力的“干中学”机制成为可能。

对前工业化时期经济史的马尔萨斯式解释的吸引力来自它的简单性：收入和人口是内生的，其结果是确定的，人均收入一直保持在生存水平 [参见克拉克（Clark，2008）对马尔萨斯式故事的一次重新描述]。然而，马尔萨斯模型的标准解释只是更宽泛模型的一个特例。一旦在稳态中引入“永久”的技术进步，收入就可以维持在最低生活水平之上，就像中世纪欧洲许多地区所达到的那样。这一结果将取决于规模报酬递减对于技术进步率的相对强度（Persson，1988）。从某种意义上说，对中世纪时期的解释可以被表达为动态的“斯密型”和停滞的“马尔萨斯型”动力之间的争议（Persson，2010：60-73）。这两者的结合承认了中世纪欧洲收入水平的多样性，这在很大程度上摆脱了单纯的自给自足经济。

根本问题不在于市场是否存在，而在于市场在日常生活中的渗 227
透程度。最近的研究实际上支持了这样一种观点，即市场虽然常常不完善，但它比以前人们所认为的更加普遍。非标准化商品的市场交易量仍然很小，同时商品也不如今天那么标准化，因此难以评估土地价格与均衡价格存在的所谓偏差是否起源于特定的谈判环境的风险，或者是因为这里存在家庭或亲属关系带来的限制，或者领主精英的胁迫。各种价格在一定时间点上的巨大差异，掩盖不了价格随时间和空间的变化迅速反映了需求和供给条件。不断扩大的劳动分工和区域专业化是建立在活跃的贸易和对相对价格变化的反应之上的。下文将表明，土地、信贷和商品市场当然不限于那些欧洲的核心部分，也出现在斯堪的纳维亚等外围地区（Franzén，2006：44-58，102-125）。产权通常是明确界定的，交易程序也相当标准化。在早期，成立地方法院是为了解决信贷和债务方面的冲突。金钱的价值在欧洲非常边缘的地区，如在冰岛的许多传说（sagas）中也流传着：勇士哈尔多尔（Halldor）可以很容易就发现哈拉尔·哈德拉达（Harald Hårdråde）国王试图在一场战役之后用劣质的硬币对他进行赏赐，所以就拒绝参加一场新的战役。国王和国家也不过如此！

不可否认的是，在第一个千禧年结束时，非自由情形在增加。市场是在出现胁迫，尤其是针对劳动力的胁迫的情况下运作的。尽管价格波动特别对穷人造成了问题，胁迫甚至更加糟糕。就像克里斯托弗·戴尔（Christopher Dyer）所指出的，“我们关于农民意见的所有证据表明，他们对免受市场力量影响的这种保护不会心存感激”（Dyer，2005a：427）。

然而，正如我们将看到的那样，奴隶制和农奴制形式的非自由既不是普遍的，也不像一般所认为的是永久的。在第二个千禧年的初期，尽管从西方到地中海东部的奴隶贸易还在持续，但彻头彻尾的奴隶制度在欧洲大部分地区被边缘化，并且几乎绝迹了。由于人口中的很大一部分都处于农奴制度中，劳动力市场和土地市场都受到了影响，因为农奴在购买土地和签租约的时候会遇到各种障碍。与领主的契约条款受到领主的强制权力的影响。尽管有这些限制，商品和生产要素市场却恢复了生机和活力，尤其是在靠近城市中心和交易市场的区域。商品市场最先复苏，但不久之后，土地市场，
228 甚至是劳动力市场也随之活跃起来。虽然非正式信贷伴随着土地和商品市场的发展而存在，但在中世纪的最后几个世纪里，银行业和金融业的决定性创新出现了。

理解中世纪欧洲的非自由

经济系统在不同程度上依赖于计划指令。资本主义制度也是如

此：工人们自愿签订契约在一家企业工作一段特定的时间，但这种工作是由命令组织的。在中世纪的经济中，命令和胁迫的元素有时延伸到资本主义经济中那些独立的商品、生产要素和（劳动力）服务的买者和卖者订立契约的领域。中世纪的经济首先见证了不自由的兴起，然后是衰退的过程，这基本上是对市场自由缔约权的否定。然而，最终这种不自由让位给了一项承认个人在所有市场上都有契约权的制度。

最著名的先驱性增长经济学家埃弗塞·多马提出了一个很有说服力的农奴制与奴隶制理论，尽管像他自己所承认的，该理论并不完整。[2] 多马关注的是，如果农民得到边际产品作为报酬，作为土地所有者的精英们就会从中榨取租金。在土地资源丰富的经济中，边际产出大致等于平均产出，这意味着领主不能从一个获得边际产品报酬的自由农民那里榨取地租。问题的核心是农民的自由：选择为谁工作的自由和地域流动的自由。正如当代德国谚语所描述的，“不是农奴，然后才能拥有行动的自由”（Net leybeigen，dann sye haben freien zug）。摆脱农奴身份赋予你离开的权利，从而可以通过谈判达成一个新的更好的契约。因此，只要劳动者的自由不被剥夺，地租就会最终收敛于零。为了在土地资源丰富的经济当中确保地租，领主们需要限制由“自由活动”权利带来的讨价还价能力。农奴制本质上是领主否认或限制劳动力流动的一种方式，也就是当市场力量有助于农民通过谈判得到更好的经济条件时，强行规定一 229
个低于边际产品的“温饱水平的”收入。

从不自由的农户家庭榨取的租金数量随时间和地点而变化。为了换取使用一块可耕地和进入公地的权利，农民以实物或货币，和/或在领主的庄园上进行的劳作这种方式支付租金。不仅如此，还有一些与婚姻有关的费用，即婚嫁费，加之与地块的代际更替有关的租地继承税，以及准入费。领主和农奴化的农民，或者隶农（villeins）有着持续不断的冲突，后者拒绝对他们施加的新的或旧的负担。军警巡查这一区域的效率，决定了那些确实会冒着风险迁移到自由的边境土地上的逃亡者的发生率。以多马的观点来看，当经历了几个世纪的人口不断增长，劳动力短缺被土地短缺所取代后，农奴制就会衰退。当劳动力开始追逐土地，而且自由边境上土地的边际产出已经下降得足够多之时，土地租金可能会上涨。领主现在可以依靠市场力量，而不是使用武力命令和限制个人权利从劳动力手中榨取租金。虽然简洁明了，但多马的理论不能把握欧洲经验的复杂性。

为了迫使一个农民的收入水平低于劳动的边际产出，领主们在寻找劳动力来填充其空置土地的过程中，必须达成不相互抬价的共识。从本质上讲，领主们必须建立一个买方垄断卡特尔，以确定农民不得不支付的租金数量。如果存在劳动力短缺，该卡特尔组织的所有成员都将面临空置，即未使用的土地，因此，单个领主可能会试图通过向家庭收取稍微少一些的地租租金来赚取更多的收入，从而减少空置。当所有领主都遵循这一策略时，土地租金就会受到挤压。在达成和监督对雇佣逃亡者的禁令，以及阻止农民进入贵族还没有将产权扩展到那里的土地方面，协调成本很高，协调失灵的风险也很大。有理由认为，空置率越大，在卡特尔内部实施必要的纪律就越困难。卡特尔本质上是不稳定的。然而，随着劳动力更加不稀缺，卡特尔可能变得更加稳定。皇室的政策，即中央的权威，对于在地主当中达成一个不竞争其他庄园劳动力的协议是必不可少的，这就是我们所称的“不雇佣逃亡者”的规则。除非在人口稠密地区，否则如果没有国家的协助，这项规定很难得到监督。如果领
230 主们能够将对逃亡者进行管理和监督的成本外化给政府，农奴制可

持续性的概率将增加。然而，政府的合作远非赠送的。国家可能要求对边境土地拥有财产权，因此通常通过向这种土地上的新居住者征税来提高收入。在那些非边境土地上，国家常常会与领主们争夺租金。在这个方面，国家对维持或帮助建立农奴制度毫无兴趣。

地方领主可以对自己的领土提出管辖权的要求，但可能需要国家和（或）其他领主的合作，才能在领土之外追捕那些逃亡者。做法各不相同，但领主们并不总能够成功地宣称领主与农奴之间存在个人纽带。如果没有，领主很少会得到逃亡者被遣返的机会。随着城市的发展，这个问题变得越来越重要。如同一个当代谚语所描述的，"城市的空气是自由的"（stadtluft macht frei）。对逃亡者来说，城市中的健康风险可能比返回家园的风险更大。至少在一个有限的地理区域当中，地主们有可能维持在寻找劳动力方面不相互抬高价格的协议，但要将这一协议扩展到城市的雇主们则要困难得多，特别是当城市越来越独立于贵族管辖权的时候。因此，高度城市化可以被视为与农奴制格格不入。

农奴制的时序和发生率

有研究证据表明，在罗马帝国灭亡相当长的一段时间后，不自由在西欧重新出现了（例如，Bonnassie，1990：154–164；Wickham，2005：570–579）。中世纪不自由状态的基本新元素就是，农奴遭受领主私自审判的事实，这发生在 9—10 世纪，在法国大部分地区还要早大约一个世纪。罗马帝国的衰落似乎与中央和地方权力的削弱，以及农民对自己劳动和土地权利的增强有关。在罗马文明未触及的地区，农民有着独立和自己拥有所有权的传统，同时贵族统治是软弱的。欧洲的许多地方还没有被基督化，因此教会

没有成为地主。在罗马帝国衰落后的几个世纪里，衰弱的贵族势力
231 不够强大，无法限制劳动力的流动，或者建立一个以农民为主要受益者的买方垄断卡特尔控制的秩序。

随着农奴制度的强迫性因子在第一个千年的最后几个世纪得到强化，还有可以开垦的土地，贵族们通常不得不屈服于市场压力，通过提供更丰厚的契约来吸引或留住劳动力。加泰罗尼亚和低地国家等地理意义上分隔的地区，很好地说明了这种情况。虽然在西欧大陆贵族社会复兴的时间不同，但这似乎是大势所趋（Feller，2007：169）。在意大利各地发生的有记录的农民抵抗可能会稍微推迟这一进程，而且在小范围内，不同领主的强制力也有很大的差别，尽管这些差别趋向于随着时间推移而融合（Figueras，2005：480–481）。总的来说，移民地区是建立在劳动力稀少的边境地区中的农民们的合意协议之上的，这一点在"再征服"名义下的中世纪西班牙历史中表现得最清楚（MacCay，1977）。

农奴制如果不是在其之前发生，显然也与土地所有权集中在神职人员和教会精英手中有关。实际上，贵族强加的负担和奴役，常常是军事兼并行动的结果，例如加洛林王朝征服和 8 世纪末期德国东部（萨克森）臣服，这在 9 世纪中期遭到了当地农民的强烈抵制。贵族掠夺土地的进程在 8 世纪获得了动力，自由农民成为主要受害者，导致农民起义偶尔发生，但基本上是不成功的。在欧洲的其他地方，当地领主利用国家软弱的迹象，声称有权征收以前由政府收取的税款和费用。

在 11—12 世纪，还可以看到很多增加隶农们支付的费用的企图。虽然自由农民没有完全被消灭，但它的重要性却下降了。然而，拥有土地的精英阶层的强制力从来就不是绝对的。农民的习俗权利延缓了地主的冲击，但是地主有管理法院和保存记录的优势。

地方贵族的管辖权增加了，但对农民产生了不利影响。糟糕的习惯（mals usos），也就是任意税费，被同样地施加于佃农和自由农民身上。在任何给定的地方，你通常都会看到各种各样的契约形式，从负担沉重的农奴到有着较轻负担的自由佃户，以及自耕农。唯一经历了社会地位改善的劳动群体是奴隶，他们的法律地位被提升到与农奴一样。对欧洲的不自由程度的误解部分是书面资料的可获得性 232
所导致的偏差的结果。庄园，特别是教会的庄园，保存了幸存下来的记录，自耕农没有保留相关记录。

劳动力的确切组成还不清楚，但是，用克里斯托弗·戴尔的话来说，农奴至多是“数量庞大的少数群体”。虽然这种概括是以英国为参照的，但对于中世纪西欧来说大体是正确的，例外的是拥有大量独立农民的斯堪的纳维亚地区。

随着农奴制的建立，庄园占有越来越重要的地位，但农户仍然是农业生产的主要核心。庄园的土地由农奴耕作，这些人也要为领主的庄园提供劳动服务。劳动服务的范围和性质各不相同，但通常表现为每周几天，即在每周 1 ～ 3 天，或者等价地表示为每年若干个星期之间变动。农奴们也有他们自己的小块土地，以为自己的消费和市场进行耕种。然而，这种生产管理形式不像一般人认为的那样普遍，也不太持久。欧洲大陆学者常常称这种庄园式组织形式为两部制（bipartite）[3]，即使在其得到最广泛扩散的地区，也从未雇用过太多农业生产者。除此之外，农奴制与世俗领主或教会领主管理的土地上的劳动服务并没有必然的联系。更进一步的细分为向领主支付租金的、由农民管理的各种地块，这对于整个庄园，或者其中的大部分而言是很常见的。

为什么这种庄园式组织的走向在 9 世纪有了上升趋势，还没有完全的定论，而且这也不是一个全欧洲范围内的普遍现象。这种庄园式组织的核心区域位于卢瓦尔河和莱茵河之间，也就是此前的加洛林帝国之中。后来，这种组织形式也向东扩散，但在法国南部、斯堪的纳维亚地区和东欧却基本看不到或者很弱势。在意大利，庄园制度并不牢固，贵族的权力在一些主要的区域，例如托斯卡纳是微弱的（Wickham，1996）。在古代，由奴隶耕种的种植园和庄园制的生产管理没有直接的联系。实际上在法国，庄园制的生产直到 8 世纪末期都没有出现，也许出现在一个世纪以前的低地国家的
233 部分地方，那里与意大利不同，在古代没有种植园生产的历史。英国的庄园可以追溯到诺曼底征服之前，这就使得那种认为庄园制度是一种诺曼底征服之后引进的观点站不住脚了。实际上，诺曼人的故土，即法国的诺曼底，几乎没有任何庄园的痕迹。此外，即便庄园制生产曾经占据了整个农业生产的很大一部分，但它也从来都不是农业产出的主要来源。在 13 世纪末期的英格兰，根据生产进行的土地分配意味着大约四分之一的可耕地处于直接的庄园制管理之下，自由土地占据了相等的份额，剩下的是由自由或者非自由的佃农耕种的（Campbell，2000：55–58）。

对这种庄园制兴起的一种解释是，在第一个千年结束的时候，商品市场开始繁荣起来，庄园制的组织形式允许了可用于市场交易的剩余的增加。这种说法也被认为是对近代早期东欧农奴制的一种解释（Kula，1976）。然而，人们有理由怀疑庄园制生产的效率。农奴缺乏动力且具有偷懒的内在倾向，从而需要对其工作努力程度进行高成本的监督。一种更有可能的解释是把庄园制生产视为当农户难以管教的时候，确保在一段时期内以劳务形式获得租金的一种方式。应当记住的是，使得一个独立的农民屈服并非没有遇到过公开抵抗。庄园制生产部门的推广在不同区域有着很大的差别。在低地国家，即一个覆盖了当今的法国北部、比利时和荷兰的区域，庄

园制的组织出现在了适合谷物生产的人口密集的区域，但在那些土地复垦区域，例如在荷兰和佛兰德斯的沿海这些人口密度要小得多的区域，庄园制基本上是看不到的。在这方面，低地国家的北部与德国北部相似，至少在一定程度上是来自低地国家人民的殖民地（van Bavel，2010）。在人口稠密的地区，当地领主实际上可以相互监督和相互制裁，并且遣返逃亡者，这样卡特尔协议很容易得到监督和执行。

不自由与生产的庄园制组织形式的扩张没有必然的联系。如果没有完成劳动服务，佃农可能被剥夺迁徙的权利。租金和其他费用随后用金钱或实物支付。例如，在加泰罗尼亚地区，几乎没有庄园，但是农奴制则并非如此。加泰罗尼亚的案例说明了，地方贵族的复杂动态试图扩大对农民的强制权力，但有时受制于中央权力，以及农民在贵族没有产权的边境开垦土地的机会（Freedman，1991）。贵族的策略在试图对农民施加更严格的控制和在可开垦土 234
地接壤地区的妥协之间摇摆不定。农奴制直到 11 世纪才出现在加泰罗尼亚，要比在欧洲大陆其他国家晚得多。

瑞典和挪威的特点是：相对于可能复垦的土地而言，劳动力是短缺的。农民并不像其南边的欧洲其他地方那样屈服于贵族权威。在宗教改革之前，皇室成为主要的土地所有者，尤其是在新近定居的那些区域，例如瑞典北部，他们对于限制潜在的定居者的流动没有兴趣。虽然在 14 世纪下半叶和 15 世纪中期，劳动力短缺变得突出的时候，瑞典和丹麦都做了一些将承租人捆绑在庄园上的尝试，但是从来没有引入农奴制度（Büchert Netterstøm，2005；Myrdal，2012）。奴隶制在瑞典淘汰的时间比在欧洲大陆更晚一些，但是以前的奴隶没有成为农奴，而是成为小农场中的佃农（crofters）。在瑞典，自耕农一直是最重要的职业群体，在黑死病之后，庄园制生产方式如同在丹麦一样减少了，同时这些从来没有变得分布广泛的领地，越来越多地被出租给农户了（Henriksen，1995；Myrdal，1999，2012）。在皇家土地上耕种的农民要向政府支付税收，然而在贵族持有的土地上耕种的佃农被免除了税收，但是需要支付租金。在实践中，税收和租金的差别变得模糊了。丹麦和说丹麦语的瑞典南部地区是不同的。庄园式的生产更为突出，但除了日德兰半岛以外，直到中世纪结束的时期，农奴制度都没有成功地得以引入。农奴制度在丹麦的迟来，以及在受到瘟疫沉重打击的日德兰半岛的缺失，似乎与领主无法建立一种卡特尔的秩序和农民的反抗有关。贵族们对稀缺劳动力的争夺太过激烈，因此尽管皇室伸出援手，他们在 14 世纪晚期引入农奴制的各种尝试还是失败了。

农奴制的产生时间、发生率和性质在中世纪欧洲有很大的不同。虽然多马正确地指出了，在土地资源丰富的经济当中收取地租的问题是农奴制度的一种驱动力，但我们已经看到，世俗性和宗教性的领主引入和维持不自由状态各种要素的能力取决于多种条件。领主们必须能够将其土地所有权延伸到这些定居区域，如果政府把这些区域视为一种潜在的收入资源，或者只要这些区域对于有效实施权威而言过于庞大，那就不太容易了。这就解释了为何罗马帝国
235 崩溃之后的人口下降与农民地位的强化可以联系在一起。此外，土地所有者必须克服卡特尔固有的不稳定性，这在领主的土地空置率很高的情况下是比较困难的。但是，即使当贵族能够抵制住从其他庄园挖走劳动力的诱惑之时，租金在一定程度上也反映了逃跑农奴的机会收入。在农户可以开垦的位于边境的土地上，如果强迫不成功（而且常常会变成这样），领主们就向劳动力提供一个更轻的负担，以便留住他们。

农奴制出现的条件似乎是：劳动力短缺、一个小而衰落的独立农民群体、在世俗贵族和教会精英手中高度集中的土地、低水平的城市化、世俗贵族领主和教会神职领主的紧密网络，以及与贵族阶层合作的政府。

农奴制的衰落

在黑死病爆发前，尤其是在其之后发生的农奴制度的衰退，与庄园式生产的减少有关联。低地国家中的庄园式组织没有从农民反抗且迁移到城市、其他庄园，以及一些土地复垦区域，包括德国西北部的机会越来越大所导致的紧张关系中幸存下来。城市独立于领主的管辖权也有助于这种快速的转型。这种庄园制度的衰退也伴随着劳动服务的消解和放松。庄园式组织的衰落在低地国家出现较早，这些国家拥有大片近期和正在进行土地复垦的区域。到 12 世纪，这已经在很多地区完成了，同时农奴解放或多或少是在黑死病之前完成的，而黑死病在欧洲其他地区才刚开始（van Bavel，2010：86–93）。13 世纪中期开始，法国有大量农奴解放的记录，在欧洲大陆其他地方也可以看到类似的趋势。然而，这并不是一个协调、快速变迁的过程，而是缓慢、渐进的（Feller，2007：169–170）。

然而，旧习惯并非总是无声无息地消失。这种相当晚的解放，例如在加泰罗尼亚发生的对“不好的用途”（mals usos）的反抗，以及各种随意而有争议的收费，伴随着 15 世纪时期激烈的社会冲突。到了 14 世纪中期，这种解放的过程即使在法国没有完成，也显然处于进行当中，但在英格兰却是处于非常早期的阶段。在意大利的北部和中部，随着农民社群成为本地领主的反对力量，而且常常

236 有着城市精英阶层的支持，农奴解放运动在12—13世纪获得了上升势头。有些社群没有领主的（严厉）干预。随着人口的增长，通过避免屈服或者通过形成一些新的乡村可以建立新的城镇（borgo franco）。个人自由是通过契约式协议获得的：自由可能是用重金买来的，但往往只是由于贵族权力被逐渐侵蚀（Nobili，2006：32-34；Panero，2006：399-401）。在德国，农奴制的实施有所缓和，因为农奴获得了更大的自由，但是当黑死病发生之后，劳动力短缺再次出现，这些做法都被推翻了（Scott，2005）。

农奴摆脱了任意的索取和在代际转移中需要支付的惯常罚款。对私生活以及对爱情和婚姻问题的屈辱性介入，使得这些农奴地位的典型特征也都逐渐消失了。作为神职领主展现虔诚行为的一部分，农奴被授予自由，但更多的时候，这是一种商业交易。村庄或个人家庭通过购买获得自己的自由，城市金融家向农民发放贷款来完成这一交易。在人口不断增长的情况下，占有开垦土地的农民们也获得了自由，通常是与领主们达成了租佃分成的契约。然而，占有或者通过租赁获得新开垦土地的农民，通常不会被迫从事劳务。即使这些解放往往是自愿的，但它们也可能是由感知到的社会冲突风险，或者是由逃避执行劳务引起的。在经历了几个世纪的人口增长之后，市场力量也对土地所有者有利了。

黑死病发生之前农奴制的逐渐衰落，在多马的框架中比较容易得到解释。如同我们已经指出的，农奴们愿意为成为自由佃农的权利进行支付。尽管西欧黑死病发生之后出现了劳动力短缺，农奴数量下降依然在持续的事实在多马的分析语境中更多的是一个难题。随着在第二个千年的头几个世纪当中人口增长的持续，市场的力量使得领主可以在没有庄园式组织所隐含的强制命令元素的条件下协商有利的租金，同时越来越多的劳务被转变为货币租金。最终，农奴制度衰退了，地租变成了由市场力量而不是由命令和强制力量决定。到 14 世纪，领主不再需要追逐劳动力，因为劳动力会追逐空置的租约，并且愿意为此支付市场价格。农奴制的衰落并非像 18 世纪晚期和早期分别发生在俄国和普鲁士的改革那样，是一种蓄意的政治改革，而是一种对已经变得过时和多余的习惯的缓慢侵蚀。 237
当领主能够从佃农那里没有阻碍地收取地租，并且常常没有效率地强迫其在庄园劳作时，庄园的生产会下降。此外，在下一节将会讨论，农民的持续分化创造出了一个无地和只有小片土地的劳动者阶层，这可以作为庄园上被雇佣的劳动力。然而，在 15 世纪的黑死病之后，农奴制的废除更多地成了一种从各种特权和任意索取状态中的无序退却，而这在面对有机会迁移到空置土地或城市中的农民时，再也无法保障。并不是领主没有试图压制农民，而是他们失败了并且遇到了抵制，有时甚至是暴力对抗。然而，这一结果在整个欧洲大陆有很大差异。在德国的很多地方，16 世纪发生的反抗与农民起义带来了暂时性的缓和（Rössener，2005），但是在英格兰和大部分西欧地区，农奴制度到这时基本上已经被抛弃了。黑死病时期之后在斯堪的纳维亚地区推行农奴制的尝试失败了，部分原因在于领主之间发生了对劳动力的争夺。

对类似农奴制这些传统的逐渐侵蚀由租赁的代际转移性质的变化加快了。如同下一节所讨论的，当受让人承担了缴纳准入费的义务，以及其他与租约有关的费用时，农民则拥有了有条件地转让租约的权利。在黑死病时期之前，这类转让大多数发生在家庭内部或者近亲属之间。然而，在黑死病时期之后，没有继承人愿意接受这项租约就变得很常见了。有空地的领主们无法像一个集体一样共同行动，即人们所熟悉的买方垄断卡特尔的不稳定性出现了，因此必须向潜在的佃农做出各种让步。当农奴制被逐步淘汰之后，租约的可继承性性质也发生了变化。土地租约变成了具有特定时间跨度的、由市场力量驱动的契约。

在中世纪时期，实物税费转变为货币租金是一个持续的过程，这反映了经济货币化程度的提高。早在 9 世纪，经济交易在很大程度上依赖使用货币作为支付和记账的手段。即使实际支付可以同时使用货币和商品，实际的会计记录通常也用现行货币表示（Feller，1998：376–378）。早期的学者（Duby，1962：462–500）认为，这是一个不间断的过程，但是更为近期的一些学者虽然不否认这一进程的总体方向，但指出了一些存在倒退的时期。农业生产组织的更深刻的变化，即庄园制生产模式的解体，刺激劳动服务的折算变成
238 了货币支付形式。似乎这种折算最先发生在高度商业化和货币化的区域。当领主们被迫把他们的地产变成出租给农民的小块土地的时候，对劳动服务的需求就下降了。如果地租在长期中是固定的，而且通货膨胀持续，支付租金的佃农有时候可以有意外收获。我们也看到，领主们试图扭转这一趋势，而且通常是短暂的，即将恢复劳动服务作为一种保证实际租金收入稳定的手段。另一种方法是选择较短的租赁契约，因此，租金可以更频繁地协商。[4]

我们可以把这一令人眼花缭乱的历史信息集合总结为一种统一的模式吗？

1. 农奴制度集中出现在公元 1000 年前后的一些世纪中，但是从来没有影响农业人口的一个相对较大的比重。

2. 农奴制度意味着在世俗贵族领主和宗教神职领主手中，土地集中达到了一个临界值，而这有着政府的默许或积极赞同，这有助于降低领主之间对劳动力的竞争。

3. 公元 700 年之前，在欧洲大陆的西部和斯堪的纳维亚半岛地区，以及在 1500 年前的欧洲东部，存在大量闲置土地，使得建立

买方垄断卡特尔非常困难或不稳定。

4. 黑死病时期前 100 年，在西欧大部分地区发生的农奴制度的突然解体是自愿的，并且是由市场力量驱动的。在某种意义上可以说，强制不再是土地所有者榨取租金的必要条件。

5. 黑死病时期之后，这种买方垄断卡特尔无法重建，原因在于领主之间的激烈竞争，中央政府不愿支持或者是抵制，以及处于贵族阶层的私人管辖权之外的城市的兴起，这些城市成为逃跑的农奴和佃农的安全避风港。

土地市场

关于土地出售的文件出现在中世纪的第一批书面资料中。在意大利，有可能存在一种连续不断的，虽然有时很脆弱，但可以追溯到古罗马时期的联系（van Bavel，2008）。在加泰罗尼亚这个有着欧洲最好资料记录的区域之一，公元第一个千年末期前后，大约 239
70% 的书面记录实际上涉及土地交易。有两种主要类型的交易需要进行区分。第一种准确地说是土地所有权处于风险状态时的土地出售。第二种是同样活跃地涉及租约，也就是土地租赁的市场。在第二种情况下，土地的最终所有权仍然掌握在领主、世俗贵族和教会手中，但占有土地的权利可以以某种价格从一个家庭转移到另一个家庭。贵族和城市精英们通过从自耕农手中购买土地增加他们的份额，而教会不仅购买土地，而且也受益于捐赠。因此，租赁市场和自由土地市场都变得越来越重要，特别是庄园或者以庄园方式管理的农业衰落之后。通过以分成租佃式契约或者以自耕农的方式将复垦的土地推向市场，新的土地持续增加。

由于租约是以长期契约方式持有的，比方说是 99 年，大部分的土地交易都是由父亲或母亲代际转让给儿子或女儿，只是间接地与实际的市场力量有关。虽然租约的继承通常没有什么问题，但新的占用人须缴付一个准入费。保持租赁的活跃实际上是符合领主的利益的，同时从佃户那里收取的实际租金可能随着相对于市场力量和领主权力的习俗性约束的强度而变动。土地的代际转移是贵族的一个重要收入来源。除了准入费用外，还存在一个死亡费，即租地继承税（heriot），再加上一个婚姻费用，即婚嫁费（merchet）。对于年度租金而言，准入费用的相对规模也存在一些差别，后者要大得多。在贵族面对较大压力，或者土地扩张不断增加的时候，领主们试图增加收费。在土地占有者死后，并不是所有的租约都会传给亲属。尤其是黑死病之后，租约被闲置变得越来越普遍，同时由于领主无法对亲属施加权威，租赁契约的条款必须软化。

当事人活着时有效的（inter vivos）承租土地转让，为我们带来了一个关于租约或契约的市场，尽管其中有一些转移发生在近亲属之间，但并不是主要部分。领主们对于契约的销售有着模糊的态度，其中包括农奴将租约卖给他人。领主们有理由担心，作为他们权威建立基础的整个秩序可能会被这些做法所侵蚀。因此，他们最
240 初积极地参与了这些交易。在整个欧洲，尽管更为活跃的土地市场的时序在整个区域存在差别，但领主们顺应活跃土地市场压力的方式在很大程度上是一致的。对于能够向谁销售这些土地是有一些限制的。总的来说，买方必须具有与卖方相同的地位——一个农奴，同时必须缴纳准入费，并接受伴随着租约而来的劳动服务或费用。领主们保留了享有优惠待遇的权利，在销售开始生效之前，允许延期一个月左右，此外，领主能够以最高出价者的出价回购租约。然而，随着时间的推移，对这些交易的监管趋于宽松，在那些商业化程度较高的区域更是如此，例如英格兰东部、巴黎盆地或者巴塞罗

那周边地区（Figueras，2005：488–489）。很明显，土地价格反映了土地的质量和/或改善土地的潜力，以及与城市市场的接近程度（Brunel，2005：102–106；Desportes，1979：402–412）。

当土地永久性地从一个租户转移到另一个租户手中之时，就创造出了此前的租户从农奴地位获得自由的，也就是解放的可能性。那么一个不断扩展的土地契约市场蕴含的意义就表明了，农奴的权利已经从严格的奴隶状态得到了改善（Schofield，2005a：241，250）。但这并没有就此止步。农奴们在自由土地市场上也很活跃。如同斯科菲尔德（Schofield）指出的：

> 通过自由且公开地参与自由土地市场，农奴开始质疑他或者她卑屈身份的本质，同时通过他或者她的交易，确立了一种普通法行为先例，可能可以用来减少他或者她的领主任何当前或未来的要求。

领主们试图将其管辖权延伸到农民获得的自由土地上，以阻止他们的权威受到削弱。当自由人出租了“不自由”的土地时，这两种方式都奏效了。在 13 世纪末期，最具企业家精神的农奴已经在庄园内部和外部获得了自由的土地（Schofield，2005b：282–283）。

在一些区域，租约购买之后还会再次转包，尽管领主们起初会进行抵制，因为他们害怕在这一过程中地租会从他们手中流失。一般来说，城市或农村出身的企业家们在不断扩大的城市市场附近看到了集约利用土地的机会，这大大增加了从土地中获得的利润，而这一利润可以在土地占有者和契约所有者之间分享。

虽然除了一些有着严重人口冲击的时期之外，死后的转移主

要是在家族内部进行的，但领主们对于可分割的继承还是有一些抵
241 制。然而，随着人口持续增长，佃户租种的土地变得更小了。有一些证据表明，农户通过积累土地为代际转移做了准备，然后把这些分配给继承人，而且，在一些情况下，父母们在老年时放弃了他们的全部财产，以保证将来的收入，即一种“养老金”，但这些证据并非没有争议。另外，“身前”对所拥有财产的售卖，倾向于发生在近亲圈子之外，并且促进了农民社会分化为小租户和大租户的不同阶层，即使这些单笔交易通常针对的是很小的地块。然而，农村也发生了令人吃惊的大量交易。土地所有权分化的原因是买卖时间和购买条件的不对称。小块农地的租户在歉收的时期会面临更多的风险，从而将持有的土地作为抵押品借债，或者简单地卖掉一些小块土地。通常，在作物收割前几个月而粮仓空空如也的时候，本地信贷市场会出现规模的激增。贷款往往是短期的，最多一年。如果农民不能及时偿还债务，土地最终会转移到债权人手中，后者可能是城市的粮食贸易商，或者是村里的一个富裕农民。当市场上有很多土地、价格也很低的时候，贫农通常卖地，而当供应萎缩、价格上涨时，他们往往却无法买回（Campbell，1984：107-134；Dyer，2005b：235）。在平均水平上，适当考虑区域差异，以一年期为基础，有 1% ～ 2% 的农业土地会变更所有权。

自中世纪早期以来，农民、贵族、神职人员和越来越多的城市企业家积极参与到土地交易之中，这些交易具有活跃的市场经济的所有特征。关于持有土地的规模方面，农民之间很可能变得更为分层化。出身卑微的一些农民设法增加他们持有的租约和 / 或自耕的土地，同时部分依赖于佃农、拥有小块土地的农民和无地农民提供的雇佣劳动，他们需要通过有薪水的工作来弥补收入的不足。然而，农民社区似乎也通过增加市场交易领域获得了一定程度的自主

权，这赋予了他们与领主和国家进行讨价还价的能力。

除了自耕农和支付固定租金的租户之外，也存在一个相当大的分成租佃式的佃农群体。这种契约异质性可能反映了偏好的差异，风险厌恶的佃农偏爱的是分成租佃式的契约，而不是固定租金的契约，风险是与地主一起分担的。也有人认为，分成租佃制的流行可能反映了资本市场的缺陷或缺失，这意味着无地者难以 242
筹集到签订固定租金契约所需的周转金（Ackerberg and Botticini，2000）。

技术、不可分割性和生产组织：资本主义企业的先驱们

在现代资本主义经济中，较大的公司是计划资源分配的纵向一体化单元，在投入品和产出品市场上进行竞争。这种计划和命令的元素乍一看似乎是对市场经济的否定，从而需要某种解释。总的来说，中世纪经济中的生产单位较小，一体化程度较低，这些生产单位从事着少量工序，并且在市场上购买一些中间产品。

罗纳德·科斯（Ronald Coase，1937）指出，现代垂直一体化公司之所以出现，是因为使用市场来协调从中间品到最终产品的供应链的交易成本，要比在集中化的非市场命令之下，将分离的生产阶段整合到单一公司的各种成本更高。这是一个非常重要的洞见，它适用于以往依赖市场互动的独立生产者的纵向一体化。在这个过程中，独立的生产者往往在企业家的指导和指挥下成为被雇佣的劳动力。然而，大型企业也有其纯技术条件的起源，即所谓的技术装备不可分割性的存在，也就是依赖大量固定投资的经营行为中固有的规模经济。无论是科斯式的动力，还是规模经济，都可以解释中世纪欧洲生产组织的变化。中世纪主要的技术成就是历史上

第一种通用技术的发展和扩散，即水力或风力驱动的磨坊。水车自古以来就为人所知并且得到应用，而风车直到 12 世纪才出现在欧洲。

正如我们在前面的内容所展现的那样，农业当中的大规模单位，即各种庄园，在它们依赖受强迫的或者农奴式劳动力的时候，从来没有主导过生产，以及占据总产出的最大份额。中世纪时代结束之时，从租户那里越来越难以通过强制力量榨取劳动服务，这些庄园也趋向于瓦解了。原因在于，农业既没有强大的规模经济，也没有从降低的交易成本中得到科斯式的收益。这也许可以解释家庭作为一个典型的农业生产单位的持久性。在非农业部门，小规模生产单位也占主导地位，不过这里存在一个向更大生产单位发展的
243 趋势，同时被雇佣的劳动力的数量一般都比较大，而且随着时间的推移越来越多。非农业生产的组织模式也发生了变化，将市场交易“内化”为企业性质的方向和管理模式。

总的来说，关于城市的工作组织形式，没有比农业生产更好的书面记录。有证据表明，只要生产者供应的是当地市场，工场就会很小，通常以家庭为基础，即使有，雇工当中也很少有学徒以外的（Keene，1990）。在过去，一个村庄的工匠或农户可以为整个村子提供布料，但是这种小规模的生产在斯密式的专业化力量下无法生存。虽然一些业务经营仍留在农村地区，但其他的则转移到城市地区，特别是生产的方向和组织，即投入品的购买和销售业务。例如，羊毛呢子的生产被分为一系列步骤，包括洗毛、梳理、分梳、纺纱、织造、印染和漂洗等，但一般来说，这些步骤并没有垂直地整合到一个车间或工场中。熟练工匠通常组织成不同的行会，每个行会代表的都是生产过程中的一个特定阶段，同时他们依赖中间产品市场获得生产过程中的投入品。生产单位依然是比

较小的。工匠师傅会雇佣家庭成员和有限数量的学徒，也许还包括一些雇工。随着市场的日益增长，非农业生产的性质发生了变化。在产品的销售过程中也利用了规模经济，同时维拉格（Verlag）系统，即英语文献中所称的“包出制”（putting out）体系降低了交易成本。在外向型的制造业部门当中，出现了新的和扩大的企业结构。包出制体系依赖商人提供运转资本，即德文 Verlag 的字面翻译。

这一系统在 12 世纪前已经在佛兰德等领先的羊毛纺织产业区域牢固地建立起来了。商人资本家，即服装商（意大利语的 lanaiuolo 或弗拉芒语的 drapier）引入了生产和销售的集中指导和管理。随着生产规模的扩大，以及从进口原材料的购买到向出口市场销售的时间延长，对流动资金的需求越来越大。随着毛纺工业的发展，生产逐渐在地理上脱离主要的原材料供应商。优质羊毛从英国出口到佛兰德，染料则从法国销往佛兰德，后者集中了更大的生产单位。当工匠们不再由本地供应原材料，并为遥远的市场生产的时候，商人企业家作为中介介入，但初始的时候并不是作为工具和设备的所有者。资本沉没到了原材料当中，中间产品从一个生产阶段 244
转移到另一个生产阶段，最后变成了用于最终消费的商品库存。这其中一些简单的操作可能是在商人企业家的工场进行的，但是一些更为复杂的操作——染色就是其中之一——通常都是由熟练工匠在他们自己的作坊中完成的。

生产资料，即固定资本而非流动资本，一般为工匠所有，以作为他们的独立性或非无产阶级地位的一个标志。然而，在外向型生产占据主导地位的区域，有些生产者是无产阶级。他们以计件工资的形式为单一企业家工作，而不是与其他买主协商产品的价格，而且他们经常租用生产中使用的设备。交易成本是由在不同生产阶段将产品从一个生产地点移动到另一个地点的物流费用所导致的。其他成本与潜在的欺诈和疏忽有关，因为需要在生产过程中监测原材料或中间产品的质量，以及使用中的各种问题。行会的约束使得商人企业家有时难以在家中生产，企业家为完成一些初步工作而设立一个工场的情况越来越普遍。在毛纺工业当中，清洗工、梳理工、分梳工和纺纱工可以受雇于商人企业家的工场。其他生产阶段则是外包给拥有自己的设备，如织布机、起绒机和染色机等的独立生产者。这些工序操作当中许多都是由周边农村地区的妇女完成的，这在农闲时节给她们的家庭提供了额外的收入来源。

从某种意义上说，你看到的是一种现代企业和传统包出制的混合体。它不同于现代企业，因为它的内部生产是总增加值的一小部分，但在现代企业中，内部生产的比例也大不相同。另外，生产并不是以销售和购买链的形式从大量依赖专业现货市场的独立生产商组织起来的。从原材料供应到最终产品的销售，存在着一个商品流动的创业方向，就像在一个资本主义企业当中一样，企业家是剩余索取者。在许多方面，我们针对的是一个一体化的企业，因为分包工匠获得了计件工资，这是事先确定的，而不是在现货市场确定的。然而，商品的所有生产阶段都不是物理地放在一个工场里。

245 由于不是所有学徒都能成为工匠师傅，他们找到了被雇佣为帮工的机会，形成了熟练工人群体的核心，与运输行业中的短工和建筑行业中的非熟练工人的地位分割了。在面向出口的纺织工业中，例如低地国家的挂毯行业，一些企业家可以协调多达 100 名熟练工匠和工人的业务，但在平均水平上，不会超过 25 个（Stabel，2004：207）。这些工人或分包商大部分都会用自己的工具，或者从商人资本家那里租用的工具，在家里或工场工作，只有少数人在商人自己的居所工作。分包商通常是计件付款，原材料或中间产品则由企业家提供。

以科斯式的观点看来，这种包出制体系似乎减少了从原材料到最终产品的长供应链中的交易成本，但是科斯本人并没有明确提出，企业应该是一个实体单位的“要求”并没有得到满足。从某种意义上说，维拉格系统中的中央权威与现代的外包企业类似。一些设计、计划和对生产与销售的监督这样的经营行为，仍然与商人企业家一起留在“总部”当中，而其他活动则外包给了在自己家里或者工场里完成其任务的独立生产商或工人。但是，资本（所有者）——也就是作为剩余索取者的企业家投资者——成为劳动力的雇佣者，并不是雇佣了资本的分包工匠。当然，这种秩序可能与资本市场的不完善有关，这使得工人很难“雇佣”资本。

在使用水力和风力的制造过程中，生产组织的技术不可分性的影响是显而易见的。水力和风力装置被应用于各种各样商品的几乎所有生产线和大多数生产阶段。以铁的生产为例。水车被用来从坑里抽水，推动锤子敲碎铁矿石，驱动熔炉中的风箱和锤子从熔渣中提纯铁，以及打磨钢铁工具等。在欧洲大陆，在冶金领域对水车的早期使用出现在 11 世纪的前半部分，同时在 12 世纪末期，瑞典的周边地区也有了相关的考古证据。新技术的扩散是由一个简单的原理驱动的：它所取代的技术通常是固定成本低，但可变成本高的那些技术。在较低的产出水平上，后者的单位成本较低。将谷物磨成面粉可用手工驱动的磨石来完成，风箱可以用脚或手来驱动。在总需求水平较低的情况下，风力或者水力驱动的磨坊可能是难以实施的，这就解释了随着人口密度和总需求上升，技术扩散出现的原因。具有高固定成本和低可变成本的技术的生产率优势要求 246

需求达到临界水平才能实现。在总需求的较高水平上，这种技术是一种节省劳动力的装置，非常像中世纪时期的关键发明：活字印刷术，这是在实际工资处于历史高峰时引入的。这是因为古腾堡（Gutenberg）的排版技术在大量印刷时有着明显的优势，它可以节省排版的固定成本。

最初，领主是那些有能力投资于磨坊的人，但是在第二个千年的上半叶，随着佃农租用和经营这些磨坊，一个“独立”的磨坊部门发展出来了。在城市当中，市民们投资于磨坊，而且把其运营出租给碾磨工或者是例如粮食商人这样有适当技能或职业的其他人。一些租赁人变成了用雇工经营好几个磨坊的企业家。《英格兰土地清账书册》（*Domesday Book*）记载了 11 世纪末期在英格兰的大约 6 000 个磨坊，这一数字，如果也包括风力磨坊的话，到 1300 年增长了一倍。大多数的磨坊扩张发生在庄园之外，这也说明了磨坊使用的多样化。领主和乡绅仍然是这些磨坊建立的一个重要的资金来源，他们同时制定了一套有着明确定义的租赁契约，这显示了这一时期占据主导的潜在的理性经济逻辑。除了建筑成本之外，还有相当大的维护成本和材料的重大故障风险。因此，在磨坊的租赁人中发现木匠也就不那么奇怪了。大体而言，契约时限越长，租赁契约的承租人对维护成本的责任就越来越大（Langdon，2004：193–197）。随着时间的推移，契约的时限增加，一些租约成为可继承的，但较短的契约往往与预付款挂钩，以确保所有者能够应对过失行为。然而，在承担了大部分或全部维修费用之后，承租人会受到意外和高成本的维修冲击的影响。因此，发现这些租赁人形成合伙制，共担风险，同时分享磨坊经营的收益，也就不足为奇了。

然而，并非所有的合伙人都必须参与生产或提供等量的资本。

有些人是不参与具体经营的合伙人（sleeping partners），也有拿工资的工人。杰曼·西卡德（Germain Sicard，1953）关于法国南部图卢兹磨坊的非常详细的论文揭示了在沿加龙河畔的两个磨坊中所发现的企业结构的惊人的现代性，有证据表明，其他地方也有类似的发展。这些磨坊要求在河上建造水坝来使得河水改道，同时还要为船 247
舶留下通道。这些基础设施工程的规模庞大，涉及大量资金需求。治理制度经过 3 个多世纪的发展，不仅可以追溯所有权与生产之间的分离，而且可以追溯所有权和管理权之间的分离。所有者最初与实际生产活动有些关系，但后来变成了单纯的股权持有人或者股份持有人，在磨坊的日常运营中几乎没有发言权。随着时间的推移，所有者也承担了有限责任。这些合伙关系不同于贸易中的伙伴关系，后者的持续时间有限。在磨坊企业当中的股份是可交易的，这些企业存在了几个世纪。

在采矿和冶金活动当中，约翰·内夫（John Nef，1987）在欧洲大陆更先进的生产场所发现了“资本与劳动的分裂”，这是由所需要的投资规模引发的。合伙制遍及欧洲各地，例如在瑞典的斯图奥科帕尔贝里铜矿和托斯卡纳蒙蒂耶里的白银提取中都存在。在冶金行业，水车的投资及维护需要更大的作坊，通常也需要一个熟练工匠带领着一些学徒和雇工。然而，这些作坊以现代标准来看并不是很大：它们中很少雇用超过 10 名工人。当然也有例如，其中包括在德国的白银生产工场，即塞格胡特，是最令人印象深刻的。在阿格里科拉（Agricola）的《矿冶全书》（*De re metallica*）一书中描述得非常详细，并配有插图。这些以水为动力的车间将白银生产的许多步骤集成到一个“工厂”。资金起先来源于土地的领主，即国家，来自生产者的合伙制关系的共同努力，并且越来越多地来自城市企业家和商人。当这些首次开采的矿藏，也常常是突破了地表的矿石，或者是正好位于地表之下的矿石耗竭之后，采矿业也变得更加资本密集型了。地表以下的矿坑更难开挖和维护，因为需要抽水。在资本需求不断增加的过程中，生产者的原始合伙企业负债累累，并最终成为那些提供信贷的城市商人的接管对象。许多独立的生产者变成了被雇佣的劳动者。矿坑和熔炉的所有权不是集中的，而是由相当大的一批投资者所持有，他们把实际管理权委托给了职业经理人。

我们在这里看到了一个现代企业的轮廓。对领取工资雇工的不断增加的依赖，取代了一个建立在独立生产者或熟练工匠分包的合伙制或协会基础上的组织形式。在那些采矿业分散在相当小的地点的地方，就像瑞典那样，传统组织一直延续到近代早期。熔
248 炉是由一组农民矿工（farmer-miners）建造和使用的，而他们通常在农业生产周期的淡季接着使用这些熔炉。虽然这些合伙人往往出身卑微，但他们通过一代代取得了地位、特权和财富，逐渐变成了贵族。传统的土地贵族逐渐被国家和矿业“贵族”排挤出去。每个熔炉的产出当然是有限的，但瑞典还是成为中世纪晚期欧洲市场上的可锻铁（forgeable iron）的主要供应商（Geijerstam and Nisser，2011：38–53）。然而，在欧洲大陆的采矿区，领土的领主们依然保持对这些矿产资源的控制权，尽管他们将实际采矿和加工过程出租给了与销售和运输这些产出有关的、由合作伙伴运营的企业。

尽管这些生产单位越来越大，但按现代标准来说，产量仍然很小。然而，它们也引进了一些新的元素，最重要的是一种对雇佣劳动力的日益增加的依赖、资本在维拉格系统中的剩余索取权，同时一种不同生产阶段的纵向一体化取代了有着较高交易成本的各种市场交易。

劳动力市场

劳动力市场引入了剩余索取者、企业家或资本家和被雇佣的劳动者之间的本质区别。资本所有者雇佣了劳动力，而不是反过来。中世纪劳动力市场的发展或重新出现，与第二个千年之初以来的非农业行业和城市增长越来越密切相关。在农村区域，劳工服务的逐渐下降为大庄园中的雇佣劳动力和自耕农开辟了一个市场，同时，不自由的消亡使劳动力可以更自由地流动到城市。城市对逃亡者的依赖程度降低了。它们被商品生产和贸易所主导，这些活动以 3∶1 的比例，远远超过了公共和私人的行政活动。大城市发展出非常精细的劳动分工，有数百种特定的职业。例如，纺织生产可能雇佣了城市人口的 10% ～ 15%，不仅有漂白、编织、染色和剪切这些工种，而且有纽扣制造商这样的专业人才。这里还有乐器制作、金属和皮革加工（皮革就是前工业化时代的塑料）、玻璃制造，当然还有各种各样的食品加工的专业人才。从各方面来看，这就是一个从专业化中获益的斯密式世界。

大多数这些活动都由行会管理，但这种控制并不总是有效的。249
有些生产线被外包到郊区和农村地区。在欧洲西北部最发达的地区，即荷兰中部，这些原初工业雇佣了大约一半的农村人口（van Bavel，2007）。在某些情况下，城市人口将污染产业驱逐出城市中心。其他活动被转移到可以获得水车动力的生产场所，例如漂洗（Barron，2004：64-83）。

自欧洲经济复苏以来，劳动力市场一直在持续增长，到 14 世纪时，这个市场已经相当可观了。据估计，在欧洲最发达的地区，约有一半的成年人口参与并习惯于成为雇佣劳动力（Dyer，2005c：211-214）。然而，由于大部分雇佣劳动力是季节性的，在农村地区更是如此，因而在永久性雇佣劳动力当中，成年人口所占的份额较小。农村雇佣劳动力主要集中在农业生产周期的高峰，如佃农和失地工人从事的收割工作，在某种程度上，他们是流动性的收割工人。农村和城市之间有着双向的流动，这是因为在收获时节，当临时工离开城市的时候，城市的日工资水平上升了。农村家庭，特别是女性，也在羊毛纺织包出制产业作为编织工和纺织工，以计件工资的形式为城市企业家工作。这项工作通常是在农业劳动力需求处于季节性低点时进行的。

在城市，工薪工人是一个相当异质的群体。非技术工人受雇于建筑业和运输业，通常是短期契约，他们作为熟练工匠的助手一起工作。建筑业与纺织工业不同，在纺织工业计件工资占主导地位，而日工资或周工资是建筑业的标准工资模式。那些较大的城市有按天或按周雇佣工人的现货市场，雇主和工人在日出时会面，并通过信任或书面契约达成协议，后者通常是较长期限的合同（Geremek，1968：126–127）。契约通常相当详细，规定了工作的时长、任务和工资。工场雇佣的家庭成员和学徒们通常住在熟练工匠的家里，仆人也一样。较大的工场可能雇佣几个已经完成了学徒过程的帮工。他们是熟练工人，像成年非熟练工人一样，住在他们自己的宿舍里。一个帮工也可能渴望建立自己的工场，但越来越多的人失败了，他们大部分时间都是工薪工人。在熟练劳动力的行列当中，也
250 流入了一批以前独立的、没能成功维持自己的业务的熟练工匠。相当多的熟练工匠师傅，以及出口导向的毛纺工业等行业中越来越多的人，成为商人和维拉格企业家的雇佣劳动力。这些织布工、剪羊毛工、漂洗工或者印染工可能是在他们自己的工场中工作，而且依然是行会的成员，却与支付计件工资的单一雇主签订了契约。

非熟练工人、学徒、从学徒制中中途退出的人和仆人在城市总

劳动力中的占比是相当大的，也许占到了城市成年人口的三分之一（Schulz，1985：37-38）。在农村地区，雇佣劳动力有所不同，但平均而言，它在总劳动力中的占比大体相当。社会冲突偶尔爆发，从属阶层会反对熟练老工匠已经建立的行会，以及在城市中主宰政治的商人。学徒们有时会组织起来抵制特定的熟练老工匠，以"罢工"（walk-outs）的方式要求改善雇佣条件。学徒们的处境很糟糕，他们被迫在工匠师傅家里度过一段漫长的培训期，工资很少。然而，很少有类似现代工会的永久性组织结构的迹象。在中世纪后期形成的一些行会常常是一些组织起来的群体，但依然被已经建立的行会否定了正式的组织权力。

总的来说，农村劳动力市场比城市市场更有竞争力，因为当我们进入 14 世纪和 15 世纪时，城市劳动力市场对越来越多的职业设置了进入障碍。工资以时间，即每天或更长时期支付，或者以计件工资支付。实际工资的大幅波动主要是由于生活用品价格的剧烈波动引起的。在许多职业中，工资得到了食品或膳食供应的补充，从而稳定了消费。对劳动力供给的巨大冲击，例如黑死病，导致名义工资和实际工资一起急剧上升。欧洲各地当局试图通过工资冻结规定，即劳动法规来制止这一增长，但这一政策在很大程度上失败了。

区分计时工资和计件工资是很重要的，因为它与工资歧视有关。一般来说，妇女在一个特定的任务上会被支付较低的计时工资，比如一天的脱粒工作，这种现象常常被解释为一个性别歧视的标志。然而，低工资可能恰恰反映了在那些要求很大体力和耐力的工作任务上生产率低下。调查计件工资，比如说 1 蒲式耳的脱粒工作，没有迹象表明妇女受到歧视（Hatcher，2001：192）。在城市职业中，这一问题有所不同，仅仅是因为妇女这一身份而被排除在许多技能性职业之外，同时一些妇女独有的技能，如一些城市当中 251

的丝织业，是相当有限的。随着时间的推移，妇女似乎也在一些传统的女性职业中被边缘化，例如羊毛编织，这也不是因为赤裸裸的歧视，而是因为织布变得更需要体力了。对于妇女来说，获得与男子同样的技能是相当普遍的，例如，在酿造过程中，但如果没有得到正式的承认，结果就还是较低的报酬。

除了在农场中不断增长的以非熟练劳动力为主的工薪工人之外，城市里很大比例的工人依然是自我雇佣的，同时拥有或者租赁了生产资料。但在非农业生产当中，当自我雇佣者与商人企业家签订契约，为计件工资工作的时候，自我雇佣和雇佣工作之间的界限变得模糊了。因此，许多自我雇佣职业者主要是通过劳动力市场与市场经济联系在一起。

从地方到长途贸易

中世纪时期经济生产率进步的主要来源是劳动分工。然而，由比较优势引发的复杂分工和区域专业化建立在主要通过声誉来进行相互了解的人群之间的频繁交流基础上。只要劳动分工尚不成熟，交换就主要是在本地市场上已经相互了解或者很容易相互熟悉的人们之间现场发生的。随着劳动分工势头的增强，如同其在第二个千年，即一段常常被称为商业革命的时期当中一样，贸易距离变得越来越远，不仅在空间上分离，而且在契约签订和契约履行的时间、货物运输和货款支付上也分离了。它最终涉及的是陌生人之间的贸易。这就是所谓的“交换的基本问题”的背景。陌生人之间建立持久的长距离贸易关系的困难在于，与现场交易相比，内在的不完全和不对称的信息、不确定性和更大的风险。契约执行问题也令人生畏，因为法律传统和程序在城市和国家之间存在差异。第二个千年上半叶的一个主要成就是建立了一个应对“交换的基本问题”所需的体制框架（Greif，2000；Milgrom，North，and Weingast，1990）。如果一个定居的商人，例如在布鲁日，在交易中提供资金和货物，并在其他城市使用代理人来完成交易，那么这个代理人可以利用没有立即将全部信息透露给委托人这样一个事实来获利。例 252
如，代理人可能会正确地或错误地声称，运送过来的货物的质量已经恶化，销售价格低于预期。家族企业中的信任关系可以帮助避免这类欺诈行为的问题，而这种类型企业的持久性也表明了这种关系在维持委托人和代理人之间的信任方面的价值。格雷夫（Greif，1989）指出了，在紧密团结的族裔社区中，信誉和有效制裁对抵制违背信任行为的重要性。但是，贸易从主要依靠家庭和亲属关系发生了演变，当中的同侪压力（peer pressure）是一种主要机制，确保通过使用契约执行和冲突解决的正式制度来指导适当的交换关系。

中世纪欧洲第二个千年的商业革命的第一个标志是，建立诸如法国的香槟集市之类的定期交易集市，吸引了西欧大多数地方的商人和银行家。巴黎东南部这些集市的位置使它们成为来自欧洲西北部和欧洲南部，尤其是意大利的商人和货币兑换商的一个方便的聚集点。虽然只是半固定的，这些集市也为促进契约纠纷的解决提供了法律服务。集市的官员可以禁止以欺诈行为闻名的商人进入。随着贸易的不断扩张，海运贸易量也越来越大，这些集市被永久性的交易市场所取代，后者位于欧洲主要城市，有金融和更正式的契约执行服务。这一发展过程见证了在后罗马帝国时期已经衰退或者被遗弃的很多城市的人口重新恢复，以及一些新城市的建立（Verhulst，1999）。

商人通常是根据民族组织起来的，如德国汉萨同盟就是来自德国主要城市的一个贸易商的联盟。一些类似的组织也将来自其他地区的贸易商进行了分组。这些商人行会试图获得对贸易路线的垄断控制权，但也有助于解决成员之间的冲突，同时保护成员不受地方统治者掠夺性行为的影响。在某种程度上，这些组织在公共法律基础设施不发达时出现。在公共机构强大的地方，商人行会力量比较薄弱，反之亦然（Grafe and Gelderblom，2010；Gelderblom，2004）。

随着自 10 世纪和 11 世纪以来的贸易规模增大，减少代理问题的新方法发展出来了。商人的企业超越了亲属和家族企业的约束，纳入了一些外部合作伙伴。这样的企业建立在正式的利润分享基础
253 上，并且越来越依赖于委托人和代理人之间、商人与雇员之间或者委托人与多个代理商或客户之间明确的契约。契约履行是由执法机构监督的，而不是非正式制裁和同侪压力。

此前习惯于雇佣代理人的本地商人企业发展为垂直一体化的“跨国企业”，这种企业具有一种由变成了合作伙伴的代理人经营的分支结构，这些代理人对利润，或者是工资和利润的组合有索取权。当国际贸易更依赖于永久的市场网络而不是“商业革命”早期阶段典型的定期集市时，这一创新就开始了。贸易企业的规模增大了，这就需要一个更大和更广泛的投资者群体。所有受雇者都不是合伙人，雇员受到监督，而其勤奋的行为有助于把自己提升到合伙关系的地位。然而，周期性国际集市的消亡并不意味着致力于国内和区域交易的集市也消失了（Epstein，1994）。

运输成本差异很大，驮马是最昂贵的，实际上它也是跨越整座阿尔卑斯山许多山口的唯一可用手段。马车运输大大降低了成本。类似快递服务等货物的运输是由专业人员定期处理的。商品被数次重新装载，以利用更便宜的水路运输，其运输费用只有陆路运输费用的 15% ～ 25%。然而，公海贸易往往会增加相当多的里程。例

如，布鲁日和威尼斯之间因较低的运输费用所获得的大部分收益，都被相对于陆地通道的漫长海上距离消耗了。海上贸易中的船舶承载力在第二个千年的前半部分增长了大约五倍，但人员配备没有按比例增长，这就揭示了航运业劳动生产率的提高。商人付费的现代保险业在 14 世纪的时候发展出来了，保险费率大约是货物价值的 10% ～ 15%，相比较而言，在 19 世纪的贸易当中是 1% ～ 2%。这种随着时间的推移而发生的戏剧性下跌，反映了更安全船舶的使用，以及海上运输海盗行为及陆上运输抢劫的灭绝。

我们关于贸易总额只有零散的定量数据，但所有证据都表明，贸易和贸易与收入的比值都有了显著增加，尽管后者可能更接近国民收入的 5% 而不是 10%。令人惊讶的是，14—15 世纪的人口冲击并没有阻止正在进行的专业化和贸易进程（Findlay and O'Rourke, 2007：120-124）。

由德国汉萨同盟控制的波罗的海和北欧出口贸易，由波罗的海的毛皮、蜡、琥珀、木材和盐渍鲱鱼，瑞典的铜和铁，挪威的干腌 254
鳕鱼，以及丹麦的活牛和黄油组成。这些商品被用来交换制成品，例如来自低地国家的呢绒、食盐、香料和酒。谷物从波罗的海南部港口运往欧洲西北部。意大利专门进行高质量的金属制造业产品（例如武器）和纺织业产品出口（如羊毛、亚麻、丝绸和棉花），同时从英国和西班牙进口羊毛。许多来自伊斯兰世界的香料和奢侈品都是通过意大利引入的。

货币和信贷

伴随着罗马帝国衰落后的政治混乱，货币体系也瓦解了。长途贸易下降，贸易市场破败。金币的铸造停止了。由于货币短缺，在定居点中除了使用金银锭之外，可能还伴随着易货贸易的复兴。当欧洲开始复兴的时候，铸币业的活动又开始了，但是只铸造了银币（Spufford，1988）。在加洛林王朝时期，又引入了一种更为严格的货币面值规则。这个由12便士（但尼尔，deniers）构成1先令（苏，sou），同时1英镑（里弗，livre；里拉，lira）包含了20先令的长期货币体系被引入，而且在英国一直维持到了1971年2月15日。直到13世纪中期，金币才被定期和大规模地铸造。银币主要用于本地贸易，而且到第二个千年初期加洛林王朝对硬币的白银含量进行管制之后就所剩无几了。

事实上，令人眼花缭乱的硬币数目和类型已经被开发出来，这揭示了造币厂的快速扩张，以及此时欧洲的政治多样性。仅在神圣罗马帝国，就使用了大约70种不同的货币，而且是由高达500家铸币厂生产的。几乎每一个重要的集镇都在第二个千年的头几个世纪中拥有或获得了一个铸币厂，对于统治者而言，硬币的贬值是一个主要的收入来源，这导致了银币中白银含量的长期下降。然而，贬值导致的通货膨胀效应在比例上要比货币白银含量的损失小一些（Munro，2012）。不同的通货膨胀率和大量的货币可能不是贸易的很大障碍，因为它主要是地方性的。铸造出来的小面值辅币的流通也用于小额的贸易。金币，特别是在佛罗伦萨和威尼斯打制的金币（或者在其他地方制作的仿制品），主要用于国际贸易，以及统治者之间解决政治问题的付款。与银币不同，佛罗伦萨和威尼斯的杜卡
255 特（ducats）几百年以来，其中的黄金含量都非常稳定。使用具有内在价值的货币当然是高成本的。磨损本身就会使金属减少量每年可达到0.5%。法定货币没有大规模发展起来的主要原因在于伪造的风险。当时的铸币技术没有生产出防伪硬币。识别货币好坏的通常方法是评估其中的贵金属含量，这可以吓退造假者。

随着时间的推移，货币市场变得越来越一体化。博尔纳和沃尔卡特（Boerner and Volckart，2010）提出，在一个统一的货币市场当中，应该以一价定律为准，从而测度货币市场一体化的程度。在此背景下，这意味着使用中的货币应该交换，从而使得在所有市场上都有同样的白银与黄金价格比。不同地区和国家之间的白银与黄金价格比曾经存在偏差，但是，在近代早期，这个比值的差异性有了显著的下降。另一个发现是，商品市场一体化似乎先于货币市场的统一。在贸易扩张的同时，也出现了货币联盟的趋势。

长途贸易的扩大刺激了其他支付手段的出现，如本票和汇票。汇票在 13 世纪和 14 世纪发展起来，它本质上是在未来某一天向收款人及其委托人付款的一种承诺。它在长途贸易中非常有用，而且也利用了不同地点的贸易伙伴可以相互抵销债务和信贷这一事实。通过清算债务和信用票据，本地商人和银行家可以尽量减少硬币的使用，除了降低在远途的不同市场之间运输沉重黄金的成本之外，这还大大降低了盗窃的风险。虽然最初是由地中海商人开发的，但意大利商人银行家们却在把它们引入西北欧的过程中起到了助推作用。在波罗的海地区，像吕贝克和但泽这样的汉萨同盟城市，后来都遵循了这些做法，或者使用更为简单的替代品，如“强制性汇票”(North，2013)。

汇票作为一种短期信贷和支付工具的扩散，也首先与意大利人向欧洲西北部其他繁荣地区的迁移和定居有关。鉴于货币的多样化，货币兑换商成为这一贸易网络的主要参与人。他们在接收存款时逐渐发展了银行业务，同时发展出一类小储备银行，以及在不同账户间转账这类服务。因此，本地和国际支付都是通过活期账户之间简单的簿记转账来实现的。这些创新的基本原理当然是尽量减少交易当中硬币的使用。可以预见的是，原始形式的部分储备银行业 256

务的发展与偶尔出现的失败有关，这警示了城市当局，他们尝试而且有时成功地在短期或者长期中禁止了这种实践。

信贷和利息的收取也是教会关切的一个事项，也可以看到，教会将高利贷作为一种偷窃形式而明令禁止。虽然高利贷自古以来受到谴责，但随着 13 世纪贸易规模的扩大，学术讨论和教会规制的野心更加强烈了。至于什么构成了高利贷并不十分清楚，因为贷款的利息构成高利贷的一般法则存在一些例外，这也成为教会当中持续争论的一个议题。此外，如果贷款的偿付被推迟，放款人可以要求赔偿。这对借款人和有意但默示拖延还款以商定正利率的放款人来说是一个漏洞。更具争议的是，一些神学家，即提出异议的少数人认为，放款人有权收取利息，因为这可以被理解为是一种机会性收入，也就是由于货币没有被用于投资，例如投在贸易中而放弃的收入。因此，禁止高利贷并不是禁止投资获得利润。土地和财产的所有权，以及对贸易企业的投资为所有者提供了从该投资中赚取利润和剩余收益的权利，如果有的话。

相当多的借贷本质上是私人的和非正式的，而且没有得到好的记录，部分原因是高利贷禁令。这种非正式的信贷市场是在负债的人去世后，债权人对死者的遗产提出债权时才被发现的，并不总是很成功。这种类型的临时性信贷市场并不局限于欧洲较发达的地区，在中世纪晚期处于外围的瑞典也发现了这类市场（Franzén，2006）。通过操控用于一个城市的资金预付款和以后在另一个城市用另一种货币支付的不同货币之间的汇率，汇票掩盖了信贷的利率。当局很难发现这种做法，因为汇票是私人契约。教会对高利贷的最严厉制裁是逐出教会，但这只限于惯犯和有很严重罪行的罪犯。教会还向对教会进行捐赠的“罪人”提供“通往天堂的护照”（Galassi，1992）。贷款人面临的财务风险是双重的。他们偶尔会被罚款，特别是如果收取的利率超过一定水平，通常是相当高的门槛水平，而这会随着时间和地点而变化。更严重的是，借款人试图通过当局揭露高利贷契约从而摆脱债务，他们有时得以成功。

少数族裔，例如伦巴德人和犹太人被允许而且常常被给予作为 257
贷款人和货币兑换商的许可，但是会引发法律上的不安全感和遭受公众的蔑视，导致他们的活动有时会被取缔。典当行在一些城市被授权作为“高利贷商”，但主要是为消费而非贸易或投资提供短期信贷。总的来说，短期贷款利率要高于长期借款利率。

因此，禁止高利贷的影响难以评估。它当然没有阻止有利息的贷款（参见图 10 - 3 关于利率的演化过程的描述）。有关高利贷的法律使得放贷变得更加困难、成本更高，很可能人们认为那些关于高利贷的法律应该给借款人提供的保护，实际上达不到预期效果，至少在预期的罚款和贷款费用影响利息的情况下如此。一些贷款人定期支付罚款，同时在一些城市，高利贷租金的定义就相当于非常高的年利率。然而，只要利率不是过高，教会往往对“高利贷”视而不见（Heers，2012）。因此在中世纪晚期的社会中，信贷和债务无处不在。

布鲁日是一个繁忙的贸易和制造业城市，就是一个很有说服力的例子。它在国际贸易中的作用当然使其金融基础设施更加复杂。但是普通人通常住在自己通过抵押贷款买来的，或者从有抵押贷款的房东那里租来的房子里。还有其他形式的贷款，如逾期很久的未付票据。如果有债务，当然就有贷款。一般来说，房子可以作为抵押物。旅馆主人、当铺和货币兑换商成为金融网络的骨干，后者除了实际支付和交换货币外，还发展出了活期账户之间的结算和转账。这些支付服务似乎大部分都是出口贸易所使用的。货币兑换商服务的只是城市中最活跃的一小部分商家和制造商，包括旅馆主人和相当一部分外国商人。一些商人把钱存放于旅馆主人处，后者反过来把钱存在放贷者手中，因此通过直接或间接提供一些结算和转账服务，旅馆主人也充当了中间人的角色。

一种原始的纸币品种是在 15 世纪，当汇票可以背书和可转让的时候出现的，但这种做法直到近代晚期才得到一致的认可。金融复杂程度在欧洲扩散得不均匀，在主要城市及其周边地区最为先进。总的来说，波罗的海贸易较晚采用了本票和汇票，但这里与
258 欧洲西北部的任何地方一样，尽管当地商人确实采用了这种金融创新，但意大利商人银行家是开拓者（North，2013）。

不仅私人债务繁荣了，公共债务也是如此。市政当局，特别是在低地国家、法国北部和意大利，都严重依赖所谓的统一公债（rentes），即一种年金。公共债务的抵押品是未来的税收收入。公众偶尔被迫购买统一公债，在一些城市当中，这种金融工具的二级市场也发展起来了（Munro，2003）。

教会严重依赖于商人银行家将本地收集的什一税转移到罗马和阿维尼翁。意大利银行家几乎垄断了这一活动，他们获得了这些转移资金总额当中的 1% ～ 5% 作为支付，这是一笔丰厚的佣金。布鲁日的代理机构（correspondents）在涉及斯堪的纳维亚和波罗的海地区的转账业务中尤其重要。商人银行家可以向教皇提供贷款，以支付其在例如布鲁日这些地方的购买，然后商人从教皇欠教廷的收入中得到偿还，例如波兰教会。教廷偶尔借钱，但只有在例外的情况下才承认贷款人可以收取利息（Renouard，1941）。

中世纪市场的竞争状况如何？

对于中世纪的商品和劳动力市场的普遍看法是，它们的特点

是由行会建立了进入壁垒，这导致了技术惰性和其他福利损失。行会不是中世纪的新事物，而是起源于罗马帝国时期的经济当中，经过改造之后在中世纪占据了一席之地。怀疑它们对社会造成了无谓损失是正当的，尽管这一说法遭到了非议（参见 Ogilvie，2008；Epstein，1998，2008）。虽然人们表达了一些强烈的意见，但没有对他们所称的损失的严重程度做出准确估计。大多数论点，即关于卡特尔或垄断的预期效果的论点，都是建立在先验推理的基础上的，而且把完全竞争的经济作为反事实。如果与这种反事实相比，对行会影响的评估会得出负面的结论。当然，问题在于这种反事实并非事实：市场往往过小，无法产生均衡结果。

行会妨碍技术进步吗？中世纪时期是生产力增长缓慢的时期，但没有证据表明，在行会控制的城市部门，生产率增长速度低于农业部门。对这些变化的直接估计是，以现代标准来看，劳动生产率反映出温和的增长率，在农业中是每年大约 0.15 ～ 0.25（Persson， 259
1991，2010）。然而，城市各个行业的生产率增长似乎更高。克拉克（Clark，2008）认为，英国钉子生产中的劳动生产率增长率较高，每年约为 0.4%。也有人指出，许多非农业产品往往会有相对价格下跌的记录。在 1300—1500 年，瑞典的主要出口产品——铁的价格相对于其他产品以大约 0.5% 的速率下降。假定作为主要生产成本的劳动力成本适度增长，得出的大致结论是：该部门劳动生产率显著提高，这与克拉克对钉子生产当中的生产率估计类似。至于瑞典的船运业，也记载了类似的结果（Edvinsson and Söderberg，2011）。

行会的力量并没有超出城市范围，同时在第二个千年上半叶的所有行业类型中，水车作为一种能量来源的广泛采用大体上发生在那些自然条件有利的地方，而不管是在城市范围之内还是之外。生产者行会与消费者之间的简单二分法（消费者声称被行会剥削）是很难维持的。行会成员当然同时是生产者和消费者。然而，这并没有排除低效率的结果。行会应该设定产品的质量标准，这是一种与现代品牌有某种相似之处的做法，它是一种不完全竞争，但在现代资本主义经济中并不陌生。此外，一些行会组织，如在占主导地位的纺织部门当中，在成员没有获得主人（雇主）地位的情况下，现代工会的一些职能日益得到发展。

尽管行会可能在当地市场上施加其影响力，参与区域和国际贸易的商品在价格水平和变动相互关联的意义上是一体化的。这种相互关联的程度随着距离延长而降低，但是相互之间并不进行直接交易，例如伦敦和斯特拉斯堡的小麦市场之间有显著的且比较高的关联度（Söderberg，2007）。

冲击和复原力

经济系统稳健性的一个明确指标是其复原力和吸收各种冲击的能力。但是，冲击还在那里！如果以农业为主要部门，收成不好对价格、地租和实际收入有强烈的短期影响。严重的产出冲击，比如产出下降了 10% ～ 15%，一生中最多发生一次，在现代经济中则
260 要频繁得多，比如，每 7 ～ 10 年一次。这些冲击造成了过高的死亡率，但并没有破坏社会结构。更令人困惑的是中世纪经济在面对黑死病时的恢复能力，这场瘟疫使得欧洲人口到 14 世纪中期减少了大约三分之一，而且瘟疫直到 15 世纪中期都还零星地小规模暴发。再一次地，黑死病摧毁了人口，但不是制度。这些经济效应表明市场经济在起作用。这场疾病从黑海的港口到地中海的港口，再到欧洲西北部以及遥远的冰岛的扩散速度，揭示了主要的贸易联系

线路和贸易强度。正如预期的那样，工资增长，土地租金下降，结婚年龄下降。15 世纪也被称为劳动力的黄金时代。工人们似乎都处于一种向后弯曲的劳动供给曲线上，因为随着实际工资的增长，每年的工作天数下降了。消费模式慢慢转向了更多的肉类和更少的谷物。

不可否认的是，瘟疫过后留下的是荒芜的村庄，并且城市人口减少了，但似乎并没有给专业化程度带来永久性的冲击。在中世纪时期所看到的非农业行业当中劳动力比例不断增长的长期趋势是不可逆的。实际上，更发达的地区见证了非农业劳动力份额的显著增加，截至 15 世纪末期，在荷兰高达 50%，英国约为 35%，同时在平均意义上，你也可以观察到非农职业劳动力相对份额上的一种更温和的增长。劳动力职业格局的变化揭示了生产和消费的变化，用于非食品项目的收入比重越来越大。最终，如果我们认同恩格尔法则（Engel’s law），这与人均收入水平的增长相关。[5]

当然，国际贸易中肯定存在最初的一些干扰因素，但是船舶尺寸的增长并没有永久性地停止。实际工资的上升可能促使人们转向劳动力节约型的技术发明，例如古腾堡的排版和印刷技术。

结束语

与资本主义经济有关的大多数经济制度在中世纪时期都已经存在或出现了。就像雅克 · 希尔斯（Jacques Heers）在他的专著的题目《资本主义的诞生》（*la naissance du capitalisme*，2012）中所表明的那样，资本主义还处于摇篮期。资本和劳动力之间的分裂变得 261
越来越明显。土地、劳动力、资本和商品市场都很小，却渗透到欧洲的每一个角落。产权可能更频繁地处于争议当中，法律保护可能偏向于精英阶层，特别是拥有土地的阶层。然而，与现代专利权保护相比，知识产权在很大程度上是缺位或低效率的。虽然保险机构正在发展，但主要集中在商业风险上。即使按照现代标准来看，所涉及的金额总额也相当小，但是为贸易和投资筹集资金也不难。国际支付支撑了快速增长的食品、原材料和奢侈品贸易。资本市场也为公共债务和私人债务开拓了交易场所。公共法院解决了民间社会无法处理的那些契约纠纷。

经济人对中世纪社会而言并不陌生。这一时期的人类行为已经具有了现代人表现出来的对利己的追求和对他人的关心混合起来的特征了。然而，中世纪的人面对更多的风险，面临更不完善的市场，同时相比于特权和权力来自财富而不是头衔和地位的现代资本主义经济，这时的市场结果可能更多地受到可继承性权力的阻碍。但最终，特权、权威、政治权力和法令都不能阻止劳动力供应枯竭时的工资上涨，或者收成不好时发生的物价上涨。拥有财产的阶层仔细计算有利可图的投资机会，并且巧妙地适应教会教义，有时靠欺骗，有时靠捐款。如果其他地方有更好的替代选择，劳动力就会离开雇主和城市。农民对价格变化的反应是可预见的和迅速的。

市场波动更大，也难以预测，因为中世纪的人没有充分掌握自然规律，以避免频繁的粮食收成的冲击，因此与频繁的经济灾难更接近。成功与失败只有一线之差，而且几乎没有关于穷人的制度性保障。穷人的生活是“肮脏、野蛮和短暂的”。富裕与贫穷相伴而生。

注　释

[1]　在这一章中，我刻意回避了“封建”和“封建主义”这两个词，因为这些概念已经成为一个障碍，而不是对中世纪时期进行理解的指导。封建的内涵意味着一种

压倒性的农业和自给自足的经济，其中传统的委托与从属关系主导了社会和政治关系。“封建主义”也传达出对特定“生产方式”的一种观点，即庄园是进行农业生产的基本场所，而这是令人难以接受的简化。作为一种对比，我将集中讨论中世纪时期命令的过渡性质以及这种命令是如何被市场力量侵蚀的。

[2]　一个广泛的，尽管有争议的习俗是，逃跑的农奴在城市内待满一年零一天之后，可以得到免受强制性遣返的自由。领主们尝试过，但最终无法阻止向城市的迁移。

[3]　关于法国南部的情况可以参见 Duby（1971：173）。法语是 régime domaniale，意大利语表示为 sistema curtense，在德国文献中得到认可的术语是 Villifikationswirtschaft。

[4]　劳伦特·费勒（Laurent Feller，2009）编辑了一本书，代表了在这一问题上的最新研究。

[5]　恩格尔法则以 19 世纪普鲁士统计学家的名字命名，表明随着每个家庭收入的增加，用于食品支出的收入份额会下降。

参考文献

Ackerberg, D. A. and M. Botticini (2000). “ The Choice of Agrarian Contracts in Early Renaissance Tuscany: Risk Sharing, Moral Hazard, or Capital Market Imperfections?, ” *Explorations in Economic History* 37: 241-257.

Barron, C. M. (2004). *London in the Middle Ages: Government and People 1200—1500*. Oxford University Press.

Bautier, R. H. (1953). “ Les foires de Champagne. Recherche sur une évolution historique,” *Recueils de la Société Jean Bodin* 5: 97-145.

Bavel, B. J. P. van (2007). “ The Transition in the Low Countries: Wage Labor as an Indicator of the Rise of Capitalism in the Countryside, 1300—1700, ” *Past and Present* 195, Suppl. 2: 286-303.

(2008). “The Organization and Rise of Land and Lease Markets in Northwestern Europe and Italy, c.1000—1800,” *Continuity and Change* 23(1): 13-53.

(2010). *Manors and Markets: Economy and Society in the Low Countries, 500—1600*. Oxford University Press.

Bonnassie, P. (1975). *La Catalogne au milieu du Xe à la fin du XIe siècle. Croissance et mutations d'une societé*. Association des publications de l'Université de Toulouse-Le Mirail.

(1990). *La Catalogne au tournant de l'an mille*. Paris: Albin Michel.

Boerner, L. and O. Volckart (2010). *The Utility of a Common Coinage: Currency Unions and the Integration of Money Markets in Late Medieval Central Europe*. Working Paper No.

146/10, Department of Economic History, London School of Economics.

Bourin, M. and P. Freedman (2005). *Forms of Servitude in Northern and Central Europe.* Turnhout: Brepols Publishers.

Britnell, R. (1993). *The Commercialization of English Society, 1000—1500*. Cambridge University Press.

Brunel, G. (2005). " Le marché de la terre en France septentrionale et en Belgique, " in Feller and Wickham (eds.), pp. 99–111.

Büchert Netterstrøm, J. (2005). " Protection and Serfdom in Late Medieval and Early Modern Denmark," in Bourin and Freedman (eds.), pp. 369–384.

Campbell, B. M. S. (1984). " Inheritance and the Land Market in a Peasant Community," in Smith (ed.), pp. 87–134.

(2000). *English Seigniorial Agriculture 1250—1450*. Cambridge University Press.

Carus-Wilson, E. M. (1941). " An Industrial Revolution in the 13th Century," *Economic History Review* 11: 39–60.

Clark, G. (2008). *A Farewell to Alms: A Brief Economic History of the World*. Princeton University Press.

Coase, R. (1937). "The Nature of the Firm," *Economica* 4(16): 386–405.

Desportes, P. (1979). *Reims et les Rémois aux XIIIe et XIVe siècle*. Paris: Service de reproduction des thèses.

Dilcher, C. and C. Violante, eds. (1996). *Strutture e trasformazioni della signoria rurale nei secoli X–XII*. Bologna: Il Mulino.

Domar, E. (1970). " The Causes of Slavery and Serfdom: A Hypothesis, " *Journal of Economic History* 30(1): 18–32.

Duby, G. (1962). *L'économie rurale et la vie des campagnes dans l'occident médiéval.* Paris:Aubier.

(1971). *La société aux XIe et XIIe siècles dans la région mâconnaise*. Paris: Écoles des Hautes Études en Sciences Sociales.

Dyer, C. (2005a). " Villeins, Bondsmen, Neifs and Serfs: New Serfdom in England, c. 1200—1600," in Bourin and Freedman (eds.), pp. 419–435.

(2005b). " Seigniorial Profits on the Landmarket in Late Medieval England," in Feller and Wickham (eds.), pp. 219–236.

(2005c). *An Age of Transition? Economy and Society in England in the Late Middle Ages.* Oxford: Clarendon Press.

Edwards, J. and S. Ogilvie (2011). " Contract Enforcement, Institutions, and Social Capital: The Maghribi Traders Reappraised," *Economic History Review* 65(2): 1–24.

Edvinsson, R. and J. Söderberg (2011). " Prices and the Growth of the Knowledge

Economy in Sweden and Western Europe before the Industrial Revolution," *Scandinavian Economic History Review* 59(3): 250–272.

Epstein, S. R. (1994). "Regional Fairs, Institutional Innovation, and Economic Growth in Late Medieval Europe," *Economic History Review* 47(3): 459–482.

(1998). "Craft Guilds, Apprenticeship, and Technological Change in Preindustrial Europe," *Journal of Economic History* 58: 684–713.

(2008). "Craft Guilds in the Pre-modern Economy: A Discussion," *Economic History Review* 61: 155–174.

Favier, J. (1987). *De l'or et des épices. Naissance de l'homme d'affaires au Moyen Âge*. Paris: Fayard.

Feller, L. (1998). *Les Abruzzes médiévales. Territoire, économies et société en Italie centrale du IXe au XIIe siècle*. Paris: École française de Rome.

(2007). *Paysans et seigneurs au Moyen Âge, VIIIe–XVe siècles*. Paris: A. Colin.

(2009). *Calculs et rationalités dans la seigneurie medieval. Les conversions de redevances entre IXe et XVe siècle*. Paris: Publications de la Sorbonne.

Feller, L. and C. Wickham (2005). *Le marché de la terre au moyen age*. Rome: École française de Rome.

Figueras, L. T. (2005). "Le marché de la terre et la seigneurie dans la Catalogne medieval," in Feller and Wickham (eds.), pp. 479–542.

Findlay, R. and K. H. O'Rourke (2007). *Power and Plenty: Trade, War and the World Economy in the Second Millennium*. Princeton University Press.

Fourquin, G. (1964). *Les campagnes de la région parisienne à la fin du Moyen Âge*. Paris: Presses universitaires de France.

Franzén, B. (2006). *Folkungatidens monetära system. Pennningen mellan pest och patriarkat.* Stockholm: Almqvist & Wiksell.

Freedman, P. (1991). *The Origin of Peasant Servitude in Medieval Catalonia*. Cambridge University Press.

Galassi, F. L. (1992). "Buying a Passport to Heaven: Usury, Restitution, and the Merchants of Medieval Genoa," *Religion* 22: 313–326.

Geijerstam, J. af and M. Nisser. (2011). *Bergsbruk – gruvor och metallframställning.* Stockholm: Norstedts.

Gelderblom, O. (2004). "The Decline of Fairs and Merchant Guilds in the Low Countries, 1250—1650," *Jaarboek voor Middeleeuwse Geschiedenis* 7: 199–238.

Geremek, B. (1968). *Le salariat dans l'artisanat Parisien aux XIIIe-XVe siècles*. Paris: Mouton.

Grafe, R. and O. Gelderblom (2010). "The Rise and Fall of the Merchant Guilds: Rethinking the Comparative Study of Commercial Institutions in Premodern Europe," *Journal of Interdisciplinary History* 40(4): 477–511.

Greif, A. (1989). " Reputation and Coalitions in Medieval Trade: Evidence on the Maghribi Traders," *Journal of Economic History* 49(4): 857–882.

(2000). " The Fundamental Problem of Exchange: A Research Agenda in Historical Institutional Analysis," *European Review of Economic History* 4: 251–284.

Hammer, C. (2002). *A Large Scale Slave Society in Early Medieval Bavaria*. Abingdon: Ashgate Publishing Group.

Hatcher, J. (2001). " Women and Work Reconsidered: Gender and Wage Differences in Late Medieval England," *Past and Present* 173: 191–198.

Heers, J. (2012). *La naissance du capitalisme au Moyen Âge. Changeurs, usuriers et grands financiers*. Paris: Perrin.

Henriksen, I. (1995). " The Danish Second Serfdom Revisited, " in A. M. Møller (ed.), *Folk og Erhverv, tilegnet Hans Chr. Johansen*. Odense Universitetsforlag, pp. 17–34.

Holbach, R. (1994). *Frühformen von Verlag und Grossvertrieb in der Gewerblichen Produktion (13.–16. Jahrhundert)*. Stuttgart: Steiner.

Howell, M. C. (2010). *Commerce Capitalism in Europe, 1300—1600*. Cambridge University Press.

Keene, D. (1990). " Continuity and Development in Urban Trades: Problems of Concepts and the Evidence," in P. J. Corfield and D. Keene (eds.), *Work in Towns*. Leicester University Press, pp. 1–16.

Kula, W. (1976). *An Economic Theory of of the Feudal System: Towards a Model of the Polish Economy 1500—1800*. London: Schocken Books.

Langdon, J. (2004). *Mills in the Medieval Economy*. Oxford University Press.

Lopez, R. (1966). *The Birth of Europe*. New York: M. Evans.

(1971). *The Commercial Revolution of the Middle Ages, 950—1350*. Englewood Cliffs, NJ: Prentice Hall.

MacCay, A. (1977). *Spain in the Middle Ages: From Frontier to Empire, 1000—1500*. London: Macmillan.

McCormick, M. (2001). *Origins of the European Economy: Communications and Commerce A.D. 300—900*. Cambridge University Press.

Milgrom, P. R., D. C. North, and R. Weingast (1990). " The Role of Institutions in the Revival of Trade: The Law Merchant, Private Judges, and the Champagne Fairs," *Economics and Politics* 2(1): 1–23.

Miskimin, H. (1975). *The Economy of Early Renaissance Europe, 1300—1460*. Cambridge University Press.

Munro, J. H. (2001). " The New Institutional Economics and the Changing Fortunes of Fairs in Medieval and Early Modern Europe: The Textile Trades, Warfare, and Transaction Costs," *Vierteljahrschrift für Sozial- und Wirtschaftsgeschichte* 88: 1–47.

(2003). " The Medieval Origins of the Financial Revolution: Usury, Rentes, and Negotiability," *The International History Review* 25(3): 505–562.

(2012). " The Technology and Economics of Coinage Debasements in Medieval and Early Modern Europe: With Special Reference to the Low Countries and England," in J. H. Munro (ed)., *Money in the Pre-Industrial World: Bullion, Debasements and Coin Substitutes.* London: Pickering & Chatto.

Murray, J. M. (2005). *Bruges, Cradle of Capitalism, 1280—1390.* Cambridge University Press.

Myrdal, J. (1999). *Jordbruket under feodalismen 1000—1700.* Stockholm: Natur och Kultur.

(2012). " Scandinavia, " in H. Kisikopoulos (ed.), *Agrarian Change and Crisis in Europe, 1200—1500.* London: Routledge, pp. 204–249.

Myrdal, J. and M. Morell (2011). *The Agrarian History of Sweden: From 4000 BC to AD 2000.* Lund: Nordic Academic Press.

Nef, J. U. (1987). " Mining and Metallurgy in Medieval Civilization, " in Postan, Rich, and Miller (eds.), pp. 693–761.

Nobili, M. (2006). " Schiavitù, ' servaggio ' e ' dipendenza signorile ' . Lo svolgimento delle relazioni di dipendenza del coltivatori delle campagne dell'Italia centro settentrionale nell'opera di Cinizio Violante (Secoli VIII–XIII)," in Violante and Spicciani (eds.), pp. 27–40.

North, M. (2013). " Merchants and Credit in the Hanseatic Area, 1300—1700," in Gerard Caprio (ed)., *Handbook of Key Global Financial Markets, Institutions, and Infrastructure.* London: Elsevier.

Ogilvie, S. C. (2004). " Guilds, Efficiency, and Social Capital: Evidence from German Protoindustry," *Economic History Review* 57(2): 286–333.

(2008). "Rehabilitating the Guilds: A Reply," *Economic History Review* 61(1): 175–182.

(2011). *Institutions and European Trade, Merchant Guilds 1000—1800.* Cambridge University Press.

Panero, F. (2006). " Manumissioni di ' servi ' e affrancazioni di ' rustici ' nell'Italia settentrionale, secoli X-XIII," in Violante and Spicciani (eds.), pp. 385–404.

Persson, K. G. (1988). *Pre-Industrial Economic Growth, Social Organization and Technological Progress in Europe*. Oxford: Basil Blackwell.

(1991). " Labor Productivity in the Medieval Economy: The Case of Tuscany and the Low Countries, " in B. Campbell and M. Overton (eds.), *Land, Labor and Livestock.* Historical

Studies in European Agricultural Productivity. Manchester University Press, pp. 124–143.

(2010). *An Economic History of Europe, Knowledge, Institutions and Growth: 600 to the Present*. Cambridge University Press.

Polanyi, K. (1957). *The Great Transformation: The Political and Economic Origin of Our Times*. Boston: Beacon Press.

Postan, M. M. (1966). " Medieval Agrarian Society in its Prime: England, " in M. M. Postan (ed.), *The Cambridge Economic History of Europe*. Vol. Ⅰ : *The Agrarian Life of the Middle Ages*. Cambridge University Press, pp. 548–632.

(1973). *Essays on Medieval Agriculture and General Problems in the Medieval Economy*. Cambridge University Press.

Postan, M.M., C. Postan, and E. Miller, eds. (1987). *The Cambridge Economic History of Europe*. Vol. Ⅱ : *Trade and Industry in the Middle Ages*. Cambridge University Press.

Postan, M.M., E. E. Rich, and E. Miller, eds. (1965). *The Cambridge Economic History of Europe*. Vol. Ⅲ : *Economic Policies and Organization in the Middle Ages*. Cambridge University Press.

Renouard, Y. (1941). *Les relations des Papes d'Avignon et des compagnies commerciales 1316—1378*. Paris: De Boccard.

Rössener, W. (2005). " Die Leibeigenschaft als Problem in den Bauernaufständen des Spätmittelalters im Südwestdeutschen Raum," in Bourin and Freedman (eds.), pp. 289–312.

Schofield, P. R. (2005a). " Manorial Court Rolls and Land Markets in Eastern England c.1250—1350," in Feller and Wickham (eds.), pp. 237–271.

(2005b). " The Market in Free Land on the Estates of Bury St Edmunds, c. 1086—c.1300," in Feller and Wickham (eds.), pp. 273–295.

Schulz, K. (1985). *Handwerksgesellen und Lohnarbeiter. Unterzuchungen zur oberrheinischen und oberdeutschen Stadtgeschichte des 14. bis 17. Jahrhunderts*. Sigmaringen: Jan Thorbecke Verlag.

Scott, T. (2005). " South-West German serfdom reconsidered," in Bourin and Freedman (eds.), pp. 1115–1128.

Sicard, G. (1953). *Aux origines des sociétés anonymes. Les moulins de Toulouse au Moyen Âge*. Paris: Armand Colin.

Smith, R., ed. (1984). *Land, Kinship and Life-Cycle*. Cambridge University Press.

Söderberg, J. (2007). " Grain Prices in Cairo and Europe in the Middle Ages," *Research in Economic History* 24: 189–216.

Spufford, P. (1988). *Money and its Use in Medieval Europe*. Cambridge University Press.

(2003). *Power and Profit: The Merchant in Medieval Europe*. London: Thames and Hudson.

Stabel, P. (2004). " Guilds in Late-medieval Flanders: Myth and Realities of Guild Life in an Export-oriented Environment," *Journal of Medieval History* 30: 187–212.

Verhulst, A. (1999). *The Rise of Cities in North-West Europe.* Cambridge University Press.

Violante, C. and A. Spicciani (2006). *La signoria rurale in Italia nel medioevo*. Pisa: ETS.

Volckart, O. and N. Wolf (2006). " Estimating Financial Integration in the Middle Ages: What can we Learn from a TAR Model?," *Journal of Economic History* 66: 122–139.

White, L. T. (1962). *Medieval Technology and Social Change.* Oxford University Press.

Wickham, C. (1996). " La signoria rurale in Toscana," in Dilcher and Violante (eds.), pp. 343–409.

(2005). *Framing the Early Middle Ages: Europe and the Mediterranean 400—800*. Oxford University Press.

(2009). *The Inheritance of Rome: A History of Europe from 400 to 1000*. London: Allen Lane.

第
10
章

通过意大利走向资本主义

卢西亚诺·佩佐洛

267 意大利的经济史在许多方面令人惊讶。中世纪的许多伟大城市为现代资本主义学者提供了丰富的资料。商人的主导作用，会计和商业实践当中的创新、法律规则和商业制度，以及新思想的出现——这些都被认为是早期资本主义特征的要素。意大利理所当然地应该被视为商业资本主义和金融资本主义的摇篮。另外，当代意大利也展示了欧洲资本主义的严重局限，在这种资本主义当中，个人和客户关系具有特殊重要性，企业集团（有特定利益的母公司、客户和有组织的家族）超越市场在资源组织和分配方面发挥了核心作用（Sapelli，1997：95–105）。意大利案例展示的是欧洲大陆资本主义的地中海版本，其中血缘关系和社会团体成为互惠关系和信任关系的基础。与“北方”资本主义形成鲜明对比的是，在意大利资本主义中，面对家族逻辑无处不在的力量，国家的存在几乎是无关紧要的。然而，鉴于家族常常被视为阻碍南欧国家共同意识发展的障碍，国家和家族制造的只是表面上的矛盾。南方大家族被认为承担了在其他地方，也就是在北方那些核心家族占主导地位的国家，可能是公共机构特权的职能。因此，北方福利国家的发展意味着家族角色的影响减弱，相比之下，地中海地区家族纽带的力量被视为某些国家责任的替代品。尽管如此，意大利的历史表明，家族与国家没有明显的冲突，相反，这些元素是在严格的对立法中相互成就的，边界只因应对外部冲击做出轻微的移动。例如，文艺复兴时期的意大利各个邦国，并没有摧毁宗族的政治力量，反而在某种程度上强化了它的作用（Herlihy，1969；Mineo，1995）。

不过，在继续论述之前，有必要澄清一些作为本章基础的基 268
本概念。旧体制（ancien régime）下的政府体现出一种相当灵活的政治和社会制度，反映了那个社会的权力关系。国家机构在统治阶级的需求和目标，以及来自没有分享到政治权力阶级的压力之间进行调节。这些动力聚集在一个由阶级、地位和荣誉概念支配的环境中。个人在一个以阶级关系为特征的系统中行事，也就是说，社会等级是由出生、身份和宗族决定的。这一环境就是具有管辖权的国家，即在一个不同管辖权空间并存，并且有时为了突出自己而激烈争夺的系统。这些就包括地方机构、领主、封建家族、大都市和中央机关，所有这些形成了旧制度的特征。

“家族”这个词指的是两个系统：一方面是宗族，代表的是父系结构，建立在姓氏和血缘的父系传递基础之上；另一方面是亲属（parentado），由血亲关系的纽带构成，大多数来自妇女的婚姻。这是两种结构，一种是纵向的，另一种是横向的，从而形成一个复杂的系统，严重影响了精英成员的选择。下层社会的“家族”观念较为狭窄，仅限于近亲后代。在血亲的（consanguinal）和居住地关系的纽带之外，我们必须添加那些借用人类学的术语来说的“拟亲属关系”，这是以教父关系、结拜兄弟等为特征的关系。在这个社会制度中，血缘关系的重要性被同样重要的友谊和荣誉感平衡了。

因此，该制度由正式和非正式的要素组成，它们在更广泛的国际经济和地方利益背景当中，决定了意大利半岛的政治和经济道路。在中世纪晚期，一些意大利的政治单位设法建立带有规模经济性质的组织，支持的是经济实力强大的集团的利益，而这些集团又组成了大部分政治统治阶级。中世纪和文艺复兴时期，随着各个邦国在 15 世纪出现，意大利的激烈政治竞争促进了这些组织的发展，这也简化了半岛的政治地理。这个基于血统、友谊、客户关系和邻里关系这些概念的系统，产生了多重的内部关系（Coleman，1989），这反过来又支持了在中世纪商业革命基础上社会资本的形成。意大利的案例表明，大型非正式网络和正式制度之间的紧密联系促进了经济增长。

中世纪的扩张与意大利

269 在 10—14 世纪，欧洲经历了非同寻常的经济和制度变迁。在 10 世纪左右，欧洲大陆相比于中国和阿拉伯世界显得比较落后，但是 3 个世纪之后，这种差距已经得以弥补，同时有证据表明，这一时期的西方经济发展水平甚至比近东和亚洲更高了。如果我们把城市化率作为经济发展活力的一个标志，那么欧洲的增长是显而易见的。在 9 世纪至 1300 年，居住在拥有超过 10 000 个居民城市中的欧洲人比例翻了一番，而意大利的城市人口在此期间变成了原来的 3 倍（van Zanden，2009：40）。如表 10 - 1 所示，意大利半岛的中北部很可能是当时世界上最富有的地区之一，这是一个直到前工业化时代末期都再也没有达到过的财富水平。

表 10-1　以 1990 年国际美元表示的人均 GDP 水平：1300—1800 年

年份	意大利中北部	卡斯蒂利亚	法国	弗兰德斯南部	荷兰	英国	印度	日本
1300	1 808					716		525
1400	1 788				1 195	1 070		525
1500	1 550	1 295	1 330	929	1 454	1 119		
1600	1 350	1 382	1 300	1 073	2 662	1 054	792	572
1700	1 440	1 230	1 440	1 264	2 105	1 561	728	627
1800	1 430	1 205	1 410	1 497	2 408	2 125	646	639

资料来源：Broadberry et al.，2011: 61；Malanima，2003: 290，Malanima，2011: 189.

这种增长的原因仍在争论中。一些人强调用农业部门的技术革新来解释人口和贸易的增长。另一些人则认为，新的制度框架（立法、政治和行会）通过降低交易成本促进了贸易的显著增长，这反过来也维持了人口增长。虽然这个时期的发展似乎是由有利的市场条件而不是人口增长刺激的，但人口和制度因素之间的相互作用可能在起作用。表 10-1 还显示，在近代早期，意大利经历了缓慢而平稳的衰落。虽然从绝对意义上说，意大利半岛的财富水平并没有急剧下降，但与其他国家相比（例如英国和荷兰），它却落后了。

虽然地中海的贸易从未消失，但很明显，中世纪早期商业活 270
动的强度大幅度下降了。然而，早在 9 世纪，交易网络就有了显著的扩展。意大利南部城市因为有着与伊斯兰世界和拜占庭帝国的传统关系而率先复苏。这一传统使意大利人得以开发专有技术、金融和法律工具，以及和穆斯林商人共同开发的会计技术（Lieber，1968）。起初，西西里岛和阿马尔菲是这些贸易关系的主要活动中心；热那亚和比萨则是下一阶段的主角。12 世纪初，北方两个城市的商人把他们的利益范围推进到地中海东部，而且在他们之间爆发了激烈的争夺，热那亚最后取得了胜利。这时，威尼斯把它的影响力扩大到整个亚得里亚海，而且它在 8 世纪已经和地中海东部地区建立了商业关系（Abulafia，1977；Lopez，1976；Tangheroni，1996）。实际上在9世纪初，威尼斯在地中海和波河流域的商业路线中发挥着核心作用，尽管这些路线还没有达到在欧洲即将到来的活动水平和范围。

为什么意大利人成了这场商业崛起的主角？毫无疑问，意大利的地理位置至关重要。这个半岛一方面是拜占庭和伊斯兰地区之间的天然连接线，另一方面也是欧洲大陆之间的连接线。随着欧洲对制成品和奢侈品的需求增长，经济差异刺激了经纪活动，尽管是缓慢的。拜占庭和阿拉伯商人对欧洲市场并不是特别感兴趣，因为这些都被他们认为是没有吸引力的。此外，从10世纪开始，伊斯兰国家的舰队就无法维持其在地中海水域的优势地位。这使得黎凡特地区的商人无法在欧洲经济开始增长的时候抓住有利的机会。穆斯林商人留下的空白和拜占庭帝国日益增多的困窘为意大利人开辟了机会。意大利海上和商业扩张的初期阶段以密集的海盗活动为特点，所以没有把商人和海盗分开的明确界限。在地中海西部，来自比萨、热那亚和安达卢西亚的伊斯兰战舰争夺着主导地位；热那亚人在地中海东部也忙于和威尼斯人交战（Balard，1978：587–598；Bruce，2006；Katele，1988）。

意大利人在筹集资本以投资于长途贸易上是非常有效的。他
271 们克服了建立在血缘和民族基础上的传统贸易网络的局限性，并能够从广大投资者那里调动资源。此外，那些属于传统贸易网络的商人们发现，他们自己无法组织起来保护自己的贸易运输免受海盗和竞争者的骚扰，相反，意大利人却在这一方面特别有效率，他们要么通过组织受保护的车队，要么通过明显加强船员自身的武装力量实现了这一点。例如在1259年，热那亚的一份契约规定，50名船员中应该包括40名配有盔甲的男人和10名弩兵；在14世纪中

期，一艘轻型战舰就要求装备有 160 副胸甲、160 副护喉甲、170 具头盔、至少 24 具弩弓、5 000 支箭，以及一些长矛和标枪。在 1302 年，威尼斯政府下令，每一艘大商船上必须配有 30 名弓箭手（Dotson，1994：330；Lane，1969：164；Van Doosselaere，2009：57-60，182-183）。

意大利各大城市的舰队代表着强大的军事实力。到 13 世纪末期，威尼斯已经能够部署大约 100 艘战船，而热那亚则多达 160 艘。一支 100 艘战舰组成的舰队能够搭载大约 20 000 人，尽管暴发了黑死病，威尼斯和热那亚舰队的平均规模在 13—14 世纪还是扩大了一倍。值得注意的是，在 14 世纪，热那亚舰队每两年调动一次，而威尼斯在地中海东部也介入了这么久。这两个大的海上强国选择了两种完全不同的模式来管理海战。威尼斯很早就部署了一支永久性舰队，其建设和管理由政府直接控制，而热那亚拥有的则是一支很小的核心型国家舰队，在必要的时候会和私人船只整合在一起使用。但这并没有阻止热那亚在其竞争对手之前采用技术创新成果，如三层桨座型（trireme）战舰的广泛使用，这要比之前使用的双层桨座战船（biremes）更大、更重，而且有更好的武装（Dotson，2003）。

热那亚和威尼斯的地位也通过地中海东部和黑海的殖民扩张发展起来。威尼斯和热那亚已经从拜占庭帝国漫长的解体过程中获利，享受特权并且占领了使得它们可以控制东西方之间贸易路线的领土。意大利商人成功的关键是军舰在支援祖国商业利益上发挥的效力。1082 年的《金印法令》（*Chrysobull*）正式承认了威尼斯为保卫受到日耳曼人威胁的拜占庭帝国所扮演的军事角色。这个法案使得威尼斯获得了很多商业特权和财政豁免权，并且强化了其商人在 272
帝国统治下的领土中作为中间人的地位（Jacoby，2009）。比萨在

1111 年，以及热那亚在 1155 年也都获得了类似的特权，而且在接下来的几十年里得到了巩固。1095—1391 年，特别为威尼斯提供了扩张的更多可能性，这随着 1204 年占领君士坦丁堡和东方拉丁帝国（Latin empire）的创建（1204—1261 年）达到了顶峰。到 13 世纪中叶，意大利商人在高效舰队的支持下，在欧洲和黎凡特之间的交易活动上建立了一种霸权。暴力及其阴影笼罩着经济活动，成了一种不稳定因素，在长途贸易方面尤为明显。这种损害更多的并不是直接由于冲突本身，而是由于其带来的普遍不安全的气氛。由海盗和土匪引发的战争和不安全感所产生的焦虑使得交易成本激增，并且相应地影响了选择。值得注意的是，在 14 世纪初，热那亚防卫能力的提高和海上保险的采用是对地中海海盗活动死灰复燃的回应。在同一时期，一些政府——最早是威尼斯——就支持了这些海盗活动。以这些（和其他）方式，对暴力的有效利用为热那亚和威尼斯提供了长途贸易中的竞争优势（Pezzolo，2007）。

除了有效的胁迫手段外，意大利商人还发展了一些组织形式上的创新，以提高效率和降低交易成本。首先，与其贸易商品紧紧相随的“冒险家商人”逐渐让位给在其商业总部指挥和组织运输的坐商（sedentary merchant）。这显然导致了对过程的控制，以及委托人和代理人之间的信任的一些问题。即使没有一个单一系统能够消除这些问题，但很显然，在商业革命时期出现了各种旨在减少不确定性的方法，从而使长途贸易更加有效。

家族与经济增长

很自然地，商人的家族构成了寻找资源和支持的主要环境。在中世纪时期的意大利企业中，家族结构的演变似乎相当清楚，但显然对于大型商业城市来说，它并不是一成不变的。佛罗伦萨拥有一大批学者，他们分析了城市的经济结构和发展，以寻找现代资本主义的起源。商人企业家、对利润的追求以及新的财务和会计技术都 273
被认为是经济领域中一种新的运作方式的组成部分。在此背景下，家族也被视为关键因素进行了分析。然而，在文艺复兴的扩张阶段，家族被认为没落了，这证实了将经济增长与较小的核心家庭联系起来的假设。

有些人支持关于 11 世纪初家族单位开始扩大的说法。在城市里，繁荣的阶级沿着比过去的定义更为宽泛的家族血统和团体组织起来（Herlihy，1969）。同样，商业企业也反映出家族的核心作用。一开始，我们常常遇到在农村有着广泛利益的封建宗族，城市中的家族世系也同样如此（Greci，1986）。然而，后来出现了一些专门从事商业活动的家族。在 13—14 世纪经营的、托斯卡纳地区更大的商业公司和银行提供了一些很好的例子。来自卢卡的卡斯特拉卡内（Castracanc）一家几代人都是从事货币兑换职业，到 13 世纪 70 年代，已经至少有了 7 个合伙人，其中只有 2 人与该家族没有血缘关系。但随着商业活动的扩大，合作伙伴的社会空间也在增长（Blomquist，1971）。由四兄弟于 1244 年创立的韦卢蒂（Velluti）公司从创始人那里得到继承权，并且至少持续到 1312 年。佩鲁济（Peruzzi）家族是著名的银行和商行，代表了 14 世纪上半叶佛罗伦萨的经济生活状况，在合伙人中约有一半都是男性家族成员。的确，仅从数量上讲，佩鲁济家族在公司合伙人和雇员的更大范围内的比重上并不占优势，但值得注意的是，是其家族成员共同做出重要的决策。

此外，纳入新合作伙伴的扩张政策似乎遵循了一种受家族关系影响的逻辑（de La Roncière，1977：235；Luzzatti，1971：15-30；

Sapori，1955：653–694）。同样，在14世纪，斯特罗齐（Strozzi）公司不过是强大的宗族的一种延伸（Spallanzani，1978）。阿尔贝蒂（Alberti），即14—15世纪时期佛罗伦萨一家著名的商业企业，是由三兄弟建立的，随着时间的推移，他们的儿子也被纳入了管理层。在1347年，后一代人看到了“新的”阿尔贝蒂家族成员与“古老的”（antichi）阿尔贝蒂家族成员之间的分野。后一团体在1372年进一步分裂成两个独立的公司。因此，在1400年左右，几种不同的阿尔贝蒂公司同时在整个欧洲经营，他们都是创始人三兄弟的后代，但是现在显然是分开的（De Roover，1974：56–58；Sapori，
274 1955：975–1012）。在任何情况下，基于家族关系的公司在两代或三代人的过程中会分裂成不同的公司是不可避免的。

14世纪中叶的黑死病被认为是家族史，尤其是其经济组织的分水岭。瘟疫暴发前，大型家族企业占主导地位，随后发生了重大变化。一些学者认为，宗族在企业组织中的核心作用逐渐消失。与13世纪和14世纪的模式形成鲜明对比的是，从14世纪末期开始，这些大企业的结构就像股份制公司一样，即一种围绕着主要公司的相互重叠的自治性合伙关系的组合。马尔科·达蒂尼（Marco Datini）家族的企业，以及美第奇（Medici）家族的企业代表了这种新模式（Melis，1962：173–279；Sapori，1967）。商人享有极大的行动自由，充分体现了文艺复兴时期的个人主义（Goldthwaite，1968），而根据其他学者的观点，家族继续在佛罗伦萨人做出的各种选择上施加了一种稳定的影响（Kent，1977）。然而，除了文艺复兴的社会思潮之外，什么是社会制度的动态变化对经济增长的影响呢？

如果我们考虑佛罗伦萨商人当中的政治婚姻，所得到的一个清晰印象是，这是一个包括大量家族在内的广泛网络。这是一个

灵活的系统，例如，在 1378 年梳毛工起义（ciompi）的政治动荡后，该系统重新组织起来，以扩大政治和社会共识的范围。对于工人起义反应冷淡的宗族们已经被传统的精英阶层所吸收，而且建立了合伙制，通过家族间关系和客户关系得以强化，特别是在金融和国际贸易领域（Padgett and McLean，2006）。结果如表 10－2 所示，该表显示出 15 世纪初在佛罗伦萨得到发展的高度商业和家族关系。

表 10－2　15 世纪早期佛罗伦萨的合伙制和社会关系

275

	家族内部	贡法洛内内部*	相同地位群体内部	合伙人总数
银行业	158	50	226	296
%	53.4	16.9	76.4	
羊毛业	168	58	172	318
%	52.8	18.5	54.1	
丝绸行业	42	20	56	98
%	42.9	20.4	57.1	

资料来源：McLean and Padgett，2004：203.

* 贡法洛内（gonfalone）是划分佛罗伦萨的空间单位（16 个区），从而为邻近关系提供了一种测度 [也可参见 McLean and Padgett（2006）]。

这些团体的行为有很大的不同：地位高的银行家倾向于在高地位的圈外人中寻找新的合作伙伴，而在其他行业，家族关系比地位更重要。然而，结果却导致的是一个极其牢固的社会阶层，即使不能说这是一个封闭的社会阶层，但精英家族谱系之间的近亲结婚程度也相当高（Molho，1994：274-297；Padgett，2010）。以血缘、婚姻和邻里关系为纽带，佛罗伦萨的统治精英面对逆境，以及经济和政治动荡时挺过了好几个世纪。此外，自 16 世纪 30 年代以来，作为佛罗伦萨政治生活特征的相互斗争派系已经消失了，从而增强了跨群体的信任程度。

在这里，妇女的作用是基础性的。她们不仅是连接不同家庭的纽带，而且除了带来嫁妆以外，也直接牵涉进家族企业的命运之中。实际上，佛罗伦萨的做法是：当丈夫破产的时候，妻子也会被监禁，同时嫁妆会被控制。此外，也有各种案例显示，同一家族成员会在不同的公司工作，不仅是为了分散风险，而且是为了维持广泛的人际关系网。所有这一切都使我们得出结论：佛罗伦萨商人之间的竞争程度是特别温和的。同样的结论也适用于13—14 世纪的阿斯蒂商人。在这里，我们发现了一个遍布皮埃蒙特和佛兰德斯的复杂关系网络，连接着从事贷款发放的不同公司。这使管理具有相当大的灵活性，并具有坚实的系统凝聚力（Castellani，1998）。

让我们现在将讨论的重心从佛罗伦萨移到热那亚，它是中世纪晚期至近代早期地中海西部最重要的港口。这个利古里亚人（Ligurian）的城市有着活跃的政治文化，以派系冲突、叛乱和普遍混乱为特点。面对家族势力时，人们普遍认为热那亚政府是极端软弱的。但是，这并没有妨碍热那亚人构建一个大的版图，首先是领土上的，后来是金融方面的。从 14 世纪到 16 世纪初期，热那亚的大家族（alberghi），也就是多户家族（multifamily），即大部分通过血缘、婚姻、客户关系和邻里关系统一起来的贵族家族，处于城市
276 社会和经济生活的中心。虽然在佛罗伦萨这些宗族和客户关系的结构没有得到制度上的认可，但在热那亚，大家族承担了举债、税收分配和军事动员的功能，并且积极参与政府事务（Grendi，1987：49-102；Heers，1961：564-576）。值得注意的是，当有些地方法官不能履行职责时，可以由其亲属代替（Shaw，2005：51）。接近 14 世纪末期，这里有大约 100 个大家族，在接下来的一个世纪里，数量下降到 40 个左右，在 1528 年，这一数量固定为 23 个。从 16

世纪初开始，这些机构的活动仅限于帮助财务上遇到困难的成员和管理宗族的网络。

至于这些大家族的经济方面，这种家族间的关系代表了中世纪晚期热那亚经济增长的一个关键维度。从 12 世纪中叶开始，长途商业中，家族纽带的重要性大大增强。这导致了一些专门网络的形成，从而加强了这些家族的联系。来自 1376 年和 1377 年热那亚港的海关文件表明，其中出现的四分之三的名字中有着大家族内部之间的关系。在 1445 年，主要家族的成员都被沿着海上航线进行安排以支撑贸易，在所有重要的欧洲中心都可以找到热那亚各个家族的代表。在 15 世纪，由于得到了琴图廖内（Centurione）和洛梅里尼（Lomellini）家族的支持和关系网络，强大的斯皮诺拉（Spinola）家族主宰了与格拉纳达王国的贸易（García Porras and Fábregas García，2010：37-38；Petti Balbi，2000；Van Doosselaere，2009：178-182）。热那亚人在西班牙帝国中的金融霸主地位，是基于他们通过广泛的亲属间和家族外网络管理一个广大地区的金融资源流动的能力。在马德里工作的银行家们表现出强大的家族联系，这无疑强化了商业和个人的联系（Alvarez Nogal，2005：77-78，89）。

威尼斯的情况与佛罗伦萨或热那亚不同。这个由潟湖形成的城市发展出一种国家利益压倒私人利益的悠久传统，因此，与公众利益相比，这里的家族无足轻重，这就定义了这个圣马克国（state of St. Mark）。但是，那些仔细的分析还是强调了家族关系在政治舞台和经济领域中的关键作用。至于贵族，伟大的血统分裂成一些分支，随着时间的推移，他们只分享着最初的姓氏。与佛罗伦萨相反，但与热那亚相似，在威尼斯，兄弟会（fraterna）的裁判制度有着很长的历史。在家族头领去世后，他的儿子们共享很大一部分家 277

庭遗产的管理，并且住在同一屋檐下。通常只有一个儿子被选择来延续家族。在一个主要致力于商业的社会中，就像中世纪的威尼斯一样，平等的财富分配不会产生什么问题，甚至允许每个继承人都可以与外人一起从事商业贸易。这种家族式合伙关系的优势是相当大的，与那些热那亚的大家族类似。第一，长途商业贸易的不确定性程度较高，就会鼓励这些家族的头领不是只选择一个继承人，而是让所有男性继承人都参与家族企业，从而使风险分散。相比之下，在陆地经济中，无论是短期还是长期，都不太容易受到剧烈波动的影响，那么把所有的筹码都放在一个儿子身上的风险要小得多（Boone Ⅲ，1986：868）。第二，家庭财富保持不变，可以由兄弟们根据各自的专长进行管理。第三，这允许子孙们建立通常会将他们从威尼斯带到外国宫廷或者登上一艘战舰的政治生涯。第四，这种做法创造了一种规模经济，在这种情况下，共同居住的生活区可以让家庭方面的开支更少。从商业转向土地的投资导致了贵族之间的婚姻限制，作为一种家族式合伙关系的兄弟会在16世纪消失了（Hunecke，1995）。因此，出于几个商业目的，合伙制得到了发展。

从这种对中世纪晚期意大利大商业城市的家族系统和商业企业结构的概括中得到的图景特别有趣。我们发现，在我们面前有一个复杂的家族、机构和经济联系网络，它是建立在由数千人组成的庞大信托基础之上的。几百个商人和商行分散在欧洲各地，形成了散居海外的意大利人移民社群。这个系统延伸到城墙之外，横跨地中海、黑海和北海的大片区域。意大利商人的竞争优势表现在，除了利用复杂的信贷机制的能力之外，他们还有能力创造记账货币，并将它带到任何需要的地方，这也把他们定位在一个由家族关系和友谊支配的非正式网络中。这无疑促进了商品和信贷的流通，也促进了经济信息的传播。值得追问的是，在这种情况下是否存在真正的市场竞争？大型商业和金融市场即使在相互竞争的时候，虽然是 278 以寡头垄断集团为特征，但也完全没有抛弃合作，就像在马德里的热那亚银行家们之间，或者是在托斯卡纳商人和威尼斯商人之间所发生的那样（Alvarez Nogal，2005：75；Goldthwaite，1987：23-24；Goodman，1981；Luzzatti，1971：18；Padgett and MacLean，1997；Soldani，2011：27-39；Vallet，1999：27-39）。

家族的核心作用不应被低估，因为它至少支持了商业革命的第一个主要阶段。家族环境让价值观和信任得以传递，这使得家庭成员、客户和邻里之间的合作变得更顺畅，他们有着情感纽带和商业联系的传统。因此，家族和本地网络巩固了牢固的信任关系，并使技能和知识的代际转移成为可能（de La Roncière，1977：237；Petralia，1989：34-36）。它也可以在缺乏信息或在商定的规则难以执行的情况下代替市场运作。家族关系给市场带来的巨大好处是家庭责任原则。在这种情况下，我们可以追踪一条不断演进的路线，沿着这条路线，在商业企业中有一个从集体责任到与他们参与比例成正比的个人合伙责任的通路。最初，商业企业反映了城市政治面貌的社会结构，在很大程度受到了宗族和家族派系的影响。结果，社会资本和家族的文化遗产没有差别（Sapori，1955：803）。集体责任原则背后的目标显然是使契约破裂对整个家族来说代价昂贵。家族网络能够提供保险和信贷，因此构成了一种风险共担团体。我们也不应该低估引导商业家族成员行为的那种荣誉感。不诚实的行为会招致集体和家族的制裁，后者被认为是一种支持商业活动的社会抵押品。[1]

建立在家族企业基础上的制度也会产生一些不利因素。首先，它并不能防止自相残杀的斗争和戏剧性的失败。其次，治理家族和邻里关系的中心机制并不总能提供必要的金融资源来扩大业务。此外，在破产的情况下，所有的家族成员都发现自己受到牵连，即使他们没有直接参与有问题的经济活动。为了避免这些问题，意大利人依靠否定性（ripudio）这样的法律工具，使得一部分家族财富免于受到债权人的处置（Kuehn，2008）。

279 长期以来的学术研究发现，遭遇强大壁垒和受到家族关系影响的组织往往有着缓慢的经济增长。以一个庞大而稳固的家族关系和团结为特征的结构对社会福利有影响吗（Fukuyama，1995）？建立强大的封闭团体必然妨碍与外部成员的合作，让我们分析一下我们在这里研究的系统的开放程度。热那亚的商业革命早期阶段显示出一种与商人的职业化联系在一起的、活跃的社会流动性，这体现在 14 世纪 30 年代以来的许多小规模海外投资当中。在威尼斯，这种现象只是较晚才出现，但类似于热那亚，12 世纪和 13 世纪是一个有着很强流动性的时期（Romano，1987：18；Van Doosselaere，2009：123，146）。在佛罗伦萨，我们发现在商业环境中也有显著的社会流动性。在 1369 年，106 个使用比萨港口的佛罗伦萨商业企业中，有 51 个属于“新进入者”（gente nuova）（Goldthwaite，2009：104-105）。意大利商业扩张的几个世纪似乎并不以一个顽固的阶级制度为标志，传统网络的核心作用并不存在。

除了非正式的家族制度之外，还存在着降低交易成本的法律工具，特别是减少与委托 - 代理关系有关的不确定性。需要注意的是，过去（现在仍然）没有办法彻底解决这个问题。然而很明显，在中世纪，采用了几种系统来减少不确定性（Greif，2006）。从行商到坐商的转变，带来了与具有相同目标的行为者有关的契约采用问题。康曼达契约是一种确保利润和损失会在投资合伙人（坐商）和从事海外贸易的合伙人之间进行分配的契约。在采用康曼达契约之前，在地中海区域最常用的契约是海运贷款（sea loan）。这为投资者提供了一笔固定的支付，投资者则承担了海运投资的全部风险。显然，投资者的高风险意味着高回报率。尽管在罗马法中可以发现康曼达契约的一些源头，而且该契约受到后来拜占庭帝国和阿拉伯帝国的一些影响，但这种契约的发展在中世纪变得特别重要。

在信息得到广泛传播的背景下，这种契约代表着一种将储蓄转化为商业投资的有力工具（Gonzáles de Lara，2008；Pryor，1977）。海外风险投资企业的社会基础是由几百个通过康曼达契约联系在一起的小商人组成的。康曼达契约主要用于运输业务，企业 280
却类似于典型的土地交易契约。与随着每个商业冒险投资活动结束而到期的康曼达契约不同，企业的形成有不少年头，而且可以进行更新。利润的分配和损失的分担与每个成员所提供的资本成比例。企业的主要特点在于其有能力从外部投资者那里筹集资金。为了增加其基础资本，企业可以通过提供固定回报从公众手中获得定期存款，就像今天的债券一样。在 15 世纪的佛罗伦萨，一般的存款回报率为 8%，并没有像高利贷那样被禁止，因为利率是由借款人自己决定的（Goldthwaite，2009：438）。

另一种在 13 世纪末期发展出来的融资方式是汇票。为了避免转移大量硬币的困难，商人求助于一种在国外用外国货币进行支付的书面票据（Goldthwaite，2009；Mueller，1997）。这一机制的主要参与者有四人：在某一个地方有汇款人（或付款人）想要转移这笔钱，以及出票人（通常是一个商人银行家）以当地货币收取款项并向其代理人出具汇票。在另一个地方，受益人（或收款人）收到并将付款函件交给他的对应一方，即银行的代理人（或付款人），付款人按照出票人的指示付款。显然，这个工具涉及一个连接不同市场的运营商网络，以及对货币市场的深入了解。

汇票之所以获得成功，是因为它便利了国际收支，掩盖了与信贷业务有关的利率。事实上，这一利率是由于交易中所涉及的不同货币之间的两次兑换率而引起的，鉴于市场波动，这种汇率是高度不确定的。作为一种付款手段，到 14 世纪，汇票成为一种真正的信用工具，与货物的流通毫无关联。兑换的操作可以被更新，票据可以再次转让（再兑换），直到金额和利息都已经偿付。值得注意的是，尽管可以在意大利商人当中发现一些早期的证据，但在 16 世纪晚期的安特卫普出现了进一步的创新，汇票可以通过背书进行议付和轻松的转让。到了 17 世纪初，背书这种实践操作的扩散和印刷格式的使用使得商人们可以自行签发汇票（Melis，1984：68-70；Van der Wee，1993：145-166）。

281 商业制度的巨大复杂性也带来了会计创新。“复式记账系统”的采用可以被认为既是对坐商控制海外代理人活动需求的回应，又是对从合伙企业账户中区分出家族账户的需求的一种回应，同时也是一种合法化商业交易行为的工具（Carruthers and Espeland，1991）。值得注意的是，这种会计做法可能是从商业世界借鉴而来的，而且在 1340 年被热那亚的公社用来管理自己的预算（Felloni，2005：65-69）。但是，与其他实践做法一样，会计技术也与经济和文化环境及其多样化的需求紧密联系在一起（Gonzáles de Lara，2008；Lane，1945；Williamson，2010）。

除了血缘关系和本地关系之外，城市的商业世界也建立在常常被视为商业利益的制度性起源的国家组织基础之上。实际上，北部和中部的意大利城邦无疑可以被认为采用了世袭制度，统治者们和各个企业在其中“联合起来开展各种政治性工作任务，并且分享主权带来的各种特权”（Adams，2005：6）。在下一节中，我们将分析中世纪意大利的三个主要商业中心，即威尼斯、热那亚和佛罗伦萨，目的是尝试确定它们的政府是否以及如何支持或者限制经济上的成功。

三种政治体制

威尼斯是自 13 世纪以来一直向海外扩张的一片疆域上的领导者，首先是在亚得里亚海北部，后来又向下扩展到了克里特岛、塞浦路斯以及爱琴海的几个中心区域。在 15 世纪，它已经征服了波河流域的很大一部分，包括帕多瓦、维罗纳和布雷西亚这些重要城市。从 15 世纪中期开始，威尼斯共和国不得不与奥斯曼帝国进行抗争，后者通过征服希腊、塞浦路斯，最后是克里特岛，逐渐成功地侵蚀了威尼斯的海外领地。威尼斯共和国由一个中心（威尼斯）和其领地组成，该中心与领地在地理上分离，后者反过来又可以分为所谓的本土领地（stato da terra，即意大利的大陆地区）和海外领地（stato da mar，即海外殖民地）两部分。

从 14 世纪开始，威尼斯共和国是由贵族寡头统治的。这是由有权参加能够选举出政府官员的大议会（the Great Council）的各个家族组成的。大议会也选举出总督，即国家主权的最高代表，他在去世之前一直担任这个职位。但是，最重要的行政机构是元老院，282
由大约 200 个贵族组成，这一总数会随着时间的推移变化。元老院决定了有关外交政策、贸易、金融等重大问题。在贵族阶层之下有所谓的公民（cittadini），即那些一出生就是或者被授予公民身份，从事自由职业，以及作为官僚机构行政人员的威尼斯人。必须要强调的是，只有贵族和公民有权从事海外贸易，此外，他们还享有关税方面的商业优势和特权。例如，到 1385 年，只有一出生就是公民的人才被允许在威尼斯与德国商人进行贸易（Bellavitis，2001：27-28）。在威尼斯居住了 25 年的移民能够通过特殊渠道获得公民身份（de intus et de extra），同时享有与贵族和一出生就是公民的人同样的优势地位。平民（工匠、工人、小商贩，诸如此类）代表了人口中的剩余部分。

早在 15 世纪初，贵族就已经成为一个真正的世袭阶级。没有任何新来者能够寄希望于进入这种数量有限的贵族家族圈子当中，他们是通过家族关系传递其政治权力的。只有在很少数紧急情况下，这种贵族圈才会向新的家族敞开大门。例如，当政府提供用大量金钱可以换得贵族地位的机会时，在与克里特岛的战争（1645—1669 年）期间注入了大量新鲜的贵族血液。许多家族，大部分来自威尼斯和欧洲大陆，利用这个机会进入了直到那一刻为止似乎都永远对大众关闭的殿堂。至于威尼斯的公民身份，虽然它受明显刻板的规范支配，但它也可能成为一个相当灵活的机制，因人口和社会事件而扩张或收缩。在 1300—1500 年，至少有 3 600 人获得了各种类型的公民身份。黑死病之后，当局的仁慈之心被填补疾病所造成的缺口的渴望刺激了。在 1351—1400 年，超过 1 600 人被提升到威尼斯公民的地位，而在之前的 50 年中，只有 777 人如此幸运。这种做法延续到接下来的几个世纪，但随着威尼斯在国际贸易中的作用减弱，获得公民权的动机减少了；在 1551—1600 年，政府只收到了 159 份申请书（Bellavitis，2004；Mueller，2010）。

威尼斯的商业领域的显著特点之一是，广泛的信任关系维持着各种交易。经济史学家们最近对这种现象进行了分析，他们强调了贸易共同体中的相同因素。然而，信任并不是一个固有的因素：它必须被创造和得以发展。为了保护商人，欧洲各地出现了各种正式机构：集市、专门法院和行会。最近，学者们还强调了代表着系统内生要素的非正式制度（习惯、普遍的做法和意识形态）所发挥的作用，成文的规则和规范属于系统内生要素（Greif，2006；Ogilvie，2011）。 283

在威尼斯以及其他地方，商人倾向于避免在法院这样的正式场合解决争端，而是通过仲裁者在他们的圈子内部解决。只有在争端变得极端，以及法庭外的解决方案行不通的情形下，他们才会求助于法官。值得注意的是，与其他地方不同，在威尼斯并不存在职业法官。相反，法官是由被选举出来在一段特定时期管理法庭的贵族担任的，在此之后，他们可以被选择进入海军、成为大使或财政官员，或者是一个具体城市的市长。这意味着，争斗的双方没有诉诸法律专家以解决他们的积怨，而最重要的是，法官享有相当大的自由裁量权。此外，习俗通常胜过书面规范。威尼斯的法律符合快速和便利这种对于商业世界而言是典型和必需的要求。尽管如此，威尼斯的法律在罗马法主导的欧洲环境当中构成了共和制度认同的基础之一。不言自明的是，贵族法官拥有法律和政治双重角色。总之，人们可能认为威尼斯是一个统治者行使政治权力、执行审判权，在很大程度上也从事经济活动的城市。这应该会给这个城市带来严重的社会和政治压力。一个同时能够行使政治和司法权力的统治者团体将能在不受法律约束的情况下主宰经济领域。但至少直到 16 世纪，这种情况都没有发生。原因是政治统治者和经济活动主角之间的共同身份奠定了威尼斯经济增长的基础。然而，这种独裁模式也并不足以解释威尼斯的成功：人们必须把它置于一个背景之下，即执政集团能以有效和广泛的方式分配从国际贸易中产生的利润。

威尼斯是国家主导型经济增长的一个典型例子。它的政府特别关注经济，而且在市场中发挥了一种积极作用。例如，与佛罗伦萨不同，在那里有一些小型和中型的银行在经营，威尼斯只有少数几家银行，而且都处在严格的政府控制之下（Goldthwaite，1987；Mueller，1997）。利用拜占庭帝国的脆弱，威尼斯人能够从君士坦丁堡获得法律和税收特权。另一个典型的例子是由商人船队的国家
284 护航提供的。从 14 世纪初期开始，威尼斯组织了一个很大的战舰护航体系，这些战舰可出租给商人。这个机制相当简单：政府将商业桨帆船（比轻型平底船更强大）的管理和使用权拍卖出去，一旦装配好帆及索具，配置好船员，以及装上货物，就在船长的指挥下航行于护航船队（muda）当中。因此，以里亚托为中心，形成了一个连接黎凡特和黑海的港口，以及地中海西部和非洲、佛兰德斯和英国的各个海岸的联系网络。商船队装载着具有很高价值但体积较小的商品，例如香料、丝绸和贵重金属。这个系统倾向于向所有的商人提供同样的获取信息和利润的机会，莱恩（Lane，1966：226）则正确地强调了它的重要性。

商船队的公共所有权显示了威尼斯贵族们的团结，也强化了这种团结。这种年度拍卖的系统将私人经营与公共控制和所有权的不同优势进行结合，是威尼斯政府在效率和稳定性方面，与 14 世纪许多其他意大利城邦区别开来的一个重要的元素。

这种护航船队系统的优势是相当大的。第一，它同时满足了防卫和商业的不同需求。船队得到了很好的保护，而且能够通过互相协助来防御海盗。第二，船舶本身针对任何不可测事件进行了装备，如有必要，可将国有船只用于军事目的。第三，船队通过降低运营成本促进规模经济的实现。商人也可以避免在造船方面调动大量资源，反过来可以将这些资源投资于将要贸易的商品。政府

的商船队也比私人船只享受着更有利的市场进入条件。只有前者的船舱满载的时候，后者才被允许装载奢侈品。需要注意的是，所有的投资者都享有同样的特权和条件。此外，在海外港口的威尼斯领事和代表们的网络提供了有关市场状况和可能的欺骗行为的信息。这个国家管理系统降低了行为不诚实的激励，因为一个骗子可能面临失去制度自身利益的风险。商船队的到来和离开决定了威尼斯市场当中供需变化的节奏。这就可以用来预测商品价格波动和货币成本（Mueller，1997；Tucci，1962）。登上战舰作为弩手的年轻贵族能够获得海上和商业活动的宝贵经验。第四，自由桨手也成为战舰队训练有素的后备力量（Doumerc，1991；Lane，1966；Luzzatto，1954）。因此，威尼斯城邦提供保护和服务，这些都作为激励，让商人们继续留在圣马可飞狮（Lion of St. Mark）的翼护之 285
下（Gonzáles de Lara，2008）。在威尼斯的例子当中，商业团体典型的社会和道德义务对国家制度有利。

然而，在 16—17 世纪，威尼斯经济发生了结构性转变。在 15 世纪，特别是 16 世纪，整个城市成了一个重要的工业中心（Tucci，1991）。威尼斯在毛呢生产和印刷业中都变成了领先者。然而，在长途商业领域，危机的预兆正在形成。威尼斯在地中海东部的霸权逐渐被许多因素侵蚀。第一，奥斯曼帝国带来的压力迫使威尼斯人放弃了沿着商业路线的一些战略性位置。商业关系本身并没有减弱，但无疑，为商船队提供保护的系统被削弱了。第二，商业化的成本由于来自“北方人”的竞争越来越激烈而增加了，他们表明自己在海上运输方面比威尼斯人更有效率。第三，威尼斯的纺织品在地中海东部市场正逐步被来自英国和法国的布匹所取代，后者由于较低的交易成本和生产成本，价格也更低。因此，传统贸易的结构性困难严重削弱了制造业部门。这个城市没有经历急剧的衰退，而是对其生产设备进行了重大重组。一些部门的抵抗获得了成功（玻璃制造、丝绸和其他奢侈品的生产），同时服务业也增长了。

乍看之下，热那亚的情况与威尼斯截然不同（Epstein，1996；Grendi，1987；Heers，1961）。热那亚的历史充满了骚乱、反叛和外国列强的干涉。在1257—1528年，已经发生了81起叛乱事件和政府变动（Epstein，1996：325-327）。16世纪的一些宪政改革（constitutional reforms）稳定了政治框架，巩固了贵族的霸权。然而令人惊讶的是，热那亚的经济繁荣正好与其公民政治生活的连续和严重动荡重合了。问题不在于发现热那亚成功的原因，而是要理解它是如何在激烈的派系斗争中产生的。

热那亚的政治和经济组织与威尼斯有着显著的不同。正如我们已经提到的，这一利古里亚地区城市的制度基础和政治基础是大家族（albergo），一个甚至得到了城市法律认可的、由亲属和客
286 户组成的扩大的宗族。在商业扩张的第一阶段，各个家庭与长途贸易似乎有着密切的关系。从13世纪中期开始，家族集群变得越来越重要。因此，热那亚案例中的家族关系代表着经济增长的一个有效杠杆（Van Doosselaere，2009：178-180）。在1445年，一个很明显的现象是，位于海外的92个热那亚商人里，有多达80%属于那些最重要的家族，而且他们都处于这些贸易路线的战略位置上。此外，这些宗族还履行各种经济和政治职能。一些成员从事贸易，其他一些涉足国内政治，而另外一些人负责的是祖产的管理。

因此，这种大家族既代表着一种力量元素，也代表着一种弱点。人们可以把宗族也看作一个完全投身于政治活动的大型家族企业。然而，最大的问题在于与其他宗族的竞争。如果威尼斯在

海外商业中的共同利益的约束下，随着时间的推移成功地在各个大家族之中建立起一种平衡，那么在热那亚，解决问题的办法既可以在不同群体之间推行合作的非地方当局之中找到，最重要的是，也可以在商业活动中有共同利益的阶层对非正式协议的寻求当中找到（Van Doosselaere，2009）。尤其是对总督即共和国最高元首的提名的控制，引发了高度的政治冲突（Shaw，2005），但是在需要为一个共同的目标调动力量和资源的时候——无论是一场战争还是一家商业企业——热那亚人都有很高的效率。与威尼斯不同，热那亚政府没有提供一个国有护航舰队的管制系统，但还是用其战舰确保了对私人船只的保护。此外，在威尼斯，政府直接控制了军火库和船舶建造，而在热那亚，这些活动则没有处于政府集中控制之下，依旧是一个由私人企业家控制的领域。此外，自 16 世纪以来，热那亚一直能将这些保护成本转嫁给西班牙王室（Arrighi，2004）。

人们甚至可以假设，威尼斯和热那亚的真正区别在于，前者依赖于正式的制度，后者则依赖于非正式制度。实际上，使得这两个共和国有这些差异的原因，更多的并不在于各自那部分精英阶层的国家意识，而在于除了寻求投资机会的不同理念之外，所选择的建立合作关系的手段。在威尼斯人的体系中，最高层次的代表是商船
队的护航舰队，这在商人之间施加了一定程度的平等性，也限制了 287
个人巨额财富的形成。当然，这并没有消除和其他城市一样的巨大经济差距，但各项指标使我们得出结论：在 14 世纪 70 年代，与其他城市相比，威尼斯的财富分布并没有那么不平衡（Kedar，1976；Romano，1987）。

相对于威尼斯和热那亚两个港口城市，佛罗伦萨则显示出一些结构性差异。这里中世纪晚期的政治历史，在一个本质上是在

共和制的制度框架内受到权贵和大众阶层，即“归尔甫派与吉伯林派”（Guelfs and Ghibellines）之间活跃的内部斗争的主导。实际上，一部分公民可以被选举进入社区的政府部门。尽管有14—15世纪所发生的市政委员会（corporations）的治理危机，以及寡头政治的强化，这一原则甚至在美第奇家族统治期间和意大利战争的动荡岁月中坚持下来了。自16世纪30年代以来，随着美第奇家族的元首制度建立，形成了一种制度结构，即以公爵和他的宫廷为首，并由建立在地方上的、基于公社的各种机构的常设官僚机构提供支撑。与威尼斯和热那亚相反，美第奇政府部分放弃了其城市的传统，而且在整个国家的精英阶层当中开辟了政治和行政参与的路径。另外值得注意的是，与威尼斯和热那亚不同，这些城市不存在商人企业，但在中世纪的佛罗伦萨，商人企业起到了至关重要的作用，尤其是那些银钱兑换商和羊毛商人。在港口城市当中，政治领袖和商人之间的密切关系使得这种制度多余了。

在中世纪，威尼斯商人与热那亚商人与海外贸易有着千丝万缕的联系，佛罗伦萨商人关注的却是土地贸易、纺织制造和金融（Goldthwaite，2009）。只要商人们能够保证来自欧洲北部的羊毛和半成品布的连续供应，当地的工业就享有由高质量的生产和在国际市场上进行有效分销构成的优势地位。当英国羊毛的进口在16世纪出现问题的时候，佛罗伦萨人就转向了提供较低质量产品的卡斯蒂利亚，同时最重要的是，把他们的进口控制权留给了卡斯蒂利亚商人和热那亚商人。从数量上看，16世纪下半叶的生产水平类似于14世纪的大扩张时期，即便其内部市场已经经历了深刻的变化。然而，从16世纪末期开始，这里出现了越来越多的危机迹象，市
288 场份额的收缩导致生产急剧减少。当下，佛罗伦萨的羊毛工人开始

以低廉的成本，为满足本地需求而工作（Malanima，1982）。

另一个比较大的织物生产部门是丝绸业。虽然在 14 世纪时基本不存在，但丝绸业在接下来的整个世纪中不断增长，并在近代早期得到了长足发展。在 15 世纪下半叶至 17 世纪上半叶，丝绸产量增加了 3 倍，并且在 18 世纪获得了进一步的增长。这一成功并不局限于佛罗伦萨，而与整个意大利北部地区都有关。然而，在 16 世纪的成功和 18 世纪的恢复之间，生产结构改变了。城市生产的金丝布料等奢侈产品，在法国的竞争面前失去了优势地位，而中低档行业则变得更加蓬勃了。水力捻丝（hydraulic twisting）技术的扩散使得半成品在国际市场上获得了支配地位。此外，农村还可以提供大量的生丝，这在 18—19 世纪成为意大利的主要出口产品（Battistini，2003；Federico，1994；Poni，2009）。

即使这些主要生产中心的羊毛生产发展轨迹遵循着不同的模式，总体情况也不容置疑，到了 17 世纪初，该部门已达到顶峰，然而在一个世纪里，只剩下羊毛的产出得到了维持。进一步地，生产结构发生了相应的变化，以至于奢侈的纺织品生产逐渐被放弃，并发展了对欧洲北部纺织品的仿制品的生产。此外，生产区大量转移到农村。随着羊毛产量下降，丝绸产量上升了，这就部分弥补了在羊毛市场上的损失。在城市中，对这些困难的反应是高端小众市场的发展，同时将羊毛生产转移到了农村。如果一方面，这些反应很可能没有成功地维持文艺复兴时期财富的高水平，那么另一方面，它们确实缓解了纺织业危机的总体影响。

与威尼斯那种国家威严的存在，以及热那亚宗族的普遍作用相比，乍一看，佛罗伦萨的情况似乎处于这两种结构之间。佛罗伦萨大商人似乎并没有得益于他们的权力地位，以促进他们在国际市场上的利益（Goldthwaite，2009：113）。至于他们有限的海上努力，在 15 世纪 20—70 年代，佛罗伦萨政府试图按照威尼斯的例子组织起政府的护航舰队。这一系统旨在支撑对西班牙羊毛和英国羊毛的
289 进口，但佛罗伦萨羊毛业遭遇的各种困境使得这种护航组织过时了（Mallett，1967）。然而，政府的作用不能否认。佛罗伦萨的贵族是 17 世纪意大利少数几个对商业和工业部门进行了大量投资的统治阶级之一。但是，在 1737 年美第奇家族统治结束和洛雷纳家族到来之后，对这些合伙制经营的参与程度下降了，可能是因为那些直到那时依然对国家宫廷和金融机关有着传统上控制的人感受到了不确定性（Litchfield，1969）。同样，在 18 世纪 70 年代，对丝绸行业保护的结束也导致了这一部门的急剧衰退，该部门无法有效地面对来自法国和意大利北部的丝绸工业的竞争（Litchfield，1986：243）。

降低交易成本：保险

在长途贸易中，保险是限制风险的最有效手段之一。该制度起源于一个由个人关系组成紧密联系的环境。中世纪时期，在这方面的真正创新在于将风险转移给第三方。早期海上保险可能要追溯到 14 世纪初。直到 15 世纪末，保险主要有两种形式：第一种是虚构的贷款，其数额是在货物灭失时支付的。另一种，根据在佛罗伦萨的用法，只有根据被保商品的价值提前支付保费后才提供。前一种契约需要公证，而后者是一个私人协议（Ceccarelli，2009）。从 15 世纪末期开始，佛罗伦萨的这种保险由于其简便性而变得盛行了。保险程序变得更加标准化，而这是使得市场实践变得更为常规的更大发展的一部分。到 16 世纪末期，在佛罗伦萨和威尼斯，保单都

通过印刷制作了。

保险市场最重要的特点是参与者角色的互换性和较高的进入壁垒。许多商人既是保险从业者又是投保人（15 世纪的热那亚、16 世纪 20 年代的佛罗伦萨、16 世纪末的威尼斯）。这揭示了商人之间的特殊关系和各个角色的社会同质性导致的信息不对称程度较低。不足为奇的是，在 1433 年，威尼斯的安德烈亚·康塔里尼（Andrea Contarini）愿意签发一张有利于安德烈亚·佐尔齐（Andrea Zorzi）的保单，尽管前者没有关于旅行、货物或保费的任何信息。实际上，后者致力于在接下来一些时间里向康塔里尼支付保费。至少一直到 17 世纪，血缘关系的凸显一直是这个市场的特征。在这 290
种情况下，承保可以被视为一项社会责任而不是一种经济行为。尽管有制度化这些规则的趋势，但基于信任和非正式关系的决策持续存在。例如，16 世纪下半叶在威尼斯建立的保险公司仍然以亲属关系为中心，并不是代表一种可以扩大市场的真正创新。真正的保险公司直到整个 18 世纪才在欧洲北部产生。

保险市场的例子说明，非正式规则在特定环境下如何能够运作得很好：一个由一组有限的参与者组成的市场，它们的角色是可以互换的，并且通过亲缘（parental）关系相对地联系在一起。当然，这种模式在面对外生冲击时可能是极端脆弱的。一个商人的破产可能会引起一系列戏剧性的失败。然而，人均保费的较低数量会减少这种风险，此外，市场的规模足以分散和减少风险。

产　权

在 1576 年的佛罗伦萨，一个名叫萨尔韦斯特罗·达尔·博尔戈（Salvestro dal Borgo）的人因为撕碎了公文而被判处苦役。他在受到严刑拷打后认罪了（Lapini，1900：193）。这种惩罚看起来似乎与犯罪不相称，却显示了佛罗伦萨当局渴望保护公共记录的神圣性发展到了一种什么样的程度。实际上，从中世纪晚期开始，产权就必须在法律文件中定义好，公证员的重要角色在意大利比欧洲其他地方出现得早。理解和最终编写这些文件的能力成为一个人开始经济生活的前提条件，从更普遍意义上说，是经济增长的一个因素（van Bavel，2008）。

我们能够看到，早在 9 世纪就有相当比例的人会写字，从而能够理解这些成文法的意思（Wickham，1981：125）。从 13 世纪开始，意大利的城市拥有相当多的学校，包含公共和独立两种。这些学校在 14 世纪有所增加，而教会学校在那个时期结束时几乎消失了（Grendler，1989）。出于培训商人、抄写员和建筑行业工匠的需求，在 14 世纪出现了提供珠算培训的公立学校。公共当局认识到技术知识与商人和工匠的繁荣之间的紧密联系。在中世纪晚期与反宗教改革期间，意大利中北部地区的识字率似乎就已经相当高了。
291 在维拉尼（Villani）所处的佛罗伦萨（14 世纪 30 年代），以及根据 1427 年的土地登记系统，可能 10 个成年男性当中就有 7 个能够阅读和书写，在 1587 年的威尼斯，男童的识字率（6 ～ 15 岁）约为 33%。即使在农村，遇到能够理解和签署文件的农民也并非稀罕事（Balestracci，1984：18；Black，2007：35，42；Carlsmith，2010；Grendler，1989：44-46，78）。鉴于这种强大的商业环境，不仅在上层社会中，而且在较低的社会阶层中，发现较高水平的识字率也就不足为奇了。

首先，习俗是人际关系中的一个基本要素，是法律和社会实践的交汇点（Thompson，1993：97）。正如婚姻可以通过公开、社会认可而有效一样，一些权利也通过使用和传统得到承认。至于领主们对农民的控制程度，意大利北部和中部地区相比于欧洲其他地区下降得更早一些。农民和城市社区都大大削弱了领主的权力和他们习俗上的权利。这促成了土地权与与人身有关的权利的分离。在托斯卡纳和威尼托地区，封建制度并不重要，领主的权利也是很有限的。但是，采邑和领主在利古里亚地区是一种很重要的存在。热那亚贵族阶层的主要家族们在乡村享有领主的权利（Heers，1961：513）。然而，领主们并没有控制他们的奴仆们的完全权利，似乎也无法阻止他们出售自己的商品。除了一些地区之外，例如在锡耶纳的农村，在这片土地上没有这些庄园制的累赘。然而，在意大利的大部分乡村，一些城市推行了它们自己的立法制度，倾向于使得城市地产的地位高于农村地产。在这种情况下，以公民财产所有者和农村精英为代价，农村社区在农地、放牧地和森林上享有的习俗权利逐渐受到侵蚀。

虽然习俗权利在社区中得到了广泛承认，而且是监管制度的重要组成部分，但成文规则逐渐获得了首要地位。对书面规则不断增长的需求是由更多数量的公证员来满足的。在中世纪晚期的意大利中北部，公证人的出现成为日常生活的一部分。在 13 世纪 80 年代，像博洛尼亚和米兰这样的城市，大约在每 1 000 个居民当中可以找到 25 名公证员（Cipolla，1973：41；Jones，1997：157）。随后，由于公众可直接获得的法律工具范围扩 292 大，这一比例大幅下降了。财政和商业记录，以及习俗，被认为具有与法律文书同等的法律价值。例如，自 14 世纪以来，佛罗伦萨的工人们不再寻求公证员的帮助以解决与工匠师傅们的各种纠纷，而是信任市政委员会的审判机制（Goldthwaite，2009：352）。

能够证明产权的制度是多维的，因为这些行为者是被根据其出身和社会地位考虑的。男人、女人、公民、外国人、工匠、贵族、神职人员、封建或教会领主的臣民、犹太人，都由特定的法院支配。这种法律多元主义包括了共存的法律体系，有时存在相互矛盾，有时相互补充。这里有国家、都市、行会的各种法院，封建的管辖区和教会的管辖区，习惯法和商人法，每个都有自己的法官。在一个关于权利存在高度不确定性的框架中，求助于法庭以便更好地界定交易条件和这些类似的财产权是普遍现象（Ago，1998）。然而，正是在这种背景下，一些热那亚商人，与他们的佛罗伦萨同仁相反（Goldthwaite，2009：113），倾向于避免与法院打交道，因为司法系统对于他们的需求而言可能是低效且不充分的（Court，2004）。

当然，我们必须考虑到这种产权的概念与我们的现代概念相去甚远。例如，在土地所有权方面，区分私人和公共物品并不容易，更不用说所有权和占有权之间的区别了。此外，从中世纪后期起，法律和习俗区分了可以被转让的那部分家庭财产和不可转让的那部分。家庭的整体利益优先于个人的利益。例如，城市法律保证通过父系血缘关系联系起来的亲属有权对财产的转让进行控制。在 13—14 世纪，这些城市在取消将土地出售局限于农村的领主们的限定继承权上获得了成功（Carocci，2004：208；*Degli statuti*，1622：148；Grendi，1987：70；Owen Hughes，1976：945；*Statuti di Padova*，1551：65-66）。拥有或占有的土地可以通过继承或购买获得，或者被转让。

与中世纪的英格兰不同，意大利中北部的大部分地区不受土地买卖的封建限制条件的制约。在 9—10 世纪的托斯卡纳地区，农民可以自由地买卖土地。这不应被理解为纯粹的经济现象；农民根据教区和教派成员规定的一种逻辑行事，土地转让在其中发挥着

核心作用（Wickham，1987）。类似地，土地价格似乎更多受到了 293
家庭和社区环境的影响，而不是仅仅由供给和需求决定。在 17 世纪的普利亚，亲属要比外人享有更低的土地价格。土地不是一种简单的商品，因为它构成了嫁妆的很大一部分，而且在家庭内部和不同的家族谱系之间产生了各种复杂的流动。大多数的土地购买发生在女儿的婚礼上并不是偶然，特别是涉及中产阶级和下层阶级的时候（Delille，1988：142-146）。然而，如果认为这些规则限制了所有个体的自由程度，从而限制了土地市场，那将是错误的。诸如遗产信托（fedecommesso）和长子继承制（primogeniture）这类法律手段，是为了在宗族血统的背景中保护家族财产，但其他做法使得个人和家庭可以规避这种限制。

虽然无数权利的根源消失在时间长河之中，而这造成了对土地的多重要求权，但也没能阻止土地市场发挥作用。但是，人们必须考虑到，由于遗产信托制度这种严格的协议，贵族（土地）产权受到了多严重的限制。这是一种法律手段，限制了转让继承财产的可能性。从 15 世纪的佛罗伦萨开始，到后来的威尼斯，它成为一种保护精英阶层的手段，可能是为了防止因费用上升而导致的失血性财富外流，并维持宗族认同。该法律手段主要的缺点在于难以以有利可图和动态的方式开发遗产。但是，最近的研究已经降低了遗产信托制度在抑制激进性做法上的作用。大约一半的贵族土地受到一些条款的约束。有关土地在特权阶层之间转让的规定往往被认为是无法超越的，以至于它们形成了经济和社会结构。然而，对实际案例的分析表明，这些司法规则经常被规避，而且遗产的可分割或不可分割似乎没有影响财产代际传递。在 15 世纪的托斯卡纳，父系制的扩散受到了双亲的高死亡率和用来补偿被分割的遗产、作为嫁妆的土地供应的严格限制。同样，在 17—18 世纪，威尼托地区的农村妇女在家庭经济中发挥了至关重要的作用（Emigh，2003；Povolo，1985）。

无论如何，产权都得到了正式保障。市政法规对每个人都是平等的，无论是贵族、市民、商人还是外国人。然而，威尼斯当
294 局最担忧的问题之一是其商人权利的保障，这被认为是共和国的真正支柱。值得注意的是，威尼斯法律禁止税务评估人员通过银行家的记录来发现纳税人的财富数量（Mueller，1997：493）。破产法是严厉的，不诚实的银行家也会受到严厉的指控，即使他们属于统治集团。同样，佛罗伦萨的司法系统也运转得很好。产权受到了保护，同时“在少数已知的关于在工匠和资本家之间违反契约的案件中，前者没有理由对判决的结果感到不满”（Goldthwaite，2009：352）。

威尼斯政府之所以著名，是因为作为第一个——据我所知——授予发明家以专利权的政府。作为文艺复兴时期欧洲的技术革新中心，这个潟湖城市欢迎来自各地的工匠和发明家。1474—1788 年，威尼斯参议院颁发了 1 904 项专利权（Berveglieri，1995：22）。年平均专利数（5.6）略高于 1590—1680 年荷兰议会（Dutch States General）授予的数量，而在 1598—1700 年，荷兰南部的专利数（0.6）落后了；在 1660—1699 年的英国，平均数量为 6.1（Davids，1995：347；MacLeod，1988：150）。文艺复兴晚期是威尼斯政府收到创纪录的申请数量的时期，但如果认为大量专利就是增长的明显标志，那就错了。例如，在 18 世纪下半叶可以看到大量的专利，但这对威尼斯来说并不是一个经济扩张的时期。然而，必须强调的是，那些在其他地方已经被知道的发明，现在想在国家内部加以利用，则会被特别授予专利权。因此，这有利于那些能够在整个国家传播创新的人，而不局限于创新者自身。至于佛罗伦萨，从 16 世

纪下半叶开始，公爵们非常愿意授予发明者和请求人专利权。在1540—1739 年，政府颁发了 271 项专利权（每年 1.3 项）。在某些情况下，这些特权调动了最初的启动资本，而这种资本本来很难通过通常的合伙关系和契约积累起来。此外，这种做法不仅由于其实际效果，而且由于创新和经济回报之间的潜在联系而变得非常重要（Goldthwaite，2009：491-492；Malanima，1982：148-152）。值得强调的是，一个专利市场也出现了，其中的主角是发明家，以及一些金融家。建立合伙关系是为了在一个促进技术知识传播的法律框架内谋取最终的利润（Molà，2007）。

金融部门

到目前为止，我们已经研究了意大利经济史的一些特征，主要涉及的是国际贸易。现在，我们将分析金融，这是使得意大利半岛获得财富的另一个重要的部门。如果意大利中北部确实具有一个（相对）高度商业化的发达农业这样的禀赋，我们应该期望其资本市场同样发达和高效。的确，如果关注中世纪后期在意大利发展出来的银行技术和赤字融资方法，其重要性是不容否认的。然而，这幅图景并不完全是光明的，因为高级金融和银行家们的光辉被似乎由朦胧状态所主宰的广大农村地区掩盖了。这一节涉及的是这两个明显分离的金融世界：一方是城市和君主，另一方则是乡村和农民。 295

我们已经看到这些意大利大城市的商业扩张是如何与不断增加的战争联系在一起的。威尼斯和热那亚在舰队、防御工事和军队驻防中投入巨资，形成了在地中海东部的商业线路保护系统。佛罗伦萨征服了托斯卡纳大部分地区，以管控其供应路线和保护它们免受外来威胁。同样，在15世纪初，威尼斯在意大利大陆形成了一种支配地位，以避免强大的政治对手的崛起，控制通往中欧的陆地路线，从而巩固其海外利益。意大利半岛见证了中世纪后期城市与国家的反复斗争，在14世纪末至15世纪初，冲突异常激烈。社群军队之前大多是由临时雇用和缺乏训练的公民组成，从14世纪起，政府逐步开始使用雇佣军公司的职业化士兵。持续的战争状态有利于那些有着更好财政资源的政府。庞大的资本积累、较高的城市化率和意大利中北部封建制度的薄弱，使得雇佣大量雇佣兵成为可能。在14世纪中期，一支军队的平均规模是几千名士兵，但到15世纪初，主要国家可以部署多达20 000名士兵。因此，战争费用上升到前所未有的水平。在1377年和1378年，防御成本和偿债占到热那亚预算的60%～80%；在14世纪中期至15世纪早期，佛罗伦萨政府的军事支出增加了2 000倍（Becker，1965；Day，1963：xxiv）。因此，非常激烈的国家间的斗争促使这些意大利人
296 的政府发展出有效的方法来调动日益增长的财政资源需求（Parker，1988）。

在有需求的情况下，城市政府不得不诉诸各种权宜之计来筹集资金，而且反复的赤字融资导致其长期处于负债之中。自12世纪以来，威尼斯和热那亚等城市要求富裕公民提供自愿性的贷款，并且保证用未来的税收收益或公共财产作为抵押品。在1140年，热那亚政府把一些税收以包税制的形式给予那些已经致力于提前向社区提供资金的公民。此外，还可能涉及外国贷款人（Cammarosano，1996：48-49）。财政需求的稳步增长使政府需要越来越多的贷款，主要是强制贷款。它们是以代表了每个公民应纳税能力的登记册为基础进行收集的。债权人有权从财政收入中定期收到款项，直到本金被偿还。佛罗伦萨和威尼斯也经历了从临时的自愿性贷款

到一般的强制性贷款的类似转变。对公民的不断增长的需求和相应的按时偿还本金的各种困难导致了为债务融资的逻辑后果，使得流动负债变成了长期债务，偿还与否由政府自行决定，而且具有由特定的财政收入担保的相对较低的利率。威尼斯在 1262 年合并了其债务，政府承诺定期向债权人支付 5% 的利息；在 1274 年，热那亚把各种债务集合为一个基金，利率为 8%。合并各种贷款的基金在威尼斯和佛罗伦萨被称为蒙特（Monte)，在热那亚被称为康佩拉（Compera)，每一个基金被分成很多股份。因此，政府承认无力偿还债权人，但同时允许债权人自由议价出售这些股份，这有助于真正的二级市场的出现（Ginatempo，2000；Pezzolo，2005）。

意大利各个城市的债务管理方法并不相同。在威尼斯和佛罗伦萨，债务由政府机构严格管理，这些机构筹集贷款并负责支付利息。与此相反，在热那亚，市镇将专门用于利息支付的收入管理权交给债权人（Felloni，1999；Sieveking，1905-1906）。承销商们被组合成财团，以与他们获得的支付挂钩的税命名，例如，盐税康佩拉（Compera salis）就把通过盐税所得获得偿付的贷款人集合在了一起。康佩拉具有一种法律地位，由希望保障其利益的债权人通过定期选举选出的代表进行管理。在 1274 年的整合之后，热那亚的市镇以不同利率推出了一系列新债务，因 297
此到 14 世纪末期，已经有了 5 个主要的康佩拉，利率在 5% 和 10% 之间。在 1407 年，政府决定把以前的所有债务合并到所谓的圣乔治公司（House of St. George，即 Officium comperarum Sancti Georgii)，它从此管理大部分的热那亚债务，同时也充当着银行的角色。此外，还设立了由 8 名赞助人管理的债权人联合会。圣乔治公司管理用于利息支付的税收收入，最重要的是，对共和国一些领土拥有广泛的管辖权。政府在寻找资源以偿付圣乔治公司的债权人上面临越来越多的困难，就把法马古斯塔（1447年）、卡法和科西嘉（1453年），以及利古里亚的一些地区的控制权移交给了圣乔治公司（Balard，2006；Graziani，2006）。然而，这些被授予的土地最终被证明未给圣乔治公司带来什么收益，在1562年，市镇以持续的财政补贴作为交换恢复了完全管辖权。

圣乔治公司是热那亚主要的制度性实践中最明显的例子之一。乍看来，国家似乎已经把自己的一些功能转交至一个私人机构，不过该机构承担的是"公共"职责。这一判断可以追溯到马基雅维利（Machiavelli）时代，在其《佛罗伦萨史》（*istorie fiorentine*）一书里把这种公司称为国中之国（Machiavelli，1962）。经历过叛乱和政府的更迭之后，圣乔治公司始终保持着惊人的自主权，而且明显摆脱了15世纪和16世纪时期影响城市的残酷的派系斗争。然而，管理城市的派系和人民也掌管着这个公司。如果注意到虽然各派系为总督这个共和国的最高代表的选举而斗争，但在其他领域，热那亚显示出非凡的合作能力，这个悖论很可能就此得到解决了（Shaw，2005：57-64）。正是这种基于广泛的跨家族网络的合作支撑了热那亚在国际市场上的成功。

这个公司并不总是获得其股东的完全信任。看看圣乔治公司的证券的市场价格，可以发现，很明显这个城市的激烈政治事件严重影响了市场。然而，从16世纪60年代开始，随着该公司放弃了以对科西嘉岛的控制为代表的控制权，其证券价格飙升，这是市场对该公司具有信心的进一步证据。实际上，圣乔治公司在向政府提供资金方面被证明是很有效率的，同时，在保护债权人方面也有足够的灵活性，因此可以说，热那亚政府相比其他政府较少关注从政府债券中获利（Fratianni，2006；Shaw，2005：82）。该公司监督了专门用于支付利息的公共资源的流动情况，因此相应地，也提供了有关政府财政状况和国际政治 298 环境的信息。在 17 世纪 20—30 年代，国家财政面临战争花费带来的严重压力，然而，显然该公司没有完全参与其中。热那亚政府在 1625 年紧急发行的短期贷款被汇集为圣贝尔纳多蒙特基金（Monte di San Bernardo），两年后，另一只基金，即圣乔瓦尼巴蒂斯塔蒙特（Monte di San Giovanni Battista）成立了。这两只基金与圣乔治公司没有关联，向投资者支付的利率为 5%，在 1638 年是 3%，到了 1666 年，当这两只基金都被整合进圣母玛利亚康佩拉（Compera di Santa Maria）当中的时候，利率就只有 2% 了。

17 世纪的热那亚是一些后来传播到整个欧洲的有趣金融工具的沃土，例如联合养老保险（tontine）。在 1636 年，为了完成新港口的建造，众议院以 3% 的利率发行了一种终身年金，但条款规定，其回报将由幸存的背书人享有，直到最后一名被保险人死亡为止（Schiaffino，1624）。这是一种在 18 世纪被英国，主要是法国广泛使用的工具。

虽然热那亚的市镇偶尔诉诸强制性贷款，但它们比意大利其他地方更早地丧失了其义务性特征。在威尼斯和佛罗伦萨，直到 15 世纪，提供贷款都是公民的义务。只要政府能够定期支付利息，债权人就可以得到满足，因为 5% 的回报率虽然不是很高，却是安全的。相反，贸易可能带来的高回报是相当不确定的。政府越来越多地积累大量欠款，这随着它对强制性贷款的需求而增长，该贷款的价格在二级市场上也相应下降了。公民身份的贷款人变成了真正的纳税人，因此，他们向政府提出申诉，或请税务评估员提供帮助

（McLean，2005）。这一过程凸显了中世纪意大利公共债务概念的局限性。虽然公共收入被用作债权人的担保，但这一系统首先取决于其财富高于一定门槛的公民。此外，这种贷款的强制性特征也损害了投资者的自由选择权。

然而，自16世纪30年代初期以来，威尼斯开始果断地在公开市场上发行证券，逐步减少了对强制性贷款的使用（Pezzolo，2006）。新的系列，即所谓的“造币厂的存款”（Depositi in Zecca），是一些免税债券，完全可转让并且不可扣押。由于这种存款比强制性贷款提供更高的回报，因此值得追问一下从低成本贷款转向
299 成本相对高的证券的原因。这可能是因为，这是恢复投资者的潜在信任的必要措施，因此也是为了重组债务体系的基础，而债务体系由于反复的金融危机发生了根本性的变化。这种“造币厂的存款”在一种特别适合金融市场的制度性框架内是一种有效的反应。在佛罗伦萨，通往开放信贷市场的途径直到16世纪才刚刚出现，而在此之前，这里的公爵们从当地和外国银行家那里获得短期贷款。也许一般财政收入的稳定有助于这些公爵诉诸自愿性贷款。

但是，意大利城市债务系统带来的真正创新是形成了一个坚实的证券二级市场。如前所述，与法国不同的是，轻松地协商政府信贷的可能性为活跃的市场铺平了道路，市场不再只是受投机者的控制。价格波动有时是戏剧性的，可能有利于那些能够获得信息同时又能保持流动性的人。不断增长的新贷款需求可能会给许多作为贷款人的纳税人带来困难，迫使他们卖掉原有证券以筹集资金。因此，市场价格下跌，且有利于投机者。此外，作为进一步贷款的抵押物，证券可以被购买和销售以筹集嫁妆，以及确保孤儿和寡妇

有一个安全的收入。证券市场有利于次级市场的形成，人们可以在那里协商买入对政府贷款的未来请求权的选择权（Goldthwaite，1985：40）。再说一遍，热那亚的案例是典范。起初，圣乔治公司每 3 个月支付一次利息，但从 15 世纪中期开始，时间跨度拉大了，到 16 世纪中叶甚至达到 9 年；1575 年以后，延长期被设定为 5 年。因此，到期的债权是根据其（实际的或推定的）到期日来买卖和定价的。人们可以卖出一个在一年内到期的利息请求权，以获得一笔贴现的金额，因此是低于面值的（Heers，1961；Kirshner，1977）。随着在一个广阔且明确的社会背景下实际且广泛地使用折扣，需要注意的是，在 1631 年，圣乔治公司为了利息市场的垄断建立了一个办公室，但收效甚微。虽然在威尼斯和佛罗伦萨也有类似的市场，但值得强调的是，只有在热那亚，这个特定的市场部门才受到控制。

起初，在意大利城邦的政府债务中可以发现一些贷款人的自愿参与，随着金融需求的增长，要求从更广泛的公民基础上获得强制性贷款的趋势出现了。从一个更广泛的纳税人阶层向贷款人的成功转变促使了在公开资本市场发行的真正公债的形成。与短期 300
债务系统（浮动债务）不同，其特征是统治者和强大的贷款人之间不透明的关系，融资债务显示出非个人交易市场的典型特征，即交易由需求和供给调节，而投资者在很大程度上共享信息。这一过程发生在不同阶段，与制度和金融架构相重叠而发展。值得怀疑的是，意大利的证券市场是否比其他地方更有效率。尽管比较粗糙，但一个决定金融制度有效性的测度就是利率（North，1990：69）。图 10－1 比较了意大利和其他城邦或省份发行的主权债务的收益率。

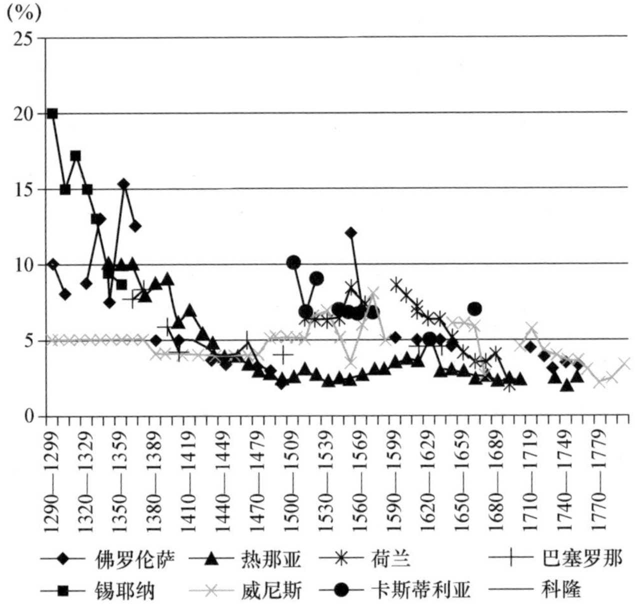

图 10－1　欧洲政府债券利率，1290—1779 年

资料来源：作者的数据库。

在提出一些意见之前，有必要强调的是，直到 15 世纪，将强制性贷款（威尼斯和佛罗伦萨）利率与公开市场利率进行比较是不合适的。考虑在 14 世纪下半叶的热那亚和巴塞罗那，利率价差相对于利古里亚地区的城市而言是相当大的，而一个世纪以后，情况发生了逆转。实际上，热那亚成功地以欧洲大陆上最低的利率获得了低成本的贷款。在 17 世纪，荷兰成为欧洲最发达的金融市场，

301 而且将其利率降低到了热那亚的水平。很明显，意大利的借贷成本低于欧洲主要国家，但必须说明的是，荷兰和英国与大多数意大利城邦不同，它们都参与了漫长而代价昂贵的战争。只有威尼斯必须面对与奥斯曼帝国的长期军事冲突，事实上，1650—1669 年间负的价差是由克里特岛战争造成的。总之，金融创新使意大利城市能

够以相对低的成本支持其军事行动。意大利邦国制的形成也带来了贸易路线上的经济空间和控制手段的强化。在进口和不断扩大的出口上的税收为不断增长的债务存量提供了可靠的满足需求的手段。因此，从长远来看，如果取胜的话，战争中的金融投资被证明是有利可图的，考虑到如果没有积极应对商业竞争者和敌对势力，扩张基本上是不可能的。

意大利的私营部门对公共债务管理的发展做出了积极回应。毫无疑问，中世纪的意大利是一些金融创新的最肥沃的土壤。在长途贸易的机会和信贷工具的成熟之间有一种协同作用。就高级、复杂的融资而言，意大利人在中世纪的欧洲享有垄断权。所谓的“伦巴第人”、托斯卡纳人和热那亚人遍布从波罗的海一直延伸到地中海的广阔区域，他们为当地名流和君主提供金融服务。意大利商人银行家的优势是基于掌握货币兑换技术的毫无疑问的能力，以及覆盖整个欧洲市场的代理银行网络。在大金融中心，在汇兑和存款的国内部门与外国部门之间出现了明显的区别，国内部门通常由当地经营者管理，而国际贸易中的外国部门则由意大利人控制的汇票提供融资。意大利的会计技术在商业界得到了广泛承认，并且促进了国际线路中各种交易的记账货币的创造成为可能（Boyer-Xambeau，Deleplace，and Gillard，1986；Petralia，1989：28–31；Pezzolo and Tattara，2008）。

因此，直到 16 世纪，意大利商人都比他们的欧洲同行享有更有利的借贷条件，后者在与意大利商人的竞争中面临着严重困难（Gascon，1971：84；Spufford，1995：316–318）。相对低成本的资本和广泛的网络使得 14 世纪 30 年代的海外意大利人能够在他们自己人中以 10% ～ 18% 的利率借款，而那些外国人收取的利率则高达 50% ～ 60%（Dini，2001：93）。与荷兰不同的是，在那里亲属

网络提供了所需资金，直到一个有效的金融市场出现于 17 世纪初
302 期（Gelderblom，2003：630–631），而在意大利，廉价商业信贷早在 14 世纪就基本可以获得了。正如我们已经看到的，在 14—15 世纪，佛罗伦萨的公司对于那些由债权人自行决定偿还的贷款，必须支付 8% ～ 10% 的利息（Goldthwaite，1985：12，32–33）。然而，有必要对城市和农村发生的情况进行调查，以确定高度复杂金融的成功是否也对意大利信贷市场产生了积极影响。

中世纪时期，意大利的信贷形式是多种多样的，贷款人可以自行决定的种类包括从无息贷款到一种高利贷，从期限只有几天的贷款到可以由借款人决定是否偿还的贷款。金融工具的形式和利率一般取决于经济和社会环境，以及行为主体的地位和借款人的担保。值得注意的是，从长远来看，资本成本下降了，在黑死病之前的一些例子中这种下降很明显，利率的阵列明显收窄了。而在中世纪晚期，在同等条件下，利率的变化是相当大的，在近代早期，如表 10－3 所示，长期贷款利率趋向于减小了。这意味着金融机构的出现使信贷市场不再像以前那样个人化了，并提高了它们的效率。

表 10－3　欧洲长期贷款利率，1150—1800 年

年份	英国	荷兰	德国	法国	意大利中北部	卡斯蒂利亚
1151–1200	20			20		
1201–1250	10.3	10	11	10.8	12.5	
1251–1300	10.2	10	10.8	11.1	12.5	
1301–1350	11.2	10	10.1		12	
1351–1400	4.5	10	9.7	10	10	
1401–1450		6.2	8.5	10	8	
1451–1500	4	6	6.5	9.2	6	
1501–1550	4.6	6	5	8.2	6.5	
1551–1600	5.5	6.2	5	8.3	6.5	7.0
1601–1650	8.7	5.9	5	6.5	6.2	4.8

续表

年份	英国	荷兰	德国	法国	意大利中北部	卡斯蒂利亚
1651–1700	6	4.4		4.9	5.8	4.1
1701–1750	4.9	4.3		4.8	4.6	3.0
1751–1800	4.4	5.7		4.2	4.3	2.2

资料来源：Allen, 1988; Alvarez Vázquez, 1987; Baum, 1985: 33; Benassar, 1967: 257ff.; Clark, 1988, 1998: 74; Hoffman, Postel-Vinay and Rosenthal, 2000; Homer and Sylla, 2005: 119–120; Malanima, 2002: 280; Neumann, 1865: 266–267, 272; Schnapper, 1957; Winter, 1895: 172; Zuijderzuijn, 2009; 作者的数据库。

对比这些数据，值得注意的是，在商业革命期间，意大利长 303
期贷款的成本高于其他地方。为此找到一个解释根本不容易。很可能在扩张期间，虽然该地区货币化程度相当可观，但相对于供给而言，货币需求还是太高。然而，最突出的是，在近代早期，意大利利率水平与欧洲一致了，这是因为大量的资金从商业转移到土地上，导致整个半岛的信贷需求下降了（Malanima，2002：280–281）。

因此，作为商业和金融资本主义的发源地，意大利是不是没有大规模地传播创新带来的好处？虽然意大利的借款人没有享受到比其他欧洲人更优惠的条件，但一些金融制度的确改善了市场的运作。从 1462 年开始，随着第一个当铺（Monte di Pietà）在佩鲁贾建立，目的在于同时满足在高利贷面前束手无策的贫困人口的消费信贷需求，以及富裕人士将储蓄投资于无风险基金需求的一个制度网络发展起来了。典当行从自愿性存款、遗赠和保障适度收益的慈善资金中筹集财富，同时以稍微高一点的利率借出以弥补管理成本。值得注意的是，开始的时候，贷款是在借款人成为社区成员时的誓言基础上发放的，不管是在城市还是在农村，借款人用这笔钱来满足自己的需求。然而很快地，这种约束消失了，借钱进行商业投资也被接受了。在 16 世纪，典当行向那些寻求廉价贷款的富有借款人也敞开了大门（Prodi，2009：160–161）。虽然典当行至少在理论上针对的是处于困境当中的人，但国际交易博览会已经把热那亚和佛罗伦萨的大银行家们当作主角了。

交易博览会可以被视为金融资本主义的最高典范之一。它们在欧洲各个市场充当了清算行。在16—17世纪，热那亚银行家们已经主宰了这些交易博览会，这要感谢他们与西班牙王室的关系，对美洲白银的控制，以及在哈布斯堡王朝各个战争前线调动巨大的金融资源的能力。管理货币和外汇的技能，以及一个广泛的金融和信息网络构成了这个热那亚系统的支柱。获得的关于西欧支付系统的专业知识使热那亚得以创建一个永久性机构，即季度交易会，这不仅促进了银行家的投资，也促进了广大小投资者的投资（Pezzolo
304 and Tattara，2008）。这些16世纪的制度性安排减少了汇率的波动，也相应地降低了利率。

截至17世纪末，意大利已经实现了从消费信贷到国际交易会的一系列卓有成效的金融制度，尽管文艺复兴时期取得的领先地位并没有带来比其他国家更显著的比较经济优势。意大利的资本成本与欧洲平均水平一致，但欧洲北部得益于大西洋经济的扩张，在更具活力的背景下实施和传播了一些更进一步的金融创新（Neal，2000）。

传统社会中的创新

在中世纪晚期，意大利中北部出现了一个新的城市和商业社会。这是一种现象——市镇的政治和商人的经济，这种现象在过去的历史和今天的欧洲都是空前的。尽管存在城市之间的派系斗争和冲突，但意大利人成功地建立了一个社会和经济组织，使他们得以支配地中海东部和北海之间的海路。各种组织和技术创新支撑了所谓的“商业革命”。强化这种现象的社会结构由一种亲属关系、友谊和邻里关系的系统构成，从而形成了非凡的社会资本存量。类似于在 17 世纪的英格兰和黄金时代的荷兰将会产生的，那些特许公司的大多数出资人都有亲属关系（Adams，2005：82；Brenner，1972：372；Chaudhuri，1978：21-22；Hejeebu，2005：506；Rabb，1967：97），文艺复兴时期的意大利也已经构建了同样的结构。

尽管这样的家族和客户关系作为社会结构和政治实践的基本要素得到了广泛分析，然而，试图将这一制度与经济绩效联系起来的尝试却很少。由正式的（家庭、亲属、教友）和非正式的（友谊、客户、邻里）各种关系形成的结构同时成为政治体系和经济世界的特征。关键的原则——或多或少是显而易见的——是互惠原则。1433 年，威尼斯商人安德烈亚·巴巴里戈（Andrea Barbarigo）写信给他在黎凡特的代理人，让其照顾“我各方面的业务，正如你希望我为你做的那样，同时我相信我也会为你好好做，就像它是我的一样”，他揭示了所有行为主体都会承诺做到的一个心照不宣的规则（Lettere，1951：5）。被引入这个商业世界的年轻人是交易的关键 305
因素。另一封信显示了一个商人如何通过强调互惠将他的儿子交给一个同事：“像我在将来会为了你的儿子所做的一样行动”（Lettere，1957：18）。因此，基于血缘关系的制度涉及了其他人，进而建立了一个广泛的相互关系网络。这种机制被认为是地中海社会的典型特征，也反过来形成了一个超越血缘关系和邻里界限的广泛信任的基础，因此也涉及那些拥有进一步的关系资本作为基本资产的人。中世纪晚期，在意大利主要城市中形成了一个新的体系，将家族企业的优势与规模经济的形成结合起来了。

然而，在16—17世纪，国际市场发生了结构性变化，经济中心开始从地中海转移到北海，同时国际竞争中出现了新的国家。意大利虽然没有经历剧烈的衰退，而且对变化做出了积极的反应，但在新的环境中显示出了它的弱点，并且大大变弱了。威尼斯人的网络萎缩了，取而代之的是希腊和犹太族的经营者；佛罗伦萨在西欧的作用下降了，但在东欧保持了重要的位置；热那亚人的控制范围也出现了相应的减小。因此，随着信息流动和商人之间的信任程度降低，网络的优势也下降了。朋友和亲属体系对这些新环境的变化做出了什么回应呢？虽然不容易找到答案，但很明显，精英阶层的经济基础向不动产（土地）和动产（公共和私人借贷）商品的转变带来了对家族遗产约束的提升。一些在代际传递技能和知识的激励可能现在变成了食利者，从而弱化了。这并不意味着贸易消失了，但其在城市和精英环境中的中心作用变弱了。意大利人的选择取决于国际市场的经济变化和意识到长途贸易最有活力的部门已经由“北方人”控制了。

在制造业当中，行会的角色发生了巨大的变化。虽然在中世纪，这些行会有助于减少一些交易成本，促进了知识的传播，但在近代早期，他们成为界定主人与劳动者明显分离的一个工具，并限制了只有前者的后代才能进入更高层次的职业行列。在长期的困难时期，行会的工匠们倾向于给予在家庭中进行技能、知识以及社会地位传递的特权，以此作为既得地位的一种防御（D’Amico，2000：12）。这种现象在高度专业化的部门中也同样存在，如玻璃制造
306 （Trivellato，2000：35），就像在整个行业中一样，在1773年，许多威尼斯大师级工匠都是大师之子，这并不奇怪（Tucci，1990：833-836）。在工匠的同伴中进行类似学徒这样的学员培训的循环流动，可以解决在子孙后代之间传递工场的问题，同时，巩固了联

盟且加强了行会成员之间的团结。这种职业化倾向也是一个社会分层的标准，既减少了信息的流动，也降低了整个社会系统中的信任程度（Cerutti，1992：190–205，257–258），以及劳动力市场向圈外人的开放性。

近代早期的意大利的中心问题是社会和制度性结构的开放程度较低。从行会向有机体系的转变深受少数家族的控制，政治体制中对垂直流动的阻力日益增强，并且从国际贸易中获利的机会越来越少。由于国际市场结构的变化和意大利统治集团无力在地方层面放弃有利地位，商业和金融资本主义的光芒暗淡了。然而，相信统治集团可能会有不同的表现也是幼稚的。只有在经历了外生冲击之后，例如拿破仑军队的到来，权力关系和既得利益结构才被迫进行改变。但是，法国人入侵后产生的戏剧性的政治变化似乎并没有显著影响经济领域，要使经济创新的种子在贫瘠了几百年的土地上扎根，这需要很长的时间。到 19 世纪，意大利农村，除了伦巴第和皮埃蒙特的一些例外，都被对农民极为不利的法律规定拖累了。没有他们对商品和产品的需求，意大利大部分地区陷入了严重的经济停滞。考虑 1860 年在罗马涅地区的情况，地主与农民签订的一项契约规定，未经地主许可，农民家庭不得在市场上购买纺织品（Giorgetti，1974：70）。这是一个进一步的证据，表明旧政权的负担尚未从社会关系中消除，因此也没有从新的统一国家的经济结构中消除。

注　释

[1]　我的分析建立在贝斯利和克特（Besley and Coate，1995）提出的模型上，增加了家族的因素。

参考文献

Abulafia, D. (1977). *The Two Italies*. Cambridge University Press.

Adams, J. (2005). *The Familial State: Ruling Families and Merchant Capitalism in Early Modern Europe*. Ithaca: Cornell University Press.

Ago, R. (1998). *Economia barocca. Mercato e istituzioni nella Roma del Seicento*. Rome: Donzelli.

Allen, R. (1988). " The Price of Freehold Land and the Interest Rate in Seventeenth and Eighteenth Centuries," *Economic History Review* 41: 33–50.

Alvarez Nogal, C. (2005). " Las compañías bancarias genovesas en Madrid a comienzos del siglo XVII," *Hispania* 65: 67–90.

Alvarez Vázquez, J. A. (1987). *Rentas, precios y crédito en Zamora en el antiguo régimen*. Zamora: Colegio Universitario.

Arrighi, G. (2004). " Spatial and Other ' Fixes ' of Historical Capitalism," *Journal of World Systems Research* 10: 527–539.

Balard, M. (1978). *La Romanie génoise (XIIe–début du XVe s.)*. Rome: Bibliothèque des Écoles françaises d'Athènes et de Rome.

(2006). " Il Banco di San Giorgio e le colonie d'Oltremare," in G. Felloni (ed.), *La Casa di San Giorgio. Il potere del credito*. Genoa: Società Ligure di Storia Patria, pp. 63–73.

Balestracci, D. (1984). *La zappa e la retorica. Memorie familiari di un contadino toscano del Quattrocento*. Florence: Salimbeni.

Battistini, F. (2003). *L'industria della seta in Italia nell'età moderna*. Bologna: Il Mulino.

Baum, H.-P. (1985). " Annuities in Late Medieval Hanse Towns, " *Business History Review* 59: 24–48.

Bavel, J. P. B. van (2008). " The Organization and Rise of Land and Lease Markets in Northwestern Europe and Italy, c. 1000—1800," *Continuity and Change* 23: 13–53.

Becker, M. (1965). " Problemi della finanza pubblica fiorentina nella seconda metà del Trecento e dei primi del Quattrocento," *Archivio storico italiano* 123: 433–466.

Bellavitis, A. (2001). *Identité, mariage, mobilité sociale. Citoyennes et citoyens à Venise au XVIe siècle*. Rome: École Française de Rome.

(2004). " ' Ars mechanica ' e gerarchie sociali a Venezia tra XVI e XVII secolo, " in M. Arnoux and P. Monnet (eds.), *Le technicien dans la cité en Europe occidentale, 1250—1650*. Rome: École Française de Rome, pp. 161–179.

Benassar, B. (1967). *Valladolid au siècle d'or. Une ville de Castille et sa campagne au XVIe siècle*. Paris: Mouton.

Berveglieri, R. (1995). *Inventori stranieri a Venezia, 1474—1788. Importazione di tecnologia e circolazione di tecnici, artigiani, inventori. Repertorio*. Venice: Istituto Veneto di scienze, lettere ed arti.

Besley, T. and S. Coate (1995). " Group Lending, Repayment Incentives and Social Collateral," *Journal of Development Economics* 46: 1–18.

Black, R. (2007). *Education and Society in Florentine Tuscany: Teachers, Pupils, and Schools, c. 1250—1500*. Leiden: Brill.

Blanshei, S. (1979). " Population, Wealth, and Patronage in Medieval and Renaissance Perugia," *Journal of Interdisciplinary History* 9: 597–619.

Blomquist, T. (1971). " Commercial Association in Thirteenth-century Lucca," *Business History Review* 45: 157–178.

Boone Ⅲ, J. (1986). " Parental Investment and Elite Family Structure in Preindustrial States: A Case Study of Late Medieval Early-Modern Portuguese Genealogies, " *American Anthropologist* 88: 859–878.

Boyer-Xambeau, M.-T., G. Deleplace, and L. Gillard (1986). *Monnaie privée et pouvoir des princes. L'économie des relations monétaires à la Renaissance*. Paris: CNRS.

Brenner, R. (1972). " The Social Basis of English Commercial Expansion, 1550—1650," *Journal of Economic History* 32: 361–384.

Broadberry, S. N., B. Campbell, A. Klein, M. Overton, and B. van Leeuwen (2011). " British Economic Growth, 1270—1870. " London School of Economics, www2.lse.ac.uk/economicHistory/whosWho/profiles/sbroadberry.aspx.

Bruce, T. (2006). " The Politics of Violence and Trade: Denia and Pisa in the Eleventh Century," *Journal of Medieval History* 32: 127–142.

Cammarosano, P. (1996). " Le origini della fiscalità pubblica delle città italiane," *Revista d'història medieval* 7: 39–52.

Carlsmith, C. (2010). *A Renaissance Education: Schooling in Bergamo, 1500—1650.* University of Toronto Press.

Carocci, S. (2004). " Poteri signorili e mercato della terra (Italia ed Europa Occidentale, secc. Ⅺ – ⅩⅣ)," in S. Cavaciocci (ed.), *Il mercato della terra, secc. XIII–XVIII*. Florence: Le Monnier, pp. 193–221.

Carruthers, B. and N. Espeland (1991). " Accounting for Rationality: Double-entry Bookkeeping and the Rhetoric of Economic Rationality, " *American Journal of Sociology* 97: 31–69.

Castellani, L. (1998). *Gli uomini d'affari astigiani. Politica e denaro fra il Piemonte e l'Europa(1270—1312)*. Turin: Paravia.

Ceccarelli, G. (2009). " Dalla compagnia medievale alle Compagnie assicuratrici:

famiglie mercantili e mercati assicurativi in una prospettiva europea (secc. XV－XVIII)," in S. Cavaciocchi (ed.), *La famiglia nell'economia europea, secc.* XIII－XVIII / The Economic Role of the Family in the European Economy from the 13th to the 18th Centuries. Florence University Press, pp. 389–408.

Cerutti, S. (1992). *Mestieri e privilegi. Nascita delle corporazioni a Torino, secoli* XVII－XVIII . Turin: Einaudi.

Chaudhuri, K. N. (1978). *The Trading World of Asia and the English East India Company, 1660—1760*. Cambridge University Press.

Cipolla, C. M. (1973). " The Professions: The Long View, " *Journal of European Economic History* 2: 37–52.

Clark, G. (1988). " The Cost of Capital and the Medieval Agricultural Technique, " *Explorations in Economic History* 25: 265–294.

(1998). " Land Hunger: Land as a Commodity and as a Status Good, England 1500—1910, " *Explorations in Economic History* 35: 59–82.

Coleman, J. S. (1989). " Social Capital in the Creation of Human Capital, " *American Journal of Sociology* 94: 95–120.

Court, R. (2004). " ' Januensis ergo mercator ' : Trust and Enforcement in the Business Correspondence of the Brignole Family, " *Sixteenth Century Journal* 35: 987–1003.

D'Amico, S. (2000). " Crisis and Transformation: Economic Organization and Social Structures in Milan, 1570—1610, " *Social History* 25: 1–21.

Davids, K. (1995). " Shifts of Technological Leadership in Early Modern Europe, " in K. Davids and J. Lucassen (eds.), *A Miracle Mirrored: The Dutch Republic in European Perspective*. Cambridge University Press, pp. 338–366.

Day, J. (1963). *Les douanes de Gênes, 1376—1377*. Paris: Sevpen.

De Roover, R. (1974). *Business, Banking, and Economic Thought in Late Medieval and Early Modern Europe*. University of Chicago Press.

(1622). *Degli statuti civili della serenissima republica di Genova*. Genoa: Pavoni.

Delille, G. (1988). *Famiglia e proprietà nel Regno di Napoli*. Turin: Einaudi.

Dini, B. (2001). *Manifattura, commercio e banca nella Firenze medievale*. Florence: Nardini.

Dotson, J. E. (1994). " Safety Regulations for Galleys in Mid-fourteenth Century Genoa: Some Thoughts on Medieval Risk Management, " *Journal of Medieval History* 20: 52–62.

(2003). " Venice, Genoa and Control of the Sea in the Thirteenth and Fourteenth Centuries, " in J. Hatterdorf and R. Unger (eds.), *War at Sea in the Middle Ages and the Renaissance*. Woolbridge: Boydell Press, pp. 119–135.

Doumerc, B. (1991). " Le galere da mercato, " in A. Tenenti and U. Tucci (eds.), *Storia di*

Venezia. Il mare. Rome: Istituto della Enciclopedia Italiana, pp. 357–393.

Emigh, R. (2003). " Property Devolution in Tuscany, " *Journal of Interdisciplinary History* 23: 385–420.

Epstein, S. A. (1996). *Genoa and the Genoese, 958—1528*. Chapel Hill: University of North Carolina Press.

Federico, G. (1994). *Il filo d'oro. L'industria mondiale della seta dalla restaurazione alla grande crisi*. Venice: Marsilio.

Felloni, G. (1999). *Scritti di storia economica*. Genoa: Società Ligure di Storia Patria.

(2005). *Genova e la storia della finanza. Una serie di primati*? Genoa: Banco di San Giorgio.

Fratianni, M. (2006). " Government Debt, Reputation and Creditors' Protection: The Tale of San Giorgio," *Review of Finance* 10: 487–506.

Fukuyama, F. (1995). *Trust: The Social Virtues and the Creation of Prosperity*. New York: Free Press.

García Porras, A. and Fábregas García, A. (2010). " Genoese Trade Networks in the Southern Iberia Peninsula: Trade, Transmission of Technical Knowledge and Economic Interactions," *Mediterranean Historical Review* 25: 37–38.

Gascon, R. (1971). *Grand commerce et vie urbaine au XVIe siècle. Lyon et ses marchands (environs de 1520—environs de 1580)*. Paris: Sevpen.

Gelderblom, O. (2003). " The Governance of Early Modern Trade: The Case of Hans Thijs, 1556—1611," *Enterprise and Society* 4: 606–639.

Ginatempo, M. (2000). *Prima del debito. Finanziamento della spesa pubblica e gestione del deficit nelle grandi città toscane (1200—1350 ca.)*. Florence: Olschki.

Giorgetti, G. (1974). *Contadini e proprietari nell'Italia moderna. Rapporti di produzione e contratti agrari dal secolo XVI a oggi*. Turin: Einaudi.

Goldthwaite, R. (1968). *Private Wealth in Renaissance Florence: A Study of Four Families*. Princeton University Press.

(1985). " Local Banking in Renaissance Florence," *Journal of European Economic History* 14: 5–55.

(1987). " The Medici Bank and the World of Florentine Capitalism," *Past and Present* 114: 3–31.

(2009). *The Economy of Renaissance Florence*. Baltimore: Johns Hopkins University Press.

Gonzáles de Lara, Y. (2008). " The Secret of the Venetian Success: A Public-order, Reputation-based Institution," *European Review of Economic History* 12: 247–285.

Goodman, J. (1981). " Financing Pre-modern European industry: An Example from Florence 1580—1660," *Journal of European Economic History* 10: 415–435.

Graziani, A.-M. (2006). " Ruptures et continuités dans la politique de Saint-Georges en Corse (1453—1562), " in G. Felloni (ed.), *La Casa di San Giorgio. Il potere del credito*. Genoa: Società Ligure di Storia Patria, pp. 75-90.

Greci, R. (1986). " Una famiglia mercantile nella Bologna del Duecento: i Principi, " in G. Rossetti (ed.), *Spazio, società, potere nell'Italia dei Comuni*. Naples: Liguori, pp. 105-141.

Greif, A. (2006). *Institutions and the Path to the Modern Economy: Lessons from Medieval Trade*. Cambridge University Press.

Grendi, E. (1987). *La repubblica aristocratica dei genovesi*. Genoa: Il Mulino.

Grendler, F. P. (1989). *Schooling in Renaissance Italy: Literacy and Learning, 1300—1600*. Baltimore: Johns Hopkins University Press.

Heers, J. (1961). *Gênes au XVe siècle*. Paris: Sevpen.

Hejeebu, S. (2005). " Contract Enforcement in the English East India Company, " *Journal of Economic History* 65: 496-523.

Herlihy, D. (1969). " Family Solidarity in Medieval Italian History, " in D. Herlihy, R. Lopez, and V. Slessarev (eds.), *Economy, Society and Government in Medieval Italy*. Kent State University Press, pp. 173-184.

Hoffman, P., G. Postel-Vinay, and J.-L. Rosenthal (2000). *Priceless Markets: The Political Economy of Credit in Paris, 1660—1870*. University of Chicago Press.

Homer, S. and R. Sylla (2005). *A History of Interest Rates*. Hoboken, NJ: Wiley.

Hunecke, V. (1995). *Der venetianische Adel am Ende der Republik 1646—1797. Demographie, Familie, Haushalt*. Tübingen: Max Niemeyer Verlag.

Jacoby, D. (2009). " Venetian Commercial Expansion in the Eastern Mediterranean, 8th-11th centuries, " in M. Mundell (ed.), *Byzantine Trade, 4th-12th Centuries: The Archaeology of Local, Regional and International Exchange*. Farnham: Ashgate, pp. 371-391.

Jones, P. (1997). *The Italian City-state: From Commune to Signoria*. Oxford: Clarendon Press.

Katele, I. (1988). " Piracy and the Venetian State: The Dilemma of Maritime Defence in the Fourteenth Century, " *Speculum* 63: 865-889.

Kedar, B. (1976). *Merchants in Crisis: Genoese and Venetian Merchants of Affair and the Fourteenth-century Depression*. New Haven: Yale University Press.

Kent, W. (1977). *Household and Lineage in Renaissance Florence: The Family of the Capponi, Ginori, and Rucellai*. Princeton University Press.

Kirshner, J. (1977). " The Moral Problem of Discounting Genoese Paghe, 1450—1550, " *Archivum Fratrum Praedicatorum* 47: 109-167.

Kuehn, T. (2008). *Heirs, Kin, and Creditors in Renaissance Florence*. Cambridge University Press.

Lane, F. (1945). " Venture Accounting in Medieval Business Management, " *Bulletin of the Business Historical Society* 19: 164-173.

(1966). *Venice and History*. Baltimore, MD: Johns Hopkins University Press.

(1969). " The Crossbow in the Nautical Revolution of the Middle Ages, " *Explorations in Economic History* 7: 161-171.

Lapini, A. (1900). *Diario fiorentino dal 252 al 1596*, Corazzini Giuseppe Odoardo (ed.). Florence: Sansoni.

La Roncière, C.-M. de (1977). " Une famille florentine au XIVe siècle. Les Velluti, " in *Famille et parenté dans l'Occident medieval*. Rome: École française de Rome, pp. 227-248.

(1951). *Lettere di commercio di Andrea Barbarigo mercante veneziano del '400*, Sassi Salvatore (ed.). Naples: Arti grafiche La Nuovissima.

(1957). *Lettere di mercanti a Pignol Zucchello (1336—1350)*. Morozzo della Rocca Raimondo (ed.). Venice: Comitato per la pubblicazione delle fonti relative alla storia di Venezia.

Leverotti, F. (1999). " Strutture familiari nel tardo medioevo italiano," *Revista de història medieval* 10: 233-264.

Lieber, A. E. (1968). " Eastern Business Practices and Medieval European Commerce, " *Economic History Review*, ns 21: 230-243.

Litchfield, R. B. (1969). " Les investissements commerciaux des patriciens florentins au XVIIIe siècle," *Annales ESC* 24: 685-721.

(1986). *Emergence of a Bureaucracy: The Florentine Patricians, 1530—1790*. Princeton University Press.

Lopez, R. (1977). *The Commercial Revolution of the Middle Ages*. Cambridge University Press.

Luzzatti, M. (1971). *Giovanni Villani e la compagnia dei Buonaccorsi*. Rome: Istituto della Enciclopedia Italiana.

Luzzatto, G. (1954). *Studi di storia economica veneziana*. Padua: Cedam.

Machiavelli, N. (1962). *Istorie fiorentine*, ed. Franco Gaeta. Milan: Feltrinelli.

MacLeod, C. (1988). *Inventing the Industrial Revolution: The English Patent System, 1660—1800*. Cambridge University Press.

Malanima, P. (1982). *La decadenza di un'economia cittadina. L'industria di Firenze nei secoli* Ⅻ - Ⅷ. Bologna: Il Mulino.

(2002). *L'economia italiana. Dalla crescita medievale alla crescita contemporanea*. Bologna: Il Mulino.

(2003). " Measuring the Italian Economy 1300—1861, " *Rivista di storia economica* 19: 265-295.

(2011). “ The Long Decline of a Leading Economy: GDP in Central and Northern Italy, 1300—1913,” *European Review of Economic History* 15: 169-212.

Mallett, M. (1967). *The Florentine Galleys in the Fifteenth Century*. Oxford: Clarendon Press.

McLean, P. (2005). “ Patronage, Citizenship, and the Stalled Emergence of the Modern State in Renaissance Florence,” *Comparative Studies in Society and History* 47: 638-664.

McLean, P. and J. Padgett (1997). “ Was Florence a Perfectly Competitive Market? Transactional Evidence from the Renaissance,” *Theory and Society* 26: 209-244.

(2004). “ Obligation, Risk, and Opportunity in the Renaissance Economy: Beyond Social Embeddedness to Network Co-constitution, ” in F. Dobbin (ed.), *The Sociology of Economy*. New York: Russell Sage Foundation, pp. 193-227.

(2006). “ Organizational Invention and Elite Transformation: The Birth of Partnership Systems in Renaissance Florence,” *American Journal of Sociology* 111: 1463-1568.

Melis, F. (1962). *Aspetti della vita economica medievale* (*Studi nell'Archivio Datini di Prato*). Siena: Monte dei Paschi di Siena.

(1984). *L'economia fiorentina nel Rinascimento*. Florence: Le Monnier.

Mineo, I. (1995). “ Stati e lignaggi in Italia nel tardo medioevo. Qualche spunto comparativo,” *Storica* 1: 55-82.

Molà, L. (2007). “ Stato e impresa. Privilegi per l'introduzione di nuove arti e brevetti,” in P. Braunstein and L. Molà (eds.), *Il Rinascimento italiano e l'Europa*. Ⅲ : *Produzione e tecniche*. Treviso: Colla, pp. 533-572.

Molho, A. (1994). *Marriage Alliance in Late Medieval Florence*. Cambridge, MA: Harvard University Press.

Mueller, R. (1997). *The Venetian Money Market: Banks, Panics, and the Public Debt, 1200—1500*. Baltimore: Johns Hopkins University Pres.

(2010). *Immigrazione e cittadinanza nella Venezia medievale*. Rome: Viella.

Neal, L. (2000). “ How it all Began: The Monetary and Financial Architecture of Europe during the First Global Capital Markets, 1648—1815,” *Financial History Review* 7: 117-140.

Neumann, M. (1865). *Geschichte des Wuchers in Deutschland bis zur Begründung der heutigen Zinsengesetze* (*1654*). Halle: Verlag der Buchhandlung des Waisenhauses.

North, D. (1990). *Institutions, Institutional Change and Economic Performance*. Cambridge University Press.

Ogilvie, S. (2011). *Institutions and European Trade: Merchant Guilds, 1000—1800*. Cambridge University Press.

Owen Hughes, D. (1975). “ Urban Growth and Family Structure in Medieval Genoa, ” *Past and Present* 66: 3-28.

(1976). " Struttura familiare e sistemi di successione ereditaria nei testamenti dell'Europa medievale," *Quaderni storici* 9: 929–952.

Padgett, J. (2010). " Open Elite? Social Mobility, Marriage, and Family in Florence, 1282—1494," *Renaissance Quarterly* 63: 357–411.

Parker, G. (1988). *The Military Revolution: Military Innovation and the Rise of the West, 1500—1800*. Cambridge University Press.

Petralia, G. (1989). *Banchieri e famiglie mercantili nel Mediterraneo aragonese. L'emigrazione dei Pisani in Sicilia nel Quattrocento*. Pisa: Pacini.

Petti Balbi, G. (2000). *Negoziare fuori patria. Nazioni e genovesi in età medievale*. Bologna: Clueb.

Pezzolo, L. (2005). " Bonds and Government Debt in Italian City States, 1250—1650, " in W. Goetzmann and G. Rouwenhorst (eds.), *The Origins of Value: Financial Innovations that Created the Modern Capital Market*. Oxford University Press, pp. 145–163.

(2006). *Una finanza d'ancien régime. La repubblica di Venezia fra XV e XVIII secolo*. Naples: Edizioni Scientifiche Italiane.

(2007). " Violenza, costi di protezione e declino commerciale nell'Italia del Seicento, " *Rivista di storia economica*, 23: 111–124.

Pezzolo, L. and G. Tattara (2008). " ' Una fiera senza luogo ' . Was Bisenzone an International Capital Market in Sixteenth-century Italy? " *Journal of Economic History* 68: 1098–1123.

Poni, C. (2009). *La seta in Italia. Una grande industria prima della rivoluzione industriale*. Bologna: Il Mulino.

Povolo, C. (1985). " Vincoli di stirpe, legame degli affetti," in C. Povolo (ed.), *Dueville. Storia e identificazione di una comunità del passato*. Vicenza: Pozza, pp. 733–854.

Prodi, P. (2009). *Settimo non rubare. Furto e mercato nella storia dell'Occidente*. Bologna: Il Mulino.

Pryor, J. (1977). "The Origins of the Commenda Contract," *Speculum*, 52: 5–37.

Rabb, T. K. (1967). *Enterprise and Empire: Merchant and Gentry Investment in the Expansion of England, 1575—1630*. Cambridge, MA: Harvard University Press.

Romano, D. (1987). *Patricians and Popolani: The Social Foundations of the Venetian Renaissance State*. Baltimore: Johns Hopkins University Press.

Sapelli, G. (1997). *Storia economica dell'Italia contemporanea*. Milan: Bruno Mondadori.

Sapori, A. (1955). *Studi di storia economica*. Florence: Sansoni.

(1967). "Dalla ' compagnia ' alla ' holding ' ," in A. Sapori, *Studi di storia economica*, Ⅲ. Florence: Sansoni, pp. 121–133.

Schiaffino, A. (1624). *Memorie di Genova.* www.quaderni.net/WebCAB/1624.htm.

Schnapper, B. (1957). *Les rentes au XVIe siècle. Histoire d'un instrument de credit.* Paris: Sevpen.

Shaw, C. (2005). " Principles and Practice in the Civic Government of Fifteenth-century Genoa," *Renaissance Quarterly* 58: 51.

Sieveking, H. (1905–6). *Studio sulle finanze genovesi nel medioevo e in particolare sulla Casa di S. Giorgio*. Genoa: Società Ligure di Storia Patria.

Soldani, M. E. (2011). *Uomini d'affari e mercanti toscani a Barcellona nel Quattrocento.* Barcelona: CSIC.

Spallanzani, M. (1978). " Una grande azienda fiorentina del Trecento. Carlo Strozzi e compagni," *Ricerche storiche* 8: 417–436.

Spufford, P. (1995). " Access to Credit and Capital in the Commercial Centres of Europe, " in K. Davids and J. Lucassen (eds.), *A Miracle Mirrored: The Dutch Republic in European Perspective.* Cambridge University Press, pp. 303–337.

Statuti di Padova (1551). Padua: Fabriano.

Tangheroni, M. (1996). *Commercio e navigazione nel Medioevo*. Rome-Bari: Laterza.

Thompson, E. (1993). *Customs in Common*. London: Penguin.

Trivellato, F. (2000). *Fondamenta dei vetrai. Lavoro, tecnologia e mercato a Venezia tra Sei e Settecento*. Rome: Donzelli.

Tucci, U. (1962). " Alle origini dello spirito capitalistico a Venezia: la previsione economica," in *Studi in onore di Amintore Fanfani*. Milan: Vita e pensiero. Vol. Ⅲ , pp. 545–557.

(1990). " Carriere popolane e dinastie di mestiere a Venezia, " in A. Guarducci (ed.), *Gerarchie economiche e gerarchie sociali, secoli XII–XVIII*. Florence: Le Monnier, pp. 817–851.

(1991). " Venezia nel Cinquecento: una città industriale?" in V. Branca and C. Ossola (eds.), *Crisi e rinnovamento nell'autunno del rinascimento a Venezia*. Florence: Olschki, pp. 61–83.

Vallet, E. (1999). *Marchands vénitiens en Syrie à la fin du XVe siècle*. Paris: Adhe.

Van der Wee, H. (1993). *The Low Countries in the Early Modern World*. Aldershot: Variorum.

Van Doosselaere, Q. (2009). *Commercial Agreements and Social Dynamics in Medieval Genoa*. Cambridge University Press.

Wickham, C. (1981). *Early Medieval Italy: Central Power and Local Society 400—1000.* London: Macmillan.

(1987). " Vendite di terra e mercato della terra in Toscana nel secolo XI," *Quaderni storici* 12: 355–396.

Williamson, D. (2010). " The Financial Structure of Commercial Revolution: Financing Long-distance Trade in Venice 1190—1220 and Venetian Crete 1278—1400," mimeo.

Winter, G. (1895). " Zur Geschichte der Zinsfusses im Mittelalter," *Zeitschrift für Sozial- und Wirtschaftsgeschichte* 4: 161–175.

Zanden, J. L. van (2009). *The Long Road to Industrial Revolution: The European Economy in a Global Perspective, 1000—1800*. Leiden: Brill.

Zuijderduijn, C. J. (2009). *Medieval Capital Markets: Markets for Renten, State Formation and Private Investment in Holland (1300—1500)*. Leiden: Brill.

剑桥经济史系列

THE CAMBRIDGE HISTORY OF CAPITALISM

剑桥资本主义史

资本主义的兴起：从远古到1848年

THE RISE OF CAPITALISM: FROM ANCIENT ORIGINS TO 1848

拉里·尼尔（Larry Neal）
杰弗里·G. 威廉姆森（Jeffrey G. Williamson） 主编

李酣 译

中国人民大学出版社
·北京·

目录

第

11

章

低地国家

奥斯卡·格尔德布姆和朱斯特·琼克

引　言

工业革命的深刻经济突破往往掩盖了它所依据的市场发展的基 314
础。尽管更慢且更不平衡，但这种转变包含了从自给自足或进贡式生产方式向商品、劳动力、土地和资本的自愿性市场交换的转换。从意大利北部、低地国家和英国辐射出来，产品和要素市场的发展也影响了西班牙、法国和德国的城市化地区，但绕过了许多农村地区，直到 19 世纪才渗入东欧。[1]

1800 年之前的欧洲市场发展的动态被低地国家证明有良好的效果。尽管低地国家的规模有限，但它提供了一个独特的机会，在非常不同的政治和经济环境下探索市场制度的长期变化。在中世纪后期，作为一个独立国家和公国（duchies）的混合体，低地国家在 15 世纪和 16 世纪显示出不断扩大的法律、政治和经济的统一，直到一场内战，即荷兰起义（the Dutch Revolt，1568—1572），将尼

德兰的北部地区和南部地区置于非常不同的经济和政治发展道路上。在北部，荷兰共和国变成了被称为第一个现代经济体的国家，
315 而在南部，海上贸易的实质中断迫使经济进行重组，这补偿了部分损失，然而，这并不能阻止一场持续到 1750 年的长期危机。

1800 年之前的欧洲市场发展的活力被低地国家证明有良好的效果，它经历了几个明显的演变阶段，此外，在区域之间，相当高的经济一体化程度和市场组织持续的局部变化呈现出高度鲜明的对比。[2] 在 1000—1800 年存在 4 个增长的阶段，从佛兰德斯在中世纪晚期的鼎盛时期，即 1300 年左右开始，在布鲁日成为欧洲西北部领先的转口港时达到顶峰。第二阶段上升始于 15 世纪末期，安特卫普崛起为商业和金融大都会。在荷兰起义导致南部和北部的政治分裂后，经济重心从布拉班特和佛兰德斯转移到了荷兰，启动了第三阶段的动态增长，而南部经历了一个相对停滞的时代。然而，接近 18 世纪末期，情况却发生了逆转。南部进入了一个新的阶段，即第四阶段，列日和根特的企业家成为产业转型的先锋，而北部失去了活力，直到 19 世纪才迎来迟来的工业化。

现在我们可能已经预料到，该地区的地理多样性、政治和法律上的不成体系，以及与欧洲大陆共享的全部先决条件，阻碍了市场的发展。的确，在资本主义的发展上确实存在制约，在农业生产率低且农村精英占据了大部分剩余的地区尤其如此。然而，我们在本章论证了多样性和碎片化以两种不同的方式促进了它们的发展。在第一种方式下，大量的通航水道纵横交错于这个区域，结合本地资源的丰富多样性，刺激了竞争，以及建立在农产品、原材料和制成品，以及一个更适度规模的劳动力和资本的市场交换基础上的区域专业化（Blockmans，2010b；van Bavel，2010a）。第二种方式与第一种密切相关，是区域间竞争本身的性质。历史学家们经常强调的

是城市竞争对经济绩效的一些负面影响，但是在低地国家间进行竞 316
争有着明显的收益，尤其是在契约制度领域。因为这个区域的大部分地方能够从不止一种途径进入，城市议会和领土的统治者如果想保持他们在商业网络中的地位，就必须保持时刻警惕，而这些城镇对发展支持市场交换的制度非常感兴趣（Davids，1996：100–112；Dijkman，2011；Gelderblom，2013；Stabel，1997：161–172）。为此目的，契约制度从附近地区借鉴而来，而且根据当地环境做了调整。

这些因素给了低地国家一个先发优势，如果低地国家的市场进化比欧洲其他地方更为明显，那么这只是程度上的差异，而不是本质上的不同。这种差异的根源在于它的具体条件，特别是那些拥有相当程度法律和政治自治权的城镇，其连通性要远远高于德国、法国和西班牙内陆的城镇。由于这些有利条件，低地国家不需要强有力的中央政府或运输技术的重大改进来刺激跨区域的经济交流。相反，一旦各个竞争国家的政府开始通过在国内市场排斥低地国家的商人和制造商，以及通过改善自己的基础设施来促进他们自己的经济利益，这个地区的比较优势就会减弱。

横跨全国的联系

地理构成了低地国家多样性的基础。[3] 该地区的北部和西部地势平坦而低，部分甚至低于海平面，但当我们向东移动，特别是向南移动时，土地先是略微起伏，然后在默兹河谷地则是崎岖多山的。无论是通过水湾还是河流，大多数地区都很容易通向大海，从中世纪早期开始，越来越多的人造运河纵横交错于这个国家。土壤类型也从肥沃的黏土和壤土，变成了沼泽泥炭地、贫瘠的沙土和布满岩石的山坡。整个区域有着悬殊的定居和开发模式，这反映了这种土地的多样性。随着运输剩余产品的便利化，这种多样性刺激了区域之间的专业化和交流，同时经过一段时间后，也出现了更大的定居点。

317 在罗马时代，南部地区已经拥有了一些城镇，但在帝国崩溃之后，除了佛兰德斯南端之外，大部分城镇都消失了。康布雷、图尔奈和阿拉斯这些筑造了城墙的定居点维持了足够长的时间，得以参与自 7 世纪以来开始显现的城市复兴。在默兹河谷地，那些堡垒得以保留，而且在类似于伊、那慕尔、通厄伦和马斯特里赫特这样的地方，成了人口恢复的基础（van Bavel，2010a：102）。在其他地方，特别是在莱茵河北边那些没有被罗马人征服的地区，城市复兴更偏向于出现在那些最新的定居点的节点位置，如城堡、庄园、主教所在地或修道院。无论起源如何，早期的新兴城镇都有一个显著的特点。它们的位置选择都是为了通过过境贸易获利，例如在通航水域。通过水道相连，而且用市场设施和行政职能为腹地提供服务，一个编织精细的城镇网络出现了。第一个这样的集群集中于佛兰德斯－阿图瓦地区南部的伊普尔、里尔、阿拉斯和康布雷，第二个在佛兰德斯北部的布鲁日和根特，第三个沿着默兹河，出现得晚一点的第四个是在须得海的东侧。

随着时间的推移，这些城镇在形成交易组织的制度性框架方面获得了相当大的行动自由。城镇的发展提供了一些机会，这是领主们，不管是教职意义上的还是世俗的，都不愿意放手的，比如增加税收、提高债务融资的可能性、提供行政和教育等关键服务，以及作为对抗竞争对手的支撑。结果，所有城镇都受益于它们领主的保护和偏爱。作为回报，领主在位于他们领土上的城镇拥有了特权（Dijkman，2011：389-392；van Bavel，2010a：110-113）。这些特权的范围包括非常简单的经济利益，如贸易中转站、每周的本地市场或一个区域集市，以及城镇的法律和行政规则的综合法典，该法典通常被认为是城市宪章。

城市宪章是结合城镇内部与通过社区自下而上形成的制度和统治者关注的自上而下的贡献得到的。然而，它也表现出第三个驱动中世纪城镇的制度动态变化的横向因素，即城镇之间的合作和竞争。城市宪章的条款通常是从其他法典当中提炼出来的，由此产生了一系列相关的且非常相似的规则，遍及低地国家。至少有 6 个这样的法律谱系。一些更广泛的网络，例如来自 1123 年首次颁布的代芬特尔的宪章是其中非常著名的一个，在共同的法律框架内连接了多达 15 个城镇。这些宪章往往有意识地超越领土之间的界限， 318
一些城镇从别处引入宪章以强调其独立性，远离强大的“邻居”，在区域市场上给予自己不同的定位（van Engen and Rutte，2008：74–78）。例如，聚特芬在 1190 年没有采用临近的代芬特尔的宪章，而是用了在其南边，而且直线距离达到 100 多公里的鲁尔蒙德的宪章。

城镇不仅以相互之间为榜样塑造了与领主的关系，这种初步模仿也使城镇之间的制度安排得到更为持续的校准。遵守同一个宪章的家族成员之间的关系，被一种称为豪夫瓦特（hofvaart），字面意思就是法院之旅的习俗有条不紊地维持着，来自附属城镇的官员访问他们的母镇以讨论法律问题。因此，在荷兰北端的泰瑟尔岛，地方法官会咨询他们在阿尔克马尔的前辈。如果这还不能解决问题，泰瑟尔和阿尔克马尔的政府官员们会一同前往哈勒姆，即处于上层的另一城市，并在必要时会与他们的哈勒姆同事一起去布拉班特的卢万，即他们所有人的前辈。虽然“豪夫瓦特”机制一定有助于在一个宪章家族谱系的不同成员之间实现一定程度的法律同质性，但是，宪章家族的数量表明，异质性仍然是常态。问题的关键在于，整个低地国家的城市官员都很清楚地知道其他地方的情况如何，如果他们想通过优化本地环境来刺激贸易，就有选择余地。

因此，这些城市宪章家族是在低地国家的不同区域间促进法律概念的交换和其他制度性安排的信息流的显著表现。这些家族可能是最重要的渠道，但肯定不是唯一的。陆上贸易路线是另一种渠道。沿着从丹麦到科隆和布拉班特的牲畜贸易路线的荷兰部分的城镇官员会定期会晤，以使得贸易流动更为顺畅（Benders，1998：63，64，73，74；Gijsbers，1999：33-38）。教会也是一种渠道。在不同庄园当中，金融技术，像短期租赁、年金或者不动产债券以及房地产抵押，在修道院间传播，表明这些组织就如何最好地管理资源交换了信息（Rijpma，2012：160-167：van Bavel，2009：192-194；Vercauteren，1947：226-227）。另外，行会似乎没有像它们在法国或德国那样，通过受训人员的流动组织有规律的信息流动，但是考虑到移民的规模，特别是工匠的高流动性，它们可能认为没有必要进行正式安排（Epstein and Prak，2008：16-17；Lis and Soly，1997；Lucassen，1987；cf. Stabel，2004：198-204）。结果，
319 在 15 世纪，在它们开始将低地国家的各个公国组织成一个更加一体的领土单位之时，勃艮第公爵们所引入的行政协调和集中化的过程，实际上是处于它们之间已经建立联系的更古老的结构之上。

土地市场

尽管低地国家的土地市场和其他地方一样由于土地不能转移而在某种程度上不受竞争的影响，但它们不能免受竞争压力的影响。通信的相对便利，以及在整个低地国家地区随时可获得一系

列关于销售农产品的商业制度的配备，意味着土地复垦的经济效益和社会效益、管理土地许可的新机构、新的农作物或农业技术、新形式的需求或新市场的开辟，将从一个区域转移到另一个区域。在整个低地国家当中，农民从专业化中获益，但把握商业机会的程度却大不相同。土壤质量和社会财产关系的差异抑制了一个地区的商业影响，调整了另一个地区的影响，导致了整个低地国家土地市场的巨大差异（Hoppenbrouwers and van Zanden，2001；van Bavel，2010a：86–93）。

在中世纪早期，土地就不存在界定清晰和绝对的产权。一般而言，各方对特定的小块土地拥有不同种类的权利，如开发权、在某一特定季节或全年使用一部分或全部、获得其产出的一部分、将其转让、关于其转让的优先购买权甚至回购权、通行权，以及继承所有或部分这些权利（Godding，1987：150–151）。这些权利相互重叠，可能与其他地块的相似权利或其他权利捆绑在一起，同时，它们可能依赖于口头传统，而不是书面文件，因此转让这些权利是很困难的（van Bavel，2010a：51–52）。这些土地权利分割的程度在低地国家各不相同。在一些地区，特别是佛兰德斯和布拉班特的部分地方，以及格德司河三角洲，井然有序的贵族庄园占据了大部分或全部的土地并声称拥有大部分的权利，或者至少以有约束力的转让程序的形式对土地行使了权力。在别处，例如荷兰，庄园的力量薄弱，权利分割程度更高，或者，这些权利也可能是完全不存在的，比如在弗里斯兰、德伦特的进行边缘农业耕种的沙地区域、上艾瑟尔东部、费吕沃和康宾。在这些地方，土地权往往保持未 320
分化状态，通常是公用的，间或一直持续到 19 世纪（van Zanden，1991，1999；Bieleman，1990）。

从 11 世纪开始，庄园制的框架衰退，直到 1400 年，即使在过去庄园制曾经很强盛的地方，也只剩下少数几个了（van Bavel，2007：289–290）。我们并不了解庄园衰退的所有原因，但至少有部分是自然的因素。在这里，土壤侵蚀破坏了庄园经济的活力，洪水则冲刷了土地，在其他地区，沉陷和地下水位的上升迫使农民让土地撂荒。发挥作用的因素还包括城镇兴起，这通过为备受压力的农民提供一个避风港而吸引走了庄园的劳动力供给。有抱负的君主也会削弱庄园的封建特权，比如建立公共法庭以取代庄园对产权纠纷的司法管辖权。庄园领主们对这些挑战的反应程度，在时机、具体的形式以及特定的后果方面存在差异。但是，在任何地方它都具有相同的一般效果，也就是推动适当界定不同的土地权利，包括所有权和使用权，从而带来了放开土地准入的竞争压力，也就是说，通过使租户为土地而竞争来提高生产力，促进市场化的农业。我们将首先分析这些贵族的回应为什么和如何不同，然后讨论其对土地市场产生的影响。

这些回应的模式、它们背后的可能动机，以及它们的效应，通过审视这些可能的选择能够得到最好的理解。中世纪的大领主可以用多种不同的方式，即分析意义上的可供选择的模式来利用他们的土地，虽然在实践中这些领主经常混合多种方式的不同元素（van Bavel，2009：200–202）。第一，他们能够把土地当作一个庄园经营，通过强制农民在他们的土地上提供庄园服务来招募劳动力。第二，他们可以用雇用劳动力来开发自己的土地。第三，他们可以把土地出租给农民，不管是可继承的还是有限期限的。第四，通过收回被洪水或不断上涨的水位淹没的土地来实现。在这些情况下，这些已经收回土地的领主授权一个或多个企业家来进行开垦，给予他们完全的土地所有权，以换取象征性的认可酬金。在佛兰德斯的沿海地区，开垦通常不是由城市投资者负责的，而是由投资者以短期租约将土地出租给农民，但是，自 11 世纪以来，荷兰 – 乌得勒支泥炭地就被业主收回，而且他们在那里定居了（Dekker and 321
Baetens，2010；Thoen，1988；van Bavel，2010a；van der Linden，1956）。

从封建制度向市场导向的转变意味着领主越来越多地从选择一转向选择二、三和 / 或四：他们需要找到劳务的庄园式交易以外的各种方式，以保证吸引到用于开发利用土地的劳动力。选择三和选择四的短期租赁最有利于扩大土地的获取机会。短期租赁形式的扩张是我们拥有的，用来衡量领主们何时何地移动，以及向哪个方向移动的最好代理变量。在庄园制系统很强大的地方，领主们通常会尽其可能地坚持第一种选择和第二种选择。但是，他们这样做能否成功取决于环境，更具体地说是在他们周围环境中所发生的那些事情。在那些已经城市化的郡县，如阿图瓦、佛兰德斯和布拉班特，领主们早早地转向了混合式的开发。他们多半能够成功地强化他们的地位，虽然有时他们由于灾难性的时机安排失去了这种地位。佛兰德斯南部和阿图瓦的一些地区的领主们，在 12 世纪末期的高通货膨胀时期之前，以固定租金出租了可继承的土地，所以这些地区的庄园制度迅速衰退，但没有产生与其他地方的下降相关的短期租赁的上升（Thoen，2001；van Bavel，2009：200−201）。由于这种情况和其他一些情况，各种开发利用方式之间的平衡，在区域间，甚至在这些区域的内部有很大的差异。到 1500 年，短期租赁在佛兰德斯的沿海地区占据了主导，相对于佛兰德斯的内陆只有 40% ～ 50%，短期租赁在沿海地区则覆盖了 80% ～ 90% 的土地——前者的水平与布拉班特（30%）和阿图瓦（40% ～ 50%）相近（Soens and Thoen，2009：32−39；van Bavel，2009：191）。

一个同样大的差异成为格德司河流域的特征。在该流域，通过各种庄园式劳动服务来剥削农民在东部依然很盛行，但是在西部的领主们，因为提供给邻近的荷兰－乌得勒支复垦区定居者自由土地所有权而面对着日益激烈的竞争，于是他们改变思路，很早就开展了租赁（van Bavel，2009：202）。相反，荷兰早期的市场导向与庄园制的缺失有关，而且与农民所有权的支配性地位联系在一起（van Bavel and van Zanden，2004）。然而，短期租约在那里扩散得比较缓慢，到 1500 年，平均水平只有 30% ～ 40%，因为土地所有者发现很难在一个习惯于可继承性租赁或完全所有权的环境中强制执行这些条款。当政府在 16 世纪开始支持土地所有者时，短期租约才被广泛采用（van Bavel，2009：199–200）。短期租赁在一个没
322 有庄园的地区，即弗里斯兰沿海得到了广泛传播，到 1500 年，它覆盖了 80% ～ 90% 的土地，因此在那里，对提高生产率所必需的产权的更好定义并不取决于它是否来自封建制度。毗邻的格罗宁根尽管也没有庄园和非常相似的土壤条件，却有一个完全不同的，以可继承性和仅有 30% 的短期租赁为主的土地市场（van Bavel，2009：191，199–200）。弗里斯兰和格罗宁根都还没有被城市化，至少还远没有达到与佛兰德斯和布拉班特相同的城市化程度，因此，在某些情况下，城镇的出现在很大程度上是一个促进因素，而不是决定性因素。

总之，从短期租赁的传播来看，到 1500 年，在整个区域，庄园制度已经被其他更为市场导向型的开发利用方式取代了，从而开放了土地。这并不是说土地市场在每一个地方都能顺利地运作，我们根本也不知道。虽然短期租赁肯定刺激了对土地的产权和其他权利的更好界定，然而不动产的买卖，尤其是农业土地，由于一项交易可能涉及很多方，一直到 19 世纪都很难进行（Godding，1987：150）。在庄园制度曾经很强大的那些区域，这也是高成本的，领主

对于土地转让施加了 10% ～ 16% 的费用。在近代早期，土地销售增长缓慢，即使在最有活力的地区，每年也很少影响到超过 2% 的土地（van Bavel，2003a：130–131，134–135）。的确，也许短期租赁之所以会传播，是因为它避免了所有权转移的复杂性。对土地买卖的态度也需要改变，从一个地方到另一个地方，改变的速度可能相差很大。即使在一个像根特这样的商业中心，像看待其他商品一样看待房地产的思想也渗透得相当缓慢（Howell，2010：19–42）。我们真正想强调的是，当庄园制度消失之后，低地国家的社会、经济、法律和地理的多样性结合在一起，造成了土地市场的巨大差异，甚至在相近的区域之间也是如此。短期租约的不均衡性分布表明，必要的法律和经济概念已遍布全国，但是当地的条件决定了它们能否被应用。

我们可以得出这样的结论：虽然在低地国家有很多机会进行以市场为导向的生产，但建立运作良好的土地市场以获得农业专业化的收益取决于以下四个因素的结合：第一，产权和庄园制度的相对强度这样的契约制度，以及短期租赁这样的法律概念；第二，社会财产关系，比如大领主的权力或城市投资者在市场上的存在；第 323
三，关于土地性质和社会正当秩序的概念，例如将土地与动产同样看待的阻力，或荷兰主导性的农民小土地所有制抑制了短期租赁的传播；第四，当地的特殊情况，如土壤质量、环境的限制，以及在佛兰德斯南部和阿图瓦部分地区世袭租赁的不幸到来。这四个基本决定因素的不同组合产生了截然不同的结果：在佛兰德斯，土地复垦增强了相对于周边农村的城市力量，而在荷兰，它巩固了领主相对于封建领主和邻近城镇的地位。这个权力的特殊差异被证明是持久的，对于 17 世纪荷兰的大型填海工程而言，虽然由城市商人出资，但并没有真正加强有关城市的地位（van Zwet，2009）。然而，相似的结果并不一定有相似的根源：弗里斯兰的短期租赁起源于社会财产关系，并且导致了与那些在格德司河地区完全不同的社会财产关系。

雇佣劳动力的兴起

封建主义和资本主义的主要区别之一是人们为了工资而工作的程度。[4] 封建庄园和同样自给自足的经济单位，如修道院，通常在其地域内拥有一定数量的工匠和从事皮革或纺织生产的作坊，但是，这种劳动力与领主捆绑在一起，除了消费庄园的产出之外，他们得不到任何工资。因此，我们可以通过考虑从封建服务到以实物或货币支付的劳动这种转变来衡量资本主义在低地国家的发展。[5]

从 13 世纪起，雇佣劳动力的重要性在低地国家的任何地方都在稳步上升。然而，上升时间和速度在区域间，甚至在区域内都有显著差异。在 16 世纪，雇佣劳动力在低地国家的所有劳动力中估计占三分之一，但其比例仍有很大不同，变动范围从荷兰和格德司河地区的超过 50% 的最高峰，一直到内陆地区佛兰德斯的最高 25%（van Bavel，2003b）。这种差距很大程度上是土地产权演进方
324 式的结果。在那些农民能够占有土地的地区，他们的持有数量很快分散到如此程度，以至一些家庭很快就拥有了比他们农场所需的更多的劳动力，迫使个人成员在部分或大部分时间从事其他工作。[6] 这些农民经济体拥有庞大而隐蔽的劳动力储备，其雇佣程度取决于更广泛经济中的业务波动（Hoppenbrouwers，1992：264–273）。随着时间的推移，农民在其他部门从事兼职工作的现象消失了。这作为荷兰经济的特点一直持续到 16 世纪末，但在内陆地区佛兰德

斯又持续了两个世纪，在特文特和布拉班特北部一直持续到 1800 年后，在有着贫瘠的沙质土地的布拉班特东部、德伦特和费吕沃，则要更晚［Hoppenbrouwers，1992：498-499，678；Stabel，2001：146-147，基于 Thoen（1988）；van Bavel（2007：289-294）；以及一些更早的文献］。

纺织业，尤其是亚麻纺织业，主宰着内陆地区佛兰德斯，在那里，它可能为高达 40% 的人口提供了额外收入，该地区的挂毯织造业可能雇用了另外 5% ～ 10% 的农村兼职劳动力（van Bavel，2003b：1120-1122）。这些农民家庭将维持生存的粮食种植与一些经济作物的销售和制造业中的工作结合在了一起。挂毯织造大多是有薪工作，但在亚麻织造和城市布匹生产的羊毛制备当中，农民用他们自己的资本和工具像独立的工匠一样工作，不过，因为一些很快就会变得清楚的原因，他们的报酬要大大低于被雇用的城市工匠所获得的报酬（van Bavel，2003b：1145-1150）。在其他地方，纺织品生产虽然重要，但在较小程度上占主导地位。例如，布拉班特在安特卫普附近有一个重要的制砖产业。同时，在鹿特丹、莱顿和乌得勒支之间的荷兰地区，农户也从制砖工厂的季节性雇用中补充了他们的收入（Hollestelle，1961：38-44；Limberger，2001：163-165）。长期以来，荷兰的渔业和航运部门也提供了一种现成的农民兼职就业资源（Boon，1996：150-162）。在 18 世纪的列日腹地，成千上万的村民在生产钉子（van Bavel，2003b：1110）。

在其他区域，封建主义的衰落使土地合并为大农场，而且消除了农民对小块土地的持有，并以一种完全不同的形式构建了农 325
村劳动力。例如，在格德司河地区，短期租赁的兴起将租赁权集中在了那些日益富裕的佃农手中，同时迫使农村剩余人口离开土地变成雇佣劳动力（van Bavel，2006）。在 14—16 世纪，雇佣劳动力在弗里斯兰的农业和佛兰德斯沿海制造业当中获得了相似的发展。纺织品再次推动了内陆地区佛兰德斯南部的发展，例如，雇用尼乌凯尔克地区的农村人口生产厚的毛织品，同时在翁斯科特雇用人进行编织（薄绸或缎布）（Stabel，2001：143–146）。有些村庄甚至在纺织生产的基础上向城市聚居区发展，如发生在安特卫普的布拉班特腹地的迪弗尔，这是大规模的哔叽呢编织所导致的结果（Limberger，2001：161–163）。在荷兰，从基于农民就业的经济到依赖雇佣劳动力的经济的转变只发生在 16 世纪，商业化导致了大规模和专业化农场的兴起，这些农场雇用当地的无地劳动力，辅以季节性流动的工人（de Vries，1974；van Bavel，2007：289–294）。

然而，土地产权并不是形成劳动力市场结构的唯一因素，城市和乡村之间经济和政治力量的平衡也是重要的（de Vries，1974）。例如，佛兰德斯的 4 个主要城市使得在它们腹地的劳动力市场服从于它们的特殊利益，这就解释了独立的农民布匹生产者工资低的原因。城市力量在内陆地区佛兰德斯有效地抑制了由于其容易进入外国市场所创造的一些经济增长和向上流动的潜能。相对地，中世纪晚期的荷兰农民也把维持生计的农业和雇佣劳动结合起来了，但他们的经济地位更强大，因为区域劳动力市场在许多部门为他们提供了一系列选择，包括从渔业、乳业和泥炭采掘的初级部门生产，通过布料生产和制砖方面的第二产业部门活动，到航运这种服务业部门，甚至是挖掘和筑堤这样的公共部门。此外，由农民负责生产和提供服务的商品和服务市场不在城市控制之下。城镇甚至小村庄为了创造销路而竞争，这是荷兰农村经济的一个重要特征，它为农民提供了一个保持作为独立的生产者和服务提供者的好机会（Dijkman，2011；van Bavel，2003：1124，1143）。

农民生产的持续重要性是为什么在进入近代早期之前，至少在他们的部分时间里，大多数人都自我雇佣的原因之一，无论是作为农民、工匠、服务提供者、熟练工人还是非熟练工人（Brenner，2001；Du Plessis and Howell，1982；van Zanden，1993）。当有需 326
要时，他们会用雇佣劳动或工作来代替一种或另一种东西：以实物或服务作为支付形式，例如获得一块土地，或者使用一辆手推车、一艘船。因此，雇佣劳动只是人们谋生方式的一部分，他们会在工作中来回转换，这取决于工作的可获得性、提供的工资、其他机遇，以及诸如家庭构成或特殊需要这样的个人情况（Lucassen，1982：327-329）。

从 16 世纪晚些时候开始，北部的低地国家的经济增长刺激了对雇佣劳动力的需求。堤坝和水闸的维修一直在吸收一些农民劳动力，但现在一系列雄心勃勃的土地复垦项目招募了大批雇佣劳动力（van Bavel，2007：297；van Zwet，2009）。航运也在扩张。该部门在北部的低地国家一直比较强大，这是基于农村劳动力过剩的相对优势、人们普遍愿意将私人储蓄投资于第三方船运公司或航运公司，以及需要进口粮食以弥补因土壤条件恶化而造成的当地供应不足。到了 1650 年，荷兰拥有欧洲最大的、有 3 000 多艘船只的商船船队，连接着从俄国北部的阿尔汉格尔斯克的港口到黎凡特的君士坦丁堡和阿勒颇的港口。海洋运输已成为一种雇用从所有北部的低地国家抽调而来的成千上万水手、价值高达几百万盾的商业，也吸引了来自德国和斯堪的纳维亚地区的移民工人（Van Lottum，2007）。在捕鱼、捕鲸和内河运输业的就业人数也多达几千人（van Bochove，2009：213；van Bochove and van Zanden，2006：564）。

海员劳动力市场集中在鹿特丹周边的默兹河河口的港口、在须得海西侧的港口，以及弗里斯兰和泽兰的沿海城镇，该市场也必须满足海军和荷兰东印度公司（Dutch East India Company，VOC）对水手和士兵的强大需求（Bruijn and Lucassen，1980；Van Lottum，2007）。在荷兰起义的最初阶段，从北方分离出去的各个省份仍然可以成功地依靠一支因为战争而用渔船和商船改装而成的混杂舰队来捍卫自己的独立，但在17世纪，荷兰建造了一支由正规水手和士兵组成的海军。在战时，由经过改装的商船作为补充，在整个17世纪的100年里，涉及荷兰的武装冲突有60年，其间雇用人数在顶峰时可能达到20 000 ～ 24 000人（Bruijn，1993：131）。荷兰的常备军在和平时期的数量为30 000 ～ 40 000人，在战争期间
327 可能上升到90 000人（Israel，1995：263，479，498–499，507，602-603，970；van Nimwegen，2010：46）。

荷兰东印度公司也对人力资源产生了持续的高需求。17世纪期间，该公司经营了一支由80 ～ 100艘船只组成的船队，其中有很多都驻扎在亚洲海域（Parthesius，2010）。与派出到众多贸易点作为工作人员的人员合计，这就要求每年有3 000 ～ 4 000人在荷兰港口登上该公司的船只（Bruijn，Gaastra，and Schöffer，1987：156）。在1602—1795年间，该公司总共雇用了975 000人。尽管海运对劳动力的总需求如此之高，但这个部门并不是劳动密集型的。商船和渔船的人均吨位比非常高，并继续上升，在捕捞鲱鱼的一种帆船上只有12 ～ 14个人手，但在前往波罗的海的商船上，类似规模商船上的船员有大约1 700名（de Vries and Van der Woude，1997：250；Lucassen and Unger，2000：130）。处于繁忙的内陆运输拖轮网络的驳船通常由一个船长和一个帮手进行管理，同时有一位城市官员负责收入和支出的记录（de Vries，1978：139）。

与国家的商业扩张同步增长的工业部门也对劳动力产生了越来

越大的需求，特别是在进口食品和原材料的加工方面（de Vries and Van Der Woude，1997：522）。在 16 世纪中期，木材、啤酒、鲱鱼和食盐这些行业已经建立起来了，很快新的产业部门也接踵而来，如糖、钻石、染料木、丝绸，稍晚一点也有了咖啡、烟草和如茜草这样的进口替代产业（Priester，1998：323–374）。加工业是北部的低地国家在经济上最具活力的部门，同时也是最脆弱的部门。大约从 1650 年开始，它们在低质量制成品出口市场的竞争优势由于英国和法国采用重商主义的贸易保护主义措施而削弱了。一些部门通过将生产转移到特文特和布拉班特的乡村而改变了策略，并且把它作为包出制生产的网络进行重组，以降低成本。其他部门，例如成为殖民地贸易和专业化农业一部分的部门，继续在城市环境中茁壮成长，企业家们也寻求用新技术来削减工资成本。相比之下，南部的低地国家的纺织品制造业对贸易保护的兴起所做出的反应完全不同。生产商合成一体并成功地转变为向国内外市场生产豪华织物（van der Wee，1988：324–327，330–335，368–370）。在 16 世纪，奥德纳尔德的挂毯编织业凸显出来，拥有几十名工人的工场和单个工人的单元共存（Stabel，2001：151），但随着合并的发生，拥有 328
雇佣劳动力的相当大的生产单位成为普遍现象（De Peuter，1999：244–248；Lis and Soly，1987：30–40）。

雇佣劳动力的增长改变了劳动力市场的结构和组织形式。农场主们发现他们可以减少常规雇用的人手的数量，转而通常在季节性的基础上雇用临时工，这与海员劳动力市场形成了对比，后者可以为水手们提供更稳定的工作，他们能够年复一年地与同一个船主签订有时甚至是一整年的契约。在加工产业中，这些生产单位的所有者通常依靠的是在训练有素的工匠领导下的临时工人队伍。与此同时，生产单位的规模仍然很小。直到 18 世纪后期，甚至是在 19 世纪中期，很多地区的工场都是由大量的小经营者组成的，通常一个自我雇佣的所有者和 2 个或 3 个雇员一起工作，再加上 1 个学徒。阿姆斯特丹的面包店很少有超过 2 ～ 3 个额外的人手（Kuijpers，2008：225–248）。雇用 10 个或 20 个人的企业是很少的。即使是荷兰最大和最为资本密集型的产业，例如酿造和制糖，也很少有超过 10 名工人。在某些部门，特别是纺织生产、武器制造和钟表制造，转包可以创造使用了大批工人的一条完整的供应链，但这些如果经常完全依赖一个企业家，那么在形式上其实仍然是自我雇佣的（Lis and Soly，2008）。

事实上，即使雇佣劳动变得更加重要，自我雇佣仍然处于很高水平。直到进入近代早期，大多数人至少在他们的一部分时间里是自我雇佣的，无论是农民、工匠、服务提供者还是熟练工人或者非熟练工人。不管是 13—14 世纪佛兰芒的织物制造业、后续两个世纪的布拉班特和佛兰芒的工业，还是 17 世纪和 18 世纪的奢侈纺织品行业，南部的低地国家的三个连续的工业增长阶段都是由个体工匠提振起来的（Lis and Soly，1997b：219–221；Ryckbosch，2012；van Damme，2007）。

服务业也为自我雇佣提供了广泛的机会，不仅仅是在荷兰这样高度商业化的省份。在 17 世纪上半叶，在阿姆斯特丹 12 万人口当中，约有 8 600 个自我雇佣的商人、零售商、工匠，以及其他一些商品和服务生产商。如果我们把这些企业家中的每一个人都当作四人家庭的户主，那么自我雇佣就是阿姆斯特丹至少四分之一家庭的主要收入来源（Gelderblom，2009）。在作为低地国家特征的大量小城镇和大村庄里，这个比例不会低很多。一般来说，当地的便
329 利设施不仅包括面包师、木匠和铁匠，还有更广泛的零售商和工匠群体（de Vries and Van der Woude，1997：509–510，522–523；van

Deursen，1994；南部的低地国家：Blondé，1999）。事实上，当地现有的技能水平较高，加上非熟练工人的富余，农村在与城镇争夺高质量工作方面具有比较优势［Lis and Soly，1997b：219–221；Munro，1990，引自 Lis and Soly（1997b：226）］。因此，随着时间的推移，城乡之间发展形成了不同的就业结构，城镇集中在熟练和连续性的工作，农村集中在低技能或非熟练和不连续的工作，也就是说季节性的工作，因此到最后，生产设施向农村的转移仍然局限于适合其就业模式的那些部门（Lis and Soly，1997b：224–225）。

然而，这些就业模式只是在程度上有所不同，而不是在性质上。雇佣劳动和自我雇佣之间的界限是模糊的，许多人在临时经济中或多或少地将这两类工作结合起来，或或多或少地在两者之间进行转换。许多工资性的工作，特别是在农业方面，也在航运、军队、公共工程、教堂和城市防卫方面，并不需要永久性和全职性的雇用，这就迫使男人和女人同时从事几项工作或通过自我雇佣创造收入（Kuijpers，2009；Soens，2009；Soly，1977；van Tielhof and van Dam，2006；van Wijngaarden，2000；van Zwet，2009）。这包括小农和无地劳工，他们有权利用公地进行放牧或收集柴火。就连城市居民也开垦了城墙外的小块土地，以补充他们的收入（Stabel，2001：150）。如果有需要的话，商品和服务的自我雇佣者将用雇佣劳动补充其收入，此外，许多工作至少在某种程度上是以实物支付工资的。季节性农场工人、家庭佣人、水手和士兵都领取了相当一部分以食宿为形式的工资（Vermeesch，2006）。

我们可能会认为，不断改变工作安排对为经济提供大量且灵活的劳动力是有益的。这对于农场人手和加入商船队或荷兰东印度公司的水手的例子来说的确是这样，同时对于那些想动员大批工人从事紧急公共工程的当局也是如此（Lucassen，1987；van Zanden，1993）。但这对家庭收入而言是一个不稳定因子，降低了劳动力的流动性。依赖工资的工人为了生存需要社交网络，而这种网络一旦破裂，就很难在别的地方重建。如果想在家庭迁移的同时维持收
330 入水平，就需要个体家庭成员立刻找到工作，这对于那些从事普通的工作类型组合的人来说比较困难（Kuijpers，2009：254）。社会福利制度在减少不稳定方面无所作为，事实上，它是用来加重不稳定的。不是给失业在家的人提供丰富的福利，慈善机构在试图减少社会上最贫穷的人、没有固定住所和固定工作因此几乎没有任何社会网络可以依靠的人的同时，反而很容易补充其他家庭成员的工资收入（Van Wijngaarden，2000）。在南部的低地国家，贫困救济被设计为通过迫使妇女和儿童接受生产工作来降低工资（Lis and Soly，1997b：225）。因此，贫困家庭为生存而奋斗所形成的临时性经济就解释了为什么在一个商品在区域间自由流动高度一体化的经济中，依然存在着相当大的工资差距，对非熟练劳动力而言更是如此（Aerts，2004：217；van Zanden，1999）。从这个意义上说，近代早期的低地国家经济并不真正是一个近代的完全的资本主义。

商业和资本主义

商品市场在低地国家的不同地区很早就出现了。挪威和弗里斯兰的贸易商们在8—10世纪开拓了海外贸易，而到了第一个千禧年的转折点，各个定居点都存在受到统治者保护的定期性贸易。从有利的地理因素角度也可以更好地理解这一点。该地区的基础设施既有利于农业专业化，也有利于本地和区域贸易，而无处不在的通

航水路使运输成本很低。因此，食品、建筑材料和燃料可以方便地进行运输，从而降低了城市化的门槛。[7] 这些国家的中心位置也有助于早日实现与欧洲其他地区的融合。横跨北海与法国北部，英格兰东部、德国北部和丹麦的定期交易早在公元 1000 年就存在了。此外，各种河流便利了与莱茵和沿着默兹河流域地区的贸易联系，而这从 12 世纪开始就一直延伸到了香槟集市，在那里，来自佛兰芒的织物被用来交换来自意大利的奢侈品（Blockmans，2010b：73–123）。

这些因素结合在一起产生了密集的集镇分布，而这最先出现在佛兰德斯，在那里几十个小城镇发展成为一些专业化的布匹生产中心，而且通过一个与香槟集市竞争业务的集市圈子与区域内和区域 331
间贸易流动捆绑在一起（Stabel，1997）。在邻近的布拉班特省，安特卫普是至少十几个城镇当中第一个参与区域和国际贸易的。在北方，在须得海边缘地带和沿着艾瑟尔河的城镇与德国腹地之间的贸易从 13 世纪就开始了。一个世纪之后，荷兰的贸易兴起了，这是由于日益恶化的生态环境迫使当地居民走上了明显的经济专业化道路。他们从种植制作面包的谷物转变为进口面包，首先从佛兰德斯南部和法国北部进口，然后在 15 世纪下半叶开始越来越多地从波罗的海地区进口。农场不再生产谷物，而是开始生产乳制品、亚麻和大麻，剩余的农场劳动力则在捕鱼和运输服务中找到了工作（van Bavel and van Zanden，2004）。

低地国家商品市场发展最显著的方面是，有雄心的集镇利用这个市场成功地在区域或国际贸易中获得地位的明显容易程度。其他欧洲城镇和区域从这种中世纪长途陆路贸易的崛起中获得了收益，但低地国家高度的城市自治结合城市间竞争的强度产生了动态的制度发展。就像瓦塞纳家族相继的领袖所做的那样，封建领主们在各地组织了一年一度的集市，但商品市场的发展主要是由城镇执法官驱动的，他们能够根据在别处感知到的威胁和机会来决定城镇的经济命运。他们或多或少都有着这样做的自由，因为他们从至高无上的领主那里获得了大量的法律和财政自主权，以作为对领主连续不断捐赠资金的回报（Blockmans，2010b；Dijkman，2011）。

这使得各个城镇议会通过各种手段促进贸易：维持一项法律基础设施来支持私人契约；为流动和定居的商人提供保护；创造市场空间或专用的交易大厅；建设港口设施，给商人团体提供住宿，授予特权，建立例如汇兑银行这类机构；向迁移来的个人支付保费（Gelderblom，2013）。地方执法官监管当地服务提供者的工作，规定支付、信贷和信贷登记的规则，并设立法院来解决纠纷。各个城市宪章家族提供了实用的框架来设计制度性解决方案，就像汉萨同盟为须得海边缘的城镇所做的那样，因为在同盟中联合起来的各城镇使得它们自己受到了与商业交易组织有关的共同规则和规范的约束。有时，这些框架也有助于促进一定程度的区域协调和协作。各
332 个城镇将本地定期的贸易展览会协调为周期性的，以创造出半永久性的市场，并联合起来促进它们在国外的商人的利益（Gelderblom，2004）。早在11世纪，佛兰芒的城市就联合起来支持商人前往英国或香槟集市，艾瑟尔河流域的城镇也从12世纪开始形成一个支撑性网络，荷兰的城镇从15世纪起对汉萨商人也是这样做的。

然而，竞争仍然是常态，其强度根源于低地国家的地理。每个城市在面对有着几乎相同的生产区域和销路获得能力的邻近竞争者时，都想努力维持或改善其市场地位（de Vries and Van der Woude，1997：172-174）。有时，这些城镇用从领主那里获得的商业特权来支撑其有利的位置，以建立市场垄断地位。多德雷赫特在14—16世纪的相当长时间中，在默兹河和莱茵河的贸易上保持了一种普遍的收取过路税的特权，尽管正如我们将要看到的，这一特权有

着不同的成果，米德尔堡在 16 世纪对齐兰－佛兰德斯北部地区拥有收取酒类的过路税的权力（Dijkman，2011：159–200；Wijffels，2003）。但一般来说，生产者和贸易商拥有替代性选择，他们可以在另一个城镇的其他地方出售或购买，或者通过选择通往另一个市场的另一条路线来规避一个市场的商业特权。他们知道，一个城镇的权利在其他地方不容易实施。有些市场，如马和牛的市场，流动性很强，因此很容易被想要刺激贸易的当地统治者迁走（Gijsbers，1999；van der Wee and Aerts，1979）。

竞争的压力驱使这些城镇动用各种手段，如政治、法律、财政和必要时候的武装力量，来确保它们的地位。布鲁日多次派遣武装人员以阻止贸易逐渐渗透到其外港，即斯鲁伊斯，同时在 1356 年哄骗佛兰德斯伯爵，使安特卫普服从它的统治（Murray，2005：35–37，253）。根特在 1379 年诉诸武力以防止贸易被新挖掘的一条运河转移，哈勒姆在 1513 年这样做是为了阻止一个妨碍交通的船闸的建设（Blockmans，2010b：280–281；van Dam，1998：46–47）。在佛兰德斯，三个主要城市——布鲁日、伊普尔和根特，随着时间的推移，成功地使乡村地区服从于它们的利益，并且扼杀了小城镇的发展。位于遥远北方的格罗宁根在周边的乡村（荷兰语的 Ommelanden）也拥有相当大的政治和经济权力（de Vries and Van der Woude，1997：509）。在不同的时间点，阿尔斯特、安特卫普和鹿特丹受到周边城镇所施加的严重贸易限制（Dijkman，2011：147；Gelderblom，2013）。当 17 世纪晚期荷兰经济进入转变期的时候，当地啤酒业受到了冲击，城镇执法官做出的回应是对从其他 333
地方进口的货物征收禁止性的关税（Yntema，2009）。有一段时间，政治集权限制了城市寻租活动的影响。当勃艮第公爵在 1406 年控制了布拉班特时，他中断了布鲁日对安特卫普经济发展的阻碍。从

15 世纪中期开始，各个城镇可以在公爵设立的中央法院驳斥阻挠它们经济雄心的城市竞争对手。当安特卫普反对米德尔堡的葡萄酒过境税的时候，该法院裁定支持了安特卫普，同时鹿特丹在反对多德雷赫特的普遍过境税上也赢得了一个类似的案子。在这里，叛乱又一次削弱了中央集权。在低地国家南部地区，最高法院的权力依然不减，但它不能打破佛兰芒主要城市在它们所处省份范围内的铁腕控制。荷兰共和国未能建立一个中央最高法院，尽管在荷兰和弗里斯兰的当事人可以向一个联合最高法院（Hoge Raad）上诉，以反对他们各自的省级法院的裁决（Verhas，1997）。

然而，城市寻租行为的关键在于，从一个区域到另一个区域，成功的差别很大，从而创造出明显的市场结构差异。三个佛兰芒城市成功地控制了农村经济，这就导致商品市场，特别是粮食和纺织品市场朝着对它们有利的方向倾斜，就像上面提到的劳动力市场一样。相比之下，荷兰类似的控制尝试大多失败了。多德雷赫特在河流三角洲区域的综合性过境税权力面对来自河流下游试图转移贸易的小城镇持续不断的，而且常常是成功的挑战，邻近的鹿特丹势不可挡的崛起有效地结束了这种垄断（Dijkman，2011）。小城镇和村庄摆脱了附近城市的市场特权，因为伯爵不会冒险站在城市一边，而招致这些更小社区的愤怒（Dijkman，2011）。当阿姆斯特丹市议会由于受到劳工动乱的压力对木材加工行业施加一些限制时，这一产业就离开了城镇，向北迁移到桑河地区，而且随后吸引了造船产业前来（de Vries and Van der Woude，1997：301–302）。由于这些城市无法获得牢靠的控制，荷兰的劳动力和商品市场仍然比佛兰德斯的相应市场更加灵活，反应也更加灵敏。

从 13 世纪开始，同样是城市间的竞争促使低地国家主导了国际贸易。[8] 布鲁日、安特卫普和阿姆斯特丹相继获得的作为欧洲商

品流动枢纽的功能，也同样可以由邻近的英国、法国或者德国的港 334
口来承担。然而，这些港口都占据了与其腹地有关的控制地位，大部分这些地区拥有很少或者根本没有其他途径进入超区域的市场。这种情况会导致对贸易的财政剥削和体制性硬化，同时会把腹地经济范围缩小到生产基本食品和制成品的低价值活动当中。低地国家中的主要港口一直试图在其腹地获得类似的权力，它们有时成功地得到权利，但它们依然需要考虑邻近地区在给生产者和消费者提供替代市场方面的高城市潜力。它们也不得不通过竞争来吸引来自欧洲各地的国际贸易商，这基本上是一个到处流动的人群，很容易被说服搬到其他地方，如果那里的条件更适合他们。例如，布鲁日的市场高度依赖德国汉萨同盟，以及意大利和西班牙商人，安特卫普则依赖莱茵商人、英国布匹商人和葡萄牙的香料商人。如果这些团体中的一员迁移了，其他的也可能这样做，这使得地方市政委员会对要求更好设施的需求做出反应。

外国商人对低地国家国际贸易增长的贡献通常是以其特有的产品专业化和商业专长显示出来的。然而，这并不能抓住本质。外国商人的真正重要性在于，他们促进了制度安排的不断调整，以适应不断变化的经济需要，这些商人首先是作为一个法人团体，但在 1490 年之后的安特卫普，后来也在阿姆斯特丹，越来越多地是作为一些个体。随着越来越多的外国人使用这些商业、法律和金融基础设施，市镇议会努力优化各种条件，建设专门的市场设施和住宅住所，促进良好的契约制度，将外国习惯纳入法律，并使得法律程序适应商业需要。正是这种地方市场和外国商人之间的互动刺激了诸如复式簿记和海上保险等商业制度，以及诸如汇票、公私债券这样的工具，诸如票据贴现、证券交易、回购、远期、期货和衍生品这类货币市场技术的普及。

此外，城市间的竞争与通信便利性的结合确保了最佳业务实践迅速从商业中心向外扩展到外围城镇。外国商人因此可以威胁要离开城市，或在事实上离开，他们也经常真正这样或那样做。这种自由的商人和城市执法官促进商业交易的决心结合起来也解释了在
335 15 世纪末，商业领先地位因此相对轻松地从布鲁日转移到安特卫普，以及在荷兰起义之后从安特卫普转移到阿姆斯特丹的原因。

殖民地面临的挑战

激烈的城市间竞争也体现在洲际贸易中，同时带来了令人惊讶和创新性的成果。从 16 世纪 60 年代开始，佛兰芒的商人掌握了与加那利群岛和马德拉的蔗糖贸易，但是葡萄牙和西班牙的王室阻止了他们与美洲、非洲和亚洲的贸易往来。一旦安特卫普在 1585 年的陷落消除了这个障碍，低地国家北部的商人开始向西非、加勒比地区派遣远征队，而且从 1595 年开始向亚洲探险。对于非洲和加勒比贸易而言，传统的企业组织形式就够了，也就是说，以私营公司的方式管理船舶，同时在必要时协调它们的行动。但是，亚洲贸易带来了一系列不同的挑战。在 16 世纪 90 年代，最初的探险是由经营合资企业的商人和被招募来提供资金的投资者之间为了特殊目的的合伙关系所发起的，本地和省级政府以武器装备的形式提供补贴。这些荷兰探险队被从竞争对手的港口派出，它们相互竞争，同时与非荷兰的对手们竞争，运送出在亚洲价格高而在欧洲价格低的产品，同时在向西班牙帝国争取独立的斗争中削弱了脆弱的荷兰共和国。由于缺乏协调，荷兰人输给了葡萄牙和西班牙的商人们，后者已经牢固确立了自己的位置，并且得到了拼命想粉碎荷兰共和国的同一种国家政权的支持。这些需要考虑的因素使得荷兰共和国三

级会议（Estates-General）推动了在其主持下的竞争性洲际贸易利益的整合。

1602 年 3 月，以 640 万荷兰盾的资本取得特许权之后，荷兰东印度公司获得了对亚洲贸易的垄断权，并因此终结了在那条商业路线中的私营企业经营。该公司有着明确分离的所有权和经营权、可转让的股份和股东的有限责任，标志着从之前的特殊目的的合伙关系的一个进步。这样的企业在 19 世纪才成为常态，因此历史学家们称赞荷兰东印度公司是荷兰资本主义的一个显著成就。然而，我们必须质疑该公司在 1602 年的制度设计是否真的像有时人们声称的那样现代，因为该制度设计是针对亚洲贸易在某一特定时刻的具体需要而量身定制的。

荷兰东印度公司是一种奇特的混合体，这其实是一种反常现 336
象。一方面，三级会议是该公司的主要负责机构。虽然三级会议没有董事会的正式代表，但是 1602 年的章程却给予了它推翻董事会决议的权力，因此，军事上的考虑，更具体地说是通过在亚洲站稳脚跟向西班牙发动海外战争的要求是最优先的，然后才是商业利益，最后才是股东（Gelderblom，de Jong，and Jonker，2011）。另一方面，为了安抚相互竞争的地方利益，公司的业务必须分散在不同的部门或者 6 个城市的商会之中，该公司董事会花了大约 20 年时间，才消除了这种权力下放导致的最明显的效率低下现象（Schalk，Gelderblom，and Jonker，2012）。

诚然，荷兰东印度公司确实获得了现代公司的另外两个决定性的特征——持久性和管理者的有限责任，但这并不是创始人的意图。相反，它是对企业财务中的结构缺陷的一种无法避免的补救措施（Gelderblom，de Jong，and Jonker，2013）。在 1612 年，公司的第一个 10 年账户面临法定清算。然后，该公司创建了第二个 10

年账户，给股东提供了要么收回他们的投资，要么把股份转让给继任者的选择机会。但是，在公司成立的头 10 年里，保持海外存在所要求的投资使股东们无法获得股息，因此，董事们认识到，需要解除这种法定清算，以确保亚洲贸易的连续性。在 1612 年 7 月，他们从三级会议那里获得了必要的豁免权，从而给予了该公司虽然非法律上的，但却是事实上的永久性。

此外，这 640 万盾的资本被看作一个随着船只返回，并从销售收入中得到补充的循环基金。6 个商会对这种联合经营中他们自己的那部分承担责任，同时他们对彼此之间的行为仍持怀疑态度，这限制了缩小收入和支出之间的定期差距的范围。像阿姆斯特丹这样的大商会很容易在当地增加借款，但对于那些比较小的商会来说，如果它们的船只不能及时返回，就会面临破产风险。在一个缓慢且零碎的工程学过程中，董事会在各个商会之间建立了足够的信任，首先允许通过剩余商品的流通来帮助较为贫困的商会，然后允许经常账户中有债务，最后允许一个与管理者债务的有限责任相关的集中财务策略（Gelderblom，de Jong，and Jonker，2013；Schalk，Gelderblom，and Jonker，2012）。

归根结底，荷兰东印度公司的持久性和管理上的有限责任是强权战胜权利的结果，而不是由于利益相关者各自利益的审慎平衡这
337 种荷兰商业的另一种特征。在 1612 年，这种对公司章程及股东权利的公然违反并没有事先询问股东们的意见，股东们被价格受操控的实物股利蒙骗过去了。拒绝将货物作为股利的股东在公司最终把钱给他们之前必须等待好几年。结果，1621 年的章程失效变成了一场关于股东权利的史诗般的斗争，因为该公司的董事们与地方和省级当局勾结在一起，所以董事们能够得到荷兰各级议会的支持，因此股东们失败了（de Jong，2011）。在 1623 年，这些董事们经过

多年的努力才鼓起勇气，通过删去 1623 年预先印制好的债券表格中提到债务的条款，单方面放弃了对债务的无限责任（Gelderblom，de Jong，and Jonker，2013）。

尽管投资者的反对未能引导荷兰东印度公司走向正确的方向，他们的确在实质上成功地改变了其姊妹洲际贸易公司即西印度公司的结构设计，该公司在 1621 年成立，目的是开展对抗在南美洲和加勒比海的西班牙帝国的战争。西印度公司最初的章程是对东印度公司的复制，因此，尽管当局进行了大量的游说活动，但订购仍然微不足道，因为现在投资者知道一个在政治导向下将战争与贸易结合起来的公司没有商业意义。屈从于这种显而易见的事实，西印度公司董事会修改了章程，同时给予股东更多的公司权力，在此之后，订购迅速地以一个 710 万盾的总额完成了（de Jong，Jonker，and Röell，2013）。但是，当东印度公司经历了艰难的起步之后，成为一个明显的商业成功的例子，从 17 世纪 30 年代中期开始定期支付高额的股利，但西印度公司却在一项将巴西从葡萄牙手中夺走的灾难性尝试之后衰退了。到 17 世纪 30 年代中期，这家负债累累的公司已经变成了将其垄断权利转让给私营商人的代理机构。

东印度公司和西印度公司之间比较凸显的事实是，大规模经营的公司没有贸易优势，除非像东印度公司已经做到的那样，能够成功地哄骗投资者们调集建立一个广大领土范围所需要的大量投资。由于其混合企业形式、规模及垄断性，荷兰商业中的这两家公司一直都是异常的。通过产品规格的标准化形式、拍卖之类的销售组织形式、劳动力市场和硬币生产，它们的规模对社会产生了一些影响，但与其他部门相比相形见绌。一般来说，完全由独资经营者和各种类型的伙伴关系组成的欧洲内部贸易占贸易总额的 70% 以上（Jonker and Sluyterman，2000：62，81）。荷兰经济既没有提供大规模风险投资的空间，也没有提供大规模投资的需求，投资者
338 们也完全意识到了这一点。结果，1720 年那些依照巴黎和伦敦的例子制造出膨胀泡沫的各种企图都完全失败了，投资者从剩下的那些投机性项目中明智地挑选出一两个具有一些商业前景的项目（Gelderblom and Jonker，forthcoming）。只有在 18 世纪 40 年代，在例如酿酒和制糖这类加工产业当中才出现了具有更长的寿命和可转让股票的更大企业（de Jong，Jonker，and Röell，2013）。

殖民地企业对低地国家经济的影响在其他方面仍然有限。荷兰东印度公司组织得很好，从而在欧洲人对亚洲贸易的竞争中发挥了主导作用，同时，看起来很现代的劳动力市场构成了其实力的一个组成部分。这与农业、制造业和服务业的劳动力组织有着明显的区别，这其中由于自我雇佣的比例居高不下，从而没有大规模和流动的劳动力供给，企业规模较小，高技能工人仍然与雇主关系密切，收入的不稳定性在农村和城市的环境中都阻止了低技能工人的流动。殖民地贸易影响下的经济转型质变并没有超出相关的加工工业的范围，同时在例如烟草、茜草和陶器行业这些例子当中，本地生产取代了外来商品。在整个低地国家地区，取决于不同区域，增长的主要动力是纺织制造业、商业性农业和航运业，而在城市当中则是零售业和其他城市服务业。

金融市场

荷兰共和国的股份制公司发展受阻得出了两种截然相反的结论。一方面，显然低地国家地方统治者的商业导向刺激了重要的新的契约形式的发展。另一方面，这些新契约形式的有限使用显示的

是一种在本质上是斯密类型的经济，其中的经济增长依赖于劳动力、资本和商品的高效流动。流动资本相对于固定资本的支配地位反过来决定了金融市场的结构。

低地国家的金融市场从很早开始就显示出高度的活力和变化性。各种金融技术像其他类型的信息一样，很容易就传遍了整个低地国家地区。例如，早在 11 世纪，房地产抵押贷款就已经出现在默兹河流域，然后出现在经济上最活跃的地区（Vercauteren，1947）。从那里起，该贷款首先传播到佛兰德和埃诺，当经济增 339
长开始在那里显现的时候，它又从那里传播到了其他省份（van Werveke，1929）。在 14 世纪，抵押贷款已成为土地领主们想要通过抵押从土地到各种收费权、公职和财政资源等各种资产来筹集资金的选择手段（van Bavel，2010a：182–183，266–267；Vercauteren，1947）。

伦巴第放贷人的定居模式与抵押贷款的传播不同，他们并不是在默兹河流域，而是自 13 世纪上半叶在佛兰德斯 – 阿图瓦 – 埃诺地区开启他们的活动（Bigwood，1921：319–320）。到 1250 年，他们在乌登纳亚德、图尔奈、科特赖克、弗内斯、波普林格、蒙斯、伊普尔和布鲁日都很活跃，到 13 世纪 60 年代晚期在布鲁塞尔、卢万和乌得勒支也是如此，在 1267 年的乌得勒支，一伙暴徒将三个意大利放贷人赶到大教堂并杀害了他们（Tihon，1961：340，342，345；van Bavel，2010a：185）。一些意大利银行家组成了辛迪加财团来经营获得许可的当铺，佛兰德斯地区在 1280—1282 年已经为不少于 14 个城镇颁发了许可证（Tihon，1961：348）。布拉班特公爵在他的整个领地上授予了没有太大差别的许可，在 1309 年，那里有大约 40 个伦巴第企业在经营（Tihon，1961：350）。那时，伦巴第人活跃在低地国家南部几乎所有的主要城镇，以及北方省份西半部的大多数主要城镇（Maassen，1994：41–43）。

虽然偶尔会以高利贷为罪名控告那些放贷人，但是教会显然没有能力阻止他们在低地国家扩大自己的生意（van Bavel，2010a：184–185；Wyffels，1991）。能够避开高利贷禁令的各种替代方法的不断增加使得教士的反对完全多余了。在1228—1229年，图尔奈可能发行了第一个公共年金，永久年金则紧随其后（Tracy，2003）。大约20年后，这种实践传到了根特，到了1300年，这已经植根于荷兰和布拉班特。事实上，在前一个郡的那些城镇对年金已经如此熟悉，以至它们一起筹资代表其领主为这些年金背书，从而为该省后来著名的巨额信贷奠定了基础（Zuijderduijn，2010：341，345ff.）。这样的票据对债权人有相当程度的保障，因为报复性法律允许他们因欠款逮捕一个违约城镇的任何市民。因此，这些年金常常以一种与发行城镇保持惊人距离的方式被持有（Zuijderduijn，2009）。

我们在上文中已经注意到，在中世纪晚期和末期，整个低地国家发生了雇佣劳动的传播，这使得越来越多的人熟悉了货币作为一种价值标准的概念。然而，硬币供应的经常性短缺限制了货币在中世纪和近代早期作为一种支付方式的程度。虽然在许多情况下这
340 毫无疑问是不现实的，但硬币短缺似乎并没有对经济造成太大的伤害。人们拥有大量的可供选择的交易结算方法，而不是通过易货或清算（van der Wee，1979：101）。中介机构的出现是为了完成多重交易。这种中介机构是17世纪上半叶活跃在温特地区东部的布商，布商的零碎管理显示他在相当长的距离内经营一种多边清算形式，例如补偿他通过某人提供的服务出售的货物和第二人的债务，以向第三人提出单一的索赔要求（Hesselink，Kuiper，and Trompetter，2008）。个别物品总是以货币标价，但最后的记账会结转下去，并

且不是用硬币支付。有些债务和债权带有利息，另一些则没有，而且与交易的其他方面没有明显的联系，例如信贷期限或相关的货币金额。

我们并不知道这样一个商人的共同中介是怎样的，但是，鉴于近代早期社会是以信用为中心的事实，共同中介可能是非常普遍的。据推测，随着在 17 世纪晚些时候的荷兰共和国和低地国家南部，然后是从 1749 年开始的奥地利帝国部分地区出现了更为有序的铸币环境，他们的活动范围就减小了。硬币的可用性显然刺激了现金交易，从而减少了信贷；在 18 世纪的时候，安特卫普庄园的现金占债务和债权之和的比重不断上升（Willems，2009）。即便如此，大多数人在更为有序的铸币环境到来之后，仍然只持有相对较少的现金，所以他们还是更喜欢用货币以外的手段来结算交易。

在硬币短缺的时候，也就是 15 世纪末期和 16 世纪初，贵族们似乎在保持惊人的巨额现金方面表现非凡（Spufford，2008）。考虑到贵族对供应商付款不足的刻板印象，这笔钱可能不是代表家庭开支的全部，而可以说更多的是关于引人注目的慷慨这样的地位提升姿态的需要。贵族也有可能避免例如清算这样的可供选择的结算方式，因为对手很可能是社会弱者，或者因为他们宁愿让债务一直这样挂着，直到谈判的时机成熟。

相比之下，商人的声誉取决于及时付款，但最好不要用硬币支付。商人采用各种结算手段，尽量减少持有现金和使用硬币的必要性（Spufford，2008）。他们通过相互之间，或者与出纳员、货币兑换商及银行家的往来账户清算债权和债务，他们通过签发汇票 341
和写欠条（IOUs）来偿还债务，他们也经常相互传递票据。在这方面，地方议会会协助他们，定义接受商业票据作为法律证明和背书商业票据的条件。安特卫普通过制定关于持票人背书的各种规则作出了重要贡献，这导致了商业信用的大幅度扩张，因为票据现在可以更广泛地流通了。至少从 16 世纪 30 年代中期开始，汇票也可以贴现了，也就是说，可以在到期日前出售给第三方（van der Wee，1978：102–104）。在 16 世纪 30 年代末期，皇帝查尔斯五世下令称安特卫普关于商业票据的规则可以用来约束整个低地国家地区（De Smedt，1940–1）。

即便如此，关于商业支付和信贷技术传播的速度，与其说依赖于特定的法律条款或新工具，不如说更多取决于商业的规模和性质。在 13 世纪和 14 世纪，布鲁日市场成为大部分技术的试验场，同时安特卫普的背书条款充当了压顶石（Murray，2005；van der Wee，1978）。[9] 但是，其他地方的交易员只有在业务许可的时候才采用这些技术。例如，有关汇票的基本法律框架对于其传播而言已足够清楚，但它们的实际使用取决于能否获得有关贸易流动、商品价格、利率和汇率以及有关国内外所有交易对手的非常具体的信息。因此，只有对外贸易达到一个足以偿还收集和传播这类信息的成本的规模时，汇票才会在布鲁日或安特卫普这样的商业中心以外的地方传播。安特卫普在 15 世纪晚期已经达到了这个水平，一个多世纪后，虽然阿姆斯特丹商人已经开展了一个庞大而快速增长的国际业务，但他们仍然对用票据支付账单感到担忧（Jonker and Sluyterman，2000；van der Wee，1963）。

因此，票据市场的范围是由收集所需信息的成本和收益之间的平衡决定的，而这只有在面对商业和金融阶层的顶层时才能转为正向影响。然而，随着时间的推移，这一范围似乎已经扩大了，在布鲁日活跃的少数国际银行家首先在安特卫普交易所发展成为一个由经纪人、国际贸易商和银行家组成的大型社区，然后成为专业的明
342 确由票据经纪人、交易员、商人银行家构成的群体，一旦伊比利亚

人的贸易和金融在 1648 年的《威斯特伐利亚和约》之后，因为其北部的竞争对手而离开了安特卫普，这一群体就把阿姆斯特丹变成了欧洲领先的结算中心（Baetens，1976；Jonker，forthcoming）。

这一关键业务的到来也恰逢在阿姆斯特丹的卫斯尔银行（Wisselbank）或称汇兑银行的一段深刻的重新定位时期（Dehing，2012；Gillard，2004；van Nieuwkerk，2009）。该银行仿照一个著名的威尼斯的例子，成立于 1609 年，即荷兰东印度公司建立 7 年之后，以及该市的第一个商品交易所开市前两年，这一银行最初有三个目的：首先，抵抗劣质硬币的涌入以保护盾；其次，以银行资金的形式为商人提供一个稳定的支付手段；最后，为需要向海外支付现金的商人持有优质硬币的储备。现有的中介机构，如兑换商经营了一种支付的路线，并且提供用于出口的硬币。它们很有可能继续这样做，就像布鲁日和安特卫普的同行们之前做的那样，从而使得中央清算机构并不具备必要性（Aerts，2011；van der Wee，1978：104）。然而在荷兰共和国，一个强大联盟试图实现比阿姆斯特丹新兴的兑换商可以实现的更高的货币协调程度。市议会、荷兰的各级会议和三级会议想确保对货币的控制，荷兰东印度公司也需要大量白银以出口亚洲。这些利益结合在一起推动了作为一个强大的公共机构的卫斯尔银行，但是以此替代兑换处的目的却没有达到，它们的服务对商人来说变得不可或缺。随着时间的推移，一种劳动分工出现了，兑换商逐渐变成了处于卫斯尔银行和阿姆斯特丹市场之间的一种必不可少且承担报偿性功能的中枢机构，但也阻止了兑换商以其安特卫普同行所采取的方式进一步发展成为完全成熟的银行家。

到 1650 年，卫斯尔银行已经成功稳定了盾，从而使其这部分功能对于商人而言多余了，所以其存款停滞不前。为了寻找新的方式来吸引业务，董事们想出了一个新的工具，即卫斯尔银行存放金条的可交易存托凭证。它在本质上是黄金和白银的廉价期权，这种凭证增加了存款，同时通过给董事们提供一个撬动货币供给的宏观经济政策工具而转变了操作模式（Quinn and Roberds，2010）。因此，尽管在不提供信贷或发行票据意义上是保守的，但该银行在开创性功能方面高度现代化，大多数中央银行直到 19 世纪后期才
343 采用这些功能。存托凭证还加强了阿姆斯特丹市场吸引黄金和白银等已经高度发达的各种工具，同时降低价格以获得流动性的能力，也使该城市在国际支付方面具有竞争优势。将票据进一步改进为承兑汇票，这降低了阿姆斯特丹面对的拒付风险，因此也降低了票据的成本，并有助于保持这一优势。因此，货币市场使荷兰商人既能维持商品流通，面对日益激烈的竞争，支撑国家的对外贸易，又能重塑他们自己作为商人银行家的形象，在商品交易和承兑交易之外开拓了一个新兴的外国贷款业务（Jonker and Sluyterman，2000）。

因此，阿姆斯特丹金融市场的特性必须从其核心的庞大流动资金池中得到理解。外国商人为了从那种流动性和与之相关的低利率中获利蜂拥而入，使卫斯尔银行的存款膨胀了。到了 18 世纪中期，阿姆斯特丹的票据向柏林的谷物贸易商和布鲁塞尔的棉花制造商提供了资金（de Jong-Keesing，1939；De Peuter，1999；Schnabel and Shin，2004）。这种流动性的起源可以追溯至 1602 年荷兰东印度公司的成立。在认购结束后，公司股票的交易几乎立即开始，随后有了远期和期权交易（Gelderblom and Jonker，2004，2005；Petram，2011）。到 17 世纪 80 年代，一种联合交易，即基于证券抵押贷款的回购已成为短期信贷的标准技术，一直持续到 1914 年（Jonker，1996）。然而，这并不是该公司对荷兰市场工具

的唯一贡献。在 1608 年，它的董事会设计了一个可转让借据的系统，海员和士兵可以借此获得未来工资的一笔预付款，从而或者在等待登船之时购买食宿，或者在任务期间为他们的家人提供食宿。债务人往往会向专业化的中介机构按现行利率加上死亡风险溢价贴现的方式出售这些债券，这些中介机构通过结合在一起可以设法抵消单个个体的死亡率风险，从而使得债务人的成本保持相对较低的水平。

这一系统并非一直局限于阿姆斯特丹。荷兰东印度公司的 6 个本地商会都在运营该系统，同时荷兰海军植根于当地的海事法庭，也采用了类似的做法（van Bochove and van Velzen，2011）。至少到 1670 年，荷兰东印度公司的借据所依赖的这种中介作用也在阿姆斯特丹催生了一个私人借据系统，市议会当年通过了一种标准格式，同时在违约的情况下对官方加盖印花税的票据上的索赔给予法律优先权（van Bochove and Kole，2013）。我们不知道这种票据使用得有多广泛，但幸存的样本表明，它填补了在低端市场上普遍 344
存在的非正式信贷，以及在高端市场上所使用的如票据和回购这样的技术之间的关键性空缺。到 18 世纪末，吕伐登的文具店已开始出售私人且预印的借据形式（van Bochove and Kole，2013）。这两类借据都是重要的创新，因为它们沿着社会阶梯扩大了市场的范围，因此，它们凸显了阿姆斯特丹拥有一个高度整合的市场，满足各种各样的需要，范围从政府和殖民地贸易公司筹集的大量债务到小规模私人贷款。因此，虽然在其中心有一个大银行，但阿姆斯特丹不是以银行为导向，而是完全以市场为导向［与卡洛斯和尼尔（Carlos and Neal，2011）的观点相反］。是市场提供了所有的贷款，而不是卫斯尔银行，同时，如抵押贷款回购这样的关键信贷技术是基于市场的，并且在 18 世纪末期银行倒闭后幸免于难，又存活了

100 多年。

正式借据的流通突出了北方市场另一个典型的结构性维度。相当广泛的储蓄者愿意购买纸质债券的现象似乎很早就存在了，而且早于荷兰崛起。来自阿姆斯特丹北部一个社区的数据显示，在 16 世纪 30 年代，人们持有航运股份和政府年金的手段并不多（De Moor，van Zanden，and Zuijderduijn，2009）。这些股份和年金是小面额的，这大概是需要在一个财富相对于佛兰德斯和布拉班特更为稀缺，同时分布更均匀的人口中为投资筹集资金的结果（van Dillen，1941）。因此，筹集资金需要的是从许多人那里获得小额款项，而不是从少数人那里获得大量款项的机制。航运股份通常将每份分成 1/64，甚至更小。在 16 世纪末期将消费税作为财政收入的主要来源之前，税收都是通过把总负担额按比例分配到每一个社区来征收的，之后，社区官员使用对个人财富的定期详细评估数据，将这一比例再分配到这些家庭当中。直到 16 世纪 50 年代，在官员发现投资者愿意购买它们之前，荷兰的公共贷款都是采用同样的方法分摊到社区和家庭的（Gelderblom and Jonker，2011）。然而，分散的贷款投放仍在继续，有 18 名地方税务人员兼任出售债务和支付利息的代理人。这有双重效果，既扩大了该省获得投资者的机会，又避免了将债务集中在一个小的精英群体手中。

因此，阿姆斯特丹不同于布鲁日和安特卫普，它并不是荷兰共和国，甚至荷兰地区的公共债务中心市场。安特卫普交易所充当
345 了查尔斯五世的资金枢纽，以筹集贿赂德国小君主们选举查尔斯五世作为皇帝所需的巨额资金，同时既是为了查尔斯五世在低地国家中的政府，也是为了西班牙王室，以短期债券的形式使短期借贷可以流动。短期债券牢固地强化了布拉班特城市在欧洲结算网络中的核心地位，清算了商业借贷、公共债务，以及相互之间的金条流动

（Aerts，2004：222-223）。安特卫普拥有一大批商人和银行家，他们可以进行这种交易并吸收债务，而布拉班特贵族也愿意在其中投入巨资（Tracy，1985）。查尔斯五世和菲利普二世领导下的财政集中使低地国家的税收和债务政策逐步协调一致，但是在荷兰起义之后，出现了两种截然不同的模式（Gelderblom and Jonker，2013）。从北方分离出去的省份采用了主要依靠省级政府间接征税的财政制度，以基于自己的信用发行的债券作为补充，并以未来的税收收入作为担保。再加上经济的飞速发展，这使得 7 个省份筹集了大量的债务来实现并随后捍卫了它们的独立。

然而，在南方，各省财政自主权的趋势发生了逆转，本应承担责任的代表议会分崩离析，它们继续坚持各自的财政特权，反对在布鲁塞尔的西班牙，以及 1715 年之后的奥地利政府。这有三个主要后果：第一，在各省和中央一级，南部低地国家的税收和债务维持在相对较低的水平。第二，财政政策仍然牢牢掌握在地方和省级精英手中，他们把债务问题大部分放在自己身上。第三，公共财政服务的关键部分，如税收和组织付款，被视为对有关系的商人的恩惠。在 18 世纪，在南部低地国家出现了一些著名的银行机构，它们是从支付服务、财政服务，或从两者发展而来的（Baetens，1976；Bronne，1969；Degryse，2005；De Peuter，1999；Houtman-De Smedt，1982，1983）。那些盈利水平较高的实体在北方是不存在的，因为卫斯尔银行提供了支付系统中商业上最重要的部分，同时频繁的公开拍卖使包税制的利润空间维持在最低水平上。银行机构的确出现了，但是，由于它们植根于贸易金融和证券市场，它们主要集中于短期贷款，同时避免较长期的投入。相反，荷兰南部的市场结构似乎有利于金融家积累资本用于配置到这样的投入当中。因此在 19 世纪早期，当比利时的工业化真正起飞 346

的时候，其金融市场结构有助于满足随之而来的固定资本需求的增长。

也就是说，北方和南方的金融市场从来没有服务于绝大多数人，这些人的低收入水平有效地把他们排除在所有正规金融服务之外，除了偶尔典当任何他们可以提供来作为抵押的财产。借据可能给阿姆斯特丹带来了比安特卫普或布鲁日更广泛的市场，但这只是程度上的不同，而不是性质上的。南北市场有同样的出发点，且使用高度相似的金融工具，因此形成了非常不同的制度和中介机构的形式，这对位于顶部的少数人来说是重要的，但对底部的许多人而言则不是如此。

结　论

资本主义在低地国家最引人注目的方面就是它的多样性，也就是说，在表面上相似的人们自愿参与的由供求驱动的自由市场中，交易的实际组织存在着明显的差异。一方面，该地区显然没有一系列特定的先决条件或情况，或是产品和要素市场发展所必需的特定体制框架；另一方面，本地环境在我们所考虑的整个时期持续塑造着市场。

这种多样性的根源在于该地区土壤条件和自然资源的差异，这转化为各种具体的社会财产关系，最终决定了收入和财富的分配，构建了地方和中央政府的权力，也塑造了组织农业、贸易和工业的契约制度。然而，相对便利的贸易和通信与城市间的竞争相结合，导致了信息、生产技术、法律概念和组织交易的各种方式从一个区域到另一个区域的相当迅速的扩散，地方统治者的自治权使得经济行为者可以选择最适合他们的制度。贵族富豪、修道院、其他教会机构、城镇、个体商人和工匠行会的力量和财富看起来令人印象深刻，但总有一些限制、障碍和对抗性力量阻止其中的任何一个，甚至这些经济行为者之间的联盟，使其无法在广泛的领域取得长期支配地位，并利用其既得利益扼杀创新。此外，激烈的城市间竞争促使精英们在一切可能的情况下接受创新，因为落后可能会让企业转移到那些人们认为限制不适用的地方、竞争对手的城市，或者进入 347
农村。

当然，资本主义并不是一直在所有地方都顺利地发展。机会因某一个或另一个原因而被错过或消失，当它们未能达到预期效果的时候，创新就会被放弃，少数人成功地克服了变革的压力，这通常是因为糟糕的土壤条件巩固了社会和政治的平衡。重点是，作为统治者、经济行为者和本地环境之间平衡的结果，要素市场的结构和形式，尤其是劳动力市场与资本市场的结构和形状，在低地国家并没有变得更为统一，而是越来越不同，契约制度也存在很大的差异。

因此，像人们常说的那样，不是封建主义的早期衰落，而是资源禀赋、基础设施，以及政治和法律分裂之间的相互作用刺激了经济发展的这些连续阶段。正是这种持续的相互作用产生了管理市场交易的契约制度的动态演化，以及对地方和中央行政人员的政治和法律约束创新。因此，它解释了为什么低地国家的政治和法律分裂并没有带来像意大利北部那样的经济停滞局面，为什么社会动乱或政治冲突之类的暴力破坏仍然是孤立的例子，以及为什么城市或统治者无论是通过垄断权、惩罚性的通行税或税收还是武装力量都很少能成功损害竞争对手的贸易。

总而言之，是南北之间的分裂通过大大缩小区域互动的范围和内部市场的规模，使低地国家在欧洲内部处于不利地位。因此，无论是北方的17世纪黄金时期，还是南方在18世纪早期工业化中注入的新活力，任何一方都没有获得另一方经济增长的全部好处。具有较大国内市场的英法两国的贸易保护主义政策使事情变得更糟了。然而，低地国家的两个半边都保留了该地区政治和法律分裂的长期遗产：当19世纪国际市场开放时，经济又恢复了增长，不仅根植于长期以来积累的社会、人口和金融存量，也根植于积累的制度存量。这确实达到了一种过度供给：就像国际商品贸易这个例子所体现出来的，不仅单个地区拥有组织特定交易的各种替代性规则，而且大多数地区的经济行为者都熟悉更广泛的一套契约制度，
348 当经济机会出现时，他们决定是否采用这些制度。因此，低地国家拥有足够的弹性来吸收外来冲击，以及足够的灵活性来抓住新的机会。举例而言，在19世纪，甚至更为边缘的那些区域都会采用这些现代的制度，而且很轻松，如为中产阶层提供的储蓄和贷款银行、共同保险计划和其他形式的风险管理、纸币、各种形式的投资以及一些新的公司形式，如有限责任公司。

注　释

这项工作受到了在瓦森纳的荷兰人文学科和社会科学高等研究院（NIAS）的资助。也要感谢Bas van Bavel，Maarten Prak，以及安特卫普大学城市历史研讨会各位参加者的宝贵意见和建议。

[1] 关于早期市场发展的一般情况，参见de Vries（2001），也可以参见布劳德尔（Braudel，1979）对在1800年之前存在高度本地化的经济增长地区的强调。关于意大利的情况，参见Epstein（2000）；关于低地国家，参见de Vries和van der Woude（1997）；关于法国，参见Hoffman（1996）；关于西班牙，参见Grafe（2012）；关于俄罗斯，参见Dennison（2011）。

[2] 关于直至19世纪的对低地国家各个部分增长业绩的一个定量评估，参见Aerts（2004）；de Vries and van der Woude（1997）；Lis and Soly（1997b）；Mokyr（1976）；

van der Wee（1963，1988）；van Zanden and van Riel（2004）。

[3] 参见范贝维尔（van Bavel，2010a：15-50）的明确论述和关于较早研究的参考文献。

[4] 关于雇佣劳动的兴起是转型辩论中的一个关键因素，将范贝维尔的论述（van Bavel，2010b）与较早研究的参考文献进行比较。

[5] 正如卢卡森（Lucassen，2007）所表达的，这可以通过观察不同地区用来支付工资的铸币的相对重要性来实现。

[6] 如同德弗里斯（de Vries，1974：4-17）所描述的，这种分析的基础是农民模式和专业化模式之间的区别。关于这两种模式在低地国家中的各种排列，参见Hoppenbrouwers and van Zanden（2001）。在关于 16 世纪的布拉班特的一个更详细的研究当中，利姆伯格（Limberger，2008）实际上在两个模型的同一个区域内发现了这种共存。

[7] 关于交通成本对城市居民生活成本的影响，可以参见 Ballaux and Blondé（2007：62-63，76-79）。

[8] 这一段和下一段都是基于 Gelderblom（2013）。

[9] 阿姆斯特丹在 17 世纪末将汇票变成承兑汇票的创新可能是一个例外，但目前我们对这一创新的起源和经济重要性知之甚少，无法给出确定的论述（Houwi，1929；Wallert，1996）。

参考文献

Acemoglu, D., S. Johnson, and J. Robinson (2005). " The Rise of Europe: Atlantic Trade, Institutional Change, and Economic Growth," *American Economic Review* 95(3): 546-579.

(2012). *Why Nations Fail: The Origins of Power, Prosperity, and Poverty*. London: Profile Books.

Aerts, E. (2004). " Économie, monnaie, et société dans les Pays-Bas méridionaux de Charles Quint, " in W. Blockmans and N. Mout (eds.), *The World of Emperor Charles V*. Amsterdam: University of Chicago Press, pp. 201-226.

(2011). " The Absence of Public Exchange Banks in Medieval and Early Modern Flanders and Brabant (1400—1800): A Historical Anomaly to be Explained," *Financial History Review* 18: 91-117.

Ballaux, B. and B. Blondé (2007). " Landtransportprijzen en de economische ontwikkeling van Brabant in de lange zestiende eeuw, " *Tijdschrift voor Sociale en Economische Geschiedenis* 4(2): 57-85.

Baetens, R. (1976). *De nazomer van Antwerpens welvaart. De diaspora en het handelshuis De Groote tijdens de eerste helft der 17e eeuw*, 2 vols. Brussels: Gemeentekrediet van België.

Bavel, B. J. P. van (2003a). " The Land Market in the North Sea Area in a Comparative Perspective, 13th-18th Centuries, " in S. Cavaciocchi (ed.), *Il Mercato della Terra Secc. XIII - XVIII. Atti della "Trentacinquesima Settimana di Studi," 5–9 Maggio 2003*. Prato: Istituto Internazionale di Storia Economica "Fondazione Datini," pp. 119–145.

(2003b). " Early Proto-Industrialization in the Low Countries? The Importance and Nature of Market-Oriented Non-Agricultural Activities in the Countryside in Flanders and Holland, c. 1250—1570," *Revue Belge de Philologie et d'Histoire* 81(4): 1119–1165.

(2006). " Rural Wage Labor in the Sixteenth-century Low Countries: An Assessment of the Importance and Nature of Wage Labor in the Countryside of Holland, Guelders, and Flanders," *Continuity and Change* 21(1), 37–72.

(2007). " The Transition in the Low Countries: Wage Labor as an Indicator of the Rise of Capitalism in the Countryside, 1300—1700," *Past and Present* 195, Suppl. 2: 286–303.

(2009). " The Emergence and Growth of Short-Term Leasing in the Netherlands and Other Parts of Northwestern Europe (11th–16th Centuries): A Tentative Investigation into its Chronology and Causes, " in B. J. P. van Bavel and P. Schofield (eds.), *The Development of Leasehold in Northwestern Europe, 1200—1600*. Turnhout: Brepols, pp. 179–213.

(2010a). *Manors and Markets: Economy and Society in the Low Countries, 500—1600*. Oxford University Press.

(2010b). " The Medieval Origins of Capitalism in the Netherlands, " *Low Countries Historical Review* 125: 45–79.

Bavel, B. J. P. van and J. L. van Zanden (2004). " The Jump-start of the Holland Economy during the Late-medieval Crisis, c. 1350—c. 1500," *Economic History Review* 57: 503–532.

Beekman, A. A. and P. J. Blok (1915). *Geschiedkundige Atlas van Nederland. De Bourgondische Tijd. De Noordelijke Nederlanden in 1476. Het Bourgondische Rijk in 1476*. The Hague: Nijhoff.

Benders, J. (1998). " Over ossen en keurslagers. De stad Groningse, Overijsselse en Gelderse veehandel tussen 1350 en 1550, " in D. E. H. de Boer, R. W. M. van Schaïk, and R. Nip (eds.), *Het Noorden in het midden. Opstellen over de geschiedenis van de Noord-Nederlandse gewesten in Middeleeuwen en Nieuwe Tijd*. Assen: Van Gorcum, pp. 61–86.

Bieleman, J. (1990). " De verscheidenheid van de landbouw op de Nederlandse zandgronden tijdens ' de lange zestiende eeuw ' ," *Bijdragen en mededelingen betreffende de geschiedenis der Nederlanden* 105: 537–552.

Bigwood, G. (1921). *Le régime juridique et économique du commerce de l'argent dans la*

Belgique du Moyen Âge. Brussels: Académie Royale, pp. 319–320.

Blanchard, I. (2009). *The International Economy in the Age of Reason: Antwerp and the English Merchants' World*. Stuttgart: Steiner, pp. 19–78.

Blockmans, W. P. (2010a). " Inclusiveness and Exclusion, Trust Networks at the Origins of European Cities," *Theory and Society* 39: 315–326.

(2010b). *Metropolen aan de Noordzee. De geschiedenis van Nederland, 1100—1560*. Amsterdam: Bert Bakker.

Blondé, B. (1999). *Het Brabantse stedelijke netwerk* (*ca. 1750—ca. 1790*). Brussels: Koninklijke Vlaamse Academie van België voor Wetenschappen en Kunsten.

Bochove, C. J. van (2004). " De Hollandse haringvisserij tijdens de vroegmoderne tijd," *Tijdschrift voor sociale en economische geschiedenis* 1(1): 3–27.

(2009). " The ' Golden Mountain ' : An Economic Analysis of Holland's Early Modern Herring Fisheries," in L. Sicking and D. Abreu-Ferreira (eds.), *Beyond the Catch: Fisheries of the North Atlantic, the North Sea and the Baltic, 900—1850*. Leiden/Boston: Brill, pp. 209–243.

Bochove, C. J. van and H. Kole (2013). " The Private Credit Market of Eighteenth-Century Amsterdam," forthcoming in *Tijdschrift voor Economische- en Sociale Geschiedenis*.

Bochove, C. J. van and T. van Velzen (2011). " Loans for Salaried Employees: The Case of the Dutch East India Company, 1602—1795." Unpublished paper.

Bochove, C. J. van and J. L. van Zanden (2006). " Two Engines of Early Modern Economic Growth? Herring Fisheries andWhaling during the Dutch Golden Age (1600—1800)," in S. Cavaciocchi (ed.), *Ricchezza del mare, ricchezza dal mare. Secoli* XIII – XVIII. Prato: Fondazione Istituto Internazionale di storia Economica/Fondazione Datini, pp. 557–574.

Boon, P. A. (1996). *Bouwers van de zee, zeevarenden van het Westfriese platteland, c. 1680—1720*. Stichting Hollandse Historische Reeks.

Boone, M., K. Davids, and P. Janssens, eds. (2003). *Urban Public Debts: Urban Government and the Market for Annuities in Western Europe* (*14th–18th centuries*). Turnhout: Brepols.

Brandon, P. (2013). " Masters of War: State, Capital, and Military Enterprise in the Dutch Cycle of Accumulation (1600—1795)." Ph.D. thesis, University of Amsterdam.

Braudel, F. (1949). *La Méditerranée et le monde méditerranéen à l'époque de Philippe* II . Paris: Colin.

(1979). *Civilisation Matérielle, économie et capitalisme, XVe–XVIIIe siècles*, 3 vols. Paris: Colin.

Brenner, R. (2001). " The Low Countries in the Transition to Capitalism, " in Hoppenbrouwers and van Zanden (eds.), pp. 275–338.

Bronne, C. (1969). *Financiers et comédiens au XVIIIe siècle. Madame Nettine banquière des Pays Bas suivi d'Hannetaire et ses filles*. Brussels: Goemaere.

Bruijn, J. R. (1993). *The Dutch Navy of the Seventeenth and Eighteenth Centuries: Studies in Maritime History*. Columbia: University of South Carolina Press.

Bruijn, J. R. and J. Lucassen, eds. (1980). *Op de schepen der Oost-Indische Compagnie. Vijf artikelen van J. de Hullu, ingeleid, bewerkt en voorzien van een studie over de werkgelegenheid bij de VOC*. Groningen: Historische Studies Instituut voor Geschiedenis der Rijksuniversiteit Utrecht.

Bruijn, J. R., F. S. Gaastra, and I. Schöffer, eds. (1987). *Dutch-Asiatic Shipping in the 17th and 18th Centuries*. Vol. Ⅰ : *Introductory Volume*. The Hague: Martinus Nijhoff.

Brusse, P. (1999). *Overleven door ondernemen, de agrarische geschiedenis van de Over-Betuwe 1650—1850*. Arnhem: Vereniging Gelre.

Carlos, A. and L. Neal (2011). " Amsterdam and London as Financial Centers in the Eighteenth Century, " *Financial History Review* 18: 21−46.

Dam, P. J. E. M. van (1998). *Vissen in veenmeren. De sluisvisserij op aal tussen Haarlem en Amsterdam en de ecologische transformatie in Rijnland 1440—1530*. Hilversum: Verloren.

Damme, I. van (2007). *Verleiden en verkopen. Antwerpse kleinhandelaars en hun klanten in tijden van crisis* (*ca. 1648—ca. 1748*). Amsterdam: Aksant.

Davids, C. A. (1996). " Neringen, hallen en gilden. Kapitalisten, kleine ondernemers en de stedelijke overheid in de tijd van de Republiek, " in C. A. Davids, W. Fritschy, and L. A. van der Valk (eds.), *Kapitaal, ondernemerschap en beleid. Studies over economie en politiek in Nederland, Europa en Azië*. Amsterdam: NEHA, pp. 95−119.

Degryse, K. (2005). *De Antwerpse fortuinen. Kapitaalaccumulatie, -investering en -rendement te Antwerpen in de 18de eeuw*. Antwerp: Genootschap voor Antwerpse Geschiedenis.

Dehing, P. W. N. M. (2012). *Geld in Amsterdam. Wisselbank en wisselkoersen, 1650—1725*. Hilversum: Verloren.

Dekker, C. and R. Baetens (2010). *Geld in het water. Antwerps en Mechels kapitaal in Zuid-Beveland na de stormvloeden in de 16e eeuw*. Hilversum: Verloren.

De Moor, T., J. L. van Zanden, and J. Zuijderduijn (2009). " Micro-Credit in Late Medieval Waterland: Households and the Efficiency of Capital Markets in Edam and De Zeevang, 1462—1563, " in S. Cavachiocci (ed.), *La famiglia nell'economia europea secoli* ⅩⅢ − ⅩⅧ [*The Economic Role of the Family in the European Economy from the 13th to the 18th Centuries*]. Florence University Press, pp. 651−668.

Dennison, T. (2011). *The Institutional Framework of Russian Serfdom*. Cambridge University Press.

De Peuter, R. E. M. A. (1999). *Brussel in de achttiende eeuw. Sociaal-economische structuren en ontwikkelingen in een regionale hoofdstad*. Brussels: VUB Press.

De Smedt, O. (1940—1941). " De keizerlijke verordeningen van 1537 en 1539 op de obligaties en wisselbrieven," *Nederlandsche historiebladen* 3: 15–35.

Deursen, A. Th. van (1994). *Een dorp in de polder. Graft in de zeventiende eeuw*. Amsterdam: Bakker.

Dijkman, J. (2011). *Shaping Medieval Markets: The Organisation of Commodity Markets in Holland, c. 1200—c. 1450*. Leiden: Brill.

Dillen, J. G. van (1941). *Amsterdam in 1585. Het kohier der capitale impositie 1585*. Amsterdam.

DuPlessis, R. S. and M. C. Howell (1982). " Reconsidering the Early Modern Urban Economy: The Cases of Leiden and Lille," *Past and Present* 94: 49–84.

Epstein, S. (2000). *Freedom and Growth: The Rise of States and Markets in Europe, 1300—1750*. London: Routledge.

Epstein, S. R. and M. R. Prak, eds. (2008). *Guilds, Innovation and the European Economy, 1400—1800*. Cambridge University Press.

Engen, H. van and R. Rutte (2008). *Stadswording in de Nederlanden. Op zoek naar overzicht*. Hilversum: Verloren.

Gelderblom, O. (2004). "The Decline of Fairs and Merchant Guilds in the Low Countries, 1250—1650," *Jaarboek voor Middeleeuwse Geschiedenis* 7: 199–238.

(2013). *Cities of Commerce: The Institutional Foundations of International Trade in the Low Countries, 1250—1650*. Princeton University Press.

Gelderblom, O. and J. Jonker (2004). " Completing a Financial Revolution: The Finance of the Dutch East India Trade and the Rise of the Amsterdam Capital Market, 1595—1612, " *Journal of Economic History* 64(3): 641–672.

(2005). " Amsterdam as the Cradle of Modern Futures Trading and Options Trading, 1550—1650," in W. G. Goetzmann and K. G. Rouwenhorst (eds.), *The Origins of Value: The Financial Innovations that Created Modern Capital Markets*. Oxford University Press, pp. 189–205.

(2011). " Public Finance and Economic Growth: The Case of Holland in the Seventeenth Century," *Journal of Economic History* 71: 1–39.

(2013). " Low Countries Finance, 1348—1700, " in G. Caprio (ed.), *Handbook of Key Global Financial Markets, Institutions, and Infrastructure*, Vol. Ⅰ. Oxford: Elsevier, pp. 175–183.

(forthcoming). " Mirroring Different Follies: The Character of the 1720 Bubble in the Dutch Republic, " in C. Labio, W. Goetzmann, K. Rouwenhorst, and T. Young (eds.),

The " *Great Mirror of Folly* " : *Finance, Culture, and the Crash of 1720*. New Haven: Yale University Press.

Gelderblom, O., A. de Jong, and J. Jonker (2011). " An Admiralty for Asia, Business Organization and the Evolution of Corporate Governance in the Dutch Republic, 1590—1610, " in J. Koppell (ed.), *The Origins of Shareholder Advocacy*. New York: Palgrave Macmillan, pp. 29–60.

(2013). " The Formative Years of the Modern Corporation: The Dutch East India Company VOC, 1602—1623, " forthcoming in *The Journal of Economic History*.

Gijsbers, W. M. (1999). *Kapitale ossen. De internationale handel in slachtvee in Noordwest-Europa (1300—1750)*. Hilversum: Verloren.

Gillard, L. (2004). *La Banque d'Amsterdam et le florin européen au temps de la République néerlandaise (1610—1820)*. Paris: Éditions de l'EHESS.

Godding, P. (1987). *Le droit privé dans les Pays-Bas méridionaux, du 12e au 18e siècle*. Brussels: Académie Royale de Belgique.

Grafe, R. (2012). *Distant Tyranny: Markets, Power, and Backwardness in Spain, 1650—1800*. Princeton University Press.

Groeneveld, F. P. (1940). *De economische crisis van het jaar 1720*. Groningen: Noordhoff.

Hesselink-Van der Riet, T., W. Kuiper, and C. Trompetter (2008). *Het schuldboek van Arend Kenkhuis*. Amsterdam University Press.

Hoffman, P. T. (1996). *Growth in a Traditional Society: The French Countryside, 1450—1820*. Princeton University Press.

Hollestelle, J. (1961). *De steenbakkerij in de Nederlanden tot omstreeks 1560*. Assen: van Gorcum.

Hoppenbrouwers, P. C. M. (1992). *Een middeleeuwse samenleving. Het land van Heusden (ca. 1360— ca. 1515)*, 2 vols. Wageningen: Afdeling Agrarische Geschiedenis.

Hoppenbrouwers, P., and J. L. van Zanden, eds. (2001). *Peasants into Farmers? The Transformation of Rural Economy and Society in the Low Countries (Middle Ages–19th Century) in light of the Brenner Debate*. Turnhout: Brepols.

Houtman-De Smedt, H. 1982. " Charles Proli als ondernemer, " *Economisch en sociaalhistorisch jaarboek* 44: 84–92.

(1983). *Charles Proli. Antwerps zakenman en bankier, 1723—1786, een biografische en bedrijfshistorische studie*. Brussels: Paleis der Academiën.

Houwink, A. (1929). *Acceptcrediet: economische en bankpolitieke beschouwingen over den in het bankaccept belichaamden credietvorm*. Amsterdam.

Howell, M. C. (2010). *Commerce before Capitalism in Europe, 1300—1600*. New York:

Cambridge University Press.

Israel, J. I. (1995). *The Dutch Republic: Its Rise, Greatness, and Fall 1477—1806*. Oxford: Clarendon Press.

Janssens, V. (1957). *Het geldwezen der Oostenrijkse Nederlanden*. Brussels: Paleis der Academiën.

Jong, A. de, J. Jonker, and A. Roëll (2013). " Dutch Corporate Finance, 1602—1850," in G. Caprio (ed.), *Handbook of Key Global Financial Markets, Institutions, and Infrastructure*, Vol. Ⅰ. Oxford: Elsevier, pp. 73-83.

Jong-Keesing, E. E. de (1939). *De economische crisis van 1763 te Amsterdam*. Amsterdam: Internationale Uitgevers- en Handelmaatschappij.

Jongh, M. de (2011). " Shareholder Activists *avant la lettre*: The ' complaining participants ' in the Dutch East India Company, 1622—1625," in J. Koppell (ed.), *The Origins of Shareholder Advocacy*. New York: Palgrave Macmillan, pp. 61-88.

Jonker, Joost P. B. (1996). *Merchants, Bankers, Middlemen: The Amsterdam Money Market during the First Half of the 19th Century*. Amsterdam: NEHA.

(forthcoming). " Wedged between the Market and the World: The Amsterdam Haute Banque, 1650s—1914," in R. Dartevelle (ed.), *La Haute Banque en Europe.*

Jonker, J. P. B. and K. E. Sluyterman (2000). *At Home on the World Markets: Dutch International Trading Companies from the 16th Century until the Present*. The Hague: Sdu Uitgevers.

Kuijpers, E. (2005). *Migrantenstad, immigratie en sociale verhoudingen in 17e-eeuws Amsterdam*. Hilversum: Verloren.

(2009). " Who Digs the Town Moat? The Public Works of Leyden and the Performance of the Markets for Labour and Capital in Late Medieval Holland." Unpublished paper, http://vkc.library.uu.nl/vkc/seh/research/Lists/Working%20Papers/Attachments/24/Who%20digs%20the%20townmoat%20working%20paper.doc.pdf.

Limberger, M. (2001). " Early Forms of Proto-industries in the Backyard of Antwerp? The Rupel Area in the 15th and 16th Centuries, " in B. Blondé, E. Vanhaute, and M. Galand (eds.), *Labor and Labor Markets between Town and Countryside (Middle Ages-19th Century)*. Turnhout: Brepols, pp. 158-174.

(2008). *Sixteenth-century Antwerp and its Rural Surroundings: Social and Economic Changes in the Hinterland of a Commercial Metropolis*. Turnhout: Brepols.

Lis, C. and H. Soly (1987). *Een groot bedrijf in een kleine stad. De firma De Heyder en Co. te Lier, 1757—1834*. Lier: Liers Genootschap voor Geschiedenis.

(1997a). *Werelden van verschil, ambachtsgilden in de Lage Landen*. Brussel: VUB Press.

(1997b). " Different Paths of Development: Capitalism in the Northern and Southern

Netherlands during the Late Middle Ages and the Early Modern Period," *Review: Fernand Braudel Center for the Study of Economies, Historical Systems, and Civilizations* 20(2): 211–242.

(2008). "Subcontracting in Guild-based Export Trades, Thirteenth–Eighteenth Centuries," in Epstein and Prak (eds.), pp. 81–113.

Lucassen, J. M.WG. (1982). "Beschouwingen over seizoensgebonden trekarbeid naar het westen van Nerderland, ca. 1700—ca. 1800," *Tijdschrift voor sociale geschiedenis* 8: 327–358.

(1987). *Migrant Labor in Europe: The Drift to the North Sea*. London: Croom Helm.

(1995). "Labour and Early Modern Economic Development," in K. Davids and J. Lucassen (eds.), *A Miracle Mirrored: The Dutch Republic in European Perspective*. Cambridge University Press, pp. 367–409.

Lucassen, J. and R. W. Unger (2000). "Labour Productivity in Ocean Shipping, 1450—1875," *International Journal of Maritime History* 12(2): 127–141.

(2007). "Wage Payments and Currency Circulation in the Netherlands from 1200 to 2000," in J. M. W. G. Lucassen (ed.), *Wages and Currency: Global Comparisons from Antiquity to the Twentieth Century*. Berne: Lang.

Maassen, H. A. J. (1994). *Tussen commercieel en sociaal krediet, de ontwikkeling van de bank van lening in Nederland van lombard tot gemeentelijke kredietbank 1260—1940*. Hilversum: Verloren.

Mokyr, J. (1976). *Industrialization in the Low Countries, 1795—1850*. New Haven: Yale University Press.

Murray, J. M. (2005). *Bruges, Cradle of Capitalism 1280—1390*. Cambridge University Press.

Nieuwkerk, M. van (ed.) (2009). *The Bank of Amsterdam: On the Origins of Central Banking*. Arnhem: Sonsbeek.

Nimwegen, O. van (2010). *The Dutch Army and the Military Revolutions, 1588—1688*. Woodbridge: The Boydell Press.

Parthesius, R. (2010). *Dutch Ships in Tropical Waters: The Development of the Dutch East India Company (VOC) Shipping Network in Asia 1595—1660*. Amsterdam University Press.

Petram, L. (2011). "The World's First Stock Exchange. How the Amsterdam Market for Dutch East India Company Shares Became a Modern Securities Market, 1602—1700." Ph.D. thesis, University of Amsterdam.

Prak, M. R. (2005). *The Dutch Republic in the Seventeenth Century: The Golden Age*. Cambridge University Press.

Priester, P. (1998). *Geschiedenis van de Zeeuwse Landbouw circa 1600—1910*. Wageningen: Afdeling Agrarische Geschiedenis Landbouwuniversiteit.

Quinn, S. and W. Roberds (2010). "How Amsterdam got Fiat Money." Unpublished paper. Texas Christian University 2010(17).

Rijpma, A. (2012). "Funding Public Services through Religious and Charitable Foundations in the Late-medieval Low Countries." Ph.D. thesis, Utrecht University.

Ryckbosch, W. (2012). "A Consumer Revolution under Strain: Consumption, Wealth and Status in Eighteenth-century Aalst (Southern Netherlands)." Ph.D. thesis, University of Antwerp.

Schalk, R., O. Gelderblom, and J. Jonker (2012). "Schipperen op de Aziatische vaart. De financiering van de VOC kamer Enkhuizen, 1602—1622," *Low Countries Historical Review* 127(4): 3–27.

Schnabel, I. and H. S. Shin (2004). "Liquidity and Contagion: The Crisis of 1763," *Journal of the European Economic Association* 6: 929–968.

Soens, T. (2009). *De spade in de dijk? Waterbeheer en rurale samenleving in de Vlaamse kustvlakte (1280—1580)*. Ghent: Academia Press.

Soens, T. and E. Thoen (2009). "The Origins of Leasehold in the Former County of Flanders," in B. J. P. van Bavel and P. Schofield (eds.), *The Development of Leasehold in Northwestern Europe, 1200—1600*. Turnhout: Brepols, pp. 31–55.

Soly, H. (1977). *Urbanisme en kapitalisme te Antwerpen in de 16de eeuw. De stedebouwkundige en industriële ondernemingen van Gilbert van Schoonbeke*. Brussels: Gemeentekrediet van België.

Spufford, P. (2008). *How Rarely did Medieval Merchants Use Coin?* Utrecht: Geldmuseum.

Stabel, P. (1997). *Dwarfs among Giants: The Flemish Urban Network in the Late Middle Ages*. Leuven: Garant.

(2001). "Urban Markets, Rural Industries and the Organisation of Labor in Late Medieval Flanders: The Constraints of Guild Regulations and the Requirements of Export Oriented Production," in B. Blondé, E. Vanhaute, and M. Galand (eds.), *Labor and Labor Markets between Town and Countryside (Middle Ages–19th Century)*. Turnhout: Brepols, pp. 140–157.

(2004). "Guilds in Late Medieval Flanders: Myths and Realities of Guild Life in an Exportoriented Environment," *Journal of Medieval History* 30: 187–212.

Thoen, E. (1988). *Landbouwekonomie en bevolking in Vlaanderen gedurende de late middeleeuwen en het begin van de moderne tijden. Testregio. De kasselrijen van Oudenaarde en Aalst, eind 13de – eerste helft van de 16de eeuw*, 2 vols. Ghent: Belgisch centruum voor landelijke geschiedenis.

(2001). “ A ‘ Commercial Survival Economy ’ in Evolution: The Flemish Countryside and the Transition to Capitalism (Middle Ages-19th century), ” in Hoppenbrouwers and van Zanden (eds.), pp. 102-157.

Tielhof, M. van and P. J. EM. van Dam (2006). *Waterstaat in stedenland. Het hoogheemraadschap van Rijnland voor 1857*. Utrecht: Matrijs.

Tielhof, M. van and J. L. van Zanden (2009). “ Roots of Growth and Productivity Change in Dutch Shipping Industry, 1500—1800,” *Explorations in Economic History* 46: 389-403.

Tihon, C. (1961). “ Aperçus sur l'établissement des Lombards dans les Pays Bas aux XIIIe et XIVe siècles,” *Revue Belge de Philologie et Histoire* 39: 334-364.

Tracy, J. D. (1985). *A Financial Revolution in the Habsburg Netherlands: Renten and Renteniers in the County of Holland, 1515—1565*. London: University of California Press.

(2002). *Emperor Charles V, Impresario of War: Campaign Strategy, International Finance, and Domestic Politics*. Cambridge University Press.

(2003). “ On the Dual Origins of Long-term Public Debt in Medieval Europe,” in M. Boone, K. Davids, and P. Janssens (eds.), *Urban Public Debts: Urban Government and the Market for Annuities in Western Europe (14th-18th centuries)*. Turnhout: Brepols, pp. 13-26.

Van der Linden, H. (1956). *De cope. Bijdrage tot de rechtsgeschiedenis van de openlegging der Hollands-Utrechtse laagvlakte*. Assen: Van Gorcum.

Van Lottum, J. (2007). *Across the North Sea: The Impact of the Dutch Republic on International Labor Migration, c. 1550—1850*. Amsterdam: Uitgeverij Aksant.

Vercauteren, F. (1947). “ Note sur l'origine et l'évolution du contrat de mortgage en Lotharingie, du IXe au XIIIe siècle, ” *Historische bijdragen aangeboden aan Leo van der Essen*. Brussels: Éditions universitaires, pp. 218-227.

Verhas, C. M. O. (1997). *De beginjaren van de Hoge Raad van Holland, Zeeland en West-Friesland: ... tot onderhoudinge van de Politique ordre ende staet der Landen van Hollandt, Zeelandt, Vrieslant*. The Hague: Algemeen Rijksarchief.

Vermeesch, G. (2006). *Oorlog, steden en staatsvorming. De grenssteden Gorinchem en Doesburg tijdens de geboorte-eeuw van de Republiek (1572—1680)*. Amsterdam University Press.

Vries, Jan de (1974). *The Dutch Rural Economy in the Golden Age, 1500—1700*. New Haven: Yale University Press.

(1978). *Barges and Capitalism: Passenger Transportation in the Dutch Economy, 1632—1839*. Wageningen: Landbouwhogeschool.

Vries, J. de and A. Van der Woude (1997). *The First Modern Economy: Success, Failure, and Perseverance of the Dutch Economy, 1500—1815*. Cambridge University Press.

(2001). “ Economic Growth before and after the Industrial Revolution: A Modest Proposal,” in M. Prak (ed.), *Early Modern Capitalism, Economic and Social Change in Europe, 1400—1800*. London: Routledge, pp. 177-194.

Wallert, J. A. F. (1996). " Ontwikkelingslijnen in praktijk en theorie van de wisselbrief 1300—2000." Ph.D. thesis, Nijmegen University.

Wee, H. van der (1963). *The Growth of the Antwerp Market and the European Economy(14th-16th centuries)*, 3 vols. The Hague: Nijhoff.

(1979). " Geld-, krediet- en bankwezen in de Zuidelijke Nederlanden," P. Blok et al.(eds.), *Algemene geschiedenis der Nederlanden*, Vol. Ⅵ. Haarlem: Fibula-Van Dishoeck, pp. 98-108.

(1988). " Industrial Dynamics and the Process of Urbanization and De-urbanization in the Low Countries from the Late Middle Ages to the Eighteenth Century: A Synthesis," in H. van der Wee (ed.), *The Rise of Urban Industries in Italy and the Low Countries (Late Middle-Ages-Early Modern Times)*. Leuwen University Press, pp. 307-381.

Wee, H. van der and E. Aerts (1979). " The Lier Livestock Market and the Livestock Trade in the Low Countries from the 14th to the 18th Century, " in E. Westermann (ed.), *Internationaler Ochsenhandel (1350—1750). Akten des 7th International Economic History Congress. Edinburgh 1978*. Bamberg: Klett-Cotta, pp. 235-254.

Werveke, H. van (1929). " Le mortgage et son rôle économique en Flandre et en Lotharingie," *Revue belge de philologie et histoire* 8: 53-91.

Wijffels, A. (2003). "Ius Commune and International Wine Trade: A Revision Middelburg c. Antwerp 1548—1559," *Tijdschrift voor Rechtsgeschiedenis/The Legal History Review* 71(3-4): 289-317.

Wijngaarden, H. van (2000). *Zorg voor de kost. Armenzorg, arbeid en onderlinge hulop in Zwolle 1650—1700*. Amsterdam: Prometheus/Bert Bakker.

Willems, B. (2009). *Leven op de pof. Krediet bij de. Antwerpse middenstand in de achttiende eeuw.* Amsterdam: Aksant.

Wyffels, C. (1991). " L'usure en Flandre au XIIIe siècle," *Revue Belge de Philologie et Histoire* 69: 853-871.

Yntema, R. (2009). " The Union of Utrecht, Tariff Barriers and the Interprovincial Beer Trade in the Dutch Republic, " in O. Gelderblom (ed.), *The Political Economy of the Dutch Republic*. Aldershot: Ashgate, pp. 255-289.

Zanden, J. L. van (1991). " From Peasant Economy to Modern Market-oriented Agriculture: The Transformation of the Rural Economy of the Eastern Netherlands 1800—1914," *Economic and Social History in the Netherlands* 3: 37-59.

(1993). *The Rise and Decline of Holland's Economy: Merchant Capitalism and the Labor Market*. Manchester University Press.

(1999). " The Paradox of the Marks, the Exploitation of Commons in the Eastern

Netherlands, 1250—1850," *Agricultural History Review* 47: 125-144.

Zanden, J. L. van and A. van Riel (2004). *The Strictures of Inheritance: The Dutch Economy in the Nineteenth Century*. Princeton University Press.

Zuijderduijn, C. J. (2009). *Medieval Capital Markets: Markets for Renten, State Formation and Private Investment in Holland (1300—1550)*. Leiden: Brill.

(2010). " The Emergence of Provincial Public Debt in the County of Holland (Thirteenth-Sixteenth Centuries)," *European Review of Economic History* 14: 335-359.

Zwet, H. van (2009). *Lofwaerdighe dijckagies en miserabele polders. Een financiële analyse van landaanwinningsprojecten in Hollands Noorderkwartier, 1597—1643*. Hilversum: Verloren.

第
12
章

国家的形成与向现代经济的转型：英国、欧洲和亚洲的比较

帕特里克·卡尔·奥布莱恩

> 制度的本质不在于某种货币或贸易平衡的原则，也不在于关税壁垒或保护性关税，或航行法，而在于一些更重要的东西，即在于社会及其组织，以及国家及其制度的全面转型，在于民族国家经济对本地和区域经济的取代。 357
>
> 古斯塔夫·施穆勒，《重商制度及其历史意义》
>
> 1897 年，再版于纽约 1967 年，第 57 页

国家的形成和近代早期经济的资本主义制度构建

最近几十年来，现代经济学和经济史已经扩大了其研究议程，包括坎宁汉（Cunningham）向马歇尔（Marshall）建议的很多事项，他们已经在持续进行分类和理论化（偶尔进行测度）一系列制度变量如何促进或延迟了土地、劳动、资本、技术这些投入要素的流量

和生产率，以及其他一些人观察到的关于国家经济增长的差异化速度、路径和模式背后的直接决定因素。再加上德国历史学派最先提出的调查传统，我们认识到，几个世纪以来，近代早期欧亚大陆的生产和交流或多或少地嵌入了由国家塑造和维持的法律、制度和文化的不完整框架当中（Hodgson，2000）。国家（或处于形成过程中的国家）创造和维持了产生生产性和反生产性活动的法律和体制框架（Smelser and Swedberg，2006；Stasavage，2010，2011）。国家
358 定义和实施了产权。各国解决了或未能解决涉及扩大、整合和协调市场的法律、契约和基础设施问题。国家对意识形态、宗教以及减少偷懒、欺骗、“搭便车”和交易成本，同时鼓励节约、劳作和新知识的发现的行为文化进行了重新调整，或者忽视了这种重新调整（Chang，2007；Persson and Tabellini，2003）。

就像最近关于“为什么国家会失败”的文献所至少承认的，在国际冲突和帝国主义加剧的前现代几个世纪里，各个国家能够或未能向受脆弱边界限制，但依然从事对外贸易的国民经济提供一些极为重要的公共产品，即内部秩序、外部安全和海上贸易保护（Acemoglu and Robinson，2012）。如果没有这些国家提供的服务，私人投资、生产、创新和贸易就只能保持在使得实际人均收入出现明显增长所需要的水平以下。然而，我们的问题是，如何解释提供的必要国家服务的有效性中的任何明显差异？

那些将国家的各种行为和政策“内生化”，同时预测当它们变得对统治者、创新者或“革命者”足够有利可图之时，这些人为保护与运行经济活动所颁布的宪法和各种规则会发生改变，以带来经济上更有效的政治和制度变革的各种理论，似乎是难以令人信服的简单化解释。毕竟，政治史的传统关注始终是证据，这难以获得，但也涉及国家、法律、规则、组织、宗教、意识形态和文化的

演变这些对个人和群体行为有重要影响的因素。历史图书馆主要是在特定的时间和地点对这些问题进行大量的研究。这项研究并没有显示出几个世纪以来国家的形成可以被模拟成这样的舞台，其中统治者和他们的仆人的行动、不作为和失败可以用“寻租”或“收入最大化”的行为来解释。这表明，在近代早期的国家和地方政治变革史上，记录了太多的暴力、路径依赖、既得利益、习俗、惯性和讨价还价。统治者们试图使经济学或政治学的一般理论在处理国家形成、国家政策、执行条件以及与物质变化率的关系等相关问题方面起到真正的帮助，但并没有一个总体和明确的目标（Prendergast，1999；White，2009）。

此外，直到 19 世纪，在所有“旧制度”下，被自由主义者用寻租理论联系起来的关于国家的负面观点（这已经被新制度经济 359
学凸显出来了），能够被更为貌似合理地描述为权力集中化的一种不可避免的付出（Ekelund and Tollison，1997）。比如说在 1815 年之前，名义上是在统治者和他们顾问控制下的对政府部门和组织建设的政治约束，（在以更低的成本提供治理和维持促进应税私营企业扩张的制度上，有长期的王朝式利益，）一直是很强大的。历史学家将继续坚持认为，政府机构采用的模式和技术，为人员招聘、腐败程度、僵化程度和寻租而设定的制度，只是例证了它们追求的多重目标，以及对所有政治形式上的“旧制度”所施加的约束（Teichova and Matis，2003）。在那个时代，统治者进行了政治上的讨价还价和妥协，而且付出了维护主权所需的不可避免的代价，但他们的长期利益是，在保障稳定和普遍遵守的税收和支出的方式和水平基础上，通过提供外部安全、海外保护、战争胜利和内部秩序，维持和增加他们自己的王朝权力和财政攫取的基础（Tilly，1975；Timmons，2005）。

在向现代国家主权形式过渡的长期性过程中，任何一种对可能的政治制度（帝国、君主、专制、共和和议会都一样）有效的行政和组织能力中的职能效率水平的范围，仍然受到严重限制，并且难以发展（Chang，2007）。这种约束在君主和国王的宫廷与都城，以及寡头的商会当中都不太明显，这里的统治者受益于各种人才提供的建议和服务，这些人才通常是从教会和法律界中招募的（Reinhard，1996）。在中国，他们是通过一种考试制度挑选出来的——这得到了伏尔泰和其他一些同时代的开明知识分子的赞赏（Brook and Blue，1999）。这些忠诚的国家仆人曾经被肤浅地描绘为很容易腐败的寻租者，因为他们追求与经济进步相对立的利益（Ekelund and Tollison，1997）。然而，虽然他们对君主阿谀奉承，反对竞争对手的权力中心，但这也可能被表达为实现集中化和合理化规则制定的使命，为了普及、监控并执行他们的决定而创立各种组织的使命，制定裁决的程序的使命，最重要的是，动员和保障有效治理所需的财政资源和金融资源的使命（Dincecco，2011）。

除了在国王的宫廷和城市的议会所应用的官僚制度以外，在政府为了提供公共产品而实施的一整套措施中都持续存在着关于政策
360 执行的严重问题——甚至陆军和海军提供的防御与进攻，也是由那些以统治者和国家经济受损为代价，常常追求自己的战略和目的的贵族军官指挥的（Lachmann，2000）。为了执行几乎所有的统治帝国、王国、共和国或城市所涉及的各种职能，各国在必要时会利用市场和特许经营权。政治任命的顾问和官僚与私人企业合作，形成网络以提供公共产品（Bowen and Encisco，2006）。关于私人和公共部门的边界、组织形式、契约安排、运作方式和效率水平的争论可以追溯至很久远的历史，而这也是最近一系列关于国家政治经济的著作中的主要主题（Sanchez-Torres，2007）。没有充足和定期的

资金流入，各国缺乏必要的能力来提供必要的保护水平，无法执行有效运行商品和生产要素的资本主义市场的各种规制，以及支撑用以促进创新的制度。这就是为什么熊彼特认为，对国家如何构建和维持财政和金融系统，以及行政部门如何设置以有效地评估和征收数量惊人的直接税和间接税进行历史分析，对于理解它们在一个重商主义的国际经济秩序中与对手竞争后的相对成功和失败而言，都是一个前提条件（Mann，1986；O'Brien，2002）。

英国财政海军国家的起源与演变

很久以前，熊彼特就发现：

> 一个民族的财政史尤其是其通史的重要组成部分。在一些历史时期，国家的财政需求和政策在经济发展上直接形成的影响，以及基于此对一切形式的生活和文化各方面的影响，几乎解释了这些事件的所有主要特征；在大多数时期，它解释了很多，但是在少数时期，它什么也没有解释。（Schumpeter，1954：7）

熊彼特（以及后来他的历史社会学的追随者）早就意识到，虽然经济学可能设定、模型化，同时偶尔测度特定制度和经济增长之间的各种联系，但只有历史叙事方法可以很好地解释为什么一些国家形成了各种政权，这些政权建立并维持了官僚体制、各个部门和复杂的组织，用以征税、借债以及分配收入来保障外部安全、维 361
护内部稳定，并为资本主义以及在一些政体中比其他政体更快地提供建立和维持制度的公共产品（Hall，1985；Hall and Schroeder，

2006）。因为英国一直被认为是第一个完成了向现代工业化市场经济过渡的国民经济体，一些关于为什么这个统治一些离岸岛屿的国家对物质进步变得友好和有推动作用的理解，可能提供的不是一个典型样本，而是一个研究全球的国家形成过程和向工业化市场经济转型之间联系的基准点（Horn，2010）。要想理解英国国家形成背后的基本力量，最具启发性的起点是其漫长历史中的一个端点或“交汇点”，即卡斯尔雷（Castlereagh）签署《维也纳体系》的时候。

1815 年，在反对革命和拿破仑法国的 22 年战争结束之时，君主政体与负责治理英格兰、威尔士、苏格兰和爱尔兰的贵族和财阀精英一起，向其臣民提供了更高标准的外部安全、内部稳定、财产权保护、对等级和权威的支持、契约和市场扩张及一体化的法律框架、对技术和商业创新的鼓励，以及最重要的是，比世界上任何其他国家具有更广泛的和得到更好保护的进入帝国和其他海外市场的方式。就像来自欧洲大陆满怀嫉妒的重商主义者观察到的，源于他们的海军在海上的霸权，联合王国的有产精英们享受着免遭外国入侵的、几乎彻底的安全保护（Hampson，1988）。他们随时可以进入自罗马以来最大的西方帝国的市场，并使用资源。此外，他们是在一种由既定宗教所定义的文化中运作，并陶醉在英国公民对君主制度、贵族，以及所有正管理着一个恰好处于成为工业的“世界工厂”过程中的经济上富有和有地位人群的恭敬当中（Mokyr，2009；O’Brien，2011a）。

一些历史学家倾向于为相连的地缘政治和经济领域中这一明显的首要地位——英国及其帝国在 1815 年后保留了大约一个世纪的地位，发掘一些“遥远的起源”。他们指的是中世纪中期，当时这个王国应该是由一个最有钱、中央集权的，以及相对强大的欧洲国家统治着。然而，在对国王征收的税收总量数据做仔细审查，以白银克数和不变价格进行测度之后，揭露了这一说法是毫无根据的（Bonney，1999：Chapter 1）。从 1651—1815 年更持续和高代价的战争视角，回顾一个紧随着《大宪章》(Magna Carta）和第一次百年 362
战争到来的时代，历代中世纪君主努力创造财政基础，维护主权，支持群岛内部的殖民统治，最重要的是捍卫和扩大他们在横跨海峡的法国领土上的王朝主张，这使得我们明白奥姆罗德（Ormrod）的观点更加可信，即英国“在 1200—1450 年，安茹王朝在海外领土几乎完全解体的情况下执掌政权，不仅失去了那些土地的潜在利益，而且失去了在最终徒劳无益的征服战争中花费的大量英国财富”（Bonney，1999：Chapter 1；Ormrod，Bonney，and Bonney，1999：13）。

在欧洲大陆殖民统治的战败与退出对都铎和斯图亚特王朝的君主们为一些战略和政策提供资金，从而在群岛上形成一个更强有力的政府产生了严重的地缘政治、政治和经济限制（O'Brien，2006）。最终，大约在 1485 年都铎王朝执政 150 年之后，由于在中央集权政府形成上的财政约束所引发的政治紧张局势，发生了一场宪政危机和破坏性的内战。在精英阶层之间的武装冲突所导致的权力中空时期，以及横跨一个复合岛屿王国的古代各省份，作为实验出现的税收规模、范围和管理的扩展和创新，在复辟的斯图亚特王朝君主的统治下持续进行，正如图 12－1 所示，图 12－1 追溯了 1600—1820 年中央政府总税收的发展轨迹（Ormrod et al.，1999）。1688 年之后，这些被合并成一个稳定的、政治上可接受的和高效率的财政和金融体制，辉格党的历史学家继续将其作为源自 1688 年荷兰政变的光荣革命的核心组成部分［Sowerby，2011；奥布莱恩（O'Brien，2002，2011a）包括了扩展书目］。

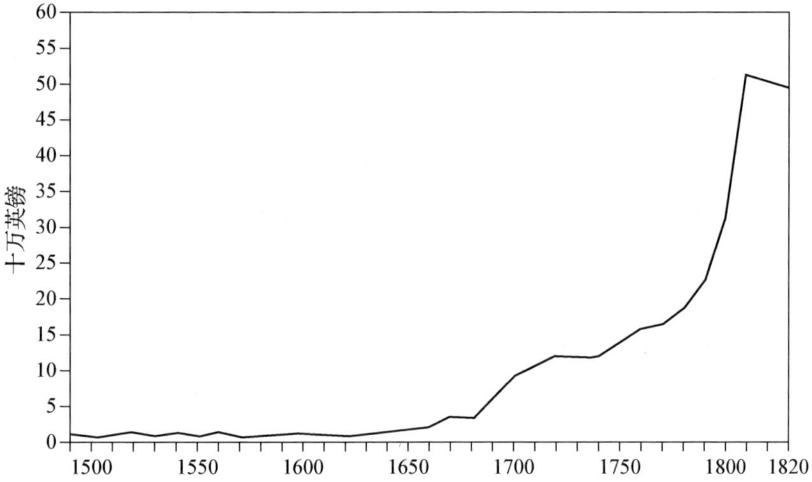

图 12－1 总税收的趋势，1490—1820 年

（按 1451—1475 年的不变价表示为以十万英镑为单位的 9 年移动平均数）

资料来源：Bonney，1999：Chapter 2.

对于研究资本主义的历史学家而言，1688 年这种夸张的不连续性能够被更启发式地情景化，这与以大约两个世纪的财政停滞、金融管理不善、内部混乱和地缘政治衰弱为特征的历史背景相矛盾。为什么不把这一“事件”作为英国历史上一个较长时期的一部分呢？这一事件发生在奥利弗·克伦威尔（Oliver Cromwell）去世后差不多 40 年的时间里，当时财政体系沿着更为激进的路线进行扩展，为国家的战略、外交和帝国政策的重塑提供资金（Brenner，2003；O’Brien，2006）。回顾过去及其结果（正如欧洲的政治和知识精英们所承认的），这个岛国对重商主义的严格追求最终却损害了国家利益，但对英国经济的长远发展是有利的（Hampson，1988；O’Brien，2002）。

363 对于构建一个简短的叙述，把以内战、共和统治过渡期、君主制复辟和荷兰入侵为特征的，超过半个世纪的深刻政治中断的英国国家重建过程进行历史化，似乎没有必要让经济史学家（基本上关注的是各个国家在促进或抑制经济增长方面的作用）卷入无法解决的意识形态争论。对于处于这一系列事件过程中的人而言，这似乎可以表示为沿着一条走向国家发展促进资本主义发展轨迹的一个临界点或转折点［关于那些使得 1688 年的情况再现的相反观点，参见 Acemoglu and Robinson（2012）；North and Weingast（1989）；Pincus（2009）］。从历史角度看，值得注意的是，整个过程始于延续了几代人的极具破坏性的内战，在此之后使得来自一个复合岛屿王国各省和各团体的有产阶级倾向于支持某种形式的强大且集中的政府，具有维持既定秩序和世袭等级下的内部秩序所需的财政和财政能力。就如霍布斯（Hobbes）意识到的，英国的有产精英们想要的是一个可维持稳定、把保护王国作为首要承诺的君主制，同时在机会到来的时候，对来自欧洲大陆的对手和敌人们进行具有潜在可获得利润的侵略（Appleby，2010：Parts Ⅳ and Ⅴ；Brenner， 364
2003；Findlay et al.，2006）。

复辟的君主与议会之间关于宪法的重要的“相互理解”，以及经修订的税收结构和组织安排，差不多在 1688 年的光荣革命前几年就解决了。英国被处决国王（查理一世）的两个儿子都知道，为了国家的目的从他们的臣民那里征税或借钱，他们将不得不获得由贵族和名流所组成的议会的正式同意，而该议会是由他们被贿赂或者被威胁的成年男性下属选举出来的。1832 年之前，全体选民数量不到该国成人人口的 2%。此外，为了应对内战的绝望局面而进行的各种实验已经表明，对在王国内部生产、销售和消费的大量商品和服务征收消费税和印花税是可行的。这些实验还揭露了克伦威尔试图重估土地直接税债务，以及其他固定和明显的家庭财富表现形式所引起的强烈抵制（Coffman，2008）。

同时，向更为累退的间接税的逐步结构性转变受到了议会的青睐，通过将长久以来已经确立的用于评估和征税的特许体系转变为在1671年开始进行关税管理，以及在1683年进行消费税管理的原始专业性公共官僚机构，该结构性转变在其发展过程中得到了帮助（Wong and Sayer，2006）。在改组后的财政部的监督下，这些改革终止了几个世纪以来的包税制度，同时从流入伦敦财政部的税收中提高了君主收入的比重。这就使政府面临“税收平滑”这一尚未解决的财务问题或当必要的、无法预测的和不可避免的支出水平超过收入流入时，如何在较短和更长时间内随时获得流动性（Ormrod et al.，1999）。这种无所不在的意外开支在战争期间总是变得更加紧迫和严重，几百年来就是通过王室成员以主权收益的安全性作为规定了控制和管理皇家收入的租赁协议的一部分权衡，向那些为王室提供过贷款（以或多或少的优惠条件）的金融家和包税人借款而得到了（常常是困难的）解决（Caselli，2008）。

1688年的光荣革命当然包括了人数达到40 000的荷兰军队对群岛的入侵，以及反对一个既定君主的政变，据称，这位君主包藏着推翻英国宪法的可实现的颠覆性计划，以及对私有财产的掠夺性设计（Sowerby，2011）。在一篇开创性文章当中，朱利安·霍皮
365 特（Julian Hoppit）贬斥了那种认为1688年之后私有财产权得到了更好保护的论点。他总结到，议会主权的运转基本上是为了加强中央集权，使其凌驾于既得私人利益之上，以确保市场的整合和协调［Hoppit，2011；参见Epstein（2000）；Irigoin and Grafe（2012）］。此外，是否有“必要”来完成一项可能愿意或可能不愿意追求更加激进和代价更高的国家所需的财政和财政基础的持续重建工作，以实现那些以盈利为目的的跨欧洲重商主义目标，将永远留在意识形态激昂的辩论议程上，更不用说“必要且充分”了。

同时，这场内战的两种结果对于知晓这段政权交替空白期的政治和地缘政治的历史学家而言，已经变得相当没有争议了（Morrill，1993）。第一，英国短命的共和政体残酷地限制了来自苏格兰和爱尔兰的传统威胁，使其成为一个统治着复合的群岛王国的中央集权国家。第二，最初是保皇党的幸存者刺激了来自大陆的入侵，共和党那些获胜的军事精英意识到了英国的区位优势，从而采取从海上对群岛进行保护的国家防御战略。克伦威尔和他的部长们为了建设一支显著扩大和集中组织的海军以作为群岛外部安全的第一个堡垒，加大了对军舰、大炮和岸上基础设施的公共投资（Knight，2011；Rodger，2004）。这一战略一方面涉及持续致力于促进海外商业、商船运输（作为海员的培养基地）和国内造船业之间的一系列共生关系，另一方面涉及海军力量。英国的新教徒共和党人恢复、扩展并积极实施了一项航行规则，以规范进出群岛及海外帝国港口的海运贸易。这一战略是由托马斯·孟（通过亚当·斯密）、乔治·查默斯（George Chalmers）和帕特里克·柯洪（Patrick Colquhoun）等主流重商主义经济学家提出的，该战略被不断修改，以牺牲英国的荷兰新教徒和共和党对手为代价，从而确保从海运贸易中获得更多收益（Hont，2005；Reinert，2011）。

英国商船队是经过第一次英荷战争（1652—1654 年）建立起来并得到巩固的，后来因“嫉妒”荷兰人在全球贸易、航运、造船和提供商业服务方面的首要地位而维持下来（Hont，2005）。共和党优先考虑将海上商业网络扩展到银行、保险和其他商业服务的企业，又经历过两次英法战争后，这依然是斯图亚特王朝追求的国家目标（O’Brien，2000；Jones，1999；Ormrod，2003）。实际上，关于防御、重商主义外交、侵略、商业和帝国扩张的相互关联 366

的各种政策，事后可以被看作英国政府对海上地缘政治霸权的持久且一贯的追求，与海外商业和帝国扩张相结合，以最大限度地提高并保持在来自全球贸易和商业应课税收益中的不断上升的份额。这一宏大的战略（生成了一种网络技术）最近被恰当地标记为“绅士资本主义”（以表明一个在王国的君主、贵族和商业寡头之间联盟的基本特征），同时为资本家提供了进行投资，以及比大陆上的竞争对手早了几十年的将经济向工业化市场经济提前转型所必需的（但还不充分的）公共产品（Akita，2002）。这种政治、财政和行政策略的起源和基础肯定要早于1688年的光荣革命。这一没有被预测到同时也不可预知的事件，现在可以被逼真地情景化为一系列事件中的一个，形式化了源于内战的君主和议会之间权力平衡的一个变化。这只不过是在外交政策上推动了王国反法国和反天主教的倾向，同时加快了一个正在进行的财政和金融基础的重建进程，英国后来成为欧洲重商主义的成功典范（Hoppit，2000；Reinert，2011）。

一场由荷兰新教君主掌管国家外交和战略政策的政变，最重要和最直接的结果是反对路易十四及其盟友的九年的公开战争（当时被称为威廉国王的战争）。这场冲突在经历了一次喘息（1698—1702年）之后，成为自1453年以来，为了王国的安全而进行的最持久、成本最高和最危险的战争（Jones，1988）。1698年在奥格斯堡和1713年在乌得勒支谈判达成的和平协定确保遏制了法国在欧洲的野心，并确认了荷兰作为一个从海外帝国和商业获取利益的重要地缘政治对手的衰落。最重要的是，尽管1713—1740年财政穷竭的插曲促进了和平共处，但这些协定标志着王国与大陆地缘政治和经济关系的一个时代的开始，弗朗索瓦·克劳泽（François Crouzet）恰如其分地把它称为“英法‘第二次百年战争’”

（Crouzet，1996）。

以 20 年的代价高昂的战争为序幕，这场旷日持久的冲突加剧了财政和金融压力，该压力源于为国家安全而调动的陆军和海军力量提供资金。威廉国王和安妮女王的战争（1689—1713 年）涉及军队在欧洲大陆上进行战斗的投入，进一步参与爱尔兰和苏格兰 367
的平定；海军支出的显著增长；从直接对收入和财富征税转向间接税，特别是消费税的明显结构性转变；以及彼得·迪克森（Peter Dickson）所称赞的一场金融革命（Dickson，1967；Jones，1988）。

最终，对这三场战争的巨额经费需求激发了一个旨在创造一个制度框架（包括一个中央银行）的政治和行政改革进程的开始和持续，让英格兰 / 英国政府能够即时和稳定地获得廉价信贷和以未来税收收入作为担保的长期贷款，以满足它对流动资金的持续需求，以及那些总是发生在与敌对势力的武装冲突的频繁插曲期间的、支出水平前所未有地上升时的需求。在整个过程中，经过几十年的试验和偶发性危机（包括臭名昭著的南海泡沫），得出了一个有效的结果，为国家提供了一个管理迅速积累的国家债务的体制、机制和技术的框架。基于金融中介机构的创新性回应，以及财政部与英格兰银行的合作，在伦敦发展出了一个更广泛和更深入的资本市场，服务于农业、国内贸易和海外商业的金融需求，同时为国家提供信贷和贷款（Carlos and Neal，2006；Caselli，2008；Neal，2000）。

从有些简单化的意义上说，关于英国主权债务管理的一套制度化安排的出现和最终成功发展基于两个条件。首先，这一债务在詹姆斯二世统治时期从大约 200 万英镑的名义值上升到了 8.24 亿英镑，大约是当时国民收入的 2.5 倍（在 1815 年第二次百年战争结束时）。重要的是，国家仍然有能力继续扩大其评估和征税的财政基础，以便将偿债义务置于最高优先地位。这一偿债义务在税收总额中从光荣革命爆发前极为微不足道的一小部分上升到顶峰，在 22 年对抗革命和拿破仑法国战争结束时，占财政部收到的大量增加的税收收益流的 60% 以上。

其次，主权债务史无前例地累积，以至变成了英国实力的一个可靠且重要的力量来源，这在这样一种政治体制中才能维持运行几十年，即一个债权人预期君主及其行政顾问们不会产生债务违约，而是能够在发行用来确保为国家支出提供资金所需信贷和贷款的一系列标准化契约（票据和债券）规定的时间和条款基础上进行全额
368 偿付（Murphy，2013；Neal，1990；Wennerlind，2012）。经过与一位缺乏合法性，而且其当务之急是扩大英国的财政和金融资源，以调动斯图亚特王朝业已强大的军事和海军力量挫败路易十四接管荷兰的计划的荷兰新教徒王子的长期谈判，一个由相互通婚的贵族和名流家族组成的议会成功地通过谈判维持了一种宪法性的安排，重申并重新定义了作为一种内战结果的君主政体和议会之间权力平衡的根本转变。他们通过坚持议会两院（上议院和下议院）应该每年开会，从而在更严格、更透明和重新制定的一套惯例和程序下监督和讨论收入和支出，以取代通过零星谈判给予额外的供应从而为君主特别增加的支出提供资金的封建传统，捍卫了自己对税收的主权（Hoppit，2000）。结果，偿债额与税收收入之比上升到永久性的更高水平（见图 12－2）。

1694 年（不是 1688 年）之后，与税收、贷款和支出有着密不可分联系的有关主权问题的英国宪法争端就再也没有出现过。在 1689—1815 年，英国王室通过贷款大幅增加了税收需求，而君主与议会之间权力平衡的恢复（伴随着朝向间接和更为累退的税收趋势
369 的强化）在保证作为议会代表的有产精英阶层的高度遵从性上起到了主要作用。由于当时主权无可置疑，同时对年度预算有名义上的

控制，当时的议会几乎从未抵制过扩大财政基础以提高税率或贷款的要求。此外，尽管托利党和辉格党之间的争论很激烈，但无论是上议院和下议院的定期集会，还是消息灵通的公众舆论，都没有干预皇室决定的特权，即将王国收入的大约 80% ～ 90% 都配置到外交和战略性目标之上。这些目标继续由君主选定的贵族大臣圈子提出，而由君主最终确定，并且向与他们地位相同的人及其亲属操纵的议会报告，这些人对更高税收的反对是通过他们对国家资助的控制、对主权债务的投资，以及最重要的是富人阶层的共识来缓解的，即地缘政治力量最终将有利于国家的安全和稳定，并为他们带来利润。

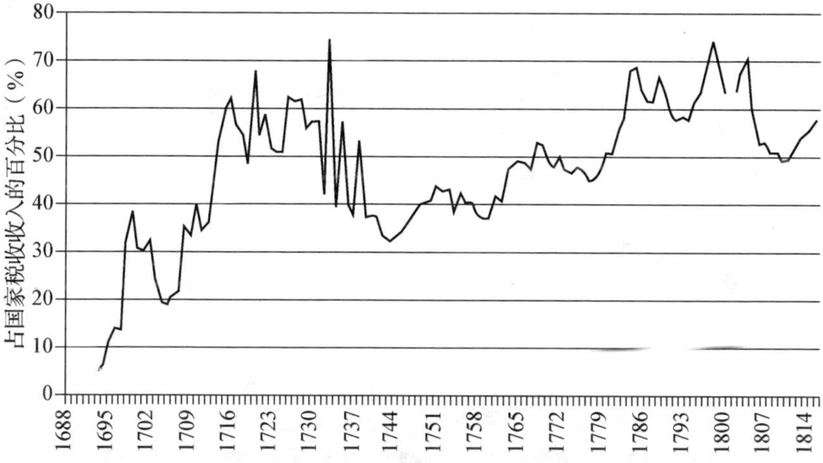

图 12－2　偿债率（占国家税收收入的百分比）

资料来源：英国议会文件中记录的数据，1868—1869 年。

在忠诚、爱国和恭顺的大多数英国人的支持下，汉诺威王朝的国王们及其大臣们继续奉行着一种克伦威尔派的战略，将海军力量用于外部安全和进攻，并采取了一系列在整个欧洲很常见的重商主义措施，例如关于航运的《航海条例》（Navigation Acts），支持进口替代和幼稚产业的更高关税，在加勒比、北美洲和爱尔兰对殖民主义领地和新殖民主义领地经济的管制，维护和促进国内造船业和配套工业发展的立法，对海外贸易和商业的保护，等等。这些措施扩大和深化了国家的财政基础，为皇家海军坚持不懈地最终成功地确保和维持对海洋的控制提供了船舶、海员、粮食、武器装备和航海技术（参见图 12－3）。[关于我对英国财政海军国家战略的解读背后的二次文献目录，可以参见 O’Brien（2002；2011a)，Backhaus（2012)，Knight（2011）。]

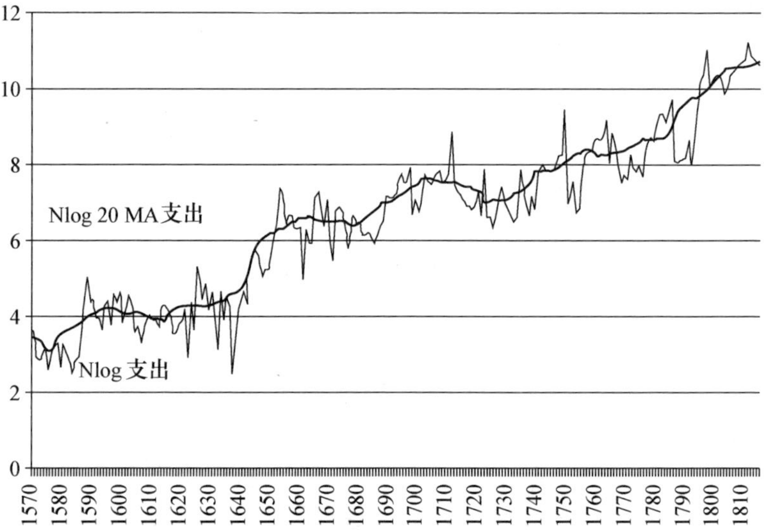

图 12－3　皇家海军支出的趋势（以 1660 年不变价格表示）

注：Nlog 支出为以 1660 年英镑实际值表示的皇室海军支出的自然对数；Nlog 20 MA 支出为以 1660 年英镑实际值表示的皇室海军支出 20 年移动平均数的自然对数。

资料来源：Duran and O’Brien，2011.

现代经济学家对 1689—1815 年追求安全和稳定的这种重商主义战略真实成本的反事实推测进行了持续不断的探索，但这似乎是不合时宜的缺憾，因为这发生在几个地缘政治条件，包括皇家海军的霸权和欧洲的财政紧缩，成为以一种更加和平和有效的方式从事

全球商业的基础之前几十年，从而没有一个理论上方便的自由国际 370
经济秩序（Mokyr，2006；Nye，2007）。同时对这个时代而言，这种重商主义战略的大多数基本要素回顾起来似乎已经满足并服务于英国资本主义，主要的方式就是帮助该岛大片地区的经济发展达到了令其欧洲对手和竞争者看起来怀有敌意和嫉妒的水平。因此，将亚当·斯密及其自由主义前辈和继承者重新放到经济理论史的回顾当中，难道是一点都不过时，而且更有启发意义的吗？当时关于政策的争论更切合实际地与该国对海军力量的真正大量投入有关，这与《航海条例》结合在一起，扩大了该国的商船队和相关产业，为的是积累经验丰富的海员队伍，确保国际贸易的收益和从服务于走向更高层次的联系和一体化的全球经济中取得的利润，以及产生可征税的进口。当然，这些争论很微妙，而且显示出各种差异，但是，这一时期的“英国”政治经济学传统是以在国家的作用和为了经济的安全、稳定和繁荣所应采取的政策这两方面的很大程度上的显著共识为标志的（Findlay，2006；Hutchinson，1988：Parts Ⅴ and Ⅵ）。

例如，在 1689—1815 年，皇室海军的公共开支约占支持皇室武 371
装部队的总拨款的一半，平均约占国家对私人国内总资本形成的支出总额的 60%～140%，而且很少会受到议会内外的批评（见图 12－4）。

之所以如此，是因为那种规模的公共消费（以当时的观念来看）或者公共投资所提供的公共产品的范围和质量让人们普遍认为这能够提供有形的利益，同时也为国家的繁荣带来了不那么明显可见的附带效应和外部效应。首先且最为明显的是，汉诺威王朝的政府一贯致力于一支具有全副武装、全员满载战舰的有威慑力舰队的建立和陆上维护——这在数量和吨位上要超过法国、西班牙和荷兰各国舰队合起来的两倍，最终是三倍——如此才能缓解英国和外国资本家对他们在这个王国领土上的投资利益安全性的担忧（见图 12－5）。

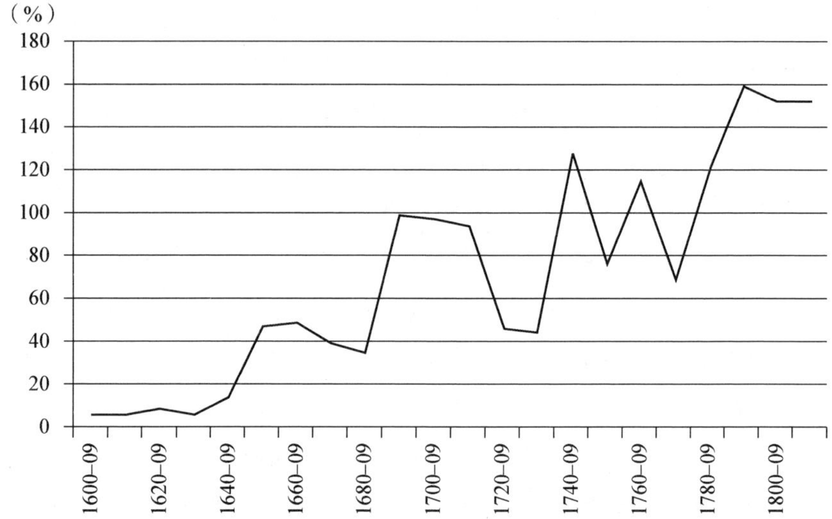

图 12－4 皇室海军支出与私人国内固定资本形成总额（gross domestic fixed capital formation，GDFCF）的推测值之比，1600—1815 年

资料来源：Duran and O'Brien，2011.

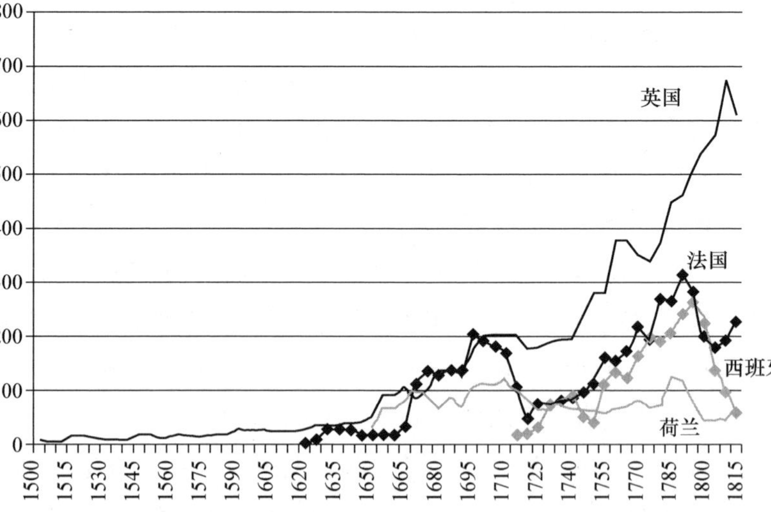

图 12－5 英国皇室海军及其对手海军的规模（排水量为 1 000 吨）

资料来源：Duran and O'Brien，2011.

虽然爱国的英国海军历史学家声称，通过学习和创新过程，皇室海军使用的军舰、大炮、船坞和人力资源的效率变得显著高于那些曾经主宰过历史纪年的对手国家舰队的效率，但这些主张并没有得到证实。部署一项基于海军力量的战略的大部分竞争优势可能很大一部分都是来自其他几个方面［Backhaus，2011；哈丁 372
（Harding，2004）并不认同这一点］。第一，使得当时的政府能够最大限度地利用岛屿王国的自然禀赋（位置、海岸线、港口、潮汐、风、河流）的知识。第二，皇室海军与商船队结合在一起，通过共同使用例如港口、码头、灯塔、海岸防御工事、仓库和造船厂这些基础设施获得了递增的规模报酬。皇室海军和商船队都受益于他们能够一起获得不断累积的航海、战略和商业知识，最重要的是受益于训练有素和经验丰富的海员，以及被雇用来建造、维修、装备、武装、防御，并协调出于商业、防御和重商主义的侵略等目的的帆船调动的辅助性技能劳动力的越来越有弹性的供应。

英国经济的一个具有大规模资本和技术密集型部门的两个分支之间的共生且有张力的相互连接的多重回路，提高了国内造船业和航运业的效率，扩展、稳定和保护了英国的海外商品和服务市场，有助于使皇室海军的开支更具成本效益，并能为纳税人所接受。当海军失去了对于通往群岛的路线的控制，只在 1692 年和 1778 年出 373
现了两次失误，除此之外，皇室海军不仅保护了王国及其海外市场、领土和进口方面不断增长的利益，而且以有成本效益的方式运作着，留下了国家收入的一半以上（税收加上贷款）给皇家陆军进行分配。这些从用于外部安全的拨款中“释放”出来的收入，为脆弱的第二道防线提供了资金，在复合的和正在进行城市化的王国维持了内部秩序，同时用于购买雇佣军（从附庸国）到欧洲大陆作战，从而使法国及其盟国无法集中更多资源加强对海军力量的投入

[O’Brien（2005）及其引用的参考文献]。

不出所料的是，1689—1815 年这段最后的重商主义竞争和地缘政治战争加剧时期的海军和陆军历史包括了一次在北美洲镇压殖民地叛乱的灾难性尝试，也揭露了从战争时期的战斗、远征和战役中暴露出来的许多代价高昂的失败事件。然而，回顾与海军重商主义相结合的英国财政和金融政策的大方向，可以说是对私营资本主义企业各种努力行为的有效支持，这些企业承载经济通过一段斯密式增长过程，然后向第一次产业革命的技术突破转型。我认为，继续贬低一个国家在相对高效地应对重商主义经济秩序不可避免的风险和挑战中的作用的经济史学家，理应勾勒出一种本体论意义上的、可信的反事实策略，以实现以利润谋求权力，而这种策略可能会带来相当成功的结果。

相互比较：英国及其来自大陆的竞争对手

扩大和引导这场持续的辩论，以及加深对经济增长的历史理解的一个更好办法，也许是把英国视为欧洲重商主义最后阶段成功的资本主义的典范案例（1659—1815 年），并询问为什么其在大陆的主要竞争对手无法制衡一个小岛国致力于在一个全球化经济中夺取和保持从贸易获得的过高利益份额的能力。这个问题不能因错位或时间顺序误置而不予理会，因为最近校准的欧洲的税收数据，并延伸到斯图亚特政权早期所获得和借用的，用于为其以利润追求权力的野心提供资金的财政收入，与流入威尼斯和荷兰手中的税款数量不相上下。但这些财政收入一直远远低于法国和西班牙君主国控
374 制下的收入，而这些国家掌握了欧洲大陆上更多的人口和财政基础（Bonney，1995，1999）。

以人均水平计算，或者表示为对他们的大多数非技能性臣民所施加的税收“负担”的代理变量，从欧洲的角度来看，与威尼斯人和荷兰人，以及西班牙和法国的竞争对手相比，都铎王朝和斯图亚特王朝早期（1485—1642 年）的君主们（正如一个不完美和最近校准过的数据基础表明的）还有着未开发的财政潜力（Dincecco，2009a，2011；Karaman and Pamuk，2010b）。这种表面上对英国纳税人，以及可能对那些统治时期的国民经济有利的情况，在国王的可耻失败，以及从在欧洲大陆上进行持续和代价高昂的帝国主义冒险实质上撤退到一个能够相对低成本进行防守的岛屿堡垒之后，持续了接近两个世纪。在 1453 年以后的历史上，有一段漫长且偶然的插曲，英国并不是与世隔绝的，但相对来说不怎么参与激烈和高成本的国家形成、领土扩张、宗教战争、地缘政治和王朝冲突，以及对协调和集中欧洲大陆各个国家，使得君主、贵族和商业寡头烦恼并受到折磨的资源的竞争［O’Brien（2011a）及其引用的参考文献］。

不幸的是，经济史学家还没有发现把收入总额的貌似合理估计进行加总、制成表格、进行比较和排序的可行方法，而该合理估计可以作为欧洲或亚洲国家在 1648 年之前拨出的实际资源的代理变量。他们可能无法提供对国家机构（广义上的）在扩大和巩固主权的要求方面所分配的相对数额的更具揭示性数字的估计值，这些要求包括在欧洲的领土扩张和征服，维持内部秩序所需要的人员和强制性手段，对外部安全的维护，社会间接资本的形成，以及作为建立位于非洲、亚洲和美洲的海外殖民和与这些地方的海外贸易并获得垄断收益的投资。不幸的是，公共支出的历史记录在概念上不易处理，几乎不可能作为中央政府得到的收入的记录汇总起来（Bonney，1995；Dincecco，2011）。

然而，两个似乎合理的猜想可以通过参照已经出版的关于 16 世纪和 17 世纪欧洲政治、地缘政治、帝国、军事和海军历史的大量书目来得到支撑。首先，欧洲名义上的主权国家建设和利用财政基础来为一个、多个或全部共同目标提供资金的压力，变得比
375 海上群岛的统治者们面对的任何事情更为激烈和持久（Blockmans，1997；Bonney，1991；Casalilla and O'Brien，2012）。

其次，在一群敌对的、与英国竞争来源于海外贸易和殖民的经济收益的欧洲国家中，建设和开发利用财政基础的进程早就开始了，以应对资本密集和难以摆脱的战争成本上升的加剧阶段（Downing，1992；Glete，2002；Parker，1996）。在《威斯特伐利亚和约》（1648 年）和《比利牛斯和约》（1659 年）签订之后，貌似和平时期到来了，但同时也伴随着英国的崛起，从而挑战了海上贸易，以及美洲和亚洲殖民地当中的荷兰霸主地位，还有西班牙、威尼斯、斯堪的纳维亚和法国的附属地位（Gerace，2004）。这一挑战产生于欧洲财政体系（经历了近两个世纪的高企之后）已经进入收益递减阶段的背景下。

到了 17 世纪下半叶，英国主要的竞争对手已经通过设计施加于消费和生产的直接税和间接税的有效率组合增加了收入。许多年来，它们尝试“普及”税收规则来确保这些规则能够应用于它们的整个领地，而不考虑古代的领土边界，在欧洲大陆上嵌入了复合的政体当中的封建豁免权和特权的遗产，虽然它们的尝试没有取得太多的政治或行政的成功（Bonney，1995）。它们还试图在稳定和包容性的税收网络中纳入财富、收入分配和消费模式中不断演化的区域、结构和个人变化，从而改善遵从税收要求的前景。它们共同追求普遍财政规则的抱负不可避免地与既有的地区、教会、城市（甚至村庄）利益和等级制度产生了对抗，这些利益和等级制度具有传

统权力和责任，在这些利益和等级制度成为复合王国、联邦王国及共和国的政治组成部分后，这些传统权利和责任依然存在，这些国家和共和国被要求向君主国和寡头提供所需的税收，以为国防、扩张和维持内部秩序的国家政策提供资金，以及制定有关市场运作和协调的规则（Epstein，2000；Genet and Le Mené，1987；Zmera，2001）。

为了确保税收、信贷和贷款的稳定流入，特别是在战争和混乱时期，即使是最“专制”的欧洲统治者，也只能与已建立的当局和私营包税人团体进行“谈判”，前者已经把全部有关通行费、关税和消费税的评估、征收和处理的责任出租或者出售给后者了（Dincecco，2009）。本地及区域的政治当局和特许行政部门为它们向国家提供的具有收益（对以未来收入作为担保的贷款的税收）的 376
服务收取很高的价格（Blickle，1997）。在理论上，这一成本可以用真实估算的、可征收的税收负担总额与国家实际收到的用于分配的总额之间的差距来测度。遗憾的是，用于衡量和比较完成年度评估的效率水平的数据，以及各国为获得下级政治当局和包税人贷款而支付的利息和其他费用，是无法量化的（Winch and O'Brien，2002）。然而，财政和金融史的详细记录和数量众多的文献记载了来自欧洲各地的几代财政部长及其顾问的一些最优先事项，这些事项旨在使可供其支配的广泛税种普遍化，并减少从税收和贷款中抽取的大部分收入，这些收入是作为行政管理和偿债的过高费用而被抽走的（Bonney，1995；1999）。

在不断增加的为战争提供资金带来的征税压力和不惜一切代价维持国内稳定带来的压力下，欧洲国家财政和金融体系改革的不可避免的失败就可以理解了。然而，它们削弱了对来自中央的要求的遵从，强化了现状中的既得利益，同时减少了满足陆军、海军和其他潜在有利可图的重商主义目的的、国家可以获得的资金净流入（Hoffman and Norberg，1994）。1492—1815 年，用于支持更强大和中央集权国家形成的财政和金融基础设施建设的进展，依赖于横跨整个复合王国、联邦共和国和聚合的帝国的领土、社会、城市、社区的权力平衡（Blockmans and Tilly，1994；Hall and Schroeder，2006）。税收结构向间接税的转变及税收评估和征收的私有化对一些国家而言在一段时间内起到了作用，然后陷入了腐败、侍从主义、政治需要，以及最重要的是不可预知的地缘政治和宗教战争的紧急情况这些恶性的效应当中（Dyson，1980）。是的，国家发动了战争，但是战争既促进了经济上有效率国家的形成，又阻碍了其形成（Besley and Persson，2008；Gat，2006；Tilly，1990）。

由于本章第一节所阐述的理由，困扰欧洲大陆上的敌对国家形成的主要问题，要么已经消失了几个世纪，要么在这个海外岛国上明显减弱了。对于英格兰的防御和超越王国边界的进攻行动的更大责任，能够通过比拥有陆地边界的敌对势力更容易地投资于资本密集型的海军力量得到更容易和更有成本效率的维护（Storrs，2009）。除了对土地的越来越不重要的直接税以外，英国国家的税
377 收收入从来不依赖于与名义上从属但有权势的古代王国、区域或郡县的代表谈判达成的配额（Ertman，1997）。由君主们强加、大臣们设计并几乎总是由屈从的议会批准的税收，很久之前就具有普遍性和无所不包，并且一直保持着。纳税义务至少在法律上适用于整个王国。

一场在结果上导致适时恢复议会对税收和支出的主权的内战结束之后，一种关于生产性税收的框架获得了发展，该框架被调整以有利于间接税，被扩展到包括施加在国内生产上的未充分利用的税收（作为国外消费税遭到了诋毁），而且被置于向皇家大臣

们汇报的、相对有效率的中央官僚机构的控制之下。当来自一个课税较低的财政领域的净收入面临对扩大范围和提高税率的不断增加的需求的富有弹性的响应时，由其议会中的亲属和同类人所代表的有产英国人（和外国人）变得更有信心借钱给国家了（Brewer，1989）。

概括地说，在欧洲的镜像中，英国的财政制度连同金融制度是在王国政治和地缘政治历史上的一个有利时期重新建立起来的。与它在大陆的竞争对手形成鲜明对比，其古老王国、封建贵族和宗教社团的各种势力已经被一个创造了民族宗教的改革，以及征服了凯尔特人周边区域的克伦威尔军队削弱了（Ertman，1997）。在这个岛国当中，财政制度重建不会因为名义上从属的、但准自治和遥远的地方当局、特权贵族、主教和贪官——拥有根深蒂固的私有化产权的征税权持有者而受挫。1648 年，英国主要的伊比利亚、荷兰和法国竞争对手从长期破坏性的代价高昂的战争中崛起，但还没有把财政问题处理好，以便与皇家海军进行一场军备竞赛（Gat，2006；Glete，2002）。在那个时候，伊比利亚人和荷兰人已经对航海研究、基础设施和商业组织进行了必要的基本投资，以便与非洲、亚洲和美洲建立正规的商业和贸易。从都铎王朝时期的海盗开始，英国受到很好保护的商船队随时准备在欧洲水域和边界范围之内，或者远超过其边界的海运和远洋贸易中获得越来越多的收益。当财政紧缩的多重症状折磨着英国在欧洲大陆的竞争对手们时，在白热化的内战中形成的关于一个强大中央集权政府的共识促进了财政制度的重建，为一个在政治上受到制约的“古代政权”提供了力量的源泉，以支撑在几种经济上重要的公共产品上的持续增加的 378
“投资”，这些公共产品包括无懈可击的外部完全，君主和贵族政体的稳定，通过拥有最高统治权但卑躬屈膝的议会和时不时调动的军事胁迫力量以维持支撑私人投资和创新的制度（O'Brien，2011）。最重要的是，遵循共和政体开创的一项战略，王国建立并维持了一支非常强大的海军，保护和促进了延伸到欧洲西部海岸线以外很远地方的贸易、商业和殖民化开拓。

更广泛相互比较的一个分析性叙事大纲：1492—1815 年的重商主义和全球化经济中的欧洲各国和亚洲帝国

随着欧洲人沿着撒哈拉以南非洲地区的海岸线向西在海外进行扩张，并且重新发现了美洲大陆，他们发现几乎没有任何国家或社会能够抵抗他们的武器和作战方法、他们的病原体，以及他们侵占自然资源和利用不平等交换潜力的干劲（Abernethy，2000）。当商人、公司、陆军、海军、传教士和移民沿着其传统上偏爱的方向航行，即从西欧向东航行，这些行为者遇到了亚洲西部、南部和东部的发达农业帝国，这些由王朝统治的国家对广袤领土和众多人口拥有绝对权力。随着与国家之间的联系巩固，逐渐明显的是，这些帝国国家没有力量、财政能力和制度来吸收和适应潜在有用的欧洲知识，也无法调整与西方外来者的商业往来的条款和条件（Modelski and Thompson，1998；Pagden，1995）。

因此，受益于体现在最近一波关于奥斯曼帝国、莫卧儿王朝、萨非王朝、明清王朝经济史，以及东南亚和日本的岛国政治体制的持修正主义的学者的研究进展，历史学家们现在可以重新审视和分析，随着伊比利亚人的航海大发现，自 15 世纪末起将已知世界和新世界的海洋区域连接在一起，从而出现的西方和东方之间经济联系的规模和范围的加大所带来的主要经济成果（Pohl，1990；Tracy，1991）。

他们现在认识到，在与伊比利亚商人相遇后的两个世纪左右，欧洲人与亚洲的海洋经济体及其腹地进行贸易，在科技知识、工艺技能和商业机构方面，市场的组织和协调都是“资本主义”的，就 379
像在西方港口城市经营的任何东西一样（Chaudhuri，1990）。欧洲人在亚洲的陆上活动继续被限制在交换有限范围的制成品，主要是用从美洲殖民地征收来的白银交换热带食品、有机材料、陶瓷、纺织和精致的金属制品，他们把这些运回欧洲销售，以实现超常的利润水平（Pohl，1990）。亚洲商人和承运商不仅没有欲望直接为这些有利可图的横贯大陆的交易的份额与欧洲人竞争，而且帮助他们进入围绕印度洋和太平洋，以及地中海、中国、阿拉伯半岛和红海的，成熟和利润丰厚的商业网络（Mielants，2007；Tracy，1991a，1991b）。

随着时间的推移，当伊比利亚人在亚洲越来越多，其他欧洲人（荷兰人、英国人、法国人）挑战了他们的垄断地位，并开始了重商主义竞争，彼此之间产生了冲突，以求在跨大西洋的贸易服务和建立欧美与东方之间的联系方面取得越来越大的收益。在大洋商业活动中，欧洲人也毫不犹豫地利用他们优越的企业组织形式和海军力量（最终是陆军），从亚洲的霸权帝国，但更多是从实质上自治的当地统治者手中确保获得领土、商业及财政上的让步。在本质上，他们把主导了欧洲内部贸易好几个世纪并作为他们在美洲行为特征的重商主义带到了亚洲的水域和港口，由于一些需要进一步详细解释的原因，他们想要垄断和最大化来自与东方的贸易和东方内部的收益，其中只遇到了来自统治中国、奥斯曼帝国、萨非和莫卧儿以及东南亚群岛和半岛的这些王朝国家有限且最终变得徒劳的抵抗（Findlay and O’Rourke，2007；Lieberman，2009）。

现在研究全球史中这次著名遭遇的历史学家需要专注解决两个元问题。首先，把亚洲所谓的“前资本主义”经济的表现想当然地视为相对于西方经济是落后的、技术上发展迟缓或者不发达的观点，现在被认为是一种欧洲中心论的，而且也许是站不住脚的，为什么拥有奥斯曼、萨非、莫卧儿、明清王朝和其他一些较小的亚洲政体的财政潜力，同时有着金碧辉煌的宫廷和表面上控制着广泛且
380 有生产力经济的这些国家，没有尽力去应对、适应和反抗来自西方的经济和地缘政治挑战呢（Mielants，2007）？归根结底，这些威胁的本质最早出现于1498年达伽马（Da Gama）暴力性侵入加尔各答的港口之时，紧随其后的是基督教传教士的各种探访，他们渴望颠覆当地的宗教和道德规范（Doyle，1986）。此外，简而言之，欧洲各强权当中，以及欧洲国家和亚洲国家中的殖民化和传统重商主义冲突也传递到了东方（Munkler，2007）。其次，在何种程度上，这些大洋之间的联系推动来自欧亚大陆西方海角的私有企业和资本主义向一场工业革命的早期转型？相反地，这第一波原始全球化严重阻碍了东方的这种转型吗（Frank，1998；Hopkins，2002；Thompson，2000）？

本章避免涉及西方与东南亚和日本的海洋经济之间的联系，而是集中于这些亚洲帝国（Lieberman，2009）。即使这样，一章当中也只可能出现对这些问题答案的粗略且简单的概括，本章只提供了背景资料、批判性阅读指南和未来研究的线索。在处理第一个问题时，以欧洲为中心的经济史学家对中国和日本所追求的闭关锁国限制性商业政策，持有的是一种批判性的李嘉图式观点。更值得注意的是，他们的结论是：那些在西亚、南亚和东亚拥有漫长边界线、统治了广阔地域和不同民族的各个帝国缺乏遏制远方入侵者的强大

权力、财政手段和海军。此外，这些帝国无法获得现代科技和有效率的组织，以有利于自身的权衡的条件控制与西方的外来者进行贸易的各种机遇（Burbank and Cooper，2010；Colas，2007；Etemad，2005）。

当前，用来量化名义上由明清、萨非、莫卧儿和奥斯曼控制的王朝和官僚制度的财政、金融、货币、军事和组织能力的统计证据依然在收集中，可靠性依然存在争议，依然有待解释（Casalilla and O’Brien，2012）。尽管如此，这里还是有一些关于亚洲各帝国努力集中强制性手段、提供公共产品，以及维持商品、资本劳动和有用知识市场运行的制度的近期历史数据和文献资料［相关数据请参见 Karaman and Pamuk（2009，2010a）］。这就提供了对现有的以欧洲为中心，但似是而非的假说进行更深入研究的理由，该假说认为，统治以上四个帝国的国家缺乏军事和财政及金融能力，以促进和保护关于经济增长和结构变化的制度的发展。例如，目前已经出版的分散统计数据表明，每单位领土、每公里边境线和人均收益及军事 381
和官僚人力资源，只可能确定得更低一些——与此相对的是雇用的官员和军队、征收的税收和借贷资金的数量——因为西欧各个政体的规模更小，在空间上也更为紧密（Vries，2002，2003）。传统欧洲中心论观点认为，东方帝国的“前资本主义”或“原始计划型”经济体太不发达，所以与西方有接触的国家不能在同等规模上产生可征税的剩余，这一观点已经被令人信服地证明是成立的。然而，这些国家的财政基础几乎与其主张征税的臣民，或者领土、贸易和生产不匹配。统治亚洲帝国的政府似乎很少受到任何潜在的应税财富、收入、生产和贸易的缺乏的限制，而更多是由于它们的政治权力和税收征管能力不足。皇帝、苏丹和他们的顾问经深思熟虑后同意的税收水平和类型似乎受到赞成低税率的儒家和伊斯兰规范的制约（Gerlach，2005；Ghazanfar，2007；Liu，2006）。

然而，在这些国家形成有生产力的财政系统的努力过程中，它们严重受制于以下因素：包含在它们集团化和多中心的帝国内部的准自治和潜在分裂的政治多样性，严重的税收反抗的爆发，以及最重要的是，来自沿着其漫长边界伸展出来的草原、沙漠和山脉的掠夺性骑兵对稳定的威胁。在如此广袤的异质并脆弱的帝国中维持治理，其所涉及任务的规模和范围当然令人望而生畏（Burbank and Cooper，2010；North et al.，2009）。这些控制部落社会、反叛的王子、不满的贵族、心怀怨言的贵族、野心勃勃的军事指挥官，以及来自边境以外的抢掠者的问题，看起来比欧洲的王朝国家和前现代时期紧密结合在一起的贵族们所遭遇的任何问题都要更严重，更不用说征税问题了（Barkey，1994；Darwin，2007；Stoler，Mcgranahan，and Perdue，2007）。在没有足够和稳定收入水平的情况下，建立和利用正规贷款和信贷的金融体系的前景也受到了相应的限制（Levi，1998）。进一步地，东方国家维持用于支付税款、筹集贷款和促进内外贸易的帝国货币系统的兴趣和投入，相对于西边那些在较小的区域更加团结、社会异质性更小和总体上有着更好的一体化海洋经济的例子而言，当然同样也几乎更有限（Neal，2000；Poggi，1990）。

382 以系统性的相互比较为指导原则，对支撑了亚洲帝国国家的财政制度的现代史学研究的解读留下了这样一个印象（这可能永远不会被确凿的统计证据所证实），即西方国家征税和有效控制其主权收入的可变能力几乎肯定优于（也许是远远优于）东方帝国统治者所行使的权力，这些权力被几代以欧洲为中心的知识分子描述为专制的和掠夺性的（Tilly，1975）。与领土、资本资产、人口和名义上在他们控制下的经济，以及实际上拨出的款项相关，明清、莫卧儿、萨非和奥斯曼帝国的统治者们定期获得的税收净收入，与那些西方国家（例如葡萄牙、西班牙、荷兰、法国和英格兰）占有的、支持其商船和海军进入亚洲领海的实际税收净收入相比，几乎确定依然是“更低”的和不充足的（Alam and Subranmanyam，2000；Barkey，1994；Brook，2009；Deng，2011）。

甚至是这些亚洲帝国集中治理下的良性、现实，以及谨慎适度的征税权，在所有地方，不仅在遵守规则方面遭受了更严重的损害，而且税收收入由于非官方和官方征税人员的非法强夺而严重降低了。省、市、村各级当局和官员，以及被特许有权评估、分配和扩大以国家税收作为担保信贷的包税商们，都扣缴了非常高的费用（Darling，1996；Dunstan，1996；Karaman，2000；Quataert，2000；Zelin，1984）。利用从特定地区评估和征收而来的税收来满足由半自治的地方和区域权力结构决定目标的政治协商后的协议，进一步减少了可为整个帝国的安全、稳定和经济发展的政策提供资金的收入（Richards，1993；Rowe，2009）。除非统计数据另有证明，否则历史学家可能会暗示，虽然自由放任的资本主义在东方的帝国经济中产生了可观的斯密式增长的速度，但拥有可利用财政、金融和货币制度的更小且更为集中化的国家，对于由西欧领导的下一阶段重商主义式增长而言，肯定可以作为一种先决条件吗（Bernholz and Vaubel，2004；Kuran，2011；Pamuk，1987；Stoler et al.，2007）？

但是，经过自由主义经济学家和经济史学家几个世纪的诋毁之后，还能从正面的角度声称重商主义思想和政策对西方资本主义的兴起有贡献吗？

关于重商主义的历史重要性，没有必要重温关于其经济思想史起源的激烈争论。本章不涉及追溯经济理论的“进展”，而只是从一些熟悉的欧洲重商主义知识分子的出版物样本中进行归纳和总结，这些人的观点反映了他们所处的时代、位置、认识论框架，以及他们为了使人们接受和影响欧洲统治者和政治家制定的政策，而对政治经济学中的问题和主题的优先考虑（Rashid，1980；Reinert，1999）。

重商主义从来没有像一个祭司根据权威文本或者一般公理性理论制定的强制命令那样变成一种信条。尽管如此，由于经济思想史学家们实际上已经贬低了其原理的自由主义讽刺性，重商主义在最近才变得有可能对其重要的目标、假设和所提建议进行总结（Magnusson，1993）。

为此目的，并为了质疑经济意识形态在西方和东方国家形成中可能发挥的作用，历史学家只需要进行那些表达重商主义的共识内核的研究。此外，这还可以从政治经济学中或多或少连贯一致的有影响的思想中得出，这些思想向西欧各国的统治精英们传达了在地理大发现和工业革命之间三个世纪的原始全球化（Magnusson，1994）。

在某种基本道德水平上，政治家及其信奉重商主义的顾问们认为，进步可以来自从中世纪基督教神学的约束中释放人们对于财富的激情和欲望（Reinert and Jomo，2005）。继续分析君主们和重商主义寡头们的基本和持续的关注点，随着主权国家的形成，重商主义者设计了一些措施来整合和协调全国市场，包括通行费的废除、共同和稳定的货币系统的建立、度量衡的国家标准和产权的更好的法律保护。他们支持维持国内秩序和外部安全所需的强大的强制性力量。不管怎样，重商主义政治经济学的所有主要研究都已经注意到，重商主义政治经济学与更符合道德标准的经济、本地军事和/或贵族权力结构，以及封建的忠诚和特权背道而驰（Epstein，

2000；Reinert，1999，2004；Schmoller，1967）。

在揭露重商主义理论错误、概念缺陷和公然矛盾的同时，一些经济学家最近认可了重商主义者为相辅相成的国家经济和中央集权国家提供的强大智力支持，通过扩大和深化财政基础，为有效的国内经济秩序、外部安全和一国国界内外的商业扩张提供保护，这 384 些智力支持可以为繁荣创造条件（卡多佐，本卷第 18 章；Findlay，2006；Reinert，2004，2005；Tribe，2006）。

作为商人的"主义"，而且在 16 世纪末到来之前，确保从内部、国际和跨大陆贸易中获得收益逐渐成为欧洲重商主义政治经济学的核心观点，也是各国寻求保护与商人进行的多种，或者多多少少由于密切的合作关系所产生的受管制交易所得收入份额的主要政策关切点（Reinert，2011；Tracy，1991）。重商主义的基本假定和思维模式变得更有影响力，在国内经济规模较小的海运国家当中更是如此（Gomes，1987）。

欧洲的重商主义者肯定从来没有分享过中国的重农主义思想对农业的物化。他们欢迎人口增长带来的国内市场的扩大，但是，仍然对基于区际贸易和专业化，以及在一些较小政体进行的市场整合的发展前景持怀疑态度。到 17 世纪末期，尽管很多人已经转而认同通过刺激人们更努力地工作并努力获得技能而得到较高工资是提高消费水平的一个较好的途径（Perrotta，1997）。以热那亚、威尼斯、葡萄牙、西班牙和荷兰为例，他们对于自己国家投身于国际和跨大陆贸易能够获得的财富、繁荣和权力充满了信心（Reinert，2011）。重商主义者很快就充分意识到，因交换欧洲的制成品，以及夺取美洲白银用于获得一系列新的食品、原材料和制成品的进口而在美洲和亚洲发展起来的新市场，体现了一种在西方劳动力当中刺激勤奋劳作、创造投资机会和加工进口原材料工作岗位的巨大潜力（Cox，1959）。他们清楚地认识到，在欧洲国内市场销售良好的亚洲商品如何能够促进模仿、东方知识的转移和进口替代的进程（Tracy，1991a，1991b；Wallerstein，1980）。

在同一时间，以及直到19世纪，重商主义者们及其服务过和建议过的欧洲国家在彼此之间和世界其他地方，把商业的规制措施建立在臭名昭著的假设基础之上，即按照现代的说法，贸易是一种零和博弈，收益的实现和维持只能以竞争对手的国家经济为代价（Ekelund and Tollison，1997；Mokyr，2006）。可以追溯至亚里士多德，这一假设被普遍认为是关于一种国家利益的老生常谈的
385 看法，在1815年《维也纳体系》签订前的几百年里，欧洲国家之间无所不在的威胁和爆发的地缘政治、王朝和宗教战争支撑着这种国家利益（Appleby，2010；Blitz，1967）。它的背后是一种或多或少得到有效执行的战略政策范围的设计，这种设计基于这样一种观念，即只有当出口价值超过进口价值——可察觉但难以用黄金，即该时期的硬通货或储备货币的流入和流出衡量，才有可能从贸易中获得国家利益。这种思想模式的原教旨主义者和非理性的边缘人物可能——就像亚当·斯密对于重商主义的著名讽刺性描述所表明的——把金银与财富混为一谈了（Skinner and Wilson，1976）。

然而，西班牙这个著名例子——据称是受到了进口掠夺而来的美洲白银的折磨，而不是由于其在宗教战争上的浪费性错误配置，再加上威尼斯、安特卫普、阿姆斯特丹和伦敦在它们持续用贵重金属换取商品的同时，作为高度繁荣城市而获得的声誉，说服了大多数重商主义者和他们提供过参谋的政治家形成对来自贸易收益的更广泛和总体上更具战略性的观点，而不是对出口和进口的平衡以及黄金的流入和流出的一种痴迷所传递出来的那种观点（Perrotta，

1991）。作为商人，重商主义者知道来自服务、航运、融资、保险、经纪、促进和稳定贸易的增加值要大大超过来源于从海外的天然和低成本生产区域只购买缺乏弹性需求的商品，并且在西方以较高的价格将其卖出所获得的利润（Magnusson，1994；Wallerstein，1980）。

随着知识分子们对贸易的政治和社会效益进行反思，并迫使欧洲贵族精英支持垄断特权和海上保护，正如施穆勒观察到的，重商主义者阐述了一套完全承诺但有效制定的，通过陆地和海洋促进商业发展的政策，能够给一个国家及其国民经济带来各种各样的外部性和副产品（Schmoller，1967）。他们的论点经过了详尽的阐述，其复杂性却与现代国际经济学中几个学派的竞争性但具有抵消性的理论所要求的公理严密性不符。然而，正如“欧洲”经济思想史上最新的研究成果所揭示的那样，可以想象到的从促进出口和鼓励“精选”进口产品，以体现报酬递增和国民经济长期增长潜力的政策中产生的大多数良性结果，都已经包含在英国古典政治经济学的重商主义先驱们的著作中了（Finkelstein，2000；Reinert，1999，2004，2005；Tracy，1991a，1991b）。

然而，在自由放任主义和自由贸易的论点成为主流之前，一 386
些突出的重大分歧依然存在。例如，重商主义者，甚至支持向自由贸易靠拢的少数人，从来没有形成一种比较优势理论，以作为不受管制市场当中“无形之手”在智力上有说服力的基础，协调国家利益，并使所有国家从理论上可以从不受管制的全球贸易带来的更迅速的扩张中获益。只要他们和受到他们影响的政治家能够明白全球经济发展不够迅速，以致无法产生足够的收益来满足欧洲所有经济体的需求。他们观察到，那些竞争对手国家继续奉行的是旨在最大限度地实现本国利益的政策（Findlay and O’Rourke，2007；Tribe，

2006）。因此，在一个被王朝间和宗教间的竞争、外交冲突和残酷的战争——经过几个世纪使得成百个名义上自治但很小的政体被吸收进规模更大且更有力量的主权民族国家——摧毁的国际秩序当中，统治者及其顾问们一直最优先考虑的是将收入（税收和债务）的很高比例（高达 80% ～ 90%）分配给陆军和海军，以动员和武装起来，维持外部安全、内部秩序和作为扩大财政基础的力量来源（Contamine，2000；Tilly，1990）。

与此同时，在 16 世纪的边缘时期，商业、陆路和海外的扩张成为最有希望的扩大财政基础的方式，用于税收和贷款以及购买硬通货（金条），以此作为更稳定和更有弹性的货币体系和金融中介的基础。商业、陆路和海外的扩张还充当一个"战争基金"，用于为在特定王国、城邦及共和国内部和外部投射权力提供经费（Blitz，1967；Gat，2006）。大多数政治家都认识到了重商主义的告诫，即统一和整合国内市场，以及实行各种综合激励措施，以增加就业和提高国内劳动力与资本回报率的各种出口政策的意义。他们认为有必要鼓励进口能产生关税和消费税收入的商品，刺激有购买奢侈品欲望的家庭中的勤劳行为，促进国外原材料的加工和修整，并增加进口替代的基础（Perrotta，1997）。简而言之，欧洲处于形成中（和 / 或危机中）的民族国家促进和保护了它们的经济利益。它们规范了国际经济关系以确保各种国家目标，而且在必要和方便的时候诉诸掠夺和殖民（Contamine，2000）。当然，它们也充分利用了历次战争所提供的，但在外交上也是可行的机会，以夺取和保护
387 出口市场并采购重要进口商品（Greenfeld，2001）。重商主义的原理在西欧政治家关于政治经济学的论述中已经变得很普通了。如同为了从贸易的收益中获得更高的份额而制定和执行的政策，表现出了程度上的差异（而不是本质上的），反映了各个政体的地主贵族

和商业寡头在权力和财富的内在平衡、他们的地缘政治区位，以及最重要的是为确保实现这些收益长期贯彻执行的财政和金融能力（Appleby，2010；Cox，1959；Gomes，1987；Tracy，1991a，1991b）。

在费尔南德·布劳德尔（Fernand Braudel）的带领下，历史学家和历史社会学家构建了一种史学，以解释一系列主要西方国家经济的兴衰，这些经济在 1492 年之后沿着一条重商主义的路线在一个原始全球化的国际经济秩序中运行（Wallerstein,1974，1980，1989，2011）。确保获得来自欧洲内部（发展成熟到欧亚大陆）贸易收益的最高的（不可测的）份额，以及转化为一个繁荣、安全和稳定的西方政体的排行榜的领先地位，已经被确定为包括热那亚、威尼斯、葡萄牙、西班牙、荷兰、法国和英国在内的，拥有一系列具有领先海运部门的国家经济体占据（Arrighi，1994，2005；Kindleberger，1996；佩佐洛，本卷第 10 章）。

对这些领先地位的插曲的解释，以及对它们后续但相对意义上的衰退的分析，已经在欧洲经济史的二次文献库里被阐述了，并且被布劳德尔的三卷本权威著作《文明与资本主义》（*Civilization and Capitalism*）（1981—1984）进行了综合。没有必要对他的追随者的作品进行另一次批判性的评述，这些人变成了一个世界体系的历史社会学“学派”的网络。在施穆勒［而不是赫克歇尔（Heckscher）］之前，他们特别强调和关注的是重新配置权力的作用，将重商主义的合理性和国家的重要性结合起来理解，以修正现代经济史上有关资本主义崛起的浪潮，这一浪潮已融入新古典经济理论和新自由主义的经济思想，该理论和该经济思想说明了经济如何在历史上发展，并应在今后如何继续发展。这种就像已经由紧密接触过“欧洲”重商主义政治经济学，以及最重要的是形成中的国家政策的文献的前几代欧洲历史学家所阐述的记录，揭示的是一整套资本主义制度的确立和维护，在其他条件不变的情况下，这些制度似乎支持和促进了相互竞争的国家经济在向城市工业市场经济转型轨迹上的演化，与其说这种市场经济依赖于资产阶级的美德，或者无法解释的英国人（以及其他国家人？）的启蒙，不如说更多依赖于采取有意识的重商主义行动的国家的形成、统一，以及财政和金融能力（Coleman，1969；Findlay et al.，2006）。

388

因战争而精疲力竭，最终导致了长期的、具有破坏性的和代价高昂的全球冲突，这场冲突源于西方一系列针对旧制度的革命，从1789年开始，到1815年拿破仑对整个欧洲的法国霸权的争夺战失败为止，即使有财政和官僚能力来维持制度，以促进大陆资本主义的进步，西方国家的恢复和重建也需要几十年的时间才能与几十年前在离岸岛屿上建立的国家在范围和效率上趋同（Cardoso and Lains，2010；参见卡多佐，本卷第18章）。

撇开东南亚较小海洋政体的表面上相似的例子，任何类似于欧洲重商主义政治经济学的东西——奥斯曼、萨非、莫卧儿和明清王朝，以及统治领土广泛、人口稠密和文化异质的帝国的精英阶层所奉行的战略和经济政策的影响，似乎都难以察觉（Lieberman，2009）。在孤立知识分子出版的关于日本的著作中，也发现了类似的想法和建议（Oka and Smits，2010）。在东印度公司接管它们之前的几年里，原始重商主义的案例已经在南亚武士国家挑战莫卧儿王朝霸权的过程中显露出来了（Parthasarathi，2011）。出于完全可以解释的原因——有些对于一个政体及其历史是特定的，但大多数对于在原始交通和通信时代所有过度扩张领土的帝国而言是普遍的，一些案例可能因为与亚洲帝国的意识形态和优先事项只有细微的偏差而被忽视（Munkler，2007）。

从儒家、伊斯兰教、佛教和印度教的信仰体系可以得知，掌管东亚、南亚和西亚帝国经济和社会的专制军事精英们，对于采用一种以与商人结盟的、用利润追求权力的持续投入为基础的帝国国家形成和运作的意识形态，仍然持反对态度（Bayly，1998）。他们的这些态度反映了对政治上审慎、财政上软弱的意识形态力量的支持，这种思想在充斥着天命、孝道、对世袭和种姓等级存在传统尊重、服从婆罗门和其他宗教权威、军事忠诚，以及其他一些社会规范的文化当中发挥着作用（Duchesne，2011）。当精英阶层管理弱小国家的时候，他们在整个空间上广袤、异质，然而在别的方面表面上看来无法控制的帝国中寻求内在秩序、服从和政治稳定（伴随着一些中央集权规则的超然类似性）（Adshead，1995；Alam and 389
Subrahmanyam，1998；Brook，2009；Casalilla and O'Brien，2012；Crossley，2006；Kuran，2011；Leonard and Watts，1992；Pamuk，1987；Perlin，1985）。

这些帝国内部的少数亚洲商人在接近压制性容忍度极限的条件下经营，并且在某种程度上繁荣起来。他们协调和整合了市场，在政治扩张的地理空间上培育了商业，这种空间使得他们以及他们所服务的经济，相较于在欧亚大陆西部的、地理上受限、更不稳定、财政负担更重的较小政治疆界内部经营的同行而言，能够获得更大的规模报酬。然而，亚洲商人在帝国治理委员会中发挥着微不足道的作用。他们缺乏在意大利、荷兰和英国的同行的社会地位和政治地位，后者的易变现财富也许使其可以享受更大的安全性，以免受西方的君主和贵族的掠夺性袭击。

1492—1815 年，尽管沿着斯密式增长的路径，经济依然以一个比几代欧洲中心论的历史学家所暗示的更令人印象深刻的速度持续进步，把在奥斯曼、明清、萨非和莫卧儿这些帝国内部演化而成的前现代资本主义的历史，表示为除了他们的统治精英阶层所追求的战略性目标和经济政策以外也会发生的进步，难道是不可信的吗（Darwin，2007；Munkler，2007；Thurchin，2009）？

纵观1492—1815年间这些历史上可观察到的扩张和收缩阶段，亚洲国家坚持传统的、几乎是不可抗拒的逻辑，结果导致了帝国的“过度扩张”。最终，但很明显是到1700年，在达到规模、范围和收入的顶峰之后，莫卧儿王朝和奥斯曼帝国把领土、应税资产和人力资本让给了内部的分裂势力，以及来自它们脆弱的和有争议的边疆之外的敌对帝国和掠夺性的武士部落（Faroqhi and Quataert，1997；Lieberman，2009；Quataert，2000；Richards，1995）。关于将来自扩张、掠夺、贡品的收益进行加总，形成大市场的未充分利用的政治潜力，以及随后的收缩和内部混乱所造成损失的历史解释，仍然是不可能重建的。但还没有证据表明，收益和损失的波动加总起来对南亚和西亚的帝国经济和社会长期发展产生了正向效应。是的，奥斯曼帝国适应了其特殊的帝国扩张历史并从中幸存下来，而且一直延续到第一次世界大战（Quataert，2000）。但是，莫卧儿王朝在激化的内部叛乱和由一个大型私人贸易公司——英国东印度公司组织和资助的军事接管行动相结合所导致的压力之下
390 崩溃了（Alam and Subrahmanyam，1998；Bayly，2004；Richards，2012）。同时，将清朝的规模实际上翻倍的清政府的成功征服行动产生的成本，几乎可以确定超过了中国经济及迅速增长的人口在长达一个世纪的内部不稳定和停滞的周期之前至1911年累积的物质收益（Deng，2011；Perdue，2005；Rowe，2009；Struve，2004）。

历史记录确实表明，东方的地缘政治衰落必然伴随并促进了西方经济的崛起。然而，由于大多数前现代欧亚经济体最近被重新配置为具有“惊人相似性”的全球化经济的一部分——这种经

济正经历着类似的模式和可观的斯密式增长速度，虽然东方国家未能向其商人提供所需的公共产品和社会间接资本，以达到较早过渡到工业市场经济所需的可能性平台，但这一失败需要进一步分析和辩论（Wong，1997，2012）。在东方帝国的稳定被西方列强破坏或东方帝国被西方列强接管之前，东方帝国拥有的主权包含大量的人口、异质性的区域经济，以及乍看起来包括可利用自然资源的有利禀赋的空间和促进规模经济与专业化所必需的市场整合、协调和扩展的政治可能性（Parthasarathi，2011；Richards，1995）。在其他条件不变的情况下，可以想象，这些帝国产生了更高的收入，并分配了更多的资金用于公共产品的提供，如外部安全、对海外贸易的更大保护、内部秩序、社会先行资本、法律裁决制度等，这种供给相对于更小和更同质的西欧整体而言，成本更低（按人均、每平方公里面积或按计税单位计算）（Bayly，2004；Rosenthal and Wong，2011）。

关于它们表面上忽视了从更大规模的政体和市场的政治框架当中调动税收和贷款以支持经济增长原因的一般解释，强调了规模不经济、对分裂的紧张局势的顾虑，以及在所有前现代欧亚帝国内部或者沿着边界普遍存在的，作为持久性地缘政治和经济上的恶性特征的不败的游牧掠夺者军队（Darwin，2007；Munkler，2007）。当与掠夺和贡品有关的帝国建设的军事阶段遭遇具有严重阻力的缓冲区时，这些帝国经常会瓦解（Colas，2007；Doyle，1986）。另外，就像复杂多样的奥斯曼、莫卧儿、萨非和清朝的近代早期历史所揭 391
示的，失败最终引起了它们试图建立以财政和金融系统为基础的国家，这一国家能够以足够大的规模提供定期的收入流（信贷和税收），通过界定和持续保卫现实边界来应对游牧部落的抢掠，控制分裂势力，维护内部秩序，管理自然灾害，以及（一旦它们理解了威胁）建立陆军，同时最重要的是建立海军力量来抵御西方帝国主义的侵略（Burbank and Cooper，2010；Gat，2006）。

当然，提供公共产品和事后已被列为促进国家与私营企业间有效伙伴关系发展的一种支撑性制度的成功和失败、成本和收益的历史记录，在整个欧亚大陆显示出相当大的差异性和复杂性。只是事后才知道，经济史学家开始声称，位于西边的前现代帝国（如哈布斯堡王朝的统治），特别是位于欧亚大陆东边的前现代帝国，似乎可以合理地表示为促进长期经济增长的次优政体和国家（Casalilla and O'Brien，2012）。由于这些世纪以来的交通、通信和组织的原始技术，帝国领土的庞大规模和异质性使得帝国本身容易受到攻击和/或倾向于沿着其漫长而难以防守的边界发起代价高昂的先发制人的攻击。它们的统治王朝现实地解决了一种政治上无法建立集中的财政、金融和货币体系，甚至实行标准化的度量衡的状态（Dincecco，2011）。在外部安全之后，它们的第二优先事项是对构成了异质和遥远帝国的权力结构的省级官员、军事主管、富豪、名人、部落勇士和村级行政组织保持一些可协商的控制手段。帝国统治下的分裂行为可以通过分散部署军事力量得到控制，但常常是通过将财政、经济甚至是军事强制的力量，不情愿地但出于一种权宜之计移交给多种多样的本地及实际上自治的官员和/或那些面对军事威胁时同意为帝国的任务合作的武装力量而得到解决的。

统治者甚至朝代都改变了，但帝国常常在整个欧洲重商主义时代或多或少地维持不变，然而，它们对公共产品的供给、社会先行资本的投资和将帝国政治有效转变为具有区域专业化生产水平的综合和协调市场所需要的制度的维护，与欧洲较小的海洋经济体相比还显得不足。在帝国全盛时期的末期（1776—1815年），西

方帝国（包括大英帝国）都被截断了。在东方，莫卧儿帝国已经被 392
一个西方公司接管。奥斯曼和萨非帝国已经在规模上缩小了，并且破碎成松散相连的、本地化，以及或多或少自治的政体形成的联邦（Bayly，2004）。即使是中国，也可以被表示为一个松散的地方权力结构的联盟，由一个遵守中国传统方式和原则的满族政权的良性统治联合起来（Deng，2011）。清政府的“开明”皇帝们和汉族儒家顾问们通过允许帝国国家的财政和军事能力退化到使得他们的继承人无法应付长达一个世纪的、对该帝国的完整和主权的更具破坏性的内部混乱和外部攻击这种程度，从而已经默认他们缺乏深入的权力（Deng，2011；Rowe，2009）。

与此同时，在海上，英国皇家海军赢得并保留了对海洋的控制权，这创造了使重商主义的漫长时代结束的条件，同时迎来了成为欧亚资本主义史上的另一个周期或新阶段的一个自由的国际经济秩序，从而在政治、制度和技术上为促进物质进步创造了优势。

可讨论的结论

除了定义和规范之外，资本主义史的序言将会关注大事年表。我的叙述都集中在全球经济史的一个阶段或者结合点上，当时英国和紧随其后的几个来自西欧大陆的经济体经历了转型，在西亚、南亚和东亚的帝国经济之前大约三个世纪或更长时间，成了现代工业市场经济体。

这种分析性的叙述基于一个关键的假设，这是几代在德国历史学派建立的研究范式内开展工作的经济史学家所认同的，最近又被新的制度经济学和经济史重新置于突出地位（Chang，2007；Helpman，2004；Hodgson，2000；Menard and Shirley，2005；

North，1981，1990）。

这一传统的前提就是，跨空间和时间的制度变化可能是分析性叙述的最重要的一章，其目的是解释长期以来欧亚经济体的表现差异。然而，这种叙述也赞同新制度经济学的批评者的假设，即
393 从整个工业化前的欧亚大陆设计和调节经济活动的制度中所观察到的差异可能涉及（如果不是减少）地理上的差异、宗教和其他支配性信仰或者文化中可解释的差异，以及最重要的是，从国家的作为和不作为中所产生的差异。因此，我在资本主义史的卷章中加入了一个历史学家"学派"，以及后来的一群经济学家和社会学家，他们认为，制度变量只有情景化到（如施穆勒告诉我们的）国家和国家形成的历史当中，才能被理解且变得有说服力（Andrade，2010；Arrighi，2005；Bernholz and Vaubel，2004；Chang，2007；Downing，1992；Elias，1982；Epstein，2000；Ferguson，2002；Genet and Le Mené，1987；Hall and Shroeder，2006；Herbst，2000；Landers，2003；Perlin，1985；Reinert，1999；Stasavage，2011；Thompson，2000；Wade，2004；White，2009；et al.）。

很早之前，熊彼特就认为，对各国财政制度的历史考察和比较就是理解国家与国家形成和资本主义崛起之间联系的最具启发性的方法。他的方法有望提供一些统计指标，以说明各国在政治经济领域采取有效行动的不同和不断变化的能力。不管这些国家的宪法形式多么不同，财政问题肯定是前现代和现代整个欧亚大陆上，出现在由精英统治的帝国、国家、共和国、王国和亲王国的记录中的核心议题。

财政体系，以及扩展到金融体系的比较和对比，可以通过查阅已出版的历史文献进行接触和分析，里面包含了与英国政府何时、

如何和为什么拨出充足的资源（税收和贷款），以促进向工业市场经济的第一次转型的问题相关的证据和分析。是什么推迟了欧洲大陆跟随国的趋同？为什么西亚、南亚和东亚的帝国在它们早期历史中一些充满希望的繁盛插曲时间段之后，作为经济进步的开拓者和推动者却变得越来越不成功了？

理论总是有助于具体说明问题。但遗憾的是，似乎没有一个普遍的理论可以涵盖欧亚国家和案例的多样性。这是因为不可能有简约的模型去涵盖和衡量为提供必要和足够范围的公共产品（包括有效的制度）来促进和维持资本主义，建立有目的的、持续的和集中行动的财政能力背后的地理、地缘政治和政治力量与因素。

这种可悲的不可知论的观察只能通过更广泛地阅读政治历史得 394
到加强，这种解读揭示了，作为例如英国内战、莫卧儿皇帝入侵德干高原、中国清朝的白莲教起义和太平天国运动这样的突发政治事件的结果，各国财政能力发生根本改变的频繁程度。由于近代早期国家的形成是如此明显和令人信服地表现为一个被不可预测事件打断的过程，经济史学家仅仅能赞同的是，虽然有效的制度显然是经济增长所必需的，但他们无法知道国家什么时候、怎样以及为什么会建立、维持或抑制这种制度。施穆勒的重商主义观点当然要比赫克歇尔的更有启发意义，但两者都缺乏任何关于何时、如何以及为什么会发生国家及其制度转变的理论（Findlay，2006；Schmoller，1967）。

回过头来看，看似偶然但幸运的是，一个强大的、资金充足的英国的形成，是两个世纪以来与欧洲大陆的战争分离、一场血腥的内战，以及决定性的海军战胜其主要经济对手——首先是荷兰，然后是法国的结果（Baugh，2011；Jones，1999；Neal，1977；O'Brien，2005，2011b）。

然而，英国历史学家将会指出，如果没有英国纳税人提供的资助金额的上升，皇家海军很难获得对海洋的控制并保持到 1941 年。然而，在特拉法加的最终一个决定性的胜利创造了条件，使得漫长的“低效率”重商主义、航海法案、海盗和私掠船的时代走向了终结。那场著名海战的结果使工业革命得以继续进行，同时在欧亚资本主义史上迎来了另一个自由的国际经济秩序的长周期，对于用物质进步促进资本主义而言，该秩序变得具有政治、制度和技术上的优越性并一直保持着。

参考文献

下面是一份全面的参考文献清单，其中包括关于财政国家形成的经济理论，以及联合王国和其他欧洲国家的财政历史的参考文献，这些参考文献都包含在 O'Brien（2011a）和 Casalilla and O'Brien (2012) 中。

Abernethy, D. (2000). *The Dynamics of Global Dominance: European Overseas Empires 1415—1980.* New Haven: Yale University Press.

Acemoglu, D. and J. Robinson (2012). *Why Nations Fail: The Origins of Power, Prosperity and Poverty*. London: Profile.

Adshead, S. (1995). *China and World History*. Basingstoke: Macmillan.

Akita, S. ed. (2002). *Gentlemanly Capitalism: Imperialism and Global History.* Basingstoke: Palgrave Macmillan.

Alam, M. and S. Subrahmanyam, eds. (2000). *The Mughal State 1526—1750*. New Delhi, Oxford: Oxford University Press.

Andrade, T. (2010). "Beyond Guns, Germs and Steel: European Expansion and Maritime Asia," *Journal of Early Modern History* 14: 165-186.

Appleby, J. (2010). *The Relentless Revolution: A History of Capitalism*. London: W.W. Norton.

Arrighi, G. (1994). *The Long Twentieth Century: Money, Power and the Origins of our Times.* London, New York: Verso.

(2005). "States, Markets and Capitalism, East and West," in M. Miller (ed.), *Worlds of Capitalism: Institutions, Economic Performance and Governance in the Era of Globalism.* London: Routledge, Chapter 6.

Backhaus, J., ed. (2012). *Navies and State Formation*. Berlin: LIT Verlag.

Barkey, K. (1994). *Bandits and Bureaucrats: The Ottoman Route to State Centralization.* Ithaca: Cornell University Press.

Baugh, D. (2011). *The Global Seven Years War, 1754—1763*. London: Longman.

Bayly, C. (1998). *Origins of Nationality in South Asia: Patriotism and Ethical Government in the Making of Modern India*. Oxford University Press.

(2004). *The Birth of the Modern World 1780—1914*. Oxford: Blackwell.

Besley, T. and T. Persson (2008). " Wars and State Capacity, " *Journal of the European Economic Association* 6: 522-530.

Bernholz, P. and R. Vaubel, eds. (2004). *Political Competition, Innovation and Growth in the History of Asian Civilizations.* Cheltenham: Edward Elgar.

Blickle, P., ed. (1997). *Resistance, Representation and Community*. Oxford: Clarendon Press.

Blitz, R. (1967). " Mercantilist Policies and the Pattern of World Trade 1500—1750, " *Journal of Economic History* 27(2): 39-55.

Blockmans, W. P. (1997). *A History of Power in Europe: People, Markets, States*. Antwerp: Fonds Mercator Paribas.

Blockmans, W. P. and C. Tilly (1994). *Cities and the Rise of States in Europe AD 1000 to 1800*. Boulder, CO: Westview Press.

Bonney, R. (1991). *The European Dynastic States: 1494—1660*. Oxford University Press.

Bonney, R., ed. (1995). *Economic Systems and State Finance*. Oxford: Clarendon Press.

(1999). *The Rise of the Fiscal State in Europe*. Oxford University Press.

Bowen, H. and A. G. Encisco, eds. (2006). *Mobilizing Resources for War: Britain and Spain at Work in the Early Modern Period*. Pamplona: Ediciones Universidad de Navarra.

Braudel, F. (1981—1984). *Civilization and Capitalism*, 3 vols. London: William Collins.

Brenner, R. (2003). *Merchants and Revolution: Commercial Change and London's Overseas Traders 1550—1653*. London: Verso.

Brewer, J. (1989). *The Sinews of Power: War, Money and the English State, 1688—1783*. London: Unwin Hyman.

Brook, T. (2009). *The Troubled Empire: China in the Yuan and Ming Dynasties*. Cambridge, MA: Harvard University Press.

Brook, T. and G. Blue, eds. (1999). *China and Historical Capitalism: Genealogies of Sinological Knowledge*. Cambridge University Press.

Burbank, J. and F. Cooper (2010). *Empires in World History and the Politics of Difference.* Princeton University Press.

Cardoso, J. and P. Lains, eds. (2010). *Paying for the Liberal State: The Rise of Public

Finance in Nineteenth-Century Europe. Cambridge University Press.

Carlos, A. and L. Neal (2006). " The Micro Foundations of the Early London Capital Market," *Economic History Review* 59: 498-538.

Casalilla, B. Y. and O'Brien, P., eds. (2012). *The Rise of Fiscal States: A Global History, 1500—1914*. Cambridge University Press.

Caselli, F., ed. (2008). *Government Debts and Financial Markets in Europe*. London: Pickering and Chatto.

Chang, H. J., ed. (2007). *Institutional Change and Economic Development: Theory, History and Contemporary Experience*. Tokyo: United Nations University Press.

Chaudhuri, K. (1990). *Asia Before Europe: Economy and Civilization of the Indian Ocean from the Rise of Islam to 1750*. Cambridge University Press.

Coffman, D. M. (2008). " The Fiscal Revolution of the Interregnum: Excise Taxation in the British Isles, 1643—1663." Ph.D. thesis, University of Pennsylvania.

Colas, A. (2007). *Empire*. Cambridge: Polity.

Coleman, D., ed. (1969). *Revisions in Mercantilism*. London: Methuen.

Contamine, P. (2000). *War and Competition between States*. Oxford University Press.

Cox, O. (1959). *Foundations of Capitalism*. New York: Abe Books.

Crossley, P. et al., eds. (2006). *Empire at the Margins: Culture, Ethnicity and Frontier in Early Modern China*. Berkeley: University of California Press.

Crouzet, F. (1996). " The Second Hundred Years' War with France," *French History* 10: 432-450.

Darling, L. (1996). *Revenue Raising and Legitimacy: Tax Collection and Finance Administration in the Ottoman Empire 1560—1660*. Leiden: Brill.

Darwin, J. (2007). *After Tamerlane: The Global History of Empire*. London: Penguin.

Deng, K. (2011). *China's Political Economy in Modern Times: Changes and Economic Consequences, 1800—2000*. London: Routledge.

Dickson, P. G. M. (1967). *Financial Revolution in England: A Study in the Development of Public Credit, 1688—1756*. London: Macmillan.

Dincecco, M. (2009a). " Fiscal Centralization, Limited Government and Public Revenues in Europe 1650—1913," *Journal of Economic History* 69: 48-103.

(2009b). " Political Regimes and Sovereign Credit Risk in Europe 1750—1913," *European Review of Economic History* 13: 48-103.

(2011). *Political Transformations and Public Finances: Europe, 1650—1913*. Cambridge University Press.

Downing, B. (1992). *The Military Revolution and Political Change: The Origins of Democracy and Autocracy in Early Modern Europe*. Princeton University Press.

Doyle, M. (1986). *Empires*. Ithaca: Cornell University Press.

Duchesne, R. (2011). *The Uniqueness of Western Civilization*. Leiden: Brill.

Dunstan, H. (1996). *Conflicting Counsels to Confuse the Age: A Documentary Study of Political Economy in Qing China, 1644—1840*. Ann Arbor: University of Michigan Press.

Duran, X. and P. O'Brien (2011). " Total Factor Productivity for the Royal Navy from Victory at Texel (1653) to Triumph at Trafalgar (1805)," in Richard Unger (ed.), *Shipping and Economic Growth*. Leiden: Brill, pp. 279-309.

Dyson, K. (1980). *The State Tradition in Western Europe: A Study of an Idea and an Institution.* Oxford: Martin Robertson.

Ekelund, R. and R. Tollison (1997). *Politicized Economies: Monarchy, Monopoly and Mercantilism*. College Station, TX: Texas A&M University Press.

Elias,N. (1982). *The Civilizing Process.* Vol. Ⅱ : *State Formation and Civilization.* Oxford:Blackwell.

Epstein, S. (2000). *Freedom and Growth: The Rise of States and Markets in Europe, 1300—1750.* London: Routledge.

Ertman, T. (1997). *Birth of the Leviathan: Building States and Regimes in Medieval and Early Modern Europe*. Cambridge University Press.

Etemad, B. (2005). *De L'utilité des empires. Colonisation et prospérité de l'Europe.* Paris: Armand Colin.

Faroqhi, S. and D. Quataert (1997). *An Economic and Social History of the Ottoman Empire.* Cambridge University Press.

Ferguson, N. (2002).*The Cash Nexus: Money and Power in the Modern World, 1700—2000*. New York: Basic Books.

Findlay, R. and K. O'Rourke (2007). *Power and Plenty: Trade, War and the World Economy in the Second Millennium*. Princeton University Press.

Findlay, R., R. G. H. Henriksson, H. Lindgren, and M. Lundahl, eds. (2006). *Eli Heckscher, International Trade and Economic History*. Cambridge, MA, London: The MIT Press.

Finkelstein, A. (2000). *Harmony and Balance: An Intellectual History of Seventeenth Century English Economic Thought*. Ann Arbor: University of Michigan Press.

Frank, A. G. (1998). *ReOrient: Global Economy in the Asian Age.* London: University of California Press.

Gat, A. (2006). *War in Human Civilization.* Oxford University Press.

Genet, J. P. and M. Le Mené (1987). *La Genèse de l'état modern. Culture et société politique en Angleterre*. Paris: Presses universitaires de France.

Gerace, M. (2004). *Military Power, Conflict and Trade*. London: Routledge.

Gerlach, C. (2005). *Wu Wei in Europe: A Study of Eurasian Economic Thought.* London: LSE, Department of Economic History Working Paper 12/05.

Ghazanfar, S. M. (2003). *Medieval Islamic Thought: Filling the "Great Gap" in European Economics*. London: Routledge Curzon.

Glete, J. (2002). *War and the State in Early Modern Europe*. London: Routledge.

Gomes, L. (1987). *Foreign Trade and the National Economy*. Basingstoke: Macmillan.

Greenfeld, L. (2001). *The Spirit of Capitalism.* Cambridge, MA: Harvard University Press.

Hall, J. (1985). *Powers and Liberties: The Causes and Consequences of the Rise of the West*. Oxford: Blackwell.

Hall, J. and R. Schroeder, eds. (2006). *An Anatomy of Power: The Social Theory of Michael Mann*. Cambridge University Press.

Hampson, N. (1988). *The Perfidy of Albion: French Perspectives of England during the French Revolution*. Basingstoke: Macmillan.

Harding, R. (2004). " Sea Power: The Struggle for Dominance, 1650—1815, " in G. Mortimer (ed.), *Early Modern Military History, 1450—1815.* New York: Palgrave Macmillan.

Helpman, E. (2004). *The Mystery of Economic Growth*. Cambridge, MA: The MIT Press.

Herbst, J. (2000). *States and Power in Africa*. Princeton University Press.

Hodgson, G. (2000). *How Economics Forgot History: The Problem of Historical Specificity in Social Science*. London: Routledge.

Hoffman, P. and K. Norberg, eds. (1994). *Fiscal Crises, Liberty and Representative Government*. Stanford University Press.

Hont, I. (2005). *Jealousy of Trade: International Competition and the Nation-State in Historical Perspective*. Cambridge, MA: Harvard University Press.

Hopkins, A. G., ed. (2002). *Globalization in World History*. London: Pimlico.

Hoppit, J. (2000). *A Land of Liberty: England 1689–1722.* Oxford University Press.

(2011). " Compulsion, Compensation and Property Rights in Britain 1688—1830," *Past and Present* 210: 93–127.

Horn, J., L. N. Rosenband, and M. Roe Smith, eds. (2010). *Reconceptualizing the Industrial Revolution*. London: MIT Press.

Hutchison, T. (1988). *Before Adam Smith*. Oxford: Basil Blackwell.

Irigoín, A. and R. Grafe (2012). " Bonded Leviathian: Or why North and Weingast are only Right on the Right Half. " London: LSE, Department of Economic History Working Paper 164/122.

Jones, D. (1988). *War and Economy: In the Age of William Ⅲ and Marlborough*. Oxford: Blackwell.

Jones, J. (1999). *The Anglo Dutch Wars of the Seventeenth Century*. London: Longman.

Karaman, K. and S. Pamuk (2010a). " Different Paths to the Modern State: The Interstate Competition." Unpublished paper, Department of Economics, Bogazici University, Istanbul.

(2010b). " Ottoman State Finances in Comparative European Perspective, 1500—1914, " *Journal of Economic History* 70: 593–629.

Knight, R. (2011). " Changing the Agenda: The New Naval History of the British Sailing Navy," *Mariner's Mirror* 97: 225–242.

Kindleberger, C. (1996). *World Economic Primacy 1500—1990*. Oxford University Press.

Kuran, T. (2011). *The Long Divergence*. Princeton University Press.

Lachmann, R. (2000). *Capitalists in Spite of Themselves: Elite Conflict and Economic Transitions in Early Modern Europe*. New York: Oxford University Press.

Landers, J. (2003). *The Field and the Forge: Population, Production, and Power in the Pre-Industrial West*. Oxford University Press.

Leonard, J. and J. Watts, eds. (1992). *To Achieve Security and Wealth: The Qing Imperial State and the Economy, 1644—1911*. Ithaca: Cornell University Press.

Levi, M. (1988). *Of Rule and Revenue*. Berkeley: University of California Press.

Lieberman, V. (2009). *Strange Parallels: South East Asia in Global Context c.800—1830*, Vol. Ⅱ. Cambridge University Press.

Liu, J. (2006). " Cultural Logics for the Regime of Useful Knowledge during the Ming and Early Qing China c. 1400—1700." Unpublished paper of Ninth Global Economic Network Conference, Kaohsiung, Taiwan.

Magnusson, L. (1994). *Mercantilism: The Shaping of an Economic Language*. London: Routledge.

Magnusson, L., ed. (1993). *Mercantilist Economics*. Boston: Kluwer Academic.

Mann, M. (1986). *The Sources of Social Power*. Vol. Ⅰ: *A History from the Beginning* to *1760 AD*.Cambridge University Press.

Menard, C. and M. Shirley, eds. (2008). *Handbook for New Institutional Economics*. Berlin and Heidelberg: Springer.

Mielants, E. (2007). *The Origins of Capitalism and the Rise of the West*. Philadelphia: Temple University Press.

Modelski, G. and W. Thompson (1998). *Seapower in Global Politics, 1494—1993*. London: Macmillan.

Mokyr, J. (2006). " Mercantilism, the Enlightenment and the Industrial Revolution, " in Findlay et al. (eds.), pp. 269–304.

(2011). *The Enlightened Economy: Britain and the Industrial Revolution 1700—1850*. London: Longman.

Morrill, J. (1993). *The Nature of the English Revolution*. London: Longman.

Munkler, H. (2007). *Empires: The Logic of World Domination from Ancient Rome to the United States*. Basingstoke: Macmillan.

Murphy, A. (2013). " Demanding Credible Commitment: Public Reactions to the Failures on the Early Financial Revolution," *Economic History Review* 6: 178–197.

Neal, L. (1977). " Interpreting Power and Profit in Economic History: A Case Study of the Seven Years War," *Journal of Economic History* 37: 20–35.

(1990). *The Rise of Financial Capitalism: International Capital Markets in the Age of Reason*. Cambridge University Press.

(2000). " How It all Began: The Monetary and Financial Architecture of Europe during the First Global Capital Markets," *Financial History Review* 7: 117–140.

North, D. C. (1981). *Structure and Change in Economic History.* London: W. W. Norton.

(1990). *Institutions, Institutional Change, and Economic Performance*. Cambridge University Press.

North, D. C. and B. R. Weingast (1989). " Constitutions and Commitments: Evolution of Institutions Governing Public Choice in Seventeenth Century England," *Journal of Economic History* 49: 803–822.

North, D. C., J. J. Wallis, and B. R. Weingast (2009). *Violence and Social Orders: A Conceptual Framework for Interpreting Recorded Human History*. Cambridge University Press.

Nye, J. (2007). *War, Wine and Taxes*. Princeton University Press.

O'Brien, P. (2000). " Mercantilism and Imperialism in the Rise and Decline of the Dutch and English Economies," *De Economist* 148: 469–501.

(2002). " Fiscal Exceptionalism: Great Britain and its European Rivals from Civil War to Triumph at Waterloo," in Winch and O'Brien, pp. 245–267.

(2005). " Fiscal and Financial Preconditions for the Rise of British Naval Hegemony 1485—1846." London: LSE Department of Economic History Working Paper 91.

(2006). " Contentions of the Purse between England and its European Rivals from Henry Ⅴ to George Ⅳ: A Conversation with Michael Mann," *Journal of Historical Sociology*, 19(4): 126–141.

(2011a). " The History, Nature and Significance of an Exceptional Fiscal State for the Growth of the British Economy," *Economic History Review*, 64(2): 408–446.

(2011b). " The Contributions of Warfare with Revolutionary and Napoleonic France to the Consolidation and Progress of the British Industrial Revolution, " Department of Economic History, LSE Working Paper, 150.

Oka, B. G. and G. Smits, eds. (2010). *Economic Thought in Early Modern Japan*. Leiden:

Brill.

Ormrod, D. (2003). *The Rise of Commercial Empires: England and the Netherlands in the Age of Mercantilism, 1650—1770*. Cambridge University Press.

Ormrod, W. M., M. Bonney, and R. Bonney (1999). *Crises, Revolutions and Self Sustained Growth: Essays in European Fiscal History 1130—1830*. Stamford (UK): Shaun Tyas.

Pagden, A. (1995). *Lords of All the World: Ideologies of Empire in Spain, Britain, and France c. 1500—c. 1800*. New Haven: Yale University Press.

Pamuk, S. (1987). *The Ottoman Empire and European Capitalism, 1820—1913*. Cambridge University Press.

Parker, G. (1996). *The Military Revolution: Military Innovation and the Rise of the West, 1500—1800*, 2nd edn. Cambridge University Press.

Parliamentary Papers, Accounts and Papers 1868—1869 (xxxv).

Parthasarathi, P. (2011). *Why Europe Grew Rich and Asia Did Not*. Cambridge University Press.

Perdue, P. (2005). *China Marches West: The Qing Conquest of Central Eurasia*. Cambridge, MA: Harvard University Press.

Perlin, P. (1985). "State Formation Reconsidered," *Modern Asian Studies* 19: 415-480.

Perrotta, C. (1991). " Is the Mercantilist Theory of the Favorable Balance of Trade Really Erroneous?" *History of Political Economy* 23: 301-333.

(1997). " The Pre-classical Theory of Development: Increased Consumption Raises Productivity," *History of Political Economy* 29: 295-325.

Persson, T. and G. Tabellini (2003). *The Economic Effects of Constitutions*. Cambridge University Press.

Pincus, S. (2009). *The First Modern Revolution*. New Haven: Yale University Press.

Poggi, G. (1990). *The State: Its Nature, Development and Prospects*. Stanford University Press.

Pohl, H., ed. (1990). *The European Discovery of the World and its Economic Effects on Pre- Industrial Society 1500—1800*. Stuttgart: Franz Steiner.

Prendergast, C. (1999). " The Provision of Incentives in Firms, " *Journal of Economic Literature* 37: 7-63.

Quataert, D. (2000). *The Ottoman Empire 1700—1922*. Cambridge University Press.

Rashid, S. (1980). " Economists, Economic Historians and Mercantilism," *Scandinavian Economic History Review* 28: 1-14.

Reinert, E. (1999). " The Role of the State in Economic Growth, " *Journal of Economic Studies* 26(415): 268-326.

Reinert, E., ed. (2004). *Globalization, Economic Development and Inequality.* Cheltenham: Edward Elgar.

Reinert, E. and K. S. Jomo, eds. (2005). *The Origin of Development Economics*. London: Zed Publications.

Reinert, S. (2011). *Translating Empire: Emulation and the Origins of Political Economy*. Cambridge, MA: Harvard University Press.

Richards, J. (1993). *Power, Administration and Finance in Mughal India.* Aldershot: Ashgate Variorum.

(1995). *The Mughal Empire.* Cambridge University Press.

(2012). "Fiscal States in Mughal and British India," in Casalilla and O'Brien, pp. 410–441.

Rodger, N. (2004). *The Command of the Oceans: A Naval History of Britain 1649—1815*, Vol. Ⅱ. London: W. W. Norton.

Rosenthal, J. L. and R. B. Wong (2011). *Before and Beyond Divergence: The Politics of Economic Change in China and Europe*. Cambridge, MA: Harvard University Press.

Rowe, W. (2009). *China's Last Empire: The Great Qing*. Cambridge, MA: Harvard University Press.

Sanchez-Torres, R., ed. (2007). *War, State and Development: Fiscal, Military States in the Eighteenth Century*. Pamplona: Ediciones Universidad de Navarra.

Schmoller, G. (1967), *The Mercantile System and its Historical Significance*. New York: Macmillan.

Schumpeter, J. (1954). " The Crisis of the Tax State?" International Economic Papers 4: 1–17.

Skinner, A. and T. Wilson, eds. (1976). *The Market and the State: Essays in Honour of Adam Smith*. Oxford: Clarendon Press.

Smelser, N. and R. Swedberg, eds. (2006). *Handbook of Economic Sociology*. Princeton University Press.

Sowerby, S. (2011). "Pantomime History," *Parliamentary History* 30: 236–258.

Stasavage, D. (2010). " When Distance Mattered: Geographic Scale and the Development of European Representative Assemblies," *American Political Science Review* 104: 625–643.

(2011). *States of Credit: Size, Power and the Development of European Polities*. Princeton University Press.

Stein, B. (1985). " State Formation and Economy Reconsidered," *Modern Asian Studies* 19: 387–413.

Stoler, A. L., C. McGranahan, and P. C. Perdue, eds. (2007). *Imperial Formations.* Santa Fe: School of American Research Press.

Storrs, C., ed. (2009). *The Fiscal-Military State in Eighteenth Century Europe.* Aldershot:

Ashgate.

Struve, L., ed. (2004). *The Qing Formation in World Historical Time.* London.

Teichova, A. and H. Matis, eds. (2003). *Nation, State and the Economy in History.* Cambridge University Press.

Thompson, W. (2000). *The Emergence of Global Political Economy.* London and New York: Routledge.

Thurchin, P. (2009). " A Theory for the Formation of Large Empires," *Journal of Global History* 4: 191−218.

Tilly, C. (1975). *The Formation of National States in Western Europe*. Princeton University Press.

(1990). *Coercion, Capital and European States 990—1990*. Oxford: Blackwell.

Timmons, J. (2005). " The Fiscal Contract: States, Taxes and Public Services, " *World Politics* 57: 530−567.

Tracy, J., ed. (1991a). *The Rise of Merchant Empires: Long Distance Trade in the Early Modern World 1350—1750*. Cambridge University Press.

(1991b). *The Political Economy of Merchant Empires: State Power and World Trade 1350—1750.* Cambridge University Press.

Tribe, K. (1993). " Mercantilism and the Economics of State Formation," in Magnusson (ed.), pp. 175−186.

Vries, P. (2002). " Governing Growth: A Comparative Analysis of the Role of the State in the Rise of the West," *Journal of World History* 13: 67−139.

(2003). *Via Peking and Back to Manchester: Britain, the Industrial Revolution and China*. Leiden: Brill.

Wade, R. (2004). *Governing the Market: Economic Theory and the Role of Government in East Asian Industrialization.* Princeton University Press.

Wallerstein, I. (1974—2011). *The Modern World System*, 4 vols. Berkeley and Los Angeles: University of California Press.

(1980). *Mercantilism and the Consolidation of the European World Economy, 1600—1750*. Berkeley and Los Angeles: University of California Press.

Wennerlind, C. (2012). *Casualties of Credit: The English Financial Revolution 1620—1770.* Cambridge, MA: Harvard University Press.

White, C. (2009). *Understanding Economic Development: A Global Transition from Poverty to Posterity*. Cheltenham: Edward Elgar.

Winch, D. (1996). *Riches and Poverty: An Intellectual History of Political Economy in Britain 1750—1834*. Cambridge University Press.

Winch, D. and P. O'Brien (2002). *The Political Economy of British Historical Experience.*

Oxford University Press.

Wolfgang, R., ed. (1996). *Power, Elites and State Building*. Oxford University Press.

Wong, R. B. (1997). *China Transformed and the Limits of European Experience.* Ithaca: Cornell University Press.

(2012). “ Taxation and Good Governance in China, ” in Casalilla and O’Brien (eds.), pp. 353-377.

Wong, Y. S. and D. Sayer (2006). *Twenty Years of the Journal of Historical Sociology*. Vol. Ⅰ : *Essays on the British State*. Oxford: Blackwell.

Zelin, M. (1984). *The Magistrate's Tael: Rationalizing Fiscal Reform in Eighteenth Century Ch'ing China*. Berkeley and Los Angeles: University of California Press.

Zmera, H. (2001). *Monarchy, Aristocracy and the State in Europe, 1300—1800.* London: Routledge.

第

13

章

拉丁美洲的资本主义和依附

理查德·萨尔武奇

引　言

我们首先从简要回顾关于美洲的“资本主义”和经济发展的历 403
史争论开始。这里有四个要点：被征服之前在中美洲和安第斯山脉地区的制度演进；既有要素禀赋的性质；征服压力下的激进变革；这些变革对农业、采矿、工业、贸易和商业中的殖民主义性质的影响。

作为下文的前奏，我们可以先反思一下，拉丁美洲的资本主义是不是，或者本可能成为一种本土的现象，至少在资本主义依赖自由交易的程度上是如此。当然，这种讨论会由于语义和其他更多因素而变得无限复杂。它是我们所说的“商业”、“工业”或“依附”资本主义吗（或者所有这些的变体）？更不用说它与更广泛的国际经济，或者与殖民主义、帝国主义和民族解放的关系了。在这里，我建议先看一个稍微不同的问题。我们是否可以合理地问，市场经济基础上的资本主义是否只会随着欧洲征服者的代理人一起到来，或者还是有证据表明，一些独立的、本土的市场演化最终将走向类似的方向？我在下一节中会更详细地考虑这个问题，以及它在总体结论中的含义。

政权更迭与大逆转

1492 年，在所谓的美洲大陆上大约有 5 000 万居民。粗略估计，大约有 60% 的人居住在中美洲和安第斯山脉地区。然而，“任何”关于所谓的“接触”人口（意思是与欧洲人初次接触的土著居民）的数据都只是推测性的：在过去 70 年中，这类估计数的范围
404 为 800 万到 1 亿人。如果我们接受马西姆·利维·巴茨（Massimo Livi Bacci，2006：281）的结论，即永远无法确定地知道在欧洲人到来之前的墨西哥土著人口的数量，那么也许最好把这种“数字游戏”抛在一边。事实上，这几乎不取决于该结论，因为我们有相当多的证据，无论是在当时的目击者的叙述中，还是间接地通过物理证据，都表明墨西哥和安第斯山脉地区的人口非常稠密，如果不是加勒比海地区的话。欧洲人在这些问题上不够精确，他们把特诺奇蒂特兰和特拉特洛尔科的民族国家归并为一个城市，这个城市的人口、市场和物质结构只有这些欧洲人在罗马或君士坦丁堡已经看到的才能比。

在安第斯山脉地区没有特诺奇蒂特兰，但在道路、州仓库、运河、梯田、高地和灌溉工程中，有形资本的积累同样令人印象深刻，这意味着从人口中动员了大量劳动力，同时这些人也可以实现农业剩余。即使利维·巴茨大大降低了对伊斯帕尼奥拉岛初始人口的估计，它也在 12 万和 20 万人之间，或者与一个孤立

的特诺奇蒂特兰相当。更重要的一点明显就是，任何合理的关于我们所拥有的所有土著美洲证据的评估都表明，它是在中美洲高原和安第斯山脉高地上的一个人口密集、由来已久且文化先进的文明。

基本上有两种方法来看待欧洲人到来之前的美洲人口增长。其中一个传统观点经常与“伯克利学派”联系在一起，认为土著居民的扩张是一个问题。随着人口的增长，中美洲的承载能力紧张到了临界点。周期性的缺乏、激烈的社会和政治冲突，以及拥有私有财产和奴隶劳动力的贵族的出现，是社会压力和衰落的征兆。随着时间的推移，紧张情形加剧，随之而来的冲突不可避免地会导致崩溃。欧洲征服者的到来加速了这一进程，但并没有导致这一进程（Cook，1949a，1949b）。

实际上，在安第斯山脉地区，一场关于王朝更替的内战已经在欧洲人到达时展开了，而后者充分利用了这场冲突（Hemming，2003）。在中美洲，各种叛逆的民族，如特拉斯卡拉，开始反对墨西卡人，即阿兹特克帝国的主人。他们和欧洲人一起推翻了他们昔日的主人。依此来看，欧洲人的到来其实不过是在一个已经延续了超过 500 年的本土帝国的兴起和崩溃的循环过程中，形成了又一个插曲。这些新主人只是利用了这一循环的最新阶段。

然而，还有另外一种在许多方面对已经发生的事情更富有想 405
象力的看法。土著人口的膨胀导致了一个埃斯特·博斯拉普（Ester Boserup，1965）所定义的农业集约化过程。中美洲和安第斯山脉地区对凸起的垄田、浮园耕作法、梯田、多茬复种、灌溉工程和运河的各种创新就是即使单个农业劳动力的边际产出下降，农业总产出依然能上升这一过程的证据。社会文化和产权安排决定了生产者获得他们的平均产出，这是通过宗族或亲属团体分配的（这在墨西哥被称为 calpulli，在秘鲁被称为 ayllu）。非常密集的人口因而是可能的。农业的集约化提供了朝向吉思·威尔肯（Gene Wilken，1990）所称的中美洲富有经验的“好农夫”手中的进一步农业创新的一个激励，确切地说，这些人并不是不断追求进步的地主，而是非常善于利用“传统”技术为其社区扩大粮食供给的耕种者。由此产生的剩余维持了一个普遍营养良好的人口（Ortiz de Montellano，1990），为更发达的经济提供了基础，在这种经济中，基于专业化的交流日益增多。大量的非农业生产者，如教士、贵族、武士和工匠也可以维持下去。作为研究殖民地土地保有权的主要学者，卡洛斯·森帕特·阿萨杜利安（Carlos Sempat Assadourian，2006：278）简洁地将其表述为，“这里（过去）没有出人意料的马尔萨斯式的突破”。显然，这些是存在“市场”的经济体，因为正如征服者所记录的，它们几乎无处不在，如果不是在安第斯高地，那么至少是在中美洲。但是，它们都不是市场经济——至少目前还不是，在市场经济中，供给、需求和私有财产的占有控制了资源和回报的配置和分配。

这些就是欧洲人在到达时发现的文明。征服抑制的正是他们后来的发展。通过战争和引入未知疾病，征服者使得美洲印第安人的人口锐减。土著劳动力在征服者到来之前是丰富的生产要素，现在变得稀少了。在土地方面则恰恰相反。因此，虽然集约型农业的那些手工制品逐渐废弃不用，年久失修，但原先充裕的土著人口却位于不同的处境了。劳动力可能非常有价值，因为作为现在稀缺的生产要素，它占了上风。1542 年颁布的新法律规定土著劳动力享有货币工资，而且货币工资将不可避免地按实际价值增长，也就是说，幸存下来的土著人所能掌握的商品和服务数量将增加。这就把征服者置于了最尴尬的境地。如果他们跟随市场信号

来配置劳动力，土著人将变得富有，土地的新主人最终将变成穷 406
人。但是很明显，这并不是他们自己心中所想的。正如伯纳尔·迪亚斯（Bernal Díaz）对科尔特斯（Cortés）的说法所做的评论，他并不是为了像农民一样耕作土地来到这里的。那是“印第安人”应该做的。

因此，征服者们被迫设计或修改现有的制度，以分配和使用以前丰富的劳动力。他们现在的目的是忽视或规避日益增加和异常的劳动力匮乏。这说到底，就是大授地制、征调制和劳役偿债制这一系列让人困惑的制度想要达到的目标。一个人在征服的最初几十年里，通过这些手段、征服者的身份、在法庭的关系、皇室的帮助，或者非法的支付方式——现代话语中的寻租获得了劳动力。正如我们可能理解的那样，这不是“资本主义”：殖民者并没有根据他们使用资源能够获得多大生产力来争取这些资源。经济的演化，更不用说繁荣的经济，被征服及征服带来的人口方面的后果拦死在轨道上了。可以说，稀缺性现在奔向了错误的方向，而人口灾难就是原因。

在欧洲人的压力下，土著居民数量的下降幅度几乎令人难以置信。与其尝试不可能的做法——找到 16 世纪和 17 世纪“墨西哥”和“秘鲁”的平均人口密度——更好的方法是审视一些有良好记录的区域以作为例子。感谢埃利诺·梅尔维尔（Eleanor Melville，1994）的细致研究，我们可以计算出在墨西哥梅斯基塔尔河谷的印第安人的进贡者数量与土地之比。

在 16 世纪 60 年代，这一数字是大约每平方公里 1.7 人。到 16 世纪 70 年代，下降到了每平方公里 1.2 人。到 16 世纪 80 年代，这一数值为 0.8。在 16 世纪 90 年代，是每平方公里 0.5 人。换言之，在某种程度上，这些估计是可靠的和有代表性的，墨西哥的进贡人口——基本上是成年男性，或用时代错置的词表示为“劳动力”——在16世纪下半叶下降了超过50%。梅斯基塔尔河谷也不是独一无二的。埃玛·佩雷斯-罗查（Emma Pérez-Rocha，2008：49）计算了科约阿坎的进贡数据，在这个新西班牙最重要的大授地制区域，从1563年到1598年，人口下降了41%。大约同一时期（1561—1591年），秘鲁的进贡数据显示出类似的，虽然相对不严重的25.6%的下降，而基于1573—1602年的146个大授地制封地的人口统计，则出现了30%的下降。换言之，在16世纪后半叶欧洲人入侵的核心区域，土著人口与土地的比值下降了30%～50%。若将最终日期的人口与刚接触时的尽管规模还不确定的人口进行比较，可能会产生更大幅度的下降。

407 土著人口的崩溃——由一个包括欧洲的传染病、征服者的暴力，以及随之而来的社会瓦解的破坏性后果的著名组合引起——至少有两个严重的后果。

首先，征服者要有清晰明确的开发方案，而不仅仅是一系列或多或少非常成功的即兴之作，这取决于乔斯·米兰达（José Miranda，1980）所定义的社会的“叠加”，或者依赖于其他人（García Martínez，2012：1915-1978）定义的征服者坚持实施的大授地制中的“间接统治”。“西班牙人像他们一开始发现前西班牙统治时期的进贡制度时候一样应用了该制度，并在新西班牙的社会经济制度当中，按照欧洲标准进行了修改。”在本质上，通过适当的变革——包括货币化、标准化和为补偿人口下降进行的调整——他们将会介入并征收流入居于统治地位的三国同盟（阿兹特克帝国巅峰时期的城邦联盟），以及其他土著民族国家或者小城邦的税收。然而，为了使得这种战略有效，显然，生产阶级必须再生产，但他们却没有这样做。米兰达（Miranda，1980：35，247）提供了两个引人注目的例子：贡品，即征服前的实物税，是土著居民剩余产出的一个如果不是唯一，也是合理的代理变量。在墨西哥城，1537 年之前的贡品固定在 7 ～ 9 个“负荷”（loads）的“布”上；到 16 世纪 50 年代，它已经下降到 2 ～ 3 个负荷；再到 16 世纪 60 年代，进一步下降到 1 个负荷——或者 1550 年之后，下降了 50%，下降的水平比之前的快。这与梅尔维尔（Melville，1994：171-177）在梅斯基塔尔的进贡人群中所发现的类似。在图斯特佩克的米斯特克，只要不是关于可可这种商品，故事就没有什么不同。墨西哥中部广大地区的情形是土著人口、生产和剩余的不断下降。

其次，自 16 世纪 40 年代以来，查理五世（Charles V）一直就寻求使得强大的殖民者阶级（领主们，encomenderos）就范的方法，而土著人口的减少产生了一种支撑性的、具有讽刺意味的结果。体现在大授地制中的“叠加”模式预设了密集的进贡人口或劳动力的存在。这种人口的蒸发意味着这一模式的物质基础已经不复存在了，皇家当局确保采矿、农业和公共工程的劳动力供给的持续性尝试——所谓的“征调制”——已经无法继续维持了。具体情况因殖民地不同而有所不同。在墨西哥，在将土著劳动力引入公共工程的实验失败之后，征调制被废除了，其对私营部门的劳动力供给的影响最难推测，但也许与伍德罗·博拉（Woodrow Borah，1951）研究的 17 世纪所谓的“萧条”有关。博拉认为，在墨西 408
哥，殖民者阶级依赖的提供劳动力和税收的土著人口锐减经历了一段漫长的艰难期，直到 17 世纪末期才逆转。因为直到那时，墨西哥的人口才开始不确定地复苏，即使这样，重大人口变化正在进行中，其中包括一个新的黑人种姓或混血阶级的出现，而不是原住民。

矿工、市场和资本主义

欧洲人处理不断变化的要素禀赋的方式中最微妙和最具启示性的例子是通过墨西哥，以及一定程度上的秘鲁的，从集约型农业到粗放型畜牧业，再到粗放型农业和乡村化的长期转变展现出来的。但是，采矿业也提供了有益的证据。虽然关于墨西哥的银矿业和自由劳动力，以及它在波多西的重要作用，已经有了大量描写，但欧洲人在秘鲁努力为避免对市场和自由劳动力的依赖所做的努力可能是最引人注目的。如果资本主义市场在这里有很大的发展机会，那就是在墨西哥，在银矿开采业中，而不是在秘鲁。

例如，根据布鲁克·拉森（Brooke Larson，1998：61–62）和其他研究安第斯山脉地区采矿业的历史学家的说法，16 世纪晚期劳役制度（mita，mit'a 一词的西班牙语化）或印第安人征调劳动力的使用将印第安劳动力的数量扩大了 1/3 ～ 1/2。就像拉森强调的，矿工们得到的工资是波多西的自由劳动者的一半，相对于后者的 1 比索，前者每天只有 4 雷亚莱斯。这些矿工们对于开采出来的部分矿石没有任何权利，而墨西哥和秘鲁的自由矿工普遍有这种权利。此外，有相当一部分比例的“金钱上的印第安人”（pocket Indians，indios de faltriquera），也许占到了采矿劳动力的至少 20%，在某些情况下，他们用赎金的方式摆脱了这种劳役。换句话说，这里有些“矿工”，他们的“生产”代表的只不过是对土著劳工的征税而已。而据估计，波多西矿山上的补贴规模在 17 世纪头十年达到了 380 万比索，当时他们在这一区域的产出为 3 000 万比索，这个数字还不包括那些他们村庄中的劳役矿工奉献的产出的价值。这意味着通过使用根本不免费的雇佣劳动力，这些矿山主获得了至少 15%

的补贴金额。金钱上的印第安人的存在就意味着额外的扭曲。这不是资本主义：这是皇室及其代理人的大规模寻租行为；矿工们是皇室的代理人，很难想象一种反映真实劳动力成本的分配会与此有 409
任何相似之处。这也不是一个简单的短暂现象。恩里克·坦德特尔（Enrique Tandeter，2006：343）直截了当地总结道，“波多西生存和扩张的关键在于劳役制度”。

墨西哥银矿开采的情况通常是用相当不同的术语描述的，这样做也许是有道理的。自 18 世纪以来，在有关秘鲁和墨西哥的讨论中出现的“强迫”与“自由”劳工的总基调，没有比在这个行业中更明显的了。在墨西哥和秘鲁的“自由”与“强迫”劳工之间的区别，以及扩展到的市场与非市场交换之间的区别，从某种程度上支持了一种判断，即两个经济体在欧洲人到来之前就已经朝着不同的方向发展了。在秘鲁，任何朝向市场交换与“资本主义”的演化，已经在很大程度上由运输成本和约翰·V. 墨拉（John V. Murra，1978）所定义的“垂直性”阻止了。关于这种相对运输成本的唯一可获得的分析成果（Castillero Calvo，1980：31）证实了这一点。在殖民时代，秘鲁 [万卡韦利卡—波多西路线上] 的每吨公里运输成本是墨西哥 [阿卡普尔科—韦拉克鲁斯路线上] 的 3.5 倍。结果，不同生态环境或者微气候中的族群的交换行为主要是通过互惠和再分配进行的——亲戚之间的仪式性交换——而不是通过市场交易进行的，至少在安第斯山脉地区中部是如此。

墨西哥的市场和自由劳动力比秘鲁发展得更好，这不是一个新鲜的观点，虽然现代历史学家倾向于忽视该观点。然而，整个帝国内部的巨大差异对同时代人来说是显而易见的。在 18 世纪，乔斯·安东尼奥·德·阿雷切（José Antonio de Areche）这位被派往秘鲁以汇报殖民地状况的西班牙官员，做了清晰的比较：

> 这片土地在任何地方都不像墨西哥。在那里，一般而言，人们可以发现正义；在这里，只有每日暴政。在那里，印第安人可以买适合自己的东西；在这里，只能由地方官（corregidor）分配给他们。在那里，他们在自由市场中买卖；在这里，被迫出售……（印第安劳工征调制度的存在）和地方贸易（的性质）使（秘鲁）陷入垂死状态。（Borah，1983：411）

墨西哥更为自由的劳动力市场效应产生了更大的对劳动力的竞争，因此，工资更高、工作条件也会更好。此外，如果墨西哥的银矿业被迫支付更高的工资以雇用自由劳工，它们也负担得起。[1]

410 虽然历史学家们认为墨西哥采矿业在18世纪越来越不赚钱，但这似乎很值得怀疑。这一观点是基于对以玉米表示的白银购买力和生产出来的白银数量之间的混淆。由于墨西哥比索按其重量定义，开采出来的白银的“名义价值”或多或少是比索的定量。没有理由，事实上也没有意义，对名义价值进行“平减”，以获得“真实”价值。白银的生产就是这样，而它基于某些商品篮子被定义的购买力则是另一回事。因此，在图13－1中，我利用坦德特尔的“实物白银产量”（physical silver production）指数（Tandeter，2006：340，341）编制了一个产出指数。

到18世纪头几年，墨西哥已经取代秘鲁成为西班牙帝国的主要白银生产国。1770年之后，墨西哥的产量增长超过了秘鲁，直到1810年独立战争爆发。难以想象的是，比较优势和日益增长的盈利能力无法解释墨西哥超过40年以来的银矿开采进程。

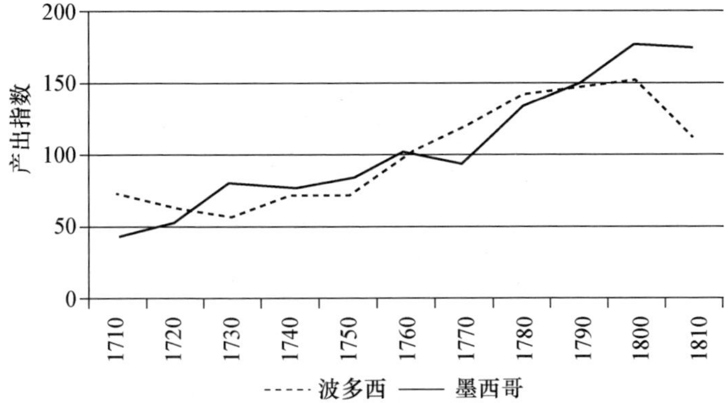

图 13－1　1710—1810 年墨西哥和波多西实物白银产量指数

资料来源：数据来自 Enrique Tandeter（2006：340-341）。

此外，墨西哥矿业的生产率也出现了不同寻常的变化。在图 13－2 中，我使用了理查德·加纳（Richard Garner）关于汞消耗量（通过汞齐化作用来冶炼矿石的关键元素）和白银生产的数据。直到 18 世纪的最后 25 年，这些数据系列一个紧跟着另一个，如果提取技术是不变的，这倒并不奇怪。随后，它们之间出现了一个缺口。人们可以把这种差距解释为一种主要投入生产率提升的表现，以及因此作为一种推定性的成本减少的象征。不管 411
是否如此，情况依然是不清楚的。但是，西班牙皇室对墨西哥的矿工和商人的强有力剥削，与生产率的明显变动和墨西哥生产的明显加速同时发生了。墨西哥银矿工人的社区做得非常好——或者至少好到足以支付令洪堡（Humboldt）这样的观察家惊讶不已的竞争性工资，即使西班牙皇室及其代理人，比如乔斯·加韦斯（José Gálvez），本来希望降低矿工的工资，这样马德里的宫廷就可以征收更高的所有者的利润（Costeloe，1986；Marichal，2007）。

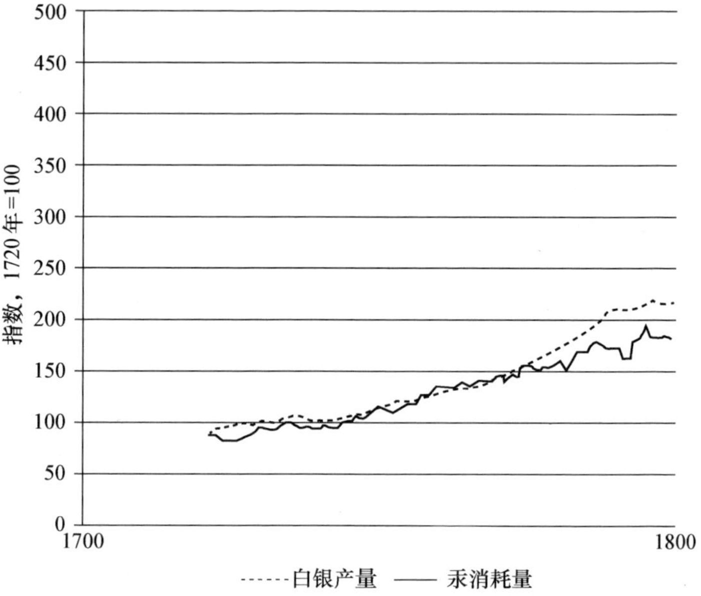

图 13－2 白银产量与汞消耗量之比较，24 年移动平均数，1700—1800 年

资料来源：摘自理查德·加纳（Richard Garner）提供的数据集，www.insidemydesk.com/hdd.Html（2013 年 5 月 21 日访问）。

科斯、亨特与主题的一些变动：殖民地背景下的工农业

虽然墨西哥矿业能够争夺自由劳动力，但美洲经济的其他部
412 门和它们的行为主体却不能。在这里，如何生产至关重要的商品，但只能以较低的相对价格售出的困境无所不在。这在本质上是一种“钻石与水”的悖论，给殖民地世界带来了一种矛盾。生产像白银这样的在消费方面毫无价值的商品似乎有利可图，生产像玉米或布这样无利可图的商品却显然在消费上有很大价值。随着劳动力迅速减少，以及自由土地本质上就是“闲置的”，就像多马（Domar，1970）所指出的，不断上升的实际工资将耗散完所有可用

的经济剩余。在一些地方，即加勒比海、巴西以及墨西哥和秘鲁的一些沿海低地地区，非洲奴隶得到许可、使用和鼓励。但是，根据 1542 年的《新法》(New Laws)，印第安人不能成为动产奴隶，除非他们是被当作战俘获得的。不管他们多么希望对这个限制只做出口头上的让步，这些欧洲人却发现这一特定的法律很难被忽视，只因为它为皇室提供了法律上的手段以对抗“领主们”（encomenderos，以及后来的大地主和庄园主们）事实上的自治权利。档案资料中充斥着这样的例子：国王坚持给予土著人名义上的自由，殖民者假装接受，但同时采取切实措施以确保皇室的法定代理人（市长、监督官们）从不执行这些他们本应该维护的法律。这样的安排——一种近代早期版本的监管“俘获”——困扰了关于拉丁美洲“资本主义”的长期争论，结果，“自由”的劳动力——往往不是现代意义上的自由——似乎在语义上变得和在实质上一样了。正如何塞·德·拉·培尼亚（José F. de la Peña，1983：189-238）所描述的，这也反映了哈布斯堡王朝用殖民土地来奖励争夺西班牙半岛的家臣的倾向。通过这样做，它获得了在本土的稳定性，但代价是在殖民地创造出一个有能力抵抗皇家特权的土地寡头阶层。对于大殖民地地主和其他企业家为了他们自己的寻租目的，争夺、利用以及有时篡夺皇家特权而言，这是一个关键性的发展。

乍看起来，很难想象有两种制度比美洲西班牙殖民地中的大庄园和纺织厂有更少的共同之处。它们一个是农村的、农业的，并且致力于初级生产；另一个主要（如果不是全部）是城市的、工业的，如果不是聚焦于棉花，就是聚焦于羊毛。在一个过度简单化的意义上，它们在成分上是农民和“无产阶级”，但两者都代表着一种对土著人口崩溃的理性回应，因为两者都试图用更丰富的生产要素，例如大庄园的土地，甚至是纺织厂中的技术监管人员，取代

日益稀缺的劳动力。然而，两者都没有涉及现代意义上的自由劳动
413 力，在农业方面，这要求劳动力至少不完全脱离生产资料，即土地。由此产生的复杂制度调整使得历史学家不可能将他们所发现的这些称为“资本主义”，即使有明显的利润最大化行为的证据。再一次，问题在于避免奖赏稀缺要素，即劳动力，否则将破坏所有殖民地企业。

其中一个更令人头痛的问题是，一旦定居者的人口开始真正扩大，当然是在1570—1620年，就必须保持向消费者充分供应普通的工资商品，如食物和布料。在大多数情况下，这些商品是在美洲种植或制造的：任何其他的路线都可能使殖民化变得不可能，因为进口太贵了。这一时期，在这些印度群岛上的塞维利亚商业合资企业的利润是惊人的。安东尼奥 - 米格尔 · 贝纳尔（Antonio-Miguel Bernal，1992：178，192）在详尽的档案研究基础上，称之为“神话般的”。投资于加勒比、中美洲、墨西哥和秘鲁的合伙企业的回报率高达100%，更不用说在诸如橄榄油和葡萄酒等商品中，回报率可以达到200%～300%。一般来说，美洲的物价水平估计比塞维利亚高10%～35%（视具体情况而定）。因此，用橄榄油和葡萄酒以及普通布料来替代的动机势不可挡。

棉花（不像羊毛——这里没有绵羊或役畜）原产于墨西哥和秘鲁。它作为一种进贡物品是源于这样一个事实，即它不可能在高原上生长，而大部分幸存的土著居民是在那里被发现的。在阿兹特克人时期，棉花是从沿海低地带来的，有证据表明，给定普通的“市场”激励（在这些措施发挥作用的范围上），它们可能过于昂贵而无法运输，因此，实际上是通过强迫劳动来提供的。类似的事情发生在欧洲人统治之下，棉布成为劳役分派制度下的主要产品，特别是在墨西哥南部，在尤卡坦半岛和危地马拉更是如此。在这里，棉

花业由商人或殖民地的行政官员或这两类人共同资助和组织，他们对贸易有着广泛的控制。就像罗伯特·帕奇（Robert Patch，2002：9–10）这位劳役分派制度的主要研究者所评论的，虽然在技术上是非法的，至少在危地马拉是这样，“劳役分派制度是很重要的，因为它允许西班牙监督官、市长、镇长和总督们以远低于市场水平的价格获得有价值的商品”。帕奇总结道，“在实践中，(劳役分派制度) 成为强制推行的生产制度，迫使玛雅人为了低于市场水平的工资替西班牙人工作”。

这些 (纺织业的) 厂家变得出名的原因是它们压抑的工作环境，它们就像一种原始工厂，在其中依然是手工生产的各个阶段基 414
本上被集成在一次作业和一个屋檐下。这样的“工厂”的存在，总是涉及对它们表面上的资本主义本质的思考：显然是利润最大化的，但有着无法用先进技术抵消的固定成本，即使到 18 世纪也是如此。历史学家们从逻辑上得到的结论是：这种“工厂”的“封闭”本质，与通过削弱，甚至可以说是阻止劳动力的流动性来降低劳动力成本的大体上成功的努力有关。这种“工厂”在本质上并不是一种工厂，而是一种监狱，它广泛使用被定罪的劳动力，并依赖所定义的“债奴”，它有一个目的，而且只有一个目的：招募、保留或扣留不能以有竞争力的工资雇用到的劳动力。克雷塔罗 (墨西哥) 的工业中心幸存的 18 世纪 90 年代的记录似乎强调了这种胁迫的成功，那里的劳动力成本在总成本中所占的比重出人意料 (也许是令人难以置信) 地低。萨尔武奇（Salvucci，1987：44）利用来自克雷塔罗在 19 世纪 40 年代的，存在一些机械化的更好的数据表明，劳动力成本占纺织生产增加值的 50%，而不是传统的 75%。

对劳动力流动的限制已经广泛到足以引起“自由劳动”在这种

环境中的存在性的难题。事实上，在墨西哥有一个漫长的时期，即16世纪后期到17世纪中期，当雇用非洲奴隶劳工以取代土著劳工的时候，在面对人口下降的情况下，其实际工资急剧上升，在普埃布拉和特拉斯卡拉尤其如此。在安第斯山脉地区，在“工厂”中工作总是与强迫劳役制和大授地制相关。随着18世纪土著人口的恢复，在墨西哥通过英国南海公司出售非洲奴隶的做法已经枯竭，但取代奴隶劳动的并不是明确意义上的“自由劳动”。

例如预付工资或者贷款这样的手段，一旦直截了当地被定义为“债奴”，就会成为劳动力流动的障碍，但往往以意想不到的方式。这种来自“工厂”的信贷甚至生计（以食物配给的形式）并没有被城市工人认为是理所当然的，他们的生活标准与不稳定的玉米价格关联在一起。最后，“工厂”的组织与罗纳德·科斯的企业理论是一致的，在企业内部的科层结构组织生产比市场更有效，特别是当使用市场成本比较高的时候。殖民地时期的资源市场并不总是准确地传播市场信息，因为通信条件很差，所以不那么迅速。劳动力市场似乎因为发生在相对较低的实际工资水平之上的劳动和闲
415 暇的权衡而变得不那么可靠了。欧洲人对“天生懒散”的土著人的无尽抱怨（Schwartz，1978）作为他们强迫劳动的正当理由，并且强化了欧洲人拒绝转向他们认为不可靠的劳动力市场。对于亚当·斯密和后来的观察家来说，这种混乱的现实可能看起来不像资本主义。它不适合分配，特别是广泛地分配收入或财富。但从欧洲人的立场和他们在殖民地环境中做生意的方式来看，这是理性的。

历史学家从许多方面看待这种情况，但他们的观点并不一致。有些人认为土著人对市场的适应，特别是在墨西哥，是相对直接的。有些人强调土著人的抵抗和他们管理自己事务的愿望，这主要

是独立于欧洲的统治，甚至是对土著人的机会主义的微妙反对，尽可能利用殖民制度实现他们自己的目的。有时很难知道如何处理这种紧张局势，或者也许有必要把它们嵌入一个更加微妙的模式中，即劳动力市场如何在殖民主义条件下实际运作。这正是沙恩・亨特（Shane Hunt，2011：425–485）在他关于“拉丁美洲的大庄园和种植园”的报告中所做的事情。

亨特对劳动力和土地所有制的描述具有明确的新古典主义取向，但其运作并不依赖于完全竞争模型。相反，它考虑的是殖民主义强加的基本物质现实的含义：权力不平等与领主和农民获得土地和劳动力的差距。紧随征服及征服带来的过分要求出现的庄园和多种形式的农民小土地所有制是一种单一经济的互补性方面。

亨特的基本要点可以很简单地用下面的方法进行概括。土著社区和它们的土地被欧洲人剥夺，是因回应劳动力的相对稀缺和土地的丰富而发展起来的。在大致完全的资本主义框架下“雇用”农民作为农业无产阶级（实际上是亨特对“种植园”的定义），在大多数地方是行不通的，因为农民在庄园土地上的生产率用价值衡量实在是太低了：区域市场在一定程度上受到了限制，通往较大的商业市场的运输成本太高。雇用稀缺劳动力会耗尽庄园的利润，而且以亨特的判断，这无法在生计水平上维持劳动力。

另一种替代办法是补偿土地上的农民，从全球意义上讲，这对欧洲人来说是充裕的，因此价格低廉，而且服从政治操控。在 416
任何情况下，土著人发现他们自己获得土地都受到了限制，因此他们不得不通过集约型战略，例如双季种植，以尽可能多地利用土地。研究安第斯山脉地区的历史学家，例如布鲁克・拉森（Brooke Larson，1998：171–172）把土著人能够产出的剩余称为是“浅薄和周期性的”，她在这里的意思可能是，“它们自身”无法充分供给农村人口，但与庄园的剩余结合起来就足以支撑固定的市场，至少在科恰班巴这样的地方是如此。或者像恩里克·弗洛伦斯卡诺（Enrique Florescano）把它放到墨西哥的背景中所说的，“老板利用他最丰富、最廉价的资源，即土地，来吸引最稀缺和最昂贵的资源，即季节性劳工”（Florescano，1984：169）。事实上，亨特的模型几乎准确地描述了墨西哥革命爆发前几十年莫雷洛斯州的农业劳动和收入分配的格局。“在（地主们）看来，”艾丽西亚·赫恩南德斯·查维斯（Alicia Hernández Chávez）写道，“安尼库里尔科或者任何其他城市居民的解决方案，就是让他们全家在甘蔗地或糖厂工作。他们挣到的钱是他们摆弄为之付出很多的小块土地的三倍”（Hernández Chávez，1993：107）。

追求利润最大化和成本最小化的领主们从不以经典的“资本主义”的方式行事。然而，即使这种安排在这个意义上——即将其打乱会使得庄园或者农民更糟——是有效的，也很少有机会使其能带来作为19世纪出口农业（种植园）特征的动态增长。所以，农业产量可能或多或少地和人口以相同的速度增长，除了土地极其肥沃的地区，像墨西哥的巴吉奥，或是那些将变成咖啡种植区的巴西东南部（Vidal Luna and Klein，2003）。

亨特模型的普遍适用性不局限于农业和庄园。支付给在墨西哥的“工厂”纺织工的工资也与他们相对较低的边际生产率一致，在16世纪末期的墨西哥城，每个工人每年的工资略超过50比索（Salvucci，2000：27）。但在主要的纺织中心，例如科约阿坎和圣米格尔护城，纱线的家庭纺织与“工厂”密切配合在一起，这是农民生产者和大庄园的关系在工业领域的等价物，这反映了任何复杂或协调的经济活动所面临的交易成本，例如，市场信息的流动非常缓慢，如每星期不到100英里，因此，如果对布料有意外需求，供应商的反应和投入品的供应可能会延迟（Salvucci，1987：51，95）。

因此，铁路在 19 世纪的整个拉丁美洲产生了巨大的影响：提高了生产率，扩大和连接了此前小而孤立的市场，使得专业化、商 417
业化，以及最终是无产阶级化成为现实。毫不夸张地说，在拉丁美洲，资本主义乘着火车到来了（Summerhill，2006）。

贸易和商业

西班牙帝国被称为“海运帝国”，伊比利亚半岛、欧洲、亚洲和美洲之间遥远的商业联系早已被视为商业资本主义的缩影。在最初一段不受控制的贸易之后（1494—1503 年），商业在理论上受到西班牙的严格管制。定期船队在军事护航下集结和航行，最先是从塞维利亚出发，然后是从加的斯出发，抵达波托韦洛（巴拿马地峡）和韦拉克鲁斯，这里有许多盛大的贸易展览会，在政府控制下生产的美洲白银被用于支付欧洲和亚洲货物的款项，特别是纺织品和奢侈品。然而，在令人印象深刻的外表后面，存在一个更为复杂的现实。几乎所有的西欧列强都在密谋不择手段地侵蚀商品贸易上的“西班牙”垄断（Carrasco González，1997）。特别是法国，竭力想通过获得美洲白银来保持其国际力量和财政平衡，到 18 世纪，法国成功地在西班牙帝国的王位上建立了波旁王朝的一个分支，作为对哈布斯堡王朝灭亡的响应，哈布斯堡王朝不断加重的衰弱对作为竞争对手的欧洲君主们既提供了特别的机遇，但也带来了一些问题。18 世纪时，在查尔斯三世的统治下，西班牙进行了协调一致的努力，用所谓的波旁改革（Bourbon reforms）来恢复其衰弱的商业财富和帝国主权，这包括一系列重构贸易、官僚和殖民统治的行政措施，因为“被改革者”的坚决抵抗，这后来被证明只取得了部分成功（Stein and Stein，2000，2003，2009）。

然而，即使是部分成功，也意味着美洲在18世纪作为帝国收入的来源比以往任何时候都更重要。戴维·林格罗斯（David Ringrose，1996：93，96）的估计是，“大约45%的和平时期（皇室的）收入直接或间接来自殖民地”。投资于印度群岛的贸易一直是下安达卢西亚商人一项非常有利可图的活动，更不说其他社区，如巴斯克了。润滑这种繁重且广泛的帝国贸易所要求的长期信贷数量是非常巨大的（González Carrasco，1997：66-67）。这是一个外国人在其中扮演一个典型较小的，但仍然是重要角色的活动。通常
418 来说，美洲贸易对西班牙君主政体的更广泛的经济意义，与其说是它通过总需求改变半岛经济生产结构的能力或无力，不如说是它作为凝聚西班牙政治国家不同部分的黏合剂的功能。精英阶层的大部分最终依赖于帝国的利润——也许并不像资本家那么多，但很像食利者阶层。半岛上的政治家、职业官僚、外交官、军官、大商人和高级神职人员，除了一个成功的、统一的、最终是完整的帝国提供和承诺的利益之外，没有任何共同的利益。从这个意义上讲，西班牙海运帝国的经济功能更像是第二个大英帝国，这些功能比历史学家们现在所认识到的还要多，帝国的租金对统一政治阶级和维持更广泛的经济以增加收入起到了同样的作用（Costeloe，1986；Davis and Huttenback，1986)。然而，最近的研究（Lamikiz，2010）再次把我们的注意力转向了18世纪商业体制的重大变化，尽管这些变化被低估了，但早期波旁人却在这一时期大放异彩。随着波托韦洛交易会在1739年结束，以及护航体系的暂时（1739—1757年）消亡，从半岛启航的个人船只在商品贸易中发挥了更大的作用。以秘

鲁为例，这些所谓的“注册船只”装载的进口商品数量上升，似乎对于殖民地市场产生了一种微妙但广泛的影响，使其比在哈布斯堡家族统治之下更具竞争力，从而更加能对需求变化做出响应。根据秘鲁的证据，与墨西哥相反，伴随着在大西洋世界有广泛人脉关系的伊比利亚商业公司的复兴，一些“重新收归国有”的殖民地贸易可能产生了。

一个相关的、但更困难的问题是：是否贸易和帝国垄断归根结底是“西班牙的欠发达美洲”的产生机制，用 40 年前这场辩论流行时的术语表示就是“依附状态”（dependentistas）？但是，要回答与之相关的反事实——在没有欧洲干预的情况下，美洲会如何发展——几乎是无望的。不需要深刻的洞察力就可以看到引进外来动植物、病原体，以及跨大西洋贩卖奴隶的情况下，非洲人以无可替代的方式改变了这个半球，其是否具有效率依然是不可知的。从西班牙或葡萄牙独立出来，根本无法回到一个失去的、更好或并非如此，以及更有效或并非如此的世界。然而历史学家已经质疑并衡量了这些真实帝国的相对负担，他们得到的答案如果不是挑衅的话，也是毫无意义的。

这一经典的，更不用说是“帝国负担”状态的权威表述，是由约翰·科茨沃思（John Coatsworth，1978）明确界定和阐述的，他用两个结论影响了整整一代学者。第一个结论是：总之，西班牙帝国主义（相对于第一个大英帝国）的负担是巨大的、正面的和重要的。第二个结论是：对这种关系破裂的调整至少在墨西哥殖民地是如此之大，以至于在统计意义上对墨西哥的落后发展负有责任。外围国家的人均产出再也不会有 1800 年时它们相对于北大西洋核心国家那么高了，这一结论在拉丁美洲的其他地区也类似。 419

拉丁美洲在独立时的经济状态是一种比较糟糕的均衡：维持

均衡的代价高昂，但打破这种均衡，代价如若不是更加高昂，也是同样高昂。这一观察的来源是利安德罗·普拉多斯·德拉埃斯库苏拉（Leandro Prados de la Escosura，2009），他最近对国家文献的调查支持了一种截然不同的画面。首先，德拉埃斯库苏拉指出，帝国在管理上享有规模经济，其经济损失几乎直接导致了伦敦 1825 年的第一次债务危机，因为那些缺乏收入的共和国们一个接一个地无法偿付它们发行的债券（Salvucci，2009）。其次，至少直到 1840 年，拉丁美洲经济的表现与亚洲和非洲的经济情况一致，这或许是一个更为相关的比较。最后，虽然不是德拉埃斯库苏拉的直接观察，但比较优势就是比较优势。这是一个真理，拉丁美洲出口的商品结构变化很小，除了一些很突出的例外，如 1840 年古巴咖啡的消亡。如果殖民主义有很大的成本，那么它对国际贸易的影响是很难辨别的。对净易货贸易条件的研究结论是不明确的：一些条件在政治独立后有所改善，有些有所恶化，这些变化大多是外生的（Bates et al.，2007：933）。然而，就像亚历杭德拉·伊里古安（Alejandra Irigoín，2003：4) 正确观察到的，“西班牙美洲的独立也意味着那时最大的财政和货币联盟的解体”。伊里古安也不是不合理地强调了解散该联盟的代价，但这也产生了积极的结果，这些结果也是美洲“资本主义”发展不可避免的。通过比较墨西哥和拉普拉塔地区的货币全景，可以最好地理解这种观点。

在墨西哥，尽管独立后区域铸币施加了各种细微差异，但基本的货币单位仍是西班牙元或比索。总的来说，自 18 世纪初进行一系列货币改革以来，比索一直保持着其名义价值。到独立时，一
420 些观察家开始认为，比索有效施加的固定汇率是一种权衡取舍的来源，这一权衡取舍就是指我们现在意识到的，在一个资本流动环境

下，几乎无法控制货币供应量的小型开放经济的“三元悖论”。这种三元悖论是指固定汇率、资本自由流动和自主形成货币政策之间的宏观经济政策不一致性：在任何给定的时刻，同时达到两个条件是可能的，但同时达到三个条件不可能。也许早至 18 世纪 80 年代，作为卡洛斯·马利恰尔（Carlos Marichal，2007）描写的波旁王朝后期残酷的通货紧缩财政政策的一种后果，经济增长放缓加剧了，但这当然不是 1810 年爆发的叛乱所造成的经济后果。所以一个观察家在 19 世纪 30 年代写道，经济停滞的补救办法是货币改革，特别是与白银相关的信用发行问题，但这也还是会贬值的（Salvucci，2005）。换句话说，人们还是支持一种灵活汇率。

阿根廷，特别是布宜诺斯艾利斯，呈现出不同的景象。在那里，畜牧产品如牛皮、羊毛和牛脂的生产正迅速发展——也许每年高达 5%——这是由于 18 世纪后期波旁王朝改革和国际需求的扩大。由于独立的时候畜牧产品在出口价值中的比重依然没有超过 20%（Lynch，1985：615）——剩下的那部分是白银——很难想象拉普拉塔总督府于 1776 年成立时，畜牧产品在出口中的份额可能超过 1% 或 2%。那么不像墨西哥，布宜诺斯艾利斯及其腹地在西班牙帝国解体之前增长得很快。

但是，因为帝国的瓦解导致来自波多西的硬币供应中断，布宜诺斯艾利斯当局开始试验信用发行，就像伊里古安（Irigoín，2000）注意到的，这变成了布宜诺斯艾利斯在经济和政治上领导周边区域的支柱之一。如同伊里古安所表明的，结果就是 1826 年之后，不能自由兑换的纸币比索的价值持续下降，特别是在 19 世纪 40 年代急剧贬值。不管阿根廷货币经历了何种程度的“无序”，对当时的出口业绩都没有负面影响。

相反，阿根廷在英国的牛皮、羊毛和牛脂销售繁荣发展，更不用说在欧洲的其他地方了。从18世纪90年代一直到19世纪20年代，牛皮价格在英国波动剧烈，而且也没有什么趋势（Amaral，2002：233）。1820年之后，它们的价格一路下降，直到19世纪40年代，与不能自由兑换的纸币比索的贬值大体平行。作为货币联盟及其解体给西班牙帝国的不同部分带来的一种自然实验，可以
421 预想其结果是混杂的。在这个扩张的，可以说要素流动高度受限的帝国中，统一的货币标准不会，或者并不能鼓励资本积累和企业家精神，更不用说繁荣了。很可能墨西哥人试图效仿阿根廷，却做不到。另外，正如杰弗里·威廉姆森（Jeffrey Williamson，2011：132–133）提到的观点，在1828年以后，如果不是之前的话，墨西哥所经历的净易货贸易条件的繁荣相对于拉丁美洲其他地方来说较弱，这也正是因为墨西哥的主要出口产品，即白银的价格大体上是稳定的。这些都是复杂的问题，需要进一步探讨，但威廉姆森提高了围绕国际贸易的作用及其对拉丁美洲的影响的辩论水平，这远远超出了20世纪60年代依附理论的作者们所用的常常过于简单化的术语。

巴西和加勒比：一些进一步的讨论

在巴西以及延伸到加勒比的很多地区采取的行为[估计土著人口约为240万（IBGE，2000：222）]，都是人口消失的一个直接结果。在当时的世界，除了大规模地诉诸跨大西洋贩卖奴隶的贸易，没有别的替代选择。结果也表明，从经济效率的角度来看，最终结果完全不同。例如，戴维·埃蒂斯（David Eltis，1995）估计，在巴巴多斯生产糖的岛屿上，17世纪中期的人均收入要比英格兰和威尔士的水平高出三分之一到三分之二。他接着写道，“巴

巴多斯在总产出和人均产出上都能够超越巴伊亚”。斯图尔特·施瓦茨（Stuart Schwartz，1986：233）对巴伊亚制糖产业的深入研究绝没有认为 17 世纪中期时这里存在一个富裕的生活水平——恰恰相反，施瓦茨经常谈到种植园的“艰难时期”——但盈利和亏损之间的巨大波动似乎更为普遍。如果巴伊亚的人均收入充其量只是巴巴多斯岛的一半，那么人均收入可能就有英格兰和威尔士人均收入水平的 70% ～ 80%。这对于一个只能被视为处于一潭死水状态的地方来说似乎已经相当了不起了，尽管它是一个政治首都。

斯图尔特·施瓦茨几乎毫无困难地就把整个 19 世纪的巴伊亚种植园社会描述为本质上都是父权制的，但也是利润最大化的，不管有没有奴隶制。这似乎是准确的，因为整个 19 世纪巴西历史的商品周期是比较优势演化，以及最终是非洲奴隶劳工国际市场 422
调整的明显结果。这个过程在古巴是相似的，但在古巴，长期的结果是拉丁美洲在 1850 年左右达到了人均出口的最高水平。或许，这就是为什么巴西的出口水平只有古巴的一半，远远落后的原因。答案可能在于巴西内部市场的更为广泛的发展，它为甘蔗种植园提供了大量来自南里奥格兰德、圣保罗和圣卡塔琳娜的粮食。古巴的生产则完全专业化，从美国进口食品，并且通过向国外出口数量更多的食糖进行支付（Eltis，1987；Fragoso，1992：83–93）。

很明显，原因并不是劳动力短缺。总之，巴西是廉价劳动力，或者至少是廉价奴隶劳工的国度（Fragoso and Florentino，1993：50）。奴隶制是普遍存在的，而不仅仅局限于种植园经济或出口部门。相反，奴隶受雇于国内农业和采矿业：在拉丁美洲是独一无二的，作为 18 世纪掘金行业繁荣地区的米纳斯吉拉斯，其奴隶人口能够自我繁衍。对里约热内卢的财富持有模式的研究表明，奴隶制广泛分布于城市社会的所有社会经济层面，这是一种在大多数方面与其他奴隶制社会，如美国南北战争前的南方地区不同的模式（Bergad，1999：218-219；Florentino，2000：82；Vidal Luna and Klein，2003：130-181；Wright，2006：71）。

这一问题的答案，或者至少是能够产生可验证假设的那种答案，最好的是由威廉·萨默希尔（William Summerhill，2007）所提出的。萨默希尔也把外部依附性的说法贬斥为“过分简单化的”。相反，他将巴西的表现归因于“阻碍了远距离交易的地理位置，阻碍了交换和投资的制度，这些要么把交易、交换和投资限制到排除的程度，要么使活动冒险到完全不确定的程度”。虽然股票的反应可能是，在公平的情况下，人们可以这样说墨西哥或秘鲁——关于墨西哥，科茨沃思（Coatsworth，1978）已经表明——还有更大的利害关系。那种依附性的叙事在市场交易过程中发现了一些内在的东西，而“资本主义”则是一种隐喻。尽管是以交易成本来计算的，但关于巴西的观点暗示了由于使用市场的成本而无法应用这些市场。很可能的是，不能或不愿意用市场作为分配资源的手段可能会也可能不会归结为同样的情况，但忽略、阻碍或干脆不承认相对稀缺性的后果就是，最终成为经济发展最大的障碍。

至少顺便说一下，奴隶制在巴西经济中的压倒性作用是不容忽视的。通往里约热内卢的非洲奴隶贸易直到 1850 年才结束，
423 1501—1867 年，通过奴隶贸易带到巴西的囚徒数量惊人，有将近 490 万人（Eltis and Richardson，2008：18）。此外，从对巴西的贸易中积累的资本留在了巴西，显然为进一步购买奴隶提供了资金，并为所涉及的商人和贸易商家庭创造了巨额财富（Fragoso，1992：153-178）。在这种情况下，不妨重新考虑罗杰·兰塞姆和理查

德·萨奇（Roger Ransom and Richard Sutch，1998）针对美国南方提出的“挤出”假说（也就是说，对奴隶的所有权取代了对有形资本，例如机器的投资）也许是恰当的，如果只是因为不容易看出从贸易中积累的资金是如何为进一步购买奴隶提供资金的，所以对巴西的有形资本的储蓄和投资可能就没有影响了。事实上，在这里，人们不可避免地想知道是否有“没有资本的资本家”，而不是“没有资本家的资本”，就像拉丁美洲其他地区一样。

结　论

至少以埃斯特·博斯拉普的观点看来，中美洲和安第斯山脉地区是按照它们的要素禀赋发展的。劳动力是丰富的生产要素。实际上，它是如此丰富，以至引起了集约化农业实践的广泛出现。至少在中美洲部分地区，集约化农业支撑了一种早期或者新兴的市场交易模式，或者一种对相对稀缺性的以交易为基础的响应。准确地说，这里不存在劳动力市场，但劳动力市场在经济发展史上是很晚才出现的（Boldizzoni，2011：99-104）。在安第斯高地，自然因素、“垂直性”地理和运输成本首先阻碍了类似的发展。无论是何种情况，即便没有到在中美洲的那种程度，对相对稀缺性的回应至少是存在的。

这些发展将通往何处是重要且难以回答的问题。在目的论的简化的巨大风险下，“墨西哥”，如果不是“秘鲁”，也许正在演化成一个市场经济，而且是令人印象深刻的那一个。物质资本和奢侈财富的积累激发了征服者的惊叹和无尽的贪婪，这些积累依然是这些经济体的生产潜力的证明。据我所知，没有学者敢如此大胆地猜测印度群岛开始接触欧洲人时的相对生产力。但是，我们能够读到皮萨罗兄弟（Pizarro brothers）或贝纳尔·迪亚斯（Bernal Díaz）的想法。如果人均产出低于他们在欧洲所习以为常的水平，他们肯定不会这么说。实际上，他们说的恰恰相反。

424 然而，这些文明如果没有因为征服而完全毁灭，也会被彻底颠覆。它们的发展发生了深刻的变化，而且长期如此，这个过程还没有减弱。仅举几例，至关重要的语言、文化、宗教和政治权威的连续性当然仍然远比历史学家曾经认为的根深蒂固。也没有任何人怀疑那些土著幸存者是更能忍受的。然而，否认由于引进外来病原体而发生的要素禀赋的根本性变化，或否认由于外来植物和动物进入美洲而对自然环境造成的彻底改变，同样毫无意义（Crosby，1986）。以前丰富的劳动力现在变得稀缺了。以前稀少的土地却变得丰富了。在市场经济中，稀缺的逻辑就是一切。稀缺的劳动力应该比丰富的土地拥有更大份额的产出。然而，这几乎不是征服者所期望的分配结果，也不可能是。

为了征服者的事业繁荣，正如维克托·布尔默-托马斯（Victor Bulmer-Thomas，2003：127）精辟的说法，欧洲人必须拒绝承认这种相对稀缺性。他们通过在这里概述的几乎无穷无尽的各种手段和方法来拒绝承认相对稀缺性。土著人的压迫完全是由于其稀缺性。一个竞争性的市场经济，如果你愿意的话可以称为资本主义，是根据生产要素的相对生产率来回报生产要素的，而这反过来又取决于稀缺性。然而，这不是印度群岛的价值所在。相反，它是用血缘关系、影响力和权力，或者充其量是用舰队、大庄园和分派劳役制所提供的人为稀缺性作为回报的。这些都是卓越的寻租制度。人们只需回忆一下亚当·斯密在《国富论》中对西班牙帝国所表示的公开反感就可以了。如果斯密是现代资本主义的先知，他就没有意识到什么已经变成了现代资本主义在拉丁美洲的变体。

具有讽刺意味的是，那些西班牙人和葡萄牙人除了承认稀缺性之外别无选择的地方，就是他们的存在没有压迫土著人的地方：在巴西，以及最著名的是在加勒比海地区。根据大多数历史学家的观点，奴隶制的经营是以一种无可指责的资本主义方式进行的。总的来说，非洲奴隶的分配和就业是由相对价格和比较优势决定的。在这里，由于当时的制度安排，奴隶主别无选择，只能“承认”劳动力稀缺，因为他们对其拥有财产权。正如经济史学家经常提醒我们的那样——尽管并不是没有异议——人们的财产权带来了经济效益，虽然在这种情况下看起来似乎很可疑。在拉丁美洲， 425
资本主义和奴隶制是唯一相互支持的，因为劳动力实际上是人力资本。

但是，除了意识形态上的意义之外，这又有什么关系吗？

也许很少有地方会像拉丁美洲那样，其中资本主义的发展历史更多的是纯粹的学术问题。一种环境、政治（亚洲和非洲殖民主义的终结）和经济（成功的进口替代工业化及其在大众民粹主义政权中的表现）的独特结合，使得拉丁美洲 20 世纪 60—70 年代的主流历史话语除了资本主义发展史就几乎没有什么别的东西。历史学家得出的结论具有深刻的意识形态色彩，但这类文献是微妙、复杂和浩瀚的（Packenham，1992；Stern，1988）。人们对这个地区已知的“征服后的资本主义”的史学思想流派的直接关联可能已经有了更好的认识，其中最明确的，并具有深远的影响的学者之一就是智利（在阿根廷出生）马克思主义者和知识分子路易斯·瓦伊塔尔（Luis Vitale，1968：36，41-42）。正如瓦伊塔尔所说的，“15 世纪的西班牙资本主义不是现代工业资本主义，而是一种初级资本主义，原始的，基本上是商业的，同时带有封建主义残余……”因此，“落后不是由封建主义引起的，而是由拉丁美洲作为原材料的生产者和对世界市场的依附导致的”。同时，“正如改革者所说的那样，这是一个错误，资本主义发展的阶段可以通过‘进步的资产阶级’来实现”。

瓦伊塔尔（和许多其他人）对拉丁美洲历史的解读表明，其相对于发达国家的落后经济表现不能通过自由的改良主义，以及对封建的社会和经济关系的清算来改进。更大的目标是社会的、反资本主义的革命，以及通过建设社会主义与国际市场逐步“脱钩”。这个学术问题首先是政治问题：就好像 1959 年的古巴革命赋予了经济史研究一种与它在发达国家作为一种较温和的职业完全不相称的重要意义。

当然，历史学家的关注焦点也随着时代的变化而变化。如果这场辩论的迫切性在今天来看有一种过时的意味，那是因为提出的实际上是这个时刻本身的一个方面的问题大致涵盖了从古巴革命到 1989 年柏林墙倒塌后社会主义经济东欧集团遭遇重大挫折的时期。

如图 13－3 中的曲线所示，引用西班牙语中两个关键术语——
426 依附关系（dependencia）和资本主义（capitalismo），通常与拉丁美洲“依附资本主义”的讨论联系在一起——的模式为这一现象提供了一些见解。虽然研究的兴趣在于，拉丁美洲的经济自 20 世纪 50 年代中期以来一直在上升，用今天罗斯托式的术语来说，“起飞”（take-off）出现在 20 世纪 60 年代中期。对“依附关系”的兴趣可能在对“资本主义”产生兴趣之前就达到了顶峰，但大约在 1980 年，有些东西似乎已经改变了。今天，出版模式至少在相对频率方面或多或少地回到了 1970 年的状态。然而，无论是强调持久性还是衰退，一种细致入微的叙述都会认为，历史话语在 20 世纪 70 年代和 80 年代经历了一种永久性的改变，这种社会经济问题的重要性有所下降，至少在拉丁美洲是如此，但绝不是完全消失了。

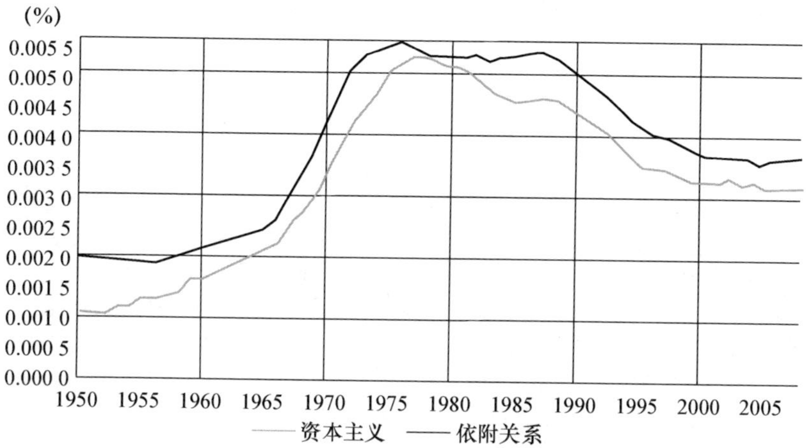

图 13－3　资本主义和依附关系

资料来源：谷歌（Google）N-Gram 语料库词频搜索。

在 20 世纪 80 年代越来越有影响力的后现代主义从更广泛的意义上说对经济史的影响可能微乎其微，但在美国，它对研究拉丁美洲的历史学家的影响是巨大的。马克思主义、年鉴学派、维托尔德·库拉（Witold Kula）关于封建经济高度契合的研究工作（1976）——所有这些许多从事拉丁美洲早期研究的年轻美国学者都已经了解的研究计划，在很大程度上都被搁到一边了（Iggers，1997：51-140）。底层研究的价值，或者在文化或语言的“转向”标题下从事的工作的价值，都不存在问题。然而，“依附运动”刺激的实证研究议程，无论其政治议题如何，都受到了根本性的阻碍。紧盯着经济变化本质的重大问题，特别是在 1700 年之后，并没有得到多少回答。这个过程对几乎从任何角度来理解资本主义的历史轨迹和拉丁美洲的经济变化的计划都造成了实质性的损害，而不仅仅是从剩余的其他角度。现在正是重新研究历史政治经济学的 427

时候，不是为了重新讨论旧的辩论，而是为了试图解决旧的问题，实际上是为了开辟自 20 世纪 80 年代以来经济史发展带来的一系列新的问题。

注 释

[1] 比较 1800 年左右秘鲁和墨西哥人均收入的非常粗糙的估计值是可能的。就像人们可能期望的，墨西哥更为富裕一些。我对于墨西哥的估计（1997）遵循乔斯·马里亚·基罗斯（José María Quirós，1821）的普遍可靠的计算，为 34 比索。秘鲁的名义人均收入基于马塞尔·海廷（Marcel Haitin，1983）收集的数据，要更高一些，大约为 40 比索。但是，依据殖民地价格水平的重要差异（Arroyo Abad et al.，2012：6）进行调整之后，秘鲁的平价人均收入估计值约为 25 比索。

参考文献

Amaral, S. P. (2002). *The Rise of Capitalism on the Pampas: The Estancias of Buenos Aires, 1785–1870*. New York: Cambridge University Press.

Arroyo, A. et al. (2012). " Between Conquest and Independence: Real Wages and Demographic Change in Spanish America, 1530—1820, " *Explorations in Economic History* 49: 149–166.

Bates, R. et al. (2007). " Lost Decades: Postindependence Performance in Latin America and Africa," *The Journal of Economic History* 67: 917–943.

Bergad, L. (1999). *Slavery and the Economic and Demographic History of Minas Gerais, Brazil, 1720—1888.* New York: Cambridge University Press.

Bernal, A. M. (1992). *La Financiación de la Carrera de Indias (1492—1824). Dinero y Crédito en el Comercio Colonial con América*: Seville: Fundación El Monte.

Boldizzoni, F. (2011). *The Poverty of Clio: Resurrecting Economic History.* Princeton University Press.

Borah, W. (1951). *New Spain's Century of Depression*. Berkeley, CA: University of California Press.

(1983). *Justice by Insurance: The General Indian Court of Colonial México and the Legal Aides of the Half-Real*. Berkeley, CA: University of California Press.

Boserup, E. (1965). *The Conditions of Agricultural Growth: The Economics of Agrarian Change under Population Pressure*. Chicago, IL: Aldine Publishing Company.

Bulmer-Thomas, V. (2003). *The Economic History of Latin America since Independence*, 2nd edn. New York: Cambridge University Press.

Carrasco, G. and M. Guadalupe (1997). *Comerciantes y casa de negocio en Cádiz*. Cadiz: Universidad de Cádiz.

Castillero Calvo, A. (1980). *Economía terciaria y sociedad. Panamá siglos XVI y XVII*. Panama: Instituto Nacional de Cultura de Panamá.

Coatsworth, J. H. (1978). " Obstacles to Economic Growth in Nineteenth-Century Mexico," *The American Historical Review* 83: 80–100.

Cook, S. (1949a). *The Historical Demography and Ecology of the Teotlalpan*. Berkeley, CA: University of California Press.

(1949b). *Soil Erosion and Population in Central Mexico*. Berkeley, CA: University of California Press.

Costeloe, M. P. (1986). *Response to Revolution: Imperial Spain and the Spanish American Revolutions, 1810—1840*. New York: Cambridge University Press.

Crosby, A. W. (1986). *Ecological Imperialism: The Biological Expansion of Europe, 900—1900*. New York: Cambridge University Press.

Davis, L. E. and R. Huttenback (1986). *Mammon and the Pursuit of Empire: The Political Economy of British Imperialism, 1860—1912*. New York: Cambridge University Press.

De la Peña, J. F. (1983). *Oligarquía y propiedad en Nueva España, 1550 1624*. Mexico, DF: Fondo de Cultura Económica.

Domar, E. (1970). "The Causes of Slavery or Serfdom: A Hypothesis," *Economic History Review* 30: 18–32.

Eltis, D. (1987). *Economic Growth and the Ending of the Transatlantic Slave Trade*. New York: Oxford University Press.

(1995). " The Total Product of Barbados, 1664—1701," *The Journal of Economic History* 55: 321–338.

Eltis, D. and D. Richardson (2010). *Atlas of the Transatlantic Slave Trade*. New Haven, CT: Yale University Press.

Florentino, M. G. (1995). *Em Costas Negras. Uma história do tráfico atlântico dos escravos entre a África e o Rio de Janeiro* (*Sèculos XVIII e XIX*) Rio de Janeiro: Arquivo Nacional.

Florescano, E. (1984). " The Formation and Economic Structure of the Hacienda in New Spain," in Leslie Bethell (ed.), *The Cambridge History of Latin America*, Vol. Ⅱ . New York: Cambridge University Press.

Fragoso, J. L R. (1992). *Homens de grossa aventura. Acumulação e hierarquia na praça mercantil do Rio de Janeiero, 1790—1830*. Rio de Janeiro: Arquivo Nacional.

Fragoso, J. L R. and M. Florentino (1993). *O Arcaísmo Como Projeto. Mercado Atlântico, Sociedade Agrária e Elite Mercantil no Rio de Janeiro, c.1790—c.1840*. Rio de Janeiro: Diadorim.

García Martínez, B. (2011). " Encomenderos españoles y British Residents: el sistema de dominio indirecto desde la perspectiva novohispana," *Historia Mexicana* 60: 1915-1978.

Haitin, M. (1983). " Late Colonial Lima: Economy and Society in an Era of Reform and Revolution." Ph.D. thesis, University of California, Berkeley.

Hemming, J. (2003). *The Conquest of the Incas*. New York: Mariner Books.

Hernández Chávez, A. (1993). *Anenecuilco. Memoria y vida de un pueblo*. México, DF: Fondo de Cultura Económica.

Hunt, S. J. (2011). " La economía de las haciendas y plantaciones en América Latina," in Shane J. Hunt, *La formación de la economía peruana. Distribución y crecimiento en la historia del Perú y América Latina*. Lima: Instituto de Estudios Peruanos.

IBGE (2000). *Brasil. 500 anos de povoamento*. Rio de Janeiro: IBGE.

Iggers, G. G. (1997). *Historiography in the Twentieth Century: From Scientific Objectivity to the Postmodern Challenge. Middletown*, CT: Wesleyan University Press.

Irigoín, M. A. (2000). " Inconvertible Paper Money, Inflation and Economic Performance in Early Nineteenth Century Argentina," *Journal of Latin American Studies* 32: 333-359.

(2003). " Macroeconomic Aspects of Spanish American Independence: The Effects of Fiscal and Currency Fragmentation, 1800s—1860s, " Working Paper 03-45. Madrid: Universidad Carlos Ⅲ.

Kula, W. (1976). *An Economic Theory of the Feudal System: Towards a Model of the Polish Economy, 1500—1800*. London: NLB.

Lamikiz, X. (2010). *Trade and Trust in the Eighteenth-Century Atlantic World: Spanish Merchants and Their Overseas Networks*. Woodbridge, Suffolk: Royal Historical Society.

Larson, B. (1998). *Cochabamba 1550—1900: Colonialism and Agrarian Transformation in Bolivia*. Durham, NC: Duke University Press.

Livi Bacci, M. (2006). *Los Estragos de la Conquista. Quebranto y Declive de los Indios de América*. Barcelona: Crítica.

Lynch, J. (1985). " The Origins of Spanish American Independence," in L. Bethell (ed.), *The Cambridge History of Latin America*, Vol. Ⅲ . New York: Cambridge University Press.

Marichal, C. (2007). *Bankruptcy of Empire: Mexican Silver and the Wars Between Spain, Britain and France, 1760—1810*. New York: Cambridge University Press.

Melville, E. G. K. (1994). *A Plague of Sheep: Environmental Consequences of the*

Conquest of Mexico. Berkeley, CA: University of California Press.

Miranda, J. (1980). *El Tributo Indígena en la Nueva España Durante el Siglo XVI*. Mexico, DF: El Colegio de México.

Murra, J. V. (1978). *La Organización Económica del Estado Inca*. Mexico, DF: Siglo XXI Editores.

Ortiz de Montellano, B. R. (1990). *Aztec Medicine, Health and Nutrition*. New Brunswick, NJ: Rutgers University Press.

Packenham, R. (1992). *The Dependency Movement: Scholarship and Politics in Development Studies*. Cambridge, MA: Harvard University Press.

Patch, R. (2002). *Maya Revolt and Revolution in the Eighteenth Century*. New York: M. E. Sharpe.

Pérez-Rocha, E. (2008). *El tributo en Coyoacán en el Siglo xvi*. Mexico, DF: Instituto Nacional de Antropología e Historia.

Prados de la Escosura, L. (2009). " Lost Decades: Economic Performance in Post Independence Latin America," *Journal of Latin American Studies* 41: 279-307.

Quirós, J. M. (1821). *Memoria de estatuto; idea de la riqueza que daban a la masa circulante de Nueva España sus naturales producciones en los años de tranquilidad, y su abatimiento en las presentes conmociones ... leida en la primera junta de gobierno celebrada en 24 de enero de 1817*. Veracruz.

Ransom, R. L and R. Sutch (1988). " Capitalists Without Capital: The Burden of Slavery and the Impact of Emancipation, " www.escholarship.org/uc/item/56m1k703.pdf; origin=repeccitec.

Ringrose, D. (1996). *Spain, Europe and the "Spanish Miracle", 1700—1900*. New York: Cambridge University Press.

Salvucci, R. (1987). *Textiles and Capitalism in Mexico: An Economic History of the Obrajes, 1539—1840*. Princeton University Press.

(1997). " Mexican National Income in the Era of Independence, 1810—1840, " in Stephen Haber (ed.), *How Latin America Fell Behind: Essays on the Economic Histories of Brazil and Mexico, 1800—1914*. Stanford University Press, pp. 216-242.

(2000). " Las manufacturas en Hispanoamérica, " in *Historia general de América Latina*, 9 vols. Paris: Ediciones UNESCO, Vol. Ⅲ : 1, pp. 247-268.

(2005). " Algunas Consideraciones Económicas " (1836). Análisis Mexicano de la Depresión A Principios del Siglo XIX, " *Historia Mexicana* 55: 67-97.

(2009). *Politics, Markets, and Mexico's "London Debt," 1823—1887*. New York: Cambridge University Press.

Schwartz, S. B. (1978). " Indian Labor and New World Plantations: European Demands and Indian Responses in Northeastern Brazil," *The American Historical Review* 83: 43–79.

(1985). *Sugar Plantations in the Formation of Brazilian Society: Bahia, 1550—1835*. New York: Cambridge University Press.

Sempat Assadourian, C. (2006). " Agriculture and Land Tenure, " in Victor Bulmer-Thomas et al. (eds.), *The Cambridge Economic History of Latin America*, Vol. Ⅰ. New York: Cambridge University Press, pp. 275–314.

Stein, B. H. and S. J. Stein (2009). *Edge of Crisis: War and Trade in the Spanish Atlantic*. Baltimore, MD: Johns Hopkins University Press.

Stein, S. J. and B. H. Stein (2000). *Silver, Trade and War: Spain and America in the Making of Early Modern Europe*. Baltimore, MD: Johns Hopkins University Press.

(2003). *Apogee of Empire: Spain and New Spain in the Age of Charles Ⅲ, 1759—1788*. Baltimore, MD: Johns Hopkins University Press.

Stern, S. J. (1988). " Feudalism, Capitalism, and the World System in the Perspective of Latin America and the Caribbean," *The American Historical Review* 93: pp. 829–872.

Summerhill, W. (2006). " The Development of Infrastructure, " in V. Bulmer-Thomas et al. (eds.), *The Cambridge Economic History of Latin America*, Vol. Ⅱ. New York: Cambridge University Press, pp. 293–326.

(2007). " The Origins of Economic Backwardness in Brazil: Colonialism, Slavery, and Dependency Reconsidered." Unpublished paper.

Tandeter, E. (2006). " The Mining Industry, " in V. Bulmer-Thomas et al. (eds.), *The Cambridge Economic History of Latin America,* Vol. Ⅰ. New York: Cambridge University Press, pp. 315–356.

Vidal Luna, F. and H. S. Klein (2003). *Slavery and the Economy of São Paulo, 1750—1850*. Stanford University Press.

Vitale, L. (1968). "Latin America: Feudal or Capitalist," in J. Petras and M. Zeitlin (eds.), *Latin America: Reform or Revolution*? Greenwich, CT: Fawcett Publications, pp. 32–43.

Wilken, G. C. (1990). *Good Farmers: Traditional Agricultural Resource Management in Mexico and Central America*. Berkeley, CA: University of California Press.

Williamson, J. G. (2011). *Trade and Poverty: When the Third World Fell Behind*. Cambridge, MA: MIT Press.

Wright, G. (2006). *Slavery and American Economic Development*. Baton Rouge, LA: Louisiana State University Press.

第

14

章

非洲资本主义的兴起

莫滕·杰尔文

在1850年之前，非洲的资本主义在多大程度上开始形成了呢？如果说资本主义的话，我们指的是资本家交换商品的生产，他们把自己的资本和土地与没有土地的自由工人的劳动结合起来，那么，累积的历史证据告诉我们，资本主义在1850年之前只是有限度地出现，它肯定不是那时非洲的主要生产系统（Iliffe，1983）。这并不意味着不存在针对市场的生产。这也不意味着没有雇佣劳动，或资本交换没有发生。最后，这并不意味着撒哈拉以南非洲地区在1850年之前没有经济增长。正如在这里将会分析的那样，市场确实存在，这里也有一些雇佣劳动，而且有一些促进了经济增长的交换手段，尽管增长主要发生在扩展边际上。[1] 431

这一章分析了一直到1850年的漫长的“沦为殖民地前的”非洲经济史（Reid，2011），包括大西洋奴隶贸易兴起之前及之后的一段时间（以及跨撒哈拉沙漠和印度洋的奴隶贸易）。“合法贸易”一词是指除奴隶以外的商品交换，通常用来表示在1807年废除奴隶贸易后的商业时期（Law，1995）。当然，奴隶贸易对于理解这一时期对外贸易与资本主义的形成之间的关系至关重要。此外，劳动胁迫问题对资本主义的出现至关重要，因为它涉及劳动力市场。然而，在奴隶贸易产生之前和之后，商品是为国
432 内外市场而交易的——所以尽管奴隶制仍然是这一时期史学研究的核心，但这一章的内容远远超出了单纯的奴隶贸易的讨论范围。

在开始论述之前，考虑到非洲前殖民地时期的长期经济增长和市场扩张，有必要先说一说本章聚焦的时期划分和特定区域。为了反映非洲资本主义研究文献的现状，本章至少在两个方面存在覆盖面的偏重。首先，更多的是写非洲西部殖民时期的市场、生产和交换，而不是非洲中部、东部和南部，这是第一种偏重。这里的重点是撒哈拉以南非洲地区，但总的来看，与其他地区相比，对来自西非的材料讨论更多，个中原因也很简单，因为欧洲人和非洲人之间的商业发展在这个地区有更好的记录。其次，第二种偏重再次与一些文献有共同的观点，即这里关注的是对外经济关系。这样的重点是有道理的，因为对资本主义的讨论与对国际贸易的讨论密切相关，在这里，我们将从根本上着眼于与外部市场互动的增长如何影响当地市场的扩展和功能。

这意味着，我只会简略地提到大约1500年之前，非洲社会的早期、长期和缓慢的扩张，粮食生产社区的出现和金属制品的影响，或非洲历史上的其他重要的发展。这些话题已经在其他地方得到了很好的讨论和综合（Austen，1987；Iliffe，1995）。我将在本章的第四节讨论诸如地理和人口因素之类的“初始条件”对技术和制度变革的基本限制和可能性。

本章所采用的标题——“非洲资本主义的兴起”，与约翰·艾

利夫（John Iliffe，1983）发表的四篇关于非洲资本主义的论文所采用的一样。在他的四篇论文里，艾利夫主要聚焦于殖民统治时期和农村资本主义问题，然后是 20 世纪独立的非洲的发展模式和意识形态的选择。在他简短的第一篇论文里，他确实分析了 19 世纪中期非洲"本土"资本主义的状况，但是，1850 年之前的资本主义与经济史的关系没有得到任何详细的讨论。因此，本章作出了两个重要贡献。首先，它聚焦于 19 世纪中叶以前的时期。其次，它再次强调了国际市场与本地市场互动的重要性。

本章按以下方式组织。首先，讨论了 1850 年以前非洲经济增长的程度。根据大多数总体描述，非洲的增长是停滞的，但是 433
最近的学术研究表明，在前现代时期，这里存在显著的经济扩张。虽然在人口增长的推动下，增长，尤其是扩展边际上的增长发生了，但非洲也反复出现了一些人均收入增加的集约型经济增长时期（Jerven，2011；Jones，1988）。其次，分析了对外贸易、出口与经济增长的关系，然后转向了市场作为一种制度在前殖民地时期非洲的重要性。卡尔·波兰尼（Karl Polanyi，1966）等人认为，前殖民地时期的价格不是由市场力量，而是由习俗或命令决定的，但是，尽管诺思（North，1977）担心这种实质主义的主张是不可证伪的（1977），罗宾·劳（Robin Law）和其他人已经表明，这种规范定义的市场确实存在（Austin，2005；Hopkins，1973；Latham，1971，1973；Law，1992）。最后，讨论了关于前殖民地时期非洲国内市场的文献。

下文将说明前殖民地时期非洲市场的存在性和功能不同于要素市场的问题。土地、劳动力和资本这些生产要素的市场在前殖民地时期的非洲受到了约束。这样的市场是作为对稀缺性的回应而形成的（Austin，2009b）。虽然有一些例外，但前殖民地时期非洲典型的特征是土地相对丰富和劳动力相对稀缺。因此，土地市场是有限的，而劳动力被强制招募——因此导致了前殖民地时期非洲实行奴隶制度的重要性。同时，促进长途贸易和使得储蓄成为可能的交易工具确实存在（Austin，2009b：38），但相对缺乏交易中介，这意味着有效的第三方信贷和资本市场还没有形成。因此，我们讨论的是，在多大程度上，前殖民地时期的非洲存在经济发展的制度约束。

人口密度低，运输费用高，用于培育经济剩余的区域分散，都可能是制约在前殖民地时期非洲国家形成和国家中央集权的因素之一（Austin，2008；Herbst，2000；Iliffe，1995）。然后，关于资本主义在非洲出现的研究就与在何种程度上管理交换和生产的制度确实出现了，以及这些制度在多大程度上实施了“游戏规则”密切相关（North，2005）。毫无疑问，低人口密度和一些地理因素制约了前殖民地时期非洲的市场增长。正如已经指出的那样，必然的结果就是，各个国家和中央机构也同样受到限制。那么一个中心问题就是，制度的缺陷，例如缺乏协调的权力来保障用于耕种的土地或用于交换的商品的产权，在多大程度上影响了市场的有效性，从而影
434 响了经济增长？制度约束的问题将在本章第五节讨论，但首先需要建立近代前期非洲经济增长的记录。

沦为殖民地前非洲的经济增长

非洲经济增长的研究不仅受到低质量数据的限制，而且受制于数据的低可获得性（Jerven，2013）。对经济增长的研究常常得到一个可靠的人均国内生产总值估计数据的可获得性的支持和帮助。第二次世界大战以后，各国的国家统计局才开始定期公布这种估计

数据。对于大多数世界其他地区，经济史学家们提供了历史上的国民经济核算，但对大多数非洲经济体来说，这些估计数在 1950 年之前是不可获得的（Jerven，2012）。安格斯·麦迪逊（Angus Maddison）的数据集只提供了 1870 年之前非洲人均 GDP 的少数几年的估计数。根据这些数字，在沦为殖民地前，包括北非和南非在内，非洲大陆的平均增长是微不足道的，或者实际上是负的。表 14-1 表现了一种从公元元年的人均 427 美元到 1820 年的人均 420 美元的一种下降，以及最后到 1870 年的 500 美元的一个微不足道的上升。

表 14-1　非洲和世界的人均 GDP，公元元年—1950 年

单位：美元

	公元元年	1000 年	1500 年	1600 年	1700 年	1820 年	1870 年	1900 年	1913 年	1940 年	1950 年
非洲全部	472	425	414	422	421	420	500	601	637	813	889
世界	467	453	566	596	615	667	871	1 262	1 525	1 958	2 109

资料来源：Maddison，2007. 所有数值都是以不变的 1990 年国际 Geary-Khamis 美元表示。要注意的是，麦迪逊对这一时期的非洲国家进行了单独收入估计的，只有阿尔及利亚、埃及、利比亚、突尼斯和摩洛哥。估计公元元年的下降与罗马帝国在非洲北部的衰落相吻合，而 19 世纪末期的微弱增长则是由非洲西部创纪录的出口增长所推动的。

这些数据描绘了一个稳定停滞的图景，但以这种方式概括非洲并没有多大意义。这种数据掩盖了大量的区域性差异，而且跳过了大段时间。这种缓慢的增长速度似乎与人们所知道的这一时期发生的经济和政治变化的其他已知情况不相容。在大西洋奴隶贸易和经济作物革命期间，内外部的生产要素和商品都在大量流动。王国兴起和衰败，殖民帝国建立起来了，铁路和矿产得到了发展，但人均 435
GDP 的测度却很少变动（Jerven，2010a）。

部分原因是，这些增长“数据”只是在有限程度上基于历史证据。这些估计首先依赖于假设和预测。加雷思·奥斯汀（Gareth Austin）建议在处理这些观测资料的时候要谨慎，而且提醒我们，对“数据”一词的字面解释是“给定的东西”，因此，在非洲经济文献中使用的许多历史收入或人口估计不应被视为最严格意义上的数据（Austin，2008a：1002），因为“前殖民地时期撒哈拉沙漠以南，或者其主要次区域的非洲人口总数，是基于从殖民地人口普查报告的反向推测得出的‘粗略估计’”（Austin，2008b：590）。

非洲历史上大部分地区缺乏可靠的人口计数，特别是撒哈拉以南非洲地区，从而继续阻碍了对非洲经济发展的长期分析。赖利（Wrigley，1981）干净利落地对其做了总结：“关于非洲历史人口，有一件事，也许只有一件事是确定的。需要一个大胆而坚定的学者着手研究在这些国家的人口数字，以及这些数字的变化，但这直到最近都还没有人开始计算，更不用说记录这些结果了。”因此，虽然有可能使用人口视角来讨论社会和生产系统在语言和人口证据基础上的变化、扩大和流动的一般模式（Iliffe，1995），但想要得到前殖民地时期非洲经济变化率的具体数值确实是非常困难的。

基于传教士在刚果王国的洗礼记录，产生了一项独特的定量研究工作（Thornton，1977）。他的发现是，1650—1700年，刚果的人口要比通常所估计的低得多（大约是50万而不是估计的200万），因此，这意味着17世纪和18世纪的内战和奴隶贸易对人口的灾难性影响比以前想象的要小得多。殖民地的人口普查又广受质疑（Kuczynski，1937，1948，1949），因此不被用作权威性的分析基准（Fetter，1987），虽然后殖民地时期非洲国家的人口得到了更好的记录，但所做的人口普查非常不平衡、不正规和不完整

（Jerven，2013；Tabutin and Schoumaker，2004）。因此，虽然这是唯一可行的选择，但基于殖民地和后殖民地时期的后向推测依然是比较危险的。

最近，作为奴隶贸易对人口影响的学术交流的主要参与者之一，帕特里克·曼宁（Patrick Manning）用一个非洲殖民地时期 436
和前殖民地时期的总人口的重新估计大胆地重新引发了关于非洲人口数据库的讨论（Manning，2010）。曼宁认为，大约在 1850 年，前殖民地时期人口可能已经比原先估计的多出 50%。甚至因为这一误差范围，从比较历史的角度来看，前现代非洲大多数地区人口稀少似乎是不可避免的（Austin，2008b），进一步地，这一比例因子可能意味着，在这个区域的大多数地区具有相对劳动力而言的丰富的可耕种土地（Austin，2009b）。但是，大幅度的误差意味着无法将人口增长作为估计奴隶贸易和殖民统治影响的直接代理变量，这仅仅是因为尽管人口变动的方向或变化率存在激烈的争议，但依然很难用一些确凿的事实解决这些争论（Jerven，2013）。

因此，非洲经济增长的研究，特别是在其前殖民地时期，但也在一定程度上是殖民地和后殖民地时期的，必须运用间接证据，同时要解释贸易、人口和税收的可见趋势，以猜测经济变化的速度和方向。这里所提供的平均 GDP 数据很可能处于人们对于这样一个长时间段所能够做出的合理猜测范围之内，但是，看看在特定的政体、国家和区域当中发生了什么，以及超越定量的证据并考虑前殖民地时期非洲经济增长的定性证据，也许有更大的意义。

为了讨论 1850 年之前的非洲经济增长，对集约型和粗放型经济增长进行区分是有用的（Jones，1988）。粗放型增长是通过增加更多的生产要素来简单地扩大生产，这是历史学家们基本上所观察到的，即更多的人使用更多的土地。这就是约翰·艾利夫（John Iliffe，1995）对非洲长期历史的人口学解释所应用的重点。现代经济增长理论研究通常聚焦于集约型增长。它指的是用相同投入获取更多产出的过程，因此是与技术变化相关的经济增长类型。这些变化也提高了生活水平，如果经过适当记录和测度，可以概括为人均 GDP 的持续增长（Kuznets，1966）。

农业一直是而且仍然是主要的经济活动，直到从 19 世纪晚期开始并一直延续到 20 世纪的经济作物革命的高级阶段，粮食生产都是农业部门的支柱。关于粮食生产的起源和扩散的考古学证据是
437 有争议的，虽然在稀树草原和林区有不同的分布方式，但西非粮食生产的起源并没有远远地落后于近东地区的起源中心（Hopkins，1973：29；Iliffe，1995：12-17）。西非林区食物生产的扩散与人们特别是讲班图语的人群对铁器的采用或发明（这是另一个争议点）有关（Austen，1987：13）。采用铁制工具进行粮食生产被认为是随着班图人从西非迁徙（约公元前 1000 年）到远在南方的当代纳米比亚地区，以及到内陆的现代苏丹南部边界，再向东到大湖地区，以及越过这一地区之后直达印度洋，经由这些路线传播的（Iliffe，1995：17）。

如上所述，增长大部分发生在扩展边际上。土地相对于劳动力丰富意味着，增长是通过将更多土地用于生产带来的。这条规律有例外（因此验证了一种理性选择的解释）。集约型农业（定义为向土地增加资本投入，主要是通过劳动的资本化）的确在前殖民地时期非洲的一些地方产生了。除了少数地理区域上的例外，前殖民地时期非洲人口严重不足。除了交通特别便利的地方外，常见的例外还可以在今天埃塞俄比亚、卢旺达和布隆迪所涵盖的地区看到，这些地方还采用了集约型的技能和技术，例如犁（Austin，2009b）。

此外，虽然土地不是实际稀缺的，但在某些人口发展的时期可能如此。奴隶贸易引起的破坏意味着，有时西非和中非一些人不得不转向集约的生产方式（Hawthorne，2001）。同样，有记载表明，生态压力和战争压力导致“集约化的岛屿出现在了非洲历史上的不同地方和不同时代”（Widgren and Sutton，2004）。

在前现代时期，集约型增长的最重要的来源是新栽培作物的引入。木薯、香蕉和玉米等粮食作物在引进时对生产力有很大影响（Austin，2008b：588）。同样，主要用于出口的作物种植，如可可和烟草，也可以被解释为引进新技术和投资带来的增长。如同贾里德·戴蒙德（Jared Diamond，2005）所强调的，栽培作物更容易在处于相同纬度的地区之间移动，因此，这里的主要创新是通过越过海洋的外部接触到达非洲的。最初的收获是由印度洋贸易带来的，进口了亚洲大米、亚洲芋头，以及后来成为一种非常重要的粮食作物的香蕉——芭蕉科。这发生在大西洋贸易之前。像玉米、木薯和花生这样的作物，在过去的 500 年中从美洲引进，并成为当代非洲最重要的粮食作物（Austin，2008b：607）。

经济增长的另一个重要刺激因素是市场一体化。当市场一体 438
化时，专业化就会发生，扩张的机会就出现，同时随着规模经济使得生产更有效率，增长就会发生。此外，市场的扩大可能使未充分利用的生产要素，如土地和劳动力，为市场带来新的产出。为了本地和区域市场，甚至是为长途贸易而进行的生产所带来的增长，可以追溯到很多世纪之前。这是戴蒙德（Diamond，2005）关于非洲地理劣势观点所面对的主要挑战。纵向多样化对早期经济非常有利，为不同生态区之间的持续贸易提供了机会。根据霍普金斯（Hopkins，1973：59-60）的观点，最重要的贸易路线沿着南北轴线展开，例如大草原的人用牲畜、盐和干鱼与森林区的人交易可可果、奴隶、象牙和铁制品。然而，这些机会有时受制于运输路线的可用性。

值得再次强调的是，并不是好像前现代时期的农业生产都归为自己的生产，农产品存在本地市场。此外，前殖民地时期的工艺品、纺织品、金属和货币市场都是分布广泛和重要的（Austen，1987），此外，与市场的互动先于奴隶贸易，而且超越了大西洋贸易。在非洲北部和撒哈拉以南非洲地区的内部市场通过跨撒哈拉沙漠贸易连接在一起了（Austen，2010）。在好望角，非洲东部和南部的商队与活跃的印度洋贸易连在了一起（Reid，2002；Sheriff，1987）。尽管如此，这一时期经济增长的主要来源可以说是对外贸易。

沦为殖民地前非洲的出口和经济增长

哈姆斯（Harms，1981）描写了非洲中部扎伊尔盆地的情况，他在突出对外贸易重要性的同时，也强调了本地市场的活力。处于赤道的非洲的社会和经济不是静止的。欧洲贸易商只能到达海岸线，所观察到的贸易的范围证明了贸易和资本主义行为所必需的基本制度的存在（Harms，1981：234；Latham，1971，1973）。然而，仍然有人认为，如果没有外部市场，贸易的扩大和生产的进一步投资就不可能实现。因此，哈姆斯的观点当中对经济转型过程中外部因素的强调还是有道理的。

439 然而，正如人们经常指出的那样，直到19世纪，这片土地上的总产出只有一小部分进入了对外贸易（Curtin，1975）。在一本汇集了大量定量证据来分析塞内冈比亚地区前殖民地时期经济史的专著即《前殖民地时期非洲的经济变化》（*Economic Change in Pre-*

colonial Africa）当中，菲利普·柯廷（Philip Curtin）直到最后一章才讨论对外贸易，对这一主题的讨论占了不到 10% 的篇幅。这是一个经过深思熟虑后的选择："在写非洲经济史的时候通常以对外贸易开篇，主要是因为这一历史编纂的传统是由那些最先通过连接这两个社会的商业看到非洲的欧洲人制定的。这一次它被留到了最后"（Curtin，1975：309）。

柯廷把对外贸易的讨论放在最后，大概是为了保持这样一个观点，即塞内冈比亚的代理商在考察这一历史变化过程中是重要的，但也因为他认为对重要性和分析而言，这是一个适当的顺序。根据柯廷的观点，这一土地上的总产出只有一小部分进入了对外贸易，同时只有先详细讨论出口商品生产和奴隶贸易的国内条件，分析这些贸易流动及其相对重要性才有意义。就对 GDP 的贡献而言，内部市场和外部市场的相对重要性难以精确地确定。

据猜测，在 1900 年，出口经济只占尼日利亚经济总量的 15%（Helleiner，1966）。同样，有人认为，在 19 世纪中期的西非，所有产出中有多达 90% 仍然留在以现金为基础的西非沿海经济体当中（Flint and McDougall，1987）。考虑到这些参数，我们更容易判断外部市场的扩张对国内经济的交换和增长的影响。虽然从观察到的外部市场增长得到的增长率不能按字面进行解释，但它们确实证明了出口的快速增长可能促进了国内经济进一步增长。然而，人们对当地经济增长的确切效果和相对重要性却所知较少（Cooper，1993：91–92）。

被用来分析这一过程的基本启发式方法是古典经济学中的二元经济模型。剩余产品出口模型假定存在过剩的生产要素，特别是劳动力和土地，世界市场为这些要素提供了一个出路（Myint，1958）。因此，当我们看到出口量增加时，这种增长的机会成本为零。现代部门增长是总体经济的一个绝对收益的假设也在阿瑟·刘易斯（Arthur Lewis，1954）提出的经典二元经济模型中被提出。
440 主要的区别是，在刘易斯的模型中，土地被认为是稀缺的，农村部门的边际劳动生产率为零。在剩余产品出口模型中，土地和劳动力都是丰裕的。实际上，这两种模型都假定现代部门增长和增加的出口量的机会成本为零。这些研究以不同的方式对这些假设提出了质疑，并扩展了将这种模型应用于非洲的有效性，特别是殖民地时期（Austin，2008b）。

已经有人指出，劳动力只是季节性充裕，在某些时期是非常稀少的——特别是在西非森林带以外的地区（Tosh，1980）。此外，出口的生产涉及创新和资本，也就是说，对新技术的投资和扩大生产是通过劳动力迁移而实现的（Berry，1993；Hill，1963）。最重要的是，从事出口生产的机会成本不一定是零，因为出口可能对食品质量和安全、劳动分工和本地制造产生影响（Smith，1976）。虽然有时候有些地方剩余产品出口模型的假设在很大程度上是成立的（Martin，1988），但这些，以及其他实证上的贡献提醒我们，当我们看到现代部门的整体增长，并不一定等同于所观察的总体经济的增长。

为了表明外部市场的重要性，让我们转向前殖民地时期的达荷美的经历。该王国可以被认为是西非和中非沿海国家的典型，这其中许多已经深入整合到了大西洋经济当中。根据曼宁（Manning，1982）的研究，在1640—1865年，通过达荷美王国，从西非出口了200万奴隶。如同阿桑特和奥约，达荷美在这一时期从一个小国成长为一个重要的王国（Austin，2008a：1005）。然而，这种模式并没有在整个西非得到复制。一些国家选择停止参加奴隶贸易，如贝宁和刚果，以及一些较低政治集中度盛行的其他地区

（Klein，2001）。奴隶贸易有着几百万的非洲受害者，但人们普遍认为，那些非洲代理商，不管是他们的国家还是商人网络，从事这一贸易的原因在于，他们能够从这些经济交易中获得可观的经济收益（Behrendt，Latham，and Northrup，2012；Northrup，2002：56）。欧洲商人一般没有办法强迫非洲领导人贩卖奴隶（Thornton，1992）。这一主题得到了广泛的讨论和研究，许多学者认为奴隶贸易具有持久的负面经济效应。撒哈拉以南非洲地区的人力损失和低劳动力密集度的持续存在的直接效应估计是很显著的。英尼 441
科里（Inikori，2007：84）认为，“黄金海岸向对美洲出口俘虏的主要国家的转型，阻碍了区域专业化的不断发展，以及增长中的农业商品化”。还有人认为，非洲贫困的持续存在是奴隶贸易对国家形成或信任等社会资本造成的负面影响导致的（Nunn，2008）。后者的研究往往低估了从事奴隶贸易的国家的经济动机，也没有清楚地处理短期收益相对于长期效应的隐含意义（Austin，2008b）。

帕特里克·曼宁展现的数据跨度从奴隶贸易结束一直到“合法商业”（legitimate commerce）时期。霍普金斯（Hopkins，1973）提出的一个中心论断是：大西洋奴隶贸易市场的关闭意味着这些中央集权国家的经济停滞和权力的丧失，因为财政能力消失了，这就是所谓的“适应危机”。但这并不意味着奴隶制度作为一种生产方式的结束，正如保罗·洛夫乔伊和简·霍根登（Paul Lovejoy and Jan Hogendorn，1993：1）所记录的：“在殖民征服时期（1897—1903 年），索科托卡利发特拥有一个庞大的奴隶人口，无疑超过 100 万人，也可能超过 250 万人”。此外，在一些区域例如达荷美，禁止奴隶贸易实际上导致了 19 世纪中期奴隶贸易加剧（Flint and McDougall，1987）。

在表 14－2 中复制的曼宁的估计数据为达荷美奴隶贸易的各种影响提供了一种有启发性的量化研究。据估计，在奴隶贸易的高潮时期，达荷美的人均出口收益可以与大不列颠帝国的人均出口收益
442 相当（Manning，1982：3）。这可能导致人均国内生产总值的迅速增长，但由于劳动力的损失，国内生产总值可能有所下降。从更长期来看，这种经济增长是不可持续的（Manning，1982：4）。奴隶贸易的经济专业化表明，从这些国家的角度看，奴隶出口的回报要优于其他国内生产中可能在劳动力上获得的回报（Manning，1982：12）。有利可图的奴隶贸易因此促进了更强大国家的增长。货币和其他商品的进口进一步刺激了一些国家国内经济的交换和增长。当奴隶贸易在 19 世纪结束时，这削弱了达荷美以及其他西非国家的财政基础（Austin，2008b：1005）。

表 14－2　1800—1950 年达荷美的收入与增长

年份	实际国民收入的增长（平均年 %）	人均国内产出（1913 年，英镑）
1800—1840	1.1	1.5
1840—1860	3.4	1.9
1860—1890	2.7	3.4
1890—1910	1.7	5.8
1910—1930	2.8	6.7
1930—1950	0.1	9.5

资料来源：Manning，1982. 国民收入增长数据以进口购买力为代理变量，人均收入是按人均出口收入乘以 7 等于人均国内产出的假设计算的。我们不应将这些数据作为“事实”，但它们是变化率和国家可支配经济资源的表征。

奴隶贸易的结束开辟了新的经济机会。这为被称为“合法商业”的时期铺平了道路，合法商业指的是 1807 年到殖民化时期的贸易扩张（Law，1995）。霍普金斯（Hopkins，1973）认为，“适应危机”在奴隶贸易转变为合法贸易后发生了。对外贸易中这一重要

变化在多大程度上构成了非洲统治者的“适应危机”一直是一个重要的史学问题。这个命题就是，这一转变削弱了统治者对贸易收入的控制，由此，奴隶贸易的结束导致了经济和政治的动荡和混乱，最终又导致欧洲人的干预和殖民化。霍普金斯的观点并没有得到普遍的接受。人们认识到，作为从奴隶贸易到合法商业转变的结果，变革确实发生了，但这些制度也做出了调整（Law，1995），因此，向合法贸易的过渡更多的是一种演化性的，而不是一个革命性的过程。

“经济作物革命”指的是殖民地时期。这主要是农民的反应，尽管有些作物是在种植园生产的。其中一些作物是奴隶生产的，如上所述的那些在索科托卡利发特从事棕榈生产的人。19 世纪末期的可可繁荣是另一回事，涉及非洲农民。波莉・希尔（Polly Hill，1963）认为，他们应该被称为“资本家”。她的见解是，可可种植业中的土地，尤其是树木，应被视为资本资产。在表 14 - 2 中记载的达荷美的增长是以棕榈油和棕榈仁出口为基础的。如果我们认真看待曼宁的数据，这就意味着在半个世纪的以出口为基础的增长时期，人均 GDP 变成了原来的三倍（Manning，1982：17）。

前殖民地时期和殖民地时期的达荷美经济增长的例子，首先是奴隶的出口繁荣，其次是棕榈油和棕榈仁的出口繁荣，表明外部市场可以作为一个“剩余产品的出路”。然而，如同已经指出的那样，这不仅仅是对以前闲置的资源即劳动力和土地的重新配置，更是像 443
这里所检验的证据进一步指出的，在与世界市场的互动中，存在一个有效运作和不断扩大的国内市场。被用于出口的奴隶通常是在国内市场（可以被认为是要素市场）购买的，奴隶价格随着供求的变化而变化（Lovejoy and Richardson，1995）。此外，奴隶贸易的组织意味着一套复杂的信用制度得到了发展（Austin，2005；Latham，

1973；Lovejoy and Richardson，1999）。从达荷美对外部力量的回应中所观察到的这一井喷式增长的程度和影响，必定会被劳动力流失的加剧所缓和——因此，这种增长对其他活动，更重要的是对其他提供奴隶的地区具有负外部性。

沦为殖民地前非洲市场的存在性

正如奥斯汀（Austin，2009b：23）提醒我们的，60 年前，人们普遍认为，在前殖民地时期的非洲，除了为跨大西洋和撒哈拉地区的奴隶出口建立的市场以外，没有其他市场存在。然而，迄今为止的研究已经证实，当它们出现的时候，“所有权的形式，以及一些在要素市场内外运行的制度与人们所想到的欧洲历史中的那些不同，例如正规的雇佣劳动、土地所有权和金融中介”（Austin，2009b：24）。所以，虽然市场和治理市场的制度是不同的，但从戴克（Dike，1956）、莱瑟姆（Latham，1971）和霍普金斯（Hopkins，1973）这些开创性研究中已经得到充分证明的是，这些市场的运作可以根据市场经济学来解释和分析。

这与正统马克思主义者的观点不同，他们普遍认为，经济理性行为是资本主义社会特有的。这种实质主义立场的经典语句是卡尔·波拉尼（Karl Polanyi，1966）提出的，他对之前提及的达荷美王国的研究也作出了一种实证上的贡献。在《非洲的市场》（*Markets in Africa*）一书中，博安南（Bohannan）和多尔顿（Dalton）将社会分为三种类别：首先是没有市场的社会，然后是的确存在市场，但市场依然处于边缘化的社会，最后是市场经济社会。博安南和多尔顿将前两类应用到了非洲社会。实质主义在多年来启迪和激起了关于非洲市场的历史研究（Good，1973）。这不仅是一个实证的问题，在这一章中，它所关注的是前殖民地时期的非洲是否出现了一种市场经济，它也有重大的方法论意义。如果市场是外围的，而不是基础性的，那么生产决策、技术的选择和制度的设计就都不能用理性选择，或者更一般意义上的市场行为来解释。 444

已然是十年之后，霍普金斯（Hopkins，1973：52）可能会说，“(博安南和多尔顿）所声称的外围市场不影响市场的观点与证据不符。市场活动未能充分调动生产要素的程度能够从经济学的角度（技术限制和需求约束)，而不是从基于反资本主义价值观的社会控制理论中得到更好的解释”。霍普金斯认为，虽然有些市场是周期性的，而不是连续的，但这是由季节性的可贸易商品数量和当地购买力来解释的。季节性并不意味着这些市场具有不同的动机（Hopkins，1973：53-55）。与霍德（Hodder，1965）提出的主张相反，当地市场并不仅仅因为长途贸易而兴起。当地市场不仅满足了当地的交换需求，而且被不仅仅局限于西非的长途贸易进一步刺激。格雷和伯明翰（Gray and Birmingham，1970）确定，在非洲中部和东部也观察到了同样的模式。因此，霍普金斯可以得出这样的结论：“‘现代资本主义的冲击’并没有使土著分配制度变得多余。相反，在殖民地时期，地方贸易的技术、效率和适应性促进了国内贸易的迅速扩张。”

实质主义假设的最明确的验证后来得到了实施（Law，1992；Lovejoy，1982)，重点放在“贸易港”和“定价”的主张上。洛夫乔伊（Lovejoy，1982：277）研究了“贸易港”这个概念对 19 世纪的卡诺和萨拉加这两个分别位于索科托卡利发特和阿桑特王国的重要商业中心的有效性。波拉尼的管理贸易模型认为，价格是固定的，不受供求关系的约束（他特别指出，这也适用于商队贸易）。洛夫乔伊发现，虽然当地市场与长途交易存在分离，因此市场没有完全整合，但价格结构并不像波拉尼所认为的那样是固定的。

波拉尼（Polanyi，1966）曾明确指出，达荷美不是一个市场经济，而是由国家管理贸易，目的是保持传统的结构，而不是获得利润。同样，可检验的关键命题是价格稳定，或价格对供给和需求没有反应。劳（Law）对 17 世纪一直到 19 世纪的价格和货币市场进行的细致研究清楚地表明，当地市场和欧洲市场的价格都发生了变动。他的研究表明，当地货币即玛瑙贝壳经历了巨大的价格上涨，
445 这是欧洲人在 19 世纪过度进口这种贝类所导致的。更惊人的是，劳的研究揭示了，虽然在此期间食品价格不断上涨，但当地搬运工得到的工资保持稳定，所以实际工资不断下降。因此，国家干预并没有阻止市场的运作，而且，也没有像波拉尼所期望的那样，国家秉持着一种平等观念进行干预以改变工资。总之，市场确实存在。“生计经济”一词已被证明不恰当，甚至粮食作物也在当地市场上被用于交换，高级消费品在区域贸易中进行交易，同时这些市场与外部市场的增长联系在一起并从中受益。

沦为殖民地前非洲的要素市场

在前殖民地时期的非洲，虽然存在价格反应灵敏的市场，但一个成熟的资本主义市场体系意味着拥有劳动力、土地和资本的要素市场，以及最终消费品和服务的市场。如同艾利夫（Iliffe，1983：5）的评论，在 19 世纪中期，这里存在一个资本主义的交换部门。这在西非的大草原地区特别有据可查，其与北非在贸易上有着密切的联系。大草原上的商人使用白银和贝壳这样的进口货币

（Johnson，1970），此外，他们还使用信贷和商业票据制度，以为跨越撒哈拉大沙漠的长途贸易提供便利（Iliffe，1983：5）。

然而，这一资本主义的交换部门与一个依然处在 19 世纪的生产部门并存可能被描述为是显著的前资本主义式的。按照正统的定义，真正的无产阶级只存在于劳动力与生产资料相分离的情况下。20 世纪 70 年代的马克思主义学者探索了非洲的“生产方式”，并试图解释非洲国家是否主要依靠封建、朝贡、奴隶或其他生产方式（Freund，1985）。探究资本主义在前殖民地时期非洲的出现倾向于关注雇佣劳动力的普遍性，以及这种劳动力是不是一种典型的生产要素。

土地相对于劳动力的丰裕解释了奴隶制度在前殖民地时期的非洲普遍存在的原因。与尼波尔（Nieboer，1900）提出并由多马（Domar，1970）正式化的假设一致，在土地充裕而劳动力和资本稀缺的地方，长期雇用自由劳动力是不存在的，因为工资率可能太高而雇主无法接受，强迫，特别是奴隶制，成为主要的劳动形式（Austin，2009b）。只有在那些形成城市中心的地方，雇佣劳动力才 446
会出现，特别是当手工生产与之相关的时候。最突出的例子是尼日利亚卡诺的纺织品生产和染布（Shea，1975）。然而，在非洲东部和中部，手工生产中的雇佣劳动并不普遍（Iliffe，1983）。在手工生产中有一些雇佣劳动力的例子，同时在前殖民地时期的非洲，在资本主义出现最明显的地方，雇佣劳动力与贸易相关。其中一些贸易与外部贸易有关，但同样重要的是大陆内部的长距离贸易和短程贸易。

农业生产通常依靠家庭劳动力。在西非和东非有较大的庄园，但这些庄园利用的是奴隶劳动力。奴隶的使用很普遍，特别是在贸易中心附近（Iliffe，1983：6）。这段时期的雇佣劳动力大部分与长途贸易有关。为了移动用于贸易的货物，雇用了搬运工。这在跨撒哈拉沙漠的贸易——在连接西非、中非和大西洋海岸的商队，以及在东非的斯瓦希里人组织的商队中非常突出（Rockel，2006）。商队还聘请了专职的搬运工。奴隶是这项活动的组成部分，因为其他货物的贸易正好与奴隶贸易相吻合。奴隶可以携带商品并在到达时被出售。邦迪（Bundy，1979）记录了 19 世纪非洲大陆上南非的一种异常现象，非洲资本主义农民的出现是为了响应位于开普敦的欧洲殖民地创造的市场需求。正如先前讨论的西非商业化可可生产和棕榈油的情况一样，这些都是属于 19 世纪后半期的农村资本主义运动。

随着在大西洋沿岸从奴隶贸易到合法贸易的转变，农业资本主义在西非出现了（Austin，2009a）。这种转变先于殖民统治。殖民统治前后，用于出口的初级产品的生产有所扩大。这可以被认为是农村资本主义，不是因为它依赖雇佣劳动力——尽管那也是其特色——而是因为它需要借入资本或储蓄资本的投资来为市场扩大生产（Hill，1963）。新的土地被购买和清理，投资发生于多年生作物。这种扩张在西非是以可可生产为特征的，但也发生在其他作物中（例如咖啡、棉花、烟草、棕榈产品、可可和花生），以及其他区域（非洲南部、中部、东部）。在 19 世纪下半叶，随着要素比率的变动，以及土地变得更为稀缺，产权得到了发展（Austin，2007）。

然而，在 19 世纪末发生，并一直持续到 20 世纪的经济作物
447 革命之前，耕地在前殖民地时期的非洲是相对丰裕的，因此，很难找到任何有关种植权市场的证据（Austin，2009b：33-34）。有记载表明，尽管不能购买土地，但移来的农民可以租用土地（Austin，2005）。一般来说，土地租金是例外，而自然租金可以通过控制特定的自然资源如黄金，或在干旱地区拥有牧场获取（Austin，

2009b：34；Johnson，1976）。

正如前面所提到的，缺乏金融中介意味着信贷无法广泛获得，而当信贷存在时，利率就很高（Austin，2009b：35-36）。土地市场的缺乏也意味着它不能被用于抵押，但信贷或有价证券能够以典当或者抵押的形式取得。洛夫乔伊和理查森（Lovejoy and Richardson，1999，2004）已经证明了这种保留抵押品的系统是如何促进在卡拉巴尔和邦尼的奴隶贸易的。这意味着欧洲商人可以向沿海的奴隶商人提供信贷。抵押品被保留以作为一种保证，奴隶主可以冒险到内陆购买和设法取得奴隶。

制约因素：要素禀赋、技术和制度

根据前面关于经济增长的数据，人们很容易把非洲经济的过去视为长期增长的失败。实际上，从非洲今天的相对贫困这个角度看，这似乎是合理的。在经济增长文献中，经济增长和收入之间的联系是相当直接的：今天的低收入一定是过去收入增长缺乏的结果。如果人们对经济增长有一种线性的认识，那么长期增长失败这个典型事实的下一个合乎逻辑的步骤是，集中研究解释非洲经济中持续低收入的现象，也确实一直是这样。通过几乎完全利用表现了随时间推移的平均增长的统计数据，文献还没有解释增长时期和停滞时期，此外，由于大多数贫困经济体平均增长速度缓慢，解释缓慢增长已经和解释低收入混为一谈了（Jerven，2010b）。

这种“历史的压缩”（Austin，2008a）已经使得对非洲潜在增长约束的评估有偏误。具体而言，这种分析往往夸大了非洲经济受到增长阻碍型制度限制的程度（Acemoglu and Robinson，2010，2012；Acemoglu，Johnson，and Robinson，2001，2002）。虽然前殖民地时期非洲的增长并不是大获全胜，但也有一些增长的片段。448 这主要根源于贸易和世界经济，但这种增长只可能是由于生产要素的一种重组，一个反过来也会带来制度变迁的投资和技术增长的组合。这些增长的片段提出了关于前殖民地时期的制度在多大程度上是增长抑制性的问题，并进一步提出初始条件如地理因素和要素禀赋，在何种程度上确实束缚了前殖民地时期的非洲经济增长。

当然，重要的是注意地理不应仅仅被视为“初始条件”。资源条件的变化部分是由于人类对条件的反应。因此，例如奥斯汀（Austin，2008b）认为，非洲出口奴隶的事实不应被视为外生的制度变迁，这是对现有资源和技术的回应，也是对海外需求的回应。

如果一个人接受历史的理性选择解释，那么技术的选择，被定义为创新而不是发明的技术，通常是由环境所决定。一个很好的例子是轮子，因为只有在有牲口的地方，以及允许修建宽阔道路的地形中，它才可能作为一项重要的新技术出现。轮子是众所周知的，但在西非却没有被采用（Law，1980）。这个例子的含义是，关于技术、制度或生产技术的选择的合理性取决于做出这些选择时面对的条件。在西非前殖民地时期的经济史中，安东尼·霍普金斯注意到：

> 比较世界上不同地区的自然资源和气候，以得出关于它们是否刺激或阻碍特定社会经济发展的结论，这是一项诱人但无益的工作——就有点像试图确定南极的企鹅或撒哈拉沙漠的骆驼是否生活更艰难一样。（Hopkins，1973：13–14）

诸如生产技术的选择，以及物质和人力资本的投资水平等问题，需要在特定的环境和当地条件下进行评估，这将在本章第四节展开讨论。首先，这里的问题不是资本主义失败了还是成功了，而是追溯其在 1850 年之前不完整的出现，因此，需要对经济增长、市场和制度采取不同的方法。

杰克·古迪（Jack Goody）曾指出，非洲和欧亚大陆的关键性区别不在于市场存在与否，此外，一个在这里反复出现的主题，即非货币经济学的概念，不适用于前殖民地时期的非洲。在他对商业制度的评价中，非洲有些地方与同一时期的西欧没有什么不同（Goody，1971：22-24）。在对封建主义的比较研究中，古迪认为， 449
关键的区别是犁。没有犁和牲畜，类似欧洲封建制度的进贡制度就没法得到发展。这反过来解释了在前殖民地时期的非洲缺乏中央集权国家的原因。这些国家在 19 世纪后期无法抵御殖民化。再次，对于证实上述规律，埃塞俄比亚是一个例外，因为埃塞俄比亚军队能够于 1896 年在阿杜瓦击败意大利军队。

达龙·阿西莫格鲁（Daron Acemoglu）和詹姆斯·鲁宾逊（James Robinson）的疑问是，为什么沦为殖民地之前，在撒哈拉以南非洲地区的刚果王国，农民们没有采用犁？他们的回答是，因为制度或“他们没有任何激励去这样做”（Acemoglu and Robinson，2012：61）。更具体地说，阿西莫格鲁和鲁宾逊认为，这是因为对专制的国王征用庄稼、产出和人力的恐惧剥夺了进行生产性投资的激励。奴隶贸易、殖民统治、蒙博托的后殖民地时期政权都设法保持这一地区的贫困，因此，“500 年前经济和政治制度的相互作用仍然有助于理解为什么现代刚果今天仍然极度贫穷”（Acemoglu and Robinson，2012：90）。

这种相当笼统的陈述无疑有一定的道理，但人们一般都承认政治制度不是造成在撒哈拉以南非洲地区犁的使用缓慢或缺乏的主要原因。在热带森林区，包括刚果盆地，锥虫病的流行使得人们无法养牛，因此，犁是没有效率的（Hopkins，1973）。此外，在许多地方，土地相对丰富，因此，对土地的投资不受鼓励，这不是因为过度的国家干预，而是因为土地的丰裕（Austin，2008a）。最后，正如许多殖民地管理者后来发现的那样，犁不是普遍需要的。热带土壤的肥力很浅，因此，犁增加了土壤受侵蚀的风险。

总之，要素禀赋对非洲在前殖民地时期的制度发展确实有影响，同时证据也支持以下观点，即当要素比率改变的时候，国家或其他代理人提供土地或劳动力的产权，或者提供用于交换和生产的资本，都得到了回报，制度变迁确实发生了。奴隶制和奴隶贸易绝对是对要素比率的一种回应。虽然有些国家能够从奴隶贸易中获得积极的回报，但其对非洲经济发展的总效应可能是降低了人口增长，虽然我们没有准确地度量这种效应的证据。我们所知道的是，奴隶贸易之前的合法贸易、与奴隶贸易并存的合法贸易或
450 者奴隶贸易之后的合法贸易，只有通过好好运作国内市场才有可能，这建立在完善的贸易路线和网络基础上。制度创新促进了这种贸易。

结　论

如果我们所说的资本主义指的是资本家把自己的资本和土地与没有土地的自由工人的劳动结合起来，生产用于交换的商品，那么资本主义在 1850 年之前就没有出现过。虽然按正统定义，它不是在非洲占主导地位的生产系统，正如这里所记载的，但这并不意味着非洲不存在符合正式定义的市场或经济增长。商品市场确实存在，但要素市场是有限的。正如在世界经济史上的其他地方所看到的那样，奴隶制与经济增长并不矛盾。奴隶被用于国内生产，促进

了跨整个大陆的长途贸易，并且在与世界其他地区的贸易中处于重要地位。非洲通过印度洋、地中海、大西洋贸易和跨撒哈拉沙漠贸易与世界其他经济体融为一体——一种持续了几百年的思想、商品和人员的流动。从零星接触开始的扩大对外联系导致了贸易据点的建立，最终使得欧洲各个强国在 19 世纪末期正式殖民化了非洲大陆的大部分地区。

注　释

[1] 根据琼斯（Jones，1983）、奥斯汀（Austin，2008b）和杰文（Jerven，2010a）等学者的观点，粗放型增长的基础是增加投入量，以增加产出量，这与集约型增长是相对的。因此，粗放型增长可能会受到收益递减的影响，因而从长期来看，对人均收入没有影响。

参考文献

Acemoglu, D. and J. A. Robinson (2010). " Why is Africa Poor? " *Economic History of Developing Regions* 25(1): 21-50.

(2012). *Why Nations Fail: The Origins of Power, Prosperity, and Poverty*. New York. Crown Publishers.

Acemoglu, D., S. Johnson, and J.A. Robinson (2001). " The Colonial Origins of Comparative Development: An Empirical Investigation, " *The American Economic Review* 91(5): 1369-1401.

(2002). " Reversal of Fortune: Geography and Institutions in the Making of the Modern World Income Distribution, " *The Quarterly Journal of Economics* 117(4): 1231-1294.

Austen, R. A. (1987). *African Economic History: Internal Development and External Dependency.* London: James Currey, Portsmouth, NH: Heinemann.

(2010). *Trans-Saharan Africa in World History*. New York: Oxford University Press.

Austin, G. (2005). *Labor, Land, and Capital in Ghana: From Slavery to Free Labor in Asante, 1807—1956.* University of Rochester Press.

(2007). " Labor and Land in Ghana, 1874—1939: A Shifting Ratio and an Institutional

Revolution," *Australian Economic History Review* 47(1): 95–120.

(2008a). " The ' Reversal of Fortune ' Thesis and the Compression of History: Perspectives from African and Comparative Economic History, " *Journal of International Development* 20(8): 996–1027.

(2008b). " Resources, Techniques, and Strategies South of the Sahara: Revising the Factor Endowments Perspective on African Economic Development, 1500—2000, " *The Economic History Review* 61(3): 587–624.

(2009a). " Cash Crops and Freedom: Export Agriculture and the Decline of Slavery in Colonial West Africa," *International Review of Social History* 54(1): 1–37.

(2009b). " Factor Markets in Nieboer Conditions: Pre-colonial West Africa, c.1500-c.1900," *Continuity and Change* 24(1): 23–53.

Behrendt, S. D., A. J. H. Latham, and D. Northrup, (2012). *The Diary of Antera Duke, an Eighteenth-Century African Slave Trader*. New York: Oxford University Press.

Berry, S. (1993). *No Condition is Permanent: The Social Dynamics of Agrarian Change in sub-Saharan Africa*. Madison, WI: University of Wisconsin Press.

Bohannan, P. and G. Dalton, eds. (1902). *Markets in Africa*. Evanston, IL: Northwestern University Press.

Bundy, C. (1979). *The Rise and Fall of the South African Peasantry*. Berkeley, CA: University of California Press.

Cooper, F. (1993). " Africa and the World Economy, " in F. E. Mallon, S. J. Stern, A. F. Isaacman, and W. Roseberry (eds.), *Confronting Historical Paradigms: Peasants, Labor and the Capitalist World System in Africa and Latin America. Madison*, WI: University of Wisconsin Press, pp. 84–204.

Curtin, P.D. (1969). *The Atlantic Slave Trade: A Census*.Madison,WI: University of Wisconsin Press.

(1975). *Economic Change in Pre-colonial Africa: Senegambia in the Era of the Slave Trade*. Madison, WI: University of Wisconsin Press.

Diamond, J. M. (2005). *Guns, Germs, and Steel: The Fates of Human Societies*. New York: W. W. Norton.

Dike, O. K. (2011). *Trade and Politics in the Niger Delta, 1830—1885: An Introduction to the Economic and Political History of Nigeria*. Oxford: Clarendon Press.

Domar, E. (1970). " The Causes of Slavery or Serfdom: A Hypothesis, " *Journal of Economic History* 30(1): 18–32.

Fetter, B. (1987). " Decoding and Interpreting African Census Data: Vital Evidence from an Unsavory Witness," *Cahiers d'Études Africaines* 27: 83–105.

Flint, J. E. and McDoughall, E. A. (1987). " Economic Change inWest Africa in the

Nineteenth Century," in J. F. Ajayi and M. Crowder (eds.), *History of West Africa*, Vol. Ⅱ. New York: Columbia University Press.

Freund, B. (1984). "Labor and Labor History in Africa: A Review of the Literature," *African Studies Review* 27(2): 1−58.

Good, C. M. (1973). "Markets in Africa: A Review of Research Themes and the Question of Market Origins," *Cahiers d'Études Africaines* 13(52): 769−780.

Goody, J. (1971). *Technology, Tradition, and the State in Africa*. London: Oxford University Press.

Gray, R. and Birmingham, D. (1970). *Pre-Colonial African Trade: Essays on Trade in Central and Eastern Africa before 1900*. London: Oxford University Press.

Harms, R. W. (1981). *River of Wealth, River of Sorrow: The Central Zaire Basin in the Era of the Slave and Ivory Trade, 1500—1891*. New Haven: Yale University Press.

Hawthorne, W. (2001). "Nourishing a Stateless Society during the Slave Trade: The Rise of Balanta Paddy-rice Production in Guinea-Bissau," *The Journal of African History* 42(1): 1−24.

Helleiner, G. K. (1966). *Peasant, Agriculture, Government, and Economic Growth in Nigeria.* Homewood, IL: R. D. Irwin.

Herbst, J. I. (2000). *States and Power in Africa: Comparative Lessons in Authority and Control.* Princeton University Press.

Hill, P. (1963). *The Migrant Cocoa-farmers of Southern Ghana: A Study in Rural Capitalism.* Cambridge University Press.

Hodder, B. W. (1965). "Some Comments on the Origins of Traditional Markets in Africa South of the Sahara," *Transactions of the Institute of British Geographers* 36: 97−105.

Hopkins, A. G. (1973). *An Economic History of West Africa*. New York: Columbia University Press.

Iliffe, J. (1983). *The Emergence of African Capitalism: The Anstey Memorial Lectures in the University of Kent at Canterbury 10−13 May 1982*. London: Macmillan.

(1995). *Africans: The History of a Continent.* Cambridge University Press.

Inikori, J. E. (2007). "Africa and the Globalization Process: Western Africa, 1450—1850," *Journal of Global History* 2(1): 63−86.

Jerven,M. (2010a). "African Growth Recurring: An Economic History Perspective on African Growth Episodes, 1690−2010," *Economic History of Developing Regions* 25(2): 127−154.

(2010b). "The Relativity of Poverty and Income: How Reliable are African Economic Statistics?" *African Affairs* 109(434): 77−96.

(2012). "An Unlevel Playing Field: National Income Estimates and Reciprocal Comparison in Global Economic History," *Journal of Global History* 7(1): 107–128.

(2013). *Poor Numbers: How We Are Misled by African Development Statistics and What to Do about It.* Ithaca, NY: Cornell University Press.

Johnson, M. (1970). " The Cowrie Currencies of West Africa Part Ⅰ," *The Journal of African History* 11(1): 17–49.

(1976). " The Economic Foundations of an Islamic Theocracy: The Case of Masina, " *Journal of African History* 17(4): 486.

Klein, M. A. (2001). " The Slave Trade and Decentralized Societies, " *The Journal of African History* 42(1): 49–65.

Kuczynski, R. R. (1937). *Colonial Population.* London: Oxford University Press.

(1948). *Demographic Survey of the British Colonial Empire*. Vol. Ⅰ: *West Africa*. London: Oxford University Press.

(1949). *Demographic Survey of the British Colonial Empire*. Vol. Ⅱ: *East Africa*. London: Oxford University Press.

Kuznets, S. S. (1966). *Modern Economic Growth: Rate, Structure, and Spread.* New Haven: Yale University Press.

Latham, A. J. H. (1971). " Currency, Credit and Capitalism on the Cross River in the Pre-Colonial Era," *Journal of African History* 12(4): 599–605.

(1978). *Old Calabar 1600—1891: The Impact of the International Economy upon a Traditional Society*. Oxford: Clarendon Press.

Law, R. (1980). " Wheeled Transportation in Pre-Colonial West Africa," *Africa* 50: 249–262.

(1992). "Posthumous Questions for Karl Polanyi: Price Inflation in Pre-Colonial Dahomey," *The Journal of African History* 33(3): 387–420.

Law, R. ed. (1995). *From Slave Trade to "Legitimate" Commerce: The Commercial Transition in Nineteenth-century West Africa*. Cambridge and New York: Cambridge University Press.

Lewis, A. W. (1954). " Economic Development with Unlimited Supplies of Labor, " *Manchester School* 20: 139–191.

Lovejoy, P. E. (1982). " Polanyi's ' Ports of Trade ' : Salaga and Kano in the Nineteenth Century," *Canadian Journal of African Studies* 16(2): 245–277.

(2000). *Transformations in Slavery: A History of Slavery in Africa*. Cambridge and New York: Cambridge University Press.

Lovejoy, P. E. and Hogendorn, J. S. (1993). *Slow Death for Slavery: The Course of Abolition in Northern Nigeria, 1897—1936*. Cambridge and New York: Cambridge University Press.

Lovejoy, Paul E. and David Richardson. (1995). " British Abolition and its Impact on Slave Prices along the Atlantic Coast of Africa, 1783—1850, " *Journal of Economic History* 55(1): 98-119.

(1999). " Trust, Pawnship, and Atlantic History: The Institutional Foundations of the Old Calabar Slave Trade," *American Historical Review* 104(2): 33-55.

(2004). " ' This horrid hole ' : Royal Authority, Commerce and Credit at Bonny 1690—1840," *Journal of African History* 44(3): 363-392.

Maddison, A. (2007). *Contours of the World Economy, 1—2030 AD: Essays in Macro-economic History*. Oxford and New York: Oxford University Press.

Manning, P. (1982). *Slavery, Colonialism and Economic Growth in Dahomey, 1640—1960*. Cambridge University Press.

(2010). " African Population. Projections 1850—1960, " in K. Ittman, D. Cordell, and G. Maddox (eds.), *The Demographics of Empire: The Colonial Order and the Creation of Knowledge*. Athens, OH: Ohio University Press, pp. 245-275.

Martin, S. M. (1988). *Palm Oil and Protest: An Economic History of the Ngwa Region, Southeastern Nigeria, 1800—1980*. Cambridge and New York: Cambridge University Press.

Miller, J. C. (1988). *Way of Death: Merchant Capitalism and the Angolan Slave Trade, 1730—1830*. Madison, WI: University of Wisconsin Press.

Myint, H. (1958). " The ' Classical ' Theory of International Trade and the Underdeveloped Countries," *Economic Journal* 68: 317-337.

Nieboer, H. J. (1900). *Slavery as an Industrial System: Ethnological Researches*. The Hague: M. Nijhoff.

North, D. C. (1977). " Markets and other Allocation Systems in History: The Challenge of Karl Polanyi," *Journal of European Economic History* 6: 703-716.

(2005). *Understanding the Process of Economic Change*. Princeton University Press.

Northrup, D. (1978). *Trade Without Rulers: Pre-colonial Economic Development in South-eastern Nigeria*. Oxford: Clarendon Press.

(2002). *Africa's Discovery of Europe: 1450 to 1850*. New York: Oxford University Press.

Nunn, N. (2007). " Historical Legacies: A Model Linking Africa's Past to its Current Underdevelopment," *Journal of Development Economics* 83(1): 157-175.

(2008). " The Long-term Effects of Africa's Slave Trades, " *The Quarterly Journal of Economics* 123(1): 139-176.

Polanyi, K. (1966). *Dahomey and the Slave Trade: An Analysis of an Archaic Economy*. Seattle: University of Washington Press.

Reid, R. (2002). *Political Power in Pre-colonial Buganda: Economy, Society and Warfare in the Nineteenth Century*. Oxford: James Currey, Kampala: Fountain Publisher, and Athens,

OH: Ohio University Press.

(2011). "Past and Presentism: The Pre-colonial and the Foreshortening of African History," *The Journal of African History* 52(2): 135–155.

Rockel, S. J. (2006). *Carriers of Culture: Labor on the Road in Nineteenth-century East Africa*. Portsmouth, NH: Heinemann.

Shea, P. J. (1975). "Economies of Scale and the Indigo Dyeing Industry of Pre-colonial Kano," *Kano Studies* 1(2): 55–61.

Sheriff, A. (1987). *Slaves, Spices and Ivory in Zanzibar: Integration of an East African Commercial Empire into the World Economy, 1770—1873*. London: James Currey.

Smith, S. (1976). "An Extension of the Vent-for-Surplus Model in Relation to Long-Run Structural Change in Nigeria," *Oxford Economic Papers* 28(3): 426–446.

Tabutin, D. and Schoumaker，B. (2004). "The Demography of Sub-Saharan Africa from the 1950s to the 2000s," *Population* (*English Edition*), 59(3/4): 447–556.

Thornton, J. (1977). "Demography and History in the Kingdom of Kongo, 1550—1750," *Journal of African History* 18(4): 507–530.

(1992). *Africa and Africans in the making of the Atlantic World*, *1400–1680*. Cambridge, New York: Cambridge University Press.

Tosh, John (1980). "The Cash-Crop Revolution in Tropical Africa: An Agricultural Reappraisal," *African Affairs* 79(314): 79–94.

Widgren, M. (2004). "Towards a Historical Geography of Intensive Farming in Eastern Africa," in M. Widgren and J. E. G. Sutton (eds.), *Islands of Intensive Agriculture in Eastern Africa: Past and Present*. London: British Institute in Eastern Africa.

Wrigley, C. C. (1981). "Population and History: Some Innumerate Reflexions," in *African Demography*. Vol. Ⅱ : *Proceedings of a Seminar Held in the Centre of African Studies, University of Edinburgh, 24th and 25th April 1981*. Edinburgh: Centre of African Studies, University of Edinburgh, pp. 17–31.

第

15

章

美洲原住民与交流：1800 年之前的策略与互动

安·M. 卡洛斯和弗兰克·D. 刘易斯

引　言

拥有资本主义经济的人常常并不包含北美洲的土著人。[1] 北 455
美洲的土著人大多数是狩猎采集者，为了协调野味、野生谷物和其他食物来源的季节性供应，在各处活动。这些群体往往规模很小，依赖于类似的资源，几乎没有市场交换的空间，而且他们的游牧生活方式几乎不可能产生大量的资本积累。此外，抑制复杂的市场活动的事实是，直到 19 世纪，土著人都没有书面语。然而，人类学家和考古学家发现，在整个北美洲，土著人都在从事贸易，包括长途贸易；在人口密度较高的地区，贸易是经济的重要组成部分。

在这一章中，我们考虑土著居民中的经济交易的记录，这是一个早于欧洲接触的记录。我们还讨论了当地人和欧洲人后来发生的更广泛的贸易。虽然这些土著人还没有被视为是市场导向的，但越来越多的证据表明，一些群体从事着复杂的交易。他们的机制包括互惠和再分配，而这些在西方社会发挥了更大的作用。事实上，美洲北部的土著居民之间普遍存在的是慷慨大方的伦理规范。456 自 20 世纪 20 年代马塞尔·毛斯（Marcel Mauss）的经典著作《礼物：古代社会交换的形式与理由》（*The Gift: The Form and Reason for Exchange in Archaic Societies*）出版以来，礼物在土著社会中的地位受到了越来越多的关注。毛斯把赠送礼物定义为在对称地位上的个人或团体之间的平等交换（Gamble，2008：234）。人们预期某一年赠送的礼物将在另一年被返还，因此这是送礼者的一种储蓄形式，也是受礼者的借用形式。我们探索了一些促成北美原住民之间送礼行为的因素。

贸易并不是随着欧洲人的到来而被介绍给美洲土著人的，但在货物数量和贸易安排的复杂性方面，贸易被大大扩展了。双方都面临巨大挑战。欧洲人必须在大西洋两岸都建立业务，双方必须建立一些机制，用于和不熟悉他们的商品、贸易手段和语言的人们打交道。我们的重点是毛皮贸易和在美洲大陆中北部的主要欧洲参与者——哈得孙湾公司（Hudson’s Bay Company）。这家英国公司如何在北美洲内陆建立一个以欧洲商品交换毛皮的成功贸易是商业史上最伟大的故事之一。[2] 同样引人注目的是当地人的参与。在受可航行季节和对猎物的需求限制的时间表上，当地人乘独木舟航行几百英里前往哈得孙湾公司的贸易点。他们获得了帮助他们捕获海狸的贸易商品，这是贸易的基石，以及帮助他们提高狩猎能力的武器。在北部的毛皮贸易区，枪支主要用于捕获水禽和小型猎物，而不是作为战争工具。土著人也获得了毯子和水壶，以及各种各样的奢侈品，包括布、珠宝、烟草和酒精。随着海狸毛皮的价格在欧洲上涨（这是由于对毡帽的需求量很大，同时也因为法国在该地区的竞争加剧），土著贸易商作为精明的交易者为他们的毛皮收取更高的价格。他们利用额外收入购买更多奢侈品来提高生活水平。因此，尽管市场交换在土著社会只发挥了有限的作用，但土著人迅速利用这些机制，并对欧洲贸易的刺激做出了响应。

北美的土著人在积累大量资本的意义上还没有进入资本主义经济，然而，他们的社会有包括易货贸易在内的一些市场特征，以 457
及对一些群体而言，有货币促成的贸易。更重要的是，他们把馈赠制度化了，这提供了一个资本市场，在其中是允许借贷的。馈赠也起到了保险的作用，这是对土著社区至关重要的一个角色，他们的生产接近温饱水平，食物供应是可变的。在一些社会，特别是西北太平洋地区的社会，馈赠也是减少冲突和保护资源的一种手段。正如本卷引言中所强调的，资本主义经济的一个重要特征是确保产权，这通常是通过正式法律或其他制度结构强制执行的。就北美土著社会而言，确实存在着产权，但这些机制是建立在足以允许建立资本市场、保险市场的社会规范和一种保护资源的手段基础上的。

这种机制绝不是北美洲独有的。在政治学家和人类学家詹姆斯·斯科特（James Scott）《不受统治的艺术》（*The Art of Not Being Governed*）一书中，他强调了“佐米亚”，一个东南亚的大约 250 万平方公里的孤立山地群落对非国家制度的偏爱。这个地区至少在某些方面反映了美洲土著社会的特征，如斯科特所描述的，该地区有“广泛的手工业专业化和复杂性，但是是在一个政治上分权和相对平等的背景下”（Scott，2009：325–326）。同时人类学家大卫·格雷伯（David Graeber，2011：89–126）从广泛的地区和文化中抽取例子来说明赠送礼物的必要性，以及理解接受礼物使得偿还这份债务成为必要。实际上，使用礼物作为一种贸易促进机制的历史至少可以追溯到腓尼基人的时代，就像考古学家玛丽亚·尤金妮娅·奥贝特（Maria Eugenia Aubet，2001：127–138）在她重要的著作中所描写的，尽管在这种情况下礼物交换主要是在社会精英之间进行的。

美洲原住民馈赠的机制，以及与慷慨相关的行为模式在欧洲人到达北美之前就存在了，但一旦原住民能够获得欧洲的商品，他们就会通过把他们的做法和过去的交易经验调整为现在更复杂的安排，从而迅速利用这些机会。在哈得孙湾公司的卓越的档案中得到了最好保存的土著人与欧洲人之间的交易记录，揭示美洲土著人是精力充沛的商人，他们走了几百英里才到该公司的贸易据点；他们是精明的消费者，要求提供适合其环境的质量好的一系列货物；他们是强硬的谈判者，挑拨离间了存在竞争的英国人和法国人；他们是勤劳的劳动者，因更高的毛皮价格，他们提高了在贸易中的努力
458 程度。重要的是，美洲原住民的经验有着超越毛皮贸易区域的深远含义。他们的社会是一个没有书面语，商品序列相对较小，以及复杂贸易的经验有限的社会，然而，他们能够适应已经实现工业化的世界最发达经济体的经济体系。

早期和欧洲人到来前美洲土著人之间的交易

贸易是土著社会的一个组成部分，但是，在欧洲人到来之前，一直到 19 世纪，美洲土著人主要是自给的生产者。在这个大陆的北部地区，他们是猎人，以大型猎物作为日常食物的基础，在一些地区淡水鱼是饮食的重要补充，而在其他地区，水禽是重要的，特别是火器被引进之后。同样，小型猎物的肉，如野兔和海狸，也提

供了能量，特别是在食物匮乏期间。然而，在典型的一年里，大型有蹄类动物，不管是鹿、驼鹿或者是寒带森林中的林地驯鹿，又或者是在平原地区的野牛，组成了本地人饮食的大部分。在太平洋沿岸，鱼类和海洋哺乳动物是主要的食物来源，而沿着密西西比河和在其他一些地区，当地人种植玉米、豆类和其他食物作物。就像 19 世纪以前的欧洲一样，美洲土著人的经济也是建立在土地基础上的。不仅仅是食物，甚至衣服，常常还有遮盖物，都来自狩猎，主要是用兽皮制成的。在这样的环境下，贸易的机会和动机是有限的。然而，在北美洲的某些地区，特别是在加利福尼亚和西北太平洋地区，当地人在与欧洲人接触之前进行了大量的市场交易，而且在内陆地区也发生了贸易。

正如考古学家所表明的，土著人的活动包括沿着一些路线长途运输货物，而这些路线在某些情况下已经使用了几千年。在北美洲北部的大部分地区发现了银、硅石、铜和黑曜石的贸易证据（Carlson，1987）。像其他材料一样，黑曜石这种深色玻璃似的火山岩具有切割价值，在广泛分散的地点都有发现。这些稀缺的高价值商品显示出在遥远距离上所发生的相互联系的交易。尽管他们的贸易在地理上受到更大的限制，加利福尼亚南部的丘马什人和邻近的一些部落专门从事一些活动，包括利用海螺贝壳“铸造”货币。[3] 在美洲大陆的其他地方，贝壳串珠，一 459
种用空心小珠子制成的货币，在欧洲人贸易到来之后便开始使用了。

这里也有粮食贸易的证据。土著人几乎从他们到达美洲大陆之时就已经开始在大平原上猎杀野牛了。大多数狩猎活动的规模有限，在不同地点捕杀少量动物以满足各个群体的食物需求。[4] 但大约 2 000 年前开始，就有了生产肉类用于贸易的证据。在艾伯塔南部一个名为碎头野牛跳崖的地方，人们密集地狩猎和加工野牛。这个地方有“超过 100 万件的抛掷枪头、数以 10 万计的陶片，以及数百万公斤的石头”，这些东西被搬运了好几公里，同时“用于从石煮法中得到骨脂”（Bamforth，2011：8）。骨脂被用于生产干肉饼，一种有营养的粉末状肉与融化的脂肪的混合物，非常便于交易。碎头野牛跳崖处的产出远远超过了当地需求。这种工业生产水平与平原上交易网络的扩大相吻合。也有证据表明，陶器贸易从伊利诺伊和俄亥俄一直延伸到了落基山脉（Bamforth，2011：10）。

加利福尼亚南部的丘马什部落

加利福尼亚南部的丘马什部落居住在现在的圣巴巴拉县所在的地方，他们有着也许是整个北美洲最复杂的贸易关系。[5] 有些部落占据了距离大陆约 50 公里的海峡群岛的几个岛屿，有些居住在海岸附近，有些则居住在内陆。由于这种多样性，不同的群体组成的丘马什部落可以获得非常不同的资源。在 18 世纪末西班牙人第一次开始定居的时候，丘马什人的人口估计为 15 000 ～ 25 000 人，居住在一片不超过 20 000 平方公里的区域当中（Gamble，2008：9）。事实上，几乎所有的人口在大陆上占有的面积不到 7 500 平方公里，而被丘马什、圣克鲁斯、圣罗莎和圣米格尔占据的三个
460 海峡群岛岛屿，总面积只有 500 平方公里。除了西北太平洋沿岸的一些土著群体之外，丘马什部落的人口密度在墨西哥中部以北地区的所有部落中是最高的。[6] 环境的广泛变化和群体之间的高度接近性促进了贸易。同时，由于它的复杂性，这种贸易以用不同长度的线上串成的珠子的形式存在的货币为基础。这些珠子串不仅充当交换的媒介，而且是奢侈品，以及财富的象征和储存

方式。

大陆上的资源种类比海峡群岛丰富得多，海峡群岛的土著人主要以鱼为生，尽管海獭被捕杀是为了贸易和个人用途。货币是由海峡群岛的丘马什人提供的，他们用贝壳制成珠串。许多珠子是用紫色小榧螺制成的，这是一种具有非常坚硬的牙釉质外壳的海蜗牛。珠串的价值取决于它的长度和珠子的精致程度，这反映了刨削和抛光所涉及的劳动。除了珠子，这些岛民还交换其他商品，包括石环（也称为挖掘棒砝码）、石器工具，可能还有鱼。他们在交换中所收到的，除了别的商品，还有坚果、种子、兽皮、弓箭。重要的是，岛上的印第安人是商品的净进口者，事实上，他们用所生产的货币来购买货物，弥补了差额。内陆和海边的丘马什人也相互交易，珠串促进了这种贸易。

虽然岛上的丘马什人也交易哺乳动物主要是海獭、海豹的毛皮，还有鱼，但他们主要销售的是制造出来的珠子。圣克鲁斯岛上的燧石是理想的加工工具，贝壳被用于制作珠子，但是，尽管需要原材料，这些珠子基本上是人工生产的（King，1971：38）。图 15－1 说明了岛屿经济与大陆经济之间的贸易。资源型商品——f（食物），是由劳动力和资源生产的，而制成品——b（珠子），都是由劳动生产的。这两个经济体的生产可能性曲线分别用 PP^I 和 PP^M 表示。在这里，I 指的是岛屿，M 指的是大陆，而且这与只有岛上的丘马什人才生产珠子的历史探讨是一致的。即使岛上和陆上的土著人有相同的能力，资源的相对缺乏也意味着岛上的丘马什人不可能像陆上的丘马什人那样生产同样多的食物。因两条线段 P^IC^I 和 P^MC^M 的斜率，贸易使得食物和制成品的相对价格相等。岛上的 461
丘马什人在 P^I 处生产，同时在 C^I 处消费，而陆上的丘马什人在 P^M 处生产，在 C^M 处消费。因此，如图 15－1 所示，岛上的丘马什人用制成品到陆上的丘马什人那里交易食物。这种交换允许两个团体的消费超越他们自己生产潜力的限制，同时为他们提供更高的生活水平，分别由无差异曲线 I^I 和 I^M 代表。

岛上的土著人交易的是制成品，不是因为他们天生有更加强大的制作珠子和石器工具的能力，而是因为他们相对缺乏资源，这正如图 15－1 所示，意味着他们的生活水平比陆上的丘马什人生活水平低（I^I 相对于 I^M）。西班牙人的记载实际上也确实把岛上的丘马什人描述为三种群体中最贫穷的，尽管他们也受益于贸易。贸易的另一个特点也可能部分是由资源配置决定的。几乎所有的贸易都发生在陆上。因此，主要是岛民提供了运输。就像珠子和其他制成品的例子一样，较小的资源基础使得岛上的丘马什人在这种劳动密集型活动中拥有了一种比较优势。

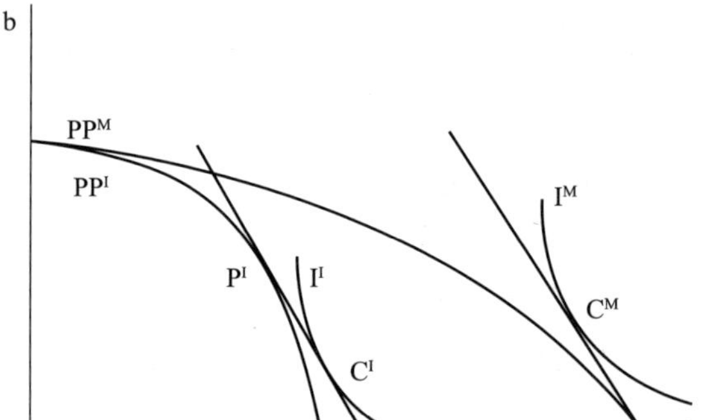

图 15－1　岛上丘马什人与陆上丘马什人之间的贸易模式

注：线段 P^IC^I 和 P^MC^M 的斜率相同，长度相等。

珠子——岛上丘马什人的主要贸易商品，作为货币，不仅促进了岛上和陆上的群体之间的交易，而且在大陆上的不同群体之间促进了交易。人类学家认为，随着珠子数量的增加，珠子相对于食物和其他贸易商品的价格将下降，最终会削弱珠子作为交换媒介的功能，以及限制其与货币有关的其他功能（King，1971：36；Gamble，2008：247-248）。然而，这并没有发生。可能的原因是，珠子的多重用途放大了实物折旧率对珠子存量的影响，只要这个比率与生产的速率匹配，珠子存量就会维持稳定。说明如下：如果 b 是年生产量，δ 是每年（物质上的）折旧率，那么随着时间的推移，462
珠子的存量就会接近 b/δ。折旧率 δ 越大，存量就会越小，同时珠子的价格相对于商品将会更高。珠子的性质、珠子在丘马什社区之外的使用，以及丘马什文化的不同维度，显然导致了足够高的折旧率来维持其价值。

珠子作为货币流通的同时，也起到了其他功能。珠串通常戴在头上或出现在腰带上，既是装饰物，也是财富或地位的象征。这些额外用途放大了贬值对“货币供应”的影响，也就是说，它们使货币供应量保持在较低水平。[7] 还有其他形式的漏损。在殡葬相关的事件中将死者的生前财产，包括他们的珠子与死者一起埋葬是通常的做法。此外，珠子变成了与丘马什部落以外的人进行二次交易的一部分。珠子的各种用途，连同本地习俗，似乎提供了一个稳定的系统。

图 15－1 展现出来的丘马什人当中的贸易总体构成强调岛上的土著人交易的主要是制成品（非资源型商品），收到的主要是食物（资源型商品），但是土著人也要求在这些大类中有多样性。圣罗莎岛盛产水獭，其毛皮被带到大陆交换橡子和其他资源型产品。同时，岛上的居民从陆上的丘马什人那里购入狐狸和其他类型的毛皮。岛上的居民们制成了销售给大陆的村庄的一篮子商品，但他们也从大陆购买了更大的商品篮子。石器工具是一种制成品，从群岛出口，而进口另一种制造好的弓箭。食物是这些岛屿的主要进口

物，但有证据表明它们出口了鱼，很可能是向内陆居民出口。丘马什人对商品种类的渴望，以及他们如何通过交易获得满足是国际贸易的一个重要特征的早期例证。[8]

北方平原上的贸易

463 在土著人之间贸易的总体层面上，几乎没有什么信息，但考古学家发现了远距离交换和各种各样货物的证据。就像鲍和埃里克森（Baugh and Ericson，1994）在《北美洲史前交易系统》（*Prehistoric Exchange Systems in North America*）中所记载的，在与欧洲人接触之前，整个大陆都有贸易活动。在近海的半岛地区，包括加拿大的沿海省份，以及魁北克、新约克和新英格兰的一些地区，已经在很多墓冢中发现了大量的外来物品（非本地物品）。出土了石器和矿物制成的工具，还有陶瓷和其他文物（Bourque，1994：29–35）。沿着圣劳伦斯河流域和大湖区，来自考古遗址的证据被用来描述各种硅石、银、铜和海洋贝壳的主要贸易路线（Wright，1994）。迈克尔·斯图尔特（Michael Stewart，1994）根据大西洋中部地区的这些遗址推断，这里存在两种交易系统。广泛的交易涉及原产于该地区的商品，同时发生在本地集团或群体之间或者内部。这些商品通常在靠近其来源地的地方可以找到。另外，集中交易涉及的常常是为了长途贸易而生产的商品。在公元800/900年之后，似乎基础广泛的贸易和集中的贸易都下降了，这是一种与定居农业的出现相一致的转变（Stewart，1994：92）。虽然斯图尔特认为这种下降令人费解，但可能是自给自足农业所提供的商品的范围，其中可能包括一些狩猎活动，以及产量的相对稳定，减少了对于贸易的需求。

北部平原人口稀少，但与其他地区一样，土著人发展出了复杂的长途贸易制度安排。在南达科他的史前遗址上，考古学家们发现了来自佛罗里达州、墨西哥湾沿岸以及大西洋和太平洋沿岸的文物（Wood，1980：99）。但是，更能揭示北部平原交易性质和程度的是刘易斯（Lewis）和克拉克（Clark）以及后来的探险家们的日记。他们描述了一个不能由墓葬遗址揭示的、在非耐用消费品上的贸易。在北部平原发生的交易，似乎主要是因为定居在达科他州的阿丽卡拉、曼丹和希达斯塔等部落的园艺种植者，与包括夏延、阿拉巴霍和科曼奇在内的游牧狩猎部落共存。园艺种植者交易了玉米、豆类和其他园艺产品，作为回报，他们收到了干肉 464
和诸如野牛皮长袍、绵羊角弓和皮革制品等动物制品。大部分阿丽卡拉、曼丹和希达斯塔部落的交易活动发生在位于密苏里河沿岸的乡村中心（见地图 15－1）。

在太平洋西北部，贸易结构相似。主要的中心——达尔斯集结地位于哥伦比亚河的主要河滩上，并吸引了来自沿海地区的土著群体。但它也是包括平原在内的整个贸易体系的一部分。沿海土著居民主要以干鱼换取狩猎经济的产品。其他贸易商品包括鱼油、羽毛、贝壳，以及根和种子食物（Wood，1980：102）。中介贸易中心为长途贸易提供了便利。在怀俄明西南部的肖肖尼人集结地，就像达尔斯集结地一样也位于一条重要的水上交通线上，即贝尔河。克劳人从北方平原带来货物，而尤特人来自西南方。肖肖尼人、内兹珀斯人和弗拉塞德人都是完成通往西海岸的贸易网络的群体之一。尽管漫长且复杂的贸易路线隐含着高昂的运输成本，但技术的分享和消费品品种的增加带来了足够的补偿。大多数土著人没有直接从事长途贸易，而是作为中间人参与其中，这使他们得以分享其中的利益。

465

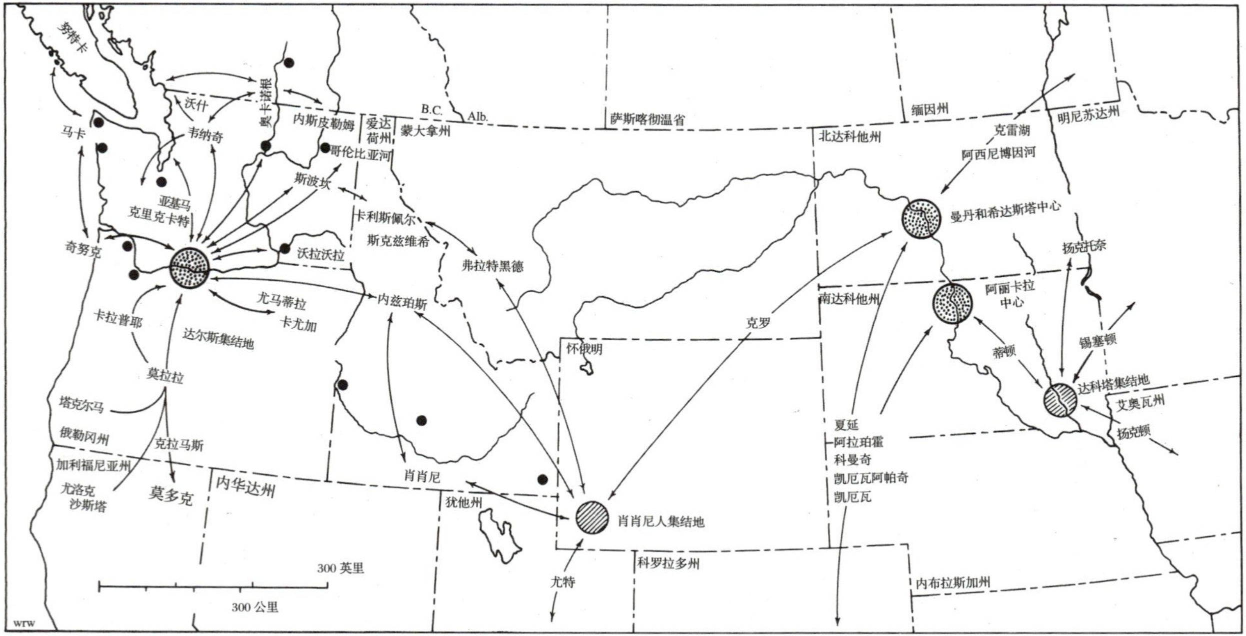

地图 15－1　密苏里中部和太平洋高原贸易体系的若干方面

注：大的带点圆圈表示主要贸易中心；大的带斜线圆圈表示二级贸易中心；小黑圆圈代表小型贸易据点。

资料来源：Wood，1980：101。感谢雷蒙德·伍德（Raymond Wood）允许我们复制这幅图。

美洲土著人的礼物赠送和分享

土著群体进行贸易，然而，比用一件商品交换另一件商品更重要的是一种制度安排，该安排允许商品的转移，通常是食物，然而没有明确的补偿。无论是所谓的好撒玛利亚人的规则还是一种慷慨热情的道德品质，馈赠在北美原住民中似乎已经很普遍了。关于馈赠、慷慨、合作和相关行为的文献很多，其中强调的是个人动机。[9] 人类学家布鲁斯·温特哈尔德（Bruce Winterhalder，1997）未忽略这方面，他探讨了基于慷慨的社会规范对经济的潜在收益。他将前现代社会对馈赠的两种解释描述为“可容忍的盗窃”或者“掠夺”，以及风险最小化。实际上，卡尔·波拉尼（Karl Polanyi，1957）指出，环境的不确定性是赠予行为的关键因素。

在土著居民社会，可容忍的盗窃被认为是给予而不是偷窃，被人类学家视为一种通过平均化收入分配提高福利的机制。这一观念就是，随着消费的边际效用递减，给予者（较高收入者）的效用损 466
失要少于接受者的效用收益。这种在本质上是功利主义的观点认为，个人效用具有可加性。正如温特哈尔德所指出的，这里的问题是：什么激励了给予者？但是，即使这一问题得到解决，一个更普遍的问题是：赠予如何影响工作努力程度，以及对产出和消费有什么影响？问题就是，分享行为对给予者和接受者来说都像是一种征税，因为每个人只保留他们生产的任何额外产出的一部分。图 15－2 描绘了两个平等分享的人的反应函数。每个函数都显示了给定其他人的产出水平，每一个人的最优（效用最大化）产出。在图 15－2 中，假定个体 2 的生产率水平比个体 1 低 25%，然而在均衡时，他的产出要少 60%（产出之比为 2：5）。因为个体 1 的努力程度更高，其中的差距就更大了。然而，由于他们的消费一样，结果就是，忽视地位差异或者分享的其他效用影响，生产率较低的人的福利会变得更好。

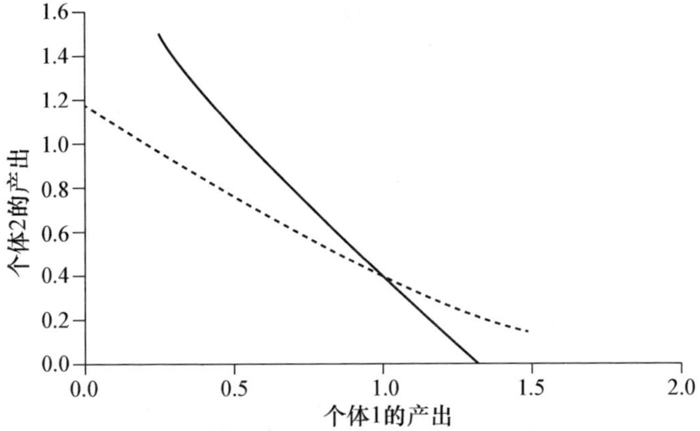

图 15－2 完全共享的反应函数

注：反应函数的基本方程是：$U=\frac{c^{1-\delta}}{1-\delta}-l^{\alpha}$ 和 $q=kl$，其中 U 是效用，c 是消费，l 是劳动（努力），q 是产出，k 是劳动生产率，δ 是相对风险厌恶，$\alpha-1$ 是劳动的边际负效用的弹性。产出被标准化，个体 1 用 1 单位的劳动生产 1 单位的产出（$k_1=1$）。个体 2 被假定为用 1 单位的劳动得到 0.75 单位的产出（$k_2=0.75$）。参数 $\alpha=1.5$，$\delta=3$。

关于慷慨的文献并不认为赠与会导致完全的收入平等，也不认为生产率较低的人的生活境况会更好，这突显了为什么这样的结果是不可能的。但是，部分共享是提高总效用的一种方式吗？图 15－3
468 描述了这些可能结果的范围，从没有分享到完全分享，对产出、消费和效用的影响。随着分享比例增加，生产率很高和生产率很低的人现在都会生产更少，原因是存在抑制性效应（见图 15－3a）。只有当存在几乎完全的分享时，个体 1 的产出才会上升。[10] 在所有的分享比例范围内，总产出会下降，甚至接收转移的人的消费也会下降（见图 15－3b）。个体 2 的效用确实上升了，因为他的努力较少，但这是以给予者的损失为代价的（见图 15－3c）。除了分享比例

467

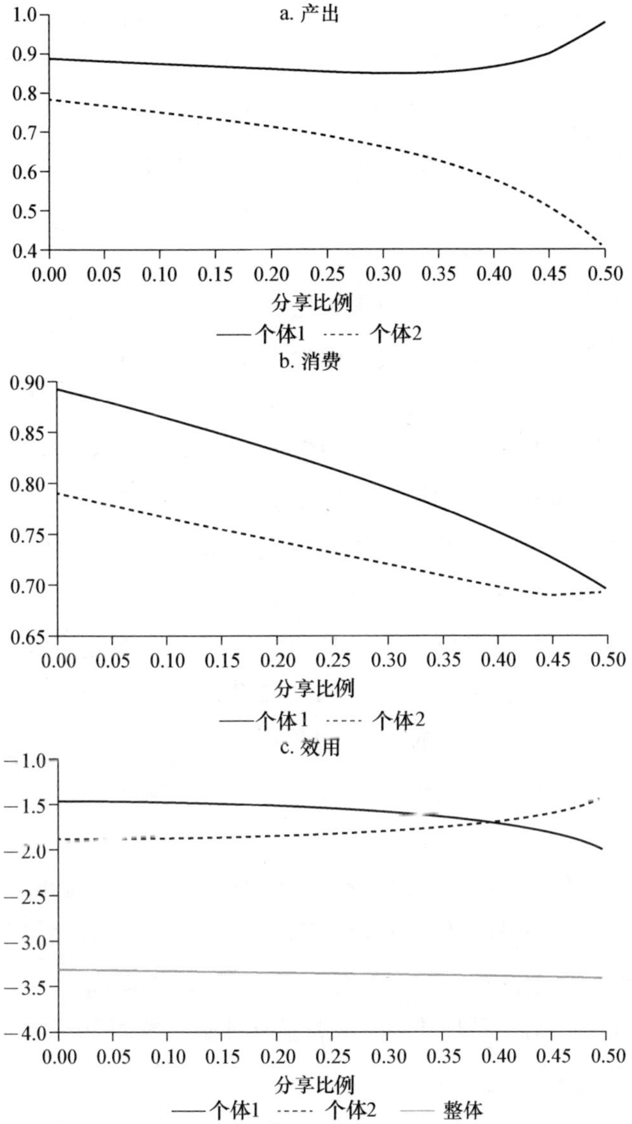

图 15－3　部分分享情况下的产出、消费和效用

注：参见图 15－2。由于效用函数的形式，效用是负的。效用随着消费的增加而上升，随着劳动的增加而下降。

非常低的范围之外，总效用不会增加。因此，即使我们采取功利主义的做法，也很难仅仅在均衡化收入的基础上证明赠予是合理的。[11] 然而，应该强调的是，这一结论只适用于那些始终处于同一方向的转移。如同下文所述，在那些赠予行为是互惠的情况下，收益将会非常大。

另一种形式的分享是好撒玛利亚人原则。这就要求，即使一个土著群体对一片领土拥有名义上的狩猎权，外人也可以杀死任何潜在的作为食物来源的动物供个人使用。在 2010 年的《极寒之海的贸易》（*Commerce by a Frozen Sea*）一书中，我们认为这一规则会使得依赖大型猎物（例如驼鹿或驯鹿）的土著人经济受益，因为它增加了印第安人在一种可耗竭资源上的合作。[12] 由于猎物的迁移，以及各种土著群体都能接触到牧群，作为这种资源的单一的垄断剥削者是他们的共同利益所在，而不是相互竞争。在两个群体竞争同一种可耗竭资源的地方，给定其他群体的收获，每一个群体都要最大化他们自己的长期收获，如果他们进行合作，他们的收获会更小，而且他们狩猎时付出的努力会更多。因此，好撒玛利亚人法则是一种鼓励自然资源保护和更有效率的狩猎机制。

在美洲大陆东部，对这些猎物的产权要比那些在内陆的更为严格。不同的土著群体甚至不同的家庭，对于特定的区域都有着排他性的权利。克雷蒂安·勒克莱克（Chrétien Le Clercq），一位方济各会的传教士，给出了以下关于 17 世纪时期一群阿尔贡金人产权情况的描述：

469 这是民族首领的权力……把打猎的地点分配给每个人。任何一个印第安人都不允许跨出在长老大会上分配给他的区域的范围和界限。长老大会在秋季和春季举行，专门就是为了完成这一分配任务。

同时，毛皮贸易商约瑟夫·查德威克（Joseph Chadwick）在1764年描述了缅因州的印第安人如何把他们的土地分成了可继承的家族狩猎领地："很久以前（一直到遥远的过去），他们的狩猎场和溪流就被分配给了某些特定的家庭"（Carlos and Lewis，2010：156）。

甚至在那些土著群体有专属狩猎场地的区域，分享 / 馈赠可能也在保护环境方面发挥了作用。假设每个人的生产力都取决于资源存量。在没有馈赠的情况下，动物数量的减少会导致土著人为了维持消费提高狩猎的努力程度。如果努力的增加足够多，那么动物的数量将会进一步下降。分享规则的好处在于它能使整体的开发率比较适度。实际上，分享规则将狩猎转移到资源存量居高不下的地区，并降低了总体的劳动力投入。

对分享的另一种解释就是温特哈尔德所称的"风险最小化"。在产出数量高度可变的地区，分享已被证明能改善营养状况。关键是，健康不是由长期平均消费决定的，而是由消费低于阈值的时期决定的。在亚北极地区的冬季，成年男性每天需要的热量在4 500 ～ 5 000 卡路里之间。特殊的能量需求使得饥饿成为一种特别的威胁，尤其是考虑到天气和猎物运动的不确定性。[13] 通过使得土著人在随着时间推移而发生生产率变化的领土上实现多样化，馈赠行为大大减少了风险。事实上，因为他们的环境不稳定，相互馈赠式的分享隐含的保险作用不仅提高了土著人的效用，而且是一种重要的生存机制。

太平洋西北部地区的土著人也许拥有北美洲最高的收入，但他们也面临着匮乏时期。通过冬节进行馈赠是他们社会一个重要的特征。就像斯图亚特·皮多克（Stuart Piddocke，1965：244）所描述的那样，“冬节有一种非常真实的促进生存或者维持生存的功能，通过促进从享有暂时性剩余的群体向遭遇临时性短缺群体的食物交
470 换，起到了抵御资源生产率变化的效果”。同时，阿森·巴利克西（Asen Balikci，1970：17）指出，在努纳武特（西北地区东部）地区的奈特斯利克爱斯基摩人（因纽特人的一种）当中，分享的重要作用为：“每当猎物丰富时，非亲属之间就不用分享，因为每个家庭都有能力得到必要的捕获物。然而，在面临稀缺的情况下，驯鹿肉在整个营地得到了更为平均的分配。”

由于他们在和欧洲人接触之后大大扩展了精心计划的冬节，不列颠哥伦比亚省的南方夸扣特尔印第安人受到特别的关注。冬节不仅降低了风险，而且保护了资源，也减少了冲突，这是布鲁斯·约翰逊（Bruce Johnsen，1986）重点强调的作用——也可以参见 Allen（1956）。夸扣特尔部落占据了夏洛特女王峡湾中有着丰富鲑鱼资源的内陆水道。每一个具有亲属关系的单位对特定的溪流拥有专属的祖传权利，这一安排有助于保护鲑鱼种群，因为它鼓励每一个群体以可持续的速度捕鱼。[14] 然而，鲑鱼的种群数量会变动，在那些数量比较低的年份当中，可能存在着匮乏，另外也存在过度捕捞的激励，这对未来的鲑鱼种群会有严重影响。但约翰逊强调的问题是，这些群体之间的距离非常接近，这诱使那些有着糟糕捕鱼收成的人很容易侵占邻居的溪流。如果发生这种情况，很可能产生冲突。约翰逊指出，在早期，战争是普遍的。除了鲑鱼种群数量的多变性之外，典型年份不同溪流的生产力差异也是潜在的冲突源。通过冬节进行财富的转移成为一个安全阀，减轻了这种威胁。

在北美洲狩猎者和采集者的世界中，馈赠和其他形式的慷慨行为也提高了长期福利，甚至可能确保土著人的生存。然而，要想作为一种社会规范得以维持，馈赠必须符合个人利益。以博弈论的观点来说，这必须是激励相容的。借鉴赠予理论创立者马塞尔·毛斯的观点，人类学家克里斯·格雷戈里（Chris Gregory，1982：19）以这种方式解释了商品交换和礼物交换之间的差别："商品交换建立了交换对象之间的关系，而礼物交换建立了主体之间的关系。"与商品交换不同的是，如果双方没有进一步的互动，礼物就会产生一笔需要偿还的债务。地位和声望是馈赠的其他特征。礼物被视为一种保持或者获得地位和提高声望的方式，这些是 471
商品交换所缺乏的特征。声望和地位是人类学文献中反复出现的主题。

得到最多研究的关于馈赠的群体居住在太平洋西北部。如同我们已经看到的，他们的馈赠机制就是冬节，这会随着部落的不同而有形式上的差异，尽管有一些共同的特征。[15]一个氏族或亲属团体的首领或级别较低的人会邀请客人，并担任主人的角色。这里会有一个宴会，但主要的目的是分配商品。在首领召集一个大型冬节聚会的场合中，氏族的其他成员也会提供礼物。但是，不管赠予者群体的确切组成如何，"参与是直接的，声望上的回报是即刻的"（Barnett，1938：350）。

随着与欧洲人的接触，礼物的数量和种类也在扩大。9 世纪中期温哥华岛上的殖民地执法官——吉尔伯特·斯普劳特（Gilbert Sprout）描述了居住在该岛西海岸的阿赫特人的馈赠行为：

> 阿赫特人所积累的私人动产的主要用处是，定期在邀请来的客人中进行分发……赠予者现在不认为他已经与他

> 的财产分离了……他把这当作进行了很好的投资，因为其赠品的当前接受者将会努力在他自己的宴会上使得回礼超过他所接受的赠品数量。（Bracken，1997：33–34）

伊斯雷尔·鲍威尔（Israel Powell），不列颠哥伦比亚省的第一任印第安人总督，也是以大体一致的方式看待这些冬节的："礼物被大量分发，但有一个奇怪的特点；这是因为在将来的一个聚会中会期望得到等价的回报"（Bracken，1997：36）。[16] 另一个激励因素是与仪式相关的声望和地位。斯普劳特不认为这是不寻常的："'冬节'的习惯是基于人类进行区分的一般愿望，这一愿望在未开化的人群当中和开化的人群当中一样强"（Bracken，1997：44）。因此，尽管对于回报没有法律上的承诺，社会规范也提供了足够的激
472 励。随着时间的推移，冬节变得更加精致，而且声望与礼物的数量联系在一起，但这是一种与欧洲人接触后的现象。在早些年，分配的数量大致保持相同。

美洲土著人与欧洲人之间的交换

随着欧洲人的到达，美洲土著人的贸易量和品种都增加了好几个数量级，这是相对于作为传统土著社会一部分的更有限交易的重大变化。荷兰人早年就参与了毛皮贸易，但北美的毛皮贸易，实际上是所有与印第安人的贸易，都是由英国和法国主宰的，其中法国人扮演了更大的角色。为了建立一种能够起作用的机制，欧洲人面临着距离、时间、语言和文化的各种挑战。毛皮贸易发生在距离毛皮最终被售出市场的几千英里以外。运输不仅包括从欧洲到北美的海运，还包括大陆内部的毛皮和商品运输。

在 1763 年失去新法兰西之前，法国人一直通过各种垄断公司运营，而美洲大陆内部的主要英国参与者是哈得孙湾公司。欧洲人和土著美洲人都遇到了这种新商业关系的各种挑战。正如我们已经描述的，贸易不仅仅发生在土著群体中间，也发生在丘马什人和其他一些甚至使用铸币的群体之间。然而，欧洲人引入了复杂的贸易体制和大量的商品。已经成为当地经济一小部分的海狸皮成了这一贸易的基石。正如毛皮贸易商安德鲁·格雷厄姆（Andrew Graham）所言，印第安人曾把海狸视为一种“毛皮只能被用作穷人的衣服，而且由于太小而不能用作帐篷覆盖物或者用于其他实用目的的动物”（Williams，1969：97）。但当美洲土著人意识到海狸毛皮是获取欧洲商品的工具后，他们大量增加了捕猎陷阱的数量，甚至改变了他们捕猎海狸的方式，现在使用的是从欧洲人那里购买来的冰凿子、网和各种刀具。

理查德·怀特（Richard White）分析了欧洲人和土著美洲人随着时间推移而发展的相互关系，他在《中间地带》（*The Middle Ground*）一书中描述了法国人与土著人，特别是与阿耳冈昆人的互动关系。就像怀特（White，1991：x）说的那样：“人们试图通过诉诸他们认为是其他人的价值观和实践的做法，说服不同于自己的人。”这里常常有一些误解，但是“从这些误解中产生了 473
新的含义，从这些分享的含义和中间地带的实践中也产生了新的实践”。

在《极寒之海的贸易》一书中，我们的焦点是哈得孙湾南部地区和西部地区，以及印第安人和哈得孙湾公司的贸易（见地图 15-2）。这家英国公司于 1670 年获得特许权独家经营哈得孙湾海岸的业务，直到 18 世纪后半叶，当时内陆的贸易据点也建立起来了。关于这个公司有大量的文献，其中 E. E. 里奇（E. E. Rich）在 1958 年出版的《哈得孙湾公司1670—1870》（*Hudson's Bay Company 1670—1870*）一书依然是经典。从1718年到1763年，哈得孙湾公司面临着来自法国贸易商的竞争，后者在法国东印度公司（Compagnie des Indes）的保护之下走出了蒙特利尔和魁北克城展开经营。在英国征服新法兰西之后，蒙特利尔的贸易被苏格兰商人接管了，他们在1779年成立了西北公司（North West Company），但哈得孙湾地区内的贸易关系仍然大体保持不变。哈得孙湾公司的长期生存和它的非凡记录使我们能够全面地了解欧洲人和土著人是如何适应的。

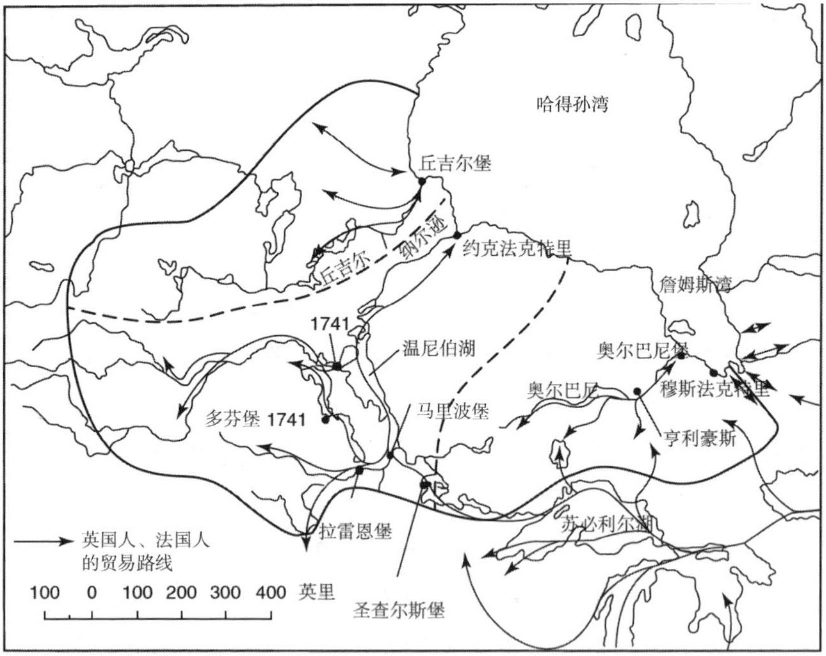

地图15－2 哈得孙湾公司的贸易腹地

资料来源：Ray，1987，Plate 60.

贸易的结构

哈得孙湾公司使用的是一种集中控制的方法。它沿着哈得孙湾 474
沿岸在主要河流的河口建立了贸易站，派人员去管理这些据点并进行交易。地图 15－2 展示了该公司的主要贸易站，以及它们所服务的邻近贸易腹地。土著人在夏天来到这些地方，用毛皮交换欧洲人的商品，这些商品则是前一年由来自伦敦的每年一次的运输船运到这些贸易点的。这些毛皮用另一艘船被运送到英国，该船要到夏季结束的时候才会回到这些贸易据点。在英国，公司将这些毛皮拍卖给皮货商和帽商。该公司在伦敦的总部做出了关键的决策，即派遣到这些贸易据点的人员数量以及用于该贸易的货物质量和种类。关于土著人偏好的报告对于做出这些决策至关重要。总部还就贸易商品和毛皮的兑换率对这些据点的贸易商进行指导。这些据点的总负责人和伦敦公司办公室人员的所有联络都是通过每年一次的运输船实现的，这意味着公司能够有效地经营一个扩展的期货市场。在伦敦销售的毛皮在北美被用来交换那些至少在 18 个月以前公司已经购买的贸易商品。[17]

各个贸易据点与伦敦总部的往来信件包括一份由主要的代理商保存的日记账。詹姆斯·艾沙姆（James Isham）于 1740/1741 贸易年度在约克法克特里的日记账提供了一个关于贸易据点生活的图景，并且描述了贸易是如何进行的。约克法克特里和其他贸易据点的设立就是为了实现自给自足。这里有医生、军械修护员、裁缝、木匠、铁匠、制桶工人、砖匠，以及其他一些人，主要是劳工。全部的组成人员介于 36 ～ 50 人之间，尽管在 1740/1741 年，这里的人数略少于 30 人。在 1740 年 8 月 1 日，年度运输船满载着毛皮和木材货物离开约克法克特里前往伦敦。[18] 很少有独木舟在 8 月和 9

475 月到达，且没有一艘是交易毛皮的。那些确实来到这里的土著人都是“定居式”的印第安人，他们终年都在这些贸易据点附近度过，为男性提供肉类和鱼。他们的存在有助于使贸易得以维持，但他们对毛皮贸易的直接贡献有限。在 9 月 29 日这天，艾沙姆报告说，河面上“结满了冰”，除了偶尔徒步来的土著人以外，直到来年 4 月，都与当地土著人没有进一步的接触。

到了 4 月份，有 26 个家庭去捕鹅，这些家庭总人数为 130 人。5 月底标志着毛皮交易季节的开始，这个季节是非常短暂的，不到一个月的时间，事实上，几乎所有的交易都是在从 6 月 12 日开始的一周内进行的。在星期一，85 艘独木舟抵达这里，至少代表了 4 个不同的土著群体。土著人只待几天，通常是一两天。到贸易站的旅程很长，这些河流只是在很短的时间内适航，土著人需要回去打猎。随着进入 6 月底，贸易实际已经结束了，公司人员花了整个夏天为英国船只的到来做准备。毛皮被整理、计数、包装成捆，然后放入木桶里。7 月下旬，浮标准备就绪，在 8 月 2 日，丘吉尔号伴随着一艘单桅帆船抵达。到了 8 月 6 日，这些船上装载的货物被卸下，在接下来的三天里，皮毛和木材这些回程货物分别被装上船。这些船在贸易据点只待 10 天，到了 8 月 12 日就起锚了，次日便启航返回伦敦。

约克法克特里的这种年度的贸易循环经过了多年的发展，需要伦敦总部的负责人和贸易据点的总负责人进行协调，一起对商品和价格做出关键的决策。这完全是通过随船而来的广泛和详细的信函实现的。但即使通信并不频繁，公司还是能够开展有利可图的商业经营。这一区域的土著人也做出了适应性调整，甚至是开始专业化于与贸易有关的活动之中。正如已经注意到的，一些群体，即这些所谓的“定居式”的印第安人留在了贸易据点附近，包括那些前来捕鹅的人。他们提供了食物，主要是肉和鱼，而不是毛皮。其他土著人成了中间人。他们从内地很远的地方来到这些贸易据点，带来了其他猎人获得的毛皮。

贸易机制和贸易商品的性质

哈得孙湾公司和土著人群体发展出一些机制来处理这种复杂的易货贸易。超过 60 种欧洲商品，以及 15 ～ 20 种类型的毛皮被用于交换。决定这些贸易能否取得成功的一个重要因素是公司如何适应土著人的实践。这种贸易开始于一种赠送礼物的仪式，它反映了 476
互惠交换，这是土著人社会的一个重要组成部分。在一次仪式上，公司贸易据点的总负责人向土著人的贸易头领赠送了一套衣服和其他物品，同时给群体中的所有土著人赠送面包、西梅干、香烟和白兰地。印第安人还收到了其他礼物，其中包括通过贸易获得的各种各样的商品。作为仪式的一部分，酋长将向公司贸易据点的总负责人赠送一些毛皮，但与土著人之间的礼物馈赠相比，几乎所有的转移都是从公司到当地人。这项贸易是根据土著人的语言进行的，在大部分地区是克里语。公司向其人员提供语言指导，为他们提供了短语册子和词典。

这一交易阶段凸显了哈得孙湾公司的创造性。所有毛皮和贸易货物都以新的记账单位计价，即制成的海狸皮。该公司还建立了一个官方标准，规定了所有的毛皮和商品与制成的海狸皮的兑换率。表 15 - 1 从公司最大的贸易据点约克法克特里的账户中提取，列明了 1740 年这一交易年度印第安人购买的 60 多种贸易商品及它们的价格。[19] 这些商品被分为几个大类：生产资料、家庭用品、烟酒，以及其他奢侈品。

表 15－1 1740 年约克法克特里的欧洲贸易商品的数量和价格

	数量	价格（mb/ 单位）		数量	价格（mb/ 单位）
生产资料			**其他奢侈品**		
锉刀	308	1	刺刀	150	1
打火石	2 313	1/12	珠子（磅）	159	2
枪支	250	14	纽扣	40	1/4
枪支螺钩	340	1/4	布（码）	987	3.5
短柄小斧	762	1	梳子	346	1
冰凿	472	1	鸡蛋盒	142	1/3
刀	3 312	1/4	法兰绒（码）	19	1.5
渔网线	218	1	吊袜带（码）	364	2/3
角状火药容器	181	1	手帕	12	1.5
火药（磅）	3 360	1	帽子	35	4
刮刀	216	1/2	蕾丝（码）	184	2/3
铅沙弹（磅）	7 388	1/4	针	410	1/12
麻绳（束）	114	1	手枪	26	7
			戒指	471	1/8 ～ 1/3
家庭用品			腰带	48	1.5
锥子	840	1/8	剪刀	56	1/2
毯子	189	7	衬衣	90	2.5
打火棒	376	1/4	调羹	24	1/2
壶	679	1.5	长筒袜	26	2.5
烟酒			衣箱	37	4
酒（加仑）	412	4			
小桶	350	1	朱砂（磅）	19	16
烟草（磅）	2 272	2			
烟草箱	162	1	总价值		27 457

注：制成的海狸皮（made beaver，简写为 mb）是哈得孙湾公司在其贸易据点使用的记账单位。优质海狸皮的官方价格就是一张制成的海狸皮。

资料来源：Carlos and Lewis，2010：60-61.

生产资料是指主要用于捕获食用猎物，包括水禽的商品，但其他一些物品，如麻绳和冰凿，被用于捕获海狸。家庭用品，如壶和毯子也是有用的。早期，土著人主要购买生产资料和家庭用品，这些是帮助他们维持生计的商品。但随着时间的推移，毛皮价格上涨，他们越来越多地换取奢侈品，包括各种珠子，他们用来装饰衣服，和高品质、色彩鲜艳的布。他们还买了珠宝、朱砂和一系列的 477
其他奢侈物品。另一类重要的奢侈品是烟酒。

表 15－1 中的价格是以哈得孙湾公司的记账单位给出的，即制成的海狸皮（mb），一张优质海狸皮的价格就是 1mb。例如在 1740 年，土著人以 14mb 的价格交易了 250 支枪，总价值为 3 500mb。这就意味着，在官方的兑换率上，土著人要用 3 500 张优质的海狸皮，或等价物来交换这些枪支。实际的兑换率会随着市场条件变动而变化，但是，官方的价格表指导了公司的贸易商和印第安人之间 478
的交易。这个价格表并没有公布，印第安人也无法理解它，但他们从过去的经验中得知了毛皮和欧洲商品的大致兑换率。

这些账目使我们能够确定当地人是如何在不同商品中分配从毛皮贸易中获得的收入的。在 1740 年，土著人在贸易商品中的总交易价值大约为 27 500mb，其中 12 000mb，或者略超过 40% 的价值归于生产资料。其中主要包括火器和相关物品。他们购买的 3 英寸的枪对捕鹅和小型猎物特别有效，但对战争无效。毯子和壶构成了贸易商品收入的 10%，而其余 50% 的收入被用于购买奢侈品，在烟酒和其他奢侈品，大多是服装间进行了大致平均的分配。

考虑到文献中对酒的重视，酒的花费却少得令人惊讶。酒的数量是差不多 400 加仑，占总支出的不到 6%。更多的是花费到了烟酒类别和服装中的每一种商品，以及毯子和壶上了。这些商品的组合，以及土著人分配他们收入的方式体现了一幅生产者的图景，他们用获得的商品更好地进行打猎和布设陷阱，也体现了消费者获得了新的奢侈品来改进生活质量的情景。

法国的毛皮贸易—— 一个比较

法国人在16世纪就已经开始参加毛皮贸易，同时在整个18世纪上半叶，他们都是哈得孙湾公司的主要竞争对手，也是在奥尔巴尼经营的英国商人的主要竞争对手。在1700年，法国贸易的控制权从一家法国—加拿大合资企业，即北方公司（Northern Company）转移到殖民地公司（Colony Company），该公司的董事会成员全部是加拿大人。也许是因为经营不善、毛皮市场混乱，以及缺乏资本，这家公司并不成功，直到1718年法国东印度公司成立，该公司的贸易才开始增长。[20] 与哈得孙湾公司一样，该公司也被授予了一种垄断权。

关于英国人的毛皮贸易的文献更为广泛，部分原因是哈得孙湾公司质量极高的历史记录，但实际上，法国东印度公司的贸易不仅远远超过了哈得孙湾公司，而且超过了所有英国人的贸易。1720—
479 1760年，伦敦平均每年收到的70 000张海狸皮中，有51 000张是由哈得孙湾公司购入的，而法国东印度公司在巴黎购入的海狸皮平均达到了166 000张（Wien，1990：309）。[21] 法国东印度公司的贸易量更大，是英国人的两倍、是哈得孙湾公司的三倍，反映了该公司的贸易区域范围更大。法国人不仅在大湖区的东北部经营，而且进入了延伸到密西西比河流域的地区。特别是1730年之后，法国商人甚至在哈得孙湾公司的贸易腹地与其展开竞争。

法国东印度公司比哈得孙湾公司进口了更多的毛皮，但它在北美地区的网点则要小得多，只是在魁北克市雇用了两三个货物接收人、几名职员和一个代理人。[22] 该公司只不过是一个批发商而已。

它用租来的商船进口欧洲货物，把这些商品出售给独立的法国毛皮贸易商，即旅行推销员，购买这些推销员从印第安人那里收购的毛皮，然后把毛皮运往法国，在那里通过拍卖进行销售。公司支付给这些推销员的价格是基于一个根据市场情况定期调整的固定数值。因此，这些推销员事先知道从他们的毛皮中能够得到的回报，而且能够决定提供给印第安人的合适的兑换率。哈得孙湾公司至少到18 世纪后期都是在海湾沿岸完成了所有交易，相比于哈得孙湾公司，这些推销员则会前往印第安人那里，把他们的交易据点建立在内陆。因此，法国人减少了印第安人需要旅行的距离，这在市场上也得到了反映。在这些推销员和哈得孙湾公司竞争的内陆地区，哈得孙湾公司给印第安人提供了更为优惠的兑换率。

两家公司出售的贸易商品的组合也不同，主要是因为运费。哈得孙湾公司有很大的优势，因为它把各种补给和贸易商品直接运到贸易站。这使得该公司以相比它们通过交换收到的毛皮低得多的价值重量比进行欧洲商品如烧水壶的贸易。船只还为这些贸易据点的 480
人带来了补给。结果，每艘船都满载货物而来，离开的时候带走的是重量远远小于其载重吨位的毛皮。其中的差距通常是由木材来补充，这就为公司提供了一小部分额外的收益。相反，推销员们要乘坐独木舟划行几千英里前往大陆的腹地。因此，对于法国人而言，用与他们将要运回的毛皮在价值重量比上更为匹配的商品进行贸易，将会更有利可图。

我们关于法国人正在进行的这些交易的信息很有限，但是一份于 1742 年送往圣约瑟夫——密歇根湖东海岸一个贸易据点的贸易商品发票，与约克法克特里的账目形成了鲜明的对比。包括斧头、冰凿和火器在内的生产资料往往是最难运输的。在 1740 年的约克法克特里，这些商品的价值是总价值的 44%，而在圣约瑟夫，它们只占到了 10%（Carlos and Lewis，2010：81-85；Miquelon，1987：152-153）。各类布料，包括毛毯，在法国的贸易据点更为重要，占贸易商品价值的比重超过 75%。在约克法克特里，同类商品在总价值中的比重要少于 20%。然而，白兰地的比重在两个贸易据点都比较相似，大约为 6%，尽管这是一种具有较低价值重量比的商品。[23]

法国东印度公司的结构给予了个体的法国推销员们更多的独立性。然而，这些旅行推销员和英国人在与印第安人的互动方面基本上是一样的。赠送礼物是法国人进行毛皮交易初期阶段的一个关键部分，对英国人来说也是如此，对哈得孙湾公司特别重要的讨价还价也是这些推销员进行交易的一个要素。在英国人与法国人竞争的地方，土著商人能够为他们的毛皮获得更好的价格。而且，正如哈得孙湾公司贸易据点中那样，贸易是根据土著人的语言进行的。

在 1756—1763 年的七年战争被英国征服之后，对圣劳伦斯河流域毛皮贸易的控制权从法国人手中转移到了在蒙特利尔之外经营的、主要是苏格兰商人的手中。然而，内陆贸易的结构依然保持不变，因为旅行推销员一直是直接与土著毛皮贸易商打交道。1779 年，在蒙特利尔的各个公司成立了一个协会，即西北公司（North West Company），建立了新的贸易据点，大大扩展了它们的贸易网
481 络，甚至直达落基山脉。为了回应之前把所有贸易都布局在海湾沿岸的哈得孙湾公司，西北公司在内陆建立了贸易据点。1821 年，在经过了 40 年的竞争之后，哈得孙湾公司和西北公司合并了。[24]随着《杰伊条约》（Jay's Treaty）的签署，以及美国和加拿大之间边界线的划定，西北公司在密西西比河的经营业务被卖给了约翰·雅各布·阿斯特（John Jacob Astor）的美国毛皮公司（American Fur

Company)，后者变成了一个主要的竞争对手。

毛皮贸易中的馈赠

在交易开始之前，正如我们注意到的，土著人和公司的贸易商参加了一个赠送礼物的仪式。这些仪式在更早之前就被欧洲人采用了，那时毛皮贸易被引入了北美洲东部。哈得孙湾公司参加的那些早期仪式是比较简朴的，但随着毛皮价格在欧洲上升，以及法国人在该地区的竞争加强，馈赠扩大了。表 15－2 显示了 1740 年在约克法克特里分发的表示为制成的海狸皮价值的礼物。礼物的价值达到了贸易商所获得的商品价值的 7%，同时，虽然商品的范围是相似的，但是在构成上存在差别。酒占了一个更大的比重，达到了 16%，而不是 6%，更多被接受的是火药和子弹（而不是枪支）。

表 15－2　在约克法克特里收到的礼物价值（经过挑选的品种），1740 年

	制成的海狸皮		制成的海狸皮
生产资料		**其他奢侈品**	
打火石	51	台面呢	12
枪支	70	珠子	24
短柄小斧	11	布	123
刀	28	吊袜带	20
火药	439	帽子	28
子弹	379	蕾丝	100
家庭用品	11	戒指	8
烟酒		腰带	12
酒	328	衬衣	8
烟草	198	衣箱	16
		朱砂	32
		总数（所有品种）	2 024

资料来源：Carlos and Lewis，2010：85-86.

482 土著人和欧洲人之间的礼物赠送行为，在形式上与土著人之间的交换相似。然而，两者在实质上却是完全不同的。土著世界中的礼物交换是互惠的，涉及地位和声望。根据人们的认识，慷慨行为将在未来得到补偿。在毛皮贸易中却不存在这种认识。每年都是哈得孙湾公司提供礼物，很少获得回赠。此外，礼物的价值随着时间的推移而增加。同时，土著人表达得很清楚，他们对这些礼物的接受并不意味着是对下一年回到这些贸易据点的一种承诺。他们的决定完全取决于他们期望从公司得到什么，而且在有法国人竞争的地方，也取决于法国人提供的礼物和兑换率。换言之，重要的是未来礼物的承诺，以及商品和毛皮的预期兑换率。

赠送礼物对印第安人最终消费的特定商品没有多大影响。所有作为礼物收到的商品也会在交易阶段被购买。这意味着，交易阶段商品的相对价格决定了消费。图 15－4 展示了对酒的选择。在收到一些作为礼物的酒的地方，预算线 B 被截断了，但是，酒

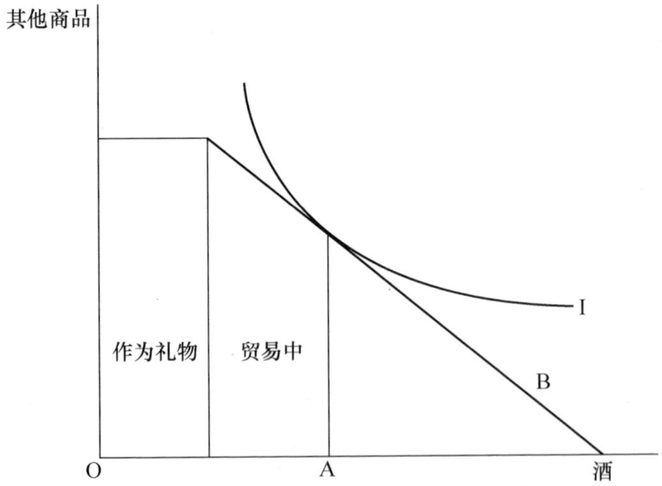

图 15－4　礼物和酒的消费

因为贸易收益有限。然而，考古证据显示，土著人之间在一些商品上存在长途贸易，特别是用来打猎的商品。但是，在人口密度更高的区域，贸易可以得到最充分的发展。加利福尼亚南部的丘马什人生活在相互距离很近的地方，但也包括能获得不同资源的群体。其结果是产生了一种足够复杂到需要使用货币的贸易。居住在海峡群岛上的丘马什人所做出的回应是生产具有这种功能的珠串。丘马什人交易了范围广泛的商品，同时他们的贸易也延伸到了居住在内陆很远地方的土著人。此外，正如对品种多样性的偏爱是现代贸易的一个特点，丘马什人当中的贸易也是如此，他们之间交易相似但不相同的产品。

在一些地区，欧洲人的到来导致了冲突，但在海狸出现的许多地区，贸易给土著人提供了一些新的狩猎技术和更多的消费选择。与此同时，欧洲人，包括英国人和法国人，都为他们自己开发了一种新的毛皮来源。他们通过运输贸易商品和毛皮的各种安排做出了响应，同时他们也建立了有效的、适应土著人惯例的贸易机制。其中包括赠送礼物行为的引入和对土著人语言的学习。土著人也做出了改变，变成了有效率的交易者和贸易商。

土著人之间，以及土著人与欧洲人的贸易，是对相互能够获益的潜在可能性的一种回应。他们消费的商品是不同的，他们的技术也不相同，而且他们的制度安排也不一样，但是，这些交易的性质，以及这些群体对他们的机会做出反应的方式，在本质上基本一样。

注　释

弗兰克·刘易斯（Frank Lewis）在科罗拉多大学做访问学者，以及在国家经济研

的最优消费点 A 未受到影响。在约克法克特里，随着时间的推移，483
作为礼物的酒的数量会有所不同，但是，在酒的馈赠增多的年份当中，土著人相应地减少了他们在交易阶段所购买的数量。送礼仪式是对土著文化的一种必要的适应，但并没有实质影响到在毛皮贸易中所购买的东西。

土著劳动力和消费反应

土著美洲人对经济刺激的反应是历史和人类学文献中的一个重要主题。就像考古学家罗伯特·麦吉（Robert McGhee，2010：8）提出的："很多土著人的历史……倾向于把土著社会视为如此与众不同，以至于将其与西方社会进行比较要么是不可能的，要么至少是徒劳的。"研究哈得孙湾公司的卓越历史学家 E.E. 里奇（E. E. Rich，1958）和地理学家阿瑟·雷（Arthur Ray，1974）的著作带来了对土著人行为的更细致入微的解释［也可以参见 Ray and Freeman（1978）］。土著人面临着与欧洲人完全不同的物质环境，但他们的讨价还价能力和他们选择的贸易商品显示出他们在基本动机方面极为相似。

然而，在毛皮贸易的劳动力供给问题上，对土著人行为的观点才刚刚开始改变。在 1960 年一份有影响力的出版物中，里奇（Rich，1960：47）提出了这种后来广为接受的观点："英国的经济规则不适用于与印第安人的贸易。相反，所有了解这一行业的人都相信，价格的上涨会导致印第安人减少毛皮的数量。"里奇的陈述来源于 1749 年的议会委员会报告，该报告调查了哈得孙湾公司是否应该失去其专属特许执照。英国的毛毡商和帽商支持增强竞争，以此提高付给印第安人的毛皮价格，增加毛皮供应。哈得孙湾公司的人员认为提高价格反而会产生相反的效果。根据这些人员的说法，印第安人只想要一定数量的贸易商品，因此价格上涨会带来更少的毛皮。不管议会委员会是否接受了这一观点或出于其他原因做出了决定，该公司都被允许保留其特许权。

对这个完整的委员会报告的回顾显示，那些当下与哈得孙湾公司有关的见证人声称更高的价格会导致毛皮减少，但哈得孙湾公司的前雇员却给出了相反的结论。他们说如果贸易据点处的价格较高，当地人会带来更多的毛皮。在18世纪，该公司在其贸易据点提高了毛皮价格，当地人按货物种类和数量购买的模式揭示了他们的反应。图15－5比较了在约克法克特里的毛皮价格，以及分配
484 给奢侈品的土著人收入份额。在1737/1741年到1766/1779年这段时间，毛皮价格上涨了40%，对应于奢侈品消费占收入份额的大约50%的增长，这意味着部分当地人一种积极的、富有弹性的劳动反应。这一证据与“懒惰的印第安人”的观点相矛盾，这一观点也在约翰·卢茨（John Lutz，2008）对西海岸土著人的分析中被抛弃了。

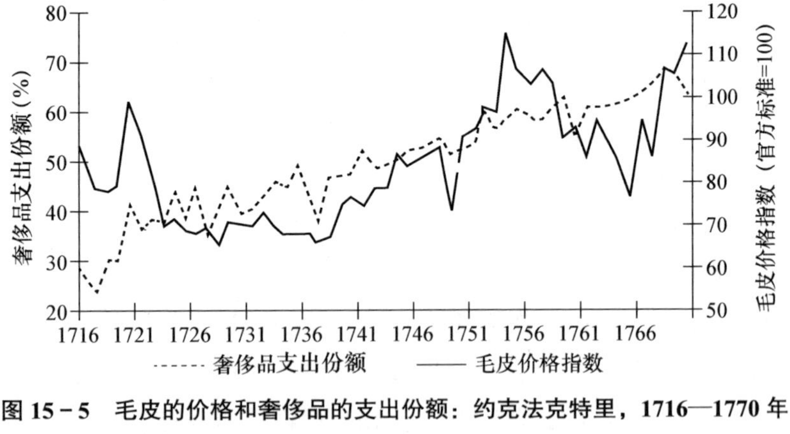

图15－5 毛皮的价格和奢侈品的支出份额：约克法克特里，1716—1770年

资料来源：Carlos and Lewis，2010：146.

关于酒对当地社会的影响已经有了很多论述。彼得·曼考尔（Peter Mancall）的《致命毒药》（*Deadly Medicine*）一书记载了

在更向南的贸易中，酒对土著人的破坏性影响，丹尼尔·尤斯纳（Daniel Usner，1987：178）分析了居住在东南方的特别是乔克托族对酒的使用。来自约克法克特里的贸易账户虽然涉及不同的土著人群体，却提供了关于酒的地位的另一个视角。在 1740 年，如表 15－1 和表 15－2 所示，土著人从贸易中获得了 412 加仑酒，另外从礼物赠送仪式上获得了 82 加仑。这一总数，即 494 加仑，相对于约克法克特里腹地的 8 600 个土著人，可以换算成约每人 0.06 加仑，或者是每年 4 个两盎司酒杯的量。把这种比较局限于成年男性，甚至更严格的是那些直接参与毛皮贸易的人，依然展示的是一幅土著人饮酒量远少于英国人，更远少于美国殖民者的情景。在 18 世纪 40 年代，英国人的人均酒消费量是 1.4 加仑，同时在 1770 年，北美殖民者的消费量是 4.2 加仑（Carlos and Lewis，2010：93）。因此，以他们同时代人的标准来衡量，哈得孙湾的土著人都是非常节制的。饮酒过度可能在今天的许多土著美洲人社区是一个 485
严重的问题，但是在哈得孙湾地区早期的毛皮贸易中，酒对当地社会的影响很小。有关酒的证据与贸易的总体组成和当地人对价格的反应有关。毛皮贸易是改善他们生活条件的一种途径。

欧洲贸易与土著人的生活水平 [25]

理查德·斯特克尔和约瑟夫·普林斯（Richard Steckel and Joseph Prince，2001）认为，传统的本土经济可能使得土著人的生物学生活水平高于欧洲的。在大平原上的印第安人，包括阿西尼波恩人，一年中大部分时间居住在哈得孙湾以南的寒带森林里，他们也属于“世界上最高的人”，这清楚地表明他们的营养较好。以健康为基础的测度是衡量生活水平的一种方法，但是一种更全面的方式要求我们考虑所有的消费。就哈得孙湾地区的土著人而言，这也包括他们通过贸易获得的各种货物。

表 15－3 说明了美洲印第安人在营养方面相对于欧洲人的巨大优势，该表比较了低工资的英国工人在 18 世纪中期的饮食与北方森林区域的土著人的饮食。后者每天的卡路里摄入量更大，成年男性为 3 500 大卡，相对于英国工人的 2 500 大卡，这种差距反映了不同的能量需求。更能说明问题的是饮食的构成。由于肉类成分较多，土著人摄入的蛋白质更多，每天接近 500 克，而英国工人每天只食用 100 克蛋白质。英国工人只从肉类中摄取 5% 的热量，如果把奶制品包括在内也只占 14%。英国工人的饮食主要是以谷物为基础的。相比之下，美洲土著人几乎所有的热量都来自肉和鱼，其中大部分来自大型有蹄类动物的肉，而这是欧洲最高价位的食品类型。这就意味着一种基于食物的生活水平测度给予了土著人一种决定性的优势地位。

表 15－3　英国工人和美洲土著人 18 世纪饮食中的卡路里和蛋白质含量（成年男性）

英国工人	预算份额（%）	每卡路里的价格（肉类 =1）	卡路里	蛋白质（克）	美洲土著	卡路里	蛋白质（克）
面包	22.2	0.34	555	22	大型猎物	2 500	375
小麦粉	30.0	0.33	775	32	其他肉类和鱼	750	100
燕麦片	14.4	0.22	572	19	植物性产品	250	
土豆	5.6	0.19	249	5			
牛肉	3.3	1	29	4			
羊肉	3.3	1	29	4			
猪肉	7.8	1	67	5			
牛奶	5.6	0.43	110	6			
黄油	4.4	0.59	65	0			
奶酪	3.3	0.59	49	6			
合计	100	0.34	2 500	103		3 500	475

资料来源：Carlos and Lewis，2010：172.

土著人的服装常常是用带有装饰的动物皮制成的，优于英国工人穿的劣质布料。预算收入的研究显示，英国工人的服装成本要远低于作为土著人服装材料的梅花鹿、驯鹿、海狸和其他一些兽皮的价值。另外，土著人因为他们游牧的生活方式，居住条件比较恶劣，冬季居住在帐篷或棚屋里，夏天居住在公共木屋里。同时，除了他们从毛皮贸易中得到的奢侈品数量之外，土著人购买的奢侈品，特别是酒，要比英国少得多。要想全面比较生活标准，就 486
需要对消费品类别进行加权。权重可以从这些 18 世纪消费者的选择中得出。如果使用与英国工人的预算相对应的权重，哈得孙湾地区的土著居民的实际收入比英国工人低 10% ～ 25%。但是，如果使用的是土著人的权重，结果则会相反。土著人的实际收入要高 10% ～ 20%。这意味着，在 18 世纪中期，土著美洲人和低工资的英国工人有着相似的生活水平。理查德·萨尔武奇在本卷书的第 13 章，也同样认为与欧洲人刚开始接触的时候，墨西哥土著人的生产力水平至少与欧洲人的一样高，后来他们的人均收入更高一些。

实际上，我们对哈得孙湾地区土著人的比较可能实际上会低估他们的实际收入。以成本测度，当然美洲土著人的居住条件较差，但是土著人属于游牧人群，并不需要欧洲人那样更为牢固的住宅。此外，他们花更多的时间在户外活动，同时他们的人口密度要小得多，这可能会导致一个更为健康的环境。欧洲的疾病，例如天花， 487
直到 18 世纪晚期才出现在这里，而且可能没有像一般报道的那么严重（Carlos and Lewis，2012）。可能还应指出的是，欧洲人更多地消费奢侈品，这是比较中的一个重要因素，主要是由于他们更多地饮用了酒。此外，哈得孙湾地区并没有包括生活水平最高的土著人。尽管比欧洲人高，但阿西尼波恩人的平均身高要比大平原上的印第安人矮一些（Steckel and Prince，2001：289）。以其丰富的鱼类供应和精心制作的服装与手工制品来判断，太平洋西北地区的土著人可能拥有最高的生活水平。

然而，从 18 世纪末期开始，几乎所有土著人相对于欧洲人的地位都在下降。在哈得孙湾地区，毛皮和猎物资源的减少导致了一种绝对的下降。但更重要的是，以毛皮而不是农业或制造业为基础的商业贸易不能促进长期的经济增长，特别是欧洲和北美洲殖民地的近代经济增长。毛皮动物的数量受限于它们栖息地的容量，因此，毛皮贸易所能提供的不可能超过这种栖息地所决定的限制水平。

结　论

现代经济以市场为基础，但是贸易和交换对前工业化时期的欧洲非常重要，同时在北美洲土著社会中也发挥了重要作用。在与欧洲人接触或者有显著的联系之前，美洲土著人已经发展出了能够使他们更好应对周遭环境的交易机制。在北美洲大部分地区，贸易的可选择性和优势是有限的。土著人主要是狩猎采集者，可能也用小规模的农业补充他们的食物来源。他们以类似的方式生产出类似的商品，因此，作为贸易基础的比较优势几乎没有发挥作用的空间。然而，在猎人和园艺种植者并存的区域，贸易产生了，馈赠所隐含的随着时间推移而发生的交易成为几乎所有土著人社会的一种特征，也许让他们得以幸存下来。这是一种通过了解而使借贷得以实现的制度，以习俗为基础，这种赠予是相互的。在一个粮食和资源供应存在波动的世界里，礼物帮助土著人平衡消费，保护猎物和其他食物资源，避免冲突。冬节和其他各种形式的馈赠仪式使得这种安排正式化了。

488 北美洲大部分地区的贸易很少，与其说是文化原因，不如说是究局（National Bureau of Economic Research，NBER）做研究助理的时候进行了这一章的研究。除了主编和参加关于本卷书的马德里会议的人之外，作者们还要感谢斯坦利·恩格曼（Stanley Engerman）、迈克尔·休伯曼（Michael Huberman）、莎莉·科尔（Sally Cole），以及 2012 年艾伯塔省班夫的加拿大经济史会议网（Canadian Network for Economic History Conference）的与会者。加拿大的社会科学与人文科学研究委员会（Social Sciences and Humanities Research Council）也为此提供了支持。

[1] 我们的讨论将限于居住在墨西哥以北的那些群体。至于更朝南那些区域的讨论，参见本卷第 13 章理查德·萨尔武奇的论述。

[2] 关于哈得孙湾公司的大量文献中，E.E. 里奇（E. E. Rich，1958）的两卷《哈得孙湾公司：1670—1870 年》是其中的经典，不仅仅在于该公司取得的成就，还在于它留下的无与伦比的历史记录。

[3] 金（King）撰写了大量关于丘马什人的文章。他的早期作品之一有效地阐述了他们经济活动的本质，分析了村庄之间的经济交流（King，1971）。甘布尔（Gamble，2008）对丘马什人的社会进行了一个广泛的研究。

[4] 班福思（Bamforth，2011）详细描述了在大平原上捕获野牛的各种技术。与人们普遍的看法相反，土著人很少使用在陡峭的峡谷中驱赶野牛的方法。

[5] 我们对丘马什部落贸易的讨论主要来自 King（1971）和 Gamble（2008）。

[6] 在丘马什印第安人占据的区域，人口密度为 1 人 / 平方公里以上，相对地，在加拿大的寒带森林地区，每 100 平方公里不到 1 人。

[7] 假设 B^M 是用作货币的珠子的存量，同时 B^W 是用作珠宝和用于展示的财富存量。如果 δ 是珠子的物理折旧率，然后假设其非货币使用的水平不变，那么货币供应量的折旧率是 $\delta(1+B^W/B^M)$。例如，如果一半的珠子用作珠宝，货币供给的贬值率就会翻倍。这种简化的表征把珠子视为一种单一商品。实际上，这里有很多类型的珠子，其中有一些几乎完全用作珠宝（更精致的珠子）(King，1978）。

[8] 克鲁格曼（Krugman，1979）的经典论文《报酬递增、垄断竞争和国际贸易》（Increasing Returns，Monopolistic Competition，and International Trade），聚焦的就是作为贸易收益一个重要特征的多样性。

[9] 正如我们已经注意到的，马塞尔·毛斯（Marcel Mauss，2002）的经典著作《礼物》(*The Gift*) 是这类文献的基石。

[10] 在这一范围内，隐性税收对个体 1 的收入效应导致了更多的努力，主导了替代效应。

[11] 图 15－2 和图 15－3 基于特定的参数取值，但是，如果假定其他可能的数值，则主要结论也将是适用的。

[12] “好撒玛利亚人”规则延伸到了海狸和其他在毛皮交易中有价值的动物，但如果一只海狸被杀，猎人是不被允许出售其毛皮的。参见 Carlos and Lewis（2010:

Chapter 6 and Appendix C）。

[13]　人类学家爱德华・罗杰斯（Edward Rogers）和詹姆斯・史密斯（James Smith）是为哈得孙湾西边的加拿大地盾区做出的热量估计。南部的能源需求要更少一些，但是每天从大型猎物获得 3 磅肉的需求量在这个大陆的北部地区似乎是最低要求。参见 Carlos and Lewis（2010：163）。

[14]　虽然土著人没有关于鱼类的动态变化的正式知识，但他们知道过度捕捞对未来种群存量的影响。

[15]　人类学家写过很多有关夸扣特尔部落和包括占据了阿拉斯加南部和英属哥伦比亚北部部分地区的特里吉特部落、居住在夏洛特皇后群岛的海达族人，以及居住在靠近皮吉特湾的海边撒利希人在内的其他群体的文献。实际上，人类学家 H. G. 巴尼特（H. G. Barnett，1938：349）的一篇文章开头就写道："关于西北海岸线区域的冬节已经有了如此多的文献，因而几乎每个人对其都有一些想法。"

[16]　一些关于赠予的讨论表明，互惠包括对未来更大回报的期望。更大的数额可能反映了一种隐含的正的贴现率，这种"贷款"无法偿还的可能性会使得其更大。

[17]　例如，1741 年 11 月拍卖的毛皮是用 1740 年 5 月之前从英国发出的货物购买的。此外，关于贸易货物的决策所依据的信件，在 1739 年底就已经在抵达英国的船上了。

[18]　通常情况下，除了主要船只以外，还伴随着一艘小一些的轮船。

[19]　由哈得孙湾公司发展而来的这种基于制成的海狸皮的会计机制，与非洲奴隶贸易中使用的货币形式相似。在塞内冈比亚，最先使用的是基于布匹的货币单位，即几内亚，用来确立奴隶贸易中的相对价格，但在 17 世纪中期，铁条变成了制定商品和奴隶价格的标准。同时，就如同哈得孙湾公司的官方标准一样，奴隶贸易中的铁条价格在名义上也是固定的。毛皮贸易的实际价格偏离了官方标准，该公司的贸易商人通常根据市场情况以不同的价格换取毛皮商品。在奴隶贸易当中，这种调整是通过用于交换奴隶的商品组合完成的。铁条测度和海狸皮的一个重要区别是：1 单位铁条也是一种物理货币，但制成的海狸皮只是一个记账单位。参见 Curtin（1975：233-253），以及 Carlos and Lewis（2010：51-62）。

[20]　关于 18 世纪上半叶法国贸易的一个回顾，可以参见 Miquelon（1987）。

[21]　英国人的贸易也包括在纽约收到的少量毛皮。

[22]　除了支付这几个工人的工资之外，该公司还雇用了几名警卫来减少走私，而且被要求对其海狸皮交易收入支付大约 4% 的税（Wien，1990：299）。相比之下，每一个哈得孙湾公司的据点都有大约 30 ～ 50 名职员。在 18 世纪上半叶有 4 个主要的贸易据点，哈得孙湾公司雇用了超过 100 人在加拿大一方从事经营（Carlos and Lewis，2010：47）。

[23]　可能需要注意的是，5 年之后，约克法克特里贸易的白兰地的比重要显著更

高，但依然只有 10%（Carlos and Lewis，2010：81-85）。

[24] 参见 Carlos（1986），以及 Carlos and Hoffman（1986）。

[25] 本节大部分内容基于 Carlos and Lewis（2010：chapter 7）。

参考文献

Allen, R. A. (1956). " The Potlatch and Social Equilibrium, " *Davidson Journal of Anthropology* 2: 43-54.

Aubet, M. E. (2001). *The Phoenicians and the West: Politics, Colonies, and Trade*, 2nd edn. New York: Cambridge University Press.

Balikci, A. (1989). *The Netsilik Eskimo*. Prospect Heights, IL: Waveland Press.

Bamforth, D. B. (2011). " Origin Stories, Archaeological Evidence, and Post-Clovis Paleoindian Bison Hunting on the Great Plains," *American Antiquity* 76: 24-40.

Barnett, H. G. (1938). *The Nature and the Function of the Potlatch*. Eugene: University of Oregon Press.

Baugh, T. G. and J. E. Ericson, eds. (1994). *Prehistoric Exchange Systems in North America.* New York: Plenum Press.

Bourque, B. J. (1994). " Evidence for Prehistoric Exchange on the Maritime Peninsula," in T. G. Baugh and J. E. Ericson (eds.), *Prehistoric Exchange Systems in North America.* New York: Plenum Press, pp. 23-46.

Bracken, C. (1997). *The Potlatch Papers: A Colonial Case History*. University of Chicago Press.

Broda, C. and D. Weinstein (2006). " Globalization and the Gains from Variety, " *Quarterly Journal of Economics* 121: 541-585.

Carlos, A. M. (1986). *The North American Fur Trade, 1804—1821: A Study in the Life Cycle of a Duopoly*. American Business History Series, ed. Stuart Bruchey. New York: Garland Publishing.

Carlos, A. M. and Hoffman, E. (1986). " The Making of a Joint Profit-Maximizing Contract by a Duopoly: A Case Study from the North American Fur Trade, 1804—1821, " *Journal of Economic History* 46: 967-986.

Carlos, A. M. and Lewis, F.D. (2010). *Commerce by a Frozen Sea: Native Americans and the European Fur Trade*. Philadelphia: University of Pennsylvania Press.

(2012). " Smallpox and Native American Mortality: The 1780s Epidemic in the Hudson Bay Region," *Explorations in Economic History* 49: 277-290.

Carlson, R. L. (1987). " Prehistoric Trade, " in R. Cole Harris (ed.), *Historical Atlas of*

Canada, Vol. Ⅰ. University of Toronto Press, plate 14.

Curtin, P. D. (1975). *Economic Change in Precolonial Africa: Senegambia in the Era of the Slave Trade.* Madison, WI: University of Wisconsin Press.

Gamble, L. H. (2008). *The Chumash World at European Contact: Power, Trade, and Feasting among Complex Hunter-Gatherers*. Berkeley: University of California Press.

Graeber, D. (2011). *Debt: The First 5,000 Years*. New York: Melville House Publishing.

Gregory, C. (1982). *Gifts and Commodities*. London: Academic Press.

Johnsen, D. B. (1986). " The Formation and Protection of Property Rights among the Southern Kwakiutl Indians," *Journal of Legal Studies* 15: 41–68.

King, C. D. (1971). " Chumash Inter-Village Economic Exchange," *The Indian Historian* 4: 31–43. Reprinted in L. Bean and T. Blackburn (eds.), *Native Californians: A Theoretical Retrospective*. Ramona, CA: Ballena Press, pp. 289–318.

(1978). "Protohistoric and Historic Archaeology," in *Handbook of North American Indians.* Vol. Ⅷ: *California*, ed. Robert Heizer. Washington, DC: Smithsonian Institution, pp. 58–68.

Krugman, P. (1979). " Increasing Returns, Monopolistic Competition, and International Trade," *Journal of International Economics* 9: 469–479.

Lutz, J. S. (2008). *Makúk: A New History of Aboriginal-White Relations*. Vancouver: UBC Press.

Mauss, M. (2002). *The Gift: Forms and Functions of Exchange in Archaic Societies.* New York: Routledge.

Mancall, P. C. (1995). *Deadly Medicine: Indians and Alcohol in Early America.* Ithaca: Cornell University Press.

Markusen, J. R. (1981). " Trade and the Gains from Trade with Imperfect Competition," *Journal of International Economics* 11: 531–551.

McGhee, R. (2010). " Demythologizing the Fur Trade: A Review of Commerce by a Frozen Sea," *Literary Review of Canada* 18: 7–8.

Miquelon, D. (1987). *New France, 1701—1744*: " *A Supplement to Europe*, " The Canadian Centenary Series. Toronto: McClelland and Stewart.

Piddocke, S. (1965). " The Potlatch System of the Southern Kwakiutl: A New Persepctive," *Southwestern Journal of Anthropology* 21: 244–264.

Polanyi, K. (1957). " The Economy as Instituted Process." in K. Polanyi, C. Arensberg, and H. Pearson (eds.), *Trade and Market in the Early Empires: Economies in History and Theory*, Glencoe, IL: The Free Press, pp. 243–269.

Ray, A. J. (1974). *Indians in the Fur Trade: Their Role as Hunters, Trappers and Middlemen in the Lands Southwest of Hudson Bay, 1660—1870*. University of Toronto Press.

(1987). " Bayside Trade, 1720—1780," in R. Cole Harris (ed.), *Historical Atlas of Canada*,

Vol. Ⅰ. University of Toronto Press, plate 60.

Ray, A. J. and D. Freeman (1978). " *Give Us Good Measure* " : *An Economic Analysis of Relations Between the Indians and the Hudson's Bay Company Before 1763*. University of Toronto Press.

Rich, E. E. (1958). *Hudson's Bay Company 1670—1870,* 2 vols. London: Hudson's Bay Record Society.

(1960). " Trade Habits and Economic Motivation among the Indians of North America, " *Canadian Journal of Economics and Political Science* 26: 35-53.

Scott, J. (2009). *The Art of Not Bring Governed: An Anarchist History of Upland Southeast Asia.* New Haven: Yale University Press.

Steckel, R. H. and J. M. Prince (2001). " Tallest in the World: Native Americans of the Great Plains in the Nineteenth Century," *American Economic Review* 91: 287-294.

Stewart, M. R. (1994). " Late Archaic through Late Woodland Exchange in the Middle Atlantic Region, " in T. G. Baugh and J. E. Ericson (eds.), *Prehistoric Exchange Systems in North America*. New York: Plenum Press, pp. 73-98.

Usner, D. H. Jr. (1987). " The Frontier Exchange Economy of the Lower Mississippi Valley in the Eighteenth Century," *William and Mary Quarterly,* 3rd Series, 44: 165-192.

White, R. (1991). *The Middle Ground: Indians, Empires, and Republics in the Great Lakes Region, 1650—1815*. New York: Cambridge University Press.

Wien, T. (1990). " Selling Beaver Skins in North America and Europe, 1720—1760: The Uses of Fur Trade Imperialism," *Journal of the Canadian Historical Association* 1: 293-317.

Williams, G., ed. (1969). *Andrew Graham's Observations on Hudson's Bay, 1767—1791*. London: Hudson's Bay Record Society.

Winterhalder, B. (1997). " Gifts Given, Gifts Taken: The Behavioral Ecology of Nonmarket, Intragroup Exchange," *Journal of Archaeological Research* 5: 121-167.

Wood, W. R. (1980). " Plains Trade in Prehistoric and Protohistoric Intertribal Relations," in W. Raymond Wood and Margot Liberty (eds.), *Anthropology on the Great Plains*. Lincoln: University of Nebraska Press, pp. 98-109.

Wright, J. V. (1994). " The Prehistoric Transportation of Goods in the St. Lawrence River Basin," in T. G. Baugh and J. E. Ericson (eds.), *Prehistoric Exchange Systems in North America*. New York: Plenum Press, pp. 47-71.

第
16
章

英国和欧洲的工业化

C. 尼克 · 哈雷

现代经济增长——在 50 年或者 70 年的时间里达到收入和人口 491
的同时翻番——是资本主义取得的最伟大成就。它在 19 世纪中期首次出现在英国，并扩展到美洲和欧洲大陆。然而，现代经济增长并未扩展到其他地区，在少数领先国家和其他区域之间出现了人均收入巨大的差距（见图 16－1）。

现代经济增长通常归功于 18 世纪末英国在纺织生产和蒸汽动力方面的发明所产生的以工厂为基础的工业化——工业革命，其中引人注目的代表是 1769 年理查德 · 阿克莱特（Richard Arkwright）的水力机械棉线纺纱机和詹姆斯 · 瓦特（James Watt）改进的蒸汽机。这些发明创造了以城市工厂为基础的工业，特别是纺织业的爆发式发展，这使得英国到 19 世纪 50 年代成了“世界工厂”。在那时，英国的工厂提供了大约三分之二的全世界“新技术产业”的产出（Bairoch，1982：288）。增长似乎是新型城市工厂制造业及其带来的社会变革的产物。马克思和恩格斯从 1848 年的《共产党宣言》开始，提出了一种强有力的经济增长理论，其中，现代资本家阶级、社会生产手段的所有者和雇佣劳动的雇主引起了具有破坏性但也具有生产力的变革（Marx and Engels，1848：Chapter 1）。现代经济增长的扩散通常被视为英国工厂体系向欧洲大陆和美洲大陆的扩展。马克思认为，工业较发达的国家向工业较不发达的国家所显示的，只是后者未来的景象（Marx，1867：ix）。然而，经济史学家现在质疑的是，城市工厂工业化与现代经济增长之间的联系是否紧密。对总收入的估计表明了其与著名的工业突破之间有一定的联系。英国在工业革命发生的时候已经相当富裕了，城市工厂工业化的创
492 新是一个已经很发达经济的产物。同样地，欧洲大陆19世纪的收入水平并不能用是否采用了英国开创的技术来得到很好的解释。

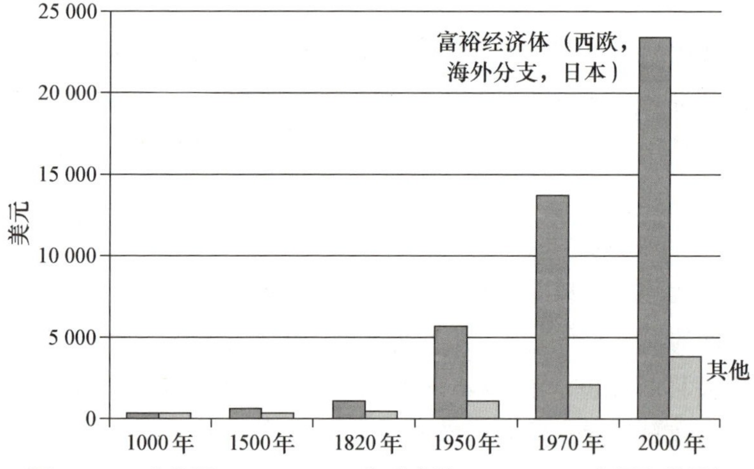

图 16－1　大差距，1000—2000 年（人均 GDP，1990 年国际美元）

资料来源：Maddison，2007.

英国现代经济增长的兴起更多的是依赖资本主义的悠久发展历史，而不是工业革命。这种资本主义在很大程度上产生于规模不大的企业当中，同时创造出制度——特别是市场——支撑了资源的有

效分配和再分配，并且提供了与财富积累和创新相一致的激励。如同在第 1 章中指出的，以持久且长期的市场机制取代习俗和命令可能是至关重要的。商品市场和要素市场在中世纪晚期的英国和荷兰就已经确立了，并在接下来的几个世纪里持续存在。依靠农业生产率、有效的服务行业，以及工业化，这些社会到 16 世纪已经明显处于经济领先水平了。在 19 世纪，欧洲大陆经济增长的兴起较少依赖于英国式的工业化的扩散，更多依赖于英国式的资本主义和支撑它的制度的扩散。整个经济中的生产率提高创造了增长，过度聚焦于工厂制造会忽视一个更广泛过程的很大部分内容。

英国工业革命

对总体经济活动的估计是理解现代经济增长开端的基础。对 493
英国国民收入增长的早期定量分析似乎支持了传统的观点，即 18 世纪末的新发明创造了一场工业革命（Deane and Cole，1967；Hoffmann，1955）。迪恩（Deane）和科尔（Cole）系统地利用早期的人口普查数据对国民收入进行的估计表明，工业革命期间人均收入加速增长了。然而，对总估计数的修订质疑了源自工业资本家大工厂的突然的总量变化。有些历史学家，最值得一提的是约翰·克拉彭（John Clapham）爵士，他也利用了关于职业的人口普查数据，早些时候就质疑了新工厂产业的代表性，以及它们对提高生活水平这一根本问题的影响（Clapham，1926）。利用迪恩和科尔的收入估计，麦克洛斯基（McCloskey）发布了一项有说服力的计算结果，认为“新技术产业”的技术进步不足以解释国民收入的加速增长，而其结论是：在 19 世纪早期的英国，技术变革已成为普遍现象，尽管以 20 世纪的标准来看依然很慢（McCloskey，1981：114）。

当学者们在20世纪80年代中期重新估计这一开创性的结果之时，对更广泛变革过程的看法和对变革时机的修订得到了强有力的支持，他们得出的结论是：霍夫曼和迪恩，以及科尔，不知不觉地夸大了18世纪最后几十年的非连续性。哈利（Harley）指出，霍夫曼对工业生产的估计针对的是没有完全覆盖的制造业，其中的隐含假设是，合起来大致相当于棉纺织业规模的其他行业，与随着阿克莱特的发明而来的棉纺织业的非同寻常增长有着同样的增速（Harley，1982）。克拉夫茨对迪恩和科尔将19世纪的人口普查数据向前推到18世纪的做法，以及他们以现行价格表示的收入估计转变为实际收入的数据重新进行了检查，得出的结论认为，1770—1840年，总体增长速度明显放缓（Crafts，1976，1985）。迪恩和科尔对实际人均收入的估计和克拉夫茨－哈利（Crafts-Harley）的修正数据之间的差距在图16－2中得到了展现。18世纪晚期和19世纪早期的增长放缓意味着18世纪的英国一定比我们之前想象的要富裕得多，同时19世纪的收入水平对那次举世闻名的技术突破的依赖要小得多（阴影对应的年份是工业革命的常规年代划分）。

494 研究［最初是由研究亚洲经济体的历史学家倡导的（Parthasarathi，1998；Pomerantz，2001）］也把英国和欧洲大陆的经济增长置于一个更广泛的分析框架内。甚至在数据广泛的情况下，对经济表现的多国比较也是棘手的，那么在数据稀缺的历史环境中就更困难了。然而，劳动收入组成了国民收入的大部分。也可以合理地认为，普通人的福祉是衡量社会福利的最佳指标，他们的收入几乎完全是劳动收入。劳动收入也是历史收入的组成部分中最容易获得的，因为公司、公共和私人机构通常都会定期雇用劳动者，它们的档案构成了大部分历史记录。学者们已经针对较早期发展起来的国家收集了这些材料，对于稍晚正在发展的社会收集的材料越来越多。当然，这些记录并不是社会福利水平的完美显示指标，特别是在许多社会当中，只有一小部分劳动收入是经过有组织的劳动力市场流动的。然而，按生活费用指标平减的工资数据为我们提供了历史上的经济表现的重要见解。

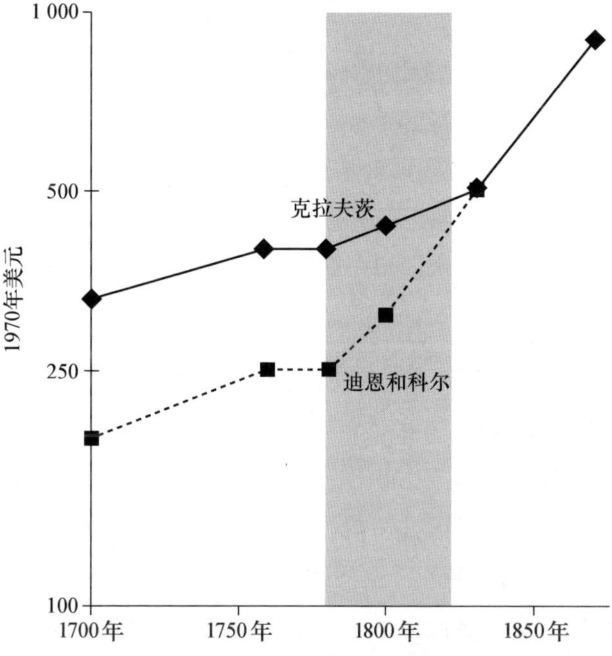

图 16－2　英国国民收入，1700—1850 年

资料来源：Crafts，1976；Deane and Cole，1967.

在 19 世纪之前，人口和资源之间的平衡是实际工资的主要决定因素。图 16－3 清楚地说明了英国的情况。14 世纪的黑死病导致三分之一以上的人口死亡，结果带来了实际工资的急剧增加。从 14 世纪末开始，人口最终恢复，实际工资又下降到接近瘟疫前的水平。1650 年之后，放缓的人口增长导致工资的上升，这最终结 495

束于 18 世纪中期的人口增长再次恢复。直到 19 世纪的第一个 25 年之后，实际工资的增加伴随着人口的持续增长——这一向现代经济增长的转变强化了 18 世纪末期转型的传统叙事。

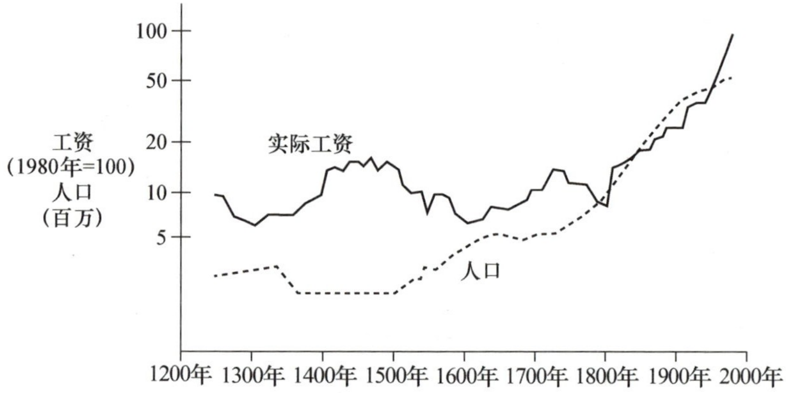

图 16－3　人口和实际工资：英国，1250—1980 年

资料来源：Clark，2005；McEvedy et al.，1978；Wrigley and Schofield，1989.

然而，当将英国的经验置于其他欧洲地区的背景下，却揭示了另一幅图景（Allen，2001）。在 15 世纪，整个欧洲都发生了实际工资水平的马尔萨斯式下降，但是到了 16 世纪，另一种动态变化出现了。在北海地区的经济体中——低地国家和英国——实际工资的下降幅度明显低于其他地方，在 17 世纪初，工资开始增长了。这种现象——艾伦称之为欧洲工资的大分岔，简・卢顿・范赞登（Jan Luiten van Zanden）称其为“小分岔”（是为了把它与发达经济体和其他国家之间的大分岔区分开来）——使我们把注意力转向了古典工业革命之前的一段时期。

在欧洲及其海外分支以外的地区，工资数据并不是一样广泛可以获取的，但是研究在开始填补这些空白（Allen，2001；Allen et al.，2011）。研究的初步结果显示，在 18 世纪，主要亚洲城市的实际工资可以与欧洲大部分地区的工资水平相比，这些北海地区的经济体是重要的例外。欧洲的工资普遍在 19 世纪开始步入上涨趋势，但亚洲的工资一直下降，直到该世纪中叶，落后于欧洲除了最贫困地区以外的所有地区。工资数据挑战了大多数经济史学家的假设，即欧洲人的收入在近代初期普遍高于亚洲，也挑战了那些假定欧洲社会的一般特征是现代经济增长的原因的人。然而，也许我们不应该感到惊讶。艾伦发现，在欧洲的大部分地区，一个非熟练工人的实际收入在现代早期已经下降到了一个依靠最便宜的饮食生存的普通家庭的水平之下（图 16－4 纵轴上的单位是，在一个主要以燕麦粥或其等价物构成的勉强维持生存的饮食水平上，由一个男人、一个女人和两个小孩组成的家庭的成本）。 496

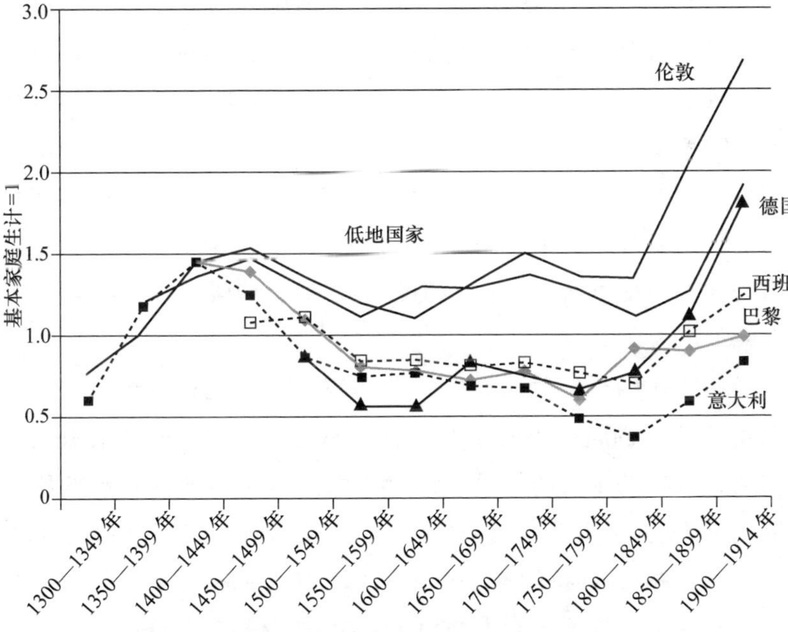

图 16－4　14—20 世纪欧洲城市劳动者的实际工资

资料来源：Allen，2001.

尽管长期的比较数据已经表明我们需要对工业化进程采取更长远和视野更宽的看法，不过1770—1840年的工业革命仍然很重要。这些著名的新技术本身并没有改变经济，它们是作为现代经济增长特征的技术进步速度加快的早期表现。毫无疑问，大多数创造性活动来源于有意识的搜索，成功的技术改进很少在出现的时候就已经
497 完全成形，而是需要进行高成本的持续研究和开发。英国18世纪晚期的市场条件大大增加了利用机器、机械动力来源和矿物燃料节约劳动力的新技术将会在这里而不是其他任何地方出现的可能性。

首先，正如我们所看到的，英国工人的工资高于任何其他地方（除了低地国家）的工人。其次，只有在英国，煤炭才被广泛开采，同时将其作为住宅和工业燃料的技术得到了发展（Allen，2009b；Hatcher，1993；Nef，1932）。因此，英国制造商选择了成本最小化的技术，用资本和能源来节省劳动力，而英国的研究和开发有一个使用机械的、燃料密集型的起始点。在其他地方，开发利用这种可能性的激励都会少得多，因为它们的企业当下并没有采用使用煤炭和节省劳动力的技术。此外，在英国以外的地方，使用资本和燃料来节约劳动力的小规模改进将不会降低生产成本。那么，在以机器为基础的棉花纺织、蒸汽机和焦炭生铁生产中取得突破的都是英国人就不足为奇了。

当然，在以机器为基础的棉花纺织、蒸汽机和焦炭生铁生产中取得的这些创新并不是小的改进，而是巨大的突破。最引人注目的阿克莱特的水力纺纱机，到19世纪早期已经把粗棉纱的价格降低到了18世纪中期时的三分之一，更好棉纱的价格下降得更多（Harley，1998）；瓦特的蒸汽机革新了动力的供应；科特（Cort）的搅炼炉和轧机使得用焦炭大规模生产熟铁变得有利可图了。然而，这些变革是为了改进现有的实践做法，以适应更高的工资和更便宜

的能源。虽然似乎没有先验的理由认为资本密集型和能源利用型的生产技术比其他技术更有可能产生技术上的突破，但似乎在过去的两个世纪当中，技术变革紧紧围绕着密集使用了资本、能源和原材料的富裕经济体所使用的技术的改进（Allen，2011）。目前还不清楚的是，这是否反映了可能的技术改进的性质，或者识别出了具有先进的工程技能和先进的创新能力，因此收入水平较高的技术先进社会。

因为用昂贵的劳动力和廉价的能源进行运营，所以机器技术产生于有使用资本密集型方法经验的企业家自觉搜索过程中的观点似乎很有说服力。然而，作为一种解释来说明经济如何和为什么进入现代经济增长的时代，这无法令人满意。粗略地说，艾伦认为，英 498
国在 19 世纪变得更富有是因为它在 18 世纪已经很富有了。这可能是真的，但回避了这个基本问题：为什么 18 世纪的英国富裕？正如国民收入估计和比较实际工资促使我们考虑更早期的发展一样，寻找英国工业革命的技术来源也是如此。

英国的繁荣：生产率高的农业

19 世纪的国际比较提供了英国在这一发展过程中的领导力来源的深刻见解。人们普遍的看法是，经济发展源于现代制造业的优越生产力，但当数据状况允许对 19 世纪进行比较的时候，英国虽然是工业革命的先驱，而且它的制造业规模比其竞争对手要大得多，但制造业的人均产出却不比法国和德国高。帕特里克·奥布莱恩和 C. 基德（Patrick O’Brien and C. Keyder，1978）在他们对法国经济增长的重新解读当中估计出的结果是，法国工业的劳动生产率在 19 世纪上半叶要高出英国 10% ～ 40%。这些估计可能夸大了法国的成就，但是英国在工业劳动生产率方面很少或者根本没有领先优势（Crafts，1984a）。然而，麦迪逊估计，1830 年法国的人均收入仅仅略微超过英国的 2/3，同时艾伦指出，巴黎的实际工资是伦敦的 1/2 ～ 3/4。同样，与德国在这个世纪后期的比较也得出了类似的结果。斯蒂芬·布罗德伯利（Stephen Broadberry）估计，1871 年德国制造业劳动生产率是英国制造业生产率的 93%，尽管前者每个工人的 GDP 只有后者的 60%（Broadberry，1997）。

英国拥有较高人均收入的主要决定因素是其农业生产率更高。在低地国家以外的欧洲区域，农业生产率较低是典型特征。在 1840 年左右的英国（在一个以 1970 年美元表示大约为 550 美元的人均收入水平上），农业和开采业中劳动力的比重（25%）与收入份额（24.9%）几乎相等。欧洲国家的平均水平为农业劳动力的比重为 54%，收入占比为 37%。这意味着英国农业中每个工人的产出与其他经济体大致相同，欧洲农业劳动生产率的普遍水平只是其他地区的一半（Crafts，1984b，1985）。布罗德伯利发现，在 1870 年，德国的农业生产率只有英国的 56%。英国与欧洲大陆（除了低
499 地国家）农业生产率的差距出现在 17 世纪早期至 18 世纪中期，这要早于工业革命（Allen，2000）。

英国农业这种鲜明的高度资本主义化的性质，似乎也产生了较高的生产率。在西欧的大部分地区，典型的农场是农民经营的，采用的是习惯上的租佃制度，同时家庭控制了农场的经营和劳动力投入。与此形成鲜明对比的是，典型的英国农民是一个企业家，他从领主那里租了土地，提供了农场的营运资金，雇用了劳工（Shaw-Taylor，2005，2012；Caird，1852）。以原有的观点来看，地主的改进和公地的圈占推动了英国农业变革，但研究已经明确表明，在 17 世纪和 18 世纪，较小规模农场上的自耕农在敞田制农村（open-field villages）和封闭的农场中发起和利用了促进生产率提升的变革

（Allen，1992，1999，2009b，Chapter 3）。根本的驱动力无法牢靠地确立，但是英国农业高水平的市场取向，无论是销售产品，还是组织其投入，都发挥了关键性作用。这种市场导向是长期存在的，可以追溯至中世纪，并且在黑死病之后得到了强化。

罗伯特·布伦纳（Robert Brenner）基于资本主义理论，为英国农业早熟性的起源与本质的理论提供了一个有用的框架（Aston and Philpin，1987；Brenner，1976；Pamuk，2007）。他认为资本主义农业是从中世纪晚期的阶级斗争演变而来的。在英国，封建精英成了拥有大量土地并确保了财产权的领主。同时，所有中世纪奴隶劳动的残留——农奴被要求在领主的领地上工作——都消失了。市场取代了习俗和权力关系。领主们不得不竞争佃农来耕种土地，而佃农则依赖市场获得土地。正规的农业雇佣劳动力，特别是针对其中的年轻人的市场已经发展起来了。提高了生产率的农民能够提供更高的租金，雇佣劳动力，同时增大他们的经营规模，而不太成功的农民逐渐成了雇佣劳动力，失去了继续成为基于传统租佃制的家庭工人的选择权。

与此相对，在西欧大部分地区，特别是法国和德国西部，中世纪晚期的变革废除了非自由的封建劳动，但未能给精英阶层提供明确的产权。相反，直接的农业生产者获得了基于传统租佃制的土地控制权，但让他们迁移比较困难。精英们已经融入了国家结构，通过税收攫取资源。用于提高生产率的激励措施比英国的弱得多。土地所有者几乎没有机会选择成功的佃农来增加租金收入。不太成功的农民并不依赖租赁市场获得土地。结果，成功的农民想要获得更 500
大的土地份额变得困难得多，同时生产率较低的农民也不太可能被迫从事雇佣劳动。传统习俗的关系仍然很强，当边际产出低于经济体其他地方的工资时，家庭工人倾向于保留农业资产，因为他们有机会获得家庭农业土地的一部分回报。

英国资本主义农业占据支配地位的年份及与生产力发展的关系是一个存在争论的问题。关于效率和农业结构的演化的最好证据，来自艾伦对英国米德兰南部的研究（Allen，1992，1999）。他指出，农业生产率的最令人印象深刻的进步发生在1600—1750年。虽然他认为这些都是家庭农场的产物，但他的证据显示了资本主义农业的重要性。他定义了三个农场类别：依靠家庭劳动力的不到60英亩的农民农场；劳动力总数中被雇佣的劳动力占主导的100英亩以上的资本主义农场；一种完成了这一分类的过渡类别。在17世纪初的米德兰南部，圈地占据了所有土地的17.5%，其中90%是100英亩以上的农场（虽然大部分可能是转租而来的非常大片的土地）。在敞田制农村当中，土地在这三种农场规模的分类中大体均匀分割。总的来说，100英亩以上的农场占了所有土地的40%以上，而其他两种每一种所占面积都不到30%。到18世纪初，圈地的比例几乎翻了一番，约占总数的三分之一。大型农场在圈地上的主导地位有所下降，但它们依然占据了这些土地的将近四分之三。现在大型农场在敞田制农村中占据了超过一半的土地。总的来说，在1700年左右，大型农场在米德兰南部地区占据了将近60%的土地。连续雇用劳动力的中等规模农场占用了另外20%的土地。在法国模式下，即决定劳动力使用的是农民的财产而不是劳动力市场，农民家庭只拥有剩下的20%的土地（Allen，1992：31，73）。

最近，利·肖–泰勒（Leigh Shaw-Taylor）检验了艾伦的结论。他证实，来自米德兰南部的数据看来可以代表英国的中心地带，尽管它对整个英国并不成立。他也发现，资本主义的农业模式的规模比艾伦所猜想的要小。白金汉郡大部分20～30亩的农场都在1851年人口普查中汇报称，它们在当年的3月31日，即一个农业日历上的农闲日期，雇用了至少一名男性工人（Shaw-Taylor，2005）。他发现，“在 1700 年，小规模的资本主义在东南部占主导 501
地位，其中四分之三的成年男性农业劳动力是无产阶级”（Shaw-Taylor，2012：57）。

资本主义农业在英国如此强烈地兴起也许是很奇怪的，因为自中世纪早期（11 世纪和 12 世纪）以来，精英阶层对农业人口中的劳动力拥有非市场性权力的封建庄园制度特别地根深蒂固。相反，在低地国家，资本主义农业和较高的生产率也出现了，庄园制度从来都不强大。这个北海经济体两部分的具有生产力的农业的兴起，是与有序的生产要素市场（土地、劳动力和资本）结合在一起的。小农经济当中的产品市场普遍存在，并且在中世纪欧洲的大部分地方发展起来了。临时劳动力市场也很普遍，但非常不寻常的是，在北海经济体中出现了一个在劳动力分配中起主要作用的劳动力市场。

劳动力市场发展的根本决定因素难以追寻，但这似乎与欧洲西北部的另一个不同寻常的特点有关——欧洲婚姻模式出现得较早，新婚夫妇建立了独立于上一代的新家庭。婚姻关系是自愿的，新娘的年龄比其他社会的典型年龄要大得多。16 世纪后期，英国新娘的年龄通常大约在 25 岁，新郎的年龄则要大 2 ～ 3 岁。在其他地方，婚姻通常由父母包办，新婚夫妇融入上一代人的家庭，且十几岁的女子通常与年纪大得多的男人结婚。在中世纪晚期的英国和低地国家，年轻男女在十几岁时离开父母家为工资而工作，通常是从事农业工作。他们积累了大约 10 年的资源，在婚姻基础上建立了独立家庭。雇佣劳动力市场变得很成熟，青年男女是其中主要的参与者。至于这个市场的确切建立时间和程度，还不是那么确定。克里斯托弗·戴尔估计，在 14—16 世纪的英国，几乎有差不多一半的人口活跃在劳动力市场当中（在东南部最商业化的地区可能更多）（Dyer，2005：218–220）。在低地国家最发达的地区，据估计有多达 60% 的人口依赖于雇佣劳动（De Moor and van Zanden，2010；van Zanden，2009）。

土地买卖和租赁市场也在中世纪后期的欧洲发展起来，首先是在意大利，然后是北海经济体（虽然英国强大的庄园传统在一定程度上延迟了它的出现）。现代短期竞争性租赁制度在 14 世纪和 15 世纪的低地国家发展起来了，可能在一个世纪之后也出现在了英国（van Bavel，2008）。

劳动力向制造业的早熟配置

502 在工业革命之前，相当一部分英国劳动力就受雇于制造业。迪恩和科尔的突破性量化评估在很大程度上依赖于格雷戈里·金（Gregory King）建立的以 1690 年为起点的社会表。他们初步得出结论认为，农业使用了大约 60% ～ 80% 的劳动力（Deane and Cole，1967：137）。尽管作为起点他是不可或缺的，但金勾画出了一幅误导人的图景："一个仅由伦敦和广大贫穷的农业腹地组成的国家……英格兰和威尔士几乎肯定要比他让我们相信的更为工业化和商业化"（Lindert，1980：707）。彼得·林德特（Peter Lindert）和杰弗里·威廉姆森（Jeffrey Williamson）修正了这一观点（Lindert，1980；Lindert and Williamson，1982，1983），认为在国王统治的时代，56% 的劳动力在第一产业（农业）当中，18% 在第二产业（制造业），剩下的 26% 在第三产业（服务业）。在这幅图景中，英国仍是高度农业化的经济（Crafts，1985）。

剑桥大学人口和社会结构史研究小组（Cambridge University Group for the History of Population and Social Structure，Shaw-Taylor et al.，2010）基于大量洗礼记录里的信息，重新估计了 18 世纪的职业结构。该小组的初步结果表明，从事农业的英国人相当少，从事制造业的人相当多，甚至多于林德特和威廉姆森的研究中所显示的数量。关于 1710 年左右情况的新估计结果显示，农业和采矿业雇用了大约 43% 的职业男性人口，制造业雇用了 39%。在接下来的一个世纪，农业劳动力的比重只稍微下降到 39% 左右，而第二产业中的劳动力比重只增加到 42%。这些结果有力地加强了一个结论，即英国在 18 世纪初期已经走上了成为现代经济体的道路。

尽管 18 世纪末期在纺织业和制铁业上的巨大革新有助于通过降低这些产品的成本来增加实际收入，但似乎并没有大大增加制造业中劳动力的比例。然而，制造业在地理上变得更集中了。在 18 世纪初，第二产业的就业分布很广泛。在北部郡县中，该部门的男性比例（47%）要比具有农业生产优势的南部郡县更高，南部的这一比例依然是 39%。到 19 世纪初期，工业就业集中在一个新月形的地区，从约克郡的西区通往兰开夏，然后是往南方和西 503
方，一直到威尔士南部的格拉摩根郡。在南部郡县中，制造业工人的比例下降了超过 1/4，降到了 28%，而在北部，主要是在兰开夏和约克郡西区，这些工人的比例上升到接近 62%。南部的去工业化大部分发生在纺织业中。男性在服装制造业的就业率也大幅下降，这大概是由于在米德兰东部的成衣制造的崛起和贸易的一种女性化（Shaw-Taylor et al.，2010）。另一个因素是以煤炭为基础的技术取代了以木炭为基础的铁的生产，从而把该产业吸引到了煤田周围。

到 18 世纪早期，英国实质上已经是一种工业化经济了。制造业分布范围很广，同时生产单位依然很小。不过，它们显然是为市场生产，并面临着竞争压力。纺织业、服装业、皮革加工业、食品饮料加工业和建筑业是当时最大的部门，占到了 18 世纪中期制造业比重的四分之三以上（Harley，1982）。金属行业的工人为消费者市场生产了各种各样的五金器具和琐细杂物，也为农业、建筑业和制造业生产工具。高水平的制造业生产是收入水平相对较高的结果。高效的农业释放了劳动力，产生了消费者需求——甚至建筑业劳动者的收入也超过了维持生存所需的水平，工匠们可以负担得起适度的奢侈品，包括进口的杂货，特别是糖、茶和烟草，以及少量的制成品。富裕阶层，包括新兴的中产阶级，可能仍然是制成品的主要消费市场。

出口对英国工业化有着重要的贡献。克拉夫茨计算得出，在 1801 年，出口占到了制成品产出的大约 45%（Crafts，1985：127）。一直到 18 世纪初，向欧洲市场出口羊毛完全主导了英国的出口。在 18 世纪，制成品继续主导出口，但发生了重要的多元化。到了 1775 年，对美洲的出口几乎与对欧洲的出口相等了，也出现了广泛的产品多元化，羊毛布的比重仅仅略多于四分之一，金属制品占了将近 20%，各种各样的制成品几乎和羊毛一样重要了（Davis，1962，1979）。

竞争性的帝国扩张和重商主义成为 18 世纪大西洋经济的典型特征。英国和法国，以及在较小程度上的荷兰，挑战了西班牙的帝国权利，在加勒比海地区建立了殖民地，英国还在北美大陆上发展
504 了殖民地。殖民地经济以非洲奴隶生产的大宗商品（主要是糖，但还有英国人在切萨皮克湾生产的烟草）出口为中心。重商主义的管制将每个帝国强权的贸易留给了它们自己的臣民。在商业竞争中，英国在开发制成品出口市场上的表现比竞争对手强。加勒比海优越的殖民地并没有带来成功——这些英国的岛屿上都是高成本的白糖

生产者，如果没有得到保护，他们将无法与法国圣多米尼克迅速增长的白糖产量竞争，他们的繁荣依赖于英国消费者支付更高的糖价来支持他们。英国的殖民地相比对手而言也不是特别大。使得大英帝国与众不同的是美洲大陆的定居者殖民地人口众多，至少在切萨皮克之外，他们不是被出口大宗商品吸引而来，而是被在新的土地上建立一种独立存在的前景吸引而来。

定居者成功了，人口迅速增长。到了 1675 年，大约 60% 出口到美洲的英国制成品都流向了美洲大陆殖民地（Davis，1979）。这些殖民地通过向加勒比海的产糖岛屿销售温带农业和森林产品，同时提供商业和航运服务，为它们的进口准备了资金。通过这种方式，英国人用制成品的出口支付他们的食糖进口费用。那么，英国制成品出口的增长在多大程度上取决于西印度群岛上的奴隶制呢？当然，奴隶产品最终为对美洲的出口提供了资金。然而，关于更有趣的问题，即如果没有奴隶制度，这些出口是否会存在的答案并不那么明显。大陆殖民地在很大程度上不依靠奴隶制度繁荣起来。即使西印度群岛奴隶殖民地不存在，英国人也很可能定居下来，人口还是会迅速增长。他们还是会需要欧洲的工业品。如果没有在西印度群岛的各种机遇，他们将不得不寻找其他方法来为进口融资，这可能不如他们现在使用的这些方法，同时进口数量可能会小一些，但有可能他们还是会保持相当大的水平，并且有助于维持英国早熟的工业化。

关于英国工业化的一些结论

英国的工业化根基深厚，它是在一个长久以来就被市场调节的、已经得到较好发展的资本主义经济中产生的。商品市场在黑死

病之前就已经发展起来了。随着人口的下降，这些市场可能有些没
505 落，但依然具有相当的规模，而且在16世纪人口恢复之后又扩张了。更重要和不同寻常的是，在中世纪晚期，生产要素市场也已建立起来。在近代早期的英国，大部分土地都是以市场契约方式占有的。此外，大多数英国男女都有农村或城镇的劳动力市场的经验。农业非常有生产力，这可能是因为它的资本主义组织。土地租赁市场使成功的农民得以扩张，而他们的不太成功的竞争对手却失去了土地。17世纪初，家庭劳动在大部分英国农场仍然很重要，但在大部分耕种面积上使用了雇工。在这种情况下，劳动力参照劳动力市场做出决策。封建关系早就不复存在了。农民耕种者中不存在显著的阶级差别——至少在对他们的土地拥有习俗权利或者所有权的意义上，他们只是稍微涉足了商品市场，而且独立于劳动力市场来组织他们的劳动。

这些市场的渗透带来了经济史学家所称的“斯密式增长”，按照斯密的观察，专业化和生产率的进步受到了市场范围的限制。斯密提出了三种促进增长的过程：利用比较优势的专业化和交换；资本积累；技术进步。这些都可以在18世纪的英国看到。农业发展受到市场机遇的刺激，其中最突出的是伦敦作为贸易、行政、生产和消费中心的增长。现代工业化常常被视为一个用矿物动力来源替代前现代时期基于人类和动物的肌体和木材动力来源的过程，后面所有这些都受到农业资源的限制。在18世纪的工业化很早以前，英国就开发了煤炭作为动力和燃料的来源。英国人至少从17世纪就开始学习如何使用煤（Allen，2009a，2009b；Hatcher，1993；Nef，1932）。建筑商已经开始尝试使用煤炭为家庭供暖，到18世纪，纽卡斯尔的煤炭温暖了伦敦的住宅。煤炭还为许多工业生产过程提供了热量，从酿造啤酒到精炼铜。铁匠们也尝试了使用煤炭，

但是直到 18 世纪末期，仍存在一些化学问题没有得到解决。在纺织品生产过程中，最大的前现代制造业，大量的商业厂家，逃避低地国家战争和法国宗教不容忍的移民，以及其他一些受大陆范例启发的人，共同开发出了新的技术和织物［所谓的“新呢布”（New Draperies）］。

这种关于英国发展的观点是建立在统计分析、生活水平的长期国际比较，以及制度和创新的长期观点的基础上的，它似乎不恰 506
当地过分强调了 18 世纪 60—70 年代这一段著名的时期，以及阿克莱特、瓦特和科特取得的成就。有两种观点值得回顾。首先，这些发明对经济增长有多大贡献？这里的统计分析表明，这种影响是有限的。其次，更为重要的，这些发展标志着一个更快速和更持续的技术变革时代的开始吗？按照目前的标准，19 世纪以前的技术变化和生活水平的提高是如此之慢，以至于几乎无法察觉。增长主要是由技术进步所驱动，在 19 世纪中期加速，最终达到 20 世纪每年约 1% 的水平（Crafts，2004a；Crafts and Harley，1992；Crafts and Mills，2009）。虽然纺织业的进步在 18 世纪末期和 19 世纪初期比较迅速，而且对正在扩大的已经有相当规模的纺织业，并且将其集中在城市工厂当中有非常明显的影响，但它对总体增长的影响不大。18 世纪末期的创新可以看作一个持续的研究和开发计划的结果，它将现有的想法扩展到高工资的环境中，这些发明符合一个更长的斯密式增长的连续统。

阿克莱特以一种引起了当代人和历史学家的注意，但并没有大幅度提高总量增长的方式，促成了英国最大制造业的转型和集中。然而，机械操作的成功应用和工厂作为主要生产基地的发展，标志着技术发展的重要环节。棉纺厂刺激了专业机器制造商的发展，这些制造商变成了改进技术的核心（Rosenberg，1994）。然而即便如此，也很难看到纺织技术创新带来的根本性变化。例如，我们可能会问，棉布方面的创新使得铁路更有可能了吗？可能不会。在许多方面，棉布方面的突破与比如说由韦奇伍德（Wedgwood）和其他人带来的米德兰西部大规模陶器生产的扩张，并不是那么不同。瓦特对蒸汽机的改进，以及科特开发利用煤炭生产熟铁的改进方法，有着相似的特征。它们都是有意识地将资源应用于已经确定的研究和开发计划的结果。它们都标志着技术变革的演进阶段，至少在一个适度的水平上，都涉及将科学引入工业研究和开发中。

507 在 19 世纪期间，这些经历了工业革命的产业在国际经济中的成功继续影响着英国。高度集中于兰开夏和约克郡西区的纺织产业，以及建立在煤田上的大型煤基炼铁厂吸引了最多的注意力。对外贸易同时促进了这两者的增长。甚至在法国大革命之前，兰开夏的棉纺织业，以及与法国签订的《艾登条约》（Eden Treaty，1786）有力支持了更自由的贸易。竞争极大地压低了纱线的价格，甚至在面临严重的战争破坏时期，英国的低纱线价格也吸引了外国买家。到 1815 年恢复和平的时候，英国的棉纺厂卖给外国顾客的数量和他们本国人的一样多。虽然由于外国人复制英国的实践做法、聘请英国机械工人，以及在 1843 年英国废除对机械出口的禁令后购买英国制造商出口的机器（Jeremy，1981），这种技术迅速可以在海外获得，但英国仍然是除了最简单的织物以外的所有产品成本最低的生产商，一直到第一次世界大战爆发，其三分之二的产出都用于出口了。羊毛制造商虽然并没有在同样程度上占领世界市场，但还是出口了很大一部分产品。因此，纺织工业还是要比如果仅仅依赖国内市场的规模大得多（Findlay and O’Rourke，2007）。

熟铁生产过程中的搅炼和轧制也是因英国在国际市场上的

地位变动而产生的。在科特的发明之前，英国使用的熟铁中将近60%是由进口得到的，主要来自木材和矿石丰富的瑞典和俄罗斯（Fremdling，2000；Harley，1982；Hyde，1977）。该行业最初主要是通过替代进口实现增长的。然而，在19世纪的前几十年，英国开始出口生铁和熟铁。铁路的建设，首先在英国，然后在其他地方，大大增加了对铁的需求，而英国是主要的国际供应商。雷纳·弗雷姆德林（Rainer Fremdling）通过计算发现，在19世纪40年代晚期，铁路建设使用的铁消耗了英国1/4以上的铁产量，其中约40%是出口到美国和西欧。尽管随着英国铁路建设的步伐放缓，同时由于铁的其他用途增加使其产量增加了约70%，铁路用铁的重要性在随后10年下降到了略微高于产出的1/6的水平，但铁的出口继续增加，主要是为了满足美国和欧洲铁路网络扩张的需求（Fremdling，1977）。技术上的领导地位也支持了英国工程领域的发展。在19世纪40年代，这个行业成功地废除了机械出口禁令，出口迅速扩大。英国机器制造商主导了世界纺织品市场，而且在其 508
他行业也很强大。英国工程师和机械对欧洲大陆上的早期铁路建设是至关重要的。例如，在1838—1841年，普鲁士铁路公司从英国制造商购买了其第一批51件机车中的48件——随后，英国制造商的统治地位下降了，机车几乎完全变成了德国制造（Fremdling，1977）。

英国的技术领先地位由于大革命和拿破仑战争引发的孤立得到了提高——20年来，英国企业获得了新技术的经验，而欧洲大陆上的潜在竞争对手几乎没有机会接触英国的实践。技术领先地位带来的低价格导致了大量出口。然而，我们应该小心，不要认为这些出口给英国人带来了太多的好处。英国的竞争性资本主义很快就消除了超额利润。当企业进入这些行业以利用更低成本的时候，价格下跌了。技术进步带来的好处表现为消费者能够享用更便宜的商品，而不是企业能够获得更高的利润。由于价格下跌，出口增加了，这些商品的外国消费者与英国消费者分享了生产力提高的好处（Harley，2004）。

从长远来看，蒸汽机可能是古典工业革命中最重要的技术发展。然而，有几点需要提出。首先，瓦特显然借鉴了早期的发展，特别是从 18 世纪早期开始已经得到使用的纽科门蒸汽泵。其次，蒸汽机的影响既取决于瓦特的发明，也在同等程度上取决于其进一步的改进。最后，甚至是在除了作为泵应用之外主导了其最早期使用的棉纺织中，蒸汽机的影响直到 19 世纪 30 年代都不大（von Tunzelmann，1978）。蒸汽对提高效率的巨大贡献来自它后来在运输上的应用——铁路和蒸汽船。这些创新显著降低了成本，同时诱导了投资，增加了工人的人均资本额（Crafts，2004a，2004b）。克拉夫茨的计算表明，从 1830 年到第一次世界大战，蒸汽动力以及由其引发的在运输网络中的投资创造了每年劳动生产率增长的 1/3 个百分点，但是在 1830 年之前，它的贡献只有每年 1/10 个百分点到 1/5 个百分点，几乎可以忽略不计。其他著名产业的贡献则更要少得多。棉纺织业当中的壮观的技术变革可能在 1780—1860 年使得经济增长提高了 1/8 个百分点。农业（一个有着更慢技术变革的更大的产业部门）当中的技术进步贡献更
509 多一些。其他现代化工业加起来贡献的也比棉纺织业少（Harley，1999）。

1830 年之后人均收入的持续增长（每年略高于 1%，其中 3/4 来自全要素生产率的增长）源于整个经济的广泛改善，而且不能主要用这些著名行业的变化来解释。历史学家还没有进行核算活动来量化这一过程，但我们知道变化很普遍。农业生产力持续上升。出

现了新的、改进的和更便宜的化学品和玻璃。随着例如更好的面粉磨粉机、冷冻技术和包装食品这些创新的出现，食品加工业得到了改进。缝纫机提高了服装制造业和制鞋业的生产率。机械制造业和钢铁业中的改进促进了生产力的发展，但总的来说，我们必须得出的结论是：这些变革在整个经济当中得到了广泛传播。这就是资本主义在大范围内发挥作用的动力（Bruland and Mowery，2005）。

在工业革命期间（1770—1830 年），英国男性工人的平均实际工资变化不大（Allen，2007；Clark，2005；Feinstein，1998）。工资水平经历了变动——英国南部的农村工人受到了人口增长的不利影响，并且去工业化打击了他们的劳动力市场；手摇织机编织工最初受益于廉价的纱线，但在后来，大量增加的工人成为机械化的受害者。城市工厂的工资增加了，但工人们面临着不健康的环境、失去的自由和康乐设施的缺乏（Williamson，1985）。在法国大革命期间和之后，国家通过镇压工人阶级的权利和政治表达来应对战争和对动乱的恐惧。雇用童工现象加剧，工人阶级妇女的经济状况可能因圈地运动和农村制造业的衰落而恶化——当然，纺织业中的大范围就业消失了（Humphries，2011）。然而，乐观主义者指出，工业化以外的因素使得工资下降了：人口以每年 1.5% 的速度增长——这是一个在历史上会伴随着工资下降的比率；革命和拿破仑战争代价极其高昂且持久。从 19 世纪 30 年代开始，工人的实际工资明显趋于上升，到了 1880 年，比之前的水平高出 50%。19 世纪末期，英国许多工人阶级家庭仍然极度贫困，但几乎所有人都比 18 世纪末其曾祖父母那一代人的境况稍好一点，同时他们当中很少人经历了曾经在意大利或者东欧——欧洲更贫困地区很普遍的那种贫困水平。

欧洲大陆的工业化

510 趋向于跟随马克思的评论，即前文所述，工业较发达的国家向工业较不发达的国家所显示的，只是后者未来的景象，对于工业化在欧洲扩散的各种相关论述围绕英国工业革命的主导产业，即以工厂为基础的纺织业、钢铁业、机械工程的扩散展开，主要用棉花消费量、生铁产量、煤炭产量和铁路里程的图表来进行（Landes，1969；Pollard，1981）。这提供了对特定行业和技术转移过程的见解，但由于三个原因而不充分。首先，仅凭这些行业不足以解释英国的成功。其次，当地条件——特别是昂贵的劳动力和廉价的煤炭能源——极大地影响了这些产业在英国的成功，并影响了欧洲大陆的发展。最后，英国工业因价格下跌而增长，同时英国持续的先动优势支持了庞大的出口市场。追随者们很难再复制这种经验。

英国的科技成就，特别是在纺织品和制铁领域，显著影响了欧洲大陆的工业，但在响应程度方面存在重要的国家差异。来自英国的进口使那些获得关税保护的生产商受到了挑战。通过工业间谍活动，更重要的是通过雇用熟练的英国工人，以及 1843 年后购买英国机械，英国的技术被复制，在现代纺织生产行业当中更是如此（Bruland，2003）。这些国家的纺织品生产模仿了英国的模式，但是不同地方后来的经历却不尽相同。在拿破仑战争后，法国面对廉价的英国进口商品采取了使用严厉关税的保护措施。结果，其机器纺纱是在英国技术工人的帮助下建立起来的，但成本要比英国高（Landes，1969：158–163；Milward and Saul，1973：270–277，316–322）。在普鲁士，保护是适度的，因此，英国纱线的进口扩大了，手织机织布也是如此。在 19 世纪 30 年代晚期，德国各州使用的棉纱约有三分之二是通过进口得到的（Pollard，1981：181）。

煤基铁生产技术的扩散更为复杂，因为它的成功依赖于煤和矿石，同时因为使用较为陈旧的木炭技术生产出了要求更高价格的优质铁。关税政策再次变得重要了。法国采取全面保护措施，而德国的关税同盟实施的是鼓励进口生铁用于国内精炼这种结构的较低关税。取决于资源和市场的差异，欧洲大陆的制铁生产企业以不同的速度和不同的组合采用了制铁新技术。采用木炭提炼生铁的技术还在使用，但是煤炭被越来越多地用于精炼熟铁。甚至在受到高度保护的法国市场，用煤炭提炼生铁在初期也很难适应竞争。在 19 世 511
纪 40 年代，铁路的到来创造了对于低质量铁的大规模需求，煤基生铁生产最终在法国、比利时和西里西亚的煤田上建立起来了，同时，在 19 世纪 40 年代深井被打出来后，也发展到了德国的鲁尔地区（Evans and Rydén，2005；Fremdling，1997，2000）。在别处，煤炭的缺乏妨碍了这一工业的发展。

英国最重要的技术转让无疑是铁路。它们刺激了投资和金融，改变了制铁工业的命运。更为根本的是，它们整合了国内市场，使工业和农业能够更加专业化。

在围绕纺织品和钢铁行业的故事中，比利时和德国是主要的成功国家，而法国却比较失意。比利时保持着其作为一个高度工业化区域的地位，1870 年，工业部门在国民收入中的占比达到了大约 30%，只有英国更高，占比达到 34%（Broadberry，Fremdling，and Solar，2010：170）。在 19 世纪中叶，工厂式纺织公司取代了传统的纺织生产商（自中世纪以来就存在），但并不是没有给传统的手摇织机带来困难。更重要的是，工程公司发展出了令人印象深刻的机械制造能力（尽管它们在 19 世纪最后几年里转向新产业的速度很慢）。比利时制铁工业继续增长，成功地转向了钢铁生产和大型公司及工厂化的发展模式。然而，它后来把自己起初在欧洲大陆的领导地位让给了德国的竞争对手（Milward and Saul，1977：154-165）。

1848 年的大革命之后，德国在这场革命的故事中是最成功的。修建铁路和政治变革启动了这一转型，钢铁工业占据了主导地位。在 19 世纪的最后 25 年中，德国的钢铁公司提升了工厂规模、资本强度，以及它们工厂的现代化程度，像克虏伯（Krupp）这样一些公司变成了技术领先者。德国的钢铁产量仅次于美国，并且开始出口钢铁，尤其是出口到欧洲大陆的市场（Landes，1969：249-269）。随着钢铁工业的发展，铁路工程也繁荣起来。德国资本家不仅供应了国内市场，而且满足了欧洲除纺织机械以外的大部分机械需求。

传统的叙事描述了一些重要行业的发展，但人们必须问清楚：这对现代经济增长的过程到底提供了多少洞察力？虽然本章的标题是“英国和欧洲的工业化”，但人均收入持续增长的过程显然是一个重要的问题。在我们对英国的讨论当中，我们已经看到，纺
512 织品和制铁产业的“英国模式”只能解释英国增长的一小部分。类似的结论也适用于欧洲大陆。那些认为现代经济增长是通过模仿 19 世纪中期英国的主要行业的叙述夸大了少数新兴产业的作用和贡献。

那些研究得最多，同时被用作经济增长兴起标志的产业，只占整个制造业的一小部分，在国民收入中的比重则更小。在德国，金属工业——包括铁、钢和工程——在 1870 年贡献了大约 15% 的制造业产值。由于包括采矿业、建筑业和公用事业在内的制造业占国民收入的 1/4 以上，所以上述产业的产值不到国民产出的 4%

（Broadberry et al.，2010：168–174）。

1913 年的德国金属工业规模大约是其在 1870 年的 10 倍。这是令人印象深刻的增长，但通过一些简单的计算，我们可以对其进行透视。我们可以通过简单地假设增长的发生没有伴随着工业中使用的资源比重不断上升（因此没有降低经济其他部门的产出），从而夸大这一产业部门的影响。实际上，尽管金属产量的增长率令人印象深刻，每年达到 2.4%（Milward and Saul，1977：26），再加上一个相当于人口增长速度的劳动力上升，但也只会使金属产量增加不到 4 倍。如果所有的这 10 倍增长都是来自生产率提高，这将使国民收入增加 35% 左右。这似乎是一个大幅度的增长，但其实每年的增长率略低于 1%。德国的人口以每年 1.16% 的速度增长，因此，如果仅有金属工业的生产率增长，将会导致人均收入的下降。更现实地说，如果我们假定这一经济中其他部门的增长率与人口增长率相同，那么金属生产的增长将使人均收入增加约 20% 或每年低于 0.5 个百分点。由于德国人均收入在 1870—1913 年翻了一番还多，金属和工程产业的贡献并不是那么大。许多人可能会反对太重视之前的计算。毕竟，关于动态变化的成因的关键故事在计算中是没有的。然而，量化研究的历史学家喜欢引用塞缪尔·约翰逊（Samuel Johnson）对简单计算效果的评价："先生，那就是计算的好处。它使一切都确定，而在此之前，这些只是模糊地浮现在脑海当中"［引自 McCloskey（1981：105）］。

在英国引入工厂制的棉织品工业是这些传统叙事关注的另一个行业。再一次地，除非目的就是跟踪对英国的模仿，否则这种聚焦 513
点是很奇怪的。以工厂为基础的机器纺纱在整个欧洲建立起来了，纺织业得到了增长，但如果我们进行上述同样的分析，我们会发现类似的结果。平均来说，纺织业和服装业的规模略微超过金属工业的两倍，但增长更缓慢。然而，更令人不安的是，欧洲大陆的纺织工业依赖于保护，以免受更高效的英国工业的竞争。当然，金属工业也是如此，直到该世纪最后25年，德国工业变得有竞争力之时为止。没有出现大规模生产基础上的纺织业增长，因此，国内纺织业的增长使欧洲消费者的实际收入减少了。当然，也有一些例外。丝绸生产在法国和意大利发展起来了，两国的出口市场蓬勃发展，从未受到英国公司的威胁。法国公司成功地保持了高级时装纺织品和服装生产商的地位。受保护的棉花工业将城市工厂的生产方式引进欧洲大陆，可能刺激了机械工程，通常也提高了技术能力，但是，该产业的大部分机器仍然是从英国进口的。很难坚持这样一种说法：棉织品是增长的发动机。

铁路是工业化的第三大指标，关于它的故事在这里有些不同。运输服务当然是基于特定地点的，并且是不可交易的。铁路技术在整个欧洲迅速得到采用，政府政策和金融方面只出现了一些轻微的延误。技术和金融在国际市场上是现成的，尽管在一些落后地区有限的商业前景使得政府通过国家贷款或者通过保证铁路债务的利息介入金融。无论哪种情况，大部分资金都来自外国投资者。铁路对运输的直接影响取决于原有的运输网络和商业发展水平。特别地，在水运发达地区的影响较小。铁路带来了各种关于运输成本节约的计算，虽然有点问题，但计算结果还是大约为国民收入的5%（Broadberry，Federico，and Klein，2010：81）。与钢铁或纺织业不同，铁路带来的运输改善几乎肯定会产生外溢效应，从而对经济增长产生了广泛影响。

特别地，更低成本、更快捷、更可靠的运输和通信（在伴随铁路而来的电报的辅助下）使得国民经济一体化，并使工业和农业更

加专业化。以小规模的本地相对无效率的企业以及家庭生产为代 514
价，高效的生产方式扩张了。例如，柏林——位于易北河以东的一个落后的农业地区，远离德国西部的主要市场——变成整个德国工程和消费产品的主要生产商。农业也受到了深刻的影响。农业历史学家指出，市场进入是投资和技术改进的一个重要决定因素（Allen，2003；Grantham，1989；Hoffman，1996）。铁路把整个欧洲的偏远地区与城市市场更紧密地联系起来，刺激了生产力的进步。然而，只有当铁路成功地与更广泛的经济变革力量相互作用时，它们的影响才是巨大的。

人均收入与“英国模式”的不足

历史学家已经对过去的国民收入进行了估算。这些数字应该被视为正在进行中的工作，而且要谨慎使用。现代统计学家使用的数据在 20 世纪中期之前是没有的，同时那些收集早期统计资料的官员并没有考虑国民收入的概念。然而，如果没有对总体活动的一个估计，考虑经济增长几乎是不可能的。没有他们，我们只能依靠过分强调新奇、壮观和新颖的印象。表 16-1 提供了对欧洲国家从 18 世纪到第一次世界大战的一些估计。它们表明，在 19 世纪的
工业化之前，欧洲的收入水平出现了变化。荷兰和英国的收入最 515
高，而南部和东部的外围地区收入普遍较低。这些国民收入数字也符合叙事历史的结论：德国取得了非凡的成功，但这一成功主要在于克服了最初的落后。甚至在 1913 年，德国也没有因为实现了很高的人均收入脱颖而出。国民收入统计也凸显了基于由纺织和钢铁驱动的工业化的经济增长叙事的脆弱性。它们显示了德国和比利时的成功，但与之相伴随的法国和荷兰失败的故事必须被抛弃。

表 16－1 欧洲主要国家的人均 GDP，1750—1913 年
（1990 年“国际”Geary-Khamis 美元）

	1750 年	1820 年	1870 年	1913 年
英国	1 485	1 707	3 191	4 921
丹麦		1 274	2 003	3 912
荷兰	1 861	1 821	2 758	4 049
比利时	1 297	1 319	2 692	3 923
法国		1 230	1 876	3 485
德国		1 077	1 839	3 646
瑞士		1 280	2 202	4 266
意大利	1 297	1 117	1 499	2 564
西班牙	990	1 063	1 376	2 255
瑞典	1 144	1 198	1 664	3 096
俄国			683	939

资料来源：Broadberry and O’Rourke，2010：2；Maddison，2007.

我们观察这时法国的工业结构，就会立刻对金属和采矿部门的规模如此之小感到震惊，而这些部门在传统的叙事当中都应该显得很大（见表 16－2）。与英国、德国相比，法国经济增长相当缓慢（每年 1.6%，而英国和德国分别是 1.9% 和 2.8%），但在同一时期，英国人口增加了 2/3，德国人口几乎翻了一番，而法国人口只增加了 14%。因此，从表 16－1 可以看出，德国人均 GDP 增长率只是略高于法国，而法国的增长速度比英国快得多。法国经济增长中的经济结构与德国或英国截然不同。金属和采矿业并不重要，主要是因为法国的煤炭资源匮乏。法国工业化遵循着一条不同的路径，同时农业增长相对缓慢，但没有严重损害整体的增长。在 1870 年，法国和德国都有一半的劳动人口从事农业；到 1913 年，德国的这一比例已经下降到了 35%，而法国依然维持在 41% 的水平。法国缓
516 慢的人口增长减轻了农村人口的压力。

表 16－2　工业结构（占制造业的百分比），英国、法国和德国，1870 年

	英国	法国	德国
食品、饮料和烟草	14	17	19
纺织品、服装	26	34	30
金属制品	18	3	15
其他制成品	8	20	20
建筑业	7	22	9
采矿	25	3	6
公用事业	2	1	1

资料来源：Broadberry，Fremdling，and Solar，2010：170-171.

对法国经济的研究现在有效地挑战了这种失败的叙述。奥布莱恩和基德证明，18 世纪和 19 世纪法国工业的生产率很高。他们总结了法国工业和英国工业的以下区别：

> 法国工人的人均增加值仍然很高，因为其工业专业化于高价值产品的生产。对于这些质量和样式不同的产品，车间生产单位通常是在家庭的基础上组织的，可以培训熟练劳动力，并且有效地满足当地和其他具体需求。（O'Brien and Keyder，1978：178-179）

机械化、大型工厂和矿物燃料的广泛使用都是工业化进程中欧洲的一些变化，但它们不一定会带来经济增长。在很多部门，小规模的资本主义企业依然是有效率的且可以获利的。到了 19 世纪的最后一些年份，新兴产业正在发展，而且法国表现良好，在诸如汽车、航空和电气工程这些领域取得了领导地位。针对比较收入统计数据的详细审查确认了法国工业在 20 世纪初的高生产率水平（Woltjer，Smits，and Frankema，2010）。

国民收入统计数据显示，还有两个没有遵循英国－德国模式的成功经济体——荷兰和丹麦。荷兰的情况在另一章中有详细介绍。这里仅需指出，在18世纪和19世纪，尽管荷兰经济增长相对失败的故事有大量的事实成分，尽管没有采用那些所谓的关键产业，其人均收入仍然很高。在荷兰，高效率的服务业、专业化的农业和相关的粮食生产，以及其他一些轻工业所提供的收入水平，在19世纪的大部分时间和英国相当。丹麦的故事更令人印象深刻，其经济结构比荷兰更偏向于专业化的食品生产和加工，但是丹麦人通过完全不同的专业化在1820—1913年取得了与德国人不相上下的人均收入增长速度。

格申克龙、相对落后性和趋同

通过探索处于英国工业革命最前沿的工业的发展，为人们提供了有关技术扩散的信息，但无法为理解有关现代经济增长兴起的
517 那些机制提供一个充分的基础。在这篇可能是过去两代欧洲经济史研究最有影响力的论文当中，亚历山大·格申克龙（Alexander Gerschenkron）提出了一种欧洲工业化史的类型学，突出了工业化初期的落后条件，聚焦于系统地替代英国工业化过程中出现的增长的“先决条件”(Gerschenkron，1962)。

同时代的人和历史学家一样，都清楚最发达的经济体在英国和西北方的荷兰。向东穿越欧洲平原北部，落后程度的等级看起来很明显。法国相对于“北海经济体”的落后也许存在公开的争议。然而，德国西部各州显然落后于法国或低地国家。当跨越易北河后，落后程度上升了，而且俄国显然落后了。从北向南移动，也出现了类似的梯度，尽管总体而言程度更轻微，这是因为早期城市商业成功的遗产仍然存在，同时气候的显著差异影响了农业。法国南部落后于其北部；意大利尽管有着辉煌的过去，却大大落后了。在奥斯

曼帝国的外围巴尔干地区受自身动乱史及支离破碎的地理位置的影响，落后更为严重。

格申克龙承认这种落后性是多维度的，但是各种指标产生了相同的排序结果。最明显的指标是人均收入或一般生活水平，但落后的状况在一系列制度特征中也可以看到。三种所有发达资本主义的特征都凸显出来了：农业的组织；商业化和城市化的程度以及商品市场的普遍渗透；劳动和资本要素市场的发展。具有充分发展的劳动力市场和土地市场的资本主义农业在英国占据支配地位，在低地国家则采取了一种不同的形式；个体农民主导了法国和德国西部的农业；越过易北河之后，封建关系下的贵族领主使用强迫劳动和畜力，或农奴来耕种。最极端的是俄国农奴制。市场的范围从西到东减小了。英国和荷兰有发达的金融市场；法国虽然落后了一些，但也有一些发达的、略有不同的制度（Hoffman，Postel-Vinay，and Rosenthal，2001）。德国西部有一些金融发展，但德国东部却很少。在英国和荷兰，劳动力市场支配着劳动力的分配，大多数人都有劳动力市场的经验。在法国和德国西部，在 18 世纪，大约三分之二的劳动力在农业当中，主要是根据农民家庭的习惯而不是劳动力市 518
场组织起来的。在向领主提供劳动义务的情况下，易北河以东的农奴制是以非自由劳动力为基础的。

格申克龙提出了若干关于相对落后的影响的假说，其中一些假说比其他假说更好地经受了严格的检验。他的预测包括这样一个假设，即在一个经济落后的国家，工业化的起始速度比更发达的经济体普遍更快。这种快速增长源于几个相关的想法。首先，发达经济体展现的技术前沿和当前经济存在差距。如果能够克服阻碍发展的制度力量，就有快速追赶增长的潜力。其次，在落后的经济体中，大多数人口处在低效率农业当中，同时在家庭或者奴隶劳动（或两者的某种结合）的基础上组织起来，对市场上的商品需求很小，因而不能为消费品行业的发展提供基础。要使增长发生，就必须建立一个能够相互提供市场的生产资料产业的“发展集团”。因此，经济增长始于“大突进”(big spurt)。

在落后的情况下，制成品市场和生产要素市场发育不良，因此，企业家不能依赖买卖双方之间的广泛竞争，以确保产品能以有竞争力的价格轻易出售，或者投入品和中间产品可以按需要的数量随时购买。在工业革命时期的英国，存在着广泛的市场，从而使得企业能够在一个较小的规模上发展，集中于一个生产位置，相信投入品可以很容易买到，同时其产品，甚至是较长生产链中的中间产品，都可以销售出去。在落后的经济体中，企业发现有必要在其内部采用层级组织来克服市场局限性。因此，更大的企业出现了，它们往往将从原材料供应到最终产品销售的整个过程整合到管理控制之下（Harley，1991）。

在更为落后的经济体中，金融也更少以市场为导向。在英国，小企业已经能够通过多种方式为发展融资，因为金融交易很发达。企业一般是从现有的商业制造、个人间的接触、现有的贸易信贷网络和英国商业银行愿意提供的短期融资等途径积累的资金当中发展起来的。在这些安排的背后，发达的外汇票据金融市场和一家证券
519 交易所支持投资者的多样化投资组合的发展。对于更为资本密集型的基础设施，例如公路和运河，组织了信托基金和企业，以开发更广泛的资金来源（Harris，2000：section 2）。当铁路在短时间内需要巨额资本的时候，能够直接在证券交易所借款。在中等落后条件下，在格申克龙的叙述中主要是指德国，也包括法国和意大利，商业来源和金融市场没有能力提供与以大型普通银行形式开发出来的相同的资金和替代方案，这些银行形式始于法国的动产信用公司

（Crédit Mobilier），然后主导了法国的金融业。这些机构接受存款并发放商业贷款，但也愿意在大公司的融资中保持长期的头寸，以及在向投资者发行和分配股票中充当中间商。在极端落后的情况下，以俄国为例，条件太落后，甚至无法支持这类银行，国家在产业融资中发挥了重要作用，公共债务为那些尤其是更富裕西方国家中的投资者提供了一种他们愿意持有的投资工具。

落后也影响了新建行业当中企业的技术选择。在应用更发达的经济体已经开发出来的最新技术以适应它们面对的高工资条件和雇用落后经济体的廉价劳动力之间，落后给企业家带来了一种压力。然而，实际上，这种困境在很大程度上是假象。可以肯定的是，原始的野蛮劳动力很廉价，但熟练劳动力，甚至是适合工厂生产的守纪律劳动力要比发达经济体少。结果，显然也是自相矛盾的，落后经济体当中的钢铁行业在生产的关键环节安装了最先进的劳动力节约型技术，而在辅助工序当中尽可能多地使用了廉价的非熟练劳动力或者野蛮劳动力。

落后的农业在格申克龙的思想当中发挥了重要作用，同时也是他的两部重要著作的主题（Gerschenkron，1943，1966）。他得出结论：农业对增长过程的贡献因落后而下降，因为农业的贫困，以及农业工人与市场之间缺乏联系限制了农业部门对需求的贡献。由于其制度性本质，农业部门没有释放出劳动力，也没有创造出一支市场导向的劳动力力量，就像在英国发生的那样。

格申克龙的架构为欧洲工业化内部差异提供了大量的洞察力，特别是当与从英国模式看煤炭对工业发展的重要性的认识结合在一起时。它特别有助于阐明出现在不同国家的制度结构上的差异。毫 520
不奇怪，这种概括被证明过于笼统，无法成为现代欧洲复杂经济史的一个完全可靠的指南。格申克龙——尽管他宣称其目标是取代马克思的伟大概括，即更多落后的国家会追随第一个成功例子所开辟出来的工业化路径——依然在仿效英国在大型城市工厂和活跃的钢铁工业方面的经验。他所确定的先决条件的替代品——大型的层级制企业、银行和国家在金融业中的关键作用、采用最先进的技术来克服落后经济体中劳动力的缺点——在很大程度上与“大工业”有关，就像其他有着类似焦点的讨论一样，对理解其他部门不太引人注目的发展也没有多大帮助。

格申克龙在工业化启动时的“大突进”观点已经被证明在总量统计当中很难找到证据（Crafts，Leybourne，and Mills，1991）。然而，这与经济体之间，特别是“增长俱乐部”之间的收入水平趋同的想法有关，其中那些最初收入较低的经济体往往增长更快，并向最初那些最富有的经济体的收入水平靠拢。20 世纪末期的西欧肯定出现了趋同现象，虽然在欧洲外围地区，直到 20 世纪中期都几乎没有什么证据说明这一点。当然，趋同并不是必然会发生。从全球范围来看，19 世纪和 20 世纪的历史一直是一个“极大地分岔”的故事，即西欧及其海外分支这些成功经济体的小“俱乐部”比其他贫穷经济体增长得更快，不断加剧了全球不平等。

农　业

当我们把焦点从这些“伟大”产业转向更全面的经济观和它们所带来的收入水平时，落后及其对整个欧洲经济增长的影响使我们把注意力集中在农业上。高农业生产率是早期英国相对较高收入的主要决定因素。艾伦最近对一些重点欧洲国家的农业工人人均产出的估计数，以及第一次世界大战前一些年份的估计数，都体现在了表 16 - 3 中。

表 16－3　农业中的人均产出，英国 =100

	18 世纪后期（英国 =100）	1910 年（英国 =100）	1910 年（1750 年的英国 =100）
英国	100	100	150
荷兰	98	50	75
法国	55	74	111
德国	41	52	78
意大利	43	32	48

资料来源：第二列（Allen，2000：20）；第三列（Broadberry，Federico，and Klein，2010：66）；第四列（Allen，2006：43）。

荷兰（与比利时共享）在 18 世纪末期的高生产率是显而易见的，但其他地方的低生产率更引人注目。同时代的人没有看到这些数据，但欧洲大陆农业的相对落后是明显的，而且与农业制度联系在一起。在英国，资本主义农业已达到极限。在法国，同时一定程度上在德国西部，拥有土地所有权的自耕农（peasant proprietors） 521
以家庭劳动力进行耕种。在法国，农民的土地所有权因大革命而增强，同时正如帕特里克·奥布莱恩观察到的，“通过废除领主的收费和抑制什一税，革命者还把农业收入还给了耕种土地的人。一下子，18 世纪 90 年代的税收和司法改革减轻了农民负担，也增强了他们在小块土地上繁荣发展起来的能力”（O’Brien，1996：228）。

在易北河以东的德国，一种更加落后的封建庄园农业制度——农场领主制（Gutsherrschaft）——占据了支配地位。贵族们使用两种强制性农奴劳动力来最大限度地耕种他们的土地。有较多财产的大量农民被要求提供牲口和规定的劳务。没有合法财产的少数农民只提供劳动力。一个农民的农庄需要的劳动强度是相当大的：

> 根据经验，人们可以说，对于有土地产权的农民而言，强制性农奴式劳动每周不超过 2 ～ 3 天。对于没有产

> 权的农民，这就完全取决于庄园的要求了。每个农民农庄通常会有 4 天或 5 天，甚至是 6 天的强制性劳动。由于绝大多数农民……在他们的土地上没有产权，我们可以相当有信心地说，每周超过 3 天的强制性劳动在这些地区非常普遍。（Harnisch，1986：45）

这一系统提供了廉价的劳动力、役畜资本和农奴构建的结构，成了土地贵族盈利系统的基础。哈尼什（Harnisch）引用了一位著名的波美拉尼亚官员的话，他写道，“用强制性劳动来管理一个庄园可能不会带来最高的收益，而且肯定会引起很多的烦恼和不
522 满……但是它是‘方便且廉价的’”（Harnisch，1986：45）。在俄罗斯，农奴制更为根深蒂固，农民义务更重、自由更少。

整个北欧农业的体制和生产力要求进一步考虑罗伯特·布伦纳的三位一体的阶级结构，这些阶级结构因从事农业的人的条件和优先次序而不同，作为社会再生产的手段，在黑死病之后的几个世纪中出现。布伦纳认为，中世纪晚期和近代早期出现的制度决定了一直到 18 世纪和 19 世纪的发展可能性。他强调，发生在英国结构当中的科技进步使得劳动力能够离开农业，并且扩大了非农业商品的市场。从另一个角度来看，乡村存在的无地现象和雇佣劳动消除了农业劳动力继续留在维持生存水平的小农经济当中的可能性。

在法国，农民社区取得了大量法律上和事实上的土地产权，大革命极大地加强了这一点（Brenner，1976：68-72；O'Brien，1996）。布伦纳用下列文字描述了小农场的动态变化：

> 一方面，农民有充分的动机紧紧抓住他的土地，因为

> 土地形成了他以及他的家庭和继承者的生存基础。另一方面，纯粹的经济力量似乎只是在长期才会破坏农民的所有权。因此，重点是，农民业主为了生存下来，像他的潜在竞争者那样以盈利或高效率的方式经营他的小块土地的压力相对较小，因为这里不存在这些竞争者能够“击败”他们的直接手段。换句话说，农民不一定要有竞争力，因为他不一定要在市场上“守住自己的位置”，无论是在租佃市场上还是在商品市场上。与佃农不同，自耕农不必向领主提供他可能从其他佃农那里得到的相同租金水平——否则在租约期满时会被逐出。与独立的工匠不同，自耕农不需要生产足够便宜的产品，以市场价格获利——也可以不做生意。自耕农生存所必需的一切（当然假设他是一个粮食生产者），就是有足够的产出来维持他家庭的生计和纳税。（Brenner，1976：72-73）

在更远的东部的农奴农业中，这种动态变化又不一样了。在那里，经济关系被纳入了一个贵族的政治权力关系当中。布伦纳的经典文章再次提供了一个鲜明的评价：

> 东部这种阶级关系结构的后果就是“欠发达的发展”（development of underdevelopment），这就排除了生产力普
> 遍提高的可能性，特别是阻碍了工业化。首先，可被领主 523
> 不断要求加强服务的被迫劳动者的可获得性阻碍了农业技术改良的引入。其次，领主不断从农民那里攫取剩余，持续限制了国内工业品市场的出现。再次，直接并有力控制农民流动的事实意味着工业劳动力的紧缩，结果就是工业

> 发展受阻和城镇衰落。最后，领主作为统治他们国家的统治阶级，追求着一种被称为“反重商主义”的政策，他们试图利用商人作为中间人的功能，鼓励从西方进口工业品，以这种方式破坏了城市和工业组织的大部分剩余。（Brenner，1976：60）

布伦纳的评价是毫不掩饰的，而且夸大了落后性，却是好的出发点。法国农民当然不会像上面的引文所说的那样对经济机会无动于衷。他们对例如铁路调整和优质葡萄种植的扩张这些市场机会的反应已经表明了这一点。然而，农民家庭对农场的依附和典型的小规模农场一直到20世纪都是法国农业的特征。法国农场的规模比较小，而且以英国标准来看，资本化也不充分。这样的农场只有英国农业工人人均耕畜数量的60%，产值中只有24%是由肉和牛奶组成的（英国的这一数据是67%），这样自然所需的肥料就更少了（O’Brien and Keyder，1978：113–119）。

法国农民为了支持他们的独立，所做出的最大调整是戏剧性地减少了出生率。到拿破仑战争结束的时候，法国的出生率已经下降了，这是通过比其他任何地方都更早地减少婚内生育实现的，因此，每代人的人口增长率只有10%，而其他地方的每代人口增长率约为40%。在1820—1913年，西欧人口大约翻了一番——德国人口增长了2.5倍以上——但法国人口增加了不到1/3。毫无疑问，保持农民家庭对土地的占有以及与土地的联系是一个关键目标。即使农场每个工人的收入下降到非农村职业的工资以下，儿孙依然在田里劳作。农民的所有权和缓慢的人口增长使这一战略成为可能。相比之下，在英国资本主义农业中，农场主会一直雇用劳动力，直到劳动的边际产品等于工资率，与农民农场相比，由于有着相对更小的农场和更高的平均产出，劳动力投入会明显更低（Crafts and Harley，2004；Cohen and Weitzman，1975）。奥布莱恩和基德在他们对法国经济的同情性研究中得出结论："法国农民可能做得和预期的一样好，给定……较小的所有权和生产单位对投资的约束"（O'Brien and Keyder，1978：139）。这种小的单位是制度历史的产 524
物，并且对整个经济起到了拖累作用。然而，法国农民显然更喜欢家庭农场，土地所有权使他们能够实施这一偏好，甚至不惜牺牲潜在的农业租金。然而，法国农业在 19 世纪表现得很出色。每个工人的产出与英国缩小了一些差距；在 1880—1910 年，农业生产率以每年 1.5% 的速度增长，这比人均国民收入的增长要快一些（Broadberry，Federico，and Klein，2010：66）。

德国农业的变化更为复杂。西部大体上与法国相似。在东部，变化主要围绕废除农奴制进行。在 18 世纪，易北河以东的德国农业绝不是孤立于市场的；贵族的庄园为荷兰以及越来越多的英国需求提供了一个充满活力的谷物市场。日益繁荣的农民农场主也是以市场为导向的，也常常雇用工人来提供他们对贵族庄园欠下的劳动服务（Harnisch，1986：50-59）。废除普鲁士和中东欧其他地方的农奴制度是一项自觉的现代化政策。在法国大革命之前，农民的动乱显而易见，同时，1806 年军事失败引发了普鲁士的施泰因 - 哈登堡改革（Stein-Hardenberg reforms），从而开启了半个世纪的用资本主义农业取代封建农业的过程。改革使农民从封建所有制中解放出来，重新界定了土地的产权。与法国不同的是，贵族领主拥有政治权力，以确保封建利益的损失得到补偿，并增加在其直接控制下的土地。贵族庄园采用了使用雇佣劳动的资本主义农业。许多大型和中型的农民农场也受益于有保障的土地使用权和封建义务的消除。在这个世纪的前半程，每个工人的产出增加了 2/5 ～ 2/3，同时在易北河以东——改革最有成效的地方，1860 年的劳动生产率是 1800 年的 2.5 倍以上。1850—1913 年，普鲁士的产出继续以每年 2.1% 的速度增长，同时每个工人的产出以 1.8% 的速度增长，增长了超过 3 倍——这是一个比德国人均收入增长更快的速度（Pierenkemper and Tilly，2004：23-29，76-80）。

没有合法土地权利的贫困农村居民成了一贫如洗的雇佣劳动者，人口快速增长也使他们的人数膨胀。与法国不同，其封建所有权残余的消除加强了农民的财产权，导致人口增长几乎停止，抑制
525 了流动雇佣劳动力的增长，而易北河以东庄园的改革为德国的工业化创造了一个无产阶级。贫穷的农村居民发现自己变成了雇佣劳动力，同时，人口增长率每年加速到 1% 以上（主要原因是死亡率下降，而出生率只是在 20 世纪才下降了）（Pierenkemper and Tilly，2004：87-94）。易北河的人口增长和农业变革导致了 1860 年后戏剧性的人口外迁。起初很多人去了国外，主要是美国，但随着城市化和工业化在莱茵、威斯特伐利亚以及柏林的发展，来自东部的移民成了城市工厂工人。在一直到 1907 年的 25 年间，超过 200 万人（相当于出生人口超过死亡人数时剩余人口的 2/3）从普鲁士的东部省份移民了。与此同时，柏林地区和西部工业化各省份接收了大致相同数量的移民。1880—1910 年，德国劳动力中从事农业的比例从略微低于一半下降到了 36%（Milward and Saul，1977：45；Pierenkemper and Tilly，2004：87-104）。

一方是法国，另一方是德国和英国，它们在农业制度发展上的对比凸显了对欧洲工业化进行评估的复杂性。在英国和德国，农业劳工转变为自由雇佣劳动力（无产阶级化），通过放松劳动力雇用的环境和扩大城市消费者的数量（他们购买了不成比例的大规模生产出来的消费品），对工业化做出了贡献。在法国，农村劳动

力——农民阶级——能够自由移动，但他们却选择留在土地上，通常基本上能够做到自给自足，而且物质回报常常比城市替代选择能够提供的低。他们之所以能做出这样的选择，是因为他们拥有这块土地。通过选择留在土地上，农民家庭选择了一种错误配置劳动力的生活方式，如果我们接受的是边际产品在替代用途上应该相等的标准——家庭农场的劳动力保留降低了已经低于经济其他部门的农业劳动力的边际产品。实际上，农民家庭选择以耗费潜在地租为代价来维持其在农村的农民地位。至少对这几代人而言，做出这样的选择是一种明智且理性的决策，这不难接受。如果他们能够这样做，英国和德国的农村劳工几乎肯定也会做出同样的选择。这给工业化的分析带来了一个两难困境。劳动力流动促进了工业化，同时更有效地分配了劳动力。这增加了德国和英国相对于法国的国民收入。然而，这种测度出来的增长夸大了福利增益，因为这种来自现有农民的福利增加——法国农民的选择表明了这种现实性——并没有包括在国民收入账户中。

结论：资本主义和欧洲的工业化

欧洲的工业化是资本主义的胜利成果。然而，雇用大批无产 526
阶级工人的大企业——资本主义的一个常见概念——扮演了一个不起眼的角色。现代经济增长是在市场普遍存在的社会中实现的。在初始阶段的领导者即英国和荷兰那里，市场资本主义在工业革命之前很久就已经牢固确立了。19 世纪时，在欧洲的其他地方，资本主义的根基很深，增长的扩散也很快。一般而言，随着相对落后的经济体得益于领先者的先进技术、制度变迁和资本流入，人均收入也逐渐趋同。欧洲工业化的路线图是多种多样的，尤其是受到相对落后地位和煤炭供应可获得性的影响。当然，大型资本主义企业发挥了它们的作用，特别是在高度可见的大型城市工厂和重工业中。然而，它们的范围还没有大到足够推动整个经济的增长，而在人均收入达到最高水平的一些经济体中，这些产业几乎不存在。

驱动增长的资本主义经济充满着小型和中型的企业，这些企业通常是由家族控制的，即使在英国和德国，也生产最多的工业和服务产出。同样重要的是，资本主义在农业当中也变得占据主导地位了。在欧洲工业化的故事当中，农业的地位比预期的要突出得多。然而，如果没有强有力的农业增长，欧洲的变革就不会发生。在 1750 年，（除了在英国和低地国家）农业劳动力的比例约为 60%，农村还额外有 20% ～ 30% 的非农业人口（Allen，2000：11）。如果没有农村生产力的提高，巨大的经济增长几乎是不可能的。在许多情况下，特别是在东部，农业改革涉及制度变迁。在这一事件中，农业生产力的发展可以与经济中其他方面的进步相媲美。

人均收入的持续增长取决于技术变革。不幸的是，技术变革的起源及传播的过程是难以捉摸的。重大的技术变革并不局限于那些著名的发明。工业革命发生的时候，按照当时的标准，英国已经很富裕了。高工资经济依赖于农业的早期发展，以及资本主义市场经济中发展起来的各种制造业和服务业。即使大多数企业（和农场）
527 比较小，经济已经较好地实现一体化了，产品市场和要素市场广阔。企业的竞争需要确保成本得到控制和产品得到改进。能够从创新中获得利润的可能性激励了阿克莱特这样的发明家从事研究和开发活动。

除了荷兰以外，欧洲大陆的收入和工业技术普遍落后于英国。

这种技术差距尽管确实随着人们向东移动而表现出下降的梯度，但不应被夸大。法国经历了令人印象深刻的 18 世纪的增长，其纺织工业与英国没有什么不同。法国当然在丝绸产品和其他奢侈品上领先。工业革命的技术突破发生在英国，这可能是因为高工资和廉价煤炭为探索相关技术提供了激励。当与本地成本相关时，随着本地资本家寻求模仿英国的成功，常常雇用熟练的英国工人，或者从英国的工程公司采购机械，新技术很快传到了欧洲大陆。当然，如果我们聚焦于工厂纺织品、铁、煤和蒸汽，这就是一个英国领导和大陆仿效的故事。但是，不应该过分强调这些产业。它们在法国的吸引力有限，在荷兰或丹麦的影响也不大，这些国家的收入增长是因为其他行业的技术进步，有时可能受到英国纺织业和工程行业的启发，但往往也是沿着原来的路线发展的。到 19 世纪下半叶，很明显，所有主要经济体的技术能力都得到了发展，新技术从一个地方迅速扩散到另一个地方。然而，资源、过去的经验和劳动力的特征导致了不同道路的选择，而若试图强迫经济史研究进入一个过于僵化的模式，只会导致误解。

最后，欧洲需要被置于更广泛的全球视野中。欧洲发生的是一个广泛的技术变革、迅速扩散，并向类似的技术水平和收入水平趋同，由落后的特别是农业当中的制度调节的故事。可以肯定的是，当欧洲在 20 世纪前半段由于战争和萧条而四分五裂时，融合还远未完成，这直到该世纪后半段才得以实现。然后整个西欧都向美国即现在的技术领先者趋同。这时，在许多大陆经济体当中，从低生产率的农业和传统服务业产生的大量劳动力的迅速重新配置加快了增长的步伐。然而，当我们审视全球史时，我们意识到，显然这种看起来似乎如此自然的趋同，实际上是特例。世界大部分地方都不能充分利用出现在工业革命期间及之后改进的技术，全球收入不 528

平等也急剧地增加了。因此，当增长经济学家考虑技术转移和收入趋同时，他们强调了趋同俱乐部和使用技术的社会能力。欧洲工业化的历史清楚地表明，至少从 19 世纪初开始，欧洲大部分地区就属于同一个“趋同俱乐部”了，推测使得这一现象发生的“社会能力”的本质也是令人感兴趣的。

要回答这一问题已经远远超出了本章本不太谦虚的目标。当然，至少从中世纪开始的长期发展的市场传统——如果愿意也可以称之为资本主义——是答案的关键。欧洲历史上的统一也是如此，欧洲国家的不统一导致了政治组织之间的竞争。长途贸易连接了欧洲大陆。共同的宗教和文化发挥了作用——文艺复兴与启蒙运动做出了贡献。统一和有能力的国家的发展与宪政的出现也发挥了作用。经济成功的根本决定因素似乎在文化、社会和政治领域，而不是简单的技术领域。

参考文献

Allen, R. C. (1992). *Enclosure and the Yeoman: The Agricultural Development of the South Midlands 1450—1850*. Oxford: Clarendon Press.

(1999). " Tracking the Agricultural Revolution in England," *The Economic History Review* 52(2): 209–235.

(2000). " Economic Structure and Agricultural Productivity in Europe, 1300—1800, " *European Review of Economic History* 4(1): pp. 1–26.

(2001). " The Great Divergence in European Wages and Prices from the Middle Ages to the First World War," *Explorations in Economic History* 38(4): 411–447.

(2003). " Progress and Poverty in Early Modern Europe, " *The Economic History Review* 56(3): 403–443.

(2006). " English and Welsh Agriculture, 1300—1850: Outputs, Inputs, and Income, " Working paper, Nuffield College, Oxford.

(2007). " Pessimism Preserved: Real Wages in the British Industrial Revolution," Working paper, Nuffield College, Oxford.

(2009a). “ Agricultural Productivity and Rural Incomes in England and the Yangtze Delta, c. 1620—c. 1820,” *The Economic History Review* 62(3): 525-550.

(2009b). *The British Industrial Revolution in Global Perspective.* Cambridge University Press.

(2010). “ The Industrial Revolution in Miniature: The Spinning Jenny in Britain, France, and India,” *Journal of Economic History* 69(4): 901.

(2012). “ Technology and the Great Divergence: Global Economic Development since 1820,” *Explorations in Economic History* 49(1): 1-16.

Allen, R. C. et al. (2011). “Wages, Prices, and Living Standards in China, 1738—1925: In Comparison with Europe, Japan, and India,” *The Economic History Review* 64: 8-38.

Aston, T. H. and Philpin, C. H. E. (1987). *The Brenner Debate: Agrarian Class Structure and Economic Development in Pre-industrial Europe*. Cambridge University Press.

Bairoch, P. (1982). “ International Industrialization Levels from 1750 to 1980,” *Journal of European Economic History* 11: 269-333.

Bavel, B. J. P. van (2008). “ The Organization and Rise of Land and Lease Markets in Northwestern Europe and Italy, c. 1000—1800,” *Continuity and Change* 23(1): 13.

(2010). *Manors and Markets: Economy and Society in the Low Countries 500—1600.* Oxford University Press.

Brenner, R. (1976). “ Agrarian Class Structure and Economic Development in Pre-industrial Europe,” *Past & Present* 70(1): 30-75.

Broadberry, S. N. (1997). *The Productivity Race: British Manufacturing in International Perspective, 1850—1990.* Cambridge University Press.

Broadberry, S. N. and O'Rourke, K. H. (2010). *The Cambridge Economic History of Modern Europe*. Vol. Ⅱ : *1870 to the Present.* Cambridge University Press.

Broadberry, S. N., G. Federico, and Klein A.(2010). “ Sectoral Developments, 1870—1914, ” in S. N. Broadberry and K. H. O'Rourke (eds.), *Cambridge Economic History of Modern Europe*. Vol. Ⅱ : *1870 to the Present.* Cambridge University Press, pp. 59-83.

Broadberry, S. N., Fremdling, R., and Solar, P. M. (2010). “ Industry, 1700—1870, ” in S. N. Broadberry and K. H. O'Rourke (eds.), *The Cambridge Economic History of Modern Europe*. Vol. Ⅰ : *1700 to 1870.* Cambridge University Press, pp. 164-186.

Bruland, K. (2003). *British Technology and European Industrialization: The Norwegian Textile Industry in the Mid-nineteenth Century*. Cambridge University Press.

Bruland, K. and Mowery, D.(2005). “ Innovation through Time, ” in R.Nelson, D. Mowery, and J. Fagerberg (eds.), *The Oxford Handbook of Innovation.* Oxford University Press.

Caird, S. J. (1852). *English Agriculture in 1850—51.* London: Longman, Brown, Green.

Clapham, J. (1926). *An Economic History of Britain: The Early Railway Age.* Cambridge University Press.

Clark, G. (2005). " The Condition of the Working Class in England, 1209—2004, " *Journal of Political Economy* 113(6): 1307—1340.

Cohen, J. S. and Weitzman, M. L. (1975). " A Marxian Model of Enclosures," *Journal of Development Economics* 1(4): 287-336.

Crafts, N. F. R. (1976). " English Economic Growth in the Eighteenth Century: A Re-Examination of Deane and Cole's Estimates," *The Economic History Review* 29(2): 226-235.

(1984a). " Economic Growth in France and Britain, 1830—1910: A Review of the Evidence," *Journal of Economic History* 44(1): 49-67.

(1984b). " Patterns of Development in Nineteenth Century Europe, " *Oxford Economic Papers* 36(3): 438-458.

(1985). *British Economic Growth during the Industrial Revolution*. Oxford: Clarendon Press.

(2004a). " Productivity Growth in the Industrial Revolution: A New Growth Accounting Perspective," *The Journal of Economic History* 64(2): 521-535.

(2004b). " Steam as a General Purpose Technology: A Growth Accounting Perspective," *The Economic Journal* 114(495): 338-351.

Crafts,N. F. R. and. Harley, C. K. (1992). " Output Growth and the British Industrial Revolution: A Restatement of the Crafts-Harley View," *The Economic History Review* 45(4): 703-730.

(2004). " Precocious British Industrialization: A General Equilibrium Perspective, " in L. Prados de la Escosura (ed.), *Exceptionalism and Industrialisation: Britain and its European Rivals 1688—1815*. Cambridge University Press.

Crafts, N. F. R. and Mills, T. C. (2009). " From Malthus to Solow: How did the Malthusian Economy Really Evolve?" *Journal of Macroeconomics* 31(1): 68-93.

Crafts, N. F. R., S. Leybourne, and Mills, T.(1991). " Britain," in R. Sylla and G. Toniolo (eds.), *Patterns of European Industrialization*. London: Routledge, pp. 109-152.

Davis, R. (1962). " English Foreign Trade, 1700—1774," *The Economic History Review* 15(2): 285-303.

(1979). *The Industrial Revolution and British Overseas Trade*. Leicester University Press.

De Moor, T. and Zanden, J. L. van (2010). " Girl Power: The European Marriage Pattern and Labour Markets in the North Sea Region in the Late Medieval and Early Modern Period," *The Economic History Review* 63(1): 1-33.

Deane, P. and W. A. Cole (1967). *British Economic Growth, 1688—1959: Trends and Structure.* Cambridge University Press.

Dyer, C. (2005). *An Age of Transition? Economy and Society in England in the Later Middle Ages.* Oxford University Press.

Evans, C. and G. Rydén (2005). *The Industrial Revolution in Iron: The Impact of British Coal Technology in Nineteenth-century Europe.* Aldershot: Ashgate.

Feinstein, C. H. (1998). " Pessimism Perpetuated: Real Wages and the Standard of Living in Britain during and after the Industrial Revolution, " *Journal of Economic History* 58(3): 625–658.

Findlay, R. and K. H. O'Rourke (2007). *Power and Plenty: Trade, War, and the World Economy in the Second Millennium.* Cambridge University Press.

Fremdling, R. (1977). " Railroads and German Economic Growth: A Leading Sector Analysis with a Comparison to the United States and Great Britain," *The Journal of Economic History* 37(3): 583–604.

(2000). " Transfer Patterns of British Technology to the Continent: The Case of the Iron Industry," *European Review of Economic History* 4(2): 195–222.

Gerschenkron, A. (1943). *Bread and Democracy in Germany.* H. Fertig.

(1962). *Economic Backwardness in Historical Perspective.* Cambridge, MA: Belknap Harvard University Press.

(1966). " Agrarian Policies and Industrialization: Russia 1861—1917, " in *The Cambridge Economic History.* Vol. Ⅵ , Part Ⅱ . Cambridge University Press.

Grantham, G. (1989). " Agricultural Supply during the Industrial Revolution: French Evidence and European Implications, " *The Journal of Economic History* 49(1): 43–72.

Harley, C. K. (1982). " British Industrialization before 1841: Evidence of Slower Growth during the Industrial Revolution," *The Journal of Economic History* 42(2): 267–289.

(1991). " Substitution for Prerequisites: Endogenous Institutions and Comparative Economic History, " in R. Sylla and G. Toniolo (eds.), *Patterns of European Industrialization: The Nineteenth Century.* London: Routledge, pp. 28–44.

(1998). " Cotton Textile Prices and the Industrial Revolution, " *The Economic History Review* 51(1): 49–83.

(1999). " Reassessing the Industrial Revolution: A Macro View, " in J. Mokyr (ed.), *The British Industrial Revolution: An Economic Perspective.* Boulder, CO: Westview Press, pp. 160–205.

(2004). " Trade: Discovery, Mercantilism and Technology," in R. Floudand and P. Johnson (eds.), *The Cambridge Economic History of Modern Britain.* Vol. Ⅰ : *1700—1860.* Cambridge University Press.

Harnisch, H. (1986). " Peasants and Markets: The Background to the Agrarian Reforms in Feudal Prussia East of the Elbe, 1760—1807, " in R. J. Evans and W. R. Lee (eds.), *The*

German Peasantry: Conflict and Community in Rural Society from the Eighteenth to the Twentieth Centuries. London, Beckenham, Kent: Croom Helm, pp. 37–70.

Harris, R. (2000). *Industrializing English Law: Entrepreneurship and Business Organization, 1720—1844*. Cambridge University Press.

Hatcher, J. (1993). *The History of the British Coal Industry.* Vol. Ⅰ: *Before 1700.* Oxford: Clarendon Press.

Hoffman, P. T. (1996). *Growth in a Traditional Society: The French Countryside, 1450—1815.* Princeton University Press.

Hoffman, P. T., G. Postel-Vinay, and J. L. Rosenthal (2001). *Priceless Markets: The Political Economy of Credit in Paris, 1660—1870.* University of Chicago Press.

Hoffmann,W.G. (1955). *British Industry, 1700—1950.* Cambridge,MA:Harvard University Press.

Humphries, J. (2011). *Childhood and Child Labour in the British Industrial Revolution.* Cambridge University Press.

Hyde, C. K. (1977). *Technological Change and the British Iron Industry 1700—1870.* Princeton University Press.

Jeremy, D. J. (1981). *Transatlantic Industrial Revolution: The Diffusion of Textile Technologies between Britain and America, 1790—1830s*. Cambridge, MA: MIT Press.

Landes, D. S. (1969). *The Unbound Prometheus: Technological Change and Industrial Development in Western Europe from 1750 to the Present.* Cambridge and London: Cambridge University Press.

Lindert, P. H. (1980). " English Occupations, 1670—1811, " *The Journal of Economic History* 40(4): 685–712.

Lindert, P. H. and J. G. Williamson (1982). " Revising England's Social Tables 1688—1812," *Explorations in Economic History* 19(4): 385–408.

(1983). " Reinterpreting Britain's Social Tables, 1688—1913, " *Explorations in Economic History* 20(1): 94–109.

Maddison, A. (2007). *The World Economy.* Vol. Ⅰ: *A Millennial Perspective*; Vol. Ⅱ: *Historical Statistics*. Academic Foundation.

Marx, K. (1867). *Das Kapital.* Hamburg: Verlag von Otto Meissner, vol. Ⅰ.

Marx, K. and F. Engels (2002[1848]). *The Communist Manifesto.* Penguin Classics.

McCloskey, D. N. (1981). " The Industrial Revolution 1780—1860: A Survey, " in R. Floud and D. N. McCloskey (eds.), *The Economic History of Britain since 1750.* Cambridge University Press, pp. 103–27.

McEvedy, C. and R. Jones et al. (1978). *Atlas of World Population History.* Harmondsworth: Penguin Books.

Milward, A. S. and S. B. Saul (1973). *The Economic Development of Continental Europe, 1780—1870*. London. Allen & Unwin.

(1977). *The Development of the Economies of Continental Europe, 1850—1914*. Cambridge, MA: Harvard University Press.

Nef, J. U. (1932). *The Rise of the British Coal Industry*. London: Routledge.

O'Brien, P. K. (1996). " Path Dependency, or why Britain Became an Industrialized and Urbanized Economy Long before France," *The Economic History Review* 49(2): 213-249.

O'Brien, P. K. and C. Keyder (1978). *Economic Growth in Britain and France, 1780—1914: Two Paths to the Twentieth Century*. London, Boston: G. Allen & Unwin.

Pamuk, S. (2007). " The Black Death and the Origins of the ' Great Divergence ' across Europe, 1300—1600," *European Review of Economic History* 11(3): 289-317.

Parthasarathi, P. (1998). " Rethinking Wages and Competitiveness in the Eighteenth Century: Britain and South India," *Past & Present* 158: 79-109.

(2011). *Why Europe Grew Rich and Asia Did Not: Global Economic Divergence, 1600—1850*. Cambridge University Press.

Pierenkemper, T. and R. H. Tilly (2004). *The German Economy during the Nineteenth Century*. Berghahn Books.

Pollard, S. (1981). *Peaceful Conquest: The Industrialization of Europe, 1760—1970*. Oxford University Press.

Rosenberg, N. (1994). *Exploring the Black Box: Technology, Economy and History*. Cambridge University Press.

Pomeranz, K. (2001). *The Great Divergence: China, Europe, and the Making of the Modern World Economy*. Princeton University Press.

Shaw-Taylor, L. (2005). " Family Farms and Capitalist Farms in Mid Nineteenth-century England," *The Agricultural History Review*: 158-191.

(2012). " The Rise of Agrarian Capitalism and the Decline of Family Farming in England," *The Economic History Review* 65(1): 26-60.

Shaw-Taylor, L. and E. Wrigley (2008). *The Occupational Structure of England c. 1750—1871: A Preliminary Report*. Cambridge, UK: Cambridge Group for the History of Population and Social Structure.

Shaw-Taylor, L. et al. (2010). *The Occupational Structure of England c. 1710 to c. 1871: Work in Progress*. Cambridge, UK: Cambridge Group for the History of Population and Social Structure.

Tunzelmann, G. N. von (1978). *Steam Power and British Industrialization to 1860*. Oxford University Press.

Williamson, J. G. (1985). *Did British Capitalism Breed Inequality*? Boston: Allen &

Unwin.

Woltjer, P., Smits, J. P., and E. Frankema (2010). " Comparing Productivity in the Netherlands, France, UK and US, ca. 1910: A New PPP Benchmark and its Implications for Changing Economic Leadership." *GGDC Research Memorandum.*

Wrigley, E. A. and R. S. Schofield (1989). *The Population History of England 1541—1871.* Cambridge University Press.

Zanden, J. L. van (2009). *The Long Road to the Industrial Revolution: The European Economy in a Global Perspective, 1000—1800*. Leiden: Brill.

第
17
章

美国：资本主义的应许之地

杰里米·阿塔克

引 言

在他为数不多的令人难忘（但常常被误引）的名言中，美国第 533
30任总统“沉默”的卡尔文·柯立芝（Calvin Coolidge）曾说过这样一句话，“美国人的要紧事就是做买卖”。他进一步阐述了这个主题，继续说道，人们“对世界上的生产、购买、销售、投资和繁荣都非常关心”（Coolidge，1925）。其他人也注意到并评论了美国的这些特点。例如，沃纳·松巴特（Werner Sombart，1976）在回答关于他自己的美国缺乏社会主义的反问时，宣称“美国是资本主义的迦南，是它的‘应许之地’”[1]。更早之前，美国内战开始的时候，英国小说家安东尼·特罗洛普（Anthony Trollope）正在美国各地游历，他很惊讶地发现，“在美国从事贸易的人并不比英国的商人更贪婪，他们也可能并不是更慷慨和仁慈……对于他们要做的，他们就更急于做得更彻底、更迅速”，同时到处都是“对利润的强烈渴望，那种事事都要做一笔生意的焦虑”（Trollope，1863，1861年写于马萨诸塞州洛厄尔）。

推理性的证据和具体的证据都表明，这种动辄都要做生意的习惯可以追溯至美国的起源，并适用于几乎所有的活动——农业、制造业和商业。此外，它正是由引发英国在美洲的殖民地的制度调动起来的。这是在成千上万穷人的决策中所隐含的，他们同意
534 暂时放弃他们的自由，用一段契约劳役来支付他们的美国之行，同时数以百万计的人冒着财富和生命的风险移居到他们希望能够给他们自己及家庭带来更好生活的地方。它体现在奴隶主的行动上，他们克服了自己可能对那些他们认为软弱和低劣的人的剥削所产生的任何道德上的疑虑。这无疑也体现在数以百万计的个体农民的行动上，他们习惯性地、故意地生产超出他们所能消费的商品，从而积极推销其剩余，这样才能保证尽可能好的价格和最大的利润。这是农民们不断向西进军（即“西进运动”）到新大陆的驱动力。它还推动了那些离开农村到城市以寻找更好机会的人，每个人都在寻找自己最大的利益。在这些个体和社会关联群体的行动中，有人可能认为这些人和群体追求利益受到了其他动机如利他主义的调节。然而，随着时间的推移，经济活动越来越多地集中在一个具有新血统的“个体”手中，他们就像据说是大法官瑟洛（Thurlow）男爵所评论的那样，“既没有用于惩罚的肉体，也没有用于谴责的灵魂”（Poynder，1844：1，268）——公司，美国最高法院首席大法官约翰·马歇尔（John Marshall）随后将其描述为“只存在于法律沉思中的人造物”（US Supreme Court and Marshall，1819）。[2]

公司（incorporation）传递出几种关键性权利和特权。其中之一（在“corporation”一词中所隐含的，源自拉丁词根“corpus”或

body）是一组人在共同决策下充当单一实体的能力，独立于该集团的混合体，拥有持有或交换财产的权利、订立合同的权利以及起诉和被起诉的权利。不管所有者的组合如何，像一个单一实体一样行动的一个特别重要的含义就是，该机构的存亡不再与任何个人或个人构成的群体的存亡捆绑在一起。我相信这是关键。实质上，除非受到其章程的约束，否则公司是可以一直长存的。正如我们将看到的，一些早期的公司章程实际上强加了这样一个约束，通常是 20 年。[3] 但是，甚至这看似短暂的"生命"也与当时任何一个普通人 535
的生命不相上下，而且几乎肯定比任何一组人的共同生存经历都要长。

美国公司的历史始于英国在北美洲形成永久性殖民地的历史。在 1606 年 4 月 10 日，英国国王詹姆士一世颁发了一个创造了两个公司的特许状："以建立居住地、种植园，同时吸引我们的人进入通常被称为'弗吉尼亚'的那部分美国，以及美国的其他部分和领土中去"（Thorpe，1909；也可以参见 http://avalon.law.yale.edu/17th_century/va01.asp）。这一行动不仅通过授权建立北美洲第一个永久的英国殖民地改变了世界，也代表了公司性质和作用的微妙变化。在此之前，公司最普遍的用途是创立市政当局（例如伦敦市）、教育机构、宗教团体和慈善组织这样的公共实体。[4] 然而，由詹姆士国王特许创立的伦敦和普利茅斯公司则代表了一种完全不同的模式，这其中有一个重要的私人因素，虽然有特定的公共目的（也就是说，为英国王室获取领土）。此外，与它们的最接近的先驱——莫斯科威公司（Muscovy Company，1555 年）、黎凡特公司（Levant Company，1581 年）和东印度公司（1600 年）——不同的是，先驱公司的目标相当狭窄，而这些新公司享有更大的自由。[5]

像东印度公司这样的早期贸易公司已经被证明是它们包括国家在内的投资者和推动者能够迅速获利的源泉。同时，它们也将受到财政约束的君主解救出来了，通过为这些非常不确定但几乎肯定有着高昂成本的风险投资进行背书，以及承担君主的信誉失效的风险。[6] 它们可能被视为那个时代的特殊目的载体（special purpose vehicles，SPV）。此外，在伦敦和普利茅斯公司之前创立
536 的那些公司显然也符合当时的重商主义传统，它们专注于贸易，拥有广泛和独占的垄断权。[7] 然而，除了没有皇室的同意，禁止将任何“器皿、货物或者商品”运出大英帝国的禁令之外，《弗吉尼亚宪章》（Virginia charter）当中很少提到贸易。相反，这些新公司的目标是长期定居与国家建设，许多权利和特权都没有事前指定。其中就包括拥有铸币权和建立公司的特许权利——这些权力都由君主保留，同时也是后来被英国议会剥夺的权力（Scott，1910）。

虽然私人利润的良好前景吸引了投资者进入伦敦和普利茅斯公司，但这些早期的公司也有明确的公共目的，这对于当时授予公司特许权是很重要的。然而，随着时间的推移，公共利益和私人利益之间的平衡越来越倾向于有利于私人利益。在一个斯密（Smith，1776）所设想的充满小企业的世界里，这种转变几乎没有什么影响。但是，1865 年和 1868 年的美国宪法第十三和第十四修正案的通过带来的规模和集聚效率，以及意料之外的后果，导致了公司的规模和范围的急剧扩大，公司的增长改变了世界。这些修正案是为了保护新近解放的奴隶的权利而通过的。然而，在最高法院的一项未经签署的决定中，第十四修正案的相关条款在圣克拉拉县诉南太平洋铁路公司（Santa Clara County v. Southern Pacific Railroad，1886）的案例当中被扩展到了公司，因此，在美国法律下，公司获

得了几乎所有属于自然人的权利以及潜在的永续存在，而这些以前是上帝和政府的专属领地。[8]

反过来，这些变化又越来越多地导致公司成为与创建它们的民族国家相竞争的人类组织形式。例如，在 2011 年，沃尔玛拥有超过 200 万名员工，年收入超过 4 200 亿美元。[9] 沃尔玛员工人数超过了拉脱维亚的人口，同时其年收入比奥地利［该国为按 2011 年国民生产总值（GNP）计算的世界第二十七大国家，而且有一支征召的军队并在联合国拥有席位］的 GNP 还高。[10] 有些公司如此庞 537
大且强大，以至于现在它们不仅“大而不倒”，而且众所周知，它们主宰着国家政策。[11] 它们已经变成了美国资本主义的突出特征，同时又是如此成功，以至像主权国家一样，这种创新已经遍布全世界。虽然很容易让人认为这是一个新的现象，但至少一个有先见之明的观察家［查尔斯·亚当斯（Charles Adams）］在 140 年前就预测到了这一趋势：

> 我们的大公司正在迅速从国家手中解放自己，或者甚至使国家服从它们的控制，虽然很久以前个体资本家放弃了与它们竞争的企图，但接下来将要设法控制它们。（Adams and Adams，1871：12）

然而，美国的公司在革命之后才开始获得吸引力，而且直到 19 世纪末期才占据统治地位。即便如此，公司仍是稀少的。相反，个人独资企业过去是主要的组织形式，现在仍然是（就绝对数量来看）［例如，可以参见 Carter，Gartner et al.（2006b：Part C，Chapter XX）］。虽然资本主义自建立殖民地以来就已经在美国存在了，但证据表明，其依然依赖市场获取个人私利。

早期开始的美国市场的重要性和支配性

农业市场

在早些时候的美国，几乎每个人都从事农业（Carter，Gartner et al.，2006a：Table Ba，814–830）。然而，不同地域的农场在规模、组织和作物组合方面有所不同。有些显然相对其他一些而言更资本主义，也就是更市场导向和市场驱动。在南方更是如此，种植园把大部分精力投入非粮食作物的生产上，特别是殖民时期的烟草和后来的棉花——这些作物必须在市场上销售以满足远处的需求，常常是海外的。由于这些经营业务是高度专业化的，这些种植园不得不为种植园中的家庭、劳动力和牲畜购买食品和饲料。

538 农业——当然不是东北部和中西部采取的那种农业类型——根本不需要公司的形式。资本要求是有限的［但比一般制造厂要大（Atack，1986b）］，多元化的农业活动使家庭农场的所有成员都能产生收益（Craig，1993），遗产继承的前景可以用来吸引稀缺的家庭劳动力待在原地（Atack and Bateman，1987）。由于奴隶的成本和一些（有限的）规模经济的证据，奴隶种植园的资本需求高于自由农场（Fogel and Engerman，1974，1977）。尽管如此，种植园仍没有采用公司形式，虽然种植园比自由的北方农场更像是作为公司在经营（例如，专业化经营，使用商业账户，集中生产必须在本区域之外销售的非粮食大宗作物，等等）。

同质性禀赋和低人口密度使得本地的贸易机会比较有限。一位观察家简要地概述了这个问题：“这块土地除了玉米什么也不能种植，但是由于玉米没有销路，他们把它制成威士忌；由于他们不能卖威士忌，所以他们喝了它”（Ohi Experiment Station，1920：50）。然而，市场确实出现了，而且农民们似乎习惯性且有系统地进行生产，这不仅满足了他们的家庭需要，而且产出比他们能消费的还要多。结果就是，大多数农民从事市场交易并最终变得受惠于市场了，尽管不是一直从事一种能够避开市场的介入的有潜力活动，而是能够自给自足的活动。并不是所有历史学家都认同整个国家的农民都很快采取了市场思维（Henretta，1978），但经验证据表明，农民生产出的粮食超过了他们赖以生存所需的产量（Atack and Bateman，1987），同时，这样做了之后，他们还寻找了那些能够提供最好价格的市场（Atack and Bateman，1987；Rothenberg，1981，1992）。此外，农民调整了土地用途和作物以适应市场和价格（Thünen and Hall，1966）。因此，例如当来自中西部的廉价谷物充斥了东海岸时，新英格兰生产力最低土地上的农民对市场信号迅速做出了反应。许多人放弃了他们的农场，离开农业从事城镇的工薪工作，成为第一批工业工人（Field，1978）。然而，并不是所有的人都离开了，那些选择留在土地上的人转而生产其他一些不能从别的地方更经济地进口的作物和产品，值得注意的是乳制品——最初是黄油和奶酪，后来随着运输条件的改善，变成了液态奶。这些新产品要求劳动努力程度的明显强化（例如，终年在田地、挤奶 539
棚和谷仓里劳作，而不是一种受短期生长季节控制的程序性工作），以博塞鲁普（Boserup，1965，1981）建议的方式获得了更高的产值。

在南方，棉花生产的单作模式很快就耗尽了土壤肥力，劳动力是相对稀缺的生产要素。结果，拥有奴隶的“劳动力领主”向西迁移到广阔边境，在那里可以得到廉价的未开垦的棉地，而不是试图恢复土壤肥力（Majewski and Tchakerian，2007；Wright，

1978）。其后果之一是减少了通过城市化和广泛投资于基础设施来向“地方”注入资金的激励。而确实在本区域产生的那类投资集中在港口城市，而且集中于一个用于出口棉花到遥远的市场的运输系统，无论是英国市场还是新英格兰市场。只有在解放后，这些激励才被逆转过来，将劳动力领主变成了土地领主（Wright，1986）。

衡量市场和贸易重要性的一个测度是与市场决策有关的知识的范围、可获得性和传播，也就是说，有关供给和需求的信息，特别是关于价格和数量的信息。这些信息使生产者和消费者能够做出明智的决策，并帮助建立完善的、更深入和更广泛的市场。

例如，从1719年初开始，费城的《美利坚信使周报》(*American Weekly Mercury*）就开始刊登在这个市场上交易的各种本地、国内及进口产品的价格清单。这些价格是在此前常常被商人们张贴在咖啡屋的大幅广告上获取的。从专家手中转移出这种特定的知识，并且向更广泛的受众展示——至少是向任何能负担得起报纸价格的人——都是市场的深度和广度越来越大的一种象征（Bezanson，Gray et al.，1935：3）。从1720年开始，纽约有类似但零散的数据，1748年以后对于纽约（Warren，Pearson et al.，1932）而言，以及1732年后对于查尔斯顿（Charleston）而言，数据就是定期的了（Taylor，1932；International Scientific Committee on Price History，1938a，1938b）。

随着时间的推移，价格数据的质量和数量都上升了。例如，早在1809年，本地价格就不定期地出现在肯塔基和俄亥俄的报纸上了，大约1816年开始就定期化了，在1825年甚至每天都有（尽管只是暂时的），那时河上已经有了定期的汽船交通。这些本地价格也常常与新奥尔良或更远市场的价格一起被刊登出来（Berry，1943：14–18），我们在图 17－1 中进行了复制。然而，类似地，特别是关于本地农场产出的数据，从它们殖民过程的相对较早时 541
期开始（例如，1841 年在印第安纳和威斯康星，1851 年在艾奥瓦，1858 年在明尼苏达），就已经发布在整个中西部或者其他地方的小城镇的报纸上了（Farris and Euler，1957；Marquardt，1959；Mortenson and Erdman，1933；Norton and Wilson，1930；Strand，1942）。

像这样的价格数据也揭示了一个重要的信息来源，代表市场的存在和运作的一种测度：市场之间价格差异的套利。经济学理论告诉我们，对于可交易商品，在没有任何其他制度障碍的情况下，任何两个市场之间的价格差异都不应该超过将该商品从价格较低的市场转移到价格较高市场的成本。

现有证据表明，价格差异与运输成本之间的关系越来越密切。此外，由于运输革命，19 世纪的运输费用下降了，预计不同市场的商品价格在长期和短期内都将趋同（Berry，1943；North，1961；Slaughter，1995）。例如，图 17－2 显示了自 19 世纪 40 年代以来， 542
芝加哥和纽约之间小麦价格的趋同趋势。在制成品和雇佣劳动力中也可以发现类似的价格趋同趋势（Slaughter，1995）。

另一种关于市场存在性和重要性的测度就是出现了支撑它们的专业化机构。1848 年 3 月芝加哥交易所（Chicago Board of Trade，CBoT）的建立是最重要的，预计伊利诺伊和密歇根的运河将在接下来的一个月开放。第一封电报在两个月前已经到达了这个城市。5 月，该州的第一条木栈道开工，到了 1848 年 11 月，第一批小麦已经通过铁路运到了芝加哥（Taylor，1917：1，134）。

540

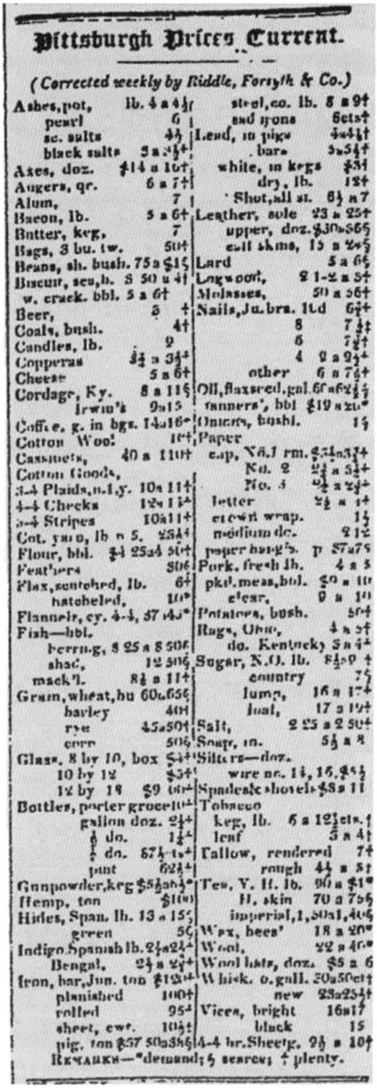

Pittsburgh Prices Current.

(Corrected weekly by Riddle, Forsyth & Co.)

Ashes, pot, lb.	4 a 4½	steel, co. lb.	8 a 9†
pearl	6	and irons	6cts†
sc. salts	4½	Lead, in pigs	4a4½†
black salts	3 a 3½†	bars	5a5½†
Axes, doz.	$14 a 16†	white, in kegs	$3½
Augers, qr.	6 a 7†	dry, lb.	12†
Alum,	7	Shot, all si.	6½ a 7
Bacon, lb.	5 a 6†	Leather, sole	23 a 25†
Butter, keg,	7	upper, doz.	$30a36§
Bags, 3 bu. tw.	50†	calf skins,	15 a 24§
Beans, sh. bush.	75 a $1§	Lard	5 a 6§
Biscuit, sea, lb.	$ 50 a 4†	Logwood,	$ 1-2 a 5†
w. crack. bbl.	5 a 6†	Molasses,	50 a 56†
Beer,	3 †	Nails, Ju. brs. 10d	6½†
Coals, bush.	4†	8	7½†
Candles, lb.	9	6	7½†
Copperas	3½ a 3½*	4	9 a 9½*
Cheese	5 a 6†	other	6 a 7½†
Cordage, Ky.	8 a 11§	Oil, flaxseed, gal.	6[illegible] a 62½§
Irwin's	9a15	tanners', bbl	$19 a 20*
Coffee, g. in bgs.	14a16*	Onions, bushl.	1§
Cotton Wool	10†	Paper	
Cassinets,	40 a 110†	cap, No. 1 rm.	$3½a3½†
Cotton Goods,		No. 2	2½ a 3½†
3-4 Plaids, n. l. y.	10a 11†	No. 3	2½ a 2½†
4-4 Checks	12a 13*	letter	2½ a 3*
3-4 Stripes	10a11†	crown wrap.	1§
Cot. yarn, lb n 5.	25½†	medium do.	2 1½
Flour, bbl.	$4 25a4 50†	paper hang's.	p 37a75
Feathers	30§	Pork. fresh lb.	4 a 5
Flax, scutched, lb.	6†	pkd. mess, bbl.	$9 a 10
hatcheled,	10*	clear,	9 a 10
Flannels, cy. 4-4,	37 a 45*	Potatoes, bush.	50†
Fish—bbl.		Rags, Ohio,	4 a 5†
herring,	$ 25 a 8 50§	do. Kentucky	3 a 4*
shad,	12 50§	Sugar, N.O. lb.	8½a9 †
mack'l.	8½ a 11†	country	7§
Grain, wheat, bu	60a65§	lump,	16 a 17†
barley	40†	loaf,	17 a 19†
rye	45a50†	Salt,	2 25 a 2 50†
corn	50§	Soap, in.	5½ a 8
Glass, 8 by 10, box	$4†	Sifters—doz.	
10 by 12	$5†	wire no. 14, 16,	$5½
12 by 18	$9 00*	Spades & shovels	$8 a 11
Bottles, porter grocer	10*	Tobacco	
gallon doz.	2½*	keg, lb.	6 a 12½cts.†
½ do.	1½*	leaf	3 a 4†
¼ do.	87½cts*	Tallow, rendered	7†
pint	62½*	rough	4½ a 5†
Gunpowder, keg	$5½a5½*	Tea, Y. H. lb.	90 a $1*
Hemp, ton	$100	H. skin	70 a 75§
Hides, Span. lb.	13 a 15§	imperial,	1,30a1,40§
green	5§	Wax, bees'	18 a 20*
Indigo, Spanish lb.	2½a2½*	Wool,	22 a 40*
Bengal,	2½ a 2½†	Wool hats, doz.	$5 a 6
Iron, bar, Jun. ton	$120*	Whisk. o. gall.	20a50cts†
planished	100†	new	23a25½†
rolled	95*	Vices, bright	16a17
sheet, cwt.	10½†	black	15
pig. ton	$37 50a38§	4-4 br. Sheetg.	9½ a 10†

REMARKS—*demand; § scarce; † plenty.

Detroit Prices Current.

CORRECTED WEEKLY.

ASHES—100 lbs.		N. O.	38 a 40
Pearl	3 25 a 3 50	Porto Rico	35 a 40
Pot	3 00 a 3 25	Syrup	0 5
Saleratus	3 50 or 4 00	METALS—	
CANDLES—lb.		Iron, pig. ton	32 a 37 50
Sperm	30 a 35	Amer. bar per lb.	3¾ a 4
Tallow, mould	10	Swedes, bar	5
" dipped	9	Nails, per keg	5 00
COFFEE—lb.		Shot, patent, lb	5½
Java	12 a 14	Lead, bar, lb	5
Laguira	8½ a 9½	Pig	4¾
Rio	8½ a 9½	OILS—galon,	
St. Domingo	7 a 8	Whale or Lamp	75 a 80
FURS—		Sperm, summer	1 00
Racoon, prime.	25 a 75	" winter	1 25
Muskrats, prime,	8 a 10	Linseed	75
R. Fox, prime	75 a 1 25	Lard Oil	80 a 1 00
G. Fox	25 a 31	PROVISIONS—	
Mink, prime	25 a 50	Beef, mess, bbl	6 00
Martin, "	1 00 a 1 50	" smoked lb	7
Fisher	2 00 a 2 50	Pork, mess, bbl	11 a 12 00
Wild Cat	37½ a 75	" prime	8 a 8 50
Otter, prime	3 00 a 4 50	" whole hog	10 00
Cross Fox	3 00 a 4 00	Hams, city cured	8
Wolf	25 a 37½	" ordinary	6a 7
Bear prime	3 00 a 3 50	Butter, roll, lb	8
FISH—		" firkin, lb	6 a 8
White pr bbl	7 00	Hog's Lard, lb bbl	7 a 8
Mack'w Trout do	6 50	Cheese, lb.	5 a 8
Mack'l No 1 do	15 00	do Hamburg,	7 a 8
No 2 hf bbl	5 50 a 6 00	Potatoes, bu.	31¼
Cod 100 lbs	4 00 a 4 50	From Wagon	25
FEATHERS—lb.		SALT—lb	
Live Geese	37½	American	1 12
FRUIT—		SEEDS—	
Lemons, box	5 a 5 25	Flaxseed, bu	75
Apples dri'd	1 25	Grass "	1 00
" green bbl	none.	Clover "	6 00
FLOUR—bbl.		SUGARS—per 100 lbs.	
From wagon	2 75	Porto Rico	8 a 9 00
" store	3 00	H'vna, white	11 a 12 00
Retail	3 25	" brown	9 a 10 00
GRAIN—per bu.		New Orleans	6 50 a 8 00
Wheat	65	Loaf, No. 1	14 a 15 00
Corn	40	Lump	11 a 12½
Rye	50	Maple	7 a 8 00
Oats from wagon	18 a 20	TALLOW—lb	
Barley	44 a 50	Rough	4½
HIDES & SKINS, lb.		Rendered	7½
Green slaughter	3	TEAS—lb. by the box.	
Dry	6 a 6½	Imperial	80 a 85
Sheep skins, green	62½	Gunpowder	80 a 85
Calf " "	6	Young Hyson	40 a 75
LEATHER—		do Canton	20 a 30
Slaugh. sole lb	16 a 17	WOOL—lb.	
Spanish	15 a 17	Full blooded	25
U. Leather doz.	28 a 30	Prime or 3 4	20 a 23
Calf Skins lb	62½ a 75	Common	16 a 19
MOLASSES—galon.			

图 17－1　19 世纪美国中西部“市价表”（prices current）的两个例子

资料来源：*The Pittsburgh Gazette*，45（14）（November 6，1829），p. 2；*The Signal of Liberty*，6（10）（June 27，1846），p. 3（number 39）；http://signalofliberty.aadl.org/signalofliberty/SL_18460627-p3-07.

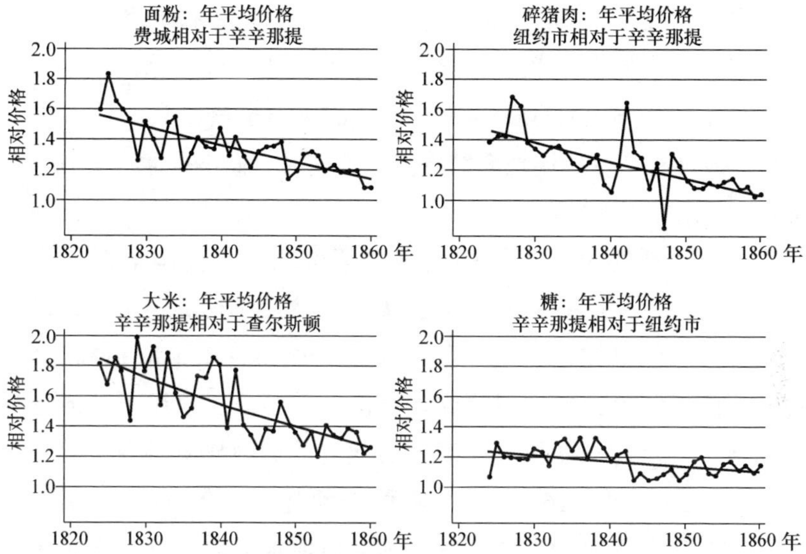

图 17－2　空间上分离的美国市场中的价格趋同，1824—1860 年

资料来源：数据来自 Cole，1938b，www.vanderbilt.edu/econ/cipr/cole-historicaldata.html。

几乎从一开始，在芝加哥交易所的交易就涉及今天我们所称的一种远期合同，即有关粮食在不久的将来会“到达”城市［例如，参见泰勒（Taylor，1917：157）对 1849 年 8 月的交割的分析］。芝加哥和芝加哥交易所作为一个交易中心的重要性不断增长，奥斯威戈、布法罗、蒙特利尔和纽约自 1858 年开始，每天中午在公告栏上公布市场报告也证明了这一点。此外，芝加哥交易所的董事们也修订和强化了他们两年之前采用的检验规则，建立了谷物交割的水分和杂质标准（Taylor，1917）。这种建立已知质量的标准化产品的规则是期货交易的一个必要条件。标准化的合约条款很快出现，到了 19 世纪 60 年代中期，市场已趋于正规化，但一个像我们今天已经知道的、存在一个清算所充当每笔交易对手方的期货市场，直到 19 世纪 70 年代早期才出现（Hoffman，1932）。

这些活动对长期存在的贸易方式构成了挑战，因为这涉及人们把自己未拥有的产品销售给那些不需要这些产品的人［参见 Rothstein in Gilchrist，Lewis et al.（1965）］，也就是说，许多期货合约是通过在结算所用现金结算来抵消交易，而不是通过交割所涉及的商品来完成。

一个活跃的土地市场的出现甚至可能早于美国活跃的商品市场，这是殖民地宪章所规定的条款的结果，其决定了土地的给予和授权“仅仅在于自由永佃权本身，而不在于谋取私利”。这实际上使美国殖民地超越了封建制度，并给予了殖民者让渡土地的权利，这一权利在很大程度上被他们的英国兄弟剥夺了两代人
543 之久（Charles Ⅱ，1660）。[12] 这种土地保有制鼓励土地所有者以经济上富有成效的方式开发土地，以便最大限度地扩大每年向完全保有土地所有权的所有者（君主或国家）支付的固定款项与土地所有者从开发土地中获得的收益之间的差距。因此，该制度鼓励将土地转让给能够有效地利用土地的人（North and Thomas，1973）。

随着西进运动，土地市场只会变得更加活跃。此外，1785 年的《土地法》（Land Act）开始及后继的一些立法所延续的，将西部土地的所有权由原来的殖民者让渡给联邦政府，为这些公共土地的处置提供了统一的系统（Johnson，1976）。这为土地的系统性测量，以及在公开拍卖中向出价最高者出售土地，而且只受一个法定最低价格限制提供了条件，直到联邦政府依据 1862 年的《宅地法》（Homesteading Act）向私人个体赠送土地（Gates，1936；Hibbard，1924；Oberly，1990）。[13] 即使如此，这里仍然有一个活跃的二手土地转售市场，投机者在其中扮演了重要角色（Fogel and Rutner，1972；Swierenga，1968）。

劳动力市场

作为欧洲殖民地，美国一直是移民的国度。这也是一个劳动力稀缺的地方。这些特点给劳动力市场带来了独特的美国特色。工资很高，但通往大西洋彼岸的航程充满困难和危险，而且成本高昂。因此，这种跋涉不是轻率就进行的，而是认真考虑了可能的回报，无论是以财富的形式，还是自己和/或子孙后代的更好生活（包括个人自由或投票权这些考虑因素）（Engerman and Sokoloff，2005；Fogel and Rutner，1972；Hatton and Williamson，1993；Thomas，1973；Williamson，1974）。

然而，早期高昂的旅行费用意味着很少有人能自己负担得起这种需要现款支付的费用，而航程中的各种风险（包括实际距离），以及在遥远且基本上尚未开发的土地上从一个人身上收回债务的困难，阻碍了发展中的资本市场在这一行业中的参与。结果，大多数殖民地移民以某种形式的长期劳动契约为他们的旅行融资，进而来到美国。这些契约要么是出发前在英国就协商好作为契约仆人，要 544
么是与潜在的雇主谈判，一旦安全抵达美国后就出卖劳动力来支付船票（Galenson，1981；Grubb，1986，1988）。然而，在每一种情况下，服务期限都已确定了，因此，雇员的产出的期望值减去他们的生活费，以及支付的任何其他补偿得到的净额折现到现在的值，能够覆盖他们到殖民地的费用加上一个风险溢价。在契约奴仆的例子当中，“填空”式的标准化契约的印制证明，这个市场很快变得有序且常规了（Galenson，1981）。

在美国，道德和伦理也有价格。[14] 没有足够的劳动力愿意因雇主提供的价格而迁到这里，这个价格是雇主可以为一些不太令人满意的工作如种植水稻、采摘棉花或收割甘蔗提供的价格。对于数以百万的非洲人后裔而言，这一价格是他们在这些不受欢迎的工作中的高生产力与为他们提供的维持他们的健康并且和他们的工作能力相一致的最低生活费用之间的差别。其结果就是有权势者对弱者的奴役和剥削（Ransom and Sutch，1977；Vedder，1975）。这些以多数人（奴隶）为代价取得的少数人（奴隶主）的利益，毫无疑问地在南方的不妥协和内战的爆发中发挥了一定的作用（Gunderson，1974）。

虽然北方殖民地和各州的奴隶制在18世纪后期和19世纪初或多或少地自然消失了，但在南方，对棉花这种不能在更北的地域中生长的作物的需求量很高，且在不断增加，同时轧棉机的发明向这一体系注入了新的活力。在亚拉巴马、密西西比和得克萨斯等州，更加多产的棉花地的开发通过提高当前的投资回报率加固和强化了这一体系（Conrad and Meyer，1958；Fogel，1989；Fogel and Engerman，1974）。因此，奴隶主自愿西迁，以利用这些经济机会，带着他们的动产奴隶和他们一起行动，根本没有考虑这些动产的成本。此外，这也发展到了这些新定居地区的白人人口逐渐减少到只有少数的程度，这个地区的贫困白人发现他们与拥有奴隶的精英阶层更加紧密地捆绑在一起，以相互保护。

545 奴隶市场根深蒂固，历史久远，而且有很好的记载［例如可以参见Hall（2000）］。与其他市场一样，有证据表明，奴隶价格的设定方式与资产的内在价值也就是奴隶的生产力一致（Fogel，1989；Fogel and Engerman，1974）。对奴隶来说，他们投资人力资本的能力受到严重限制。因此，即使在奴隶解放之后为了他们的利益通过了宪法修正案，弥补这些损失也需要时间。相反，大多数之前的奴隶仍然被困在对其而言存在经济不利的分成租佃契约当中，依赖新领主即他们从前的主人的父爱主义，以为一代人或更多的人获得正义和保护（Alston and Ferrie，1993，1999；Alston and Higgs，1982；Alston and Kauffman，1998；Higgs，1977；Ransom and Sutch，1977；Wright，1986）。

交通运输是公司的一项关键创新

随着美国人口向西推进开拓新的土地，生产所在地和消费所在地之间出现了越来越大的错配。结果，两地之间交通运输和通信方式的改善成为越来越紧迫的问题。这种需求被托马斯·杰斐逊（Thomas Jefferson）的财政部长艾伯特·加勒廷（Albert Gallatin）在他给国会的报告中清晰地表达出来了，他认为，“良好的道路和运河将缩短距离，促进商业和个人交往，并通过一个更亲密的利益共同体把美国最偏远的角落联合在一起”（Senate and Treasury，1808）。然而，这些便利设施依然是缺乏的。根据加勒廷的观点，这些问题的产生是因为资金成本高、人口密度低，从而使这些改善带来的利润比预期的或期望的低，同时，尽管有与这种改善相关的巨大正外部性所带来的挑战，但正如他所看到的，“美国政府可以单独消除这些障碍”（Senate and Treasury，1808）。例如，大多数道路都是当地的，不构成一个网络，更不用说代表满足这片大陆的愿望和国家的安全所必需的任何东西了。

早期的努力主要集中在改善国家的公路，其中状况最好的是由私人融资修建、使用受到限制、有使用费的公路。虽然大部分公路都比较短，但它们的资本成本通常都超过了单个个体或者小群体的财力范围。因此，大多数公路是由专门为这一目的而创建的公司建造的，这些公司被政府授予了特别许可权。只要这些交通改善服务 546
于公众利益，这种国家授权的公司就符合现有的法律传统。然而，创建公司很快就被证明有另一个重要的好处：通过出售股票筹集资金也使公司能够调解“搭便车”问题，即紧挨着公路或者具有通行权的土地所有者们，无论他们是否使用了公路，都会受益于土地增值。然而，通过向这些土地所有者出售股票，当地人不仅积极参与道路施工与路网布置，而且他们最终也获得了财务上的成功。

这样的销售变得更容易了，因为不同于银行和工业公司的股票大约在同一时间包租，收费公路的股票通常票面价值较低。因此，就收费公路而言，

> 股东名单揭示了一个由邻居、亲戚和当地知名人士组成的网络，他们自愿为他们认为是一个重要的社区改进做出贡献。在报纸、地方演讲、城镇议会、上门游说、信件和配置路线的谈判中进行的呼吁都强调了社区改善的重要性。（Klein and Majewski，2008；Cleveland and Powell，1909；Coffman and Gregson，1998）

然而归根结底，大多数收费公路投资企业的利润（和股息）令人失望，尽管这种公共产品产生了有价值的且显著的正外部性（Klein，1990；Klein and Majewski，1992，2008；Taylor，1951）。这些改善和其他交通运输方面的投资回报如此之低是关于具体基础设施投资在多大程度上“不成熟”的长期辩论的一个关键因素（Fishlow，1965；Fogel，1960；Mercer，1969，1970）。

政府——联邦政府、州政府和地方政府——也进行了干预，以促进交通运输的改善。有时这些机构简直是放任的，在其他时候，它们更积极主动。在前一类行动中，通过许可组成公司，以及让突出的区域案例进入法院系统批准了风险和资本集中使用的各种

协议，以确保路权。联邦政府提供了陆军工兵部队（Army Corps of Engineers）的服务，它们对运输路线进行了详细的调查和可行性研究（Haney，1908）。然而，政府往往更深入地参与交通改善。例如，纽约州因向伊利运河的潜在投资者担保债券支付而著名，虽然事后它从来没有履行这一承诺。同样，宾夕法尼亚、俄 547
亥俄和印第安纳各州政府也是其境内运河的主要投资者和推动者（Goodrich，1960，1967；Metzger and Bobel，2009；Sheriff，1996；Taylor，1951；Woods，2008）。结果，俄亥俄州和宾夕法尼亚州最初试图通过对那些直接与运河竞争的线路征税，以阻止铁路的发展（Taylor，1951：75），同时在印第安纳州，运河泡沫的破裂迫使州政府破产，并导致在 1842 年起草了新的州宪法，以限制政府的借贷能力。

联邦政府比州政府（间歇地）更深入地参与国内的改善工作。联邦政府修建了国道（Raitz，Thompson et al.，1996：especially Chapters 3-6），并且为最终演化成为美国公路系统的邮政公路网络承担费用。联邦政府还建立了港口和灯塔，而且清除了航道中的暗礁和沙洲（Hunter，1949）。之后，联邦政府还提供公共土地以鼓励铁路建设。这为这些公司提供了一种它们可以抵押或出售的资产，还赋予它们通过从土地价值的增值产生的某些潜在外部性中获得既得利益（Gates，1934）。

交通运输改善的高成本使得建立公司具有了实质上的必要性。例如在美国东北地区，1800—1830 年，收费公路公司占通过一般或特别授权建立的商业企业总数的四分之一以上［由克莱因和马耶夫斯基（Klein and Majewski，2008）编制］，同时在俄亥俄州，铁路公司在 1836 年占公司总数的 45%（Evans，1948：Appendix 4）。[15] 然而，公路融资过去在本地进行，但它现在变得越来越全国化，甚至是国际化了。开始建造巴尔的摩和俄亥俄铁路的资金是通过巴尔的摩的技工银行（Mechanics Bank）、弗雷德里克的农民银行支行（Farmers' Branch Bank），以及在黑格斯敦的黑格斯敦银行（Hagerstown Bank）从巴尔的摩的几个著名商人和银行家那里筹集到的。首次公开发行就有了大量的超额认购，公众认购了 36 788 股，尽管只有 15 000 股可售（Stover，1987）。同样，莫霍克—哈得孙铁路是由纽约的富人们提供资金的（Taylor，1951：99）。然而，随着铁路网络的扩展，以及对铁路的这种狂热在 19 世纪 40 年代牢牢保持，"波士顿的州街和纽约的华尔街开始扮演更重要的角
548 色，特别是在关于西线铁路建设方面"（更确切地说，在这些线路中，不管是作为运输服务的提供者，还是当地外部性的一种来源，它们都没有直接的当地利益）。

> 同样地，伊利诺伊中部铁路是由东部的出资人管理的，而且部分资金是在东部各州和国外筹集的资金提供的……英国对美国铁路证券，特别是债券的投资迅速增加，所以到了 1853 年，在美国铁路债券总额中，26% 是由外国拥有的，（但）价值低于债券总额两倍的铁路股票只有 3% 是外国拥有的。（Taylor，1951：100）

此外，当伊利诺伊中央铁路公司发现在克里米亚战争期间在伦敦筹集资金变得更困难的时候，它的股票和债券便在阿姆斯特丹发行，而且发现了一个现成的市场［也可以参见 Veenendaal（1992）；Wilkins（1989）］。结果，其他美国铁路公司也在欧洲大陆筹集资金，到了 1860 年，铁路吸收了超过 10 亿美元的投资——一个与当时制造业总投资相等的金额——在美国大约 30 000 英里的轨道上

建造和运营火车（Chandler，1965）。

虽然公司是建设这些运输新媒介的基本组织，但只有在国家铁路上的交通协调是绝对必要的时，作为运输服务的提供者，它们才是必不可少的。如果没有一个统一的计划，速度较快的火车不能在同一轨道上超过较慢的火车，同时，出发和到达必须严格计时，以避免在单轨道系统上迎头相撞。然而，成为运河驳船运营商、卡车司机、长途客车司机则几乎没有任何障碍。汽船甚至多半只有富裕的个人或者一个小团体才买得起（Taylor，1951），因为汽船无法在严酷的内河航运中存续很长时间，所以这种合伙企业的自然轮换与单个合伙人的死亡率完全无关。公司形式（例如辛辛那提和路易斯维尔的邮政路线和其他包裹路线）在西部河流上并不陌生，它们在东海岸的河流上［例如，范德比尔特准将（Commodore Vanderbilt）的经营］和大湖地区也很常见（Taylor，1951：69）。

这些运输的改善促进了中西部巨大农业潜力的发展，使得南方的种植园把精力集中在为新英格兰和英国纺织工厂生产原棉上。同时，东北部的人口摆脱了以土地勉强维持生存的必要性，相反，他们能够迁到城市从事报酬更多的制造业和贸易职业
（North，1961b）。随着资本要求的上升，以及企业利用规模经济和 549
效率收益，这样的生产越来越集中在以公司形式组织起来的商业当中。

美国制造业公司的兴起与成长

早期殖民地政府相对较少使用它们被假定具有的创造公司的能力，因此，这些殖民地大体上没有受到伴随着南海泡沫（South Sea Bubble）而来的“股票买卖的凶险艺术”（pernicious art of stock-jobbing）的影响，议会将1720年的《泡沫法案》（Bubble Act）在1741年推行到了美洲殖民地（Scott，1910：1，436–437）。[16] 在美国被特许成立的少数法人组织，例如哈佛学院和耶鲁大学，坚持的是市政、教育、慈善和宗教这类组织的传统（Davis，1917），主要服务于公共目的而不考虑私人利润（Nettels，1962：290）。实际上，戴维斯（Davis）对那些被创立的殖民地公司进行了驳斥，他认为，"在起源和经营活动上都具有殖民地特征的商业公司很少，而且总的来说并不重要"（Davis，1917：87）。

然而，革命之后，这些以前的殖民地开始维护它们的独立地位。它们这样做的方式之一是特许成立公司，因为这种权力在过去和主权是如此紧密地联系在一起。事实上，此时一些州的公司明确提到了这一事实（Davis，1917：9，11）。尽管在供应方面有这样的激励，但1789年宪法通过之前，特许经营的公司一直相对较少（Davis，1917：11，28–29，Figure 1）。这些公司大多在运输业中，而非在制造业。[17]

在殖民地时期，英国的重商主义政策积极地扼杀了美国国内制造业的发展。这通常禁止了可能与英国制造商存在竞争的美国国
550 产产品的广泛分销，包括（但不限于）羊毛制品、铁制品（包括枪支）和玻璃。然而，实际上，较小的美国市场规模、低人口密度的殖民地和数量有限的技能工匠至少与任何大英帝国的限制一样，是殖民地制造业发展的严重障碍（Clark，1929）。[18] 一些例如生铁等原材料的生产受到了鼓励，以作为英国钢铁工业的投入品。由于英国的木材短缺，对木材产品的生产也是如此。作为这些产品之一的船舶特别重要，因为其对于英国的出口无形中是殖民地国际收支平衡表的一个关键项目（Shepherd and Walton，1972；Walton and Shepherd，1979），而生铁常常是作为压载物。

在新兴的美国，国内产业的发展至少在一段时间内将成为美国争论的焦点。一方面，托马斯·杰斐逊认为，“对于一般的制造经营，让我们的工厂留在欧洲”（Jefferson and Peterson，1984：291：关于弗吉尼亚州的说明中的第 19 条查询），然而另一方面，亚历山大·汉密尔顿以下面的声明结束了向国会提交的关于制造业问题的报告：“在美国这样的社会里，公共财政必须弥补私人资源的不足。在什么方面还能像推动和改善工业的努力如此有用呢？”（House and Treasury，1791：144）。作为这种精神的一种反映，在此之前的几个月，汉密尔顿就已经推动了新泽西州向我们今天可能称之为国家资助企业的实体发放了特许执照：资本总额为 60 万美元的“建立有用制造业协会”（Society for Establishing Useful Manufactures）。这个新公司的关键资产（除了其与行政部门的关联之外）是帕塞伊克的大瀑布，围绕着它将会产生美国的第一个工业中心——新泽西的帕特森镇。或许有些可以预见的是，这是一个失败的公司，帕特森的发展也低于其承诺的水平（Davis，1917）。此后，有一些明显的例外，如联邦政府愿意为具有可互换零件的武器支付高价（Hounshell，1984），直到 20 世纪，政府几乎没有直接参与制造业活动。

在收到汉密尔顿关于制造业的报告后，众议院干脆没有经过任何讨论或表决就提出了计划（Irwin，2004）。国会对制造业缺乏 551
兴趣反映了运输业的持续繁荣。美国的商人和船主正在从不仅是与欧洲，而且与世界其他地区，包括亚洲的贸易中获得大量的利润（Dalzell，1987；Fichter，2010）。此外，美国人可以从欧洲购买任何他们可能想要的产品，与国内制造商所能提供的相比，这些产品价格更低，同时质量也更高。工业化与当时美国的繁荣和生活水平根本不相干，尽管有个别企业获得了成功，如沿着特拉华州威尔明顿布兰迪维因的杜邦火药厂，或者是罗得岛波塔基特的斯莱特工厂（Slater Mill)。斯莱特工厂由普罗维登斯商人阿尔米（Almy）和布朗（Brown）担保成立，是在美国进行的改革新英格兰地区纺织技术的第一次成功的努力，这是一种英国人寻求保护的技术，例如，禁止塞缪尔·斯莱特这样拥有这些新机器知识的人移民到美国。这只是几起对美国棉纺织工业的发展至关重要的工业间谍事件中的第一起。

美国的出口贸易和转口贸易的繁荣始于1789年的法国大革命，但是，当杰斐逊总统在1807年禁止与欧洲的贸易后出口贸易和转口贸易开始衰败，而且衰败一直持续到1812—1815年战争时期。[19] 突然间，廉价的优质外国制成品几乎在任何价格上都无法获得，美国被迫自己提供所需的东西。结果就是非自愿性的进口替代工业化，这表现为工厂企业的一种急剧上升，特别是在那些以前进口产品的行业：化学品、玻璃、金属和纺织品（Senate and State，1824）。[20]

制造业突然而来的重要性也体现在国会为了作为1810年普查一部分内容而收集制造活动信息的迟来和偶然的努力当中。这些事件也改变了杰斐逊总统的观点："我们现在必须把制造商和农业家摆在一起……经验告诉我，制造业对于我们的独立和舒适都是不可或缺的"［Jefferson and Peterson，1984：1371：给本杰明·奥斯汀(Benjamin Austin）的信件，1816年1月9日］。

552 斯莱特的纺织厂生产了棉纱。只要织布生产仍然保持手工操作，那么把这些纱线织成布仍然是该行业的一个瓶颈。就像纺线一样，英国人也已经解决了这一问题，直到弗朗西斯·洛厄尔在1810年访问兰开夏之前，这个问题的解决方案一直不为美国人所知，但等他访问回来后，就能与机械师保罗·穆迪（Paul Moody）

一起工作，基于这种盗版技术生产出美国第一台动力织机。[21] 到了 1815 年，这些动力织机已经可以在由洛厄尔沿着沃尔瑟姆的查尔斯河建立的波士顿制造公司（Boston Manufacturing Company）投入运营了（Dalzell，1987；Shlakman，1935；Weil，1998）。这个新公司的资本和组织能力来自深入社会的波士顿商人，在杰斐逊的封锁和随之而来的战争之后，他们的贸易机会和利润急剧下降了。这些个人和家庭从一个活动切换到另一个活动的速度表明，他们对传统就业几乎没有眷恋之情，同时对他们的新活动几乎没有耻辱感，只有对他们丰富的、可替代的和流动的资本更高的期望回报率。

除了新的动力织机外，这个工厂中的另一个主要创新就是将纺纱和织布在一个屋檐下进行整合，而在罗得岛和英国，纺织品生产中的这两项工序是分开的。这两项创新都取得了巨大成功。然而，由于查尔斯河的水力潜能有限，这家工厂的位置并不太令人满意。在接下来的 10 年中，沿着梅里马克河和康科德河的交汇处建立了一个新的工厂城镇，从而弥补了这一缺陷。在那里，梅里马克河的落差达到了 32 英尺，从而被认为给工业的成长提供了充足的水力和发展空间（Hunter，Eleutherian Mills-Hagley Foundation et al.，1979：1）。他们将这个新城镇命名为洛厄尔，以纪念弗朗西斯・洛厄尔的动力织机和他对纺纱与织造的整合彻底改变了这个行业。在接下来的 30 年左右的时间里，波士顿联营公司（Boston Associates）在洛厄尔这个规划好的工业社区建立了几十个棉织品工厂（Dalzell，1987；Shlakman，1935；Weit，1998）。更多的工厂出现在沿着梅里马克河的其他城市，例如劳伦斯、纳舒厄和曼彻斯特。这些倡导者扩大了这个行业的范围和规模。通过个体公司之间的相互兼任董事的网络，同时将一个新工厂的产品谨慎地战略定位

553 为现有工厂产品的补充，而不是竞争产品，他们也避免参与了“毁灭性的竞争”。

波士顿制造公司，以及杰斐逊禁运和战时对外贸易中断所引发的数百项风险投资的投资回报率，受到了《根特条约》签订之后突然到来的和平环境的威胁，这带来了从 1815 年开始的，英国大量廉价、高质量的制成品进口的竞争。汉密尔顿早在 25 年前的报告中就预见到了这种情况：

> 专注于并且完善一个产业分支的国家先行享受的这种优越性，相对于此前提到的任何一个把同一个分支引入以前没有这种产业存在的国家，都构成了一个更可怕的障碍。为了维持一个国家最近建立的企业和另一个国家长期成熟的企业之间的关系，基于质量和价格相等条件下的竞争在大多数情况下是行不通的。在一家企业中，或者在另一家企业中，又或者在这两家企业中同时存在的差异，必须是很可观的，从而能够禁止一种成功的对抗产生。[United States Congress. House. American State Papers（1791）]

他建议的解决办法是，通过对这些幼稚工业实行临时保护关税实现“政府的特殊援助和保护”[United States Congress. House. American State Papers（1791）]——再一次地，公共部门和私营部门进行联盟，以解决与外部性有关的问题，从而导致了纯粹（私营）市场经济的失灵。这将使工人和资本家通过“干中学”过程获得经验，使他们能够在质量方面进行竞争（Bils，1984；David，1970；Williamson，1972）。由此获得的喘息空间和关税保护带来的利润也将使国内工业达到与更大、更成熟的外国竞争者进行价格竞争所必需的规模。根据陶西格（Taussig，1967）的说法，其结果就是，关税政策从仅仅为联邦政府提供收入来源转向了为特定的国内工业提供保护（Bils，1984；David，1970；Irwin，2008；Pincus，1977）。

棉纺织品行业是关税政策的重要受益者（Bils，1984；David，1970；Harley，1992；Irwin and Temin，2001），许多其他行业也获得了保护（Hawke，1975；Irwin，2008）。这一政策也扭曲了不同群体（例如，相对农民和地主，更有利于资本家和产业工人）和不同区域之间的国民收入（James，1981），这导致了在南方的分裂主义言论，最终带来了 1832 年发起的对 1828 年《关税法》（Tariff Act）进行废止的危机。虽然通过降低关税暂时解决了这场危机，554
但关税成本和收益的地区差异从未消失，并再次成为导致内战的危机中的一股力量（Irwin，2008；Ochenkowski，1982；Taussig，1888）。此外，在 19 世纪剩下的时间里，关税仍居高不下，这在一定程度上反映了北方在获得内战胜利后的政治和经济优势（Beard and Beard，1927；Hacker，1940）。

到 1820 年人口普查时，美国东北地区已经有了相当广泛的工业部门。美国南部和中西部的制造业普查覆盖面小得多，但即使考虑到这一点，很显然，在南方依然存在历史学家查尔斯·拉姆斯德尔（Charles Ramsdell，1936）形容的一个有着“可悲的稀缺性”的制造业（Bateman and Weiss，1981）。这被证明是南部邦联在内战中失利的一个因素：只要北方的封锁阻止了进口，南方根本就没有足够的手段来打一场以钢铁和机械为基础的现代战争。

虽然南方的人均收入与中西部地区相比具有优势，但南方的收入分配更加不平等。奴隶没有美元，因此也没有市场力量。南方的贫困白人也比中西部多得多。结果，南方的大众市场需求疲软，无法支持本地的国内工业。这体现在只有更小范围的消费产品和更小的生产商为南方市场提供服务（Bateman and Weiss，1981）。当时许多南方政治家，最出名的是南卡罗来纳的约翰·C. 卡尔霍恩（John C. Calhoun），他通过演讲、社论和商业会议推动更多的行业，尤其是棉织品行业在南方的发展（Calhoun，Meriwether et al.，1959，特别是 1845 年 11 月 13 日），同时，这里有一家商业媒体，特别是在新奥尔良出版的《德博商业评论》（*DeBow's Commercial Review*）也支持了这一事业。然而，只要南方在原棉生产方面享有比较优势，并在美国的共同市场内运作，这种公开讨论就很少发生，直到廉价的南方劳动力开始吸引北方和中西部的产业在内战后迁往那里（Wright，1986）。

就像斯莱特和洛厄尔对英国发明的剽窃所体现的，在早期的美国，剽窃思想似乎很普遍。类似的“挪用”也发生在美国国内，而且几位有名的美国发明家——例如奥利弗·埃文斯（Oliver Evans）和伊莱·惠特尼——痛苦地抱怨说，美国宪法承诺的，以及据称是受到 1791 年联邦专利法保护的现有专利保护，未能在承诺的有限时间段内保障他们的权利和回报（Bathe and Bathe，1935；Evans and Stevens，1805；Mirsky and Nevins，1952；Olmsted and
555 Silliman，1846）。然而，尽管有这种保护不力，美国人还是会证明自己具有惊人的创造力和发明天赋。美国发明家来自各行各业，所以发明就像美国的生活一样，是相对民主和开放的。这些早期发明家中有许多人都是直接受他们的发明影响的职业工人和行业工人——他们看到了需求，并找到了办法（Khan，2005；Lamoreaux and Sokoloff，1996，2001；Sokoloff，1988；Sokoloff and Khan，1990）。然而，随着时间的推移，专利越来越多地与企业有关，而不是与个人有关，同时在内战之后，以每百万居民拥有的专利数量测度的发明率出现了急剧上升（Lamoreaux，2005；Lamoreaux and Sokoloff，1996，2001）。

这些发明的采用将对货物和服务的生产方式产生深远影响。许多发明，特别是那些在制造业中所采用的发明，以机器制造商的技能和创造力取代了工人的技能，从而降低了典型工场中工人的平均技能水平（Atack，Bateman et al.，2004；Cain and Paterson，1986；Goldin，1982；Goldin and Katz，1998；Goldin and Sokoloff，1984）。这些发明对公司的性质和运作也产生了深远的影响。引进越来越复杂的机器需要使用无生命的能源来源，并通过将它们固定到特定的地方降低了公司的流动性（Atack，Bateman et al.，1980；Hunter，Eleutherian Mills-Hagley Foundation et al.，1979）。机器的复杂性也不可避免地增加了资本的特殊性，并倾向于提高资本与劳动的比值（Cain and Paterson，1986；Chandler，1977；Hounshell，1984）。给定更大的沉没成本，公司每天运作时间更长，同时每年运作的天数更多，显著提高了产出水平和生产率，从而可以把这些额外的成本分散到更多的生产单位（Atack，1986b；Atack，Bateman et al.，2002；Chandler，1977）。

公司规模的增加主要是最大公司相对规模急剧上升的结果，而这是最适合利用体现在无生命机械动力中的新技术的企业（Atack，1985，1986a；Atack，Bateman et al.，2004）。机器技术对企业规模和产量产生了深远的影响。例如，考虑为男性生产廉价靴子。手工生产涉及两个人的 83 项操作，需要超过 1 400 个工时来生产 100 双靴子。机器生产将生产过程分解为 122 道工序，由 113 名工人完成，他们只花了略微超过 154 个工时生产同样的 100 双靴子（United States Congress，House and Labor，1899）。因此，采用机器生产大大扩大了商业规模，并要求进入更大的市场。

556 这些变革中的每一个都有增加企业的激励以避免竞争的破坏力的效果，无论是通过关税等方式寻求政府保护，还是通过例如合并或寻找其他方式进行合作而不是竞争（Chandler，1977；Hawke，1975；Lamoreaux，1985；Schumpeter，1947）。简而言之，象征和刺激资本主义的市场机制也包含着摧毁这个制度的种子：

> 这一进程无情的必要性令人印象深刻，不仅要消除制度的腐朽成分，而且要除去资本家阶层的盟友，与谁共生是资本主义模式的一个基本要素……资本主义进程破坏了封建社会的制度框架，同样也破坏了它自己的制度框架。（Schumpeter，1947：139）

制造业资本成本的上升与动力的使用有关，业务规模的扩大，以及新机器的成本、复杂性和特殊性，一起推动企业采用更稳定、存续更久的商业组织形式，这也分散了风险。这些属性将会在最初促进英国人移居北美洲的组织形式——公司中找到。

根据首席大法官约翰·马歇尔的说法，这个实体是：

> 法律的纯粹创造物，它只拥有创造它的特许状赋予它的那些属性，无论是明文规定的，还是与它的存在相伴随的……其中最重要的是永久性，和……个性——被许多人永久继承的财产权利可以被认为是相同的，并且可以作为一个单独的个体。这些属性使公司能够管理自己的事务并拥有财产。（US Supreme Court and Marshall，1819）

然而，随后的法院判决对首席大法官约翰·马歇尔的裁决做出了一个看似微不足道的改变，其后果直到现在还有影响。马歇尔宣称公司是“一种人造的存在”，但在“圣克拉拉案”的裁决中（US Supreme Court，1886），最高法院一致同意，将第十四修正案的“平等保护”权利扩展到公司，就像它们是自然人一样。重要的是，在当前关于公司在美国（政治）生活中作用的辩论背景下，马歇尔法官继续说：“这种存在与国家的国民政府没有共同之处，除非这是它被创建的目的”。反过来，这种转变又直接导致了“公民联盟诉联邦选举委员会案”（Citizens United v. Federal Election Commission，2010）这一案例，这让共和党总统候选人米特·罗 557
姆尼（Mitt Romney）在 2011 年 8 月艾奥瓦州博览会上对一个诘问者做出了著名的反驳：“公司也是人，我的朋友”（Mark，1987；Oliphant，2011）。

公司向统治地位的上升（在规模和产出份额意义上，而不是数量上）缓慢开始了。就像一位法律学者（Friedman，1985：511）注意到的，“在 1800 年，公司法是一种缺乏活力的、一团死水似的法律，主要与市政当局、慈善机构和教会有关。只有一两座桥、少数几家制造业企业、一些银行或保险公司扰乱了它的宁静”。[22] 这种情况没有持续很久。“到 1870 年，公司在经济中已经处于支配地位了。它们不曾失去这种地位。在 19 世纪 80 年代的 10 年中，各种讲座和讲坛的场合中回响着关于托拉斯和反托拉斯的战斗口号”（Friedman，1985：511）。

在早期，企业是通过每一个公司都是由立法机关的私人（因而往往是个性化）法案创造的特许成立的（Sylla and Wright，2012）。这个过程是成本高昂的、烦琐的，同时有可能导致腐败。因此，越来越多的州采取了普通公司法，对所有同意遵守特定规则的人来说，成立公司的特权是开放的。采用这类立法的第一个州是 1795

年的北卡罗来纳（最初只是运河公司，但后来扩展到其他活动当中），紧随其后的是1799年的马萨诸塞州，以及1811年的纽约州（Seavoy，1972）。当然，后两个州尤其重要，因为它们从一开始就是主要的工业州和商业州。此外，虽然许多人对1811年纽约州法律轻描淡写，因为根据其条款获得特许的公司仅有20年的寿命（在大多数特别法案中也有类似的限制），同时在产业和资本化方面也受到限制，凯斯勒（Kessler，1940）表明，更多的制造业公司是在1848年普通公司法被取代之前根据其条款建立的，而不是在依然保留的特别法的条款下设立的。也许更重要的是，1811年的普通公司法规定，“组成该公司的人员应对各自在该公司的股份承担个人责任，但没有再进一步的责任了”（Angell and Ames，1931：363）——换句话说，正如我们今天所理解的，股东承担有限责任。

558 然而，在马萨诸塞州、纽约州和北卡罗来纳州早期的公司法中，有充足的附加说明和例外条款，对于大多数法律学者来说，康涅狄格州在1837年6月采用了第一个真正广泛的普通公司法（Connecticut，1837）。这授权设立一家公司以“从事和开展任何类型的制造、机械、采矿、采石，或者任何其他合法的商业行为”，而不需要一个特别的许可。[23] 其他州纷纷效仿。不过，在1830年年底，只有3个州采用了普通公司法。在19世纪40年代，又有6个州通过了普通公司法，19世纪50年代有15个州通过，在19世纪60年代则有14个州这样做了（见图17－3）。然而，到了1875年，48个州和领地当中，有44个州在其账簿上有了普通公司法（Hamill，1999）。此外，在其中的几个州［例如，亚拉巴马和路易斯安那（Friedman，1985）］，普通公司法是保证公司章程的唯一途径，因为禁止采取特殊行为。

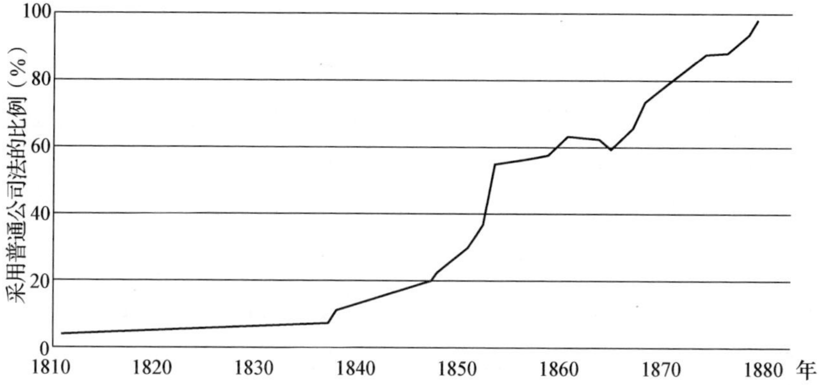

图 17－3　采用普通公司法的州和领地的比例

资料来源：Hamill，1999.

然而，尽管有创立特别公司法和普通公司法的立法记录，但在 20 世纪之前，都不存在对全国范围的商业公司的全面统计，当然也没有关于商业组织状况的全面的看法，直到 1900 年第十二次人口普查所列举的制造业机构被要求提供关于其组织方式，或者被称为“章程”的信息（US Bureau of thc Census and North，1902）。这 559
其中的问题是，虽然公司的进入得到了追踪，但对其退出却没有进行核算。然而，由于种种原因，我们认为公司的退出率较低，其生存率高于其他形式的商业组织。在 1900 年的第十二次人口普查中，列举了 512 254 个机构，其中只有 40 743 个是公司（占 8%）。然而，这些公司化的机构占所有制造业产出的 59%（United States Bureau of the Census and North，1902：lxvi）。

然而，通过设定一些夸张的（但我认为合理的）假设，根据在较早期的制造业普查的手稿中记录的这些机构名称，有可能对这些更早期公司的“特征”做出粗略的估计。我已经使用构成 1850—1870 年制造业普查的贝特曼－韦斯（Bateman-Weiss）全国样本的编码表这样做了。[24] 例如，以“约翰·史密斯”（John Smith）这样的名称从事经营的制造业机构已被列为独资企业，而以“史密斯和琼斯”（Smith and Jones）做生意的则被归为合伙企业；那些标明“约翰·史密斯和儿子们”（John Smith and Sons）的则是家族生意，如此等等。那些不是以特定个体或者一群个体的名称作为商业名称的机构，例如“布特磨坊厂”（Boott Mills）和“俄亥俄钢铁有限公司”(The Ohio Iron Co.)，被归为公司制企业。[25]

基于这种分析，独资企业（个人自我雇佣业务）在每一个州，以及在几乎每一个活动中都是中间形式的商业组织（见表 17－1）。这些企业都很容易创立，通常不需要正式行动，也不享有个人还没有掌握的真正特权。同样，在许多不同配置中的合伙企业，在数量上远远超过了公司。两人合伙制企业数量几乎是公司的两倍，在1850 年则超过两倍。

表 17－1　按商业组织形式分类的制造业企业所占百分比，1850—1870 年

	1850 年	1860 年	1870 年
独资企业	82.7	77.4	78.3
家族企业	3.6	4.3	4.3
两人合伙制	7.7	8.7	8.4
三人或多人合伙制	0.2	0.1	0.3
有限责任公司	4.3	6.8	5.8
公司	1.7	2.8	2.9

资料来源：使用上文描述的程序，从制造业普查的贝特曼－韦斯全国样本数据计算得到。

用一些规模的测度对企业进行加权会从根本上改变表 17－1 中的数据，不管使用的是哪种规模的测度，这些比重都会向有利于公司制的方向偏倚。表 17－2 报告了使用产出作为权重的比重，因为使用 1900 年普查公布的数据也可以建立同样的测度。

表 17－2　按产出加权的制造业企业各种组织形式的百分比，1850—1870 年和 1900 年

	1850 年	1860 年	1870 年	1900 年
独资企业	56.6	42.3	35.5	20.6
家族企业	4.2	6.7	5.7	19.8
两人合伙制	10.7	12.3	10.4	
三人或多人合伙制	0.3	0.5	1.0	
有限责任公司	13.0	22.6	18.2	
公司	15.2	15.7	29.3	59.6

560

资料来源：使用上文描述的程序，1850—1870 年的比重从制造业普查的贝特曼－韦斯全国样本数据计算得到。1900 年的比重依据美国人口普查局和诺思（United States Bureau of the Census and North，1902：lxvi）。

事实上，从组织的角度来看投入到每个公司的平均资本是特别有意义的，因为从大量投资者那里筹集资金是公司成立的目标之一（见表 17－3）。不幸的是，1900 年的普查没有提供数据进行比较。方差很大，但按组织类型分类的平均投入资本没有差异的假设被彻底拒绝了。那些经由我们的程序识别为独资的企业，平均而言，只拥有投资于一般家族企业中的三分之一的资本量。这种家族企业的 561
平均投入资本规模也与一般的两人合伙企业差不多。相比之下，三人或更多人的合伙企业的平均投入资本至少是两人合伙企业的两倍，但在规模上与有限责任公司大致相同。另外，公司化的企业平均比其他商业组织大得多，不管度量标准是采用产出、投资资本还是平均就业人数。实际上，在 1850 年，公司化企业的平均资本投资水平是独资企业平均水平的大约 30 倍。到 1870 年，这一数值已经上升到了几乎 50 倍。

表 17－3　不同企业组织类型的制造业企业的平均投入资本额（美元），1850—1870 年

	1850 年	1860 年	1870 年
独资企业	2 752	3 478	3 768
家族企业	6 303	10 165	14 898
两人合伙制	5 136	9 362	10 768
三人或多人合伙制	11 086	67 600	45 910
有限责任公司	13 905	22 324	34 190
公司	78 347	69 749	178 031

资料来源：使用上文描述的程序，从制造业普查的贝特曼－韦斯全国样本数据计算得到。

上市公司的股份是可转让的（虽然不一定是公开交易的），市场迅速兴起，以促进交易，并为买卖双方提供更好的价格信息。这种转售的能力增加了买家从一开始就进行投资的意愿，从而使公司更容易筹集所需的资本。它们还使投资变得更加客观，更可能受到诸如股息回报和风险等金融因素的驱动。[26] 第一个有组织的证券市场于 18 世纪 90 年代出现在美国，虽然债务显然在很久以前就已经开始交易了［例如，可以参见琼斯（Jones，1980）或者罗森伯
562 格（Rothenberg，1992）关于遗嘱清单的相关内容］。例如，纽约证券交易所是在 1792 年，当华尔街地区的经纪人在咖啡屋会晤时，签订了所谓的《梧桐树协议》而创立的。正式交易从 1817 年开始［例如，可以参见 Buck（1992）和 Sobel（1975）］。类似地，至少在 1798 年，波士顿就有了一个非正式市场，尽管正式交易从 1834 年才开始（Barron and Martin，1975）。市场所起的关键作用是使买方和卖方聚集在一起，共同确定反映所有相关信息的最佳价格。因为这些早期市场很小（以买者和卖者的数量来看），同时成交量也小（以随时交易的证券数量来衡量），它们被组织成卖方市场（call market），其中每种证券都按顺序交易，这样市场的全部注意力和

流动性都集中在一种资产上，尽管只是短暂的，而不是任何人想要买卖的任何证券上。即便如此，也会有一些时候（至少在波士顿的市场上）没有任何单一股票被交易，尽管这里还有其他一些时候，特别是在南北战争时期，当时的贸易被形容为“巨大的”（Martin，1871）。

纽约市（以及纽约证券交易所）迅速成为美国最大的证券市场，但它最初主要由政府、铁路，以及诸如此类发行的债券，而不是股票主导的。它还没有成为领先的股票市场，特别是对于工业而言，直到 20 世纪才实现。例如，截至 1898 年，只有 20 只工业企业股票正式在纽约证券交易所挂牌上市，尽管在大约 1885 年之后，有一个大量且迅速增长的非上市工业企业股票的交易（Snowden，1987，1990）。相比之下，在 1869 年，有 48 只工业企业股票在波士顿证券交易所正式上市（Martin，1871：68）。工业企业股票在波士顿市场表现突出的一个原因，或许是马萨诸塞州是一个发达的工业化州，也是对公司章程逐渐进行立法的先驱（Dodd，1954）。只有不到 5% 的马萨诸塞州制造业企业在内战前是以公司的形式组织起来并发行证券的。[27] 公开交易的就更少了。

早期股票发行的一个主要问题是大多数股票的票面价值很高。这必然限制了它们对除了最富有客户之外的所有人的吸引力。例如，与今天不到 1 美分的名义价值（但还是一个由供给和需求决定的任何水平上的市场价格）相比，那时许多股票的面值为 1 000 美元（也就是说，这比 19 世纪中期人均收入大几个数量级）。[28] 例 563
如，1835 年在波士顿市场上交易的 16 只股票，其中 13 只的票面价值为 1 000 美元，一只股票有 750 美元的票面价值，另有两只股票的票面价值为 500 美元（Martin，1871：64）。这背后的原理还不清楚，但这可能反映了维护转让簿和应对大量股东的成本相对较高。这肯定会有将所有权限制在一个相对较小的群体中的作用。实际上，研究波士顿股票市场的历史学家马丁（Martin）把这个工业企业股票的市场描述为“一个‘专属的’市场，因为它几乎完全掌握在某些资本家手中，他们在价格上升的时候没有卖出的欲望，价格下降的时候也能负担得起”（Martin，1871：64）。

随着时间的推移，特别是20世纪随着票面价值发生变化，股票市场扩大，所有权变得越来越分散了。资本主义变得更加民主。然而，结果就是，新一代经济学家开始担心资本主义制度中所有权与控制权分离所产生的代理问题（Berle，Means et al.，1932）。这些问题至今仍可引起共鸣，尽管看起来毫无疑问的是，绝大多数人都从资本主义扩散到美国的每一个区域和每一个活动中获益了（尽管也许是不平等的）——这是一个始于欧洲殖民地并在宪法下得到促进和加速的进程。

结束语

亚当·斯密强调了自利行为和对纯粹市场信号的响应作为国家财富来源的重要性。在美国的早期发展中，这一点肯定是正确的。虽然早期的英国殖民行动是发生在一个与斯密学说截然相反的世界中——事实上，这正是他攻击的重点——那种殖民行为的工具，即公司，获得了不同寻常的广泛授权，同时在美国殖民地的居民比家乡英国的居民享有更大的自由。有了这些自由（即使并非人人都享有），在一个以农业为主导的世界里，发展和增长就在一个土地充裕的经济体中“起飞”了。这种发展几乎可以确定受益于与母国的遥远距离，这有助于形成这种自由感和以不同的节奏前进的能力。

从一开始，市场就很重要，不管是英国的烟草市场、殖民地的土地市场和劳动力市场，还是为城市、乡镇和社区提供食品和其他供给的市场。有关这些市场的信息最初是由专业商人及其代理人非常严密地把控着，但是最终是先通过口头，然后通过报纸和小册子传播给比大多数人识字更多，并且比当时的大多数人有更多的行动自由的人。也许正是这些条件，使美国人能够利用“对利润的强烈渴望，那种事事都要做一笔生意的焦虑”，这给特罗洛普在美国的访问留下了非常深刻的印象。 564

这种活动的好处似乎不仅仅是向普通人的“涓滴”。19 世纪中期来到美国的游客对工作人员的衣着和举止不免感到惊讶。例如，查尔斯·狄更斯（Charles Dickens），在前往洛厄尔的棉纺织工厂的游历中写下了他所观察到的工厂女工：

> （她们）衣着讲究；这个说法必然包括极度整洁……她们外表看起来健康，其中许多人非常健康，同时具有年轻女性应有的仪态举止：不是被贬低的野蛮人……我无法回忆起或区分出一张给我留下痛苦印象的年轻面孔；也不是一个年轻的，认为她应该靠双手劳动来获得日常所需的面包是不得已的事，而如果我有权力，我会让她从这些工厂离开的女孩，（尽管事实是）她们确实在工作。她们在这些工厂中劳作，平均每天工作 12 个小时，这无疑是一项工作，也是相当紧凑的工作。（Dickens，1842）

狄更斯接着描述了洛厄尔工厂的姑娘们在她们下班的时候获得的接触文化和文学的机会（以及严格的监督），所有这些都使他吃惊，但没有一件使他惊慌。简言之，新英格兰工厂的女孩们享受着狄更斯根据当时对英国工业中心生活的观察而感到难以想象的生活和工作方式。在他看来，在美国，资本主义如果不是海市蜃楼，就一定是应许之地。

注 释

[1] 《圣经》中这片“流淌着牛奶和蜂蜜”土地的典故出自《出埃及记》3 ： 8。对松巴特的翻译出自迈耶·温伯格（Meyer Weinberg）的《美国资本主义简史》(A Short History of American Capitalism)，他说霍金（Hocking）和赫斯本兹（Husbands)(Sombart，1976) 错误翻译了松巴特的原意。实际上，尽管我不是德国人，但是“迦南”在桑巴特的原文中很明显。

[2] 同时，威廉·威尔伯福斯（William Wilberforce）也说过，“在公司中……没有个人意识，也没有羞耻和悔恨”，参见 Poynder (1844：1，267)。

[3] 例如，1811 年纽约州的普通公司法把公司执照限制为 20 年。然而，这却代表着一种对公司存续的延长，而这种早期由该州特许的存续时间为 14 年或 15 年。参见 Seavoy (1972)。

[4] 根据伦敦市的历史记载，在 1067 年，征服者威廉（William the Conqueror）确认了自忏悔者爱德华（Edward the Confessor）时代以来就已经存在的有关这个城市的权力。参见 www.cityoflondon.gov.uk/Corporation/LGNL_Services/Leisure_and_culture/Local_history_and_heritage/Buildings_within_the_City/Mansion_house/History+of+the+Government+of+the+City+of+London.htm。

[5] 关于这些早期特许公司的历史，参见威兰（Willan，1956）关于莫斯科威公司，以及爱泼斯坦（Epstein，1908）关于黎凡特公司的论述。关于东印度公司则有很多历史论述。例如，可以参见 Robins (2006)。

[6] 在格拉夫和伊里古安（Grafe and Irigoín，2012）中也可以找到相似的想法，他们把大英帝国称为“股东”帝国，尽管他们分析的重点是西班牙这一“利益相关者帝国”。也可以参见 Elliott (2006) 和 Rei (2009)。

[7] 实际上，英国通过 1773 年《茶叶法》(Tea Act) 来保护东印度公司利益的政策变化对于美国革命而言是一个重要的事件。

[8] 关于对公司“自然”权利的肯定，参见公民联盟诉联邦选举委员会案（Citizens United v. Federal Election Commission：558 U.S. 50，2010)。

[9] 数据来源于 2011 年《财富》全球 500 强企业排名，参见 http://money.cnn.com/magazines/ fortune/global500/2011/full_list/index.html。

[10] 人口和国民生产总值数据来自美国中央情报局（CIA）的 2011 年《世界概况》(*Facebook*)，参见 www.cia.gov/library/publications/the-world-factbook/geos/xx.html。

[11]　为了避免陷入耶金（Yergin，1991）提及的例如美国的石油公司在中东地区的作用这些现代争论，可以参见例如米切尔和韦登米尔（Mitchener and Weidenmier，2005）这样的研究。古巴就是另一个例子。

[12]　实际上，要注意这个特别重要的限定语："仅仅在于自由永佃权……"，这些关于土地使用权的条款在之后诸如巴尔的摩勋爵（Lord Baltimore）为解决马里兰州问题（http://avalon.law.yale.edu/17th_century/ma01.asp），以及威廉·佩恩（William Penn）为解决宾夕法尼亚问题（http://avalon.law.yale.edu/17th_century/pa01.asp）而设立的宪章当中也有一般的规定。

[13]　通过对一块特定的土地提供安全的所有权，这些测量也创造了价值，鼓励了对土地的投资和改善。例如，可以参见 Libecap and Lueck（2011）。

[14]　例如，南方浸信会（Southern Baptist Convention），到 20 世纪末将会成为世界上最大的浸信会教派和美国最大的新教教派，由于奴隶制度议题，在 1845 年与其他浸信会分离了。

[15]　在宾夕法尼亚，收费公路公司占了商业公司的一个更高比例——46%。

[16]　哈里斯（Harris，1994）认为，《泡沫法案》对于英国是次要的。

[17]　实际上，这一时期更重要的公司之一——北美银行（Bank of North America）是从国会而不是从州获得许可的。然而，关于国会能否授权成立机构的疑问，也导致该公司从宾夕法尼亚州获得许可来对冲这一风险（Wilson，1942）。1789 年的宪法也引发了类似的疑问，从而使美国第一和第二银行的创建和运作很混乱。

[18]　亚当·斯密（Smith，2001）和亚历山大·汉密尔顿［Alexander Hamilton，美国国会、众议院、美国国家文件（1791）］都提出同样的观点来解释美国殖民地制造业发展的不足。从英国贸易数据推断殖民地制造业的新研究工作可参见 Smith（1998）。

[19]　就是在这场 1814 年保护巴尔的摩港口的麦克亨利堡（Fort McHenry）战争中，"在空中爆炸的炸弹"激发了弗朗西斯·斯科特·基（Francis Scott Key）写下了我们现在所知道的《星条旗永不落》(The Star-Spangled Banner）中的那些语句。

[20]　这些基本数据似乎来自 1820 年人口普查的结果。因此，这些数据严重低估了 1800—1820 年组成公司形式的企业的确切数字，因为企业必须从其建立起到 1820 年一直存续才能被纳入。即便如此，数据显示在 1809—1816 年，公司成立数量急剧上升，参见 Lebergott（1984）。

[21]　世界上第一台动力织机归功于埃德蒙·卡特赖特（Edmund Cartwright）在 1785 年的发明。

[22]　银行业似乎一直是一个几乎总要求得到国家经营许可即公司执照的领域。

[23]　也许不奇怪，在 1837 年，从密歇根州开始，银行业也从特许经营转变为普通公司，或者所谓的自由银行业了（Michigan，1837a，1837b，1838）。然而，有趣的是，在拥有普通公司法的州和实施自由银行业的州之间并不存在一一对应的关系。

[24] 不幸的是，1880 年制造业普查的阿塔克－贝特曼样本被直接从缩微胶片输入 PC 数据库中，没有记载单个公司的名称（虽然每个记录的页码和行号都被记录下来，这样就可以通过返回查看缩微胶片记录来追踪每一个观察结果）。但是，这还没有完成。

[25] 每个公司的组织形式通常很容易解读，唯一例外的是具有“史密斯公司（Smith and Company）或类似风格的企业。我不认为这些公司是根据州法律注册的，而是认为它们基本上是合伙经营的，其中一些合伙人是不具名的。这类组织在英国的普通公司法颁布之前在其国内很普遍。

[26] 如今，资本收益——股票价值的增值——是股票持有人总回报的一个重要组成部分，但这在一定程度上受到税收政策的推动，它相比于股息收入要更有利于资本收益。19 世纪的情况并非如此，那时公司倾向于将大部分利润作为股息支付，以维持股价接近于股票票面价值。

参考文献

Adams, C. F. and H. Adams (1871). *Chapters of Erie and Other Essays*. Boston: James R. Osgood.

Alston, L. J. and J. P. Ferrie (1993). " Paternalism in Agricultural Labor Contracts in the U.S. South: Implications for the Growth of the Welfare State, " *The American Economic Review* 83(4): 852–876.

(1999). *Southern Paternalismand the American Welfare State: Economics, Politics, and Institutions in the South, 1865—1965.* Cambridge and New York: Cambridge University Press.

Alston, L. J. and R. Higgs (1982). " Contractual Mix in Southern Agriculture since the Civil War: Facts, Hypotheses, and Tests," *The Journal of Economic History* 42(2): 327–353.

Alston, L. J. and K. D. Kauffman (1998). " Up, Down, and Off the Agricultural Ladder: New Evidence and Implications of Agricultural Mobility for Blacks in the Postbellum South," *Agricultural History* 72(2): 263–279.

Angell, J. K. and S. Ames (1931). *On the Law of Private Corporations Aggregate.* Boston: Hilliard, Gray, Little & Wilkins.

Anonymous (1811). Act of March 22. N.Y. Laws Ⅲ . ch. LXVII.

Anonymous (1886). *Santa Clara County v. Southern Pacific Railroad Company*. 118 U.S. 394, US Supreme Court.

Anonymous (2010). *Citizens United v. Federal Election Commission.*558 U.S. 50, 2010, US Supreme Court.

Atack, J. (1985). " Industrial Structure and the Emergence of the Modern Industrial

Corporation," *Explorations in Economic History* 22(1): 29–52.

(1986a). " Firm Size and Industrial Structure in the United States During the Nineteenth Century," *The Journal of Economic History* 46(2): 463–475.

(1986b). " Firm Size and Industrial Structure in the United States During the Nineteenth Century," *Journal of Economic History* 46(2): 463–475.

Atack, J. and F. Bateman (1987). *To Their Own Soil: Agriculture in the Antebellum North*. Ames, IA: Iowa State University Press.

Atack, J. and F. Bateman (1980). " The Regional Diffusion and Adoption of the Steam Engine in American Manufacturing," *Journal of Economic History* 40(2): 281–308.

(2002). " Part Year Operation in Nineteenth Century American Manufacturing: Evidence from the 1870 and 1880 Censuses," *Journal of Economic History* 62(3): 792–809.

(2004). " Skill Intensity and Rising Wage Dispersion in Nineteenth-Century American Manufacturing," *Journal of Economic History* 64(1): 172–192.

Barron, C. W. and J. G. Martin (1975). *The Boston Stock Exchange*. New York, Arno Press.

Bateman, F. and T. J. Weiss (1981). *A Deplorable Scarcity: The Failure of Industrialization in the Slave Economy*. Chapel Hill: University of North Carolina Press.

Bathe, G. and D. Bathe (1935). *Oliver Evans: A Chronicle of Early American Engineering*. Philadelphia, The Historical Society of Pennsylvania.

Beard, C. A. and M. R. Beard (1927). *The Rise of American Civilization*. New York: The Macmillan Company.

Berle, A. A., Gardiner C. Means et al. (1932). *The Modern Corporation and Private Property*. New York and Chicago: Commerce clearing house Inc., Loose leaf service division of the Corporation trust company.

Berry, T. S. (1943). *Western Prices before 1861: A Study of the Cincinnati Market*. Cambridge, MA: Harvard University Press.

Bezanson, A., R. D. Gray et al. (1935). *Prices in Colonial Pennsylvania*. Philadelphia: University of Pennsylvania Press.

Bils, M. (1984). " Tariff Protection and Production in the Early US Cotton Textile Industry," *The Journal of Economic History* 44(4): 1033–1045.

Boserup, E. (1965). *The Conditions of Agricultural Growth: The Economics of Agrarian Change under Population Pressure*. London: G. Allen & Unwin.

(1981). *Population and Technological Change: A Study of Long-Term Trends*. University of Chicago Press.

Buck, J. E. (1992). *The New York Stock Exchange: The First 200 Years*. Essex, CT: Greenwich Publishing Group.

Cain, L. P. and D. G. Paterson (1986). " Biased Technical Change, Scale, and Factor Substitution in American Industry, 1850—1919, " *Journal of Economic History* 46(1): 153-164.

Calhoun, J. C., R. L. Meriwether et al. (1959). *The Papers of John C. Calhoun.* Columbia, University of South Carolina Press for the South Caroliniana Society.

Carter, S. B., S. S. Gartner et al. (2006a). *Historical Statistics of the United States Millennial Edition Online*. New York: Cambridge University Press.

(2006b). *Historical Statistics of the United States Millennial Edition Online.* New York: Cambridge University Press.

Chandler, A. D. (1965). *The Railroads, the Nation's First Big Business: Sources and Readings.* New York: Harcourt.

(1977). *The Visible Hand: The Managerial Revolution in American Business.* Cambridge, MA: Belknap Press.

Charles Ⅱ (1660). An Act Takeing Away the Court of Wards and Liveries and Tenures in Capite and by Knights Service and Purveyance, and for Setling a Revenue Upon His Majesty in Lieu Thereof. S. o. t. R. v.-. (1819), 259-266.

Clark, V. S. (1929). *History of Manufactures in the United States*. New York: For the Carnegie Institution of Washington by the McGraw-Hill Book Company Inc.

Cleveland, F. A. and F. W. Powell (1909). *Railroad Promotion and Capitalization in the United States*. New York: Longmans, Green & Co.

Coffman, C. and M. E. Gregson (1998). " Railroad Development and Land Value, " *Journal of Real Estate Finance and Economics* 16(2): 191-204.

Cole, A. H. and International Scientific Committee on Price History (1938a). *Wholesale Commodity Prices in the United States, 1700—1861*. Cambridge, MA: Harvard University Press.

(1938b). *Wholesale Commodity Prices in the United States, 1700—1861: Statistical Supplement: Actual Wholesale Prices of Various Commodities*. Cambridge, MA: Harvard University Press.

Connecticut (1837). Act of June 10, 1837, Tit. Xiv, Ch. Lxii, § 1. CONN. GEN. STAT. § 1.

Conrad, A. H. and J. R. Meyer (1958). " The Economics of Slavery in the Ante Bellum South, " *Journal of Political Economy* 66(2): 95-130.

Coolidge, C. (1925). " The Press under a Free Government. " Washington, DC: Address before the American Society of Newspaper Editors.

Craig, L. A. (1993). *To Sow One Acre More: Childbearing and Farm Productivity in the Antebellum North*. Baltimore, MD: Johns Hopkins University Press.

Dalzell, R. F. (1987). *Enterprising Elite: The Boston Associates and the World They Made.* Cambridge, MA: Harvard University Press.

David, P. A. (1970). " Learning by Doing and Tariff Protection: A Reconsideration of the Case of the Ante-Bellum United States Cotton Textile Industry, " *The Journal of Economic History* 30(3): 521−601.

Davis, J. S. (1917). *Essays in the Earlier History of American Corporations*, 2 vols. Cambridge, MA: Harvard University Press.

DeBow, J. D. B. (n.d.). *DeBow's Review.Agricultural, Commercial, Industrial Progress Resources*. American Periodicals Series Ⅱ .

Dickens, C. (1842). "American Notes for General Circulation," *Collection of Ancient and Modern British authors*, vol. 383. Paris: Baudry's European Library.

Dodd, E. M. (1954). *American Business Corporations until 1860, with Special Reference to Massachusetts*. Cambridge, MA: Harvard University Press.

Elliott, J. H. (2006). *Empires of the Atlantic World: Britain and Spain in America, 1492—1830*. New Haven: Yale University Press.

Engerman, S. L. and K. L. Sokoloff (2005). " The Evolution of Suffrage Institutions in the New World," *The Journal of Economic History* 65(4): 891−921.

Epstein, M. (1908). *The Early History of the Levant Company*. London: G. Routledge & Sons.

Evans, G. H. (1948). *Business Incorporations in the United States, 1800—1943.* New York: National Bureau of Economic Research.

Evans, O. and J. Stevens (1805). " The Abortion of the Young Steam Engineer's Guide Containing an Investigation of the Principles, Construction and Powers of Steam Engines : A Description of a Steam Engine on New Principles ...: A Description of a Machine, and Its Principles, for Making Ice and Cooling Water in Large Quantities... By the Power of Steam... : A Description of Four Other Patented Inventions." Philadelphia: Printed for the author by Fry and Kammerer.

Farris, P. L. and R. S. Euler (1957). " Prices of Indiana Farm Products, 1841—1955, " *Purdue Agricultural Experiment Station Bulletin* 644: 62.

Fichter, J. R. (2010). *So Great a Profit: How the East Indies Trade Transformed Anglo-American Capitalism*. Cambridge, MA: Harvard University Press.

Field, A. J. (1978). " Sectoral Shifts in Antebellum Massachusetts: A Reconsideration, " *Explorations in Economic History* 15: 146−171.

Fishlow, A. (1965). *American Railroads and the Transformation of the Antebellum Economy.* Cambridge, MA: Harvard University Press.

Fogel, R. W. (1960). *The Union Pacific Railroad: A Case in Premature Enterprise.*

Baltimore, MD: Johns Hopkins University Press.

(1989). *Without Consent or Contract: The Rise and Fall of American Slavery*. New York: Norton.

Fogel, R. W. and S. L. Engerman (1974). *Time on the Cross: The Economics of American Negro Slavery*. Boston, Little.

(1977). " Explaining the Relative Efficiency of Slave Agriculture in the Antebellum South," *The American Economic Review* 67(3): 275-296.

Fogel, R. W. and J. Rutner (1972). " The Efficiency Effects of Federal Land Policy, 1850—1900: A Report of Some Provisional Findings, " in W. A. Aydelottle (ed.), *The Dimension of Quantitative Research in History*. Princeton University Press, pp. 390-418.

Friedman, L. M. (1985). *A History of American Law*. New York: Simon & Schuster.

Galenson, D. W. (1981). *White Servitude in Colonial America: An Economic Analysis.* New Rochelle, NY: Cambridge University Press.

Gates, P. W. (1934). *The Illinois Central Railroad and Its Colonization Work.* Cambridge, MA: Harvard University Press.

(1936). " The Homestead Law in an Incongruous Land System," *The American Historical Review* 41(4): 652-681.

Gilchrist, D. T. and W. D. Lewis (1965). *Economic Change in the Civil War Era: Proceedings.* Greenville, DL: Eleutherian Mills-Hagley Foundation.

Goldin, C. and L. F. Katz (1998). " The Origins of Technology Skill Complementarity," *Quarterly Journal of Economics* 113(3): 693-732.

Goldin, C. and K. Sokoloff (1982). " Women, Children, and Industrialization in the Early Republic: Evidence from the Manufacturing Censuses, " *The Journal of Economic History* 42(4): 741-774.

(1984). " The Relative Productivity Hypothesis of Industrialization: The American Case, 1820 to 1850," *Quarterly Journal of Economics* 99(3): 461-487.

Goodrich, C. (1960). *Government Promotion of American Canals and Railroads, 1800—1890.* Columbia University Press.

(1967). *The Government and the Economy, 1783—1861*. Indianapolis: Bobbs-Merrill.

Grafe, R. and A. Irigoín (2012). " A Stakeholder Empire: The Political Economy of Spanish Imperial Rule in America1," *The Economic History Review* 65(2): 609-651.

Grubb, F. (1986). " Redemptioner Immigration to Pennsylvania: Evidence on Contract Choice and Profitability," *The Journal of Economic History* 46(2): 407-418.

(1988). " The Auction of Redemptioner Servants, Philadelphia, 1771—1804: An Ecnomic Analysis," *The Journal of Economic History* 48(3): 583-603.

Gunderson, G. (1974). " The Origin of the American Civil War, " *The Journal of*

Economic History 34(4): 915–950.

Hacker, L. M. (1940). *The Triumph of American Capitalism: The Development of Forces in American History to the End of the Nineteenth Century*. New York: Simon and Schuster.

Hall, G. M. (2000). " Afro-Louisiana History and Genealogy, 1699—1860. " Baton Rouge, LA: Louisiana State University Press (electronic database on DVD).

Hamill, S. P. (1999). " From Special Privilege to General Utility: A Continuation of Willard Hurst's Study of Corporations," *American University Law Review* 49(1): 81–180.

Hamilton, R. W. (2000). *The Law of Corporations in a Nutshell*. St. Paul, MN: West Group.

Haney, L. H. (1908). *A Congressional History of Railways in the United States*. Madison, WI: Democrat Printing Co.

Harley, C. K. (1992). " International Competitiveness of the Antebellum American Cotton Textile Industry," *The Journal of Economic History* 52(3): 559–584.

Harris, R. (1994). " The Bubble Act: Its Passage and Its Effects on Business Organization," *The Journal of Economic History* 54(3): 610–627.

Hatton, T. J. and J. G. Williamson (1993). " After the Famine: Emigration from Ireland, 1850—1913," *The Journal of Economic History* 53(3): 575–600.

Hawke, G. R. (1975). " The United States Tariff and Industrial Protection in the Late Nineteenth Century," *The Economic History Review* 28(1): 84–99.

Henretta, J. (1978). " Families and Farms: Mentalité in Pre-Industrial America," *William and Mary Quarterly*, 3rd Series 35: 3–32.

Hibbard, B. H. (1924). *A History of the Public Land Policies*. New York: Macmillan.

Higgs, R. (1977). *Competition and Coercion: Blacks in the American Economy, 1865—1914*. Cambridge and New York: Cambridge University Press.

Hoffman, G. W. (1932). *Future Trading Upon Organized Commodity Markets in the United States*. Philadelphia: University of Pennsylvania Press, and London: Oxford University Press.

Hounshell, D. A. (1984). *From the American System to Mass Production, 1800—1932: The Development of Manufacturing Technology in the United States*. Baltimore, MD: Johns Hopkins University Press.

Hunter, L. C. (1949). *Steamboats on the Western Rivers: An Economic and Technological History*. Cambridge, MA: Harvard University Press.

Hunter, L. C., Eleutherian Mills-Hagley Foundation et al. (1979). *A History of Industrial Power in the United States, 1780—1930*. Charlottesville: Published for the Eleutherian Mills-Hagley Foundation by the University Press of Virginia.

Irwin, D. A. (2004). " The Aftermath of Hamilton's ' Report on Manufactures ' ," *The*

Journal of Economic History 64(3): 800–821.

(2008). " Antebellum Tariff Politics: Regional Coalitions and Shifting Economic Interests," *Journal of Law and Economics* 51(4): 715–741.

Irwin, D. A. and P. Temin (2001). " The Antebellum Tariff on Cotton Textiles Revisited," *The Journal of Economic History* 61(3): 777–798.

James, J. A. (1981). " The Optimal Tariff in the Antebellum United States," *The American Economic Review* 71(4): 726–734.

Jefferson, T. and M. D. Peterson (1984). Writings. New York: Viking Press.

Johnson, H. B. (1976). *Order upon the Land: The US Rectangular Land Survey and the Upper Mississippi Country*. New York: Oxford University Press.

Jones, A. H. (1980). *Wealth of a Nation to Be: The American Colonies on the Eve of the Revolution.* New York: Columbia University Press.

Kessler, W. C. (1940). " A Statistical Study of the New York General Incorporation Act of 1811," *Journal of Political Economy* 48(6): 877–882.

Khan, B. Z. (2005). *The Democratization of Invention: Patents and Copyrights in American Economic Development, 1790—1920*. Cambridge and New York: Cambridge University Press.

Klein, D. B. (1990). " The Voluntary Provision of Public Goods? The Turnpike Companies of Early America," *Economic Inquiry* 28(4): 788.

Klein, D. B. and J. Majewski (1992). " Economy, Community, and Law: The Turnpike Movement in New York, 1797—1845," *Law and Society Review* 26(3): 469–512.

(2008). " Turnpikes and Toll Roads in Nineteenth-Century America," *EH Net Encyclopedia*, from http://eh.net/encyclopedia/article/Klein.Majewski.Turnpikes.

Lamoreaux, N. R. (1985). *The Great Merger Movement in American Business, 1895—1904*. Cambridge and New York: Cambridge University Press.

Lamoreaux, N. R. and K. L. Sokoloff (1996). " Long-Term Change in the Organization of Inventive Activity," *Proceedings of the National Academy of Sciences of the United States of America* 93(23): 12686–12692.

(2001). " Market Trade in Patents and the Rise of a Class of Specialized Inventors in the 19th-Century United States," *The American Economic Review* 91(2): 39–44.

(2005). " Decline of the Independent Inventor: A Schumpeterian Story. " NBER Working Paper. Cambridge: NBER.

(2007). *Financing Innovation in the United States, 1870 to the Present.* Cambridge, MA: The MIT Press.

Lebergott, S. (1984). *The Americans: An Economic Record.* New York, W.W. Norton.

Libecap, G. D. and D. Lueck (2011). " The Demarcation of Land and the Role of

Coordinating Property Institutions," *Journal of Political Economy* 119(3): 426–467.

Lord, J. W. (1907). " The Post-Roads Power of Congress: An Historical View," *The North American Review* 185(619): 635–644.

Majewski, J. and V. Tchakerian (2007). " The Environmental Origins of Shifting Cultivation: Climate, Soils, and Disease in the Nineteenth-Century US South, " *Agricultural History* 81(4): 522–549.

Mark, G. A. (1987). " The Personification of the Business Corporation in American Law," *The University of Chicago Law Review* 54(4): 1441–1483.

Marquardt, R. E. (1959). " Minnesota Agriculture, 1858–1959–Prices, " *St. Paul Minnesota-Federal Crop and Livestock Reporting Service.*

Martin, J. G. (1871). *Seventy-Three Years' History of the Boston Stock Market, from January 1, 1798, to January 1, 1871; with the Semi-Annual Dividends Paid from Commencement of the Boston Banks, Insurance, Railroad, Manufacturing, and Miscellaneous Companies*. Boston: The author.

Mercer, L. J. (1969). " Land Grants to American Railroads: Social Cost or Social Benefit?" *The Business History Review* 43(2): 134–151.

(1970). " Rates of Return for Land-Grant Railroads: The Central Pacific System, " *The Journal of Economic History* 30(3): 602–626.

Metzger, L. and P. Bobel (2009). *Canal Fever: The Ohio & Erie Canal, from Waterway to Canalway*. Kent State University Press.

Michigan (1837a). An Act Suspending, for a Limited Time Certain Provisions of Law, and for Other Purposes. Acts of the Legislature of the State of Michigan Passed at the Special Session of 1837. Detroit, MI.

(1837b). An Act to Organize and Regulate Banking Associations. Acts of the Legislature of the State of Michigan Passed at the Annual Session of 1837. Detroit, MI.

(1838). An Act to Amend an Act Entitled " an Act to Organize and Regulate Banking Associations" and for Other Purposes. Acts of the Legislature of the State of Michigan Passed at the Adjourned Session of 1837 and the Regular Session of 1838. Detroit, MI. Mirsky, J. and A. Nevins (1952). *The World of Eli Whitney*. New York: Macmillan.

Mitchener, K. J. and M. Weidenmier (2005). " Empire, Public Goods, and the Roosevelt Corollary," *The Journal of Economic History* 65(3): 658–692.

Mortenson, W. P., H. H. Erdman, and J. H. Draxler (1933). "Wisconsin Farm Prices–1841 to 1933, " *Agricultural Experiment Station of the University of Wisconsin, Research Bulletin* 119.

Nettels, C. P. (1962). *The Emergence of a National Economy, 1775—1815*. New York: Holt, Rinehart & Winstin.

North, D. C. (1961). *The Economic Growth of the United States, 1790—1860*. Englewood Cliffs, NJ: Prentice Hall.

North, D. C. and R. P. Thomas (1973). *The Rise of the Western World: A New Economic History*. Cambridge University Press.

Norton, L. J. and B. B. Wilson (1930). " Prices of Illinois Farm Products from 1866 to 1929," *Illinois Agricultural Experiment Station Bulletin* 351: 487–566.

Oberly, J. W. (1990). *Sixty Million Acres: American Veterans and the Public Lands before the Civil War*. Kent State University Press.

Ochenkowski, J. P. (1982). " The Origins of Nullification in South Carolina," *The South Carolina Historical Magazine* 83(2): 121–153.

Ohio Experiment Station (1920). " The Agriculture of Ohio. " Wooster, OH: Ohio Agricultutal Experiment Station 326.

Oliphant, J. (2011). "Romney in Iowa," *Los Angeles Times*.

Olmsted, D. and B. Silliman (1846). *Memoir of Eli Whitney, Esq*. New Haven: Durrie & Peck.

Pincus, J. J. (1977). *Pressure Groups and Politics in Antebellum Tariffs*. New York: Columbia University Press.

Poynder, J. (1844). *Literary Extracts from English and Other Works*, 2 vols. London: John Hatchard.

Raitz, K. B., ed. (1996). *The National Road: Road and American Culture*. Baltimore, MD: Johns Hopkins University Press.

Ramsdell, C. W. (1936). " Some Problems Involved in Writing the History of the Confederacy," *The Journal of Southern History* 2(2): 133–147.

Ransom, R. L. and R. Sutch (1977). *One Kind of Freedom: The Economic Consequences of Emancipation*. Cambridge, New York: Cambridge University Press.

Rei, C. (2009). " The Organization of Merchant Empires, " Ph.D. thesis, Boston University.

Robins, N. (2006). *The Corporation That Changed the World: How the East India Company Shaped the Modern Multinational*. London and Ann Arbor, MI: Pluto Press.

Rothenberg, W. B. (1981). " The Market and Massachusetts Farmers, 1750—1855," *The Journal of Economic History* 41(2): 283–314.

(1992). *From Market-Places to a Market Economy: The Transformation of Rural Massachusetts, 1750—1850*. University of Chicago Press.

Schumpeter, J. A. (1947). *Capitalism, Socialism, and Democracy*. New York and London: Harper & Brothers.

Scott, W. R. (1910). " The Constitution and Finance of English, Scottish and Irish Joint-

Stock Companies to 1720," in *Making of Modern Law*. Cambridge University Press.

Seavoy, R. E. (1972). "Laws to Encourage Manufacturing: New York Policy and the 1811 General Incorporation Statute," *The Business History Review* 46(1): 85–95.

Shepherd, J. F. and G. M. Walton (1972). *Shipping, Maritime Trade, and the Economic Development of Colonial North America*. Cambridge University Press.

Sheriff, C. (1996). *The Artificial River: The Erie Canal and the Paradox of Progress, 1817—1862*. New York: Hill and Wang.

Shlakman, V. (1935). *Economic History of a Factory Town: A Study of Chicopee, Massachusetts*. Northhampton, MA: The Department of History of Smith College.

Slaughter, M. J. (1995). "The Antebellum Transportation Revolution and Factor-Price Convergence." NBER Working Paper No. W5303. Cambridge, MA.

Smith, A. (1776). *An Inquiry into the Nature and Causes of the Wealth of Nations*. London: W. Stranhan and T. Cadell.

Smith, S. D. (1998). "The Market for Manufactures in the Thirteen Continental Colonies, 1698—1776," *The Economic History Review* 51(4): 676–708.

Snowden, K. A. (1987). "American Stock Market Development and Performance, 1871—1929," *Explorations in Economic History* 24: 327–353.

(1990). "Historical Returns and Security Market Development, 1872—1925," *Explorations in Economic History* 27: 381–420.

Sobel, R. (1975). *N. Y. S. E.: A History of the New York Stock Exchange, 1935—1975*. New York: Weybright and Talley.

Sokoloff, K. L. (1988). "Inventive Activity in Early Industrial America: Evidence from Patent Records, 1790—1846," *The Journal of Economic History* 48(4): 813–850.

Sokoloff, K. L. and B. Zorina Khan (1990). "The Democratization of Invention During Early Industrialization: Evidence from the United States, 1790—1846," *The Journal of Economic History* 50(2): 363–378.

Sombart, W. (1976). *Why Is There No Socialism in the United States*? White Plains, NY: International Arts and Sciences Press.

Stover, J. F. (1987). *History of the Baltimore and Ohio Railroad*. West Lafayette, IN: Purdue University Press.

Strand, N. V. (1942). "Prices of Farm Products in Iowa, 1851—1940," *Iowa Agricultural Experiment Station Research Bulletin* 303: 907–998.

Swierenga, R. P. (1968). *Pioneers and Profits: Land Speculation on the Iowa Frontier*. Ames, IA: Iowa State University Press.

Sylla, R. E. and R. E. Wright (2012). "U.S. Corporate Development, 1801—1860." NSF.

Taussig, F.W. (1888). "The Tariff, 1830—1860," *The Quarterly Journal of Economics*

2(3): 314-346.

(1967). *The Tariff History of the United States: Including a Consideration of the Tariff of 1930.* New York: A. M. Kelley.

Taylor, C. H. (1917). *History of the Board of Trade of the City of Chicago.* Chicago: R.O. Law Co.

Taylor, G. R. (1932). " Wholesale Prices at Charleston, S.C., 1732-91, " *Journal of Economic and Business History* 4: 356-377.

(1951). *The Transportation Revolution 1815—1860*. New York: Holt, Rinehart & Winston.

Thomas, B. (1973). *Migration and Economic Growth: A Study of Great Britain and the Atlantic Economy*. Cambridge University Press.

Thorpe, F. N., ed. (1909). *The Federal and State Constitutions Colonial Charters, and Other Organic Laws of the States, Territories, and Colonies Now or Heretofore Forming the United States of America Compiled and Edited under the Act of Congress of June 30, 1906.* Washington, DC: Government Printing Office.

Thünen, J. H. von and P. Hall (1966). *Isolated State: An English Edition of Der Isolierte Staat.* Oxford and New York: Pergamon Press.

Trollope, A. (1863). *North America*. Philadelphia: Lippincott.

United States Bureau of the Census and S. N. D. North (1902). *Twelfth Census of the United States: Manufactures*. Washington, DC: Government Printing Office.

US Congress，House，American State Papers (1791). *Manufactures.*

US Congress, House，and US Department of the treasury (1791). *Manufactures*. Communicated to the House of Representatives, December 5, 1791.

US Congress, House and United States Department of Labor (1899). *Thirteenth Annual Report of the Commissioner of Labor, 1898.*

US Congress, Senate and US Department of State (1824). Report of the Secretary of State, of Such Articles Manufactured in the United States as Would Be Liable to Duties If Imported from Foreign Countries; as, Also, the Amount of Capital Invested in Each County, Respectively, with a Schedule of Factories Incorporated by State Laws, from 1800 to 1820, Inclusive. Prepared in Obedience to a Resolution of the Senate of the 1st March, 1823. January 27, 1824. Printed by Order of the Senate of the United States.

US Congress, Senate and US Department of Treasury (1808). Roads and Canals. Communicated to the Senate, April 6, 1808.

US Supreme Court and John Marshall (1819). *Trustees of Dartmouth Coll. v. Woodward,* 17 U.S. 4 Wheat. 518. US Supreme Court.

Vedder, R. (1975). " The Slave Exploitation (Expropriation) Rate, " *Explorations in Economic History* 12(4): 453-457.

Veenendaal, A. J. (1992). " An Example of ' Other People's Money ' : Dutch Capital in American Railroads," *Business and Economic History* 21: 147−158.

Walton, G. M. and James F. Shepherd (1979). *The Economic Rise of Early America.* Cambridge and New York: Cambridge University Press.

Warren, G. F., F. A. Pearson et al. (1932). *Wholesale Prices for 213 Years, 1720 to 1932.* Ithaca, NY: Published by the University.

Weil, F. (1998). " Capitalism and Industrialization in New England, 1815—1845, " *The Journal of American History* 84(4): 1334−1354.

Wilkins, M. (1989). *The History of Foreign Investment in the United States to 1914.* Cambridge, MA: Harvard University Press.

Willan, T. S. (1956). *The Early History of the Russia Company, 1553—1603.* Manchester University Press.

Williamson, J. G. (1972). " Embodiment, Disembodiment, Learning by Doing, and Returns to Scale in Nineteenth-Century Cotton Textiles, " *The Journal of Economic History* 32(3): 691−705.

(1974). " Migration to the New World: Long Term Influences and Impact," *Explorations in Economic History* 11: 357−389.

Wilson, J. (1942). "The Bank of North America and Pennsylvania Politics: 1781—1787," *The Pennsylvania Magazine of History and Biography* 66(1): 3−28.

Woods, T. K. (2008). *Ohio's Grand Canal: A Brief History of the Ohio & Erie Canal.* Kent State University Press.

Wright, G. (1978). *The Political Economy of the Cotton South: Households, Markets, and Wealth in the Nineteenth Century.* New York: Norton.

(1986). *Old South, New South: Revolutions in the Southern Economy since the Civil War.* New York: Basic Books.

Yergin, D. (1991). *The Prize: The Epic Quest for Oil, Money, and Power.* New York: Simon & Schuster.

第
18
章

新兴资本主义的政治经济学

何塞·路易斯·卡多佐

574 资本主义作为一种经济制度的出现是一种在漫长的历史时期内展开的过程，同时有着广泛且多样化的地理范围，就像本卷各章所记录和讨论的那样。这种范围的广泛程度和历史经验的多样性是本章无法涵盖的。我在这里的目标仅仅是要确定在本卷书所限定的时间顺序的两个世纪之前，发生在西欧的经济思想和理论领域的主要发展。特别关注的是 1776—1848 年这段时间。

1776 年通常被认为是带来了政治经济学作为一个独立的学科领域诞生的好消息的一年。亚当·斯密的《国富论》的出版代表着一个出发点，是建立一套今天依然在使用的，用来表达和理解经济现实的概念和分析工具的关键时刻。亚当·斯密受到广泛尊敬，他被大多数经济学派和思潮视为权威。然而，他的贡献对 19 世纪整个上半期所谓的古典政治经济学的发展尤其重要。

在这门新科学的创立过程中，并非只有亚当·斯密一人。他的作品并非凭空出现，也必须被看作一个到达点、一个收敛因子，其中在他前面的作者的各种分析和理论贡献都聚集到这一点上了。因此，在《国富论》出版之前的一个半世纪里，经济话语的发展是值得注意的。

1848 年是欧洲政治史上极具象征意义的一年，它被选为这两卷《剑桥资本主义史》的分割点并不是偶然的。好像这个关键地位还不够，1848 年对经济思想史和更一般的社会和政治思想史来说 575
也是特别重要的一年。实际上，那一年见证了约翰·斯图亚特·穆勒的《政治经济学原理》，以及马克思和恩格斯的《共产党宣言》的同时出版。因此，1848 年是一个不可否认的时代里程碑，以古典政治经济学传统写成的最后一部伟大著作（穆勒的著作），以及根据其提出者的观点，过早预示着这种被政治经济学话语合法化和维持着的经济制度终结的最著名宣言的出版为标志。

在这场一直延续到 19 世纪中期的经济思想演变的综合过程中，将要遵循的路径特别强调了书面文本，以及作者们所描述的背景，这是他们在各种不同的叙述和思考中，试图证明的与资本主义兴起有关的新做法和经验。本章涉及的一手和二手资料来源涉及在不断变化的世界中，主角和参与者提出的各种思想、解释、愿景和建议。我并不是说经济学论述只是一面镜子或一种反射，或者说，它只是一面面纱，可以用来掩盖或揭示一个不断变化的现实。我认为牢记这一点是很重要的，即本身在当时表现为一种政治变革和社会干预手段的思想可以获得意想不到的能力来转变现实。这也是为什么我们与那些为资本主义制度形成及理解提供科学依据的书面证据来源保持密切联系是非常重要的。[1]

贸易和权力

葡萄牙人和西班牙人一起在 15 世纪末期和整个 16 世纪发动了

海外领土扩张和商业扩张，荷兰人和英国人紧随其后，在世界范围内创造了前所未有的贸易活力。不管这种现象能否被视为一种早期全球化的标志，不可否认的是，新贸易路线的开辟，人与人之间日益增长的互动，以及在世界各地生产和交易的商品、货物和服务，
576 给一个处于长期动荡状态下的经济世界带来了行为和思想的重大变化（Findlay and O'Rourke，2007）。

汇票、保险契约、银行、纸币、贸易公司、航运法、殖民地的贸易垄断、股票市场运作——这都是一些需要获得法律地位、技术认可，以及政治和道义支持的工具和制度。在整个 16 世纪和 17 世纪，以及在 18 世纪的前半叶，在欧洲的不同部分产生的大量重商主义文献受到了为新的特征性事实，以及新的经济和金融经验建立一个框架的需求的很大影响。其目的是使交易变得更容易，并确保新设立或陷入变革过程中的制度能够成功地发挥作用（Finkelstein，2000）。

贸易商、商人、政治顾问、杰出学者和教会学者们的描述、抱怨、意见和建议，都显示出他们对推动逐步形成真正的资本主义精神的个人和有组织团体的看法。但是，通常可以发现两种用来加强国家政治团结和国家权力的战略选择：首先，坚定捍卫贸易收支平衡与稳定及其对货币和财政政策的影响，以及防止进口制成品和原材料出口所必需的保护主义措施（Magnusson，1994）；其次，在贸易和制造业中处于良好地位的国家和那些经济代理商之间建立谨慎的联盟。这种联盟是通过独家契约、垄断惯例、授予特权和任何其他手段建立的，这些制度可以为国家同时和持续地提取租金并为个人带来回报（Ekelund and Tollison，1997）。

关于重商主义时代贸易的短篇小册子和长篇论文并没有局限于讨论上述主题。但是，在它们中可以发现一种具有关键性和象征性

的特点，即强化国家的力量，这是维持战争的必要条件，同时也是保障、警惕和直接干预经济生活的基础。

遵循同样的规则，为确保维持和增加以金条存货表示的积累财富而制定的各种倡议的发展是加强国家权力的必要条件，因此也是大多数欧洲国家在 17 世纪下半叶和整个 18 世纪产生的经 577
济文献的重要诱因。尽管一般观点趋同，但在英国作者［马利纳（Malynes）、米赛尔登（Misselden）、芒（Mun）、柴尔德（Child）和诺思（North）］、法国作者［博丁（Bodin）、拉斐玛（Laffemas）、蒙克莱田（Montchrétien）和科尔伯特（Colbert）］、意大利作者［塞拉（Serra）和博特罗（Botero）］和西班牙作者［奥尔蒂斯（Ortiz）、塞略里戈（Cellorigo）、蒙卡达（Moncada）以及所谓的规划者（the arbitristas）］所提出的分析中出现了重点上的重要差异。在最为干预主义的立场和只是出于调节国际贸易的必要性的立场之间存在一定分歧。在许多情况下，基于积累的金块的优先权是几位作者的论点相互交叉的主轴。但对其他人来说，最重要的是发展能够实现有利的贸易平衡的工具，这既考虑到牵涉到的特定商人，也考虑到国家的总体层面，同时，这将通过制定鼓励黄金流入的政策来实现。[2]

那些没有矿藏的国家最重视获得金银，正是由于这个原因，通过贸易差额积累的财富代表了配置生产资源，以及向外部市场销售制成品能力的上升。对出现在小册子和其他重商主义著作中的商业统计数据上的细节的关注，表明了贸易发展对满足欧洲主要贸易区中一种日益增长和多样化的货物和服务需求的重要性。

重商主义学派的作者提出了一系列的问题，而这些都显示了引发持续经济调查过程的问题的数量。君主们和商人们要求并委托进行了关于如下一些议题的报告和建议，例如贸易公司的状态、保险市场的规制、银行业和金融业务合法性的认定、济贫法的执行情况、贷款市场中的利率上限、工业制成品进口和原材料出口的限制和禁止、设立奢侈消费品征收的重税、幼稚产业保护、制造业和贸
578 易特权的让渡，以及施加在殖民地产品及其再出口上的特定限制。作者们对这一庞大的经济文献贡献最多，这当然是出于私人利益，但其目的在于讨论作为发展日益资本化的商业社会基础的正确政策，这表明这些著作在设计经济政策方面的重要性在于几乎总是想在特定情况下解决实际问题。

货币和股票

重商主义学派的作者们痴迷于强调贵金属的积累，这是众所周知的，贵金属的积累被理解为一个国家力量和权力的明确象征，导致后来的批评家们对这种纯粹以金属为基础的财富观念的脆弱性进行了无情的讽刺。然而，即使许多重商主义作者的确是被这种具有象征意义的表象所诱惑，值得强调的是，他们讨论了贵金属作为流通和交换媒介、记账单位和价值储存的方式。约翰·洛克（John Locke）是充分认识到货币的作用和功能的主要阐释者之一（John Locke，1989）。但在他之前，许多作者讨论或描述了贵金属作为国家财政应急准备金或作为资本投资储备的性质。

关于这些货币主题的先驱性分析，特别需要强调的是从 16 世纪下半叶开始出现的萨拉曼卡学派（Salamanca School）的作者。阿兹皮奎塔（Azpicuelta）、索托（Soto）、默卡多（Mercado）和莫利纳（Molina），以及其他一些教会学者，与他们在萨拉曼卡（西班牙）和科英布拉（葡萄牙）一些大学中的信徒们一起开创了一个思想流派。他们的目标是解释这一时期在伊比利亚半岛以及欧洲其他地区

所观察到的价格上涨。当时经常听到的传统观点是，这种解释是基于商业和海上扩张所引起的新需求——这一观点在让·博丁（Jean Bodin）16 世纪 70 年代的著作中得到阐述。萨拉曼卡主义学者引入的创新包括认识到价格上涨是硬币贬值的缘故，反过来，通过在西班牙统治下的美洲发现了几乎无穷无尽的银矿之后，硬币的产量和发行量都有了大幅度的增长而得到了验证。换言之，对于萨拉曼卡学派的作者来说，物价的上涨主要是由于贵金属这种货币生产的基本投入品的供应增加。因此，经济学中最古老的分析手段之一的表述方式开始形成：凭借对交换方程 MV = PT，即在考虑流通速度 579
（V）和交易量（T）都不变的约束下，将货币供应量（M）与价格水平（P）联系起来的会计恒等式的直觉，货币数量理论的雏形形成了。

承认货币供应量与价格水平存在一种稳定关系有一些更深层次的含义，引起了对重商主义文献的一些基本假设的质疑，即关于一个国家对其他国家存在永久霸权和统治权的可能性。实际上，国际贸易的存在（即使在贸易保护主义的条件下）迫使我们考虑以下逻辑思路：如果在一个给定国家中的货币流通量很小或者突然下降，价格将很低，因此外部需求将增加，这会增加出口并导致资金流入该国。这一流入的量将使内部价格上涨，最终将遏制出口增长，直至该国和其商业伙伴建立一种均衡。这就是著名的铸币价格流通机制的本质，它描述了国际贸易的均衡，并且阻止了形成一个永久贸易顺差的重商主义目标（Cantillon，1755；Hume，1985）。在大卫·休谟（David Hume）的总结当中：

> 在人类各种事务中，似乎有一种愉快的共识，这种共识制约着贸易和财富的增长，并阻碍它们完全局限于一

> 个民族；一开始，人们可能自然地对既有商业优势感到害怕。（Hume，1985：283）

这种机制的另一个重要结果是，证明了短期内货币的非中性，因为黄金和白银的流入可以被最勤劳的国家所利用，从而以这种方式产生了一种生产性投资，这将导致预示了价格上涨结果的财富的增长。在这个例子和许多其他实例中，坎蒂隆（Cantillon）和休谟展现出一种分析能力，能够理解货币在市场经济中的作用，而这种分析能力比亚当·斯密和古典经济学家后来展现出来的要更复杂。

在分析货币流通速度（或容易程度）问题时，斯密随之表现出来的与纸币发行有关的担忧已经由例如皮埃尔·布阿吉尔贝尔（Pierre de Boisguilbert）和艾萨克·德·平托（Isaac de Pinto）这样的作者做了充分讨论。后者的确发展出一种一致的观点，认同货币流通在一个给定的经济中的作用，这在他的著作中不仅指的是给大众消费带来的刺激，而且指的是对货币流通通路的加速，以及提供
580 容易获取的支付手段（de Pinto，1771）。换言之，流通资本的存量很大程度上取决于货币总量的可用性，因此，经济和金融部门的扩张也需要稳步增加货币基础。

平托也是对主教乔治·伯克利的研究感兴趣的一个追随者，他们两人都强调18世纪中期在英国盛行的国债和公共信贷制度的作用。[3] 在1690年英格兰银行成立之后，得益于金融机构和金融工具的现代化，英国成功地实现了繁荣和发展，而其他拥有更多资源的人口更多的国家所取得的繁荣和发展无法与之相提并论。现在，根据伯克利以及之后的平托的观点，这样的成功是由于英国王室对私人所采取的债务制度，以及由此保证的额外融资。尽管平托无法用这些术语表达，但在他的观点中应该注意到那些借钱给国家以换

取证券的小投资者和大投资者，这些证券既可以买卖，又可以赚取利息，他们签订了一种隐性契约，在政治稳定的好处中增加了对双方都有利的经济和财政红利。

在考虑金融问题时，这种成熟性是非常特殊的。尽管如此，17 世纪下半叶和 18 世纪上半叶在金融市场上有大量的事件和不稳定性（郁金香狂热、南海泡沫、密西西比系统等等）。约翰 · 劳（John Law）激发了创新性的金融和银行实验，尽管他的斯密所形容的“壮丽且有远见的思想”没有取得成功。然而，劳关于国际货币体系如何在不使用金属货币的情况下得以发展和繁荣的敏锐眼光，的确是对货币和货币政策在现代作用的巧妙预期，以回应全球经济的扩展需求（Murphy，1997）。劳的系统遭到了严厉的、几乎总是道德方面的批评和驳斥。这种态度也代表了崛起中的资本主义的一个标识性特征。一位当代作者——反思与投资有关的道德问题，并且熟悉阿姆斯特丹股票市场的人，承认了他在面对使金融交易阶段成为一种真正的“混乱中的困惑”时的迷惘（dc la Vega，1688）。这句话表达了人们对这些在全球范围内发生在市场上的，以及在微观 581
层面上反映在股票市场中的实质性变化的看法（Neal，1990）。

自然秩序、循环流动和自由放任

通过国际贸易和货币体系的转变带来的经济变化也产生了不同形式的对现实的感知，而现在人们是通过数字、计算、测量、统计信息和政治算术来理解这一点的。复式簿记的发展表明，人们接受了方法论上的正确性、精确性、可信性和准确性原则，所有这些都使得新兴的财富和社会科学的创新性推理模式成为一种体系（Perrot，1992；Poovey，1998）。实践知识和用于捕捉经验世界的工具和过程因此代表了一种认知经验积累的资本，这对于政治经济学的进步至关重要。

这种政治算术的传统，如在威廉·配第（William Petty）的著作中所表达的，对于试图解释市场作为自然秩序运作逻辑的科学话语的形成是不可或缺的。在此背景下，值得强调的是自然法哲学为解释社会和经济组织的基础而提供的框架的相关性。人性中固有的普遍公认的自然规律的存在，以及对自然自发、和谐和自我调节秩序的信仰，都是解释市场经济秩序的关键因素，并且因此与试图阐明同样的秩序所遵循的科学话语不可分离（Cardoso，2004；Clark，1992）。

自然法的哲学原则有助于增强个人能力和动机（私恶），以及由此导致的集体利益（公德）的屈从。政治经济学自主话语的出现将人类行动的经济层面作为一种合适的分析范畴，在某种程度上与对自发经济和社会秩序的信仰有关。这一信仰反过来又意味着国家对经济领域的干预有所减少。然而，公民社会的和谐可能不是一个可以立即实现的目标，这就是为什么在自然秩序中接受一种修正力量的干预是明智的。换句话说，国家虽然不是自发的自然秩序的一个组成部分，却肩负着维护该秩序协调与稳定的最高任务。

582 我们在例如布阿吉尔贝尔（Boisguilbert）、坎蒂隆和魁奈（Quesnay）这些学者的研究中发现的观点，除了支持在国内外市场实行自由放任政策外，还开发了创新的分析方法和工具以研究一个主题，即证明新兴经济科学最坚实的基础之一：财富的循环流动所产生的平衡（Hutchison，1988）。

在魁奈和法国重农学派的例子当中，不同阶级之间的关系是以一种线路的形式体现的，土地所有者、生产者和消费者的线路在其中相互交错，这是一种用于量化在一定时间内产出的线路，也确保了在后续时期经济活动的再生产。从魁奈的《经济表》（*Tableau Économique*）中立即能够产生的思想就是一种经济社会整体的平衡与和谐（Larrère，1992；Steiner，1998）。由于是经济上的，这种平衡是通过经济关系来描述的，这种关系将不同群体和行为者的自主利益约束在一个共同的项目上。

在一个农业部门雇用了 85% 的人口，并创造了 60% 的 GDP 的国家，重农学派对农业发展的重视是完全可以理解的。在其他欧洲国家也观察到了类似的情况，重农学派的理论要旨回荡在各种机构当中——启发了各种沙龙、科研机构和区域性的经济协会——放大了重农学派的理论中无疑包含的政治意义：对事物的自然秩序和每年获得平衡的再生产能力的信念，这就意味着下赌注于使个体代理人更少依赖国家的建议和控制的经济组织模式。

实际上，在 18 世纪下半叶的几个欧洲经济体当中，我们证实各个民族国家干预国内和外部市场的做法有所减少，对具有重商主义本质的方法和政策的批判不断增加。关于政府干预的利与弊的理论辩论在深化，这一点从公开提出的赞成政府干预和反对政府干预的许多观点中可以看出。意大利的维里（Verri）、加利亚尼（Galiani）和吉诺维斯（Genovesi），法国的格拉斯林（Graslin）、福尔勃奈（Forbonnais）、魁奈和重农学派学者孔多塞（Condorcet）与杜尔哥（Turgot），西班牙的坎波马内斯（Campomanes）、霍维利亚诺斯（Jovellanos）和沃德（Ward），参加了关于粮食短缺和为了避免这种短缺需采取的行动的公开讨论，这种行动要么是通过给予生产和流通这些商品更多自由，要么是通过国家采取新的保护和调控措施。对这一重要问题的选择和政治决策，自然地取决于短期经济形势，如在农业中配置人力资源和前期资本投入的能力。几乎总是 583
存在一些对市场力量和代理人在确定更符合生产者和消费者需要的

均衡价格方面作用的分析。这些作者也经常强调不同市场之间的相互依存性，包括内部和外部。

当涉及将自由放任原则应用于国际贸易时，对开放市场的呼吁并不总是被人们所接受，尤其是当殖民地商业的维持受到威胁时。航海法的有效性，以及保护帝国的措施的侵略性，阻碍了对自由贸易原则的完全接受，并有助于证明有必要建立一个具有防御和控制海洋等广泛职能的国家——没有实现这一点，国际贸易的扩大是不可能的。[4] 通过这种方法，这些欧洲殖民宗主国的商业繁荣依赖于这样一个系统，即殖民地保障原材料和消费品的供应，以供欧洲大陆直接使用，并用于后来的再出口。

各个民族国家同样起到了销售在大城市制造的产品的受保护市场的作用，同时进一步确保贸易平衡依然对其有利，并保证贵金属的持续积累。它们也作为自愿或受迫移民的目的地，以及税款征收的来源。排他性契约和垄断制度，以及其中固有的金融和财政特权，从国家本身开始，为从事殖民地贸易业务的不同经济体提供了成功的可靠保证。因此，一系列安全机制、军事保护，以及防止任何利益冲突发生的监管措施，确保了这种“殖民地公约”制度的生存。

尽管默许了上面简单描述的“殖民地公约”制度所带来的好处，但从 18 世纪后半叶开始，开明的经济文献提供了对殖民地作用持有不同态度的有趣例子。在英国，乔赛亚·塔克（Josiah Tucker，1774）在 1760 年以后发表的作品中最清楚地表达了对殖
584 民地问题的截然不同的态度。他公开地主张美国解放的可能性，因为管理和维持这个最重要的英国殖民地的费用负担是沉重的。他的观点是：英国资本的优越性可以在英国制造商可能到达的世界任何一个地方感受到，所以，在塔克先入为主地想象为一种特权商业伙

伴关系的假象之下，他们行使的霸权会使得美国人回到这个旧的大都市的牢笼中。用他自己的话来说就是：

> （英国资本）这种优越性将持续下去，英国的贸易遭受任何巨大或惊人的损失实际上是不可能的。让美国人去他们想去的地方，在世界上所有国家中尝试。当他们完成这些之后，他们会恳求回到大英帝国，恳求能够被纳入我们的客户名单之中，这不是为了我们，而是为了他们自己。（in Semmel，1970：23）

塔克还认为，殖民制度固有的限制性过程不利于作为一个整体的贸易的发展，因为它们阻碍了具有多重代理人和利益的自由企业。在这个意义上，他公开宣称自己赞成一个保证更大贸易自由的制度："当各方能够完全自由地做他们想做的事，我们的北美贸易将增加，而不是缩减，因为是自由而不是限制或垄断增加了贸易"（in Semmel，1970：23–24）。

在法国，默西埃·德拉·里维埃（Mercier de la rivière）和杜尔哥在殖民地受控制的自治权问题上也捍卫了相同的立场。维持殖民地的过高成本、沉重税收负担的反作用性质以及大都市所带来的金融和经济征服的气氛，都是评价殖民地的重商主义政府的充分理由。

在伊比利亚国家中，也有人对此表达了类似的关切，即通过两位最受推崇的启蒙经济思想代表人物的研究：西班牙的佩德罗·德·坎波曼斯（Pedro de Campomanes）和葡萄牙的罗德里戈·德·苏萨·科蒂尼奥（Rodrigo de Souza Coutinho）。殖民帝国对这两个国家具有至关重要的意义。在他们的著作和政治决策中——因为他们都致力于推崇西班牙和葡萄牙的政府行为——坎波曼斯和科蒂尼奥公开批评了基于贵金属开采的殖民化过程，同时让所有其他活动部门都自生自灭的战略。他们还强调了殖民地的贸易是建立在排他性的垄断制度上的事实，这是充分利用这种贸易所提供的潜力的主要障碍。最后，他们都谴责了对殖民领土强加的税收
585 制度的沉重负担（Cardoso，2009；Paquette，2008）。

对改革殖民政策意愿的不同立场，以及对基于自由放任主义原则的国际贸易制度优势的更广泛理解，提供了一幅关于全球范围内商业社会生活变迁维度的完整图像。这些变迁要求科学界用新的工作去理解。

立法者的科学

在这些重农主义学者的著作中发现的均衡思想在那个时候是以其他方式被表达出来的，而且在很大程度上被赋予了更多的文学色彩。无论我们把它称为“温和的商业”（doux commerce）（孟德斯鸠）、“秘密串联事件”（塞缪尔·约翰逊）、隐藏的事件链条，又或者是事物的自然秩序，它都是当我们提到亚当·斯密作品中“看不见的手”的概念时（这是斯密很少使用，却是他的读者和阐释者大量利用的一个概念），所说的部分与整体、个人与社会之间的巨大和谐（Skinner，1979；Winch，1996）。

这种文学性手法只不过是《国富论》中的一个重要思想的重申：经济主体通过在市场上行动，谋求满足自己的利益，并自发地创造出与社会利益完全满足相一致的均衡状态。这样，就形成了一种和谐与平衡的新话语：完全没有忘记的是，经济主体都有尊重、仁慈和同情等一系列道德情操，这可防止市场被视为一种嫉

妒、对抗和冲突的场所，这个同样的市场也具有确定价格，以及调节供应和需求数量的自然能力。政治经济学最终能够以鲜明的概念性话语体系达到成熟（Hont，2005；Hont and Ignatieff，1983；Teichgraeber，1986）。

通过解释市场的扩大如何影响分工的范围，从而起到限制或刺激资本积累和长期经济增长的作用，斯密没有忘记立法者在为一个国家配备必要的法律和制度，以实现持续增长的目标方面所起的作用。

斯密汇集了先前的观点，并提出了新的观点，以加强以个人主动性为基础，但并没有排除国家的协调和管制行为的经济体系的可 586
信度。关于市场和为新兴工业资本主义的发展服务的现代制度的新科学，也是一门为立法者服务的科学，具有设计和执行国家新功能的额外责任。斯密《国富论》第五篇，即关于“论君主或国家的收入”的长篇题外话，最雄辩地证明了提供给立法者的这一科学的全部范围和边界。

斯密生活在一个发生了深刻的经济、社会和政治变革，以及激烈革命（美国革命、法国大革命和工业革命）的时代，其后果还不能被充分把握或理解。变革的风暴以一种令人晕眩的速度呼啸而过。著名的别针制造例子并不能最好地说明当代蒸汽技术引发的创新。然而，斯密提供给读者的基本材料或思想原料使他有可能解释世界是不同的，并将继续如此。他对经济和社会组织体系演变的展望，使他能够直观地推断出正在形成的新阶段的独特性质。从这个意义上讲，立法者的科学也是现代性的科学，是一套帮助我们理解财富是如何生产和分配，并随着时间的推移发现其增长障碍的原则和规律。或者换句话说，正是这门科学使我们能够理解新兴资本主义的变革和转型。

斯密的研究始终基于从过去一直延续下来的一系列观点，至少从曼德维尔开始，旨在解释私人利益如何对公共利益做出贡献。斯密的研究并不是完全首创。他只是给一个永恒的概念注入了新的活力，该概念揭示了买卖交易有益于参与这些交易的人。从个人，无论是生产者还是消费者，知道如何满足自身利益的假设出发，同时假定这样的满足符合人性的定义性特征，他们参与市场导致整个社区获得了最佳结果。私人利益不被视为恶性的成分，而是作为自然秩序的良性成分。这样，利己主义本身就不再是根本目的，而是一种产生共同创造公共利益的行为和制度的智慧机制。

然而，个人关系和个体利益的私人领域并不只是作为进一步社会化的一个因素而出现。从某种意义上说，它的存在只在某种公共环境中才是可以想象的，这种环境与商业关系、契约制度、普遍的
587 行政和司法规则有关，同时最重要的是道德情感的存在，这促使个体行为朝向了人类进步，为此斯密通过同情和公正旁观者的概念做出了解释。

斯密生活的世界显示出经济正经历巨大变革的信号，这是工业革命的成果，其长期影响还不能被感受到，却提供了不可否认的证据，证明技术创新以及工资和生活水平的提高。此外，斯密代表了开明的政治经济学家的典型信念，就像乔尔·莫基尔（Joel Mokyr，2009：452）所做的很好总结："启蒙主义的经济观就是，如果在建立制度和利用有用知识方面进行了根本性的变革，就可以改善经济，同时物质生活会变得更好。"

对私人财富和国家富足的优势进行保护，是愿意在社会中建立新的行为准则和新生活习惯的结果，既使得经济生活蓬勃发展，同时可以实现更高的繁荣程度，这些准则和习惯就是捍卫商业社会的

道德优势，以及为资本主义未来作为集体生活组织模式的胜利而负责的道德准则（Hirschman，1977）。

这些原则包括保护私有财产、自由工作、法治，以及围绕发展企业家精神的合法性和必要性并鼓励创新达成的伦理共识。这些是体现资产阶级美德的原则，用麦克洛斯基简洁的话说就是，“是现代经济增长和现代政治自由的原因和后果”（McCloskey，2006：22）。

消费水平的提高和普遍获得过去具有奢侈内涵的商品，表明了一个体面社会的建设，其中社会地位是通过一种新的公共繁荣标准确立的。奢侈品不再以道德观念来衡量，现在它融合了财富创造和流通工具的美德属性。商业的蓬勃发展增强了个人对政府促进自由、平等和正义的能力的信任。同时，这里存在一种人类思想的普遍倾向：理解和接受将会加快发展步伐的改革，这就像埃玛·罗思柴尔德（Emma Rothschild，2001）在探讨启蒙精神的本质时所指出的一样。

私人利益与公共利益之间的联系在以下来自《国富论》的段落中得到了很好的概括总结：

> 作为政治家或立法家科学的一种分支，政治经济学提 588
> 出了两个不同的目标：第一，给人民提供充足的收入或维持生计所需的东西，或者更确切地说，使人民能给自己提供这样的收入或维持生计所需的东西；第二，给国家或社会提供充分的收入，使公共服务得以进行。总之，其目的在于富国裕民。（Smith，1776：428）

因此，对私利的追寻遵循了统治者制定的一些准则，这些准则是个人自愿接受的，因为他们知道这是让他们更好地实现目标的途径。这就引出了国家职能的概念，其中包括明确承认国家在调节商业社会中的作用。

斯密对例如公民教育和立法者的动机这些保证国家正常运转的前提条件的关注，在 18 世纪后半叶以来的大量欧洲政治文献中凸显出来了。国家组织和管理的职业化是官房学派的文献专门讨论的问题。[5]

这些也都是不同学术团体考虑的问题，它们投身于促进和传播知识，以此改善人类精神和社会生活。在自然生产资源配置过程中直接应用有用知识的思想是启蒙运动最重要的遗产之一。新的知识生产机构在地方和国家两级合作进行了设计和制度改革，也在废除旧制度机构方面发挥了积极作用。

斯密在欧洲的知识分子环境中具有很大的影响力，不仅仅是在理论层面，特别是在修辞和政治论证的发展上。他是一位具有巨大权威的人物，他的经济政策方案是根据他的思想体系输入和使用的每个国家的具体情况而制定的。

人口、回报和增长

斯密可以被认为是现代政治经济学话语之父的不可否认的事实——一旦有人捍卫所有显示这条道路祖传性质的遗产和血统——
589 并不意味着他最亲近的追随者保证了这种完美的连续性。不可否认的是，价值理论、地租、工资、利润、货币、国际贸易、公共财政和经济增长等理论的发展基础都已经被《国富论》提出来了。古典学派的经济学家，尤其是那些在英国传统中展开研究的经济学家，接受并承认《国富论》是他们自己贡献的起点（O'Brien，2004；

Redman，1997）。但毫无疑问的是，马尔萨斯和李嘉图（只提两个最重要的名字）的著作所产生的政治经济学的发展明显脱离了斯密理论传统的最初方向。

这种分歧的原因可以从一种不同的角度来看待，即通过参与市场来满足个人利益的问题。根据古典政治经济学中出现的这些新领导人物的观点，对这一问题的理解必须考虑长期经济增长过程的效应，即它对总产出相对份额（工资、利润和地租）的变动趋势有不同的影响。解决这个问题的答案在于限制实际收入和分配份额的不断增加，而这是人口增加和农业报酬递减同时发生所造成的。

马尔萨斯的人口理论和李嘉图的收益递减理论是同一个分析体系的组成部分，该体系解释了无情的经济增长过程导致了一种静止状态。与斯密异想天开的无限增长的观点相反，古典经济学家们共享着一种突出了这一沉闷科学黑暗面的观点。然而，报酬的零增长（被抵消的利润、没有增加到超过维持生存水平的工资、达到最高水平的租金）并不意味着静止状态是一个没有回报的点。在李嘉图的更详细的论述中，静止状态类似于一种关于需要避免或延缓的重要风险状况的警告。为此，这足以鼓励两种因素的发展，以对抗这一普遍趋势：农业创新与技术进步（为了避免收益递减的形成），以及不断上升的对外部世界的经济开放（Eltis，1984）。

李嘉图关于第二个因素的观点给予了他一个最著名的经济学原理的发明者头衔，这也是创立于 19 世纪初期，而且依然在今天的经济学教科书中讲授的少数概念之一：国际贸易中的比较优势原理。根据这一原理，国家间商业交往的深化代表着对不可避免的专 590
业化进程的反应，每个国家都致力于某些活动领域，即给定它的潜在伙伴或者竞争者，它设法以较低的价格生产同样数量的商品。或者，换句话说，如果它能够更多地专注于它最擅长的生产领域，一个国家能够获得的商业优势——由于其地理位置，或资源禀赋和资本禀赋——将会更大。这样，每个国家都能避免收益递减和经济增长率的下降。

李嘉图的解释是基于对《谷物法》所造成的有害影响的政治诊断，他认为这妨碍了英国从欧洲大陆获得更便宜的粮食，以及对有可能增加工业部门利润的低工资商品的保障。这就是为什么他赞成扩大国际贸易的观点最终也服务于 19 世纪上半叶工业资本主义在英国开始扩张的纲领性目标。

由托马斯·马尔萨斯、大卫·李嘉图、让–巴蒂斯特·萨伊（Jean-Baptiste Say）、纳索·西尼尔（Nassau Senior）、约翰·R. 麦克库洛赫（John R. McCulloch）、约翰·斯图亚特·穆勒，以及众多其他学者发展出来的政治经济学体系的本质特征之一，是建立实证且一般性的原理，以帮助理解经济机制。人口增长、报酬递减、维持生计的工资、资本积累、级差地租、市场，这都是一些由 19 世纪上半叶的政治经济学家们通过对经济问题进行研究最先严格提出的名称。

有大量的政治经济手册和教科书，这使得一些表达了这门新科学基本观点的系统性原理得以融合。在我们可以选择的多个例子中，让我们谈一下纳索·西尼尔，他的主要政治经济学观点可以归纳为如下假设：

1. 每个人都希望以尽可能少的牺牲获得更多的财富；

2. 世界人口，换句话说，居住在世界上的人的数量，仅仅是因为害怕每一类居民的个人习惯导致他们所需要的那些财富短缺而受到限制；

3. 劳动和其他生产财富的工具的力量，可以通过把它

> 们生产的产品作为进一步生产的手段而无限地增强；
>
> 4. 也就是说，农业技能保持不变，在一个特定地区的土地上使用的额外劳动一般会产生一个不太相称的回报， 591 或者换句话说，随着劳动的增加，总收益增加了，回报的增加与劳动的增加不成比例。（Senior，1836：26）

在第一个假设中，西尼尔简明扼要地表达了边沁（Bentham）功利主义哲学的中心思想，即个人利益的最大化。第二个假设是对马尔萨斯人口学说的一个细微的改变。第三个假设通过利用最终产品构成下一生产阶段的生产资料确认了资本积累的基本原则。第四个假设描述了农业边际收益递减的规律，这决定了一个受到即将到来的静止状态威胁的经济体的长期动态。简而言之，根据古典政治经济学学派的构建，这是描述经济世界的规律的本质。

在整个 19 世纪上半叶，这一时期的经济学家建立的原理和信条反映了作为工业革命结果而产生的经济转型。人口增长，GDP 增长中工业比重不断上升带来的经济结构变化，例如纸币使用量的大幅增加这种货币创新，对国际贸易的更大开放，公共债务的发展，以及总的来说公共财政体制的深刻变化，都是在本书其他章节中记载的不同变革，而在这里可以被视为是既定的。政治经济学家们参与了围绕这些问题的公开讨论，不仅仅是通过他们留给我们的大量文献，也在他们发表文章的期刊上［《爱丁堡评论》（*Edinburgh Review*），《威斯敏斯特评论报》（*Westminster Review*），《评论季刊》（*Quarterly Review*）］、他们常去的俱乐部，以及议会辩论中。

创造一个受过良好教育、准备好讨论经济问题的公共领域是这一时期经济学家的劳动成果之一，通过这种方式，为巩固政治经济学的学科地位做出了决定性的贡献。例如《谷物法》的废除、工人阶级的苦难和《济贫法》的制度框架、《工厂法案》（Factory Acts）与技术性失业问题、货币和公债的发行，以及教育体系的改革和工会的组织，这些都是不仅发生在英国，而且也发生在大多数欧洲国家的一些干预和变革的领域，政治经济学作者对这些领域做出了决定性的贡献。在许多情况下，我们可能无法观察这些老成练达的哲
592 学家的精神状态，但政策方案的证据揭示了一个关键的动机，即通过解决实际问题检验他们所相信的普遍规律的有效性。

离开政策决策对应物的政治经济学是无法想象的。一门用广泛的理论原理解释经济现实运作的科学，如果不实施必要的措施将这些现实转化为决策者的远见和目标，就不能存在下去或证明它的有用性。

一门部分意义上的科学

古典经济学家在经济分析和政策问题上还远没有达成一致（Robbins，1978）。当时最有趣的争论和分歧之一就是马尔萨斯反对李嘉图和萨伊的关于生产过剩和总体性供过于求的讨论。与此直接相关的是，人们接受了总供求平衡的普遍趋势，这依据的是萨伊通过“产品是用产品支付的”（loi des débouchés，后来使用“供给创造自己的需求”这种表达简化了）这句话做出的著名论断。更仔细地研究这个理论争论是有价值的。

当萨伊第一次对其思想做出清晰一致的展示的时候（1803 年），人们讨论的焦点通常集中于产量增长的限制，以及通过市场出清总产出的不可能性这一问题，这是一个有利的背景环境。詹姆斯·穆勒（James Mill）所传递出来的萨伊的基本论点与怀疑市场自我调节能力优点的观点相反，可以概括如下：一种给定产出的生产过程

自发地且必然地产生具有同等价值的购买力，从而导致了对其他产品的同等需求；经济主体只对出售他们的商品和服务感兴趣，因为他们希望购买其他商品和服务，因此，总供给等于总需求；生产商把产品投入市场，因为它们认识到这是同等消费其他产品的先决条件。

根据以上论点，只要有效地履行企业家职能，产品的总需求就是由供给和销售的产品总量决定的。因此，总供给和总需求是平衡的，这意味着不可能因为过度生产出现普遍的过剩或贸易萧条。由部分生产过剩引起的商业危机只能是暂时的，或者只影响特定的经 593
济部门，市场力量总是成功地引导全球经济走向新的均衡。按照这一思路，值得一提的是，萨伊对经济萧条的货币解释或解决方案不感兴趣，因为他明确否认那种产品供应过剩可能是货币需求过剩的结果的论点。

因此，萨伊对经济增长的可能性产生了乐观的看法，而这种可能性受到了当时几位著名经济学家的强烈反对。像劳德代尔（Lauderdale）、西斯蒙第（Sismondi）和马尔萨斯这些学者认为过度生产的症状，即那些最近经历了深刻的产业结构变化的经济体显然遭遇过的，既不能被忽视，也不能简单地被视为市场缺陷或者协调失灵带来的暂时和易逝的迹象。

经济在总供给和总需求之间保持平衡的能力是从需求不足理论学者反对萨伊观点的争论中产生的主要议题。以马尔萨斯为例，他著名的批评断言，由于有效需求即吸收总产出和鼓励持续增长所必需的产品需求的不足，可能确实会发生普遍的过剩。根据马尔萨斯的观点，通过生产创造的收入并不是全部用于购买新产品，因此，必须刺激非生产性消费，以弥合有效需求和总产出之间的差距。高收入的社会阶层不仅要鼓励奢侈消费，以提高有效需求水平，同时也要控制决定长期经济和人口增长的经济力量，因为非生产性消费意味着生产性投资的减少。

马尔萨斯对市场规律，以及这种过度生产不可能产生普遍过剩的思想的批判，在马尔萨斯的《人口原理》出版后不久就遭到了萨伊的反驳。在他写给马尔萨斯的信中，萨伊加强了有利于长期经济增长可能性的论据，这是实现下列条件的必然结果：更有效地分配现有的和潜在的资源、提高生产力和技术进步，加强国家间的开放贸易关系。

594 尽管理论问题是关于过剩是如何产生的，但争论也导致包括马尔萨斯和西斯蒙第在内的一些人选择对关于公认的法律和原则的有效性进行更广泛的思考。在他们看来，过度的一般性可能与表明政治经济学的一些原则已经不再适用的经验证据相抵触。最重要的是，他们对经济政策准则的采纳提出了质疑，这些准则可能会强调各国经济发展水平的差异。在这个意义上，他们认为，政治经济学应该被视为“部分意义上的科学”，根据对不同现实的观察谨慎地应用，而不要求达到绝对真理。

这种观点主要存在于 19 世纪初的美国保护主义者的文献当中（即富兰克林、汉密尔顿和凯里的著作和政治行为中），后来也对弗里德里希·李斯特（Friedrich List）的政治经济学国民体系的形成产生了相当大的影响，它鼓舞了从 1840 年起德国经济增长的培育。根据这种方法，政治经济学的使命是激励经济政策——通过关税和幼稚产业保护——这将有助于国民经济的发展（Tribe，1995）。

除了国家之间的不平衡之外，由于资本主义兴起所带来的消极后果和反常影响也造成了其他紧张局势，在批评者看来，这产生了越来越大的社会不平等。更发达的资本主义经济体的增长没有平等地惠及不同的社会群体，这是由于这些群体在获得财产和分配所创造的财富方面仍然存在极其明显的差异。物质和经济进步与社会和道德进步并不对等。除了对工人阶级屈辱的生活条件的生动描述之外，欧洲的文学和政治环境也被对该制度不合理性的揭露及实施尝试经济和社会组织替代模式的乌托邦式项目的呼声所震动。甚至在它成为一个体系之前，资本主义就已经产生了威胁其完整性的政治衍生物（Winch，2009）。

反思与改革

工业增长的奇迹掩盖不了城市工薪阶层人口的低生活水平。同时，一个经常利用妇女和童工的劳工市场使这些问题更加复杂化了。使用机器引起的失业是对资产阶级关于人的尊严的公约的一种公开挑战。无产阶级的和平流动往往是因为他们没有任何可以失去 595
的东西，这种流动是这一革命时代的要素之一。

在这些政治经济学家中，我们可以分辨出截然不同的观点。李嘉图的模型有很大的分析潜力，但马尔萨斯的社会偏见将注意力转移到其他争论领域。他们都相信现有的经济和社会组织的优点，而且都反对那些寻找社会生活替代性方案的人。但是，紧张局势和叛乱的重新开始表明，社会和经济组织存在道德层面的问题，迫使其他人用不同的社会模式进行思考。

一般来说，大多数从 19 世纪后半叶开始从事情的另一面看待资本主义经济体系的学者，是在斯密、边沁和李嘉图的个人主义和自由主义政治经济学的思想和文本中接受过训练的。这种忠诚的最有象征意义的变化是由西斯蒙第（Sismondi，1971）完成的。

另一位受过古典传统训练的学者是约翰·斯图业特·穆勒，尽管他认同政治经济学的原理与规律可以适用于财富的生产和分配，但强烈反对功利主义的哲学原则，并从人类进步的角度对传统的李嘉图关于静止状态后果的观点提出了严重的质疑。穆勒信仰的是一个实现个人改善目标是主要推动力的系统。该系统的基础可能受到损害，但穆勒相信改革的解决办法，这将不断促进社会正义，并将缓和不合理的不平等状况。

他对工资基金理论的著名反思表明，他反对这种古典观点，即生计工资的确定完全取决于资本家愿意使用的固定工资基金。但是，他对劳动力市场的这种通过工资决定实现强迫式平衡的抛弃，并没有促使他采取例如马克思这样的学者的更激进的立场，后者认为这些阶级统治的迹象是一个系统的全面脆弱性的征兆，这一制度将通过最脆弱阶级的总动员而灭亡。

穆勒的改良主义倾向在这种作为对社会组织生活理想时刻的期待的静止状态概念中是显而易见的。不可避免的是，导致经济持续
596 增长的局面是不可能的——根据作为政治经济学积极遗产的生产和分配的规律——穆勒坚持认为，这样的命运应该被视为建立一个更美好世界的机会。

所谓政治经济学普遍规律的存在使我们能够理解社会进化的一般运动，但不能以不变的方式来确定决定实现目标的条件。因此，如果静止状态是不可避免的，它的出现是改善现状的一种方法：人类下一步要做的将不再是如何生产更多的东西，如何更好地分配财富和财产。

这样，静止状态就不是一种需要避免的危险或威胁，而是实现人类幸福的时刻，是道德和社会进步构建过程当中前进的一步：

> 所以，我不能以老派政治经济学家普遍表现出来的那种朴素的厌恶心情看待资本和财富的静止状态。我倾向于

> 认为，整体说来，静止状态要比我们当前的状态好得多。一些人认为人类生活的正常状态就是挣扎上位、相互倾轧和相互斗争，这是激动人心的社会生活，是人类的最佳命运，而绝不是产业进步诸阶段的可恶象征。坦白地说，我并不欣赏这种生活理想。（Mill，1848：113）

因此，穆勒需要了解的本质问题是，如何通过政府采取的一系列经济调控行为来了解静止状态的优点，主要的目标是人性化资本主义体系。穆勒的《政治经济学原理》的第五篇也论述了在斯密的《国富论》第五篇中考虑的那些主题，讨论了哪种公共财政结构能更好地适应资本主义经济的公平性。穆勒对遗产税的关注代表了他对保证初始机会平等的关切，这种平等不应因为没有接受方的任何努力而受到特权的干扰。

约翰·斯图亚特·穆勒的著作出版于 1848 年，与我们所看到的马克思和恩格斯的《共产党宣言》在同一年出版。马克思也同样受过古典政治经济学的训练，并保持了对它的选择性喜好。他的经济观点——尽管术语有些变化且采用不同的政治立场——大体上与李嘉图经济思想一致，特别是关于使经济处于稳定状态的环
境方面。尽管离他创作出其最著名的经济著作还有一段时间，但在 597
1848 年，马克思已经宣告了一个制度的终结，该制度通过到达静止状态创造了自身转型的平台，从而打开了通向一个无阶级社会的辉煌梦想的大门。[6]

穆勒的改良主义倾向与马克思的毁灭性和革命性的愿景形成了鲜明的对比。在马克思看来，静态或稳态是利润率下降规律和资本主义发展的其他规律同时出现的结果。这些其他规律包括，例如工人阶级日益加剧的苦难和贫穷、产业后备军的日益壮大、工业集聚

和集中度的日益增长、周期性危机和商业萧条的频繁发生等等。因此，对马克思而言，稳定状态代表着转变的时机，它宣告了一种新的社会组织模式的诞生，将取代以劳动力的异化和剥削为基础的资本主义的生产方式。市场经济的基础永远不会被那些将它们视为持续的贪婪和掠夺来源的人所接受。对马克思来说，亚当·斯密和其他古典经济学家理想化的商业社会的道德基础被彻底打破了。竞争和私利不再是财富和进步的因素，而是穷困和投机的来源。劳动分工不是积累的秘密，而是不能获得生产要素的劳动者异化的原因。马克思认为，从工业革命和技术突破中产生的新资本主义经济是不能否认的。然而，它们代表了那些没有资本的人所遭受的巨大痛苦。

穆勒的改良主义蓝图和马克思的革命精神为我们提供了反对一种经济制度的明确信号，尽管如此，这种制度还是显示出巨大的生存和发展能力。因此，具有讽刺意味的是，1848 年不再是资本主义兴起的最后一年，而是资本主义传播开来的第一年。

注　释

[1]　由于篇幅受限，这里无法使用长篇引文和参考原始资料。参考文献提供了基本的原始文本和叙述，以充实主要论点。

[2]　如果人们被限制，只能从重商主义时代各种作者提供的众多传单和小册子中选择一个，同时是通过对其代表性的了解做出选择，那么正确的选择就将会是托马斯·孟（Thomas Mun）的《英国得自对外贸易的财富》（1664 年第一次出版，但写于 17 世纪 20 年代）。关于重商主义文献的一个全面的视野，特别是其在英国的解读，阅读 E. 赫克歇尔（E. Hecksher，1935）和 J. 维纳（J. Viner，1937：Chapters 1 and 2）也是必不可少的。

[3]　伯克利关于国债的思想主要是通过其在 1735—1737 年发表在《问难》（*The Querist*）上的文章传递出来的，参见 Rashid（1990）。

[4]　关于在全球化语境中分析这一主题，可以参见本卷由帕特里克·卡尔·奥布

莱恩撰写的第 12 章。

[5] 关于德国官房主义的分析，参见基思·特赖布（Keith Tribe）的《管理经济：1750—1840 年德国经济学话语的改变》（*Governing Economy*：*The Reformation of German Economic Discourse*，*1750—1840*. Cambridge and New York：Cambridge University Press，1988）。

[6] 实际上，马克思在政治经济学领域中的巨著——《资本论》到 1867 年才发表。

参考文献

Cantillon, R. (1997 [1755]). *Essai sur la Nature du Commerce en Géneral.* Paris: INED.

Cardoso, J. L. (2004). " Natural Law, Natural History and the Foundations of Political Economy, " in J. B. Davis, A. Marciano, and J. Runde (eds.), *The Elgar Companion to Economics and Philosophy.* Cheltenham: Edward Elgar, pp. 3–23.

(2009). " Free Trade, Political Economy and the Birth of a New Economic Nation: Brazil 1808—1810, " *Revista de Historia Económica, Journal of Iberian and Latin American Economic History* 27(2): 183–204.

Clark, C. M. A. (1992). *Economic Theory and Natural Philosophy: The Search for the Natural Laws of the Economy*. Cheltenham: Edward Elgar.

de la Vega, J. (1688). *Confusion de confusiones* ... Amsterdam.

de Pinto, I. (1771). *Traité de la circulation et du crédit* ... Amsterdam: Marc Michel Rey.

Ekelund, R. B. Jr. and R. D. Tollison (1997). *Politicized Economies: Monarchy, Monopoly and Mercantilism*. College Station. Texas A&M University Press.

Eltis, W. (1984). *The Classical Theory of Economic Growth.* London: Macmillan.

Findlay, R. and K. O'Rourke (2007). *Power and Plenty: Trade, War, and the World Economy in the Second Millennium*. Princeton University Press.

Finkelstein, A. (2000). *Harmony and the Balance: An Intellectual History of Seventeenth-Century English Economic Thought*. Ann Arbor: The University of Michigan Press.

Haakonssen, K. (1981). *The Science of a Legislator: The Natural Jurisprudence of David Hume and Adam Smith*. Cambridge and New York: Cambridge University Press.

Hecksher, E. (1935). *Mercantilism*, 2 vols. London: Allen & Unwin.

Hirschman, A. O. (1977). *The Passions and the Interests: Political Arguments for Capitalism Before its Triumph*. Princeton University Press.

Hont, I. (2005). *Jealousy of Trade: International Competition and the Nation-State in Historical Perspective*. Cambridge, MA and London: Harvard University Press.

Hont, I. and M. Ignatie, eds. (1983). *Wealth and Virtue: The Shaping of Political Economy in the Scottish Enlightenment*. Cambridge and New York: Cambridge University Press.

Hume, D. (1985 [1752]). " Of Money. " In *Essays, Moral, Political and Literary*, Part Ⅱ. Indianapolis: Liberty Classics, pp. 281–294.

Hutchison, T. W. (1988). *Before Adam Smith: The Emergence of Political Economy, 1662—1776.* Oxford: Basil Blackwell.

Larrère, C. (1992). *Du Droit naturel à la physiocratie. L'invention de l'économie au XVIIIe siècle.* Paris: PUF.

Locke, J. (1989 [1696]). *Several Papers relating to Money, Interest and Trade.* Reprints of Economic Classics, Fairfield, NJ: Augustus M. Kelley.

Magnusson, L. (1994). *Mercantilism: The Shaping of an Economic Language*. London and New York: Routledge.

Malthus, T. R. (1951 [1820]). *Principles of Political Economy.* Reprint, New York: Augustus M. Kelley.

McCloskey, D. (2006). *The Bourgeois Virtues: Ethics for an Age of Commerce.* Chicago and London: University of Chicago Press.

Mill, J. S. (1970 [1848]). *Principles of Political Economy With Some of Their Applications to Social Philosophy*. Harmondsworth: Penguin Books.

Mokyr, J. (2009). *The Enlightened Economy: An Economic History of Britain, 1700—1850.* New Haven: Yale University Press.

Mun, T. (1664). *England's treasure by forraign trade.*

Murphy, A. E. (1997). *John Law.* Oxford University Press.

Neal, L. (1990). *The Rise of Financial Capitalism: International Capital Markets in the Age of Reason*. Cambridge University Press.

O'Brien, D. P. (2004). *The Classical Economists Revisited.* Princeton and Oxford: Princeton University Press.

Paquette, G. (2008). *Enlightenment, Governance and Reform in Spain and its Empire, 1759—1808.* Basingstoke and New York: Palgrave MacMillan.

Perrot, J.-C. (1992). *Une histoire intellectuelle de l'économie politique (XVIIe–XVIIIe Siècle*). Paris: Éditions de l'EHESS.

Petty, W. (1986 [1690]). *Political Arithmetick*. Reprints of Economic Classics, Fairfield, NJ: Augustus M. Kelley.

Poovey, M. (1998). *A History of the Modern Fact: Problems of Knowledge in the Sciences of Wealth and Society.* Chicago and London: The University of Chicago Press.

Rashid, S. (1990). " Berkeley's Querist and its Influence, " *Journal of the History of Economic Thought* 12(1): 38–60.

Redman, D. A. (1997). *The Rise of Political Economy as a Science: Methodology and the*

Classical Economists. Cambridge, MA and London: The MIT Press.

Robbins, L. (1978). *The Theory of Economic Policy in English Classical Political Economy*, 2nd edn. London: Macmillan.

Rothschild, E. (2001). *Economic Sentiments: Adam Smith, Condorcet and the Enlightenment.* Cambridge, MA and London: Harvard University Press.

Say, J.-B. (1803). *Traité d'économie politique*. Paris: Deterville.

(1996 [1820]). *Lettres à M. Malthus sur différents sujets d'économie politique*. Paris: GF-Flammarion.

Semmel, B. (1970). *The Rise of Free Trade Imperialism: Classical Political Economy, the Empire of Free Trade and Imperialism, 1750—1850*. Cambridge and New York: Cambridge University Press.

Senior, N. (1836). *An Outline of the Science of Political Economy.* London: W. Clowes and Sons.

Sismondi, S. de (1971 [1819]). *Nouveaux Principes d'Économie Politique*. Paris: Calmann-Levy.

Skinner, A. (1979). *A System of Social Science: Papers Related to Adam Smith.* Oxford: Clarendon Press.

Smith, A. (1976 [1776]). *An Inquiry into the Nature and Causes of the Wealth of Nations*, Glasgow edn. Book Ⅳ, Introduction.

Steiner, P. (1998). *La "Science Nouvelle" de l'Économie Politique*. Paris: PUF.

Teichgraeber, R. (1986). "*Free Trade*" *and Moral Philosophy: Rethinking the Sources of Adam Smith's Wealth of Nations*. Durham, NC: Duke University Press.

Tribe, K. (1988). *Governing Economy: The Reformation of German Economic Discourse, 1750—1840.* Cambridge and New York: Cambridge University Press.

(1995). *Strategies of Economic Order, German Economic Discourse, 1750—1950.* Cambridge University Press.

Tucker, J. (1974 [1774]). *Four Tracts on Political and Commercial Subjects*. Reprints of Economic Classics, Fairfield, NJ: Augustus M. Kelley.

Viner, J. (1937). *Studies in the Theory of International Trade*. New York: Harper & Brothers, Chapters 1 and 2.

Wilson, T. and A. Skinner, eds. (1976). *The Market and the State: Essays in Honour of Adam Smith*. Oxford: Clarendon Press.

Winch, D. (1996). *Riches and Poverty: An Intellectual History of Political Economy in Britain, 1750—1834*. Cambridge and New York: Cambridge University Press.

(2009). *Wealth and Life: Essays on the History of Political Economy in Britain, 1848—1914.* Cambridge and New York: Cambridge University Press.

索　引

剑桥经济史系列

THE CAMBRIDGE HISTORY OF CAPITALISM

剑桥资本主义史

资本主义的传播：从1848年到现在

THE SPREAD OF CAPITALISM: FROM 1848 TO THE PRESENT

拉里·尼尔（Larry Neal）
杰弗里·G.威廉姆森（Jeffrey G. Williamson） 主编

李酣 译

中国人民大学出版社
·北京·

撰稿人

罗伯特·C. 艾伦（Robert C. Allen），牛津大学经济史教授

加雷思·奥斯汀（Gareth Austin），日内瓦国际与发展研究所国际历史学教授

克里斯廷·布鲁兰德（Kristine Bruland），奥斯陆大学经济史教授

乔瓦尼·费德里科（Giovanni Federico），比萨大学经济管理系经济史教授

杰弗里·弗里登（Jeffry Frieden），哈佛大学政府系斯坦菲尔德国际和平基金会教授

罗恩·哈里斯（Ron Harris），特拉维夫大学法律史教授兼法学院院长

马克·哈里森（Mark Harrison），华威大学经济系教授，斯坦福大学胡佛研究所研究员

迈克尔·休伯曼（Michael Huberman），日内瓦大学经济与社会科学学院经济史教授

哈罗德·詹姆斯（Harold James），普林斯顿大学历史及国际事务教授

杰弗里·琼斯（Geoffrey Jones），哈佛商学院伊西多尔·斯特劳斯商业史讲席教授

彼得·H. 林德特（Peter H. Lindert），加州大学戴维斯分校经济学特聘研究教授

拉纳尔德·米基（Ranald Michie），杜伦大学历史系教授

兰德尔·莫克（Randall Morck），阿尔伯塔大学商学院斯蒂芬·A. 加里斯洛夫斯基金融学杰出讲席教授

戴维·C. 莫厄里（David C. Mowery），加州大学伯克利分校哈斯商学院威廉·A. 哈斯勒和贝蒂·H. 哈斯勒讲席教授

拉里·尼尔（Larry Neal），伊利诺伊大学厄巴纳－香槟分校和伦敦政治经济学院荣休教授

凯文·H. 奥罗克（Kevin H. O'Rourke），牛津大学万灵学院奇切利经济史讲席教授

莱安德鲁·帕尔多斯·艾斯克苏拉（Leandro Prados de la Escosura），卡洛斯三世大学经济史和制度系教授

罗纳德·罗戈夫斯基（Ronald Rogowski），加州大学洛杉矶分校政治学教授

杰弗里·G. 威廉姆森（Jeffrey G. Williamson），哈佛大学莱德·贝尔经济学荣休教授

杨贤（Bernard Yeung），新加坡国立大学商学院院长及斯蒂芬·里亚迪特聘教授

THE CAMBRIDGE HISTORY OF CAPITALISM
The Spread of Capitalism: From 1848 to the Present

剑桥资本主义史

《剑桥资本主义史》(第二卷)* 为资本主义在世界范围内的传播和影响，以及为对其做出的各种回应提供了权威性的参考。全书运用一种覆盖广大地理区域，同时具有很强比较性视角的方法，探讨了资本主义对工业、农业和贸易的全球影响，以及政府、企业和市场对其做出的反应。作者们考察了第一次世界大战是如何阻止资本主义的最初扩散以及在 20 世纪末全球资本主义再次兴起的这一过程。他们探讨了劳工运动反应，再加上政治制度的反应——无论是防御性的还是主动的，如何导致了不同的军事和福利后果。虽然资本主义的兴起和扩散并非一帆风顺，但最终产生了有益的结果。这部权威性的著作将在历史学家、经济学家和政治学家中广受欢迎。

拉里·尼尔（Larry Neal）是伊利诺伊大学厄巴纳-香槟分校的荣休教授，美国国民经济研究局研究员，伦敦政治经济学院的访问教授。拉里·尼尔专攻金融史和欧洲经济，他是《金融资本主义的崛

* 本书中的第一卷指《剑桥资本主义史（资本主义的兴起：从远古到 1848 年)》，第二卷指《剑桥资本主义史（资本主义的传播：从 1848 年到现在)》。

起：理性时代的国际资本市场》（*The Rise of Financial Capitalism: International Capital Markets in the Age of Reason*）（剑桥大学出版社，1990）、《欧洲经济与欧盟》（*The Economics of Europe and the European Union*）（剑桥大学出版社，2007），以及《“我不是事件的主宰”：约翰·劳和伦敦德里勋爵在密西西比河和南海泡沫事件中的投机行为》（*“I Am Not Master of Events”: The Speculations of John Law and Lord Londonderry in the Mississippi and South Sea Bubbles*，2012）等著作的作者。他也是《金融市场和金融机构的起源和发展：从17世纪到现在》（*The Origins and Development of Financial Markets and Institutions: From the Seventeenth Century to the Present*）(剑桥大学出版社，2009）的共同主编。

杰弗里·G. 威廉姆森（Jeffrey G. Williamson）是哈佛大学莱德·贝尔（Laird Bell）经济学荣休教授，以及威斯康星大学麦迪逊分校经济学系名誉研究员。他也是美国国民经济研究局研究员、经济政策研究中心研究员，曾经在世界17所大学担任访问教授。威廉姆森教授专门研究发展、不平等、全球化和历史，他著有约230篇学术文章和30本书。他的作品包括《贸易与贫穷：第三世界何时落后》（*Trade and Poverty: When the Third World Fell Behind*，2011）、《全球化与1950年之前的贫困边缘》（*Globalization and the Poor Periphery before 1950*，2006）、《全球移民与世界经济》[*Global Migration and the World Economy*，2005，与T. 哈顿（T. Hatton）合作]，以及《历史视野中的全球化》[*Globalization in Historical Perspective*，2003，与M. 博多（M. Bordo）和A. M. 泰勒（A. M. Taylor）共同编辑]。

目录

第
1
章

引言：全球资本主义的传播和被抵制

凯文·H. 奥罗克和杰弗里·G. 威廉姆森

《剑桥资本主义史》（第二卷）分析的是资本主义在西欧地区内 1
部及其海外分支的演化，以及 1848 年后向世界其他地区的传播。自始至终，资本主义在克服阻力和挫折的过程中变得越来越复杂。鉴于全球资本主义目前正面临巨大压力，世界经济增长似乎正在放缓，现在的这些问题很容易分散人们的注意力。实际上，本卷的最后一章将主要集中在那些与未来有关的问题上。然而，这个引言将会抵制这种当代主义的诱惑，而用历史来组织我们思考。在这里，我们将追溯 1848 年资本主义的全球历史路线图，以便在这些章节中详细说明有关内容。

资本主义与全球资本主义：一个路线图

全球资本主义的扩散有两个维度，它们可以通过一个在本章结尾部分会再次出现的类比加以区分。严格来说，金本位制是一种国内制度，将一国的货币供给与其黄金储备挂钩。只有几个国家独立地决定采用金本位制，并且允许黄金自由贸易的情况下，金本位制才成为一种国际汇率制度。同样，全球资本主义作为一个国际经济体系，它的出现不仅要求在所有全球参与者的经济中引入资本主义制度，而且要求这些参与者允许它们之间进行广泛的经济互动。如果社会主义成功地被这个星球所接纳，我们就会有另一个国际体系，它肯定也是全球性的，但不是资本主义的。对于资本主
2 义经济体来说，保护自己不受全球经济的影响并不少见。全球资本主义体系既需要各国国内的资本主义制度，也需要各国之间的互动。

只要每个国家都能控制自己的命运，我们就不可能有一个真正的全球资本主义制度，这在我们的有生之年当然是不可能的。然而，今天谈论全球资本主义制度肯定比人类历史上任何时候都更有意义。同样，向 21 世纪全球资本主义过渡的国内和国际层面从来都不是单向的：在这一过程中，爆发了许多反对全球化的政治反弹，以及对自由市场基本制度的摒弃（杰弗里·弗里登和罗纳德·罗戈夫斯基，第 12 章）。这些爆发的反弹中有一些是内生的，通常是对资本主义的不平等分配内涵的反应（迈克尔·休伯曼，第 13 章；彼得·林德特，第 14 章）。另一些则是对国际体系造成重大冲击的结果，其中一些是内生的，是由早期资本主义制度的缺陷造成的，另外一些可能是外生的。后者的两个典型例子是第一次世界大战和第二次世界大战，尽管这本书也将探讨这些冲突可能是由 20 世纪初和中期国际经济的关键特征所引发的（马克·哈里森，第 11 章）。正如卡尔·马克思所表明的，其他的冲击可能是由资本主义本身固有的不稳定性——最值得注意的是大萧条，或者最近的大衰退——内生造成的。一个关键问题是，不同国家对这些共

同的全球冲击做出了怎样的反应。例如，在大萧条和第二次世界大战之后，一些国家改革了自己的金融体系，再次向国际贸易缓慢地开放经济（如果不是国际资本流动的话），并在劳动力、资本和政府之间建立了大妥协（grand bargains）：这是 1950—1973 年间，经历了四分之一世纪经济增长奇迹的西欧的情况。其他国家，像很多拉丁美洲国家，在同一时期发展出很多内向型的、反全球化和反市场（进口替代工业化）政策，这些政策直到 20 世纪 80 年代或者 20 世纪 90 年代才被抛弃。自 1971—1973 年永久性地放弃把固定汇率作为国际货币安排的支柱以来，新全球化背景中出现了新一轮的资本主义浪潮。这一系列事件使每个章节都可以从以下三个主要情节考虑：19 世纪工业革命的余波；20 世纪中期全球资本主义的退却；第二次世界大战后全球资本主义的逐步恢复和深化。

工业革命的后果

所谓漫长的 19 世纪，很大程度上是由工业革命定义的。从全 3
球资本主义发展的角度看，这带来了以下一些最为重要的后果。第一，富裕的资本主义领先国家和贫穷的前资本主义追随者之间的人均收入出现了大分流（great divergence）。这种大分流与军事力量的决定性转变同时发生，使得西方经济体能够通过正式和非正式的帝国主义统治了全球大部分地区（加雷思·奥斯汀，第 10 章）。帝国主义促进了各种法律制度（罗恩·哈里斯，第 5 章）、公司和其他企业组织（杰弗里·琼斯，第 6 章；兰德尔·莫克和杨贤，第 7 章）的传播，以及全球经济的一体化。第二，工业革命产生了巨大的专业化（great specialization），使霸权主义的英国对开放的国际贸易体系产生了浓厚的兴趣，因为这个岛国经济体严重依赖于制成品出口换取来自贫穷外围国家的进口食品和原材料（Findlay and

O’Rourke，2007；Williamson，2011）。第三，新的工业（和农业）技术从英国传播到欧洲西北部的其他地区和美国，随后传播到了更远的欧洲外围地区、拉丁美洲和亚洲（罗伯特·C. 艾伦，第 2 章；乔瓦尼·费德里科，第 3 章；克里斯廷·布鲁兰德和戴维·C. 莫厄里，第 4 章）。第四，新的交通运输技术和电报的出现对于促进贸易和建立全球商品市场至关重要。第五，国内货币市场变得更加复杂，金融资本在日益增长的浪潮中跨境流动，形成了世界资本市场（哈罗德·詹姆斯，第 9 章）。第六，船运成本的下降，向那些尚未前往高收入国家的人汇款的增加，以及低工资地区贫困陷阱的侵蚀，这一切都导致了大规模移民的出现。这种大规模的迁移培育了类似于一种逐步整合的大西洋劳动力市场。第七，工业革命之后，民主在核心国家缓慢传播，这一进程将对 20 世纪的全球资本主义产生重大的经济影响。

国内资本主义制度

本书的大多数章节对于在 1848 年国内资本主义制度已经得到相对较好发展的少数国家会有很多描述，虽然这在第一卷中已经做了很好的阐述。几乎所有这些国家都位于西欧及其海外分支地
4 区，但也有极少数位于世界其他地区。本卷中的章节讨论了国内资本主义制度的深化和扩大。这里的深化，我们指的是 19 世纪末期核心国家资本主义制度的进一步发展：例如，在英国和美国等国，日益成熟的金融市场在不断发展；或者是随着铁路和电报的传播，现代公司在美国逐渐兴起。这里的扩大，我们指的是更多的国家加入了资本主义俱乐部：例如，日本在明治和大正时代早期快速吸收了资本主义制度，或者是领先的拉丁美洲工业化国家——如墨西哥、阿根廷和巴西——在它们最好的时代（belle époque）做

出了同样的选择，甚至出现了像上海和孟买这样的亚洲资本主义中心。

全球互动

整个 19 世纪的全球化加剧是多种因素综合作用的结果，特别是上文提到的新的交通运输和信息技术。同时，由于有利的地缘政治条件，这些技术能够产生这样的影响：在西欧重商主义的竞争结束后，英国的统治取而代之；大的重商主义贸易垄断结束之后，取而代之的是更具竞争性的条件；1815 年持久性和平状态的实现，使一个世纪的世界贸易成为可能，而不是破坏性的欧洲内部冲突；帝国主义的崛起，对正式的殖民地（相对于自治领地，它们通常选择建立实质性的关税壁垒），以及对名义上的独立国家如埃及、日本、暹罗和奥斯曼帝国都强加了自由贸易——所有这些国家都迫于炮舰外交而打开了国门。此外，英国用其军事实力监管着这一进程（英国强权下的世界和平），就像今天美国的所作所为一样（美国强权下的世界和平）。

资本主义的国际全球化

是什么使它成为第一个全球化的世纪？贸易的繁荣 [1]

从拿破仑战争结束到第一次世界大战爆发之间，世界经济发生了四件大事，这在此前从来没有发生过，而且直到第二次世界大战之后才再次发生。第一，最富有和增长最快的欧洲经济体开始对外开放，取消了长期存在的重商主义政策，降低了关税，也取消了非 5
关税贸易壁垒。它们在非洲和亚洲的殖民地也同样如此，同时还有很多其他国家和地区迫于炮舰外交的压力不得不采用同样的政策。此外，世界上许多国家通过采用金本位制或其他国际货币安排把它们的货币整合在了一起，从而降低了汇率风险。因此，自由的商业和汇率政策是贸易开始繁荣的一个很好原因。第二，在新的蒸汽动力技术的引领下，世界经历了一场促进贸易发展的交通运输革命。随着贸易成本的急剧下跌，长久以来的距离屏障被打破了。电报的出现给这场革命带来了新的推动力，这是另一种降低远距离市场价格不确定性的促进贸易的技术。第三，随着欧洲及其海外分支工业革命的开展，经济增长急剧上升了。结果，人们对所有东西的需求都猛增了，特别是对制造业的中间投入品、燃料和奢侈食品的进口。第四，世界比以前更安宁了。过去频繁发生的欧洲战争，通过禁运、私掠（privateering)、征募商船船舱作为海军用途，以及市场不确定性的产生，从而阻碍了贸易。在整个 19 世纪，英国强权下的世界和平占据主导，并创造出一种刺激贸易发展的和平环境。

在与法国的战争结束之后，英国这位现在占据统治地位的霸主，开始着手拆除贸易壁垒。19 世纪 20 年代和 30 年代的一系列自由主义改革之后，罗伯特·皮尔（Robert Peel）于 1846 年做出了废除所谓的《谷物法》（Corn Laws）的重大决定，该法案单方面推动英国实行了自由贸易。这场自由贸易运动并不是作为一次性的政治事件而发生的。相反，它在三十年的时间里经历了四个主要的阶段：1815—1827 年，从价税率大约为 70%；1828—1841 年，从价税率下降到了 50%；1842—1845 年，进一步下降到了 19%；最后，在 1846 年，英国实行了自由贸易。因此，欧洲最大的经济体向所有国家开放了市场。西欧其他国家跟随英国的自由主义榜样，欧洲大陆的平均关税在整个 19 世纪 50—60 年代都在下降，并且因它们的条约中存在最惠国条款而加速降低了。

在 19 世纪 70 年代晚期和 80 年代，当新世界和俄国廉价的粮食开始影响欧洲市场时，这种情况发生了变化，但这是国内一些拥有土地的利益集团所不喜欢的。由此导致的 19 世纪后期欧洲关税反弹，对位于贫穷外围国家的出口商影响不大，它们的初级产品并没有与欧洲市场的生产商进行竞争（甘蔗糖的情况除外，其与甜菜糖存在竞争）。但是，在东亚和拉丁美洲的大部分地区，这种反弹甚至更加强烈，它们对自由贸易一点都不感兴趣。说英语的新世界 6
分支国家和年轻的拉丁美洲共和国们拥有世界上最高的关税，以保护幼稚产业，为国家提供税收。东亚国家也不热衷于自由贸易，但工业领导者的海军力量使它们不得不屈服。对贫穷的外围国家来说同样重要的是，欧洲市场对其出口开放了。此外，欧洲领导国家、它们的海外分支和殖民地通过金本位制和其他货币联盟，将货币更紧密地结合在一起，并为这一组合增加了更多的有利于贸易的政策。

直到 19 世纪，海外贸易成本都太高，以至于无法对大宗初级产品进行大量的长途贸易。因此，大多数食品、大多数工业中间产品和大多数燃料都没有在定期的基础上进行长途贸易。虽然在欧洲存在短缺的年份当中，可能存在跨大西洋的小麦运输，但定期、大规模、远程贸易涉及的都是具有较高价值重量比（value-to-weight ratio）的商品：贵重金属、香料、丝绸、瓷器和其他消费物品，如糖、烟草或棉花等，即使欧洲有这些商品，种植起来也很困难。在 19 世纪，随着水路和陆路运输革命的兴起，情况迅速发生了变化。在美国，1825 年伊利运河竣工使布法罗和纽约之间的运输费用降低了 85%。这些运输条件的改善开始打破国内贸易的区域壁垒，同时使美国、英国、德意志关税同盟和欧洲大陆其他国家内部的国内商品市场一体化了。

汽船对于19世纪的运输技术革命做出了最重要的贡献。在19世纪前半叶，它们主要被用于重要的河流、大湖区、波罗的海、地中海和其他内海区域。定期的跨大西洋汽船运输服务开始于1838年，但直到1860年，汽船主要运输的都是与今天的飞机运输类似的高价值商品，例如旅客、邮件和美食。19世纪的另一个主要交通发展当然就是铁路了。19世纪后半叶铁路里程的增长是惊人的，特别是在美国，它在创造一个真正的国家市场方面发挥了重要作用。到了19世纪50年代，对于在其农村腹地的每一个小城镇而言，欧洲西北部的每一个主要港口都能以相对便宜的成本到达。在
7 19世纪30—50年代，大西洋贸易的实际运费下降了近55%。在1840年之后的半个世纪当中，涉及利物浦和伦敦贸易的英国货运费率下降了大约70%。此外，由于铁路的影响可能甚至比海运交通的改善更为重要，这些大略的百分点下降几乎肯定低估了运输成本的总体下降程度。

运输革命不局限于大西洋经济体。在涉及黑海和地中海东部港口的航线上，运费的下降也同样剧烈。1820年后的五十年时间里，连接敖德萨与英国航线的运价下降了51%。1870年以后，铁路对欧亚大陆和亚洲也产生了很大的影响：它们将乌克兰内陆的小麦产地与敖德萨、黑海以及世界市场联系在了一起。美国中西部和拉丁美洲的内陆地区也是如此。

在边缘地带的许多地方，铁路甚至比它们在核心区域发挥了更为重要的作用。在那些被崎岖的地形分割开来，同时缺乏内陆河流，远离海岸线的区域，即在阿根廷、巴西东南部、墨西哥、西班牙、土耳其和印度，铁路有着非常重要的市场整合效应。铁路帮助外围地区打开了先前孤立的内陆区域，将其与世界市场整合在一起。

20 世纪后期，亚洲“四小龙”，以及后来的中国设定了令后来者很难超越的现代“增长奇迹”的标准，这使得过去那些曾经令人印象深刻的突飞猛进的经济增长显得相当温和。但是，西欧的工业革命及其讲英语的海外分支国家所带来的第一个增长奇迹，以当时的标准来说是独一无二的：在直到 1913 年为止的第一个全球化世纪当中，增长率增长了近 4 倍。进一步地，这些富裕国家大部分也都是由自给自足的农场和家庭组成，而且往往与市场几乎没有联系，于是这一增长应该被低估了。因此，维持生存水平以上的“盈余”增长率的上升幅度，一定要比 4 倍大。正是那种剩余推动了贸易增长，实际上，1820—1913 年，全世界贸易占 GDP 的比重上升了 8 倍。

最后，许多来自贫穷外围国家的出口产品是制造业的重要中间产品。典型的例子是用于生产棉纺织品的原棉，但还有更多的例子，例如铜、大麻、牛皮、黄麻、硝酸盐、橡胶、丝绸、锡、羊毛和各种类型的木材。这些中间产品和食品的贸易——我们今天所说的商品——是由富裕核心国家的工业产出增长所推动的，它比国内生产总值的增长快得多。世界对各种商品的需求把落后的外围国家拉进了世界经济体系当中，并强迫它们了解资本主义制度。

在整个第一次全球化世纪当中，世界贸易的繁荣是令人印象深 8
刻的。在 1913 年之前的 60 年当中，其每年的增长率大约在 3.8%，远远超过了核心国家 GDP 的增长率。因此，世界贸易在 GDP 当中所占的份额上升了。实际上，世界贸易所占比例的大幅上涨表明，收入增长、工业化、运输革命、通信的改进、更宽松的政策都在扮演着一种相互支持的角色。这当中哪一个最为重要呢？答案取决于关注的焦点是市场一体化、贸易占 GDP 的份额，又或者是贸易本身。如果关注的重点是在贸易上，那么收入增长最为重要——资本主义的深化和扩张推动了它自身的发展。如果把重点放在贸易与GDP的比重和市场一体化上，那么贸易壁垒的不断下降才是最重要的——这在部分意义上是由领先的资本主义国家引发的促进全球化政策所导致的。

是什么使它成为第一个全球化的世纪？大规模移民[2]

在1820年到19世纪中叶之间的几十年里，全球移民活动发生了戏剧性的变化。各国移民政策改变了，从以前限制外流（以保证国内的兵源和廉价劳动力）转变为此后采取的自由放任政策。移民的数量级发生了变化，长距离的世界性移民飙升到了1848年以前从未见过的水平。移民的构成也改变了。此前大多数人是在契约或胁迫条件下移民，而其后大多数人在没人协助或者自由状态下迁移。以前大多数自由迁移的人都是以家庭的形式，而且不是那么贫穷，而后来大多数人都是独自一人迁移，而且要贫穷得多。同时，此前返回式迁移是非常罕见的，后来却变得越来越普遍。

欧洲人建立的海外国家，特别是北美国家，是如何以及从什么时候开始从数量不多的外国移民区域，转变为有着大量这类人口的区域的呢？在1846年之后的30年中，欧洲向海外的移民平均每年约为30万人；接下来的20年中，这一数量翻番了；而在世纪之交后，每年的移民数量上升到超过一百万人。欧洲向外移民的来源也发生了戏剧性的变化。在19世纪上半叶，主要的移民群体来自不列颠群岛，其次是德国。到19世纪中期，斯堪的纳维亚人和其他欧洲西北部的移民越来越多地加入了这些潮流。在19世纪80年代，南欧人和东欧人也加入了这一队伍。这个新的移民潮占19世纪后期不断上升的移民总数的大部分。它首先从意大利和奥匈帝国的部分地区开始，但从19世纪90年代起，扩展到包括波兰、俄国、巴尔干半岛、西班牙和葡萄牙等区域。

绝大多数欧洲移民把美国作为他们的目的地，但是在 19 世纪 9
80 年代中期之后，有大量的移民流向南美洲，最先是阿根廷和巴西，在世纪之交后，移民转向加拿大。一条数量较少但持久的移民流也将英国与澳大利亚、新西兰和南非连接起来。不过，美国依然占据主导：1846—1850 年，即爱尔兰大饥荒的那些年份，美国吸收了所有到美洲移民的 81%；1906—1910 年，即第一次世界大战之前移民流动的巅峰年份，美国依然吸收了所有到美洲移民的 64%，主要的竞争对手是阿根廷。

欧洲大陆内部也发生了跨越各国边境的移民。第一个例子是爱尔兰人在 1781—1851 年移民到英国，那时爱尔兰人几乎占英国城市人口的十分之一。第二个例子是在 19 世纪 90 年代，超过一半的意大利移民前往欧洲的一些目的地，主要是法国和德国。第三个例子是从东欧到德国的移民，这种模式至今仍在重现。这些统计数字几乎总是指向移民的总数，而不是净迁移数量。这种区别在 19 世纪的大部分时间里并不重要，因为移民返回的成本太高了。然而，随着时间的流逝，移民的返回变得更加重要了。因此，美国相关部门估计，1890—1914 年，返回的移民人数已上升到总流入数量的 30%，在第一次世界大战前的十年中，返回率要高出很多（Bandiera，Rasul，and Viarengo，2012）。1857—1924 年，从阿根廷返回的移民占总流入量的 47%。这种高返回率代表了一种日益增长的趋势，即临时的、通常是季节性的迁移。欧洲向外移民的一些事实情况，对于欧洲内部的跨边界移民也是如此。

由于大国要比小国迁出和迁入更多的移民，我们需要一些方法来规范移民的这些实践，以判断其对劳动力市场的影响。因此，我们要测量派遣国的移民人数相对于其国家的人口数量，以及移民人数相对于东道国的人口数量。最简单的办法是用移民流量除以派遣国或接受国的人口或劳动力数量。在整个 19 世纪后期，对于英国、爱尔兰和挪威而言，每 10 年超过 50‰ 的比率是很普遍的，而意大利、葡萄牙和西班牙则在 19 世纪末期达到了这一水平。瑞典和芬兰仅在其中一个 10 年达到了 50‰ 的比例，但是，即使是其他达到 10‰ ～ 50‰ 比例的年份，以现代标准来看，也是非常高的。

在新世界，移入的移民比率甚至比欧洲向外移民的比率还要高，这是一个必然的算术结果，因为劳动力丰富国家流出的人口要比劳动力稀缺国家接受的人口要多。第一次世界大战前不久，全球各地的移民率都很高，这一高比率意味着对派出和接受这些移民的国家的劳动力市场都有重大的经济影响。尤其是当我们认识到移民倾向于自我选择那些从迁徙中获益最多的人，也就是年轻的成年男性时，情况尤其如此。因此，移民的劳动参与率要远远高于他们离开的那些国家的人口的参与率，以及他们加入的那些国家的人口的参与率。因此，劳动力迁移率甚至比已经很高的人口迁移率还要高。

当我们查看人口普查文件中报告的出生在外国的移民时，无证移民就不是问题了。在第一次世界大战之前，阿根廷和新西兰的外国出生人口最高的比例大约为 30%，而在最大的移民经济体美国，这一比例大约为 15%。这些比例要大大高于今天的水平。

劳动力从存在剩余的国家流向部分外围劳动力稀少地区的数量，经常能够与欧洲大规模移民所记载的相媲美。从劳动力充裕的印度和中国南部向劳动力稀缺的缅甸、锡兰、东南亚、印度洋群岛、东非、南非、太平洋各个岛屿、昆士兰、加勒比海岛屿和南美洲迁移了大约 5 000 万人。这些移民满足了热带种植园和庄园生产初级产品的日益增长的劳动力需求。他们还在从事海外贸易的码头、仓库和工厂工作。这些移民大多是契约劳工：他们的迁移费用已经被支付，同时他们的劳动契约一般是固定的年数。这一安排对来自印度和中国非常贫穷的家庭——无法支付其子女的迁移费用的人来说是有效的。从这个意义上说，这就非常像 18 世纪的美洲契约劳役制度。

为什么第一次世界大战之前出现了大规模的移民？首先，“冒险者”的人数上升了，这是因为欧洲人口结构转型导致儿童死亡率降低，15 ～ 20 年以后青年人口所占比例上升。因为年轻人总是最具有流动性的，这些人口的转变推动了欧洲移民，就像 20 世纪 50 年代后在发展中国家中所发生的一样。但也有其他积极的力量在起作用。大多数人是为了摆脱贫穷而迁移，他们利用家庭资源，同时没有政府的帮助或限制，即以现代术语来说，他们在没有特殊外来工人许可的情况下，做到了这一点。随着交通和通信的改善，移民成本和不确定性的下降，海外移民在欧洲贫困人口中所占比例越 11
来越大，而此举为他们提供了最大的收益。饥荒和革命可能推动了 19 世纪 40 年代第一次大规模人口迁移，但正是基本的经济和人口意义上的劳动力市场基础，使得随后的每一次冲击都比上一次更大。这些基本面因素包括：派遣国的人口激增，使最有可能流动的年轻人的队伍扩大；派遣国的现代经济开始增长，国内实际收入的增加使更多的家庭有可能为这一行动提供资金；在国外出生的外国移民发挥的作用日益增强，他们向潜在移民提供汇款、船票和有关就业市场的建议；最重要的是，进入东道国的移民数量仍然是不受限制的。

是什么使它成为第一个全球化的世纪？金融资本市场 [3]

19 世纪晚期，国际资本市场出现一体化，国际资本流动量也大幅度提高了。英国是这一时期最大的海外投资者；英国在海外的财富份额从1870年的17%上升到1913年的33%，而英国储蓄总额中用于海外投资的比例是巨大的。在其顶峰时期，英国的海外投资占英国储蓄总额的40%，甚至是50%（Edelstein，1982；O'Rourke and Williamson，1999）。虽然大英帝国获得了最大的贷款份额（1870—1913年为42%），但随着时间的推移，这一份额正在缓慢下降，而美国和拉丁美洲吸收了越来越多的份额，达到了38%（Stone，1999）。最吸引英国资本的是丰裕的土地和其他自然资源。在日益富裕的英国人口迅速增长之际，土地提供了有弹性的食物供应，为了实现这一潜力，需要大量投资：交通、其他基础设施、住房和各种公用事业。英国资本为这些投资提供资金，公共治理和铁路建设分别占英国海外投资总额的40%和30%。

其他欧洲国家也出口了大量的资本，特别是法国和德国，两国在高峰时期的资本输出量达到了它们国内储蓄的五分之一。相对于英国，它们在欧洲投资更多，但也倾向于瞄准土地充裕的国家，例如土耳其或俄国等需要大量基础设施投资的国家。这一时期的资
12 本输入国在许多情况下非常依赖资本流入：1913年，外国人拥有几乎一半的阿根廷资本存量，以及澳大利亚资本存量的五分之一（Taylor，1992）。

是什么导致了这些巨大的流动呢？一种传统观点认为，它们代表的不是资本市场的一体化，而是一个功能失调的英国金融体系。根据这一观点，伦敦金融城歧视了国内产业，反而更倾向于向海外借款人提供贷款。证据却并不十分支持这一假设。在海外投资繁荣期间，外国投资的回报超过了国内的回报，而在经济衰退期间，情况正好相反（Edelstein，1976）。平均而言，来自国外的回报超过了来自国内的回报，因此没有迹象表明那里存在不正常的

非理性。

因此，英国资本出口的高增长水平必须归功于资本市场的一体化（降低在不同经济体之间资本转移成本的那些力量）；由于海外投资需求增加或外国储蓄供应下降，资本进口的外国需求曲线向外移动；或者是由于英国储蓄增加，又或者是由于英国投资需求的减少，英国资本出口供给曲线向外移动。已经代表这五个可能的解释中的每一个提出了要求。[4] 新大陆待开发边疆地区投资需求的激增是英国资本出口最明显的解释，英国海外投资的目的与这一解释也是一致的。但是，新世界也可能因为国内储蓄不足而需要外国资本。例如，在此期间，高人口抚养率（dependency rates）与低储蓄率有关，新大陆的抚养率足够高，这本身可能已经占英国资本出口的一个非常大的份额（Taylor and Williamson，1994）。

那么，与资本国际转移相关的摩擦和成本的下降等这些有助于整合国际资本市场的力量是怎样的呢？这种下降可能是由技术或政治所驱动的。最重要的技术是电报。在 1866 年 7 月，伦敦和纽约之间的美国国债价格差距在跨大西洋电缆推出后立即下降了 69%（Garbade and Silber，1978）。在这条电缆建成之前，消息要跨过大西洋需要花费 10 天时间。因此，投资者对潜在套利机会的觉察有滞后性，而且只能带着另一个相当大的滞后性指示大西洋彼岸的代理商利用这个机会。结果就是，试图对较小的价格差异进行套利的风险太高了。随着电缆的建成，信息可能会在不到一天的时间就穿 13
越大西洋，从而可以进行更有效的套利。

在政治上，大英帝国（和其他帝国）可以通过向投资者保证他们的财产权将得到尊重，从而促进海外投资。文献当中强调的另一个制度是金本位制。金本位制从定义上就排除了汇率风险，同时它也有助于消除违约风险，因为它迫使各国采取保守的财政和货币政策（Bordo and Rockoff，1996）。

一些计量经济学研究试图了解，在降低国际资本市场利率差距方面最重要的因素是什么，但这些研究得出了不同的结论（Ferguson and Schularick，2006；Flandreau and Zumer，2004；Obstfeld and Taylor，2004）。但是，当探索英国资本流动，而不是利率差距的决定因素时会发生什么呢？虽然金本位制和帝国成员制降低了债券收益率，增加了资本出口，但这些"摩擦"变量对资本流动的影响远小于决定储蓄需求和供给的变量，如学校教育、自然资源禀赋和人口统计学因素（Clemens and Williamson，2004a）。

在世界许多地方，帝国主义是全球资本主义的副产品，这将在20世纪这些帝国崩溃时产生重要后果。当土耳其、印度，以及东南亚和非洲的新兴国家恢复了它们的自治权时，它们最初会拒绝全球化和资本主义。几十年后，东欧在苏联解体后重新获得自治，但它们没有拒绝全球化和资本主义。

正如我们所指出的那样，支撑高度一体化的19世纪末国际金融体系的一个关键制度就是金本位制。但是，金本位制度作为一种重要的资本主义制度，由于民主的扩散和国内劳动力市场的日益僵化而受到了致命的破坏。为什么？因为民主使普通公民在任何总需求骤降的过程中要求降低失业率，这迫使当局采取扩张性的货币政策，这意味着要偏离金本位制。总需求可以通过货币贬值来增加，从而使出口更具竞争力，而进口则会减少。它也可以简单地通过扩大货币供应、降低利率、扩张和刺激经济活动来增加，这些
14 政策在金本位制下都是不可能的。第一次世界大战结束，当第一次全球化的世纪终结之后，民主的力量越来越强大（Eichengreen，2008）。

战争期间的全球化退却和战后的复苏

第一次世界大战使 19 世纪末期的自由国际经济突然戏剧性地结束了。各国放弃了金本位制，开始事无巨细地管理与世界其他地区经济关系的各个方面，因为交战方寻求最大限度地增加战争所需的进口，并尽量减少其他贸易流动。美国在 1917 年颁布了一项文化水平测试，标志着能够自由移民到美国时代的象征性终结。战后，美国实行了移民配额，其他新大陆移民接受国很快就效仿了美国的做法。战后形势一片黯淡，俄国、德国和奥匈帝国全部崩溃，其继承国面临严重的“过渡”问题，在一些情况下导致了恶性通货膨胀。

尽管如此，除了苏联的社会主义领导人这些重要的例外情况，其他决策者普遍致力于重建战前时代的国际经济。他们在 20 世纪 20 年代逐渐成功地做到了这一点，尽管在取消关税和数量性贸易壁垒等方面的进展常常是缓慢而令人痛苦的。世界贸易流量逐渐恢复，到 1924 年超过了战前的顶峰时期，同时贸易伙伴之间的国际价格差距缩小了。各国重新加入了金本位制，国际借贷恢复了。不幸的是，国际资本流动的恢复被证明是导致不稳定性的一股力量，它始于 1929 年的大萧条，在 1931 年的一系列国际银行业危机之后达到高潮，这不仅导致许多资本主义核心经济体的产出量和就业率的灾难性下降，而且导致激烈的政治反弹。这种反弹部分是针对国际经济的，一些国家实行关税、配额和外汇管制，并放弃金本位制。在某种程度上，这也是针对民主的，许多国家的极端右翼势力获得的选票不断上升，法西斯势力在德国掌权（De Bromhead，Eichengreen，and O’Rourke，2012）。毫不奇怪，许多人由此得出的结论是，资本主义制度存在根本上的缺陷，需要一个全新的制度。

令人印象深刻的是，在核心国家的经济当中，资本主义制度是相当灵活和富有弹性的。罗斯福新政（New Deals）、战后福利国家和混合经济体制，保持了市场在生产和分配产出方面所发挥的主要作用，同时，使得资本家——尤其是但不完全是金融部门的资本家——受到各种旨在防止两次世界大战之间的经济金融灾难重演的控制，并将关键产业国有化。社会安全网络，以及税收和转移支付体系得到了设计，以确保出现一种更公平、政治上可持续的收入分配。但是，正是在发展中国家，知识分子对资本主义的强烈反对产生了巨大的影响力，许多新独立的国家采用了社会主义经济体制，或者更温和一些的中央计划形式——这也许是具有讽刺意味的，因为大萧条对中心国家经济的伤害要大于对外围国家的伤害。其后果之一就是，在 1945 年之后，许多发展中国家背弃了全球化（甚至不受约束的国内市场概念），追求各种发展战略。相反，在发达国家，国内和国际市场自由化在第二次世界大战后得以恢复，尽管资本管制仍然存在，但将其作为强调国内稳定性政策和伴随固定（但可调整）汇率的宏观经济政策组合的一部分。这些政策是在 20 世纪 70 年代转向浮动汇率之后才被取消的，而许多发展中国家只是在 20 世纪 80 年代和 90 年代才采取了有利于全球化的政策。

尽管国际移民仍然受到限制，而且直到最近才恢复到 1914 年的水平，但关于国际贸易和资本流动的现有数据还是反映了这一系列事件。在 1913 年，国际贸易占全球国内生产总值的 8%，这个数字在 1929 年上升到 9%，这反映了全球经济的逐步重建。这一比率在 1950 年下降到 5.5%，但后来又恢复了，1973 年达到 10.5%，1992 年为 13.5%，1998 年为 17.2%，比 1913 年高出了一倍多（Findlay

and O'Rourke，2007：510）。与贸易流量的数据一致，1870—1913 年，国际贸易成本下降了三分之一，1921 年至第二次世界大战期间增加了 13%，1950—2000 年下降了 16%（Jacks，Meissner，and Novy，2011）。这种 U 形模式也是国际资本流动的特征，无论我们关注的是这些流动相对于 GDP 的规模，或者是利率差距，抑或是储蓄与投资之间的相关性（Obstfeld and Taylor，2004）：在 19 世纪末，国际资本市场得到了整合，在战争期间急剧解体，第二次世界大战后又逐渐重新融合了。以经常性项目失衡来衡量的资本净流动的规模现在与第一次世界大战前一样大了，而反映投机资本双向短期流动的资本流动总额则要高出几个数量级。最后，国际移民也显示出相同的 U 形趋势：第一次世界大战之前，加拿大和美国两国人口中出生于外国的人口所占比例约为 15%；到 1965 年，16
这个数字已经下降到 6%；到 2000 年又上升到 13%（Hatton and Williamson，2008：16 and 205，Tables 2.2 and 10.1）。欧洲移民呈现出同样的 U 形模式，其形式更为戏剧化。

反市场与反全球化的反弹

地缘政治因素

我们在上文中看到，国际经济经历了 19 世纪末全球化的 U 形格局，在 1914 年之后出现了去全球化，而第二次世界大战后又出现了再全球化。国际经济一体化的原因既有技术上的，也有政治方面的，我们在早前强调了 19 世纪全球化的技术动因。那么，什么能够解释随后的解体呢？当然不是技术衰退，因为 19 世纪获得的进步在 20 世纪得到了保留和改进。实际上，两次世界大战之间取得了令人印象非常深刻的技术进步（Field，2011），包括运输，其中更好的汽车、更平坦的高速公路和更好的飞机就是最明显的例子。因此，答案必须是政治领域：虽然技术定义了在任何时候都可以获得的最大程度的国际一体化，但是政治决定了世界经济究竟是如何接近这一前沿的。

国内和国际的政治都很重要，而且两者在两次世界大战之间都是反对全球化的。实际上，它们甚至在第一次世界大战爆发之前就开始反对全球化了。在国际领域，经济越来越依赖国际贸易这一事实成为紧张局势的根源。英国长期以来一直依赖进口食品和原材料，并因此依赖制成品出口，这使得它在维持开放的国际贸易体系方面有着至关重要的利益。因此，海军霸权是英国的战略需要，皇家海军帮助保持所有国家的贸易畅通。然而到了19世纪末，德国工业和人口的增长使它处于类似的地位。北海两岸的海军规划者开始制订防御计划，以防止对方的潜在侵略，最终它们也开始制订进攻性计划。由此引发的海军军备竞赛是导致第一次世界大战前紧张局势的主要根源之一（Offer，1989）。尽管英国海军指挥官希望通过封锁能阻止德国人发动战争，但闪电战战略向德国军事计划人员
17 表明，这是使任何封锁变得多余的一种方式。

实际上，封锁在战争期间被证明是一种有效的经济武器，甚至在战争结束后也被盟国使用，以便使德国的注意力集中在《凡尔赛条约》的谈判中。德国和日本的民族主义者并没有遗忘这一事件的教训，在20世纪20年代，两国都参与了重建国际经济的行动，大萧条使两国的民族主义者都有机会通过使用暴力来构建自给自足的帝国集团，以赢得资源安全保障。在20世纪30年代，19世纪后期建立的多边贸易体系崩溃了，随着越来越多的贸易集中在正式和非正式的帝国内部，原本发生在它们之间的贸易被转移了。事实

上，寻求资源的自给自足是日本决定在东亚和东南亚发动战争的主要因素之一，也是希特勒决定入侵包括苏联在内的东方的主要因素之一。

对帝国的追求是第一次世界大战的遗产之一，但奥匈帝国、奥斯曼帝国和俄罗斯帝国的终结则是另一回事。这导致欧洲新的民族国家的建立，这些国家通常在 1919 年之后推行了民族主义经济政策。当然，最值得注意的是 1917 年俄国革命的后果，这一事件在 20 世纪的剩余时间里投射出深远的影响，因为不仅在苏联，而且在世界许多其他地方也产生了大量的社会主义政权。社会主义的中央计划经济与国内的自由市场和国际的自由贸易形成对立社会。第二次世界大战后，随着英国、法国和荷兰帝国的崩溃，另一波非殖民化浪潮随之而来。又一次地，在其觉醒之后，新独立国家往往会遵循民族主义的自给自足和市场干预的经济政策。

战后这些趋势的净结果就是，尽管第二次世界大战之后的贸易自由化的幅度很大，但这主要是一种西方的现象，许多发展中国家止朝着相反的方向发展。20 世纪末的“全球化”真正成为全球化之前，亚洲、拉丁美洲和其他发展中的地区将不得不抛弃传统的经济政策。

经济因素

经济因素也有助于解释这两次战争之间的反全球化反弹。同样，这些因素中的一些甚至在冲突爆发之前就已经在起作用了（O’Rourke and Williamson，1999）。从 19 世纪 70 年代起，粮食的洲际贸易在欧洲大陆的大部分地区引发了农业保护，这足以严重阻 18
碍受影响市场的进一步整合。在欧洲以外，那些能够选择自己的关税政策的国家绝大多数都选择了保护，以便建立免受外国竞争的制造业部门。在拉丁美洲、美国、东欧和南欧，甚至在大英帝国的自治领地也是如此。在整个新大陆，移民限制变得越来越普遍，并累积了更多的负担，因为人们认为来自欧洲较贫穷地区的移民给非熟练工人的工资带来了向下的压力，增加了失业压力，从而造成了更大的不平等。大家大概就是这样想的。

战后，这些压力持续存在，冲突也确实加剧了这种压力。战争扭曲了国际生产模式，欧洲交战各方将资源从和平时期的各种生产活动转移到战争所需的重工业中。欧洲的中立国和欧洲以外的国家逐步取代了匮乏的消费品和食品供应。这导致战后这些部门的竞争加剧，进而产生了保护主义压力。一旦战争结束，欧洲重工业产能过剩造成的经济困难加剧了这些压力。至于移民问题，在 20 世纪 20 年代，美国 1917 年的文化水平测试已被更为严格的配额制所取代——偏爱西欧人而将亚洲人排除在外——在整个 20 世纪 50 年代期间，一直到 20 世纪 60 年代的自由移民改革，这些政策仍然存在。

然而，这一时期反全球化反弹的最大经济原因就是大萧条。在某一层面上，这是错误的财政和货币政策的结果，但在更深层次上，这是一个有缺陷的国际货币体系的结果，金本位制是为重振 19 世纪末自由的国际经济而精心制定的。1929 年后，金本位制将收缩性货币冲动从美国传递到世界其他地区，而且一旦它们的经济陷入深度衰退，政府就无法对此做出充分的反应。事实上，金本位的“新品质”（mentalité）和对国际收支限制的担忧，导致各国政府推行反周期的财政政策，尤其是在德国，这带来了灾难性的后果。此外，另一个脆弱性的根源是国际银行系统，这导致了从奥地利向其他中欧国家传播的银行恐慌，并最终于 1931 年传递到了英国。

因此，支持全球资本市场的制度在推动危机中居于核心地位，政府最终放弃了这些制度就毫不奇怪了，政府抛弃了金本位制，实行外 19 汇管制，或两者皆有。按照货币的三元悖论（trilemma），这使它们能够重新获得货币政策的自主权，并开始了复苏进程。

两次世界大战之间的政府，良莠不分地将国际贸易和国际资本流动一起抛弃了。这作为 20 世纪 30 年代后期本币贬值国家的经济反应是可以理解的，因此它们发现自己相对于那些在这一年代初期就实行货币贬值的国家来说失去了竞争力（Eichengreen and Irwin，2010；Eichengreen and Sachs，1985）。但这是对正统经济思想明显破产的理性回应，是可以理解的，因为金本位制实际上是对自由国际经济的一种承诺的同义词。一旦其他国家都这么做，保护的经济成本就会更低，更高的平均关税甚至可能对个别国家的增长有利（Clemens and Williamson，2004b）。然而，从整体上看，它助长了那个时期的民族主义精神，以及早先强调的德国和日本那种成为自给自足帝国的梦想。

大萧条的灾难破坏了资本主义的知识威信，以及它作为一种发展模式的吸引力。而伴随着一种替代性经济模式的存在——中央计划和社会主义——这在第二次世界大战期间表现得很好，推动发展中国家的战后经济政策走向了国家干预和反市场态度。西方国家的反应非常不同，西方政府能够较为充分地改革资本主义制度，以满足更稳定和更公平的政治要求。当谈到国际经济时，战后各国政府吸取了 20 世纪 30 年代的教训：虽然国际贸易是值得鼓励的，但必须控制国际资本流动，以促进国内宏观经济稳定（以及固定的汇率）。

今天，反全球化反弹的潜力依然存在。调查结果显示，富裕国家技能较低的工人对贸易和移民持敌视态度，正如赫克歇尔－俄林

（Heckscher-Ohlin）贸易理论所预测的那样。实际上，国际移民仍然受到严格控制（尽管在欧盟范围内不是如此）。虽然贸易壁垒现在很低，但反贸易的抵制潜力始终在积蓄力量，即便存在一些国际化的制度：收入分配不仅本身重要，还可能因为它引起政策反应。如果今天的经济和金融危机持续太久，或者变得更糟，这也可能满足人们对另一次全球化倒退的需求。

沿着全球化道路扩大和深化国内资本主义制度

20 这就是自 1848 年以来全球资本主义所走的道路。本卷余下的章节着眼于资本主义制度在这 160 年中的长期演变，但现在我们有了一个可以将它们联系在一起的全球路线图。让我们再次总结一下。有两章研究了制造业的扩散（罗伯特 · C. 艾伦，第 2 章）和农业的绩效（乔瓦尼 · 费德里科，第 3 章）。有两章记录了金融资本主义的演化（拉纳尔德 · 米基，第 8 章），国际资本市场和国际资本流动（哈罗德 · 詹姆斯，第 9 章）。有三章关注的重点是技术变革（克里斯廷 · 布鲁兰德和戴维 · C. 莫厄里，第 4 章）、跨国公司的兴起（杰弗里 · 琼斯，第 6 章）和不同企业模式的共存（兰德尔 · 莫克和杨贤，第 7 章）。有五章分析的是对资本主义的政治和知识分子的反应：帝国主义的兴起和衰退（加雷思 · 奥斯汀，第 10 章）；战争中的资本主义（马克 · 哈里森，第 11 章）；政治运动的蔓延（杰弗里 · 弗里登和罗纳德 · 罗戈夫斯基，第 12 章）；劳动者声音的崛起（迈克尔 · 休伯曼，第 13 章）；福利资本主义和福利国家（彼得 · H. 林德特，第 14 章）。另有一章对资本主义及其竞争者的生活质量的变化进行了评估（莱安德鲁 · 帕尔多斯 · 艾斯克苏拉，第 15 章）。在最后一章中，两位主编进行了总结并展望了未来（拉里・尼尔和杰弗里・G. 威廉姆森，第 16 章）。

注　释

[1]　本节主要依赖于 O'Rourke and Williamson（1999），Findlay and O'Rourke（2007），Williamson（2011）。

[2]　本节从 Hatton and Williamson（2008）第 2 章中获得了大量素材。

[3]　本节借鉴了 O'Rourke and Williamson（1999）的研究。

[4]　在 21 世纪初，人们也对全球失衡的根源提出了类似的看法。

参考文献

Bandiera, O., I. Rasul, and M. Viarengo (2012). "The Making of Modern America: Migratory Flows in the Age of Mass Migration," mimeo.

Bordo, M. D. and H. Rockoff (1996). "The Gold Standard as a 'Good Housekeeping Seal of Approval,'" *Journal of Economic History* 56: 389–428.

Clemens, M. A. and J. G. Williamson (2004a). "Wealth Bias in the First Global Capital Market Boom, 1870–1913," *Economic Journal* 114: 304–337.

(2004b). "Why Did the Tariff-Growth Correlation Reverse after 1950?" *Journal of Economic Growth* 9: 5–46.

De Bromhead, A., B. Eichengreen, and K. H. O'Rourke (2012). "Right Wing Political Extremism in the Great Depression," CEPR Discussion Paper 8876.

Edelstein, M. (1976). "Realized Rates of Return on U.K. Home and Overseas Portfolio Investment in the Age of High Imperialism," *Explorations in Economic History* 13: 283–329.

(1982). *Overseas Investment in the Age of High Imperialism*. London: Metheun.

Eichengreen, B. (2008). *Globalizing Capital: A History of the International Monetary System*. Princeton University Press.

Eichengreen, B. and D. A. Irwin (2010). "The Slide to Protectionism in the Great Depression: Who Succumbed and Why?" *Journal of Economic History* 70: 871–897.

Eichengreen, B. and J. Sachs (1985). "Exchange Rates and Economic Recovery in the 1930s," *Journal of Economic History* 4: 925–946.

Ferguson, N. and M. Schularick (2006). "The Empire Effect: The Determinants of Country Risk in the First Age of Globalization, 1880–1913," *Journal of Economic History* 66:

283–312.

Field, A. J. (2011). *A Great Leap Forward: 1930s Depression and U.S. Economic Growth.* New Haven, CT: Yale University Press.

Findlay, R. and K. H. O'Rourke (2007). *Power and Plenty: Trade, War and the World Economy in the Second Millennium.* Princeton University Press.

Flandreau, M. and F. Zumer (2004). *The Making of Global Finance 1880–1913.* Paris: OECD.

Garbade, K. D. and W. L. Silber (1978). " Technology, Communication and the Performance of Financial Markets: 1840–1975," *Journal of Finance* 33: 819–832.

Hatton, T. J. and J. G. Williamson (2008). *Global Migration and the World Economy: Two Centuries of Policy and Performance.* Cambridge, MA: The MIT Press.

Jacks, D. S., C. M. Meissner, and D. Novy (2011). " Trade Booms, Trade Busts, and Trade Costs," *Journal of International Economics* 83: 185–201.

Marx, K. and F. Engels (1848). *The Communist Manifesto.*

Obstfeld, M. and A. M. Taylor (2004). *Global Capital Markets: Integration, Crisis, and Growth.* Cambridge University Press.

Offer, A. (1989). *The First World War: An Agrarian Interpretation.* Oxford: Clarendon Press.

O'Rourke, K. H. and J. G. Williamson (1999). *Globalization and History: The Evolution of a Nineteenth Century Atlantic Economy.* Cambridge, MA: The MIT Press.

Stone, I. (1999). *The Global Export of Capital from Great Britain, 1865–1914: A Statistical Survey.* Basingstoke: Macmillan.

Taylor, A. M. (1992). " External Dependence, Demographic Burdens and Argentine Economic Decline after the *Belle Époque,*" *Journal of Economic History* 52: 907–936.

Taylor, A. M. and J. G. Williamson (1994). " Capital Flows to the New World as an Intergenerational Transfer," *Journal of Political Economy* 102: 348–371.

Williamson, J. G. (2011). *Trade and Poverty: When the Third World Fell Behind.* Cambridge, MA: The MIT Press.

第

2

章

制造业的扩散

罗伯特·C. 艾伦

长期记录

我们所指的是“工业化的西方”，但在工业革命之前，世界上 22
大部分的制造业生产发生在中国和印度。在1500年，不同大陆之间的货物运输成本很高，所以各国消耗了自己生产的东西。由于整个欧亚大陆的人均收入相近，并且因为中国和印度分别占据了世界四分之一的人口，它们生产的纺织品、陶瓷、金属和其他产品所占的比例也类似。在接下来的两个世纪里，这种情况略有改变，因为达伽马（da Gama）、哥伦布（Columbus）和麦哲伦（Magellan）的航海活动表明，欧洲船只可以通航世界七大海洋，船只的设计改进减少了航行的费用，只是这种变化还不够大，无法彻底改变中世纪晚期的局势，直到工业革命前夕，中国和印度仍然是世界上最大的制造业中心。包括例如伊斯兰世界在内的全球其他地区，都有反映其人口规模的重要制造业。

图 2－1 显示了这一状况，它描绘了从 1750 年至 21 世纪初期世界制造业产出的地理分布情况。[1] 在工业革命前夕，中国和印度分别生产了世界上 33% 和 25% 的制造业产出。1750 年之后，英国的制造业产出猛增，它在世界总产出中所占的份额从 2% 上升到 1880 年的 23% 左右。在同一时期，中国和印度的份额分别下跌至 13% 和 3%。（其份额在 20 世纪不断下跌，到 20 世纪 50 年代跌至谷底时分别只占 2%。）

23

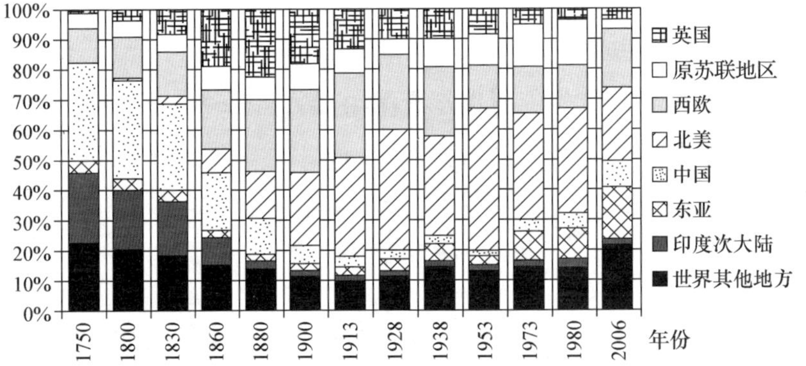

图 2－1　世界制造业产出的地理分布

资料来源：Allen（2011）.

当传统的制造业中心在 19 世纪衰落的时候，其他的中心发展起来了，甚至与英国一道形成了“工业化的西方”。首先就是西欧，因为其人口规模更大，它在 1750 年比英国生产出了多得多的世界制成品（11%）。西欧国家的市场份额从未像亚洲国家一样下降，相反，随着现代工厂的建立，其比重在 1800 年后开始上升。到 1880 年，西欧的份额超过英国，并且一直到第一次世界大战之前都在持续增加。自那时之后，随着世界其他地区工业化进程的发展，其市场份额开始下滑。

北美，尤其是美国，是另一个伟大的成功范例。在 1776 年美国宣布独立而结束殖民时期时，美国只生产很少的制成品。自 1800 年以来，工业产出几乎没有中断地持续增长，因此在 20 世纪 50 年代，北美洲生产了世界上几乎一半的制造业产出。

工业化迅速发展的第三个地区是俄罗斯帝国，1917 年十月革命之后，苏维埃政权得以建立，1991 年苏联分解成十五个独立的国家。在 18 世纪和 19 世纪上半叶，俄罗斯生产了世界上大约 5% 的制成品。在克里米亚战争失败后，帝国政府开始了一系列的发展计划，在 1900 年将制造业份额提高到了 9%。苏联人在 1928 年开始实施第一个五年计划——这一著名的经济计划直到 20 世纪 70 年代增长开始放缓之前都表现不俗。在 20 世纪 80 年代达到顶峰的时期，苏联生产了大约 15% 的世界制造业产出。自苏联解体以来，这些继承的国家经历了极端的去工业化过程，它们组合在一起占世界工业产出的份额在 2006 年下降到 3%。

第四个工业化地区是东亚。在 18 世纪和 19 世纪上半叶，日 24
本生产了世界上大约 3% 的制成品。在 1868 年明治维新之后，经济发展成为日本的优先事项。到 1940 年，日本的制造业产量占世界总产量的 5%。第二次世界大战对日本和日本经济来说是一场灾难，但在 20 世纪 50 年代，日本经济增长出现了反弹。到 21 世纪，日本、韩国在世界制造业产出中的份额大幅增加。这种发展变化已经蔓延到了中国，其在世界制造业产出中所占份额在 2006 年达到 9%，之后还在进一步增长。

我们如何解释工业化、非工业化和再工业化？许多人讨论了不受约束的资本主义的作用和发展状况。一种极端情况是，有些人认为，政府应该将其作用局限于确保私人财产的安全和法治，同时将经济决策留给私营企业。亚当·斯密（Adam Smith）在其经典的《国民财富的性质和原因的研究》（*The Nature and Causes of the Wealth of Nations*）中，以及最近由国际货币基金组织（IMF）等国际机构在“华盛顿共识”的名义下，按照这些方针提出了政策。在另一个极端，还有一些人认为，国家应该拥有和经营企业，对经济进行计划安排以取代市场力量。在这两个极端观点之间有一系列的选项，国家可以干预经济以促进资本主义的发展。在本章中，我将带着这一问题回顾工业发展的历史（弗里登和罗戈夫斯基，本卷第 12 章）。

英国的挑战与政策对策

17 世纪和 18 世纪，英国的经济一直在缓慢而比较稳定地增长着。在 1750 年的工业革命前夕，英国的人均 GDP 大大高于世界平均水平。经济增长是由国际贸易的扩大推动的，但英国政府的政策与亚当·斯密的政策建议有些不同。政府确实保护了私有财产，但税收却比法国高，同时商业扩张受到东印度公司等特许垄断企业的影响，而且是通过海军力量、战争、殖民扩张、关税和重商主义得以维持的（奥布莱恩，第一卷第 12 章）。作为一名自由贸易者，斯密反对这些政策。然而，经济增长速度很快，跟上了国家人口的持续增长，其结果就是英国的工资比欧洲大部分地区和亚洲都要高。伦敦工资的增
25 长也导致燃料价格急剧上涨，在中世纪末期，伦敦主要使用的是木炭和柴草，这反过来导致了英格兰东北部煤矿开采的扩大。在 18 世纪，英国是欧洲唯一拥有大型煤炭工业的国家，而且，在其煤田区域的能源价格是世界上最便宜的（哈雷，第一卷第 16 章）。

这些因素有助于解释工业革命期间英国那些发明的产生轨迹：新的技术用资本和廉价的能源替代了昂贵的劳动力。这些技术是在英国发明的，因为它们在英国取得了商业上的成功。然而最初，由于工资更低而能源价格更高，它们在别处的成本效益不划算。

英国的新技术对其他国家来说是一个机遇和挑战。为了致富，它们需要提高劳动生产率，如果它们采用了英国的新技术，它们就可以做到这一点。然而，考虑到不同的投入品价格，这种技术是不符合成本效益的。其他国家应该怎么做呢？

英国新技术的第二次分化加剧了这一两难困境。由于英国制造业的生产率提高，加之没有赋予其他国家同样的优势，英国在制造业方面的比较优势增加了，而其他国家的比较优势转向了农业。这表现为英国制造业企业的竞争力提高，从而有可能将其他国家的制造商赶出市场。与此同时，其他国家在农产品生产方面变得更具竞争力。换句话说，英国的成功威胁世界其他地区发生“去工业化”，并将其他国家变成主要从事初级产品出口的“不发达国家”（Williamson，2011）。

这正是在亚洲大部分地区发生的事情。印度就是一个重要的例子。在 18 世纪，印度拥有世界上最大的棉纺织工业之一。英国只能在生产最粗糙的纱线和织物方面与印度竞争，因为这方面生产所需的劳动力比更细的纱线要少，而英国的劳动力比印度要昂贵得多。在英国，机器减少了加工一磅材料所需要的时间，并允许低收入的妇女和儿童代替高薪的男工人，从而降低了成本。英国东印度公司在印度的贸易垄断于 1813 年到期，曼彻斯特的一些制造商反对其延期，理由是如果航运成本下降，印度将是一个巨大的潜在市场。他们指出，1812 年生产 40 支纱（适合制作衬衫的普通品种）的成本在印度是每磅 43 便士，但在英国只有 30 便士。这些制造商 26
是对的，但值得注意的是，他们在 10 年前就不可能提出同样的论点，因为在 1802 年，英国生产 40 支纱的成本为 60 便士。这是衡量进步速度的一个指标。事实上，到 1826 年，40 支纱的价格降到了 16 便士，而英国的竞争彻底摧毁了印度的棉纺工业。印度的织布行业也收缩了，虽然没有被完全摧毁，但它需要建立在进口的英国纱线基础上。

美国和西欧也面临同样的威胁，但利用构成经济发展标准模型的四个政策，避免沦落到与印度同样的命运（阿塔克，第一卷第 17 章）。这首先是在美国完成的，有四个必要条件：通过取消内部关税和建立运输基础设施，创造一个大型国内市场；建立对外关税保护工业以免受英国的竞争；特许成立银行以稳定货币及促进工业投资；教育人口以便为商业和技术工作配备人员。美国在 1790 年实施的宪法标志着其在创造一个巨大的国内市场方面向前迈出了一步，因为它确实取消了各州的关税。亚历山大·汉密尔顿（Alexander Hamilton，1791）的《关于制造业的报告》(*Report on Manufactures*)，列出了基础设施投资、关税和银行这些项目，这些项目随后得到了实施。在殖民时期，教育已经得到普及，而在 19 世纪上半叶，各州将普及初等教育作为一项公共责任，部分原因是出于经济动机。

标准模型创造了一种政策环境，使制造业有利可图，同时，考虑到高工资水平，英国的机器很容易被采用，因为它的高资本强度是适合美国的。实际上，到了 19 世纪 30 年代，美国的工资比英国高得多，而英国的工资自 18 世纪 90 年代以来一直停滞不前，这促使美国人发明了比英国更多的资本密集型技术。美国工业优势的基础得以奠定下来。

欧洲的标准模式

在 1841 年的《政治经济学的国民体系》（*National System of Political Economy*）一书中，弗里德里希·李斯特（Friedrich List）

提出了欧洲的标准模式，虽然在他写作的时候，这种模式已经得到顺利应用。采用英国的技术在西欧面临的障碍要比在北美洲更多。许多历史学家认为，18 世纪的增长受到了古老制度的阻碍。这些都被法国大革命和拿破仑一扫而空，拿破仑把现代化了的法国体制引进被他征服的那些国家。这些变化包括废除农奴制，对僧侣财产 27
的征用，提出法律面前人人平等的一项新法典，废除内部关税，使税收和外部关税合理化，普及初等教育，扩大高等教育和科学机构的规模。像普鲁士这样的国家，虽然也被拿破仑打败了，但没有被并入法兰西帝国，也沿着类似的路线改革了自己的制度。

德国是欧洲标准模式的典范。普鲁士在 1763 年建立了普及初等教育的制度，并在后来的 60 年里加强了学校体系建设。在拿破仑被打败后，它又采取了一些其他措施。《维也纳条约》（Treaty of Vienna）签订后，德国包括 38 个联邦成员，其中普鲁士是最大的。庞大的国内市场和对外关税是普鲁士于 1818 年建立的关税同盟的特征，并在 1866 年之前逐渐扩大到包括大多数州。修建公路和运河，改善河流和修建铁路，也降低了内部运输成本。在 19 世纪上半叶，私人投资银行已经在德国开始运营了。1852 年成立于法国的动产信用公司（Crédit Mobilier）标志着欧洲大陆银行业务的突破，因为它的目标是投资于工业项目，并在 1853 年分拆出第一家大的德国投资银行——达姆施塔特银行（the Bank of Darmstadt）——其他银行到 1870 年也应运而生。德意志帝国银行（Reichsbank），或称其为中央银行，成立于 1876 年，即德国统一五年之后。这些银行为德国直到第一次世界大战的快速工业化提供了资金，这是西欧在这一时期世界制成品中所占份额上升的主要原因。

这一标准模式创造了有利于资本主义发展的投资环境和劳动力供给，但公司不得不通过建立现代化的设备来抓住这些机遇。在法国或德国，这样做的激励效果要比在美国弱，因为欧洲大陆的工资比英国低（而不是高）。在大革命之前，工厂纺纱在法国的利润比在英国低。然而，英国工程师通过不断改进他们的纺纱机械，为法国人解决了问题，使粗纱的实际成本在 1775—1836 年下降了 42%。细纱的生产力增长甚至更大。在这些较高的效率水平下，它几乎不考虑劳动力或资本成本，而是使用机器来纺纱，同时在滑铁卢战役之后，工厂纺纱很快就被引入欧洲大陆。从动力织布中能够获得的生产率收益相对较低，采用这项技术的激励取决于资本和劳动力的相对价格。结果在欧洲大陆，向动力织机的转换被推迟到 19 世纪末。现代炼铁技术的推广和使用也遵循了类似的路线（哈雷，第一卷第 16 章）。

当今富裕国家的技术进步

28 到 19 世纪中期，前文所讲的标准模式在美国和西欧都取得了成果。英国工业革命的所有相关行业都有利可图，产量激增。到第一次世界大战开始时，美国和西欧的工业生产已经超过了英国（图 2－1）。技术进步的中心也从英国转移到德国和美国这样的新兴国家。这在一定程度上是它们快速增长的连锁效应（knock-on effect）。例如，德国和美国的钢铁产量在 1870—1913 年增长了更多，其结果是，当时世界上大多数新的钢铁生产设施都是在这些国家建造的。这提供了一个巨大的集体学习（collective learning）的机会：企业之间交换有关新工厂运行情况的信息，以便在彼此成功的基础上进一步提高。这是一种螺旋式上升的进步趋势，快速增长带来了高投资，这提升了技术知识，又进一步提高了生产率。由于投资是在德国和美国进行的，它们成为世界的技术领袖（布鲁兰德和莫厄里，本卷第 4 章）。

西欧和北美各国在它们的大学和科学研究中所做的投资，也加速了技术进步。这些投资产生了知识，推动了 19 世纪的化学和电力，以及 20 世纪的飞机、核能和电子技术等产业的技术进步。

最终，经济激励以强化差异性发展的方式引导了技术的演化。到 19 世纪中叶，美国、英国和西欧的工资都高于世界其他地区。这使发明者在工厂设计中可以体现他们的想法，通过增加资本的使用来节约劳动力。这些设计进一步提升了劳动生产率，这些进步反映在工资上涨当中，又反过来推动发明家发明了更多的资本密集型技术。不仅资本劳动比率上升了，而且生产规模也增加了。这种使富国富裕起来的技术越来越不适合穷国。

殖民主义与经济发展

在今天的富裕国家向前发展的同时，世界上的其他国家却落在后面。那么显而易见的问题就是：为什么亚洲人、非洲人和拉丁美洲人没有采用在北美和西欧已经被证明是如此成功的标准模式呢？殖民主义就是答案的一部分（奥斯汀，本卷第 10 章）。 29

印度民族主义者认为印度需要标准模式，然而印度却没有拥有它。经济政策反映的是英国的利益，而不是印度的需求。这里不存在国民教育计划。在 19 世纪，只有 1% 的人口在上学，而成人识字率是 6%。在第一次世界大战之前，关税很低，而且目的是获得收入。没有旨在促进经济发展的银行政策。标准模式唯一将会得到实施的部分就是，通过构建铁路网建立一个全国性的市场。其主要的经济影响是促进农业出口。铁路建设对印度的工业化没有什么贡献，这是因为铁路、机车和车厢都是从英国进口的，而不是在印度生产的。工业发展有限。在 19 世纪末，孟买建立了棉纺工业，加尔各答建立了黄麻工业。这些行业是全球性的参与者，但总的来说，它们在 1911 年雇用不到 1% 的劳动力。为了改变印度经济，必须采取更有力的政策。

殖民主义意味着撒哈拉沙漠以南的非洲也不拥有标准模式。非洲人对 19 世纪开放的机遇做出了积极的反应。运输成本的下降提高了西非港口棕榈油和可可豆等大宗商品的价格。对此，非洲人的反应是增加产量和扩大种植。这就要求他们每年工作更多时间，他们用由此获得的额外收入购买欧洲的布和铁制品。

各国政府几乎没有以造福非洲人的方式充分利用这些进展。关税并不是用来保护非洲工业的，在卡诺附近，诸如大型手工棉业这样的本地生产被赶出市场。为非洲企业进行融资的银行还没有设立。教育还没有向广大公众放开，数量也很少。铁路是为了连接海岸与内地而建造的。此外，经济发展的推动力限于夺取采矿点和耕地，并把它们交给欧洲殖民者，以及征召非洲人在铁路和种植园中从事强迫劳动。

殖民主义赋予了非洲特别糟糕的制度。热带森林的病虫害环境意味着农业引进后人口增长受到限制。一直到 20 世纪，非洲都有大量自由土地。土地没有什么价值，因为在不剥夺任何人的情况下，人们可以整理得到一个新的地块。因此，政府不能靠耕种、出
30 租或征收土地税来为自己提供资金。各个部落作为一个区域当中的生产者集体，是一种普遍的政治组织形式。在奴隶制的基础上出现了更精细的国家组织形态，因为劳动力是一种具有稀缺性和有价值的投入品。

非洲许多地方的殖民政府试图通过将地方行政移交给“部落”的“酋长”来安抚民众。以上这些用引号括起来的术语，是殖民地

政府法律上的结构，与当地的情况没有任何必要的联系。事实上，部落和酋长在他们以前不存在的地方被创造出来。酋长们成为帝国的工头，通过增加强迫劳动和分配公共土地来剥削民众，同时从殖民统治者那里得到恩惠。殖民主义由此创造了一个专制的小寻租者阶层来统治农村，它们在今天的许多地方仍然存在。

追赶标准模式：墨西哥

独立的国家对其政策有更多的控制，但许多国家无意努力赶上西方，而其他国家只是缺乏热情地试图采用标准模式。只有少数国家做出了持续和积极的努力来发展经济。

中国是一个在发展上所做努力太少，也太晚的国家的重要案例。乾隆皇帝并没有利用马戛尔尼（Macartney）伯爵于 1792—1794 年展示给他的蒸汽机和其他西方小工具。即使在鸦片战争中战败也没有导致当时的中国努力实现现代化，也许是因为皇帝（错误地）认为没有外国军队能进攻北京。1851—1864 年，这个国家遭受了太平天国运动的沉重打击，当太平天国运动最终被镇压时，地方军阀已经夺取了中国大部分地区的控制权。在 19 世纪下半叶，伴随着洋务运动，改革终于启动了，但范围是有限的，也没有得到大力推行。

通过在 18 世纪将西班牙技术和本土技术结合在一起，墨西哥的经济发展起来了（萨尔武奇，第一卷第 13 章）。小麦被列入玉米、豆类和南瓜这些本地作物的目录当中。阿兹特克人缺乏任何大型的驯养动物，所以绵羊、牛、马和骡子的引入既革新了交通运输业，也改革了农业，使呢绒业成为一个主要的新兴产业。西班牙重商主义和从维拉克鲁兹到墨西哥高原糟糕道路的自然保护作用，推动了殖民地时期该国制造业的长足发展。到 18 世纪末，随着运输成本的下降，欧洲的进口也在扩大。根据 1803 年居住在墨西哥的亚历山大 · 冯 · 洪堡（Alexander von Humboldt）的说法，“在普埃
31 布拉的代夫特很多陶器制造厂倒闭了，这是因为在维拉克鲁兹进口的粗陶器和瓷器价格低廉，在 1793 年依然存在的 46 家制造商当中，到 1802 年就只剩下 16 家了，而且其中两个是生产玻璃制品的”。从西班牙的进口被战争切断而于 18 世纪 90 年代在普埃布拉繁荣起来的棉纺生产，也在 1804 年之后受到了来自加泰罗尼亚地区进口复苏的威胁，而在 1821 年独立之后，又受到廉价的英国进口商品的威胁。

墨西哥以标准发展模式的一个删减版本迎接了这一挑战。它对外国棉布征收了关税（尽管它可能被对原棉征收的另一种关税抵消了），而一些关税收入则流向了新成立的亚维银行（Banco de Avío），该银行把它们借给了棉纺厂用以购买设备。1835—1843 年，墨西哥共建立了约 35 个棉纺厂。这一进步几乎没有带来进一步的经济增长，部分是因为所有的机器都是进口的，而建造和管理工厂的工程师都是外国人。墨西哥人只提供了非熟练的操作人员。这些有限的效应反映了标准模式在墨西哥的实施程度有限。没有建立起全国性市场（墨西哥各州继续对州际贸易征收关税），也没有试图对大部分人口开放教育。统治墨西哥的是受过教育的白人精英，但他们只占总人口的五分之一。其余人口都没有上过学。这与美国和西欧的工业化国家有很大的不同。

1877—1911 年，在波菲里奥 · 迪亚斯（Porfirio Diaz）的独裁统治下，墨西哥更加积极地推行了标准的经济发展模式。随着各州之间收取关税的行为被压制，以及全国铁路系统的建设，一个全国性的市场得以建立起来。关税被用来保护墨西哥工业体系，银行系统

也扩大了。一项值得注意的政策创新就是，扩大了对外借款对投资融资的作用（詹姆斯，本卷第 9 章）——北美和西欧主要依靠国内储蓄为其工业革命提供资金——外资企业成为向该国引进现代技术的主要渠道。然而，大众教育仍然被忽视了。

墨西哥经济在迪亚斯时期以人均每年 2.2% 的速度增长。这比美国（1.8%）稍微快一些，但不足以改变经济结构或使其在合理的时间范围内迎头赶上。墨西哥没有做得更好的一个重要原因是，它依赖美国的技术而不是发明自己的技术。其缺乏本国研发能力的原因是受教育公民的供给受到限制（80% 的墨西哥人是文盲，与美国 32
白人人口几乎全部识字的比率形成了鲜明的对比）。因此，技术进步仅限于分厂式经济（the branch plant economy；布鲁兰德和莫厄里，本卷第 4 章；琼斯，本卷第 6 章）。同时，劳动力需求增长不够快，无法形成对劳动力市场的约束。结果，实际工资下降了。这个政权在 1911 年的革命中被推翻了。

追赶标准模式：俄国

俄国也采取了类似的政策，取得了相似的结果。彼得大帝（Peter the Great）在 18 世纪初期做出了实现该国现代化的首次尝试。虽然他创建了一个新城市和一些新工厂，但他的政策强化了农奴制和相关的社会等级制度，这或许可以解释为什么他的改革没有导致持续增长。俄国在克里米亚战争失败后才开始了现代发展，当时的沙皇亚历山大二世（Tsar Alexander Ⅱ）废除了农奴制以改变经济。废除农奴制并没有带来快速增长，也许是因为以前奴隶的土地所有权被授予了村庄而不是那些耕种这些土地的个体，同时村庄对这些前农奴的行为和收入仍然拥有相当大的权力。允许个人和他们的土地离开公社的规定，在 1906 年的斯托雷平改革（Stolypin Reforms）之后才得以引入。俄国的农业制度对经济增长速度的影响仍然存在争议。

然而，在 19 世纪后期，俄国确实具备了标准模式的大多数要素。第一，通过修建铁路创造了一个全国性的市场。到 1913 年，俄国已经有了 71 000 公里的铁轨，连西西伯利亚这样的偏远农业区都与全球市场联系在一起了。第二，关税和工业采购政策被用来促进俄国的经济发展。例如，为了促进对纺织厂的投资，俄国对棉布征收了高额关税。原棉也受到保护，以鼓励它在后来成为乌兹别克斯坦的地方进行种植，但关税保持在足够低的水平，因此制成品仍然享有有效的保护。同时，对钢铁、铁路和机车征收的关税推动了现代冶炼、精炼和工程工业的建立。第三，虽然在创立现代银行业方面付出了努力，但是进展缓慢。和墨西哥一样，俄国比美国、德国或日本更依赖外国储蓄。第四，与墨西哥一样，俄国也依赖外
33 资企业并将其作为技术现代化的工具。第五，俄国比墨西哥更加注重推进教育。学校是由地方当局而不是中央政府设立的。到第一次世界大战时，大约五分之二的人口识字，而且这一比例正在迅速上升。

与墨西哥一样，俄国的标准模式带来了有限的经济增长，而且推动了微小的结构转型。最大的成就是创造了一个重工业部门，其产值在 1885—1913 年跃升了十倍，占 GDP 的比重从 2% 上升到 8%。农业的份额从 59% 下降到 51%，但农业总产值的增长直接占国内生产总值增长的一半，一旦考虑到销售这些增加的农业产量所涉及的贸易和运输服务，其间接意义就更大了。反过来，农业的增长又是由于 1896 年世界小麦价格的上涨，以及将农场与欧洲西部市场联系起来的铁路建设。尽管如此，GDP 的增长依然比较缓慢

（年均 1.9%），而且不足以导致劳动力市场的收紧。因此，实际工资停滞不前，资本和土地所有者获得国民收入的份额同样如此。1905 年革命和 1917 年革命背后的起因就是不平等发展。

追赶标准模式：拉丁美洲的进口替代工业化

1917 年后，苏维埃俄国采取了一个根本不同的发展战略（稍后对此进行分析），但拉丁美洲仍然坚持标准模式，即所谓的进口替代工业化（Import Substitution Industrialization，ISI）。墨西哥仍然是一个重要的参与者，但是在 19 世纪末，阿根廷、乌拉圭和智利也加入了这一行列。在帆船时代，这些国家距离欧洲太远，无法进行广泛的贸易，但是在 19 世纪 60 年代，随着汽船航运的引入，运输成本降低了，贸易迅速增长。阿根廷和乌拉圭通过出口小麦和牛肉，智利通过出口矿石成为富裕国家。到了第一次世界大战爆发的时候，尤其是阿根廷的人口和收入已经足够大，国家能够推动工业化进程。阿根廷政府已经在 1884 年规定强制实行普及教育［在这方面，南锥体国家（Southern Cone）远远领先于美洲大陆其他地区］，同时修建了许多铁路用于把小麦和牛肉运到沿海。高关税保护了主要工业。与墨西哥和俄国一样，阿根廷也依赖外国资本和外国公司提供的资金和技术。

第二次世界大战后努力再次加倍，更多的国家完全地接受了标准模式。例如，扩大教育的第一步是 1911 年革命之后在墨西哥进行的，但直到第二次世界大战之后，学校教育才被普及。（实际上， 34
自 20 世纪 50 年代以来，普及教育已成为一项普遍的经济发展战略，但只取得了有限的成功。）公共投资和国家支持的开发银行促进了整个大陆上各国的国内储蓄供应。虽然这些国家仍然依赖于外国公司提供的先进技术和金融产业，但它们是在国家规定的框架内运作。大多数拉丁美洲国家通过使用关税、政府采购和当地含量要求（local content requirements）来发展美洲大陆的制造业。例如，阿根廷1959年推出的《汽车法令》（Automotive Decree）要求在阿根廷销售的汽车，其价值的90%必须在国内生产。20世纪60年代，汽车生产迅速增长，占到了阿根廷经济10%的比重。

进口替代工业化在拉丁美洲取得的成果喜忧参半。从积极方面来看，人均GDP在1914—1980年增长了近四倍。从消极方面看，它所创造出来的工业生产能力非常低效。例如，阿根廷制造汽车的实际成本是美国的2.5倍。原因是阿根廷太小，从而无法实现大型生产商在发达国家所能实现的规模经济。例如，20世纪60年代，一个装配厂的最小有效规模（minimum efficient size）是每年生产20万辆车，而发动机和变速箱的最小有效规模是每年100万台。阿根廷最大的汽车公司年产量只有57 000辆。如果阿根廷的整个市场都由一家工厂提供，那么汽车装配就会高效进行，但是，发动机、变速箱和其他主要部件的制造仍然是在低效率的小规模上进行的。这种情况在石油化工等其他行业也在重新上演。20世纪下半叶，标准模式导致拉丁美洲经济的整体效率低下。

重要的是要认识到，在19世纪标准模式首次被采用的时候，技术是不同的。例如，在19世纪50年代，美国的棉布市场比棉纺厂的最小有效规模大2 000倍。同样，铁的市场是高炉最低有效规模的160倍。虽然标准模式可能在19世纪通过提高消费者支付的价格而给消费者带来负担，但它并没有给美国和德国这样的国家带来本质上效率低下的产业结构的负担。这也是标准模式在最初应用的国家取得成功的一个主要原因，但在后来那些尝试通过遵循同样的策略来模仿它们的成功经验的追求工业化国家中，越来越不成功。

标准模式，就像它在 19 世纪末将会被修正的那样，包含着另 35
一种将会决定其消亡时机的弱点。对外国借款的依赖意味着国内资本积累受制于国际金融市场的波动。大约在 1980 年，美国、英国和其他富裕国家采取了货币主义的宏观经济政策，这使央行行长们关注货币供应的增长，而不是利率等其他指标。限制货币供应增长的尝试导致了不断攀升的利率。随着外债的偿付需要以越来越高的利率进行再融资，拉丁美洲的债务负担越来越大，最终墨西哥在 1982 年开始拖欠外债了。金融危机也席卷了拉丁美洲的其他地区。西方国家强烈要求拉丁美洲进行改革，关于稳定、自由化和私有化的华盛顿共识政策在美洲大陆得以推行。这些都是通过消除进口替代工业化所带来的非效率而启动的经济增长。然而，最终导致的结果是几十年的增长缺失。

19 世纪通过更具指令性的国家行动来追赶：埃及

一些外围经济体在 19 世纪就尝试工业化，但对标准模式的应用不彻底，其他一些经济体却试验了更直接形式的国家干预形式。

埃及是一个有趣的例子，它预示了苏联发展模式的许多特征。1805 年，穆罕默德·阿里（Muhammad-Ali）被任命为当时名义上还是奥斯曼帝国一部分的埃及的帕夏（Pasha）[1]，拿破仑的撤退引发了以前控制这个国家的马穆鲁克人和奥斯曼帝国军队之间的内战。其间，穆罕默德·阿里一直维持了他的绝对统治地位，直到其于 1848 年退位。在 1811 年，他杀害了马穆鲁克首领，摧毁了他们的

① 帕夏，是奥斯曼帝国行政系统里的官级官员，通常是总督、将军。

部队，并将土地“国有化”，然而，这块土地仍然掌握在耕种者手中。随着前贵族阶层的灭亡，阿里通过一种贸易垄断侵占了农业盈余，即向粮食和棉花的生产者支付低价格，然后将粮食和棉花以较高的价格转售给城市居民，甚至在出口市场以更高价格转售。有了这笔收入，他建立了一支现代化的军队、庞大的海军并兴建军械生产设施，以及出口到中东且能够在那里与英国人成功竞争的棉纺织工业。机械生产开始了，使得埃及摆脱了对外国供应商的依赖。关税不是一个促进工业发展的政策选择，因为奥斯曼人将关税限制在 3% 的水平上，因此阿里实行国有制，同时用价格操控取代了银行
36 以作为产业融资的手段。阿里还对运河和公路进行投资。同时，他还建立了现代学校来培训技术人员和行政人员，但没有开展大众教育。

埃及的实验尽管是超前的，但没有成功。究竟是因为内部的失败还是英帝国主义的原因，这一直以来都是争论的焦点。帕默斯顿（Palmerston）勋爵曾经写道：“让阿里向英国臣服……这可能是错误的，也是有偏见的，但我们是有偏见的；欧洲的切身利益要求我们这样做。”1840—1841 年，英国人在黎凡特地区击败了阿里的军队，导致奥斯曼帝国和大英帝国之间签订了《巴尔塔·利曼条约》（Treaty of Balta Liman，1838）。该条约限制了关税，更重要的是取消了垄断。阿里的税收制度被取消了，他的国家结构和发展计划也随之破灭。

19 世纪通过更具指令性的国家行动来追赶：日本

日本在 1868 年之后也采取了强有力的国家行动来促进经济增长，而且比埃及取得了更大的成功。实际上在 20 世纪，日本经济

可能是最成功的。

在这种发展的爆发之前是所谓的德川时期（Tokugawa period，1603—1868 年），当时权力掌握在德川幕府而不是天皇手中，天皇只是傀儡。国家被分成了几百个“封建”的藩属，整个社会则由四个阶层组成（武士、农民、工匠和商人）。在 1868 年，日本仍然有许多“落后国家”的标志性特征：大多数人口从事农业，实际工资很低，而且没有工厂工业。然而，也有一些重要的现代性迹象。在 17 世纪，水稻生产和人口取得了大幅增长。封建领主（大名，daimyo）促进了农村和小城镇制造业的有力增长。城市规模很大——江户（即现在的东京）有 100 万人口，大阪和京都各有 40 万人口。最后，日本当时的识字率对于一个农业社会而言显得异乎寻常地高。

德川幕府时期，日本的行政和技术能力体现在了生铁铸造向该国的引进过程中。自 1635 年以来，日本只允许中国、朝鲜和荷兰的船只入港停泊，而荷兰人被限制在长崎的一个小定居点上。因此，日本与外国的接触被隔绝了。所以，当菲顿号（HMS Phaeton）在 1808 年进入长崎港劫掠荷兰船只时，这成为一个严重的事件。在被拒绝提供补给之后，菲顿号威胁要轰炸这座城市。日本人被迫做出让步，因为他们没有能够为自己提供防御的大炮。后来成为长崎大名的锅岛直正（Nabeshima Naomasa），希望 37
通过建立一个铁铸造厂来制造大炮，以挽回这一局面。但这在日本从未做到过，此前日本的制铁行业仅限于用木炭制造锻铁。为了完成这项任务，日本建立了一支专家和铸铁工人的队伍。他们翻译了一本荷兰书，在这本书中描述了荷兰莱顿一家铸铁厂的情况，并试图对其进行复制。经过多次尝试之后，他们成功地铸造了铁炮。

1853—1854 年，外国人对日本的威胁急剧上升。美国准将佩里（Perry）威胁说，除非幕府同意解除贸易禁运，否则他会攻击日本，他后来也的确这样做了。德川幕府和一些大名开始发展现代军事力量来保卫国家，但改革还不够深入。结果就是一场实质上的政变：1867 年，明治天皇登基，次年德川幕府“自愿”向天皇移交了权力。

日本的现代经济增长通常始于明治维新时期，随后进行了一系列的制度改革风暴。在很短的时间内，190 万武士交出了他们的领地，其养老金以政府债券的形式进行支付。农民被授予现代土地使用权，并向国家缴纳土地税（以代替他们支付给封建领主的款项）。这是新天皇统治初期政府收入的主要来源。德川统治时的四大阶层被废除了。1873 年，一支以普遍征兵制（universal conscription）为基础的西式军队得以建立起来。这些现代国家结构是以日本人认为的最佳外国实践为蓝本的。

在“富国强军”的口号下，明治政府谋求促进经济发展，以实现其军事目标。日本人那时可能希望遵循标准模式，但一开始只能采用四项要求中的两项。第一，通过废除封建藩属的内部关税和在 19 世纪 70 年代建造铁路系统，建立了一个全国性市场。第二，普及性的小学教育在 1872 年得到了强制实施，并且在 20 世纪初就基本实现了。中学教育得到了适度扩展，并且建立了一个庞大的大学部门，成千上万的日本人被送往国外学习。第三，1866 年的条约废除了保护新成立的日本工业的对外关税，该条约是由帝国列强强加给日本的，并将关税限制在 5%。这一限制一直持续到 20 世纪初，当时日本重新控制了其关税，并最终采用了这一模式的政策原则。第四，日本努力想建立一个中央银行和现代投资银行体系，但是直到 20 世纪 20 年代进展都较为缓慢。

日本应对这些障碍的对策是发明了一种针对标准模式的高效替代性选项。与利用关税促进工业发展不同，补贴、采购政策和国有制被作为替代方案。这些都是 20 世纪成功得以实施的“有针对性的产业政策”的基础。与墨西哥和俄国那种将外国公司作为引进现代技术的工具形成鲜明对比的是，日本培育了自己的公司。政府没有为其修建的第一条沿铁路线的电报线路进口绝缘体，而是将合同交给当地的陶工，从而促进了工业陶瓷产业的发展。1905 年，国家通过创立八幡制铁所（Yawata Iron and Steelworks）建立了现代钢铁产业，这是一家国有企业，直到它实现了有效率的经营之前，它一直得到政府补贴。第一次世界大战期间，当发现无法从德国进口水力发电机的时候，日本将订单交给了从未制造过这种设备的日立公司，其实是国家为它支付了学习先进经验的成本。在 20 世纪 30 年代，军方用大量合同补贴汽车和飞机工业。通过这些方式，日本政府建立了本国的工程和管理能力，同时培育了企业，这是它战后成功的基础。 38

日本技术在明治维新时期的演变是独特的，体现了该国建设其技术能力的战略。在 19 世纪 70 年代和 80 年代，日本进口了现代机械并安装在国有工厂中。其中许多被证明是无利可图的，并且最终倒闭了。失败的原因之一是该技术不适合日本。外国的机器装备是高度资本密集型的，而日本是一个低工资的国家，所以外国的设计成本效益不高。日本企业重新绘制了外国的设计图，以制造使用更多劳动力和更少资本的机器。政府进口用来纺织棉花的英国纺纱机成本高昂，而第一个在商业上取得成功的棉纺织厂转而依赖摇动纺锤（rattling spindle），该纺锤由关时宗（Guan Tokimune）设计，并且得到了当地的一个开发机构的资助。英国（和印度）的公司每天运行一个 11 小时的班次，但日本工厂运行了两个 11 小时的班次，从而削减了一半的资本成本。同样，日本也迅速采用了环锭纺纱，这再次提高了资本生产率。在两次世界大战期间，“准时”交货是一种被开发用来限制库存投资的技术。事实证明，它是如此的成功——在资本便宜和昂贵的地方都可以使用。

这些政策在促进经济增长方面是成功的。到第二次世界大战开始时，一个工业化的城市社会已经建立起来了。在这一时期，日本是唯一取得这种突破的亚洲国家。

大推进的工业化：苏联

39 1870—1940 年，日本取得了引人注目的进展，但其达到的增长率（每年 2% 的人均水平）不足以快速追赶上西方。问题在于领先者也在前进，所以目标是一个移动的标的。1870—1940 年，美国人均收入以每年 1.5% 的速度增长。如果以这些比率从 1950 年的收入水平向前推测，那么日本就需要 327 年的时间才能追赶上美国。这显然不够快，日本在第二次世界大战后改变了发展战略以加快增长速度。

这个问题很普遍。通常，穷国的人均收入是富裕国家人均收入的 20%～25%。如果富国的人均收入以每年 2% 的速度增长，贫穷的国家希望在两代人（60 年）内赶上富裕国家，那么在这 60 年间，贫困国家的人均收入必须以每年 4.3% 的速度增长。再加上人口增长率，这就意味着贫穷国家的 GDP 总量必须在 60 年间每年增长 6% 或更多才能赶上领先者。

很少有国家能在很长一段时间内保持如此快速的增长。1955—2005 年，只有少数国家的人均 GDP 年均增长率平均达到了 4.3%。阿曼、博茨瓦纳和赤道几内亚是一些特例，因为它们在这一时期发现了大量石油或钻石储量。新加坡是城市，这使它显得很特别，因为当投资增加的时候，没有农业部门的农民涌入城市。因此，工资可以随着劳动力需求的增长而增加，而繁荣也可以扩展。比较有趣的例子是拥有大型农业部门的较大国家——日本、韩国、泰国和中国。此外，苏联也可以加入其中，因为如果将 20 世纪 40 年代排除在外，其人均收入从 1928 年到 1970 年，是以每年 4.5% 的速度在增长。

这些国家必须在三个方面缩小与西方的差距——教育、资本和生产力。大众教育弥补了教育上的差距，一种或另一种形式的国家主导的工业化则弥补了资本和生产力的差距。大规模的、资本密集型的技术得到了采用，即使在它们并没有立即获得成本效益的时候也是如此。这些国家避免了拉丁美洲在试图将现代技术削足适履地纳入那些小经济体时所承受的低效率，这要么是因为它们规模太大以至于能够吸收这些高效设备的产出，要么是因为它们以牺牲美国的生产为代价进入了美国的市场。

已经实现了高速增长的大国是以大幅度的推进才实现这一经
济增长的。要想使 GDP 每年增长 6% 或者更多，在一个增长不那 40
么快的经济体当中本来是按顺序进行的很多投资，现在就必须同时推进了。在提供就业的行业完成建设之前，城市就必须建成。汽车厂必须在为其提供供给的钢铁厂之前建成，随着汽车厂的修建，钢铁厂也必须修建。每项投资都要求人们相信会发生互补的投资。因此，必须采取某种形式的规划或投资协调，以确保建立信任。各国在协调的形式和有效性方面有很大的差异。

苏联是大推进工业化的典范。布尔什维克党赢得 1917 年十月革命之后发生的内战，但该国经济陷入一片混乱。列宁的新经济政策（1921—1928 年）结合了国有工业和小农经济，使之重新焕发生机。列宁于1924年去世，斯大林在随后的领导权斗争中获胜。1928年，第一个五年计划实施，大推进启动了。到1941年希特勒军队入侵这个国家时，苏联已经建成了数千家工厂和发电厂。农业被集体化，农村向城市提供粮食，数百万农场工人迁移到了城市和偏远的建筑工地。

第二次世界大战期间，大约有2 500万苏联公民丧生，国家的大部分资本存量都被摧毁了。然而到1950年，GDP和资本存量已经反弹回1940年的水平，快速增长重启了。它的表现如此出色，以至于苏联的实验可能成为所有国家追赶西方的样板。然而，在20世纪70年代，事情开始变糟。尽管投资持续很高，但增长率却逐渐降低了。到1985年，经济扩张停止了。戈尔巴乔夫总统呼吁进行改革重建（perestroika）；中央计划经济结束了。不过这些改变来得太晚了，无法拯救它，苏联于1991年解体。

苏联的发展历程反映出了两个关于不同发展路径的问题。第一个是为什么在1928年至20世纪70年代的增长会如此迅速。苏联的企业是国有的，投资的数量和配置是由中央计划官员确定的。经济是通过“物资平衡计划”来协调的，在这一系统中，计划者决定大多数产品的总产量，并指定各个企业的产出目标以实现总量。快速增长是基于四种因素。第一，投资被不成比例地导向了冶金、建筑、机械行业，因此资本存量能够以一个较快的速度建立起来。第二，企业不是以利润为引导的；相反，它们从中央计划官员那里得到产出配额，履行指令是它们的首要责任。第三，企
41 业没有受到成本约束，因为这可能与完成它们的配额相冲突。企业获得银行贷款以支付成本，因此它们是在“预算软约束”，而不是资本主义企业的“预算硬约束”的条件下经营。第四，教育体系迅速扩大，以此培育人们来设计、管理和运营一个工业化的

经济。

在这个政权统治下，人均 GDP 得到了迅速增长。人均收入的快速增长是通过加速 GDP 的增长和降低人口增长率实现的。GDP 迅速增长是因为，将投资分配给生产资料部门导致有形资本存量迅速增长，而且教育系统的扩大对人力资本也有同样的影响。给企业设定产出目标将管理的注意力集中在产出的增长上，预算软约束使得在农业结构性失业的背景下扩大就业是有利可图的。

因为人口增长缓慢，人均收入也迅速提高了。这其中的决定性因素是生育率的下降。在 20 世纪 20 年代，苏联妇女平均生育 7 个孩子，这是非常贫穷国家妇女的典型值。到了 20 世纪 60 年代，她们平均生育的孩子数量下降到 3 人。导致这种下降的原因与在其他贫穷国家发挥作用的因素是相同的——使妇女受到教育并为她们提供家庭以外的有偿工作。这些发展是苏联教育和就业政策的结果。

关于苏联经济史的第二个重要的问题是，为什么增长率在 20 世纪 70 年代之后下降了。经济学家们对这一问题进行了争论，他们提供的答案包括将研发资源配置到军事而不是民用产业；物资平衡计划的不可能性；以牺牲农业为代价的工业增长减少了剩余劳动力；以及对产出目标和预算的不当激励，导致企业囤积劳动力和其他投入，而不是将它们释放给经济体中的其他企业。

大推进的工业化：日本

第二次世界大战对日本来说是一场毁灭性的失败。不仅其工业被摧毁，而且自明治维新以来指导这个国家的国家目标也被修改 42

了。帝国主义被抛弃了，“强军富国”的口号也被简单地改为“富国”。日本在实现这一目标方面取得了非凡的成功。人均 GDP 的增长率从 1870—1940 年的 2% 增加到了 1950—1990 年的 5.9%。高峰年份为 1953—1973 年，这段时间的人均 GDP 以每年 8% 的速度增长。已经达到富裕国家的生活水平。

通过扭转明治时期由它自己首创的技术政策，日本取得了这些成果。这并非对西方技术进行的重新设计，以适应日本的低工资（例如通过减少对资本的使用和增加劳动力的使用）。日本选择了可以得到最大规模的、最资本密集型的技术。结果，在战争的废墟上，一个先进的工业化经济建立起来了，同时将要素价格按照新的资本密集型要素的比例进行了调整，而不是采用了相反的方式。

起初，技术的选择不是留给私营公司来决定，而是由国家机构指导的。尽管其他因素也扮演了重要的角色，但其中最著名的是 MITI，即通商产业省（Ministry of International Trade and Industry，简称“通产省”）。这些国家机构是战前日本制度的产物。

在 20 世纪 50 年代，许多日本制造业因规模太小而无法实现规模经济，以及实现较高的生产率。钢铁企业的最小有效规模是 100 万～ 250 万吨。八幡制铁所的生产能力是 180 万吨，是唯一在这个范围内的日本工厂。其他公司的产能不足每年 50 万吨，导致的结果就是日本钢铁工业的生产率是美国的一半。通产省的目标是调整行业结构，使钢铁在达到效率规模的工厂中生产。通产省的力量来自它对银行系统，以及对进口铁矿石和炼焦煤所需外汇的控制。到 1960 年，所有钢铁都是在达到了效率规模的工厂中生产的，总产量从 500 万吨增长到了 2 200 万吨。在 20 世纪 60 年代和 70 年代，通产省继续引导向钢铁业的投资。新的生产能力都集中到那些大到足以实现所有规模经济并且使用最现代化技术的工厂当中了。在采用碱性氧气和连续铸造工艺方面，日本甚至领先于美国。

日本在其他行业也采取了大规模的、资本密集的技术手段。造船和汽车是重要的例子。虽然汽车制造在拉丁美洲是进口替代工业化导致低效率的一个很好的例子，但在日本却被证明是高生产率的来源。主导战后日本产业的公司是在战后时期建立的。在 20 世纪 20 年代，美国公司在日本建立了工厂，但因为 1936 年的一项法律被迫退出经营。车辆的军事合同支撑了日本公司的发展，该产业也自己发展了设计和工程能力，维持了其后来的成功。到了 20 世纪 43
60 年代，日本领先的汽车公司已经建立了符合最低效率规模的汽车装配工厂（每年 20 万辆），而到了 20 世纪 70 年代，它们率先进行了现场冲压和多生产线操作，从而将最低效率规模推高到了 40 万辆汽车以上的水平。此时，日本的工厂比美国的工厂更加资本密集，并能以较低的成本进行生产。

为日本大型工业的产出寻找市场是一个关键问题。大部分的生产都在国际市场上被吸收了。例如，汽车工厂和造船厂消耗了大量的钢铁产量。随着资本存量的扩大，日本对劳动力的需求急剧上升，从而消除了以农业和小规模制造业为特征的低工资工作。日本工人购买了制造业产出增加额的很大一部分。然而，他们的需求不足以吸收日本庞大的工厂产出，这导致这个国家依赖出口市场——美国是最重要的。进入美国市场所带来的问题超越了日本通产省的能力范围。美国本可能继续实行自 1816 年以来一直实行的高关税政策，并将日本商品拒之门外。然而，美国选择了多边自由贸易。从日本进口钢铁、汽车和消费品，导致美国中西部生产和就业的大幅度下降。所谓锈带（Rust Belt）的衰落是东亚奇迹的另一面。因为日本是美国在东亚对抗社会主义的堡垒，所以美国的生产能力被牺牲了。

结 论

近年来，导致不发达的原因得到了广泛的讨论，大多数学者强调了一个或另一个所谓的基本因素——地理、制度和文化。在本章中，我已经指出，这些因素是最基本的社会进程的结果。例如，非洲腐败的寻租制度，是适应热带地区的高死亡率带来的低人口密度的殖民建构。同样，大众文化——如同在生育率中体现的——受到妇女的教育水平及其在家庭外工作的机会的强烈影响。甚至地理的重要性也比表面上看起来的要小，地理位置或疾病环境的重要性取决于运输和医疗技术。相反，我认为解释长期经济史的决定性原理是，全球经济的演变、要素价格和人类需求对技术发明的更普遍的诱因，以及国家政策在指导这些因素的作用和帮助民众成功应对它们所创造的激励方面的作用。这是对人类未来更乐观的分析，因为政策比任何“基本面”都更容易拉动。

注 释

[1] 本章是以 Allen（2009，2011）为基础，详细的参考资料可以见这些论文。

参考文献

Allen, R. C. (2009). *The British Industrial Revolution in Global Perspective.* Cambridge University Press.

(2011). *Global Economic History: A Very Short Introduction.* Oxford University Press.

Hamilton, A. (1791). *Report of the Secretary of the Treasury of the United States on the subject of manufactures, presented to the House of Representatives, December 5, 1791*, United States, Department of the Treasury.

List, F. (1974 [1841]). *National System of Political Economy*. New York: Garland.

Smith, A. (E. Cannan (ed.) 1937 [1776]). *The Nature and Causes of the Wealth of Nations*. New York: The Modern Library.

Williamson, J. G. (2011). *Trade and Poverty: When the Third World Fell Behind.* Cambridge, MA: The MIT Press.

第
3
章

世界农业的增长、专业化和组织

乔瓦尼·费德里科[1]

引　言

47 从大约 8 000 年前农作物的第一次生产到 19 世纪全球工业化的开始，这几千年以来，农业一直都是世界上绝大多数人口的主要生计来源。在农业文明的开端，农庄是自给自足的生产和消费单元，但城市的发展改变了所有这一切。实际上，没有农业的商业化，这些城市就不可能得到发展。它们依靠不断增加的食品和农业原材料流入，以及农民接受制成品作为交换的意愿来维持生存。农产品和信贷市场的发展使这种交易成为可能，这反过来又需要向农民提供资本的机构的进一步发展。它还要求有足够安全的产权来鼓励农业投资。然而，许多城市不相信“无形的手”能够满足它们的需求，因此，取而代之的是市场管制，同时以对乡村的政治控制为后盾。总之，“资本主义”制度和市场干预发生在工业革命之前。但是，1800—2000 年世界人口增长了 6 倍，人均收入的不断上升和城市化的共同影响，给农业带来了巨大的挑战。

世界农业出色地迎接了这一挑战。正如下一节所详述的那样，总产量和贸易量激增，人均产量增长，价格在不同地点之间趋同，至少在大萧条之前是这样。这些变化对生产专业化和资源配置产生了深远的影响。然后，我们讨论了生产的增加，土地、劳动力和资本这些投入品的增长，以及效率提高的直接原因。这为解决中心问题的本章其余部分奠定了基础：资本主义的传播在何种程度上促进了这种增长？我们首先概述了现代（即“资本主义”）产 48
权从西欧扩散到几乎整个世界的过程。然后我们指出，不同于其他行业，大规模的“资本主义”的生产单元并没有扩散，而且它们并没有比小规模的家庭经营更有效。在这之后的一节，我们分析的是对农业活动的融资，关注的是“正式”机构市场份额的缓慢增长。最后两节我们分析的是政府干预，并对为农业的研发提供资金的“良性”政策，以及例如直接影响到流向农业以及农业内部的收入和资源分配措施等这些不那么“良性”的政策进行了区分。

建立背景环境：农业生产的增长，1800—2000 年

关于 19 世纪上半叶农业产出的可得数据比较缺乏，而且往往只是猜测数据，但这些数据是相当一致的。对所有国家和地区的研究结果都表明，产出增长至少与人口增长一样多，而且在许多情况下超过了人口增长，葡萄牙是唯一的例外。这些数据指的是欧洲和西方的殖民地国家，因此，这些国家的增长可能被世界其他地区人均产出的下降抵消。然而，这一假设并不十分可信。实际上，人口主要在农业领域就业，正如我们将在下一节详细说明的那

样，农民可以找到新的土地，在除了西欧国家以外的几乎所有国家定居。从 1870 年以来，就可以估计每年的“世界”农业总产出，这一总量涵盖 25 个国家，占世界人口的 50% ～ 55%。[2] 该指数从 1938 年开始，可以与联合国粮食及农业组织（Food and Agriculture Organization of the United Nations，简称联合国粮农组织）的世界产出官方数据系列联系在一起，除了 1948 年之前的苏联，该指数涵盖了所有国家。图 3－1 将这个拼接起来的数据与可比国家集合的人口序列进行了比较（即 1938 年之前的 25 个国家和 1950 年之后的全世界人口）。某些数据系列的准确性是值得怀疑的。然而，
49 误差可能得以弥补，而且无论如何，没有一个貌似合理的总体偏差可以大到足以质疑农业突出绩效的结论。对这 25 个国家来说，1870—1913 年，总产量增加了一倍，在经历了战争冲击之后，从 1918—1919 年一直到 1938 年，总产量进一步增长了 20%。在战争

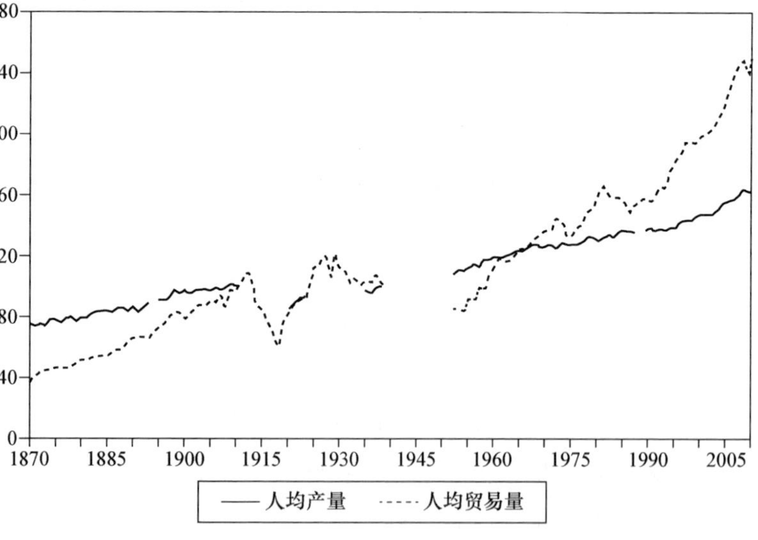

图 3－1　1870—2010 年世界农业绩效（1938 年 =100）

之前，人均产出增加了四分之一，直到 1938 年，人均产出大致保持不变。如果数据缺失国家的人均产出保持不变（一种保守的假设），那么 1870—1938 年，世界人均产量以大约 10% 的比例增长了。第二次世界大战后世界人口增长率快速增加，与之匹配的是农业生产增长速度的进一步加快，从大约每年 1% 变为每年超过 2%。1938—2010 年，人均产量增加了 60%，现在它已经远远超过了世界人口的卡路里需求。根据联合国粮农组织的最新数据，营养不良仍然影响着大约 10 亿人，这是浪费和分配效率低下的结果，而不是由于绝对的稀缺性。

1870—2000 年，人均农产品贸易增长了 5 倍多——虽然比贸易总量增长要少，但无疑要高于农业产出的增加。[3]1913 年之前，50
贸易增长快于产出，大致相当于两次世界大战之间那些年份的产出；贸易在战争期间崩溃了，并在 20 世纪 50 年代得到恢复；直到 20 世纪末才继续快速增长。贸易相对于产出的增加是农业生产专业化程度日益加强的有力证据。

各国之间和每个国家内部的专业化最终取决于农产品相对价格的变动，后者决定了生产要素的分配。不幸的是，世界价格的变动不能用像总产出或者贸易这样的一个单一系列来衡量。实际上，各国之间、各国内部，以及实际价格（即与将总价格指数作为分母之比）和国内贸易条件（即与工业制成品价格的比率）之间的趋势可能有所不同。图 3－2 给出了美国的这两个数据系列。[4]

这两种相对价格的测度讲述的是一个类似的情况。直到第一次世界大战，物价的上涨都相当稳定，然后，一直到朝鲜战争时期的空前高峰前都有着巨大的波动，后来相对价格就开始了向下的运动态势，其间只被 20 世纪 70 年代的一次高峰打断过。显然，美国的趋势可能不具代表性，但其他国家的额外证据证实了这些第一印象。

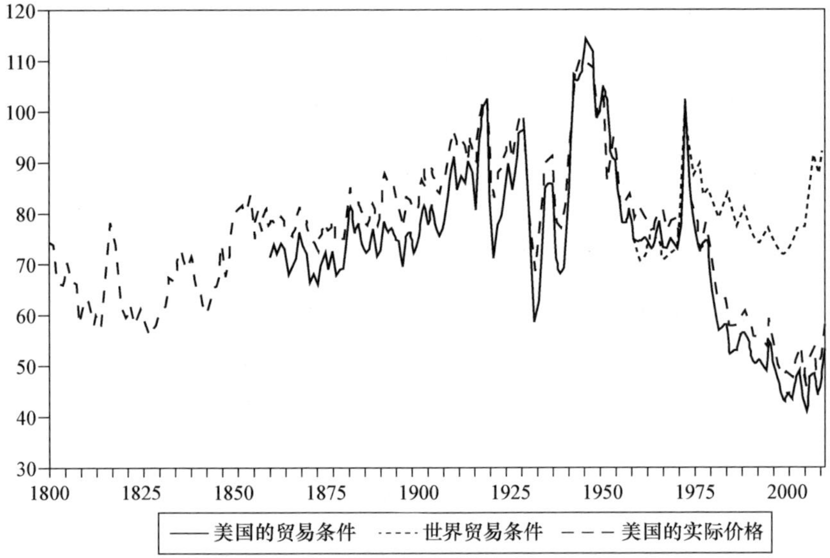

图 3－2　农产品价格（1950 年 =100）

在 19 世纪的前几十年里，大多数欧洲发达国家的实际价格和贸易条件都有所提高，只有英国是个明显的例外。此外，处于外围区域的许多国家在对外贸易方面都有所改善——主要是将它们的农产品出口价格与其工业制成品进口价格相比较（Williamson，2011）。欧洲外围国家和地区（意大利南部、西班牙、俄国）、中东和东南亚（印度尼西亚）的改善幅度很大，在拉丁美洲和南亚（印度和锡兰）的改进就不那么令人印象深刻了，中国根本没有变化，而日本一直到 1859 年都与世界贸易保持隔绝。自 1870 年以来，这些趋势
51 就变得更为复杂了。大多数国家的国内贸易条件持续改善，但实际价格一直保持不变，甚至下降了。一般来说，相对于欧洲而言，出口国的农产品价格上涨较多——包括美国，同时第一次世界大战之前的 20 年要比 19 世纪 70 年代和 80 年代增长得更多。战后，大多数国家的价格都有所下降，不过也有一些例外，但不管怎样，短期

波动，如大萧条期间的崩溃，淹没了长期趋势。图 3－2 展示的是，作为“世界”价格的一个非常粗略的代理变量，即农产品出口的单位价值与制成品出口的单位价值之比。这些数据系列证实了美国价格的下降趋势，但跌幅远没有那么大，而且最重要的是，有证据显示 2000 年之后出现了反弹。事实上，世界初级产品价格的趋势是一个存在长期争议的话题，这是由普雷维什和辛格（Prebisch and Singer）在 20 世纪 50 年代所引发的（Spraos，1983）。他们认为，从长远来看，初级产品的相对价格肯定会下降，因此他们宣称，对于发展而言，专业化于商品出口将会走入死胡同。这个假设已经催生了大量的相关文献，以及日益复杂的统计技术。遗憾的是，学者们尚未对此达成共识。其结果取决于他们所使用的价格序列的类型（单个商品与指数）、产品和国家的覆盖范围（农业相对于所有初级产品、单一国家相对于所有最不发达国家）、时间段的选择（整个 52
20 世纪相对于只是第一次世界大战后的那些年份），以及所采用的计量估计技术。

虽然对价格变动进行详细解释超出了本章的范围，但做出一些一般性的表述还是可能的。普雷维什和辛格预测初级产品价格会下降，因为对该产品需求的增长必然低于对制成品的需求增长。我们提出了一个非常类似的论点（重命名为“农业问题”），用以证明发达国家支持农民是合理的（见下文的“良性政府：消费者保护和农业研究的支撑”）。然而，这一论点并不真正令人信服。如果要素市场足够灵活，而且其调整不会受到国家干预的阻碍，低价格将推动资本和劳动力从农业离开，而供应下降将导致农产品价格上涨。从长远来看，相对价格的变动取决于相对生产率。在其他条件不变的情况下，如果农业生产率比经济其他部门（按实际价格计算）或工业（按贸易条件计算）的增长要低，人们会预期农产品的相对价格将上升。在一个纯粹封闭的经济中，相对价格将由国内相对生产力决定，而在一个完全开放、没有贸易壁垒的经济中，它们将由“世界”的相对生产力决定。这两种情况都不现实：贸易壁垒是按照产品和国家制定的，而且作为贸易政策和运输业中的技术进步的一个结果，也会随着时间的推移而发生变化。例如，运输成本的下降会使商品价格趋于一致，从而导致其在出口国中价格上升，同时在进口国中价格下降。然而，这种趋同将影响所有交易商品的价格，而不仅仅是农产品，因此对贸易条件或农产品实际价格的影响是不可能事先预测的。可以说，这一证据与直到第一次世界大战前农业相对生产率的温和下降，以及与其在1950 年后的一个巨大上升是一致的。这是一项了不起的成就。

它是如何实现的：粗放型增长

表 3 - 1 和表 3 - 2 提供了 1880 年以来关于农业劳动力（以劳工人数作为代理变量）和土地禀赋（以耕地和树木的总和来衡量）发展趋势的基本信息。1938 年以来的数字已经能够从联合国粮农组织的官方统计中获得，虽然各国数据可靠性程度有着很大的差异，但它正式覆盖了整个世界。相对地，更早期的数字必须先取自
53 各国然后组合在一起。随着时间的推移，国家的数量在不断增加，简单相加将会使得增长率向上偏倚。因此，对于土地和劳动力，我们结合各国同类样本的变化率，将 1938 年的数字进行反向推断，并将结果表示为一个以 2000 年 =100 为基数的指数。这样，就能通过将这些指数与 2000 年的绝对数值相乘来计算隐含的世界总数了（即表中最右边的一栏）。

表 3 - 1 为关于现代经济增长对各部门就业影响的传统看法增

加了一个重要的限制条件。农业劳动者的比例自工业化以来可能有所下降，但他们的绝对人数只有在工业化相当发达时才开始下降。在英国，农业劳动力的数量至少在工业革命开始之后的 70 年，即大约 1850 年的时候达到了顶峰。在其他发达国家，它持续增长到两次世界大战期间的一些年份，只是到了第二次世界大战后才急剧萎缩了。更重要的是，在尚未开始发展的国家，农业劳动力肯定增加了，顺便提一下，表 3 - 1 中几乎所有缺失的数字都是这些区域造成的。实际上，根据联合国粮农组织的数据，直到 2010 年，农业工人的人数一直在增长，尽管增长速度越来越慢。[5] 人们可能会怀疑工人的人数是否准确地测度了劳动力的投入。事实上，有可能列出一些产生偏误的来源，例如性别比例的变化、劳动力人力资本的增加、兼职农业的扩散等等。然而，可以说，它们相互弥补，而且，作为一个整体，农业劳动力总数可以被认为是一个相当准确的劳动力总投入的衡量单位。

表 3 - 1　农业劳动力

国家或地区	1880 年前后	1910 年前后	1938 年前后	1960 年	2000 年	2000 年（百万人）
非洲			31	51	100	197.1
欧洲	392	392	359	309	100	17.6
加拿大和美国	304	405	340	173	100	3.4
拉丁美洲 *	24	44	68	83	100	44.2
亚洲	34	41	42	59	100	1 031.8
大洋洲	36	57	68	64	100	2.8
苏联（俄罗斯）			203	178	100	21.7
世界				64	100	1 318.6

* 包括墨西哥和中美洲。

资料来源：Federico（2005）：Tables 4.16 and 4.17.

表 3 - 2 显示，除西欧和亚洲一些地区外，世界各地的种植面 54
积一直在扩大。到 1880 年，所有大陆上曾经存在的大量未开发土

地从此开始都被开垦了。多亏了好莱坞电影，人们才知道美国西部的定居故事，但是，尽管有一些延迟，在欧洲移民迁入的那些国家和地区，如加拿大、南美洲和大洋洲，这种模式一直在重复。亚洲和非洲的耕地也增加了，但来自欧洲的移民对此很少或没有贡献。即使在中国这样一个所谓的人口过剩的国家，也还是有很多新的土地等待开垦：1860—1940 年，约有 800 万中国人移居到东北地区。尽管在 20 世纪的最后几十年里，一些发达国家的耕地面积略有下降，但全球的耕地面积持续增长，直到在 2005 年达到顶峰。

表 3－2　耕地面积

国家或地区	1880 年前后	1910 年前后	1938 年前后	1960 年	2000 年	2000 年（百万公顷）
非洲			86	77	100	201.8
欧洲	110	112	112	114	100	133.2
加拿大和美国	41	77	91	100	100	231.1
拉丁美洲 *		44	73	63	100	153.1
亚洲	29	58	64	85	100	511.7
大洋洲	7	22	34	66	100	53.0
苏联（俄罗斯）			55	110	100	217.5
世界			81	90	100	1 501.5

* 包括墨西哥和中美洲。

资料来源：Federico（2005）：Tables 4.1，4.3 and 4.5.

虽然该表并不包括 1880 年以前的这一时期，但毫无疑问，除西欧以外，所有地区的耕地面积增长率都与人口增长平行。如果 1880 年土地仍然丰裕，那么在此之前的一个世纪就更加丰裕了。人们可以怀疑耕地和林木的面积是否准确地衡量了土地的总投入量。特别是，如果新土地的一部分以前被用作牧场（从而已作为农业投入使用），或其在质量上是低劣的，它就会夸大土地的增加。没有证据表明我们对新土地有系统性的质量上的偏见，而关于

1950 年之前牧场扩展的数据很少，而且在不同国家之间和不同时间段几乎无法比较。然而，这个问题不应该影响联合国粮农组织的数据序列，而且它们表明，永久牧场和草地的种植面积和农田增加 55
得一样多。我们可以得出结论，除西欧和中国的几个地区之外，土地并不是限制农业增长的因素。

农业资本的各种变化不可能用一个单一的指标，甚至是一个粗糙的指标来概括。事实上，资本是由很多不同的项目组成的，例如牲畜、建筑物、机器、灌溉工程、树木等，所有这些都必须以货币数值的形式汇总起来，才能获得一个有意义的总额。联合国粮农组织提供了“世界”资本存量的一个估计值，它显示 1975—2000 年，这一资本存量增长了 25%，要比产出的增长少得多。在 1975 年以前的一段时间，仅有少数几个数据系列，它们只涉及发达国家，且往往只覆盖这些项目的一个子集。它们中的大多数有了增长，毫不奇怪的是，在美国、加拿大和俄罗斯，要比在法国、德国或英国等有更多定居者的国家增长更快。这一稀缺信息可以通过逐项分析现有的实物测度证据（例如拖拉机的数量、灌溉土地面积的增加）加以补充。这种分析强调了四种不同的模式：

（a）西方的殖民地国家的初始资本存量很小，但在 19 世纪和 20 世纪的殖民过程中快速增长。经过一段（相对）平静期，在快速机械化开始后的 20 世纪 30 年代，投资蓬勃发展起来了。

（b）西欧发达的、能够长期定居的国家，传统上在建筑和土地复垦方面拥有大量资本存量。因此，它的发展速度肯定比西方的殖民地国家要慢，直到第二次世界大战后才繁荣起来。

（c）在“落后”的能够长期定居的国家，特别是中国，1800 年左右的资本存量相当大，甚至可能比欧洲还要大，因为水稻的种植需要灌溉系统。在这些国家，资本存量增长得非常缓慢，或者直到近现代都根本没有增长，然后随着肥料和机械的密集使用才开始激增。

（d）在“落后”的定居者数量少的那些国家（即非洲），资本存量最初是极小的，而且除出口经济作物生产中的少数例外情况外，一直到第二次世界大战，它都和人口增长得一样快。自 1950 年以来，其人均资本存量有所增加，但还是远远低于亚洲。

总之，所有投入品在整个这段时间都在增长，但有证据表明，
56 在 1950 年之后，至少在劳动力和土地方面会出现减速。资本存量的增长加速很有可能不足以对其进行弥补。因此，投入的增加不能解释 1950 年以后产出增长的急剧加速。

它是如何实现的：集约型增长

最后一节的结论意味着，如果不是更早的话，至少在 1950 年之后，产出增长的很大一部分反映了对现有投入的更有效利用，或者是全要素生产率（TFP）的一种增长。表 3－3 使用了截至 1938 年的估计数作为整个大陆的平均值。

表 3－3　第二次世界大战前全要素生产率的变化

	1870 年前		1870—1910 年		1910—1940 年	
	国家数量	平均增速	国家数量	平均增速	国家数量	平均增速
欧洲	5	0.3	13	0.65	11	1.00
欧洲（Van Zanden）			15	0.78		
西方殖民地 *	1	0.4	2	0.74	2	0.56
亚洲			3	1.24	6	0.08
非洲	1	3.41	1	0.83	1	–0.21
南美洲			1	–1.90	2	1.57

* 美国和加拿大。

资料来源：Van Zanden（1991）；Federico（2005，Statistical Appendix Table IV）；Lains and Pinilla（2009）.

两个特征性事实突出体现出来了。首先，TFP 在绝大多数国家和绝大多数时期都增长了。这一增长率似乎很低，但任何增长本身都是对传统农业（据称）停滞的重大突破。进一步地，如果持续足够长的时间，即使较低的增长率也会带来一种显著的增长：在 40 年的时间里，每年 0.5% 的增长将会使得 TFP 增长四分之一。其次，至少在西欧和美国，生产力的增长随着时间的推移而加快，而在其他地方的表现则更为多样化。在埃及、菲律宾和苏联，生产率甚至下降了。第二次世界大战后的数据更加丰富，有数百个国家的估计值。根据联合国粮农组织的数据，考虑 1960—2000 年的世界 57
产出和投入总额，以牲畜和机械作为资本的代理变量，计算“全世界”的 TFP 增长是可行的。根据所采用的计算方法，结果会略有不同，但每年的变动在 1% ～ 1.25%，对应于在 40 年的时间里 50% 或者 66% 的增长。第二次世界大战后，各国估计值的未加权平均数明显较低——“只有” 0.7%。这一数字因大多数非洲国家和社会主义国家的表现非常差而降低，这些国家在世界产出中所占份额很小。相比之下，全要素生产率的增长在发达国家和中国特别快。平均而言，经济合作与发展组织（简称“经合组织”，OECD）国家的增长率约为 2%，是战前增长率的两倍，这证实了在两次世界大战期间已经观察到的加速增长。与普遍的担忧相反，没有证据表明在 20 世纪 90 年代末和 21 世纪初，TFP 的增长有所放缓（Fuglie，2008）。

人们通常认为 TFP 仅仅依赖于技术，但这并不一定是事实。如果资源分配更有效率（或更无效率），即使没有任何技术变化，它也可以增长（或下降）。先进的统计技术，可以分别估算纯技术进步（更准确地说，这描述了给定要素禀赋下最大可行 TFP 的技术前沿的变化率）和效率的变化（从技术上讲，这是前沿面与实际

TFP 之间距离的变化）。负值意味着该国相对于潜力而言正在失去优势，因为它没有有效地利用它的资源。如果制度不适合，或者采用了错误的政策，这就可能会发生，而且这些技术确实有时会导致非常负面的数字，从而降低了整体平均水平。

我们将在下一节讨论制度和政策。在这里，我们将聚焦在技术进步上——在创新的开发和采用上。我们将不会涉及具体技术细节——即使是对最重要的农业创新的简短描述也需要几页之长。说明它们可分为四大类就足够了：新的种植方法；新的植物和动物；化学产品（主要是化肥）；机器。前三类的主要目标是提高土地的生产力——也就是在更集约的意义上利用它。耕作方式的改变缩短了休耕期的时间长度，而休耕期是恢复土壤肥力的传统方法。在传统农业中，其范围是从最原始的刀耕火种农业中的 20 ～ 30 年，到西欧的 2 ～ 3 年。没有休耕期的连续耕作，在有灌溉的情况下才可
58 能存在——在欧洲的一些区域，以及中国的水稻产区。自 18 世纪以来，欧洲农民开始利用能够使土壤肥沃的作物（豆科植物和不同类型的草）代替休耕，这些植物可以用来喂养人和动物。然而，必须按照特定的顺序（轮作）对这些作物进行栽培，这限制了农民对作物的选择，从而减弱了他们对不断变化的需求进行反应的能力。从 19 世纪中期开始，可以通过使用更好的作物品种或使用人工肥料来进一步提高生产率。在发达国家，它们的消费从 19 世纪 80 年代以来一直在稳步增长，在 1980 年左右达到了顶峰，从此之后陷入停滞，而在最不发达国家，轮作法从 20 世纪 50 年代以来开始繁荣了。由于大量使用人工肥料，在南亚和东亚的一些地区，水稻可以每年种植三次。20 世纪，作物种类和栽培品种范围也有了可观的增加。在传统农业中，只有通过偶然的发现或从其他地区进口才能获得新品种。在地理大发现时代，移植是新品种的主要来源，但

到了 19 世纪后期，可移植品种的数量已基本枯竭。通过现有品种的杂交也可以获得新品种，但这些最初的尝试都不成功。在 20 世纪初，（重新）发现了遗传学定律之后，才开发出有效的技术。取得的第一次重大成功是玉米杂交品种，它在 20 世纪 30 年代迅速被美国的玉米带种植区域采用。然而，划时代的变化是生产出适合最不发达国家的谷物新品种。从 20 世纪 50 年代末起，对新品种的采用提升了如此多的收益，以至它们被称为高产品种，在“绿色革命”期间被大量使用。第四种创新是机械化，不同的是，其目标在于提高劳动生产率。像犁这样的耕作工具，曾在 19 世纪初得到改进，而第一种机器收割机在 1843 年被发明出来。然而，这些创新的影响程度因缺乏适合田间栽培的动力来源而受到限制。因此，20 世纪初，农业的机械化不得不等待由内燃机驱动的拖拉机的发展。它们在 20 世纪 20 年代末和 30 年代被美国迅速采用，50 年代和 60 年代在其他先进国家，70 年代以来在世界其他国家相继被采用。

我们如何才能解释不同国家之间创新采用比率的差异？这导致了它们之间全要素生产率的大部分差异。一般来说，创新的采用取决于国家的发展水平及其要素禀赋。通常，创新所节约的稀缺要素和密集使用的丰裕要素越多，它就越有可能被采用。可能的 59
例外就是轮作制，所有新技术相对于传统技术都需要进行更多额外投资，因此，它们不适合最不发达国家，那里的资本稀缺，而且金融机构把资金输送给农民往往不太有效（见下文的“正式和非正式的农业融资”部分）。但要素禀赋也影响了其在资本充裕的发达国家的使用。在欧洲，土地（或曾经）比西方殖民地国家更稀缺，在后者那里，劳动力是更为稀缺的要素。因此，人们还预期欧洲将站在使用肥料和作物新品种的最前沿，同时西方的殖民地将成为机械化的先锋。事实上，情况就是这样。第二次世界大战前，欧洲和美国在采用新技术的模式上存在巨大的差异，尽管它们现在的差距变小了，但仍然是相当可观的。在一本有争议的著作中，速水和拉坦（Hayami and Ruttan，1985）更进一步地提出，要素禀赋不仅影响了创新的采用，而且影响了它们的生产。土地稀缺的国家更多地投资于土地节约型创新的研究，反之亦然。然而，奥姆斯泰德和罗德（Olmstead and Rhode，2008）却不同意。他们认为，在第二次世界大战之前，美国在土地节约型创新上的花费要比在劳动力节约型的机械技术上更多，主要是为了避免新病虫害的威胁。

发展水平和要素密集度影响到所有部门的创新，但农业的技术进步由该部门的三个特点所决定。

（1）每个特定区域的作物生产力取决于环境——或者更准确地说，取决于其理想化的条件（土壤、降雨、温度等）与该地区普遍存在的条件之间的差异。奥姆斯泰德和罗德提供了许多环境敏感性的例子，但最引人注目的是美国的小麦品种。适合东海岸的品种可以抵抗大平原北部各州的气候，利用从俄罗斯引进的品种，这里成为一个世界级的粮仓。这种敏感性意味着采用一种新的作物或培育新品种需要大量的针对区域特定性的研发投资。为北达科他州选择最好的种子品种需要在它那种特定的环境中测试几十个或数百个培育品种，这是由专业化的人员在实验站进行的昂贵而耗时的任务。同样的道理也适用于正确的肥料搭配、理想的轮作等等。

60 （2）许多所谓的生物创新并不完全合适——也就是说，发明者可能无法从他们的研发投资中获得全部回报。但肥料和机器是非常合适的，因为它们很难被复制（只有少数公司能生产拖拉机），并且可以因此而获得专利。相反，任何农民都可以模仿其邻居成功的轮作，从一个种子中生产出他想要的任何数量的自然新品种的种子。杂交种子的生产确实需要科学能力，然而，可以通过非常有限的投资来建立这种科学能力。因此，对生物创新的研发投资将会一直低于社会最优水平，同时技术进步也会比可行的要慢。

（3）最后但并非最不重要的是，由于两个原因，要素强度与创新采用之间的关系比上面描述的简单模型更为复杂。首先，按要素强度对创新的分类不像看上去那么简单。每一项创新都需要多种因素的组合，而不仅仅是一个因素，这些因素需要随着时间的推移而改变。当它们需要手工撒播的时候，化肥的使用就需要更多的劳动力，早期使用的机器需要土地来为拖动它们的马匹提供食物。在这两种情况下，由于进一步的创新（拖拉机、机器施肥），要素需求发生了变化。其次，农业创新通常是互补的或相互关联的，即只有在一起使用时，它们才会发挥作用。典型的例子是高产品种，这确实提高了产量，但只有在肥料和水的供应非常充足的情况下才能做到这一点。未能发现互补性可能导致农民放弃潜在有用的创新，从而阻碍了技术进步。但是，发掘互补性需要系统性地进行区位特定型（location-specific）的测试。

这两节的证据可以归结为一个简单的结论：在 19 世纪，农业生产的增长主要得益于更多的投入，而效率的增长虽然不可忽略，但贡献相对较少。它的作用在 20 世纪逐渐增加，并将继续增长。可以说，在未来，效率增长将是农业生产增加的唯一来源。

现代产权：不可或缺的先决条件?

农业提供了大量证据以支持经济学家相信私有产权优于传统
61 产权（De Soto，2000）。完全的土地所有权，包括出售和遗赠的重要权利，防止为短期收益而对土地过度开发（即所谓的公地悲剧），这刺激了对土地改良、灌溉、农场建筑和树木作物的特定地区投资，使人力在部门内部和各部门之间的分配更加容易，并在寻求农业投资贷款时，为农民提供担保。

到了1800年，现代土地产权只存在于西欧、西方殖民国家已经定居的地区，以及包括中国的大部分地区在内的亚洲的一些地区（Kishimoto，2011；Pomeranz，2008）。在一些区域，最显著的是东欧和印度部分地区，封建领主或其他强大的个人有权要求获得一部分产品和/或劳动者的劳动时间（劳役）。在许多其他地方，土地通常归那些耕种它们的人所有。即使是在西欧，农村社区拥有大多数森林和大片可耕地。最原始的使用者，如美洲土著，进行集体狩猎或采集，但在大多数情况下，土地被分配给家庭，家庭在特定时间段内拥有专属耕种权。这一时期可能很短，就像在原始的刀耕火种的非洲农业系统一样，或者就像俄国在1861年解放农奴之后一样，持续相当长的时间，但是，至少在原则上，当这段时期结束时，土地会在社区内部进行重新分配。此外，社区对农业活动保持了某种程度的控制，这通常包括获得部分产品的权利，例如在休耕地上放牧的权利。据说这种控制扼杀了技术进步，阻止了具有创新精神的农民尝试新技术。在这种情况下，传统权利的盛行至少部分地解释了传统农业的停滞和落后，并暗示产权是生产力增长的必要前提条件。

毫无疑问，在过去的两个世纪里，财产权经历了一个现代化的过程，然而，这一过程是缓慢的，远远不是线性的，而且还没有完全完成。在 19 世纪前半段，东欧的封建制度最先消失。土地在农民（此前的农奴）和之前的地主之间进行了分割，他们常常也会获得经济补偿。这笔交易的条款对普鲁士的容克贵族（Junkers）特别慷慨，他们得到了大量的补偿和一半的土地，然后他们开始雇用此前的农奴作为雇佣劳动力。在俄国，前农奴获得了约五分之四的土地，但土地的所有权转移到村庄（公社），而非个别家庭手中。《解放法令》(Emancipation Act）极大地改善了以前农奴的状况，但其目的并非将现代产权扩展到农民的土地。从这一观点来看，斯托雷平 62
的改革是 1905 年革命之后的一个决定性步骤。这场改革使农民得以要求对他们耕种的土地拥有完全的所有权，或者农民可以一起行动起来（三分之二多数）解散公社。然而，农民对现代产权没有多少热情：在 1916 年，只有四分之一的农民拥有 15% 的土地，他们选择退出公社。在很多其他国家，包括土耳其和印度尼西亚，传统的种植权利虽然不确定，但逐渐转变成为完全的所有权。这一过程通常是渐进的，在某些情况下，它是分步骤实现的，并且延伸到很长的时间段内。例如，土耳其在 1858 年的土地法中承认了农民在其耕种的土地上的可继承的用益权，但出售土地的权利直到 20 世纪 40 年代才授予给农民。

当统治精英不是本地出生的时候，从传统权利到完全所有权的过渡就不那么顺利了。墨西哥的地主大多数是西班牙人的后裔，利用了《征用法令》（Leyes de desamorticizacion，1856）以便夺取大部分公共土地，并将土著农民的地位降低为他们庄园中的工人。欧洲征服者把美洲土著部落的猎场或处于刀耕火种体系下的非洲大草原看作是闲置的土地，他们可以无视当地人的权利任意占领。征用的模式取决于未来的欧洲殖民者对土地的需求。海外地区的温带气候吸引了许多欧洲殖民者，因此殖民当局占领了几乎所有的土地，并把当地居民限制在保留地内。给农民的土地分配方法在各国之间以及在每个国家内部是不同的。例如在美国，大约 30% 的土地被出售给农民，30% 被授予铁路公司，然后用这些被卖给潜在农民的土地所获得的收入来资助建造州际线路，其余的则免费发给承诺耕种的人（即所谓的农场）。在亚洲和撒哈拉以南非洲的大多数热带国家，欧洲人对土地的需求相对较少，因此，当地人继续持有传统产权下的大部分土地。殖民政府在 20 世纪 40 年代开始登记农民个人的“所有权”（titling），此后在如世界银行等国际组织的大力支持下，这一进程一直在推进。在 1990 年，根据世界农业普查，部落土地只占到全球总土地量的 0.34%，但其仍占非洲土地的 14%。

现代产权向前推进的过程中也有一些显著的逆转，而这与农
63 民革命运动的胜利恰好同时发生。在墨西哥，1920—1964 年，大约一半的土地总量被征用并转移回村庄社区。十月革命后，俄国的布尔什维克控制了所有剩余的土地，将土地重新分配给耕种者。最终，在 1930 年，他们从农民那里征收土地并建立了大型集体农场。从长期来看，集体农业被证明是非常低效的。它将大规模资本主义农业存在的，且由于禁止货币化奖励而变得更糟的监督问题（见下一节），与作为社会主义制度典型特征的中央计划的缺陷集于一身。生产的增加只是因为投入品的使用大幅增加——最显著的是化肥。向以市场为基础的体系的回归是漫长的，而且可能依然没有完成。苏联解体之后，前社会主义国家为集体所有权的取消提供了各种解决方案，包括从波兰和捷克斯洛伐克的完全私有化到白俄罗斯的长期集体耕作。

对私人财产权正向收益的期望能够得到多少证据的支持呢？
在许多其他情况下，包括欧洲的前社会主义国家在内，采用私有财
产权所带来的收益并没有那么显著。很多计量经济学的估计从这种
所有权的转变当中都没有发现任何正面效应，同时在大多数例子当
中，这种增益并不像预期那么大。正如丹宁格和金（Deininger and
Jin，2006）所指出的，在某些情况下，这些结果可能反映出设计
适当检验的困难之处，但在另一些情况下，这样做的好处可能很
小，因为传统做法的影响依然存在。例如，学者曾认为欧洲剩余公
共土地的私人圈地运动采用的是现代轮作体系，并且成为城市释放
劳动力的先决条件。现在人们不再认为圈地运动对于英国的工业革 64
命是重要的，但奥尔森和斯文森（Olsson and Svensson，2010）在
瑞典南部发现了一个圈地运动对于产出具有正面效应的例子。格申
克龙（Gerschenkron，1966）认为，共同所有制是 19 世纪俄国落后
的主要原因之一，因而最终也是导致俄国十月革命的主要原因之
一。在他看来，斯托雷平的改革步伐太小，也太迟了。相反，格里
高利（Grcgory，1994）认为，在实践中，农民可以轻易规避公社
制定的规则。纳齐格（Nafziger，2010）则认为以上两位学者都没
有将其分析建立在数量性的证据基础上。他指出，要素市场已经存
在了，家庭利用它们对例如突然死亡这样的冲击作出反应。然而，
公社的规则并不像格里高利所设想的那样无关紧要，因为它们使得
调整的速度下降了。显然，这一结果只对莫斯科区域是适用的。但
是，它突出了一个更普遍的观点：传统权利和现代私有产权都是通
用的标签，可能掩盖实质性的差异。后者在理论上当然要更加优
越，但是在很多例子中，农民们也找到了规避传统权利缺陷的各种
方法。

农业生产中的资本主义组织：死胡同

工厂制度的扩散是工业革命的关键创新之一。它在农业上的对应物是“资本主义”农场，即由雇佣劳动者耕种并由地主或佃农管理的大型农场。雇佣劳动者过去是，现在仍然是在农业中广泛使用的劳动力，在收获季节更是如此。但是，只有当雇佣劳动者在其长期性劳动力中占大多数的时候，这样的农场才能够被贴上“资本主义”的标签。这些农场早在18世纪初就已经在英国东南部的产粮区广泛分布了，并在接下来的几十年里遍布全国各地，到1851年成为农业组织的普遍形式（Shaw-Taylor，2012）。在欧洲其他地方，“资本主义”农场相当罕见，并且集中在某些地区，如意大利的波河流域、德国的易北河以东，以及法国的一些葡萄酒产区，如波尔多。在南美洲和地中海各国，由雇佣工人种植的大庄园（latifundia）确实存在，但它们很少被归类为“资本主义”的，因为它们在技术上被认为是落后的（萨尔武奇，第一卷第13章）。人们认为，它们只有通过无情地剥削被准封建关系束缚起来的工人，才能在世界市场上竞争。因此，到1850年，一种达成共识的观点认为，“资本主
65 义”农业几乎完全是英国的特征。但是，在那个时期，甚至现代的工厂系统也几乎完全是英国特色。因此，马克思主义者预言，英国正引领欧洲和世界进入工业化农业的新时代，其中的“资本主义”农场可以与工业公司在规模上相匹配，并将会淘汰低效的家庭农场和传统的大庄园。

任何稍微了解世界农业的人都知道，马克思主义者的预言还没有变成现实。然而，证明这一说法似乎并不容易，因为没有关于“资本主义”农场的份额及其时间变化的数据。许多国家已经开始收集有关19世纪农场规模和管理的资料，联合国粮农组织也已经

在一系列世界农业普查中总结了自 1930 年以来的这一信息。不幸的是，各国的普查覆盖范围各不相同，最重要的是，这些普查并没有把“资本主义”农场单独列举出来。它们在部落土地、租佃（也就是出租的）农场以及由所有者经营的农场之间进行了区分，这在 1950 年占到了所有耕种面积的三分之二，而到 2000 年则占到了四分之三（Federico，2006）。这种分类也包括了“资本主义”农场，在其他条件不变的情况下，“资本主义”农场要比家庭农场更大。因此，人们可以预期，它们的扩散会导致农场平均规模的增加。但据统计，1950—1990 年，亚洲的农场规模下降了 40%，在亚洲，农场规模从一开始就很小，在拉丁美洲则下降了 30%。在欧洲，其平均面积上升了 20%，而在北美洲则增加了一倍多。从理论上讲，这种增长可能反映了“资本主义”农场的扩散，但这种假设并没有被美国的情况证实，美国可以说拥有世界上最先进的农业。2007 年的农业普查（美国农业部，2007，表 64），将七种类型的家庭农场（从“资源有限”的农场到“非常大”的农场）与“非家庭”农场（即公司拥有的农场）区分开来。后者约占总销售额的五分之一，但平均只雇用了 3 名固定工人，而且其中约 90% 是由家族所有的。如果加上那些“非常大的家庭农场”（销售额超过 100 万美元，平均有 4 名固定工人），那么这些最大农场在总销售额中所占的份额将增加到 75%。与传统农业的小农场相比，它们是大企业，但对于整个农业部门而言仍然微不足道。只有 5 584 家农场（包括任何类型）出售了超过 500 万美元的农产品，平均水平是 1 490 万美元，相当于农产品销售总额的 0.05%。

总之，这些证据有力地表明，大规模的“资本主义”农场一直是农业生产当中一个相当边缘的组织形态，而且，如果有的话， 66
在 20 世纪，它们在全球所占的份额也一直在下降。一个可能的问题是，如果它们比其他类别的农场更有生产力，那么从世界各国普查数据中得到的面积数据就低估了“资本主义”农场的比重，以及它们随着时间推移的增长程度。这一假设支撑着19世纪人们对它们的优越性的看法，但这并没有被证据证实。每英亩的总产出要么与农场的规模无关，要么与其成反比。此外，美国的数据指的是销售额，而不是种植面积。“资本主义”生产组织方式的实质性失败是农业的一个特点，必须以某种方式加以解释。家庭农业获得成功的最简单解释是国家的干预。在20世纪，大农场，以及最重要的是大庄园，由于意识形态和政治上的原因，并没有得到好名声。从19世纪末开始，“耕者有其田”一直是群众抗议的强有力的战斗口号，墨西哥的成功，最重要的是俄国十月革命的成功使这一主张变得合理了。第一次世界大战结束后，东欧许多新成立的国家实施了土地改革，以期与它们的民众达成共识，并减少俄国对它们的吸引力（Jorgensen，2006）。在第二次世界大战后，亚洲和其他发展中国家开始在本国进行土地改革。金（King，1977）列出了1975年之前的23项主要土地改革。但改革的动力并不局限于面临革命威胁的穷国。从19世纪开始，欧洲将投票权扩大到佃农和农业工人，逐渐使政治权力的平衡远离了地主贵族。一些国家，如意大利，强行分割了大庄园，而其他国家，包括英国，则通过征收很高的遗产税或在高通胀时期限制农业租金来迫使地主出售他们的财产（Swinnen，2002）。

然而，国家干预充其量只是家庭农业成功的部分原因。一项改革可以将土地转让给耕种者，但如果家庭农场在经济上不可行，就无法确保它们在竞争中能够长期生存。在某些情况下，改革政策适得其反，因为新农民失去了他们的土地，而他们的农场被合并成大的单位。在其他情况下，农民只有依靠政府的补贴才能够勉强生存下来。但是，在大多数情况下，家庭农场在没有国家帮助的情况下也得以生存和繁荣。它们获得成功的原因可以用一句话来概括：监督“资本主义”农场中的工人的成本超过了大规模种植和规模经济的收益。

监督工人在所有产业当中都很昂贵，但在农业方面特别昂贵， 67
原因有两个。首先，农业工人分散在田地里，而不是集中在同一屋檐下。其次，某些工序中的马虎工作（如修剪）所造成的损害可能是严重的、长期的，而且最重要的是，在短期内难以察觉。一个粗心的工人可能把错误推到自然因素，而不是自己的缺点上。实际上，所雇用的工人一般用于收割，这项工作任务在时间和空间上比较集中，相对容易监督。但是，对于大多数操作来说，只有让工人获得产品的一部分请求权，才能换得工人们最大可能的努力程度。这一条件在农民拥有土地时得到了满足，因为他们是产品税后收益的唯一剩余索取人，同时与农场有着长期稳定的关系，否则，（非耕种）所有人和农户之间必须订立适当的租佃协议。最大限度地提高工人的产量是相当容易的，要么给他总产量的一定份额（分成租佃），要么给他除去预定的金额之外的整个产量（固定租金的租佃）。更困难的是设计一种契约——防止承租人以牺牲农场的长期价值为代价而在短期中增加产量，同时，还要对他在农场的投资给予补偿。实际上，农业合同的种类繁多，农业经济学中的一些最优秀的人对此进行了研究，以发现效率低下和（或）剥削的证据。关于分成租佃的文献数量是巨大的，无法在这里进行讨论。需要强调的是，关于农场规模和使用权类型的综合证据表明，将土地租给农户（承租的家庭农场）一直是分布第二广泛的农业生产组织形式，仅次于家庭式农业。因此，这些合同虽然不完善，但已经被证明比“资本主义”农场的经理 / 所有人与其工人（们）之间的单个合同更有效率。

在工业中，大型工厂比车间效率要高得多（艾伦，本卷第2章），但在农业当中情况并非如此。几乎所有的土地节约型创新（种子、化肥和新的轮作制度）都是规模中性的——它们在小农场中所发挥的作用和在大庄园中一样。相反，大多数农业机器只有在生产规模（如联合收割机收割的田地的扩展）超过最低阈值的情况下才是有利可图的。在一篇著名且非常有争议的论文中，戴维（David，1971）认为，在19世纪四五十年代，美国许多农场没有实现机械化收割，因为收割的面积没有达到能够证明购买一台收割机是合理的最低水平。近年来，一些学者研究了在美国和其他发达国家应用
68 拖拉机的相似门槛效应（例如 Duffy-Martini and Silberberg，2006）。他们使用的方法和结果各不相同，但总的来说，他们并没有证明小规模农场是机械化的主要障碍。在短期内，农民成功地通过集体购买机械设备或从专业供应商（合同劳工）那里租借来解决这一问题。从长远来看，对机械化的需求是OECD国家农场规模增加的原因之一，其他原因包括移民到城市、老农民退休以及在某些情况下旨在巩固农场的补贴（最明显的是欧盟所谓的结构性政策）。然而无论如何看待它，与汽车制造这类规模密集型工业相比，一个完全机械化的农场的最佳规模仍然很小。

这种观点适用于田野耕作，在一定条件下也适用于牲畜养殖，却并不适用于农产品的加工。它本质上是一种工业化的经营，因此受益于19世纪以来的规模密集型（scale-intensive）技术进步。蒸汽机的引入降低了成本，同时在某些情况下，如酿酒或缫丝，提高了最终产品的质量。然而，它需要在世界农业组织中进行深远的体制改革。只有少数几个庄园的生产数量足以让使用现代机械有利可图。古巴糖业庄园的情况就是如此，其中有一些还修建了

内部铁路，以便迅速运送必须在收割后几小时内将其榨汁的甘蔗（Dye，1998）。在 19 世纪，最优质波尔多葡萄酒的酿酒厂购买了葡萄园，并将之前的所有者重新雇用为具有丰厚薪酬的长期合同工人（Simpson，2012）。他们认为控制生产过程的各个阶段对于生产优质葡萄酒是必要的。然而，这些是例外；在绝大多数情况下，加工过程中的规模经济不足以克服集中过程带来的交易成本和因监督不足造成的损失。加工产品的最小数量，要么是通过在加工前销售产品，而不是销售加工过的产品——例如葡萄，而不是葡萄酒，要么是通过建立生产者合作社来达到。

如果产品的质量可以很容易地被预先评估，那么将其在市场上销售是一个非常合适的解决方案。自中世纪以来，欧洲农民就在市场上销售谷物，并将用于国内消费的碾米加工过程进行了外包。由于协调方面的各种问题，该解决方案不适用于易腐产品：优质的牛奶或葡萄是生产优质黄油或葡萄酒所必不可少的，但事前检查它们的质量曾经是（并且一直是）非常困难的，而且太消耗时间。同 69
时，生产优质牛奶或葡萄需要投资（例如投资于一群纯种的奶牛），只有当加工企业可信地承诺会认可产品的质量溢价时，农民才会进行投资。这个问题可以通过在农民和加工企业之间签订长期供给合同来解决：后者承诺会购买整个产品，前提是它符合某些预定的质量标准，并提供技术咨询、种子等。这些合同已经在许多发达国家被广泛采用了：在 2007 年，它们占美国总销售额的六分之一。然而，这种解决方案意味着巨大的交易成本，需要高效的法院系统来解决争端。此外，农民可能对买方的独家垄断权力不信任（见下文的“良性政府：消费者保护和农业研究的支撑”）。因此，解决这一协调问题的最普遍办法是建立农民合作社。

第一个农民合作社可以追溯到 19 世纪初期，但关键的制度创新最早是在19世纪80年代被丹麦牛奶生产商采用的。最直接的原因是发明了一台生产奶油的机器，即（离心式）奶油分离器，根据一项最近的估计，这比传统机器的效率要高10%～20%（Henriksen，Lampe，and Sharp，2011）。这些合作社成员保证将他们的全部牛奶产量交给合作社，如果其质量不符合标准，该合作社就可以拒绝接受。正是由于在一个给定的区域存在合作社，才妨碍了工业化企业的建立。另外，由于缺乏替代性的渠道，农民不得不提供高质量的牛奶，而不是欺骗。同时，农民们分享了来自合作社的利润，他们肯定会从投资纯种奶牛中获得充分的收益。奶油生产的合作社在丹麦获得了迅速成功。在短短几年内，他们的品牌（丹麦黄油）家喻户晓，这个国家也成为欧洲主要的黄油出口国，在英国市场上击败了爱尔兰。爱尔兰的生产者只是在后来，而且只是部分地采取了丹麦的合作模式。最近的研究解释了这一失败的原因，这是因为在可行范围内奶牛的养殖密度较低（即牛奶供应不足），中等规模农场的比例很低，以及社会冲突的强度很高（O'Rourke，2007）。在20世纪初，丹麦的模式被采用了，尽管在葡萄酒、肉类产品，以及水果和蔬菜的生产中有一些延迟，而且不太成功。在后一种情况下，合作社根据自己的品牌挑选、包装和销售产品［例如美国的新奇士（Sunkist）］。在20世纪末，合作社在欧盟市场牛奶总销售额中大约占一半份额（在丹麦高达94%），同时在水果和
70 蔬菜中有着很高的市场份额。1915—2002年，美国合作社的总销售额实际增长了8倍，达到了总产出的35%～45%。尽管许多国家的政府为此提供了官方支持，但生产合作社在最需要它们的最不发达国家成功的可能性要低得多。这些文献引用了一长串导致这种失败的潜在原因：不易腐烂的同质商品占总产出的比例过高；没有外部救济的情况下面对生产冲击的脆弱性；高度的社会和政治

冲突；最后，但并非最不重要的是社会资本的禀赋（Beltran Tapia，2012）。每个因素的重要性都应逐个评估。

正式和非正式的农业融资

在传统农业中，农民需要信贷主要用于满足自己的消费需求。他们中的许多人需要靠短期贷款来度过获得收成之前的这一段时期，而他们大多数人需要长期贷款以避免农作物歉收时挨饿，因为除了“教区救济”这一特例外，公众支持常常是无法获得的。农业现代化已经发生了变化，但它并没有减少对信贷的需求。农民财富的增加，以及国内和国际救济的获得，大大减少了基于危难的信贷需求，但技术进步为短期购买化肥、长期购买机器创造了新的金融需求。在理论上，农业应该从银行、保险公司和其他信贷机构的发展中获益丰厚。在实践中，由于信息不对称等大量问题困扰着农业，收益已经减少了（Banerjee and Duflo，2011）。如前一节所述，产出和偿还贷款的能力也取决于农民控制能力以外的情况，如天气和价格。因此，不择手段的借款者可能会作弊。收集必要的信息来核实值得信赖的客户的成本是非常昂贵的，以致发放贷款对一家银行来说是无利可图的。它可以通过要求以实物资产作为抵押品来降低风险，但这一选择只适用于拥有充分发展产权的农民。因此，它不仅排除了享有传统权利的农民，而且不包括佃农（如果他们不受地主的支持）。此外，一家城镇银行可能会发现收回和管理一个家庭农场的前景并不那么吸引人，尤其是在农业大危机的年代。因此，银行和其他正规金融机构只能向那些能够抵押大量且易于出售的资产的人提供自由贷款——也就是只对富有的地主放贷。因此，这些机构在传统农业社会中占农业总信贷的比例很小——例

71 如在 20 世纪 30 年代的中国只有 2.5%。大多数农民不得不求助于非正规贷款人——地主、社区的放债者、商人等等，这些人有时从“正式”机构借款，然后作为中介获得可观的利润。根据世界银行的一项广泛调查，到 1970 年底，“非正式”资源占亚洲、中东和非洲贷款总额的 60% ～ 70%。“非正式”贷款人对每个农民的信用度有更好的了解，因此可以区别对待他们的客户。关于他们收取的利率的确凿证据很少，但超过每年 100% 的数字并不少见。这些利率为“非正式”贷款人赢得了“放高利贷者”的确凿名声，他们无情地剥削了贫农。在一本关于内战后美国南部的著名著作中，兰塞姆和萨奇（Ransom and Sutch，1977）认为，作为唯一的信贷提供者，这些老板享有垄断权力，他们利用它对前奴隶们进行“金融压榨”（financial squeeze)，从而阻止他们摆脱赤贫状态。这种垄断的存在是有争议的，更广泛地说，高利率并不是剥削的充分证据。向农民贷款是非常危险的。他们几乎没有什么可作为担保的东西，也同样会受到特殊冲击的影响，因此非正式的当地贷款人几乎没有机会让他的投资组合多样化。然而，不管其原因如何，高利率肯定抑制了投资和技术进步。

正式信贷的总额增加了，很可能已经取代了非正式信贷，至少在一定程度上是这样。在印度，正式信贷占总信贷的比例从 1950 年的 7% 上升到 1970 年的 25%，在 1981 年上升到了 60%。这一上升是农业增长和农业所有权扩散的结果，但毫无疑问，它得到了官方的支持。从 19 世纪末开始，各国政府建立了对农民提供短期和（特别是）长期信贷的机构，第二次世界大战后，这类机构的数量激增。事实证明，尽管成本很高，但它们在向农村地区提供资金方面是相当有效的。商业性的、国家支持的机构一直被极高的违约率所困扰。农民的组织更为成功。信用合作社在发达国家具有悠久的传统，第一批这样的机构于 19 世纪 50—60 年代在德国建立起来。自那时以来，它们传播得非常广泛，尽管数量比生产者合作社少一些。相比之下，它们在最不发达国家的增长相当令人失望，至少在最近的小额贷款［所谓的乡村银行（Grameen bank）］取得成功之前都是如此。合作信贷相对于“正式”机构的优势是显而易见的：一个村庄的农民相互了解，因此他们可以比城市的银行职员更好地评估同一村庄其他农民的信用风险。同时，地方信用合作社很容易受 72
到冲击。如果所有成员都受到像干旱一样的相同冲击，那么合作社只有在外部贷款人的帮助下才能生存。实际上，自该项运动开始以来，这些信用合作社就建立了区域和国家组织以相互支持。近年来，这些私人组织得到了各国政府的正式担保。

良性政府：消费者保护和农业研究的支撑

各国在成熟的资本主义制度中承担的一些新任务深刻地影响了农业的发展。在这一节中，我们将集中讨论三个领域：消费者保护；竞争政策；以及对科学研究的支持。

在现代资本主义发展之前，大多数先进的前工业化社会的统治者们就一直在保护城市消费者了，虽然大部分是出于自身利益。事实上，他们担心粮食缺乏引起的骚乱，因此试图保证城市居民以合理的价格得到粮食供给。中国古代政府建立了广泛的常平仓（Will and Wong，1991）。在欧洲，中央政府和地方当局采取了广泛的措施——许可建立一些市场或者完全禁止它们——代表城市购买和销售粮食，制定面包和其他食品的质量标准和价格。这些前现代的规制方法在 19 世纪消失了。在欧洲，启蒙运动者尖刻的批评使它们名声扫地，在 18 世纪下半叶和 19 世纪的头几十年里逐渐被淘汰了

（Miller，1999；Persson，1999）。在同一时期，不断加剧的资金短缺破坏了中国常平仓的运作，在 19 世纪 60 年代太平天国运动后常平仓永久地关闭了。在 19 世纪，由于交通运输缓慢、易腐食品保存的不充分，以及普遍存在的欺诈行为，食品质量下降，危及了公众健康，保护城市消费者的必要性再次显现。早在 1856 年，美国就批准了一项规定牛奶质量最低标准的法律，并于 1906 年通过了全面的《肉类检验法》（Meat Inspection Act）和《食品和药品法》（Pure Food and Drug Act）。这些健康卫生方面的规制并没有直接影响农民，他们通常出售的都是状况良好的牛奶和牲畜。他们可以间接受益，在一定程度上，掺假风险的下降增加了农业新鲜食品的需
73 求量和销售量。此外，生产商可以通过将反欺诈的法律适用于他们的其他投入而直接从中受益，例如英国 1869 年和 1894 年反对种子和肥料掺假行为的法律就是如此。

由于单个农场的市场份额总是微不足道的，农业从未受到反垄断立法的直接影响。更有可能的是，农场主们会要求政府控制产品市场中的竞争。他们也要求帮助他们对抗所谓的加工企业、商人和铁路的垄断买家权利，以及生产商对化肥和仓储等投入品的垄断力量。为达到这一目的，他们进行了游说活动，而在有些情况下，他们直接走上了政治舞台。在美国，农场主是人民党（People's Party）的主要支持者，后者在 19 世纪 90 年代要求政府控制铁路。它的这一诉求失败了，但农场主的利益在进步主义时代及其之后都保持着强劲的势头。在 1922 年，它成功地推动国会批准了《卡帕 – 沃尔斯坦德法》（Capper-Volstead Act），该法从反托拉斯法中免除了农业合作社。法国葡萄酒生产商率先采取了另一种方法，而之后这一做法在西欧变得非常流行。在 1889 年，香槟省的葡萄种植人获得了为在这一区域生产的葡萄酒保留香槟酒这一名称的权利（即原产

地名称，appellation d'origine contrôlée)，而在 1904—1905 年，这一权利仅限于使用当地葡萄进行生产的那些人（Simpson，2012）。1958—1959 年，英国一家法院支持了这一规定，从而首次将其保护范围扩大到法国境外。现在，除葡萄酒以外的产品也被赋予地理标志，欧盟也在积极捍卫其持有者的权利。《卡帕 - 沃尔斯坦德法》的反竞争性质非常明显，而地理标记的效应则更为复杂。它显然减少了竞争，因为它阻止了其他地区的生产者利用一个成功的品牌名称，而且给消费者提供了关于原产地名称和产品质量的更多信息。

对研发领域的投资已成为 20 世纪国家对农业部门进行扶持的重点工作。长期以来，在不可挪用的生物创新中，补充私人——为了利润——投资的必要性一直是显而易见的，一些开明的地主试图为此提供帮助。吉尔伯特和布森戈（Gilbert and Boussingault）决定使用他们自己在英国罗瑟姆斯特德（Rothamsted，1843）和法国贝赫布鲁姆（Bechelbrom，1834）的庄园来作为实验基地。不那么自私的地主通过建立学术团体，如法国农业科学院（1761 年成立，成立时的名称与此不同）或"英国皇家农业协会"（1838 年），为此做出贡献。这些协会承担着重要而有用的角色，尤其是在传播有关创新的知识方面，但是它们的努力受到一个典型的"搭便车"问题的阻碍：为什么地主如果能从别人组织的试验中获得信息，他还要 74
投入时间和金钱去组织实地试验呢？这种"搭便车"的问题并没有影响到美国的福特基金会和洛克菲勒基金会，它们资助了 20 世纪 40 年代在墨西哥进行的高产品种的初步研究。然而，它们的金融资源还是十分有限。真正的飞跃需要公共资金的介入。政府通过大学间接地资助了农业的研究与开发，并且通过农业站直接进行此项活动。第一个农业站在 1851 年建立于萨克森的默克尔恩，然后在 19 世纪下半叶，美国和除英国之外的大多数欧洲国家，已经建立了广泛的农业站体系。热带农业领域的研究开始得比较晚，始于 19 世纪末 20 世纪初，最初只是局限于用于出口的经济作物（可可和橡胶）。第二次世界大战后，在私人资助的研究获得初步的成功之后，对粮食作物的研究起步了。自 20 世纪 50 年代以来，外国援助者和地方政府已经为在特定区域和针对特定产品的研究站提供了资金，例如墨西哥的国际玉米和小麦改良中心（CIMMYT）对小麦的研究及菲律宾的国际水稻研究所（IRRI）对水稻的研究。在农业研发当中的总投资是相当可观的。在美国，它从 1889 年的 200 万美元（1993 年美元价格），即相当于总产出的 0.03%，达到第二次世界大战前夕的 5 000 万美元（占 0.7%），20 世纪 90 年代末则超过了 5 亿美元（超过了产出的 2%）。根据最佳的估计结果，在 20 世纪 60 年代，全球公共支出增长了 150%，70 年代为 50%，80 年代为 30%，90 年代仅增长了 15%（Federico，2005：Table 6.6，以及 Pardey，Alston，and Piggot，2006）。到 2000 年，发达国家的总支出相当于总产出的 2.4%，但发展中国家只达到了 0.53%（全世界达到 0.8%）。1959—1971 年在农场主中推广最佳做法的支出（所谓的扩展）增长了一倍，而在接下来的十年里增长了 25%。

纳税人的钱花得值当吗？在格里利切斯（Grilliches，1958）对杂交玉米的开创性工作的引导下，许多学者估计了特定研发项目的收益率（创新收益与支出的比率）。一个一直覆盖到 20 世纪 90 年代后期，包括差不多 2 000 个估计的调查，所得到的研发的平均回报是 99.6%，在所有投资上的回报是 81.3%，包括延期回报。这些数字惊人地高，但有理由怀疑他们夸大了实际回报。实际上，大多数估计所指的是成功的项目，因此他们忽视了失败的尝试所导致的损失，以及在研究基础设施上花费的固定成本。从农业 TFP 增长原因的文献中可以得到更准确的回报估计，这些文献结合例如环境、要素禀赋和宏观经济政策等相关变量，考虑了研发支出的效应。这些研究发现，支出对生产率增长有正面和显著的影响，隐性投资回报率为 30% ～ 40%（例如 Arega，2010）。与公共基金的其他用途相比，这些比例令人印象深刻，因此更有理由要进行投资了。 75

如果研发投资的收益是如此之大，而且得到了如此广泛的认可，为什么公共开支停止增长，而在一些发达国家，甚至在 20 世纪 90 年代和 21 世纪前十年下降了呢？在一定程度上，这种停滞反映了政府最近在经济活动中的普遍退却。然而，还有一个更具体的原因，那就是将专利权扩展到现存的模式当中，使得私人公司能够从它们对研发的投资中获得所有的回报。这种措施是 20 世纪初由销售种子和作物的公司所倡导的，同时在美国，该措施在 20 世纪 30 年代被首次授予，尽管仅限于树木。在 1960 年，欧洲联盟国家将这种权利扩大到了所有植物，并于 1961 年签署了一项国家间协定以相互承认专利，即"国际植物新品种保护联盟"（International Union for the Protection of New Plant Varieties，UPOV）。美国也在 1970 年进行效仿。截至 2011 年，UPOV 已经拥有 69 个成员。因此，私人投资大幅增加了。它们在 20 世纪 80 年代已经超过了美国的财政支出，同时到 2000 年，其在农业特定性研发（不包括机械或化学研究）中的投资，约占世界总支出的三分之一，而占发达国家支出的一半以上。

远离自由市场资本主义

土地改革、研发投资，以及截至目前所描述的其他政策主要是间接地影响了农场主的收入，或者是作为有着不同目的的政策措施的副产品。例如，欧洲近代之前的传统市场政策旨在促进向城市市场的供应：通过禁止出口和促进进口，它们降低了国内价格。因此，旨在保护农场收入的政策是一个新鲜事物。法国拿破仑战争时期是土地所有者的黄金时代，小麦价格下跌的前景促使英国在 1815 年实施了禁止性关税（即所谓的《谷物法》）（Federico，2012）。法国和欧洲大陆的大多数国家也在接下来的几年中纷纷效仿。然而，这一波贸易保护主义并没有持续太久。英国在 1828 年
76 降低了保护程度，并于 1846 年全部废除，在接下来的 20 年里，其他国家也这样做了。到 1861 年，欧洲的粮食贸易基本上是自由的，并且一直持续到 19 世纪 80 年代——当美国小麦的入侵威胁导致大多数欧洲国家，除英国这个明显的例外，重新实行了关税制度。传统观点认为这种变化是对保护的回归，但至少对农业而言，这种观点是毫无根据的。首先，小麦的关税没有那么高：对于欧洲大陆的主要国家而言，只在 19 世纪 90 年代的少数几年当中超过了芝加哥市场价格的 50%。其次，除小麦和黑麦以外，其他产品即便受到关税保护的影响，其影响也要小得多。这种保护的总水平可以用名义保护率（nominal rate of assistance，NRA）来衡量，这可以计算为国内农业产出构成比例加权的国内和世界价格之间差异的平均值（作为后者的百分比）。直到第一次世界大战之前，欧洲国家的这一比率一直很低甚至是负值（Swinnen，2009），而经过短暂的战时规制之后，在 20 世纪 20 年代也一直是很低的。

真正划时代的变化是由大萧条开始时的价格暴跌所引发的（见图 3-2）。欧洲国家的反应是增加关税，并将保护范围扩大到所有产品。然而，许多政府担心增加关税可能不够，因此决定以数量限制作为补充（例如强制规定自产小麦的最低份额）。一些国家，

如德国和意大利，甚至对谷物等关键产品的分销实行完全的政府管制。因此，名义保护率上升到了超过 50%，1934 年在德国达到了 160% 的峰值。主要的例外是英国，英国的粮食进口是免关税的，而且英国向农民提供补贴。大宗商品关税突然增加，以及农产品价格的暴跌引发了海外生产商的反应。早在 1924 年，巴西圣保罗州政府就已经成立了一个市场营销委员会，为咖啡种植者提供融资，并且组织咖啡的集体性销售，但取得的成果有限。20 世纪 30 年代，殖民地政府（例如 1933 年在肯尼亚的英国统治者）、东欧的独立国家，以及西方的殖民地国家也模仿了这一做法。《农业调整法》（Agricultural Adjustment Act）是罗斯福新政时期的第一项法律，包括一系列措施，在减少农产品供应的同时支撑农场，并且树立了把价格提高到战前水平的明确目标（即所谓的“平价”）。其中最重要的是以预先确定的价格认捐作物，以此获得向商品信贷公司（Commodity Credit Corporation）借款的权利。这一显然无害的措施，与国内价格不能低于最低限度的保证是等价的。

第二次世界大战结束后，在大西洋两岸的任何一方都没有废除 77
这些紧急措施。欧洲共同体采用了一种“共同农业政策”（Common Agricultural Policy，CAP），旨在使所有成员国的价格保持在相同的高水平。日本政府维持了 1942 年建立的大米贸易的国家垄断地位。安德森等人（Anderson et al.，2009）最近的估计显示，日本 20 世纪 50 年代和 60 年代的名义保护率接近 100%，超过了欧洲的 50%，而这一保护率在出口国中一直是相当低的。亚洲和非洲大多数新独立的国家保留了过去殖民时代的营销委员会，但其角色发生了重大变化。它们不是用于促进出口，而是与直接税收和其他宏观经济政策，如双重汇率结合在一起，用于使城市消费者的农产品价格保持在较低水平，并尽可能地向农民征收更多的税收，以便为工业化提供资金。因此，大多数最不发达国家有一种特征，即反农业的偏见。实际上，在至少三分之二的最不发达国家中，名义保护率是负的（即国内价格低于世界市场价格），尽管有韩国等少数保护主义国家的存在，但其平均值仍徘徊在 –10% 左右。

自 20 世纪 80 年代后期以来，OECD 国家和最不发达国家都减少了干预。最不发达国家开始放开市场，减少对农民的征税，并废除双重汇率制度。结果，农产品的国内价格与世界市场价格趋同了，同时国内保护率上升了。在 21 世纪初，非洲国家的平均名义保护率虽然仍低于零，但在南美洲，特别是在亚洲地区，名义保护率却变成正数了。20 世纪 80 年代中期是发达国家向农民提供直接扶持政策的鼎盛时期。自那时以来，大多数国家都试图减轻纳税人和消费者的负担。例如，欧盟的麦克萨里改革（MacSharry reform，1992）从通过市场政策的间接支持，转变为直接补贴农民。美国采取了类似的政策，即出台了《联邦农业促进与改革法案》（FAIR Act，1996）。结果，在 21 世纪的早些年份，名义保护率急剧下降了，尽管 OECD 国家的平均水平依然很高，但这是因为像瑞士和冰岛这样的较小欧洲国家并没有同样的自由化热情。

经济学家认为，只有当国家干预能够促进竞争或纠正市场失灵时，它才有正当理由这样做。这两项标准都不适用于本节所述的农业政策。农业生产者对竞争的威胁是微不足道的，而国家在研发当中提供的投资，的确解决了两个主要的重大市场失灵问题中的一
78 个。另一个重要的市场失灵问题是灌溉和化学产品的使用对环境造成了损害，而且可以说，发达国家的农业政策使环境恶化了，而不是对环境有所改善。实际上，高的保证价格创造出一种尽可能多生产的强烈动机，而这需要消耗大量的化学品。同时，农产品的人为高价损害了消费者的利益。在其 20 世纪 80 年代的鼎盛时期，对农

业的支持相当于对农产品消费征收超过 120% 的税。尽管如此，这项政策并没有引起多少反对意见，很可能是因为农产品在加工前只占总消费的一小部分。根据数据估计，这些款项中有四分之三归农场主所有，而其余则是整个经济的净损失（Federico，2009）。20 世纪 90 年代的自由化使消费者的损失减少了大约三分之二。最不发达国家的政策效果正好相反：生产者遭受了损失，而城市消费者获得了收益。在整个期间，农业政策的税收等价物在大多数情况下（即消费者得到的补贴）为负数，尽管这种偏误在 20 世纪 90 年代和 21 世纪前十年有所减少。这些数字，以及上面引述的名义保护率，忽视了农业政策对要素价格和资源配置的所有次要影响。这些影响可以用一种更复杂和数据密集型的估计技术来考虑：CGE（可计算一般均衡）建模。例如，克莱因（Cline，2004）以及安德森和马丁（Anderson and Martin，2005）估计，农产品贸易的完全自由化，在不改变其他扶持政策的情况下，将使世界 GDP 增加大约 0.5 个百分点——这不是小数目。进一步地，由于取消了对它们的出口壁垒，穷国将受益最多：它们的国内生产总值将增加 1% ～ 1.5%。显然，这种大胆的举动不在任何政治议程上。

结　论

在过去的两个世纪里，世界农业的绩效，就产量，尤其是全要素生产率的增长而言，即便没有优于，也达到了与工业同样的水平。这一成就是由于现代化而得以实现的，而现代化至少有三个不同的特征：

（1）技术变革并没有促成生产组织形式上的巨大变化：农业仍然是由单一家庭管理的小生产单位，而不是由大公司管理占据主导。

79 （2）传统的产权和“非正式”信贷比经济的其他部分存续时间要长得多。它们的效率比经济学家们想象的要低，但仍可能对经济增长产生负面影响。

（3）政府干预在农业当中要比在工业当中更具侵略性，这既有好的一方面（农业比工业需要更多的研发支持），也有糟糕的一方面。在20世纪的大部分时间里，农业贸易一直受到严格管制，农业仍然在抵制全球化。

总之，农业过去曾经是，同时现在依然是不同的。

注 释

[1] 本章在很大程度上依赖于费德里科（Federico，2005）的研究，感兴趣的读者可以找到本章未引用的所有参考资料。

[2] 这一样本包括所有欧洲国家（挪威和巴尔干半岛上的国家除外）、加拿大、美国、阿根廷、智利、乌拉圭、印度、印度尼西亚和日本（Federico，2004）。

[3] 该数据系列是通过将阿帕里西奥、皮尼利亚和塞拉诺（Aparicio，Pinilla，and Serrano，2009）所汇总的一直到1938年的时间段数据与WTO的数据结合在一起得到的（www.wto.org，2012年3月13日），假设1953年的农产品贸易比1937年高13%。根据耶茨（Yates，1959）的数据，1953年的贸易额是1937年的96%，但这一数字不包括社会主义国家。同一年（1953年），与社会主义国家的贸易占市场经济体贸易的18%（联合国，1952年和1960年）。人口数据来自麦迪逊（www.ggdc.net/maddison/maddison-project/home.htm，2013年7月22日）。

[4] 来自卡特等人（Carter et al.，2006）的美国数据系列，结合圣路易斯联邦储备银行的数据扩展到了2010年（https://research.stlouisfed.org，2012年3月13日）。农产品和制成品出口的单位价值数据来自WTO（www.wto.org，2012年3月13日）。

[5] www.fao.org/corp/statistics/en，2010年3月1日。

参考文献

Anderson, K. and W. Martin (2005). “ Agricultural Trade and the Doha Development

Agenda," *World Economy* 28: 1301–1327.

Aparicio, G., V. Pinilla, and R. Serrano (2009). " Europe and the International Trade in Agricultural and Food Products, 1870–2000," in P. Lains and V. Pinilla (eds.), *Agriculture and Economic Development in Europe since 1870*. London and New York: Routledge, pp. 52–75.

Arega, A. (2010). " Productivity Growth and the Effects of R&D in African Agriculture," *Agricultural Economics* 41: 223–238.

Banerjee, A. and E. Duflo (2011). *Poor Economics: A Radical Rethinking of the Way to Fight Global Poverty*. New York: Public Affairs.

Beltran Tapia, F. (2012). " Commons, Social Capital and the Emergence of Agricultural Cooperatives in Early Twentieth Century Spain, " *European Review of Economic History* 16: 511–528.

Carter, S., R. Sutch, S. Gardner, A. Olmstead, M. Haines, and G. Wright (2006). *Historical Statistics of the United States Millennial Edition*. Cambridge University Press.

Cline, W. R. (2004). *Trade Policy and Global Poverty*. Washington, DC: Institute for International Economics.

David, P. (1971). " The Mechanization of Reaping in the Ante-bellum Midwest," in R. W. Fogel and S. Engerman (eds.), *The Reinterpretation of American Economic History*. New York: Harper and Row, pp. 210–238.

De Soto, H. (2000). *The Mystery of Capital: Why Capitalism Triumphs in the West and Fails Everywhere Else*. London and New York: Bantam Press.

Deininger, K. and S. Jin (2006). " Tenure Security and Land-related Investment: Evidence from Ethiopia," *European Economic Review* 50:1245–1277.

Duffy-Martini, D. and E. Silberberg (2006). " The Diffusion of Tractor Technology, " *Journal of Economic History* 66: 354–389.

Dye, A. (1998). *Cuban Sugar in the Age of Mass Production: Technology and the Economics of the Sugar Central*. Stanford University Press.

Federico, G. (2004). " The Growth of World Agricultural Production, 1800–1938, " *Research in Economic History*, 22: 125–181.

(2005). *Feeding the World*. Princeton University Press.

(2006). " The ' Real ' Puzzle of Share-cropping: Why is it Disappearing?" *Continuity and Change*, 21: 261–285.

(2009). " Was the CAP the Worst Agricultural Policy of the 20th Century?" in K. Patel (ed.), *Fertile Ground for Europe? The History of European Integration and the Common Agricultural Policy since 1945*. Baden-Baden: Nomos, pp. 257–271.

(2012). " The Corn Laws in Continental Perspective, " *European Review of Economic History* 16: 166–187.

Fuglie, K. (2008). " Is a Slowdown in Agricultural Productivity Growth Contributing to the Rise in Commodity Prices?" *Agricultural Economics* 39: 431–441.

Gerschenkron, A. (1966). "Agrarian Policies and Industrialization in Russia 1861–1917," in H. J. Habbakuk and M. Postan (eds.), *Cambridge Economic History of Europe*. Vol. vi.2. Cambridge University Press, pp. 707–800.

Gregory, P. (1994). *Before Command: An Economic History of Russia from Emancipation to the First Five-year Plan*. Princeton University Press.

Grilliches, Z. (1958). " Research Costs and Social Returns: Hybrid Corn and Related Innovation," *Journal of Political Economy* 66: 419–431.

Hayami, Y. and V. Ruttan (1985). *Agricultural Development*, 2nd edn. Baltimore, MD and London: Johns Hopkins University Press.

Henriksen, I., M. Lampe, and P. Sharp (2011). " The Role of Technology and Institutions for Growth: Danish Creameries in the Late Nineteenth Century, " *European Review of Economic History* 15: 475–493.

Jorgensen, H. (2006). " The Interwar Land Reforms in Estonia, Finland and Bulgaria: A Comparative Study," *Scandinavian Economic History Review* 54: 64–97.

King, R. (1977). *Land Reform: A World Survey*. London: Bell and Sons.

Kishimoto, M. (2011). " Property Rights, Land and Law in Imperial China, " in Debin Ma and Jan-Luiten Van Zanden (eds.), *Law and Long-term Economic Change: A Eurasian Perspective*. Stanford University Press, pp. 68–90.

Lains, P. and V. Pinilla (2009). *Agriculture and Economic Development in Europe since 1870*. London and New York: Routledge.

Lloyd Peter, J., J. Croser, D. Sandri, and E. Valenzuela (2009). " Agricultural Distortion Patterns since the 1950s: What Needs Explaining? " Agricultural distortion working paper 90 (May 2009).

Miller, J. A. (1999). *Mastering the Market: The State and the Grain Trade in Northern France, 1700–1860*. Cambridge University Press.

Nafziger, S. (2010). " Peasant Communes and Factor Markets in Late Nineteenth-century Russia," *Explorations in Economic History* 47: 381–402.

Olmstead, A. and P. Rhode (2008). *Creating Abundance: Biological Innovation and American Agricultural Development*. Cambridge University Press.

Olsson, M. and P. Svensson (2010). " Agricultural Growth and Institutions: Sweden 1700–1860," *European Review of Economic History* 14: 275–304.

O'Rourke, K. (2007). " Property Rights, Politics and Innovation: Creamery Diffusion in pre-1914 Ireland," *European Review of Economic History* 11: 395–417.

Pardey, P., J. Alston, and R. Piggot (2006). *Agricultural R&D in the Developing World:*

Too Little, Too Late? New York: IFPRI.

Persson, G. (1999). *Grain Markets in Europe 1500–1900*. Cambridge University Press.

Pomeranz, K. (2008). "Land Markets in Late Imperial and Republican China," *Continuity and Change* 23: 101–150.

Ransom, R. L. and R. Sutch (1977). *One Kind of Freedom*. Cambridge University Press.

Shaw-Taylor, L. (2012). " The Rise of Agrarian Capitalism and the Decline of Family Farming in England," *Economic History Review* 65: 26–60.

Simpson, J. (2012). *Creating Wine: The Emergence of a World Industry, 1840–1914*. Princeton University Press.

Spraos, J. (1983). *Inequalising Trade? A Study of Traditional North-South Specialization in the Context of Terms of Trade Concept*. Oxford: Clarendon Press.

Swinnen, J. (2002). " Political Reforms, Rural Crises and Land Tenure in Western Europe," *Food Policy* 27: 371–394.

(2009). " The Growth of Agricultural Protection in Europe in the 19th and 20th Centuries," *World Economy* 32: 1499–1537.

United Nations, *Statistical Yearbook*. Published annually. New York: United Nations.

United States Department of Agriculture (2007). *US Census of Agriculture 2007 Summary and State Data*. Vol. i. Updated December 2009 (www.agcensus.usda.gov, last accessed December 15, 2011).

Van Zanden, J. L. (1991). " The First Green Revolution: The Growth of Production and Productivity in European Agriculture, 1870–1914," *Economic History Review* 44: 215–239.

Will, P.-E. and R. Bin Wong (1991). *Nourish the People: The State Civilian Granary System in China 1650–1850*. Center for Chinese Studies Publications, Ann Arbor, MI: University of Michigan.

Williamson, J. (2011). *Trade and Poverty: When the Third World Fell Behind*. Cambridge, MA: The MIT Press.

Yates, P. L. (1959). *Forty Years of Foreign Trade*, London: Allen and Unwin.

第
4
章

技术和资本主义的传播

克里斯廷·布鲁兰德和戴维·C. 莫厄里

引　言

82 本章探讨了 1848—2005 年，技术创新与资本主义的全球传播之间的相互作用。我们的研究突出了这一时期资本主义与创新关系的三大基本发展。第一是工业化的兴起，其特点是向大规模生产的长期过渡；在大型企业内使用复杂的机械化技术；这类企业的管理制度的建立；以及在这些企业内部具有的空前规模、复杂的以及分布广泛的分销和营销活动。第二是创新本身的转变：在系统地创造知识的基础上，出现了一种在资本主义内部进行结构化创新的方法。这被怀特海德（Whitehead）描述为“……发明艺术的发明”（Whitehead，1925：98），这涉及教育和科学专业机构的成长、企业致力于研究与开发、资本产品行业专注于创造新的方法和技术。有组织的工业研究的出现也影响了政府在创新过程中的作用，随着用于研究的公共资金在 1945 年之后的增长，新的公共组织被创造出来管理军事和其他政府任务的创新。第三是创新催化了资本主义的全球扩散，这是一个涉及工业和贸易全球化、技术转让以及各国利用国际资本、知识和技术流动以实现经济持续增长的不同能力的发展（琼斯，本卷第 6 章；艾伦，本卷第 2 章；哈雷，第一卷第 16 章）。

资本主义首先出现在欧洲，而技术变革对其向全球的传播至关重要。创新既是工业化背后的驱动力，也是它的一个日益重要的成果。马克思在《共产党宣言》（*The Communist Manifesto*）中写 83
道："资产阶级除非对生产工具，从而对生产关系，从而对全部社会关系不断地进行革命，否则就不能生存下去。"他指的是资本主义经济的一个历史性独特特征，即不断创新和采用新技术。创新和新技术的传播从一开始就是人类社会的独特组成部分。但是，在人类历史的很长一段时间中，技术的发展是渐进的，重要技术突破的扩散相对缓慢。然而，在资本主义制度下，创新成为生产的一个组成部分，而生产力的持续增长可以说是资本主义最重要的经济成就。

早期工业化的特点是长期过渡，在这种环境下，资本主义企业家在生产机构中，第一次从以前控制生产过程的工匠和操作人员手中获得了对工作流程和进度的掌控，然后利用他们新的管理力量来改变技术和组织。这种控制权力的确认与产品和生产工艺中不断增加的创新联系在一起，在两个决定性的变化中达到高潮。首先，工厂成为生产组织的突出形式，其次是生产技术的机械化。从手工制作到大规模生产的转变是渐进的，并且在许多部门产生了——蒸汽动力和纺织生产出现了引人注目的发展，但在农业、食品加工、小型金属制品、鞋类和服装、玻璃、家用器具和其他产品方面发生了重大变化。就绝大部分而言，这些变化是小规模的、增量意义上的，并且是基于试错的方法。但到了19世纪初的英国，机械化产生了一个划时代的变化：在19世纪20年代，出现了一个生产工具、装备和机器的专业化部门，这为创新注入了新的动力（哈雷，第一卷第16章）。

我们对资本主义与技术之间联系的历史分析是围绕着一系列主题展开的。第一，涉及19世纪的技术变革如何改变资本主义结构，产生新的公司形式。第二，这些新的企业结构有助于改变创新过程本身的特征，为在工业、大学和政府中开展有组织的研究和发展奠定了基础。第三，技术创新对资本主义结构产生了强大的影响，增强了政府的作用，改变了企业与国家之间的关系。第四，我们考察了技术创新的相互作用，资本主义在全球范围内的传播，以及在这
84 150多年的时间里，各国“赶超”世界经济中的技术和经济领先者的各种能力。

界定技术和创新

技术是知识、组织和工艺（包括工具、其他设备和它们所使用的程序）的结合，是面向物质转化的。创新是指某些或所有技术要素发生变化的过程。创新可以是渐进的，是对现有技术进行相对小规模的，或者是激进的改进，这包括用新的技术取代整个技术（例如在海上运输中用蒸汽代替帆来推进[1]），或者创造全新的技术和经济可能性（微处理器）。

尽管激进的创新往往受到学术界的高度关注，但增量创新对资本主义创新有两方面的重要作用。一方面，对在较长时间内存在的产品，如家用电器或农具，不断进行小规模的创新。[2]这些增量改进通常具有强大的长期影响，提高了现有技术的质量和运行效率。

增量创新也影响激进创新的经济效果，后者在首次引入时很少能够奏效。对这类技术性能改进的研究（例如 Enos，1962）一再表明，“激进”创新的实际生产力增长实际上是无数次增量改进的结果，其中许多改进来自用户。因此，“激进”创新通常具有其经济重要性，这是在引入新产品之后由众多的、个别来看不大但累积起来比较显著的“增量”改进的结果。

另一方面，渐进式创新的重要性在于其突出了新技术的出现与其被采用之间的复杂关系。采用新技术显然是实现其经济效益的关 85
键。但是，通过将更多的创新用户暴露于技术，并支持有助于产业创新和生产力增长的集体性学习，广泛采用创新也可以扩大新技术性能方面逐步提高的可能性（Allen，1983；艾伦，本卷第 2 章）。此外，通常是增量创新带来了其在可靠性、成本效益和新技术的易用性等方面的改进，这可能会为采用创新提供更多的动力。虽然这种自我强化的动态变化在信息技术的案例中，特别是在快速采用低成本台式电脑的时代体现得最为明显，但在梅森扎尔和莫基尔（Meisenzahl and Mokyr，2012）所研究的 18 世纪创新者的“调整”活动中也是很显著的。

编年史的概览

在讨论资本主义创新的特点，以及创新如何影响资本主义的全球传播之前，本节按时间顺序概述了我们在随后的一些专题讨论中将会包括的各个时期及其技术创新。

虽然没有明确的界限来区分资本主义的增长阶段，但大多数学者认为，在 18 世纪末期的英国，创新开始在多个部门加速发展，尤其是在钢铁制造、棉纺和蒸汽动力方面出现了重要创新。其中有一些创新——比如在 1775 年获得专利的瓦特蒸汽机——传播得比较缓慢，在进入 19 世纪之前几乎都没有什么影响力。但是，创新提高了从农业开始的生产力[3]，并且扩展到例如食品加工、服装和鞋类、建筑材料和家用器具等活动，也支撑了工作的进一步重组。市场的不断扩大还推动了生产工具和机器专业化公司的发展。生产资料（capital goods）的专业化生产商的出现，最初影响了棉纺和纺织，最终产生了更广泛的经济影响。

1850—1870 年，英国是这一时期向其他国家推广工业化的
86 “领袖”，其特征是技术带动增长（technology-enabled growth）和工业化的加速发展。生产资料的出口显著扩大了英国技术向其他经济体的流动。在一些地区，如欧洲的比利时、荷兰、卢森堡和北欧以及美国，它们在纺织品和工程产品等行业进口英国的生产资料，对英国制造的技术进行创造性模仿，同时伴随着建立起与知识有关的机构，如技术学会和大众教育系统。然而，在包括巴西、印度和中国在内的其他区域，缺乏国内的经济和政治制度（包括对教育的公共投资）的互补性变化，通过生产资料的进口导致的内向技术转移对产业发展的催化效应就不是那么重要了（参见下文以及琼斯的本卷第 6 章对这一问题的进一步讨论）。实际上，在这一时期，欧洲西北部和北美一小部分发达工业经济体，与欧洲南部、拉丁美洲和亚洲之间的经济差距日益扩大（Dowrick and DeLong，2003）。印度和中国的内部技术转移的温和影响，也反映了新兴的欧洲工业大国的政治控制，这是这些国家在军事力量方面的技术优势所促成的。

1870—1914 年，出现了改变发达工业资本主义结构的技术发展，这被人们称为“第二次工业革命”。在 1870 年之后的一段时期，运输和通信技术的改善使各国经济和商品市场在全球经济中更

加一体化了。运输和通信方面的进步也得益于一系列新技术和新产业的出现。

至少有三个主要的创新集群——内燃机、电力、照明和有机化学品——催生了新的产业或改造了成熟的产业。此外，主导这些围绕着新技术集群（包括石油、合成材料、飞机和汽车）成长起来的行业的公司，也与那些现有产业中的公司有很大的不同。在大多数例子当中，这些公司规模更大，所包含的功能范围更广，生产的产品也多种多样。在第二次工业革命中首次出现的技术，至少在 20 世纪 60 年代，是收入和生产力增长的主要原因（Field，2011；Smil，2005）。这些和其他创新共同促进了工业企业边界的扩大，这一转变产生的新的公司实体反过来发展了管理创新的新结构。 87

1870—1914 年，运输和通信技术中的创新对国内和国际商业的增长至关重要。例如，美国国内铁路网络在这一时期的增长具有深远的经济和技术影响。随着国内电报网络的并行发展，铁路的快速通信和协调成为可能，从而有助于整合美国铁路市场，这刺激了大型、连续性生产企业在食品加工、机械生产和金属加工等行业中的发展。可靠的全天候运输的发展，为制造业和分销业的工艺创新创造了重要的新经济机会。

铁路也代表了具有前所未有的资本强度和复杂性的企业单位的出现，从而刺激企业管理结构、成本会计和产业融资等方面的重大组织创新。铁路是许多美国企业家 [如安德鲁·卡内基（Andrew Carnegie）] 的重要训练场，他们创立了新的工业企业，在管理、创新和协调等方面开创出新技术。在这一期间，国际商业中的技术创新同样重要。以蒸汽为动力的钢制船的发展，加上协调商品和金融跨国交易的电报网络的国际扩张，为农业和工业商品创造了全球市场。如同奥罗克和威廉姆森（O’Rourke and Williamson，1999；奥罗克和威廉姆森，本卷第 1 章）所表明的，铁路和国际航运的改善带来的综合影响，使诸如小麦和猪肉等农产品在大西洋两岸的价格差异大幅下降了。[4]

随着国际商品、资本、技术和人员的流动达到前所未有的水平（其中国际移民数量超过了 20 世纪末的水平），第一次世界大战前的 25 年，代表了资本主义发展过程中经济全球化的高潮。通过对外投资于海外生产设施和资源开采活动，这一时期扩大的国际资本
88 流动也支持了工业技术在整个全球经济中的转移。

1914 年，欧洲爆发了战争，这在全球范围内引发了持续 30 多年的战争、种族灭绝、经济和政治不稳定。作为 20 世纪头十年中所呈现的重要特征——大量移民、技术、资本和货物的国际流动枯竭了，而且直到 20 世纪末期之前都没有恢复到原来的重要程度。正如林德特和威廉姆森（Lindert and Williamson，2003）所强调的那样，作为这一时期部分内容的和平时代的特征，“全球化时代”的终结主要是政府的政策造成的——总之，技术变革继续通过信息、贸易等方面的流动，支持了经济体之间更紧密的一体化（奥罗克和威廉姆森，本卷第 1 章）。俄国十月革命创造了一个主要的非资本主义经济主体，即苏联，在 20 世纪二三十年代，它利用来自欧洲和美国的进口资本品进行了工业化，并最终重整了军备。不管是在资本主义经济体还是在非资本主义经济体当中，政府都已经成为私营部门研发的主要投资者，同时也是这项投资所产生的技术进步的购买者。

1914—1945 年，资本、货物、人口和技术的国际流动大幅减少，这导致以前高度相互依存的经济体（如北美和西欧）之间的经济差异加大（Dowrick and DeLong，2003）。1870—1914 年，“趋同俱乐部”中各个经济体之间差距的扩大也体现在这些经济体的技术

发展上，在战后国际贸易和资本流动重新扩大的时期，它们在技术“追赶”的基础上创造了巨大的快速增长潜力。但这种经济增长分化的情况更加严重了（1945 年后欧洲和日本“赶超”的条件有所改善）。20 世纪 30 年代，美国经济的生产率迅速增长，这反映了这一时期可靠的公路运输基础设施的发展和工业研发投资的扩张（Field，2011）。

第二次世界大战至 1973 年全球“石油危机”后的几十年，整个工业经济体中都经历了一个高生产率增长的时期，这一趋势得益于作为战后余波中政治和经济体制重建所带来的贸易、资本和技术的国际流动的增长和恢复（奥罗克和威廉姆森，本卷第 1 章）。冷战的爆发阻止了美国或者苏联完全遣散其在第二次世界大战中的军备，同时到 20 世纪 50 年代初，两国都恢复了对其军事设施的大量 89
投资，而且对研发的公共投资水平也很高。

作为 1945—1972 年的重要特征，西欧许多经济体和日本的人均收入趋同，主要原因是体现了这一时期特点的国际贸易和资本流动的复苏，而这也是国际技术转让的有力渠道。阿布拉莫维茨（Abramovitz，1989）和其他人（Nelson and Wright，1994）指出，1945—1975 年的特征性趋同有很大一部分反映了经济的重建，以及欧洲和日本公司对美国公司在两次世界大战期间发明的技术的再次开发和使用。美国的工业和大学，以及其他在 1945 年之后发展起来的 OECD 国家在研发当中的投资扩张，促进了新技术的兴起，而新技术又催生了新的产业，包括信息技术和生物技术。

战后收入的趋同最初集中在美国、欧洲，然后是日本，但发展中国家正在进行重要的工业化努力。在例如韩国和新加坡的一些例子当中，它们所取得的成功是惊人的。但是，印度、印度尼西亚、巴西、马来西亚、泰国、墨西哥和土耳其等国家，也正在进行工业化。与西欧一样，这种增长往往取决于各国政府的产业政策，这些政策为幼稚工业提供了一定的保护，同时促进了外国技术的采用，这些政策（在那些取得成功的地方，也绝不是一成不变的）受益于这些国家作为技术“追随者”的地位。[5]

生产率和收入快速增长的“黄金时代”，在很大程度上是由复苏的贸易和投资流动推动的，其中主要是由于负责国际汇率和支付的布雷顿森林体系的崩溃，以及 1973 年和 1979 年的石油价格震荡。尽管面对大量的实证研究文献，油价上涨与随后的低生产率增长时期之间的确切联系仍令人惊讶地难以捉摸，但投入成本
90 的意外变化似乎很可能会对采用和运营成熟的工业技术征收一种生产率“税”。就像工业企业在 20 世纪 20 年代利用电力，以及 20 世纪 90 年代利用信息技术所能获得的生产率收益需要花费时间一样，调整与更高的能源价格相关的生产率税也需要相当长的时间。至少在 1990 年之后，美国生产率增长的复苏与生产率下降的描述性解释是一致的。这似乎反映了在信息技术的开发和部署方面进行广泛投资（其中许多投资利用联邦资金）带来了较长预期的回报（Jorgenson，2001）。相比之下，日本经济面临着经济绩效不佳的“失去的十年”，而前苏联和东欧的经济体在中央计划经济崩溃后，也面临着挑战。

在资本主义工业化和正在工业化的经济中，公共政策和影响工业的金融和治理制度差别很大，同时，在战后早期几十年中促进生产率和收入水平“趋同”的力量，对这些体制和政策因素的影响比较缓慢和间接。尽管这在 19 世纪晚期和 20 世纪的所有发达资本主义经济体中都存在（而到 20 世纪末，在一些快速工业化的、以前的低收入经济体中也出现了），但技术创新与资本主

义发展之间的相互作用在不同的国家经济中呈现出非常不同的形式。

创新与资本主义的传播：核心主题

创新以多种方式塑造了资本主义的动态变化过程，但我们在这里主要集中在四个主题上：创新对于企业结构和工业经济的影响、知识的创造和利用、政府的作用，以及资本主义的全球扩散。 91

创新改变了资本主义的结构

资本主义经济的一个独特特征是出现了一个专门注重从事创新的部门，包括英国早期工业经济中的机械制造商和资本品生产商。这个部门利用了工具制造、钟表制造和仪器制造的各种能力，所有这些都得益于测量精度的提高和生产规模的扩大。到了 19 世纪 40 年代，随着许多生产活动的技术基础发生变化，英国工业的管理重组增加了对用具、工具和机器的需求。机械和资本品部门对这一需求做出了反应，这促进了生产率的提高和产品的出口。生产商之间的竞争提高了工具和设备的性能和可靠性，同时增加了用于机械制造的精密工具和仪器的供应。

可以说，英国在 19 世纪中期最重要的发展不是纺织业的惊人增长，而是提供纺织设备及使其得以运转的电力的公司的成长。波尔顿（Boulton）和瓦特（Watt）等公司的产品大大增加了工业用电的供应，而诸如奥尔德姆的普拉特兄弟（Platt Brothers）公司这样的企业则支撑了纺纱产量和纺织设备功能的提升。在政府对机器出口的禁令于 1843 年撤销后，一直到 1847 年，英国出口至西欧和俄国的工业机器价值几乎翻了一番。19 世纪 40 年代最后几年，经济和政治的动荡与机器出口的放缓有关，但是到1850年之后，英国的机器出口恢复了增长，至1875年增长了9倍。在整个19世纪60年代，国外市场占英国领先的纺织机器公司，即普拉特兄弟公司销售总额的40%～60%。[6]

19世纪中叶，工业技术在国际上的加速传播并不局限于纺织行业。蒸汽动力是工业革命早期的产物（虽然不是英国工业革命的核心技术），它在这一时期的发展尤为引人注目，在1850年后广泛而迅速地扩展到了整个欧洲。英国机器出口的增长有助于加快其在
92 19世纪中叶之后的一些关键技术的全球扩散速度。[7]

19世纪中叶和之后发生的创新有利于欧洲和美国这些工业化经济体中企业平均规模的增长。1850年后的创新部分集中体现在规模经济的发展上，这在很大程度上提高了生产经营的最低有效规模。像糖和啤酒这样的食品生产是最先扩大规模的，但在化工、钢铁制造业，以及后来的汽车和金属制造业（通过新的工艺革新，如延伸生产线），生产经营规模也扩大了。生产规模的扩大提高了材料的生产能力，这对材料供应技术和运输的创新也产生了影响。工厂规模的扩大也依赖于产品的销售和分销的改进。结合海运和铁路运输的创新，个体公司控制下的国内和跨国分销以及市场经营业务的增长，不仅改变了资本主义的产业结构，而且改变了它的地理分布。

19世纪中期，在生产和分销技术及通信方面的创新为创造所有权和控制权分离的“现代”企业结构创造了条件，同时也造就了职业经理人的兴起。一个关键的发展是纵向一体化：追求规模意味着这些企业在许多情况下都扩大了边界，对销售中的交易或以前通过市场组织的生产投入品的获取进行管理控制，同时随着时间的推移，在规模和产品多样化方面有了很大的增长。其中许

多公司将业务扩展到“国内”市场之外——在全球范围内生产和销售产品，以及获得投入品。这些“新公司”也得益于通信和运输技术的进步，这使得数量较少的更大的生产机构能够为国内和全球市场服务。换句话说，以 19 世纪末出现在美国和德国的大 93
型工业公司为例，创新是新形式的工业资本主义出现的重要因素之一。[8]

资本主义改变了创新的过程：对知识的结构化追求

工业资本主义的兴起也改变了创新本身的进程。我们早些时候强调的工业革命期间创新意识的增强，促使资本家更多地参与科学和技术能力的创造。许多早期的英国工业革新者与伦敦和米德兰地区新兴的“学术团体”有联系（Meisenzahl and Mokyr, 2012）。从 19 世纪 70 年代开始，资本主义内部创新过程的结构发生了一系列更为深远的变化。在一个依赖于物理和生物世界科学知识进步的过程中，曾经作为一种试错的过程变得有组织和正式化了。

这一时期扎根的创新制度化，既加强了科学知识与技术创新之间的联系，又从这种更紧密的联系当中受益了。然而，同样重要的是在 19 世纪末期，美国和西欧的许多大企业都建立了进行研究和开发的组织。所谓的“管理创新”——其中的技术创新有赖于横跨科学和技术的有组织的研发活动的发展，还涉及企业外部的各种机构的变化，包括大学和政府的研究设施。创新对国家经济和政治力量的重要性日益增强，这意味着许多政府更直接地参与到为企业和其他支持机构内部的创新进行融资的活动当中了。

商业历史学家最近对这一时期的大部分研究都集中在以所有权和控制权分离，以及具有生产和分配的规模经济为特征的大型“管理企业”上。熊彼特（Schumpeter，1943）也认为这些企业是新经济环境的核心，其中创新是巨型寡头垄断企业之间竞争的焦点。在
94 19世纪后半期，机构内部的研发组织已经在大型德国制药企业当中首次出现了。在德国和美国，公司实施的研发活动的发展与化学品和电气设备公司的更广泛的转型有关［钱德勒（Chandler）分别于1977年和1990年对此进行了更详细的讨论］，这种转变使它们的产品线多样化，并将其经营范围扩大到产品分销、财务和市场营销上，而且扩大了中层和高级管理人员的队伍。随着它们的内部研发组织的增长，这些公司进一步扩大了它们的产品线并使其多样化。

但是，德国和美国大型公司的内部研究机构并不是只关注新技术的创造。工业的研发实验室还监控了公司外部的技术发展，并建议企业管理人员获取外部开发的技术。例如，杜邦公司（DuPont）在这一时期的许多主要产品和工艺创新都是从外部来源获得的，同时杜邦在美国市场进一步开发和商业化了这些产品（Hounshell，1996；Hounshell and Smith，1988；Mueller，1962）。[9] 美国企业当中的内部研发与在合同基础上进行研究的独立研发实验室并行发展（Mowery，1983）。但是在20世纪，合同式研究企业在工业研究工作中所占的份额下降了。

在20世纪创新过程的“转型”中，在大型企业的实验室之外进行创造的发明家仍然占有重要地位。但是，正如威廉姆森（Williamson，1975）和其他学者［值得注意的是，科伯恩（Cockburn，2004，2006）在他关于药品创新垂直专业化的讨论中］所指出的，对如同创新这样的高度不确定过程进行契约治理困难重重。实际上，在拉莫罗和索科洛夫（Lamoreaux and Sokoloff，1997）所描述的“黄金时代”当中，许多最著名的独立发明家，

包括埃尔默·斯佩里（Elmer Sperry）和托马斯·爱迪生（Thomas Edison）在内，都试图将从发明到生产的“下游”整合起来。虽然专门从事发明的独立发明人可能确实是重要的，但被拉莫罗和索科洛夫引用作为“黄金时代”的标志的发明家［博登（Borden）、麦考密克（McCormick）、特斯拉（Tesla）、爱迪生、贝尔（Bell）、费森 95
登（Fessenden）和莱特兄弟（the Wright Brothers）——也可以参考拉莫罗和索科洛夫（Lamoreaux and Sokoloff，1997：2）］中有很大一部分，实际上试图将发明活动与他们从中发挥了突出管理作用的企业的商业生产结合在一起。[10]

美国工业研发的发展受到了在 19 世纪后期和 20 世纪初的德国所不存在的另一个因素的影响：竞争政策。到 19 世纪后期，对《谢尔曼反托拉斯法》（Sherman Antitrust Act）的司法解释，使各公司之间就价格和产出目标控制的民事诉讼达成了协议。1895—1904 年的美国并购浪潮，尤其是 1898 年之后的并购热潮，是对这一新法律环境的回应。由于在越来越多的案件中，非正式和正式的价格固定和市场份额协议被宣布为非法，所以公司开始采用横向兼并来控制价格和市场。[11]

工业研究的发展，以及工业技术的收购和销售市场的建立，得益于 19 世纪后期美国专利政策的改革（Mowery，1995）。对新专利的探索提供了一种进行工业研究的动力，而这些即将到期的专利为建立工业研究实验室提供了另一个重要动力。[12] 大力改进和保护企业技术资产与从其他公司和独立发明人那里获得更多相关技术 96
专利结合在一起了。司法对限制性专利许可政策的容忍进一步提高了专利在公司研究战略中的价值，因为专利使一些公司能够在不触犯反垄断法的情况下保留市场力量。

与美国和德国的情况相反，英国工业公司在扩大它们的内部研发活动方面似乎进展更为缓慢，部分原因是现代公司结构在英国的发展更缓慢（Chandler，1990）。19 世纪末英国的合并浪潮影响的是范围更窄的行业，主要是酿酒和纺织行业，而且更少的公司被合并成更大的继任者。在 20 世纪的大部分时间里，根据桑德森（Sanderson，1972）和弗里曼（Freeman，1962）的说法，英国企业的研发强度大约只有美国企业的三分之一。

资本主义、创新与政府

政府政策对 1850 年之后世界的创新产生了直接和间接的影响。从竞争政策到金融监管和知识产权等各种监管政策决定了公司创新的道路。政府对创新的重要影响还体现在军队在 19 世纪和 20 世纪对新技术的需求日益增长，这为开发和购买武器以及船舶、飞机、计算机和电信方面的创新提供了资金。在 1945 年之后的这段时期，可以看到政府对工业内部的研发活动提供资金、大学校园内的政府实验室，以及同时从事民用和国防相关研发活动的大学等方面的增长。但是，政府同时对军事和非军事技术当中有组织的研发活动的资助最早出现在 19 世纪。

从 19 世纪下半叶开始，对民用领域有组织研发活动的应用进行公共资助，在德国、英国和美国变得重要了。在这三个国家，公共资金支撑的研发活动最初的关注点都是农业（费德里科的本卷第 3 章对农业中研发活动的公共支持进行了讨论）。1851 年，萨克森州开设了第一个获得公共基金支持的德国农业研究站，在接下来的 25 年当中，在后来成为德国的区域内，又开办了 74 个获得公共资助的农业试验站（Ruttan，2001）。部分是由于德国以大学为基础的工业化学研究以及农业应用的实力不断增长[13]，农业研究站这

一广泛的网络影响了其他工业经济体中类似机构的发展。在罗桑斯 97
特成立的后来成为英国领先的公共资助农业研究机构，是 1843 年作为一个私人融资研究机构由劳斯（Lawes）创办的，但是到 1912 年，其大部分资金主要为公共来源。

在美国，1862 年的《莫里尔法案》（Morrill Act）为公共资助的高等教育奠定了基础，同时［与 1887 年的《哈奇法案》（Hatch Act）一起］扩大了联邦和州政府为农业的研究和推广活动提供的资金规模。主要来自美国各州政府的公共资金，也支持了这一时期促进美国矿产和相关原材料产出的，在采矿工程、地质学和相关领域的新研究和教育机构的发展（David and Wright，1997）。

其他欧洲经济体在 19 世纪末期和 20 世纪初开始投资于公共研究。随着 1897 年成立了国立农业大学，1900 年成立了渔业委员会，在 20 世纪初，政府资助的农业和渔业研究在挪威得到了发展（在 1905 年挪威从瑞典获得完全的政治独立之前）。20 世纪初期，丹麦政府资助的农业研究（主要是乳制品工业）支持采用先进的加工技术以促进出口增长（Edquist and Lundvall，1993）。

在 19 世纪末，政府在支持创新中的作用扩大到了军事应用领域。这反映了它们作为这个时代最复杂和最昂贵的军事武器系统的地位，在 19 世纪末和 20 世纪初，海军舰艇是英国与德国之间加速军备竞赛的焦点，这是政府增加海军技术开发投资的催化剂，改变了两国私营企业、军事客户和国有生产设施之间的关系（参考奥罗克和威廉姆森，本卷第 1 章；哈里森，本卷第 11 章）。虽然政府的
兵工厂和造船厂在 19 世纪中期工业国家的武器产量中占据很大一 98
部分，但这种海军军备竞赛扩大了私营公司在提供技术先进的部件和武器方面的作用。[14]

在 19 世纪末和 20 世纪初经营的、为英国和德国政府不断扩大

的先进武器需求服务的大型工业公司，是武器设计和制造以及有着更广泛的民用应用的先进金属加工和制造技术中，国际技术转让的重要工具。根据特里比尔科克（Trebilcock，1973）的研究，西班牙、俄罗斯、奥匈帝国和其他外围欧洲经济体的政府与领先的英国和德国的武器公司签订合同，它们在本国经济中投资造船厂和兵工厂，既生产先进武器（主要是军舰及大炮），也培训国内工程师和工人掌握装备和生产这些武器所需的先进技术。在最先进的欧洲经济体中，政府扩大了对武器进行研发和生产的投资，从而产生了重大的国内和国际经济外溢效应。

知识产权

尽管自 18 世纪以来，政府授予的专利扩大了发明者对新技术的商业利用的临时性垄断力量，但到 19 世纪中期，保护个人和（最终是）公司发明者所产生的知识产权的法律工具具有更大的经济和政治重要性。美国国会坚持要求美国专利局不遗余力地传播有关专利授予的信息，发明者可以在不需要支付邮资的情况下提交申请。[15]

在 19 世纪后半期，在许多欧洲经济体当中，国内专利制度在创造创新的激励机制中的作用是一个颇具争议的话题，反映在（其中包括）这一时期英国法院在专利案的裁定当中对于专利持有者的相对较弱的保护。在斯堪的纳维亚地区，专利对于创新
99 扩散的潜在有害影响，在很长时间以来都是一个存在争议的话题（Bruland and Smith，2010）。另一个有关专利争议的标志性事件是荷兰议会在 1869 年决定废除荷兰专利制度。这一时期的丹麦和瑞士尽管没有国内专利制度，但在工业和创新方面也有了长足的发展。

荷兰于 1912 年恢复了国内专利制度，而丹麦和瑞士分别于 1894 年和 1888 年采用了国内专利制度。国际工业展览会数据的最新分析（Moser，2005）的结论是，在这些国家（都是小型的、开放的经济体），缺乏国内专利制度并没有压低发明活动的速度，但影响了发明努力的方向，像在这些工业博览会上的丹麦、瑞士和荷兰的参展商，都倾向于将精力集中在与技术秘密等其他保护机制相比，专利保护的经济重要性相对较低的技术上。

随着国际贸易的扩大，国家专利制度的经济意义逐渐增加，复杂性逐步深化，导致在 19 世纪末，各国政府间就国内专利制度的国际协调进行了谈判。美国政府支持在它认为可以接受的条件下进行这种协调，很大程度上是因为担心外国发明家有可能模仿美国的知识产权，这些知识产权在 1873 年的维也纳国际博览会等国际展览中展出过（Khan，2005：298）。这些协调一致的努力最终促成了 1883 年的《保护工业产权巴黎公约》（Paris Convention for the Protection of Industrial Property，简称《巴黎公约》）的签订，其中规定了签署方之间关于专利权人的“国民待遇”原则（外国专利权人与本国专利权人被同等对待），美国施加压力，要求该公约采用“互惠”原则，外国政府将据此承认美国专利的有效性。[16] 在版权领域，类似的协调产生了 1886 年签署的《伯尔尼公约》（Berne Convention），而美国直到 1988 年才签署了这一公约。[17]

第一次世界大战扩大了国家在支持和引导创新方面的作用

英国在 1914 年对德国实施的经济封锁意味着，世界上主要的 100
有机化学品、光学产品和许多先进炸药原料供应商的出口都受到了严重的限制，无论是对交战国家还是中立国家都是如此。对这些战略产品的需求使英国政府，以及美国，在支持工业技术创新方面发挥了更直接的作用。英国政府成立英国染料有限公司（British Dyestuffs Ltd.）用以生产有机化学品，尽管该公司在迅速扩大产量方面遇到了重大困难。尽管在第一次世界大战的头三年，美国并不是参战国，但它还是发现自己的德国染料进口受到了英国封锁的严重限制（事实证明，用潜艇作为货轮不足以满足美国公司的需要）。德国设立在美国的生产设施扩大了产量，但是随着美国加入第一次世界大战，这些设施和所有化学品及相关领域的德国专利都被外国财产监管局（Alien Property Custodian）没收了。这些专利最终以名义上的专利使用费被授权给了美国的化学品公司。尽管它们获得了德国主要化学品公司被没收的知识产权，但美国企业在第一次世界大战结束后的数年时间里，还是未能掌握以煤焦油中间产物为基础的有机化学品复杂性的生产。[18] 因此，如果没有掌握专门知识并且缺乏经验丰富的从业人员，即使相对先进的工业经济中的技术熟练公司也无法利用被征用的外国知识产权，这就说明了内向技术转让面临的挑战（参见下文的进一步分析）。

第一次世界大战在德国、英国、法国和美国引发了武器系统生产（包括私营公司和国有生产商）的大幅扩张，尤其是飞机。国有兵工厂仍然是英国和美国的重要武器供应商，战时的研发支出
101 在范围上受到了限制，主要由军警部门控制，而且主要由军事兵工厂和实验室执行。[19] 英国建立或扩大了新的政府航空研究设施（皇家飞机公司）。简而言之，在第一次世界大战期间，国家在支持和引导创新方面的作用在整个资本主义经济中得到了扩大。这种扩大的国家作用在停战后二十年的和平进程中减弱了，但没有消失。

第二次世界大战：国家在创新中的作用进一步扩大

1939—1945 年爆发的第二次世界大战跨越了更广泛的地理区域，涉及比第一次世界大战更多的资本主义和非资本主义国家。部分是由于其全球范围的规模，以及在轴心国投降后持续的政治紧张局势——第二次世界大战对全球经济中技术创新的作用和组织形态产生了持久的影响。虽然自 1914 年以来，资本主义经济体中私营工业的技术能力有了很大的提高，甚至包括英国、德国和美国在内的发达工业国家，在战时也都依赖于前所未有的政府资助水平、技术发展方向以及大规模生产。

类似于以前的大规模冲突，与这场战争有关的许多技术革新，都涉及在战争初期就已经存在的技术概念的加速发展和大规模部署。毕竟，即使是原子弹，也仅代表着一个规模和复杂性空前的工程驱动的发展项目，证明了原子裂变的可行性和难以置信的破坏性潜力，而不是对这一自然现象的发现。然而，在范围包括制药（青 102
霉素的大规模生产）、电子（微波技术、雷达）和石油化学产品（合成橡胶和航空燃料的生产）的技术中，第二次世界大战与增加国家提供资金支持和领导规模巨大的复杂发展项目有关。在美国，许多大型发展项目加速了企业间技术知识的流动，最终促成产业结构的根本变化和国际技术转让的扩大。

例如，美国在战争期间的合成橡胶开发和生产项目要求石油化工公司之间广泛分享技术，可以说这侵蚀了新泽西标准石油公司在这一领域的统治地位。此外，化学和石油化工产业当中新的一组专业化工程公司（specialized engineering firms，SEFs），专门从事化学品加工技术的开发和许可证发放，以及生产设施建设公司的发展，受到了合成橡胶以及相关的战时项目的刺激。正如独立的资本品生产商在 19 世纪时是全球纺织产业的国际技术转移的重要推动者一样，在 20 世纪 50—60 年代，这些专业化工程公司在全球先进化学品加工技术的传播中发挥着中心作用，从而加速了整个全球经济中以石油为基础的化学品生产的增长（Arora and Gambardella，1998）。

国家在战时资本主义经济中的作用扩大是一种暂时现象，但在英国等战胜国，复员和转业需要数年时间，国家所有制在钢铁和煤炭等部门扩大了。即使在战后复员相对迅速和国家所有制几乎不存在的地方，如美国，第二次世界大战也大大扩大了中央政府在国防相关和其他被界定为政府使命的重要领域中（例如健康）支持技术创新的作用。[20] 就像在其他国家中一样，1945 年之后美国政府研发投资增长的很大一部分也投入了国家安全使命。在 20 世纪 50 年代的大部分时间，与国防相关的研发开支［其自身在 20 世纪 50 年代早期大约占 GDP 的 1.3%，这几乎是布什（Bush）在 1945
103 年报告的、1940 年 0.35% 份额水平的四倍］代表着超过 80% 的美国联邦研发支出总额，而且超过了 1949—1990 年联邦研发支出额的 50%。

联邦开支支撑了工业和大学中的研发活动，而不是都集中在联邦政府的实验室中。20 世纪 50—60 年代，在大学研究当中与国防相关的研发的大量投资，有助于作为战后美国研究基础设施的一个重要机构性组成部分扩大规模和提高质量（Leslie，1993；Lowen，1997）。[21] 结合大规模的军事采购计划，美国在和平时期军事研发空前的投入水平，促成了重要的技术革新，它自己创造了拥有大量民用市场的新工业——半导体、电子计算机，并开发了最终促成互联网诞生的计算机网络技术（Fabrizio and Mowery，2007；Mowery，2011）。

在其他一些 1945 年之后有着较高水平国防相关研发支出的工业化经济体中，包括英国和法国，有几个因素可能削弱了至少在美国一些工业中重要的军民技术衍生产品。[22] 战后美国国防研发支出的绝对规模超过了西欧国家在这些活动中的投资总和，这意味着与美国国防相关的研发项目常常能够追求关于给定目标的多重技术路径，这就激励人们更广泛地探索“前沿”，并为其他应用提供了更多的潜在实用知识。

战后美国大多数国防计划和欧洲主要国家之间的规模差异，也 104
意味着研发的实施者及部件和系统的潜在供应商之间的竞争能够得以维持，这导致与国防相关的方案的所有参与者承受了更大的竞争压力，这也可能有助于提高绩效。然而，鉴于联邦政府对这些活动的巨大投资，从联邦政府的大量战后研发和采购计划中产生的、对美国民用经济的好处很难说成是“免费的”。

美国的联邦研发投资的增长并不局限于与国防相关的领域。1945 年后，通过美国国家卫生研究院（National Institutes of Health，NIH）进行的生物医学领域研发的联邦投资也出现了增长，到了 20 世纪 90 年代，这成为迄今为止最大的联邦学术研发支持计划。这种大规模的联邦研发投资，随着 1973 年“克服癌症战争”的宣布而加速增长，这促进了分子生物学的重大科学进步，[与其他发展一起，包括 1980 年的《拜杜法案》（Bayh-Dole Act）和将知识产权扩大到包括生命形式] 扩大了美国大学的作用，使其成为按行业分类的商业发展许可知识产权的来源。其他工业化经济体的政府在生物医学领域并没有进行同样大规模的研发投资。[23] 此外，美国国家卫生研究院的研发预算以外部的研发为主，主要是在学术性医疗中心之间的竞争基础上进行分配，它们将科学和临床方法，以及人员结合在一个制度环境中，这与英国或德国的研究机构再次形成了对比（参考 Henderson，Orsenigo，and Pisano，1999）。

国防相关领域和生物医药领域当中联邦研发投资的扩张，与军事采购政策（与许多欧洲经济体形成鲜明对比）没有歧视新的高科技零部件供应商，以及 1945—1980 年美国更为强硬的竞争政策结
105 合在一起，改变了一些新的战后工业，如计算机、半导体和生物技术的新技术商业化的结构。在所有这些行业中，新公司在创新的商业化方面发挥了重要作用。战后美国的工业在这方面与日本和大多数西欧经济体不同，后者在这些技术的商业化方面——老牌电子和制药公司——占据了主导地位。

许多西欧经济体的重建，也与和平时期国家在从原子能到航空和电子这些高科技产业运营中的更突出的表现联系在一起。战后，许多欧洲国家的政府增加了对研发的投资，虽然与美国相比，这些公共资助的研发活动更多的是在公共实验室，而不是在产业或大学中进行的。到 20 世纪 60 年代，对军事技术、航空航天、计算机和其他行业的“国家冠军”公司的公共支持，为英国、法国、德国、意大利和挪威的政府创造了高科技产品的准垄断供应商（有些但绝不是所有供应商都是国有的）。

许多西欧国家在 20 世纪 60 年代和 70 年代采用的高科技工业发展的“国家冠军”战略在 90 年代失宠了，原因有多个。它们与竞争压力、有限的国家资助和采购预算无关，最终使得这些“冠军”中的许多企业无法取得与它们通常令人印象深刻的技术能力相匹配的商业成果。国家补贴“冠军企业”的成本不断攀升，加上经常令人失望的商业结果，削弱了从挪威到英国等国对这些战略的政治支持。冷战结束后，军费预算持平或下降，还削弱了通过研发或者政府购买合同来补贴国内高科技企业的这一关键性政策杠杆。最后，欧洲联盟的经济一体化限制了对国内公司的内部补贴和

采购优惠，而这些长期以来一直是“国家冠军”战略的核心组成部分。

国际技术转移与资本主义的全球传播

技术从技术运行前沿国家流向生产率和收入较低的国家，这 106
对于“跟随国”在 19 世纪末赶上并最终超越英国至关重要。追赶型工业化的两个初始点是美国和一组欧洲大陆国家。这些地区之所以能够实现成功“追赶”，依赖于本土知识能力的创造、技术的国际销售和相关的知识流动、外国投资和技术人员的流动。但从 19 世纪末开始，其他国家紧随其后，取得了不同程度的成功：首先是日本，然后是 20 世纪中期之后亚洲和拉丁美洲的其他经济体。

技术和知识的跨境流动要比纯粹的经济意义更重要。了解跟随国可利用的外来技术转让（即获取和使用外国技术）促进经济发展的情况，使其对知识和技术的性质有更清晰的描述，而且突出了技术采用过程的知识密集型性质。从外部资源开发和应用技术，要求部分的潜在开发者 / 采用者具有相当程度的知识，在第一次世界大战之后，美国化学公司未能利用德国公司“被征收的有机化学专利”，就很好地说明了这一点。对这种知识的需求反映了这样一个事实，即技术采用所必需的大部分知识并不容易编纂成文，以及它的适用环境的特殊性，这可能与相关知识的其他应用有微妙的区别。工业革命以来的技术与资本主义的历史表明，成功地向内转移和利用外国技术有赖于国内人力资本的形成，而这是教育和培训中的公共和私人投资的结果。

本章所描述的时间段内，至少有三个显而易见的跨境技术转让机制。虽然这三个机制在整个期间都很重要，但它们的相对重要性随着时间的推移而发生了变化。第一个机制在 19 世纪初非常重要，是拥有这些技术专长的个人的流动。在全球市场销售产品的资本品专业生产商的发展，是 19 世纪中叶英国和美国纺织行业发展的标志，成为跨境技术转让的第二个重要机制。在许多情况下，这些资本货物的出口得到了销售和支持努力的补充，这些努力提供了更多的技术诀窍。其中涉及更多，而不是简单地销售机
107 械——技术“包”的进口包括熟练工人、管理人员、售后服务，以及例如以斯堪的纳维亚纺织和工程公司的这种收购为特征的信息（Bruland，2010）。到 19 世纪末和 20 世纪，第三个重要的技术转移渠道是美国和欧洲公司的离岸生产投资，这是一个企业内部技术转让渠道，在东道国经济中产生了重要的溢出效应［艾伦，本卷第 2 章；琼斯，本卷第 6 章；以及琼斯（Jones，2006）的进一步讨论］。

这三个跨境技术转让机制并不是相互排斥的，直到 20 世纪末，这三个机制都是相辅相成的。但是，受援经济体利用这三个技术转让渠道进行国内经济发展的能力，通常需要相当多的本地技术知识和培训。

到 20 世纪末期，技术转让的第四个渠道出现了：跨国公司和其他离岸公司对创新相关活动进行投资。在很多例子当中，第四个渠道依赖于在国外市场建立一个全资拥有的研发机构。然而，在另一些例子当中，创新中的跨界联系是通过公司间协议和联盟运作的。这种离岸研发投资大部分专注于修改国外市场的产品设计。然而在其他例子当中，企业寻求将研发活动定位在靠近特定类型的知识生产（通常是大学），或者是技术创新的离岸“卓越中心”的地方；还有一些公司通过联盟的形式与外国公司合作生产或销售新产

品。离岸研发活动中的投资显然不仅在转让技术上，而且在转让管理和创新的方法方面，都有很大的潜力。

创新和技术转让在哪里以及为什么在全球经济中促进了资本主义发展?

本章和其中较大的一部分研究是寻求阐释资本主义的全球扩张。因此，本章的一个核心问题是创新、技术转让和资本主义（和非资本主义）经济体在利用新技术促进经济增长方面的成败之间的相互作用。具体来说，最初落后于经济或技术领先国家的经济体，在缩小与主要经济体之间的国内收入或生产力水平差距方面是如何成功或失败的？换句话说，技术变化和跨境资本流动是如何（如果有的话）推动了经济“追赶”的呢？正如我们下面所述，随着时间 108
的推移，创新支持经济追赶和增长的能力也各不相同，而且往往受到更大的政治和经济趋势的影响。但是，跟随经济体缩小与主要经济体的收入水平差距的能力，也在很大程度上取决于这些追随者内部支撑知识创造和人力资本投资的制度的发展。

新技术与帝国控制的扩展

资本主义的发展促进了创新，但技术（包括但不限于军事技术）对资本主义的全球传播产生了巨大的影响。19 世纪在大炮、航运和通信方面的创新促进了欧洲殖民帝国的扩张，使欧洲开发了海外的自然资源，扩大了农产品贸易（俄国、北美洲和澳大利亚）。尽管武器中的新技术发明和改进在 19 世纪给欧洲国家扩大政治控制带来了相当大的优势，但这些技术逐渐向其他国家扩散，其中包括一些最初受到 19 世纪中叶帝国扩张挑战的国家，也改变了权力平衡。这一转变最生动的例证之一就是1905年日本在对马海峡（Tsushima Strait）击败了沙皇俄国的舰队。正如我们在下文所指出的，日本对现代舰船设计与建造技术的快速采用与掌握，依赖于一个引发了日本经济追赶和加速工业化进程的复杂制度转型和技术转移过程。

19世纪和20世纪早期的经济追赶与技术转让

19世纪与工业化新技术及其生产过程的全球传播联系在一起。技术在世界各地大量流动，但这种流动的结果却有很大的不同。一方面，一些主要的地区，特别是印度和中国，在18世纪初，其技术水平与欧洲相当，但这一时期与欧洲相比大幅下降了。其他一些前殖民地，如巴西，进口了技术但未能实现加速的工业发展速度。另一方面，欧洲和亚洲的独立国家，如德国、法国、较小的欧洲经
109 济体，后来的日本，以及移民者的殖民地经济体，如美国、加拿大和澳大利亚，利用国际技术流动，发展成为工业化经济体。俄国是一个巨大的、独立的、资源丰富的国家，在这一时期，它基本上没有利用重要的内向技术转移。

因此，先进的工业技术扩散到所有这些社会当中，然而单靠技术本身并不足以促进发展。跟随国从内向的技术流动中受益的程度不同，这反映出技术开发和使用都依赖于与知识相关的制度所支撑的以知识为基础的能力这一事实。这其中包括大众教育、技术培训、科学团体和知识产权保护。它们共同作用，支撑了技术的获取、适应和使用。一般说来，成功与这些能力和制度的建设或加强有关，同样会由于它们的缺失而失败。

尽管拥有专制的政治制度和半封建的农业部门，但主要依靠从英国进口的机器，俄国从19世纪40年代开始了大规模工业化。到

19 世纪六七十年代，俄国企业家开始从德国和英国进口技术，这种技术贸易推动了它的资本主义的发展。国家出资的铁路建设扩大了国内工业产品市场，支持了农业出口的快速增长，并创造了对钢铁、火车和其他资本货物的强劲需求。伴随着资本品的进口，来自德国、英国、法国和比利时的私人外国投资激增，有助于向俄国工业引进外国技术。在某些情况下，外国技术和高质量自然资源的结合，使俄国工厂的生产率超过了西欧更先进的工业生产设施的生产率。然而，俄国各级公共教育的投资水平要低得多，而且俄国农业部门规模庞大，处于落后状态，意味着这些投资资本和技术的流入只具有有限的变革效应。

前资本主义时期的中国创造了一系列非凡的科技知识和技术成果，包括极为复杂的大规模工程项目。[24] 然而，到 19 世纪中期，中国已经发展成一种二元经济，少数工业部门广泛使用了西方技术，主要集中在沿海地区，而且重点是出口，而中国幅员辽阔 110
的腹地继续依靠自给农业。许多工业化程度最高的沿海城市（如上海）保证了外国国民的优惠贸易特权（Maddison，2007：chap.3）。19 世纪向中国的技术转移，与俄国的情况相似，因此支持了一个仅限于少数工业和地区，特别是沿海中心城市的工业部门的增长。

像俄国一样，随着工业在以农业和资源开采为主的经济中增长，巴西在 19 世纪从英国和美国获得了工业技术。[25] 在 19 世纪，小的纺织行业、铁铸造厂、铁路运输和电力供应行业都在增长。这其中很少或根本不涉及当地知识，“大多数工业”依赖外国技术，特别是在纺织行业，直到 20 世纪 30 年代，这些技术在经济上仍然具有重要意义。[26] 虽然巴西有能力吸收和应用外国技术发展新产业，但这种向内的技术转移对国家产业结构的影响是有限的，其

（像中国和俄国一样）依然主要依靠的是初级产品。获取技术本身不足以改变巴西经济的发展道路，即使在其新兴的工业部门内也是如此。

最后，19 世纪中叶，处于殖民时期的印度是外国技术的一个很大的接收国。19 世纪初，印度的蒸汽动力、钢铁制造和纺织业的技术都是从英国进口的。但是，英国殖民行政机构的增长与英国在印度纺织品、采矿和冶金以及蒸汽动力方面的私人投资增加有关。到 19 世纪 70 年代初，对印度的出口占了英国最大的纺织机械生产商普拉特兄弟公司出口（价值）的 12%。尽管印度有着悠久的钢铁制造历史，英国殖民政府还是资助了各种资源，其中包括瑞典的技术转让项目：在三名瑞典工程师的领导下，位于中央邦的伯威铁厂试图将瑞典的炭基制铁生产引入印度。[27] 然而，就像黑德里
111 克（Headrick，1988）和其他人已经注意到的，这种广泛的外国投资和外来技术转让对印度工业发展的影响有限。[28] 在 19 世纪，外来技术转让对印度经济发展的有限影响，与其说与印度和英国实业家及管理者进口技术的程度或类型有关，不如说与英国殖民统治对本土能力发展的影响，以及与一直持续到 20 世纪 20 年代初的英国纺织品进口的低关税政策有关（Headrick，1988；Maddison，2007）。[29]

相比之下，19 世纪的欧洲工业化与一些小型区域经济体的快速技术发展有关，在大多数情况下，它们都利用了类似于在巴西、印度和中国影响有限的向内技术转移渠道。北欧地区、瑞士、比利时、荷兰、卢森堡和阿尔萨斯（其归属在 20 世纪的大部分时间里仍未确定）等地区，都是在技术进口的基础上发展起来的，特别是金属加工机械和纺织设备。这些经济体利用这些向内技术转移进行工业发展的能力，与上文所讨论的区域形成了对比，这取决于国内

教育和培训机构的变化。北欧地区从 19 世纪中期开始从贫穷走向富裕，说明了这些制度因素在基于向内技术转移的工业化过程中的作用。

在 19 世纪末和 20 世纪初，技术变革加上对工业材料的需求不断增长，使挪威和瑞典的自然资源禀赋成为国内外企业投资的具有吸引力的经济目标。这种投资流动带来了先进技术，在许多情况下，接受投资的经济体的公司和企业家进一步改进了这些技术。发电和工业流程方面的创新，使斯堪的纳维亚半岛国家现有的资源禀赋在出口市场上更有价值。水力发电成为挪威在电化学和铝生产中应用的宝贵能源（Moen，2009）。挪威利用其丰富的水力资源进行 112
发电，受益于资本和技术的大量流入，以及来自奥斯陆大学的一名教授克里斯蒂安·伯克兰（Kristian Birkeland）在电化学领域中的重要本土创新，以及他和萨姆·艾德（Sam Eyde）共同创立的挪威水电公司（Norsk Hydro）—— 一家肥料和其他电化学产品的生产商。

在外国投资和越来越多的国内发明家和企业家的帮助下，瑞典的工业发展同样得益于国内磷铁矿床和其他自然资源的开发利用，磷铁矿床由于 19 世纪 70 年代出现的吉尔克里斯特－托马斯（Gilchrist-Thomas）炼钢工艺而变得有价值了（Sandberg，1979）。瑞典在纸浆和纸张生产以及火柴制造方面的工艺创新，促进了对瑞典广袤森林的开发，以实现加工木材产品的有利可图的出口。到 19 世纪末期，电气和工程加工产业的创新支持了大型瑞典公司[阿尔法－拉瓦尔（Alfa-Laval）、爱立信、阿西亚（ASEA）和斯凯孚（SKF）]的成立，这些公司成为重要的出口商和早期的跨国公司（Edquist and Lundvall，1993）。

依赖于 19 世纪初在整个地区建立的广泛的中小学教育基础设施，所有这三个斯堪的纳维亚经济体都有能力利用来自国外的技术，迅速采用国内开发的创新，开发新的产品和加工技术（Sandberg，1979）。到20世纪初，这三个经济体除了对中小学教育系统进行公共投资，还增加了对大学和其他中等以上技术培训机构的公共支持，并增加了对具有长期经济重要性的行业中与工业相关的技术问题的公共资金的投资。换言之，在这一时期，通过公共和私人基金的投资促进了资源禀赋的改善和开发，其中最重要的是斯堪的纳维亚地区的人力资本。但是，除了教育系统，这些国家还建立了一系列与知识相关的机构，包括技术协会、侧重于特定行业（如采矿）的高等教育培训、知识产权制度（包括允许占有外国专利的新专利形式）、支持熟练劳动力向内移民的政策、外国旅行（包括政府资助的工业间谍活动）和参加国际展览会（Bruland，1989；Bruland and Smith，2010）。

19世纪的日本是亚洲大型经济体追赶型经济的第一个成功案例。1853年，佩里准将（Commodore Perry）对日本进行了强制性
113 的对外贸易“开放”，这突出了日本与美国等国在军事能力上的巨大差距[30]，在1868年的明治维新之后，日本的政治精英们推行了一项全面的工业发展战略，这一战略依赖于国家对外来技术转让和教育等方面的支持。小学和中学教育覆盖面在19世纪末迅速扩大，日本男孩的小学入学率从1874年的46%提高到1904年的99%，同期日本女孩的入学率从17%提高至96%。识字的劳动力这一重要的工业发展资源得益于国家的投资。日本政府还聘请外国专家在1874年成立了一个工程学院，后来成为帝国大学（东京大学前身）的中心组成部分。这所学院及其后继者培养了许多在19世纪末和20世纪初积极参与日本工业化进程的企业家。

明治政权直接投资于造船、钢铁生产、采矿、纺织等“战略性产业”的生产设施建设，请外国专家就所有这些领域进口技术的

使用提供咨询意见。到 19 世纪末，许多国有生产企业已被出售给
日本企业家，由于钢铁生产的军事意义，钢铁生产仍然是一个国
家参与的领域。[31] 日本军方是许多早期工业企业产出的重要购买
者，反映了这一时期工业发展战略在很大程度上是出于国家安全动
机。[32] 军工生产设施是引进国外技术的重要进口商，而且培养了
一大批生产工人和技术人员，其中许多人在 1904—1905 年的日俄
战争后转移到了私营企业。此外，在第一次世界大战之前，日本 114
政府建立了一些政府研究实验室，包括财团法人工业技术研究院
（Industrial Research Institution，成立于 1900 年），在此期间，日本
政府增加了大学和职业学校的数量。

在 19 世纪打下的这些基础上，日本 20 世纪初的工业发展得益于外国大公司［著名的例子包括美国的通用电气（General Electric）和西方电气（Western Electric）］对从通信到电气设备等行业的日本公司的投资所带来的外国技术流入。在 19 世纪的最后几十年和 20 世纪的最初几十年，日本经济发展的速度是惊人的，在日本近代史上，可能只有 1945 年之后的快速增长超过了它。1885—1914 年，日本的 GDP 翻了一番多，全要素生产率的增长贡献了矿业和制造业产出增长的 70%。如前所述，20 世纪初的日俄战争中，日本的经济赶超工业化为挑战沙皇俄国，并且击败其海军奠定了基础。

尽管沙皇俄国的工业化充其量还不完全，但 20 世纪 20 年代和 30 年代十月革命后的工业发展代表着一种经济追赶中的“非资本主义试验”。但是，正如萨顿（Sutton，1968—1973）和其他学者所指出的那样，苏联的社会主义经济发展在很大程度上依赖于从北美和欧洲引进的技术和技术诀窍。虽然苏联在研发当中投入了大量的资源［根据刘易斯（Lewis，1979）的数据，其在 1935 年为 GDP

的 0.6%，要优于 1940 年美国研发投资估计占 GDP 的 0.35%]，但苏联的研究工作集中在中央控制下的独立研究机构中，与大学或工业机构的联系薄弱。这种对国内研发的大量投资似乎有助于进口技术向国内的转移和应用，但是刘易斯（Lewis，1979）认为，与这一时期西方经济体中许多大型企业的内部研发机构形成对比的是，苏联在研究成果和应用之间缺乏更紧密的联系，这削弱了苏联研发投入的创新效率。国家资助的研发和政府控制的生产活动之间的这些薄弱联系，阻碍了战后苏联及其《华沙条约》(Warsaw Pact) 盟友们的创新。

115 我们强调了国际技术流动的普遍性但增长结果的不均匀性。是什么导致了追赶成功与失败的差异呢？跟随国能够从内部技术流动中获益的程度不同，这反映了一个事实，即技术的开发和使用都依赖于以知识为基础的能力，这些能力得到特定制度的支持，以获取、适应和使用技术。失败与基于知识的能力及其支持制度的缺乏或削弱有关，而成功则与这些能力和制度的建设或加强有关。

战后“黄金时代”经济追赶的成功与失败，1945—1973 年

1945 年后日本经济的重建与东亚的赶超

1945 年后日本工业的重建，再一次依赖于国家对外来技术转让和创新的一种独特的支持模式。尽管日本中央政府相比美国和许多欧洲国家，在总体研发投资中所占的份额较小，但日本政府能够利用其庞大、复杂和（这一时期大部分时间）受到保护的国内

市场，通过许可证和外国直接投资进口美国和欧洲公司的外国技术，这一战略在日本从钢铁到半导体和计算机的产业中被证明是有效的。日本政府也支持了与往日竞争对手之间的合作研发，促进外来技术的内向吸收和国内传播，同时进行了有限的“指示性”规划（其中包括限制战后早期从事汽车工业的公司数量），尽管这些努力的最终效果不那么明显。到了 20 世纪 70 年代，日本经济经历了明显的重建和转型。

尽管日本战后的经济“追赶”建立在可以追溯到 19 世纪末期的坚实技术和制度基础上（例如前面讨论过的小学和中学教育的普及），但战后日本工业成功的速度和规模，以及其对研发的公共和私人投资复杂组合的依赖，影响了越来越多的亚洲经济体的政策制定，其中包括韩国、中国台湾地区以及新加坡。 116

到了 20 世纪 80 年代，韩国、台湾地区和新加坡这些经济体（其中有两个，即韩国和台湾地区在 20 世纪的很长时间都受到日本的殖民统治，而英国的前殖民地新加坡，则是从 1965 年开始脱离了马来西亚），已经实现了高水平的经济增长，从而转变了在 20 世纪 50 年代它们作为“低收入的发展中经济体”的状况。1960 年后发生的东亚经济体的经济“追赶”规模和重要性，怎么强调都不过分。韦德（Wade，1990）提供了一个令人吃惊的比较基准，他注意到在 1962 年，韩国的人均国民生产总值（GNP，反映了 20 世纪 50 年代初毁灭性战争的后果）在世界排名第 99 位，仅位于苏丹之后，但在毛里求斯之前。台湾地区的人均 GNP 排名第 85 位，刚好位于刚果共和国的前面。

所有三个亚洲经济体的快速增长，部分是基于来自高收入经济体的技术流入，虽然三者采取的具体政策各不相同，同时（在不同程度上）与日本也不同。在这三个经济体中，政府在初等和中等教育中投入巨资，以提高民众基本的读写能力，而台湾地区和韩国迅速扩大了高等教育。因此，人力资本的形成在所有这些经济体以技术为基础的工业战略中发挥了核心作用，正如19世纪的日本和北欧国家的情况一样。

然而，除了这一基本（也是至关重要的）相似之处，这三个正处于工业化进程当中的亚洲经济体对外来技术转让的政策差别很大，这反映了经济和政治方面的影响。韩国奉行了选择性保护国内市场、技术许可和资本品进口的战略，同时政府对金融市场进行了广泛的干预，以支持大型工业集团，即所谓的财阀发展战略。反过来，决策者也期望财阀实现雄心勃勃的出口目标，从而对它们的业务实施了一些竞争性的约束。与此同时，台湾地区实行了金融自由化的经济政策，振兴其内部资本市场，并支持许多更小型制造业专业公司的进入。韩国和台湾地区都遵循了对内部研发机构进行公共
117 投资的大体相似的政策，通过建立韩国科学技术院和台湾地区的工业技术研究院，缩小了本地区工业企业与外部基础和应用研究来源之间的制度差距。新加坡是这三个经济体中对外直接投资最为开放的，这种投资（加上对高等教育的投资）是推动引进先进工业技术的有效工具。

“黄金时代”东亚以外地区经济追赶的失败

在先前关于亚洲经济“追赶”的讨论中引用的比较统计数据，既突出了东亚经济体在随后几十年中的显著增长，也突显了撒哈拉以南非洲经济增长的失败。实际上，1950—2000年的这段时间，被大体上描述为反映了拉丁美洲、北非、东欧和撒哈拉以南非洲的经济增长滞后的第二次“大分化”（Dowrick and DeLong 2003）。西欧国家的收入在两次世界大战之间落后于美国，但显示出迅速的增

长和趋同，而在两次世界大战之间开始缩小其与工业化经济体之间收入水平差距的国家却落在了后面。

如果有的话，技术创新在“第三世界”这个在 20 世纪末期掩盖了这些经济体在经济增长中的重大反差的标签所包含的诸多国家令人失望的经济表现中发挥了什么作用呢？如上所述，技术创新对经济追赶的贡献主要来自“跟随者”快速有效地采用（和适应）外部技术的能力。在我们上文已经讨论过的来自 19 世纪和 20 世纪的拉丁美洲、欧洲和亚洲的例子当中，在人力资本、教育基础设施和有竞争力的国内公司方面的大量国内投资，是成功追赶必不可少的前提。在 20 世纪后期东亚以外的发展中国家，由于缺乏这些国内投资及相关政策，导致了不同程度上的经济失败。这种失败反映了不明智的政策选择，特别是在拉丁美洲的大部分地区，对进口替代经济战略的高度重视，以及在撒哈拉以南非洲许多新独立国家建立资本密集型产业的国有企业。

基于在这一时期很多没有实现经济增长收敛的经济体的农业部门的规模，一种同样重要的政策失灵就是进口替代和准社会主义经 118
济计划政策歧视农业生产力和创新（建立在本地创新和外来技术转让基础上）的趋势。同时，这种歧视往往扩大到减少对农业研发的公共投资，特别是在非洲和拉丁美洲（在此期间，巴西、印度的公共投资没有出现类似的下降）。[33] 扎伊尔和乌干达等新独立国家的农业研究系统在 20 世纪 80 年代和 90 年代由于投资的减少和内乱而几乎崩溃了。[34]

到 20 世纪末期，以及 21 世纪前十年期间，至少这些经济体中一些令人失望的趋势已经发生了逆转，增长速度加快了。在这些受人欢迎的改进中，有一部分反映了巴西、印度等大型发展中经济体的快速增长所导致的商品价格飙升。来自这些经济体的不断增加的外国投资流入也使非洲和拉丁美洲许多以前落后的国家受益了。低收入经济体在迅速采用互联网和无线通信技术方面“跨越”了整整一代通信技术发展阶段。据世界银行称，到 2003 年，发展中经济体采用无线电话技术的程度与 1995 年高收入经济体的水平相似。[35]这些技术在低收入经济体中的传播，支持了金融服务和农业销售的
119 重要创新。但是，经济表现长期不佳的原因，在很大程度上是由于政府未能提供必要的公共投资来支持内向技术转让，同时在支持农业的创新和生产力，以及工业企业更具竞争性的环境这些相关方面的失灵。

非资本主义的追赶失败：苏联和《华沙条约》，1973—1989 年

在 1949 年新中国成立和苏联原子弹爆炸之后，可以说苏联的政治、经济和军事影响力在 20 世纪 50 年代达到了顶峰。苏联对东欧大部分地区的政治控制，以及对中国的技术援助和建议，使得苏联式的研发体系输出到了拥有大学，以及在工业和政府当中设有研究机构的类似波兰和匈牙利这样的国家。与大学或工业联系有限的政府研究机构的基本模式在东欧和中国都被广泛采用，其对民用工业创新绩效的影响似乎与在苏联所观察到的类似。在苏联的研发体系当中，跨越将研究机构与生产设施分开的体制界限进行技术和知识的跨机构转移，一直是一个严重的问题，这些问题在受苏联模式影响的国家中具有重要意义。

1973 年后的全球生产力减缓对东欧的中央计划经济产生了特别重大的影响，而它们已经落后于西方发达经济体了。虽然西欧各国政府和企业扩大了对许多东欧经济体的财政支持和投资，但随之而来的技术转让有限，对收入的影响也不大。经济和技术的停滞，再加上苏联也遇到了类似困难，最终促使《华沙条约》崩溃和

欧洲冷战结束。在前苏联和东欧国家，冷战后国家研发体系的重建面临挑战，它之前是围绕着中央管控的工业研究实验室和科学院组建起来的，这些实验室和科研机构与大学或单个企业都没有密切的联系，这些国家已经花了十多年的时间来解决该问题了。在所有这些区域当中，中央政府对科学院和研究机构的研发资助已经大 120
大减少了，对以大学或企业为基础的研发活动的支持增长也比较有限。

结　论

1848 年以来，技术创新与资本主义全球扩散的相互作用是一个复杂的历史过程，这一章概述了一些中心主题，而不是一个全面的历史。我们讨论的一个重要前提是，资本主义的技术活力反映了市场竞争与政府政策之间的相互作用。企业之间的竞争推动了创新，促进了技术的跨国界转让（随着企业寻求市场和解决自己领域以外的技术问题），并促进了技术在用户之间的传播。它促进了现代资本主义的一个核心层面的发展，即有组织地创造和使用知识。企业内部的正式研发活动的开展，让专业人员参与到寻求解决企业问题的技术方案中，这是创新过程结构的一个重要变化。这种制度创新的意义和作用只是随着时间的推移而增加，并影响了资本主义企业的成长。企业内部有组织的研发活动的增长，伴随着支撑性机构，包括大学和政府实验室研究活动的扩张。

但是，正如“支持机构”的提法所表明的那样，资本主义经济体内部创新的增长不仅仅涉及企业层面的知识探索。资本主义经济是由民族国家组织来塑造和协调的，至少从 19 世纪以来，既通过资助创新，又通过支持制定早先提到的监管政策和更宽泛的制度环境，国家在支持和促进创新方面发挥了重要作用。在资本主义时代早期，政府创造了经济制度，采购了新技术，促进了领土的扩张，重建了城市并使人口接受了教育。这些作用由来已久，而且在各国都如此普遍，以致把追溯到工业化之初的资本主义经济定义为简单的市场经济是不够的。实际上，它们是政府对公共和私营部门中的研发和创新施加了相当大影响的市场经济体系。这种影响出现在工业资本主义经济的初期，但从那以后就有了很大的扩展。

121 实际上，过去 150 年来，各国政府在支持工业化和工业化进程中的经济体创新方面的不同作用，促成了各种资本主义创新方法的出现。资本主义在全球的蔓延，丝毫没有消除工业化和工业化进程中的经济体在“国家创新体系”的资金供给安排与许多其他制度性和政策特征之间的持久差异。

国家的作用与知识的创造和扩散密切相关。每个资本主义经济都支持创造和传播知识的各种组织（尤其是大学，以及大量的政府资助的实验室），并在工业研发、教育，以及技术开发和采购上投入大量的公共资金。在 20 世纪的大部分时间里，在研发，尤其是工业研发当中进行的公共投资，是由中央政府的一个使命，即国防驱动的。其他使命，如公共卫生、扶持农业和（最近的）空间探索，在知识创造和应用方面也吸引了大量公共投资。实际上，大多数 OECD 国家中央政府的研发预算是由支撑政府使命的投资所主导的，而不是在研发的福利经济学中如此突出的基于“市场失灵”的知识创造（Arrow，1962；Nelson，1959），这在关于研发投资的国家模式的数据中，与经济学家普遍未能突出表明这一事实同样引人注目。现代工业，如信息通信技术、生物技术、制药和航空航天，都是这些使命导向的公共研发项目的重要受益者。国家以及那些受益或被国家扼杀的支持性机构，在落后于某一时期的技术和经济领先者的经济体赶上这些领先经济体的能力方面，扮演着重要角色。

我们认为，这一技术和经济的追赶过程得益于技术、资本和人员的跨界流动，但这种流动是必要条件，而不是充分条件。除了获取国外的知识和资本来源，经济追赶需要发展能够支持外来技术的内向转让及其修改和应用的本地化制度。在大多数情况下，政治独立是支持这些本地制度和相关能力发展的又一个必要但不充分的条件。

在那些能够建立支持知识型资本主义增长所需的制度框架的国 122
家当中——就像北欧国家、盎格鲁 - 撒克逊外围国家，或西欧的小经济体一样——它们能够参与到现代资本主义的非凡技术发展轨道之中。在帝国的渗透摧毁了这些制度或阻止了它们产生的地方，发展受到了限制和阻碍。但是，最近许多以前的欠发达国家的经济增长，得益于科技研究和资源的迅速扩展，以及知识、技术、资本和人员的加速跨境流动。一个资本主义和技术创新的新故事正在进行。

注　释

[1]　应该注意的是，这一转变虽然是激进的，但并不一定涉及具体的新技术突破——莫基尔（Mokyr，1990）指出，它涉及一个已知技术（蒸汽动力和钢铁船体）的新组合。此外，通过提高港口运营效率，蒸汽动力拖船的发展使得蒸汽和帆船运输都受惠了（参见 Harley，1988）。

[2]　例如，菲利普·斯克兰顿（Philip Scranton，1997）已经强调了，在 19 世纪的美国经济中，产品创新在面包制造、靴子和鞋、服装、家具和马鞍等行业中的重要性，同时，伯格（Berg，1994）强调了小型金属制品行业在英国的重要性，包括金属扣、扣环及相关设备、烹饪设备、手工工具和家用设备。

[3]　哈雷在第一卷的第 16 章中，强调了可以追溯到中世纪晚期的英国农业中要素

和产品市场的市场关系的普遍性，这是英国早期工业发展的一个重要因素。

[4] 结合北美或拉丁美洲这些商品和其他一些商品生产率的提高，这些更小的价格差距对欧洲大部分地区的农产品价格和收入造成了巨大的下行压力，导致人口从欧洲向北美、拉丁美洲和英联邦国家进行大规模的迁移。

[5] 阿姆斯登指出："工业化后期的产业目标定位是一项相对简单的任务。就一方面而言，虽然目标行业面临市场不确定性，但它们并不面对技术上的未知情况，而这曾使发达国家以科学为基础的产业目标定位更加复杂化了"（Amsden，2001：138）。

[6] Bruland，1989：149，151.

[7] "直到 19 世纪中叶，英国在机床制造方面是无可比拟的，它们用车床来切削金属连接件、用刨床和牛头刨床来加工平面，用镗床制造圆柱体，用各种量规确保所需精度。同时还有一些机器，比如内史密斯（Nasmyth）的蒸汽锤，这是力量和精细程度的缩影，用于大、小金属件的精密锻造"（Milward and Saul，1973：205-206）。

[8] 如同阿塔克（第一卷第 17 章）所指出的，这种工业活动结构的转变在美国和其他地方是一个渐进的过程。早在 1900 年，在当年美国制造业普查中记录的 50 万家制造业机构中，只有不到 41 000 家是公司形式的。然而，这一很小比例的企业产出占到了美国制造业产出的一半以上。

[9] 美国电话电报公司（AT&T）的研究机构在从独立发明人李·德·福雷斯特（Lee de Forest）购买"三极管"的过程中发挥了作用，并且建议高级公司管理人员做出决定从普平（Pupin）那里获得负载线圈（loading-coil）技术（Reich，1985）。通用电气的研究机构监控着国外在灯丝方面的技术进步，以及外部企业或个人的发明活动，并对世界各地开发的创新寻求专利权（Reich，1985：61）。新泽西标准石油公司成立的开发部门，正是为了开发从其他来源获得的技术，而不是进行原始研究（Gibb and Knowlton，1956：525）。美国铝业公司的研发活动也密切监测并经常从外部来源购买流程创新的成果（Graham and Pruitt，1990：145-147）。

[10] 根据米勒德（Millard，1990：43）的观点，"在爱迪生看来，专利与为发明某事而费尽的心力几乎不相称。他从经验中知道，把专利卖给商人，常常使发明家受到蒙骗。一个新想法的回报往往会流向金融家或制造商，而发明者则努力在法庭上保护他的专利，以从这些利润中分得一杯羹。光有专利是不够的，光有发明也是不够的。具有原创性的想法必须发展成比专利更有形的东西；它必须得到转变，或者被'完善'成一种具有原型的实用模型……这对于获得金融支持至关重要"。另外可以参考休斯（Hughes，1971）对于埃尔默·斯佩里（Elmer Sperry）的发明和商业活动的评估。

[11] 参考施蒂格勒（Stigler，1968）。美国最高法院在 1898 年的跨密苏里州协会案（Trans Missouri Association case）和 1899 年的阿迪斯顿管道案（Addyston Pipe case）中裁定，《谢尔曼法案》禁止了公司之间关于价格或市场份额的所有协议。托雷利（Thorelli，1954）和拉莫罗（Lamoreaux，1985）的数据表明，1895—1898 年和 1899—

1902 年期间合并活动有所增加。拉莫罗（Lamoreaux，1985）认为，其他因素，包括生产技术的资本密集程度的增加以及由此导致的固定成本的上升，对于美国并购浪潮有更重要的影响，但她的分析同时也承认了《谢尔曼法案》在并购高潮中的重要性。拉莫罗还强调，1904 年以后，更严格的《谢尔曼法案》(谢尔曼强制执行）对企业寻求兼并或卡特尔化以外的其他选择以作为获得或保持市场力量的战略提供了激励。

[12]　例如，美国电话电报公司和通用电气公司为应对关键专利到期而带来的竞争加剧，建立或扩大了内部实验室。

[13]　“尤斯图斯・冯・李比希（Justus von Liebig）所著《有机化学与农业和生理学的关系》（*Organic Chemistry in its Relationship to Agriculture and Physiology*）一书在 1840 年出版，被许多人认为是农业研究演化的分界线——是向发展以科学为基础的农业技术迈出的重要一步”(Ruttan，2001：208）。

[14]　参考特里比尔科克（Trebilcock，1969，1973）、麦克尼尔（McNeill，1982）和库林（Cooling，1979）的研究，他们都强调德国、英国和美国的军事部门在通过采购合同支持这些技术进步方面的作用；这一时期私营企业承担的军事资助合同，即使有的话也很少。

[15]　英国的专利制度在关于英国国内的专利发明方面，没有进行任何类似的努力来传播信息，部分原因是有限的信息，此外，专利代理人和经纪人在英国的专利申请过程中发挥了更突出的作用。

[16]　与它长期以来对版权保护的敌意一致，在这一期间，美国不支持关于版权政策的国际协调，拒绝签署 1886 年的《伯尔尼公约》，直到 1988 年才加入该公约（Khan，2005：302–303）。

[17]　版权政策与 19 世纪的美国专利政策形成了鲜明的对比。缅因州参议员拉格尔斯（Ruggles），作为 1836 年专利改革法案的缔造者，把版权看作是一种对公众的福利不断降低的税收，并限制了信息的扩散。这种态度在 1790 年的《著作权法》中得到了立法证实，它剥夺了对外国作品的版权保护。尽管版权保护的范围在 19 世纪的历次国会法规中都得到了扩展，在整个这一时期，美国的版权保护范围仍然比其他大多数工业国家的版权保护范围有限得多。直到 1891 年，美国的版权保护才扩大到包括外国艺术家的作品在内。

[18]　“当斯特林产品公司（Sterling Products）购买了拜耳公司的专利的时候（1917 年)，这家美国公司立刻把它的染料部分的业务出售给了格拉塞利化学公司（Grasselli Chemical Company)。现在，在战后，斯特林产品公司和格拉塞利化学公司都需要德国的专门知识和人员以成功利用它们新获得的专利……拜耳公司资产的所有权已转移到美国人手中——但关键人员仍留在德国，这一技术也是如此”（Wilkins，2004：124)。类似地，第一次世界大战期间和战后，美国政府在亚拉巴马州谢菲尔德政府拥有的工厂中进行的合成硝酸盐的努力基本上没有成功，尽管巴斯夫公司（BASF）的专利被没收并用于这一过程。

[19] 萨波斯基（Sapolsky）的美国海军研究办公室的历史，对第一次世界大战期间美国军事研发的特点做出了如下描述："……军方最初不愿意承认武器设计需要外部援助，坚持等到美国军队参与战斗后才匆忙开始进行科学努力。希望通过与武器相关的研究为战争做出贡献的科学家，几乎没有例外地被要求接受军事指挥程序。研究的优先事项由军方确定，不注意武器开发与作战经验之间的联系。虽然在武器研发方面取得了一些重大进展，但除了造成可怕的生命损失，他们对战争结果的影响是微不足道的"（Sapolsky，1990：13）。杜普雷（Dupree，1986：chap.16）进行了类似的分析，认为战时经验本身也是促进私营部门在20世纪20年代对工业研发投资增长的催化剂，这为第二次世界大战中截然不同的政府与工业关系奠定了基础。

[20] 1940年之前，美国联邦政府在全国研发总支出中所占的比重略高于各州政府（National Resources Planning Board，1941）。

[21] 部分源于大学之外的与国防相关的研发活动，带来的一个重要的"知识溢出"效应，就是美国空军对兰德公司（RAND Corporation）的研发经济学研究的资助，该公司是1946年成立的一个非营利性"智库"，起初是作为道格拉斯飞机公司（Douglas Aircraft Corporation）的一个分支机构，并且在1948年分离出来成为一家独立的非营利性组织。美国空军对它自己的复杂开发项目组合管理的关注，导致了一系列涉及大量经济学家的项目，其中包括阿门·阿尔钦（Armen Alchian）、肯尼斯·阿罗（Kenneth Arrow）、伯顿·克莱因（Burton Klein）、安德鲁·马歇尔（Andrew Marshall）、托马斯·马夏科（Thomas Marschak）、理查德·纳尔逊（Richard Nelson）和西德尼·温特（Sidney Winter），他们为国防研发有关的课题工作，撰写了为现代技术创新经济学研究奠定基础的一系列论文，包括Nelson（1959，1961），Arrow（1962），Marschak，Glennan，and Summers（1967），Marshall and Meckling（1962），以及其他。霍恩谢尔（Hounshell，2000）描述了兰德公司在研发经济学上的早期研究工作。

[22] 并非所有美国工业都从这些与国防有关的研发投资和购买支出的投入中获益。作为对美国空军研发合同的回应，美国的机床产业开发出复杂的、高度精密的产品以应用于航空产业，但基本上无法适用于民用市场（Mazzoleni，1999）。而美国民用核能工业，由于它利用源自美国核潜艇项目"和平利用原子"的发电技术，得到了联邦政府的大力支持，但在20世纪80年代后期就陷入颓势（Cowan，1990）。

[23] 用涵盖了六个大型工业经济体（法国、英国、德国、荷兰、日本和美国）的OECD数据，亨德森等人（Henderson et al.，1999：table 7-1）计算出，美国投入了近一半（48.9%）的公共科研经费用于生命科学研究，明显高于德国的36.7%和这六个国家36.3%的平均水平。这六个国家的公共研究预算总额也有很大变化，美国在学术研究上的支出接近150亿美元（以购买力平价计算），远远超过第二大公共学术研究支出者，即德国的40亿美元。换句话说，在这一时期，以及在1945年之后时期的大多数年份当中，美国对生物医学研究的公共资助，在公共研发总预算中占相当大的

比例。

[24]　李约瑟（Needham，1950—2004）列出的中国重要发明清单（与流行观念相反）包括铸铁、发条装置、磁罗盘、木刻印刷和活字印刷、犁、马镫和火药。

[25]　Birchal，2001.

[26]　“然而，在此期间，巴西没有出现任何本土纺织技术，纺织企业不得不在国外寻找机械设备和熟练劳动力”（Birchal，2001：50）。

[27]　Geijerstam，2004.

[28]　“在具有大型铁路网络的国家中，印度仍然是一个特例，原因有两个：它曾经是这些主权国家中唯一的殖民地；而且是唯一在铁路繁荣时期未能进行工业化的国家”（Headrick，1988：56）。

[29]　“如果英国愿意提供关税保护，印度本可以更快地复制兰开夏郡的纺织技术。相反，英国的进口商品是免税进入印度的……”（Maddison，2007：128）。

[30]　1858 年德川政权与英国、荷兰、美国、法国和俄国签署的所谓“不平等条约”，进一步说明了日本“开放”的片面性，这严重限制了日本将进口关税提高到与美国等工业化国家相当的水平。因此，日本推行依赖于保护性关税的“幼稚产业”工业化战略的能力在 1911 年重新就这些条约进行谈判之前受到了限制。

[31]　在这些政府拥有工厂的私有化过程中，其中许多被出售给从事工业行业的前武士，他们成为 1945 年前日本主要大型工业企业集团中几个财阀的核心（Yamamura，1978）。

[32]　到 1907 年，日本最大的机器生产设施是吴港的海军造船厂，其员工超过 20 000 人（Odagiri and Goto，1993）。

[33]　根据奥尔斯顿和帕迪（Alston and Pardey，2006：18-19）的研究，非洲农业研发当中的公共研发投资年增长率从 20 世纪 80 年代的 1.25% 缩减到了 20 世纪 90 年代的 0.82%。当尼日利亚和南非被排除在数据之外时，非洲的农业研发投资在 20 世纪 90 年代下降到差不多 2.5%。

[34]　“内战和战争使科研人员被迫背井离乡，或者至少逃避从事科学研究。例如，乌干达的许多科学研究机构在 20 世纪 80 年代初内战结束时都处于崩溃状态。很难想象今天的刚果曾经拥有殖民时期非洲最先进的科学基础设施，可以与当时大多数发达国家的设施和工作人员的素质相媲美”（Alston and Pardey，2006：23）。

[35]　“就 1950—1975 年发现的技术而言，在达到至少 5% 渗透水平的发展中国家中，只有四分之一的国家达到了 25% 的门槛水平，而所有这些都是中上等收入国家……对于更新的技术而言，情况似乎好一些。这些技术不仅在国家间传播得更快，而且达到 25% 门槛的国家所占的比例也更高，达到了 33%。实际上，发展中国家现在的手机普及率已达到 1995 年高收入国家的平均水平”（World Bank，2008：7）。在许多低收入经济体中，移动电话技术的应用相对迅速，这很可能反映出国有企业对提供这些服务的参与程度往往较低。

参考文献

Abramovitz, M. (1989). " Rapid Growth Potential and its Realization: The Experience of Capitalist Economies in the Postwar Period," in M. Abramovitz, *Thinking about Growth*. New York: Cambridge University Press, pp. 3–79.

Allen, R. C. (1983). " Collective Invention, " *Journal of Economic Behavior and Organization* 4: 1–24.

Alston, J. M. and P. G. Pardey (2006). " Developing-Country Perspectives on Agricultural R D: New Pressures for Self-Reliance? " in P. G. Pardey, J. M. Alston, and R. R. Piggott (eds.), *Agricultural R&D in the Developing World: Too Little, Too Late*? Washington, DC: International Food Policy Research Institute, pp. 11–28.

Amsden, A. (2001). *The Rise of "The Rest": Challenges to the West from Late-Industrializing Economies*. New York: Oxford University Press.

Arora, A. and A. Gambardella (1998). " Evolution of Industry Structure in the Chemicals Industry, " in A. Arora, R. Landau, and N. Rosenberg (eds.), *Chemicals and Long-Term Economic Growth*. New York: John Wiley, pp. 379–414.

Arrow, K. J. (1962). " Economic Welfare and the Allocation of Resources for R&D," in R. R. Nelson (ed.), *The Rate & Direction of Inventive Activity*. Princeton University Press, pp. 609–625.

Baba, Z. (1998). *The Science of Empire: Scientific Knowledge, Civilization and Colonial Rule in India*. New Delhi: Oxford University Press.

Beer, J. H. (1959). *The Emergence of the German Dye Industry*. Urbana, IL: University of Illinois Press.

Berg, M. (1994). *The Age of Manufactures 1700–1820*: *Industry, Innovation and Work in Britain*. London and New York: Routledge.

Birchal, S. de O. (2001). " The Transfer of Technology to Latecomer Economies in the Nineteenth Century: The Case of Minas Gerais, Brazil," *Business History* 43(4): 48–67.

Bruland, K. (1989). *British Technology and European Industrialization: The Norwegian Textile Industry in the Mid-nineteenth Century*. Cambridge and New York: Cambridge University Press.

(2010). " Reconceptualizing Industrialization in Scandinavia," in J. Horn, L. N. Rosenband, and M. R. Smith, eds., *Reconceptualizing the Industrial Revolution*. Cambridge, MA: The MIT Press, pp. 125-150.

Bruland, K. and K. Smith (2010). " Knowledge Flows and Catching-up Industrialization in the Nordic Countries: The Roles of Patent Systems," in H. Odagiri, A. Goto, A. Sunami, and

R. R. Nelson, eds., *Intellectual Property Rights and Catch-Up: An International Comparative Study*. New York: Oxford University Press, 63–94.

Bush, V. (1945). *Science: The Endless Frontier*. Washington, DC: USGPO.

Cantwell, J. (1995). " The Globalization of Technology: What Remains of the Product Cycle?" *Cambridge Journal of Economics* 19: 155–174.

Chandler, Jr., A. D. (1977). *The Visible Hand*. Cambridge, MA: Harvard University Press.

(1990). *Scale and Scope*. Cambridge, MA: Harvard University Press.

Cockburn, I. M. (2004). " The Changing Structure of the Pharmaceutical Industry, " *Health Affairs* 23: 10–22.

(2006). " Is the Pharmaceutical Industry in a Productivity Crisis?" in A. B. Jaffe, J. Lerner, and S. Stern (eds.), *Innovation Policy and the Economy*. University of Chicago Press for NBER. 7: 1–32.

Cockburn, I. M., R. Henderson, L. Orsenigo, and G. Pisano (1999). " Pharmaceuticals and Biotechnology," in D. C. Mowery (ed.), *U.S. Industry in 2000*. Washington, DC: National Academies Press, pp. 363–398.

Cooling, B. G. (1979). *Grey Steel and Blue-Water Navy*. Hamden, CT: Archon Books.

Cowan, R. (1990). " Nuclear Power Reactors: A Study in Technological Lock-In, " *Journal of Economic History* 50: 541–567.

David, P. A. and G. Wright (1997). " Increasing Returns and the Genesis of American Resource Abundance," *Industrial and Corporate Change* 6: 203–245.

Dowrick, S. and J. B. DeLong (2003). " Globalization and Convergence, " in M. D. Bordo, A. M. Taylor, and J. G. Williamson (eds.), *Globalization in Historical Perspective*. University of Chicago for NBER, pp. 191–220.

Dupree, H. (1986). *Science in the Federal Government*. Baltimore, MD: Johns Hopkins University Press.

Edquist, C. and B.-A. Lundvall (1993). " Comparing the Danish and Swedish Systems of Innovation, " in R. R. Nelson (ed.), *National Systems of Innovation*. New York: Oxford University Press, pp. 265–294.

Enos, J. L. (1962). *Petroleum Progress and Profits*. Cambridge, MA: The MIT Press.

Fabrizio, K. and D. C. Mowery (2007). " The Federal Role in Financing Major Innovations: Information Technology during the Postwar Period, " in N. Lamoreaux and K. Sokoloff (eds.), *Financing Innovation in the United States, 1870 to the Present*. Cambridge, MA: The MIT Press, pp. 283–316.

Field, A. J. (2011). *A Great Leap Forward: 1930s Depression and U.S. Economic Growth*. New Haven, CT: Yale University Press.

Freeman, C. (1962). " Research and Development: A Comparison between British and

American Industry," *National Institute Economic Review* 20: 21–38.

af Geijerstam, J. (2004). *Landscapes of Technology Transfer: Swedish Ironmakers in India, 1860–64*, Jernkontorets berghistoriska skriftserie 42, Stockholm: Jernkontoret.

Gibb, G. S. and E. H. Knowlton (1956). *The Emergent Years: History of the Standard Oil Company (New Jersey), 1911–1927*. New York: Harpers.

Graham, M. B. W. and B. H. Pruitt (1990). *R&D for Industry: A Century of Technical Innovation at Alcoa*. New York: Cambridge University Press.

Hall, P. A. and D. Soskice (2001). *Varieties of Capitalism: The Institutional Foundations of Comparative Advantage*. New York: Oxford University Press.

Harley, C. K. (1988). " Ocean Freight Rates and Productivity, 1740–1913: The Primacy of Mechanical Innovation Reaffrmed," *Journal of Economic History* 48: 851–876.

Headrick, D. R. (1988). *The Tentacles of Progress*. New York: Oxford University Press.

Henderson, R., L. Orsenigo, and G. Pisano (1999). " The Pharmaceutical Industry and the Revolution in Molecular Biology: Interactions among Scientific, Institutional, and Organizational Change, " in D. C. Mowery and R. R. Nelson (eds.), *Sources of Industrial Leadership*. New York: Cambridge University Press, pp. 267–311.

Hounshell, D. A. (1996). " The Evolution of Industrial Research in the United States, " in R. Rosenbloom and W. J. Spencer (eds.), *Engines of Innovation*. Boston, MA: Harvard Business School Press, pp. 13–86.

(2000). " The Medium is the Message, or How Context Matters: The RAND Corporation Builds an Economics of Innovation, 1946–62," in T. P. Hughes and A. Hughes (eds.), *Systems, Experts, and Computers*. Cambridge, MA: The MIT Press, pp. 13–86.

Hounshell, D. A. and J. K. Smith (1988). *Science and Corporate Strategy*. New York: Cambridge University Press.

Hughes, T. P. (1971). *Elmer Sperry: Inventor and Engineer*. Baltimore, MD: Johns Hopkins University Press.

Jones, G. (2006). *The Evolution of International Business*. London: Routledge.

Jorgenson, D. (2001). " Information Technology and the U.S. Economy, " *American Economic Review* 90: 1–32.

Khan, B. Z. (2005). *The Democratization of Invention*. New York: Cambridge University Press.

Lamoreaux, N. R. (1985). *The Great Merger Movement in American Business, 1895–1904*. New York: Cambridge University Press.

Lamoreaux, N. R. and K. L. Sokoloff (1997). " Inventive Activity and the Market for Technology in the United States, 1840–1920," NBER Working Paper No. 7107.

Leslie, S. W. (1993). *The Cold War and American Science*. New York: Columbia

University Press.

Lewis, R. (1979). *Science and Industrialisation in the USSR*. London: Macmillan.

Lindert, P. H. and J. G. Williamson (2003). " Does Globalization Make the World More Unequal?" in M. D. Bordo, A. M Taylor, and J. G. Williamson (eds.), *Globalization in Historical Perspective*. University of Chicago Press for NBER, pp. 227–271.

Lowen, R. S. (1997). *Creating the Cold War University*. Berkeley, CA: University of California Press.

Maddison, A. (2007). *Contours of the World Economy, 1–2030 AD*. Oxford and New York: Oxford University Press.

Marschak, T. A., T. K. Glennan, and R. Summers (1967). *Strategy for R&D*. New York: Springer.

Marshall, A. W. and W. H. Meckling (1962). " Predictability of the Costs, Time, and Success in Development," in R. R. Nelson (ed.), *The Rate and Direction of Inventive Activity*. Princeton University Press, pp. 461–476.

Mazzoleni, R. (1999). " Innovation in the Machine Tool Industry: A Historical Perspective on the Dynamics of Comparative Advantage," in D. C. Mowery and R. R. Nelson (eds.), *The Sources of Industrial Leadership*. New York: Cambridge University Press, pp. 169–216.

McNeill, W. H. (1982). *The Pursuit of Power*. University of Chicago Press.

Meisenzahl, R. R. and J. Mokyr (2012). " The Rate and Direction of Invention in the British Industrial Revolution: Incentives and Institutions," in J. Lerner and S. Stern (eds.), *The Rate and Direction of Inventive Activity Revisited*. University of Chicago Press for NBER, pp. 443–479.

Millard, A. (1990). *Edison and the Business of Invention*. Baltimore, MD: Johns Hopkins University Press.

Milward, A. and S. B. Saul (1973). *The Economic Development of Continental Europe*. Totowa, NJ: Rowman and Littlefield.

Moen, S. E. (2009). " Innovation and Production in the Norwegian Aluminum Industry," in J. Fagerberg, D. C. Mowery, and B. Verspagen (eds.), *Innovation, Path Dependency and Policy: The Norwegian Case*. New York: Oxford University Press, pp. 149–178.

Mokyr, J. (1990). *The Lever of Riches*. New York: Oxford University Press.

Mowery, D. C. (1983). " The Relationship between Contractual and Intrafirm Forms of Industrial Research in American Manufacturing, 1900–1940, " *Explorations in Economic History* 20: 351–374.

(1995). " The Boundaries of the US Firm in R&D, " in N. R. Lamoreaux and D. M. G. Raff (eds.), *Coordination and Information: Historical Perspectives on the Organization of Enterprise*. University of Chicago Press, pp. 147–176.

(2011). " Federal Policy and the Development of Semiconductors, Computer Hardware, and Computer Software: A Policy Model for Climate-change R&D? " in R. Henderson and R. Newell (eds.), *The Federal Government Role in Technological Innovation: Insights for the Development of Energy Technologies*. University of Chicago Press for NBER, pp. 159–188.

Mueller, W. F. (1962). " The Origins of the Basic Inventions Underlying Du Pont's Major Product and Process Innovations, 1920 to 1950," in R. R. Nelson (ed.), *The Rate and Direction of Inventive Activity*. Princeton University Press, pp. 323–346.

National Resources Planning Board (1941). *Research–A National Resource. Vol. 2: Industrial Research*. Washington, DC: National Research Council for the National Resources Planning Board.

Needham, J. (1950–2004). *Science and Civilisation in China*, 24 vols. Cambridge University Press.

Nelson, R. R. (1959). " The Simple Economics of Basic Research," *Journal of Political Economy*. 67(3): 297–306.

Nelson, R. R. and G. Wright (1994). " The Erosion of U.S. Technological Leadership as a Factor in Postwar Economic Convergence," in W. J. Baumol, R. R. Nelson, and E. N. Wolff (eds.), *Convergence of Productivity.* New York: Oxford University Press, pp. 129–163.

Odagiri, H. and A. Goto (1993). " The Japanese System of Innovation: Past, Present, and Future," in R. R. Nelson (ed.), *National Systems of Innovation.* New York: Oxford University Press, pp. 76–114.

O'Rourke, K. H. and J. G. Williamson (1999). *Globalization and History*. Cambridge, MA: The MIT Press.

Reich, L. S. (1985). *The Making of American Industrial Research*. New York: Cambridge University Press.

Robertson, P. and L. Alston (1992). " Technological Choice and the Organisation of Work in Capitalist Firms," *Economic History Review*, 45: 330–340.

Ruttan, V. (2001). *Technology, Growth, and Development*. New York: Oxford University Press.

Sandberg, L. (1979). " The Case of the Impoverished Sophisticate: Human Capital and Swedish Economic Growth Before World War Ⅰ," *Journal of Economic History* 39:225–241.

Sanderson, M. (1972). " Research and the Firm in British Industry, " *Science Studies* 2: 107–151.

Sapolsky, H. M. (1990). *Science and the Navy*. Princeton University Press.

Scranton, P. (1997). *Endless Novelty. Speciality Production and American Industrialization 1865–1925*. Princeton University Press.

Schumpeter, J. A. (1943). *Capitalism, Socialism, and Democracy*. New York: Harper &

Row.

Smil, V. (2005). *Creating the Twentieth Century*. New York: Oxford University Press.

Stigler, G. J. (1968). " Monopoly and Oligopoly by Merger, " in G. J. Stigler (ed.), *The Organization of Industry*, Homewood, IL: Irwin, pp. 95–107.

Sutton, A. C. (1968–1973). *Western Technology and Soviet Economic Development*, 3 vols. Stanford, CA: Hoover Institution Press.

Thorelli, H. B. (1954). *Federal Antitrust Policy*. Baltimore, MD: Johns Hopkins University Press.

Trebilcock, C. (1969). " ' Spin-Off ' in British Economic History: Armaments and Industry, 1760–1914," *Economic History Review* 22: 474–490.

(1973). " British Armaments and European Industrialization, 1890–1914, " *Economic History Review* 26: 254–272.

Wade, N. (1990). *Governing the Market: Economic Theory and the Role of the Government in East Asian Industrialization*. Princeton University Press.

Whitehead, A. N. (1925). *Science and the Modern World*. New York: Macmillan.

Whitley, R. (2000). *Divergent Capitalisms: The Social Structuring and Change of Business Systems*. New York: Oxford University Press.

Wilkins, M. (2004). *The History of Foreign Investment in the United States, 1914–1945*. Cambridge, MA: Harvard University Press.

Williamson, O. E. (1975). *Markets and Hierarchies*. New York: Free Press.

World Bank (2008). *Global Economic Prospects: 2008*. Washington, DC: World Bank.

Yamamura, K. (1978). " The Industrialization of Japan: Entrepreneurship, Ownership, and Management, " in P. Mathias and M. Postan (eds.), *The Cambridge Economic History of Europe. Vol. Ⅶ : The Industrial Economies: Capital, Labor, and Enterprise, Part Ⅱ* . New York: Cambridge University Press, pp. 215–264.

第 5 章

界定私人领域和公共领域的法律创新

罗恩·哈里斯

127 关于法律和资本主义的兴起和传播的文献充斥着两种对立矛盾。第一种是将法律视为资本主义兴起的附带现象和将其视为其兴起的工具。第二种观点介于将西方法律视为在英国普通法和罗马民法两种不同的法律传统中进行发展，以及一种将法律视为趋同于单一资本主义强化模式的观点之间。本章围绕第二种矛盾展开。

本章首先对文献进行了考察，其中的许多内容都相当关注这两种欧洲传统各自的特征，以及它们在促进资本主义方面所扮演的不同角色。最近的很多文献都支持英美法系，主张英美普通法和英美宪法的传统促进了更快和更可持续的经济增长。

本章的下一部分考察了资本主义核心国家当中法律的发展，经济理论认为有四个法律领域对经济增长至关重要：契约自由的观念；土地登记制度的建立；专利法律；以及商业公司的成立。本章的这一部分表明，从总体上看，这些领域的法律向资本主义模式的转变并不是建立在法律传统的基础上。法律渊源类似的国家，例如德国和法国，或英国和美国，在某些情况下，发展了处理类似问题的不同模式，而不同渊源的国家有时采用类似的制度 – 法律解决方案。

本章的最后一部分介绍了欧洲资本主义法律在这四个领域向世界其他地区传播的情况。再一次地，按照法律传统路径的扩张模式并不是很有效。在某些情况下，每一个帝国的核心法律确实与移民或贸易一起传播到其海外殖民地。但是，其在整个帝国的适用情况常常受到每个殖民地的当地条件和一些偶发事件的影响。此外，在 128
帝国的边缘地带，跨帝国的影响有时会导致从作为竞争对手的帝国那里借鉴一些模式。那些不属于正式欧洲强权帝国的国家，至少在某些领域可以更自由地借鉴欧洲不同渊源的法律，或者拒绝接受它，而倾向于当地法律。最后，传播欧洲资本主义法律的一个重要工具是通过促进法律协调的自愿性跨国组织。

第一个主题在本章中没有直接讨论，即法律在经济发展中的作用。然而，在这四个领域中的每一个都出现的多种法律模式表明，在向资本主义转型的过程中，没有单一的法律模式是必然的。不存在一种单一的、最有效的法律解决办法。采用了差别很大的法律模式的经济体也能够得到发展。法律传统或特定法律制度和规则的差异是否对增长率或增长性质产生了影响，这一问题引起了激烈的争论。本章的结论讨论了这样一种可能性，即尽管有多种法律设计，但这些设计以一种暗示了二阶收敛性的方式体现了它们在功能上的等价性。

法律与经济发展

马克斯 · 韦伯（Max Weber）是最先赋予法律在资本主义崛起

过程中的重要作用的人之一。欧洲的法律是由法学家在从罗马时代开始的若干世纪以来形成的，并以法典中的一般法律规则为基础发展起来的。它由独立的司法机构、具有学术精神的法学家和一个独特的法律职业来运作。这造成了法律与其他社会生活领域，如宗教或政治的高度分离。欧洲法律将高度的法律自主性和在确定法律裁决时大量依赖现有的一般规则结合在一起（Weber，1968：641-901）。韦伯认为，其他文明社会的法律没有欧洲法律那么正式和理性。因此，这些文明的法律并没有促进资本主义的兴起。他的说法无法解释，为什么拥有欧洲最不正式和最不理性的法律的非学术性案例法的英国，却最早实现了工业化。所谓的“英格兰问题”困扰着韦伯的论断，并引出了后来的解释——赋予普通法体系以特殊地位（Likhovski，1999；Trubek，1972）。

从韦伯所处时代一直到 20 世纪 70 年代，法律一直没有被视为是一种解释经济发展的主要因素。人们的注意力主要集中在技术、
129 资本积累、贸易和教育方面。然而，这里有两个例外。在 20 世纪 20 年代和 30 年代初，源自索尔斯坦·凡勃伦（Thorstein Veblen）和奥利弗·温德尔·霍姆斯（Oliver Wendell Holmes）的各种传统观点最终在制度经济学的研究中汇合了——在约翰·康芒斯（John Commons）、罗伯特·黑尔（Robert Hale）和他们的同时代人的著作中，法律现实主义实现了互动，他们认为法律是市场运作的先决条件（Fried 1998；Hovenkamp，1990：993-1058；Pearson，1997）。20 世纪 60 年代和 70 年代初，法律可以作为经济增长的关键观念在法学家中传播开来。他们认为，不太正式和自治的，同时更具工具性和政策导向的法律有助于拉丁美洲和亚洲经济更快增长。他们在各种法学院外援项目和开发机构中工作，并与福特基金会合作，这促进了法律规则和制度的改革，加强了执法，并推动了发展中国

家法律制度的合法化（Trubek and Santos，2006）。

在过去的 30 年里，社会科学，特别是经济学发生了制度上的转变。经济学家们把注意力从市场转向了制度，包括法律制度。这一制度的转向——主要是受到诺贝尔经济学奖得主道格拉斯·诺思（Douglass North）的影响——具有历史性的趋势。人们的注意力转向了前国家环境下非人格化交易的发展，可靠地尊重产权的国家的崛起，以及市场基础设施的演变。这一变化的根源可以从新古典经济学范式的交易成本和产权调整中找到，这首先是在 20 世纪 60 年代由罗纳德·科斯（Ronald Coase），以及后来奥利弗·威廉姆森（Oliver Williamson）和阿门·阿尔钦、哈罗德·德姆塞茨（Harold Demsetz）等人的理论经济学讨论中提出的。新古典经济学理论在非市场环境中的应用，尤其是公共选择和法律的经济分析，也开始出现在同一时代詹姆斯·布坎南（James Buchanan）、罗纳德·科斯、加里·贝克尔（Gary Becker）和理查德·波斯纳（Richard Posner）的著作中。集体行动问题受到了肯尼斯·阿罗、曼瑟·奥尔森（Mancur Olson）和其他学者的关注。新古典范式的这些修正、调整和扩展吸引了经济学家对制度的关注。经济学研究向制度研究的这种新转向，成功地进入了经济史的新领域，并且在 20 世纪 70 年代和 80 年代早期进入了关于资本主义兴起的研究领域，并导致经济史学家将研究更多地从市场转向制度。粗略地说，在建立制度与经济关系的模型方面，转向制度研究有三个阶段。在第一个阶段，制度被认为是外在赋予经济的，研究的重点是它们对经济绩效的影响。在第二个阶段，对经济发展影响制度的创造和转型方式的 130
研究受到了重视。在第三个阶段，制度被认为是内生的，影响着经济并被经济发展塑造，研究的重点是相互因果关系中的细节问题（Harris，2003：297–346）。

道格拉斯·诺思［与罗伯特·托马斯（Robert Thomas）一起］最先提出，可以用其制度来解释西方世界的崛起。在欧洲发展起来的制度比其他文明的制度在降低交易成本、保护财产权、执行合同、促进风险的分散和管理以及对代理人的监测方面更为有效。更具体地说，诺思讨论了诸如汇票、专利法、保险、会计方法和股份公司等制度改革（North，1990；North and Thomas，1973）。

理查德·波斯纳采用法学院的研究传统，并应用价格理论研究它，他认为，诉讼和司法裁决使普通法系而不是大陆法系的法典和立法不断地朝着追求效率和更好地支持经济增长的方向发展（Posner，2002）。

道格拉斯·诺思和巴里·温加斯特（Barry Weingast）认为，英国是第一个解决可信承诺问题的国家——具有主权和不受约束的国家无法对其臣民做出不没收他们财产的可信承诺。1688 年的光荣革命是宪政改革的缩影，颁布了《权利法案》，议会在税收和支出、英格兰银行的成立问题上具有至高无上的地位，并创造了一个投资者可以信赖国家会履行其财政承诺的环境。可信承诺问题的解决使英国得以增加政府借贷，降低政府对其债务支付的利息，扩大政府债券市场和私人资本市场，这导致英国有能力发动长期和成功的战争，并形成财政－军事的纽带关系（North and Weingast，1989）。[1] 这一问题的解决标志着持续了一个半世纪的、前所未有的经济增长的开始。例如法国等未能解决这个问题的国家，则举步维艰。诺思和温加斯特并没有主张欧洲制度的优越性，他们认为一些欧洲人——英国人——为资本主义的崛起提供了更好的制度支持。这种制度支持与法律有关，不是普通法，而是宪法。

131 一个由四位作者组成的团队［拉波塔（La Porta）、洛佩兹·西拉内斯（Lopez-de-Silanes）、施莱弗（Shleifer）和维什尼（Vishny），被人们称为 LLSV］开发了一套用于编码和测量保护公司外部投资者的法律规则的体系。他们随后指出，保护投资者的法律规则在不同的法律传统或法律渊源之间存在系统性差异。国家关于普通法提供的保护最多；德国式和斯堪的纳维亚大陆法系国家提供中等程度的保护；法国式的大陆法系国家提供的保护最少（La Porta et al.，1997）。然后，他们将保护的程度与经济成果关联起来。他们发现，法律渊源解释了公司的所有权结构、企业价值、股票市场的范围和流动性，以及最终的经济发展。以往的计量经济学研究无法令人信服地解决因果关系问题；即确定更好的法律是否会带来更好的经济表现，或者更发达的经济体是否会产生更好的法律。LLSV 认为，因为大多数国家的法律是由殖民列强移植的，因果关系的方向是明确的（La Porta et al.，1998）。这一法律是在殖民阶段外生决定的，而不是在与经济发展的互动中内生的。有些发达经济体没有采用普通法体系；普通法国家由于其法律渊源而发展出先进的经济。LLSV 的研究使得非法律学者相信，法律是重要的。

另一组经济学家，阿西莫格鲁（Acemoglu）、约翰逊（Johnson）和鲁宾逊（Robinson），以下简称 AJR，以不同的方式处理了两者的因果关系问题。他们的理论是，早期欧洲人（士兵、主教和水手）在全球各个殖民地的死亡率决定了建立长期定居点的可行性和殖民地早期制度的类型，这些因素反过来又通过惯性塑造了决定当前经济表现的现行制度。那些由于欧洲人的死亡率而不能被欧洲人定居的殖民地，发展出攫取型的制度。欧洲人定居的殖民地发展出与欧洲类似的制度，保护了私有财产权，并提供了与政府征用相抗衡的措施。这一理论得到了实证结果的充分支持；死亡率与制度、制度与人均收入等经济绩效变量之间存在着高度的相关性（Acemoglu，Johnson，and Robinson，2001；Acemoglu and Robinson，2012）。

死亡率是经济发展的外生因素。此外，当控制了禀赋和其他变量时，这种相关关系依然得到了很好的保持。这里的结论就是，制度，主要是产权保护，决定了经济的发展。

132 总而言之，在过去 30 年里，人们关于法律对资本主义的兴起和传播的重要性的理解已经扩大了。经济学家们更加关注法律了。许多人将法律对经济发展的影响归因于法律传统或法律渊源。换句话说，许多文献将普通法的渊源和英美宪法传统视为提高经济绩效的一种优势。近年来，法律在经济发展中的作用已成为研究议程中的重点（Dam，2006；Milhaupt and Pistor，2008）。

欧洲向资本主义法律的转型

欧洲法律在 18 世纪末期资本主义扩张的前夜分裂了。在欧洲大陆，民法主要以罗马法为基础，其核心是《查士丁尼法典》(Justinian civil code)。它是经由各个大学的法学家根据情况对这一法典进行概括、注释和解释，从而对其发展和调整所得到的。法庭程序是盘问和书面形成的。陪审团和律师并不是该系统的核心。法律教育是学术性的。法官通常是政治任命的，而不是独立的，往往代表统治者的利益。民法是脱离宪法而发展起来的，它倾向于专制主义。

在近代早期，大陆法经历了从统一的普通法逐渐分化为新兴民族国家独特的国家法律的过程。随着 18 世纪的发展，这种法律越来越多地受到启蒙运动和世俗自然法思想的启发。在 19 世纪以后，法国大革命的影响与拿破仑的编纂，使其变得能够更好地促进资本主义的兴起了。

在英国，正如布莱克斯通（Blackstone）的《英国法释义》

（*Commentaries on the Laws of England*，1765—1769）中所反映的，普通法和衡平法仍在很大程度上建立在大约 13 世纪的普通法形成时代所塑造的机构、程序和行动形式基础之上。罗马法和大学层面的法理学被抛弃了。这种法律是由受过律师培训的法官制定的，他们享有高度的独立性。对抗性法律制度依靠辩护律师的作用。陪审团是事实的发现者。法律教育是在各大律师学院以学徒的形式进行的。私法与体现代表性和包含自由主义元素的宪法是紧密联系在一起的。

18 世纪后期，曼斯菲尔德伯爵（Mansfield，最高法院首席大法官，1756—1788）主要在商法领域领导了一个法官制的改革，随后，受到边沁（Bentham）启发的立法改革也有助于使英国的法律 133
更适合资本主义。

在这一节，我们将从四个法律领域考察法律向更有利于资本主义发展的框架的转变，这四个法律领域被经济理论认为是经济增长的关键：契约自由的观念；土地登记制度的建立；专利法律；以及商业公司的成立。按照这个顺序，它们分别对应：促进市场交易；产权的保障；技术创新；以及汇集资本投资于公司。[2]

订立契约的自由

契约是进行市场交易的法律工具。易货现货交易不需要太多的法律也能完成。非人格化交易比人格化交易更依赖法律。随着交易的复杂化，合同法变得越来越重要。信用交易、未来的交易、多阶段交易和关联交易，以及在付款前买方无法观察到质量的交易，都需要法律的强制执行。随着资本主义的兴起，需要契约执行的交易扩大了。合同法是否对这一挑战作出了反应呢？

罗马合同法承认并执行了各种形式的协议，包括销售、雇佣、授权（代理）和合伙关系。这是罗马法建立在个人主义和自由主义价值观基础上的理由之一（Gordley，1993）。但是，罗马法不承认脱离特定形式的协议的一般概念，这种基于自由意志的概念具有法律约束力。法国和德国的法律文本编纂扩大了契约的范围。但这一进程是渐进的。拿破仑法典（Code Civil，1804）仍然把关于“财产分类”编放在“获取财产各种方法”编前面，其中关于继承和捐赠的章节出现在契约章节之前。德国民法典（German Civil Code，BGB，1896）把关于“义务”的那一编和关于契约的一些章节置于中心位置，放在关于“财产”编之前。波蒂埃（Pothier）在《债
134 务概论》（*Traité des obligations*，1761）中提出了一种以当事人双方同意，而不是一方或双方的单方面承诺为基础的契约理论。这一理论受到社会契约哲学和自然法法学的影响。法国法典遵循了波蒂埃的理论，并将当事方的同意作为具有法律约束力的协定有效性的基石。[3] 法国大革命还将土地从贵族和教会的法律控制中解放出来，从而使土地商品化，成为各种契约的主题之一。在德国，土地商品化在该世纪末德国民法典起草时仍然是一个有争议的问题（John，1989）。

在英国，情况完全不同。直到现代，合同才被承认为一个法律范畴。在普通法的形成时期（12—14 世纪），一些符合预先设计的行动形式的合同得到了执行。例如，契约令状（writ of covenant）使得盖上封印的承诺在遭到违反时可以提出损害赔偿要求。债务令状使得收回一定数额的债务变得可行。不符合任何先前存在的令状的协议不能得到执行。在 16 世纪和 17 世纪，法官逐渐将原有令状的适用范围扩大到其他类型的合同上。在斯莱德诉莫利（Slade v. Morley，1602）案中，对待执行合同（executory contracts，即双方的履约与协议阶段暂时分开）适用赔偿损失令状（writ of assumpsit）

就是这一趋势的一个典型例子。法官通过给予陪审团自由裁量权，并将商法的汇票和信托的公平机制适用于这些问题，解决了由于原有诉讼形式僵化而造成的许多实际问题。布莱克斯通仍将合同视为一种获取财产权的方式，在他的四卷本“英格兰法律调查”中，仅用了二十多页讨论这一问题。直到 19 世纪，普通法法学家才对合同法的一般原则进行了大量的理论化。

在布莱克斯通的记述和一个世纪后缅因州著名的观察之间，现代世界已经从身份转向契约，合同法的范围与内容已经转变了。在波蒂埃的启发下，一系列合同法论述作者的成果逐渐形成了英国的契约理论。该理论也是建立在意志理论（will theory）的基础上的。普通法最终使承诺和集中式协议边缘化了。要约和承兑成为订立合同的模式。理论的发展涉及合同条款的性质、默示条款的使用、使 135
合同无效的缔约过失的性质、损害赔偿的评估。公正价格原则消失了。默示担保更少地被写进合同。“买主当心”（caveat emptor）原则占据上风。对传统的对价要求和合同的相对性进行了狭义的理解（Ibbetson，1999）。根据一些法律史学家的说法，英国合同法在 19 世纪上半叶经历了一次转型，进入了契约自由的时代。但是，这场转型带来的经济和社会影响是存在争议的。虽然一些历史学家认为，这有助于释放企业家的活力，扩大市场，更有效地配置资源和促进经济增长，但另一些人则认为这是分配性的，允许新兴的工业资本家补贴他们的活动，并以牺牲土地所有者和劳工的利益为代价，把财富转移到工业资本家的口袋里（Horwitz，1979；Posner，1986：229–238）。

19 世纪后期，这一趋势发生了逆转。戴西（Dicey，1905）注意到了干预性规制的增长，并将 19 世纪的最后几十年贴上了“集体主义时代”的标签。他特别提到保护劳工和穷人的立法。阿蒂亚

（Atiyah，1979：681–777）的名著《契约自由的兴衰》(*The Rise and Fall of Freedom of Contract*)，更多地关注了判例法的理论，但也指出了 19 世纪末一种背离意志理论的现象。这一转变的一个重要例子是，从执行例如卡特尔协定的限制贸易合同，到在垄断市场充分履行合同，都出现了倒退。首先，法院按照立法机构的领导，在消费者合同、就业、掠夺性贷款（predatory lending）等方面对契约自由实行了干预。其次，法院制定了审查合同当事人自由选择和同意的原则。最后，公司法、物权法和侵权行为法渗透到了在契约自由鼎盛时期被视为合同法专属范围的一些领域之中。

因此，尽管契约自由在英国和欧洲大陆都变得更为重要，但用来促进这一原则的工具却有所不同：在欧洲大陆是经过改革的民法典，在英国是法官制定的法律。此外，契约自由的鼎盛时期也是短暂的。早期资本主义是在它还不存在的时候就出现的。在它退却的时候，发达的资本主义却扩张了。在契约自由的典范模式出现之前和之后，商人们都能够在不诉诸宏大的理论契约规则的情况下，使用证券交易所、国际舞台、由精明的法学家精心设计的买卖等商机进行交易。

土地登记处的设立

136 法学家们非常关注财产法理论的细枝末节。他们较少关注土地登记，认为这是一种行政和技术问题。但从经济增长的角度来看，这类登记机构发挥着重要作用。在今天的欠发达经济体中，产权登记问题很常见。在整个发展中世界迅速增长的城市中心，非正式住房首先被占用，几年后，所有权才被整理和登记，这种情况十分常见。就像德索托（De Soto，1989）所展现的，较低水平的产权界定和保护导致了效率低下的非正规经济。贝尼托·艾鲁纳达（Benito

Arruñada）特别提到了土地登记制度，他认为，增加确定性有助于将土地用作信贷抵押品，节省交易成本，并促进资源的有效分配（Arruñada，2012；Arruñada and Garoupa，2005）。

在法国，公证人传统上持有土地转让契约。这些半公共的登记处为建立现代公共登记处提供了良好的开端（Engerman et al.，2003：9-10；Hofman，Postel-Vinay，and Rosenthal，2000）。但是，这一传统也形成了一种基于交易记录而不是以所有权为基础的登记模式。在法国大革命之后，关于形成国家公共清单的呼吁高涨了。但直到拿破仑时代，1807 年的法律才为法国土地的地籍簿奠定了基础。这项工作于 1850 年完成。在法国民法典中，对所有权没有登记要求，但抵押必须登记。1855 年的一项法令要求记录不动产销售合同的全文。登记册登记并保存了所有权契据，从而为财产索赔提供了证据。法院可以利用这一证据在事后——在诉讼后分配财产权。此外，法院适用了一种非标准优先权规则。在裁决一个与第三方发生的冲突时，法院从公共部门记录的日期起，而不是从合同签订之日起决定债权的优先权。

德国的传统导致了一种不同的登记模式。中世纪晚期的贸易城市（例如汉堡和不来梅这些汉萨同盟城市）最先建立了市政登记制度。这类登记在 17 世纪的法规中得到了进一步的正式化。19 世纪初，德国一些邦国为了征税而建立地籍制度。在西部的一些省份，它们是以拿破仑建立的地籍为基础。在该世纪的第三个 25 年里，德国各邦国建立了所有权和抵押担保的土地登记处，普鲁士于 137
1872 年作为最后的邦国也加入了。普鲁士法是统一后帝国立法的基础。在德国民法典中，建立了全国性的土地登记制度。这一制度将所有的所有权和其他权利建立在土地和建筑物上。德国模式包含的不是契据或权利主张的信息，而是关于权利本身的信息。因此，它需要一个完全分配产权的基准。

在英国，为纳税目的而偶然进行的土地调查从“末日审判书”（Domesday Book，1086）就开始了。关于土地所有权的争议是通过烦琐的法院诉讼得到解决的。在以权利令状（writ of right）开始的诉讼中，败诉方被剥夺了对土地的所有权利，但这种诉讼非常缓慢和复杂。另一种更快又不那么昂贵的新的强占令状（writ of Novel Disseisin），并不是恢复一个人有权获得土地的补救办法；这是一项可以由一个被剥夺拥有权的人所采取的诉讼，也可以用来对付剥夺他们拥有权的人。在英国，权利令状可以确立最强大的土地所有权权利，新型强占令状则提供了这一链条的下一步，即一种占有权（Baker，2002；Maitland，Chaytor，and Whittaker，1909）。在传统普通法诉讼形式的错综复杂局面中，另外还有几项附加令状和财产权等级，而这些产生了大量的诉讼、律师费和经济的不确定性。

在18世纪和19世纪初，通过诉讼解决财产权利的烦琐制度给产权法律改革带来了越来越大的压力，其中最突出的是建立了土地登记制度。1830年的《不动产专员报告》（The Real Property Commissioners Report）赞成建立一般性的转让登记簿记制度。对所有权而不是交易进行登记的想法，可能在1854年的《商船法》（Merchant Shipping Act）建立的船舶所有权登记册之后得到了发展。南澳大利亚州的总理罗伯特·托伦斯（Robert Torrens）爵士，于1858年在该殖民地试行了土地注册，我们后面会对其进行讨论。4年后在英国，土地登记通过1862年的《土地登记法》（Land Registry Act）成立法规。通过研究德国模式，初次登记的缺陷最终在1897年《土地出让法》（Land Transfer Act）中实施的强制登记中得到了弥补（Offer，1981）。

专利法

在资本主义兴起之前，西欧国家以两种方式对技术创新进行了鼓励，即货币支付和授予垄断权利。在旧体制下的法国，前者是常态。发明成果的发明者和引入者可以从头衔、养老金、一笔总付补助金、奖金、生产补贴和税收免除中受益。在某些情况下，他们也 138
可以以排他性特权的形式被授予垄断权利。在英国，后者是常态。伊丽莎白和早期斯图亚特王朝的君主们，用垄断权利来鼓励外国工匠和发明家在英国定居，后来又将垄断的使用范围扩大到英国人的发明。议会和普通法法官对王室利用垄断作为获取独立收入和增加政治权力手段的敌意，导致在 1624 年颁布了《垄断法》（Statute of Monopolies）。[4] 该法令禁止在没有议会授权的情况下由王室授予垄断权。然而，作为妥协的一部分，议会对这一规则作了一些例外规定。《垄断法》的第 6 条规定，可以用书面专利的方式授予“新产品”的“真正和第一发明人”在“14 年或 14 年之内的期限”的垄断权。这一部分为英国专利法在接下来的两个世纪奠定了法定基础。这就意味着，皇室可以继续自行实行对发明授予垄断权利的做法。这些授权不受任何准则或程序的约束。这些垄断权像其他任何皇家专利、许可或特许经营一样具有可执行性。皇室为了自己的目的，自行决定事后授予专利。因此，发明者不能依赖垄断的授予，而且法律也没有为发明活动中的时间和劳动投资创造可计算的事前激励。

从 18 世纪早期开始，该制度被重新设计为一种涉及时间和金钱的注册制度，但没有审查专利的内容或价值。在 1711 年之后，越来越普遍的做法是要求发明者在他们的申请书中附加其发明方法的细节。在某些情况下，官员们甚至坚持要求列入详细的图纸。到

1734年，对这些细节的要求成为标准惯例，但直到44年后，这种做法才在英国法律中得到体现，不过不是通过立法，而是由于曼斯菲尔德伯爵1778年对利阿德特诉约翰逊案（Liardet v. Johnson）的裁决。在这个案例中，曼斯菲尔德伯爵裁定，描述应该足够完整和详细，让一般领域的技术人员无须做实验就能理解和应用这一发明（Adams and Averley，1986）。

对出现这种做法的一个可能的解释就是，随着专利的积累——其中许多集中在有限的领域，如马车、漂白、油料和纺纱——王室
139 法律官员的任务变得更加复杂了。他们只有在《垄断法》赋予他们的权力范围内才有义务授予专利权，也就是说，专利只授给新产品。他们发现越来越难以确定提交给他们的申请书是否真的是一种新的方法或机制。他们要求提供说明书细节的目的，不是要将申请书置于他们认真且专业的监督下；他们继续像以前一样进行登记。这个想法是把负担从他们自己转移到其他利益相关方（Macleod，1988）。在某些情况下，这也意味着国家不再是随后可能发生的诉讼的当事方。这一转变的一个重要含义是，发明人财产权的定义是事后作出的，而不是事先确定的。皇家官员和法院都没有向发明人提供关于提交这些说明书的具体规则。发明者可能会在实验、规格、专利、生产和营销方面投入大量资金后，却要面对一场使他们的专利无效的法院诉讼。

专利法的问题比单纯的说明书问题更广泛、更严重。这是因为整个工业革命期间，发明中知识产权的法定基础是一个古老的条款，即1624年《垄断法》中的第6条。其余则必须由不能做太多法律解释的法官来制定：1750—1769年，他们只审理了一宗案件；1770—1799年，则审理了21宗个案（Dutton，1984：69-85）。因为法官不同于立法者，他们不能制定自己的议程，他们依赖于纳入

法庭所需审理的案件。在这种情况下，每年审理的案件不到一宗，其中许多案件是根据证据或次要的法律问题作出裁决的。对此，我们应该补充这样一个事实，即在这一法律领域制定详细规则是非常复杂的，由于法官必须处理律师们不熟悉的技术问题，所以他们不能运用从其他法律领域借来的法律理论，而且创新的性质正在迅速改变。

迟至 1795 年，瓦特（Watt）自己写了一个说明，列出了“对专利的疑惑与质疑”，这是专利法未决状态的一种表现。瓦特名单上的八个质疑可以分为四个主要问题：什么情况下可以获得专利？说明书中应该包含什么内容？新旧专利之间的关系是什么？何种对垄断权利的运用将会被视为非法？直到 19 世纪，随着诉讼的增多和一系列议会委员会的形成，1852 年《专利法修正案》（Patent Law Amendment Act）颁布，此后更详细和完善的规则才开始出现。

英国制度提供的是事前激励，有时只是部分地在事后得以实现 140
（Mokyr，1990：247–252）。有些专利被法院宣布无效，而其他一些专利并没有得到严格执行。侵权是相当普遍的。虽然发明者并不总是从他们的垄断权利中获得他们最初期望得到的所有利润，但这些激励措施足以让发明者继续经营下去，并且做得很好。当它导致不合意的结果，或者当发明者的游说活动足够强大时，国家会站出来处理专利体系。当国家对一项发明有强烈或象征性的兴趣时，就像水钟（water chronometer）的例子一样（可根据该仪器计算出准确的海上经度，以利于海军和商船），国家就会为了增加激励而提前提供一项特别奖励。

1852 年的《专利法修正案》使得这一申请过程得到了规范和流程优化，并且成立了一个记录和专员办公室（A Record and Commissioner’s Office），人们可以方便地向其提交申请，并且可以由专利权人和制造商查阅现有的专利记录。各种相关成本也得以降低。专利将适用于整个英国。但是，这种专利申请未经实质审查，并须接受日后的法庭复核，但基本的登记模式得到保留。

根据1791年和1844年的法律，现代法国专利制度是在法国大革命之后建立的。专利人通过一个简单的登记系统提出申请。与英国的利阿德特要求不同，法国对创新性质没有任何规范要求。即使被警告该专利可能在法律上无效，申请人仍可继续获得该专利。专利的有效性在受到质疑时是事后确定的，而不是在注册时事先确定的。从这个意义上讲，法国的制度与英国的制度相似。

美国专利法沿着不同的方向发展，产生了一种独特的审查模式。宪法赋予国会权力，“通过保证作者和发明者在有限的时间内获得对他们各自的著作和发现的专属权利，从而促进科学和有用的艺术的进步”。这一联邦专利法防止了各州之间的管辖权竞争，确保了统一性，并为发明者提供了更大市场中的垄断权利。这种审查制度于1790年建立，当时由国务卿托马斯·杰斐逊（Thomas Jefferson）、总检察长和战争部长（secretary of war）组成的一个专责委员会对申请进行审查。3年后，由于这项工作耗费时间，对专利有效性的审查被委托给地区法院。这就创造了一个登记系统，在其
141 中注册专利，除非有人提出异议。如有异议，则由法院决定是否维持或废除该专利。1836年的《专利法》对该制度进行了改革，并且成立了专利办公室（Bracha，2005；Khan，2005）。该机构雇用了经过培训的技术合格雇员，他们被授权对申请进行审查。因与先前专利发生冲突而被拒绝申请的发明者可以向联邦法院请求复审专利局的决定。最终的上诉权是向美国最高法院提出的。审查制度增加了专利价值的确定性（Khan，1995；Lamoreaux and Sokoloff,

2001）。美国的登记费大大低于英国和欧洲大陆的水平。专利信息是公开且可访问的。由于专利权利的确定性，允许转让专利和发放许可证，而且容易操作。

1877 年，德国通过了统一的《帝国专利法》（Imperial Patent Act）。该法令建立了一个集中式的管理机构，为原始发明授予联邦专利。该系统由专利委员会（Patent Commissioners）的专家进行审核。专利登记是公开的，可能会遭到受影响者的反对。专利被授予第一申请人，而不是“第一和真正的发明人”（Seckelman，2002）。1891 年之后，一种平行和较弱的专利保护版本可以通过一种经由注册系统批准的实用新型（有时被称为小专利）获得。专利保护适用于那些可以用只略有新颖性的图纸或模型所代表的发明，并且期限为三年（可以续展一次，总使用期限是六年）。德国的模式与早期的美国模式非常相似，只是作为一种筛选机制征收了相当高的费用。

1850—1875 年，关于这两种专利制度模式的可取性的争论在欧洲正处于高潮。经济学家们认为，任何这样的制度所授予的垄断都与自由和竞争经济的原则相矛盾。在英国，1872 年的时候起草了一项旨在削弱这种垄断的法案，但该法案最终失败了。在德国，对专利的反对将立法推迟了几年。在瑞士，1887 年首次进行了有关专利的立法，此前的提案被立法机关和公民投票否决了。在荷兰，1869 年废除了现行专利法，1910 年才颁布了新的专利法（Machlup and Penrose，1950）。值得注意的是，在第二次工业革命发明产生的高峰时期，现代资本主义的法律基石之一遭到了猛烈的攻击。但是，它最终幸存了下来。

美国基于审查的专利法比以注册和诉讼为基础的英国法律， 142
在激励技术创新方面更为有效（Khan，2008；Khan and Sokoloff，

1997）。在美国，1790—1842 年间通过了 8 项联邦专利法，而在英格兰，1624 年之后通过的第一项法案是 1852 年的法案。因此，美国专利法鼓励了更多样化的社会群体和更广泛行业中的更高水平的发明活动。衡量发明活动及其对经济增长的影响是一件棘手的事。在这里所讨论的时间范围内，英国似乎在发明和增长方面做得很好，我们还不清楚美国是否做得更好。此外，一部能够更好地界定和更严格地保护产权的专利法可能会产生社会成本。它可以为发明者提供更多的激励，但也会减慢扩散速度，并以牺牲制造商和消费者的利益来增加发明者的垄断租金。值得注意的是，一些重大发明未被注册为专利，或在有争议时被法院撤销，而有些专利则得到成功保护或延长期限，因此申请更加有限。许多当代欧洲人羡慕英国的发明精神及其专利制度。

公司

早期常见的公司成立方法是根据特定的目的和特定的条件，因申请而授予的个别许可。新兴的民族国家最终以牺牲地方和宗教实体的利益为代价，篡夺了公司的专属特权。各个国家在审议申请的时候，行使了充分的自由裁量权，并且利用这一自由裁量权来促进其政策实施并增加它们的收入，以作为法人成立的回报。这种方法与当代授予专利的方法非常相似。

据诺思、沃利斯和温加斯特（North，Wallis，and Weingast，2009）的研究，普通公司是从限制准入（limited access）向开放准入社会转型的一个重要的组成部分。这一转型的构成元素在 19 世纪中期左右迅速而一致地在资本主义国家发生了。在过去几十年中，申请成立公司的数量急剧增加，并扩大到海外贸易以外的部门。许多新兴行业当中的企业家和企业，包括运输、公用事业、金

融，以及较小程度上的制造业，都在寻求成立公司。自由市场意识
形态、由于申请而不堪重负、缺乏一个明确的成立公司的政策以及
利益集团的游说结合在一起，驱动英国在 1844 年成为第一个采用
普通公司形式的国家。其基本原则是用一种由投资者行使权力的方 143
式取代政府官员行使的自由裁量权（Harris，2000）。1844 年的新
公司法规定，通过向公司注册处（Companies Registrar）进行登记，
在提交和披露可能向潜在股票购买者提供的法律和财务信息文件的
条件下可以设立公司。英国模式很快得到了法国（1867 年）、德意
志帝国（1871 年）和美国的效仿。在美国，这一过程是渐进的，因
为成立公司是属于州而不是联邦的管辖领域，并且经历了两个阶
段：第一个阶段是为一些部门或者所有部门制定普通公司法律，第
二个阶段是禁止（州宪法）通过特许制设立公司。到 1870 年，美
国的大多数州都采用了普通公司法，并且禁止了特许制。向普通公
司的转变是在一个相当统一的模式上进行的。[5]

伊斯特布鲁克和菲谢尔（Easterbrook and Fischel，1985），以及其他学者认为有限责任制是，被动的投资者愿意投资于上市公司股权，使其投资多样化，以及发展股票市场的必要前提。汉斯曼、克拉克曼和斯奎尔（Hansmann，Kraakman，and Squire，2006）把以有限责任和实体保护（entity shielding）为形式的资产分割，视为一种通过降低监控和信息成本，降低代理成本，并最终降低信贷成本来提高效率的手段。然而，一般有限责任的引入甚至要比普通公司晚一些。在特许令状的时代，公司承担了一定程度的有限责任。但是，它的内容并不总是清晰或统一的，同时也并不是每个公司都被授予了有限责任。普通有限责任是于 1855—1856 年引入英国的。但是，银行和保险受到不同责任安排的制约。巨大的未动用资本余额是比较常见的，这就允许公司在破产时向股东发出清偿要

求。在美国，信托基金原则直到19世纪90年代才消亡了。在一些大陆法管辖区，特别是德国，最低资本和最低股本要求相对较高，迫使股东承担了重大资本风险。董事和高级职员可能会因公司债务而承担个人责任。在美国的大多数州，直到20世纪末，法律还规定股东承担双重甚至三倍的债务责任。在加利福尼亚，按比例计算的无限责任直到1931年才被废除。没有一般有限责任，
144 资本主义也会兴起和发展。一般有限责任只是到了20世纪才成为规范。

防止偷窃和规避责任的外部投资者法律保护的演变，是这些投资者愿意将其资金作为股票或信贷置于经理或控股股东的控制之下的一个基本先决条件。在引入一般公司和有限责任（这在某种意义上限制了投资者的风险，但在另一种意义上增加了风险）之后，随着股份有限责任公众公司的形式被日益广泛使用，投资者的保护成为核心问题。LLSV（La Porta et al.，1998）表明，保护投资者的法律规则在不同法律传统或法律渊源上有系统性的差异。英美法的基本原则究竟如何更有利于投资者的保护，以及这种保护是什么时候和为什么发展起来的，这些都是用它们的方法无法解决的问题。有一些人则认为，不同的投资者保护机制至少部分是针对不同的治理结构发展而来的：英国和美国采用的是广泛分散的所有权，法国和德国则采用的是支配性的家族或银行。不管是出于什么原因，一旦建立了不同的治理结构，法律得到了有效的调整，就能够用来解决每一种治理结构所产生的不同的代理问题（经理和股东或多数与少数群体）。反过来，路径依赖导致了某些系统锁定于代理问题的次优水平之上，而这些系统不一定是源于法国或德国传统（Roe and Bebchuk，1999）。

在英美传统中，向企业家提供企业组织形式的可选菜单范围

很狭窄，只包括公司和一般的合伙关系。在欧洲大陆，选择余地要宽得多。自 17 世纪以来，有限合伙制就是可选项之一。在法国，1807 年的《商法典》（Code de Commerce）也引入了股份两合（commandités par action）的形式，即具有可交易股份的有限合伙制。其他欧洲国家效仿法国，也引入了股份合伙关系。德国在 1892 年最先引入了私营公司制度，即 GmbH，这使得比标准的公开招股公司更符合中小型企业需要的组织形式得到了应用。1925 年，法国推出了一种类似的形式，即有限责任公司（Société à responsabilité limitée，SARL）。在 1907 年，英国法律首次对公开招股公司和私营公司进行了区分，对私营公司的披露规定了较低要求，以换取对股东数量和可转让股票的限制。美国是个例外，在 145
19 世纪 80 年代一些州试图引入合伙企业，这种有点类似于私营公司形式的尝试失败后，它被放弃了大约一个世纪之久（Guinnane et al.，2007）。直到 20 世纪 70 年代末，它才重新作为有限责任公司（Limited Liability Company，LLC）得以再次引入。就组织形式的选项范围而言，法国和德国似乎为公司提供了更多的选择，而美国则提供了最有限的选择。[6] 但就经济表现而言，这种选择是不是一种优势，目前尚不清楚。

结论

到目前为止，我们已经看到，在发达资本主义经济体中，法律制度在市场扩大、土地商品化、技术创新爆发和大企业资本积累之前或与其同步得到了发展。在一些领域，主要经济体在类似的制度上趋同；在某些领域，按照法律传统发展了不同的体制模式；而在某些领域，各国围绕着不同法律传统的不同模式聚集在一起。

法律创新的传播

欧洲的法律通过几种途径向全球传播：通过移民；通过建立帝国和殖民管理；通过非正式的帝国主义、政治压力和自愿进口；通过发展国际组织和各种条约。欧洲法律的传播方式影响到如何看待、实施和有效地强迫执行该法律，以及它在多大程度上适应了本地法律的其他组成部分，并最终促进了各个司法管辖区的经济发展。

一般来说，大陆法传统比普通法传统更适合于传播法律制度，因为自罗马帝国时代以来，这一传统就具有扩张主义和普遍主义的倾向。这种最初适用于一个城镇的法律，扩展到与一个帝国关联在一起。最初适用于罗马公民的法律可以适用于帝国的所有臣民。同样地，中世纪欧洲普通法（jus commune）的三个组成部分在整个欧洲得到传播：教会法、大学的罗马法，以及适用于港口和集市上的商业往来而制定的商法。随着伊比利亚人征服了美洲，大陆法
146 在欧洲以外得到扩展。同时，几个世纪以来，普通法就是英国的法律，紧紧地与英国王室、宪法和盎格鲁－撒克逊传统习俗联系在一起。另一个具有较强技术性的原因是大陆法更适合向外输出。将一部法律汇编成册，比法官根据口头传统制定的法律更容易传播，而且只要以书面形式记录下来，就分散在只有经过培训的大律师才能查阅的数十份案件报告中。但是，尽管在倾向和技术上存在差异，但这两种传统都在欧洲以外传播。资本主义形式的欧洲法律通过两个渠道得以传播：第一，在各个帝国内部；第二，在跨国和国际水平上。

在帝国内部的扩张

欧洲法律的扩张始于这些帝国自身的扩张。[7] 西班牙人把他们

的法律传到美洲。[8] 英国法律则是由殖民者和东印度公司的官员带到了北美洲（Hulsebosch，2005；Stern，2011）。这种扩张在第一次世界大战前夕达到了顶峰。[9] 本章将通过大英帝国这一主要例子来展示这种扩张，大英帝国在其鼎盛时期控制着世界人口的五分之一和地球总面积的四分之一。

英国法律，以其 19 世纪和 20 世纪早期的资本主义形式，通过帝国治理的三个分支机构所使用的一些立法工具在整个帝国传播开来：殖民政府、英国议会和殖民部（Colonial Office）。整个帝国的殖民地立法者往往是致力于英国法律和协调的英国官员。他们有权在其殖民地内进行立法。位于威斯敏斯特的议会也是一个帝国议会，可以通过直接适用于殖民地的法律。殖民部也是一个举足轻重的角色。由约翰·里斯利（John Risley）于 1911—1931 年领导的殖民部法律部门的主要任务之一，就是促进这些法律的协调一致。关
于商法的统一，殖民部具有双重能力。它指导和监督殖民地地方当 147
局的立法。此外，它还起草了枢密院的命令，这些条例一旦获得枢密院的批准，并通过正式但名义上的程序获得皇室的同意，就直接在有关殖民地适用，作为其当地法律的一部分。需要协调是因为，显然各殖民地被殖民前的法律彼此之间有很大的不同，往往不适合资本主义经济的发展，而且殖民地官员在当地采取的主动行动妨碍了法律的协调一致。不统一的法律阻碍了帝国内部市场之间的商品和资本流动，而且与外国和帝国进行贸易相比，减少了帝国内部贸易的优势。殖民部受贸易委员会的启发，期望殖民地颁布与英国模式密切相关的商业立法，并可根据对该模式的修改加以更新。商法的主题是欢迎从英国进口商品，并在整个帝国保持一致。此外，以英国为基础的商法一般不与当地传统冲突，因为它不是针对普通民众，而是针对商业精英和外国投资者。

同时，文化、习俗和宗教领域的统一性被认为是应该避免的。在某些法律领域，例如家庭法，有人就认为英国法律不符合当地宗教或传统，从而不应该移植过来。关于其他领域，有人认为英国法律对殖民地来说太先进了。至于其他一些领域，例如著名的刑法领域，以及例如边沁式的普通法法典编纂等这些新的法律技术，官员们希望把殖民地作为一个实验室进行法律改革，然后将其应用到帝国的核心区域。但是，这些实验的结果，以及它们与欧洲文明国家的关系存在争议，因而在殖民地进行了首次试验的法律很少反过来在其母国得到应用。

然而，问题不仅存在于帝国对英国法律有需求的法律领域。在供给方面的合同法、物权法、可转让票据法和合伙法（1890 年以前）等领域，英国法律完全是由法官制定的，不能轻易打包并输入到殖民地。但在其他一些更为近期的、由 19 世纪中期的议会法案或立法改革所创造的法律领域，殖民部没有必要根据英国普通法编写法典或法律汇编。新的且相对完备的法律已经存在，而且是现成可用的。

跨国和国际水平上的扩张

148 跨国法律的概念对欧洲人来说并不陌生。古典时期的罗马法和 1500 年左右包括罗马法、教会法和商人法的欧洲大陆普通法，在超出了它们发源地意大利以外的广大领土上都是统一的。然而，民族国家的兴起，以及与之相伴的国内法和国家法典的兴起，不仅导致了法律上的分歧，也导致了对普遍法律的敌视。启蒙形式的自然法学派和大革命后的《拿破仑法典》，使得法律统一得以复兴。这些法典由法国军队传播到了欧洲各地。在一些地方，如德国，这些法典随着法国人的撤退而被推翻，但在其他地方，法典则被保留下来。当新独立的拉丁美洲国家在 19 世纪 20 年代和 30 年代寻求非西班牙法律时，它们转向法国并采用了法国民法典。当奥斯曼帝国在 19 世纪 70 年代及之后希望对其法律进行现代化的时候，同样也这样做了。

到 19 世纪 60 年代，一个旨在促进法律统一的新运动出现了。这场运动的主要参与者不是政府官员，而是法律学者和执业律师。比较立法协会（Society for Comparative Legislation，1869）和国际法协会（International Law Association，1873），以及比较法和国际法期刊的创立，表明人们重新开始渴望普遍或至少更为统一的法律。下一个实际措施是召开会议、成立工作委员会和起草公约（通常只要求各国政府在这个阶段加入进来）。在第一次世界大战之前，主要在三个一般法律领域开展了协调行动：国际交易，包括支付方式，如可转让票据；国际海上、陆地（火车）和空运运输；知识产权。战后，协调努力逐渐从私人领域转向新成立的国际组织。虽然根据由四十四个国家签署的《凡尔赛条约》，国际联盟（League of Nations，1919）成立，但它并不具有协调和普及法律的明确权力，不过它已经接近并成为国际组织形成的基础，而这些国际组织离实现这一目标更近了一步。[10] 国际劳工组织（International Labor Organization，ILO）成立于 1926 年，是国际联盟的辅助机构，其 149
目的是促进劳工立法。国际统一私法协会（International Institute for the Unification of Private Law，UNIDROIT）在同一年成立。它的公开目标是："研究如何协调及调和国家和国家集团的私法，并逐步为各国采用统一的私法规则做准备。"[11] 更具体地说，它的目的是拟订法律和公约草案，以形成统一的国内法；解决私法领域的法律冲突；研究和比较私法；组织会议和出版该领域的著作；以及在这一领域继续进行原有的活动。其活动主要涉及货物销售、运输、仲裁和流通票据的法律。

第二次世界大战后，在联合国的成立、冷战和以牺牲欧洲为代价的美国崛起的背景下，一些存在于19世纪和战争期间的机构变得不那么重要了，一些与联合国有联系或以政府间协定为基础的新机构，如国际货币基金组织（International Monetary Fund）、世界银行、联合国国际贸易法委员会（United Nations Commission on International Trade Law，UNCITRAL）和世界贸易组织（WTO）成立了。在某种程度上，这些机构的议程包括传播作为市场基础设施的法律和促进经济增长。战后时期和这些组织及其法律活动超出了本章讨论的范围。[12]

另一个帮助促进法律协调的重要机构是欧洲联盟（European Union，EU），其重点是促进普通法与大陆传统的融合。欧盟宣称，统一法律是其目的和政策目标之一。1973年，随着英国和爱尔兰加入欧共体，统一这两种欧洲法律传统的任务成为议程的一部分。促进欧洲法律一体化的最重要因素是欧洲法院（European Court of Justice，ECJ），该法院利用《罗马条约》（Treaty of Rome）第234条这一初步裁决程序，使民法程序和普通法程序日益趋同。[13]

150 法律在国际和跨国层面的传播受到若干因素的抑制。在法律层面上，来自英美法系、德国法和法国法等不同传统的学者未能对统一法的模式达成一致。法国的法学更加偏向普遍主义，它支持统一项目。直到20世纪末，德国才把自己的法律注意力投入到它自己的统一和国家编纂工程中。英国并不认为它的普通法适用于每一个文明社会，而是把注意力集中在帝国内部的协调上。在政治上，随着对非洲的争夺、军备竞赛以及导致第一次世界大战爆发的外交行动，对全球化命运的乐观情绪消失了。1917年以后，苏俄不再支持以资本主义模式为基础的法律协调，而是以传播社会主义法律模式为目标。在 20 世纪 20 年代短暂的复兴之后，到了 20 世纪 30 年代，法律协调又开始走下坡路了。

面对社会主义的退却与再扩张

在成为社会主义国家以前，俄国和东欧的法律制度直接和间接地受到罗马－日耳曼法（以罗马法为基础的拜占庭法）的影响（David and Brierley，1978：148-152）。

马克思主义意识形态是建立在这样一种思想之上的：（任何形式的）法律都是一种社会基础和上层建筑模式中的上层建筑，是统治阶级、地主贵族或资产阶级手中的一种工具，他们利用它来强化和合法化他们的阶级压迫（David and Brierley，1978；Pashukanis，1978）。在革命后向共产主义的过渡中，法律应该支持废除私有财产，推行一种更加平等的社会秩序，并且提倡社会主义意识形态。一个终极的社会主义社会不应该以法律为基础，而是要以无产阶级一致而和谐的协议为基础。

在经典的比较法著作中，例如戴维（David）和布赖尔利（Brierley）的《当今世界的主要法律制度》（*Major Legal Systems in the World Today*，第一版和第二版分别出版于 1968 年和 1978 年），以及茨威格特（Zweigert）和克茨（Kotz）的《比较法学导论》（*An Introduction to Comparative Law*，第一版和第二版分别出版于 1977 年和 1987 年）当中提到，社会主义法律体系无论从哪一点来看都是一个法系，与西方两大法系，即英美法系和大陆法系具有同等地位（Zweigert and Kotz，1977：xii；Zweigert and Kotz，1987：xi；Zweigert and Kotz，1998）。然而，在 1998 年出版的茨威格特和克 151
茨著作的第三版中，社会主义法系被排除在外了。社会主义法律制度大多被重新归类为罗马－日耳曼大陆法系。[14]

1917 年革命后，社会主义法律在苏俄开始发展。社会主义法律制度应该是对资本主义、资产阶级、帝国主义和剥削社会所认同的普通法和民法传统的一种回应。苏俄的实际现实使得有必要建立一个处理日常问题的法律制度（De Cruz，1999：184–185）。

社会主义法律在苏联形成之时就在其内部扩散开来。自 1945 年以来，随着苏联统治地位向东欧的扩张，它逐渐蔓延，1949 年传播到了中国、朝鲜、越南、古巴和冷战期间转向社会主义的其他国家。[15] 共产国际（The Communist International，1919—1943）和经济互助委员会（Council for Mutual Economic Assistance，1949—1991）是全球社会主义法律自愿扩张的促进者（Zweigert and Kotz，1987：312–317）。

从 20 世纪 60 年代中期开始，东欧一些国家的法律发生了变化，受到了德国民法典和非社会主义模式的广泛影响而强调民事立法（Ajani，1995：99–102）。1989 年，苏联的法律开始脱离社会主义，转而支持一种更资本主义的法律。在这一背景下，苏联为法律向资本主义过渡的内生性反应提供了一个具有启发性的例子。例如，俄罗斯公司法的变化，是根据俄罗斯从苏联的衰落到其解体之后这一时期不断变化的经济需求而发生的。俄罗斯公司法的起源可以追溯到 1988 年的《国有企业法》（The Law of State
152 Enterprise），它是旨在支持由行政控制向更大的企业自治转变的开始。20 世纪 90 年代以来，俄罗斯公司法发生了许多变化，以适应私有化和经济中市场导向的变化。其目的是使俄罗斯公司更有效率、更适合并向全球市场开放（Grey and Hendley，1995：21–26）。

最后，俄罗斯和东欧的法律，最初以有利于资本主义的大陆民法为基础。在 1917—1949 年，面对社会主义的政治、经济和法律秩序，这种资本主义化的法律退却了。但是，从 1989 年开始，资本主义法律又重新扩展到这些法律体系中，并重新将它们与民法传统联系起来。

合同法的传播

法国合同法体现了一致同意和自由的市场理论，以及法国大革命的思想，作为民法典的一部分被拿破仑的军队带到西欧和中欧的其他国家。它被逐字逐句地翻译成西班牙语，并被新独立的拉丁美洲国家采纳。它是由法国殖民地行政官员在非洲和东南亚实施的。

英国的普通合同法无法做到如此迅速地输出。在英国移民的殖民地，它是由殖民者携带而来的，但经过了逐步调整的过程，这是由于沟通水平、法律专门知识以及当地条件所致（Ross，2008；Nelson，1975）。例如在加拿大，契约自由作为英国 19 世纪中叶普通法的基石，被引入判例法，而不是立法当中。它是由法学家通过几个进口渠道输入的。许多法官和法律学者是在英国接受的教育。加拿大对英国合同法进行了专题论述。加拿大法官援引了英国的案例。来自加拿大的上诉由伦敦枢密院司法委员会做出裁决，其决定是在加拿大具有约束力的判例。通过所有这些渠道输入的最终结果 153
就是，到 20 世纪早期，加拿大的合同法，包括它的契约自由导向，都类似于英国的合同法。[16]

虽然通过各种渠道输入判例法很适合例如加拿大等殖民地社会，但英国为其最大的殖民地——印度这一皇冠上的宝石，特别进行了合同法的编纂工作。这部印度法典是一部混合法律，它结合了英国法律、印度教教法、伊斯兰教法，以及一些有意识而起草的规则（Pollock and Mulla，1972：1–2）。其中有一些是英国为了将来在帝国核心区域可能会用到而进行的实验室实验。在其他一些殖民地，如巴勒斯坦，英国人毫不费力地实施了他们的合同法（Harris et al.，2002；Shachar，1995：1–10）。

土地登记处的扩展

土地登记处提供了一种有趣而复杂的扩张模式。欧洲大陆出现了德国和法国这两种模式。英国人在引入土地登记处方面是后来者。然而，大英帝国正在迅速扩大，英国殖民者移居到北美洲、澳大利亚和南非的新殖民地，新殖民地数量不断增加。对于新殖民地而言，它们是采用中世纪的、现在过时的英国模式来定义土地所有权，还是采用新的大陆模式呢？

1857—1858 年在南澳大利亚州引入，后来又扩展到澳大利亚其他地区和英国的托伦斯土地登记制度（Torrens system of land registration）的起源，多年来一直是争论的主题。有些学者认为，
154 托伦斯土地登记制度完全是一个土生土长的南澳大利亚州人的发明，是 R. R. 托伦斯爵士在没有来自外界的任何帮助的情况下发展而来的。另一些人则主张 1854 年的《英国商船法》（English Merchant Shipping Act）对其有影响。还有一些人则声称，托伦斯得到了乌尔里希·胡贝（Ulrich Hübbe）博士，一位来自汉堡，并于 1842 年移居南澳大利亚州的德国律师的重要帮助。这位律师写了一本于 1857 年在澳大利亚出版的书，并根据汉堡法律系统提倡进行土地流转制度的改革。1858 年，托伦斯在起草他的制度草案时咨询了乌尔里希·胡贝博士的意见。有人声称，自 17 世纪发展起来，到 19 世纪中叶仍然发挥作用的汉堡系统法律的主要特点，都存在于南澳大利亚州的体系中。有时，这种相似之处是十分明显

的，例如在这个例子当中，在登记簿、公共地图、使用预定模式进行交易和抵押方面就是如此。此外，登记册的终结性原则（the principle of conclusiveness）是该制度的关键，1854 年的《英国商船法》中也不存在这一原则，但该原则在南澳大利亚州被采用了，因为它存在于汉堡法律系统当中（Esposito，2003）。

南澳大利亚州是第一个建立土地所有权登记制度的普通法管辖区域。托伦斯土地登记制度在那里的成功与整个 19 世纪英国土地所有权制度改革的失败形成鲜明对比，尽管英国的土地所有权制度改革有一系列的委员会、各种委员，并撰写了大量报告。托伦斯土地登记制度于 1861 年在昆士兰被采用，1862 年在塔斯马尼亚、维多利亚和新南威尔士被采用，1874 年在西澳大利亚被采用。1870 年，新西兰废除了 1860 年根据英国皇家委员会于 1857 年通过的《土地登记法》（Land Registry Act），取而代之的是一个以托伦斯土地登记制度为蓝本的土地转让法（Simpson，1976）。[17]

到目前为止，澳大利亚对加拿大法律最著名的贡献就是托伦斯土地登记制度（Finn，2002）。温哥华岛（1862 年）和不列颠哥伦比亚省（1866 年，1870 年）土地登记的起源存在争议，它们可能是托伦斯土地登记制度和在母国没有得到实施的英国提案的混合体。直到几十年以后，要求采用真正的托伦斯土地登记制度的压力才变得足够大，足以产生立法行动。第一个真正采用托伦斯土地登记制度的省份是曼尼托巴省（1885 年），其次是新不伦瑞克省、萨斯喀彻温省、阿尔伯塔省和西北领地（Hogg，1920：14）。到 1920 年，在整个大英帝国，一共有不少于 28 个不同的土地登记制度。155
其中有一些，尽管绝对不是全部，采用了托伦斯土地登记制度的某种变化形式。[18]

土地登记的例子是有教育意义的。一部通过更好地界定产权来促进资本主义经济的法律，并没有从一个帝国的中心区域（英国）传播到它的外围地域。在英国，主要问题是解决长期拥有财产的纠纷。殖民地的需要与欧洲国家不同，前者主要是调查土地和记录对殖民者的初步分配，以便建立一个权利基准或有意义的财产转让数据库。这些问题的解决办法是在殖民地（比如澳大利亚）根据本地殖民者的需要设计的，并受到较不发达的资本主义制度（比如德国）的一些影响。然后，这种情况从一个外围国家（比如澳大利亚）蔓延到另一个外围国家（比如加拿大）。殖民地作为中心国家（比如英国）的实验室，中心国家（英国）之后才引入了自己的土地登记制度。

欧洲土地登记制度向拉丁美洲的传播是欧洲法律更加普遍扩张的一部分。德国、法国和西班牙的法规和规章，对 1928 年的《墨西哥联邦和地区民法典》（Mexican Civil Code for the Federal District and Territories）最具有影响力。墨西哥的土地登记制度是一种典型的拉丁美洲制度，它建立在殖民时期和独立后的西班牙登记制度基础上。和西班牙一样，这是一个权利和交易的混合体系。一方面，它类似于法国或声明制度，承认在登记处以外的原始当事人之间设定的物权。因此，不动产可以在不需要登记的情况下出售、转让或抵押。另一方面，它的意图是在所有权上的缺陷未在登记处明显出现的情况下，遵循德国制度以保护第三方的权利。然而，与德国和西班牙法律不同的是，墨西哥法律没有赋予登记官员任何重要的估值权力（Kozolchyk，1970）。

但是，更有趣的是，拉丁美洲土地登记制度在法律文书中体现的正式登记体系与非正式的实践做法之间的差距越来越大。根据德索托的研究，这种正式和非正式制度之间日益扩大的差距，在秘鲁而不是在墨西哥得到了最好的记录。但是，秘鲁的经验被认为是拉丁美洲的典型。在 20 世纪早期，正式成立的企业开始在利马周围建造居民区，它们没有获得许可，没有按照法律要求完成公共工程，也没有提供服务。最初，这些居民区是为中产阶级修建的，但 156
后来大多是为了底层居民建造的。市政当局试图通过颁布法令，禁止在各种手续完成前购买土地、开始建造和出售公寓以解决这一问题。但是，在 20 世纪 20—50 年代，国家逐渐放弃了之前的做法，开始默示和非正式地承认这些社区建立的现实。到 20 世纪 60 年代，立法上的认可开始了。出现了另一种产权制度，土地登记处没有记载这些权利，但提供了一定程度的保护，以防止对同一土地的进一步侵犯，并提供了根据非正式权利获得信贷的能力、出售土地的能力，以及从城市服务中获益的能力。这种非正式的土地制度与正式的土地登记机构没有任何关系，而且在经济上远远不是最优的（De Soto，1989：17-57）。土地登记等欧洲资本主义机构在正式法律层面上蔓延到拉丁美洲，然而这显然并不意味着它们在拉丁美洲的作用与在西班牙、法国或德国相同。[19]

专利法的传播

专利法反映了另一种模式。这一领域的决定性特点是，领先国家的技术创新者希望在全球范围内实施这一做法，以保护其发明和获取垄断租金。实现专利法普遍化的尝试发生在英国内部和国际上，并取得了 1883 年签订的《巴黎公约》等成果。该公约要求专利申请数量迅速增长的签署国，在外国国民申请专利时能够得到与当地人平等的对待。它没有采纳美国提出的互惠原则，即允许发明者根据本国法律在东道国注册和执行专利。

在版权法领域，英国的法律制度逐渐扩展到整个帝国。《安妮法》（Statute of Anne）自 1710 年颁布以来，一直是国家保护作者著作权的基础，它在 1814 年进行了改革，后来逐渐转变为“帝国法”，大英帝国在整个范围内对这种权利进行保护。1842 年，《文
157 学版权法》（Literary Copyright Act）为英国出版的书籍提供了其在帝国大部分地区的保护。但英国并没有为殖民地出版的书籍提供保护。1862 年的《艺术版权法》（Fine Arts Copyright Act）并没有在殖民地保护英国的艺术作品，但确实在殖民地保护了该殖民地自身创作的作品。1886 年的《国际版权法》（International Copyright Act）为英国殖民地的书籍和艺术作品提供了保护（在两个条件下）。英国法律适用范围扩大的最终结果是，在殖民地创作的书籍和艺术在英国受到保护，而在英国创作的书籍则在整个帝国受到保护，但是在英国创作的美术作品在帝国范围内没有得到保护。最终，在 1911 年，伦敦议会行使其权力为整个帝国制定法律，并通过了《帝国版权法》(Imperial Copyright Act)。这一法案为在整个帝国的任何领地、殖民地或保护国出版的作品提供了对等的保护。整个 19 世纪下半叶在帝国中浮现的文学和艺术作品权利的一般概念，最终在第一次世界大战前夕得到统一应用。

同时，专利法的适用并不统一。1852 年的专利法仅适用于英国，允许在英格兰、苏格兰和爱尔兰进行单一专利注册，但在发明者希望受到保护的每一个殖民地要单独注册。人们对基于版权法模式的帝国专利法进行了讨论，但该法律从未被通过。澳大利亚对一种帝国法思想的反应，很好地证明了没有为整个帝国推广单一法律的原因。直到 19 世纪中叶，专利在澳大利亚并不是问题。人们只是提出了少数专利权请求，有些是通过私人票据提供了担保，其他的申请在此过程中被忽视了。1852 年的《英国专利法》（British Patent Act）颁布后，殖民部向殖民地分发了一份备忘录。在提请它们注意最近的英国法案之后，考察了当地专利法

和每一个殖民地的英国专利证明文件。殖民部继续表示，也许应该为帝国建立一个单一的专利法体系，将英国法律扩展到包括殖民地在内。澳大利亚的当地殖民地官员很快做出反应，声称他们无意给予英国发明家特权，对于殖民地而言英国强加的成本太高了，而且也应该考虑借鉴美国专利法律的模式。一些省份最终抢先颁布了地方专利法（Finn，2000）。在接下来的 30 年里，伦敦方面一再提出了《帝国专利法》的问题，但一再遭到澳大利亚的拒绝。

在澳大利亚和加拿大，存在一种从私人和专门授予的垄断专利 158
向授予专利的一般制度的转变过程，这是殖民地对 1852 年《英国专利法》的调整，允许在当地进行专利审查。显然，一旦有可能，申请专利的人数就会显著增加。是什么促使了当地法规制度的建立呢？这种立法似乎有两种截然不同的动机。第一种仅仅是因为受到了本地发明者要求简化程序和降低专利申请成本的压力。第二种是殖民地对统一的帝国专利制度的抵制（Finn，2000）。

专利法在大英帝国内部传播的同时，法律也在国际上得到了传播。1873 年，一群专门从事专利活动的律师在维也纳世界博览会（Vienna World Fair）上召开会议，决定在国际层面上统一专利法，并发起了“专利法统一”运动。在 1878 年的巴黎世界博览会（Paris World Fair）上，这个项目再次进行并得到推进，成立了一个委员会，该委员会于 1879 年向各国政府提交了初步草案的文本。1880 年，该委员会在巴黎召开了一次国际会议，1883 年的第二次国际会议通过了《巴黎公约》。另一个私人团体，即国际文学和艺术协会，发起了知识产权法统一运动。该协会成立于 1878 年，于 1882 年在罗马以及次年在伯尔尼召开的大会上，起草了一份公约，并且在 1886 年由瑞士政府召开的一次国际会议上得到了批准，该公约从而成为《保护文学和艺术作品伯尔尼公约》（Berne Convention on the Protection of Literary and Artistic Works，简称《伯尔尼公约》）。在随后的几年里，还起草了关于商标、图案和设计的公约。《伯尔尼公约》和《巴黎公约》没有主张建立全球统一的知识产权法。它们瞄准的是一个更为适度的目标：国民和外国人的平等待遇；为每个国家的作者和发明人提供最低限度的保护；以及协调专利登记体系。《巴黎公约》最初是由西欧、中欧和拉丁美洲的 11 个国家签署。英美法系国家逐渐加入：英国（1884 年）；美国（1887 年）；加拿大（1923 年）；澳大利亚（1925 年）；新西兰（1931 年）。日本于 1871 年颁布了一项短命的专利法，并于 1885 年在法国和美国的影响下重新制定了一项法案，最后在 1899 年颁布了符合《巴黎公约》的另一项法案，并于当年加入了该公约（Oda，1992）。因此，日本是欧洲专利法通过国际协调而不是殖民
159 主义在欧洲以外传播的最好例子。中国是一个反例。清政府不愿对这一统一运动作出反应。有关技术的第一条律令，即《振兴工艺给奖章程》（Reward Regulations on the Development of Technology）于 1898 年颁布，但从未生效。当时没有发明的概念，也没有审查的过程，不会鼓励整个社会使用发明和创造。在国民党政府时期，颁布了一些专利法，但这些法律在范围和适用性方面都很有限。直到 1944 年，才引入了一个更广泛的改革，允许外国人在中国申请专利。随着 1949 年新中国的成立，这项法律失效了。中国直到 1985 年才加入《巴黎公约》（Yang，2003）。第一次世界大战后，该公约扩大到北非、中东和东欧的一些国家。[20]

公司法的传播

如上文和本卷书其他地方所示，公司法的发展使欧洲和北美

的公司得以发展，这些公司对这些地区的资本主义发展有着无可置疑的影响（琼斯，本卷第 6 章）。然而，在全球范围内推广公司法的压力比专利法的压力小。欠发达国家及以家庭和社会网络组织商业的国家对其没有迫切的需要。西方资本家可以在其本国组织他们自己的公司，甚至在本国殖民地或海外其他地方，也可以根据本国法律开展业务。因此，国际公约或帝国立法没有产生任何重大的压力。但是，与其他协调项目相比，大英帝国公司法的协调似乎更容易实现。协调公司法的议题已列入 1907 年和 1911 年帝国会议的议程，而帝国会议是伦敦和殖民地（主要是白人殖民者）官员的会议场所。对于这两个会议，贸易委员会编写了一份比较调查，即“大英帝国的公司法”。这些调查确定了特别是这些领土和英国之间的相似性和差异性，以作为进一步协调讨论的基础。这个统一项目得到了法律界和学术界的支持；例如，英国比较立法协会及其《比较法学会杂志》(*Journal of the Society of Comparative Legislation*，1896 年创刊)。该杂志每年发表一次对帝国内许多司法管辖区以及国外几个法律体系的立法调查。当地的官员可以从杂志上了解整个帝国 160
的趋势，并发表他们在这方面取得的成果。

尽管法学家和政界人士认为公司法具有制度支持和重要性，但事实上，整个大英帝国的公司法都是由各种制度拼凑而成的。有些殖民地，如直布罗陀，根本没有公司立法。还有一些司法管辖区，如马耳他、塞舌尔和塞浦路斯，普通法没有生效，也并没有试图制定基于英国模式的公司立法。在这些区域，现行公司法是以奥斯曼帝国或法国模式为基础的。在许多殖民地，公司法是以英国法律的某种版本为基础的。在有些情况下，是基于 1862 年的法律（澳大利亚殖民地和加拿大的一些省份），在其他地区是基于 1908 年的法律（加拿大其他省份、南非、印度、尼日利亚等），还有的地区是基于 1929 年的法律（巴勒斯坦）。这是通过将法案照搬到殖民地条例中，或根据当地情况作出一些调整来实现的。殖民地条例的修正案是基于对英国立法的修正。在其他殖民地，英国立法是通过单一条款输入的。例如在塞拉利昂，当地法规引进了“在当地法规开始生效的同时在英国生效”的公司法。在马尔维纳斯群岛，引进的是“所有的法律、规则和暂时生效的法规”。这为引进创造了一个开放的渠道。以英国法令为基础，并作了一些调整的印度公司法，反过来被伊拉克、北婆罗洲、东非和乌干达的殖民地完全引入了。

在大英帝国之外，日本是一个有趣的例子。在明治维新期间，它起草了一部受到德国影响的商业法典，并于 1899 年颁布，其中就包括关于公司法的一些章节。这项法律直到第二次世界大战结束都有效。在美国占领日本的那段时间，盟军最高统帅决心改变日本的金融和商业结构。作为新政所引发的一项更广泛的法律改革的一部分，1947 年的《伊利诺伊州商业公司法》（Illinois Business Corporation Act）成为 1950 年新的《日本商业法典》（Japanese Commercial Code）的基础。于是，日本最初采用了一种德国式的资本主义公司法模式，基于此在 20 世纪上半叶取得了巨大的飞跃，然后转向美国模式，并凭此在 20 世纪后半叶实现了又一次经济飞跃。但有趣的是，尽管在 1950 年，日本的法律与伊利诺伊州法案，以及与同年根据伊利诺伊州法案起草的《美国标准商业公司法案》
161 （American Model Business Corporation Act）非常相似，但在随后的几十年中，日本公司法与美国公司法发生了背离。韦斯特（West）对这一分化的解释是，日本和美国实行了不同的变革机制。尽管有全球化，以及金融和商品市场一体化，不同的应对不断变化的现实的能力、不同的利益集团政治以及不同的外部冲击导致分化日益扩大（West，2001）。由于类似于德国的控股股东或连锁集团模式的法律，日本的公司治理没有发生戏剧性的转变，成为类似于在美国最常见的、广泛分散的所有权形式。智利提供了一种类似的模式。1854 年，它借用了法国和受法国启发的西班牙的商业法典。该法典允许国家对公司事务进行重大干预。仅在 1981 年，在皮诺切特（Pinochet）将军当权期间，智利大量借鉴美国模式对其公司法进行了重大修改（Pistor et al.，2002）。

中国代表着另一种转变。直到 19 世纪末，以家庭或宗族形式经营的私营企业在中国一直是企业制度的主导形式。晚清的改革是政府在面对西方和日本的优势地位，为了满足民众对变革和现代化的需求，在维持保守君主制的政治现状的同时，采取的一种温和的法律、制度和教育改革的尝试。1904 年的《公司律》（Companies Act）作为这场改革的一部分，建立在日本法律的基础上，反过来又受到当时的德国法律和英国公司法的影响，但是一种更为简化的形式（Goetzmann and Koll，2005：149–184）。这一清朝公司法在民国时期一直有效。在新中国成立之后，1904 年这部促进私有制公司发展的法案被废除了。新的社会主义立法对企业的大规模国有化起到了补充作用，同时把这些国有企业吸收进入国家的管理机构。从 1984 年开始，国有企业逐步与行政分开，被认定为法人，自负盈亏，享有管理自主权。1993 年的《公司法》是自 1949 年新中国成立以来，第一部重要的公司立法。这是一项授权的立法，它 162
规范了国有企业，以及国有控股公司和上市公司的组建。

有趣的是，LLSV 的法律和金融文献并没有处理这种多样性。它们根据 20 世纪 90 年代中期各国公司法的状况，对每个国家的股东和债权人的质量进行了编码。他们根据自己所认为的公司法渊源，将这些法律体系分为具有不同法律渊源的法系。[21] 起源复杂的国家，即使在某一时刻是大英帝国的一部分（如马耳他、塞舌尔和塞浦路斯），似乎也被排除在样本之外。他们忽视了各国引入公司法的模式。移植效应——公司法是自愿引入还是强制实施——后来由博科维茨等人（Berkowitz，Pistor，and Richard，2003）证明会带来差异。他们也忽视了从欧洲输入的法律的确切内容的问题。如我们在上文所述，从英国、法国或德国输入的公司法的内容和轨迹有很大差异。它们的方法论不能解释日本、智利这类国家的情况，这些国家在很长一段时间内，都受到了源自资本主义世界不同法律传统的公司法的影响。这些差异似乎只在部分意义上与移植的方式一致，同时也受到时机、利益集团游说、行政性因素、个人问题和意外事件的影响。

结　论

所有上面四个经过研究的法律领域在 19 世纪都经历了一次转型。但是这种转型并不统一，也没有收敛到单一模式。此外，在所有领域，都没有就最优规则（first best rules）和制度达成共识。在合同法中，契约自由的概念在英美法系和大陆法系管辖范围内都有出现。但它的外在表现不同：前者体现在法院案例中，而后者体现在民事法典中。此外，这一理念在合同法中并没有长期占据主导地位。最终，更多的干预主义或集体主义思想取代了它。在土地登记制度中，在资本主义经济体中出现和流行过两种不同的记录交易和
163 记录权利的模式，但它们并不是沿着不同法律传统产生的。在专利法中，事前审查和事后诉讼发展起来。这两种模式与法律渊源还是不相关。此外，人们还认真考虑过废除整个系统。关于公司法，欧洲大陆和英美地区的发展都是以成文法为基础的。一般说来，所有资本主义制度都收敛到以一般公司、有限责任、股份制、委托管理

和可转让股份为模式。差异相对较小。私营公司按顺序分别成为德国、英国和法国的可选菜单，但又一次不是基于法律传统。最终，在 20 世纪，美国和英国的治理结构转向广泛分散的所有制，而在法国和德国，控股股东占据上风。关于是否正在发生趋同，以及这些模型中是否有一种更有效的争论仍在激烈进行。

法律在欧洲以外的传播并没有加强普通法与民法的分化。上面的几个例子说明了这一点。托伦斯的土地登记制度就是这样一个例子，它说明德国也可能会影响大英帝国的一部分。以欧洲－西班牙为基础的土地登记制度得不到实施，以及非正式制度的兴起，是单一法律传统中出现分歧的另一个原因。当地对强制实施符合英国实业家利益的统一帝国专利法的反对，是分化动态趋势的另一个例子。《巴黎公约》是另一个跨法律传统力量发挥作用的例子，但在这种情况下，它导致了协调一致而不是混合。

一方面，对这四个法律领域的研究，不能使我们对法律与经济发展之间的因果关系得出明确的结论。最近由 LLSV 和 AJR 进行的综合计量研究，无疑是在理清因果关系问题上的一个突破。但另一方面，对这四个法律领域的详细研究为以下观点提供了重要的支持：直到 20 世纪，与经济增长领域最相关的法律并没有收敛到一个单一的、高效率的资本主义模式。因此，这项研究倾向于在最近关于收敛与分化的争论中坚持认为法律分歧应该持续存在。它支持在古老而仍然活跃的辩论中那些认为法律发展不仅是对外界要求作出的反应，而且是对某些内部自主动态作出反应的工具的观点。我们可以得出结论，虽然法律造成了一些惰性和僵化，但这些内在的动态变化在很大程度上与古老的法律渊源无关。需要更多的研究来解释哪些法律制度和规则体现出对经济增长速度的影响。我们可以 164
得出结论，法律对资本主义的崛起发挥着重要的作用，并促进了资本主义的发展，但我们仍然不知道它在多大程度上是重要的。我们现在对于这两种欧洲法律传统在资本主义的兴起和传播中如何和为什么发挥了重要作用有了更好的理解。但我们仍然面对着更多的问题而不是答案。

注 释

[1] 但也可以参考对这一论点的批评：Munro（2003：505-562）；Sussman and Yafeh（2006）；以及 Coffman，Leonard and Neal（in press）。

[2] 与经济绩效相关的法律领域绝不仅限于这四个领域。人们可以将其他法律领域包含在这个清单中，例如：宪法、破产法、侵权法、银行法、汇票法。即使在这四个领域之内，人们也可以研究与这里的分析所不同的学说，例如征用权法，而不是土地登记制度；合同的强制执行，而不是设计合同的自由；或者是债务融资而非公司股权融资。我在此处做出的选择是基于篇幅的限制和个人偏好。在这里，我只举两个没有在上文出现的领域中最有趣的例子，研究的也是法律传统和经济表现之间的关系：破产（Sgard，2006）；以及公司债务融资（Musacchio，2008）。

[3] 《法国民法典》（The French Civil Code）第 1108-1122 条。可在以下网址查阅：www.napoleon-series.org/research/government/code/book3/c_title03.html#section6a。

[4] 本节对英国的讨论遵循了哈里斯（Harris，2004）的分析。

[5] 有关美国公司发展历史的进一步资料，参考阿塔克，第一卷第 17 章。

[6] 关于公司形式的运用，特别是公司集团的形成的进一步讨论，可以参考莫克和杨贤的本卷第 7 章。

[7] 关于在欧洲帝国主义和大英帝国更广泛的背景下，强调帝国中心与殖民地之间的关系，可以参考奥斯汀的本卷第 10 章。

[8] 关于欧洲法律帝国扩张的一般情况，参考 Whitman（2009），Benton（2002，2010）。关于西班牙法律和法国法律在其帝国中的扩张，参考 Lobingier（1932：153-161，170-181）。特别是西班牙法律扩展到拉丁美洲的情况，参考 Mirow（2004：11-18）。关于美洲的欧洲帝国奴隶制度的形成，参考 Tomlins（2009：389-422）。

[9] 应该注意的是，就像它们是向殖民地传播法律的渠道一样，这些帝国也是向殖民地传播经济政策的渠道。参考奥罗克和威廉姆森的本卷第 1 章。

[10] 联盟公约第 23 条还包括以下目标：尊重国际盟约；维持人道的劳动条件；执行关于贩卖妇女和儿童，以及贩卖鸦片和其他危险药物的协定；保持通信自由和过境自由，并公平对待联盟所有成员的商业活动。

[11] 国际统一私法协会的章程可以从以下链接得到：www.unidroit.org/mm/statute-e.pdf。

[12] 主要的资本主义国家是推动这些组织的力量，它们启动了有利于全球化的政策，为国际和全球市场创造了基础设施，并促进了经济增长（奥罗克和威廉姆森，本卷第 1 章）。

[13] 关于欧盟对协调一致的巨大影响的更多信息，可以参考 Gierczyk（2005-2006：154-160）；Curran（2001：65-69）；Heb（2002）。

[14] 关于法系分类方法的演变和法系分类上的差异的更多信息，参考 Pargendler（2012：1043-1074）。

[15] 关于新中国的成立和新民主主义革命的胜利，以及毛泽东领导下的中国法律实践的更多信息，参考 Chen（2008：44-50）。

[16] 大干线铁路公司诉沃格尔（Grand Trunk Railway Co. v. Vogel，Ⅱ S.C.R. 612，1886）；萨斯喀彻温合作小麦生产者有限公司诉朱诺万斯基（Saskatchewan Co-operative Wheat Producers Ltd. v. Zurowski，2 W.W.R. 604，1926）；特拉克曼（Trakman，1985：666-674）。

[17] 巴布亚和斐济是采用托伦斯土地登记制度的另外两个司法管辖区。参考 Hogg（1920：8-10）。

[18] 在大英帝国内部的下列司法管辖区也采用了托伦斯土地登记制度：牙买加、特立尼达和多巴哥、东非、乌干达和苏丹（Hogg，1920：5，17-18）。

[19] 欧洲资本主义制度和支撑它们的欧洲法律也通过法国和大英帝国传播到非洲（Joireman，2001：576-581）。除了在中东也占主导地位的伊斯兰法律，中东的法律和制度受到三个统治性帝国的影响：奥斯曼帝国、法国和大英帝国（Mallat，2007；Hill，1977-1978：284-297）。

[20] WIPO 网站：www.wipo.int/treaties/en/ip/paris。

[21] LLSV 将下列区域列为普通法国家和地区：澳大利亚；加拿大；中国香港；印度；爱尔兰；以色列；肯尼亚；马来西亚；新西兰；尼日利亚；巴基斯坦；新加坡；南非；斯里兰卡；泰国；英国；美国；津巴布韦。

参考文献

Acemoglu, D., S. Johnson, and J. A. Robinson (2001). "The Colonial Origins of Comparative Development: An Empirical Investigation," *American Economic Review* 91: 1369-1401.

Acemoglu, D. and J. A. Robinson (2012). *Why Nations Fail: The Origins of Power, Prosperity, and Poverty*. New York: Crown Publishers.

Adams, J. N. and G. Averley (1986). " The Patent Specification, the Role of Liardet v Johnson," *The Journal of Legal History* 7: 156–77.

Ajani, G. (1995). " By Chance and Prestige Legal Transplants in Russia and Eastern Europe," *The American Journal of Comparative Law* 43: 93–117.

Arruñada, B. (2012). *Institutional Foundations of Impersonal Exchange: The Theory and Policy of Contractual Registries*. University of Chicago Press.

Arruñada, B. and N. Garoupa (2005). " The Choice of Titling System in Land," *Journal of Law and Economics* 48(2): 709–727.

Atiyah, P. S. (1979). *The Rise and Fall of Freedom of Contract*. Oxford University Press.

Baker, J. H. (2002). *An Introduction to English Legal History*, 4th edn. Oxford University Press.

Benton, L. (2002). *Law and Colonial Cultures: Legal Regimes in World History, 1400–1900*. Cambridge University Press.

(2010). *A Search for Sovereignty: Law and Geography in European Empires, 1400–1900*. Cambridge University Press.

Berkowitz, D., K. Pistor, and J. Richard (2003). " The Transplant Effect," *The American Journal of Comparative Law* 51(1): 163–203.

Bracha, O. (2005). *Owning Ideas: A History of Anglo-American Intellectual Property, S.J.D. Dissertation*. Harvard Law School.

Chen, J. (2008). *Chinese Law: Context and Transformation*. Leiden and Boston: Martinus Nijhoff Publishers.

Coffman, D., A. Leonard, and L. Neal. (eds.) (2013). *Questioning Credible Commitment: Perspectives on the Rise of Financial Capitalism*. Cambridge University Press.

Curran, V. G. (2001). " Romantic Common Law, Enlightened Civil Law: Legal Uniformity and the Homogenization of the European Union," *Columbia Journal of European Law* 7: 63–138.

Dam, K. W. (2006). *The Law-Growth Nexus: The Rule of Law and Economic Development*. Washington, DC: Brookings Institution Press.

David, R. and J. E. C. Brierley (1978). *Major Legal Systems in the World Today*, 2nd edn. London: Stevens & Sons.

De Cruz, P. (1999). *Comparative Law in a Changing World*, 2nd edn. London: Cavendish Publishing Limited.

De Soto, H. (1989). *The Other Path*. New York: Basic Books.

Dicey, A. V. (1905). *Lectures on the Relation between Law and Public Opinion in England during the Nineteenth Century*. London: Macmillan and Co.

Dutton, H. I. (1984). *The Patent System and Inventive Activity during the Industrial*

Revolution, 1750–1852. Manchester University Press.

Easterbrook, F. H. and D. R. Fischel (1985). " Limited Liability and the Corporation, " *University of Chicago Law Review* 52: 89–117.

Engerman, S. L., P. T. Hoffman, J. Rosenthal, and K. L. Sokoloff (2003). " Financial Intermediaries in Europe," in S. L. Engerman, P. T. Hoffman, J. Rosenthal, and K. L. Sokoloff (eds.), *Finance, Intermediaries, and Economic Development*. Cambridge University Press.

Esposito, A. (2003). " A Comparison of the Australian (' Torrens ') System of Land Registration of 1858 and the Law of Hamburg in the 1850's, " *Australian Journal of Legal History* 7: 193–229.

Finn, J. (2000). " Particularism Versus Uniformity: Factors Shaping the Development of Australasian Intellectual Property Law in the Nineteenth Century," *Australian Journal of Legal History* 6: 113–133.

(2002). " Australasian Law and Canadian Statutes in the Nineteenth Century: A Study of the Movement of Colonial Legislation between Jurisdictions, " *The Dalhousie Law Journal* 25: 169–214.

Fried, B. (1998). *The Progressive Assault on Laissez Faire: Robert Hale and the First Law and Economics Movement*. Cambridge, MA: Harvard University Press.

Gierczyk, Y. N. (2005–2006). " The Evolution of the European Legal System: The European Court of Justice's Role in the Harmonization of Laws, " *ILSA Journal of International & Comparative Law* 12: 153–182.

Goetzmann, W. N. and E. Koll (2005). " The History of Corporate Ownership in China: State Patronage, Company Legislation, and the Issue of Control, " in R. K. Morck (ed.), *A History of Corporate Governance around the World: Family Business Groups to Professional Managers*. University of Chicago Press.

Gordley, J. (1993). *The Philosophical Origins of Modern Contract Doctrine*. Oxford University Press.

Grey, C. W. and K. Hendley (1995). *Developing Commercial Law in Transition Economies: Examples from Hungary and Russia*. The World Bank, Policy Research Department.

Guinnane, T. W., R. Harris, N. Lamoreaux, and J. -L. Rosenthal (2007). " Putting the Corporation in its Place," *Enterprise and Society* 8: 687–729.

Hansmann, H., R. Kraakman, and R. Squire (2006). " Law and the Rise of the Firm, " *Harvard Law Review* 119: 1333–1403. Available at: http://papers.ssrn.com/sol3/papers.cfm?abstract_id=873507.

Harris, R. (2000). *Industrializing English Law: Entrepreneurship and Business Organization, 1720–1844*. Cambridge University Press.

(2003). " The Encounters of Economic History and Legal History," *Law and History Review* 1(2): 297–346.

(2004). " Government and the Economy, 1688–1850, " in R. Floud and P. Johnson (eds.), *The Cambridge Economic History of Britain since 1700*. Cambridge University Press.

Harris, R., A. Kedar, P. Lahav, and A. Likhovski (2002). *The History of Law in a Multicultural Society: Israel 1917–1967*.Dartmouth: Ashgate.

Heb, B. (2002). " The Integrating Effect of European Civil Procedure Law, " *European Journal of Law Reform* 4(3): 3–18.

Hill, E. (1977). " Comparative and Historical Study of Modern Middle Eastern Law," *The American Journal of Comparative Law* 26: 279–304.

Hofman, P. T., G. Postel-Vinay, and J. Rosenthal (2000). *Priceless Markets: The Political Economy of Credit in Paris, 1660–1870*. University of Chicago Press.

Hogg, J. E. (1920). *Registration of Title to Land throughout the Empire*. Toronto: The Carswell Company.

Horwitz, M. J. (1977). *The Transformation of American Law, 1780–1860*. Cambridge, MA: Harvard University Press.

Hovenkamp, H. (1990). " The First Great Law and Economics Movement," *Stanford Law Review* 42: 993–1058.

Hulsebosch, D. (2005). *Constituting Empire: New York and the Transformation of Constitutionalism in the Atlantic World, 1664–1830*. Chapel Hill: University of North Carolina Press.

Ibbetson, D. J. (1999). *Historical Introduction to the Law of Obligations*. Oxford University Press.

John, M. (1989). *Politics and the Law in Late Nineteenth-Century Germany: The Origins of the Civil Code* (Oxford Historical Monographs). Oxford University Press.

Joireman, S. F. (2001). " Inherited Legal Systems and Effective Rule of Law: Africa and the Colonial Legacy," *The Journal of Modern African Studies* 39: 576–596.

Khan, B. Z. (1995). " Property Rights and Patent Litigation in Early Nineteenth-Century America," *Journal of Economic History* 55: 58–97.

(2005). *The Democratization of Invention: Patents and Copyrights in American Economic Development, 1790–1920*. Cambridge University Press.

(2008). " An Economic History of Patent Institutions, " in R. Whaples (ed.), *EH.Net Encyclopedia*. http://eh.net/encyclopedia/article/khan.patents.

Khan, B. Z. and K. L. Sokoloff. (1997). " Two Paths to Industrial Development and Technological Change, " in M. Berg and K. Bruland (eds.), *Technological Revolutions in Europe, 1760–1860*. London: Edward Elgar.

Kozolchyk, B. (1970). " The Mexican Land Registry: A Critical Evaluation, " *Arizona Law Review* 12: 265–389.

La Porta, R. L., F. Lopez-De-Silanes, A. Shleifer, and R. W. Vishny (1997). " Legal Determinants of External Finance," *Journal of Finance* 52: 1131–1150.

(1998). "Law and Finance," *Journal of Political Economy* 106: 1113–1155.

Lamoreaux, N. R. and K. L. Sokoloff (2001). " Market Trade in Patents and the Rise of a Class of Specialized Inventors in the Nineteenth-Century United States," *American Economic Review* 91: 39–44.

Likhovski, A. (1999). " Protestantism and Radical Reform of English Law: A Variation on a Theme by Weber," *Law and Society Review* 33: 365–391.

Lobingier, C. S. (1932). " Modern Expansion of the Roman Law, " *University of Cincinnati Law Review* 6: 153–161 (Spain), 170–181 (France).

Machlup, F. and E. Penrose (1950). " The Patent Controversy in the Nineteenth Century," *Journal of Economic History* 10(1): 1–29.

Macleod, C. (1988). *Inventing the Industrial Revolution: The English Patent System 1660–1800*. Cambridge University Press.

Maitland, F. W. (1909). *The Forms of Action at Common Law*. Cambridge University Press.

Mallat, C. (2007). *Introduction to Middle Eastern Law*. Oxford University Press.

Milhaupt, J. and K. Pistor (2008). *Law & Capitalism: What Corporate Crises Reveal about Legal Systems and Economic Development around the World*. University of Chicago Press.

Mirow, M. C. (2004). *Latin American Law: A History of Private Law and Institutions in Spanish America*. University of Texas Press.

Mokyr, J. (1990). *The Lever of Riches: Technological Creativity and Economic Progress*. London and New York: Oxford University Press.

Munro, J. (2003). " The Medieval Origins of the Financial Revolution: Usury, Rentes, and Negotiability," *International History Review* 25(3): 505–562.

Musacchio, A. (2008). " Can Civil Law Countries Get Good Institutions? Lessons from the History of Creditor Rights and Bond Markets in Brazil," *The Journal of Economic History* 68(1): 80–108.

Nelson, W. (1975). *Americanization of the Common Law: The Impact of Legal Change on Massachusetts Society, 1760–1830*. Cambridge, MA: Harvard University Press.

North, D. C. (1990). *Institutions, Institutional Change and Economic Performance*. Cambridge University Press.

North, D. C. and R. P. Thomas. (1973). *The Rise of the Western World: A New Economic*

History. Cambridge University Press.

North, D. C., J. J. Wallis, and B. Weingast (2009). *Violence and Social Order: A Conceptual Framework for Interpreting Recorded Human History*. Cambridge University Press.

North, D. C. and B. R. Weingast. (1989). " Constitutions and Commitment: The Evolution of Institutions Governing Public Choice in Seventeenth-Century England, " *The Journal of Economic History* 49: 803–832.

Oda, H. (1992). *Japanese Law*. London: Butterworths.

Offer, A. (1981). *Property and Politics 1870–1914: Landownership, Law, Ideology and Urban Development in England*. Cambridge University Press.

Pargendler, M. (2012). " The Rise and Decline of Legal Families," *The American Journal of Comparative Law* 60: 1043–74.

Pashukanis, E. B. (1978). *Law and Marxism: A General Theory*. London: Transaction Publishers.

Pearson, H. (1997). *Origins of Law and Economics: The Economist's New Science of Law*. Cambridge University Press.

Pistor, K., Y. Keinan, J. Kleinheisterkamp, and M. D. West (2002). " The Evolution of Corporate Law: A Cross Country Comparison, " *University of Pennsylvania Journal of International Economic Law* 23: 791–871.

Pollock, F. and D. F. Mulla (1972). *The Indian Contract and Specific Relief Act*, 9th edn. Bombay: N.M Tripathi Private Ltd.

Posner, R. (1986). *Economic Analysis of Law*, 3rd edn. New York: Little, Brown and Company.

(2002). *Economic Analysis of Law*. New York: Aspen Law & Business.

Roe, M. J. and L. A. Bebchuk (1999). " A Theory of Path Dependence in Corporate Ownership and Governance," *Stanford Law Review* 52: 127-170.

Ross, R. (2008). " Legal Communications and Imperial Governance: British North America and Spanish America Compared, " in C. L. Tomlins and M. G. Cambridge (eds.), *History of Law in America*. Cambridge University Press, pp. 104-143.

Schipani, C. A. and J. Liu (2002). " Corporate Governance in China: Then and Now, " *Columbia Business Law Review* 2002: 1–69.

Seckelman, M. (2002). " Industrial Engineering and the Struggle for the Protection of Patents in Germany, 1856–1877," *Quaderns d'història de l'ingenierìa* 5: 234–240.

Sgard, J. (2006). " Do Legal Origins Matter? The Case of Bankruptcy Laws in Europe 1808–1914," *European Review of Economic History* 10(3): 389–419.

Shachar, Y. (1995). " History and Sources of Israel Law," in A. Shapira and K. DeWitt-

Arar (eds.), *Introduction to the Law of Israel*. The Hague: Kluwer Law International.

Simpson, S. R. (1976). *Land Law and Registration*. Cambridge University Press.

Stern, P. J. (2011). *The Company-State: Corporate Sovereignty and the Early Modern Foundations of the British Empire in India*. Oxford University Press.

Sussman, N. and Y. Yafeh (2006). " Institutional Reforms, Financial Development and Sovereign Debt: Britain 1690–1790," *Journal of Economic History* 66(4): 906–935.

Tomlins, C. L. (2009). " Transplants and Timing: Passages in the Creation of an Anglo-American Law of Slavery," *Theoretical Inquiries in Law* 10(2): 389–422.

Trakman, L. E. (1985). " Contract and Commercial Law Scholarship in Common Law Canada," *Osgoode Hall Law Journal* 43: 663–680.

Trubek, D. M. (1972). " Max Weber on Law and the Rise of Capitalism," *Wisconsin Law Review* 3: 720–753.

Trubek, D. M. and A. Santos (2006). *The New Law and Economic Development: A Critical Appraisal*. Cambridge University Press.

Weber, M. (1968). *Economy and Society*. New York: Bedminster Press Incorporated.

West, M. D. (2001). " The Puzzling Divergence of Corporate Law: Evidence and Explanations from Japan and the United States," *University of Pennsylvania Law Review* 150: 528–601.

Whitman, J. Q. (2009). " Western Legal Imperialism: Thinking about the Deep Historical Roots," *Theoretical Inquiries in Law* 10: 305–332.

Yang, D. (2003). " The Development of Intellectual Property in China, " *World Patent Information* 25: 131–142.

Zhang, M. (2000). " Freedom of Contract with Chinese Legal Characteristics: A Closer Look at China's New Contract Law," *Temple International and Comparative Law Journal* 14: 237–262.

Zweigert, K. and H. Kotz (1977). *An Introduction to Comparative Law.* New York: North-Holland Publishing Company.

(1987). *An Introduction to Comparative Law*, 2nd edn. Oxford University Press and Germany: J.C.B, Mohr.

(1998). *An Introduction to Comparative Law*, 3rd edition. Oxford University Press and Tübingen: J.C.B. Mohr.

第

6

章

企业与全球资本主义

杰弗里·琼斯

169 本章考察了自1848年以来，商业企业在全球资本主义传播中的作用。从19世纪中叶以来，企业一直是跨国经营的最强大的机构，可能的一个例外是罗马天主教会。跨国企业在广义上被定义为在不止一个国家拥有和控制资产的公司，一直是全球化浪潮特征的贸易流动的主要驱动因素。在19世纪后半叶，它们是世界各地自然资源开发和利用的主要推动者。大型垂直一体化公司控制着许多商品的价值链。它们的特点是具有很高水平的企业内部贸易，或者虽然贸易跨越了国界，但贸易是在同一公司的附属公司之间流动，就像石油公司钻出石油，沿着管道和使用船舶运输，把它精炼成不同的产品，并把它卖给最终的消费者。随着20世纪末全球化再次增强，这种现在集中在制造业的企业内部贸易，是世界贸易体系中的主导角色。尽管许多国家的全球贸易数据参差不齐，但据了解，在2009年，企业内部贸易占美国制成品进口的48%，大约占美国制成品出口的30%。公司内部贸易在汽车、医药和运输设备行业中所占的份额特别高（Lanz and Miroudot，2011）。

跨国公司不仅是贸易流动的创造者和驱动力，它们以许多其他方式影响了资本主义的传播。正如最常被用作衡量其规模的量化指标——外商直接投资（foreign direct investment，FDI）——所表明的那样，它们跨越国界转移资本，尽管这一功能往往不如表面看上去那么重要，因为企业往往倾向于在当地筹集资金，并将利润转回子公司。更重要的是，随着跨国公司建立工厂和分销网络、挖掘矿山和开垦种植园，它们传递了技术和知识，以及它们内 170
在拥有的管理和组织能力。这些能力反过来又嵌入到文化价值体系中。正如批评家所抱怨的，以及学者们所断言的那样，可口可乐汽水不仅仅是一种消费产品，在某种意义上，它是美国价值观的象征（Giebelhaus，1994；Kuisel，1991）。

跨国公司在资本主义传播中的相对重要性受到全球化浪潮的严重影响，而全球化浪潮是近 200 年来的根本特征（Bordo，Taylor，and Williamson，2003）。外商直接投资在第一次世界大战前的巨额资本流动中占很大比例（詹姆斯，本卷第 9 章）。到 1913 年，全世界外商直接投资估计相当于世界产出的 9%，后来这一比率急剧下降，直到 1990 年底才重新回到这一水平（见表 6－1）。

表 6－1　1913—2010 年世界外商直接投资占世界产出的百分比（%）

1913 年	1960 年	1980 年	1990 年	2010 年
9.0	4.4	4.8	9.6	30.3

资料来源：联合国贸易和发展会议（UNCTAD，1994，1997，1999，2011）。

因此，企业的跨国战略在全球资本主义的传播过程中扮演着重要的角色。然而，历史记录表明，这一作用并不是线性的。而且，考虑到跨国公司可以影响各国的多种方式，其作用也不是单一维度的。以下四个部分按时间顺序回顾了自 1848 年以来，跨国公司在不同时代中的这种角色。最后一节是结论。

商业企业与全球化：1848—1914 年

从 19 世纪中期开始，数以万计的公司（其中大部分都位于经历了工业革命的西方国家）跨越边境在国外建立了业务。在这一时期，这些公司推动了贸易流动的迅速增长。拉丁美洲和亚洲作为东道国经济体特别重要，吸引了全世界外商直接投资总量的一半以上。大约有一半的世界 FDI 进入了自然资源领域，另有三分之一投资于服务业，特别是金融、保险、商品运输和食品业（Dunning and Lundan，2008；Jones，2005a；Wilkins，1970）。

171 企业全球化发展的关键在于 19 世纪，有时甚至是更早建立的正式和非正式制度——尤其是西方帝国主义在亚洲和非洲大部分地区的扩张、执行合同和私人财产权的国际法律制度和法律规范的传播（哈里斯，本卷第 5 章）、各种贸易条约，以及主要是对于西方企业而言降低了在国外做生意的风险的国际金本位制度的推行（Lipson，1985；Magee and Thompson，2010）。然而，企业的国际增长并不容易，也不是自动的。虽然创业机会很大，同时伦敦和其他地方的大型全球资本市场的发展也提高了企业获得资本的机会，但管理执行仍然是一项艰巨的任务。建立能够跨国界运作的组织结构具有极大的挑战性。需要不断地对组织设计进行实验，同时随着企业学会了如何跨距离管理，可能存在不断的失败，以及适应与本国不同的市场和要素条件。

新兴石油工业的发展提供了一个具有挑战性的例子。从 19 世纪末期开始，随着燃油开始被用作煤炭的替代品，新生的汽车产业催生了一个全新的需求，全世界对石油产品的需求量开始急剧上升。然而，创建一个石油企业涉及政治、技术、运输和市场挑战。在美国境外，企业必须与当地政府谈判以达成让步。当勘探技术还很原始，对地质学家的使用还处于起步阶段的时候，企业即使获得了特许权，找到石油也是很困难的。如果找到石油，必须在石油淹没邻近土地之前对油井封顶。然后需要对石油进行运输。这意味着修建管道和铁路、港口和航运码头、炼油设施和储存罐。在美国以外的地方，石油往往储藏于恶劣的地理环境中，以及在具有不稳定或脆弱政权的国家，如墨西哥和伊朗。这样，1914 年以前的石油工业对进入这一行业的公司提出了严峻的挑战（Bud-Frierman，Godley，and Wale，2010；Ferrier，1982；Jones，1981；Jonker and Zanden，2007）。

少数公司生存了足够长的时间，通过创造贸易流量、建立营销渠道、建设基础设施和创造市场，建立了有活力的国际企业，推动了全球化。到 1914 年，世界上大部分矿产资源的生产或销售都由美国和欧洲公司控制。外国公司也主导了可再生资源的生产和销售，包括橡胶、热带水果和茶叶。一些初级商品的世界贸易 172
有很大一部分是在公司内部完成的。这些公司创造的商品链是世界经济一体化进程中的基本主体（Topik，Marichal，and Frank，2006）。

全球经济的大部分基础设施——电报、港口、铁路、电力和天然气公用事业——都是由国际商业企业建立起来的（Ahvenainen，2004；Connolly，1999；Geyikdagi，2011；Hausman，Hertner，and Wilkins，2008；Hills，2002；McDowall，1988）。国际航运公司承载着全世界的海洋贸易，并运送着数百万人（Harlaftis，1993；Harlaftis and Theokokas，2004；Munro，2003）。就像在美国的早期一样，交通运输的改善扩大和深化了新兴的国内市场，因此，这些对国际运输和通信的投资促进了全球市场的出现（阿塔克，第一卷第 17 章）。尽管政府作为建造港口和运营公用事业所需特许权的提供者，以及远洋航运公司邮递契约（mail contracts）的提供者，但是在美国的发展进程中，政府并不是那么突出的主体（Munro，2003）。

跨国公司不仅最先建立了全球化经济的硬件运输设施，而且促进了新的运输线路上的贸易流动。这些贸易公司既推进和创造了发达国家和发展中国家之间的贸易流动，也经常投资于种植园和开发矿产，以及矿物加工和商品生产（Jones，1998，2000；Jonker and Sluyterman，2000）。欧洲的海外银行在整个南半球和亚洲建立了广泛的分行网络，并为工业制成品兑换农产品提供了资金（Jones，1990，1993）。在东亚，日本的贸易公司和航运公司从 19 世纪后期开始投资中国和其他邻国，促进了 1914 年之前区域一体化的快速发展（Kuwahara，1990；Sugihara，2005）。

在这个全球化快速发展的时代，数百家制造公司也在跨越国界转移产品和品牌方面发挥了重要作用。第一批进行跨国制造的例子包括 19 世纪 30 年代瑞士的小型棉纺企业（Schröter，1993a）。这一现象从 19 世纪中期开始加强了。19 世纪末开始的保护主义的蔓延刺激了跨国制造业。企业能够通过在本地建立生产设施“跳过”阻碍其出口的关税壁垒。这一战略在化学品、机械和品牌消费品等行业十分突出。由于为复杂技术和品牌产品编制合同十分复杂，诸如许可和特许经营等替代性策略都是不受欢迎的（Nicholas，1983）。

173 不同国家的公司向海外投资的倾向各不相同。1914 年，仅英国一国就占全世界外商直接投资的近一半，而美国和德国则各占 14%。来自欧洲的一些小国，特别是荷兰、瑞典和瑞士的公司，在国际上也非常活跃（Schröter，1993b）。国籍也会影响企业的区位选择。企业往往通过在地理或文化上接近的地区或在殖民地进行投资来降低风险。由于美国的市场规模和丰富的自然资源，它是很重要的东道国经济体（Wilkins，1989）。

表 6－2 用 FDI 流入的绝对存量作为测度，提供了一段时间以来以外商直接投资流入量计算的经济体排名。它揭示了随着时间推移的重大历史变化。在第二次世界大战之前，大部分 FDI 投入到了自然资源和相关服务业当中，这通过最近殖民的国家和贫穷外围国家中的初级产品生产者得到反映。资源丰富的英国殖民地和受保护国，如印度、埃及和马来亚也在这方面表现突出。制造业外较小金 174
额的 FDI 反映了英国和美国作为主要东道国的地位——这类投资的大部分是这两个国家之间的交叉投资（Jones，2005a；Jones and Bostock，1996；Wilkins，1989）。正如本章后面将更为详细地讨论的那样，第二次世界大战后社会主义和非殖民化的蔓延、随后对外国公司增加的限制，以及发展中国家对外国拥有的自然资源投资的广泛国有化，结合在一起，大大减少了在外围国家的外国投资。按外商直接投资流入量计算的经济体在 1980 年的排名反映了战后 FDI 集中流入了制造业，主要流向了无风险的西方发达国家。在最近的全球化时代，政府对外国跨国公司放宽限制的政策，导致一些新兴经济体重新崛起，它们也成为主要的外商直接投资流入地，尽管大部分 FDI 仍然集中在西方发达国家。

表 6－2　按外商直接投资流入量计算的经济体排名

1914 年 [1]	1929 年 [2]	1980 年 [3]	2010 年 [4]
美国	加拿大	美国	美国
俄国	美国	英国	中国香港
加拿大	印度	加拿大	英国

续表

1914 年[1]	1929 年[2]	1980 年[3]	2010 年[4]
阿根廷	古巴	德国	法国
巴西	墨西哥	法国	德国
南非	阿根廷	荷兰	比利时
奥匈帝国	智利	巴西	西班牙
印度 / 中国	英国	澳大利亚	荷兰
埃及、墨西哥、英国	马来亚	印度尼西亚	中国
	委内瑞拉	意大利	加拿大

资料来源：[1] Wilkins（1994）.

[2] Wilkins（1994）.

[3] Dunning and Lundan（2008）. 两位作者给出了中国香港的数字（1 380 亿美元），这个数字远高于美国（830 亿美元），而且要比美国 10 年后的数字高得多。这被认为是一个报告的错误。

[4] UNCTAD（2011）.

商业企业在推动全球化方面的重要性，在一定程度上被它们所采用的公司形式的异质性掩盖了。有些大公司拥有管理阶层，它们的崛起是权威的商业历史学家艾尔弗雷德・D. 钱德勒（Chandler，1962，1977，1990）关注的焦点。许多企业开始的时候是小型创业企业，但少数成为全球商业巨头。胜家缝纫机公司（Singer Sewing Machines）就是一个例子。到 1914 年，它占世界缝纫机产量的 90%。胜家的分期付款计划和直销模式的发展，使得从俄国到日本的数百万低收入消费者购买了它生产的机器（Carstensen，1984；Godley，2006；Gordon，2011）。

胜家和其他大公司，如标准石油（Standard Oil）和利华兄弟公司（Lever Brothers），与众多的小公司和家族企业共存。欧洲的公司，特别是来自瑞典等较小经济体的公司，在企业生命周期的早期阶段就进行了对外投资（Olsson，1993）。英国和荷兰成立了数千家“独立”公司，这些公司很少或根本没有在本国经济中开展业务，专门从事国际业务（Wilkins，1988；Wilkins and Schröter，1998）。

侨民社群建立的商人网络也是国际商业发展的重要驱动力。散居在地中海和俄罗斯的希腊侨民活跃在广泛的国际商业和航运业务中，他们建立了一个扩展到中欧，甚至延伸到法国和英国的以亲属关系为基础的世界性商业网络（Minoglou and Louri，1997）。在亚 175
洲，中国和印度的商业移民在各个帝国内部和帝国之间从事经营活动（Brown，1994，2000）。这些以语言和民族社区为中心的商人公司可能有着固定的界线，但它们是充满活力的商业企业。

从跨国投资中获得的潜在福利收益很高。跨国界经营的商业企业，至少在理论上是知识传播的强大推动者。它们在国家之间转移了产品：拜耳将阿司匹林引入美国；凯洛格（Kellogg）公司将早餐谷类食品引入英国，此外还有数百个其他例子（Collins，1994；Jones，2005a；Wilkins，1989）。在国外建厂的公司转移了新的技术和工作实践方法。从 1867 年位于苏格兰格拉斯哥的一家工厂开始，胜家在世界各地从事机械化缝纫机的制造。在俄国，胜家建立了该国最大的现代化工程机械工厂，雇用了德国和英国的管理人员监督生产过程并负责实行新的劳动管理方法（Carstensen，1984）。

技术转让也不限于跨国制造。建立和经营矿山、油田、种植园、船坞和铁路系统涉及向东道国经济体转让一整套组织和技术知识。由于许多国家缺乏适当的基础设施，外国企业不仅经常引入与其具体经营活动相关的技术，而且引入了警察、邮政和教育系统等社会技术（social technologies）。这一点在 19 世纪的印度由詹姆斯·芬利（James Finlay）等英国公司创建的大型茶叶种植园，以及在英属马来亚由哈里森和克罗斯菲尔德（Harrisons & Crosfield）公司，以及牙直利公司（Guthrie Corporation）经营的橡胶种植园中体现得十分明显（Jones，2000）。建立运输和分销基础设施对于企业家能够首次进入世界市场尤为关键。在世界许多地方，进入市场对于资本主义企业一直是一个限制因素，而这些基础设施的建立就减轻了这一障碍。

因此，跨国投资似乎有很大的潜力，有助于缩小18世纪以来西欧和北美工业化进程中出现的贫富差距，而世界其他地区则未能跟上甚至缩小这一差距，甚至像印度和中国一样，在19世纪从手工业大国向初级产品生产国过渡。事实上，即使在1914年之前FDI流量越来越大的时候，除了在个别事件中，这种情况也没有发生（艾伦，本卷第2章）。

176 事实表明，跨国投资对非西方世界的知识溢出是有限的。当外国公司进入一个具有吸收转移知识的制度安排、人力资本和企业家价值观的国家时，技术扩散的效果最好，尽管这些知识很多是隐性知识，还没有进行很好的编码（布鲁兰德和莫厄里，本卷第4章）。因此，尽管第一次全球化经济见证了跨国公司成为从美国到西欧，以及从西欧到美国的技术和组织转移的重要渠道，但它们在将知识和能力从西方转移到世界其他地区方面的作用似乎并不太大。在这方面，跨国公司可以被看作是西方国家内部技术和收入趋同，以及在西方和其他国家之间缺乏趋同的部分原因（哈雷，第一卷第16章）。

除了东道国的吸收能力外，跨国公司的战略及其管理做法也是造成这种情况的原因。发展中国家的FDI大多集中在资源和相关服务领域。这种自然资源投资具有高度的飞地经济性质。矿物和农产品出口通常只需最低限度的加工。这意味着大多数增加值都是在发达经济体中产生的。当时的外国公司是大型的劳工雇主。然而，外派人员通常受雇于高技能的工作岗位。培训只是为本地雇员提供的，使他们能够填补非技能或半技能性工作（Headrick，1988）。1854—1956 年，法国控股的苏伊士运河公司在埃及建造和运营了苏伊士运河，对埃及经济产生了重大刺激，但直到 1936 年，埃及国籍的员工几乎都是非熟练工人（Piquet，2004）。

这些行业的性质，以及针对这些雇佣员工的做法意味着，向发展中的东道国经济体传播组织和技术技能的情况要远远少于发达国家。当然，在第一次世界大战前，随着外国公司开发及出口矿物和商品，并建造铁路和港口，使它们能够进入国外市场，一些发展中国家，如波菲里奥（Porfirian）时期的墨西哥，其经济经历了显著的增长（艾伦，本卷第 2 章）。然而，总的来说，除了一些例外情况，美国和英国在墨西哥的公司并不是将技术扩散到其国内经济中的重要推动因素，因为墨西哥面对来自发达经济体的技术转让，在体制、社会和文化方面还存在着巨大的障碍（Beatty，2003，2009）。

西方企业不仅是西方殖民主义在亚洲和非洲传播的受益者，它们也是正式和非正式的殖民主义传播过程的一部分。例如，在 19 177
世纪中叶与中国的鸦片战争中，西方各国政府积极支持了怡和洋行（Jardine Matheson）等企业的鸦片走私活动。在西非，英国的航运和贸易公司，如埃尔德·登普斯特（Elder Dempster）和尼日尔公司（Niger Company）的活动，在英国正式的殖民统治扩大之前就开始了（Jones，2000）。

跨国公司并不是国内制度的改革者，这些制度往往限制了非西方国家的增长。虽然从理论上讲，跨国公司可能是将母国体制安排的各个方面转移给东道国的渠道，但它们在很大程度上强化了本地制度。这一点在特许权制度中尤为明显。为了吸引公司投资于矿山、铁路等领域，拉丁美洲和其他地方的政府经常给予外国公司大规模的、长期的、免税的让步条件。这些让步使西方企业成为专制政府的支持者，并将西方资本主义与独裁统治和殖民政权联系在一起了。

危地马拉提供了一个很好的例子，说明了外国公司在强化，而不是挑战阻碍增长的体制安排方面的作用。这个国家是以波士顿为基地的联合水果公司（United Fruit Company）的“香蕉共和国”之一。从19世纪末开始，这家公司建立了一种航运和分销的商业活动，这实际上在美国为香蕉创造了大众市场。质量控制问题鼓励企业加入香蕉种植活动的垂直一体化中。在危地马拉和中美洲的其他地方，这家企业获得了大量的土地特许权，开垦了土地，并建立了种植园。1898—1920年，危地马拉独裁者曼努埃尔·埃斯特拉达·卡布雷拉（Manuel Estrada Cabrera）将军给予联合水果公司大量让步，希望它不仅能发展出口产业，而且能通过对铁路、电报线路和其他设施的相关投资使其现代化。

问题在于，给予这种让步的危地马拉政权是一个不尊重法治的独裁政权，这也是该国从一开始就贫困的主要原因。西班牙的殖民活动造成了少数白人拥有大部分土地，而由玛雅后裔组成的大多数人口是贫穷且未受教育的、实际上的奴隶。事实上，联合水果公司的种植园体系强化了危地马拉不平等和压制性的社会结构，从而进一步固化了这种状况。该公司支持当地政权，而且出于战略原因，该公司得到了美国政府的支持。20世纪50年代初，当危地马拉的民主政府寻求实现农业和土地改革时，它在中央情报局发动的政
178 变中被推翻了，而联合水果公司收复了它的土地（Bucheli，2005；Gleijeses，1991）。

在明治维新时代的日本，内战导致1868年一个撕毁了日本传

统制度的政府得以建立起来，取而代之的是旨在刺激现代经济增长的制度和法律，从而在吸收这些外国知识的能力方面，日本成为一个罕见的非西方的例外国家。国家支持工业化的政策对于实现这一结果是很重要的（艾伦，本卷第 2 章）。在这一时期创业的企业家们，比如三菱公司的创始人岩崎弥太郎（Yataro Iwasaki），以及丰田喜一郎（Sakiichi Toyoda，他建立了一家纺织机械修造厂，即丰田汽车公司的前身），他们都是明治政府新制度的受益者，但他们的成功不应该仅仅被看作是包括补贴在内的政府支持性政策的结果。事实上，岩崎弥太郎不得不多次与政府建立的旨在挑战他业务的、竞争性的日本航运公司作斗争（Wray，1984；Yonekura and Shimizu，2010）。相反，这些企业家是从外国企业家和公司那里进行学习，他们有时与外国企业家和公司合作，同时也具备了超越他们的能力。虽然流入日本的 FDI 数额很小，但从西方电气公司等跨国企业转移到当地企业的知识数量却异常多（Mason，1992；Wilkins，1990）。

在更广泛的意义上，在作为全球化最重要成果之一的一种尽管参差不齐，但明显同质化的世界文化中，西方商业企业在第一次世界大战前的几十年里成为全球化发展的重要动力。相对于 1945 年之后世界的“可口可乐殖民化”（Coca-Colonization），其实有更早的先例，因为美国的消费文化从 19 世纪后期就开始进行全球扩散了（Grazia，2005）。例如，美容行业的国际增长推动了美女的理想形象在世界范围内的同质化。19 世纪以前，不同社会在卫生和美容理念与做法方面有很大差异，随着 19 世纪西方现代美容行业的出现，以及法国、美国和其他公司在国际上的传播，在西方盛行的美容类型、标准和惯例作为全球基准传播开来。在 19 世纪末期，像美国的哈利·普罗克特（Harley Procter）、英国的托马斯·巴雷特（Thomas Barrett）和威廉·利弗（William Lever）等企业家，使用市场营销和现代制造手段使肥皂成为大规模销售的产品，并将情感和浪漫形象作为品牌形象。这改变了古老的欧洲肥皂行业，当时这个行业的规模很小，因为西方人在 19 世纪以前基本上都不用
179 水清洗。与所有的历史证据相违背，洗涤和使用肥皂后来与西方和白人的美德联系在一起了（Jones，2010）。粗俗的种族模式化观念（racial stereotypes）被用来宣传肥皂和其他洗漱用品，这些都被认为是西方对“开化”殖民地人民做出的贡献的组成部分（Burke，1996）。

这些新兴的理想包括巴黎成为时尚和美容的“世界之都”。全球经济的一个特点是，国家或城市的起源作为质量和声望的标志，变得越来越重要。就美容行业的例子而言，法国和巴黎成为具有象征意义的世界之都，纽约后来也加入了这一行列（Jones，2010）。美容业关于种族的基本假设在美国最为引人注目，第一次世界大战前，非裔美国人占总人口的比例超过了四分之一，但在商业美容行业，并没有为他们独特的头发质地或肤色提供任何产品或服务（Peiss，1998）。

西方美容行业的公司是它们社会中种族和文化设定的诠释者，而不是创造者。在西方帝国主义的顶峰时期，西方人认为白种人的特征和西方文明的一切都是优越的，这并不令人惊讶，精明的跨国营销和品牌战略在强化和传播这些假设方面是有效的。随着西方美容行业的全球化，非西方国家的美容理想类型和实践的地位被削弱了，尽管它们呈现出不同的速度和程度。这是一个重要的影响，因为美的规范对个人的自我价值感有着深远的影响，而且正如最近的研究所表明的那样，它对收入和其他许多方面都有着深刻的影响（Jones，2010）。

两次世界大战期间

在两次世界大战期间，全球经济的崩溃是经济史的一个重要课题（奥罗克和威廉姆森，本卷第 1 章）。特别是在 1929 年之后，全球资本、贸易和劳动力的流动急剧下降，1914 年之前建立的一体化市场瓦解了。

由于战争、征用、外汇管制和关税，跨国界经营的公司在两次世界大战期间遇到了许多挑战。如果在 1914 年之前，相隔很远的管理一直是一个重大的管理挑战，那么政府的管理及其政策的重要性就会在随后的公司议程中急剧上升（Jones and Lubinski，2012）。这是一个悖论。就 CAGE 的框架而言（Ghemawat，2001），两次世界
大战期间的技术进步继续缩小了国家之间的“地理距离”。特别是 180
在美国，电话和汽车成为大众消费的商品。航空旅行变得相当普遍，即使代价高昂。电影和广播的出现也提供了前所未有的机会，让人们看到其他地方的真实或想象的生活方式，并促进了文化影响的进一步传播（Grazia，2005）。然而，由于科技促进了人类前所未有的旅行和观察活动，所以他们不喜欢他们看到的东西。民族主义和种族主义在两次世界大战期间泛滥。用格玛沃特（Ghemawat）的话来说，“行政距离”变长了，商业企业处于关注的焦点。出于各种原因，政府试图阻止外国公司、外国进口和资本流动，以及移民。

在第一次世界大战期间，企业的国籍迅速被提升到政治议程上，因为政府扣押了敌人拥有的公司的附属机构。尽管在 20 世纪末存在着关于“无国籍企业”的论调，如果说有哪个时代公司的国籍不重要的话，那就是在 1914 年之前，在此之后，资本主义和商业企业获得并保留了更鲜明的国家特征（Jones，2006）。此后，第一次世界大战期间，美国、英国和其他盟国政府查封了德国人拥有

的公司分支结构，这不仅使德国的 FDI 存量减少到零，也标志着外国公司可以在大多数国家以与国内公司大致相同的条件经营的时代结束了。1917 年的俄国十月革命导致法国和比利时失去了其对外投资总额的三分之二。战争结束后，对外国公司的接受程度没有恢复。虽然美国在第一次世界大战期间从世界上最大的债务国转变为净债权国，但伴随而来的是日益增长的民族主义，这导致美国对外国在航运、电信、资源和其他行业的所有权进行了重大限制（Wilkins，2002，2004）。对于跨越国界的公司来说，世界变得（现在仍然是）风险更大了。

对外国公司的限制构成了本卷其他章节所讨论的、对不受约束的资本主义的批评增长的一部分。然而，不应将这种思想和随后的政策传播视为完全外生于全球资本主义。从最广泛的意义上讲，前资本主义时代的许多成果并没有得到均匀的分享。这一点在殖民政权和各种独裁者给予西方公司的巨大自然资源特许权方面最为明显。在石油方面，20 世纪 20 年代，英国的英伊石油公司（Anglo-
181 Iranian Oil Company）在伊朗举行的大规模石油特许权的重新谈判中失败了，接着在 1938 年，美国和英国的石油公司在墨西哥的石油特许权被成功剥夺了（Bamberg，1994；Maurer，2011）。

全球资本主义在西方殖民主义的背景下得到了蓬勃发展，并与这些政权的政治和种族不平等联系在一起。例如，在第二次世界大战期间的印度，甘地的反英帝国主义运动包含了对作为一个整体的全球资本主义更广泛的批判。甘地的替代性制度的关键要素包括对现代工厂纺织制造业的批评，这是一种通过主张乡村发展来减轻农村贫困的论点，以避免某些被认为是不道德和有害的行业，如制酒，并将道德伦理和宗教价值观纳入进来作为商业决策的核心行为要素（Nanda，2003；Tripathi，2004）。

对全球商业的批评和限制构成了这一时期去全球化叙事（narrative of deglobalization）的一个重要因素。然而，跨国企业在这几十年里并没有消失。一些疯狂的民族主义政权，如 20 世纪 30 年代的日本，阻碍了新的外国投资，并挤压了现有的外资企业。然而，纳粹德国虽然使用外汇管制来阻止利润流向国外，但除了要求外国企业将犹太人和其他被认为不受欢迎的人排除在德国的分支机构管理层之外，对外国企业几乎没有什么限制。因此，美国和其他外国公司，如通用汽车和 IBM，能够维持不断增长的业务，尽管它们需要将从这些企业中获得的利润重新投入在德国的业务，因此这有助于增强纳粹国家的力量（Turner，2005；Wilkins，1974）。与此同时，纳粹德国的消费者继续观看同样的好莱坞电影，并购买与美国消费者相同品牌的美国化妆品（Grazia，2005；Jones，2010）。更普遍而言，跨国公司通过收回利润或从当地银行贷款来为其子公司获得融资的能力，意味着它们的经营受到两次世界大战期间资本流动崩溃的影响比预期的要小得多（詹姆斯，本卷第 9 章）。

商业企业比人们对市场的总体看法所表明的要更有活力。从企业的角度来看，全球化在第一次世界大战后受到了限制而不是发生了逆转。在 20 世纪 20 年代，德国公司重建了它们的国际商业（Jones and Lubinski，2012）。在两次世界大战期间的英国，就像在其他地方一样，制造业的跨国公司关闭了它们的分支机构，并大量撤资，但至少这里还有同样多的新进入者（Bostock and Jones，1994；Jones and Bostock，1996）。处于汽车这类新兴消费品行业的公司继续大举投资于国外市场并进行生产（Bonin，Lung，and Tolliday，2003；Wilkins and Hill，1964）。尽管国际贸易量大幅下降，但邦吉和伯恩（Bunge and Born），以及安德烈（André）等大宗 182
商品贸易公司迅速扩大，并且巩固了它们对小麦和其他市场的控制（Guez，1998；Morgan，1979）。全球的航运、贸易和港口的海事领域有着很强的连续性，而不是大规模的中断（Miller，2012）。尽管农产品和矿物价格下跌，但跨国公司仍然进行了大量投资，开发新的供应来源，如东非和比利时的铜矿，以及委内瑞拉的石油（Jones，2005a）。

许多国际卡特尔公司努力在全球范围内控制价格和产量。到了20世纪30年代，这种国际卡特尔控制了世界贸易的很大比例。在制造业方面，从20世纪20年代中期至第二次世界大战期间，世界电灯卡特尔控制着全世界四分之三的电灯产量（Reich，1992）。我们可以看到，石油、锡和茶叶等大宗商品中存在着大量且持续经营时间很长的国际卡特尔。要理解这些卡特尔在全球资本主义中的地位，就不那么直截了当了。尽管它们可能被视为这个时代阻碍增长的制度的一部分，但明显在新竞争者出现之前，大多数卡特尔也很少能够长时间控制这些产品，除非它们得到了政府的强力支持。然而，更为重要的是，它们往往不是去全球化的推动者。它们往往以另一种方式代表着竞争，而不是完全消除竞争。它们有时是跨国界转让知识和知识产权的强大主体。20世纪30年代，德国法本公司（IG Farben）与新泽西标准石油公司（Standard Oil of New Jersey）之间的卡特尔导致了新化学工艺在地理上的显著扩散，而这并不是此类卡特尔内部广泛分享专利和知识的一个特例（Fear，2008；Schröter，1988）。

在非西方国家，全球企业与资本主义的增长没有那么直接的联系，但它们作为榜样、竞争目标，有时作为合作伙伴是非常重要的。这些年份的现代经济增长很大程度上是由当地企业家推动的，他们开始建立能够与西方公司竞争的企业，尽管大多数企业与这些公司也有共生关系。例如，第一次世界大战以来，印度人拥有的企业取得了迅速增长。现代工业化从印度西部和东部的部分小范围地区扩展到了印度的许多其他地区。战争期间，加什亚姆·达斯·伯拉（Ghanshyam Das Birla）带领马瓦里（Marwari）社区首次进行了 183
持续的制造业投资。他被英国人的种族主义激怒了，但他也向英国人学习和掌握了现代的商业方法。在战争期间的这些年份里，来自马瓦里和其他社区的企业家扩大了他们的制造业投资，有时是通过购买英国公司的股份实现的。印度企业家投资于制糖、造纸、航运和化工等新兴产业，并在黄麻和煤炭领域挑战了英国的现有企业（Timburg，1978；Tripathi，2004）。

现代中国企业也在迅速发展。一些公司与英美烟草（British American Tobacco）等西方公司结成联盟，后者既利用自己的组织，也通过一家独立的中国公司分销香烟（Cox，2000）。1914—1922 年，中国现代纺织业的产能增长了两倍，中国成为世界上增长最快的生产国。从 20 世纪 20 年代中期开始，不断增长的中国民族主义，通过抵制对外贸易表现出来了，这刺激了本土企业家数量的进一步增长。这些企业发展出了结合西方和中国实践的混合组织形式（Chan，2006，2010；Koll，2003；Zelin，2005）。在医药和中药行业，中国企业家运用创新的广告和零售战略，不仅在国内建立了企业，而且在东南亚建立了区域性的企业（Cochran，2006）。

第二次世界大战后的商业企业

第二次世界大战结束后，跨国公司为重建全球经济做出了重大贡献。管理咨询公司、广告公司、酒店和电影发行商等服务公司是美国管理实践、价值观和生活方式在国际上传播的重要渠道

（Quek，2012；West，1987）。随着麦肯锡（McKinsey）等美国管理咨询公司从 20 世纪 50 年代末开始全球化，它们既为咨询服务创造了市场，也为其提供了服务。它们把管理上的最佳实践做法从美国传播开来，最初主要是在西欧，在那里开设了分支机构（Kipping，1999；McKenna，2006）。各种贸易公司利用信息不对称性发展了全球化网络。日本的综合贸易公司（sogo shosha，综合商社）在第二次世界大战后盟军的占领下幸存下来，成为日本对外贸易和 FDI 的主要推动力（Yonekawa，1990）。

在战争期间，历史悠久的欧洲贸易公司中有许多企业的经营被摧毁了，它们也在战后得到了重建和改造。例如，1949 年后，怡和洋行和太古（Swire）洋行在中国失去了大量资产。然而，它们在香港和这一区域的其他地方开发了新的业务，建造和经营了港
184 口、码头和船运公司，同时创建了航空公司。太古洋行的国泰航空公司（Cathay Pacific），发展到 20 世纪 60 年代，成为促进区域经济一体化，以及联系东亚地区与欧洲和澳大利亚的主要航空公司（Jones，2000）。在西非，联合利华（Unilever）旗下的联合非洲公司（United Africa Company，UAC）退出了其悠久的商品交易业务领域，转而从事新的制造、分销和零售业务。UAC 后来成长为战后西非最大的现代企业，并成为该地区现代制造业的先驱（Jones，2005b；Fieldhouse，1994）。

航运公司在战后经济增长的繁荣时期扮演着特别重要的角色。它们承运了大部分的国际贸易，包括西方世界和日本所需的大部分能源、原材料和食品。以亚里士多德·奥纳西斯（Aristotle Onassis）和斯塔夫洛斯·尼亚尔霍斯（Stavros Niarchos）为首的新一代希腊船主，利用监管套利机会，建立了新的散装船运公司，例如，用方便旗船（flags of convenience）注册船舶。利用如特许权担保融资等

金融创新方式，这些公司建造了运载石油的超级油轮，这些油轮为战后经济增长提供了动力。希腊航运公司在世界航运中所占份额从 1949 年的 3% 上升到 1973 年的 15%（Harlaftis，1993）。

跨国银行也具有了一种新的重要性（Jones，1993）。在 20 世纪 50 年代末，英国的南美洲伦敦银行（Bank of London and South America）和美国的花旗银行（Citibank）等海外银行，看到英格兰银行对外汇市场的宽松政策，利用伦敦的欧洲美元市场的发展为全球资本主义提供了一个充满活力的新资金来源。为了促进金融稳定，自大萧条以来，各国政府一直对其金融市场进行严格管制，并通过外汇管制将它们彼此分隔开来。新的不受监管的欧元货币和欧元债券市场很快开始从受监管的国内市场中获得越来越多的金融中介份额。新的金融市场在业务范围上是全球性的，但其实体位于少数金融中心，其中伦敦处于金融中心的顶端。同时，各种离岸中心的主要吸引力不是其国内市场规模，而是监管和财政条件与政治稳定的一种结合（Jones，1992；Michic，1992；Robcrts，1994；Schenk，2001，2011）。

在新的欧元市场上，商业银行和投资银行在英国和美国政府的默许，以及后来的明确支持下，加速了金融产品的创新（Helleiner，1994）。然而，创立这些市场的金融家们也颠覆了各国政府密切
监管其金融市场的战略。在某些情况下，例如英国商业银行华宝 185
（Warburg），它的动机显然是出于政治和经济野心，目的是削弱国家主权和促进欧洲一体化（Ferguson，2009）。

在战后几十年中，国际金融市场的地理位置集中于少数几个地区，这构成了商业活动集中在某些城市和地区的更广泛模式的一部分。邻近性和集聚的优势推动了这些模式的发展。虽然这种聚集一直是世界经济的一个特点，但知识和知识工作者的重要性日益增

加，从而加剧了这一趋势。这一点在 20 世纪 50 年代和 60 年代硅谷技术集群的雏形中十分明显，在那里，科技技能、教育机构和风险投资异乎寻常地融合，创建了多家企业，并在 20 世纪余下的时间里主导了 IT 产业许多领域中的创新（Lécuyer，2005）。在那些技能获取、相关产业和国家来源效应很强的地方，奢侈品消费行业也集聚在一起了。在丝绸行业有着悠久比较优势的意大利，米兰通过其资源的积累，以及驾驭创造性和管理才能的能力，在 20 世纪 70 年代成为国际潮流中心（Merlo and Polese，2006）。

在 20 世纪 50 年代，两次世界大战期间的大多数国际卡特尔都被解散了，而美国制造业公司在西欧进行了大规模投资，最初是为了应对“美元短缺”，这鼓励美国公司在缺乏美元购买美国产品的国家建立工厂来为客户提供服务（Wilkins，1974）。起初几乎没有什么合理化的生产，公司内部的贸易水平也很低。然而，从 20 世纪 60 年代起，公司开始寻求跨越国界的地理和功能的一体化整合。这种建立一体化生产体系的过程是艰难的。虽然像联合利华这样的欧洲公司是 20 世纪 50 年代以来欧洲经济一体化的主要支持者，但它也在努力寻求实现自己的生产和销售机构的区域一体化（Jones and Miskell，2005）。

战后的几十年是由职业经理人管理钱德勒型大型企业的典型时代，在许多制造业中，特别是在美国，它们充当了创新的动力。美国的公司在新技术方面表现突出，它们寻求在公司边界内保持创新和其他价值增值活动。例如，在计算机工业，西欧公司不可能建立
186 持续的经营，更不用说发展中国家的公司了。先进的知识被锁定在这些西方大公司以及硅谷这样的地理集群的边界内。

然而，在战后的几十年里，全球资本主义似乎受到了限制。社会主义国家将资本主义企业排除在边界之外（艾伦，本卷第 2 章）。

社会主义世界就像另一个全球经济（Kirby，2006）。然而，即便如此，在诸如护发用品等消费品方面，西方公司至少从 20 世纪 70 年代起向苏联和其他东欧国家的国有企业销售原料，有时还授权给它们技术（Jones，2010）。

即使撇开社会主义国家不谈，世界上许多国家也限制或禁止外国公司进入某些或所有行业。在欧洲和许多其他发达国家，严格的外汇管制使各国政府能够审查或有时禁止其他公司的投资。在法国、英国和意大利等欧洲主要经济体中，大量工业被国有化，并脱离了国内或国外资本主义的控制。大体上美国对外国公司的开放程度更大，尽管它们被禁止进入被认为具有战略意义的部门，包括国防、航空公司和广播业（Wilkins，2002）。

后殖民时代的世界对全球资本主义的限制要大得多。在非洲和亚洲，外国公司受到了广泛的限制和没收。新加坡和香港等对外国跨国公司仍保持开放的转口港，经济增长迅速，尽管与它们对应的、同样成功的新兴工业化国家或地区包括韩国和台湾地区，对外资独资企业实行了日本式限制。20 世纪 70 年代，随着中东和其他国家政府没收资产，西方公司失去了对世界大部分自然资源的所有权。1970 年，西方七大石油公司拥有全球 69% 的原油。到 1979 年，它们的份额下跌到了 24%。到 1980 年，世界上三分之二的跨国投资集中在西欧和北美。仅英国一家就吸引了比整个非洲和 187
亚洲加在一起还要多的外商直接投资。在非西方世界，外商直接投资的流量非常集中。在亚洲，中国在这一时期没有外商直接投资，日本和印度也几乎没有。大部分投资集中在少数几个东南亚国家，英特尔等公司已开始在这些国家开展需要廉价劳动力的装配业务，而附加值较高的生产经营活动则集中在发达国家（Jones，2005a）。

20世纪50—80年代，在许多非西方国家盛行的干涉主义政策和进口替代制度，因经济增长缓慢、生产率低下和腐败而受到广泛而恰当的批评，但令人惊讶的是，许多非西方跨国公司的兴起恰恰是在这几十年之中。这种保护为当地的制造业和服务公司提供了机会，如果管理得当，它们就可以在本国市场上实现规模增长。现在全球第三大水泥公司西麦斯集团（Cemex），在1906年成立于墨西哥，并能够在一个受到庇护的环境中成长，慢慢成为一个区域性的重要企业，继而在20世纪70年代成长为一个全国性的重要企业。在印度，IBM和其他美国计算机公司在20世纪70年代当地政府干预和保护的高峰时期撤离，使塔塔咨询服务公司（Tata Consulting Services）等本地公司得以扩大软件服务的规模，为印度软件外包行业的成功发展奠定了基础（Athreye，2005；Tripathi，2004）。

全球商业也经常改变其形式，但不是消失，这种韧性仍然是它的一个突出特点。虽然外国人对自然资源的所有权大幅降低，特别是在20世纪70年代期间更是如此，但外国对商品贸易流动的协调，以及在高附加值活动中的主导地位并没有下降。农产品的世界贸易越来越多地由巨型农产品贸易公司经营，如美国粮食贸易商和最大的私营公司嘉吉（Cargill）公司（Broehl，1992，1998）。虽然大型综合性石油公司在许多国家失去了对油田的控制，但它们仍然控制着炼油厂、油轮和分销机构。新形式的独立贸易公司成为全球经济的关键参与者。成立于1974年的马克·里奇（Marc Rich）贸易公司在1980年的收入为150亿美元。它作为世界上最大的独立石油贸易商得到了蓬勃发展（Ammann，2009）。

事实证明，公司擅长于推行应对反外国情绪或批评政府政策的策略。它们获得了本地身份。1947年，美国的百货连锁企业西尔斯（Sears）在墨西哥开始了其成功的经营，而墨西哥在此 10 年前刚刚驱逐了外国石油公司，并被普遍认为是高度民族主义的国家。西尔斯公司精心制定了迎合墨西哥人的战略，表现为符合墨西哥传统的利润分享、养老金和低价餐等政策（Moreno，2003）。通过聘 188
用当地人担任高级管理职位，向当地投资者出售股票，以及投资于政府认为需要的行业，如印度的化学品行业，联合利华在印度和土耳其等其他新兴市场保留了其庞大的消费品业务（Jones，2005b，2007）。

跨国公司还认识到，政府的干预政策可能对自身有利。在拉丁美洲，战后各国政府为了实现进口替代制造而征收高关税，但它们并不禁止外国公司在本国拥有产业。如表 6－2 所示，巴西在 1980 年是 FDI 的十大东道国之一。巴西和其他拉丁美洲国家政府为吸引外国公司建立制造业工厂提供了激励。尽管这种进口替代战略后来受到广泛嘲讽，部分原因是它们与 20 世纪七八十年代巴西和其他地方造成恶性通货膨胀的长期宏观经济管理不善有关，但进口替代战略推动了许多新的工业生产能力的建设。

一个突出的例子是，从 20 世纪 50 年代末开始，巴西创建了一个大型的汽车工业。尽管美国汽车巨头福特（Ford）和通用汽车（General Motors）最初拒绝回应该国政府启动本土生产的愿望，但大众公司（VW）这家新兴的德国汽车制造商开始在当地制造汽车，并从汇率补贴中受益了。它能够迅速颠覆美国公司的巨大市场份额，而这些公司一直依赖于进口零件进行组装。到 1980 年，随着美国和其他公司加入到这一行列，大众公司和它们一起，使巴西每年的汽车产量超过 100 万辆，巴西汽车工业成为世界第十大汽车工业。尽管存在产能过剩和生产率低下，但大众和其他公司也为南美洲最大的汽车工业奠定了基础。

商业企业与当代全球化

20 世纪 80 年代以来，世界全球化重现，其中最引人注目的变化之一是拥抱全球资本主义的世界性政策。国家计划、外汇管制和其他干预主义政策工具都被放弃了。相反，世界上几乎每个政府最
189 终都开始为全球公司提供投资激励。在一些联邦体制的国家，如美国，各州相互竞争以吸引外国投资者。直到 2008 年的世界金融危机，指责不受约束的全球资本主义所存在的一些明显缺陷的声音才开始出现。

全球化商业在当代全球经济增长和动力中的作用是相当大的。如表 6－3 所示，1990—2010 年，FDI 在世界上的相对重要性急剧上升了。

表 6－3　1990—2010 年 FDI 流入存量占 GDP 的百分比（%）

区域 / 国家	1990 年	2010 年
世界	9.6	30.3
所有发达国家	8.7	30.8
美国	9.3	23.5
英国	20.1	48.4
所有发展中国家	13.4	29.1
巴西	9.2	22.9
俄罗斯	0.0	28.7
中国	5.1	9.9
印度	0.5	12.0

资料来源：UNCTAD，2011.

外国跨国公司是经济增长的重要组成部分，随着政府放松管制和市场自由化的发展，其增长加速了。印度的增长在很大程度上是由塔塔等势力强大的商业集团推动的（Khanna，2008），尽管在印度和俄罗斯，FDI 都在经济中发挥了重要作用。

正如在 19 世纪后期的快速全球化时期，商业企业是经济一体化的驱动力。跨国投资的增长远远快于世界出口或世界产出的增长。国际生产体系得到了发展，企业在其中位于全球价值链的不同位置。在一些行业，国际化生产体系通过外包变得高度外化。这有时被解释为标志着钱德勒式的综合性公司的终结（Lamoreaux，Raff，and Temin，2003）。实际上，大公司通常继续控制关键的职能，包括品牌管理和产品定义，以及制定质量标准。在许多行业中，出现了整合和集中。跨国投资的主导模式变成了兼并和收购。190
在 20 世纪 90 年代，以及在 2008 年金融危机爆发前十年的中间阶段，出现了大规模的跨境合并浪潮，尤其是在制药和食品、饮料和烟草以及汽车领域。

总部位于北美、西欧和日本以外的公司的全球重要性也在上升。在 20 世纪六七十年代，来自韩国和台湾地区的一些制造商开始对外投资，通常是在其他新兴市场中进行投资。它们通常规模较小，使用的是劳动密集型技术。来自亚洲和拉丁美洲的第二波公司从 20 世纪 80 年代开始在全球范围内扩张，这通常是在它们在其受到保护的国内市场上建立了一定规模和公司能力之后。它们在以装配和知识为基础的行业，包括电子、汽车和电信领域表现突出。这些投资通常来自嵌入新兴市场特征的商业集团中的企业，包括韩国财阀和拉丁美洲的“经济集团”在内（Amsden，2003；Khanna and Palepu，2006；Kosacoff，2002）。

来自新兴市场经济体的公司能否成为全球资本主义的重要参与者，取决于几个因素。它们有时能够通过分包和其他联系，依靠现有的西方或日本公司作为客户（Mathews，2002）。管理教育的普及，以及美国顶尖商学院中国际学生人数的不断增加，为位丁发达核心国家以外的公司提供了训练有素、具有全球意识的管理人员。

最后，新一代的国有或部分国有的公司可以投资于建立全球性的业务，而不受提供私人股东回报的限制。

国有企业的增长在中国尤为明显。在中国，政府的支持使得具有高度竞争力的本土企业得以出现，甚至在高科技领域也是如此。一个突出的例子是华为作为互联网路由器和无线网络设备制造商在全球的快速增长，而这一行业是由思科（Cisco）等美国的高科技公司创建和开发的。华为成立于 1987 年，由任正非创立，人们普遍认为华为得益于国有银行的信贷。然而，任正非也发展了一种积极进取的企业文化，奖励人才，并对创新进行了大量投资，其中包括在全球多个地点（包括硅谷和班加罗尔）建立研发中心。到 2012 年，华为的收入达到了 320 亿美元，并在 140 多个国家和地区销售
191 了自己的产品和服务。中国国有企业也在存在强大西方在位企业的太阳能和风能等可持续能源部门获得了迅速增长。1998 年，中国第二大风力涡轮机公司——国有的金风科技股份有限公司在中国西北部成立，它通过与西方二线公司结盟获得了自己的技术，并在国内市场迅速发展，因为中国政府严格执行了本地含量要求，从而使得该公司得以快速发展，因为它能够比欧洲公司更快地满足中国的需求，而欧洲公司则需要在中国建立生产基地。到 2012 年，该公司已跻身于世界十大风力涡轮机制造商的行列（Buckley et al.，2011；Lewis，2007；Yueh，2011）。

越来越多母国的全球性公司的强劲增长是显而易见的。许多决策者对外国跨国公司对其经济产生积极影响的乐观态度，还没有得到明显的实证证据支持。虽然有证据表明跨国公司与供应商之间存在正向的联系，但跨国公司对同一部门，特别是对在发展中国家当地公司的溢出效应的总体证据仍然很少或根本没有。外国子公司在其产品规格和交付目标方面往往要求更高，更愿意向当地公司提

供援助和咨询。跨国公司在没有任何激励的条件下依然不愿向竞争对手透露知识。在许多发展中国家，本土企业仍然缺乏与大型跨国公司进行竞争的能力，技术差距越大，填补这一缺口的难度就越大（Alfaro and Rodriquez-Claire，2004）。

事实证明，虽然各国政府可以吸引外国公司，而且可以将整个行业划为指定的自由贸易区或出口加工区，但不太容易获得知识外溢，就像以前时代的飞地一样。例如，马来西亚吸引了许多西方和日本电子公司进入一些出口加工区，例如槟榔屿，从而成为世界上最大的电子零件出口国之一。然而，生产中使用的中间产品中有五分之四是进口的。本土企业主要供应低附加值产品，如纸板箱。外国公司很少在马来西亚进行设计或研究开发。到 2000 年，电子产品行业为马来西亚提供了超过四分之一的制造业就业机会，但这种就业绝大多数是女性和低技能工人（Rasiah，2001）。马来西亚并不是一个例外：大多数出口加工区，无论是在亚洲、非洲还是拉丁美洲，都只能吸引低附加值、低技术水平的产业价值链环节（Cling，Razafindrakoto，and Roubaud，2005；Steinfield，2004）。

关于跨国公司是否已成为改变东道国中限制制度和文化增长 192
的更有效的动力，也存在着相互矛盾的证据。由于很高水平的腐败，世界上许多最贫穷国家中的资本主义发展受到了高度腐败的阻碍。从历史上看，跨国公司很可能助长了这种腐败，至少在西方国家政府采取措施之前是这样，比如 1976 年在美国通过的《海外反腐败法》（Foreign Corrupt Practices Act，Safarian，1993）。近些年来，与本地企业相比，跨国公司通常不太愿意从事贿赂和逃税活动，部分原因是企业声誉受到威胁，但在很大程度上它们没有能力改变社会规范。在一些重要市场上，跨国公司对制度规范给了支持，比如思科和谷歌等美国公司愿意协助东道国政府审查互联网。

事实上，就像思科提供先进的网络设备使得东道国政府能够对互联网进行过滤一样，跨国公司同时也是它们所处的政治环境的塑造者和响应者。

随着跨国公司为了追求盈利机会而跨越国界转移资源，它们也继续强化了这些趋势而不是与之对抗。在全球经济中，它们更多的是“尖峰”，而不是“平缓”的动力（Florida，2005；Friedman，2005）。跨国公司推动了资源从墨西哥、东南亚和其他那些曾经受到青睐的低成本生产基地的转移。在医药和 IT 等知识型产业中，美国长期以来都在从其他地方汲取知识。尽管技术允许分散经济活动，但跨国公司在“全球化都市”以及硅谷和班加罗尔等地区的高附加值活动集群中仍扮演着主要角色。与早期时代的一个显著差异可能就是，美国公司开始将国内工作“外包”到国外，尽管关于国内就业机会减少和空洞化的证据并不明确。纵向研究（longitudinal research）一般不支持关于国内就业面临的主要威胁的言论（Harrison，McMillan，and Null，2007）。

这一当代全球化时期的最后一个特点是公司言论的转变，其中的一些转变为实际政策。至少从 20 世纪 70 年代开始，当对跨国公司的批评十分狂热时，公司开始比过去更加明确地阐述它们对其经营所在社区和环境的责任。联合利华是在其经营的很多发展中国家
193 执行企业社会责任政策的先驱之一。到了 20 世纪 70 年代，联合利华已经参与了印度的农村发展计划，它已经在印度从事农村发展计划，派遣其管理人员与当地农民合作，以提高他们的技能，并为农民获得资本和现代医药提供便利（Jones，2005b）。在普拉哈拉德关于跨国公司如何既能找到有利可图的业务，又能通过发展面向“金字塔底部”消费者的业务帮助世界穷人的有影响力的研究中，提到了联合利华（Prahalad，2004）。尽管当代资本主义最常把以美国能

源公司“安然事件”为例的企业丑闻、监管博弈以及不道德行为联系在一起（Salter，2008），但同样引人注目的是，一些企业和商学院教授明确表示，跨国公司对所在社区以及全球资本主义整体负有责任。

结　论

1848 年以后，企业成为全球资本主义传播的强有力主体。跨国公司走出工业化的西方经济体，通过跨国界转移一揽子金融、组织和文化资产、技能和意识形态的能力，创生出并共同创造了市场和生态系统。它们一直是贸易增长的主要驱动力，而这种增长经常是在它们自己的边界内组织起来的。它们是全球化浪潮的塑造者和响应者。跨国公司一直是高度异质性的企业，由于过去两个世纪以来全球的政治和经济发生了重大变化并受到冲击，跨国公司一直保持高度的应变能力，频繁地改变其组织形式。在两次世界大战期间，虽然全球资本和贸易流量急剧下降，市场一体化回落到 19 世纪中期的水平，但跨国公司继续跨越国界，制定新的战略，并采取新的组织形式来应对已经变化的环境。

跨国公司至少在理论上有潜力成为克服跟随国面临的现代经济增长制约因素的主要力量。事实证明，在建立跨国界协调活动的制度方面，资本主义的表现比政治领导人要好得多。企业通常在具有挑战性的条件下建立起电报线路、港口、海运和空运航线，这些都是全球化发展的动力。它们创造、协调和精心安排了贸易路线。它们把知识转移到不同的地理位置。它们有时在国家间转移产业，不 194
管是在 19 世纪末期俄国的机器制造业，还是第二次世界大战之后巴西的汽车制造业。

然而，历史证据也表明，知识和技术转让往往令人失望，有时甚至产生了负面的结果。特别是在两次世界大战之前，多国资源和相关投资都是高度割据的，并植根于西方帝国主义和专制独裁者的体制安排中。西方的企业加强而不是破坏了限制许多国家增长的体制和社会规范。因此，它们常常是作为问题的一部分而不是解决方案的一部分发挥作用。

虽然商业企业一直是国际经济增长的重要推动力，但它们也是过去两个世纪财富和贫困的不同模式的重要推动者。通过勘探矿产和建立种植园，西方公司帮助亚洲成为发达国家初级产品的供应国。反过来，不公平的免税优惠和种族主义就业做法，以及无法将财富创造分散到东道国经济的飞地型投资，激起了怨恨，为世界许多地区社会主义和民粹主义意识形态的发展奠定了基础。在过去的最近一段时间，西方公司的战略已经远远超越了过去殖民时代的做法，但与当地经济的联系和溢出效应往往低得令人失望。它们在最有吸引力的地方发现了增值活动的能力和动机，意味着它们加强了集聚，而不是鼓励了知识的分散。事实证明，跨国投资的结果在很大程度上取决于东道国经济的体制和社会价值观，并取决于企业战略本身。然而，在当代的全球化时代，同样明显的是，全球商业世界正在发生重大变化。一方面，至少但不仅仅是在西方，人们对公司的社会和环境责任的期望越来越高。另一方面，西方和日本企业主导全球市场和创新的时代正在迅速让位于一个包括中国、印度、巴西和其他地方公司的平等竞争的时代。

参考文献

Ahvenainen, J. (2004). *The European Cable Companies in South America before the First*

World War. Helsinki: Finnish Academy of Science and Letters.

Alfaro, L. and A. Rodriguez-Clare (2004). " Multinationals and Linkages: An Empirical Investigation," *Economía* 4(2): 113–69.

Ammann, D. (2009). *The Secret Lives of Marc Rich*. New York: St. Martin's Press.

Amsden, A. H. (2003). *The Rise of "the Rest": Challenges to the West from Late-Industrializing Countries*. Oxford University Press.

Athreye, S. S. (2005). " The Indian Software Industry and its Evolving Service Capability," *Industrial and Corporate Change* 14(3): 393–418.

Bamberg, J. H. (1994). *The History of the British Petroleum Company*. Vol. Ⅱ. Cambridge University Press.

Beatty, E. (2003). " Approaches to Technology Transfer in History and the Case of Nineteenth Century Mexico," *Comparative Technology Transfer and Society* 1(2): 167–200.

(2009). " Bottles for Beer: The Business of Technological Innovation in Mexico, 1890–1920," *Business History Review* 83: 317–348.

Bonin, H., Y. Lung, and S. Tolliday (2003). *Ford: The European History 1903–2003*, 2 vols. Paris: P.l.a.ge.

Bordo, M. D., A. M. Taylor, and J. G. Williamson (2003). *Globalization in Historical Perspective*. University of Chicago Press.

Bostock, F. and G. Jones (1994). " Foreign Multinationals in British Manufacturing, 1850–1962," *Business History* 36(1): 89–126.

Broehl, W. G. (1992). *Cargill: Trading the World's Grain*. Hanover, NH: University Press of New England.

(1998). *Cargill. Going Global*. Hanover, NH: University Press of New England.

Brown, R. A. (1994). *Capital and Entrepreneurship in South East Asia*. London: Macmillan.

(2000). *Chinese Big Business and the Wealth of Asian Nations*. London: Palgrave.

Bucheli, M. (2005). *Bananas and Business: The United Fruit Company in Columbia, 1899–2000*.New York University Press.

Buckley, P. J., H. Voss, A. R. Cross, and L. J. Clegg (2011). " The Emergence of Chinese Firms as Multinationals: The Influence of the Home Institutional Environment," in R. Pearce (ed.), *China and the Multinationals: International Business and the Entry of China into the Global Economy*. Northampton, MA: Edward Elgar, pp. 125–157.

Bud-Frierman, L., A. Godley, and J. Wale (2010). " Weetman Pearson in Mexico and the Emergence of a British Oil Major, 1901–1919," *Business History Review* 84(2): 275–301.

Burke, T. (1996). *Lifebuoy Men, Lux Women*. Durham, NC: Duke University Press.

Carstensen, F. V. (1984). *American Enterprise in Foreign Markets: Singer and*

International Harvester in Imperial Russia. Chapel Hill, NC: University of North Carolina Press.

Chan, K. Y. (2006). *Business Expansion and Structural Change in Pre-War China*. Hong Kong University Press.

Chan, W. K. K. (2010). " Chinese Entrepreneurship since Its Late Imperial Period, " in D. S. Landes, J. Mokyr, and W. J. Baumol (eds.), *The Invention of Enterprise*. Princeton University Press, pp. 469–500.

Chandler, A. D. (1962). *Strategy and Structure*. Cambridge, MA: The MIT Press.

(1977). *The Visible Hand*. Cambridge, MA: Harvard University Press.

(1990). *Scale and Scope*. Cambridge, MA: Harvard University Press.

Cling, J., M. Razafindrakoto, and F. Roubaud (2005). " Export Processing Zones in Madagascar: A Success Story under Threat?" *World Development* 33(5): 785–803.

Cochran, S. (2006). *Chinese Medicine Men. Consumer Culture in China and Southeast Asia*. Cambridge University Press.

Collins, E. J. T. (1994). " Brands and Breakfast Cereals in Britain," in G. Jones and N. J. Morgan (eds.), *Adding Value: Brands and Marketing in Food and Drink*. New York: Routledge, pp. 237–258.

Connolly, P. (1999). " Pearson and Public Works Construction in Mexico, 1890–1910, " *Business History* 41(4): 48–71.

Cox, H. (2000). *The Global Cigarette*. Oxford University Press.

Dunning, J. H. and S. M. Lundan (2008). *Multinational Enterprises and the Global Economy*, 2nd edn. Northampton, MA: Edward Elgar.

Fear, J. (2008). " Cartels, " in G. Jones and J. Zeitlin (eds.), *The Oxford Handbook of Business History*. Oxford University Press, pp. 268–292.

Ferguson, N. (2009). " Siegmund Warburg, the City of London and the Financial Roots of European Integration," *Business History* 51(3): 364–382.

Ferrier, R. W. (1982). *The History of the British Petroleum Company*. Vol. Ⅰ. Cambridge University Press.

Fieldhouse, D. K. (1994). *Merchant Capital and Economic Decolonization*. Oxford: Clarendon Press.

Florida, R. (2005). "The World is Spiky," *Atlantic Monthly* 296(3): 48–51.

Friedman, T. L. (2005). *The World is Flat*. New York: Farrar, Straus and Giroux.

Geyikdagi, V. N. (2011). " French Direct Investments in the Ottoman Empire before World War Ⅰ," *Enterprise & Society* 12(1): 525–561.

Ghemawat, P. (2001). " Distance Still Matters: The Hard Reality of Global Expansion," *Harvard Business Review* 79(8): 137–147.

Giebelhaus, A. W. (1994). " The Pause that Refreshed the World: The Evolution of Coca-Cola's Global Marketing Strategy, " in G. Jones and N. J. Morgan (eds.), *Adding Value: Brands and Marketing in Food and Drink*. London: Routledge, pp. 191–214.

Gleijeses, P. (1991). *Shattered Hope: The Guatemalan Revolution and the United States, 1944–1954*. Princeton University Press.

Godley, A. (2006). " Selling the Sewing Machine around the World: Singer's International Marketing Strategies, 1850–1920, " *Enterprise & Society* 7(2): 266–314.

Gordon, A. (2011). *Fabricating Consumers: The Sewing Machine in Modern Japan*. Berkeley, CA: University of California Press.

Grazia, V. De (2005). *Irresistible Empire: America's Advance through Twentieth-Century Europe*. Cambridge, MA: Harvard University Press.

Guez, S. (1998). " The Development of Swiss Trading Companies in the Twentieth Century, " in G. Jones (ed.), *The Multinational Traders*. London: Routledge, pp. 150–172.

Harlaftis, G. (1993). *A History of Greek-owned Shipping*. London: Routledge.

Harlaftis, G. and J. Theotokas (2004). " European Family Firms in International Business: British and Greek Tramp-Shipping Firms, " *Business History* 46(2): 219–255.

Harrison, A. E., M. S. McMillan, and C. Null (2007). " U.S. Multinational Activity Abroad and U.S. Jobs: Substitutes or Complements? " *Industrial Relations: A Journal of Economy and Society* 46(2): 347–365.

Hausman, W. J., P. Hertner, and M. Wilkins (2008). *Global Electrification. Multinational Enterprise and International Finance in the History of Light and Power, 1878–2007*. Cambridge University Press.

Headrick, D. R. (1988). *The Tentacles of Progress: Technology Transfer in the Age of Imperialism, 1850–1940*. Oxford University Press.

Helleiner, E. C. (1994). *States and the Re-emergence of Global Finance*. Ithaca, NY: Cornell University Press.

Hills, J. C. (2002). *The Struggle for Control of Global Communications: The Formative Century*.Urbana, IL: University of Illinois Press.

Jones, G. (1981). *The State and the Emergence of the British Oil Industry*. London: Macmillan.

ed. (1990). *Banks as Multinationals*. London: Routledge.

(1992). " International Financial Centres in Asia, the Middle East and Australia: A Historical Perspective, " in Y. Cassis (ed.), *Finance and Financiers in European History, 1880–1960*. Cambridge University Press, pp. 405–428.

(1993). *British Multinational Banking 1830–1990*. Oxford: Clarendon Press.

ed. (1998). *The Multinational Traders*. London: Routledge.

(2000). *Merchants to Multinationals*. Oxford University Press.

(2005a). *Multinationals and Global Capitalism: From the Nineteenth to the Twenty-First Century*. Oxford University Press.

(2005b). *Renewing Unilever: Transformation and Tradition*. Oxford University Press.

(2006). " The End of Nationality? Global Firms and 'Borderless Worlds, '" *Zeitschrift für Unternehmensgeschichte* 51(2): 149–165.

(2007). " Learning to Live with Governments: Unilever in India and Turkey, 1950–1980," *Entreprises et Histoire* 49: 79–101.

(2010). *Beauty Imagined: A History of the Global Beauty Industry*. Oxford University Press.

Jones, G. and F. Bostock (1996). " U.S. Multinationals in British Manufacturing before 1962," *Business History Review* 70(1): 207–256.

Jones, G. and C. Lubinski (2012). "Managing Political Risk in Global Business: Beiersdorf 1914–1990," *Enterprise & Society* 13(1): 85–119.

Jones, G. and P. Miskell (2005). " European Integration and Corporate Restructuring: The Strategy of Unilever c1957–c1990," *Economic History Review* LVII: 113–139.

Jonker, J. and K. Sluyterman (2000). *At Home on the World Markets*. The Hague: Sdu Uitgevers.

Jonker, J. and J. L. Van Zanden (2007). *History of Royal Dutch Shell. Vol. I: From Challenger to Joint Industry Leader, 1890–1939. Oxford University Press.*

Khanna, T. (2008). *Billions of Entrepreneurs: How China and India Are Reshaping Their Futures– and Yours*. Boston, MA: Harvard Business School Press.

Khanna, T. and K. G. Palepu (2006). "Emerging Giants: Building World-Class Companies in Developing Countries," *Harvard Business Review* 84(10): 60–69.

Kirby, W. C. (2006). " China's Internationalization in the Early People's Republic: Dreams of a Socialist World," *China Quarterly* 188: 870–890.

Kipping, M. (1999). " American Management Consulting Companies in Western Europe, 1920–1990: Products, Reputation and Relationships, " *Business History Review* 73(2): 190–220.

Koll, E. (2003). *From Cotton Mill to Business Empire*. Cambridge, MA: Harvard University Press.

Kosacoff, B. (2002). *Going Global from Latin America: The ARCOR Case*. Buenos Aires: McGraw-Hill Interamericana.

Kuisel, R. F. (1991). " Coca-Cola and the Cold War: The French Face Americanization, 1948–1953," *French Historical Studies* 17(1): 96–116.

Kuwahara, T. (1990). " Trends in Research on Overseas Expansion by Japanese Enterprises prior to World War Ⅱ," *Japanese Yearbook on Business History* 7: 61–81.

Lamoreaux, N., D. Raff, and P. Temin (2003). " Beyond Markets and Hierarchies: Toward a New Synthesis of American Business History," *American Historical Review* 108: 404–433.

Lanz, R. and S. Miroudot (2011). " Intra-Firm Trade: Patterns, Determinants and Policy Implications," *OECD Trade Policy Working Papers*, No. 114, OECD Publishing. http://dx.doi.org/10.1787/5kg9p39lrwnn-en.

Lécuyer, C. (2005). *Making Silicon Valley: Innovation and the Growth of High Tech, 1930–1970*. Cambridge, MA: The MIT Press.

Lewis, J. I. (2007). " A Comparison of Wind Power Industry Development Strategies in Spain, India and China. " http://q.investorideas.com/research/PDFs/L_Wind_I_ Dev_I_S_C_July2007.pdf.

Lipson, C. (1985). *Standing Guard: Protecting Foreign Capital in the Nineteenth and Twentieth Centuries*. Berkeley, CA: University of California Press.

Magee, G. B. and A. S. Thompson (2010). *Empire and Globalization: Networks of People, Goods and Capital in the British World, c 1850–1914*. Cambridge University Press.

Mason, M. (1992). *American Multinationals and Japan*. Cambridge, MA: Harvard University Press.

Mathews, J. A. (2002). *Dragon Multinational: A New Model for Global Growth*. Oxford University Press.

Maurer, N. (2011). " The Empire Struck Back: Sanctions and Compensation in the Mexican Oil Expropriation of 1938," *Journal of Economic History* 71(3): 590–615.

McDowall, D. (1988). *The Light: Brazilian Traction, Light and Power Company Limited, 1899–1945*. University of Toronto Press.

McKenna, C. D. (2006). *The World's Newest Profession: Management Consulting in the Twentieth Century*. Cambridge University Press.

Merlo, E. and F. Polese (2006). " Turning Fashion into Business: The Emergence of Milan as an International Fashion Hub," *Business History Review* 80(3): 415–447.

Michie, R. C. (1992). *The City of London*. London: Macmillan.

Miller, M. (2012). *Europe and the Maritime World*. Cambridge University Press.

Minoglou, I. P. and H. Louri (1997). " Diaspora Entrepreneurial Networks in the Black Sea and Greece, 1870–1917," *Journal of European Economic History* 26(1): 69–104.

Moreno, J. (2003). *Yankee Don't Go Home*. Chapel Hill, NC: University of North Carolina Press.

Morgan, D. (1979). *Merchants of Grain: The Power and Profits of the Five Giant Companies at the Center of the World's Food Supply*. New York: Viking Press.

Munro, J. F. (2003). *Maritime Enterprise and Empire*. Woodbridge: Boydell.

Nanda, B. R. (2003). *In Gandhi's Footsteps: The Life and Times of Jamnalal Bajaj*.

Oxford University Press.

Nicholas, S. (1983). " Agency Contracts, Institutional Modes, and the Transition to Foreign Direct Investment by British Manufacturing Multinationals before 1939, " *Journal of Economic History* 43: 675–686.

Olsson, U. (1993). " Securing the Markets: Swedish Multinationals in a Historical Perspective," in G. Jones and H. G. Schröter (eds.), *The Rise of Multinationals in Continental Europe*. Aldershot: Edward Elgar, pp. 99–127.

Peiss, K. (1998). *Hope in a Jar*. New York: Henry Holt.

Piquet, C. (2004). " The Suez Company's Concession in Egypt, 1854–1956: Modern Infrastructure and Local Economic Development," *Enterprise & Society* 5(1): 107–127.

Prahalad, C. K. (2004). *The Fortune at the Bottom of the Pyramid: Eradicating Poverty Through Profits*. Upper Saddle River, NJ: University of Wharton Press.

Quek, M. (2012). " Globalizing the Hotel Industry 1946–1968: A Multinational Case Study of the Intercontinental Hotel Corporation," *Business History* 54(2): 201–226.

Rasiah, R. (2001). " The Importance of Size in the Growth and Performance of the Electrical Industrial Machinery and Apparatus Industry in Malaysia, " in C. T. Nyland, W. Smith, R. L. Smyth, and M. Vicziany (eds.), *Malaysian Business in the New Era*. Cheltenham: Edward Elgar, pp. 89–107.

Reich, L. S. (1992). " General Electric and the World Cartelisation of Electric Lamps, " in A. Kudo and T. Hara (eds.), *International Cartels in Business History*. University of Tokyo Press.

Roberts, R., ed. (1994). *International Financial Centres*. Vol. Ⅰ. Aldershot: Edward Elgar.

Safarian, A. E. (1993). *Multinational Enterprise and Public Policy*. Aldershot: Edward Elgar.

Salter, M. S. (2008). *Innovation Corrupted: The Origins and Legacy of Enron's Collapse*. Boston, MA: Harvard Business School Press.

Schenk, K. (2001). *Hong Kong as an International Financial Centre: Emergence and Development 1945–65*. London: Routledge.

(2011). " The Re-emergence of Hong Kong as an International Financial Centre, 1960–1978, " in L. Quennouëlle-Corre and Y. Cassis (eds.), *Financial Centres and International Capital Flows in the Nineteenth and Twentieth Centuries*. Oxford University Press, pp. 199–253.

Schröter, H. G. (1988). " Risk and Control in Multinational Enterprise: German Businesses in Scandinavia, 1918–1939," *Business History Review* 62(3): 420–443.

(1993a). " Swiss Multinational Enterprise in Historical Perspective," in G. Jones and H. G. Schröter (eds.), *The Rise of Multinationals in Continental Europe*. Aldershot: Edward Elgar, pp. 49–64.

(1993b). *Aufstieg der Kleinen: Multinationale Unternehmen aus fünf Kleinen Staaten vor 1914*. Berlin: Duncker und Humbolt.

Shapiro, H. (1994). *Engines of Growth: The State and Transnational Auto Companies in Brazil.* Cambridge University Press.

Shiba, T. and M. Shimotani, eds. (1997). *Beyond the Firm: Business Groups in International and Historical Perspective*. Oxford University Press.

Steinfeld, E. (2004). " China's Shallow Integration: Networked Production and New Challenges for Late Industrialization," *World Development* 32(11): 1971–1987.

Sugihara, K., ed. (2005). *Japan, China, and the Growth of the Asian International Economy, 1850–1949*. Oxford University Press.

Thompson, T. N. (1979). *China's Nationalization of Foreign Firms: The Politics of Hostage Capitalism, 1949–57*. Baltimore, MD: School of Law, University of Maryland.

Timburg, T. A. (1978). *The Marwaris, from Traders to Industrialists*. New Delhi: Vikas.

Topik, S., C. Marichal, and Z. Frank, eds. (2006). *From Silver to Cocaine: Latin American Commodity Chains and the Building of the World Economy, 1500–2000*. Durham, NC: Duke University Press.

Tripathi, D. (2004). *The Oxford History of Indian Business*. Oxford University Press.

Turner, H. A. (2005). *General Motors and the Nazis.* New Haven, CT: Yale University Press.

UNCTAD,*World Investment Report*, various years.

West, D. C. (1987). " From T-square to T-plan: The London Office of the J. Walter Thompson Advertizing Agency, 1919–1970," *Business History* 29: 467–501.

Wilkins, M. (1970). *The Emergence of Multinational Enterprise*. Cambridge, MA: Harvard University Press.

(1974). *The Maturing of Multinational Enterprise*. Cambridge, MA: Harvard University Press.

(1988). " The Free-Standing Company, 1870–1914: An Important Type of British Foreign Direct Investment," *Economic History Review* XLI(2): 259–285.

(1989). *The History of Foreign Investment in the United States before 1914*. Cambridge, MA: Harvard University Press.

(1990). "The Contributions of Foreign Enterprises to Japanese Economic Development," in T. Yuzawa and M. Ugudawa (eds.), *Foreign Business in Japan before World War II.* University of Tokyo Press.

(1994). "Comparative Hosts," *Business History* 36(1): 18–50.

(2001). " The History of Multinational Enterprise, " in A. M. Rugman and T. L. Brewer (eds.), *The Oxford Handbook of International Business*. Oxford University Press, pp. 3–35.

(2002). " An Overview of Foreign Companies in the United States, 1945–2000," in G. Jones and L. Gálvez-Muñoz (eds.), *Foreign Multinationals in the United States*. London: Routledge, pp. 18–49.

(2004). *The History of Foreign Investment in the United States 1914–1945*. Cambridge, MA: Harvard University Press.

Wilkins, M. and F. E. Hill (1964). *American Business Abroad: Ford on Six Continents*. Detroit, MI: Wayne State University Press.

Wilkins, M. and H. Schröter,, eds. (1998). *The Free-Standing Company in the World Economy, 1836–1996*. Oxford University Press.

Wray, W. D. (1984). *Mitsubishi and the N.Y.K., 1870–1914: Business Strategy in the Japanese Shipping Industry*. Cambridge, MA: Harvard University Press.

Yonekawa, S. (1990). *General Trading Companies: A Comparative and Historical Study*. Tokyo: United Nations University Press.

and H. Shimizu (2010). " Entrepreneurship in Pre-World War Ⅱ Japan: The Role and Logic of the Zaibatsu," in D. S. Landes, J. Mokyr, and W. J. Baumol (eds.), *The Invention of Enterprise*. Princeton University Press, pp. 501–526.

Yueh, L. (2011). *Enterprising China: Business, Economic and Legal Developments since 1979*. Oxford University Press.

Zelin, M. (2005). *The Merchants of Zigong*. New York: Columbia University Press.

第
7
章

企业模式：独立企业与家族金字塔

兰德尔·莫克和杨贤[①]

引　言

在不同的国家，商业企业的组织形态存在很大差异，而新古 201
典经济学仅是围绕着其中一个模式建立的。有限责任防火墙、有限合伙制，以及其他一些类似的法律细节，“企业”和“公司”——在现代美国和英国几乎是同义词；在公司层面，“公司”金融、“公司”治理和“公司”战略模式决策都是同义词。然而，这种同义的重复从历史上看是从近期出现的，在地理上也是特殊的，这使得这些主要的经济学分支在其他国家和历史时代之间存在奇怪的脱节。

① 感谢克里斯廷·布鲁兰德、拉里·尼尔和杰弗里·威廉姆森，以及在马德里召开的《剑桥资本主义史》讨论会参加者提供的大量建议——这些都是非常有帮助的。本章主要借鉴：Morck，Stangeland，and Yeung（2000）；Morck（2005，2009，2011）；Morck and Yeung（2004，2007）；以及 Morck，Wolfenzon，and Yeung（2005）。为了避免杂乱无章，所以我们每次从这些文章中抽取相关内容的时候，都不会引用它们。然而，在不同环境中对这些作品的引用贯穿整个章节。

在许多国家，大企业被组织成了企业集团（La Porta，Lopez-de-Silanes，and Shleifer，1999）：在看似截然不同的独立上市公司中，每个公司都有自己的首席执行官、董事会、债权人和股东，但所有公司都由一个单一决策者控制，这通常是一个富有的旧式商业家族，而不太常见的是一个强大的企业巨头。为了简单起见，我们将“企业集团”定义为在共同控制下的两个或两个以上的上市公司。[1] 在有些国家，最大的企业集团包括几十甚至是成百个独立上
202 市或者没有上市的企业，而且在国民经济中占有相当大的比例。它们在当今成功的新兴市场经济体中无处不在，在工业化国家后期的顶峰时期也具有显赫的历史地位，这表明，企业集团远不只是偶然的组合。无论好坏，它们都很可能在决定国家财富方面发挥着关键性作用。

企业集团基础

无论是在历史上还是在现代经济中，企业团体通常被组织成金字塔形式（La Porta，Lopez-de-Silanes，and Shleifer，1999）。家族企业通过在每一家公司中持有大量控股股票来控制第一层上市公司。由于小股东很少在年度股东大会上投票，因此在每一家公司拥有绝对多数股权常常是不必要的；然而，可以通过为家族公司持有的每一股分配多张选票，以便为家族代表保留董事会的多数席位，或将足够的股份分配给家族控制的金融机构——共同基金、养老基金等——从而将家族的总投票权提高到 50% 以上，以确保控制权。

通过类似的机制，每一家第一层公司依次控制金字塔第二层的几家上市公司，而该层的每一家公司又控制着第三层的更多上市公司。这种模式可以通过更多的层次来复制，以利用家族的私人财

富来控制一个企业帝国，而这个企业的资产价值要高得多。将没有上市的公司战略性地插入整个结构，有助于掩盖实际的控制链。因此，尽管一个国家的证券交易所中可能有数百家公司正在进行交易，但大多数公司可能仅属于 10 个、5 个甚至是一个庞大的金字塔式企业集团。因此，多元化和竞争的表象可以掩盖公司单一集中的控制权。

这种金字塔式的股权融资提供的控制杠杆可能是惊人的（Morck，Wolfenzon，and Yeung，2005）。例如，赫格费尔特（Högfeldt，2005）发现，瑞典最大的两家金字塔式企业集团合在一起所控制的公司占该国股市总市值的一半以上。其中规模最大的是瓦伦堡（Wallenberg）家族，其家族财富实际上不到 10 亿美元。在 20 世纪 90 年代，加拿大布朗夫曼（Bronfman）家族的一个分支控制了一个金字塔式企业集团，它包括 16 层，以及 500 多家上市和未上市公司。再一次地，虽然家族财富相对较少，但也足以控制该结构的制高点，从而也足以锁定对整个结构的控制。另一个由纳布（Naboa）家族控制的集团，基本上控制了厄瓜多尔所有的大型私营企业。亚洲首富李嘉诚，控制了一个庞大的企业集团，不仅主导着中国香港的经济， 203
还控制着在世界各地经营的大量企业。在整个欧洲、拉丁美洲和亚洲，少数这样的结构组成了每个经济体大部分的私营大企业。[2]

历史教训

在经济史上，尤其是在后工业化国家中，企业集团占据了突出的位置。美国内战后的工业化，特别是在其发展最快的 20 世纪前后，大都发生在其强盗式资本家——例如约翰·D. 洛克菲勒（John D. Rockefeller）和约翰·皮尔庞特·摩根（John Pierpont Morgan）

等商业巨头的在位时期，他们的商业帝国都包括数量庞大的不同公司。[3] 在加拿大工业化的鼎盛时期，即20世纪末所谓的劳里尔繁荣时期（Laurier boom），在全加拿大100家最大企业的资产中，有40%以上是由12个金字塔式集团持有的（Tian，2006）。日本的高增长时期——从19世纪80年代一直到20世纪20年代的成功工业化——整个日本的经济几乎完全由金字塔式企业集团，即所谓的“财阀”构成（Shiba and Shimotani，1997）。类似的财阀结构，在20世纪70年代，特别是80年代得到迅速发展，在韩国
204 占据了主导地位（Bae，Kang，and Kim，2002）。在德国（Fohlin，2007）、意大利（Aganin and Volpin，2005）、瑞典（Högfeldt，2005）和其他欧洲国家的工业化时代，大型的、最初以股权统治为主的金字塔式企业集团扮演着重要的角色，同时在美国（Berle and Means，1932）和英国（Jones，2000）的经济发展过程中也发挥了作用。

这一模式表明，在非常迅速的工业化过程中，这类群体可能具有特别高效的特征，在不完全的市场和不完善的制度中，它们可能构成次优的解决方案。但是，在拉丁美洲、南亚和其他地区，类似企业集团的盛行程度一直无法达到在发达国家当中的地位（Colpan，Hikino，and Lincoln，2011）——这让人想起那句巴西谚语，“这是，而且将永远是未来之国”——这也表明，在后期阶段，企业集团有时会成为一种障碍，甚至是一种明显的负担。

日本工业化进程中的企业集团

日本是20世纪20年代的工业强国，是第一个成功实现工业化的非西方国家。[4]19世纪中叶，海军上将佩里的炮舰外交突然结束了日本与世隔绝的局面，暴露了日本相对无力和贫困的一面。带着

只有外国技术才能击退外国人的结论，日本把最优秀的年轻人送到国外接受教育并了解外国的发展情况，随着日本的真实情况变得越来越明朗，他们也变得更加沮丧。在 19 世纪 70 年代，日本政府决心启动工业化，聘请了外国专家和回国学生，在每个被认为对现代化至关重要的部门建立新的国有企业。很快，货币大量流出国外，引发了一场预算危机，并使日元和日本的信用在伦敦金融市场同时崩溃了。一个自由主义政府接管了这一局面，在 19 世纪 80 年代组织了世界上第一次大规模私有化，将几乎所有的国有企业出售了。由于这一深刻教训，直到 20 世纪 30 年代军事接管之前，日本信奉的都是古典自由主义政府观。

大规模私有化最终将大部分前国有企业转移到富裕的商人家族手中，一个高速增长的时代开始了。随着日益壮大的中产阶级开始投资股票，这些家族迅速组建了大型金字塔式企业集团。这些企业集团广泛进入新的商业领域，规模最大的企业集团几乎在每个行业都控制着一家公司。金字塔式企业集团的成员为其他成员企业提供投入品，相互购买对方的产品，并为彼此的产品提供互补品。到
20 世纪 20 年代，日本经济的产业结构与其他发达国家相似。虽然 205
日本经济史学家们对这些财阀家族，特别是它们在 20 世纪 40 年代的军事接管和随后战争中的道德伦理问题存在争议，但对于快速工业化过程中几大家族控制的金字塔式企业集团在国家经济中的压倒性优势地位是没有争议的。[5]

晚期工业化国家中的企业集团

尽管对于这些企业集团的称呼各异，金字塔式、日本财团、韩国财阀、强盗资本家，以及其他一些令人更不喜欢的称呼，类似于日本财团这样的结构在很多国家的经济史当中都是占有重要地位

的。尽管并非总是如此，这种结构通常出现在金融市场发展到足以让其控股股东用公共投资者的钱来撬动他们的财富的时候。

第一批发达经济体——英国、荷兰，或许还有其他几个——显然没有出现大型金字塔式集团的管理，尽管对股东记录进行更详细的审查可能会对这种看法提出质疑。但这些国家是在荒野中披荆斩棘，花了几个世纪才做到了日本花了几十年做到的事情。如上所述，其他成功的后起工业化国家——加拿大、德国、韩国、瑞典，等等——都发展出了与日本财阀在结构、范围和规模等方面非常相似的金字塔式企业集团。在19世纪末和20世纪初，美国的强盗资本家们利用信托来控制他们庞大的企业集团，直到反垄断法和其他发展变化改变了法律格局使得信托机制无效之后，同时在金字塔式结构切实可行的时候，才转向建立金字塔式企业集团结构（Becht and DeLong，2005；Bonbright and Means，1932）。[6]尽管存在这些差异，但一些证据表明，美国的企业集团也是这个时代的明星（DeLong，1991）。当前与以银行为基础的金融体系联系在一起的国家，例如德国（Fohlin，2005）和日本（Morck and Nakamura，2005），在19世纪和20世纪初，都主要依靠股票市场来为大型企业集团提供资本；只有在工业化完成后，它们才转向银行融资。

大型企业集团的第二个共同特征是其广泛的产业多样化（Khanna and Yafeh，2007）。例如，19世纪末，由马克斯·艾特
206 肯（Max Aitken），又被称为比弗布鲁克勋爵（Beaverbrook）经营的加拿大最大的金字塔式企业集团，跨越了从钢铁到水泥，再到保险的各种现代工业，其他企业集团也同样实行多样化经营（Morck et al.，2005）。这些企业集团并没有局限于制造业，还包括各种服务业、贸易，甚至与农业有关的公司。比弗布鲁克集团（Beaverbrook

Group）和其他类似的组织在 19 世纪 90 年代早期，将这个主要还是农业的国家，在第一次世界大战期间改造成了以工业为主的经济。20 世纪 20 年代第二波金字塔式企业集团投资于较为轻型的工业——汽车、电气化、电力和水、动力设备，等等。新兴富裕的亚洲经济体中的大型企业集团也非常多元化，与它们相似的以色列、土耳其、南亚和拉丁美洲等新兴经济体也是如此。卡纳和亚菲（Khanna and Yafeh，2007）表明，当今发展中经济体金字塔式集团的投资正变得非常广泛且多样——其中最大的公司在几乎每一个产业部门都有成员企业。

大型金字塔式企业集团的第三个共同特征是，它们与政府关系密切。日本战前议会中的主要政党，每一个都与其最大的金字塔式企业集团有关联。在 20 世纪 20 年代，加拿大最大的金字塔式企业集团——加拿大通用投资（Canada General Investment）公司的控股股东阿瑟·米恩（Arthur Meighen）曾两次担任加拿大总理。瑞典的大型金字塔式企业集团，尤其是其中由瓦伦堡家族控制的最大一家企业集团，通过简化三方协议，与该国的社会民主党建立起紧密的联系。总理、全国工会领袖和几个商业家族的族长之间的简单对话，就可以在产业补贴、劳工和平、入境、税收和关税等方面达成协议（Högfeldt，2005）。

另一个断断续续的主题是外来资本的流入。比弗布鲁克勋爵企业的下层公司通常都是在伦敦交叉上市，当时伦敦的金融市场已经习惯于为国家发展计划提供资金，这些发展计划由金字塔式的企业集团组成；在加拿大的高速增长时期——大约是 1896—1913 年——流入加拿大的英国资本比流入其他任何国家的资本都多。尽管如此，通常它们的总部设立在英国，同时成员公司的股票主要在伦敦进行交易，而它们所经营的公司实际上位于 19 世纪和 20 世

纪早期大英帝国偏远角落的金字塔式企业集团，承担了开发澳大利亚、英国在中国的租界、印度和英属西印度群岛的经济的重任
207 (Jones，2000；艾伦，本卷第 2 章)。其他类似的企业集团在帝国之外——尤其是在阿根廷，经营着一系列商业活动。

长期发展中的经济体的企业集团

许多拉丁美洲国家在 19 世纪后期经济似乎已经准备好起飞了，然而这种情况一次又一次地出现在 20 世纪 20 年代和 60 年代，今天似乎也同样如此。印度似乎在 20 世纪 50 年代已经准备好经济起飞了，但随后停滞了几十年。埃及、印度尼西亚、菲律宾、土耳其和许多其他中等收入国家的经济也同样曾经被投资者、发展经济学家和商业媒体认为可以实现腾飞了，却回到了它们的起点。

在贫穷经济体中，与各个企业集团有关联的公司往往是表现出色的公司（Khanna and Yafeh，2007）。而在成功的发达经济体中，这一发现通常是相反的（Morck，Wolfenzon，and Yeung，2005）。前一种结果有几种解释，导致了对后一种结果的解释，详见下一节。

为什么企业集团在低收入经济体中应该是明星企业呢？低收入经济体通常制度薄弱。高昂的交易成本会影响它们的劳动力、资本和产品市场。腐败会破坏法治和商业合同的可行性。投资者保护不力破坏了对金融市场和金融机构的信任。企业集团很可能是解决这些问题的次优方法。如果没有良好的制度，企业集团中的成员公司也可以通过相互雇用人员、相互投资和相互做生意来降低交易成本。一个共同的终极控股股东可以防止集团中的公司互相欺骗，而家族的良好声誉会在外部投资者、客户和供应商中产生信任。这种信誉还可以将家族集团的成员企业推荐给国有企业，或者政府机构

和银行，否则它们将面临巨大的违约成本。在这样的经济体系中，家族控制的大型企业集团很可能比独立的专业经营的公司拥有真正的经济优势。[7]

一个成人仪式吗？

这些分析表明，大型金字塔式企业集团可能会提高效率——至 208
少在某些条件下和经济发展的某些阶段会是如此。一个寡头、强盗资本家和类似人物辈出的时代，甚至可能是进入高收入国家行列的必经之路。

内部人与外部人

企业集团的历史重要性使公司治理的研究者感到困惑，他们将金字塔式结构与严重的代理问题联系在一起了（Berle and Means，1932；Bebchuk，Kraaakman，and Triantis，2000）。微观经济学将有效的资源配置与企业价值，特别是企业未来利润的预期现值最大化联系起来。但是，公司是由效用最大化的高层管理人员经营的。代理问题就出现在这样的情况下，这些高管应该被认为是代表公司所有者，即股东们行事的忠实代理人，而不是最大化他们自己的效用（Jensen and Meckling，1976）。广泛的实证文献所研究的代理问题表明，它对资本回报产生了最重要的效应（a first-order effect)，而代理成本最小化通常被认为是驱动合并、资产剥离和商业组织的动力（Shleifer and Vishny，1997）。[8] 鉴于此，企业集团的历史普遍性和持久性需要得到解释。

以下是对金字塔式企业集团似乎应该放大代理问题的简要概述。然后，我们转而解释它们的流行性和持续性。

代理问题（agency problems，Jensen and Meckling，1976）是微观经济学中的一种内在矛盾的产物。个人被认为应该最大化他们的效用，公司被认为是最大化它们的利润，但是首席执行官是那些经营公司的人，他们很可能是为了最大化他们自己的效用而经营这些企业。在代理问题更严重的地方，公共投资者为公司首次公开发行（initial public offerings，IPOs）的股票支付的费用较低，这一数额被
209 称为代理成本（agency cost）。在最近的许多研究工作中存在的一个普遍性误解是，代理成本反映了内部人对公众股东财富的掠夺。在一个有效的股票市场中，代理问题降低了公司股票的价值，从而说明了其内部人士在首次发行股票时的预期行为。公众股东以低价买进，并正好获得了（平均意义上的）他们预期的回报。代理问题的社会成本并不是对股东财富的掠夺，而是企业家在创立新公司和在IPO中出售时的低迷回报——冈珀斯和勒纳（Gompers and Lerner，2006）发现风险投资周期是对持续性创新进行融资的关键。更高的代理成本意味着企业家从新公司的创建和上市中获得的是更低的回报。

关于公司治理的大量文献（Shleifer and Vishny，1997）研究了法律、规制、公司章程等是如何影响代理问题的。在英国和美国，这种对于公司层面的关注是合理的，在这两个国家，商业决策确实是由公司的首席执行官和董事会做出的，但这在其他地方失去了吸引力，在那里，重要的决策往往是在企业集团的层面上做出的。企业集团治理虽然与公司治理有着明显的联系，但提出了新的和不同的问题（Morck，2011）。[9]

首先，金字塔式的企业集团极大地扩大了所有权与控制权的分离，而这正是代理问题的根源。家族控制着其金字塔顶端的企业，通常也拥有其中的大部分。家族企业资源的任何不当分配都

会直接减少家族的财富，因此这种行为很有可能被避免。但是，较低层级的个别公司的财富对控制家族财富几乎没有影响。以皇家温莎（Imperial Windsor）为例，它是 20 世纪 90 年代加拿大一家商业集团的成员，在莫克、施坦格兰德和杨（Morck，Stangeland，and Yeung，2000）的著作中对此进行了描述。布朗夫曼家族的 Broncorp 公司以 19.6% 的股权控制着 HIL 公司。HIL 公司控制着 Edper Resources 97% 的股权，后者控制着 Brascan Holdings 的 60%，Brascan Holdings 控制了 Brascan 的 5.1%，而 Brascan 控制了 Braspower Holdings 的 49.9%，Braspower Holdings 控制了 Great Lakes Power 的 49.3%，继而是 Great Lakes Power 控制了 First Toronto 210
Investments 的 100%，First Toronto Investments 控制了 Trilon Holdings 的 25%，Trilon Holdings 控制了 Trilon Financial 的 64.5%，而 Trilon Financial 控制了 Gentra 的 41.4%，然后是 Gentra 控制了皇家温莎的 31.9%。将这种所有权份额的链条相乘，会发现皇家温莎的价值减少 100 万美元，将会使得控制该公司的家族财富降低 300 美元。假设公众股东在这一控制链上拥有每一家公司的所有其他股份，那么皇家温莎公司股份的 99.97% 是来自公众股东的资金，只有 0.03% 的资金是由该家族提供的。因此，这种所有权与控制权的分离与一家高层管理人员拥有 0.03% 的股份、被广泛持有股份的公司的结构完全相同。

如果拥有控制权的家族，或者管理人员，将公司的 100 万美元额外资金用于购买不必要的、他们认为其价值超过 300 美元的商务舱机票，那么这些内部人的效用将随着公司价值的下降而上升。如果这家被广泛持有股份的公司经理沿着这一路径走得太远，他们公司低迷的股价可能会吸引恶意收购者，后者企图用不那么热衷享乐的高级经理来取代他们。然而，该企业集团的成员公司并不面临类似的风险。通过控制母公司、母公司的母公司，……，控制该集团顶级企业的商业家族能够完全控制着金字塔中的每一家公司。只要这一整个结构中的经理和董事都能取悦其控制家族，他们的职位就会稳固：他们和控制家族的地位就都是牢固的。如果家族的族长年老糊涂，或者是一位贪得无厌的首领，那么无论是他自己还是他用来控制集团公司的亲信，都不能被劫掠者、股东的背叛或机构投资者赶下台。实际上，许多国家的机构投资者本身就是金字塔式集团的成员公司。

在美国和英国，目前不属于企业集团的独立公司承受着与内部人花费公共股东资金有关的代理问题，以及股份持有不广泛的公司都承受着与根深蒂固的内部人士有关的代理问题（Morck，Shleifer，and Vishny，1988；Stulz，1988）。金字塔式集团恰好使得同一家公司同时存在这两个问题。[10]

211 此外，金字塔式企业集团带来了第三种代理问题，即隧道效应（Johnson，Lopez-de-Silanes，and Shleifer，2000），其中资产净值是从金字塔式企业集团的低层转移到高层的，以增加控制家族的私人财富。这通常是通过转让定价（transfer pricing）来实现的，即集团内部的公司间交易的价格与跨国公司将应纳税收入从一个国家转移到另一个国家时所用的非市场价格类似。[11] 可以理解的是，财富贡献型公司的公众股东将隧道效应视为公司治理问题；从实证上看，禁止隧道效应行为的法律法规在解释各国金融发展的差异方面起着最重要的作用。

寡头和苦力

跨国样本的研究将大型家族企业集团的优势与各种制度缺陷联系起来。资本、劳动力和产品市场效率低下；交通、通信、电力和供水基础设施差；公共教育不足；政府的干预主义、高度的不平等和低收入都与较大或更占主导地位的家族企业集团有关（Fogel，2006）。

这似乎不是一个以大型企业集团和成熟的工业化为特征的、飞速发展的早期阶段的横截面景象，其特点是存在更多的原子化商业部门。总的来说，庞大的、旧式富有家族控制的企业集团占优势地位，是与更慢而不是更快的增长联系在一起的（Fogel，2006；Morck，Stangeland，and Yeung，2000）。[12] 表面上看，这似乎是自相矛盾的：家族企业集团里的企业是发展中经济体中表现最好的公司（Khanna and Yafeh，2007），因此，人们可能会认为，更多这样的企业对经济更有利。可能确实是这样，但是对塔塔汽车公司有利的东西，未必对印度有好处。要想理解其中的原因，我们必须看一些例子。

对看似没完没了的发展中经济体进行的国别研究表明，相当古 212
老和稳定的家族企业集团主导着它们的经济（Colpan，Hikino，and Lincoln，2011）。在印度经济史上，规模较小的新企业集团兴衰沉浮，而伯拉（Birla）家族和塔塔（Tata）家族的企业集团自英国统治以来，一直到印度作为一个独立国家的整个历史中，都占据着统治地位（Khanna and Palepu，2005）。只有在过去的几年里，才有第三个集团对它们这种双头统治状态提出了挑战。阿根廷大约三分之一的大型企业集团由该国创建者的儿子控制，另外三分之一由这些创建者的孙子控制，剩下的三分之一由创建者的曾孙控制（Fracchia，Mesquita，and Quiroga，2011）。进一步的证据显示，由白手起家商业巨头的企业集团主导的经济体增长迅速，但由旧式富裕家族的企业集团或由政治领导人控制的企业团体所主导的经济体的增长则要慢得多（Morck，Stangeland，and Yeung，2000）。当然，最贫穷的国家没有股票市场，因此也缺乏企业集团。

这些研究结果表明，各国可能陷入“中等收入陷阱”——这是一种稳定和长期的局面，由少数大型企业集团主导着存在制度性缺陷的经济，并通过防止进一步的制度发展来保护其主导地位。后一种可能性可以通过俘获监管者甚至整个政府，或者通过控制一国的银行从而控制潜在的进入者获得资本来实现（Rajan and Zingales，2003，2004）。如果企业集团中的公司主要通过政治寻租来获得利润，那么这些企业集团公司的利润会超过低收入国家独立企业的利润（Khanna and Yafeh，2007）的那些发现，并不一定意味着这些集团公司得到了更好的管理；相反，集团公司的利润可能对其经济产生严重的负外部性影响（Morck，Wolfenzon，and Yeung，2005）。[13] 因此，俄罗斯寡头控制的公司是该国经营业绩最好的公司（Guriev and Rachinsky，2005），但这并不意味着那些寡头应该控制更多的公司。

213 强盗资本家、寡头，以及诸如此类，被人们指责为是许多国家经济中存在的不公正现象的罪魁祸首。虽然公司治理文献强调与金字塔式组织结构相关的代理问题，但国家历史往往强调更广泛的问题。少数几个非常大的金字塔式集团的优势地位引起了更广泛的政治经济关注。在由少数几个非常大的企业集团构成一个经济体的大部分大企业部门的情况下，资本配置可能更多地取决于控股股东的偏好，而不是市场力量。如果控股股东拥有优质的信息、判断力和适当调整的激励机制，就可以提高效率，但也可能产生严重的资源错配。

长期的可持续的经济增长被认为需要创造性破坏，创新的、高生产力的新兴公司不断出现，并取代了已经建立的低生产率的公司。创造性破坏需要金融发展，因为具有潜在颠覆性新想法的创造性企业家不太可能从面临毁灭的现有大公司或企业集团那里获得资金（King and Levine，1993）。那些已经富有和有权势的人倾向于维持现状。事实上，他们可能会将资金转移到自己已有公司内部的低回报项目上，而不是转移到可能会被外部人控制的利润更高的企业（Almeida and Wolfenzon，2006）。类似的考虑对那些为自己已有公司的竞争者提供融资的集团不利，尽管有许多竞争公司出现，但仍允许隐蔽的卡特尔存在（Morck，Wolfenzon，and Yeung，2005）。因此，由大型企业集团主导的经济体可能严重依赖于老牌公司谨慎运用国外的创新来促进生产力的增长，以及依赖贸易开放以实现竞争性定价。同样的声誉、信息和协调优势使集团公司在制度薄弱的经济中以较低的交易成本开展业务，也使集团的控股股东能够更好地影响政府官员，这可能会使集团中企业的经济表现更好，至少在一定程度上是由于政治寻租的优势，而不是资源配置（Morck and Yeung，2004）。更根本的是，在一个少数人控制太多的地方，一个家族企业族长的判断失误就会变成一场宏观经济危机。

政治委员和干部

中央计划通常被认为是一种政府职能。20 世纪最具影响力的经济学家之一，保罗·罗森斯坦－罗丹（Paul Rosenstein-Rodan，1943）就认为，“经济欠发达问题”是一个融资和协调问题。现代 214
市场经济中的每一家企业在很大程度上依赖于是否存在足够数量的企业，以维持在整个垂直供应链和相关互补性的产品制造商的竞争性价格，以及基础设施公共产品的存在。在从低层次开始的快速发展过程中，这个网络中的许多节点都缺失了。填补这些缺失的部分对经济的其他部门有巨大的好处，但第一批这样做的公司不能轻易地获得回报。事实上，套牢问题（Williamson，1975）可以阻止先行者，但这样会限制发展。为了克服这些问题，罗森斯坦－罗丹呼吁实施“大推进”（Big Push）：由外援资助的政府协调的产业政策，其中大型国有企业将协调经济各部门的发展。他认为，只有由国家主导的“大推进”，才能克服阻碍私营企业投资、将穷国锁定在低水平均衡状态的众多套牢问题、外部性和不完全网络问题。

罗森斯坦－罗丹对这一问题的刻画令人无法辩驳，到现在依然是发展经济学的中心主题（Murphy，Shleifer，and Vishny，1989）。然而，他提出的解决方案却陈腐而糟糕。就像其更为人熟知的、相关的自然资源陷阱理论（Sachs and Warner，2001）一样，外国援助陷阱也可能会损害受援国政府的质量（Djankov，Montalvo，and Reynal-Querol，2008；Easterly，2006）。就像充足的自然资源使用费充实了政治家的预算，却没有实际性地关注真正的发展一样，巨额的援助流入使政客们的注意力集中在了取悦捐助者上面。在这两种情况下，真正的发展对政治精英来说充其量是不必要的，甚至可能不适合麻烦不断的新兴企业。国家主导的大规模产业政策甚至被彻底抹黑（Ades and di Tella，1997）。政治寻租（Krueger，1974）、监管俘获（Stigler，1971）和腐败（Shlefer and Vishny，1993）现在已被广泛认为是发展经济学中的首要问题，很少有其他政策选项比罗森斯坦－罗丹的国家主导的“大推进”更受欢迎了。

在20世纪50年代和60年代，罗森斯坦－罗丹和他在伦敦政治经济学院的学生，在数十个新独立的非洲、阿拉伯和亚洲国家中组织了国家领导的大规模工业化；他们甚至在长期独立但经济停滞不前的拉丁美洲经济体中找到了追随者。半个世纪后，大多数采用了他的药方的经济体仍然深陷贫困之中，受到了看似棘手的腐败、寻租和精英阶层被俘获的束缚。在20世纪后期成功发展为高收入经济体的少数亚洲国家和地区——中国香港、马来西亚、中国台湾和韩国——它们把经济托付给强大的大亨和商业家族，这些人的财富会随着经济发展而增长，而不是托付给了罗森斯坦－罗丹的中央计划者。罗森斯坦－罗丹的错误在于，没有预料到随之而来的寻租、俘获和其他政府失灵问题，尽管在他那个时代，几乎所有的主流经济学都是如此。 215

罗森斯坦－罗丹（Rosenstein-Rodan，1943）认为政府控制是至关重要的，因为金融关注的是单个公司：

> 金融市场和金融机构与整个国家的工业化任务不相称。它们针对的单位太小，同时没有考虑外部性。资本流向个别公司……从来没有一项有计划的、包含了同时规划几个互补性产业的工业化计划。

罗森斯坦－罗丹在这个问题上（或多或少）是正确的，但在解决方案上却是错误的。大型的金字塔式企业集团完全有能力"同时规划几个互补性产业"。事实上，它们的主要功能很可能是将网络外部性内部化，规避套牢问题，并对公共产品进行私人供给：这正是罗森斯坦－罗丹赋予政府"大推进"的任务。日本的发展被广泛认为是一次成功的政府实施的"大推进"（例如，Ohkawa and Rosovsky，1973），但是，直到日本的财阀开始掌权之前，它的经济发展都是步履蹒跚的（Morck and Nakamura，2007）。20 世纪 70 年代，除了与军事供应线有关的部门，韩国政府基本上放弃了直接干预；到了 80 年代，韩国更是实施了公开的新自由主义政策（Lim and Morck，2013）。20 世纪 70—90 年代，韩国经济从第三梯队上升到了第一梯队。即使是在政府干预力度最大的 20 世纪 60 年代，补贴也取决于出口的成功（布鲁兰德和莫厄里，本卷第 4 章）。无论是在发达经济体遥远的经济历史上，还是在当今迅速发展的经济体中，企业集团似乎都可能充当私营部门的中央计划者。

216 苏联中央计划的自由市场的类似物，这类商业集团的控股股东通过协调对众多不同部门的投资，通过控制集团中所有公司的重大决策，以及通过将资金从一个成员公司转移到另一个成员公司，可以将外部性内部化，防止套牢问题，甚至组织私人提供公共产品——至少在理论上是这样（Morck，2009）。但是，与苏联中央计划者不同的是，那些策划了加拿大、日本、韩国和瑞典成功发展的大亨们利用市场和公共资本，创造了随着经济发展而增长的个人财富。这些激励措施是一致的。

默克和中村（Morck and Nakamura，2007）记录了日本的财阀家族在该国高速增长的时代——19 世纪末和 20 世纪初实施的这种行为的证据。土耳其各大主要企业集团都经营着一所私立大学——毕业生最终会在集团公司工作的可能性或许极高，这可能会使投资有利可图，这里也几乎没有其他选择。

在一个关于企业集团如何自然地组织跨越多部门的大推进的令人敬佩的完整解释中，韩国 LG 集团，这一金字塔式企业集团的董事长具滋暻（Koo Cha-Kyung）解释了企业集团如何克服罗森斯坦 - 罗丹指出的一系列协调问题（Kim，2011）：

> 我父亲和我在 20 世纪 40 年代末开了一家乳霜工厂。当时，没有一家公司能为我们提供质量足够好的乳霜塑料瓶盖，所以我们不得不开始做塑料生意。单靠塑料盖还不足以经营塑料模具厂，因此我们增加了梳子、牙刷和肥皂盒等产品。这一塑料业务也促使我们开始生产电风扇叶片
> 217 和电话机外壳，这反过来又促使我们引入了电气和电子产

品，以及电信设备。塑料行业也把我们带入了炼油行业，从而需要一家油轮运输公司。仅这家炼油公司就支付了韩国最大保险公司总收入一半以上的保险费。于是，保险公司成立了。通过相关业务的这种自然的逐步演变，形成了我们今天所看到的 LG（Lucky-Goldstar）集团。

毕业典礼

一旦工业化的"大推进"阶段完成，允许低成本的间接交易的制度就位，企业集团的存在理由就会逐渐消失，与它们相关的一系列代理问题和政治经济学问题也就迫在眉睫了。就像支持任何强大既得利益的制度一样，家族控制的金字塔式企业集团往往会持续下去，直到一场重大危机打乱了现状，侵蚀了根深蒂固的精英阶层的财富，破坏了民众对现有制度的信心，并创造出了奥尔森（Olson，1984）所称的"干净的制度"。20 世纪最严重的那些经济冲击——20 年代的欧洲恶性通货膨胀、30 年代的大萧条、第二次世界大战和意识形态两极分化的冷战经济政策的逆转——以截然不同的方式影响着不同国家的金字塔式企业集团。

处在历史尽头的企业集团?

在一些高度发达的经济体中，大型金字塔式企业集团依然存在。但是，它们都得到了很好的管控。它们的控制家族竭力争取被视为好公民，并且经常热衷于与大众政府合作。

瑞典就是坚持这条道路的一个典范（Högfeldt，2005）。两家大型金字塔式企业集团控制的公司，大约占瑞典所有上市公司股票市值的一半。瑞典的企业集团如何应对大萧条，以及它们如何适应意识形态驱动的社会民主经济实验，这在很大程度上揭示了与这些群体有关的政治经济学问题。瑞典在19世纪末和20世纪初的“追赶型”工业化是以类似日本财阀的企业集团为特征的。在讨论这一时代的最后几十年时，达赫曼（Dahmen，1950）强调了各发展板块（development blocks）——相互依存的部门是协调发展的。

破产浪潮使得瑞典最大的银行持有大量工业企业的不良贷款库
218 存。两个最大的债权人，瓦伦堡家族的金融机构集团和瑞典商业银行（Svenska Handelsbanken)，接受了用股权控制模块来代替偿还债务，并将这些组成了金字塔式的控制模块。瑞典人对大萧条的反应是，他们投票支持了社会民主政府在接下来的几十年里几乎背靠背的连选连任。社会民主党的总理和这些商业家族的族长原本关系不佳。但是随着时间的推移，社会民主党人开始欣赏只需打几个电话就能与大企业“做交易”的这种便利，这些族长们也开始欣赏在高税收、密集的规制和产业政策补贴中内含的进入壁垒。强有力的劳动法和严格的披露要求防止了隧道效应的产生。许多瑞典人，包括热心的社会民主党人，都认为这种共生关系的发展是非常实用和有益的。[14]

20世纪初，意大利经济以几个非常庞大的金字塔式企业集团为特色（Aganin and Volpin，2005）。在20世纪20年代的银行危机中，贝尼托·墨索里尼（Benito Mussolini）夺取了权力，并将存在问题的银行国有化了。然后，这些国有银行接受了用工业公司的股权来偿还债务，并将以国有企业而不是家族企业作为顶端的大型金字塔式集团整合在一起。这些结构有助于通过有着不同的首席执行官和董事会，在名义上仍属于私营部门的上市公司来传播法西斯政党的控制权。但是，金字塔式的控制功能确保了法西斯政党在每个成员公司的董事会都有稳固的多数席位。这些结构似乎对战后政府也是有用的，并一直持续到20世纪90年代的大规模私有化计划；此后，家族控制的企业集团又卷土重来。今天，这个国家最大的商业集团属于阿涅利（Agnelli）家族所有，这也是法西斯主义统治之前最大的企业集团。[15]

加拿大也许提供了自然原因导致金字塔式集团消亡的最好例子（Morck et al.，2005）。在大萧条时期，没有任何激进的政治变革会 219
推翻那个国家的老牌政党，而战后的政治基本上仍是中间主义的。加拿大 20 世纪初的企业集团一直存在。一些集团在 20 世纪 30 年代破产后解散了；另一些集团则通过收购破产家族被拆分的子公司而得到成长。急剧升高的继承税率直到 20 世纪 70 年代都在发挥其功能，迫使继承人卖掉公司，甚至在新的集团成立时削减旧的集团。[16] 20 世纪 70 年代，随着该国采取了社会民主模式，企业集团戏剧性地重新崛起，然后在 80 年代后的自由化进程中再次衰落。似乎有道理的是，来自美国和其他地方更有效率的公司的竞争可能在这方面起了作用。

尽管如此，加拿大从未试图减少金字塔式的企业集团。相反，国家试图驯服它们。加拿大商业法的一个核心支柱是其对压迫行为的救济。这使得股东和其他指定的利益相关者能够通过连续的控制能力层级，针对被认为具有压迫性的行为，亲自起诉公司的最终控股股东。虽然这一点很少被使用，但一般认为这种股东权利远比在美国被认为重要的股东权利重要得多。德加科沃等人（Djankov et al.，2008）在一项跨国研究中指出，加拿大的这类法律是大多数国家中对代理问题最重要的约束。如下文所述，美国走出了一条独特的道路，摆脱了以企业集团为主导的经济，因此有着独特的制度。

如何管理企业集团仍是一个悬而未决的问题。不同的国家制定了完全不同的企业集团法律体系。例如，比利时法律要求集团成员公司的职员和董事为了企业集团的最佳利益，而不是为了他们的特定公司采取行动（Johnson，Lopez-de-Silanes，and Shleifer，2000）。对此，专注于单一企业治理的经济学家几乎连表面都没有触及（Morck，2011）。

企业集团历史的终结?

220 高收入经济体的大推进启动活动可能对已经成熟的企业集团控股股东而言是痛苦的。成功的发展带来了高效的市场和高质量的公共产品，如教育和公共卫生，所有这些都使遗留下来的公司治理问题更加突出：人才回归平均水平，对非亲属的激励减弱，家族企业对亲属的过度工作保障，以及喋喋不休的继承人之间的破坏性争吵。钱德勒（Chandler，1977，1990）将经济发展与家族控制式商业的萎缩以及职业化管理公司的发展联系起来。作为证据，他记录了四个主要经济体的这种转变：美国、英国、日本和德国。虽然家族企业在这四个国家中都持续存在，并且在德国自我夸耀为中坚的中小型企业中占了很大一部分，但钱德勒的观察基本上是正确的。在每一个例子当中，重大的经济冲击都促成了这一转变。

在美国，这种冲击就是大萧条（Morck，2005）。在 20 世纪 20 年代末，金字塔式的企业集团因通过机会主义式的隧道效应避税、隐蔽的卡特尔组织、破坏经济稳定以及将过多的经济权力赋予太少的人而受到越来越多的批评。罗斯福总统在 20 世纪 30 年代中期推出的新政，直接针对的就是企业集团，对公司间股息实行双重征税，禁止大型金字塔式企业集团在公共事业部门中存在，并对打破这种金字塔的那些家族实行了税收优惠。到 20 世纪 30 年代末期，此前在美国经济的大多数部门中都很常见的金字塔式企业集团消失了。[17] 现在大多数美国企业的股份持有都是广泛分散的，缺乏单一的主要股东；而且几乎所有企业都是自由企业。美国上市公司不持有其他美国上市公司的控制权，除非正在进行收购或资产剥离。

在德国，一场恶性通货膨胀和大萧条使阿道夫·希特勒的国 221
家社会主义党掌权了（Fohlin，2005，2007；Weitz，1997）。控制着德国金字塔式企业集团的家族通常使用包含占主导地位，而不是多数地位股权的控制链。为了扩大党对国家私营部门企业的控制，纳粹改变了股东投票规则，将公众投资者的选票交给了作为其股票托管人的银行。在使得该国最大的几家银行变得雅利安化（aryanizing）之后，党的忠诚拥护者就拥有了对合并股权的投票权，足以控制大多数德国大型公司的董事会。董事对股东的责任被对所有利益攸关方的义务取代：股东、债权人、工人、社区，最重要的是帝国及其元首。

虽经稍加修改，这一制度在今天仍然有效。大多数大型德国公司的职业经理人主要忠于德国最有权势的银行家，银行家的投票权决定了他们的职业生涯。由于大银行的股份被广泛持有，银行家们共同控制着它们自己董事会的选举。

日本在20世纪经历了一系列毁灭性的危机（Morck and Nakamura，2005）。1923 年的一场大地震摧毁了它的许多工业基地，而大萧条中的贸易壁垒使得更多的这种工业基地闲置起来。随着民众对自由民主的支持减弱，日本军方逐渐以选择性暗杀的方式掌权了。通过一系列改革，将军方人士塞入了各个公司和董事会，同时军事计划人员很快就支配了投资、支出和生产决策。

如果说日本的投降和战后被占领是一场更大的危机，那么美国军方在 1945 年掌管的经济受到军方的严格控制，就像苏联中央计划经济一样。负责重建日本的罗斯福新政的拥护者们认为，没有理由让那些控制且主导战前经济的金字塔式集团的家族依旧控制这些公司。相反，他们没收了家族和公司间的控股权利，并将其出售或分配给工人。当美国人在 1952 年离开时，日本的企业部门看起来就像现在的美国：大多数大型公司都是独立的，并被广泛持有。

随后，在日本发生了两波敌意收购浪潮，蓄意收购者购买了表现不佳企业的控制权，并威胁解雇它们的管理人员。这最后以三井银行发明的一个新的反收购防御策略而告终：财阀企业集团。这一策略汇集了十几家公司，每一家公司都创造了比其公开发行的股份更多的新股。这些股票随后在参与的公司之间进行交易，因此
222 每一家公司最终都持有集团中每一个其他成员公司 1% 或 2% 的股票。由此产生的配置使每家公司都没有任何单一控股股东，同时使得其经营人员免受敌意收购的威胁，因为所有经理都承诺永远不出售他们的股份，这些股份加在一起构成了每一家集团公司股票的多数（Lazonick，2004）。

尽管财阀企业集团实际上从没有仅仅作为反收购手段，但在日本 20 世纪 80 年代的繁荣时期，财阀企业集团吸引了外部专家的青睐。财阀成员企业长期的财务表现不佳现在受到投资者团体的批评，许多大型财阀似乎正在解散。以前的财阀公司现在热衷于采用毒丸（poison pills）策略。

在战后，被大萧条和战争摧毁的英国选出了一系列激进的工党政府（Cheffins，2009；Franks，Mayer，and Rossi，2005）。这些有组织的以交易为基础的养老基金，很快就成为英国大公司的大股东。出于对金字塔式集团成员公司股票上市的落后绩效的不满，这些养老基金成功地游说了伦敦证券交易所，从而改变了关于收购的规则。1968 年新的收购规则要求，任何拥有上市公司 30% 股权的股东，都必须竞购 100% 的股份。在蓄意收购者和养老基金行动主义的推动下，金字塔式企业集团基本上消失了。

在其他地方，钱德勒关于经济发展预示着专业化管理的预言仍未实现（La Porta，Lopez-de-Silanes，and Shleifer，1999）。它的到来可能是缓慢的，但该预言不是错误的。经过考验的解散金字塔式企业集团的技术方法，正在吸引着许多国家公共政策的兴趣，这些国家白手起家的大亨们管理的商业集团即将传给继承人或不太确定的人。韩国财阀正遭受越来越猛烈的抨击（Albrecht et al.，2010；Kim，2006）；以色列人正在反思他们的金字塔式企业集团的力量（Kosenko，2007）。在这些国家和其他地方，太子党们之间在遗产和继承方面的冲突可能正在削弱企业集团的权力（例如，Bertrand et al.，2008）。

反抗历史还有前途吗?

如果大型金字塔式企业集团之所以有价值，是因为它们能够协调大推进的发展，而一旦一个经济体成为发达国家，它们就成为经济增长的净拖累，那么它们不必要的持久性就成为一个公共政策问题。通过促进成功的大推进，大型企业集团自身破坏了它们存在的理由。那些有权势的家族的经济和社会地位取决于其企业集团具有
持续的重要性，因此，成功的发展可能会成为一个问题，而不是一 223
个目标。

拉詹和津加莱斯（Rajan and Zingales，2003，2004）表明，许多国家经历了突飞猛进的金融自由化，一旦最初的一批企业家获得资本建立企业集团，情况就发生了逆转。他们认为，第一代成功的商业家族迫切要求金融上的返祖，以保持（对他们）有利的现状。通过放慢发展速度，甚至停止其发展，它们保持了经济和社会的突出地位。但是，它们的国家在经济发展的半路上仍然停滞不前。

越来越多的文献记载了有多少国家陷入了“中等收入陷阱”

（Eichengreen，Park，and Shin，2011）。一旦它们掌握了经济的制高点，因为它们必须协调大推进式的发展，大型企业集团就可能很难被驱逐。它们巨大的资源和影响面使得它们成为完全无法抗拒的政治游说者（Morck and Yeung，2004）。它们可以从它们的资源性企业、能够确保收益率的受监管公用事业、政府担保的金融机构等方面转移自由现金流，以维持它们的其他公司，甚至参与掠夺性定价以阻止竞争。只要它们的控股股东重视已经控制的社会和经济利益，而不是从可持续发展中获得的财富，这种情况就会持续存在。

发展停滞不仅仅是一个本地问题。发达经济体已经开始依赖新兴经济体不断增长的需求，尤其是来自印度的需求。因此，这些日益在全球范围内变得不那么重要的经济体所产生的经济扭曲可能造成全球代价。更广义地说，发展中国家的发展停滞意味着对发达经济体出口需求的下降。也许最重要的是，停滞的发展浪费了数百万人的潜能，减缓了人类的整体发展。我们有太多的问题亟须解决，而不能浪费思想和人才了。

结　论

企业集团在资本主义经济的早期发展中可以发挥重要的作用。发达资本主义经济中的每一家企业都隐含地依赖于一个庞大的机构和其他公司的网络，由它们有效地设定投入、产出和互补商品的价格。没有这些，大量的网络外部性、套牢问题和其他市场失灵都会阻碍工业化进程。可以说，早期的工业化国家花了几个世纪的时间
224 来发展——至少这些问题的部分原因通过试错过程慢慢地被克服了。暂停市场力量和委托政府中央计划人员分配资源的效果很差，因为另一个更严重的阻碍发展的政府失灵问题出现了。企业集团可

以采用的是私营部门的机制，用于内化网络外部性，防止套牢问题，克服其他制度缺陷——并促进大推进工业化的倡导者所设想的快速发展。因此，大型企业集团在成功的晚期工业化国家和当今正在迅速工业化的经济体中占有突出地位。金字塔式企业集团的发明可能太晚了，无法协调英国等先驱经济体的快速工业化。

经过一次成功的大推进之后，集团企业固有的治理问题的内在潜力和超越市场力量的能力可能成为一种净负担（Morck，Wolfenzon，and Yeung，2005）。当然，它们不需要这样做：许多发达经济体保留着大型企业集团，但受到强大的透明度、反自我交易，以及其他法律和监管约束的制约。其他国家，尤其是美国和英国，则采取了明确的税收和监管政策，旨在将企业集团解散为独立公司。特别是动荡的经济和政治历史，使得其他国家，尤其是日本和德国，形成了结构独特的企业集团，传统家族控制的金字塔式企业数量更少。正如奥尔森（Olson，1984）所指出的，重大的制度变革往往伴随着重大的危机，从而使既得利益集团无法生存。与这一逻辑相一致，不同国家在应对重大危机时重组公司控制权的方式不同，在资本主义不同“口味”的发展中发挥了重要作用（Morck and Yeung，2009）。[18] 如今，新兴的经济体也正面临着，或者说很快就会面临类似的选择。经济史对一些大型企业集团的持续不受约束的支配地位进行了约束，但也提供了几个看似可行的替代政策选项。

那些一直处于发展中但从未进入发达状态的经济体，可能会因为时间不一致性问题而陷入“中等收入陷阱”：大家族控制的企
业集团可能会在事前有利于经济体的快速发展，但在事后却阻碍发 225
展。[19] 大型家族控制的企业集团能带领发展中国家进入发达国家的行列：它们在日本、韩国和其他地方都已经这样做了。但是，通

过成功地这样做，它们在经济上就变得没有必要了。当这种前景威胁到对其控股股东有利的现状时，我们认为，发展中经济体的商业精英可能会通过放缓甚至停止发展进程做出反应。

注 释

[1] 这一定义是由拉波塔、洛佩兹·西拉内斯和施莱弗（La Porta，Lopez-de-Silanes，and Shleifer，1999）提出的，现在已成为金融文献中的标准。其他定义将企业集团扩展到包括日本的财阀企业集团，这些集团由小规模的公司间股权网络联系在一起，甚至还包括由 CEO 的朋友和熟人网络连接起来的公司（Khanna and Yafeh，2007）。虽然每个定义都有其优点，但我们的定义在目前的情况下具有独一无二的用处。

[2] 类似的金字塔式集团通常由商业家族控制，在以下经济体中占主导地位：阿根廷（Fracchia，Mesquita，and Quiroga，2011）；巴西（Aldrighi and Postali，2010）；智利（Khanna and Palepu，2000a，2000b）；哥伦比亚（Trujillo et al.，2012）；东亚地区（Claessens et al.，2002；Lefort，2011）；印度（Khanna and Palepu，2005；Sarkar，2011）；以色列（Kosenko and Yafeh，2011；Kosenko，2007）；意大利（Aganin and Volpin，2005）；墨西哥（La Porta and López-de-Silanes，1999；Hoshino，2011）；俄罗斯（Guriev，2011）；巴基斯坦（Haque and Kabir，2001）；新加坡（Tsui-Auch and Yoshikawa，2010）；南非（Goldstein，2011）；韩国（Bae et al.，2002；Kim，2011）；中国台湾（Chung and Mahmood，2011）；泰国（Charumilind，Kali，and Wiwattankantang，2006；Suehiro and Wailerdsak，2011）；土耳其（Colpan，2011）；西欧地区（Barca and Becht，2001；Faccio and Lang，2002）；以及全球经济（La Porta，Lopez-de-Silanes，and Shleifer，1999；Masulis，Pham，and Zein，2011）。

[3] 美国在 19 世纪末和 20 世纪初的企业集团是以投票信托（voting trusts）的形式组建的：这是一种独特的组织形式，由于在法律上限制公司拥有位于其他州的公司股份而变得有必要存在了（Becht and DeLong，2005）。在这一特定背景下，这使得用美国的商业史作为背景来研究其他国家就不那么有用了。因此，本章大量引用加拿大的例子，理由是加拿大在许多方面与美国相似，但其在作为工业化进程中和已经实现工业化的经济体的整个历史中，表现出了更典型的企业集团性质（Morck et al.，2005）。我们恳请美国读者的宽容，他们可能有理由期望从他们国家的历史中得到更多的例子。导致美国各州建立和保留这些限制措施的政治经济力量，直到 20 世纪末被新泽西州打破秩序前，一直没有被完全理解（Becht and DeLong，2005）。

[4] 本节是默克和中村（Morck and Nakamura，2005，2007）文章的一个非常简化的概要。

[5]　布鲁兰德和莫厄里在本卷第 4 章中，讨论了财阀在产品质量和工艺质量改进中的作用，以及它们与教育系统的关系。

[6]　见本章注释 [4] 中关于信托的分析。贝希特和德龙（Becht and DeLong，2005）详细描述了这些法律上的变化。简而言之，对信托组织垄断的批评导致了专门针对信托的反垄断法律的产生。商业游说活动使得新泽西州修改了它的法律，允许金字塔式结构作为一种替代机制，这样单独一个大亨或企业家族可能控制大量看似不同的公司。到了 20 世纪 30 年代，许多美国企业集团变得异常专注于特定行业，尤其是公用事业或铁路。

[7]　与这些观点相关的经验证据主要来自当今经济体（Leff，1978；Khanna and Palepu，2000；Khanna and Fisman，2004；Khanna and Yafeh，2007）。更具体地说，康纳和帕列普（Khanna and Palepu，2005）提供的证据表明，由塔塔家族控制的一个主要印度商业集团中的公司，在创新方面比独立的企业有重大的优势，同时莫克、施坦格兰德和杨（Morck，Stangeland，and Yeung，2000）估计，加拿大企业集团的成员公司的资本成本要低于其独立的同行业企业。

[8]　较高的代理成本使得公司的股票以更低的价格交易。公司入侵者（corporate raiders）被假定购买这些公司的股份，将其退市，然后进行重组，在对以利润为代价的管理效用最大化上实施可信的新约束，以减少代理问题，然后将公司股票在股票市场上以比收购时更高的价格重新上市。在美国和英国这样的经济体中，收购是很常见的，入侵者因此对企业施加了持续的压力，使代理成本降到了最低（Shleifer and Vishny，1997）。弗兰克斯、梅耶和罗西（Franks，Mayer，and Rossi，2005）认为，这种入侵者通过不断发行新股来为他们的收购活动融资，稀释他们在自己公司的股份，并认为更广泛的收购活动，至少在一定程度上，是为了让这些国家广泛持有的公司发挥更大的重要性。

[9]　下面的内容与金字塔式企业集团有关，因为无论是在国家间还是历史上，这些都是大型企业集团的主导结构。这里所提出的问题也适用于 19 世纪时美国以投票信托形式组建的企业集团，两者仅有细微的差异。国家控制的企业集团，如在法西斯统治时期的意大利十分重要（Aganin and Volpin，2005），可能会使与损害经济效率的政治议程相关的代理问题变得截然不同。

[10]　集中投票控制对公司绩效的负面影响与控股股东的投票权超过其现金流权利有关，即与他们对公司股份的实际所有权的程度有关（Claessens et al.，2002；Edwards and Weichenrieder，2004；Faccio and Lang，2002）。蒂格等人（Attig et al.，2006）也表明，这一差距与该公司公开发行的流动性较低有关——也就是说，这些股票不是金字塔式控制结构的一部分，而是由公众投资者持有的。

[11]　邦布赖特和米恩斯（Bonbright and Means，1932）认为，过高或过低的集团内部服务费比定价不当的商品更难被发现，是一种体现隧道效应的更好方法。例如，一家工程服务公司或金融公司可能会将定价过高的服务出售给另一家集团公司，作为一种将资金从该公司转移出去的方式，并可能以降价的方式提供服务，以此将资金转入需要补

贴的另一家集团公司。

[12] 因果关系的方向无法从相关性中直接推断出来。大型家族控制的企业集团的优势地位可能会阻碍经济发展，或者处于发展初期的国家可能是大型家族控制的企业集团的有利的成长环境，又或者两者兼而有之。大部分经验证据都认为这要根据具体情况而定，这表明了“两者兼而有之”。因此，双向因果关系是下文论点的核心。

[13] 政治寻租（Krueger，1974）发生在企业投资于政治关联（political connections），而不是生产性资产的时候。鲍莫尔（Baumol，1990）认为，大型的、侵略性和腐败的政府可以使政治寻租成为大多数公司可以获得最高回报的投资方式，而这可能会阻碍经济发展。这可能是一种稳定的局面，在这种情况下，寻租企业经营表现良好——它们在补贴、贸易保护、税收减免和保护性进入壁垒方面对政府关系的投资产生了高回报；但是，由于缺乏对提高生产率的资产的真正投资，经济因此停滞不前（Morck，Wolfenzon，and Yeung，2005）。我们称之为一种“中等收入陷阱”。

[14] 瑞典金字塔式企业集团的一个普遍好处是集团成员公司不受公众股东施加的短期业绩压力的影响，从而允许企业与政府合作开发新技术。例如，瓦伦堡金字塔式集团的企业爱立信开发了一项由国家资助的数字技术，以在电信领域获得突出地位。然而，公众股东对经理人施加短期压力的证据大多是传闻，而实证研究则相反：公司股价因其在美国（Jaffe，1986；Chan，Martin，and Kensinger，1990；Doukas and Switzer，1992；Chan，Lakonishok，and Sougiannis，2001）、加拿大（Johnson and Pazderka，1993）和欧洲（Hall and Oriani，2004）的研发支出正在增长的消息而突然上涨。虽然国家在资助基础研究方面的作用在世界各地成功的发达经济体中仍然存在，但国家资助的商业化倾向于增加政治寻租的回报（Gompers and Lerner，2004，chap.13）。

[15] 阿甘宁和沃尔品（Aganin and Volpin，2005）记录了家族控制的金字塔式企业集团 20 世纪 20—90 年代的私有化运动，家族控制的金字塔式企业集团在一定程度上被国家控制的金字塔式集团掩盖了；此后，家族控制的企业集团重新获得了 20 世纪初的主导地位。

[16] 这些改革的政治经济方面是复杂的，但几乎可以肯定是非常重要的。皮埃尔·特鲁多（Pierre Trudeau）的父亲查尔斯·特鲁多（Charles Trudeau）控制着一家小型企业集团，前者在 1972 年取消遗产税。1974 年，这项名为“死后资本利得变现”的替代方案得到了修正，以允许家族信托将此推迟一代人或更长时间。然而，来自富裕的商业家族的政治压力依然存在。在 1986 年和 1991 年，布朗夫曼家族的一个分支要求允许以这样一种信托方式将 22 亿美元转移到国外，但没有任何变现，从而有效地避免了所有的财产税。据称，加拿大税务局（Revenue Canada）拒绝了这一许可，但被财政部驳回，这笔基金从而被转移了。参考 Peter C. Newman，“The soft touch of an ace tax collector，” *Maclean's*，June 10，1996；Diane Francis（2000），“The crusade to know what went on at Revenue Canada，” *National Post*，August 26，2000。

[17] 马奥尼（Mahoney，2012）指出，许多美国金字塔式集团都拥有公用事业公

司，其成本加成定价受到了监管，这使得它们不仅仅成为摇钱树（集团中其他企业的补贴来源），同时也是将高成本转化为高利润的机制（成本加成定价设定的比率，使得利润总是一个给定的数字和成本之间的乘积）。由于担心其他拥有公用事业业务集团中的公司，以公用事业费用支付者的利益为代价而获得不公平的收益，美国政府在 1935 年出台了《公用事业控股公司法》（Public Utilities Holding Companies Act），将公用事业的金字塔结构限定为两级。这一法案在强迫解散主要优势是其公用事业附属公司的受管制利润的金字塔式企业集团方面，几乎肯定是最重要的。虽然许多美国金字塔式集团公司实际上主要涉及公用事业（Bank and Cheffins，2010），但其他许多也包含铁路、金融和工业公司（Morck，2009）。在其他国家，以成本加成定价机制作为金字塔式集团公司摇钱树的受监管公用事业机构的重要性没有得到充分的研究。

[18]　尽管社会学家已经发展出了一系列关于"资本主义的多样性"的丰富文献（Hall and Soskice，2001），但许多金融和经济问题仍未解决。显然有必要对这些问题进行进一步研究。

[19]　时间不一致性问题（Kydland and Prescott，1977）在整个经济学中都会发生——在那些天真的最优策略，如果成功的话，会改变条件，使自己处于次优状态的地方。

参考文献

Ades, A. and R. di Tella (1997). " National Champions and Corruption: Some Unpleasant Interventionist Arithmetic," *Economic Journal* 107: 1023–1042.

Aganin, A. and P. Volpin (2005). " The History of Corporate Ownership in Italy, " in R. Morck (ed.), *A History of Corporate Governance around the World: Family Business Groups to Professional Managers*. University of Chicago Press, pp. 325–361.

Albrecht, C., C. Turnbull, Y. Zhang, and C. Skousen (2010). " The Relationship between South Korean Chaebols and Fraud," *Management Research Review* 33(3): 257–268.

Aldrighi, D. M. and F. Postali (2011). " Business Groups in Brazil, " in Colpan *et al.*

Almeida, H. and D. Wolfenzon (2006). " Should Business Groups Be Dismantled? The Equilibrium Costs of Efficient Internal Capital Markets, " *Journal of Financial Economics* 79(1): 99–144.

Attig, N., W. M. Fong, Y. Gadhoum, and L. H. P. Lang (2006). " Effects of Large Shareholding on Information Asymmetry and Stock Liquidity," *Journal of Banking & Finance* 30. 2875–2892.

Bae, K. H., J. K. Kang, and J. M. Kim (2002). " Tunneling or Value Added? Evidence from Mergers by Korean Business Groups," *Journal of Finance* 57: 2695–2740.

Bank, S. and B. Cheffns (2010). " The Corporate Pyramid Fable," UCLA School of Law Working Paper.

Barca F. and M. Becht, eds. (2001). *The Control of Corporate Europe*. New York: Oxford University Press.

Baumol, W. (1990). " Entrepreneurship: Productive, Unproductive, and Destructive, " *Journal of Political Economy* 98(5): 893–921.

Bebchuk, L. A., R. Kraakman, and G. G. Triantis (2000). " Stock Pyramids, Cross-Ownership, and Dual Class Equity: The Mechanisms and Agency Costs of Separating Control from Cash-Flow Rights, " in *Concentrated Corporate Ownership*. Chicago and London: University of Chicago Press, NBER Conference Report series, 295–315.

Becht, M. and J. B. DeLong (2005). " Why Has There Been So Little Block Holding in America?" in R. K. Morck (ed.) *A History of Corporate Governance around the World: Family Business Groups to Professional Managers*. Chicago and London: University of Chicago Press, 613–660.

Berle, A. and G. Means (1932). *Modern Corporation and Private Property*. New York: Commerce Clearing House.

Bertrand, M., S. Johnson, K. Samphantharak, and A. Schoar (2008). " Mixing Family with Business: A Study of Thai Business Groups and the Families Behind Them," *Journal of Financial Economics* 88: 466.

Bonbright, J. C. and G. C. Means (1932). *The Holding Company: Its Public Significance and its Regulation*. New York: McGraw-Hill Book Co.

Chan, L. K. C., J. Lakonishok, and T. Sougiannis (2001). " The Stock Market Valuation of Research and Development Expenditures," *Journal of Finance* 56(6): 2431–2456.

Chan, S. H., J. Martin, and J. Kensinger (1990). " Corporate Research and Development Expenditures and Share Value," *Journal of Financial Economics* 26(2): 255–276.

Chandler, A. (1977). *The Visible Hand: The Managerial Revolution in American Business*. Cambridge, MA: Belknap Press.

(1990). *Scale and Scope: The Dynamics of Industrial Capitalism*. Cambridge, MA: Belknap Press.

Charumilind, C., R. Kali, and Y. Wiwattankantang (2006). " Connected Lending: Thailand before the Financial Crisis," *Journal of Business* 79: 181–218.

Cheffins, B. (2009). *Corporate Ownership and Control: British Business Transformed*. Oxford University Press.

Chung, C.-N. and I. P. Mahmood (2011). "Business Groups in Taiwan," in Colpan *et al.*

Claessens, S., S. Djankov, J. P. H. Fan, and L. Lang (2002). " Disentangling the Incentive and Entrenchment Effects of Large Shareholdings," *Journal of Finance* 57(6): 2741–2771.

Colpan, A. M. (2011). "Business Groups in Turkey," in Colpan *et al.*

T. Hikino, and J. R. Lincoln (2011). *The Oxford Handbook of Business Groups*. Oxford University Press.

Dahmen, E. (1950). *Entrepreneurial Activity and the Development of Swedish Industry 1919–1939*. Homewood IL: American Economic Translation Series, Irwin.

DeLong, J. B. (1991). " Did J. P. Morgan's Men Add Value? An Economist's Perspective on Financial Capitalism, " in Peter Temin (ed.), *Inside the Business Enterprise: Historical Perspectives on the Use of Information*. University of Chicago Press for NBER, pp. 205–236.

Djankov, S., J. Montalvo, and M. Reynal-Querol (2008). " The Curse of Aid," *Journal of Economic Growth* 13: 169–194.

Djankov, S., R. La Porta, F. Lopez-de-Silanes, and A. Shleifer (2008). " The Law and Economics of Self-Dealing," *Journal of Financial Economics*. 88(3): 430–465.

Doukas, J. and L. Switzer (1992). " The Stock Market's Valuation of R&D Spending and Market Concentration," *Journal of Economics and Business* 44(2): 95–114.

Easterly, W. (2006). *The White Man's Burden: Why the West's Efforts to Aid the Rest have done so much Ill and so little Good*. New York: Penguin Press.

Edwards, J. S. S. and A. Weichenrieder (2004). " Ownership Concentration and Share Valuation," *German Economic Review* 5: 143–171.

Eichengreen, B., D. Park, and K. Shin (2011). " When Fast Growing Economies Slow Down: International Evidence and Implications for China," NBER Working Paper No. 16919.

Faccio, M. and L. H. P. Lang (2002). " The Ultimate Ownership of Western European Corporations," *Journal of Financial Economics* 65(3): 365–395.

Fan, J., T. J. Wong, and T. Zhang (in press). " Institutions and Organizational Structure: The Case of State-Owned Corporate Pyramids," *Journal of Law, Economics, & Organization*.

Fogel, K. (2006). " Oligarchic Family Control, Social Economic Outcomes, and the Quality of Government," *Journal of International Business Studies* 37: 603.

Fohlin, C. (2005). " The History of Corporate Ownership and Control in Germany," in R. Morck (ed.), *A History of Corporate Governance around the World: Family Business Groups to Professional Managers*. University of Chicago Press, pp. 223–277.

(2007). *Finance Capitalism and Germany's Rise to Industrial Power*. Cambridge University Press.

Fracchia, E., L. Mesquita, and J. Quiroga (2011). " Business Groups in Argentina, " in Colpan *et al.*

Franks, J., C. Mayer, and S. Rossi (2005). " Spending Less Time with the Family: The Decline of Family Ownership in the United Kingdom, " in R. Morck (ed.), *A History of Corporate Governance around the World: Family Business Groups to Professional Managers*.

University of Chicago Press, pp. 581–607.

Goldstein, A. (2011). "Business Groups in South Africa," in Colpan *et al.*

Gompers, P. and J. Lerner (2004). *Venture Capital Cycle*. Cambridge, MA: The MIT Press.

(2006). *The Venture Capital Cycle*. 2nd edn. Cambridge, MA: The MIT Press.

Guriev, S. (2011). "Business Groups in Russia," in Colpan *et al.*

Guriev, S. and A. Rachinsky (2005). " The Role of Oligarchs in Russian Capitalism, " *Journal of Economic Perspectives* 19(1): 131–150.

Hall, P. and D. Soskice, eds. (2001). *Varieties of Capitalism: The Institutional Foundations of Comparative Advantage*. Oxford University Press.

Haque, M. and H. M. Kabir (2001). "Diversification as a Corporate Strategy for a Family-controlled Business Group in a Frontier Market, " *Journal of Social, Political, and Economic Studies* 26(4): 719–758.

Högfeldt, P. (2005). " The History and Politics of Corporate Ownership in Sweden," in R. Morck (ed.), *A History of Corporate Governance around the World: Family Business Groups to Professional Managers*. University of Chicago Press, p. 62.

Hoshino, T. (2011). "Business Groups in Mexico," in Colpan *et al.*

Jaffe, A. (1986). " Technological Opportunity and Spillovers of R&D: Evidence from Firms' Patents, Profits, and Market Value," *American Economic Review* 76: 984–1001.

Jensen, M. C. and W. H. Meckling (1976). " Theory of the Firm: Managerial Behavior, Agency Costs and Ownership Structure," *Journal of Financial Economics* 3(4): 305–360.

Johnson, L. and B. Pazderka (1993). " Firm Value and Investment in R&D," *Managerial and Decision Economics* 14: 15–24.

Johnson, S., F. Lopez-de-Silanes, and A. Shleifer (2000). " Tunneling, " *American Economic Review* 90: 22–27.

Jones, G. (2000). *Merchants to Multinationals: British Trading Companies in the Nineteenth and Twentieth Centuries*. Oxford University Press.

Khanna, T. and R. Fisman (2004). " Facilitating Development: The Role of Business Groups," *World Development* 32(4): 609–628.

Khanna, T. and K. Palepu (2000a). " Is Group Affliation Profitable in Emerging Markets? An Analysis of Diversified Indian Business Groups," *Journal of Finance* 55(2): 867–893.

(2000b). " Emerging Market Business Groups, Foreign Investors, and Corporate Governance, " in R. Morck (ed.), *Concentrated Corporate Ownership*. National Bureau of Economic Research Conference Report. University of Chicago Press, pp. 265–294.

(2005). " The Evolution of Concentrated Ownership in India: Broad Patterns and a History of the Indian Software Industry, " in R. Morck (ed.), *The History of Corporate Governance around the World: Family Business Groups to Professional Managers*. University of Chicago Press, pp. 283–320.

Khanna, T. and Y. Yafeh (2007). " Business Groups in Emerging Markets: Paragons or Parasites?" *Journal of Economic Literature* 45(2): 331–372.

Kim, E.(2006). " The Impact of Family Ownership and Capital Structures on Productivity Performance of Korean Manufacturing Firms: Corporate Governance and the 'Chaebol Problem,'" *Journal of the Japanese and International Economies* 20(2): 209–233.

Kim, H. (2011). "Business Groups in South Korea," in Colpan *et al.*

King, R. and R. Levine (1993). " Finance and Growth: Schumpeter Might Be Right, " *Quarterly Journal of Economics* 108: 717–737.

Kosenko, K. (2007). " Evolution of Business Groups in Israel: Their Impact at the Level of the Firm and the Economy," *Israel Economic Review* 5(2): 55–93.

Kosenko, K. and Y. P. Yafeh (2011). "Business Groups in Israel," in Colpan *et al.*

Krueger, A. O. (1974). " The Political Economy of the Rent-Seeking Society," *American Economic Review* 64: 13.

Kydland, F. and E. Prescott (1977). " Rules Rather than Discretion: The Inconsistency of Optimal Plans," *Journal of Political Economy* 85(3): 473–492.

La Porta, R. and F. Lopez-de-Silanes (1999). " The Benefits of Privatization: Evidence from México," *Quarterly Journal of Economics* 114(4): 1193–1242.

La Porta, R., F. Lopez-de-Silanes, and A. Shleifer (1999). " Corporate Ownership around the World," *Journal of Finance* 54(2): 471–517.

Lazonick, W. (2004). " The Innovative Firm," in J. Fagerberg, D. C. Mowery, and R. R. Nelson (eds.), *Oxford Handbook of Innovation*. Oxford University Press, pp. 29–55.

Leff, N. (1978). " Industrial Organization and Entrepreneurship in the Developing Countries: The Economic Groups," *Economic Development and Cultural Change* 26(4): 661–675.

Lim, W. and R. Morck (2013). " The Long Shadow of the Big Push," Alberta School of Business working paper. Edmonton: University of Alberta.

Mahoney, P. G. (2012). " The Public Utility Pyramids, " *Journal of Legal Studies* 41: 37–66.

Masulis, R., P. Pham, and J. Zein (2011). " Family Business Groups around the World: Costs and Benefits of Pyramids," *Review of Financial Studies* 24(11): 3556–3600.

Morck, R. (2005). " How to Eliminate Pyramidal Business Groups: The Double Taxation of Inter-corporate Dividends and Other Incisive Uses of Tax Policy, " in J. Poterba (ed.), *Tax Policy and the Economy*. Vol. xIx. Cambridge, MA: The MIT Press, 135–179.

(2009). " The Riddle of the Great Pyramids, " in A. Colpan and T. Hikino (eds.), *Oxford*

Handbook of Business Groups. Oxford University Press.

(2011). " Finance and Governance in Developing Economics," *Annual Review of Financial Economics* 3: 375–406.

Morck, R. and M. Nakamura (2005). " A Frog in a Well Knows Nothing of the Ocean: A History of Corporate Ownership in Japan, " in R. Morck (ed.), *A History of Corporate Governance around the World: Family Business Groups to Professional Managers*. University of Chicago Press, pp. 367–459.

(2007). " Business Groups and the Big Push: Meiji Japan's Mass Privatization and Subsequent Growth," *Enterprise and Society* 8(3): 543–601.

Morck, R., M. Percy, G. Tian, and B. Yeung (2005). " The Rise and Fall of the Widely Held Firm: A History of Corporate Ownership in Canada, " in R. Morck (ed.), *A History of Corporate Governance around the World: Family Business Groups to Professional Managers*. University of Chicago Press, 65–140.

Morck, R., A. Shleifer, and R. Vishny (1988). " Management Ownership and Market Valuation: An Empirical Analysis," *Journal of Financial Economics* 20(1/2): 293-315.

Morck, R., D. Stangeland, and B. Yeung (2000). " Inherited Wealth, Corporate Control, and Economic Growth: The Canadian Disease? " in R. Morck (ed.), *Concentrated Corporate Ownership*. University of Chicago Press, 319–369.

Morck, R., D. Wolfenzon, and B. Yeung (2005). " Corporate Governance, Economic Entrenchment, and Growth," *Journal of Economic Literature* 43: 655–720.

Morck, R. and B. Yeung (2004). Family Control and the Rent-seeking Society. *Entrepreneurship: Theory and Practice* 28, 18.

(2009). " Never Waste a Good Crisis: A Historical Perspective on Comparative Corporate Governance," *Annual Review of Financial Economics* 1: 145–179.

Murphy, K. M., A. Shleifer, and R. Vishny (1989). " Industrialization and the Big Push," *Journal of Political Economy* 97(5): 1003–1026.

Ohkawa, K. and H. Rosovsky (1973). *Japanese Economic Growth Trend Acceleration in the Twentieth Century*. Oxford University Press.

Olson, M. (1984). *The Rise and Decline of Nations*. New Haven, CT: Yale University Press.

Rajan, R. and L. Zingales (2003). " The Great Reversals: The Politics of Financial Development in the Twentieth Century," *Journal of Financial Economics* 69(1): 5–50.

(2004). *Saving Capitalism from the Capitalists: Unleashing the Power of Financial Markets to Create Wealth and Spread Opportunity*. Princeton University Press.

Rosenstein-Rodan, P. N. (1943). " Problems of Industrialisation of Eastern and South-Eastern Europe," *Economic Journal* 53: 202–211.

Sachs, J. and A. Warner (2001). " The Curse of Natural Resources," *European Economic Review* 45: 827−838.

Sarkar, J. (2011). "Business Groups in India," in Colpan *et al.*

Shiba, T. and M. Shimotani (1997). *Beyond the Firm: Business Groups in International and Historical Perspective*. Oxford and New York: Oxford University Press.

Shleifer, A. and R. Vishny (1993). "Corruption," *Quarterly Journal of Economics* 108(3): 599−617.

(1997). "A Survey of Corporate Governance," *Journal of Finance* 52(2): 737−783.

Stigler, G. J. (1971). " The Theory of Economic Regulation," *Bell Journal of Economics* 3: 3−18.

Stulz, R. M. (1988). " Managerial Control of Voting Rights: Financing Policies and the Market for Corporate Control," *Journal of Financial Economics* 20(1/2): 25−54.

Suehiro, A. and N. Wailerdsak (2011). "Business Groups in Thailand," in Colpan *et al.*

Tian, G. (2006). *Three Essays on Corporate Control in Canada*. University of Alberta doctoral thesis in finance.

Trujillo, M. A., A. Guzman, M. G. Ferrero, and C. P. Vejarano (2012). *Family Involvement and Dividend Policy in Listed and Non-Listed Firms*. Galeras de Administracion Facultad de Administracion Universidad de Los Andes.

Tsui-Auch, L. S., T. Yoshikawa (2011). " Business Groups in Singapore, " in A. Colpan and T. Hikino (eds.), *Oxford Handbook of Business Groups*. Oxford University Press.

Weitz, J. (1997). *Hitler's Banker: Hjalmar Horace Greeley Schacht*. Boston, MA: Little, Brown.

Williamson, O. (1975). *Markets and Hierarchies*. New York: The Free Press.

第8章

金融资本主义

拉纳尔德·米基

引　言

230 在过去的250年里，通过外部力量及其内在动力的结合，金融资本主义发生了转变。通讯革命导致的距离的消失，既加剧了金融中心之间的竞争，又使所有从事金融服务的人融入全球网络。跨国和多部门商业的增长和经营，使那些过去由银行和金融市场承担的职能内部化了。各国政府通过各种法律和控制来塑造金融系统的结构和组成，同时促进和阻碍着全球化进程。金融资本主义也在不断演变。尽管金融资本主义的基本要素保持不变，但所涉及的产品和过程发生了变化，传递它们的结构和它们所受到的控制也发生了变化。金融资本主义的这种内在活力使它在19世纪成为主导性的经济体系，并为其提供了应对20世纪的世界大战、世界经济危机和敌对政府的弹性。然而，这种活力也造成了投机过度和银行倒闭的周期性爆发，以及资本提供者和使用者之间持续的紧张关系，同时也为这些问题找到了解决办法。金融资本主义不断地进行自我改造，其结果就是不存在单一的金融资本主义类型，因为随着时间的推移，以及在不同的国家，金融资本主义采取了许多不同的形式（奥罗克和威廉姆森，本卷第 1 章）。

金融创新

金融资本主义的核心是金融创新。通过创新，金融资本主义回应了外部挑战和机遇，同时产生了它的内在发展动力。这一创新不 231
仅限于新的金融产品、市场和组织，而且扩展到监管。根本的金融创新是试图改善贷款人 / 借款人和买方 / 卖方的对立需求之间的匹配，以便为中介机构创造利润。贷款人追求最高利率，而借款人要求利率最低。买家寻找最低的价格，而卖家寻求最高的价格。虽然价格是关键的变量，但还有其他与数量、类型、地点和时间有关的因素。金融创新的过程可以涉及所有这五个变量，或者只是一个变量。无论金融创新的原因或重点是什么，它都涉及四种基本形式，即产品、市场、组织和监管。产品创新是设计一种满足特定需要的金融工具。市场创新是建立一个交易系统，通过这个系统可以买卖这些金融产品。组织创新涉及将单独的金融活动组合在一起，使其大于其各部分的总和。监管创新是对减少风险的需要的回应，从而增加对产品、市场或组织的利用。这些创新都不是孤立的，而是不断发展的金融体系的组成部分。每一种创新都是为了满足一个精确的需求，因此都取决于现有的金融系统，进而在决定其未来的方向和形态方面具有影响力。

金融创新尽管源远流长，但在 19 世纪，由于财富和贸易的大幅度增长，取得了重大进展。尤其在使用金融产品、金融市场的复杂程度、金融机构的作用和重要性以及自律方面取得的进展，更是如此。这一充满活力的金融创新时期于 1914 年戛然而止。在两次世界大战期间，金融市场的运作受到政府的高度干预，以确保所有的国家资源都用于取得胜利的单一目标。在两次世界大战之间，许多银行最终处于国家控制之下，脆弱的经济状况，导致它们实际或接近崩溃，而国际金融交易则受到很大限制，因为各国政府试图限制金融和货币不稳定造成的危机的蔓延。即使在 1945 年之后，金融创新的过程在接下来的 25 年里仍然低迷，因为政府禁止和限制那些被认为要为过去的经济混乱负责的金融产品、市场或组
232 织。然而，在第二次世界大战之前和之后，金融创新继续受到应对不稳定或逃避政府控制的需要的推动。从 20 世纪 70 年代中期开始，在政府放松或取消管制的时代，金融创新再次蓬勃发展。因此，2007/2008 年度的全球金融危机可以看作是金融资本主义新时代的第一次严重中断（Rajan and Zingales，2003）。

金融创新往往产生于少数金融中心。货币、证券、衍生产品和外汇的交易集中在少数拥有最密集市场的中心区域，因为在那里，全球参考价格不断地被设定。即使是在进入市场或接收消息方面获得了最小优势，在第一个从迅速变化的买卖机会中获利的竞赛中也是有价值的。只有在极少数几个地点，人才的范围和深度才足以设计出高度复杂的金融产品，或安排和管理复杂的交易和业务。要从事这些金融活动，就要求在相互了解和信任的人之间存在定期和密切的个人互动。然而，与这些将金融活动吸引到伦敦和纽约等中心的向心力相反，在这些地方开展业务的成本，无论是以工资还是办公室租金衡量，都会产生离心力，从而推动金融活动转向更便宜的地点。虽然向心力和离心力的结合使金融活动的位置不断地重新排列，但总体效果是将所有的金融活动整合到一个全球网络中，

除非受到政府设置的障碍的阻止（Carlos and Neal，2011；Cassis，2006）。这种聚集和一体化结合的效果之一，是将金融资本主义与极少数全球性城市，特别是位于伦敦中心（伦敦城）和纽约（华尔街）的金融区联系起来。这种有形聚集的结果是使金融资本主义远离大多数人（Von Peter，2007）。

金融创新本身就是对这种观念的支持。这创造了公众无法理解的产品，这些产品随后在成交量超出人类理解范围的市场上进行交易。在 2008 年的全球金融危机中，许多人相信，金融危机爆发的原因在于引入了一系列令人眼花缭乱的复杂金融衍生品。在金融创新崩溃之后，金融创新的成本和收益受到了广泛的争论。在由两位著名的美国经济学家领导的辩论中，大多数人的观点支持约瑟夫·斯蒂格利茨（Joseph Stiglitz），他反对金融创新是因为金融创新带来的风险，而不是罗斯·莱文（Ross Levine）强调的金融创新所做出的积极贡献 [见 2011 年 2 月 23 日和 3 月 5 日《经济学家》 233
（*Economist*）关于金融创新的辩论]。所有领域的创新都是通过一个不断尝试和失败的过程取得的，既包括成功也包括失败。随着时间的推移，人们已经设计出了一些方法，在它们被普遍应用之前来测试医学、科学和技术创新的结果，尽管并不是所有的风险都可以被消除。然而，在金融创新的情况下，没有这样的测试。对于金融创新而言，这一选择要么是阻止金融创新的发生，要么是允许其引入并等待其后果。这里的问题是，鉴于金融资本主义的动态性质，对一种金融创新的限制具有替代效应。如果金融创新受阻，金融创新将改变方向和形态，从而绕过任何设置的障碍。这可能会导致一个既没有效率也不稳定的金融体系，如果不进行干预的话，这种金融体系就会发展起来。由于没有任何金融体系既不受政府干预，又不受银行和市场控制者的干预，因此，几乎不可能就最终结果是不是最佳结果达成明确结论。所有的结果都是次优的，因为它们都反映了那些想要增进自己利益，同时限制他人利益的人的影响（Beck et al.，2012）。

金融产品

最早发明出来的一个金融产品是汇票。它同时提供了临时性的信贷，并作为一种付款手段。19 世纪国际贸易的巨大扩张，依赖于发行后 90 天内可赎回汇票的使用。在第一次世界大战期间和战后，商业票据面临着来自英国政府发行用来为其军事支出筹资的国库券的巨大竞争。最后，在 20 世纪 30 年代，世界贸易的崩溃，以及对获取外汇的限制，在很大程度上扼杀了商业票据的使用，它在第二次世界大战后没有得到复苏。相反，美国国库券成为最受欢迎的短期金融工具。短期票据使政府能够弥补支出，通常是全年持续的支出与收入之间的差距，这种差距因纳税时间的不同而逐月不同。为了取代商业票据，商业越来越依赖于银行直接提供的短期信贷。1945 年以后，商业公司的规模不断扩大，也使短期融资得以内部化。到了 21 世纪，大约 1/3 的世界贸易发生在跨国企业的子公司之间。

234 19 世纪还发明了新的金融产品，以利用从电报开始的信息流动速度快于实物贸易这一事实。芝加哥（小麦）和利物浦（棉花）等商业中心带来的结果是标准合同的出现，使买卖双方能够承受供求波动的风险敞口，以及这些风险敞口对价格的影响。这类合同为那些依赖于为世界市场生产商品的企业提供了高度的确定性，鼓励它们进行投资以扩大产出。这些产品的主要消费者也从供给和价格的这种确定性中获益，因此，它们也可以扩大经营规模。这些合同有两种。一种是在未来的固定日期以固定价格买卖固定数量的期权。如果不需要执行期权，合同可以失效。另一种是提供同样的担保但必须履行的期货合同，尽管可以通过在规定时间购买反向合同来进行对冲。

这些期权和期货合同虽然被视为投机的筹码，但它们在减少与商业有关的，特别是涉及区域间和国际贸易的风险方面，发挥了至关重要的作用。其结果是，在 1914 年之前，国家内部和国家之间的贸易量大幅度增加了。在经济动荡的两次世界大战期间，各国政府进行了干预，以稳定价格，甚至为生产者提供担保。在各国政府管理生产和分配方面取得的经验的基础上，这种情况在第二次世界大战后一直在持续。然而，从 20 世纪 70 年代起，各国政府既无法维持稳定的价格，也无法维持固定汇率，这就产生了对新合同形式的需求，新合同能够减少暴露于由于波动所造成的风险敞口。其中许多合同条款是根据商品贸易的经验在芝加哥创建的。这些合同的成功使人们相信可以计算所有风险，并设计了一种消除风险的金融工具。其结果是，人们越来越依赖复杂的数学公式来支撑新的金融工具，而对于这些金融工具的性质，买卖双方都所知甚少。正是那些暴露于 2007/2008 年全球金融危机中的产品，具有一些正在被验证的缺陷。

在全球金融危机之前，人们高度信任新金融工具的一个原因是股票和债券的成功。债券是一种长期贷款，利息已经得到支付，并且通常在规定的日期以后偿还。股票是在企业中占有永久的股份，如果产生利润，就会支付股息。通过发行例如股票或债券这样的证 235
券，卖方获得了能够立即使用的资金，作为未来付款的回报。通过购买这些证券，买方得到了未来付款的承诺，其中包括债券的利息和偿还，或者股票的股息和资本收益。证券相对于直接贷款或企业股份的优势是可分割性和可转让性。可分割性通过具备进入被动投资者群体的能力，扩大了任何时候可以筹集到的资金的绝对金额。可分割性还通过具备在众多个人中分散投资的能力，为高风险企业调动资金。可转让性改变了与投资有关的时间范围，因为偿还被定期支付利息或在年度利润中所占的份额所取代了。这鼓励了长期投资。可转让性还允许投资者与投资之间进行更好的匹配，因为投资者可以根据个人偏好和不断变化的情况退出或进入。这就降低了资本成本。股票的可转让性也意味着企业的控制权与它的融资方式分离了。这使得雇用职业管理层成为可能，并通过合并或细分简化了新业务单位的创建。可分割性和可转让性的组合也意味着这些证券产生了不断变化的价格，这些价格向投资者和更广泛的金融界传达了重要的信号。最后，证券拥有的可分割性和可转让性使它们成为具有高度灵活性的金融工具，因为所有权可以在时间上和国家之间很容易地转变，而不影响企业的管理和运营。

使证券成为金融资本主义中心的股份制公司日益变得重要了(本卷第 6 章)，正是在 19 世纪，股份公司开始在经济活动中发挥核心作用。这一重大突破来自铁路，因为铁路的建设规模既需要大量的资本投资，也需要扩展的管理层的服务。铁路不可能逐步建造，因为任何单一部件发挥作用都必须有一个完整的系统才能维持，除非是连续不断的货物运输，矿藏和港口之间的距离很短。运营铁路系统也非常复杂，需要对大量和多样化的工作人员进行积极管理。为了筹集资金和管理业务，铁路借鉴了政府和早期的股份制企业组织形式的先例。铁路公司通过发行债券仿效了政府，通过发行股票模仿了更早的股份制公司。除有限责任之外，购买这些铁路
236 公司所发行股票的人，根据所进行的投资的比例，获得控制管理和分享任何利润的权利，但逃脱了弥补其持有的股票以外的任何损失的义务。公司制企业为企业经营带来的是长期的成功，增长不再依

赖于一个人，甚至是家族，而是依赖于一代又一代的无数投资者和管理人员的集体投入。这并不意味着任何一家企业现在都享有永久存在和免于竞争的权利。相反，作为一家股份制公司，一家企业可能会随着时间的推移而彻底改变，以应对挑战和机遇，而不是只能消失，被另一家公司所取代。

公司资本主义和金融资本主义之间并不总是一个支撑性的关系，因为所涉双方都有相互竞争的目标。在公司资本主义中，这家公司是中心，一切都是为了促进它的成功。在金融资本主义中，投资是中心，所有的目标都指向使获得的收益最大化。虽然这两个目标有许多共同之处，但当所有权和管理分离的时候，它们并不总是完全一致的。那些拥有股票的人必须权衡各种考虑因素，如需要通过重新平衡投资组合来降低风险、进行替代投资或获得资金以履行偿还承诺的要求。相反，那些管理公司的人是由个人收益、击败竞争对手，或者是应对公众压力这些欲望所驱动的。在 20 世纪，尤其是在 1945 年之后，激化这两个集团之间冲突的是公司资本主义性质的变化，以及投资者从持有债券转向持有股票。当典型的公司是铁路或公用事业公司的时候，就像在 1914 年以前一样，拥有股票或债券之间的区别是有限的。由于商业的本质，每一家公司都倾向于产生稳定的回报，而控制权的变化则很少，因为每一家公司基本上都是以垄断的方式运作的。

这一趋势在 1950 年之后明显改变了，这肇始于美国和英国，因为机构投资者选择越来越多地投资于公司股票，以此来产生能赶得上通货膨胀步伐的回报。这一点此前并没有引起关注，因为在第一次世界大战前的半个世纪里，价格已经下跌了，而且在两次战争之间也只有有限的证据表明个人拥有股票的现象仍然普遍存在。相比之下，第二次世界大战后的几年里，通货膨胀稳步上升，侵蚀了

公司债券等固定利率投资的实际价值。相反，公司将价格的上涨转嫁给顾客的能力意味着它们可以增加利润，从而向股东们提供更高
237 的回报。随后，双方之间形成了一种强大的双向关系，机构投资者对公司股票的兴趣日益增长，这促使企业转变为股份制公司。税收也有利于这一趋势。高额的个人所得税鼓励投资者通过利用能够减税和免税的金融机构来引导他们的储蓄。反过来，这些金融机构更青睐大公司的股票，因为这些机构比小公司更能消除股息支付的波动。这为机构投资者提供了稳定但不断增长的收入，使他们能够更好地支付未来的保险和养老金。它还鼓励了公司间的合并和收购，因为现在公司存在规模溢价。由此产生了公司控制权之战，这最初出现在 20 世纪五六十年代的美国和英国，后来在 20 世纪末期和 21 世纪初蔓延到全世界，成为第二次世界大战后世界的一个显著特征（Jones，2005）。

早在 20 世纪 30 年代，约翰·梅纳德·凯恩斯（John Maynard Keynes) 在他的《就业、利息和货币通论》一书中就认为，所有权和控制权之间的分离给企业带来了问题（Keynes，1936）。随着大公司的所有权日益集中在少数金融机构手中，并共同管理着数百万人的储蓄，这使得成功的收购报价变得更加容易，因为是否出售的计算是基于财务回报的。因此，股东的行为与债券持有人的行为相似，而债券持有人的承诺一直是财务上的承诺。这样做的一个后果是，管理层非常专注于提供定期回报，而不是建立一个长期成功的企业。在铁路和公用事业方面，秉持这一立场的效果很好，因为这些都需要照顾和维护，而不是冒险和梦想，而且它还适用于 1945 年后被转换为合资公司的许多其他业务领域。然而，也有一些类型的业务，如果想要获得成功，就需要管理者和所有者共享一个目标，就像在一项新技术或服务的长期发展的例子中一样。在这种情

况下，如果所有者和管理者对于企业性质的熟悉程度不同，而且时间限度不同，则两者的分离可能是有害的。

正是由于这个原因，金融资本主义和公司资本主义之间的关系随着时间的推移和国家间的不同而有所不同。不断寻找有吸引力的投资鼓励了企业转变为股份公司，但并不是所有这些都是成功的，因为股份所有者和管理人员之间的目标不匹配。与股份制企业相适 238
应的金融资本主义，对某些类型的经济活动来说是很理想的，特别是在规模非常重要的领域，如金融和零售服务，以及能够提供相对可预测的回报的服务，就像许多受监管的服务一样。它也适合许多高风险活动的需要，如采矿，那里的风险可以分散到许多投资者身上。相对的，在所有者和经理人之间建立牢固和持续的纽带是成功的必要条件，以及在规模带来的好处很少的情况下，股份制公司并不是理想的选择。人们还认识到，企业长期融资的主要来源是再投资收益，而不是股票和债券的发行。

金融市场

与股票和债券不同的是，许多金融产品不需要有组织的市场来进行活跃的买卖行为。当交易发生在几个交易对手之间时，情况就是如此，他们要么是直接交易，要么是通过可信的中间人进行。货币市场就是这样一种市场，在 19 世纪，货币市场主要经营的是汇票。汇票一旦可以转让，就可以进行多次交易，直到赎回为止。因此，它为那些拥有暂时闲置资金的人提供了方便的投资机会，同时也作为抵押品支撑了借贷。由于这些原因，银行广泛使用汇票相互借款或贷款。当一家银行出售一张票据时，它是在借款，而当它购买一张票据时，它就是在贷款。银行经常面临临时性资金短缺，无法向客户贷款或拥有无法立即使用的剩余资金。银行间市场的存在使银行能够弥补短缺或使用超额资金余额，而无须在面临提款或借款请求时保持大量闲置余额。因此，它在增加稳定的同时，最大限度地增加了信贷供应，因为在流动性危机中，可以很容易和迅速地获得临时资金。相反，银行间同业拆借市场的存在，促使银行通过向其他银行进行短期借款来为长期贷款融资，从而提高盈利能力。如果这些短期贷款没有得到更新或替换，该银行将面临一场流动性危机，迫使其暂停业务。反过来，一家银行的倒闭可能会在整个银行间市场蔓延，导致其资金冻结，从而造成流动性危机，给整个金融体系带来严重后果。

239 19 世纪，伦敦迅速发展成为世界上最重要的货币市场，吸引世界各地的银行开设办事处或授权已在伦敦设立的银行代表它们开展业务（Furniss，1922）。第一次世界大战中，随着商业票据的消失与英国国债的兴起同时发生，加之英国国债也发挥了同样的作用，这个市场得以幸存下来。尽管如此，这场战争确实为其他货币市场的发展创造了机会，就像纽约一样，纽约早就存在一个以纽约证券交易所成员向银行短期借款为基础的，以证券为抵押品的货币市场。因此，纽约吸引了来自世界各地的银行，希望利用其市场。由于发展出了一个几乎全新的银行间市场，即外汇市场，这些国际货币市场面临的唯一新风险是货币波动。在这个市场上，英镑和美元是交易的主要货币，因为这使得银行能够覆盖其外汇风险敞口。通过这种方式，金融市场为第一次世界大战前在金本位制下盛行的固定汇率时代的崩溃，提供了一个解决方案（詹姆斯，本卷第 9 章）。在第二次世界大战期间，银行间货币和外汇市场几乎都被淘汰，因为各国政府为了战时经济的利益而介入控制国内和国际资金流动。第二次世界大战后，这些市场也没有迅速复苏，因为各国政府在追求国家目标的时候，经常通过中央银行的各种操作，继续对货币和外汇实行强有力的管制。

货币和外汇市场对国际银行业的价值是如此之高，以至于尽管各国政府（尤其是美国政府）对存款利息实行了控制，它们在 20 世纪 50 年代还是开始复苏了。金融创新再次显现。伦敦欧洲美元市场的发展，为银行提供了一个平台，银行可以以美元这种首选的国际货币为基础互相借贷，但绕过了纽约。另一个是香港作为国际金融中心的兴起，因为它可以为英镑兑美元的交易提供一个平台，同时可逃避英国的外汇管制。20 世纪 70 年代，随着固定汇率时代的崩溃，国际货币和外汇市场重新变得重要起来，特别是对于外汇和银行间货币市场更是如此。

虽然银行同业拆借市场是以少数参与者之间的信任为基础进行运作的，但有些金融产品是定制性质的，被用来解决一个特定的问 240
题，因此不需要任何市场。其中包括大量衍生产品的合约以及持有至到期日的证券。然而，我们总是有一种创造出可以很容易地买到和销售标准化产品的激励，因为这些产品吸引了投资者的兴趣，而他们只是根据它们能产生的回报来进行估值。这意味着，如果这些标准化金融产品，无论是证券还是衍生合同，要想使得其价值大于它们所代表的资产或收入流，市场的存在是必不可少的。特别是那些购买证券的人，希望在必要的情况下能够出售这些证券，而这就需要一个可以轻松、快速和廉价交易的市场。这使得证券和它们交易的市场高度相互依存，前者使用程度的提高取决于后者的发展。在第一次世界大战期间，这些市场是由世界上每一个主要城市的证券交易所提供的。大多数证券交易所为当地公司的股票提供了市场，因为这些股票主要由当地投资者持有。其中一些证券交易所吸引了国际社会的兴趣，就像对约翰内斯堡的黄金开采矿业股票一样，最后，有几家成为区域中心，就像纽约是北美的区域中心那样，而伦敦和巴黎则扮演了全球的角色，因为英国和法国的投资者拥有如此大量的外国股票和债券（奥罗克和威廉姆森，本卷第1章；詹姆斯，本卷第9章）。

这些证券交易所在19世纪期间对发达经济体越来越多地使用证券做出了重要贡献。要解释这一点，必须承认证券市场是为两位主人服务的。一方面，它们为那些发行证券的人提供了一个市场，无论发行人是政府还是企业。另一方面，一旦证券得以发行，证券市场就为那些买卖这些证券的人提供了服务。这意味着证券拥有一种独立于创造者的生命。通过在借款人和贷款人之间以及在信贷和资本之间提供接口，证券市场确保了所有人的需求均能够以最大化储蓄收益并使所涉及的风险最小化的方式得到满足。证券市场使银行、企业和个人投资者的经营活动具有了灵活性和流动性，因为他们可以利用暂时闲置的资金持有证券，或随意转换这些资产的所有权。例如，一个活跃的证券市场的存在，日益成为银行平衡资产和负债，同时最大限度地利用其资本和存款的基本工具。

241 这种所有权的转移也使得其自身被市场操纵，而股票价格的不断波动也会诱导管理层产生短期的视野，因为他们努力创造即时回报，从而避免掠夺性收购，而不是制定长期的商业战略。这种股票交易也可能退化为投机狂潮，在这种情况下，价值与未来增长前景的根本现实脱节。结果是幸运的少数人获得了暴利，但许多人的储蓄产生了损失，伴随着金融体系的不稳定和金融流动的扭曲，这些都不利于为经济的长期增长融资。正是证券市场的这些消极方面助长了罗伯特·席勒（Robert Schiller）这样的经济学家对金融资本主义的批评（Schiller，2000）。然而，活跃的证券市场的存在，确实有助于金融体系的日益稳定，因为它们允许不断地调整头寸。在一场投机性泡沫当中，随着价格上涨，投资者越来越多地购买非流动性资产，因为这些资产提供了最具吸引力的回报，而廉价的信贷则可以为他们的收购提供资金。相反地，当泡沫破灭和价格下降的时候，投资者出售流动性最强的资产来偿还贷款，因为它们是可以处置的资产。具有可变现市场的证券是金融系统的减震器，但也被认为是金融危机的根源，因为证券的价格上涨和下降是最明显的。相反，由于缺乏活跃的市场，实物财产传统上是难以出售的，这是金融危机后遗留下来的金融问题的根源（Reinhart and Rogoff，2009）。

证券交易所从 19 世纪中叶开始的不可阻挡的发展，因第一次世界大战而突然终结，因为几乎所有这些交易所都在敌对行动爆发后的几天内被关闭了。如果没有关闭，价格的急剧下跌将使交易所的许多成员破产，反过来也会打垮那些以证券作为抵押品借钱给它们的银行。其中一些证券交易所从此关闭了，而对其他一些来说，它们在战后的经营环境则截然不同了。德国的那些交易所不得不应对战后的恶性通货膨胀，而现在位于美国这一世界上最富裕的经济体的那些交易所，却因此而繁荣起来。然而，对所有证券交易所来说，20 世纪 20 年代都是一个艰难时期，因为作为战争的结果，它们都必须应对更大的金融和货币不稳定。正是由于这种不稳定，美国出现了投机热潮，最终导致 1929 年的华尔街股市崩盘。在此之后，这些证券交易所要么关闭，要么受到管控，而这是在第二次世 242
界大战期间和紧接着战后的几年里完成的。即使在证券交易所仍在运营的地方，如西欧，如此多公司的国有化和许多国家政府的债务违约，也使得剩余的股票交易所荡然无存。即使在相对不受国有化或违约影响的美国，20 世纪 30 年代实施的管制仍然存在，因此限制了证券交易所的运营。

直到 20 世纪 70 年代，证券交易所才开始恢复它们曾经的地位。从美国开始，然后在整个西欧蔓延，最后是日本，这些国家对证券交易所实施的管制放松了，使它们作为活跃的证券市场持续蓬勃发展。与此同时，投资者对公司股票的兴趣日益浓厚，这再次使证券交易所成为金融资本主义的一个重要特征。此外，中央计划经济的崩溃导致对证券交易所的需求，国有企业发行的股票在其转换成公司后，也可以在其中进行交易。最后，新兴经济体也接受了公司资本主义的理念，因此也需要证券交易所。其结果就是在 20 世纪末证券交易所的成立数量激增，交易活动大大增加。随着 2000 年前后网络经济的繁荣，投机性泡沫甚至再次出现了。

然而，这种蓬勃发展的新证券交易所的形成，也与许多长期存在的证券交易所的消失同时发生。大公司的业务优势和机构的投资优势，把交易集中在单一的全国性交易所上，从而消除了对本地交易所的需求。随着泛欧证券交易所（Euronext）的形成，法国、比利时、葡萄牙和荷兰的交易所组合在一起，国家间也开始出现了同样的现象。因此，泛欧证券交易所与纽约证券交易所合并了。在过去 250 年的时间里，世界已从初始时证券交易所几乎不存在的状况，转变为第一次世界大战前夕证券交易所的数量和重要性达到高峰，而今只有少数交易所存在的状况了。此外，证券交易所还为少数商品（如咖啡、棉花、小麦、铜和后来的石油）订立了标准化合同，从而形成了期货交易所，如伦敦金属交易所（London Metal Exchange）。虽然这些交易所最初安排的是商品的实物交付，但它们的存在越来越多地是为了给许多相关产品制定参考定价。有一些交易所，如芝加哥商品交易所，已经变身为复杂的金融衍生工具市
243 场，例如那些基于汇率、利率和股票指数的衍生工具。在 20 世纪晚期和 21 世纪早期，各交易所之间存在着一种稳步的趋同，因此，单一的金融机构就涵盖了所有交易最活跃的金融产品范围。

2008 年的全球金融危机期间，交易所提供的市场价值是显而易见的。在那次危机之前，抵押贷款和其他贷款被重新包装成证券，然后被出售给投资者，从而增加了可用于购买住房、汽车和其他产品的资金供应。这之所以成为可能，是因为那些购买这些证券的人想要的是一项随后可以买卖的投资，而不是承诺进行长期贷款。在这一过程中遗漏的是，需要建立一个公共市场，在这个市场上，这些证券总是可以买卖的。因此，这些证券随后的可流通性取决于发行这些证券的投资银行是否愿意确保在需要时出售这些证券。在需求旺盛时，这种证券的价值毫无疑问，这种做法的效果很好，但缺乏可以在交易所发现的那种弹性。在全球金融危机中发生的情况是，这些证券既不能被出售，也不能被估值，从而无法被转化为流动性不强的长期贷款。其结果是放大了危机，因为这类产品的出现让人们相信，已经找到了一种方法，使短期信贷供应与长期融资需求相匹配，同时消除通常涉及的风险。过去降低风险的一种方式是成立交易所，在交易所上不断以众所周知的价格买卖这类产品。

金融组织

银行是金融领域最重要的组织创新。银行是金融中介，而放债人是资本家。一家银行的本质是，它使用其他人的储蓄向借款人提供贷款。银行以两种方式获得了这些储蓄，通过承诺支付利息或将其兑换成可用作方便付款方式的纸币来吸引存款。因此，成功的银行业需要在储户和借款人的对立需求之间不断妥协。储户想要的是低风险的产品，这些产品可以立即转换成现金，但回报率却很高。借款者希望获得低利率的长期贷款。两者之间必须始终保持平衡，这也为银行带来了足够的收入来覆盖其成本，特别是员工的报酬，

244 同时把利润分配给银行的所有者，不管是合伙人还是投资者。这样做涉及一定程度的风险。贷款总是有可能发生违约，使银行破产，因为银行对储户的负债超过了它所拥有的资产。相反，储户提取存款的需求可能超过库存资金，从而使银行缺乏流动性。因此，银行必须维持储户或者使用其发行的票据的人的信任。否则，储户就会急着取出存款，而持有存款单的人则会把它们兑换成另一种货币。因此，银行的经营方式必须能够应付取款和兑换。这就要求它拥有自己的资本，这些资本可以用来弥补损失，因此银行需要始终保持偿付能力，平衡其资产和负债，使其始终能够应付提款，并保持流动性。

19 世纪期间，银行业务从银行家个人的专有权转变为由大公司从事的一项业务，这些大公司雇用了许多训练有素的工作人员，并通过广泛的分支或通信网络将其联系在一起。越来越多的情况是，那些单独经营或合伙经营的银行家被转移到投资银行等细分领域，或者只出现在经济不太发达的地区，如印度等。这并不意味着所有银行业务都是一样的。早期形式的银行业务的幸存程度、政府的干预、与金融系统其他组成部分的相互作用，以及对专家服务的需求的性质，这些因素结合在一起，确保了各种各样的银行的存在。虽然移居国外的欧洲人成立了银行，在非洲和亚洲各地开展业务，但这些银行的做法与在英国和法国等国所遵循的做法之间有着明显的不同，因为成功取决于对当地情况的适应。由外籍人士组建的银行专注于满足殖民地政府、侨民企业和国际贸易的短期和长期需要，而本地银行家则满足了当地民众对短期信贷的需求。这是殖民统治结束后的问题，因为外籍银行必须重新定位，以满足全体人民和独立政府的需要，加纳和印度的情况就是如此（Jones，1991）。

相比之下，在欧洲移民主导经济的地方，如澳大利亚、阿根廷、巴西、加拿大、新西兰，甚至南非，传统的银行业务几乎没有，因此它采取的形式与当时欧洲的形式非常相似。其中一个例外是美国，美国在 19 世纪发展了自己独特的银行形式，这在很大程 245
度上是由 19 世纪 60 年代通过的国家立法塑造的。这项立法反映了自 1783 年美国独立以来，各州与联邦当局之间的持久紧张关系。这项立法对美国银行业结构的主要影响是防止全国性银行公司的形成。加拿大银行业由总部设在蒙特利尔和多伦多等中心的少数大型股份制银行主导，美国仍然是一个拥有数千家小型银行的国家，这些银行是本地人拥有的，经营着当地的业务。

在注意到 19 世纪美国经验的例外的同时，出现了两种主要的银行业模式。一种是建立银行，通过使用广泛的分支网络来分散风险的模式。这些银行专注于从众多储户那里收集存款，并向众多借款人提供短期贷款，从而避免了承担过度的风险。同时，经验教会了它们如何最好地监测分支机构中发生的活动，并平衡资产和负债。这类银行可以在内部分配资金以满足需求，从而将流动性危机可能带来的风险降至最低，但同时也会让自己面临其在任何分支机构发生的问题。这些银行变得非常稳定，因此能够节约资金和存款，以应付突然提款或违约（Grossman，2010）。虽然这些银行主要与英国有关，但这类银行遍及世界各地。分行银行模式的保守性质确实为其他金融中介机构创造了发展机会，以满足它们忽视的位于两端的领域。储蓄和抵押贷款银行为长期储户提供了更有吸引力的利率，并将资金借给政府和房地产所有者。投资银行专门代表政府和公司发行证券，将其出售给投资者，然后在市场上处理随后的交易。

另一种从 19 世纪中叶开始，尤其是在欧洲大陆发展起来的模式，就是全能银行模式。一家全能银行能够提供从收集存款和提供短期贷款到进行长期投资，以及发行和交易证券这些全方位的金融服务。对于这类银行的需求最大的是那些正在迅速进行工业化、但在企业界内部缺乏为采矿业和制造业的重大投资提供资金的累积储蓄的国家。因此，在19世纪后半叶，这类银行在德国、瑞士、奥地利、意大利以及俄国变得很重要了。如果突然出现存款挤兑，长
246 期投资就会使得全能银行面临流动性问题。作为回应，全能银行保持了大量的资本储备，将长期投资限制在少数几个受到严格监控的高质量借款人身上，并持有一批在需要的时候可以出售的证券组合。然而，即使是这些全能银行也没有在它们经营的国家主导所有的金融活动。例如，由于分行很少，这类银行缺乏零售网络，因此依赖大量当地银行以向它们提供存款和创造业务。

虽然在1914年之前的一个世纪里，有两种不同的银行业模式发展起来，但状况还是有些变化无常。金融危机刺激全能银行采取更为风险厌恶的贷款政策，并开设分行，以便更直接地与客户接触。相比之下，分支银行试图通过从事长期贷款来扩大业务范围，而这一业务利润更高。其结果是在1914年以前，分行银行模式和全能银行模式之间的趋同程度越来越高，这在德国和英国都很明显（Fohlin，2007）。在1914年之前，银行业的一项独特的、在20世纪具有重要意义的发展，就是美国高度专业化的投资银行的出现。美国对银行开设分行的限制使得美国的银行规模很小，甚至那些总部设在纽约的银行也是如此。这意味着这些银行很难提供大企业所需的资金。尽管有一些纽约的银行在1914年之前确实转向了全能银行模式，就像国家城市银行（National City Bank）的例子一样，但并不像在德国那么容易，因为与德国不同，美国证券交易所拒绝让股份制银行直接进入它们的交易大厅。因此，不可能在美国建立

一个涵盖从收集存款到交易证券的整个领域的股份制银行。然而，纽约证券交易所确实允许合伙企业成为会员，如摩根大通（J. P. Morgan），后者仍为私人所有。然而，由于合伙企业无法成为公司，不能与德意志银行这样的全能银行的规模相当，它们专门从事股票和债券的发行、零售和交易，尽管也接受存款和贷款（Carosso，1970）。由于英国商业银行也是合伙企业，因此被拒绝成为证券交易所的会员，它们也不能交易证券。相反，它们专注于发行股票和债券，把零售业务留给那些拥有广泛分支网络的银行。法国也出现了一种略有不同的模式，巴黎的银行可以积极参与在巴黎证券交易 247
所（Paris Bourse）管辖区域以外运作的大型证券市场，但它们面临着来自法国多家全能银行的竞争。

第一次世界大战和随后的一些事件使得美国投资银行成为金融资本主义最明显的象征。两次世界大战大大削弱了所有欧洲银行的重要性。1914 年之前，西欧是国际金融的主要来源，但到第二次世界大战结束时，与美国相比，西欧已变得相当贫困。这一状况的结果就是破坏了欧洲银行的国际作用，同时巩固了纽约的投资银行的地位。在 20 世纪 20 年代，美国的存款银行响应美国投资者对股票和债券日益增长的需求，也建立了一种投资银行业务。它们对证券的兴趣是由各国政府（包括其本国政府）在战争期间发行的巨额债务所推动的。在 20 世纪 20 年代，美国政府开始偿还债务，而低利率和经济繁荣则推动了股市上涨。这一切以 1929 年华尔街崩盘和 20 世纪 30 年代初期的美国银行业危机而告终。美国政府的反应是对美国的银行施加进一步的限制，包括 1933 年的《格拉斯 – 斯蒂格尔法案》（Glass-Steagall Act）将存款和投资银行业务分离了。尽管这项立法迫使摩根大通在 1934 年选择成为商业银行而不是投资银行，但它让其余的华尔街投资银行成为自己领域的主宰者。

第二次世界大战后，各种环境逐渐变得有利于美国的投资银行，让它们在世界上没有竞争对手。通胀的不断上升使个人和机构投资者转向能在长期保持其实际价值的资产，而美国企业股票提供了这种可能性，因为它们的价格与企业增加其收益的能力有关。因此，无论是投资者购买股票，还是希望发行股票的公司，对投资银行所提供服务的需求都在日益增长。由于美国的存款银行被禁止进入这一领域，纽约的投资公司利用它们在全国范围内开设分支机构的自由，以及证券交易所的会员资格开发了上述业务。最后，美国取消了两个限制投资银行进一步增长的约束。其中之一是纽约证券交易所对公司成员资格的放宽，从而允许投资银行转换为股份公司。另一件事发生在 1975 年，当时纽约证券交易所终止了强制会员收取最低佣金的规定。当时，华尔街最大的投资银行能够积极地
248 参与现有业务的竞争，利用它们的规模以及在全国范围内的影响力来削弱竞争对手。结果就是纽约出现了几家投资银行，即美林、摩根士丹利、雷曼兄弟和高盛。

这些银行之所以能够登上世界舞台，是因为在 20 世纪 70 年代之后，国家间的障碍消失了，并且对金融活动放松了内部管制。在全世界范围内，外汇和其他管制被取消了，从而使得全球货币和资本市场得以建立。此外，各国政府也终止了对各国证券交易所的保护，这些保护原本使它们得以将美国投资银行排除在会员之外。英国于 1979 年取消了对交易所的管制，伦敦证券交易所于 1986 年取消了对会员资格的限制，因此，伦敦这个世界上第二大金融中心放开了与华尔街投资银行的全面竞争。其他投资银行很快跟进。其结果是，这些美国投资银行能够在国际上复制自己的美国模式，向全球企业提供自己的金融资本主义品牌。自 20 世纪 80 年代以来，国有资产私有化并被公司制企业所取代，这创造了全球对这些美国投

行服务的旺盛需求，无论是涉及投资决策、股票和债券交易、合并与并购，还是为政府和企业提供富有想象力的解决金融问题的方案。在这方面，它们面临着有限的竞争。纽约的投资银行的内在优势是总部位于美国，而这是世界上许多大公司的总部所在地，投资者最多，股票市场最活跃，同时主导着国际货币。这就产生了大量的国内业务，刺激了金融创新，并使这些投资银行处于它们所从事的业务的最前沿。

然而，世界银行业的发展方向并不是朝向类似华尔街的投资银行这类专业机构。相反，它涉及分行银行模式和全能银行模式的融合，就像第一次世界大战前的情况一样，第二次世界大战后西欧和日本的情况也是如此。两次战争之间的事件使人们对通用银行模式的可行性产生了怀疑，因为它面临着企业破产的风险。无论是在 20 世纪 20 年代，还是在特殊的 20 世纪 30 年代初，全能银行业务主导的银行体系都必须通过政府干预来拯救，就像在德国、奥地利和意大利一样。事实证明，美国单一银行模式也极易崩溃，而且只有政府才能再次拯救，存款保险的推出伴随着对竞争的进一步限制。相比之下，分行银行模式证明了自身所具有的弹性。然而，249
1914—1945 年之间的这些事件是非常特殊的，其间发生了两次具有毁灭性后果的世界大战，以及 1929—1932 年空前规模的经济崩溃。在第二次世界大战后更为稳定的条件下，全能银行再次重新成为一个提供福利和应对风险的模式。相比之下，分行银行模式被认为过于厌恶风险，因为它专注于向企业提供短期贷款。结果，全能银行通过扩大分支网络而增长，分支银行通过扩大业务种类而扩张。

即使在美国，导致金融活动在单一银行内部趋同的力量也产生了影响，迫使美国在 20 世纪 90 年代先是放松，然后取消了对分支银行以及对存款和投资银行业务分离的限制。这种趋同现象正在全世界发生。随着股份制公司变得日益占据主导地位，企业规模的不断扩大迫使银行如果想要提供现在所需的金融服务，它们的规模也要扩大。随着集体管理储蓄和投资的机构日益重要，也出现了类似的发展，因为它们还要求银行规模更大、更多元化。最后，日益一体化的全球经济的出现促使银行在国际上扩张，不仅参与新的机会，而且保护它们在国内所做的业务不受那些能够获得更广泛服务的人的影响。

2007—2009年间全球发生的银行危机向一些人表明，朝着少数几家全能银行发展的趋势创造了一个不那么有弹性的金融体系（Haldane and May，2011）。因此，各国政府采取干预措施，以防止大银行倒闭，因为这会对整个国家的金融系统构成威胁。从更长远的角度来看，显而易见的是，银行业长期以来一直处于不稳定状态。有时，外部环境有利于建立分行银行模式，而在其他一些情况下，全能银行似乎能够发挥最大的优势。在第一次世界大战之前，各种银行都以不同的方式发展起来了，但每一种类型的银行都为自己制定了一个模式，在金融危机面前证明了其具有相当的弹性。这里也有一个趋同的过程。1914—1945年间，所有银行都面临着考验。第二次世界大战后，银行受到了各国政府的密切监测，在基本没有金融危机的环境中经营。在20世纪70年代的全球金融危机之
250 后，银行有机会在更为市场导向的条件下发展。正是这个不断演变的银行体系在2007/2008年全球金融危机中受到严峻考验，人们发现它在许多方面都存在缺陷。许多银行体系的缺陷暴露，并不一定意味着要回到银行业的某个黄金时代，因为根本不存在这样一个时代。相反，银行业必须继续前进，因为它已经从危机中吸取了教训。

金融管制

几乎从产品、市场和组织的金融创新开始以来，人们就试图将它们给所有用户带来的风险降到最低。这些风险往往超出了国家法律制度所能涵盖的范围。就金融产品而言，设计和销售都存在风险，许多金融产品的买家都会重视保证那些为他们提供产品或服务的人的声誉，比如银行家的名字。19 世纪发生的变化是，银行、保险和其他大型、稳定和持久的金融公司出现了。这类公司变得值得信赖，因此，如果它们拖欠付款，其声誉就会丧失。这使得它们的行为随着时间的推移变得更加保守，而这对产品创新是不利的。然而，只要进入壁垒较低，这就为新的、更具创新性的竞争对手留下了空间。其结果就是既强调稳定性又强调创新的保守和竞争行为的结合。

维持这一平衡的方式之一是提高看门人的重要性（Coffee，2006）。审计人员等看门人在 19 世纪的发展，为所有权广泛分散的公司的投资者提供了保护。特别是对于那些属于专业团体的审计师，如特许会计师，他们在公司账目上签字的时候，其声誉就有风险。因此，提交一份“真实和公平”的资产负债表对他们而言存在既得利益，尽管代表股东任命和支付他们薪酬的是公司管理层。虽然审计人员的存在并没有阻止欺诈的发生，但他们确实抑制了管理者的行为。19 世纪也出现了信用评级机构，这类机构能够以更一般的身份行事。它们判断企业是否有能力履行其所作的承诺，例如支付赊购商品的费用。这项服务后来扩展到债券和其他金融产品。虽然这些评级机构并非绝对可靠，但它们确实为投资者提供了一些指导，帮助投资者区分发行的各种债券，从而鼓励了投资。与审计 251
人员一样，如果评级机构的判断被证明是错误的，它们也面临声誉风险。安然公司的倒闭导致安达信会计师事务所破产，而全球金融危机则显示，证券发行者与为其评级的机构之间存在着过于密切的关系。然而，就审计员和评级机构而言，监管创新确实提供了一种手段，以应对投资变得非人格化时出现的许多信息不对称现象。此外，在 19 世纪和 20 世纪，出现了一些专业团体，对金融部门的工作人员，例如银行家行使一定程度的控制权。这些组织有权对成员进行谴责和驱逐，并就可接受的行为提供实际的培训和建议。

与第一次世界大战之前发展起来的高度自律相比，政府在保护投资者在购买股票和债券，或将资金存入银行时所做的选择方面所起的作用非常有限。这在第一次世界大战后发生了变化，因为西方民主国家在任何丑闻或损失之后，对公众舆论和采取行动的要求都变得更加敏感。1945 年以后，各国政府越来越多地为不断扩大的金融产品范围提供了隐含或明确的担保。人们期望政府进行干预，以防止不当销售，同时对受害者进行赔偿。反过来，这一责任赋予各国政府监督各种金融活动的权力，从而决定了发展的方向。其主要影响之一是鼓励金融创新，以逃避政府施加的限制。

在美国银行业的案例中，这一顺序是可以追溯的。20 世纪 30 年代初的金融危机期间，许多银行倒闭，导致储户争先恐后地收回储蓄，从而引发了一波倒闭潮。作为回应，美国联邦政府于 1934 年推出了强制性存款保险，迅速阻止了银行挤兑的蔓延。伴随着存款保险出现的是规定了银行可以支付的利率的上限。这是为了防止银行之间的竞争，因为任何失败都将涉及联邦存款保险公司对储户进行补偿。然而，在第二次世界大战后通胀不断上升的背景下，这些利率上限使得银行账户对储蓄者失去了吸引力。其中一种回应方式是，引入一种复制银行账户但不包括在利率上限范围内的金融产品。由美林等经纪公司提供的这些货币市场基金，从 20 世纪 70 年代中期开始在美国变得越来越受欢迎，它们能够在全国范围内开展业务，因为这些基金并不在跨州银行业的管辖范围内。这 252
些货币市场基金的成功迫使美国当局放松对银行的管制。最终，利率上限和那些银行能够参与的活动限制被取消了，从而创造了一个银行和其他机构积极竞争以吸引存款和贷款的环境。最终的结果是 2007/2008 年的金融危机，这场危机威胁到这些货币市场基金的价值，从而迫使政府向它们提供保护。

金融市场中也出现了监管创新，尽管这种监管创新在很大程度上取决于参与者的声誉。所有市场都涉及交易对手的风险，因为买卖双方都可能违约。市场还通过传播虚假信息或精心策划的买卖来操纵价格。如果涉及的参与者人数有限，则通过对与其进行交易的人施加限制来行使控制权，如银行间市场。对其他人来说，由于参与方的数量和交易金融产品的特性，有必要建立正式市场。专业交易所就是这样的，并且包含了一套关于准入、行为和驱逐的规则和条例。交易所提供的这三个要素是许多金融产品成功交易的关键因素。各国政府在引进和维护国家法律方面发挥着重要作用。企业有责任监督以其名义采取的行动。这使得交易所能够控制交易行为，从而为买卖提供了确定性，并保证价格准确地反映了供需平衡。

然而，在每一次自我调节的交易活动中都存在着利益冲突，这在整个 19 世纪都很明显。交易所面临的不仅仅是提供交易场所，还包括监管制度的财务成本。这一成本由那些为进入交易所市场而付费的人承担，同时他们接受了那里有关管制行为的规则和条例，否则将面临驱逐。这种情况存在的问题是，那些为获得市场准入而付费的人，获得了关于当前价格的特殊信息。这种状况是反竞争的，因为被排除在外的人因此处于不利地位。当排斥涉及拒绝遵守规则和条例的人，而不是将它作为用来限制竞争的手段时，排除是正当的。然而，只要存在形成另一种替代性交易所的可能性，就必须在限制进入市场以建立一个有序的市场的必要性与扩大参与范围以包括所有想要交易的人之间保持平衡。第一次世界大战前的情况就是这样。

253 破坏这种平衡的是在第一次世界大战期间和战后大大增加的政府干预。一旦交易所重新开放，各国政府就会更多地参与对交易的监管，因为人们担心投机会削弱融资能力。在 1929 年华尔街股市崩盘，以及随后全球其他金融市场崩溃之后，政府的介入力度加大了，这种干预的形式要么是政府直接控制，就像巴黎证券交易所长期以来的情况一样；要么是成立了一个独立的法定机构，比如 1934 年成立的监管所有美国证券交易所的证券交易委员会（Securities and Exchange Commission，SEC）。在第二次世界大战后，独立监管交易的权力机构的美国模式在国际上越来越多地被采用。其结果是将市场的自我监管转变为政府监管，交易所成为政府实施政策的工具。作为回报，交易所被赋予了对交易的垄断权力，因为只有这样，它们才能有效地监管市场。然而，这种垄断被滥用了，交易所的成员能够限制该业务的新进入者，对用户征收高额固定费用，并阻止可能损害其业务的变动。

其效果是迫使交易行为远离交易所，进入其他渠道，这在场外交易市场的增长中表现得十分明显。在美国，大部分债券和小公司的股票都远离了纽约证券交易所，而主要的产品创新，如金融衍生品的开发，则发生在商品交易所，不受证券交易委员会的监管。作为对交易所用户投诉的回应，各国政府开始进行干预，迫使交易所放弃了反竞争的各种做法。这首先开始于 1975 年的美国，然后在接下来的 25 年里向全世界扩散。其结果是使交易所重新回到以前的自我管理机构，但增加了法定监督机构的外部监督和管理。然而，政府继续认为交易所是反竞争的，因此迫使它们向所有人公开当前的价格，从而削弱了它们提供一个受到监管的市场的能力。这改变了政府、企业和交易所之间的平衡，有利于前两个主体，而不是最后一个。令人鼓舞的是，越来越多的银行在交易中占据主导地位，这些银行拥有声誉和财力，能够支持它们达成的每一笔交易。
正是基于这种信条，许多在 2007/2008 年全球金融危机之前创造的 254
新金融产品将会由交易所提供报价，在那里可以发展出一个活跃的受监管的市场。因此，市场没有关于这些产品正在发生什么变化的信号，以能够做出调整，而当危机发生时，这些产品即使是亏本也无法出售。

因此，在金融产品和金融市场中，政府在管制活动方面所发挥的更大作用，既有消极的，也有积极的影响，特别是从长远的角度来看。各国政府不可能在不对其他领域造成影响的情况下对一个领域进行干预，因为不可能将金融系统的一个组成部分与另一个部分隔离开来。然而，政府某种程度的干预有时是必不可少的，就像银行倒闭一样，可能会威胁整个金融体系，造成严重的长期经济后果。19 世纪建立了一种机制，确保整个银行系统能够通过提供更多的流动性继续运作，即使在资不抵债的银行被允许破产时也是如此。从 19 世纪中期开始在伦敦出现的解决方案就是，由一家银行，不仅在危机期间，而且在日常都作为整个银行系统的最后贷款人（只要是流动性问题，而不是偿付能力问题）。对这样一家银行存在并以这种方式行事的信心，确保了银行即使在最极端的情况下，包括在战争或重大金融危机期间，也将继续相互提供借款。英格兰银行发挥了这一作用，因此帮助英国银行系统成为世界上最稳定的银行体系之一，并增强了伦敦货币市场的吸引力。通过与那些在伦敦设有办事处的银行产生联系，来自世界各地的银行能够获得这种

“最后贷款人”贷款。此外，到 1914 年，世界其他地方，如德国和法国也建立了中央银行，为它们的银行系统提供了同样的、更直接的便利（Singleton，2011）。

由于这些中央银行向个别银行提供的支持是有条件的，而不是确定的，所以道德风险问题要么就像在英国那样被避免了，要么或者至少像在法国和德国那样被降低到尽量小的程度。当一家银行如此确信能在任何危机中得到支持时，就会存在道德风险，以至于它沉迷于过度冒险，从而可能破坏整个银行体系的稳定。与整个银行业一样，在 1914 年之前，美国再次被证明是发达经济体中的一个例外。直到 1913 年，在 1907 年的又一次重大金融危机之后，美国终于建立了一家中央银行，即美联储。在此之前，美国银行体系依赖于与票据交换所相关的行动，以提供所需的紧急流动性。美国政
255 府的这些行动，还对解决第二次世界大战后出现的世界货币市场缺乏唯一的最后贷款人问题作出了贡献。在第一次世界大战之前，英格兰银行一直以这种立场行事，直到 20 世纪 60 年代，或多或少都在这样做。然而，从 20 世纪 70 年代起，它就不再有能力这么做了，因为与美国、日本和德国相比，英国现在越来越是一个相对较小的经济体了，同时也是因为用于国际交易的货币已经变成美元，而不是英镑。尽管如此，由于美国当局采取的行动，国际货币市场仍停留在伦敦，而不是纽约，国际货币市场本来在纽约能够获得美联储的直接支持。因此，当 2007/2008 年的危机发生时，各国中央银行单独或集体地充当国际货币市场的最后贷款人，而不是一个保持直接的和日常联系的单一机构（Kindleberger and Aliber，2011）。

第二次世界大战后，政府控制的中央银行成为所有国家金融体系的主要特征，但它们被赋予了数量众多而且往往相互冲突的角色。然而，它们的主要任务之一是为金融系统提供所需的稳定性。

在第二次世界大战后的头 25 年间，这似乎非常有效，因为这些年来，世界各地几乎没有银行危机，除了巴西是一个罕见的例外。然而，这对银行而言并不是考验时期，因为政府干预维持了数年的经济快速增长。自 1970 年以来，金融危机再次爆发，并变得更加频繁和严重，最终在 2008 年达到高潮。尽管有高度的合作和为银行规定最低资本水平的国际协定，中央银行在阻止这些危机方面似乎是无能为力的。正是在 1974 年，在巴塞尔成立了银行监管委员会（Committee on Banking Regulation and Supervisory Practices，巴塞尔委员会），负责制定规则，并就银行的运作方式提出建议。到那时，已经有一些国际组织协调世界各银行，特别是中央银行之间的行动，包括 1930 年开始的国际清算银行，以及 1944 年成立的国际货币基金组织和世界银行。这些组织确实帮助各国央行应对危机做出了协调一致的反应，从而避免重蹈 20 世纪 30 年代金融和货币混乱的覆辙。

中央银行未能防止危机发生的原因在于市场和全球化自 1970
年以来变得日益重要（詹姆斯，本卷第 9 章）。这些都暴露了一个 256
涉及市场和政府政策的根本性的三重困境（詹姆斯，本卷第 9 章）。1914—1945 年遗留下来的问题是，政府的作用极大地扩大了。这意味着各国政府所奉行的政策对其国民经济产生了重大影响，造成了不同的绩效表现。这种情况在 1945 年至 20 世纪 70 年代初期运作良好，当时各国经济因资金流动的限制而被分割开来。这些条件甚至使得保持固定汇率成为可能，尽管经常发生国际收支危机，但它们最终在 20 世纪 70 年代中期崩溃了。当时所处的是一个没有外汇和资本管制的时代，但在这个时代，各国政府仍然希望奉行独立的经济政策和保持固定汇率。同时实现这三项目标是不可能的，因为所推行的政策对固定汇率造成了压力。如果要保持自由的资金流动，则要么选择不推行独立的经济政策，要么放弃固定汇率。很少有政府愿意选择前者，同时许多政府不愿意选择后者，因此，在试图应对不稳定的资金流动、固定汇率和以借款融资的过度政府支出的同时，国家银行系统出现了问题。其结果是世界各地发生了一系列金融危机，2008 年的金融危机是迄今为止最严重的，但不太可能是最后一次金融危机。欧元这种涵盖不同经济体的单一货币的存在，表明各国政府仍然相信，独立的经济政策、自由的资金流动和固定汇率是有可能结合起来的。

1945 年之后，政府对金融服务进行更大程度的监管，暴露了另一个根本性的三重困境。各国政府在监管金融服务方面的第一个目标是实现这样一种控制程度，使它们能够执行其政策。问题是，各国政府只能对金融系统的某些组成部分行使控制权。其中一个组成部分是银行，因为它们期望中央银行在任何危机中都能提供支持，因此对其意愿做出反应。第二种是交易所，因为它们是正式组织起来的市场，其规则和规章可以用来影响成员的行为。然而，对这些银行施加的限制越多，金融活动就越多地落入影子银行和不受监管的市场手中，从而剥夺了政府想要对它们实施的控制权。政府
257 监管金融活动的第二个目标是稳定。作为最后贷款人或银行存款的担保，政府可以促进稳定性。然而，这种行为造成了道德风险。银行可以以这样一种信仰来从事经营，即无论它们承担何种风险，政府都会进行干预，以使它们免于崩溃。储户可以追求最好的条款和条件，知道任何损失都将由政府承担。因此，在短期内追求稳定会造成长期的不稳定。政府的第三个目标是促进金融部门的竞争。通过竞争，储户将获得更高的存款利率，借款者将以较低的成本获得更多贷款，而投资者则会以较低的价格购买和出售。然而，随着竞争的加剧，银行和其他金融中介机构被迫承担更大的风险，以维持

或获得市场份额，例如以较少的资本运作和保持较低的准备金。这意味着，在危机中，它们无法承受借款人的违约和储户的提款，从而提高了破产的可能性。

政府面临的三重困境是如何同时在金融体系内实现控制、稳定和竞争。在 1914 年之前，政府放弃了控制，金融体系确实变得更加稳定和更具竞争力，尽管美国由于其银行系统的结构而成为一个例外。1945 年以后，控制是首要任务，这一目标的实现是以 20 世纪 70 年代以前的竞争，以及之后的稳定为代价的。从一个无论是涉及银行还是交易所都监管严格的金融体系，转变为一个大大促进竞争的金融体系，这造成了不稳定性，因为它改变了两者运作的基础。存在于 1945—1970 年的稳定，使各国政府产生了一种错误的安全感，只有在确实发生了危机的国家，政府才吸取了教训，学会在今后需要采取什么样的措施以尽量减少此类事件的影响。在那些银行倒闭已经是遥远记忆的国家，银行也普遍持有类似的立场，因为人们相信，可以假定稳定，而不是需要采取行动来维护稳定。因此，2007/2008 年全球金融危机的双重震中是在美国和西欧，因为正是在那里，银行之间的竞争变得最为激烈。无论是外部政府还是银行内部，监管失灵的进一步证据来自有关零售和批发层面的滥用职权行为的揭露。宽松的控制使得银行雇员向消费者出售有缺陷的金融产品，并操纵关键利率。这表明，监管不能由个别政府或企业的自身利益来决定，还需要在整个行业层面上运作。

金融部门

正如 S. E. 托马斯（S. E. Thomas）在其 1930 年的著作《银行与 258

交易》(*Banking and Exchange*)一书中所指出的:“一个社会的文明程度越高,发展的程度越高,信用体系和减免债务的方法通常就越有效。”因为这本书是他在全球经济危机期间所写的,他清楚地意识到这个复杂的金融体系所造成的负面后果,但他仍然对金融体系所带来的长期利益持乐观态度(Thomas,1930:52-53)。

当然,也有证据表明,从银行存款和持有证券等测度指标来判断,一国人均收入与金融部门发展之间存在着很强的相关性(Goldsmith,1985)。金融部门的功能是使储蓄的供需相匹配,贷款人和借款者得到适当的奖励和收费,以便尽可能有效地分配稀缺资源。正是那些人均收入高、经济结构复杂的国家,无论是在收集和使用储蓄,还是在市场上继续交易方面,均产生了对金融中介机构的需求。反过来,这些储蓄又可用于再投资,从而进一步提高生产力。同样,银行和金融市场的建立也满足了那些拥有闲置资金的人的需要,他们希望通过存款或购买证券进行投资。通过这样做,金融部门鼓励更多的储蓄和投资产生(Bordo,Taylor,and Williamson,2003;Levine and Zervos,1988;Rajan and Zingales,1988)。

然而,这并不意味着即使在经济发展水平相同的国家,金融部门也是相同的。各种比较揭示了它们的性质和构成上的主要差异。在任何情况下,由于历史经验、政府立法和经济发展模式的影响,一个国家的金融体系与另一个国家的金融体系是不一样的。这种多样性之所以存在,是因为金融部门的活动范围非常广泛,包括从零售和投资银行,到货币、证券、衍生品和外汇交易的批发市场。由此引发了一场关于基于银行的金融体系与基于市场的金融体系的相对优势的辩论。这场辩论忽视的是,在每个国家,作为一个整体,金融部门都找到了提供所需产品、市场、组织和监管的手段。同样的批评也适用于长期性的比较，因为战争和革命等事件都影响到银行和市场的相对地位。在 1914 年前和 1970 年之后，各国金融体系日益趋同，因为所有国家都正发展全能银行和股票市场。其中出现 259
了一些国家，它们的金融部门通过满足整个世界的需求而超越了它们的经济增长。英国和后来的瑞士或中国香港、新加坡等就是如此。通过自 20 世纪 70 年代开始取消政府管制以来加快的全球化进程，某些金融活动已转移到这些国家和地区，再从那里提供给国际社会。这使得它们的金融部门与美国、德国、日本或中国等国有所不同，因为后面这些国家的金融部门主要为本国经济提供所需的全方位服务。

金融部门也处于不断变化的状态中，从其与企业部门的关系可以看出这一点。尽管金融业的增长与公司资本主义之间存在着不可分割的联系，但它们也是竞争对手。企业单位的规模越大，就越能够将金融活动内部化。大公司往往能够通过自己的资源为连接生产和消费的整个链条提供资金，从而不需借助银行提供的服务。同样地，借和贷的内部系统可以减少对外部提供的支付网络的需求。大公司还能够从某一业务部门的留存收益中筹集资金，并将其引导到一个需要大量资本投入的活动领域。因此，并不需要组建新公司并向外部投资者筹集资金。通过这些手段，公司创造了有机的增长，从而减少了对金融部门的依赖。随着多部门公司和跨国公司的增加，企业能够将自己从金融部门中解放出来的程度大大提高了。内部会计程序可以处理位于不同国家和货币区的同一业务分支机构之间的交易，其额外优势是可以采用最有效的税务结构。商业组织的这些变化对金融部门的影响是深远的。它们带来的效果是取消了金融部门提供的许多最基本的服务，例如提供短期信贷、筹集长期资本和进入全球支付网络。相反，以跨国公司形式组建的企业期望金融业能够降低货币波动带来的风险，提供安排管理层收购所需的资金，或者提供发起激进的收购要约的手段。在每一种情况下，这些需求都需要金融部门做出创造性的反应。

260 金融部门和政府之间也存在着类似的关系。一方面，金融部门既为政府服务，也从其产生的业务中获益。无论是覆盖日常支出与收入并不总是一致的事实，还是因为它们面临着为昂贵的项目提供资金或发动战争的需要，政府都需要贷款。各国政府还需要进入各种网络，通过它们征收税款和支付款项。因此，长期以来银行和市场在许多不同的方面都受到政府的重视。另一方面，政府要么绕过金融部门，要么完全放弃金融部门。通过具备征税和雇用工作人员的能力，政府能够获得收入，并为自己安排支出。因此，如果只关注金融部门对动员和使用储蓄的贡献，就比较容易选择替代性方法，或者是大规模的商业单位，又或者是以政府及其他公共机构的形式。然而，在审查金融部门时，需要认识到的是，它为两位主人服务，而不是一位。金融部门向企业或政府提供所需的信贷和资本的能力是重要的，而同样重要的是向储户和投资者提供服务。这方面往往被人们所忽视，因为重点是金融部门通过就业、收入和产生的税收，以及对农业、采矿、制造业和一般服务等活动提供援助，从而对经济做出贡献。提供资金仅是金融部门提供服务的一半，因为它也满足了那些为储蓄寻找临时或永久存放之处的人们的需要，从而使得这些资金用于社会未来的利益，如支付养老金、支付保险单，以及具备在需要时提取银行存款的能力。为了实现这些目标，金融部门在地方、国家和国际水平上运作，现在和未来都是如此。没有成熟的金融部门，发达的全球经济就会停止运行。

结　论

过去三个世纪以来，金融资本主义已经远远超越了向企业提供贷款和这种贷款使用者之间的分野。然而，整个金融资本主义的核心是贷款人和借款人以及资本提供者和使用者之间的分离。正是这种分离使金融资本主义成为一种独特的资本主义形式。然而，随着商业从生产商品、为中间消费提供服务，以及由所有者 / 管理层经 261
营的小企业的成长，变为控制延伸的全球供应链的跨国企业，经济活动规模的不断扩大和复杂性的不断上升也提高了这种分离程度。这对那些向此类企业提供贷款的人和为其经营提供资金的人都造成了影响。结果是不断的互动，因为业务的变化引起了贷款人和投资者的反应，反过来又推动了业务的变化，然后又引起了贷款人和借款人之间的反应。这种动态关系的结果是，金融资本主义越来越多地成为资本主义本身的特征，而不仅仅是指使用企业所有者提供的，或者是从家族、朋友和商业伙伴借来的资本。

如果没有金融创新，这一切都不可能实现，因为这不断创造出新的产品、市场、组织和规章，借此改变了借贷或筹集和使用资本的过程。至少从 12 世纪开始，金融创新产生了 18 世纪的现代金融体系所需的所有基本要素。然而，正是随后几个世纪的发展将这些因素融合在一起，使金融资本主义成为一种具有巨大创造力和破坏力的力量。在其被释放后，这一力量能够支持这样一段持续的经济增长时期，使世界经济在过去 250 年中发生了彻底的变化，尽管两次世界大战和自然灾害等人为事件造成了逆转。相反，金融资本主义也拥有着自我破坏的种子，造成连续的危机，其结果是破坏了此前年份里取得的许多成果，其中有些是如此严重，以致后果是深刻和长期的。金融资本主义既包括风险，也有弹性。一项基于金融危机后果的短期结论，强调了风险和监管的必要性。基于金融部门与全球经济之间相互作用的长期判断，强调了弹性和放松监管的必要性。这两项结论都很重要，因为它们都有助于金融资本主义的演进，以及其平衡内在创造性和破坏性力量能力的发展。

参考文献

Beck, T., T. Chen, C. Li, and F. M. Song (2012). " Financial Innovation: The Bright and Dark Sides," SSRN: http://ssrn.com/abstract=1991216.

Bordo, M. D., A. M. Taylor, and J. G. Williamson, eds. (2003). *Globalization in Historical Perspective*. University of Chicago Press/NBER.

Carlos, A.M. and L. Neal (2011). " Amsterdam and London as Financial Centers in the Eighteenth Century," *Financial History Review* 18: 1–26.

Carosso, V. P. (1970). *Investment Banking in America: A History*. Cambridge, MA: Harvard University Press.

Cassis, Y. (2006). *Capitals of Capital: A History of International Financial Centres, 1780–2005*. Cambridge University Press.

Cassis Y. and E. Bussiere, eds. (2005). *London and Paris as International Financial Centres in the Twentieth Century*. Oxford University Press.

Cassis, Y., G. D. Feldman, and U. Olsson (eds.) (1995). *The Evolution of Financial Institutions and Markets in Twentieth Century Europe*. Aldershot: Scolar Press.

Casson, M. ed. (1992). *International Business and Global Integration*. London: Macmillan Press.

Coffee, J. C. (2006). *Gatekeepers: The Professions and Corporate Governance*. Oxford University Press.

Fohlin, C. (2007). *Finance Capitalism and Germany's Rise to Industrial Power*. Cambridge University Press.

Forsyth, D. J. and D. Verdier, eds. (2003). *The Origins of National Financial Systems*. London:Routledge.

Furniss, E. S. (1922). *Foreign Exchange: The Financing Mechanism of International Commerce*. New York: Houghton Mifflin.

Goldsmith, R. W. (1985). *Comparative National Balance Sheets: A Study of Twenty Countries, 1688–1978*. University of Chicago Press.

Grossman, R. S. (2010). *Unsettled Account: The Evolution of Banking in the Industrialized World since 1800*. Princeton University Press.

Haldane, A. G. and R. M. May (2011). " Systemic Risk in Banking Ecosystems," *Nature* 469: 351–355.

Jones, G., ed. (1991). *Banks and Money: International and Comparative Finance in History*. London: Frank Cass.

(2005). *Multinationals and Global Capitalism: From the Nineteenth to the Twenty-first Century*. Oxford: Oxford University Press.

Keynes, J. M. (1936). *The General Theory of Employment, Interest and Money*. London: Macmillan Press.

Kindleberger, C. P. and R. Z. Aliber (2011). *Manias, Panics, and Crashes: A History of Financial Crises*. London: Palgrave Macmillan.

Lamoreaux, N. R. (1994). *Insider Lending: Banks, Personal Connections and Economic Development in Industrial New England*. New York: Cambridge University Press.

Levine, R. and S. Zervos (1998). " Stock Markets, Banks, and Economic Growth, " *American Economic Review* 88: 537–558.

Michie, R. C. (2006). *The Global Securities Market: A History*. Oxford University Press.

Nishimura, S., T. Suzuki, and R. Michie, eds. (2012). *The Origins of International Banking in Asia: The Nineteenth and Twentieth Centuries*. Oxford University Press.

Rajan, R. and L. Zingales (1998). " Financial Dependence and Growth, " *American Economic Review* 88: 559–586.

(2003). " The Great Reversals: The Politics of Financial Development in the Twentieth Century," *Journal of Financial Economics* 69: 5-49.

eds. (2004). *Saving Capitalism from the Capitalists: Unleashing the Power of Financial Markets to Create Wealth and Spread Opportunities*. New York: Random House.

Reinhart, C. M. and K. S. Rogoff (2009). *This Time is Different: Eight Centuries of Financial Folly*. Princeton University Press.

Schiller, R. J. (2000). *Irrational Exuberance*. Princeton University Press.

Singleton, J. (2011). *Central Banking in the Twentieth Century*. Cambridge University Press.

Thomas, S. E. (1930). *Banking and Exchange.* London: Gregg Publishing.

Von Peter, G. (2007). " International Banking Centres: A Network Perspective, " *BIS Quarterly Review*, December: 33-45.

第

9

章

国际资本流动与全球秩序

哈罗德·詹姆斯

264 全球化现象与资本自由流动之间的关系是什么呢？世界是由资本流动维系在一起的，还是资本流动产生了如此不稳定的局面，以至于对全球互联互通产生反作用？经济学家在这些问题上意见不一。虽然经济学家们对贸易流动的有益影响有着广泛的共识，但一些发出捍卫自由贸易的最强烈和最清晰声音的学者，如贾格迪什·巴格瓦蒂（Jagdhish Bhagwati）和约瑟夫·斯蒂格利茨，却对资本自由化持怀疑态度（Bhagwati，2004）。在斯蒂格利茨看来，资本流动产生了如此大的波涛，以至于打乱了小国这种在全球化汪洋中随波逐流的小艇（Stiglitz，1998）。

为了回答这些问题，本章对19世纪中叶至第一次世界大战，以及20世纪70年代至2007年这两个现代全球化时代或浪潮当中的跨国界资本流动的种类，以及在此期间促成了全球化灾难性崩溃的资本市场和金融发展进行了区分。因此，本章的核心是对各个阶段的先后承继进行编年史研究。第一，是在19世纪末相互关联的全球经济中——主要通过债券市场的扩张——大量和日益增加的流动（这个时代的特点常常被认为是金本位货币制度的安排）；第二，试图重振金本位时代的资金流动，但越来越多地被动荡的“热钱”流动（世界大战之时）支配；第三，存在一个国际资本流动相对较少（且相对由国家控制或国家主导）的时期（再一次地，通常以其货币制度安排命名，即布雷顿森林体系时代）；第四，也是最后一点，在没有太多正式货币体系或机制的情况下，放松管制，恢复大规模的国际资本流动，创造了现代意义上的“全球化”（现代全球化）。

首先，自由和充足的资本流动似乎应该促进世界范围经济的 265
均衡增长，因为——在没有障碍的情况下——资本被应用在了能够被最有效地利用，即能产生最高回报的地方。因此，假定资本从拥有先进技术的国家流向较贫穷的、在追赶过程中使用进口资本的国家。特别是在全球联系密切的两个时代，这一过程可以被观察和记录下来。成熟的工业化经济体，尤其是英国和法国，出口资本，同时拥有较高的生活水平，但随着快速增长的资本进口国，如阿根廷、澳大利亚、加拿大和美国，在人均收入方面赶上甚至超过了它们，它们就相对显得衰退了。但这一过程远没有人们想象的那么普遍，其罕见之处也导致了卢卡斯悖论（Lucas paradox）的形成：充足的资本也不会向下流动，从而促进一个良性的追赶过程。

原则上，允许社会在缺乏足够的国内储蓄来源的情况下为其投资提供资金的机制，可能被认为是基本上相同的，但是，替代性工具和机制对国内制度发展以及对金融系统的可持续性具有非常不同的影响。特别是，大型金融机构对资本流动的影响在每一次全球化推动的后期阶段都变得极为不稳定：在 20 世纪初和新千年都是如此。

跨境资本流动也是政治争论的主题——即使当它们完全是私人性质的。因此，在全球化的两个时代，特别是在外交、战略或军事方面变得突出的时候，都出现了进行更大的政治控制或管理的要求。此外，资本流动越多地通过金融中介来集中，资本流动的政治方面就变得越激烈，以及当资本流动受到管制或控制时，越有可能会出现反作用。

经常项目

掌握资本流动运作的最简单、也是表面上最具吸引力的方法，来自国民收入方法中的一个会计等式。经常项目是居民持有的外国资产变动（总流出）减去居民对非居民的负债变动（总流入）的结果，或者是资本净流出。但从算术上来说，它也被定义为
266 储蓄减去投资。因此，国民收入核算提供了一种简便的方法，可以得出关于将资源分配给储蓄、消费和投资的无数个人决策的整体结果。因此，经常账户往往被视为全球相互联系程度的一个代理变量，或全球化程度的一个衡量标准。这一基本框架是由费尔德斯坦和堀冈雄二（Feldstein and Horioka，1980）提供的。根据他们的推理，在一个资本不流动的世界里，储蓄应该等于在每一个国家或经济实体的投资。因此，经常账户失衡反映了一国出口过剩资本或进口稀缺资本的能力。这种能力反过来取决于是否有体现资本债权的证券工具，以及是否有允许这种工具交易的市场机制。

从经常账户来看，20 世纪呈现出一种 U 形发展，在该世纪的初期和末期有更多的资本流动，而在中间阶段资本流动则少得多。在 20 世纪初期的几十年当中，资本流动看上去更稳定，比中期那

些年份，以及 20 世纪末期，更不容易出现逆转或突然停止（见图 9－1）。

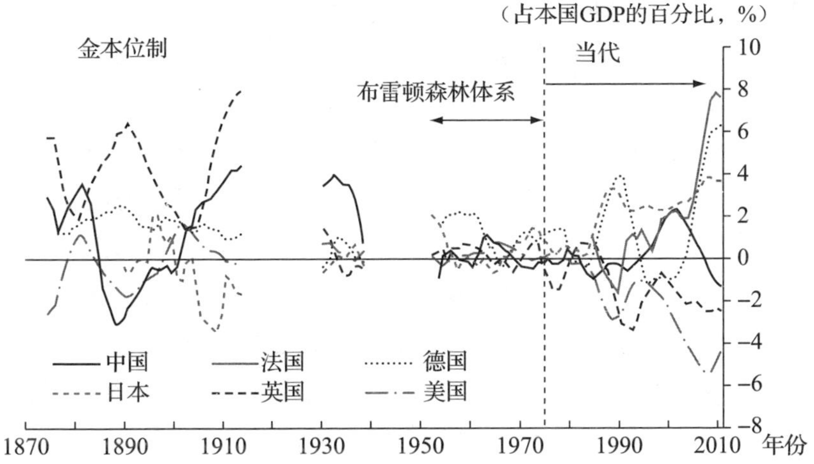

图 9－1　经常账户头寸，1870—2010 年（5 年平均值）

资料来源：英格兰银行（2011）。

虽然人们对这种 U 形分布的存在有着广泛的共识，但对其意义的理解和原因的解释却存在问题。第一，资本流动的增加（和经常账户失衡）是消除资本流动障碍的结果吗？它是金融创新的一个结果吗？第二，金融创新在哪些方面是有益的呢？或者，第 267
三，这是对收入和财富增加的反应，也是对产生更多财富的制度和知识发展的间接反应吗？第四，它改变了储蓄与投资之间的关系，从而成为经常账户状况的基本决定因素的宏观经济政策选择的结果吗？

在第一个解释当中，政府政策（或者更确切地说，是政府政策的缺失）是关键所在。在没有政府干预的意义上，资本市场首先是由经济和政治自由主义驱动的；随后的干预行动是由对全球联系的强烈反应所决定的。奥伯斯特菲尔德（Obstfeld）和泰勒（Taylor）

认为，“第一个资本以及商品和劳动力全球市场的建设，在一个无可争议的自由主义和实质上自由放任的时代已经站稳脚跟了”（Obstfeld and Taylor，2004：23）。在没有政府设置的障碍的情况下，资本自由和高效地流向它能够被最有效利用的地方——如价格机制所示，资金流向能够产生最高回报的用途。

第二个解释认为，特定类型的创新增加了资本流动的倾向。创新可能是一种新型的工具，或者是一种使工具更可信的制度保障［比如对金本位的承诺，这在某些解释中起到突出的作用（Bordo and Rockoff，1996；Ford，1960，1962）］。金融秩序之所以如此具有吸引力，是因为金融领域中特定创新的传播所带来的诱惑。19世纪主要是由债券（大部分是以外币，通常为英镑计价的主权债券），一种以固定收入流偿还信贷的承诺，以及票据（主要是一种商业汇票，涉及买方 / 进口商承诺向卖方 / 出口商付款的特定贸易行为，通常采用 3 个月或 90 天的版本，这是贸易融资的基础）所主导的。债券和票据的成功以效仿的形式鼓励了进一步的金融创新：次级主权区域、半官方和私营部门的借款人开始模仿国家并发行债券；同时金融家们认为，即使没有潜在的贸易行为，使用票据也是一种方便的短期借款方式。当时的话语体系区分了“贸易票据”和“通货票据”或“金融票据”，后者被认为是投机行为，并被无数虚构的挥霍和耻辱描绘得妖魔化。大量的跨境银行存款在全球化的第一个时代结束时才开始发挥作用，但其在第二个时代是全球资本流动的一个关键因素。

268 在第三个解释中，自由放任和金融创新并不是推动资本跨越国界的关键驱动力。单一的政策立场是无法迅速解决问题的。宏观经济基本面和推动可持续发展的更广泛的政策组合是资本崛起的关键（Flandreau and Zumer，2004）。可持续的资本流动取决于有利环境的深层次网络。

最后，第四个解释强调了调整的策略。而不稳定的资本流动问题被诊断为国际体系中的调整问题——最常见的是盈余国家未能扩大需求，从而减少储蓄，并因此带来经常账户收支的平衡（例如 Wolf，2008）。

与创新有关的另一个问题使全球化的资本如何将世界联系在一起的长期图景更加复杂化了。很多关于资本流动的旧文献都是由一种对资本净流动的兴趣所驱动的，这反映在经常账户头寸上；而且经常与 17 世纪和 18 世纪重商主义者就贸易赤字的不可取性或不可持续性撰写的文章相呼应。20 世纪末期金融化程度的加深，产生了更大的资本流动总额。因此，一些观察人士开始思考经常账户是否不再重要了（Borio and Disyatat，2010；Obstfeld，2012）。非常巨大的流动是通过金融系统进行的，这种中介的复杂性造成了一种系统性的脆弱性。

许多分析人士试图区分长期资本流动，这反映了对不同生产潜力的长期判断，通常认为对其存在有利影响，从短期和容易可逆的运动来看，这是投机性的和不稳定的。它们取决于不同的制度安排：长期波动通常通过金融工具或债券，即证券发生，但也有股权参与。但是，即使是长期流动也会受到趋势和时尚的影响，而且可能会出现激增或大起大落的情况，从而增加了出现错配和危机的可能性。短期流动则更多是通过银行系统产生的。到期日的组合（或错配）因国家不同而有所不同。一些国家，特别是那些金融中心，类似于银行，它们转换到期日、吸收短期存款（这些存款易受突然逆转的影响），并进行更长期的投资。

短期波动对利率差异的反应非常快。因此，与长期资金流动相比，它们更直接地受到中央银行行为的影响。19 世纪末出现了一 269

种新的中央银行理论，强调银行政策和利率在指导资本流动方面的作用。金本位制不一定要求采取这种行动（实际上有些金本位制国家没有中央银行），因为这种调整是通过一种不依赖政策决策的自动机制进行的。在最简单的（休谟式）调整模型中，贵金属流动会产生价格效应，对贸易失衡产生调整作用。在理论上，可以建立一个类似的模型，其中购买证券相当于购买货物。当有大量的短期资金流动时，情况就会发生变化。通过以较高利率出售短期证券来吸引资金流入，将导致扩张性货币效应，同时价格也会上升，因为人们预期利率压力会减少需求和降低价格。中央银行的行动往往会产生更高的短期负债水平，因此有可能造成资本流动突然停止或逆转的局面。金本位制下中央银行的制度创新增加了新的复杂性，但也造成了更大的潜在波动性，尤其是在银行体系中持有大量短期头寸时更是如此。

中央银行通常是在金融危机之后新成立的——1873 年之后的德意志帝国，1907 年之后的美国——然后，它们被认为在稳定市场方面发挥了作用。这可能需要使用利率工具来吸引或避免短期资本流动，因此，鼓励短期流动成为国际货币体系的一个核心特征。这种演变包含着潜在的危险。随着对利率存在长期或持续差异的预期，所谓的套利交易变得具有吸引力或受到欢迎，公司和个人以较低的利率在国外融资，以购买有望带来更高收益率的证券或其他资产。当政策条件发生变化时，套利交易会很快逆转，而这种改变在受到管理的货币制度中会发生戏剧性的变化。因此，经常账户是否重要的问题，主要是对政治和货币当局对经常账户失衡的反应方式的评估。

在第一次世界大战之前，人们普遍认为，人们对政治制度的参与不够，或人们对民主秩序的扩展不够，因为对于央行所进行的调整的成本，有很多政治阻力。第一次世界大战后，由于受到战争的深刻冲击，以及更多的民主，需要进行更大的调整。波拉尼（Polanyi，1944）提出的有影响力的解释认为，政治环境的变化使 270
金本位制行不通了。因此，资本运动的政治中存在一些悖论：可以说，某种程度的问责，对于建立国际资本流动所依赖的安全和信誉至关重要；但是，民主也干扰了国际制度所依赖的规则的应用。

金本位制

从 19 世纪中叶到第一次世界大战，资本流动总额和净额都增加了。随着资本市场的联系日益紧密，收益率也趋同。但这种发展并不是一帆风顺的。一体化的程度在 19 世纪七八十年代有所上升，但在阿根廷（1890 年）发生严重金融危机后被中断了，阿根廷是最大的资本进口国之一。最终，一体化的趋势在 20 世纪恢复了。

金本位制的核心成员国拥有绝对可靠的固定汇率制度。在 19 世纪六七十年代，随着世界普遍采用金本位制，甚至出现了关于建立一种世界货币的讨论。制定金本位制所依据的一套假设的部分内容包括，在大国之间发生重大军事冲突时，可以暂停可兑换，但将随着重获和平而再次恢复。这些国家经历了短期和长期利率的实质性趋同，但不是完全均等化。另外，核心国家和外围国家之间也出现了实质性的趋同，并为外围国家采取与核心国家相一致的政策措施提供了动力。外围国家的许多政策人士认为，采用日益普遍的货币标准将保证金融市场的进入和降低借贷成本。与此同时，在回报方面仍然存在差异，这为资本的流动提供了动力。

第一个全球化时代的盈余集中在两个国家，即英国和法国。在这两个例子当中，资本出口往往与国家衰退的言论联系在一起。到1914年，英国的储蓄中有一半流向了国外。19世纪70年代资本出口加速与经济增长下降（维多利亚时期的危急时期）的时间重合，刺激了关于衰落的讨论。法国经济不如英国先进，但储蓄率却非常高。许多当代学者通过人口统计学解释了法国人的高储蓄倾向，低
271 生育率意味着需要更高的储蓄，因为个人要考虑为自己的老年提供资金。法国和英国是这段美好时期的主要金融中心，巴黎和伦敦的主要市场是资本流动的中介（米基，本卷第8章）。

对于英国和法国来说，关于资金流动是否合理的争论很大，因为它们与更高的事后收益率相对应（Edelstein，1982）。由于违约在20世纪初变得越来越罕见，事前收益开始与事后回报趋同。针对英国和法国的讨论提出了这样一个问题：资本是否在发展中国家流向了更有成效的用途？是否存在一个高储蓄率所产生的无法找到足够国内就业机会的推动？

事实上，大多数外国投资显然没有流向人口众多和贫穷的国家。尤其是英国资本流向了资源丰富的国家，这些国家也吸引了来自英国和欧洲其他地区的大量移民：战前英国约有三分之二的国外投资流向西半球和澳大拉西亚（Australasia）。对英国资本目的地的最好解释是教育培训、自然资源和移民的程度（Clemens and Williamson，2004）。法国的贷款具有很强的政治色彩。

大量的资本流动涉及公共借款人、主权国家、省、市，或者铁路和其他运输公司。债券购买者认为，他们的钱被用来进行投资，从而产生安全和持续的收入流，用于支付债券。在某些情况下，公共借款者正在为经常支出提供资金，并押注于他们将能够提高偿还债务所需的收入。借款人要想分辨收入和发展之间绝对明确的区别，要比理论所表明的困难得多［参考菲什洛（Fishlow，1985）所

做的这样一种尝试]。现代社会对这一现象的讨论围绕着信息不对称的问题展开，因为那些远处的贷款人发现，他们很难真正知道他们投资的可能回报。然后，减少或纠正不对称的制度会导致更大的和更可持续的资本流动（Bordo，Eichengreen，and Irwin，1999）。

债权人试图对借款人的偿还能力进行系统性的判断，因此，对信誉的基本承诺构成了债券。债权人是否应该以个人身份这样做，每个人都应就购买哪一种工具做出选择呢？他们怎么能得到可靠的信息？随着个人投资者和银行涌入市场，他们对金融咨询的需求也会增长。在一段时间内，由于一种跟随内部消息的羊群行为，特定 272
国家成为资本市场的宠儿。在 19 世纪 30 年代，英国向西半球提供大量贷款，随后又出现了一系列违约，之后《芬氏汇编》(*Fenn's Compendium*）开始成为一本介绍借款国特征的手册。从 1869 年起，《经济学家》杂志出版了一本《投资者月刊》(*Investors' Monthly Manual*，Flandreau and Zumer，2004）。在欧洲大陆，资本流动更多的是通过金融机构进行的。有代表性的是，法国的一家银行——里昂信贷银行（Crédit Lyonnais）在 19 世纪 90 年代开发出了第一种系统性的对外国投资的信用评级方法（也对美国国内市场进行评级，Olegaria，2006）。在 20 世纪初的美国，一个独立评级机构的市场发展起来了（Gaillard，2012）。

对发展的可持续性作出判断是决定债务契约可信度的关键。资本流入对增长机会作出了反应——移民流动也是如此。在 19 世纪中期，资本可以自由流动的事实最初被简单地看作是关于开放或自由经济秩序优点的普遍共识的一部分。事实上，人口流动最初受到的限制更大（例如，英国直到 1827 年才禁止熟练工人向外移民），而在 19 世纪初，对货物征收了沉重的进口关税。

19 世纪 80 年代末，随着大量欧洲移民（主要来自意大利）的到来和资本流入，阿根廷经历了一次大繁荣，这为人力流动和资金流动之间的联系提供了有力的例证。1880—1890 年，阿根廷人口从 250 万增加到 340 万。一项现代计算表明，阿根廷在 1870—1889 年进口的资本占其 GDP 的 18.7% [在此期间，其他资本的主要进口国是澳大利亚（占 9.7%），以及加拿大（占 7.2%）]（Flandreau and Zumer，2004）。到 19 世纪 80 年代，阿根廷几乎占英国对外贷款的一半（Ford，1962；Mitchener and Weidenmier，2008）。到 19 世纪 80 年代末，阿根廷的公共财政日益紧张，而在 1889 年，联邦赤字的融资成本达到政府支出的 68%。即使联邦政府承诺未经银行家同意不增加借款，附属的政府机构仍在继续借款。阿根廷所有短期借款都变得更加昂贵，长期债券发行也不可能。根据 1887 年的《国家担保银行法》（Law of National Guaranteed Banks），阿根廷对银行信贷的创造进行了规制，基于这项法律，银行发行的票据得到了
273 以黄金计价的政府债券的支撑，这代表了阿根廷式金融结构的另一个弱点。危机发生时，自 1824 年起就一直在处理阿根廷的债务发行的伦敦最大和最负盛名的商业银行，即巴林银行，未能及时出售布宜诺斯艾利斯供水和排水公司（the Buenos Aires Water Supply and Drainage Corporation）的债券，而且在承销方面面临着巨大的损失，这威胁到了银行的偿付能力。政府无法支付黄金，而是用贬值的纸币支付。由于无法获得更多的资金，阿根廷的经济崩溃了，同时政治动荡于 1890 年使总统胡亚雷斯·塞尔曼（Juarez Celman）下台。直到 1893 年，阿根廷的债务才进行了重组 [在罗梅罗（Arreglo Romero）计划当中]，大多数债务的偿付推迟了十年，利息支付减少了五年；直到新世纪，资本才真正恢复并流向阿根廷。

1890 年的阿根廷危机（或称“巴林银行”危机）产生了重大的国际影响。阿根廷的崩溃立即影响到借贷能力和其他拉丁美洲借

款人的收益。随着借款利率的飙升，其他国家（欧洲的希腊和葡萄牙）也出现了违约，而在 1898 年，巴西要求通过伦敦主要银行的融资贷款进行重组。信贷紧缩的影响远在澳大利亚都能感受到，那里的问题在于私人银行，而不是政府借贷。随着抵押贷款的激增，资本也流入了澳大利亚。到 1892 年，澳大利亚已经出现了明显的财政压力的迹象，澳大利亚商业银行（Mercantile Bank of Australia）倒闭了。到 1893 年，澳大利亚出现了一场普遍的银行业危机。

阿根廷危机的最直接或最明显的教训是，公共借款人的信誉不仅取决于潜在增长的事实或强大的出口部门，而且取决于一个制度的财政稳健性，也取决于它是否有能力筹集税收收入，以便定期偿还债务。债权人和那些试图满足他们对信息的渴望的人的注意力，现在从一般发展潜力问题（这意味着资本从富国流向穷国）转移到对财政有效性的估计上了。在这方面，富国和发达国家可能比贫穷和政治动荡的国家更好、更可信，因此导致了卢卡斯悖论。在 18 世纪英国最初的财政契约中，政府承诺给债券持有人付钱，而这些债券持有人则投票支持一个实际上控制政府的议会；但由于外国贷款，承诺的性质更加不确定了（Macdonald，2006）。弗朗德罗（Flandreau）和祖谟（Zumer）证明了投资者的关键变量，现在如何变成了为利率服务所需的政府收入份额，所达成的共识是风险水平为年度预算的 33% ～ 40%（Flandreau and Zumer，2004：41）。一旦达到 40% 的门槛，违约的概率就开始急剧上升。 274

在国内环境中，财政的有效性往往是由政治发展的复杂程度，特别是代议制度和议会的发展程度来衡量的。其中的理论是，如果债权人阶层在政治上有代表性，财政措施需要得到他们的同意，那么他们就不会同意实施任何威胁政府信誉的措施。因此，偿还债务的承诺变得更加可信，违约风险降低。这一观点随后反映在债务定价中，结果是具有强大议会制度的国家的借贷成本下降。这样，他们就可以负担更多的债务，当时这些债务主要用于支付军事承诺。因此，在一种竞争演变过程中，代议制政府更有可能变得强大，并将自己的意志强加给权威对手。尤其是对于当时和后来的英国评论家而言（Brewer，1989；Ferguson，2001），这种模式是与英国海军霸权和英国经济实力的崛起（从低信贷成本中受益）联系在一起的。这种模式的成功最终得到了英国战胜拿破仑的证实。19 世纪上半叶，罗斯柴尔德家族等银行家积极敦促借款国引入议会和宪法，以降低融资成本（Ferguson，1998）。

外债高企背后的问题是，债权人显然在任何议会中都没有代表，债务人阶层的政治代表（或那些为了偿还债务而必须纳税的人）很可能有强烈的违约动机。就国内市场而言，替代国内政治信誉的是某种强有力的外交承诺中的国际市场，在这种承诺中，安全关系是金融和经济关系的基础。这种联系最强大的形式是帝国，因为帝国统治下的国家不会就外债问题投票，但它们完全明白，如果不遵守规定，宗主国可能会实施严厉的制裁。其他一些形式的政治强加看起来是类似的，可以说是“非正式帝国”。

对这些借款者来说，外交和政治考量要比在阿根廷的情况中发挥了更大的作用。奥斯曼帝国是欧洲强权体系的重要组成部分。1875 年的违约带来了巨大的动荡。在俄土战争之后的 1878 年，奥斯曼帝国对债务进行了重组，由债权人（小奥斯曼国，dette
275 ottomane）实施债务管理，直接管理海关和烟草收入。在这种特殊的环境中，主权破产的管理相对容易，因为国际政治制度接受甚至鼓励侵犯债务国的主权。更强大的国家会把无力偿还债务解释为一个国家更大范围失败的一种症状。

其他敌对国家也从奥斯曼人身上吸取了教训：强国的生存依靠

的不仅仅是军事力量，还包括经济基础。俄国的独裁政府也在寻求外国资金，但是它将军事和行政方面的需求与越来越大的对经济发展的兴趣混合在一起了。在 19 世纪 90 年代，具有创新意识的财政部长谢尔盖·威特（Sergei Witte）伯爵认为，外国资金是克服经济落后的一种方式，同时说服沙皇周围的保守派相信，经济发展是俄国确立强国地位的必要条件（von Laue，1963）。到 1914 年，17.33 亿卢布的俄国政府债务，几乎有一半由外国持有，其中 80% 掌握在法国手中，英国持有 14%。外交、军事和财政考量错综复杂地联系在一起，被俄国巧妙地用作一种在政治和经济上锁定债权人的手段。

1891 年，俄国与法国开始了外交和解，与此同时，法国发行了债券，新外交手段的支持者们庆祝了这场法国和俄国联盟的“金融全民投票”。威特繁荣是俄国与国际金融秩序长期和解的结果，如果俄国没有经历过加入金本位制的一段痛苦期［在威特的前任维什涅格拉德斯基（Vishnegradski）的领导下］，这将是不可想象的。从表面来看，俄国的经验可以被解读为金本位制的一个例子，是“良好的内务批准印章”，因为它限制了采用 19 世纪 80 年代阿根廷的做法的可能性，政府在纸币和黄金上都采取了行动。俄国躲过了 1900—1901 年的急剧收缩，以及 1905 年的战争和革命带来的政治危机，却没有违约。

在俄国的例子中，官方部门显然影响到私营部门的借贷能力。次级主权债务——比如向莫斯科市提供的贷款——与阿根廷的例子一样，是在主权贷款受制于政治条件和限制的情况下获得融资的另一条途径。但是，外国投资者对政府实施维护他们利益的能力寄予了更大的希望。俄国央行是作为它向金本位制趋同的一部分而组建的，被视为“交易所的红十字会”，准备在债券或股票价格下跌时对其进行干预，也可能会警告新的外国投资者不要进入（Crisp，1976）。日本提供了一个同样令人信服的案例，即关于改革和强
276 有力的国家结构如何减少了感知到的风险，从而鼓励了资本流入（Sussman and Yafeh，2000）。

在这一时期初期，私人部门的投资与庞大的国债市场相比相形见绌。1867 年，英国对股份制银行的投资估计为 8 500 万英镑，对其他股份制企业的投资为 1 亿英镑，而在外国的投资为 25.66 亿英镑（Fenn，1869）。到 19 世纪末，平衡转移到了私营部门，而俄国的情况则显示了这一点。在官方资金流入之后，对俄国企业的大量直接私人投资随之而来。FDI 似乎是发展中经济体获得技术和管理技能的良好途径。一些公司开始以跨国公司的身份出现：威格士（Vickers）或者壳牌（Shell）（Jones and Trebilcock，1982），或者最引人注目的是美国缝纫机公司胜家（Singer，跨国营销的先驱者）1905 年在俄国建立了工厂（Godley，2006），同时在德国设立了小型机构。在第一次世界大战前的几年里，德国公司开始在法国大量投资，在德国的法国公司也是如此。到第一次世界大战前夕，外国直接投资已达到世界产出的 9%，这一数字在 20 世纪 90 年代之前都是惊人的（琼斯，本卷第 16 章）。

一些金融机构已经将自己国际化了，尤其是中欧大型股份制银行。奥地利籍马克思主义（Austro-Marxist）经济学家鲁道夫·希法亭（Rudolf Hilferding）在 1910 年将这一结果解释为“金融资本”，并在他随后的著作中将其称为“组织起来的资本主义”，在这种资本主义中，大量集中的金融力量控制了工业，稳定了价格（Hilferding，1981）。希法亭认为，这些国家根深蒂固且集中的金融力量，不可避免地是相互竞争的结果——同样也是国际紧张局势日益加剧的根源。在他的解释中，它们降低了国家危机的可能性，但

使国际危机更有可能发生了。

中央银行在其中扮演了什么角色呢？在 19 世纪初，英格兰银行已经成为占主导地位的——实际上是唯一的——英国股份制银行，到 19 世纪末，它的资产负债表与大型清算银行相比已经相形见绌，这些清算银行是由一系列通过股份制形式的合法化而促成的联营合并所组成的。为了应对外部的消耗，金本位制有时需要短期利率发生相当大的变化。各国央行在经历黄金外流时，可以简单地进行逆转利差交易，但只是在市场供不应求的情况下才能如此（否则，它们的加息就不会“有效”）。1889 年，英格兰银行的政策是阿根廷经济突然停滞的直接诱因，因为银行利率在 19 世纪 80 年代中期的阿根廷繁荣时期也没有超过 3%，现在却从 2.5% 提高到了 6%。按照这样的利率，外国贷款不再有吸引力。继 1906 年 277
和 1907 年纽约的动荡之后，同样的模式在另一场大的国际危机中重演。由于英格兰银行失去了黄金，它需要在 1906 年 10 月将银行利率从 4% 提高到 6%，然后降低利率，但作为对新一轮恐慌的回应，它在 1907 年 11 月再次提高了利率。这对其他央行和外围国家都有影响。德意志银行（The Reichsbank）的利率从 4 月份的 5.5% 上升到 10 月底的 6.5%，在 11 月初上升到 7.5%。受 1907 年恐慌打击最严重的一些经济体（意大利或埃及）与纽约相距甚远，它们与纽约没有直接的金融联系。1907 年的金融危机对资本流动不稳定情况下的货币管理提出了质疑，并预见了 20 世纪 20 年代末的政策问题。

两次世界大战之间的经历

第一次世界大战揭示了资本流动在政治上是多么重要。首先，战争资金在很大程度上取决于调动外国和国内资源。英国战争所需融资的很大一部分是通过出售战前债权人所产生的积累来支付的。英国公民先是受到政府的鼓励，然后（从 1917 年起）被迫将他们在美国和加拿大的资产出售给政府。

其次，政府直接向与其结盟的其他政府借款。俄国沙皇政权从法国和英国借款。法国和英国政府向美国借款。与第一次世界大战前一样，大规模的官方借贷需要外交政策的趋同——也需要某种命运共同体，有时甚至是在不可能的盟友之间。1915 年，人们曾简要地提出并就一个极端的解决军事盟友之间持续财政支持问题的方法进行辩论，这涉及在法国、英国和俄国之间建立全面的财政和政治联盟（*Economist*，1915；Siegel，in press）：英国特别希望将俄国大量的黄金储备共同化，并以此为基础来稳定联盟集团的货币，集体对抗美元（Neilson，1984：65–66）。在冲突的另一方，到 1917 年，德国实际上已经控制了其奥匈帝国盟友，利用其对经济资源的控制来阻止奥地利的任何独立和平倡议。不平等盟友之间的这种关系提出了一种高度政治形式的违约问题。尤其是 1917 年的俄国革命，最终导致布尔什维克决定不偿还沙皇债务，从而开启了全
278 球金融的新纪元。人们不再认为政治改革依旧会确保信用；相反，激进的民粹主义政府很可能会看到没收外国债权人财产的强大吸引力。

那些在军事上被打败的国家也丧失了自己的信誉。然而，战前秩序的成功和吸引力使许多投资者相信，和平时期的“正常状态”将很快恢复。结果，在停战与和平条约签订后不久的 1919 年和 1920 年，就有大量投机资金流入德国，因为外国债权人预期货币贬值会逆转，并希望汇率大幅升值，所以他们购买了德国资产。因此，德国的重建和魏玛共和国的政治初步稳定得益于大量资本

的流入（Holtfrerich，1986）。这些资金在 1921 年流入，在德国财政部长（也是《凡尔赛条约》的签署者）被刺杀事件之后突然停止了，这表明德国并没有迅速恢复正常状态。1921 年和 1922 年资本流入的缺乏和调整的实际成本反过来又加剧了政治危机和政府筹资问题，通货膨胀成为恶性通货膨胀。

战时积压的国际政府债务对战后秩序产生了相当大的影响。英国和法国都受到了俄国革命之后严重违约的打击。对法国来说，如果没有战败的列强，尤其是德国的赔款，偿还战时债务是不可想象的。

1919 年《凡尔赛条约》规定了赔偿原则，但德国要承担的赔款数量直到 1921 年才得以确定。面对德国在 1923 年未能支付赔偿的情况，法国和比利时部队占领了德国鲁尔山谷的工业中心地带，企图攫取实物赔偿，但以失败告终。随后的政治危机的结果是，1924 年伦敦会议商定了新的赔款时间表，一般称为《道威斯计划》（Dawes Plan）。道威斯计划的创新之处在于将这种政治性支付与在美国和英国市场上向德国提供的一笔巨额贷款结合起来。它还承诺让德国重返国际市场，让德国政府在国家和地方各级以及德国公司层面获得外国信贷。当德国在 1929 年根据杨格计划（Young Plan）调整进度时，赔偿伴随着一笔新的外国贷款。现在存在着这样一种支付方式，即西方国家的普通公民从大型投资公司购买德国债券，这些收益直接或间接地（通过德国公司借款人和他们所付的 279
税款）流向德国政府，然后向法国和比利时政府支付赔款，法国政府就可以偿还第一次世界大战的战争贷款，并偿还美国政府的债务。因此，美国纳税人成为主要在美国国内市场筹集资金的最终接受者。假设这种新的信贷流动停止，美国纳税人（债务契约的债权人）和美国私人投资者（20 世纪 20 年代贷款业务的债权人）之间将发生竞争或斗争。一些德国政客正是这样考量的，他们推断，富有的美国债权人对美国政府施加的压力，可能导致美国政府同意取消战争债务和支付的赔款。

1929 年的协议条款改变了这种计算。通过建立新的转移支付保护机制——由于担心转移赔偿可能使德国陷入无法解决的僵局，官方付款实际上被优先于私人支付。私人债权人看到他们被德国主权借款人在偿还的序列中推后了，因此变得更加紧张（Ritschl，2002）。

盟国政府在 1924 年和 1929 年赔偿解决方案中的考量可以用政治术语来解释。在这两种情况下，外交官和政治家担心的都是，继续向德国和其他中欧国家提供信贷对于进一步巩固民主与和平变得至关重要，如果没有这种资金流动，就会发生更大的激进革命或存在布尔什维克化的风险。

20 世纪 20 年代关于赔款的斗争也引发了一场关于国际收支平衡如何调整以适应资本流动的理论辩论。剑桥大学经济学家约翰·梅纳德·凯恩斯从一开始就严厉批评赔偿解决方案，他认为，调整过程只能通过相对价格变化和支付国的贸易条件恶化来实现。为了进行这种转移，德国产品的价格将会下跌（Keynes，1929）。瑞典经济学家伯蒂尔·俄林（Bertil Ohlin）表示，这些付款是通过税收体系提供资金的：德国税收将上升，需求将下降，进口也将下降；在接受国，税收可以降低，对德国商品的需求也会更大。俄林的论点在理论上更有说服力，但在实践中，债务国可以使用的税收负担的程度是有实际限制的（Ohlin，1929）。德国就是一个存在普遍问题的范例。富人——通过政治上强大的游说集团组织起来——要求补贴并抵制增税，而中左翼的受欢迎政党却抵制增加间接税和
280 消费税的企图。但是到了萧条时期，政府就不可能在议会中以多数

票通过财政措施了（James，1986）。

在一个战前那种“正常”资本流动已经恢复的世界里面，政治性的支付和债务产生了。原材料和农产品生产国，特别是拉丁美洲和东欧的国家，进行借款的原因与古典金本位时代相同。新的国家也是如此，尤其是在中欧，它们想投资于新的基础设施。它们都支付了利率溢价，这反映了对风险的感知：因此，在德国这个迄今最大的单一借款国，1926 年初的 10 年期政府债券的收益率几乎比美国国债收益率高出 4%，而 1927 年 2 月，这一差距下降至 1.8%。但随着世界陷入大萧条，收益率差距又开始不断上升了。总的来说，20 世纪 20 年代中期以来农产品价格的缓慢下跌，以及 1929 年之后更为迅速的崩盘，使得这些国家的债务水平不可持续，从而无法偿还债务（Kindleberger，1973）。在这种情况下，有一些强有力的因素造成了一场传染性危机和资本流动的急剧逆转：商品生产者之间的相似之处，以及债权人出现损失所造成的冲击，这就需要清算其他资产。人们对风险也有了普遍的反应，重新强调了安全和担保。

大型私人信贷结构和官方部门债务的双重性加剧了信心危机。由于赔偿解决方案的性质和 1929 年对付款优先事项的修改，债务危机实际上已经被计划好了要在 1931 年爆发。保持资金从美国和英国流入的关键在于收益差异，这使得偿债成本高昂，而且最终不可能实现了。

这种金融体系的特点进一步扩大了债务危机的程度。第一个缺陷是国际货币体系。关于恢复正常状态的假设的一个关键部分是恢复可信的货币承诺。在 20 世纪 20 年代回归金本位制的过程中，大多数国家都采用了部分储备制度，目的是节约对货币性黄金的需求。一个典型的规则是德意志银行在 1924 年旨在稳定货币的新立法中通过的规定。中央银行被要求持有黄金和外汇储备，储备量为纸币发行量的 40%。当存款准备金率接近 40% 的上限时，央行需要以比准备金损失更大的倍数（100/40）收缩纸币的发行。

281 第二个缺陷在于许多欧洲大陆国家的银行结构。与美国高度本地化的银行业不同，欧洲大陆的经济体是由有着少数拥有大量国际敞口的大型银行的金融体系所主导的。在奥地利，危机始于 1931 年 5 月，奥地利信贷银行（Creditanstalt）通过所有权持股控制了大约 60% 的奥地利公司（Nötel，1984）。因此，非常大型的金融机构的倒闭或潜在的倒闭构成了一个重大的政策问题。银行问题和中央银行问题是相互关联的，最明显的莫过于奥地利，这成为货币和银行危机的策源地。奥地利国民银行（Austrian National Bank）在伦敦的大部分存款都是以票据或短期存款的形式存在的，这些存款随后被用于在大型私人银行，即奥地利信贷银行进行存款。这种交叉存款体系加强了银行和中央银行制度之间的相互依存关系。

在那些已经因不良政策导致的通胀、恶性通胀和银行资产负债表的破坏而遭受重创的国家，银行倒闭的原因是国际大萧条对银行疲软造成的价格冲击。金融部门固有的脆弱性使其更容易受到政治冲击的影响，而关于中欧关税同盟和战后赔偿问题的争论足以推翻一个根本不牢靠的计划。1931 年，由于货币政策受到金本位制的限制，中欧地区国家的银行更容易受到冲击，它们也是货币紧缩的受害者（Ferguson and Temin，2003）。但是，早在崩溃之前的 20 世纪 30 年代初，就有许多具体的问题（James，1986）。它们是金融体系的特定设计特征的结果，不能简单地通过宏观经济政策，无论是货币政策还是财政政策加以纠正。美国银行业高度本土化，因此在地域限制的冲击面前十分脆弱（如农业萧条）；而加拿大更大的全国性银行业则更具弹性。南美洲和中欧许多债务国的银行累积了资产（以当地货币计算）和负债（以美元或其他主要货币计算）之间的错配，从而使其易受货币动荡的影响。全能银行的持股遭受了巨大损失，随着它们的资本减少，它们的贷款就削减了。一些英国银行（所谓的商业银行）有大量的海外风险敞口，这使它们容易受到国外危机的影响（Accominotti，2009；James，2001）。

1931 年的后续影响是资本流动的逆转，外逃资本转移到“避风港”，即第一次世界大战的中立国家——荷兰、瑞士和美国。这 282
些流动在那时被形容为“热钱”，其对利率差异十分敏感，但对安全局势的变化也十分敏感。向这些剩余的金本位国家流入的资金规模和速度威胁着那里的银行业稳定。

随着资本流动的逆转，金本位制被摧毁了（见图 9－2）。外债高企的国家终止了可兑换（因为贬值将对借钱的银行、企业和政府产生资产负债表效应）。因此，中欧和拉丁美洲国家实行了外汇管制。没有巨额外债的国家更容易转向浮动汇率。1931 年 9 月以后，英国和斯堪的纳维亚国家都走上了这条道路。

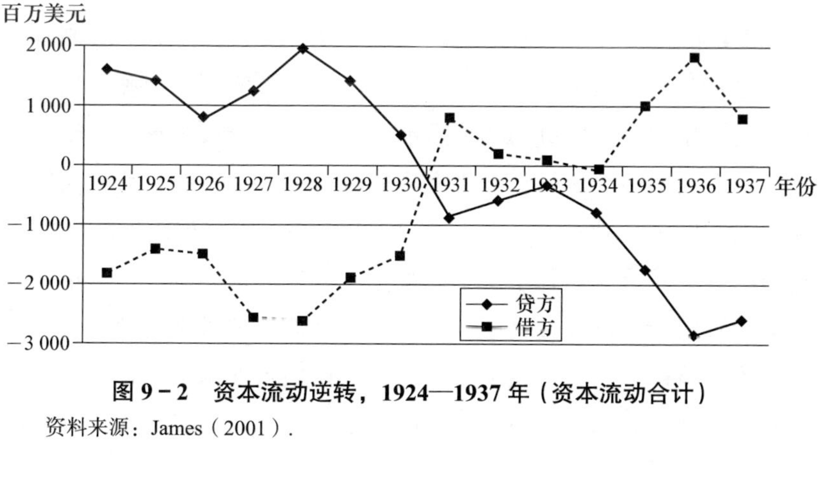

图 9－2　资本流动逆转，1924—1937 年（资本流动合计）

资料来源：James（2001）.

最初，保持金本位制会带来非常大的资本流入（所谓的“热钱”），但同时，如果资金外流的可能性出现，未来也有可能受到攻击。就连美国也会受到这种资金外流的影响。从1931年9月（英国放弃金本位制的日期）到1933年4月，美元的黄金可兑换性被暂停，美国银行在国际上失去了存款；自1933年4月起，法国银行失去了存款（其中大部分资金最初流向瑞士）。在1934年法西斯示威和1936年人民阵线（Popular Front）政府成立这段时间，一些流入瑞士的最大资金来自法国。对流入美国和从瑞士流向美国的资金的考察表明，重要的峰值出现在法国的政治和经济危机期间
283（1936年9月、1936年11月、1937年2月），同时伴随着德国的政治危机（1938年11月的德国大屠杀；1939年3月德国对捷克斯洛伐克的入侵），也出现了一些较小的峰值（Wilkins，1999）。外逃资本的可能回流或流出对持有存款的银行构成了双重威胁，但也对瑞士国家银行（Swiss National Bank）构成了双重威胁，后者必须将瑞士法郎兑换成外汇。

起初，处理这个问题最明显的方法是，各国央行绝对否认会出现任何汇率平价变化。即使是最强大的国家也会变得很脆弱（Straumann，2010）。1931年9月的英镑危机之后，瑞士法郎看起来相对安全，对其余金本位国家的主要投机影响了美国和法国。但越来越明显的是，危机期间涌入瑞士金融体系的大量短期存款不一定会始终留在瑞士，资金外流将削弱银行体系和货币。或者换句话说，引发的银行业和货币危机与1931年导致中欧崩溃的情况完全相同。资金外流可能源于安全或整个欧洲的政治担忧，当然也可能是由于对瑞士政策的稳定性和可信度的担忧。决策者们意识到他们所处的困境：局势变得越来越脆弱，但他们可能采取的任何行动都存在破坏稳定的风险，而不是促进稳定。

布雷顿森林体系时代

在 1944 年和 1945 年，战后秩序的同盟国缔造者希望从两次世界大战期间的灾难中吸取教训。它们的集体偏好可以用对后来明确提出的“三重困境”的一种回应来表述：资本自由流动、自主货币政策和固定汇率之间的不相容。控制国家货币政策是一项政治上的强烈要求。20 世纪 30 年代的贸易战通过竞争性货币贬值而进一步加剧了，人们认为，固定汇率的确定性使贸易受益。对于全球秩序的新设计者来说，资本流动对其一点吸引力都没有。

大萧条原因的新共识，把重点从 20 世纪 30 年代文献中最受欢迎的恶棍身上转移开了——黄金的不均匀分布，以及法兰西银行和联邦储备系统的冲销政策，或者是 20 世纪 20 年代所谓的货币过度膨胀，又或者是主要工业中心的结构性弱点。相反，新观点审视了萧条的传播过程，并得出结论，认为 20 世纪 20 年代和 30 年代大 284
规模的短期资本流动导致了灾难。这些流动使各国无法推行稳定的货币政策，它们威胁到汇率稳定，并使得财政稳定起到反作用。

这种旨在诊断资本流动为根本问题的处理两次世界大战之间经济的方法，是由国际联盟的经济学家在 20 世纪 30 年代发展起来的。最有影响力的学术表述是罗格纳·纳克斯（Ragnar Nurkse）的《国际货币经验》（*International Currency Experience*，1944）。他的方法也吸引了凯恩斯，凯恩斯一再表示怀疑资本出口和资本进口的好处。凯恩斯完全相信资本外逃是两次世界大战期间国际上的主要问题：

> 今后，没有任何国家能够安全地允许资金出于政治原因、逃避国内税收或预期所有者会成为难民而外逃。同样，

> 没有一个国家能够安全地接收流亡者的资金，这些资金构成了不必要的资本进口，也不能安全地用于固定投资。
>
> Horsefield, 1986: Ⅲ, 31; Moggridge, 1992

凯恩斯确实补充说，新的控制措施可能会成为“战后体制的永久特征”，但不应结束“国际投资时代”：不过，它可能需要各国和国际协定（根据国家的优先事项）界定什么是可取的投资，什么是不必要的资本流动。许多美国人也赞同这种观点。

布雷顿森林体系取决于一项关于资本流动控制的全球性协议，这一协议被作为战后制度的“永久特征”而提出（Horsefield, 1986：Ⅲ，13）。大萧条时期普遍通货紧缩的后果是如此严重，因此设计防止这种情况再次发生的机制是战后制度设计的核心。解决这一问题的必要性是设计国际货币基金组织的核心。国际货币基金组织的安排将用于使赤字国家的调整顺利进行；但也有一个“稀缺货币”（scarce currency）条款，这项条款要求一个持续盈余的国家采取行动。然而，这种计算并不仅仅是在全球范围进行的。设立欧洲经济共同体的《罗马条约》（1957）也在第 104 条中作了规定：

285 各成员国应奉行必要的经济政策，以确保其总体国际收支平衡及维持对其货币的信心，同时确保高水平的就业和稳定的价格水平。

在实践中，这种设计改变政策和纠正盈余的体制机制的想法很难得到实现。“稀缺货币”条款从未被使用过，因为它在一开始就需要对美国采取行动，而美国是国际货币基金组织的最大成员，显然也是世界上最强大的国家。国际货币基金组织在 20 世纪 80 年代对瑞典和韩国做出货币低估的裁决，但从未针对 20 世纪 70 年代和 80 年代处于调整讨论中心的主要国家，即德国和日本做出类似裁决。

当资本流动在 1945 年后的第二次全球化浪潮中重新开始时，它们的出现顺序与 19 世纪的浪潮不同。

最初的资金流动是在马歇尔计划（Marshall Plan）和其他官方重建方案框架内的官方信贷。FDI 是第二次世界大战后第一批具有重要意义的私营部门类型的资金流动。它与技能、技术和管理的主要流向有关。它经常是对贸易保护和商品市场的关闭做出的反应，在这种情况下，生产被转移到本来无法进入的市场。因此，跨国公司是第二次全球化浪潮的最初动力的主要承担者。跨国公司在欧洲生产转型中发挥着很大作用，也在拉丁美洲的发展中发挥着重要作用。

尽管存在广泛的资本管制，其他形式的资本流动在 20 世纪 60 年代开始重新出现了。虽然实行了广泛的资本管制，但可能会出现大量的短期流动，例如，通过贸易融资渠道，提前或推迟外汇支付（提前或推迟结汇）。离岸债券市场（欧洲债券）已经形成，一些美国大银行帮助伦敦重新发展成为离岸金融中心。但是，银行在定位上仍然基本上是全国性的［在阿玛尔 · 毕海德（Amar Bhide，2010）的术语中，银行仍然是传统的、不冒险的或“复古的”］。

现代全球化

1970 年，“全球化”一词首次在现代意义上得到使用，但它仍然带有一些古老的外交含义，即在不同领域之间的联系、连接或相互作用。20 世纪 70 年代是国际化真正接管银行业的十年，国际银行业务和政治考量现在以一种自两次世界大战以来从未见过的方式286 联系在一起。资本流动——通过银行系统——是对大宗商品贸易繁荣后出现的经常账户严重失衡的反应，特别是在政治原因驱动下对石油市场的操纵。20 世纪 70 年代的金融革命可以被认为是如下一些因素的一种结果：

（1）国内金融的变化，尤其是在美国。资本市场的发展使大公司可以获得债券融资。其结果是，美国银行对工业的贷款减少，银行认为有必要寻找替代或新的借款者。因此，外国贷款的增长得到了很大的推动。

（2）在两次石油价格冲击之后，一个有关国际不平衡的问题是，石油生产国无法花费石油价格上涨后大幅度增加的收入。石油出口国突然出现了非常大的经常账户盈余，这些工业化国家和发展中国家进口商的对手方认为应立即调整灾难性的通货紧缩。

（3）西方政府（特别是美国）鼓励产油国通过银行系统［而不是通过官方部门：尽管国际货币基金组织提出了一项石油信贷（oil facility），旨在使石油生产国的资金能够放松在非石油输出的发展中国家的清算］“循环利用”盈余。在某个场合，美国国家安全顾问亨利·基辛格直接谈到，通过国际银行体系将中东产油国纳入经济和政治的“西方”体系，这比任何公开对抗的路线都能更好地确保它们的利益与大型工业国家的利益一致。

（4）一些银行家的信念是，他们的政府对回收过程的鼓励相当于政府方面所做的隐性担保。就美国的银行而言，在被问及对拉美银团贷款的安全性时，这些银行家提到了美国国务院关于西半球政治和经济稳定的可取性观点。向《华沙条约》国家（苏联的卫星国），特别是向匈牙利和波兰提供大量贷款的德国银行的银行家们，也喜欢提及他们的政府对于“东方政策”这一新现象的兴趣。有时，银行家们对夸张的口号表达了新的信心，就像花旗银行的沃尔特 · 里斯顿（Walter Wriston）所认为的国家不可能破产一样。

（5）由于对银行通过向发展中国家提供贷款的总体风险敞口的程度缺乏任何细致的了解，以及普遍的监管失灵，联邦储备系统和 287
国际清算银行（各国中央银行的主要全球性机构）都试图收集统计信息，但由于银行的抵制，基本上都失败了，它们甚至不清楚个别债务国是否了解其公共部门的总负债情况（因为在贷款过程中涉及多种国家机构和准国家机构）。

（6）低利率环境一直持续到 1979 年 10 月的美联储政策取向的急剧转变。在实际利率往往为负的情况下，还本付息似乎没有问题。

（7）银团贷款协议中几乎无处不在的连带违约条款，使得孤立的个别违约变得不可能，而由此类条款引发的集体违约也会带来如此危险的后果，这也是不可想象的。

（8）不同的国家银行部门内部对回收或再分配石油盈余和其他存款有关的有利可图的活动进行竞争。它们希望迅速扩张的新机构将准备承担更大的风险。

（9）各国银行业之间展开竞争——日本和欧洲大陆的银行逐渐显示出追赶英国和美国银行的渴望。

（10）在贷款银行内部，也可能存在代理问题。负责发放贷款的个人认为，他们的（高利润）活动是促使其职业快速发展的一个渠道。他们假定，如果今后借款人的支付能力出现问题，他们将不再处于原来的地位。

1982 年 8 月爆发的债务危机，即墨西哥违约的可能性和威胁，产生了重现 20 世纪 30 年代那种具有传染性和普遍性的债务和银行危机的威胁。单是墨西哥的债务违约就会毁掉几乎所有纽约重大贷款银行的全部资本。

接下来的是一场历时七年的加时赛。最初的做法是将借款国的政策改进与国际机构的帮助联系起来，但也包括银行的额外贷款。后一种因素似乎违背了最基本的合理性银行行为准则。拉丁美洲债务危机的后果是，产生了第一次系统性的国际监管的协调尝试，最终达成了 1988 年的《巴塞尔协议》（由于其臭名昭著的加权系统，根据该制度，OECD 国家的债务会被评估为无风险债务）。

拉丁美洲危机爆发三年后，美国财政部长詹姆斯·贝克（James Baker）宣布，最初的应对措施将会是系统化的。这种说法并不是很有想象力。银行和多边发展机构都应增加贷款，同时债务国应继续努力改善其政策。贝克方案带来的是普遍的失望。经济增长又一次步履蹒跚，国际货币基金组织实际上减少了贷款。

288 三年多之后，新任财政部长尼古拉斯·布雷迪（Nicholas Brady）提出了一项更令人满意的计划。在该计划中，银行将获得一系列选项，其中包括降低债务利率，以及将债务大幅折价出售给债务人。如果银行不愿意接受某种形式的重组，它们将不得不投入新的资金。国际机构的贷款也可能被用来回购贴现的债务。布雷迪计划取得了巨大的成功。信心恢复了，拉丁美洲的资本外逃被逆转了，同时资本市场开始愿意再次放贷了。

为什么这次来得这么晚？最显而易见的答案是，在拉丁美洲传奇的早期阶段，银行根本无法承受资本上的这种损失。它们需要七年的假头寸，以建立足够的储备来应对亏损。同样重要的是要认识到，布雷迪计划的倡议实际上根本不是官方部门提出的。正是一些大型金融机构愿意以贴现债务进行交易，才能建立起一个市场，清理过去政策失误的遗留问题。特别是，有两个机构带头：

美国的花旗银行和欧洲的德意志银行。当时，它们的首席执行官表示，它们的行动是出于一种远见的仁慈和对整个世界福祉的关注。这可能是合理的，但这两家银行也在竞争领域当中想要非常公开地证明它们的资产负债表比它们较弱的竞争对手更好。在德国，相对较弱的德累斯顿银行（Dresdner Bank）和公众持有的州立银行（Landesbanken）无法承受这样的打击。

拉丁美洲崩溃的影响是相当长久的，银行从中吸取了避免发展中国家债务的直接教训。布雷迪的债券解决方案还将证券化引入新兴市场金融，其结果是，在下一次的投资激增过程（20 世纪 90 年代）中，风险的分配更为广泛了。养老金和共同基金并不是任何形式的重组谈判的负责人，因此，20 世纪 80 年代的纾困解决方案已不能再使用了。因此，债券债务的国际化以及绝缘或孤立的国内市场（金融抑制）的打破，是 20 世纪 90 年代和 21 世纪第一个十年金融全球化浪潮中迅速兴起的一个相对较晚的发展。

20 世纪 90 年代，随着苏联式计划经济的崩溃，资本账户自由 289
化似乎变得更受欢迎。国际货币基金组织积极讨论了一项对其协议条款的修订，要求资本以及经常账户具有可兑换性。然而，在条款的第三修正案得以通过之前，一场新的危机爆发了，这使得资本账户自由化的问题更加突出。

特别是在亚洲，许多新兴市场经济体鼓励大量资本流入，从而推动了投资热潮。投资者普遍相信新的经济奇迹正在发生，世界银行发表了一份名为《东亚奇迹》(*East Asian Miracle*，1993）的有影响力的研究报告。资金流入的形式各不相同。从 1993 年起，泰国通过新设立的曼谷国际银行设施（Bangkok International Banking Facility）鼓励离岸存款。对韩国而言，大部分资本流入都是由大型工业控股公司，即财阀完成的。借贷被用来为巨额经常账户赤字融资，泰国在 1995 年和 1996 年的赤字接近 8%（韩国的数字要低得多）。由于赤字被用于资助私营部门投资，而非政府支出，因此人们认为赤字在很长一段时间内是可维持的（因为这种资金流动在 19 世纪的一些借款者中也出现过）。私人（好的）和公共（坏的）的经常账户赤字来源之间的区别，是在 20 世纪 80 年代由英国财政大臣奈杰尔·劳森（Nigel Lawson）提出的，因此有时被称为劳森理论；适用于澳大利亚（同样也存在巨额赤字）的同一理论的学术版本被称为皮奇福德（Pitchford）命题（Pitchford，1990）。事实上，伴随着 1992 年剧烈的汇率危机，英国在 20 世纪 90 年代初的经验指出了劳森理论的局限性，因为私营部门的资金流入突然逆转了。亚洲也总结了同样的教训：对短期资本流入的依赖不仅仅是政府借款者面临的问题。

流入亚洲的资本推动了物价和工资的上涨，而借款国的实际汇率恶化了。但到了这个阶段，借款国陷入了一个不可能的两难困境。为解决实际升值问题而需要进行的汇率调整，将摧毁那些拥有的资产大多为本国货币，但以外币负债的公司和银行的资产负债表。然后，银行系统的重组涉及昂贵的公共支持，私人债务实际上成为公共当局的责任。当亚洲金融危机在 1997—1998 年爆发，资本流动逆转时，亚洲各国政府面临着巨大的财政成本。

虽然 1997—1998 年亚洲金融危机的直接后果似乎与 1982 年的
290 拉丁美洲债务危机相似，但其长期影响却大不相同。这些亚洲经济体恢复增长相对较快，部分是基于非常正统的调整政策（例如在韩国），部分是基于旨在控制资本流动的非正统政策［最引人注目的是马来西亚，其总理马哈蒂尔·穆罕默德（Mahathir Mohamed）把自己塑造成了国际金融的敌人]。资本账户受到管制的中国，几乎没有受到这场戏剧性的地区危机的影响。但所有亚洲国家都吸取了一个教训：经常账户赤字是危险的，因为资本流动很容易逆转。因此，积累外汇储备和经常账户盈余成为默认的政策选择。在亚洲危机之后，全球资本流动的增长甚至更快，但净资本流动的方向发生了变化。在 1998 年，资本流动总额占世界 GDP 的 10%，但到 2007 年超过了 30%。虽然发展中国家的储蓄率有所上升，但工业化国家的储蓄率却下降了，许多工业化国家成为净借款者。在一场明显反常的流动中，来自贫穷但迅速增长的新兴市场国家的盈余流入了富裕和成熟的工业化国家，尤其是美国和英国，以及欧洲外围区域一些快速增长的国家（见图 9－3）。

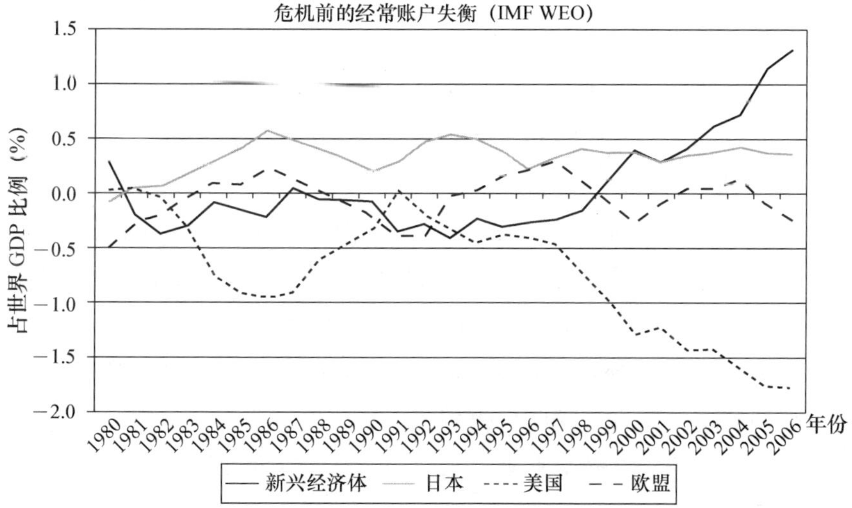

图 9－3　1980—2006 年经常账户余额

那些继续主张资本市场自由化的人得出结论认为，这里存在一 291
个先后顺序的问题，流入国内金融机构不发达国家的大量资金正在破坏稳定。

人们的注意力很多都集中在亚洲国家的高储蓄率上。但这是一个更普遍的现象。在 20 世纪 90 年代，世界储蓄额急剧增加，导致一些有影响力的决策者谈论全球储蓄过剩问题，这可能会永久性地压低借贷成本（Bernanke，2005）。亚洲的新兴工业化国家和地区（中国台湾、新加坡、韩国）在 21 世纪头十年出现了储蓄率的下降，尽管这得到了较低的投资水平的弥补，但是资金仍然继续流出。对于这些新兴工业化国家和地区而言，1990—2000 年的储蓄率是 GDP 的 33.5%，到 2006 年是 31.3%。但是，较低收入国家（“发展中的亚洲”）的储蓄却有了很大的增长：从 32.9% 增加到 42.2%。特别是经济迅速增长，但在政治上不稳定和不安全的国家，储蓄率急剧上升，因为公民对自己的未来感到不确定，无法依靠国家支持机制。加之同时政府和企业也在进行高储蓄，其结果是大量资本在寻求安全出路。但是，储蓄的激增，以及随之而来的经常项目正结余，是大多数亚洲、南亚和中东经济体的特点。中东地区的储蓄率从 20 世纪 90 年代的 24.2% 上升到 2006 年的 40.4%。在后一种情况下，石油价格的上涨是储蓄增长的原因，但在亚洲，它反映了更强劲的增长和更多的预防性储蓄的结合（Horioka and Terada-Hagiwara，2011；Kraay，2000）。

为什么资本流向美国和其他成熟经济体？最好的解释不在于更高的回报，而在于美国提供的更大安全性。一个显然很奇怪的事实使得赤字比大多数分析家认为的更可持续：美国资产对外国人的收益，即美国为其借款所付出的代价，远低于美国人持有外国资产的收益率。这就是为什么投资收入的余额仍然具有如此惊人的弹性和数量巨大的原因。古林查斯和雷伊（Gourinchas and Rey，2005）计算了 1960—2001 年整个期间的情况，美国负债的年化收益率

（3.61%）要比美国资产年化实际收益率（5.72%）低两个多百分点，而在 1973 年之后的时期，这种差异显著增加了，分别为 3.50% 和 6.82%（Congdon，2002；Haussmann and Sturzenegger，2006）。收 292
益率差异反映的不是外国投资者的误判或愚蠢，而是他们购买证券以换取较低收益率的考量。美国作为资本流动目的地的主要吸引力在于其市场的独特深度（这产生了一种金融安全）以及该国的政治和安全地位。只有极少数其他国家享有美国这种作为一个稳定和安全的避风港的声誉，在这里，财产权得到了有力的保护。这就是全球安全危机冲击之后流入美国的资金增加的原因（例如，在 2001 年“9·11”事件之后）。

英国具有与美国相似的特点，外部资产的高收益率与较低的对外负债收益率之间有很大的差别。澳大利亚的资产和债务收益率类似，而在西班牙（另一个具有很大的经常账户赤字，需要用外部资金来融资的国家），资产收益率低于债务收益率。因此，可以得出结论，英国和美国的头寸从根本上比西班牙更可持续，后者在 2008 年后成为最脆弱的经济体之一。

欧洲对于失衡问题有自己的看法。在 2009—2010 年之前，欧洲的资金流动有时被描绘成比国际流动更可持续和不那么反常。资本正朝着“正确”的方向流动，而不是从穷国流入富国。北欧的盈余与南欧的赤字相对应。与 20 世纪 90 年代的亚洲借款国一样，南欧借款者在实际升值方面也存在问题，但这一次，实际升值发生在货币联盟的框架内，因此不能简单地通过贬值进行纠正。欧洲各国政府和私人借款者越来越多地从国外——但在欧元区内部——为自己融资。在向货币联盟过渡之后，债务持有变得国际化了。这就是欧洲经验与另一个也积累了沉重债务负担的国家不同的地方。尽管日本债务占 GDP 的比例高得惊人，但人们通常认为日本非常稳定，因为贷款人（债务持有人）是国内的。由于他们也在变老，因此需要持有投资来支付退休费用。因此，这里存在一种压倒性的本土偏好。直到 20 世纪 90 年代末，随着货币联盟的出现，大多数欧盟国家的政府债务才都是在国内持有：在 1998 年，外国持有债务的总体比例只有五分之一。在引入欧元之后，这一比例迅速
293 攀升。在 2008 年金融危机前夕，葡萄牙债务的四分之三、西班牙和希腊债务的一半，以及超过五分之二的意大利债务都是外国人持有的。银行持有债务的很大一部分，尤其是在希腊、葡萄牙和意大利。

财政状况的恶化仅仅是一种欧洲现象，这是由遵循货币联盟的明显逻辑而放松对财政政策的市场约束所驱动的吗？是宏观经济政策（财政政策）还是金融体系的结构和机构要为此负责？同样的轨迹也发生在美国——从 20 世纪 90 年代（克林顿总统时期）的财政责任到小布什执政的 21 世纪头十年的持续高赤字。因此，其他的解释是，美国也提供了一个坏的例子，或者（更有道理地说）市场显然愿意为几乎无限数量的政府债务融资，因为他们认为工业化国家的债务是一种完全没有风险的资产。银行监管机构迫于政府对廉价融资的迫切需求，于是将这种传统观点纳入了它们的监管规范。

金融交易和新的金融工具的相对规模更大，再加上大银行有很强的能力去开发一个全国性的资金来源，并将它们传递给其他地方的资金使用者，这就促成了 21 世纪头十年被视为“无摩擦”的全球金融体系。这些大型金融机构成为国际资本流动的核心中介，因为在实践中，它们自己就能够为客户提供“市场”——养老金和信托基金——这些客户要求对手方与不存在明显或自然市场的复杂金融产品进行交易。在实践中，相对数量较少的机构（2008 年以后

被称为具有系统重要性的金融中介机构）在做市（market making）当中变得很重要。后来人们发现，市场所依赖的一些关键信号——尤其是被广泛使用的伦敦银行间同业拆借利率（LIBOR）——并非由正常的市场过程，而是由少数关键参与者之间的勾结决定的。

国际银行业活动的内部化可以从外国银行的国内附属机构的活动中看出来。2000—2008 年，所有国家的银行内资产每年增长约 20%。冰岛和澳大利亚的年增长率超过 100%，紧随其后的英国是 80%，其次是法国、德国和美国，分别约为 40%、20% 和 20%。2000—2007 年，银行海外债权的未偿还存量从 10 万亿美元增加到 34 万亿美元。在最终风险（包括担保）的基础上，外国银行分支机构的国内债权占据国际债权总额（跨国和国内外资实体）的很大比例。例如，在 2008 年 3 月的美国，不包括担保在内，它们占国 294
际债权总额的 110%。在外国银行债权中，很大一部分是货币和期限错配：期限错配的程度估计在 1.1 万亿美元至 6.5 万亿美元之间（McGuire and Peter，2009）。

2008 年之后，出现了一种共识——类似于对 20 世纪 30 年代大萧条的反应——资本流动过多了。有两条路径可供解决这个问题：一条是限制金融部门积累的全球风险。但这是一个复杂的问题，通过在短期内提高资本充足率来提高银行体系安全性的压力，可能会导致银行放贷收缩，并迫使全球调整通缩。此外，大型金融机构降低风险和增加资本化的压力，往往也与银行向本国经济提供更多便利的压力有关。因此，2008 年之后的大衰退导致了银行业的重新国有化。

另一条路径是通过宏观经济调整战略（盈余国家的货币和财政扩张，以及赤字国家的相应收缩）来解决国际失衡问题。这种调整成为国际货币基金组织试图改革提供国际货币体系监督使命的主要部分。主要的批评在于盈余国家试图实现贸易顺差的方式。德国在欧元区内的经常项目盈余被解释为一种重商主义行为，刻意低估其货币的汇率，目标在于增加出口竞争力。

人们认为盈余问题主要涉及两个国家，它们通过发展强大的出口部门实现增长战略，被广泛认为对于其他地区，尤其是亚洲的发展提供了一种模式。它们的盈余看起来比今天的中国要小一些（德国的经常账户盈余在 1989 年达到了 4.8% 的峰值；而日本在 1986 年达到了 4.3%）；但它们给其他工业化国家带来了重大问题，其他工业化国家认为这两个主要出口经济体都故意低估本国货币，以获得出口优势。在 20 世纪 70 年代末，以及 80 年代后期，盈余国家被施加了巨大压力，它们被要求承担更多的全球调整责任，并充当世界经济的“火车头”。其中最引人注目的是国际社会对日本和德国施加了巨大的压力，要求它们对盈余采取行动——这
295 发生在 1985 年《广场协议》和 1987 年《卢浮宫协议》期间，即 20 世纪 80 年代中期 G5/G7 财政部长会议的框架内。该方案涉及汇率调整，因为计算结果显示出其货币被大幅低估，但同时也包括财政措施和货币措施的结合。再一次，就像 20 世纪 60 年代末一样，国际压力迫使德国寻求更为欧洲的方式来解决其失衡问题。德国的盈余在 1989 年之后迅速消失了，这不是因为国际协调，而是因为 1990 年民主德国与联邦德国没有预料到的统一产生了巨大成本。

20 世纪 80 年代中期的协调经历给日本留下了最痛苦的遗产，1986 年之后日本出现了大规模的财政扩张和货币宽松政策。在《广场协议》达成后，其货币迅速升值，GDP 的增长也放缓了。为了应对日本经济放缓的趋势，并在国际社会持续施压的情况下，日本政府持续出现赤字。加强国际合作的后果，最先出现在 20 世纪

80 年代后期的泡沫经济当中，然后是泡沫的破灭和 90 年代所谓的“失去的十年”。

显然，日本“泡沫”的出现及其破灭，需要一个比 1985—1987 年的货币和财政组合更为复杂的解释，但事实上，这是国际社会参与解决持续存在的经常账户盈余的最引人注目的例子，这使得当前关于对中国盈余应采取何种适当措施的辩论也黯然失色了。

国际货币基金组织的《世界经济展望》（*World Economic Outlook*，2010 年 4 月）展示了大量的调整案例，目的是得出结论：“政策导致的经常账户盈余逆转通常与较低的增长速度无关”（也可以参考 Blanchard and Milesi-Ferretti，2011）。但是，从 1973 年的日本、1970 年的德国、1988 年的日本，再到 1978 年的瑞士，这些具体的例子都涉及相关国家在国内讨论和文献中被认为是灾难性经历的经验，或者至少是不应该轻易地或不加考虑地效仿的先例。从这个意义上说，政策引发的经常账户逆转的历史看起来就像是一杯看似诱人的毒酒。

实际上，2008 年的金融危机之后发生了一些调整，因为私营部门的资金流动突然停止，国内居民和外国债权人的资本外逃使债务国遭受重创（Milesi-Ferretti and Tille，2011）。但是，这种戏剧性的发展并没有完全反映在资本流动的净数字上，因为公共部门和中央银行信贷取代了逃离的私人资金。在大型银行集团内部，货币错配需要通过央行贷款来解决：因此，美联储在 2008 年扩大了其货 296
币互换网络，为大型外国（尤其是欧洲的）银行提供美元融资。随着私人资金从南欧政府债务中流出，更多的资金被国内金融机构购买，而其又通过向欧洲中央银行借款进行再融资。中央银行、国际机构和政府的稳定行动不可避免地引起了与 20 世纪 20 年代相同的问题，即私人和公共部门债务的偿还和摊销的相对优先次序。

在国际经济中，债务人和债权人之间的辩论在两种不同的合法性评估的方式之间危险地摇摆：权力和道德。令债务人恼火的往往是，债权人认为他们的立场从根本上讲更道德：据说希腊人的养老金过高，退休年龄过早，也可能会有额外的几个月工资，而美国人以更巧妙的方式在消费上挥霍无度。

结 论

国际货币体系在这一时期的问题通常是从资本自由流动、固定汇率和货币自主的三难困境（或不可能的三位一体）的角度来分析的。在 19 世纪，资本自由流动，汇率固定，但它不可能采取各国不同的货币政策。20 世纪 20 年代试图恢复这一秩序的努力失败了，因为需要采取极端的货币政策，以便在一个遭受许多严重经济冲击的世界进行调整。这一货币政策引发了资本流动的极度动荡。20 世纪 30 年代出现的一种共识是，资本流动应该受到限制，这为战后货币秩序提供了理论基础。但很快人们就清楚地看到，某些类型的资本流动可能被认为是可取的，因为它们解决了融资缺口。随着世界范围内汇率灵活性得到更大提高，布雷顿森林体系于 20 世纪 70 年代初结束了。但在实践中，与布雷顿森林体系类似的元素的继续存在意味着三位一体问题也依然存在。第一，许多亚洲国家与美元挂钩，因此创造了有时被称为第二布雷顿森林体系的结构（Dooley，Folkerts-Landau，and Garber，2003）。第二，欧洲引入了一个货币联盟。一旦失衡成为人们关注的焦点，而且似乎需要赤字
297 国家实施令人难以忍受的、破坏性的调整战略，其结果——限制资本流动的压力增加和使金融重新国有化——变得类似于两次世界大战之间的反应。在 2007—2008 年的次贷危机和 2010 年后的欧元区

债务危机之后，这两项要求变得更加突出了。

罗德里克（Rodrik，2007）在货币问题上增加了一个政治三难困境，他认为民主、国家主权和全球经济一体化是互不相容的。特别地，只要金融主要发生在国家一级，早期阶段的民主化（代议制）与更高的信誉就会联系在一起；但是，当金融基本上国际化，而大部分债务是外部债务时，取消债务的要求就会被表达出来。过去用来建立更大信誉的补偿机制是 19 世纪末的帝国主义，但也包括联盟制度和加强政治合作。这种政治合作有时似乎需要一个压倒一切的国家主权。政治理论家有时提出的解决办法——加强国际协调机制的民主问责制——在欧洲案例中已经取得了一些成功。面对一场危机——以及不同的债权人和债务人的跨国界债权的挑战——这种协调看起来越来越脆弱。

在这一点上，我们有可能回到最初的问题，即为什么资本并不总是以理论假设的有益方式进行流动。有一种强有力的制度激励，要建立与更大的资本进口相一致的结构和政策，因为它们产生了一个体制保护伞或硬壳。另一种描述这一现象的方式是政治上的风险集中。但是，保护装置实际上有多强，或者多么有弹性呢？它们的结构确实非常脆弱，同时政策也会发生逆转，因为风险的高度集中会产生波动，这有时是以大型金融机构的形式出现，有时还以大国形式的权力聚集方式出现。

参考文献

Accominotti, O. (2009). " London Merchant Banks, the Central European Panic and the Sterling Crisis of 1931," *The Journal of Economic History* 72(1), 1–43.

Bernanke, B. S. (2005). " The Global Saving Glut and the U.S. Current Account Deficit," Richmond speech, www.federalreserve.gov/boarddocs/speeches/2005/200503102/ default.htm.

Bhagwati, J. (2004). *In Defense of Globalization*. New York: Oxford University Press.

Bhide, A. (2010). *A Call for Judgment: Sensible Finance for a Dynamic Economy*. New York: Oxford University Press.

Blanchard, O. and G. Maria Milesi-Ferretti (2011). " (Why) Should Current Account Balances be Reduced?" IMF Staff Discussion Note SDN 2011/03.

Bordo, M. D., B. Eichengreen, and D. A. Irwin (1999). " Is Globalization Today Really Different than Globalization a Hundred Years Ago?" NBER Working Paper No. 7195.

Bordo, M. D. and H. Rockoff (1996). " The Gold Standard as a 'Good Housekeeping ' Seal of Approval," *Journal of Economic History* 56: 389–428.

Borio, C. and P. Disyatat (2010). " Global Imbalances and the Financial Crisis: Reassessing the Role of International Finance," *Asian Economic Policy Review* 5(2): 198–216.

Brewer, J. (1989). *The Sinews of Power: War, Money, and the English State, 1688–1783*. London and Boston, MA: Unwin Hyman.

Bush, O., K. Farrant, and M. Wright (2011). " Reform of the International Monetary and Financial System," Bank of England Financial Stability Paper No. 13.

Clemens, M. and J. Williamson (2004). " Wealth Bias in the First Global Capital Market Boom," *The Economic Journal* 114: 304–337.

Congdon, T. (2002). " The Analyses of Unsustainability, and Total Unsustainability, Based on the Familiar Theory of Debt Dynamics Have Been Dumbfounded," Lombard Street Research Ltd. *Monthly Economic Review*, November–December: 5.

Crisp, O. (1976). *Studies in the Russian Economy before 1914*. New York: Barnes & Noble Books.

Dooley, M. P., D. Folkerts-Landau, and P. Garber (2003). " An Essay on the Revived Bretton Woods System," NBER Working Paper No. 9971, September.

Economist (1915). " Financial Arrangements and the War Debts of Europe," February 13: 262–263.

Edelstein, M. (1982). *Overseas Investment in the Age of High Imperialism*. New York: Columbia University Press.

Feinstein, C. and K. Watson (1995). " Private International Capital Flows in Europe in the Inter-War Period, " in C. Feinstein (ed.), *Banking, Currency and Finance in Europe Between the Wars*. Oxford University Press, pp. 94–130.

Feldstein, M. and C. Horioka (1980). " Domestic Saving and International Capital Flows," *Economic Journal* 90: 314–329.

Fenn, C. (1869). *Fenn's Compendium of the English and Foreign Funds*. London: E. Wilson.

Ferguson, N. (1998). *The House of Rothschild: Money's Prophets 1798–1848*. New York:

Viking.

(2001). *The Cash Nexus: Money and Power in the Modern World 1700–2000*. New York: Basic Books.

Ferguson, N. and M. Schularick (2006). " The Empire Effect: The Determinants of Country Risk in the First Age of Globalization, 1880–1913, " *Journal of Economic History* 66/2: 283–312.

Ferguson, T. and P. Temin (2003). " Made in Germany: The German Currency Crisis of 1931," *Research in Economic History* 21: 1–53.

Fishlow, A. (1985). " Lessons from the Past: Capital Markets during the 19th Century and the Interwar Period," *International Organization* 39(3): 383–439.

Flandreau, M. and F. Zumer (2004). *The Making of Global Capital 1880–1913*. Paris: OECD Development Centre Studies.

Ford, A. G. (1960). " Notes on the Working of the Gold Standard before 1914," *Oxford Economic Papers* New Series 12(1): 52–76.

(1962). *The Gold Standard 1880–1914: Britain and Argentina*. Oxford University Press.

Gaillard, N. (2012). *A Century of Sovereign Ratings*. New York: Springer.

Godley, A. (2006). " Selling the Sewing Machine Around the World: Singer's International Marketing Strategies, 1850–1920," *Enterprise and Society* 7(2): 266–314.

Gourinchas, P.-O. and H. Rey (2005). " From World Banker to World Venture Capitalist: US External Adjustment and the Exorbitant Privilege, " NBER Working Paper No. 11563, August.

Haussmann, R. and F. Sturzenegger (2006). " Global Imbalances or Bad Accounting? The Missing Dark Matter in the Wealth of Nations," Harvard Center for International Development WP 124, January 2006.

Hilferding, R. (1981) (transl. M. Watnick and S. Gordon). *Finance Capital: A Study of the Latest Phase of Capitalist Development*. London and Boston, MA: Routledge & Kegan Paul.

Holtfrerich, C.-L. (1986) (transl. T. Balderston). *The German Inflation, 1914–1923: Causes and Effects in International Perspective*. Berlin and New York: De Gruyter.

Horioka, C. Y. and A. Terada-Hagiwara (2011). " The Determinants and Long-term Projections of Saving Rates in Developing Asia," NBER Working Paper No. 17581.

Horsefield, K. (1986). *The International Monetary Fund, 1945–1965: Twenty Years of International Monetary Cooperation*. Washington, DC: International Monetary Fund.

International Monetary Fund (IMF) (2009) *World Economic Outlook* (April).

(2010). *World Economic Outlook* (April).

James, H. (1986). *The German Slump: Politics and Economics 1924–1936*. Oxford University Press.

(2001). *The End of Globalization: Lessons from the Great Depression*. Cambridge MA: Harvard University Press.

Jones, G. and C. Trebilcock (1982). " Russian Industry and British Business: Oil and Armaments," *Journal of European Economic History* Ⅱ (1): 61–103.

Keynes, J. M. (1929). " The German Transfer Problem " ; " The Reparation Problem: A Discussion. Ⅱ. A Rejoinder" ; " Views on the Transfer Problem. Ⅲ. A Reply," *Economic Journal* 39, March: 1–7; June: 172–178; September: 404–408.

Kindleberger, C. P. (1973). *The World in Depression, 1929–1939*. Berkeley, CA: University of California Press.

Kraay, A. (2000). " Household Saving in China, " *World Bank Economic Review* 14(3): 545–570.

Macdonald, J. (2006). *A Free Nation Deep in Debt: The Financial Roots of Democracy*. Princeton University Press.

McGuire, P. and G. von Peter (2009). " The US Dollar Shortage in Global Banking and the International Policy Response," *BIS Working Paper*, no. 291.

Milesi-Ferretti, G. M. and C. Tille (2011). " The Great Retrenchment: International Capital Flows during the Global Financial Crisis," *Economic Policy* 26(4): 285–342.

Mitchener, K. J. and M. Weidenmier (2008). " Trade and Empire, " *Economic Journal* 118: 1805–1834.

Moggridge, D. (1992). *Maynard Keynes: An Economist's Biography*. London and New York: Routledge.

Neilson, K. (1984). *Strategy and Supply: The Anglo-Russian Alliance 1914–17*. London: George Allen & Unwin.

Nötel, R. (1984). " Money, Banking and Industry in Interwar Austria and Hungary, " *Journal of European Economic History* 13(2).

Nurkse, R. (1944). *International Currency Experience: Lessons of the Interwar Period*. Geneva: League of Nations.

Obstfeld, M. (2012). " Does the Current Account Still Matter? " *American Economic Review* 102(3): 1–23.

Obstfeld, M. and A. M. Taylor (2004). *Global Capital Markets: Integration, Crisis and Growth*. Cambridge and New York: Cambridge University Press.

Ohlin, B. (1929). " The Reparation Problem: A Discussion," *Economic Journal* 39: 170–178.

Olegaria, R. (2006). *A Culture of Credit: Embedding Trust and Transparency in American Business*. Cambridge, MA: Harvard University Press.

Pitchford, J. (1990). *Australia's Foreign Debt: Myths and Realities*. Sydney: Allen &

Unwin.

Polanyi, K. (1944). *The Great Transformation*. New York: Farrar & Rinehart.

Reinhart, C. and V. Reinhart (2008). " Capital Flow Bonanzas: An Encompassing View of the Past and Present," in J. Frankel and C. Pissarides (eds.), *NBER International Seminar on Macroeconomics 2008*. University of Chicago Press, pp. 9–62.

Ritschl, A. (2002). *Deutschlands Krise und Konjunktur 1924–1934: Binnenkonjunktur, Auslandsverschuldung und Reparationsproblem zwischen Dawes-Plan und Transfersperre*. Berlin: Akademie Verlag.

Rodrik, D. (2007). " The Inescapable Trilemma of the World Economy," at http://rodrik.typepad.com/dani_rodriks_weblog/2007/06/the-inescapable.html.

Siegel, J. (in press). For Peace and Money: International Finance and the Making and Unmaking of the Triple Entente.

Stiglitz, J. (1998). "Boats, Planes and Capital Flows," *Financial Times*, March 25.

Straumann, T. (2010). *Fixed Ideas of Money: Small States and Exchange Rate Regimes in Twentieth-century Europe*. New York: Cambridge University Press.

Sussman, N. and Y. Yafeh (2000). " Institutions, Reforms and Country Risk: Lessons from Japanese Government Debt in the Meiji Era," *Journal of Economic History* 60(2): 442–467.

Taylor, A. J. P. (1963). *English History 1914–1945*. Oxford: Clarendon Press.

Von Laue, T. (1963). *Sergei Witte and the Industrialization of Russia*. New York: Columbia University Press.

Wilkins, Mira (1999). " Swiss Investments in the United States 1914–1945," in S. Guex (ed.), *La Suisse et les Grandes Puissances, 1914–1945: Relations économiques avec les Etats-Unis, la Grande Bretagne, l'Allemagne et la France*. Geneva: Droz, pp. 1–139.

Wolf, M. (2008). *Fixing Global Finance*. Baltimore, MD: Johns Hopkins University Press.

World Bank(1993). *The East Asian Miracle*. Washington, DC: World Bank.

剑桥经济史系列

THE CAMBRIDGE HISTORY OF CAPITALISM

剑桥资本主义史

资本主义的传播：从1848年到现在

THE SPREAD OF CAPITALISM: FROM 1848 TO THE PRESENT

拉里·尼尔（Larry Neal）
杰弗里·G.威廉姆森（Jeffrey G. Williamson） 主编

李酣 译

中国人民大学出版社
·北京·

目录

第
10
章

资本主义与殖民地

加雷思·奥斯汀[①]

帝国的历史比资本主义的历史还要长。它的范围也更广：在 301
20 世纪中期，资本主义帝国仍在跨越海洋，而社会主义苏联被列入当时的主要陆地帝国。然而，近 500 年的海外和横跨大陆的殖民统治历史，常常被人们认为与资本主义有着很强的因果关系，在两个方面都是如此：无论是在帝国（“宗主国”）国家本身，还是在它们的殖民地。一系列理论家都认为，资本主义在其本土的演变与帝国在国外的范围和形式之间存在着系统性的联系。对资本主义和帝国的学术性批评认为，拥有殖民地是宗主国积累财富和确保政治稳定的一种手段；帝国的拥护者们在他们自己的时代也希望如此。最重要的是，资本主义国家的殖民统治常常被视为资本主义制度在全世界范围内传播的主要工具。

本章回顾了资本主义与殖民主义复杂的相互作用中的一个特定

① 感谢托尼·霍普金斯（Tony A. G. Hopkins）对文稿非常有益的评论，以及编辑和其他贡献者的建议。当然，文责自负。

时代，一个由工业化发展的后果所界定的时代：英国已经发生了工业革命，到 1850 年，工业革命在西方迅速但不均匀地蔓延；从日本明治维新开始，工业革命在其他地方的传播更加不平衡；同时，在整个时代，其他工业化国家的结构和技术不断变化。1850 年左右的殖民主义历史与早期模式相比有五个主要特征。

第一，海外帝国历史这个相对较晚的时代，是在西方和其他地区之间财富和军事技术的广泛、大规模累积的分化背景下发生的。1780 年，无论西欧和北美的人均收入与亚洲和世界其他地
302 区的经济“核心”之间存在着多大的差距（Gupta and Ma，2010；Parthasarathi，2011；Pomeranz，2000），西方的工业化都使得这一差距变成了一个深渊。经济扩张带来的后勤能力的增强，加上在海军和陆军上应用了工业技术，使西方武装部队获得了相对于其他区域更强的军事力量。自 15 世纪早期葡萄牙人开创海外帝国时代以来的几个世纪里，它们取得了无与伦比的优势地位。因此，中国皇帝再也不能像发生在 1793 年的那样，使用广为引用的尖刻嘲讽，“其实天朝德威远被，万国来王，种种贵重之物，梯航毕集，无所不有。尔之正使等所亲见。然从不贵奇巧，并无更需尔国制办物件”，从而拒绝英国关于建立外交关系的请求了。相反，他的继任者可能会被欺凌，让他们在名副其实的“不平等条约”下开放市场。因此，西方国家以武力将其利益强加于人的机会增加了，而这样做的成本也降低了。

第二，第一次工业革命使欧洲和亚洲的商业关系发生了历史性的变革。并不是欧洲国家对印度、东南亚和中国拥有长期贸易逆差，而是由于亚洲人不想要欧洲商品，欧洲人不得不用金条购买亚洲商品，其中包括印度棉纺织品和中国瓷器等手工业产品。曼彻斯特动力织布机的出现导致了欧洲对亚洲消费市场的入侵，还使英国船只

能够向非洲销售英国工厂生产的棉布，而不是转售印度手摇织机的产品。此外，通过大量增加制成品的供应，英国工业革命使世界各地的易货贸易条件发生了长期转变，这有利于初级产品生产者。来自进口制成品的竞争加剧和专业化对于生产初级产品的正向激励不断增加，这两个因素结合起来，刺激了其他国家的部分“去工业化”行为。因此，随着西方与其他地区之间人均收入差距的不断稳步扩大，出现了一种新的国际分工，前者出口制成品，后者专门出口初级产品（Williamson，2011）。1868 年明治维新后，这种西方主导的格局首先受到了日本工业化的有力挑战。到 1914 年，拉丁美洲较大的国家出现了显著的工业增长，尽管还没有实现工业化。欧洲的统治在多大程度上强化了殖民地新的劳动分工的发展，以及它是否有助于或阻碍了现代工业在这里的起源，这是本章的关键问题。

第三，贸易帝国（相对于殖民地而言）的性质正在发生变化：
到了 19 世纪，海上运输的重商主义帝国已经演变成领土帝国，拥 303
有庞大的臣民人口，荷属东西印度群岛和英属印度成为其缩影，以及后来在非洲、印度支那和马来亚建立的殖民地也是如此。新特许公司成立于 1850 年之后，它们的职责开始是建立或维持领土控制。相反，当 19 世纪中后期的“自由贸易帝国主义”再次使用武力进入市场时，它越来越多的是以多边或普遍自由贸易的名义，而不是以重商主义的名义这样做。

第四，到 1850 年，这个建立新的“殖民者 - 垄断”殖民地，或者“新欧洲人”领土的时期已经结束了，这些地区主要由欧洲殖民者的后裔居住，而且几乎完全由他们来领导（就美国而言，还生活着由殖民者输入的非洲奴隶）。然而，剥夺土著居民和扩大欧洲殖民的进程仍在继续；欧洲殖民者及其后代主张脱离宗主国而独立的趋势也在继续。美国、阿根廷和乌拉圭已经通过斗争，变成了独立的共和国；加拿大正在走向自治和最终独立的道路上，澳大利亚和新西兰这些年轻得多的“新欧洲”国家也将在适当的时候效仿。[1]在 20 世纪，殖民者主张独立的趋势在南非和南罗得西亚（现为津巴布韦）的“殖民者 – 精英”殖民地以不同的形式和不同的结果重现，那里的欧洲裔人口大多只占少数。

第五，所谓的新欧洲国家和日本也加入了旧的欧洲帝国行列。美国在东亚充当了一个“非正式”的自由贸易帝国主义者，在 1898 年以某种形式接管了西班牙帝国的大部分残余领土。日本分别通过在 1894—1895 年战胜中国，以及在 1905 年战胜俄国，成为一个主要的殖民强国。澳大利亚、新西兰和殖民者 – 精英国家南非（1910 年成为大英帝国内部独立的“领地”）在第一次世界大战后接管德国的前殖民地。

马克思提出了两种理论来解释这种制度的起源：一种是内源性的，他把它应用到欧洲；另一种是外生的，适用于世界其他地
304 方。在 1853 年关于英属印度的文章中，马克思认为，殖民主义是资本主义在其所认为的独特内在动力的推动下，将自己强加于本土之外的一种手段［ Marx，1853，1867 ；沃伦（Warren）于 1980 年对此进行了重述］。一些民族主义知识分子，特别是后来的依附理论家，得出结论并认为，马克思高估了资本主义的帝国主义式扩散的深度。他们认为，外国统治者和外国公司强加于殖民地的，只不过是征服自然制度的一种低劣形式（Frank，1978）。具体来说，阿明（Amin）所称的“外围资本主义”（peripheral capitalism），会使得大量新增人口依赖于市场，但在殖民地内部却没有建立起积累和再投资的良性循环，而这种循环往往伴随着技术创新，这是宗主国资本主义的特征（Amin，1976）。[2]一些理性选择的制度主义经济学家重申了这一立场，他们将最近以来欧洲殖民地国家（北美和澳大

拉西亚）的显著经济增长与欧洲人殖民过但未定居的国家的相对经济地位下降作了对比（Acemoglu，Johnson，and Robinson，2001，2002）。[3]

本章围绕着关于工业化时代殖民主义的争论展开。第一节概述了宗主国（帝国）这一方。[4] 关于帝国的成因，它概述了从资本主义经济的运作到寻求和维持殖民地的动机之间的联系。在我们所分析的时代内，世界范围内最大的新领土兼并事件发生在 19 世纪末，欧洲分割非洲是这一时期的缩影。我们将概述关于欧洲工业化的不平衡与这一“新帝国主义”动机之间关系的争论。

关于帝国的影响，这一节简要地回顾了殖民地在工业化起源中的重要性这一著名问题，然后勾勒出帝国的经济资产负债表：帝国列强占有殖民地的收益和损失。此外，还考虑了工业化资本主义经济体中的本质变化降低了它们保留殖民地的兴趣的论点，以及由此在第二次世界大战后的一代人中促进了相对突然的非殖民化。 305

随后的一些章节探讨了资本主义国家的帝国主义对它们自己殖民地的资本主义的影响：资本主义制度的传播；资本家的扩散；“资本主义”经济发展形式的实现。关于殖民地资本主义的政治经济一节，介绍了所分析时期内各种类型的殖民统治，并结合各领土的要素禀赋和原有的资本主义形式阐述了这一点。再之后的一些章节，分别追问了殖民统治在多大程度上促进或延缓了殖民地资本主义的发展，评估了殖民地的经济发展，如果有的话，包括工业增长，并讨论了亲“资本主义”势力和反“资本主义”势力在反对殖民政策和反对殖民统治等方面各自的作用。

在这一章，“帝国”是很大的政治单位，是“扩张主义的或带着对权力的记忆延伸到整个空间……当它们融入新的人口时，会保持区别和等级”（Burbank and Cooper，2010：8）。“殖民地”是指一个领土，其物质资产和政治决策主要由一个外部国家的臣民或公民控制，无论主权是在法律上还是事实上被割让——用加拉格尔和鲁宾逊（Gallagher and Robinson，1953）的话来说，都是“非正式帝国”。[5]

“资本主义”有多重含义，就目前的目的而言，可能减少到两种。更广义上说，将其等同于市场，或者更准确地说等同于由供给和需求的互动决定价格的市场。更狭义的观点将它与私有财产权联系在一起。由价格形成的市场，以及与之相关的“理性”经济行为，在那些通常被认为是“前资本主义”的经济体中是普遍存在的（Braudel，1982：227–228；Hoffman，Postel-Vinay，and Rosenthal，1999；Law，1992）。因此，从历史上看，它们比实施个人财产权
306 的制度更广泛。虽然私人产权促进了市场的扩大和一体化，但当在使用“资本主义”这个标签时，人们通常想到是后者而不是前者能够成为不同经济类型的区别。因此，在本章中，“资本主义”是指一种以合法强制实施的私有财产权为基础的经济（以及社会和政治）制度。

马克思认为，私有财产权的必然结果是工人与生产资料的所有权逐步分离。这个过程的人类产物就是无产阶级（典型男性），可以自由地出售他的劳动，并从拥有其他资产中“解放”出来。这一观点在福克斯－吉诺维斯（Fox-Genovese）和吉诺维斯（Genovese）的评论中得到了支持，“资本主义……以自由劳动为基础，除了自由劳动，没有任何意义”（Fox-Genovese and Genovese，1983：vii）。从全球的角度来看，这种商品化劳动的概念弄错了属与种之间的界限（Van der Linden，2008）。建立在私有财产基础上的经济体有多种形式，包括将劳动者作为商品（奴隶制）、将劳动力作为商品（雇佣劳动），以及自营职业者和生产商品的家庭劳动者（他们的生计取决于他们这样做的能力）。

宗主国的帝国主义

原因：帝国扩张中的“资本主义”因素

实施炮舰外交或吞并领土的个别行为的原因通常是复杂和有争议的，因此很难对此进行概括。这里将提出两个一般性的命题。其中争议较小的可能是这些原因通常至少部分是非经济的。国家威望和民族认同的观念，以及陆军和海军规划，只是在某些情况下显得重要的非经济（或至少远不是直接经济的）因素中的两个。这个说法在这里只是作为下一个命题的背景提出的，在资本主义历史上，这一点更具有直接的重要性，而且可能更有争议。第二个命题是，一旦工业化进程开始，帝国列强对外国人使用武力的倾向，要么是为了使得他们开放市场，要么是为了夺取他们的领土，这与工业化在时间和空间上的传播不均衡有关。这种主张有五个要素。

第一，早先的观察表明，与工业发展相关，并由其进一步驱动
的知识和物流的进步，降低了胁迫的成本，这对帝国的决策产生了 307
影响。一系列创新提高了军事生产力，降低了欧洲的伤亡率：从蒸汽战舰到连发步枪和机枪，尤其是奎宁的使用。这有助于解释 19 世纪中叶英国、美国和其他西方大国对东亚帝国的威胁或使用武力的意愿，而早在几个世纪前，它们对这种方法的使用则更为谨慎。同样，当我们对征服（当时的）撒哈拉等看似资源贫乏地带背后的理由感到困惑时，重要的是要考虑到，对于那个时代的欧洲各国政府来说，领土扩张的增量成本往往相对较低。

第二，当时最发达的工业经济体——那些在国际上最具竞争力的——最缺乏霸占领土的经济激励。它们需要的是进入市场，销

售它们的产品并购买原材料。这是英国从重商主义向自由贸易帝
国主义转变背后的真实逻辑，尽管这很重要，但也要认识到英国
在 1846 年之前受到的“自由贸易”的意识形态的指责：它的宣传
不仅仅是物质上的权宜之计。自由贸易帝国主义者寻求与当地精英
签订条约，这些精英曾经或可能愿意合作；他们寻求避免管理领
土和臣民的成本和风险（Gallagher and Robinson，1953；Robinson，
1972；Robinson and Gallagher，1961）。两个主要工业化强国，比
利时和德国，在获得殖民地之前，无论是作为生产国还是消费国，
与热带地区的关系相对较少。英国是热带非洲最大的贸易伙伴，但
在“争夺非洲”之前，它对非洲的领土主张微乎其微。事实上，不
是欧洲、英国、比利时和德国这些最先进的工业国家开始了对非洲
的争夺。相反，是法国人在 1879 年开始从塞内加尔向东进军，迫
使英国人和其他国家界定自己的主张或失去它们。工业上最落后的
帝国列强葡萄牙，是一个热心的参与者，但实际上它不得不等待更
强大的国家给予批准才能充分参与。关于葡萄牙殖民扩张的争论，
与其说是关于这种扩张在经济上是否可取，不如说是关于如何让扩
张得到回报：无论是通过新重商主义手段来帮助宗主国的工业，还
是通过将领土出租给外国公司（Clarence-Smith，1979）。相反，俾
斯麦最初试图让德国远离争夺，希望它转变为英法之间的冲突。他
在 1884 年改变了立场，召开了柏林会议，其目的是使欧洲人能够
避免在非洲问题上相互争斗。在这一会议上，德国成功地在非洲获
308 得了四块殖民地。然而，为了将成本降到最低，俾斯麦将它们的行
政权力下放给了特许公司。出于同样的原因，英国后来在其非洲殖
民地依靠“间接统治”——通过酋长统治——寄希望于这将比欧洲
官员的直接行政统治更便宜和更有效。美国也在其殖民地采取了间
接统治的形式。与此同时，直到 1908 年比利时议会才开始介入刚

果，当时在利奥波德国王（King Leopold）极端残暴的窃国统治而引发的国际丑闻的窘迫局面下，政府不得不“国有化”这一国王的个人领地。可以把日本侵略朝鲜的行为，作为一个案例，放到欠发达的工业经济体更需要展开领土竞争的框架中。日本像葡萄牙一样，是工业化的后来者，尽管一旦工业化进程开始，日本的增长速度快得多（还有军事上的原因，日本试图将其疆界扩大到日本岛屿以外）。

第三，这并不意味着工业化程度最高的经济体没有从领土扩张中获益：仅仅是制造商本身不太可能主导这一进程。在西非，商人和他们在马赛、波尔多、伦敦、利物浦、曼彻斯特和汉堡的商会，呼吁他们各自的国家政府降低他们面临的风险和成本，例如独立的非洲国家对欧洲进口商品征税的权力（Hopkins，1973：135-166）。凯恩和霍普金斯（Cain and Hopkins，2001）再次指出，英国的帝国主义不是由新的实业家推动的，而是由地主的“绅士资本主义”（gentlemanly capitalism）推动的，同时——在我们这个时代，越来越多地——是由金融家推动的。目前尚不清楚这一论断能在多大程度上应用于其他帝国列强。

第四，与其他贵族一样（只要你能在这一时期区分它们），西方新兴的已经完成工业化和正处于工业化进程中的国家的资产阶级，对平息日益增长的无产者的不满情绪很感兴趣。法国哲学家欧内斯特·雷南（Ernest Renan）在 1871 年写道：“一个不殖民的国家，必然与社会主义联系在一起，并与富人和穷人之间的战争密不可分”（Brocheux，2012：75）。这种思想在德国得到了特别关注，韦勒（Wehler，1975）认为威廉时期德国的国际政治在一定程度上是为了给工人（以及中产阶级）提供精神和物质利益，希望以此抗衡马克思主义社会民主党的发展。

第五，关于日本，以及实际上在两次世界大战之间中国南部部
309 分地区的工业增长，杉原薰（Sugihara，2002）将伦敦金融城作为“从西方向东亚技术转移的重要促进者”的角色与凯恩和霍普金斯命题联系起来，认为英国的帝国主义是由金融而不是制造业的需求驱动的。秋田（Akita，2011）进一步阐述了杉原薰的论点，即英帝国主义与日本经济发展之间存在着一种反直觉的互补性，而不是由前者一直在捍卫后工业革命时期的国际分工。

第六，应该指出的是，从工业化的不均衡传播到新的海外帝国主义行为的动机，这些暗示的联系并不包括最著名的这种假设：由 J. A. 霍布森（J. A. Hobson）提出的，关于殖民地作为 19 世纪末 20 世纪初主要工业国家积累的剩余资本的输出渠道这一观点已被驳斥了（例如 Warren，1980：57–70）。例如，这一假设似乎站不住脚，因为英国和法国这两个主要帝国列强的大量资本不是流向它们的新殖民地，而是流向它们现有殖民地中更为自治的国家（如澳大利亚），或者是前殖民地（美国），又或者是另一个欧洲国家的前殖民地（如阿根廷），以及从未被殖民的地方（俄国）。最具决定性的是，那个时期的几个扩张主义帝国主义强权本身就是资本的净进口国：美国、日本、葡萄牙和意大利。

对宗主国经济的影响

即使最简要地讨论殖民地对工业化时代大都市经济的影响，也应注意到关于“外围国家”首先对启动工业化进程的贡献的根本性争论。显然，正如德国在 19 世纪中期所表明的那样，在没有殖民地或巨大的跨洋贸易的情况下，早期的工业化也是可能的。不过，殖民地对最初工业革命的贡献的重要性，并不只是因为英国的利益。艾伦（Allen，2009）说明了英国的工业革命是如何使动力织

布机和其他新的资本密集型技术的成本降低到在西欧大陆低工资经济体中采用也能实现盈利的程度。那么，殖民地是否对最初工业革命的供求方面做出了重要的，甚至是必不可少的贡献呢？威廉姆斯（Williams，1944）认为奴隶贸易和奴隶所有权的利润再投资对资助英国工业革命做出了重要贡献，但后来的研究普遍反对这一观点。这表明第一次工业革命并不需要像后来的工业化那样高的资本 /GDP 310 比率，而且奴隶和奴隶贸易的利润太少，即使没有它们也不可能阻止工业化（Engerman，1972；Eltis and Engerman，2000；更广泛意义上的，O'Brien，1982）。[6]

然而，这种修正主义的解释受到了最近的研究工作以不同但相辅相成的方式提出的挑战。因科里（Inikori，2002）认为，英国的工业化早熟之所以成为可能，是因为英国日益作为一个以奴隶制和奴隶贸易为基础的新兴大西洋（南部和北部）经济中的主角参与进来。虽然在原理上，认为一个过程的最终决定因素植根于供给面而不是需求面的技术创新是有道理的（O'Rourke，Prados de la Escosura，and Daudin，2010：118–119），但通过指出特定产品的市场，例如在西非销售的特定种类的布料，作为刺激英国制造商的具体技术创新的刺激因素，因科里把供需二元性联系起来了。伯格（Berg，2009，2012）再次强调了中国和印度的设计对刺激英国技术创新的重要性，这些设计体现在主要通过东印度公司进口的瓷器和布料上。此外，更大的市场有助于提升创新的盈利能力，因此也有助于提供创新的激励（O'Rourke，Prados de la Escosura，and Daudin，2010：120）。最后，有必要记住棉纺织业对英国工业革命的重要性，因为原棉完全依赖进口。如果没有廉价的非洲奴隶劳动力和美国种植棉花的自由土地的结合，工业革命将面临一个重要的供给约束，因为它对原棉的需求抬高了这种基本原材料的价格

（O'Rourke，Prados de la Escosura，and Daudin，2010：119-120；关于一个重要的更一般性论点，请参考 Pomeranz，2000：264-269，274-285）。

因此，有一个强有力的理由是，殖民贸易对全球工业化起源于英国作出了一个重要的，甚至可能是必要的贡献。这并不是说这足以解释技术进步的集群及其应用定义了工业革命，也不足以解释为什么是英国，而不是另一个在大西洋和亚洲贸易中的主要欧洲参
311 与者，从它们那里获得了如此多的工业利益。但是，一旦工业化开始，并在欧洲大陆和美国扩散，帝国主义就培育出帝国列强了吗？

按地区或群体分类，表现出好坏参半的结果。通过使用或威胁使用武力开放中国和日本市场，英国、美国及其法国和德国盟友显然从由此产生的贸易中获得了一些收益，而印度则是英国国际收支的一个主要贡献者。在财政方面，殖民地政府通常被它们的宗主国上级期望至少在长期内平衡账目。荷兰人在 19 世纪中叶走得更远。荷属印度群岛本应每年向宗主国提供一份净贡品。1830—1870 年，在爪哇的种植制度下，当地居民被迫大规模种植选定的出口作物。从财政角度来说，它最成功的 10 年是在 19 世纪 50 年代，当时爪哇贡献了荷兰政府预算的三分之一以上，以及荷兰 GDP 的 3.8%（Van Zanden and Marks，2012：50-51）。这可能是 19 世纪 50 年代之后，从殖民地攫取收益的最大单一实例，但它无法持续。这给人民造成的代价很高，延长了劳动时间，而且可以说降低了粮食安全。继遭到国内批评之后，再加上一个具有一定自治程度和拥有促进发展愿望的殖民政府的出现，这一体系在 19 世纪末逐渐瓦解了（Van Zanden and Marks，2012：76）。[7] 具有讽刺意味的是，当荷兰最终在 1949 年失去了印度尼西亚之后，荷兰的经济增长速度比以前更快了。法国似乎从阿尔及利亚和印度支那的殖民地那里获

得了不太多的净收益，但它在非洲热带殖民地遭受了净损失——直到在 1945 年废除强迫劳动刺激了经济扩张之前，特别是在象牙海岸。葡萄牙经济可能从帝国中获得了净收益，这要归功于 1926 年一位经济学教授成为独裁者之后引入的更系统的剥削。但在 20 世纪 60 年代和 70 年代初，任何总收益都完全被独立战争的代价吞噬了。

有人认为，在 20 世纪初期和中期，对垄断市场的占有使宗主国的公司和政府从应付与新的工业化领导者，特别是与美国和德国保持竞争的挑战的任务中转移了，而这两者的殖民帝国的经济充其量只占其国民经济的一小部分。这一论点对奉行保护主义的法国有一定的适用性。但由于英国在 1846—1931 年期间致力于自由贸易， 312
这对英国这个最大的帝国来说效果最差。事实上，当伦敦历届政府坚决反对伯明翰前实业家约瑟夫·张伯伦（Joseph Chamberlain）发起的以“帝国优惠”取代自由贸易的运动时，专注于垄断的市场恰恰是被放弃的选项。张伯伦是来自伯明翰的实业家，曾在 1895—1903 年担任殖民地部长。对于 1931 年后的这一时期，这种论点有一种肤浅的合理性。20 世纪 30—70 年代，特别是在战后欧洲经济增长的“黄金时代”期间，英国的生产力增长率的表现实际上要比它的工业化竞争对手国家差一些。然而，这主要是由于英国公司在国内，以及在与其他工业化国家的贸易中不受竞争影响的结果。因此，生产力的缓慢增长一直持续到 1973 年英国加入欧洲共同市场之后，也就是在印度独立，以及实际上其他大多数英国殖民地都独立后的很长一段时间（Crafts，2012）。

戴维斯和赫滕巴克（Davis and Huttenback，1986）针对 1860—1912 年英国案例的研究，将作为一个整体的大帝国的资产负债表做出最细致量化的尝试。他们得出结论，宗主国经济对帝国来说是比较贫穷的，尽管他们也发现私人投资者，尤其是集中在伦敦和东南部的私人投资者是净受益者。因此，大英帝国在那半个世纪里，至少对统治阶级的一个主要部分来说是经济上的成功，即使它不是全民的事业。随后的研究将对宗主国收益的怀疑扩展到其他欧洲帝国（O'Brien and Prados de la Escosura，1999）。再一次，人们区分了国家利益和部门资本主义利益。直到非殖民化运动的前几年，在刚果经营的比利时公司的资本收益率远高于活跃于宗主国经济中的比利时公司（Buelens and Marysse，2009）。更重要的是，似乎很明显，帝国最大的经济利益并不是在它们的宗主国，而是在四个“新英国”获得的（Belich，2009）。此外，单靠经济活动，国民经济是无法持续生存的。戴维斯和赫滕巴克关于英国经济净亏损的发现，引发了加拿大的国防开支消耗了多少英国财政资金的问题。如果把计算方法调整为考虑帝国在 1914—1918 年和 1939—1945 年对英国战争行为的贡献，那么上述资产负债表就会看起来大不相同（Offer，1993）。

帝国的终结

一篇有趣的文献认为，英国和法国从帝国体系退出的部分原因是为了应对帝国资产负债表的变化而进行的一项战略性撤退：成本不断上升和收益不断下降，都与资本主义国际发展的不同方面有
313 关。然而，在探讨这些想法之前，有必要把这场辩论放在一个更广泛的角度：正是民族主义的压力，无论是通过暴力还是非暴力手段施加的，席卷了在第二次世界大战后幸存的或试图复活的欧洲帝国中的最大殖民地。英国人承认，他们再也不能继续留在印度，于 1947 年撤出（于 1948 年撤出缅甸）；荷兰人为了恢复对印度尼西亚的控制而进行的战争（1945—1949 年），最终以失败告终。法国在

印度支那（1946—1954）和阿尔及利亚（1954—1962）输掉了旷日持久的独立战争。从 1961 年起，葡萄牙人在其所有非洲殖民地都面临着独立战争。这些战争对宗主国社会和经济造成的压力越来越大，一些葡萄牙军官转而支持激进的左翼意识形态，这部分是从他们的非洲对手那里学到的，从而导致 1974 年的革命结束了葡萄牙在当地的独裁统治。这场革命促使葡萄牙在次年承认了其余殖民地的独立。[8] 在其他地方，特别是在热带非洲，殖民政权虽然受到来自街头的越来越大但通常是手无寸铁的运动压力，但殖民政权统治时间可能更长。相反，在 20 世纪 50 年代末和 60 年代初，比利时、英国和法国在非洲掀起了一场争夺战，仅 1960 年一年，比利时属刚果、尼日利亚和十几个法国殖民地就获得了独立。

西欧国家突然愿意降下它们在殖民地的国旗，这在一定程度上可以被视为是对宗主国（尤其是法国）的商业方向从殖民地市场向其他工业化经济体市场的总体调整的一种响应。"殖民地"企业本身并不一定参与这一调整——只要它们有机会保持不变。例如，法兰西帝国在印度支那建立已久的法国企业认识到这是不可避免的，于是在 1945 年之后进行了裁员，接着是 20 世纪 50 年代初从越南北部全面撤离。阿尔及利亚的大型法国公司在其独立后愿意在当地"继续经营"，但在 20 世纪 60 年代却面临着被国有化。在非洲其他地区，已经参与了帝国政府 1945 年后的工业发展计划的法国公司，在许多前法国殖民地继续保持着强大的法国政治和军事存在的背景下，对自身进行了调整，并取得了更大的成功（Hodeir，2003）。

具有讽刺意味的是，在战后欧洲重建的岁月里，这些殖民地对宗主国经济从来没有比这段时间更有用，当时通过热带产品的出口所赚得的美元，正是那些正在恢复元气的帝国列强所急需的。与非洲的贸易在英国和法国贸易中所占的份额达到了创纪录的水 314

平（Austen，1987：227–228）。对法郎区的出口占法国出口总额的比例在1952年达到42%的顶峰（Marseille，2005：51）。但是，其长期趋势是向下的（Lipietz，1983；Marseille，2005）。也许这对解释英国当局在缅甸、马来亚、黄金海岸、尼日利亚和肯尼亚的非殖民化进程中，所表现出来的对英国商业利益的未来缺乏兴趣有一点帮助（Brown，2011；Stockwell，2000；Tignor，1998；White，1998）。[9]

伦敦和巴黎的政府愿意正式撤出热带非洲的一个相关但更一般性的原因是，在20世纪50年代，它们审计了这些殖民地给宗主国经济带来的经济成本和收益后，得出了一个结论：这一余额充其量是中性的——在冷战竞争的背景下，不值得为持续的帝国主义付出政治代价（Cooper，1996：392–406，596–602；Ferro，1994）。对关于政府在非洲未来可能承担成本的官方焦虑的一个特别原因是，正如库珀所显示的，自20世纪20年代末以来，政府在意识形态上的重大变革一直在进行。越来越多的人承认，非洲的工薪阶层并不是暂时居住在城里的自给农民，而是与西方工人一样的工人——正如国际劳工组织、非洲政治和工会领导人所敦促的那样，他们应该享有与欧洲工人一样的权利和福利，这是一个昂贵的必然结果（Cooper，1996）。

结论

从早期的现代重商主义到帝国的终结，殖民地对宗主国的经济影响似乎发生了某种逆转。虽然殖民贸易在18世纪末有助于推动全球的工业化进程，但到了20世纪50年代中期，殖民地似乎对现在已经在宗主国发展起来的更加发达的资本主义经济体来说是多余的了。

殖民地资本主义的政治经济学

1850 年后的殖民地类型学

不同殖民地之间（某些情况下是在其内部）的政治经济存在着重大差异。即使是五重的分类方法也是不够的，但它给人一种感觉。我们可以按照其独特的人口、政治和经济特征进行分类： 315

（1）“殖民者－垄断”殖民地，从帝国宗主国来的殖民者几乎完全控制其领土、资源和政府，例如：北美、阿根廷和乌拉圭、澳大拉西亚。

（2）“殖民者－精英”殖民地，那里的殖民者要么成为唯一的统治者，如南非，以及最终在罗得西亚，或者构成一个非常强大的压力集团，类似阿尔及利亚和肯尼亚。日本殖民地是这个主题的一个变形，其有更多的殖民者。

（3）“种植园”或“租借地”（concession）殖民地（特别是殖民地的一部分），其中许多土地被分配给欧洲人作为庄园或种植园，例如：上马来亚、锡兰中部、印度的阿萨姆邦，以及由德国、比利时和法国统治的大部分赤道非洲地区。

（4）“农民”殖民地，土地主要属于土著人所有，主要是小农耕种。

（5）城市－港口，因此拥有的主要是城市和非农业人口，特别是新加坡、香港和澳门。

第四类“农民”殖民地人口众多，而且是异质性的。在这种情况下，殖民地政府，也许是暂时的，试图对生产的构成和规模施加高度的控制。最极端的例子是 19 世纪中叶爪哇的耕作制度（cultivation system）。再一次，特别是对印度来说，应该区分基本上不受拥有土地特权（不论是作为地主还是任何拥有土地税份额分享权的人）的领主控制的农民所在区域，以及那些没有这种自由的地区，如孟加拉国。有理由进一步区分真正由农民主导的农业殖民地［如坦噶尼喀（Tanganyika），其非洲农场上的大部分劳动力来自家庭成员］，以及那些大部分产出都掌握在土著资本家手中的农场（通常规模较小，但大部分劳动力来源依赖于市场，如尼日利亚西南部和现在加纳的可可种植带）。

316 这种分类首先是由殖民者对两种先决条件的反应决定的：要素禀赋和本土资本主义的要素。

要素禀赋与殖民策略

要素禀赋（要素比率和土地质量）对殖民战略至关重要。它们尤其影响到使用各种手段为欧洲使用者提供劳动力，或迫使或鼓励殖民地人民将自己的劳动力用于商品生产。涅波尔－多马（Nieboer-Domar）假说认为，强迫劳动在一种土地相对于劳动力和资本来说比较丰富，缺乏提供显著规模经济的技术的经济体系中是有利可图的（Domar，1970；Nieboer，1900/1910）。直到我们所关注的这些地区进入殖民地时代，这种状况对于南北美洲、澳大拉西亚、撒哈拉以南非洲的大部分地区和东南亚，甚至在人口更多的印度次大陆的角落地区都是适用的。在这一背景下，该假设抓住了福克斯－吉诺维斯和吉诺维斯（Fox-Genovese and Genovese，1983：vii）所认为的“资本主义……征服、吸收和强化了全世界的劳役制度”的“反常现象”背后的基本经济逻辑。然而，这一假设取决于潜在的劳动力使用者是否有必要的强制能力和应用它的意愿。还有一种替代选择：在以家庭劳动为基础的经济中，雇佣劳动力极少或根本不存在。这一假设也留下了一个未知数，即将会采用何种形式的强制劳动。因此，它没有为任何地方的奴隶制提供一个充分的解释，而是提供了一个框架，在这个框架内，经济逻辑可以与政治和文化因素相结合，以解释作为殖民地世界主要特征的许多国家不断变化的各种劳动强制制度。正如下文所强调的那样，在这样的背景下——市场甚至是世界上大多数非资本主义经济体的重要组成部分，奴隶制成为 18 世纪，而且是 19 世纪中期最普遍的强制劳动形式也就不足为奇了。因为奴隶制是最市场化的劳动强制形式，按照标准的定义，奴隶可以买卖。奴隶贸易是一个劳动力市场，尽管不是直接体现在劳动服务，而是体现在被迫提供劳动力的人身上。奴隶制和奴隶贸易是一种特别有效的劳动强迫形式，当劳动是由个人或公司而不是国家所要求的时——对于偶然的工作任务，免费主体的强制性但临时性的服务可能更好。

涅波尔 - 多马的假说可以最简洁地被表述为一个“三重困境”：
在自由的土地、自由的农民和非劳动的地主中间，只有两个可以 317
同时存在。在殖民国家统治的领土上，由于人口和商业原因，土地相对稀少，就像 19 世纪后期的印度，虽然不是在全部土地，但在大部分土地上，直接生产者往往是自由的农民而不是奴隶，而且有相当大的农业盈余可供征税——即使不得不与（通常是非劳动的）地主分享。更密集的人口使剥夺的难度大得多：大规模的人口迁移基本上局限于土著人口稀少的殖民地，如北美和澳大利亚，这并非巧合。密度较高的人口——离格尔茨（Geertzian）或马尔萨斯的研究水平还差一点，直到 20 世纪，即使不是不存在，也是非常罕见的——也往往提供更多的商业机会，尽管这些机会可能或已经由土著商人和地区性的商人侨民掌握，而不是由欧洲商人轻易获得。

在那些即将到来的殖民国家，出现了与可用劳动力供应相比的充裕可耕种土地，这与自由的农民几乎没有动力生产大量农业剩余的地方形成了鲜明的对比。在这里，政府为确保人口生产一些应税产品的问题，因为替其他人工作对大多数居民没有吸引力的可能性而变得更加复杂了。在这种情况下，政府有三个基本选择：允许存在自由耕种人口；使土地人为地变得稀缺（创造或便利地主）；或使用某种形式的强迫劳动。所有这些场景都可以在工业化时代的殖民帝国中找到。在西印度群岛废除奴隶制创造了一个自由的农民群体，让欧洲种植园主和政府官员感到沮丧的是，他们更希望农民们继续在种植园工作。[10] 相反，最后被占领而成为“殖民者－垄断”殖民地的新西兰殖民运动的主要支持者，爱德华·吉本·韦克菲尔德（Edward Gibbon Wakefield）提议（在著作中和 1829 年以来的鼓动）建立一个人为的土地市场。[11] 他的想法是，价格应该定得足够高，让贫穷的移民没有机会自己耕种，而是出卖他们的劳动。在南部非洲的“殖民者－精英”殖民地，政府的战略是限制非洲人的土地权（无论是作为所有者，还是作为欧洲人拥有的土地上的租
318 户），希望能将大多数人口从产品市场驱赶到劳动力市场（Arrighi，1970；Palmer and Parsons，1977）。这项政策在南非比在南罗得西亚要有效得多，同肯尼亚一样，南罗得西亚的白人人口仍然比南非少得多，同时，事实证明，非洲农业生产对市场的适应性更强（Mosley，1983）。北非的“殖民者－精英”殖民地阿尔及利亚，走的是与南部不同的道路。它的人口密度更高，这减少了殖民地国家直接或间接地强迫土著劳动力为欧洲人工作的“需要”。所导致的部分结果就是，欧洲人拥有的土地面积相对逐步增加，土地占用比在南非更为渐进、也更加零碎（Lützelschwab，2013）。

在撒哈拉沙漠以南的种植园和“殖民者－精英”殖民地发生了大规模的土地侵占，这旨在同时为欧洲雇主提供土地和劳动力，尽

管前者得到了直接强迫劳动的有力补充（Northrup，1988）。即使在印度，也存在人口相对较少但肥沃的土地，尽管是在其东北部的边缘地带。在阿萨姆邦，英国东印度公司征用了土地，以便能够建立茶叶种植园，其所需劳动力的招募在很大程度上来自直接或间接的胁迫。19 世纪中叶在爪哇的荷兰种植制度是最具系统性的强迫劳动例子，它迫使农民按规定的数量种植特定的作物。在非洲的德国、法国和葡萄牙殖民地也采用了同样的办法，特别是在棉花种植方面（例如，Isaacman and Roberts，1995；Likaka，1997）；但是，这种压力通常比其在爪哇相关的几十年中持续的时间要少得多。

在非洲成为“农民”和“本土资本主义”殖民地的大多数地方，新的当局发现，土著统治精英已经解决了多马问题：通过将俘虏（经由区域性奴隶贸易）作为奴隶，以及在较小的程度上通过债务进行奴役。那时，所有欧洲殖民者都正式承诺结束奴隶制。事实上，1834 年英国的废除奴隶政策适用于当时英国已经统治的非洲领土：主要是开普敦，在那里奴隶制最初被转变为“学徒制”，在这种情况下，“解放”的奴隶仍然有义务为他们的主人工作（Dooling，2007）。与此形成部分对比的是，1879—1905 年，当处于欧洲统治下的非洲地区增加了近 10 倍时，新的殖民政权的反应是，在大多数但并非所有情况下，尽管通常不允许奴隶贸易，但最初容忍了奴隶制的延续。这使得该制度以“缓慢的死亡”而恶名昭彰（Lovejoy and Hogendorn，1993）。因为多马所说的情况仍然普遍存在，很多殖民地政府，特别是法国在 1945 年之前，从“自 319
由”臣民中攫取了一定程度的强迫劳动力提供给政府或私人外籍雇主（Fall，1995）。例外情况出现在了利润丰厚的出口市场（尤其是可可豆，它可以种植在西非林区的部分地区），这使得非洲农场主们能够提供足够的条件，吸引来自禀赋条件较差地区的季节性移民劳动力，这常常取代了那些离开而成为自由农民或自由劳动者的奴隶（Austin，2009）。非洲人拥有的出口农业和在其家乡保留土地权利的劳工的结合，使得在英属西非“本土资本主义”殖民地的非洲非熟练劳工的实际工资相对较高。这要比更南边的“殖民者－精英”殖民地更高（Bowden，Chiripanhura，and Mosley，2008）。它们也比英国统治的印度和（至少到20世纪40年代）东亚地区都要高，在印度和东亚，土地平均来说没有那么富余（Frankema and van Waijenburg，2011）。

自然资源和地理位置也影响到殖民战略。对港口－城市而言，地理位置至关重要，就像赫夫（Huff，1994）在新加坡的例子中强调的那样，这里是航运路线的完美所在地，并成为高生产力内陆农产品的出口集散地。“殖民者－精英”殖民地为欧洲人保留的土地往往超过了他们的耕种意愿，因为这项政策的主要目的是剥夺土著居民向欧洲雇主出售劳动力的另一种选择（例如Feinstein，2005: 32–46）。但是，土壤肥力和市场准入是所有农业殖民地经济发展的核心，无论其政治经济状况如何。再说，几个世纪以来殖民统治的一个主要特征是开采矿物。传统的贵金属比以往任何时候都更重要。19世纪60年代和80年代，南非先后发现了钻石和黄金，最终使该地区的出口和产出增加了一倍。这无疑让它更值得为之战斗：尽管因果关系复杂，英国在发现黄金之前的1881年的一次军事失败之后，愿意接受布尔共和国的独立，这与英国在1899—1902年的英布（Anglo-Boer）战争中获胜的坚定决心形成了鲜明的对比。然而，在过去一个半世纪的海外帝国历史上，由于工业技术的不断革新，具有市场价值的自然资源清单断断续续，但在根本上延长了。其中，在经济和军事上最重要的就是由于内燃机的发明而创造了对于汽油和橡胶的需求。这些市场是 20 世纪中期英属马来亚和荷属印度群岛繁荣的基础，并在 1941 年成为日本入侵的主要 320
目标。石油还极大地增强了中东对西方投资者的吸引力，这在一定程度上激励并肯定了英国的政策，即在 1918 年奥斯曼帝国解体后，在许多前奥斯曼帝国的地盘上建立一种非正式统治和正式统治的混合体。

本土资本主义与殖民战略的局限性

在分析殖民者的影响时，必须认识到，尽管被殖民者面临种种障碍，但他们仍有能力为创造自己的历史做贡献（Austin，2008b）。在这种情况下，我们需要证明资本主义完全是外生的假设是合适的。在后来成为欧洲殖民地的区域，资本主义既有本土的根源，也有外来的根源，具有重要的意义。正如这里所界定的，资本主义作为一种私有产权制度，在欧洲殖民时期只以部分形式存在。但资本主义的关键要素和先决条件已经普遍存在了：生产者对价格的反应能力；为私人收益进行资本投资；以及存在专业商人的社区。前殖民经济的居民已经具有的面向市场，特别是面向外部市场的程度，决定了殖民地决策者所面临的问题和机会，以及殖民统治的最终形式。

马克思认为，资本主义是在欧洲产生的，然后向外传播——或者说是强加于外部的“殖民者－垄断”殖民地——这一观点在许多非马克思主义的文献中得到了不同程度的响应。学者们仍然认为，正是在英国出现了最早的一批依靠出售劳动维持生计的人。但过去半个世纪对亚非经济史的研究表明，与资本主义相关的其他基本特征——根据资本主义的定义，无论是作为先决条件还是属性——远非欧洲独有的。在微观层面，最大限度地提高产出与投入比率的经济行为、定价市场和通用货币似乎已经是早期现代世界的常态，而不是例外［与波拉尼（Polanyi，1944，1966）的浪漫寓言相反］。[12] 用波梅兰兹（Pomeranz，2000）的话来说，在一些重要的方面，这的确是一个“惊人相似”的世界（Wong，1997；以及第一卷第
321 6章）。可以肯定的是，供给－反应受到了确保生产者生存以获取利润的必要性的限制。粮食安全一直是与以雨水灌溉的农业和非机械化运输相关的一个问题，在殖民时代和之后，许多地区依然如此（Lipton，1968；Tosh，1980）。但是，这种压力往往也限制了为欧洲市场的生产。除了欧洲，商人资本主义社区在旧世界的许多地区都在运作，这些地区通常也存在具有冒险意识的企业家精神（见第一卷）。因此，殖民统治者和外国公司面对着，在海外帝国殖民地的大多数也可能是所有的人口中，早已经存在的市场行为和某些市场制度。因此，在研究殖民地资本主义时，一组基本问题包括前殖民地居民的资本主义倾向如何影响殖民者可能的选择，从而迫使外国统治者和外国公司与当地居民合作，并以各种方式允许或限制了外国统治者和外国公司进入当地市场的机会。

第一，在相当大的程度上，借助所拥有的信息比较优势，土著和/或区域贸易网络成功地在整个殖民地时期捍卫了自己的市场。英国商人在印度国内粮食贸易和相关的信贷交易这个最大的市场中，从未获得过很大的份额（Morris，1979）。在南亚、西南和东南亚的区域间商业中，来自南亚的商人社区得以延续和繁荣（Brown，1994；Markovits，2008）。[13] 在英国殖民统治的最后几十年里，印度企业家在与英国同行的竞争中越来越占上风（Misra，2000；Tomlinson，1981）。同样地，在尼日尔，法国商人从未对非洲同行在养牛业中的统治地位产生深刻影响（Baier，1980：164-166）。即使是法国制造商从瓜分非洲以来，在各国不同程度的强制

生产和销售的帮助下，一直努力寻求从西非获取原棉，在马里的法国商人也还是经常在与非洲商人为当地手工业购买棉花的竞争中被淘汰（Roberts，1996）。

第二，英国在西非的主要殖民地，即黄金海岸和尼日利亚，成为“本土资本主义”，而不是种植园殖民地，这是殖民统治前该地区经济相对较高的市场导向的结果。这为非洲生产者和贸易商在英国统治时期的持续竞争力奠定了基础（Hopkins，1973）。[14] 黄金海 322
岸的殖民当局最初试验了种植园的发展路径，允许欧洲人拿到 99 年的农业租约，从而建立了很多欧洲人所有的种植园，生产可可和橡胶。然而，到了 20 世纪头十年，这些种植园很明显无法与非洲农民竞争，因为后者的生产方法更适合当时的要素比率和环境条件（Austin，1996）。此后，殖民当局又阻止了欧洲人的农业企业的进一步发展。在尼日利亚，殖民当局拒绝了 W. H. 利弗（W. H. Lever）一再提出的大型棕榈油特许权的申请（Phillips，1989）。在为这一决定辩护时，当局指出，非洲农民在西非种植作物方面的表现要优于欧洲种植者。该决定还得到了欧洲进出口贸易商的支持，他们的利益在于与非洲经纪商进行贸易，从而获得了出口作物的非洲生产者的支持，这些非洲生产商进而获得了购买进口消费品的方法（Hopkins，1973：213–214）。

第三，在印度，英国公司和官员发现自己处于一个影响更为深远的与本土企业家的合作和竞争的关系模式当中。有一些印度企业家的经营规模比西非同行大得多，这体现在他们从 19 世纪 50 年代起在印度次大陆发展现代制造业方面所起的先锋作用。虽然苏格兰的公司发展了黄麻贸易，但印度人首先成功地促进了机械化棉织业的增长，并在此之后，无论是在大规模的，还是规模较小的企业中保持了大部分股权（Roy，2006：232–235，2013）。1907 年，塔塔集团在印度开创了钢铁生产的先河。英国政府从印度制造商对就业和收入的贡献中受益，尽管这是以英国进口商品的市场份额不断下降为代价的。从 1899 年改变采矿特许权规则以帮助塔塔集团，到引入差别关税保护钢铁业不受英国和“外国”进口的影响，尽管差别关税较高，殖民政府一再发现支持这家印度公司是值得的（Markovits，2008：158–161）。从殖民时期的印度工业企业到 20 世纪初印度人对前殖民国家的钢铁工业剩余的所有权，有着明显的连续性。

323 第四，20 世纪后半叶著名的港口 – 城市经济成就——新加坡和中国香港，在很大程度上都归功于各自的政府，当然也要归功于中国人的企业家精神和劳动。例如，在 19 世纪末和 20 世纪初，作为马来亚锡矿业的出口地，新加坡得到了相当大的发展，这些锡矿业是华人企业家在 19 世纪末发展起来的，他们先是建立了小型的露天开采，而其流动资金则是来自新加坡的华人企业家的信贷（Huff，1994：57–60）。

殖民主义是资本主义的先驱吗？

殖民统治是保护和促进了市场和私人财产上的资本主义的发展，还是攻击和阻碍了其发展？曾经将追求自由和一体化市场与建立和巩固个人私有财产权结合起来的帝国，肯定就是 19 世纪中期的英国。英国的炮舰外交在 1838 年对奥斯曼帝国（包括埃及）、1841 年对波斯和 1842 年对中国强加了自由贸易条约。引人注目的是，兰开夏郡的自由主义者理查德 · 科布登（Richard Cobden）和约翰 · 布赖特（John Bright）倡导的自由贸易原则于 1846 年在英国国内通过，从而废除了《谷物法》。因此，与 20 世纪末的自由贸易霸主美国不同，在 19 世纪，英国对自由贸易的承诺甚至结束了对本国农业的保护。科布登和布赖特认为自由贸易使帝国变得多余，而帕默斯顿（Palmerston）在 1836—1865 年的大部分时间里担任外交大臣或总理，却很乐意使用武力开放市场。尽管在第一次鸦片战争之后，1842 年的《南京条约》确保了英国而不是各国普遍进入中国市场；而 1858 年和 1860 年英国和法国（也包括俄国和美国）武力强加给中国的条约，使得中国的通商口岸体系向国际开放了。

除了自由贸易，维多利亚时代中期的英帝国主义者还寻求输出诸如个人的土地所有权这样的典型资本主义制度。因此，得到拉各斯（Lagos，1851 年英国宣布其成为受保护领地，1861 年英国宣布吞并拉各斯）是对英国（和一些非洲）商人要求建立一个政府，从而可以实行产权制度以在土地和建筑物上进行担保贷款的一种回应 324
（Hopkins，1980，1995）。在某种程度上，这一举措恢复了康沃利斯（Cornwallis）在 1793 年改革孟加拉国土地税收制度的精神，该改革计划将印度地主从部分土地税的持有者转变为愿意投资于提高生产能力的英式地主。然而，当英国在亚洲和非洲的统治仅剩下几十年的时间时，能够促进市场和私人财产的双重项目往往被分开了，而且只是非常克制地推行着。它们仍然是整个晚期近代帝国主义的不太牢固的特性。

19 世纪末的帝国主义以实行多边自由贸易的倾向而著称，主要的例子是刚果自由贸易区和强加于中国和日本的多边条约。但是，作为英国对手的各个帝国，仍然普遍维持着保护主义［以法国为例，在 1860—1892 年的部分插曲之后，它与英国签订了《科布登-谢瓦利埃条约》（Cobden-Chevalier treaty）］。随着大萧条的开始，英国放弃了自由贸易（1931 年），其竞争对手也提高了关税。在第二次世界大战中，各国创造了新的工具，用于国家对殖民经济的干预。特别地，英国在许多殖民地引进了法定的政府出口市场委员会，垄断了农产品的出口。尽管最初的打算是使政府能够避免生产者价格的崩溃，但出口市场委员会很快就成为有效的征税手段，使生产者价格远远低于董事会在世界市场上所能出售的价格。因此，它们在战争之后被保留，同时对于许多非洲国家，出口市场委员会在独立之后的几年里是收入的主要来源。战争的紧急情况再次促使英国对进口和出口实行一系列管制。在最大的殖民地印度，这扩展为一定程度的计划经济。一些参与制定印度独立后的五年计划的印度官员，在为英国政府工作的过程当中，就已经获得了计划经济的初步经验。因此，尽管英国统治的形象在某种程度上保留了与自由放任的联系，但这一体制性遗产包含了用于实施国家主导的发展政策的工具（Bauer，1954）。

在内部，通过投资于机械化运输，规范货币和取消内部通行费，每一个资本主义帝国都采取了一些整合市场的手段。然而，殖民政府常常容忍所有权的集中，以及公司之间的统一定价甚至数量控制协议的形成。诚然，后者的全部细节并不总是会与政府分享，在欧洲，同一时期供应商之间的勾结也常常被容忍。欧洲公司的
325 反竞争做法的程度和有效性因殖民地而异。例如，20 世纪 20—40 年代，由于加拿大银行的介入，英属西印度群岛的银行业比英属西非地区的银行业更具竞争性（Austin and Uche，2007；Montieth，2000）。

与维多利亚时代对自由贸易的热情相比，输出个人私有财产权的计划很快就妥协了。它遇到了一系列行政和政治障碍，以 1857 年的印度起义为缩影，一些官员将此解释为对英国进一步干预财产、税收和市场的农业制度的警告。在促进和整合市场方面，英国在印度的进一步殖民干预最多只是模棱两可的。1879 年的《德干

农业救济法案》（Deccan Agriculturalists Relief Act），旨在防止将土地转让给来自非农业种姓的放债人，这可以被视为是减轻垄断的地方信贷市场的福利后果。但是，这并不是朝着畅通无阻的土地和资本市场迈出的一步。[15]

即使在同一帝国的不同殖民地之间，政策也各不相同。在两次世界大战之间，在委托统治的巴勒斯坦，英国政府对阿拉伯种植者强制推行了一种土地改革——采用拥有个人所有权的合并农场、定期重新分配土地以取代穆莎体系的集体土地所有权制度（Nadan，2006：212–260）。在英属尼日利亚的官员中，例如 1920—1927 年间黄金海岸地区的总验船师并在之后直到 1933 年去世前都担任尼日利亚土地专员的 R. H. 罗（R. H. Rowe）等个别官员，继续在殖民政府内部争论，要求以个人所有者的名义对农场实行强制登记。罗认为，土地的个人产权是社会进化的自然结果，并认为英国统治的责任是加速实现这一最终目的（Phillips，1989：118–135）。毕竟，我们已经注意到，拉各斯被部分兼并就是为了创建这种个人产权。但是，在争夺非洲的时候，这一政策发生了变化，甚至在 20 世纪 20 年代和 30 年代，事实上直到独立，像罗等人的论点最终还是被摒弃了。这里存在多种原因。有一种看法认为，即便土地登记工作会降低长期的法律和其他交易成本，土地登记工作也将引发一场诉讼风暴。在英属西非，现行土地所有制下的农业出口迅速增长，使得改革在经济意义上没有必要进行。例如，黄金海岸所谓的“公共”土地所有制，将土地所有权和土地上的作物及建筑物的所有权区分开来，并且实际上保护了（在它们存续期间）创造这些资 326
产的投资者的个人所有权。显然，这一规则——在殖民政府的支持下——为投资者提供了足够的保障，实现了很高的资本形成，通过种植可可树，从而使黄金海岸的可可出口从 1890 年的零，增长到

1910—1911 年超过巴西，继而到 1923 年再增加 5 倍达到 20 万吨以上。最后，官方担心的是，通过促进土地自由市场的发展，个人土地所有权将造成社会两极分化和不稳定，贫穷的农民最终会出卖土地并加入城市失业者大军的行列（Austin，2005：339-347，531-533）。

在这一世纪和这里讨论的更多时间段内，即便不是所有，那么也是大多数殖民地的雇佣劳动都出现了绝对增长和相对增长。例如，在 20 世纪的南亚和东南亚，以及撒哈拉以南的非洲也是如此。与此同时，各种形式的强制劳动（如印度传统上的；非洲的奴隶制和债务奴役）也有所下降，家庭劳动也是如此。这一过程是否涉及越来越多的无地情况，各不相同。在南亚许多土地稀少的地区，情况确实如此；而在非洲，无论是在威特沃特斯兰德金矿还是加纳可可农场，男性流动劳动力继续保留其家乡的土地权，他们的妻子和年长的孩子们在那里种植粮食作物（Austin，2005；Roy，2005；Sender and Smith，1986）。

殖民统治以各种方式促进了劳资关系的这一根本性转变，例如通过鼓励农业出口。在印度支那地区，税收迫使最贫穷的农民放弃他们的农场，而这与法国政府的意图背道而驰（Brocheux and Hémery，1995：151，270）。实际上，可以公平地说，在 20 世纪，没有一个殖民政权刻意追求“无产阶级化”，即劳动力人口与土地所有权的分离。相反，正如我们所看到的，在非洲，殖民官员普遍采取了一种明显的渐进主义方式来结束奴隶制。在雇佣劳动受到鼓励的地方，例如南部非洲的矿山，雇佣劳动是以人员流动的形式存在的，但工人们在他们的家乡保留着土地权利。雇佣劳动的稳定要求雇主支付家庭工资而不是个人的工资，这是 20 世纪 20 年代由位于刚果加丹加的一家比利时铜矿公司首创的。由于该制度受到白人工会主义者和英国政府的反对，直到 20 世纪 50 年代，它才在英国控制的同一铜矿带的一部分，即现在的赞比亚地区被采用（Austen，1987：165-168；Berger，1974）。到那时，法国和英国一样，官方 327
态度都朝着逐步承认雇佣劳动和城市聚居是非洲生活方式的一个稳定和可接受的特征变化。例如，1935—1938 年，英属西印度群岛的罢工和骚乱引起了英国劳工运动的注意，并将其注意力集中在了殖民部上，使得殖民部向非洲和其他地方的总督们施加压力，要求他们成立负责改善就业条件和鼓励“负责任”的工会主义的劳动部门（Cooper，1996：58-65）。这仍然不意味着这些旨在剥夺农村人口获得自给土地机会的政策被采用。

至少在一定程度上，正是为了避免无产阶级化，殖民政府倾向于想方设法阻止土著居民出售土地：决定不实行将促进土地市场发展的强制土地登记制度，坚持将习惯法解释为在任何情况下都禁止土地转让。其一般动机可能是预防出现殖民当局很难在社会和政治上加以控制的无地阶级。在英属西部非洲，决定性的考虑可能是经济无论如何都很好。相比之下，除了“土著保留区”，“殖民者 - 精英”经济的特点是个人土地所有权——在大部分情况下（例如，Legassick，1977：180-182）。在大多数仍被土著人占领的领土上，这种拒绝执行一个完整的个人土地所有权制度的做法一直持续到欧洲统治的结束。一个重要的例外，就是这个时代末期的肯尼亚。面对茅茅起义（Mau Mau revolt）的危机，根据 1953 年的斯温纳顿（Swynnerton）计划，通过给予个人土地所有权（在某些情况下，包括从叛军手中没收的土地），英国人强化了最富裕的基库尤农民的地位（Branch，2009：120-125）。这种政治上保守的策略，就像非洲殖民时期殖民者促进非洲农业资本主义发展一样得到了推广。

殖民地的发展

对殖民统治下经济发展程度的一些看法是二元的：用理性选择的制度经济学家阿西莫格鲁、约翰逊和鲁宾逊的语言来描述就是，一个要么是“攫取”，要么是经济增长的故事；这是一种类似于依赖论的立场。如上所述，阿西莫格鲁和他的同事们进行了开拓
328 性和高度独创性的研究，试图将所有前欧洲殖民地在1995年的相对繁荣程度，相对于1500年左右同样领土的相对繁荣程度进行一个量化比较。他们认为，在1500年相对富裕的地区，在1995年则相对贫穷，反之亦然（Acemoglu，Johnson，and Robinson，2001，2002）。他们的研究比其他任何研究都更能将经济学家的注意力引向非常长期的变化模式，从而激发了许多富有成效的辩论和进一步的研究。但是，他们的分析认为，获得经济租金的冲动和经济增长是对立的，这就像一个公理。然而，租金可能会被有效地再投资，而获得租金的前景可能会刺激市场进入和技术创新。经济史不仅是关于相反的趋势，也是关于意想不到的综合。他们的论点似乎也没有给殖民地人民，包括土著资本家创造自己的经济史的余地。最后，它还压缩了历史，因为他们认为，在这两个横截面之间的500年的间隔中，存在同样的因果关系，而这似乎是极不可能的（Austin，2008b）。随后进行的两次定量的重新评估研究认为，从这一证据中可以看到的“财富逆转”，基本上仅限于北美和澳大拉西亚的四个“新英国”地区（Fails and Krieckhaus，2010；Olsson，2004）。如果有理由怀疑1500年以来殖民主义发展后果的二元观点过于简单，那么关于工业化时代的殖民主义，可以得到一些更明确的观察结果吗？

一项重要的初步评论是，无论是公共投资还是私人投资，大多

数殖民地接受的人均投资很少。在来自西欧的外国直接投资的鼎盛时期，即大约 1870—1914 年，法国资本出口主要流向俄国，而不是殖民地。与此同时，最大的资本输出国是拥有最大帝国的国家，但英国投资的主要接受者是持续的或前殖民者垄断的殖民地（无论是英国、西班牙抑或阿根廷都是如此）。这种投资帮助了地处温带、土地富余、通常也是资源丰富的地区，从以农业生产为主，发展为更加多样化、日益富裕的经济体（阿根廷在 20 世纪 20 年代是世界上最富有的 10 个国家之一）。同时，在热带殖民地，很少有私人的，也没有太多公共的外国投资进入当地从事主要经济活动。在采掘业——采矿或石油——的吸引下，大量资本集中于此。例如，据弗兰克尔（Frankel，1938：158-160，169-170）估计，1870—1937 年，在拥有金矿和钻石矿藏的南非，人均（外国）投资总额为 55.8 英镑，而在法国的非洲殖民地则为 3.3 英镑，同时代表了所谓的“本土资本主义”殖民地的英属西非，仅有 4.8 英镑。资本只 329
流入被绝大多数殖民臣民占据的领土的原因包括，在与当地生产者的竞争中赚取利润的困难，以及在生产工具和技术中体现资本的困难，而这些工具和技术实际上在一些物质条件中是非常有利可图的（Austin，1996，2008a）。

殖民政府通常主要通过交通基础设施和农业研究来促进进出口贸易。一般来说，它们在初级产品出口中利用了这些经济体现有的比较优势，并寻求进一步发展，而不是试图将该国的比较优势地位提高到附加值更高的水平。殖民地政府建造了港口、铁路，特别是在 1918 年以后建造了相对耐用的机动车道路。许多铁路都是由在欧洲市场发行的政府债券融资的。有人认为，对于独立的亚洲和非洲国家来说，这本是不可能的或更昂贵的。殖民政府支付的利率往往低于独立国家支付的利率（Ferguson and Schularick，2006）。

然而，在大英帝国内部，自治（“殖民者－垄断”）殖民地获得了大部分的利益，因为它们可以自由借贷，不受对附属殖民地平衡预算要求的约束（Accominotti，Flandreau，Rezzik，and Zumer，2010）。[16] 利用其民主合法性和相对强大的政府，它们能够比其他殖民地获得占国民收入更高的税收份额（Frankema，2010），甚至有对来自宗主国的货物征收关税的一些自由。

人们对在农业殖民地进行的殖民投资的成本、意图和操作，提出了强烈的批评。在许多情况下，铁路路线图反映了军事优先事项，并优先考虑帝国政治而非经济逻辑。因此，法国铁路横向穿过西非大草原，使得内陆的农业出口商与港口的距离，比将铁路与英国的沿海殖民地港口连接起来的距离要长得多。至少这种铁路可以免受对殖民运输网络那种常见的批评，即它们促进的是进出口贸
330 易，而不是促进国内经济的平衡发展。殖民地的农业研究经常被误解，特别是在一开始，因为没有充分注意到农民所面临的限制，以及它们可以从农民身上所学到的知识（Richards，1985）。

积极的一面是，即使是出于军事原因修建的铁路，如尼日利亚北部从拉各斯到卡诺的铁路，也为殖民生产者开辟了更有利可图的市场：在这种情况下，尼日利亚北部有可能在铁路建成后的一年内大量进入花生出口市场（Hogendorn，1979）。铁路“网络”最初由内陆至港口的一组不相连的线路组成，就像在印度一样，这有助于国内粮食贸易的市场一体化——区域间的价格趋同就证明了这一点（Hurd，1975）。热带殖民地的农业研究在 20 世纪 40 年代变得更加有效，发现了一些生产者自己无法发现的有用东西，例如可可肿枝病的病毒来源。即便如此，最成功的农业发展（除非我们包括爪哇种植体系的第一个十年）主要是本土创新的结果，如同 19 世纪东南亚地区水稻种植的扩张（Adas，1974；Brown，1997：114–125，

141)，以及西非农民愿意投入巨资生产一种外来的需要数年才有产出的树木作物——可可（Hill，1997 [1963]）。殖民地的农业站对粮食作物进行了一些研究，而农业出口地区的殖民官员倾向于抱怨农民在粮食安全方面承担了过度的风险。但是，“绿色革命”是一种后殖民现象。

总体而言，无论是在亚洲还是非洲，殖民投资和制度改革对粮食种植的生产力影响均相对较小。同样，农业和矿业出口经济体都受到国际商品价格波动和两次世界大战带来的国际贸易中断的干扰。发展中农业经济体殖民历史中的长期障碍是，忽视那些土壤和区位不适合有利可图的出口生产地区的普遍趋势；这一趋势反映了缺乏财政资源和集中于现有的比较优势领域的结合。这些被忽视的地区——部分原因是殖民政策和压力，在某些情况下也是出于选择——主要通过劳务输出融入更大的市场：通常是 19 世纪后期以契约方式，之后通常是季节性的，同时主要针对男性（例如 Fall，1995；Harries，1994；Northrup，1995；进一步可参考 Balachandran，2012）。

农业发展的历史档案中最糟糕的部分是 19 世纪末印度的饥荒。 331
1876—1878 年间，两次时间上重叠的饥荒造成的死亡人数总计达 555 万人，而 1896—1897 年的一次特大饥荒就造成 515 万人死亡（Visaria and Visaria，1983：530-531）。如果年平均饥荒死亡率高于（缺乏数据的）早期，那么很有可能（正如人们常说的那样）反映出，增加一个主要依赖降雨支撑的高度收入不平等的人口众多经济体的市场导向，可能会带来风险。殖民政府对这些事件原因进行了详细的调查，这是现在被普遍接受的观点的基础，即这些都是由于“权利”而不是生产的失灵（Sen，1981）。用 1861 年一位英国观察家的话说，他们是“工作上的饥荒而不是食物的饥荒”（Drèze，

1988：8）。在1876—1878年的饥荒之后，英国政府从自由放任转向为供给公共工程的人提供食品救济。1900年后饥荒死亡率的下降（除了1942年的战时孟加拉国饥荒）表明一些制度限制有所改善。例如，市场一体化的积极方面包括在有能力供应的地区刺激更高的产出。

人口普查数据显示，从不同殖民地的不同时期开始的人口数量的增加，显然是由于死亡率下降造成的，这对政府的政策造成了某种影响——但很难确定其影响程度。一个重要的例子是爪哇从劳动力短缺到劳动力富余的转变，这是由19世纪初开始的人口增长所支撑的。博姆加德（Boomgaard，1989）强调了殖民地的疫苗接种方案对死亡率下降的贡献。在撒哈拉以南非洲地区，殖民人口普查数据更难得到解释，因为在那里，人口普查被认为越来越全面，从而夸大了最终的人口起飞（Manning，2010）。据估计，印度次大陆的人口从1881年的2.5亿增加到1941年的3.89亿（Visaria and Visaria，1983：488-489），从20世纪20年代以来就开始加速增长了（就像撒哈拉以南非洲的大部分地区一样）。

在20世纪前后的欧洲殖民统治时期，我们需要了解更多关于大多数殖民地的物质福利的总体趋势。也许最有前景的方法是研究人口的身高变化，这（当这种身高变化被足够小心地处理时）是一个非常好的物质福利指标。莫拉迪（Moradi）利用征兵方式中的大量样本，在非洲殖民地的研究中率先进行了人体测量。对肯尼亚和现在的加纳来说，初步结果显示，殖民地时期出生人口的身高出现了普遍上升（Moradi，2009；Moradi，Austin，and Baten，2013）。
332 这越发引人注目。在肯尼亚，或许令人惊讶的是，这适用于那些出生在这个“殖民者－精英”殖民地所有地区的人，这一地区由于欧洲人侵占了大部分最肥沃的土地，构成了欧洲人农场主要劳动力的非洲“棚户区居民”却因受到越来越严苛的待遇而臭名昭著。在加纳，非洲人民的生活水平普遍得到改善，这是更可预测的，因为我们知道，佃农，特别是“本土资本主义”的殖民地比“殖民者 - 精英”殖民地更早地出现非洲人实际收入的改善（Bowden, Chiripanhura, and Mosley, 2008; Frankema and van Waijenburg, 2011）。更值得注意的是，虽然身材较高的群体出生的时间与可可收入增加相关，但物质福利的改善并没有局限于可可种植区（Moradi, Austin, and Baten, 2013）。换句话说，在被忽视的、向可可经济提供外来劳动力的内陆地区，生活水平也有所提高——这主要归功于 1908 年奴隶制结束后的自由劳动力市场，这使得流动劳动力能够获得越来越好的就业条件（Austin, 2005）。

让我们转向殖民统治下的制造业。有些读者可能会怀疑这在术语上是矛盾的。许多学者认为，在亚历山大·格申克龙（Alexander Gerschenkron）和最近的艾丽斯·阿姆斯登（Alice Amsden）的传统观点中，阿姆斯登（Amsden, 1992; Gerschenkron, 1962）的定义是，“后发展”——借用技术的工业化，需要国家的领导[17]；只有一个独立的政府才有追求工业化的动机。实际上，殖民政府不太可能有财政和政治能力来开展因为该国无视其在制造业方面的现有相对劣势，从而可能需要纳税人和消费者做出重大牺牲的项目。在任何情况下，给定工业革命后帝国和整个世界的分工特征，殖民工业化都可能威胁到宗主国的利润和就业机会。

然而，在 19 世纪 90 年代，法国在越南北部的投资者将机械化纺织品生产引入了东南亚，首先于 1894 年在河内创办了一家纺纱厂，然后是其他纺纱和纺织工厂。这些投资受到免于英国和印度竞争的关税保护，是从法国进口更精细、更昂贵布料的补充（Brown, 1997: 210–211）。一些殖民地，包括人口最多的那些殖民地，在第 333

二次世界大战开始实现非殖民化的时期之前，拥有大量的制造业部门。在菲律宾这个美国殖民地，制造业在1938年的增加值中约占21%。在法国统治的越南，制造业雇用了超过11%的工人。制造业和采矿业共占1938年台湾地区净产值的大约24%。同年，韩国的这一比例约为24%，根据布思（Booth，2007b：526–528）的数据，在荷属印度群岛，比例可能与此大致相同，在那里（由于劳动力密集程度更高），制造业就业人口在就业人口中所占的比例更高。

考虑到人们对殖民统治下制造业的悲观理论预期，这些数字似乎令人惊讶。这一理论以及这些数字都依赖于背景和限定条件。到1938年实现的一些工业增长反映了20世纪30年代的变化，这些变化改变了殖民地政治经济的常见参数，扩大了制造业的范围（Booth，2007a；Brown，1997：312–314）。在东南亚，殖民政府担心国际经济萧条正在当地居民中滋生贫困，危及一些人所追求的福利目标的实现，并增加了政治动荡的风险。作为保护殖民地免受世界市场冲击的一种手段，一位当代专家断言，“在所提供的解决方案中，没有哪个比工业化抓住了更多热情”[18]。宗主国工业家的政治反对，大概是因为日本商品，特别是纺织品，已经征服了宗主国出口商的“垄断”市场而减少了。在荷属印度群岛，政府促进制造业的发展是放弃种植制度后采取的“伦理政策”（Ethical Policy）的延续，目的是增加收入和就业（Brown，1997）。在那里，政府鼓励外国投资，工厂不仅是“由荷兰公司，而且也是由美国、英国和其他欧洲公司”建立的（Booth，2007a：261）。在不同的背景中考虑几乎相同的变量是有指导意义的。在20世纪40年代，伦敦的殖民部也同样热衷于工业化，以此作为不确定的世界市场对初级产品出口依赖的解药。但它们无法获得更强大的财政部的支持，财政部
334 更关心战后英国政府可用资源的匮乏，以及英国出口商可能失去

的市场（Butler，1997）。回到 20 世纪 30 年代，朝鲜的工业扩张主要是日本的财阀在重工业领域投资的结果（Booth，2007b：4–6）。相反，在台湾地区，制造业在同一阶段增长缓慢，但其基础相当广泛。

与此同时，自 19 世纪 50 年代以来，印度大规模制造业的增长一直在继续，尽管增长缓慢，同时伴随着小型工业的复兴。土邦以外的工厂就业人数从 1891 年的 31.7 万人增加到 1938 年的 126.6 万人，土邦的工厂就业人数则从 1921 年的 13 万人增长到 1938 年的 29.9 万人（Roy，2013：112）。罗伊（Roy，2005，2013）认为，无论是大规模部门还是小规模部门，都提高了劳动生产率，19 世纪的“去工业化”淘汰了效率最低的手工业生产者，而这两个部门在 20 世纪初的收入增长都超过了就业。整个工业在 1931 年仅占就业人数的 8.9%，而 1901 年则为 10.5%。但在同一时期，它对收入的贡献从 11.8% 上升到 14.3%（Roy，2005：122）。部门构成的重要变化包括建立钢铁工业（如上文所述），印度教资本家在两次世界大战期间进入该部门，部分原因是农业价格低迷，这也降低了资本家向农民提供贷款的既定业务的盈利能力（Baker，1978）并提高了手工纺织的生产率，该生产率的提高与雇佣劳动的使用增加有关（Roy，2013）。

对同一时期的非洲经济体进行比较，将有助于恢复国家干预作为分析中的一个变量的重要性。在 1960 年的撒哈拉以南非洲，三个经济体的制造业部门规模都已超过 GDP 的 10%：南非、南罗得西亚和比利时属刚果（Kilby，1975：472）。按照该区域当时的标准来说，这些制造业部门的规模相对较大，至少间接地是由于这些经济体增长所围绕的利润丰厚的采矿收入而得以实现的。但是，在这两个“殖民者 – 精英”殖民地中，这在很大程度上归功于这些已成为自治国家的殖民地：一个拥有白人选民的议会从建立殖民地的特许公司手中接管权力，其中南非从 1910 年开始，南罗得西亚从 1923 年开始。它们的政府可以行使这种自治权，甚至在英镑区域内也可以推行进口替代工业化。[19] 南非从 1924 年起就开始这样做了，部分原因是为了对南非的先发行动作出防御反应，南罗得西亚在 20 世纪 30 年代紧随其后（Feinstein，2005：113-127；Phimister，2000）。

335 最后，在本节，让我们从殖民时期的制造业转向殖民统治的遗产在多大程度上促进了后殖民时期的工业化这一问题。最成功的这类工业化实现者是韩国。制造业能力的直接遗产很小，至少在韩国是这样，这是因为战时的破坏以及日本人的工厂大多位于朝鲜半岛北部的事实。一些外国学者认为，这不是巧合，日本的统治虽然是侵略性的，但通过例如提高官僚机构的效率和纪律，以及扩大受教育的机会创造了有利于工业化的条件（Cumings，1984；Kohli，2004）。布思提供了到 1938 年为止，韩国与东亚其他殖民地相比的发展结果的定量分析。她发现了一幅相当复杂的画面。在教育方面，1938 年日本的殖民地落后于美国的菲律宾殖民地。在人均 GDP 方面，日本的殖民地当时落后于美国菲律宾殖民地和英国的马来亚殖民地，而马来亚则从 1929 年东亚最富有的殖民地滑落到了韩国这个日本殖民地之后。在工业就业（包括采矿业）与总就业的比例方面，韩国落在了马来亚、缅甸、荷属印度群岛和菲律宾（按顺序排列）之后。因此，布思（Booth，2007b）对日本殖民主义利益的主张持怀疑态度，尽管她的测度并没有直接特别地针对科利（Kohli，2004）提出的主张，即日本左翼官僚们特别适合在国家主导的工业化中扮演它们被要求的角色。

实际上，很多事情都可能取决于即将离开的殖民者所离开的国家的性质。缪尔达尔（Myrdal，1968）认为，南亚和东南亚独立后的政府是“软”的，因此不适合领导国家发展。更重要的是，撒哈拉以南非洲作为一个整体，从其大部分国家独立到 1995 年，它们的平均经济增长率非常低，至少部分原因是国家能力薄弱和民族认同感较低［见赫布斯特（Herbst，2000）对此所做的分析］。在独立后的同一时期，与拉丁美洲的情况一致，这一时期的特点也是经常进行暴力斗争以建立有效的国家合法性和控制。[20] 从这个角度看，殖民遗产可能是无益的，但经过几代人的努力，它是可以克服的，从而带来更大的发展（Bates，Coatsworth，and Williamson，2007）。336
尽管帕尔多斯（Prados de la Escosura，2009）指出，拉美国家在独立后半个世纪的增长速度可能比亚洲和非洲国家在独立期间的增长要快，但其中很可能存在一些原因。作为所有前殖民地中人口最多的国家，印度在独立后的前 30 多年里的经济增长要比随后的 30 多年里温和得多。然而，这种差异是否可以归因于在此期间政府能力的加强，这是值得怀疑的。虽然在 20 世纪 80 年代，印度转向了一种更加自由、出口导向型的政策，这种政策建立在进口替代工业化时期建立起来的能力基础上，但在独立的前几十年里的过度保护主义和管制，在某种程度上可以归因于殖民统治的一种意想不到的意识形态遗产：尼赫鲁式（Nehruvian）的观点认为殖民地的自由放任阻碍了印度的发展，这一观点在当时，甚至在更多的经济学家和历史学家中都得到了广泛的认同（Roy，2005：15-16，27）。

反对殖民主义的资本主义与反资本主义

资本主义，在一种或多种意义上是反对外国公司或特定殖民政府政策，以及争取独立的各种运动的一个组成部分。因此，这里的重点是具体的：例如，它不包括抵制殖民税或征兵，也不包括抵抗外国统治本身。在继续探讨资本主义的主题时，必须区分反对市场关系蔓延的反殖民主义运动，以及在面对外国卡特尔和进口时，为改善本土资本家和农民进入市场的条件而斗争的反殖民主义运动。

据斯科特（Scott）的观点，在东南亚，反对殖民统治的做法与反对市场交织在一起。他的重点是20世纪30年代大萧条期间，农民反抗位于越南中部的法国人和位于缅甸的英国人。在他看来，农民转向反叛，不仅仅是因为不愿意缴纳殖民当局征收的税款，甚
337 至是因为直接税和食品市场的结合威胁到他们的粮食安全。相反，斯科特认为，殖民政策激起了极大的反抗情绪，因为它们违反了农民的“生存伦理”，根据这种伦理，每个人都有生存的道德权利（Scott，1976）。波普金（Popkin，1979）对这一分析提出质疑，认为越南农民寻求的不是对市场的限制，而是更好的市场条件。也许两者都是正确的，但适用于不同的地区，根据不同的地方生态和农业制度中农民面临的粮食安全和利润机会的平衡不同而变化（Baker，1981：348）。

斯科特而不是波普金的故事，与后来成为加纳的“佃农”或“本土资本主义”殖民地中非维持生计生产者和贸易商之间的斗争形成了鲜明对比。在殖民时期，非洲的可可农场主和经纪人反复出现了一种模式——最终成为一种有意识的传统——进行“套牢”（hold-ups），集体拒绝将该产品出售给欧洲公司，并增强了对欧洲进口产品的部分抵制。这些“套牢”不仅要求这些公司提高可可豆的收购价格，而且要求它们解散任何为了压低价格而形成的卡特尔（Miles，1978）。本土资本主义反殖民主义的另一个例子是，从20世纪30年代开始，在尼日利亚成立独立非洲银行的运动对欧洲

银行业垄断者发起了自觉的民族主义挑战（Hopkins，1966）。尽管加纳的套牢行为和尼日利亚的银行业运动都没有直接要求殖民政府离开——这在当时看来是不现实的——但它们对欧洲对各自殖民地经济的卡特尔化形成了重大挑战。从任何意义上说，它们都不排斥市场，相反，它们为不受阻碍地进入市场而斗争。同时，在肯尼亚这个“殖民者 - 精英”殖民地，英国人得益于种植经济作物的农民和酋长对茅茅游击队的抵制，其中许多人显然是从欧洲人拥有的土地上的那些无地的前棚户居民那里招募而来的（Bates，1989：11–40）。

本土资本主义确实在公开的独立运动中发挥了作用，尽管在非洲比在印度少。在那里，国民大会得到了印度商人和工业家的大力参与和财政支持（Markovits，2008）。在两次世界大战之间，归功于他们对国民大会的影响，孟买的工厂主比兰开夏郡的竞争对手更有效地影响了印度的关税政策，并在后来成功地赢得了英国当局的让步（Dewey，1978）。1924 年，即在英国放弃自由贸易政策的七年前，印度成立了一个为特定幼稚产业提供保护的委员会。在 20 世纪 30 年代，兰开夏郡的棉织布匹被大规模地赶出印度市场了，部分原因是 25% 的关税（尽管面临 50% 的关税，日本的竞争者也比兰开夏郡销售得多）。在 1938—1839 年，印度工厂占据 338
了印度 86% 的市场份额（Dewey，1978：36）。一个特别值得注意的时刻发生在 1944 年，当时一群印度最大的企业家会见了国会代表，以制订独立后关于整个经济和私营部门的政府计划。孟买计划（Bombay Plan）——无论是好是坏——都是 20 世纪 50—80 年代印度为了对抗国内和国际市场的竞争，针对大型企业所实施的保护主义政策的里程碑。相反，在尼赫鲁时期的印度和恩克鲁玛（Nkrumah）统治下的加纳，以及其他的例子中，新独立国家的统治者相信政治的首要地位，经济排在次要位置。

结　论

本章在工业化持续扩散的背景下仔细探讨了殖民主义和资本主义。还有一个强有力的例子是，早期海外帝国的历史促成了工业化的起源。在 17 世纪和 18 世纪，由于强大的海军力量，英国作为主角参与了大西洋贸易的扩张——这种扩张基于为美洲的欧洲人殖民地内部的市场生产非洲奴隶——促进了资本、市场，以及特定技术创新的激励措施的结合，进而促进了工业革命。继工业革命之后，帝国宗主国内部的一些批评家认为帝国现在已经过时了。但是，在 19 世纪末和 20 世纪初，海外帝国又出现了一次大范围的领土扩张——它本身也从西方和东亚的工业化蔓延的不平衡中产生了一些冲动，以及各种动机或便利。然而，到了 20 世纪 50 年代中期，主要殖民列强的工业资本主义经济结构的改变，将它们退出或驱逐出帝国的经济成本降至最低。也许人们可以找到一个辩证法：殖民地有助于工业化的开始，但随着工业经济的进一步发展，工业经济对殖民地的需求就减少了。

这一章强调了本土资本主义在殖民地的重要性。资本主义作为一种制度并不存在于欧洲人殖民的领土上，但其中的一些要素，如对市场机会的反应（在粮食安全允许的地方）、形成价格的市场和商人资本主义社区已经被广泛地建立起来了。事实上，先前的市场导向程度对世界各地殖民主义的形式产生了重要影响，从而使欧洲
339 公司更难以渗透到一些市场，同时创造了殖民国家与其他国家本土企业合作的激励。本地农场主、贸易商和实业家游说并争取获得更好的市场进入机会，尤其是在面对欧洲卡特尔和缺乏国家保护的情

况下。虽然后殖民时代独立国家一般不是由当地资本家主导的，但当地资本家在资助印度国民大会这一最大的独立运动中发挥了关键作用。

我们已经仔细讨论过殖民政府在多大程度上完成了它们的历史使命，即推翻前资本主义制度和建立资本主义制度。在工业化时代，它们的实际作用变得更加模糊了。[21] 尽管大部分的殖民地世界，包括“农民”殖民地，相对或直接地经历了雇佣劳动工资的大幅上升，但政府在这方面的作用往往是间接的，而且是无意的；除了一些明显的例外情况，行政人员往往希望约束土地市场发展，从而避免或限制无产阶级化。

殖民主义对深化西方（后来的日本）制成品出口国和发展中国家初级产品出口国之间的国际分工做出了重要贡献。在 19 世纪中叶，这在一定程度上是通过从外部使用武力实现的：自由贸易帝国主义将贸易条件向初级生产者倾斜，从而在中国和其他独立国家产生了比殖民地国家更大的影响。殖民政府以自己投资的方式加强了出口农业相对优势的发展，例如在东南亚和西非（Austin, 2013）。然而，或许与直觉相反，制造业出现了相当大的增长，特别是在 20 世纪 30 年代。在拥有自治精英群体的殖民地经济体中，政府在这方面的作用尤为明显，但其在南亚和东南亚的作用也是正面的。殖民地国家永远不会成为格申克龙式的工业赶超的动力，但在一些重要的情况下，它们逐渐变得对制造业更加有利，部分原因在于（尤其是在印度）受到了来自殖民地的企业家和政治运动的压力。

早在摆脱了西方技术霸主鼎盛时期强加的不平等条约之后，中国的工业化就已经在进行了，在香港和澳门分别于 1997 年和 1999 年回归时，大体上结束了葡萄牙人早在 1415 年占领摩洛哥的库塔后启动的欧洲海外帝国计划（Darwin，2007）。

注 释

[1] 尽管贝利奇（Belich，2009）认为从19世纪中期到20世纪初，存在一系列的经济“重新殖民化”，但伴随着殖民者更强烈地意识到他们是大英帝国的平等伙伴。霍普金斯（Hopkins，2008）认为，在澳大利亚、新西兰甚至加拿大，英国独立的这最后一步来得比通常想象的要晚得多。

[2] 关于资本主义和帝国主义之间关系的左派理论的综述，参考Brewer（1990）。关于依附和世界体系理论的起源和发展的尖锐评论，见Warren（1980）。

[3] 当然，具有讽刺意味的是，这种意义上的“好”殖民地化是基于对土著居民的剥夺（参见Guha，2012：30）。财富的“逆转”也只适用于这片土地（Acemoglu，Johnson，and Robinson，2002：1232n1）。

[4] 值得注意的是，资本主义与帝国之间关系史方面的帝国（“宗主国”）和殖民地（“外围”）有不同的文献，分析的是不同的问题。很少有学者能够比肩霍普金斯对这两方面做出的重大贡献（Falola and Brownell，2011）。这一节的主题本身就值得用一章书写；然而，本卷的其他部分则对其中的一些主题进行了仔细研究。

[5] 非正式帝国理论的一个关键案例是拉丁美洲。加拉格尔和鲁宾逊认为，英国在拉丁美洲各个共和国成立和第一次世界大战之间建立了这种控制，但普拉特（Platt，1972）对此提出了挑战。英国政府很少进行干预以支持英国在该地区的商业活动，但英国在该地区的商业和金融主导地位使得把英国和拉丁美洲经济的“相互依存”视为平等的关系是不切实际的（Cain and Hopkins，2001：243-274）。

[6] 正如人们应当将工业革命的因果关系问题与威廉姆斯所记录的（即人们用从奴隶船或奴隶庄园获得的利润进行各种具体的工业投资）区分开来。在一个竞争相当激烈的资本市场中，特定储蓄的来源很可能不会影响投资的总体水平甚至构成。但这并不意味着特定的一些公司没有受到“奴隶金钱”的污染。

[7] 关于这两个典型案例中“攫取式”殖民地概念的系统性分析，见Frankema and Buelens（2012）。

[8] 除了澳门以外，1999年中国恢复对澳门行使主权。

[9] 这种态度与几年后英国政府表现出的对石油问题的担忧形成了鲜明对比，同时也反映了比夫拉地区试图从尼日利亚分离的政治影响（Uche，2008）。也许是石油的战略重要性，或者所涉及的公司的特殊规模，才使情况发生了变化。

[10] 这是后来在动员非洲殖民地劳动力的背景下，法国思想家明确关注的一个经验（Cuvillier-Fleury，1907）。

[11]　他的冗长的、看似漫不经心但偶有精彩之处的《来自澳大拉西亚主要城镇悉尼的一封信：连同一个殖民体系的轮廓》（A Letter from Sydney，the Principal Town of Australasia：Together with the Outline of a System of Colonization），实际上是他在英国坐牢期间写的（Wakefield，1829）。

[12]　在众多的文献中，劳（Law，1977，1992）在他上一本书的例子中，对波拉尼的论点进行了特别系统的实证反驳。

[13]　就缅甸和泰国的例子而言，它们的繁荣一直持续到 20 世纪 30 年代，当时由萧条引起的仇外反应迫使许多人返回了印度次大陆（Baker，1981）。

[14]　进一步参考一本为剑桥大学出版社编写的书稿：Austin，“ Markets, Slaves and States in West Africa, 1500—2010”。

[15]　对于这一法案的一个细致入微的分析，参见 Charlesworth（1985）。

[16]　关于帝国权力在自由国际金融安排中的作用，参见 Balachandran（2008）。

[17]　确切地说，格申克龙（Gerschenkron，1962）认为，没有自发工业化先决条件的国家只有通过替代该国缺乏的要素才能实现工业化。如果缺乏的要素比 19 世纪中期的德国还多，那么政府就必须成为替代的主要推动力。

[18]　Jack Shepherd，*Industry in South East Asia*，New York: Institute of Pacific Relations, 1941.

[19]　不过，直到 1930 年，南罗得西亚政府才获得了开征关税的权力。

[20]　尽管如此，普拉多斯（Prados de la Escosura，2009）认为，1820—1870 年期间，拉丁美洲相对于除北美以外的世界其他地区而言，其经济地位有所改善。现在关于北美前英属殖民地为何在独立后的几十年里比前伊比利亚中南美洲殖民地增长快得多的经典辩论，超出了本章的范围。这场争论起源于美国经济史家，重点是制度差异是否具有决定性，或者制度差异本身是不是资源禀赋差异的结果。有兴趣的读者可查阅 Engerman and Sokoloff（1997）；North，Summerhill，and Weingast（2000）；Grafe and Irigoin（2006）；Mahoney（2010）。

[21]　埃特迈德（Etemad，2012）在仔细评估殖民遗产时通常使用这个词。

参考文献

Accominotti, O., M. Flandreau, R. Rezzik, and F. Zumer (2010). “ Black Man’s Burden, White Man’s Welfare: Control, Devolution and Development in the British Empire, 1880-1914,” *European Review of Economic History* 14(1): 47-70.

Acemoglu, D., S. Johnson, and J. A. Robinson (2001). “ The Colonial Origins of Comparative Development: An Empirical Investigation, ” *American Economic Review* 91(5): 1369-1401.

(2002). “ Reversal of Fortune: Geography and Institutions in the Making of the Modern World Income Distribution,” *Quarterly Journal of Economics* 117(4): 1231–1279.

Adas, M. (1974). *The Burma Delta: Economic Development and Social Change on an Asian Rice Frontier, 1852–1941*. Madison, WI: University of Wisconsin Press.

Akita, S. (2011). “ The British Empire as an ‘ Imperial Structural Power ’ within an Asian International Order, ” in T. Falola and E. Brownell (eds), *Africa, Empire and Globalization: Essays in Honor of A. G. Hopkins*. Durham, NC: Carolina Academic Press, pp. 417–431.

Allen, R. C. (2009). *The British Industrial Revolution in Global Perspective* (Cambridge University Press).

Amin, S. (1976 [French original 1973]). *Unequal Development: An Essay on the Social Formations of Peripheral Capitalism*. Hassocks, Sussex: Monthly Review Press.

Amsden, A. H. (1992). “ A Theory of Government Intervention in Late Industrialization, ” in L. Putterman and D. Rueschemeyer (eds.), *State and Market in Development*. Boulder, CO: Lynne Reinner, pp. 53–84.

Arrighi, G. (1970). “ Labour Supplies in Historical Perspective: A Study of the Proletarianization of the African Peasantry in Rhodesia, ” *Journal of Development Studies* 3: 197–234.

Austen, R. A. (1987). *African Economic History: Internal Development and External Dependency*. London: James Currey.

Austin, G. (1996). “ Mode of Production or Mode of Cultivation: Explaining the Failure of European Cocoa Planters in Competition with African Farmers in Colonial Ghana, ” in W. G. Clarence-Smith (ed.), *Cocoa Pioneer Fronts: The Role of Smallholders, Planters and Merchants*. Basingstoke: Macmillan, pp. 154–175.

(2005). *Labour, Land and Capital in Ghana: From Slavery to Free Labour in Asante, 1807–1956*. Rochester University Press.

(2008a). “ Resources, Techniques and Strategies South of the Sahara: Revising the Factor Endowments Perspective on African Economic Development, 1500–2000,” *Economic History Review* 61(3): 587–624.

(2008b). “ ‘ The Reversal of Fortune ’ Thesis and the Compression of History: Perspectives from African and Comparative Economic History, ” *Journal of International Development* 20(8): 996–1027.

(2009). “ Cash Crops and Freedom: Export Agriculture and the Decline of Slavery in Colonial West Africa,” *International Review of Social History* 54(1): 1–37.

(2013). “ Labour-Intensity and Manufacturing in West Africa, c.1450–c.2000, ” in G. Austin and K. Sugihara (eds.), *Labour-Intensive Industrialization in Global History*. London: Routledge, pp. 201–230.

Austin, G. and C. U. Uche (2007). " Collusion and Competition in Colonial Economies: Banking in British West Africa, 1916–1960," *Business History Review* 81: 1–26.

Baier, S. (1980). *An Economic History of Central Niger*. Oxford University Press.

Baker, C. (1978). " Debt and the Depression in Madras, 1929–1936," in C. Dewey and A. G. Hopkins (eds.), *The Imperial Impact: Studies in the Economic History of Africa and India*. London: Athlone Press for University of London, pp. 233–242, 370–371.

(1981). " Economic Reorganization and the Slump in South and Southeast Asia," *Comparative Studies in Society and History* 23(3): 325–349.

Balachandran, G. (2008). " Power and Markets in Global Finance: The Gold Standard, 1890–1926," *Journal of Global History* 3(3): 313–335.

(2012). *Globalizing Labour? Indian Seafarers and World Shipping, c.1870–1945*. Delhi: Oxford University Press.

Bates, R. H. (1989). *Beyond the Miracle of the Market: The Political Economy of Agrarian Development in Kenya*. Cambridge University Press.

Bates, R. H., J. H. Coatsworth, and J. G. Williamson (2007). " Lost Decades: Postindependence Peformance in Latin America and Africa, " *Journal of Economic History* 67(4): 917–943.

Bauer, P. T. (1954). *West African Trade*. Cambridge University Press.

Belich, J. (2009). *Replenishing the Earth: The Settler Revolution and the Rise of the Anglo-World, 1783–1939*. Oxford University Press.

Berg, M. (2009). " Quality, Cotton and the Global Luxury Trade," in G. Riello and T. Roy (eds.), *How India Clothed the World: The World of South Asian Textiles, 1500–1850*. Leiden: Brill, pp. 391–414.

(2012). " Luxury, the Luxury Trades and the Roots of Industrial Growth, " in F. Trentmann (ed.), *The Oxford Handbook on the History of Consumption*. Oxford University Press, pp. 173–212.

Berger, E. L. (1974). *Labour, Race and Colonial Rule: The Copperbelt from 1924 to Independence*. Oxford University Press.

Boomgaard, P. (1989). *Children of the Colonial State: Population Growth and Economic Development in Java, 1795–1880*. Amsterdam: Free University Press.

Booth, A. (2007a). " Night Watchman, Extractive, or Developmental States? Some Evidence from Late Colonial South-East Asia," *Economic History Review* 60(2): 241–266.

(2007b). " Did It Really Help to be a Japanese Colony? East Asian Economic Performance in Historical Perspective," *Japan Focus*, 7 May 2007.

Bowden, S., B. Chiripanhura, and P. Mosley (2008). " Measuring and Explaining Poverty in Six African Countries: A Long-Period Approach, " *Journal of International Development*

20(8): 1049–1079.

Branch, D. (2009). *Defeating Mau Mau, Creating Kenya: Counterinsurgency, Civil War, and Decolonization*. Cambridge University Press.

Braudel, F. (1982 [1979]). *Civilization and Capitalism 15th–18th Century*. Vol. Ⅱ, *The Wheels of Fortune*, transl. S. Reynolds from French original. London: William Collins.

Brewer, A. (1990). *Marxist Theories of Imperialism: A Critical Survey*, 2nd edn. London: Routledge & Kegan Paul.

Brocheux, P. (2012). "Reflections on Vietnam" (interview), *New Left Review* 73: 73–91.

Brocheux, P. and D. Hémery (1995). *Indochine la colonisation ambiguë 1858–1954*. Paris: Éditions La Découverte.

Brown, I. (1997). *Economic Change in South-East Asia, c.1830–1980*. Oxford University Press.

(2011). " The Economics of Decolonization in Burma," in T. Falola and E. Brownell (eds.), *Africa, Empire and Globalization: Essays in Honor of A. G. Hopkins*. Durham, NC: Carolina Academic Press, pp. 433–444.

Brown, R. A. (1994). *Capital and Entrepreneurship in South-East Asia*. London: Macmillan.

Buelens, F. and S. Marysse (2009). " Returns on Investment During the Colonial Era: Belgian Congo," *Economic History Review* 62(1): 135–166.

Burbank, J. and F. Cooper (2010). *Empires in World History: Power and the Politics of Difference*. Princeton University Press.

Butler, L. J. (1997). *Industrialisation and the British Colonial State: West Africa, 1939–1951*. London: Frank Cass.

Clarence-Smith, W. G. (1979). " The Myth of Uneconomic Imperialism: The Portuguese in Angola, 1836–1926," *Journal of Southern African Studies* 5(1): 165–180.

Cain, P. J. and A. G. Hopkins (2001). *British Imperialism 1688–2000*, 2nd edn. Harlow: Longman [Pearson Education].

Charlesworth, N. (1985). *Peasants and Imperial Rule: Agriculture and Agrarian Society in the Bombay Presidency, 1850–1935*. Cambridge University Press.

Cooper, F. (1996). *Decolonization and African Society: The Labor Question in French and British Africa*. Cambridge University Press.

Crafts, N. (2012). " British Relative Economic Decline Revisited: The Role of Competition," *Explorations in Economic History* 49(1): 17–29.

Cumings, B. (1984). " The Legacy of Japanese Colonialism in Korea," in R. H. Myers and M. R. Peattie (eds.), *The Japanese Colonial Empire, 1895–1945*. Princeton University Press.

Cuvillier-Fleury, R. (1907). *La main d'oeuvre dans les colonies françaises de l'Afrique occidentale et du Congo*. Paris: Société du Recueil J.-B. Sirey.

Darwin, J. (2007). *After Tamerlane: The Rise and Fall of Global Empires, 1400–2000*. London: Penguin.

Davis, L. E. and R. A. Huttenback with S. G. Davis (1986). *Mammon and the Pursuit of Empire: The Political Economy of British Imperialism, 1860–1912*. Cambridge University Press.

Dewey, C. (1978). " The End of the Imperialism of Free Trade: The Eclipse of the Lancashire Lobby and the Concession of Free Trade to India," in C. Dewey and A. G. Hopkins (eds.), *The Imperial Impact: Studies in the Economic History of Africa and India*. London: Athlone Press for University of London, pp. 35–67, 331–338.

Domar, E. D. (1970). " The Causes of Slavery or Serfdom: A Hypothesis, " *Journal of Economic History* 30(1): 18–32.

Dooling, W. (2007). *Slavery, Emancipation and Colonial Rule in South Africa*. Scotsville: University of KwaZulu-Natal Press.

Drèze, J. (1988). " Famine Prevention in India, " World Institute for Development Economics Research, Working Paper No. 45 (Helsinki).

Eltis, D. and S. L. Engerman (2000). " The Importance of Slavery and the Slave Trade to Industrializing Britain," *Journal of Economic History* 60(1): 123–144.

Engerman, S. L. (1972). " The Slave Trade and British Capital Formation in the Eighteenth Century: A Comment on the Williams Thesis, " *Business History Review* 46(4): 430–443.

Engerman, S. L. and K. L. Sokoloff (1997). " Factor Endowments, Institutions, and Differential Paths of Growth among New World Economies: A View from Economic Historians of the United States," in S. Haber (ed.), *How Latin America Fell Behind: Essays on the Economic Histories of Brazil and Mexico, 1800–1914*. Stanford University Press, pp. 260–304.

Etemad, B. (2012). *L'héritage ambigu de la colonisation: économies, populations, sociétés*. Paris: Armand Colin.

Fails, M. D. and J. Krieckhaus (2010). " Colonialism, Property Rights and the Modern World Income Distribution," *British Journal of Political Science* 40: 487–508.

Fall, B. (1995). *Le travail forcé en Afrique Occidentale française (1900–1945)*. Paris: Karthala.

Ferro, M. (1994). *Histoire des colonisations: des conquêtes aux indépendances XIIIe–XXe siècle*. Paris: Éditions du Seuil.

Falola, T. and E. Brownell, eds. (2011). *Africa, Empire and Globalization: Essays in Honor of A. G. Hopkins*. Durham, NC: Carolina Academic Press.

Feinstein, C. H. (2005). *An Economic History of South Africa: Conquest, Discrimination and Development*. Cambridge University Press.

Ferguson, N. and M. Schularick (2006). " The Empire Effect: The Determinants of Country Risk in the First Age of Globalization, 1880–1913, " *Journal of Economic History* 66(2): 283–312.

Fox-Genovese, E. and E. D. Genevese (1983). *Fruits of Merchant Capital: Slavery and Bourgeois Property in the Rise and Expansion of Capitalism*. New York: Oxford University Press.

Frank, A. G. (1978). *Dependent Accumulation and Under-Development*. London: Macmillan.

Frankel, S. H. (1938). *Capital Investment in Africa*. Oxford University Press.

Frankema, E. (2010). " Raising Revenue in the British Empire, 1870–1940: How ' Extractive ' were Colonial Taxes? " *Journal of Global History* 5(3): 447–477.

Frankema, E. and F. Buelens, eds. (2012). *Colonial Exploitation and Economic Development: The Belgian Congo and the Netherlands Indies Compared*. London: Routledge.

Frankema, E. and M. van Waijenburg (2011). " African Real Wages in Asian Perspective, 1880–1940, " Center for Global Economic History Working Paper No. 2 (Utrecht).

Gallagher, J. and R. Robinson (1953). " The Imperialism of Free Trade, " *Economic History Review*, 2nd series 6(1): 1–15.

Gerschenkron, A. (1962). *Economic Backwardness in Historical Perspective*. Cambridge, MA: Harvard University Press.

Grafe, R. and M. A. Irigoin (2006). " The Spanish Empire and its Legacy: Fiscal Redistribution and Political Conflict in Colonial and Post-Colonial Spanish America, " *Journal of Global History* 1(2): 241–268.

Guha, R. (2012). " Perfidy, Villainy, Intrigue, " *London Review of Books*, 20 December.

Gupta, B. and D. Ma (2010). " Europe in an Asian Mirror: The Great Divergence, " in S. Broadberry and K. H. O'Rourke (eds.), *The Cambridge Economic History of Modern Europe*. Vol. Ⅰ: *1700–1870*. Cambridge University Press, pp. 264–285.

Harries, P. (1994). *Work, Culture, and Identity: Migrant Labourers in Mozambique and South Africa, c.1860–1910*. Portsmouth, NH: Heinemann.

Herbst, J. (2000). *States and Power in Africa: Comparative Lessons in Authority and Control*. Princeton University Press.

Hill, P. (1997 [1963]). *The Migrant Cocoa-Farmers of Southern Ghana*, 2nd edn with preface by G. Austin, Hamburg: LIT; 1st edn. Cambridge University Press.

Hodeir, C. (2003). *Stratégies d'empire: le grand patronat colonial face à la décolonisation*. Paris: Éditions Belin.

Hoffman, P. T.,G. Postel-Vinay, and J.-L. Rosenthal (1999). " Information and Economic History: How the Credit Market in Old Regime Paris Forces us to Rethink the Transition to Capitalism," *American Historical Review* 104(1): 69–94.

Hogendorn, J. S. (1979). *Nigerian Groundnut Exports: Origins and Early Development.* Nigeria: Ahmadu Bello University Press.

Hopkins, A. G. (1966). " Economic Aspects of Political Movements in Nigeria and the Gold Coast, 1918–39," *Journal of African History* 7(1): 133–152.

(1973). *An Economic History of West Africa*. London: Longman.

(1980). " Property Rights and Empire-Building: Britain's Annexation of Lagos, 1861, " *Journal of Economic History* 40(4): 777–798.

(1995). " The ' New International Economic Order ' in the Nineteenth Century: Britain's First Development Plan for Africa, " in R. Law (ed.), *From Slave Trade to "Legitimate" Commerce: The Commercial Transition in Nineteenth-Century West Africa*. Cambridge University Press, pp. 240–264.

(2008). "Rethinking Decolonisation," *Past and Present* 200: 211–247.

Huff, W. G. (1994). *The Economic Growth of Singapore: Trade and Development in the Twentieth Century*. Cambridge University Press.

Hurd II, J. (1975). " Railways and the Expansion of Markets in India, 1861–1921, " *Explorations in Economic History* 12(3): 263–288.

Inikori, J. E. (2002). *Africans and the Industrial Revolution in England*. Cambridge University Press.

Isaacman, A. F. and R. L. Roberts, eds. (1995). *Cotton, Colonialism, and Social History in Sub-Saharan Africa*. Portsmouth, NH: Heinemann.

Kilby, P. (1975). " Manufacturing in Colonial Africa, " in P. Duignan and L. H. Gann (eds.), *Colonialism in Africa 1870–1960* Vol. iv, *The Economics of Colonialism*. Cambridge University Press, pp. 470–520.

Kohli, A. (2004). " The Colonial Origins of a Modern Political Economy: The Japanese Lineage of Korea's Cohesive-Capitalist State, " in *State-Directed Development: Political Power and Industrialization in the Global Periphery*. Cambridge University Press, pp. 27–61.

Law, R. (1977). " Royal Monopoly and Private Enterprise in the Atlantic Trade: The Case of Dahomey," *Journal of African History* 18(4): 555–577.

(1992). "Posthumous Questions for Karl Polanyi: Price Inflation in Pre-Colonial Dahomey," *Journal of African History* 33(3): 387–420.

Legassick, M. (1977). " Gold, Agriculture, and Secondary Industry in South Africa, 1885–1970: From Periphery to Sub-Metropole in a Forced Labour System, " in R. Palmer and N. Parsons (eds.), *The Roots of Rural Poverty in Central and Southern Africa.* London:

Heinemann, pp. 175–200.

Likaka, O. (1997). *Rural Society and Cotton in Colonial Zaire*. Madison, WI: University of Wisconsin Press.

Lipietz, A. (1983). "Towards Global Fordism?" *New Left Review* 132: 33–47.

Lipton, M. (1968). " The Theory of the Optimizing Peasant, " *Journal of Development Studies* 4: 327–351.

Lovejoy, P. E. and J. S. Hogendorn (1993). *Slow Death for Slavery: The Course of Abolition in Northern Nigeria, 1897–1936*. Cambridge University Press.

Lützelschwab, C. (2013). " Settler Colonialism in Africa," in C. Lloyd, J. Metzer, and R. Sutch (eds.), *Settler Economies in World History*. Leiden: Brill, pp. 141-167.

Mahoney, J. (2010). *Colonialism and Postcolonial Development: Spanish America in Comparative Perspective*. New York: Cambridge University Press.

Manning, P. (2010). " African Population: Projections, 1850–1960, " in K. Ittmann, D. D. Cordell, and G. Maddox (eds.), *The Demographics of Empire: The Colonial Order and the Creation of Knowledge*. Athens, OH: Ohio University Press, pp. 245–275.

Markovits, C. (2008). *Merchants, Traders, Entrepreneurs: Indian Business in the Colonial Era*. Basingstoke: Palgrave Macmillan.

Marseille, J. (2005). *Empire colonial et capitalisme français: histoire d'un divorce*, 2nd edn. Paris: Albin Michel.

Marx, K. (1853). " The British Rule in India," New York Daily Tribune, 3804, June 25. Reprinted in K. Marx and F. Engels (1959). *On Colonialism*. London: Lawrence & Wishart, pp. 35–41.

(1867). *Das Kapital: Kritik der politischen Oekonomie*. Vol. i. Hamburg. English translations include that by S. Moore and E. Aveling, ed. F. Engels (London 1970), reprinted many times, e.g. New York: International Publishers, 1967.

Miles, J. (1978). " Rural Protest in the Gold Coast: The Cocoa Hold-Ups, 1908–1938," in C. Dewey and A. G. Hopkins (eds.), *The Imperial Impact: Studies in the Economic History of Africa and India* (London: Athlone Press for University of London), pp. 152–170, 353–357.

Misra, M. (2000). " Business Culture and Entrepreneurship in British India, 1860–1950," *Modern Asian Studies* 34(2): 333–348.

Montieth, K. E. A. (2000). " Competition Between Barclays Bank (DCO) and the Canadian Banks in the West Indies, 1926–45," *Financial History Review* 7(1): 67–87.

Moradi, A. (2009). " Towards an Objective Account of Nutrition and Health in Colonial Kenya: A Study of Stature in African Army Recruits and Civilians, 1880–1980, " *Journal of Economic History* 69(3): 719–754.

Moradi, A., G. Austin, and J. Baten (2013). " Heights and Development in a Cash-Crop

Colony: Living Standards in Ghana, 1870–1980. " Lund: African Economic History Working Paper Series, 7.

Morris, M. D. (1979). " South Asian Entrepreneurship and the Rashomon Effect, 1800–1947," *Explorations in Economic History* 16: 3.

Mosley, P. (1983). *The Settler Economies: Kenya and Rhodesia 1900–1963*. Cambridge University Press.

Myrdal, G. (1968). *Asian Drama: An Inquiry into the Poverty of Nations*, 3 vols. London: Allen Lane.

Nadan, A. (2006). *The Palestinian Peasant Economy under the Mandate*. Cambridge, MA: Harvard Center for Middle Eastern Studies.

Nieboer, H. J. (1910 [1900]). *Slavery as an Industrial System*. 1st edn. The Hague: Nijhoff; revd. edn. Free Library of Philadelphia.

North, D. C., W. R. Summerhill, and B. R. Weingast (2000). " Order, Disorder, and Economic Change: Latin America versus North America," in B. Bueno de Mesquita and H. L. Root (eds.), *Governing for Prosperity*. New Haven, CT: Yale University Press, pp. 17–58.

Northrup, D. (1988). *Beyond the Bend in the River: African Labor in Eastern Zaire, 1865–1940*. Athens, OH: Ohio University Press.

(1995). *Indentured Labor in the Age of Imperialism, 1834–1922*. Cambridge University Press.

O'Brien, P. K. (1982). " European Economic Development: The Contribution of the Periphery," *Economic History Review* 35(1): 1–18.

O'Brien, P. K. and L. Prados de la Escosura (1999). " Balance Sheets for the Acquisition, Retention and Loss of European Empires Overseas," *Itinerario* 23(3–4): 25–52.

Offer, A. (1993). " The British Empire, 1870–1914: A Waste of Money? " *Economic History Review* 46: 215–238.

Olsson, O. (2004). " Unbundling Ex-Colonies: A Comment on Acemoglu, Johnson and Robinson 2001," Working Papers in Economics No. 146. Göteborg University.

O'Rourke, K. H., L. Prados de la Escosura, and G. Daudin (2010). " Trade and Empire," in S. Broadberry and K. H. O'Rourke (eds.), *The Cambridge Economic History of Modern Europe*. Vol. I: *1700–1870*. Cambridge University Press, pp. 96–122.

Palmer, R. and N. Parsons, eds. (1977). *The Roots of Rural Poverty in Central and Southern Africa*. London: Heinemann.

Parthasarathi, P. (2011). *Why Europe Grew Rich and Asia Did Not: Global Economic Divergence, 1600–1850*. Cambridge University Press.

Phillips, A. (1989). *The Engima of Colonialism: British Policy in West Africa*. London: James Currey.

Phimister, I. R. (2000). " The Origins and Development of Manufacturing in Southern Rhodesia, 1894–1939" and " From Preference to Protection: Manufacturing in Southern Rhodesia 1940–1965," in A. S. Mlambo, I. R. Phimister, and E. S. Pangeti (eds.), *Zimbabwe: A History of Manufacturing 1890–1995*. Harare: University of Zimbabwe Publications, pp. 9–50.

Platt, D. C. M. (1972). " Economic Imperialism and the Businessman: Britain and Latin America Before 1914, " in R. Owen and B. Sutcliffe (eds.), *Studies in the Theory of Imperialism*. London: Longman, pp. 295–311.

Polanyi, K. (1944). *The Great Transformation*. New York: Rinehart.

(1966). *Dahomey and the Slave Trade: An Analysis of an Archaic Economy*. Seattle: University of Washington Press.

Pomeranz, K. (2000). *The Great Divergence: China, Europe, and the Making of the Modern World Economy*. Princeton University Press.

Popkin, S. L. (1979). *The Rational Peasant: The Political Economy of Rural Society in Vietnam*. Berkeley, CA: University of California Press.

Prados de la Escosura, L. (2009). " Lost Decades? Economic Performance in Post-Independence Latin America, " *Journal of Latin American Studies* 41(2): 279–307.

Richards, P. (1985). *Indigenous Agricultural Revolution: Ecology and Food Production in West Africa*. London: Hutchinson.

Roberts, R. L. (1996). *Two Worlds of Cotton: Colonialism and the Regional Economy in the French Soudan, 1800–1946*. Stanford University Press.

Robinson, R. (1972). " Non-European Foundations of European Imperialism: Sketches for a Theory of Collaboration, " in R. Owen and B. Sutcliffe (eds,), *Studies in the Theory of Imperialism*. London: Longman, pp. 117–142.

Robinson, R. and J. Gallagher with A. Denny (1961). *Africa and the Victorians: The Offcial Mind of Imperialism*. London: Palgrave Macmillan.

Roy, T. (2005). *Rethinking Economic Change in India: Labour and Livelihood*. London: Routledge.

(2006). *The Economic History of India 1857–1947*, 2nd edn. New Delhi: Oxford University Press.

(2013). " Labour-Intensity and Industrialization in Colonial India, " in G. Austin and K. Sugihara (eds.), *Labour-Intensive Industrialization in Global History*. London: Routledge, pp. 107-121.

Scott, J. C. (1976). *The Moral Economy of the Peasant: Rebellion and Subsistence in Southeast Asia*. New Haven, CT: Yale University Press.

Sen, A. (1981). *Poverty and Famines: An Essay on Entitlement and Deprivation*. Oxford

University Press.

Sender, J. and S. Smith (1986). *The Development of Capitalism in Africa*. London: Methuen.

Stockwell, S. (2000). *The Business of Decolonization: British Business Strategies in the Gold Coast*. Oxford University Press.

Sugihara, K. (2002). "British Imperialism, the City of London and Global Industrialisation," in S. Akita (ed.), *Gentlemanly Capitalism: Imperialism and Global History*. London: Palgrave Macmillan.

Tignor, R. L. (1998). *Capitalism and Nationalism at the End of Empire*. Princeton University Press.

Tomlinson, B. R. (1981). "Colonial Firms and the Decline of Colonialism in Eastern India 1914–47," *Modern Asian Studies* 15(3): 455–486.

Tosh, J. (1980). "The Cash-Crop Revolution in Tropical Africa: An Agricultural Reappraisal," *African Affairs* 79(314): 79–94.

Uche, C. (2008). "Oil, British Interests and the Nigerian Civil War," *Journal of African History* 49(1): 111–135.

Van der Linden, M. (2008). *Workers of the World: Essays Toward a Global Labor History*. Leiden: Brill.

Van Zanden, J. L. and D. Marks (2012). *An Economic History of Indonesia 1800–2012*. London: Routledge.

Visaria, L. and P. Visaria (1983). "Population (1757–1947)," in D. Kumar and M. Desai (eds.), *The Cambridge Economic History of India*. Vol. Ⅱ : *c.1757–c.1970*. Cambridge University Press, pp. 463–532.

Wakefield, E. G. (1829). *A Letter from Sydney, the Principal Town of Australasia: Together with the Outline of a System of Colonization*, R. Gouger (ed.). London: Robert Cross.

Warren, B. (1980). *Imperialism: Pioneer of Capitalism*, ed. J. Sender. London: NLB.

Wehler, H.-U. (1975). "Industrial Growth and Early German Imperialism," in R. Owen and B. Sutcliffe (eds.), *Studies in the Theory of Imperialism*. London: Longman, pp. 71–92.

White, N. J. (1998). "Capitalism and Counter-Insurgency? Business and Government in the Malayan Emergency, 1948–57," *Modern Asian Studies* 32(1): 149–177.

Williams, E. (1944). *Capitalism and Slavery*. Chapel Hill, NC: North Carolina University Press.

Williamson, J. A. (2011). *Trade and Poverty: When the Third World Fell Behind*. Cambridge, MA: The MIT Press.

Wong, B. (1997). *China Transformed: Historical Change and the Limits of European Experience*. Ithaca: Cornell.

第

11

章

战争中的资本主义

马克·哈里森[①]

资本主义意味着战争。

——库恩·贝拉（Kun Béla），引自丹尼尔·盖伦（Daniel Guérin，1938）

348 19世纪见证了资本主义的胜利（奥罗克和威廉姆森，本卷第1章）；20世纪见证了人类历史上最血腥的战争。战争和社会都发生了变化；两者之间的联系是什么？资本主义以什么方式改变了战

① 本章的早期版本，于2011年6月17—18日在莫斯科的德国历史研究所作为“关于战争的十次讲座”之一、2012年7月9—13日在南非的斯泰伦博斯大学（Stellenbosch University）举办的第十九届世界经济史大会，以及2012年11月14—16日BBVA在马德里举办的一场资本主义经济史会议上展示过。感谢Hein Klemann，Sergei Kudriashov，Andrei Markevich，Richard Overy，Leandro Prados de la Escosura，James Robinson，以及其他一些参与者的讨论；Sascha O. Becker，Michael S. Bernstam，Nick Crafts，Erik Gartzke，以及Vasily Zatsepin的意见与建议；Jari Eloranta提供的数据；Larry Neal和Jeff Williamson的启发和指导；华威大学提供的学术研究假期和财政支持；以及胡佛研究所的热情款待。

争？资本主义制度是否应对扩散或助长战争，或战争死亡人数的不断上升负责？

对一些人来说，因果关系是如此明显，只需要说明就可以了。研究战争与和平的马克思主义人口学家鲍里斯·乌兰尼斯（Boris Urlanis，1960/1994：404-405）仔细估计了欧洲战争中过早死亡的人数情况，并将其分配到资本主义崛起的不同阶段。他发现速度加快了。在早期资本主义时代，每年有 33 000 人死于战争（1600—1699 年），后来上升为每年 44 000 人（1700—1788 年）。随着“工业资本主义”（1789—1897 年）的开始，年死亡人数进一步上升到 62 000 人，随着“帝国主义”（1898—1959 年）的出现，这一数字猛增至超过 70 万人。难道还需要说更多吗？

现代学术可以从三方面对这幅图景进行限定。第一，战争在社会暴力的总体范围内只占一个狭窄的范围。这一暴力的范围一直涵盖从普通的凶杀案到与有组织犯罪有关的暴力，再到社会和政治冲突以及内战和国家间的冲突。战争中的死亡人数有很大一部分没有 349 被列入统计范围，而且可能是这一范围的大部分。对过去一万年间社会上各种类型的暴力事件的死亡人数的估计表明，这一数字将继续大幅度下降。如果在帝国主义时期死于暴力的人数更多，那不是因为当时暴力事件更多，而是因为在那个时代生活的人比以往任何时候都多（Gat，2006；Pinker，2011）。

第二，如果我们把重点局限于国家间的冲突，20 世纪上半叶的两次世界大战仍然被认为是历史上最大的战争。相比之下，20 世纪后半叶在各种测度上看来都更为和平（K. Gleditsch，2004；N. Gleditsch，2008；Goldstein，2011；Hewitt，2008；Pinker，2011）。涉及死亡的战争数量和军事伤亡人数每年都在下降。尽管存在一些与 20 世纪 90 年代初苏联和南斯拉夫国家解体有关的冲突，但下降趋势一直持续到 21 世纪初。

第三，并非所有指标都指向同一个良性发展方向。虽然冲突的激烈程度似乎正在下降，但涉及使用或展示武力的全球国家间争端的数量却在增加（Harrison and Wolf，2012）。世界上任何一对国家在某一年中发现自己陷入冲突的可能性可能已经缓慢下降（Martin，Mayer，and Thoenig，2008），但国家数量大幅增加，成对国家的数量也随之增加。更多的国家意味着更多的政府主体在全球社会中声称对使用武力拥有主权，并在更多的边界上争吵。冲突已变得不那么具有灾难性，而是更加普遍。也许我们生活在一个“新战争”的时代（Münkler，2005）。

这一切与资本主义有什么关系？这个问题比乍看起来要复杂得多。首先，它提出了重要的识别问题：什么是“资本主义”？正如一些人曾经宣称的，“资本主义意味着战争”，这意味着什么？在本章的第二部分，我将提出这样一个问题：资本主义是否通过改变机会成本影响了我们对战争与和平的选择？具体来说，是否存在更多的战争，不是因为我们想要，而是因为我们可以发动战争？在第三部分，我将解决资本主义经济结构是否促使资本所有者与其他制度的精英相比，表现出对战争的系统性偏好这一问题。第四部分在考虑了资本主义对战争的影响之后，探讨了战争对资本主义的影响。第五部分对本章做了总结。

资本主义、反资本主义和战争

350 首先，李嘉图（Ricardo，1817）用“资本家”一词来区分资本与地主和劳动者。但是，仅仅存在资本家并不意味着存在“资本主义”这一以私人资本所有权为基础的整个经济和社会制度。实际上，资本主义的特征是由它的批判者，蒲鲁东（Proudhon，1861）和马克思（Marx，1867）创造出来的。在其他人之前，马克思就指出，资本主义的定义性特征使我们能够从逻辑上推断出资本主义的独特和一般属性（如异化），以及趋向（如利润率下降）。从这个意义上说，探讨“资本主义”本身是否有什么倾向——更别说战争这样情绪化的事情了——就是在资本主义的反对者选择的概念领域展开辩论。

其次，资本主义和战争的历史当然是交织在一起的，但这种情况并不独特。战争和历史一样古老，资本主义则不是。所有产生了有组织政府的社会都卷入过战争（Tilly，1975）。古代、古典和中世纪的奴隶、农奴社会和城邦自由地发动了战争。到了近代，20 世纪的社会主义国家诞生于战时，为战争做好了准备，而且毫无退缩地使用军事力量来实现它们的目标。相对而言，要找出资本主义与战争之间的任何因果关系并不容易。相对于其他制度，我们最多也会在资本主义条件下寻找一些对战争的适应或倾向。

再次，如果这里有一个故事，那么演员是谁？资本主义是一种经济结构，战争是一种政治行为。战争很难单靠结构来解释，因为没有力量、计算和决策，就没有战争。有鉴于此，我们必须寻找资本主义的某些方面，这些方面可能会为政治主体选择更频繁的战争提供激励和倾向，并使它们更愿意将增加的战争成本强加于社会，而不是在其他无论是真实的还是反事实的条件下。

从一开始，我将遵循拉里·尼尔（第一卷第 1 章）对资本主义的定义：“（1）私人产权，（2）可执行的合同，（3）存在价格对供求关系有反应的市场，（4）支持性的政府”。在这里，“支持”意味着支持前三个特征，而不是支持富裕的个人、富有的公司或其他特殊利益集团。从罗德里克和苏布拉马尼亚姆（Rodrik and Subramanian，2005）那里借用词汇，当政府是“亲市场”而不是“亲企业”时，前三个条件最有可能得到满足。如果不满足这个条件呢？这是一个程度问题。支持现有企业的亲企业政府获
351 得了企业对政府的忠诚，但削弱了竞争、合同和产权。在某个时候，我们会进入“裙带资本主义”的领域。因此，资本主义有其多样性。

定义资本主义既意味着前资本主义，也意味着反资本主义。在17世纪之前的几乎所有国家都存在私人财产和市场，但许多生产没有市场化，许多价格都不是自由形成的。合同也是不安全的。统治者往往比接受和坚持法治更关注自己的特权。不管你怎么称呼它，这都不是资本主义。

在19世纪，我们有反资本主义的意识形态，在20世纪，存在反资本主义的体制（弗里登和罗戈夫斯基，本卷第12章）。值得注意的是，有社会主义意识形态的地方：在可能的情况下，共产党人废除了私有制，实行市场管制，并实行社会主义法律。社会主义也显然不是资本主义。

法西斯主义的情况是有争议的。法西斯主义是在资本主义的范围之内，还是在资本主义的范围之外，并与之对立呢？季米特洛夫（Dimitrov，1936/1972：176）写道：“法西斯主义就是战争。”如果法西斯主义是资本主义，那么法西斯主义意味着资本主义就是战争。因此，重要的是要正确处理这一问题。在法西斯统治下有独裁统治。法院维护的是国家利益，而不是公民的权利或法治。虽然有私人财产，但只有政府允许，产权才会得到维护，而不是其他情况（Overy，1994）。政府经常希望这样做，把与资本主义所有者签订的合同视为对有效采购创造了正确的激励（Buchheim and Scherner，

2006）。人们都在争论，这是一种深刻的信念，还是一种工具主义动机；希特勒本人曾在一次声明中宣称，家族财产是一种生产性的制度，但股份制股东是国家应该没收的寄生虫（Trevor-Roper，2000：362–363）。正如下面我们将要讨论的那样，法西斯政府在一般意义上既不是亲市场的，也不是亲企业的。它青睐那些符合其政策的企业，而其他一些企业，如犹太人拥有的企业，以及反纳粹的雨果·容克斯（Hugo Junkers）的航空利益，则被没收或驱逐出去。法西斯国家存在市场，但许多价格受到管制，而且政府经常向生产者和消费者配给商品。

在意大利，法西斯主义者墨索里尼出身于社会党。在德国，希特勒称他的追随者为国家社会主义者。法西斯分子在反对资本主义、街头斗殴、提倡群众动员、搞政治化和军事化经济、搞独裁统治的时候，努力使自己与众不同。左派社会主义者和共产党人强调法西斯主义是资本主义的极端变体。典型的例子是斯大 352
林的《简明教程》（*Short Course*）（CPSU，1941：301–302），根据这本书的观点，法西斯主义是“最反动、最沙文主义、最帝国主义的资本主义分子的专政”，是以国家社会主义为名来“欺骗人民”。

纳粹并没有试图掩盖任何其他东西；例如，他们并不羞于鼓吹种族仇恨和战争。与之相比，支持资本主义似乎是一件小事；他们为什么要隐瞒呢？法西斯主义使财产、价格和合同取决于政府的意愿。这并不意味着法西斯主义和共产主义是一样的。

至于对资本主义和战争的研究，已经有了大量的文献，所以我们不能从一片空白开始。我将在论述过程中提到一些要点。我将按以下顺序讨论。资本主义的存在，在某种道德中立和相当普遍的意义上，是否提高了全社会的战争能力？那么，与其他制度相比，资本主义的经济结构是否表现出对战争的系统性偏好？我将集中讨论20 世纪国际战争中的资本主义。本章的背景是 18 世纪的重商主义和 19 世纪帝国主义的经验（奥布莱恩，第一卷第 12 章；奥斯汀，本卷第 10 章）。

战争能力

资本主义是否提高了战争的能力？在 1914 年之前，许多研究国际商业兴起的观察家都会果断地给这个问题以否定的答案。诺曼·安杰尔（Norman Angell，1911）和伊万·布洛赫（Ivan Bliokh，1914）等认为，现代资本主义已经将战争的机会成本推高到了工业和商业强国不再进行大规模战争的地步。他们是对的，也是错的。在 20 世纪，战争的代价是空前的。然而，事实证明，不为战争做准备和不打仗的代价更高。此外，战争的沉重代价被证明是出乎意料地具有可持续性；事实证明，主要的工业经济体能够连续承受多年战争而不会崩溃。这是如何发生的呢？

军事变革

353 几个世纪以来，杀戮的相对价格已经下降了。我们最关注的标题可能是像拦截机和军舰这类高价商品的价格不断上涨；当我们这样做的时候，我们可能会忘记，它们的破坏力比价格增长得更快。今天，你可以在一瞬间摧毁一个城市，而武器只需装在一个手提箱里。两代人以前，你可以用一个晚上达到同样的效果，但需要不少于 1 000 架轰炸机。而再往前推的几代人为了毁灭一座城市，需要几个星期或几个月的不断努力，结果却仍然是不确定的。

很明显，我们主要通过机械化对资本主义工业这一过程产生了巨大的影响。资本主义使武器装备、武器生产和发射以及军队的运输都实现了机械化。这是如此明显，似乎是不可能被夸大的。然而，出于几个原因，资本主义的作用可能还是被夸大了。

首先，武器实际价格的长期下降并非是从工业资本主义开始；工业革命只是延长并加速了一个已经存在的趋势。菲利普·霍夫曼（Philip Hoffman，2010，2012）表明，武器的实际价格早在资本主义之前的中世纪晚期就开始下降。它在欧洲的下降速度比其他地方要快。其驱动因素是君主们之间的战争，而不是资本主义企业的市场竞争。欧洲在霍夫曼所说的“火药技术”中的持久相对优势，取决于其政治分歧、缺乏自然边界和王权竞争。资本主义延续了这一趋势，并非常适合推动这一趋势。但是，资本主义并没有启动这一趋势。

其次，在资本主义制度下的改进机制主要是私营生产者的竞争，但政府提供了市场，而在少数保持大型国防工业的国家中，竞争是（而且仍然是）非常不完善的。军事技术创新得到了补贴。买卖双方和企业在签订合同之前的游说和合谋，以及合同签订之后的重新谈判都是很常见的（Rogerson，1994）。资本主义国防市场的这些标准特征在社会主义制度下得到了很大程度的复制（Buchheim and Scherner，2006；Harrison and Markevich，2008a，2008b；Markevich and Harrison，2006；Milward，1965；Overy，1994）。

如果我们仅局限于军事技术在 20 世纪不同社会制度之间的竞争中的质量改进，资本主义经济就会表现得比较有优势。但是，很难说这是不是一种系统性偏误（资本主义在这一特定方面比其他制 354
度更好），或者是一种收入效应。

财政能力

资本主义更有独创性的贡献是极大地提高了国家的财政能力。这一创新产生于17世纪和20世纪的商业革命。这场革命从荷兰蔓延到英国，把经济与政治分离开来，同时把公共财政与国王的金钱分离开来；它使产权、合同和交换服从法治，即使其中一方是国王。结果，富人的纳税意愿和政府的借贷能力都大幅提高了（Bonney，1999；Ferguson，2001；格尔德布姆和琼克，第一卷第11章；Hoffman and Rosenthal，1997；O'Brien，2005，2011；奥布莱恩，第一卷第12章）。

财政革命给各国政府提供了前所未有的从经济中提取资源的权力。在可靠的偿还承诺的基础上迅速发行的大量债务，加速了权力的发挥。这种力量在第一次世界大战期间发展到可能危及“大后方”生存能力的地步。像德国这样相对发达的经济体，可能会第一次因为政府在战争上花费太多而耗尽自己的力量（Feldman，1966）。

相反，在欧洲中部和东南部的农业国家，财政革命被推迟了（Karaman and Pamuk，2010）。在第一次世界大战中，法国和德国的经济实力，与奥地利、匈牙利和土耳其的经济实力出现了明显的差距，前两个国家有一半的GDP用于战争，而后面这些国家虽努力挣扎但其用于战争的资金也未能达到GDP的三分之一（Broadberry and Harrison，2005）。哈布斯堡帝国和奥斯曼帝国的统治者没有能力征税、借款、集中收入并将其用于战争，这是它们最终失败的一个重要因素（Pamuk，2005；Schulze，2005）。

自由资本主义的财政优势，在20世纪初就已经明显地被证明是暂时的。20世纪30年代，各国政府加大力度促进工业力量的崛起，这些国家的私有财产较少，合同执行能力较弱，价格对供求反应较弱，政府更愿意支持自己的地缘政治议程，而非法治和自由企业。简而言之，这些国家不是“资本主义”的。在第二次世界大战期间，英国和美国再次提高财政比率，达到国民收入的一半或者更多，但德国、日本和苏联可能会在短期内上升至 60%，甚至是 355
70%（Harrison，1998）。这是第二次财政革命。

如果说第一次财政革命是建立在透明度和法治的基础上的话，那么第二次财政革命则是建立在现代民族主义和现代镇压的基础上的。事实证明，民族主义警察国家是透明的法律监管的有效替代。民族主义和镇压使希特勒、斯大林和日本军队有了一个动员社会和集中资源的强制性权力，这不仅远远超出了他们所承继的传统官僚机构，而且超过了自由资本主义。法西斯主义和极端民族主义没有在 1945 年幸存下来。将资源投入特权的和优先的国防部门的能力，是苏联战后取得超级大国地位的基础，尽管其经济表现平平（Harrison，2001：81）。

资本主义促进财政动员还有另一种方式，这就是通过改变农业。农业是传统农业社会官僚机构的一个重要的租金来源，但从小规模的自给自足的农民那里收取和集中直接收入，通常涉及高昂的交易成本并需要向居间的地主及征税官提供回报。城市化和城乡交易的扩散，创造了通过改变贸易条件对农民间接征税的可能性。事实上，贸易条件的这种变化是战争动员的必然结果，战争动员将工业生产能力转用于战争供应，减少了对农村的供应。面对这种情况，前资本主义或原资本主义农民保留了一个“内在”的选择：退回到自给自足的状态，从而使产业工人和士兵的粮食需求得不到满足（Broadberry and Harrison，2005；Offer，1989）。在两次世界大战中的中欧和东欧的很多地区，其国民经济的很大一部分能够保住资源以免遭政府掠夺之手的强占。当地发生了饥荒，饿殍遍野。

在英国和美国，完全融入整个经济之中的资本主义农场不再有内部选择。事实证明，它们和其他任何企业一样，对战时的激励和控制都有同样的反应。农业生产迅速扩大（在英国），并进行了重组，以提高每公顷土地的产量。黄油和肉类少了，同时谷类和土豆多了，没有人挨饿。

统治着拥有众多农民人口的国家的这些独裁者们，形成了截然
356 不同的解决方案。轴心国的目的是通过把饥饿强加在他们占领的外国领土上，来避免榨取他们自己的农民。饥饿接踵而至，但国内粮食供应的结果却令人失望（Collingham，2011）。斯大林在集体农业中找到了一个更持久的解决方案，旨在限制苏联农民的内部选择（Harrison，2011）。实施集体化需要内战时期那种水平的暴力行为，然而却导致数百万人死于饥荒。其结果是建立了一个生产力较低但更易于被政府控制的农业系统。这并没有阻止战争期间更多的饥荒式死亡，但确实确保了苏联的战时经济不会解体。

总之，资本主义在调动资源用于战争方面具有优势。矛盾的是，这些优势来自政府能够像私人一样，受国家法律的约束。这一优势是暂时的，当现代独裁者们学会打破对专制统治的传统限制时，资本主义就失去了这种优势。

管理战争风险

安杰尔（Angell，1911）和他的追随者，如赫尔（Hull，1948），期望全球化的资本主义会开创持久的和平，因为它迫使贸易国家之间保持相互依存状态。他们认为，国际贸易在世界经济中创造了互补性，其强大的程度足以使国家的竞争对手变为全球稳定、持久供应链网络中的国际伙伴。在冲突时期关闭国门使得现代经济遭到崩

溃的威胁；全球战争将导致全球崩溃。这是一种无法对冲或摆脱的总体风险。因此，厌恶风险的政府将退出战争。

战争与贸易之间真正的历史关系是不同的。自 18 世纪以来，对多边贸易最开放的经济体在战略上也更加安全。远距离贸易非但不是战争风险的来源，反而成为管理战争风险的一种工具。在两次世界大战中，那些能够更好地维持外部经济一体化的联盟也更好地管理了各国之间的粮食资源，以及战争舞台上的战斗力量（Broadberry and Harrison，2005；Harrison，1998）。在和平时期抵制全球化的国家，在战时遭受了本地普遍的饥荒和饥饿（Collingham，2011）。一言以蔽之，战争的“商业”能力应该与使得现代大规模战争成为可能的技术和财政能力相匹配（Harrison and 357
Wolf，2012）。[1]

马丁、迈耶和汤尼格（Martin，Mayer，and Thoenig，2008）展示了全球化如何有助于管理战争风险。利用 1970—2000 年的数据，他们表明贸易对战争倾向有双重影响。考虑一下任何一对国家。他们表示，一个国家与其伙伴贸易越多，两国保持和平的可能性就越大。但随着与第三国的贸易增加，维持和平的可能性反而降低了。双边贸易减少了双边战争的频率；多边贸易增加了双边战争的频率。

这一历史进程的根源是贸易成本的下降（Jacks，Meissner，and Novy，2008）。假设一个国家的领导人有理由与他们的邻国开战。在高贸易成本的情况下，对手是唯一的贸易伙伴。无法找到以前进口的食物和替代的燃料，因此战争导致了自给自足。和平时期的供应链被打破了；食品和燃料的价格必定上涨。自给自足的持续时间是不确定的，因为这取决于战争结束的速度，而这是一个偶然的问题。因此，贸易持续中断和产生经济损失的风险很高。相反，当贸易成本较低时，母国可以在世界其他地区降低战争带来的风险；例如，它可以轻易地在其邻国以外的地方寻找替代其进口的来源。断裂的供应链可以被其他国家取代。因此，较低的贸易成本使母国能够在继续与世界其他国家进行贸易的同时与其邻国作战。

贸易成本下降这一全球化的经济维度，降低了各国在考虑战争时面临的市场风险。这是资本主义导致的吗？现代并不是贸易成本下降的第一个时代。早在现代资本主义之前，地中海贸易就不断地被农业、航运和合同制度的创新所改变。全球贸易中最大
358 的革命，即大西洋经济的开放，出现在资本主义时代到来的前夕（Acemoglu，Johnson，and Robinson，2005）。可以说，资本主义的崛起延续了一个已经开始的进程。

作为免费午餐的战争

有一种持久的观点认为，如果没有战争，资本主义就会陷入萧条（例如，Baran and Sweezy，1966；Steindl，1952）。“军事凯恩斯主义”的哲学观认为，资本主义经济往往受到需求不足的影响，如果不经常将需求注入收入的循环流动，经济就会停滞不前。这种不足可以通过债务融资的军费开支和凯恩斯乘数来弥补。如果是这样，这并不是说“资本主义意味着战争”。相反，它意味着资本主义是降低战争成本的另一种方式。据推测，在这种情况下，资本主义可以免费提供战争。如果政府不购买武器和军队，其所代表的资源就会被闲置；这将使战争成为免费午餐。午餐会被吃掉，不是因为我们饿了，而是因为它是免费的。

人们经常引用三个历史例子。第一个是德国在希特勒的四年计划下从大萧条中复苏；就业人口的失业率从 1932 年的 29.9% 下降到 1938 年的 1.9%。琼·鲁宾逊（Joan Robinson，1972：8）开

创了一个凯恩斯主义复苏的传奇，她提出，“希特勒在凯恩斯完成解释失业产生的原因之前就已经找到了解决失业问题的方法”。第二个是美国进入第二次世界大战后的巨大战争繁荣；美国的失业率从 1940 年的 9.5%（如果算上“政府紧急就业”人数的话，失业率应为 14.6%）降至 1944 年的 1.2%。后来保罗·萨缪尔森（Paul Samuelson，1948，转引自 Rockoff，1998：196）将财政政策比作原子弹：“太强大而不能让人类和政府随意把玩”。第三个是北约国家在冷战高峰时期的军费开支普遍高于表 11－1 所示的以往标准。

表 11－1　1870—1979 年四个国家的军费开支占 GDP 的百分比（%）

国家	1870—1913 年	1920—1938 年	1960 年	1970 年	1979 年
美国	0.7	1.2	8.9	7.9	5.2
英国	2.6	3.0	6.5	4.8	4.8
法国	3.7	4.3	6.3	4.2	3.9
德国 / 联邦德国	2.6	3.3	4.0	3.5	3.2

资料来源：1870—1913 年和 1920—1938 年的数据来自 Eloranta and Harrison（2010）；后几年的数据来自 Murdoch and Sandler（1984）。

对这些事件更详细的分析对凯恩斯主义的解释几乎没有什么支撑作用。在德国的例子中，当希特勒掌权时，复苏已经开始了。通过德国档案重建财政总量，利奇尔（Ritschl，2002）表明，直到 1936 年，用于实现充分就业的预算赤字还不大，这对于解释经济复苏而言太小了。乘数效应也无法“满怀信心”地进行衡量，因为（正如现代宏观经济预测的那样）当前家庭收入是消费支出最不重要的决定因素之一。不能利用乘数来促进经济复苏，因为其政策是 359
通过抑制消费来为公共投资和重整军备腾出空间。

至于美国的经验，罗伯特·希格斯（Robert Higgs，1992）指出，1940—1944 年，联邦政府将相当于战前工作人口的 22% 的劳动力纳入了军队。他写道，“没有人需要借助宏观经济模型来理解这一事件”。战后发生的事情更令人感兴趣。1944—1947 年，美国军费开支占 GDP 的比例下降到 37%，但同期创造了 390 万个文职工作岗位（Rockoff，1998：83，101）。同样，战后联邦德国的非军事化并没有导致经济停滞，而是“经济奇迹”的前奏。

更普遍的是，战后资本主义通过军费开支稳定自己的假设在数据中得不到支持。20 世纪 60 年代，北约国家的军费支出份额与总体 GDP 密切相关，与人均 GDP 却完全没有关联（Olson and Zeckhauser，1966；Smith，1977）。换句话说，国防拨款反映的是安全的外溢效果和黄油－大炮之间的权衡，而不是消费不足。在始于 20 世纪 70 年代的“大缓和”时期，西方经济增长变得更加平稳，失业率下降了，但这与军事支出无关，军事支出的国家份额继续下降（Smith，2009：99-102），这一趋势在表 11－1 中已经显现出来了。在最近的全球经济衰退中，保守派的声音（例如 Feldstein，2008）呼吁反周期地使用军事开支，但没有迹象表明这些意见得到了采纳。

就理论而言，现代宏观经济学倾向于得出这一结论：在一种竞争性资本主义经济中，稳定的通胀目标（对中央银行而言）和稳定的税收与支出规则（对财政当局而言）将确保中期内的充分就业。不管最近的经济衰退有什么影响，很难找到一个严肃地认为如果没
360 有军事支出就无法恢复资本主义的人。对于资本主义来说，通过军事开支能达成的事项，都可以利用民用支出、减税或货币宽松来更有效地实现。

战争偏好

到目前为止，我们已经考虑过资本主义是否降低了战争的成

本。直到现在，人们对战争的偏好还没有被提及。即使偏好强烈地偏向和平，而且是稳定的，并且一直没有改变，人们预计机会成本的降低也会使战争更加频繁。除此之外，还有一些更激进的问题。推动战争的原因是资本主义——或资本家——有可能从战争中获得具体利益，因此战争成为系统性地解决内部或外部问题的首选手段。

为战争而游说

从表面上看，资本主义和战争的联系似乎令人惊讶。查尔斯·蒂莉（Charles Tilly，1975：42）认为“战争造就了国家，国家发动了战争”，而这是指资本主义之前的时代。早在 18 世纪，普鲁士就“不是一个有军队的国家，而是一支有国家的军队”（Friedrich von Schrötter，转引自 Blackbourn，2003：17）。资本主义的兴起将经济与政治分离，同时分散了经济权力。流动的工业、金融、人力和积累的社会资本，降低了不流动自然资源及其被限制在其中的领土的重要性。现代商业给了国家更多的思考，而不仅仅是关注士兵和枪支。这些都是人们期待资本主义社会放弃战争嗜好的明显原因。

资本主义不仅意味着战争，而且渴望战争的这种观点，有两个主要基础。一种是一个简单的后此故因此（post-hoc-propter-hoc）的论点：首先是全球资本主义，然后是全球战争。另一种是一个黑暗的世界观，它质疑表面可见的东西：资本主义分散了经济决策，民主政府才是真正的统治者。相反，它将企业与政府的分离视为一种假象，此后，各种游说和阴谋无形地持续推进，以破坏财产权和民主。

在第一次世界大战期间，列宁（Lenin，1916）观察到第一批

跨国公司为了争夺世界市场份额而相互竞争，同时串通起来促使各国政府重新分割世界殖民地区，以获取私利。在战争期间，德国
361 和美国的激进评论家都指责国家的商业精英将战争作为获取战争利润的来源（关于这种对“死神商人”的指控，见 Engelbrecht and Hanighen，1934）。战后，美国总统德怀特·艾森豪威尔（Dwight Eisenhower，1961）警告说，大规模的和平时期的“军工综合体”会带来政治危险。这一传统的最新变体包括佩莱捷（Pelletière，2004）的“石油战争”和娜奥米·克莱因（Naomi Klein，2007）的“灾难资本主义”。

我们将一步一步地讨论这个复杂的问题。企业部门期望从战争中获利吗？它真的从战争中获利了吗？企业所有者重视与权力的联系吗？他们利用这种联系来游说以获得军事合同了吗？在反资本主义和非资本主义政权下，这些活动是否有相似之处呢？

首先从利润预期开始：如果战争是资本主义的阴谋，事实证明，当阴谋奏效时，资本家通常并不太高兴。正如尼尔·弗格森（Niall Ferguson）等人所记录的，第一次世界大战爆发后，伦敦、巴黎和柏林的欧洲债券价格下跌，失业率上升（Ferguson，1998: 186-197；Lawrence，Dean，and Robert，1992）。华尔街如此恐慌，以至于纽约证券交易所在当年余下的时间里都关闭了。

更广泛地说，股票价格反映了资本所有者经过概率调整后的利润预期。没有证据表明股东从积极的角度来看待战争实现的可能性。图 11－1 显示了纽约道琼斯工业平均指数在 20 世纪 8 次战争之前和之后 10 个工作日的收盘价（忽略了当天的价格）。只有 2 次伴随着股市上涨；6 次股市下跌，其中 2 次股市关闭了（第一次世界大战在欧洲爆发后四个多月，以及在“9·11”之后四天）。在这 8 次危机中，股票价格的中值下降了 5.3%。

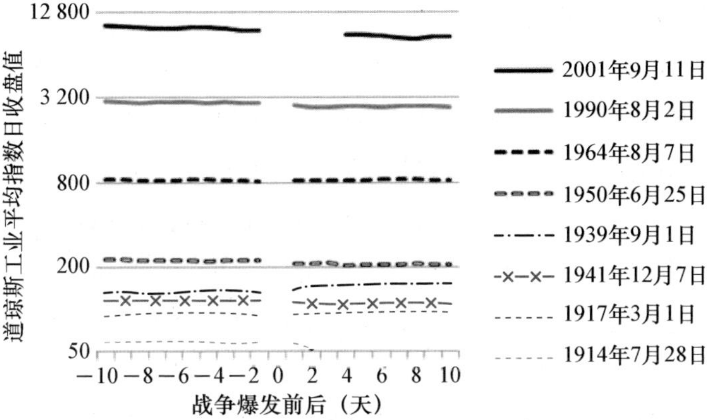

图 11－1　道琼斯工业平均指数日收盘值

资料来源：http://measuringworth.com/datasets/DJA/（访问日期：2011 年 6 月 8 日）。

关键事件：

1914 年 7 月 28 日：俄国加入协约国阵营，对德宣战。

1917 年 3 月 1 日：齐默尔曼（Zimmermann）电报事件。

1939 年 9 月 1 日：德国入侵波兰。

1941 年 12 月 7 日：日本偷袭珍珠港。

1950 年 6 月 25 日：朝鲜战争爆发。

1964 年 8 月 7 日：北部湾决议。

1990 年 8 月 2 日：伊拉克入侵科威特。

2001 年 9 月 11 日："9 · 11" 恐怖袭击事件。

战争爆发后，就有了战争利润。战争为私人企业提供了直接利益吗？在我们了解企业是否支持战争之前，我们需要知道战争是否有利于商业。许多人都这样认为。在第一次世界大战中，英国和德国都表达了对工业化战争的利润和战争投机者的普遍不满（Carsten，1982）。在大多数国家，大规模战争减少了收入，削弱了以家庭为基础的或社会性的安全网，从而使穷人和弱势群体受到伤害。从这一点到认为富人利用战争机会使收入分配向有利于自己的方向倾斜，只有一步之遥（还有另一个一步之遥，即富人在考虑到这一点的情况下推动了战争爆发）。

362 关于第一次世界大战，格尔德·哈达赫（Gerd Hardach，1977：106–107）和尤尔根·科卡（Jürgen Kocka，1984）最初提出的论点是，战争利润破坏了德国社会阶层之间的收入分配。哈达赫总结道："这些发现指向的与其说是大企业对国家机器的利用，不如说是相反。"巴腾和舒尔茨（Baten and Schulz，2005）以及阿尔布雷克特·利奇尔（Albrecht Ritschl，2005）重新检验了这些说法。巴腾和舒尔茨发现，对日益增加的不平等现象的解释有两个错误：一是在计算利润时没有考虑到通货膨胀，二是报告的利润中存在选择性偏误。一个更广泛的大企业样本显示，德国大型工业的实际利润与劳动回报以同样的比例下降，因此，在经过初期的改善后，德国1917年的劳动力收入份额在国民收入中所占比例与1913年大致相同。利奇尔通过比较实际工资和实际产出数据，独立得出了类似的结果。我们可以直接从阿特金森、皮克提和萨伊兹（Atkinson，Picketty，and Saez，2011）的跨国历史
363 数据中判断，这对最高收入群体意味着什么。这些数据显示，在战争数据可查的每个交战国，富人的个人收入份额在战时急剧下降了。

为了谋取战争利润，其实根本没有必要去打仗。例如，在中立的荷兰，1914年爆发的战争立即减轻了荷兰公司的竞争压力；实际工资下降，国民收入暂时朝着有利于利润的方向重新分配了（Klemann，2007）。同样，在中立的阿根廷，1940—1943年，最富有的1%的人将他们个人收入的占比从五分之一提高到四分之一以上（Atkinson，Picketty，and Saez，2011：44）。尽管如此，没有人试图将第一次世界大战归咎于荷兰公司，如飞利浦或联合利华，或把第二次世界大战归咎于阿根廷的牛肉情结。

这种公司所有者能够利用战争条件提高利润的说法，与一个有

组织、秘密的军工游说团体在幕后活动的形象联系在一起，占据了公众的想象空间。因此，我们转而考虑企业的政治行动，这方面有大量的文献。亚当·斯密（Adam Smith，1776）曾评论过“同行业的人”倾向于聚集起来密谋以对公众不利。实际上，公司所有者真的游说了政治家，并做了有利于自身的政治捐赠吗？是的，他们一直如此（Hillman，Keim，and Schuler，2004）。他们重视这些联系吗？回答依然是的确如此。在相对腐败的国家，如印度尼西亚和马来西亚，与执政党的联系增加了公司的市场价值（Fisman，2000; Johnson and Mitton，2003）。在 2000 年的美国总统大选中，小布什（Bush）击败了戈尔（Gore），石油和烟草公司获得了收益，而法律公司遭受了损失（Knight，2007）。1933 年之前，德国公司通过捐赠或公开支持纳粹党，当希特勒掌权时，这些公司获得了好处（Ferguson and Voth，2008）。

在资本主义社会，游说活动通常是在幕后进行的。谁在这种关系中拥有主动权：是寻求影响力的公司所有者，还是贪图赚钱的政客？这方面的证据可以在历史叙述中找到。例如，正是德国工业家的一次会议为希特勒提供了 1933 年 3 月的竞选资金。但是，是希特勒决定了邀请谁参加会议，如果他们不支持希特勒，希特勒将以敲诈的方式向在场的人进行威胁（Tooze，2006：99–106）。换句话说，他的赞助商抓住了一个机会，但希特勒创造了这个机会，并存在利用这个机会的动机。

两次世界大战给德国资本主义带来了坏消息，其中很大一部分是它应得的。即便如此，实业家与战争目标之间的关系比人们一般所认为的要复杂得多。例如，德国实业家雨果·斯坦尼斯（Hugo Stinnes），在第一次世界大战中是一个军国主义者和帝国主义者，但在这之前和之后，他是一位经济自由主义者和自由贸易者。费尔 364

德曼（Feldman，2000）认为，其中的原因是环境导致的：

> 这场战争为斯坦尼斯创造了一种新的局面，就像罢工一样，他也会很快看到它的消失，人们不得不适应它们和它们的周期性再现……这意味着在下一次事件中把自己放在最好的位置，这就是斯坦尼斯战争目标策略（war-aims policies）的目标，尽管它是夸张的和不受控制的。

对第三帝国时期德国工业和实业家的研究，为我们指明了同样的方向。直到1930年，大企业对纳粹党或希特勒几乎没有兴趣，希特勒的目的只是安抚商业利益和平息来自该团体的反对意见（Turner，1985）。此后，许多商界领袖在第三帝国的扩张主义计划中转变为“愿意合作的伙伴”（Tooze，2006：134）。随着希特勒逐步展开他的计划，顺从的大多数人很容易适应这些新的观点，比如外国强制劳动将成为一种永久的资源（Mommsen，2005：182）。就这样，他们接受了战争的必然性和战争的事实。至于战争计划和执行决策，这属于政治行动者，纳粹党在商业观众面前一直保持着沉默，直到他们的权威得到保证为止。

古斯塔夫·克虏伯（Gustav Krupp）是希特勒政权的早期追随者，他的熔炉锻造了希特勒的胜利，他的工厂剥削了多达10万名工人。但一直到1933年，正如理查德·奥弗里（Richard Overy，1994：119-143）所示，克虏伯都是一个传统的保守派。他的主要目标是让他的公司保持在家族控制之下，以避免雨果·容克斯的命运，容克斯由于反对纳粹的计划导致其公司被国家接管。就像雨果·斯坦尼斯一样，克虏伯适应了他无法改变的现实。彼得·海斯（Peter Hayes）的法本公司（I. G. Farben）的历史告诉我们，“不是坏人为什么做坏事，而是好人为什么会做坏事”（Hayes，2001：xxi）：那些此前害怕和回避纳粹主义的商界领袖在精神上被俘获了，并成为包括大屠杀在内的最可怕罪行的同谋。

并不是所有的人都加入了这一阵营。少数人，像容克斯一样，以公共利益为理由进行抵抗。在更实际的水平上，希亚尔马·沙赫特（Hjalmar Schacht）——一位银行家——成为希特勒的经济部长，他于 1937 年因重整军备的成本而辞职，后来沙赫特才成为纳粹主义的反对者。

尽管如此，商界公开反对纳粹计划的情况仍然很少见。这使得赫尔曼·戈林（Hermann Göring）在 1937 年与钢铁实业家的对抗显得更加露骨。为了追求自给自足，戈林希望使钢铁工业摆脱进口铁矿石的限制。1936 年 12 月，他要求对开采设施进行投资，以开采劣质的国内矿藏。鲁尔区的实业家由于种种原因对此进行抵 365
制，包括担心一旦他们进行投资，纳粹政府会以更低的钢铁价格将他们套牢。随着他们的统一战线迅速瓦解，最终的结果是出现了一个国有钢铁巨头——赫尔曼·戈林国家工厂（Reichswerke Hermann Göring，RHG，Overy，1994：93–118）。沙赫特在戈林获胜之后辞职了（Schweitzer，1964：537–547）。RHG 后来成为德国在被占领的欧洲地区进行投资的主要企业集团方式（Overy，1994：144–174）。

在战前的日本，商业阶级是保守的、爱国的，但不是鲁莽的。其领导人通过政党代表和各种网络融入政治体系（Von Staden，2008）。然而，在 20 世纪 30 年代，他们的影响力受到了日本的“极端民族主义”的威胁和日益增长的限制，极端民族主义者对私有财产和工业化充满敌意。激进的军国主义者在农村建立了一个政治基础，计划对东亚进行殖民，并对那些偏爱正统财政观念而不愿为军事冒险买单的保守派领导人发动了攻击（Collingham，2011）。军队的代表越来越多地接管了政府。

虽然日本的财阀（zaibatsu，日本主要的集团公司）后来因支持日本军国主义而受到指责，但他们在这种威胁下的行为范围与德国同行的行为是一致的。日本商界领袖抓住了看似有利可图的机会，承担起他们无法拒绝的支持战争的义务，接受了政府的资助，并使他们的动机与战争的行动相一致。正如柴孝夫（Takao Shiba，1994）所表明的那样，对三菱公司来说，这意味着一再推迟扩大民用汽车工程的计划，转而支持军队提出的战争生产指令。相比之下，川崎电机在接受军事命令之前就已经准备好要建造了，但通过政府资本免除了这种风险。随着全面战争的迫近，陆军和海军采取了法律措施，将私营工业设施置于直接监督之下。直到只有接受军事监督的公司才能获得物资和劳动力的分配之前，这些措施都遭到了抵制。三菱和川崎电机在全力配合日本战争行为的同时，也采取了一些措施来维护战后独立的基础。

这些故事的共同特点是“政治至上”（Mason，1968）。在日本和德国，政治领导人掌握了主动权。企业的行为是被动的、防御性的和机会主义的。虽然这不是一幅美好的景象，但是它表明资本家并没有通过游说发动战争。奥弗里（Overy，1994：94）总结了克
366 虏伯的故事：“纳粹的政治霸权最终阻止了德国资本家像资本家一样行动。”从这一点上，我们了解的不是大企业如何改变政府，而是大政府如何将企业从竞争性地追逐利润转向寻租和依赖政府合同和补贴。

关于其他国家战争期间军事 - 工业游说活动影响的证据比较少。威尔逊和埃洛兰塔（Wilson and Eloranta，2010）仔细研究了战争期间四个民主国家（英国、美国、瑞典和芬兰）的军事采购做

法。结果表明，民主制度为从重新武装中牟利创造了有效的壁垒。埃杰顿（Edgerton，2006）的修正主义历史研究，在两次世界大战之间英国的“战争国家”中，找到了现代军事工业综合体的第一个范例，但这一次是由高效的技术官僚，而不是贪婪的资本家或贪得无厌的政客领导的。罗伯特·希格斯（Robert Higgs，1993）表明，在第二次世界大战前夕，美国商人不信任罗斯福政府，不愿意进行战争投资，商人们怀疑如果他们进行战争干预，政府随后会进行干预，并且担心他们不会被允许从政府身上赚钱。

如果说企业资金对任何地方的政治有明显的影响，那么肯定是在战后的美国。罗伯特·希格斯对冷战时期的美国选民、军工生产商和政治家之间的战略互动进行了模型分析（Higgs and Kilduff，1993；Higgs，1994）。军工企业为选民提供就业机会，为参加竞选的政客提供竞选资金。他们得到的回报是庞大的军事预算以及过度的国防和私人利益。输家是纳税人和武装部队，他们的预算被转用于购买他们不想要也不能使用的设备。军工企业和劳动力的收益是集中和明显的；效率损失是分散的和不透明的，正如费尔南德斯和罗德里克（Fernandez and Rodrik，1991）所定义的，这是造成现状偏见的一个因素。

即使在这种模式下，利益的传送带也不会永远运转下去。最终，选民的意见仍有可能使它停止。从经验上看，在国防开支是否应该上升或下降的问题上，公众情绪的平衡是决定其是否应该这样做的唯一最重要的因素。历代政客努力说服公众接受安全威胁和存在的不足，但最终他们无法控制选民的情绪。在一个开放的社会里，有两件事限制了公众对军队的支持，并限制了国防预算：一是为支付国防资源所需的税收增加，二是战争中使用这些资源造成的伤亡。希格斯认为，“死亡和税收对军事－工业综合体的力量构成了终极限制”。

367 这类后果与非资本主义安排的结果相比如何呢？苏联国防市场与美国国防市场最明显的区别是前者缺乏透明度和公共责任。第二次世界大战后苏联的国防部门在国家资源中所占的份额一直高于美国（Firth and Noren，1998）。如果美国企业为开发资助而游说，苏联的武器设计者也可以这样做；只是他们必须更加小心，因为他们知道斯大林的怀疑能力（Harrison，2008；Harrison and Markevich，2008b）。这些粗略的比较并没有指出资本主义的道德缺陷。相反，民主政治进程的透明度和问责制对美国军事－工业利益的力量做出了在社会主义统治下不存在的限制。

戴维·霍洛韦（David Holloway，1980：158）曾经思考过这样一个命题：“苏联没有军事工业综合体，却是这样的一个综合体。”他评论说，“这句话太笼统了，但它确实指出，苏联的历史与军事力量紧密相连，因此说存在一个独立的军事工业综合体在国家内部运作似乎是错误的。”[2] 最近，康托洛维奇和韦恩（Kontorovich and Wein，2009）曾问道：“苏联统治者最大化的是什么？”基于资源配置的显示性偏好（“军费开支在国民生产总值中所占的比例很高，消费所占的比例很低，投资的很大一部分进入了重工业”），他们想要最大化的不是经济增长，而是军事力量。换句话说，任何人无须为此进行游说；它是苏联统治者的一个根本性偏好。[3]

总结：资本主义企业对政治感兴趣吗？是的，这毫无疑问。它们游说政治家并提供了自利的政治捐献吗？是的，总是如此。它们
368 推动了外部对抗或冲突吗？很难找到相关例子。它们准备好获得战争带来的利润了吗？是的，尽管竞争压力和开放的社会似乎以各种方式限制了这一点。它们愿意利用征服或侵略的战利品吗？是的，

如果有机会这样做的话。它们曾经系统地做过这些事情吗？没有证据证明这一点。事实上，国家和政治家的代理人的特征似乎是决定性因素。

转移注意力的战争

> 比尔·普里查德（首相的新闻秘书）："我建议您不要把新闻界当回事，我们要分散他们的注意力？让我们给他们讲个故事吧。"
>
> 吉姆·哈克（首相）："比如？"
>
> 比尔·普里查德："发动一场战争，诸如此类的事情。"
>
> 吉姆·哈克："发动一场战争？"
>
> 伯纳德·伍利（首相的私人秘书）："只是一场小规模的战争。"[4]

在转移注意力性战争的概念中，政治领导人寻求和利用与外部对手的冲突，以争取国内支持。这一思想在文献中得到了很好的确立，也许是因为理论上的理由比较直观，叙事支持也不难找到。事实上，这可能太容易了。正如杰克·利维（Jack Levy，1989）所指出的，很少有战争不被归因于政治领导人提高国内地位的愿望。

只有当资本主义的政体更有可能利用在外国的冒险活动时，转移注意力的战争思想才能与资本主义的讨论直接相关。从马克思主义的角度来看，可能的一个原因是：资本主义社会由于阶级分化，更有可能引发战争，目的是转移工人对社会主义事业的注意力。第一次世界大战起源于德国国内政治这种长期存在的解释，恰恰传达了这一信息（Berghahn，1973）。

这一观点与同样传统的、阶级分化的社会不太可能参与战争

的观念不太相符。苏联官方关于第二次世界大战的历史是这样宣传的：在资本主义制度下，阶级利益的分化使劳动人民不愿为国家
369 而战。因此，只有“煽动、欺骗、贿赂和武力”才能促使工人们参与其中（Grechko et al.，1982：38；类似观点也可以参考 Pospelov et al.，1965：80–82）。

资本主义社会的政府也确实找到了许多方法，向选民隐瞒战争的真实代价，就像休·罗科夫（Hugh Rockoff，2012：24–27）在美国的例子中所主张的那样。这些措施包括价格控制、商品配给、征兵制度，以及在公共账户中免除退伍军人及其家属的未来债务。然而，这些工具并不是资本主义经济特有的；它们反映的是在传统经济中更为熟悉的管理短缺和动员的方法。

定量的实证工作对转移注意力的战争的观点几乎没有提供支撑（Levy，1989）。例外情况包括摩根和比克斯（Morgan and Bickers，1992）以及摩根和安德森（Morgan and Anderson，1999）对美国和英国战后政府使用武力的研究。他们的结论是，当政府的认可程度很高时，使用武力的可能性更大，但政府的支持联盟正在遭受侵蚀。他们还指出，在这种情况下，不太可能以高强度使用武力（“只是一场小规模的战争”），因为更大战争的预期成本越高，就越会削弱政治上的支持。而且，当国内冲突已经很严重时，任何程度的外国冲突都将是分化而不是巩固支持的。

另一项研究表明，新的或还没有完全确立的民主国家特别容易受到国家建设中的冒险行为的影响（Mansfield and Snyder，2005）。这一观点的灵感之一是苏联和南斯拉夫建立新的民主国家的经历。最近，格鲁吉亚似乎提供了一个样本外的证明。

假设存在转移注意力的战争。资本主义是否在某种程度上比其他社会有更多的内部冲突，并且如此不成比例地有可能将冲突具体

化呢？作为一个比较国，法西斯主义的情况似乎很直接。法西斯主义并没有产生转移注意力的战争，因为对法西斯分子来说，战争不是一种消遣，而是关键所在。

转移性的紧张局面必须与转移性战争无关。从这一点出 370
发，人们接受了资本主义，因为它倾向于产生民主结构和政治竞争，因此比其他制度更容易受到转移注意力的战争的影响。但是，作为这一结论基础的实证研究和分析也意味着，此类战争通常规模较小，比较短暂，而引发此类战争的环境也将是特殊或短暂的。

我们应将此置于“民主和平”的更大背景下。正如利维（Levy，1988）所写的：“自由国家或民主国家不互相争斗……就像我们在国际关系中所拥有的任何经验法则一样，民主国家之间没有战争”。由于所有自由民主国家在任何定义上也都是资本主义的，这是一个具有深刻意义的发现。

资本主义战争

美国是世界上最杰出的资本主义强国。根据 2008 年下半年对 21 个国家超过 2.1 万名公民的民意调查，在道德方面，人们平均倾向于认为美国的外交政策不如他们自己国家的。[5] 虽然这项调
查并没有按受教育程度来划分受访者，但显然许多知识渊博的人 371
似乎也认为，现代世界的大多数战争都是由美国引起的；这一印象是基于我在几个欧洲国家的学术研讨会上介绍战争频度工作的经验。

然而，根据证据，这些信念是错误的。我们都知道美国的战争，但它们只占总数的一小部分。将 1870—2001 年至少涉及武力的所有双边冲突进行合计，我们发现，这些冲突的起源国来自全球

收入分配不同水平的所有部分（Harrison and Wolf，2012）。并不是更富裕的国家（以人均 GDP 衡量）往往会引发更多冲突，而是经济规模较大的国家（以 GDP 衡量）。美国既大又富，但事实证明，单纯的规模才是最重要的。事实上，在控制规模的同时，美国并没有其他一些国家那么好战。我们根据各国在这一期间发动的冲突的数目对它们进行排名。美国虽然是世界上经济规模最大的国家，但在好战程度上排名第二。第一位是俄罗斯。

资本主义制度对数据中的经验模式有什么贡献？埃里克·加兹克（Erik Gartzke，2007）重新审视了“民主和平”的假设，因为资本主义和民主在国家和时间上高度相关，民主与和平都可能是同一根本原因——资本主义制度的扩散——的产物。

我们的历史数据集只是衡量了资本主义产权和经济自由，但在更短的时间范围内，或者在比政治变量更少的维度上的扩散，这是一个问题。对于 1950—1992 年这段时间，加兹克使用了一个外部金融和贸易自由的测度，因为它们最可能显示稳健的市场和一种自由放任政策。他发现，那些在一定程度上拥有资本主义这一属性的国家并不互相争斗，因此其中既有资本主义的和平，也有民主的和
372 平。同时，在控制经济发展水平和政治亲和力的情况下，（对两国中自由化程度较低的一国实施的）经济自由化比民主化更能预测双边和平。

那么，为什么伴随着拥有更多的资本主义和更多的民主，我们会有更多的战争呢？也许我们有更多的战争是因为战争的质量正在改变。明克勒（Münkler，2005）认为，这些“新战争”更像是“三十年战争”（1618—1648 年），而不是 20 世纪世界大战那样的大国领土冲突。他认为，在这些新战争背后，是全球化的深层力量，包括充斥着廉价卡拉什尼科夫步枪的世界市场和失业的年轻人。新

的战争规模小，旷日持久；敌对双方可能宁愿保持冲突状态而不是胜利，否则新的战争就会烟消云散，而不会得出确切的结论，这也是戴维·基恩（David Keen，1998）关于内战的观点。在新的战争中，正如明克勒所见，冲突被私人原因用来谋取私利。新的战争导致战斗人员和平民之间的区别消失了；他们用屠杀来代替战斗；他们侵蚀而不是建设国家能力。言下之意，现代国家正在失去对暴力的控制。

可以将明克勒的见解与哈里森和沃尔夫（Harrison and Wolf, 2012）的视角进行比较。从这两个视角来看，全球化趋势和破坏手段的相对代价是根本的力量。对哈里森和沃尔夫来说，这些力量正在改变战争的数量，而不是其质量。“如果冲突的频率一直在增加，”他们总结道，“可能不是因为我们想要，而是因为‘我们可以’。”

战争的影响

无论资本主义以何种方式改变战争，战争也改变了资本主义。但是，这些变化的性质和持久性正在经受激烈的辩论。在 1913 年之前，战争促进了世界向现代财政制度的过渡，这反过来又提高了生产力。对于那些喜欢叙事的人来说，英国的故事（奥布赖恩，第一卷第 12 章）指向了同样的结论。

然而，这并不意味着，在完成向现代国家的过渡之后，战争产生了同样的有益效果。相反，明克勒（Münkler，2005）则认为，20 世纪末的“新战争”，就像 17 世纪的“三十年战争”一样，往往是削弱而不是促进了国家能力。

自亚当·斯密以来，人们就认识到，没有法律、税收和公共产 373

品，资本主义就无法运转（卡多佐，第一卷第18章），这其中大部分是由国家提供的。与此同时，太多的税收和监管令人窒息。这里应该有一个合适的数额。在20世纪，当边界开放，世界比民族意识更国家化的时候，资本主义在一种轻柔而并非不存在的触碰下运作得最好。

毫不奇怪的是，在战争期间，大多数国家的故事都偏离了这一选项。在任何地方，战争都导致了边境封闭、有限的私营企业和市场准入、动员人民围绕民族认同作战，以及建立了国家的权威性和合法性。政府掌管了经济生活，实行计划经济，借用企业人员和“商业”管理手段，垄断商品和信贷市场，实行有利于政府合同的歧视，将公权力凌驾于私有产权之上，用行政执法和低效率的人工激励取代市场竞争的高效率激励（Broadberry and Harrison，2005；Harrison，1998；Higgs，1993）。

一些国家开战了，而另一些国家则保持中立，但所有国家都经历了大规模的重新分配。交战各方抑制消费，退出出口市场，并将战争生产和军事服务列为优先事项。中立国感受到来自交战国对食物和原材料的需求大大增加了。有些国家太接近交战国，从而不得不在双方之间保持不易的平衡（Golson，in press）。另一些国家则利用它们能够获得的短期利润，或者抓住时间进行工业化，以填补世界民用制成品市场的空白（Findlay and O’Rourke，2007）。这些重新分配还产生了大量租金，在国内被侵占或在殖民占领的情况下被占领者没收了（Klemann and Kudriashov，2012）。

战争重新分配了权力和资源；当和平恢复时，这些变化会持续吗？战争结束后，一些国家经历了戏剧性的逆转。对侵略者来说，击败对手通常是有益的，尽管这伴随着可怕的成本。一些民主国家是在 1918 年后从中欧和东欧帝国的废墟中诞生的，但在俄国却没有，在 20 年内，大多数贫穷国家（和一个富裕国家德国）又恢复了独裁（Eloranta and Harrison，2010）。1941 年的《大西洋宪章》（Atlantic Charter）将自决置于第二次世界大战的核心。1945 年侵略者的失败更加彻底和持久。在德国、意大利和日本，战败使侵略者 374
的政治名誉扫地，打破了现有的财富和权力之间的联系，摧毁了在战争中成长起来的帝国。这些国家摆脱了为追求大国地位所付出的沉重代价，获得了前所未有的繁荣（Olson，1982）。

对其他一些国家来说，这两次世界大战的影响非常持久，而且往往是消极的。

更普遍的是，那些已实现自我领导的国家中发现自己进入战后世界不熟悉领域的政治家们面临着各种诱惑，要利用手中现有的杠杆来保护经济，保护旧的和新的既得利益的各种诱惑。除了再分配和福利主义（林德特，本卷第 14 章），在 1945 年后的四分之一个世纪中，人们见证了固定汇率、资本管制、工业干预主义和普遍（尽管递减）的关税壁垒，其主要目的是保护旧有强国的“战略性”产业和新兴经济体的“幼稚”产业（Foreman-Peck and Federico，1999）。因此，直到 20 世纪 70 年代，全球化才回到 1913 年的水平（詹姆斯，本卷第 9 章；奥罗克和威廉姆森，本卷第 1 章）。

自 20 世纪 70 年代以来，资本主义又发生了变化（而且在持续变化中），但曾经似乎如此重要的世界大战的影响已不再明显。战时经验给政府控制和工业计划带来的光环已经褪色。其他趋势仍然存在，但继续将其归咎于战争遗产是无法令人信服的。图 11－2 指出了这一点，图中比较了一个多世纪以来，瑞典和英国的政府购买支出在 GDP 中所占的份额。以英国为例，令我们感到震惊的是，

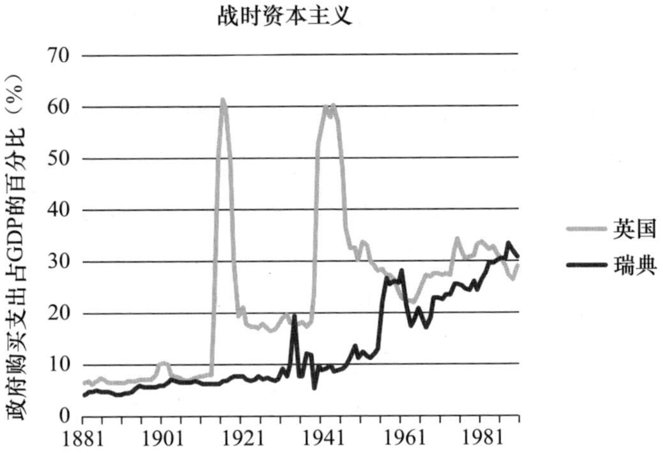

图 11－2　1880—1990 年英国和瑞典政府购买支出占 GDP 的百分比

资料来源：Eloranta and Andreev（2006）.

两次世界大战造成的政府购买支出份额似乎是永久性地跃升了。瑞典的案例表明这可能是非常错误的。在同一时期，瑞典一直保持中立，但瑞典份额的起点和终点均与英国一致。瑞典的邻国经常处于战争状态，但瑞典的数据甚至对于其邻国之间的战争都没有明显的反应。基于一个更大样本的研究，埃洛兰塔和安德列耶夫（Eloranta and Andreev，2006）无法将战争视为政府实行激进主义经济的一个长期而重大的影响因子。他们发现，重要的是选举权的扩大。

自 18 世纪以来，国际机构提供了越来越多的全球公共产品。
375 这些国际协议有助于解释为什么在两个世纪中、两次重大冲突之后出现了一个自由化与国际资本主义一体化的时代。一个是维也纳会议，它在 1815 年结束了拿破仑战争；另一个是从 1944 年布雷顿森林会议到 1947 年马歇尔计划结束第二次世界大战的一系列措施。与此相反，结束第一次世界大战并建立国际联盟的条约在促进经济稳定和一体化方面失败了（Findlay and O’Rourke，2007）。国家精英们似乎需要一点国际安全，以便在政策改革和持续增长的良性循环中进行合作（Broadberry，1994；Eichengreen，1996）。

历史上的一个重要教训是，没有一个制度框架永远是好的。这似乎同样适用于国家和国际协议。20 世纪 70 年代以来资本主义的变迁一再表明，增长的挑战是持续的。为了应对这些挑战，政策改革也必须不受干扰（Aghion and Howitt，2006；Crafts and Magnani，2013）。我们有意识地或无意识地继续用战争定义的范围对资本主义的历史进行周期化：1815 年和 1914 年；1918 年和 1939 年；1945 年和冷战结束时的 1991 年。资本主义的真实历史是一个充满挑战和回应的天衣无缝的故事。战争期间中断的历史引起了我们的注意，因为在战争中有动力、冒险、胜利、悲剧和一场同时吞没许多社会的斗争。然而，如果断定作为资本主义未来将面临的挑战的根源，战争必然比和平更重要，这将是一个错误。

结　论

我已经比较了资本主义和它的历史替代性选择。资本主义是否有助于降低战争成本？是的，但并不是唯一的。在资本主义时代之前，战争的技术和贸易成本已经开始下降了；资本主义当然延续了这一趋势。资本主义的独特贡献来自 18 世纪的财政革命，它为 20 世纪的大规模战争开辟了道路。然而，到了 20 世纪，资本主义财政革命几乎被法西斯主义的压制性动员能力所取代。至于资本主义通过让战争成为凯恩斯主义者所说的“免费午餐”，从而降低战争成本的想法，我并不赞成。

资本主义更偏爱战争吗？也就是说，战争符合大企业的私人利益吗？是的——但这是有条件的。历史表明，政府可以出台激励措施，使大型企业的私人利益与战争保持一致，但这是一个政治（而非经济）决定性的结果。企业在战争中的利益是机遇，而不是战略。没有证据表明，私营企业在战争、征服、剥削或奴役中的利益超过在其他社会形式中运营的私人或官僚的利益。

资本主义政治是否特别容易发动外国战争，以转移对国内冲突问题的注意力呢？是的，但只是微弱的：这种情况的发生是有限的，冲突的程度可能很低。此外，有强有力的证据表明，自 1945 年以来，在资本主义民主国家内部形成了一个“和平俱乐部”。

战争的决定因素既涉及结构，也涉及机构。机构必须发挥作用，因为战争是由人类行为者构想、策划、宣布和发动的。从历史证据来看，资本主义只有在被一项坚定的政治事业俘获和驱动时才会开战。

注 释

[1] 在公共政策辩论中，能够在世界各地进行贸易的战略优势仍未得到人们的充分理解。从社会持续开展“粮食安全”和“能源安全”这样的讨论中，就可以看出这一点。尽管有两个世纪的证据表明情况恰恰相反，但许多人仍然认为安全就是自给自足。本着不偏不倚的精神，以下是最近的两个例子。2007 年 12 月 19 日，美国总统乔治·W. 布什（George W. Bush）签署了《能源独立与安全法案》（Energy Independence and Security Act），旨在“推动美国实现更大的能源独立和安全”。同时在 2008 年 10 月 16 日的“联合国世界粮食日”上，美国前总统比尔·克林顿（Bill Clinton）在一次被广泛引用的演讲中说：“食品不像其他商品那样是一种商品。我们应该回到实现粮食最大限度自给自足的政策。我们认为我们可以在不提高各国自给自足的能力的情况下发展世界各国，这是疯狂的。”实际上，自给自足和安全是不相关的，甚至是反向相关的。正是以专业化为基础的长距离贸易使主要资本主义经济体富有，贸易也使它们安全——甚至在战时也是如此。

[2] 本着同样的精神，前国防部长劳尔·卡斯特罗（Raúl Castro）被任命为古巴总统，该国的武装力量控制了古巴多达 60% 的经济（Gershman and Gutierrez，2009：68），

这促使克里斯托弗·希钦斯（Christopher Hitchens，2006）评论道："就像曾经提到的普鲁士那样，古巴不是一个有军队的国家，而是一支有国家的军队。"

[3] 尽管斯大林无可否认地高度重视重整军备和军事力量，但仍有可能夸大这一情况。根据维克多·苏沃洛夫（Viktor Suvorov，1990）的说法，斯大林重新武装是由侵略战争计划推动的（Raack，1995；Weeks，2002）。根据这种观点可以推想出如下想法：斯大林在 1941 年打算利用希特勒作为他对西方的"破冰船"；苏联的计划是利用德国与英法同盟战争带来的机会发动侵略战争，占领欧洲；希特勒首先采取行动，抢占这一计划。如果这个想法是真的，那么它就会产生深远的影响，因为它将把打开东方战线的政治（和道德）责任从希特勒转移到斯大林。关于其反驳意见，参见 Glantz（1998）；Uldricks（1999）；Gorodetsky（1999）。

[4] BBC 电视系列片《是！首相》（Yes Prime Minister）的第十集——《官方秘密》（Official Secrets），于 1987 年 12 月 10 日首次播出。

[5] 具体来说，24% 的受访者认为自己国家的外交政策在道德上高于平均水平，21% 的受访者将其评为低于平均水平；美国外交政策（不包括美国受访者）的平均得分分别为 20%（高于平均水平）和 32%（低于平均水平）。"大多数人认为他们国家的外交政策在道德上并不比平均水平好"，2009 年 1 月 22 日，来自 www.WorldPublicOpinion.org（2011 年 10 月 18 日查阅）。

参考文献

Acemoglu, D., S. Johnson, and J. Robinson (2005). " The Rise of Europe: Atlantic Trade, Institutional Change, and Economic Growth," *American Economic Review* 95(3): 546–579.

Aghion, P. and P. Howitt (2006). " Appropriate Growth Theory: A Unifying Framework," *Journal of the European Economic Association* 4(2–3): 269–314.

Angell, N. (1911). *The Great Illusion: A Study of the Relation of Military Power to National Advantage*, 3rd edn. London: Heinemann.

Atkinson, A. B., T. Piketty, and E. Saez (2011). " Top Incomes in the Long Run of History," *Journal of Economic Literature* 49(1): 3–71.

Baran, P. A. and P. M. Sweezy (1966). *Monopoly Capital: An Essay on the American Economic and Social Order*. New York: Monthly Review Press.

Baten, J. and R. Schulz (2005). "Making Profits in Wartime: Corporate Profits, Inequality, and GDP in Germany during the First World War," *Economic History Review* 58(1): 34–56.

Berghahn, V. R. (1973). *Germany and the Approach of War in 1914*. London: Macmillan.

Blackbourn, D. (2003). *History of Germany, 1780–1918: The Long Nineteenth Century*. Oxford: Blackwell.

Bonney, R. (ed.) (1999). *The Rise of the Fiscal State in Europe, 1200–1815*. Oxford: Oxford University Press.

Broadberry, S. (1994). “ Why was Unemployment in Postwar Britain so Low?” *Bulletin of Economic Research* 46(3): 241–261.

Broadberry, S. and M. Harrison, eds. (2005). *The Economics of World War I*. Cambridge University Press.

Buchheim, C. and J. Scherner (2006). “ The Role of Private Property in the Nazi Economy: The Case of Industry,” *Journal of Economic History* 66(2): 390–416.

Carsten, F. L. (1982). *War Against War: British and German Radical Movements in the First World War*. Berkeley and Los Angeles, CA: University of California Press.

Collingham, L. (2011). *The Taste of War: World War Two and the Battle for Food*. London: Allen Lane.

CPSU (1941). *History of the Communist Party of the Soviet Union: Short Course*. Moscow: Foreign Languages Publishing House.

Crafts, N. and M. Magnani (2013). “ The Golden Age and the Second Globalization in Italy,” in G. Toniolo (ed.), *The Oxford Handbook of the Italian Economy, 1861–2011*. Oxford University Press.

De Bloch, J. (I. S. Bliokh). (1914). *The Future of War*. Boston, MA: World Peace Foundation.

Dimitrov, G. (1972 [1936]). *Selected Works*. Vol. Ⅱ. Sofia Press.

Dincecco M. and M. Prado (2012). “Warfare, Fiscal Capacity, and Performance,” *Journal of Economic Growth* 17(3): 171–203.

Edgerton, D. (2006). *Warfare State: Britain, 1920–1970*. Cambridge University Press.

Eichengreen, B. (1996). “ Institutions and Economic Growth: Europe after World War Ⅱ, ” in N. Crafts and G. Toniolo (eds.), *Economic Growth in Europe Since 1945*.Cambridge University Press, pp. 38–70.

Eisenhower, D. D. (1961). “ Farewell Address to the Nation,” January 17, 1961. Available at http://www.h-net.org/~hst306/documents/indust.html (accessed June 9, 2011).

Eloranta, J. and S. Andreev (2006). “ Democratization, Legitimization, and Central Government Spending, 1870–1938, ” Paper to the CEPR/NBER Workshop on European Growth and Integration since the Mid-Nineteenth Century, 13 to 15 October, Lund, Sweden.

Eloranta, J. and M. Harrison (2010). “ War and Disintegration, 1914–1945, ” in S. Broadberry and K. O’Rourke (eds.), *The Cambridge Economic History of Modern Europe. Vol. Ⅱ: 1870–2000*. Cambridge University Press, pp. 133–155.

Engelbrecht, H. C. and F. C. Hanighen (1934). *Merchants of Death: Study of the International Armament Industry*. New York: Dodd, Mead & Co.

Feldman, G. D. (1966). *Army, Industry and Labor in Germany, 1914–1918*. Princeton University Press.

(2000). " War Aims, State Intervention, and Business Leadership in Germany: The Case of Hugo Stinnes, " in R. Chickering and S. Förster (eds.), *War, Total War: Combat and Mobilization on the Western Front, 1914–1918*. Cambridge University Press, pp. 349–368.

Feldstein, M. (2008). " Defense Spending Would Be Great Stimulus: All Three Service Branches are in Need of Upgrade and Repair, " *Wall Street Journal*, December 24.

Ferguson, N. (1998). *The Pity of War*. London: Allen Lane.

(2001). *The Cash Nexus: Money and Power in the Modern World, 1700–2000*. London: Allen Lane.

Ferguson, T. and H.-J. Voth (2008). " Betting on Hitler—The Value of Political Connections in Nazi Germany, " *Quarterly Journal of Economics* 123(1): 101–137.

Fernandez, R. and D. Rodrik (1991). " Resistance to Reform: Status Quo Bias in the Presence of Individual-Specific Uncertainty, " *American Economic Review* 81(5): 1146–1155.

Findlay, R. and K. O'Rourke (2007). *Power and Plenty: Trade, War, and the World Economy in the Second Millennium*. Princeton University Press.

Firth, N. E. and J. H. Noren (1998). *Soviet Defense Spending: A History of CIA Estimates, 1950–1990*. College Station, TX: Texas A & M University Press.

Fisman, R. (2000). " Estimating the Value of Political Connections, " *American Economic Review* 91(4): 1095–1102.

Foreman-Peck, J. and G. Federico, eds. (1999). *European Industrial Policy: The Twentieth-Century Experience*. Oxford University Press.

Garton Ash, T. (1997). *The File: A Personal History*. London: Atlantic.

Gartzke, E. (2007). " The Capitalist Peace, " *American Journal of Political Science* 51(1): 166–191.

Gat, A. (2006). *War in Human Civilization*. Oxford University Press.

Gershman, C. and O. Gutierrez (2009). " Can Cuba Change? Ferment in Civil Society, " *Journal of Democracy* 20(1): 36–53.

Glantz, D. M. (1998). *Stumbling Colossus: The Red Army on the Eve of World War*. Lawrence, KS: University Press of Kansas.

Gleditsch, K. S. (2004). "A Revised List of Wars Between and Within Independent States, 1816–2002, " *International Interactions* 30(3): 231–262.

Gleditsch, N. P. (2008). " The Liberal Moment Fifteen Years On, " *International Studies Quarterly* 52(4): 691–712.

Goldstein, J. (2011). *Winning the War on War: The Decline of Armed Conflict Worldwide*. New York: Penguin.

Golson, E. B. (in press). " Swedish Trade in the Second World War," in J. Scherner and E. N. White (eds.), *The Short and Long-term Economic Effects of German Exploitation in the Occupied Territories*. Cambridge University Press.

Gorodetsky, G. (1999). *Grand Delusion: Stalin and the German Invasion of Russia*. New Haven, CT: Yale University Press.

Grechko, A. A., chief ed. (1982). *Istoriia vtoroi mirovoi voiny*. Vol. xii. Moscow: Voenizdat.

Guérin, D. (1938). " Fascism and Big Business, " *The New International: A Monthly Organ of Revolutionary Marxism* 4(10): 297–300. Available at www.marxists.org/history/etol/writers/guerin/1938/10/fascism.htm (accessed on June 9, 2011).

Hardach, G. (1977). *The First World War, 1914–1918*. Berkeley, CA: University of California Press.

Harrison, M. (1994). " The Soviet Defense Industry Complex in World War Ⅱ, " in J. Sakudo and T. Shiba (eds.), *World War Ⅱ and the Transformation of Business Systems*. Tokyo: University of Tokyo Press, pp. 237–262.

(2001). " Providing for Defense, " in P. R. Gregory (ed.), *Behind the Facade of Stalin's Command Economy: Evidence from the Soviet State and Party Archives*. Stanford, CA: Hoover Institution Press, pp. 81–110.

(2008). " The Market for Inventions under Stalin: Experimental Aircraft Engines, " in M. Harrison (ed.), *Guns and Rubles: The Defense Industry in the Stalinist State*. New Haven, CT: Yale University Press, pp. 180–209.

(2011). " Stalinizm i ekonomika voennogo vremeni, " in E. I. Kondrashina (chief ed.), *Istoriia stalinizma: Itogi i problemy izucheniia*. Moscow: Rosspen, pp. 546–565.

ed. (1998). *The Economics of World War Ⅱ: Six Great Powers in International Comparison*. Cambridge University Press.

Harrison, M. and A. Markevich (2008a). " Hierarchies and Markets: The Defense Industry under Stalin, " in M. Harrison (ed.), *Guns and Rubles: The Defense Industry in the Stalinist State*. New Haven, CT: Yale University Press, pp. 50–77.

(2008b). " The Soviet Market for Weapons, " in M. Harrison (ed.), *Guns and Rubles: The Defense Industry in the Stalinist State*. New Haven, CT: Yale University Press, pp. 156–179.

Harrison, M. and N. Wolf (2012). " The Frequency of Wars," *Economic History Review* 65(3): 1055–1076.

Hayes, P. (2001). *Industry and Ideology: IG Farben in the Nazi Era*, 2nd edn. Cambridge University Press.

Hewitt, J. J. (2008). " Unpacking Global Trends in Violent Conflict, 1946–2005, " in J. J. Hewitt, J. Wilkenfeld, and T. R. Gurr (eds.), *Peace and Conflict 2008*. Boulder, CO and

London: Paradigm, pp. 107–118.

Higgs, R. V. (1992). " Wartime Prosperity? A Reassessment of the U.S. Economy in the 1940s," *Journal of Economic History* 52(1): 41–60.

(1993). " Private Profit, Public Risk: Institutional Antecedents of the Modern Military Procurement System in the Rearmament Program of 1940–41," in G. T. Mills and H. Rockoff (eds.), *The Sinews of War: Essays on the Economic History of World War II* . Ames, IA: Iowa State University Press, pp. 166–198.

(1994). " The Cold War Economy: Opportunity Costs, Ideology, and the Politics of Crisis," *Explorations in Economic History* 31(3): 283–312.

Higgs, R. V. and A. Kilduff (1993). " Public Opinion: A Powerful Predictor of U.S. Defense Spending," *Defence and Peace Economics* 4(3): 227–238.

Hillman, A. J., G. D. Keim, and D. Schuler (2004). " Corporate Political Activity: A Review and Research Agenda," *Journal of Management* 30(6): 837-857.

Hitchens, C. (2006). " The Eighteenth Brumaire of the Castro Dynasty: Cuba's Military Coup Marks the End of the Revolutionary Era," *The Slate,* August 7. Available at www.slate.com (accessed on October 11, 2011).

Hoffman, P. T. (2010). " Prices, the Military Revolution, and Western Europe's Comparative Advantage in Violence," *Economic History Review* 64(S1): 39–59.

(2012). " Why Was It Europeans Who Conquered the World?" *Journal of Economic History* 72(3): 601–633.

Hoffman, P. T. and J.-L. Rosenthal (1997). " The Political Economy of Warfare and Taxation in Early Modern Europe: Historical Lessons for Economic Development, " in J. N. Drobak and J. V. Nye (eds.), *The Frontiers of New Institutional Economics.* San Diego, CA: Academic Press, pp. 31–55.

Holloway, D. (1980). " War, Militarism, and the Soviet State," in E. P. Thompson and D. Smith (eds.), *Protest and Survive.* London: Penguin Books, pp. 129–169.

Hull, C. (1948). *The Memoirs of Cordell Hull.* 2 vols. New York: Macmillan.

Jacks, D. S., C. M. Meissner, and D. Novy (2008). " Trade Costs, 1870–2000," *American Economic Review* 98(2): 529–534.

Johnson, S. and T. Mitton (2003). " Cronyism and Capital Controls: Evidence from Malaysia," *Journal of Financial Economics* 67(2): 351–382.

Karaman, K. K. and S. Pamuk (2010). " Ottoman State Finances in European Perspective, 1500–1914," *Journal of Economic History* 70(3): 593–629.

Keen, D. (1998). *The Economic Functions of Violence in Civil Wars*. Adelphi Papers No. 320. London: Routledge.

Khlevniuk, O. (1995). " The Objectives of the Great Terror, 1937–38," in J. M. Cooper,

M. Perrie, and E. A. Rees (eds.), *Soviet History, 1917–1953: Essays in Honour of R. W. Davies*. New York: St. Martin's, pp. 158–176.

Klein, N. (2007). *The Shock Doctrine: The Rise of Disaster Capitalism*. London: Allen Lane.

Klemann, H. (2007). " Entwicklung durch Isolation. Die niederländische Wirtschaft 1914–1918," *Jahrbuch Zentrum für Niederlande-Studien* 18: 131–157.

Klemann, H. and S. Kudriashov (2012). *Occupied Economies: An Economic History of Nazi-Occupied Europe, 1939–1945*. London and New York: Berg.

Knight, B. (2007). " Are Policy Platforms Capitalized into Equity Prices? Evidence from the Bush/Gore 2000 Presidential Election," *Journal of Public Economics* 91(1): 389–409.

Kocka, J. (1984). *Facing Total War: German Society, 1914–1918*. Leamington Spa: Berg.

Kontorovich, V. and A. Wein (2009). " What did the Soviet Rulers Maximise?" *Europe-Asia Studies* 61(9): 1579–1601.

Lawrence, J., M. Dean, and J.-L. Robert (1992). " The Outbreak of War and the Urban Economy: Paris, Berlin, and London in 1914," *Economic History Review* 45(3): 564–593.

Lenin, V. I. (1952 [1916]). " Imperialism, the Highest Stage of Capitalism, " in V. I. Lenin, *Selected Works*. Vol. I (part 2). Moscow: Foreign Languages Publishing House.

Levy, J. S. (1988). " Domestic Politics and War, " *Journal of Interdisciplinary History* 18(4): 653–673.

(1989). " The Diversionary Theory of War, " in M. I. Midlarsky (ed.), *Handbook of War Studies*. Boston, MA: Unwin Hyman, pp. 259–288.

Mansfield, E. D. and J. Snyder (2005). *Electing to Fight: Why Emerging Democracies Go to War*. Cambridge, MA: The MIT Press.

Markevich, A. and M. Harrison (2006). " Quality, Experience, and Monopoly: The Soviet Market for Weapons under Stalin," *Economic History Review* 59(1): 113–142.

Martin, P., T. Mayer, and M. Thoenig (2008). " Make Trade Not War? " *Review of Economic Studies* 75(3): 865–900.

Marx, K. (1970 [1867]). *Capital*. Vol. 1. Moscow: Progress.

Mason, T. (1968). " The Primacy of Politics: Politics and Economics in National Socialist Germany," in S. J. Woolf (ed.), *The Nature of Fascism*. London: Weidenfeld & Nicolson, pp. 165–195.

Milward, A. S. (1965). *The German Economy at War*. London: Athlone Press.

Mommsen, H. (2005). " The Impact of Compulsory Labor on German Society at War," in R. Chickering, S. Förster, and B. Greiner (eds.), *A World at Total War: Global Conflict and the Politics of Destruction, 1937–1945*. Cambridge University Press, pp. 177–188.

Morgan, T. C. and C. J. Anderson (1999). " Domestic Support and Diversionary External

Conflict in Great Britain, 1950–1992," *Journal of Politics* 61(3): 799–814.

Morgan, T. C. and K. N. Bickers (1992). " Domestic Discontent and the External Use of Force," *Journal of Conflict Resolution* 36(1): 25–52.

Münkler, H. (2005). *The New Wars*. Cambridge: Polity.

Murdoch, J. C. and T. Sandler (1984). " Complementarity, Free Riding, and the Military Expenditures of NATO Allies," *Journal of Public Economics* 25(1–2): 83–101.

O'Brien, P. K. (2005). " Fiscal and Financial Preconditions for the Rise of British Naval Hegemony, 1485–1815," Working Paper No. 91/05. London School of Economics, Department of Economic History.

(2011). " The Nature and Historical Evolution of an Exceptional Fiscal State and its Possible Significance for the Precocious Commercialization and Industrialization of the British Economy from Cromwell to Nelson," *Economic History Review* 64(2): 408–446.

Offer, A. (1989). *The First World War: An Agrarian Interpretation*. Oxford: Clarendon Press.

Olson, M. (1982). *The Rise and Decline of Nations: Economic Growth, Stagflation, and Social Rigidities*. New Haven, CT: Yale University Press.

Olson, M. and R. Zeckhauser (1966). " An Economic Theory of Alliances, " *Review of Economics and Statistics* 48(3): 266–279.

Overy, R. J. (1994). *War and Economy in the Third Reich*. Oxford University Press.

Pamuk, S. (2005). " The Ottoman Economy in World War Ⅰ," in S. Broadberry and M. Harrison (eds.), *The Economics of World War I*. Cambridge University Press, pp. 112–136.

Pelletière, S. C. (2004). *America's Oil Wars*. London: Praeger.

Pinker, S. (2011). *The Better Angels of our Nature: Why Violence has Declined*. New York: Viking.

Pospelov, P. N., chief ed. (1965). *Istoriia Velikoi Otechestvennoi voiny Sovetskogo Soiuza 1941–1945*. Vol. VI. Moscow: Voenizdat.

Proudhon, P.-J. (1861). *La guerre et la paix: recherches sur le principe et la constitution du droit des gens*. 2 vols. Paris: Collection Hetzel.

Raack, R. C. (1995). *Stalin's Drive to the West, 1938–1941: The Origins of the Cold War*. Stanford University Press.

Ricardo, D. (1971 [1817]). *On the Principles of Political Economy and Taxation*, ed. R. M. Hartwell. London: Pelican.

Ritschl, A. (2002). " Deficit Spending in the Nazi Recovery, 1933–1938: A Critical Reassessment," *Journal of the Japanese and International Economies* 16(4): 559–582.

(2005). " The Pity of Peace: Germany's Economy at War, 1914–1918 and Beyond, " in S. Broadberry and M. Harrison (eds.), *The Economics of World War I*. Cambridge University

Press, pp. 41–76.

Robinson, J. (1972). " The Second Crisis of Economic Theory, " *American Economic Review* 62(1–2): 1–10.

Rockoff, H. (1998). " The United States: From Ploughshares to Swords," in M. Harrison (ed.), *The Economics of World War Ⅱ : Six Great Powers in International Comparison*. Cambridge University Press, pp. 81–121.

(2012). *America's Economic Way of War: War and the US Economy from the Spanish-American War to the Persian Gulf War.* Cambridge University Press.

Rodrik, D. and A. Subramanian (2005). " From ' Hindu Growth ' to Productivity Surge: The Mystery of the Indian Growth Transition," *IMF Staff Papers* 52(2): 193–228.

Rogerson, W. P. (1994). " Economic Incentives and the Defense Procurement Process, " *Journal of Economic Perspectives* 8(4): 65–90.

Schulze, M.-S. (2005). " Austria-Hungary's Economy in World War Ⅰ," in S. Broadberry and M. Harrison (eds.), *The Economics of World War I*. Cambridge University Press, pp. 77–111.

Schweitzer, A. (1964). *Big Business in the Third Reich*. London: Eyre & Spottiswoode.

Shiba, T. (1994). " Business Activities of Japanese Manufacturing Industries During World War Ⅱ, " in J. Sakudo and T. Shiba (eds.), *World War Ⅱ and the Transformation of Business Systems*. University of Tokyo Press, pp. 1–25.

Simonov, N. (2000). " New Postwar Branches (2): The Nuclear Industry, " in J. Barber and M. Harrison (eds.), *The Soviet Defence Industry Complex from Stalin to Khrushchev.* Basingstoke and London: Macmillan Press, pp. 150–172.

Smith, A. (1970 [1776]). *An Inquiry into the Nature and Causes of the Wealth of Nations.* Harmondsworth: Penguin.

Smith, R. P. (1977). " Military Expenditure and Capitalism, " *Cambridge Journal of Economics* 1(1): 61–76.

(2009). *Military Economics: The Interaction of Power and Money*. Basingstoke: Palgrave Macmillan.

Steindl, J. (1952). *Maturity and Stagnation in American Capitalism*. Oxford University Press.

Suvorov (Rezun), V. (1990). *Ice-Breaker: Who Started the Second World War*? London: Hamish Hamilton.

Tilly, C. (1975). "Reflections on the History of European State-Making," in C. Tilly (ed.), *The Formation of National States in Western Europe*. Princeton University Press, pp. 3–83.

Tooze, J. A. (2006). *The Wages of Destruction: The Making and the Breaking of the Nazi Economy*. London: Allen Lane.

Trevor-Roper, H. R., ed. (2000). *Hitler's Table Talk, 1941–1944*, 3rd edn. London: Enigma Books.

Turner, H. A. (1985). *German Big Business and the Rise of Hitler*. Oxford University Press.

Uldricks, T. J. (1999). " The Icebreaker Controversy: Did Stalin Plan to Attack Hitler? " *Slavic Review* 58(3).

Urlanis, B. T. (1994 [1960]). *Istoriia voennykh poter. Voiny i narodonaselenie Evropy. Liudskie poteri vooruzhennykh sil Evropeiskikh stran v voinakh XVII–XX vv. (Istoriko-statisticheskoe issledovanie.)* St. Petersburg: Poligon.

Von Staden, P. W. (2008). *Business–Government Relations in Prewar Japan*. London: Routledge.

Weeks, A. L. (2002). *Stalin's Other War: Soviet Grand Strategy, 1939–1941*. Lanham, MD: Rowman & Littlefield.

Wilson, M. and J. Eloranta (2010). " Thwarting the ' Merchants of Death ' Accusation: The Political Economy of Military Procurement in Industrial Democracies before the Second World War, " *Essays in Economic and Business History* 28: 91–106.

第
12
章

现代资本主义：狂热者、反对者和改革者

杰弗里·弗里登和罗纳德·罗戈夫斯基

384 自 18 世纪末出现以来，现代资本主义一直是人们激烈争论的焦点。一方面，资本主义经济的增长是非同寻常的。另一方面，资本主义一直容易陷入危机，而且与严重的不平等程度联系在一起。政治上的争议在很大程度上是由那些从资本主义的快速经济发展中获益或将受益的人，与那些命运受到资本主义进步和周期性危机威胁的人之间的冲突所驱动的。

从积极的一面看，通过将土地、劳动力、资本和人力资本以前所未有的速度与增加产出和收入的方式结合起来，现代资本主义释放出了非凡的生产力。即使是资本主义最严厉的批评者也认识到，这个体系带来了巨大的经济进步。正如马克思和恩格斯在《共产党宣言》中所写的那样，“资产阶级在它的不到一百年的阶级统治中所创造的生产力，比过去一切世代创造的全部生产力还要多，还要大。”他们写道，在这个过程中，资本主义已经“使很大一部分居民脱离了农村生活的愚昧状态”。

消极的一面是，毫无疑问，资本主义的发展可能威胁到那些无法与新技术和新生产者竞争的人的生计。正如资本主义创造了许多赢家一样，它也创造了输家。其中包括欧洲的工匠和农民，他们受到新工厂生产和新世界农业的影响，生活状况严重下降。心怀不满的还包括拉丁美洲、非洲和亚洲的一些国家，这些国家的生产结构被证明不适合——至少首先如此——国际竞争。今天，有许多工人、小企业和其他人，他们担心那些已经主宰了当代资本主义的大公司的市场和政治力量。

资本主义的另一个受到批评的方面是它的周期性危机倾向。这
是该体系自建立以来的一个特点，虽然各国政府似乎已经制定了更有 385
效的措施来减轻这些危机的影响，但肯定没有消除危机。对资本主义
秩序持批评态度的人担心，现代资本主义经济会间歇性地陷入困境。

在接下来的内容中，我们概览了自 18 世纪末期以来对资本主义发展的政治反应。在整个过程中，我们把注意力集中在争论的两个主要方面。资本主义的主要支持者是那些从发展中获益最多的人，也就是希望这样做的人。资本主义的主要反对者是那些随着这一系统的发展，已经失败或将要失败的人。中立者往往是改革者，他们想挽救资本主义最好的一面，同时也想使一些最粗糙的棱角变得光滑。虽然不可能对地球的每一个角落都公正，但我们试图同时涵盖先进的工业化国家——欧洲、北美、日本——以及非洲、亚洲和拉丁美洲等地的较贫穷国家。

重商主义的前奏

现代资本主义起源于一种国际经济秩序，在这种秩序中，欧洲人同时在经济和军事上主宰着世界其他地区。15—18 世纪，欧

洲早期的资本主义经济受到一种限制了市场运作的重商主义制度的制约（奥布莱恩，第一卷第 12 章）。这些限制有助于赋予统治者权力，丰富或保护强大的经济利益。它们非常成功地为母国获取和利用殖民财产，并将新兴资本主义社会的精力引导到新的制造业活动之中。

在欧洲社会的顶端，重商主义、早期资本主义、社会秩序的主要拥护者，除了统治者本身，其余的都是居住在城市的商业和金融阶层，他们是系统性经济活动偏向的主要受益者。在这一早期阶段，各国政府通常认可垄断对许多经济活动的控制，包括海外贸易和进入殖民地市场和资源的机会。垄断者——例如哈德逊湾公司（Hudson's Bay Company）和荷兰东印度公司——自然会支持这一体系。一些拥有土地的精英从这些新的海外机会中获益——许多人把后代送去开发海外市场。此外，城市手工业者和他们的行会也从中获益，因为通过使贸易条件有利于母国，特别是通过降低初级投
386 入品的价格，同时提高制成品的价格，重商主义对贸易的这些限制刺激了早期的本地制造业。由于它结合了军事和经济目标，重商主义取得了惊人的成功，这与西欧崛起为全球经济和军事主导地位有关。然而，它很快就让位于更现代的经济秩序了。

工业革命，1770—1850 年

现代工业资本主义的兴起

在 18 世纪，新的工厂制度开始取代北欧部分地区以前的经济秩序。家庭手工业和“包买”系统让位于工厂生产系统（哈雷关于“欧洲工业化”的讨论，第一卷第 16 章），熟练的工匠被水和蒸汽

驱动的机器取代，这些机器可以由包括儿童在内的技能较低的工人操作，而且需要大量资本。其结果是工业产出空前增加。但是，新产业的非凡生产力给大量现有的生产者带来了一些问题。

随着工厂生产系统的蓬勃发展，许多早期的制造商破产了。欧洲大陆和英国一样，那里的手工织布机首先受到了包买制度的压力，然后又受到了亚洲进口品的挤压，从拿破仑战争结束以来，这些织布机就受到跃升为技术前沿的英国工厂生产的纺织品的竞争。在许多以纺织为主的地区，大量失业和现实的饥饿接踵而至，最著名的是 19 世纪 40 年代的西里西亚。

在仍由行会主导的独立城镇和公国中，资本主义生产方式的进入和更广泛的市场预示着其将迅速消亡。欧洲市场上出现的廉价的大规模生产的商品——纺织品、鞋子、衣服、玩具、工具——注定了传统的劳动密集型行会的失败。如果这个城市接纳更便宜的商品（即使在支付了高额关税之后），传统的工匠就会失去他们的顾客。如果大规模生产的商品被排除在外，以保护当地市场，那么其消费者就会搬到那些提供更便宜、更多样化的商品、服务和职业的地区，那么传统的城镇又一次凋敝了。

在许多以手工业为基础的德国城镇中，资本主义比在英国、法国、普鲁士和拿破仑统治下的德国部分地区更具破坏性，因为那里的行会制度已经被废除。这些地区势力较弱的资产阶级与传统的日常消费品制造业的联系相对较少，它们更多地与店主和高度专业化 387
而且往往是豪华的装饰性工艺品（家具、挂毯、珠宝、葡萄酒和玻璃）联系在一起。即便如此，在一些部门，特别是在纺纱和织布方面，即使在这些更“开明”的地区，其影响也是灾难性的。

无论是在英国还是在欧洲大陆，现代工业的扩张——和一些像现代资本主义一样的东西——既得到了热心者的支持，也带来了反对新社会制度的团体。

热心的支持者

新的制造业利益集团既是新工业制度的主要参与者，也是最热心的支持者。新兴的工厂生产系统的中心位于英格兰的中部和北部，包括伯明翰和曼彻斯特等城市、法国北部和瓦隆的部分地区，以及德国各州（主要是普鲁士）。

新工业中心的企业家们很快意识到，亚当·斯密所说的“商业体系中的吝啬和恶毒的权宜之计”是现代制造业全面发展的障碍。[1]重商主义垄断限制了新的经济行为者的进入，甚至（或特别）是当后者更有效率的时候。重商主义对海外贸易的限制有时限制了新的经济行为者进入有前途的外国市场。农业保护提高了投入品成本，同时——因为食物是工人消费篮子的主要部分——也提高了雇主的劳动力成本。在现代工业掌控的地方，减少或消除对新经济活动的现有控制的政治运动也是如此。

在英国这个新兴产业的主要早期孵化器，两场相互关联的伟大政治斗争标志着现代资本主义政治的诞生。首先是改革国家政治体制，增加最初被定义为在贵族和农民之间的，特别是位于城镇的企业和专业阶层的“中产阶级”的代表性权利。众所周知，英国议会席位的不平衡性严重地高估了农村的权重，低估了城市的权重。大地主们不仅拥有他们自己的议会、上议院，而且通过他们对所谓的“口袋选区”的影响力，控制了下议院的多数席位。到了 19 世
388 纪 30 年代曼彻斯特和伯明翰分别是拥有 20 万和 10 万居民的城市，而二者均没有自己的议会代表，相反，有几十个区域（“选区”）只有几十个居民，却拥有自己区域的议会代表。最臭名昭著的衰败选区，如老萨鲁姆（Old Sarum），几乎没有居民：在 1831 年的选举

中，这个区的 11 名选民中没有一个实际居住在这个地区。[2] 另一个城市，邓尼奇（Dunwich），实际上已经位于海平面以下，海水已经侵占了这个曾经繁荣的港口城镇几乎所有的土地。

从 18 世纪 60 年代开始，人们就进行了零星的尝试，来扩大选举权和纠正议会的不正常分配，但毫不奇怪的是，他们几乎没有得到现任议员的支持。法国大革命使那些担心扩大选举权只会导致这种灾难的人的反对更加强硬。但是在 1815 年之后，要求改革的压力越来越大，代表数量不足的地区充斥着抗议和大规模示威；其中一些地区遭到暴力镇压。也许更重要的是，城镇制造业的新精英们开始为议会改革调动他们的财富和影响力。最终，议会在 1832 年通过了一项《改革法案》（Reform Act），尽管许多精英派别继续反对，但这项法案却大大扩大了选举权（约占全国人口的 5%）。[3]

选举改革一旦实施，就为新资本主义最强大的商业支持者提供了机会，让他们的声音更有效地被听到，他们立即开始试图影响这些方面的政策。工业区的新代表们特别关注当时的主要问题之一，即废除《谷物法》。这些是对谷物征收的关税，最初是在拿破仑战争期间实施的，到了 19 世纪 20 年代，这成为英国农场主的一大利益。然而，《谷物法》也提高了食品成本（即在当时的工人阶级宣传中的“亲爱的面包”），从而提高了工资。或许同样重要的是，废除法案的支持者认为，开放英国贸易将有助于打开海外市场。这之所以会发生，既是因为外国人向英国推销商品的能力增强，将增加 389
他们的收入，以及他们对于英国商品的需求；也是因为他们会因英国的自由化而得到回报。

在英国的辩论中保护关税对美国的影响被突出地提及。一方面，就像制造商和自由贸易活动家理查德·科布登指出的，关税减少了外国人的收入，鼓励他们生产自己的制成品，而不是从英国购买："我们没有给美国人提供刺激以使得他们远离城市——放弃他们不成熟的制造业活动——为我们挖掘、松土和耕犁"。另一方面，英国的保护主义强化了美国贸易保护主义者的政治地位。内政大臣詹姆斯·格雷厄姆（James Graham）在 1846 年表示："我们把我们的自然和最好的客户，不仅变成商业竞争对手，而且变成商业敌人……因此，他们向我们征收敌对关税，并对我们的制成品征收高额关税。"[4]

经过议会、新闻界和街道上十多年的激烈斗争，在 1846 年，议会终于废除了《谷物法》。再一次地，这场斗争激烈而持久：保守党分裂成了佩里派（赞成废除《谷物法》）和反佩里派（反对废除《谷物法》），直到本杰明·迪斯雷利首相（Benjamin Disraeli，早期是反佩里派的领导人，但后来支持自由贸易）上台，这一分歧才完全消解。废除《谷物法》标志着重商主义时代的实际性结束，以及贸易自由化时代的开始，而这几乎等同于 19 世纪现代工业资本主义的兴起。

在革命后的法国（波旁王朝最终在 1830 年被推翻了），在国家和地方两级，精英阶层对资本主义的强烈支持十分明显。亲资本主义的精英在奥尔良王朝（1830—1848）和第二帝国（1852—1870）中都占主导地位。在这里，资本主义发展的关键基础设施也得到了发展：港口、运河、铁路，有时甚至是大规模的城市重建（路易·拿破仑时期豪斯曼对巴黎的重建）。在第二帝国时期，从著名的《科布登－谢瓦利埃条约》（Cobden-Chevalier Treaty）开始，法国和英国一样奉行自由贸易，或者至少是更自由的贸易。在一个特别有远见的举动中，第二帝国通过实施标准化的等级制度和标签，向买家保证了产品的原产地和质量，从而大大推进了法国重要的出口产品之一——葡萄酒行业的发展。[5]

在欧洲大陆的其他地方，新生的资本家同样推动了现有制度的 390
现代化，但在这里，前资本主义生产方式的盛行意味着选举改革或更广泛的选举权很少被视为解决问题的办法。虽然更广泛的市场、更深化的金融和更大企业的拥护者寻求类似的政策——结束地方保护主义，废除剩余的行业，使农业发展合乎经济规律（使农村工人自由进入城市工业），降低食品关税——为了实现这些目标，欧洲大陆的实业家们经常与“现代化的独裁国家”结盟。

早在 18 世纪，欧洲大陆的一些“开明专制”国家，其中最引人注目的是腓特烈大帝时期的普鲁士和约瑟夫二世时期的奥地利，已经为资本主义准备好了法律和制度的土壤，其中包括统一、合理的法律法规，保障司法的独立性，弱化或取消行会，消除内部贸易壁垒。在政治上，1830 年比利时独立王国的成立是接受资本主义的最早飞跃，它比欧洲大陆任何其他国家更欢迎资本主义企业。在后拿破仑时代的德国，尤其是普鲁士，资本主义的发展受到施泰因－哈登堡改革（Stein-Hardenberg reforms，1807—1811）的推动，其中包括废除大部分行会特权，以及扩大关税同盟，这一关税同盟不仅包括普鲁士，还包括越来越多的邻国：梅克伦堡、萨克森、图林根、巴伐利亚和黑森。

知识分子，特别是英国的知识分子，有时强化了更有利于现代城市工业资本主义的公共政策的广泛演进。最直接的联系是新一代英国古典政治经济学家和新的制造业利益集团之间的关系。托马斯·马尔萨斯、詹姆斯·穆勒、大卫·李嘉图和亚当·斯密都认为重商主义是经济进步的障碍，其垄断行为是现代工业发展的绊脚石。他们向充满活力的企业家听众宣扬竞争、专业化和比较优势的价值。在历史学家中，托马斯·巴宾顿·麦考莱（Thomas

Babington Macaulay)，这位“辉格史”之父成为新的资本主义扩张秩序的热情支持者。在横跨海峡的法国，像魁奈（Quesnay)、杜尔哥（Turgot）这样的重农学派学者，在英国政治经济学家之前，他们就开始厌恶重商主义，对竞争和效率充满热情，尽管他们认为农业而不是工业，是生产进步的主要来源。这些新的哲学和分析潮流强化了人们对现代自由主义的广泛接受和对现代工业社会的普遍同情。

反对者

391 狂热的支持者们尽管精力旺盛，却面临着大量的反对声音。法国民众似乎是对资本主义持怀疑态度。对农民来说，确保他们小农场的所有权就是革命取得成就的标志。农民既不想机械化，也不想看到他们的年轻人被工业吸引，更重要的是，他们也不愿意接受大量的粮食进口。大革命还使法国农民享有选举权，因此自由化只能在独裁政权下进行（见上文）。正是农民的支持压制了巴黎公社，农民的支持也支撑了第三共和国的成立，并且使法国稳步地接受了对零售业和工业的限制，使法国成为一个对现代资本主义持矛盾态度的国家。[6]

最明显的是，在传统行会和手工制造业占主导地位的地区，抵制的力量远比在法国或英国强大得多。手摇纺织机纺织者和纺纱者在德国许多地区（奥格斯堡、西里西亚、萨克森）反抗强烈，而且还砸坏机器，他们模仿英国的路德派但远远超越了他们。其他手工业者也加入进来，他们起初要求通过禁止从外地进口，或修订或废除关税同盟来加强保护。最终，他们认为任何有效的补救措施都必须在更广泛的层面上实施，并在 1848 年的革命中寻求一个统一和民主的德国。1848 年革命者宪法草案的崇高愿望不应使我们忽视这样一个事实：其主要支持者是传统的工匠，其中两项关键规定赋予了设想中的国家政府充分的制定关税和管制贸易与许可的权力。如果德国在这一阶段建立了民主国民政府，那么它对资本主义企业的限制可能会比民主的第三法兰西共和国对资本主义企业施加的限制更为严厉。

即便不是大多数，也有许多欧洲知识分子和艺术家反对，他们实际上常常是震惊于周围资本主义的迅速崛起。无论是在工业化进程中的英国、革命后的法国，还是在革命前的德国，诗人、剧作家、画家、小说家，他们中的绝大多数都可以被认为是反资本主义者。在它的大多数方面，浪漫主义代表了——除了它的技术新鲜感和对自然语言的喜爱——发自内心地渴望一个失落的、前工业时 392
代的过去。威廉·布莱克（William Blake）最直接地看到“英格兰的绿色牧场”被“黑暗的邪恶磨坊”所取代。但是，贝多芬的第六交响曲，一首没有被工业或城市化影响的乡村赞歌，迅速成为他最受欢迎的作品之一，这并非偶然。华兹华斯（Wordsworth）最初对法国大革命的热情[7]，很快就屈从于《丁登寺》（*Tintern Abbey*）对乡土的渴望，而且，他和他的密友柯勒律治（Coleridge）并不是从英格兰的城市、港口或商业中获得灵感，而是从原始的湖区获得灵感。即使是印象派，他们虽然能够描写热情奔放的城市场景，但其描绘的场景往往集中在传统的有着干草堆和麦田的农村，人们一旦注意到，通常就会发现有一条危险的、喷出浓烟的铁路在背后隐约出现。

更直接的是，许多诗人和评论家［其中最重要的是海因里希·海涅（Heinrich Heine）[8]］在 1844—1845 年热情地站在了流离失所的西里西亚织工一边。几十年后，自然主义者格哈特·豪普特曼（Gerhart Hauptmann）在 1894 年的剧作《织工》（*Die Weber*）中，对他们的痛苦，以及他们的资本主义雇主的可怕自私和虚伪做出了令人泪流满面的描述。

工团主义

工业化除了威胁到许多传统的经济主体以及传统的政治和社会主义者，还创造了一个产业工人阶级。这个新工人阶级几乎从它一出现就组织起来，并最终成为每一个工业社会的一支重要的政治力量（休伯曼，本卷第 13 章）。它的要求范围包括从纯粹的经济到广义的政治，从温和的改良主义到公开的革命性等各种类型。

英国工人在 18 世纪 90 年代开始创建明确的政治组织，主要是为了要求更多的权利，但这些组织大多在法国大革命之后的普遍恐怖气氛中受到了压制。到了 19 世纪 30 年代，当人们的情绪再度高涨时，工人阶级的特征发生了变化。参与 18 世纪 90 年代运动的主
393 要是手工业者、工匠和中产阶级中的专业人士，而参与 19 世纪 30 年代和 40 年代动员活动的则包括了大量的工厂工人——一个诞生于几十年前的快速工业化的新群体。

英国工人阶级对资本主义的反对——或者至少是它所采取的形式——最清楚地表达在宪章运动中。宪章运动——围绕 1838 年的《人民宪章》(People’s Charter）——推行鼓吹男性普选权、无记名投票，以及一系列其他能让工人阶级更容易地进入政治体系的改革。他们在呈递议会的两次重要请愿书上收集了数百万个签名，在全国各地组织了大规模会议，并引发了罢工浪潮，尤其是在工业化的北部地区和苏格兰。宪章运动遭到英国政府的敌视和镇压，尤其是在 1848 年的革命席卷了欧洲大陆的时候。尽管如此，他们还是把全国的注意力集中在了更激进的政治改革事业上，以及工人阶级新发现的力量上；而宪章主义者可以说为在未来三十年内最终通过他们

的大部分提议铺平了道路。

早期社会主义

19 世纪 30 年代和 40 年代，其他资本主义的革命家和改革派批评家也越来越活跃。在大多数国家，这种行动主义最终导致了 1848 年革命。尤其是在法国和德国，城市中产阶级和工人阶级要求在政治生活中发挥更大的作用。革命浪潮迥然不同，当然，也没有影响到一些国家，但它表明，现代欧洲社会中有相当一部分人对当时盛行的保守规则深感不满。几乎所有的革命运动都遭到了抵抗，往往是残酷的镇压，1848 年之后基本上回归到独裁统治。尽管如此，欧洲的一代人目睹了反对当前政治和经济秩序的大规模运动。

18 世纪 90 年代至 19 世纪 40 年代，激增的工人阶级和中产阶级鼓动了政治和社会变革，与此同时，欧洲改革者也试图解决他们在工业化过程中所看到的明显和日益扩大的不平等现象。尤其是英国和法国的社会改革者，他们对他们在新的工业社会中观察到的贫困和不平等现象提出了尖锐的批评，并提出了更多合作和平等的替代方案。

大多数改革者——被马克思和恩格斯称为“空想社会主义者”——把他们的希望寄托在建立新的合作社区上，而这些社区将说明建立一个更公正但仍具有经济生产力的社会秩序的可能性。像夏尔·傅立叶（Charles Fourier）和昂利·圣西门（Henri de Saint- 394
Simon）这样的法国思想家，以及罗伯特·欧文（Robert Owen）这样的英国思想家，都鼓励这些“乌托邦”社区的建立。欧文亲自接管了他岳父在苏格兰新拉纳克的工厂小镇，并把它改造成了一个更人道的工业主义的橱窗。傅立叶的追随者们建立了数十个这样的社区（其中包括马萨诸塞州的布鲁克农场和艾奥瓦州的康宁）。尽管新拉纳克几十年来一直是一个模范城镇，但大多数其他乌托邦式的定居点只持续了几年。尽管如此，他们为改革派思想家和活动家提供了某种不同社会的可能模式。像约翰·斯图亚特·穆勒这样务实的进步思想家表达了对傅立叶主义（Fourierist）和其他空想社会主义者的同情。然而，尽管这些运动具有更广泛的吸引力和影响力，但其规模太小、太孤立，无法对大众政治产生深远影响。

另一个极端是无政府主义者和无政府工团主义（anarcho-syndicalist）思想家，他们主张进行非常激进的变革。他们中的许多人，如俄国的米哈伊尔·巴枯宁（Mikhail Bakunin）和法国人皮埃尔·约瑟夫·蒲鲁东（Pierre-Joseph Proudhon），基本上排斥私有财产和现代国家，他们支持由松散联盟组成的自组织生产者社区。在19世纪四五十年代，早期无政府主义者支持他们的“自由派社会主义”，并对当时盛行的专制资本主义进行了强有力的批判。无政府主义吸引了一些国家的知识分子和工人。

在19世纪40年代，随着这些社会主义思潮席卷整个欧洲，卡尔·马克思和弗里德里希·恩格斯开始了他们的合作。他们是共产主义者同盟的主要成员，这个组织正好是在1848年革命之前成立的，主要由生活在英国的德国工人组成。尽管共产主义者同盟于1852年解散了，但马克思和恩格斯继续与欧洲的资本主义激进反对者合作。他们在日益壮大和不同的、自称为某种社会主义者的群体中变得有影响力了。然而，到1860年，社会主义思想或行动中没有一个部分能够占主导地位。取而代之的是，工人阶级和中产阶级的改革者越来越多，他们都对资本主义秉持批判的看法，并渴望找到一种不同的方式来组织社会。

现代产业资本主义和自由放任的鼎盛时期，1850—1914 年

19 世纪 50 年代，欧洲资本主义的反对者种类最多，范围包括封建浪漫主义者以及狂热的共产主义者；但是，欧洲资本主义本身 395 正逐渐收敛并走上了英国早期模式的道路。在废除《谷物法》之后的几年里，西欧大部分地区走向了作为英国经济政策基础的国际经济一体化道路。这种模式的两大支柱是自由贸易和金本位。随着《谷物法》的废除和重商主义变成一纸空文，英国致力于将国际贸易壁垒降到最低。[9] 正如前面提到的，1860 年的《科布登－谢瓦利埃条约》表明，法国选择了贸易自由化，随着时间的推移，大多数西欧国家都采取了这种做法。矛盾的是，普鲁士人以特别的热情支持自由贸易，因为占主导地位的东普鲁士地主是非常成功的谷物出口商[10]——这种情况很快就会改变。在欧洲以外，许多新世界地区的政府也实现了贸易自由化，融入世界市场在当时是大势所趋。在 19 世纪，发达国家的贸易增长速度是其经济增长速度的 2 ～ 3 倍；这种速度一直持续到该世纪末期。贸易占世界经济的份额是初期的 7 ～ 8 倍。[11]

国际金本位制度伴随着贸易自由化的出现和巩固而诞生，它扮演了贸易自由化的促进者角色。英国自 1717 年以来就一直以黄金为基础，随着其作为全球市场领导者地位的巩固，它也吸引了其他国家使用同样的货币体系。在 19 世纪 70 年代，大多数主要工业国家加入了金本位制，承诺以预先确定的汇率将本国货币兑换成黄金。到 1879 年，大多数工业国都采用了金本位制。

1850—1914 年，围绕自由贸易和金本位制组织起来的古典世界经济，国际经济一体化水平非常高。除贸易外，国际资金流

动——外国投资迅速增长，主要是债券和股票，占英国储蓄的三分之一、法国的四分之一、德国的十分之一（詹姆斯，本卷第9章）。[12]国际移民也迅速增长，5 000万欧洲人和5 000万亚洲人背井离乡
396 去往海外的新国家。国际经济——世界上大多数国家——以前所未有的速度增长。实际上，1840—1914年的75年里，世界经济的增长速度超过了前750年。[13]这种表现很可能使其值得被贴上“资本主义的黄金时代”或者（1815—1914年）“百年和平时期”的标签[14]，但是，资本主义的传播及其在这一时期的发展也受到了许多批评。有很多可抱怨的事情——欧洲的农业危机、亚洲和非洲的殖民扩张、一个持续了近25年的价格大萧条[15]、世界工业中心的悲惨状况、有限的或不存在的民主——而且发生了各种形式的抗议活动。

热衷者

这一新秩序的主要支持者——国际和国内的——再次毫不奇怪地成为其主要受益者。在一个基本上欢迎货物、资本和人员全球流动的环境中，国际金融、商业和工业利益集团能够利用世界各地的机会。大多数国家围绕着时代的正统主义形成了共识。这一正统主义使一国的国际经济关系更加优越，有些国家甚至牺牲了一些国内的关切。这些共识包括对金本位制的承诺、尊重跨国界的财产权、大力参与国际商业，以及在大多数情况下承诺人员自由迁移。在欧洲和北美的发达国家，大多数经济和政治领导人，以及大部分中产阶级甚至工人，特别是那些生计与国际贸易和投资密切相关的工人，都接受了这一共识。[16]事实上，许多欧洲劳工运动都支持贸易自由化，部分原因是贸易自由化意味着更便宜的食品，部分原因是贸易自由化意味着他们的制造商能够更方便地进入外国市场，最

重要的是因为它稳步提高了欧洲劳工的实际工资。[17] 397

在世界上较贫穷的国家——拉丁美洲、亚洲部分地区和地中海周围——正统共识主要局限于狭隘的精英阶层。在贸易自由化方面也相当宽松——许多商界领袖，特别是北美和南美洲的商界领袖，对于保护工业方面没有任何疑问，尽管他们普遍赞成金本位制，以及与欧洲密切的商业和金融联系。无论如何，这些国际主义精英通常对本国的政治和经济秩序实行严格控制。如果有来自底层的不同意见——尤其是为了维持一个国家的对外承诺而做出的牺牲是强加于那些在这一问题上几乎没有发言权的人身上——那么这些意见就会被忽视或压制。

尽管如此，在 19 世纪末和 20 世纪初，世界上大多数国家的经济和政治领导人之间出现了显著的趋同。几乎所有人都承认，开放的国际经济是非常可取的；他们的国家调整其经济政策以保持与国际经济的联系是合理而明智的。有时，这可能意味着要对顽固不化的民众实施艰难的紧缩措施。在极端情况下，即使是最具国际主义色彩的统治集团也可能会发现自己被迫放弃黄金——南欧和拉美国家的政府经常带有一定规律性地这样做。但是，它们的目标仍然是充分参与英国主导的全球贸易、金融和货币秩序；这一目标往往得以实现。一个迹象是，到 20 世纪初，几乎所有具有经济重要性的国家——只有中国和波斯除外——都采用了金本位制。

计划经济的替代选择

如果世界上的大多数国家都欣赏和模仿了英国的不受约束的资本主义模式，那么我们必须注意到，在这一时期出现了一种完全不同的方式，这种方式不仅极其重要，而且在某些情况下还具有阴暗的一面。这是由国家主导的，或者由国家刺激的工业化：其极端的

形式就是国家资本主义。保守派领导人看到了工业化可能带来的巨大优势（尤其是在军事力量方面），但他们担心工业化也会不可避
398 免地引发社会混乱，因而常常决定“指导”这一进程；强大的既有政府允许他们这样做。

这些“保守的现代主义者”通过积累和引导资本，通常是通过“受宠”的银行，利用国家权力建立基础设施，并与主要工业公司的领导人协同工作，从而大大加速了工业发展的步伐。与此同时，为了遏制和化解传统部门的反对，这些领导人推行了三管齐下的战略：（a）容忍或鼓励重建行会体系秩序；（b）国家提供广泛的社会保险福利；（c）对民众参与政治实行严格限制。简言之，保守的现代主义者建立了一个强大的国家，加速了资本主义的发展，庇护了最受威胁的传统部门，并提供了广泛的社会福利，但是，它反对民主。

几乎理想的典型例子是奥托·冯·俾斯麦（Otto von Bismarck）领导下的威廉大帝时期的德国（和 1867 年之前的普鲁士）。甚至在俾斯麦于 1862 年掌权之前，迅速的资本主义工业化就在普鲁士的鲁尔地区开始了：煤、钢铁，尤其是铁路，从 1850 年左右迅速发展起来，这个时期现在常被称为“奠基时代”（Gründerzeit）。普鲁士的特点是，政府在早期的许多关键铁路上投入了大量资金，但这些铁路仍由私人管理。鲁尔的迅速发展激化了 1848 年革命达到顶峰的冲突，使现有秩序所受到的政治威胁似乎再次严峻了。虽然通过控制普遍的男子选举权（1848 年授予），同时推行赋予富人权力的“三级”选举制度，普鲁士的君主制严重限制了民众的参与[18]，但是即使在这种制度下，大多数左翼自由派的议会代表数量也在稳步
399 增加，直到多数普鲁士州议会开始拒绝进一步提供：如果君主制不肯让渡重要的权力，特别是在军队方面的权力，议会将不会提供任

何资金拨款。

在这场危机中，国王召见作为总理的俾斯麦。俾斯麦根本无视宪法，他挪用资金（特别是用于军队方面的资金），确保自己得到银行家和实业家的支持。他在石勒苏益格－荷尔斯泰因的战役中赢得了对弱小丹麦的一场成功的、受欢迎的战争。受到这场胜利的鼓舞，俾斯麦呼吁举行新的选举，他赢得了议会多数席位，强行通过了一项具有追溯力的《赔偿法案》（Indemnity Bill），该法案批准了他所做的一切。从那时起，他就再也不回头了。

俾斯麦所取得的一切成就的基础，包括德国迅速崛起成为欧洲强国的排头兵，是他在国内实行国家资本主义工业化计划。俾斯麦与他的密友、杰出的犹太银行家杰尔森·布莱希罗德（Gerson Bleichröder）一起[19]也许完全可以被称为"德国的汉密尔顿"。俾斯麦将德国银行业重组为几家大型、相互关联的企业集团，能够很容易地为迅速的工业扩张提供资金。[20]俾斯麦还让普鲁士政府直接参与主要工业企业（克虏伯、蒂森）的经营，他与许多重要的实业家密切合作，并确保政府为进一步发展这些企业铺平了道路。例如，意识到德国一些私营铁路的垄断运价阻碍了工业发展，俾斯麦（在布莱希罗德的帮助下）于 1880 年将普鲁士的铁路国有化，并于 1889 年将德国的全部铁路国有化了。当然，钢铁和军备的大型制造商在不断升级的德国军备扩张中也表现出了许多相似之处，包括一支甚至俾斯麦也列入规划的庞大海军。

为了防止 1848 年由行会领导的叛乱重演，并将工匠和店主牢牢地掌握在国家手中，俾斯麦推翻了几十年的普鲁士政策，重新振兴了那些现代经济能够容纳的行会。面包师、药剂师、杂货商、书
商以及许多其他的专业人士被国家授予地方垄断地位，并且可以合 400
法地共同制定最低价格。

政府对垄断利润的保障也延伸到了大企业：分割市场（例如钢铁或糖）并设定共同价格的卡特尔协议在德国是可以合法执行的。1879年通过的保护性关税使东普鲁士庄园和德国西部的重工业（“黑麦”和“铁”）免受进口竞争的影响。虽然这一制度相当于对德国经济征收消费税，但俾斯麦和布莱希罗德都清楚地认识到：私人财富创造了更多的私人投资；德国工业巨头也确实将其超额利润重新投入到了他们自己的行业和更广泛的德国经济当中。

德国政府还直接资助了研究和开发，尤其是建立了世界上第一个完全以研究为导向的大学体系，特别强调物理和化学。大学研究人员经常与实业家密切合作，成果之一是德国从很早开始就在合成染料、工业化学品和制药的世界市场上几乎完全占据了主导地位。

最后，为了控制工人阶级的骚乱，并如他所认为的为了提高生产力，俾斯麦在欧洲颁布了第一个国家疾病、老年和残疾保险制度，这是现代福利体系的开端。这些措施也有其不可告人的动机，甚至在更早的时候就已经被公开承认，普鲁士在19世纪30年代成为欧洲第一个取缔童工的国家：更健康的工人能够成为更好的士兵，德国官员也密切关注因残疾或身体虚弱而被拒绝应征入伍者所占比率的任何上升。

俾斯麦的国家主导资本主义制度刺激了德国经济的快速增长。1870—1913年，德国的实际总产量增长了两倍多，而同期法国和英国的实际产出仅增长了差不多一倍。就在第一次世界大战之前，德国的钢铁产量相当于欧洲其他国家的总和，同时也生产了世界合成染料产量的90%以上，以及世界上最先进和最成功的药品。

毫不奇怪，其他国家也试图模仿德国的成功经验。大多数充其量不过是些苍白的模仿——意大利的卡沃尔（Cavour）、奥尔良王朝和法兰西两个帝国不温不火的努力（已经提到过）——但其中一个接近成功，另一个则超越了榜样德国。在沙皇俄国，谢尔盖·维特伯爵作为财政部部长，拥有比俾斯麦更大的绝对权力，追求着铁路快速扩张、工业卡特尔化、保护性关税和强制投资（其 401
中很大一部分来自国家投资，或由国家补贴）的同样路径。在日本，明治维新政府（也不受议会机构的限制）更明确地宣称要模仿德国，其 1889 年颁布的宪法直接以普鲁士和德国的宪法为范本[21]，并在 1896 年借鉴了 1892 年《德国民法典》的大部分内容。日本也仿效德国的国家主导工业化，并且对于重工业和军备高度重视。

开明人士和改革者

在大西洋两岸，一些“开明”的中产阶级成员对肆无忌惮的资本主义的不平等和肮脏，以及工人阶级革命的威胁感到痛惜。虽然他们仍然致力于民主，有时甚至拥护直接民主，但他们在对大企业的监管和对弱势群体的赋权方面寻求答案。托拉斯将被打破［《谢尔曼反托拉斯法》（Sherman Act）］或受到约束［《州际商业法》（Interstate Commerce Act）、《食品和药品法》（Food and Drug Act）］；工厂将变得更加安全，工作时间受到限制，工人们将获得决定自己命运的工具（合作社、信用社、定居房屋甚至拥有可供耕种的小花园以及逃离租住公寓的周末生活）。在欧洲大陆，这些政策与左翼自由主义联系在一起：改革者舒尔策 - 德利茨施（Schulze-Delitzsch，也是左翼自由派政治家）成立了生产者和消费者合作社，而其他人则主张为小农或城市工人建立信用合作社，以鼓励储蓄，并提供现在所谓的“小额信贷”。

在欧洲，左翼自由派（或进步派；这两个名字可以通用）越来越多地与社会主义者寻求共同的目标，尤其是在自由贸易和更有力的政府监管问题上。在美国，这场运动在西奥多·罗斯福（Theodore Roosevelt）于 1912 年竞选总统时达到顶峰，当时他是一位独立的进步候选人，制定了“新国家主义”（New Nationalism）的监管解决方案。

中产阶级反动派和原始法西斯主义者

进步派提出的解决方案对小农场和小企业所有者来说是不够的，他们逐渐被资本主义所毁灭，同时也对社会主义感到恐惧。传统的保守主义和社会主义对这些群体而言都没有吸引力。他们中的
402 很大一部分人，特别是在 1890 年之后，转向一种充满敌意的、往往是暴力的民粹主义政治，他们拒绝市场经济和“世界主义”，梦想恢复前资本主义秩序，并欣然接受反犹太主义（anti-Semitism）。对这些群体中的许多人来说，一个新的、陌生的、竞争更加激烈的世界，特别是面临着一个世界市场的威胁，可以归因于一个特别的“世界主义”群体，即犹太人。

对这些群体来说，这意味着让欧洲“摆脱犹太人”将消除来自资本主义的所有威胁并保证回到牧歌般的乡村或小镇的过去。正如恩斯特·诺尔特（Ernst Nolte）最先提出的那样，这些早期的反犹太主义者和民粹主义反动派把他们的仇恨集中在犹太人身上，认为犹太人是自由市场、大规模金融和国际贸易的化身——简言之，是一种被他们鄙视的现代主义的化身。[22]

最强烈的这种运动是由欧洲第一个大规模反犹太主义政党——维也纳基督教社会党（Viennese Christian-Social Party）发起的，它利用了天主教神职人员的组织能力，并且在前自由派卡尔·卢埃格

尔（Karl Lueger）的领导下进行，卢埃格尔最终赢得了维也纳市长一职。卢埃格尔的反犹太主义特别强烈，就像他在 1899 年所极力主张的那样："这里的犹太人实施的恐怖行为比任何可以想象的都严重"[23]。当时住在维也纳的有抱负的年轻艺术家阿道夫·希特勒后来坦言，他对卢埃格尔和他的战术"毫无保留地钦佩"。在德国，一个有组织的反犹太主义政党（或联盟）早在 1879 年就出现了，并深深扎根于在小城镇挣扎的农民以及柏林工匠当中。[24] 尽管它不断地分裂和重新组合，但该政党团结起来，反对各种形式的自由主义，特别是反对左翼自由主义，它谴责这种自由主义是"犹太化的"。

民粹主义的反犹太主义者和更传统的保守派之间的关系是复杂的。在法国，这一运动被称为"法国人行动"（Action Française），直接受到了德雷福斯事件（Dreyfus Affair）的刺激，他们在君主制主义（即使是奥尔良派的要求）和对第三共和国的简单仇恨之间摇摆不定。在他们看来，这一运动主要由"外邦人"（犹太人和外国人）主导，其特点是教会和国家之间的区别越来越鲜明。

然而，在第一次世界大战前夕，民粹主义的反犹太势力正在衰落，而社会主义的力量却在稳步上升。[25] 事实上，卢埃格尔只是在有限选举权的基础上才赢得了维也纳的权力；社会民主党获胜了，并扩大了大多数民众的选举权。

社会主义劳工

马克思于 1883 年逝世，否则他可能会惊讶于欧洲工人阶级运 403
动在 19 世纪末和 20 世纪初如此迅速和彻底地采用了他的社会主义学说。恩格斯于 1895 年逝世，他对马克思主义的社会主义思潮迅速席卷欧洲劳工运动，以及劳工运动对欧洲选举政治产生了如此大的影响感到惊讶。

现代社会主义运动可以追溯到1864年在伦敦举行的一次会议，该会议成立了国际工人协会（International Workingmen's Association，通常称为第一国际）。这一组织最终由来自欧洲各地的各种激进分子组成，其中包括工团主义者、共和主义者、民族主义者和无政府主义者。虽然第一国际与各民族运动之间的关系有时很弱，但它的活动反映了一场反对资本主义的严肃而有组织的运动逐渐兴起，这场运动得到了工人阶级以及中产阶级的改革者和革命者的大量支持。

第一国际时代的高潮时刻是巴黎公社，它在法国于普法战争中耻辱性地被普鲁士击败后，在1871年春季统治了法国首都两个月。巴黎公社运动——以及在其他一些法国城市的类似起义——代表了对欧洲的保守政治和经济精英统治的彻底挑战。对它的暴力镇压扼杀了社会主义运动，而这一经验也促使马克思的追随者和该组织庞大的无政府主义成员之间的重大分裂。1876年，第一国际解散了。尽管存在暴力镇压而且第一国际解散了，但很少有人怀疑，对社会主义者和相关革命者的基本支持来源仍然存在。

在接下来的几年里，西欧的社会主义政党逐渐组织起来。最重要的进展出现在德国，在那里，现有组织进行合并，从而于1869年建立了社会民主工人党（Social Democratic Workers' Party，SDAP），并于1875年建立了社会主义工人党（Socialist Workers' Party，SAP）。尽管几年后俾斯麦推行的反社会主义法律使该党成为非法政党[26]，但在接下来的10年里，该党继续发展壮大。与此同时，欧洲各地正在形成这样或那样的社会主义政党——1876年的丹麦、1885年的比利时、1887年的挪威以及1889年的奥地利。
404
在1889年7月，来自二十多个国家的代表在巴黎聚会，以创建一个新的社会主义国际（或第二国际）。当时，许多成员政党已成为其祖国的重要政治力量。一年之内，新的合法的和重新命名的德国社会民主党（Sozialdemokratische Partei Deutschlands，或者 SPD），在全国选举中获得了 19.7% 的选票，比任何其他政党都多，几乎是三年前在选举中获得选票的两倍。[27]

1893 年，该运动任命恩格斯为名誉主席，以此表达对马克思主义思想的支持。恩格斯在 1895 年去世前不久接受了这样的好意：时代发生了如此大的变化，以至于"我们，'革命者'，也是'推翻者'——我们在合法方法上的表现比在非法手段和推翻上的表现要好得多"[28]。社会主义者的成功选举要比过去的非法和阴谋方法所产生的影响大得多。至此，社会主义政党和运动主要关心的是资本主义制度的改革，尽管它们的许多领导人和追随者相信资本主义制度最终被推翻是必然的。在 19 世纪末和 20 世纪初迅速民主化的政治制度中，劳工组织和选举动员的结合，在使社会主义者成为核心人物方面是非常成功的。然而，社会主义者和其他激进分子在最近被殖民的大部分地区力量仍然相对薄弱，这可能是经济、政治和文化因素相结合所导致的。

在第一次世界大战前夕，社会主义政党及与它们相关的工会是大多数西欧国家最强大的政治力量之一。在战前的鼎盛时期，法国、意大利和奥地利的社会主义政党获得了 15% ～ 25% 的选票；社会主义政党在比利时、德国和斯堪的纳维亚地区获得了 30% ～ 35% 的选票。[29]1916 年，芬兰社会主义者获得了惊人的 47% 的选票，这使他们在议会中占多数，并使他们得以组建了国民 405
政府，从而为该国从俄国独立做好了准备。[30] 一些最具有理论一致性的、国际联合的、极端的古典资本主义秩序的反对者似乎已经抵达了要塞的大门。

世界其他地区正在进行的全球化的资本主义，1870—1914 年

现代工业资本主义迅速从其西北欧洲起源地蔓延开来，在最近定居的殖民地发现了特别肥沃的土壤（艾伦，本卷第 2 章）。这些地区要么在欧洲人到达时人口稀少，要么其人口因欧洲人的到来而被消灭（无论是否有意）：美国、加拿大、澳大利亚、新西兰、拉丁美洲南锥体（阿根廷、智利、乌拉圭、巴西南部）。欧洲以外的其他地区也热情地支持新的国际经济秩序。大多数国家利用了欧洲对初级产品需求旺盛的机会；许多国家利用欧洲巨大的金融市场获取资本。有些国家自己开始走上了一条快速的工业化道路，或多或少是通过自然的方法，并借助政府的保护性政策。

热衷者

现代资本主义经济和政治模式扩展到许多新殖民地区，这并没有什么神秘之处：它们是前或现在的英国殖民地，只是简单地复制英国的社会经济和政治模式，并且根据当地的情况做了调整。

要解释为什么其他地区如此容易地接受了古典国际经济的支柱，即金本位和自由贸易，则有点复杂。在一些国家，如拉丁美洲的南锥体国家，它们的社会经济结构与讲英语的新殖民地区域的社会经济结构大致相似。它们拥有充足的温带肥沃土地，非常适合种植小麦或养牛。一旦运输技术的进步（以及最终的制冷技术）使小麦和牛肉从南美洲运往欧洲成为可能，这些地区的产量就急剧增长。
406 19 世纪 80 年代初，阿根廷只出口了 160 万蒲式耳的小麦——只是美国出口量的 1%；在第一次世界大战前夕，即不到 30 年后，阿根廷的小麦出口量为 9 360 万蒲式耳，达到了美国出口量的 85%

以上。澳大利亚和加拿大小麦出口的增长也是类似的。[31] 由于这些国家的经济方向完全调整了，它们的政治经济也进行了彻底的改造，使得与欧洲市场联系的受益者成为权力核心。

在这些新殖民地区域——无论是现在的英国殖民地还是前英国殖民地，又或者是蓬勃发展的南美洲温带资源出口国——各国的经济和政治精英与全球经济利益密切相关，尤其是与古典世界经济的中心，特别是与伦敦紧密联系在一起。他们所青睐并通常能够采取的经济政策，旨在以尽可能好的条件确保获得欧洲市场、欧洲商品和欧洲资本。这通常意味着坚持金本位，奉行“合理”的宏观经济政策，并保持相对开放的市场。这并不一定意味着自由贸易：由于税收和特殊利益的某种原因，这些国家大都对制成品征收高关税。[32] 尽管如此，精英们毫无疑问地致力于参与全球经济。

与此相似的是，黄金时代的扩张在一些欧洲殖民领地也产生了强烈的积极影响——至少对强大的地方集团是如此。南亚、东南亚以及西非的部分地区打入了茶叶、大米、橡胶、可可、花生和棕榈油的世界市场。因此，一些富裕的农民是欧洲殖民者；但在许多情况下，当地精英群体围绕着利润丰厚的殖民贸易发展起来了。[33]

另一群相当热情的古典俱乐部成员是由那些开始于半工业化状态并希望赶上欧洲资本主义中心的国家组成的，包括欧洲外围国家——西班牙、俄国、奥匈帝国——以及一些更远的国家，如日本。虽然所有这些国家的政府对世界经济的秩序——特别是它们在这一秩序中的相对弱势地位——持保留态度，但它们都渴望加入工业化世界的行列。

正如我们已经指出的，日本是西方模式的一个特别热情的模仿者。明治时期的领导人对中国向西方日益屈服的经历感到震惊，认 407

为经济快速增长对于延续日本独立至关重要。在引进西方技术的同时，他们还用国家资金进行投资；条约禁止采取提高关税的措施，他们就补贴国内垄断企业，以这种向国内消费者征税的方式为投资提供更多资金。铁路、航运设施、钢铁厂、煤矿都迅速崛起。日本的成绩也与德国相当：1870—1913 年，日本的实际总产量几乎增加了两倍。[34]

拒绝者

并非所有发展中国家都热衷于参与传统资本主义世界经济。作为世界上人口最多的国家，中国就特别不情愿让其长期与世隔绝的经济迎合国际经济交往的需要。中国的帝国政府将现代经济增长视为对其权威的威胁，这一方面是因为它将创造强大的商业利益，从而挑战官僚机构及其支持者，另一方面是因为它将不可避免地使这个国家和它的人民接受外国的影响。中国的中央政府一直试图限制外国势力和外国企业对中国社会的影响。虽然这通常是出于对民族主义军事的考虑，但很难看出，经济增长的放缓除了加速该国外交地位的衰退之外，还能起到多大作用。甚至在纯粹的国内刺激经济增长的措施方面，中国政府也严重滞后——中国铁路系统的发展落后于日本或印度二三十年。

除了极少数例外，印度抵制资本主义的原因更简单，因为它经历了剥削性的殖民主义。1600 年由伊丽莎白一世特许经营的英国东印度公司，后来又被授予了贸易垄断权，以及广泛的统治和税收权力，到了 1813 年，该公司直接或通过附庸的王公，控制了除旁遮普、信德和尼泊尔以外的整个印度次大陆。该公司通过不平等的贸易条件、沉重的土地税，以及给予英国及其盟友特权法律制度进行剥削，一般认为这种剥削于 1858 年结束，当时英国议会对反对东印度公司混乱统治的激烈叛乱感到愤怒，从而通过了《印度政府法案》（Government of India Act），将东印度公司国有化，并将英国的直接统治强加于整个印度次大陆（再一次，土邦除外）。[35]

直接统治——包括高度专业化的印度公务员制度——其实没有 408
那么腐败，而且给基础设施带来了重大改善；然而，正如霍布斯鲍姆（Hobsbawm）简洁明了地指出的，印度“是自由放任政策从未适用过的大英帝国的一部分”[36]。相反，它仍然是英国制成品，特别是棉织品的垄断市场，19 世纪 80 年代印度市场占英国出口总额的 40% 以上。[37] 印度也是英国王室通过所谓“国内费用”（Home Charges，印度被英国管理而承担的费用）而获得的主要收入来源。最重要的是，它是向英国工业供应小麦、棉花和黄麻等原材料的供应商。各种政策阻碍了印度国内工业的发展。有两个结果很明显：印度的经济增长要慢得多（1870—1914 年，印度的总产出仅增长了 60% 左右[38]，而同期的日本增长为原来的三倍）；同时，印度比其他欠发达地区经历了更多重复发生的大规模饥荒，例如 1876—1878 年、1896—1897 年和 1899—1900 年。

两次世界大战之间的资本主义，1918—1939 年

第一次世界大战是现代资本主义发展的转折点。可以肯定的是，作为 1918 年之后的资本主义世界特征的大多数趋势都已经在 1914 年出现了；但战争及其后果几乎使得该体系的所有方面都更加突出了，包括一些更令人不安的方面。1914 年之前，右翼和左翼的核心政党和运动都是对立的，但不是激进的；双方都发生过试图以不同形象重塑资本主义的主流运动。但是，很少有人真正支持彻底打破资本主义秩序，而这些少数人也几乎没有什么影响力。

1918 年之后，一切都变了。随着两次世界大战的结束，越来越明显的是，第一次世界大战前盛行的古典资本主义秩序已无法恢复。在任何中间派资本主义共识的明显失败面前，右派和左派的激进运动发展壮大了。

狂热者及其失败

在战时世界经济崩溃之后，世界上大多数主要国家的政治和经济领导人对恢复战前国际经济秩序有着共同的利益。传统资本主义运作得相当好，人们没有理由放弃它。几乎每一个发达国家的精英
409 阶层都继续支持开放的贸易关系、便利的跨境资本流动和稳定的金本位货币制度。所以在第一次世界大战后的那些年份里，主要强国力图恢复 1914 年以前时代的开放国际秩序。

然而，每一次重建古典国际经济的尝试都失败了。尽管持续举行了几轮会议、大会和磋商，并签署协议和建立新的国际机构，但似乎不可能恢复国际经济稳定。1924 年之后相对正常状态的短暂恢复在 1929 年经济衰退一开始就崩溃了，并造成了毁灭性的影响。

许多因素导致了两次世界大战之间资本主义的失败，但并不缺乏赞成恢复某种形式的开放资本主义制度的狂热者。[39] 到处都有开放贸易关系和自由资本流动的支持者，而且他们往往主导经济政策的制定。对于金本位制度也是如此。当英国在 1925 年以战前汇率重返金本位制度时，世界各地的舆论认为这是一件正常而自然的事情。[40] 然而，正如凯恩斯当时所主张的，以及随后的分析基本上证实的那样，恢复 1914 年前的政策承诺忽视了工业化国家在过渡时期所经历的巨大的经济、社会和政治变化。[41]

一些狂热者仍然坚定地坚持金本位制度的正统观念，即使在

20 世纪 30 年代的崩溃之后也是如此，并将长期的萧条归咎于未能遵守金本位。其他在萧条时期浮出水面的人则是国内和国外开放市场的坚定支持者，但他们愿意做出妥协以维持开放市场。欧洲的中右翼和中左翼——主要是基督教民主党人和社会民主党人——都认为资本主义无论在任何极端形式下都比专制的选择要好。美国的新政支持者和在加拿大、澳大利亚和新西兰的类似政治运动（不管是政府内部还是政府外）也是如此。这些不那么正统的资本主义捍卫者试图在中间地带前进，一方面保持或恢复经济开放的表象，另一方面允许政府在危机时期以政治上的适当程度参与经济 410
活动。[42] 在西欧大部分地方和英美世界，这种妥协相当成功——预示着第二次世界大战后的解决方案——但在其他地方却遭到惨败。

拒绝者及其成功

随着资本主义正统的失败，以及步履蹒跚地寻找另一条自由道路的尝试陷入停滞，极端的替代方案也浮出了水面。从 20 世纪 30 年代后期的情况来看，传统的资本主义经济组织形式似乎过时了，而且在数量上肯定也被超过了。

法西斯主义

第一次世界大战从根本上重新安排了世界资本主义，并使其各个地区走上了不同的道路。美国、日本和拉丁美洲幸免于战争的重大冲击，能够向交战大国提供至关重要的商品和信贷，因此繁荣起来。事实上，美国从世界上最大的债务国变成了最大的债权国。然而，饱受战争蹂躏的欧洲国家破产了，它们背负着债务。在德国的例子中，除了摧毁自己的经济，德国还无法偿还赔款。但这些并不是它们唯一的负担。战时需求使钢铁等与军备有关的行业产能过剩，并创造了全新的行业（用于火药和化肥的合成硝酸铵），并且开始为了保护它们在战时获得的国内垄断地位而展开游说。战时的仇恨，加上酝酿已久的民族主义愤恨，放大了对关税壁垒和自给自主的需求。大批复员军人，其中许多人在前线服役长达四年，返回家园后面临着失业、他们几乎不认识的家庭，以及已经发生了根本性变化的社会。[43] 年轻一代的男性，因为不到参军年龄，就在没有父亲的情况下长大——他们的父亲要么已经去世，要么永远冲在前线——他们痴迷于对战时英雄主义的宣传。与此同时，妇女进入非传统职业，特别是工业领域，以弥补男性空缺。

此外，战时劳动力短缺、政府默认工会的发展，以及布尔什维
411 克革命的榜样使工人阶级变得激进，同时，无论是显性的还是通过通货膨胀无法履行的公共债务，使许多中产阶级陷入贫困。

所有这些都被证明是正在酝酿的一种极为有害的危机。首先是意大利和葡萄牙，然后是德国和奥地利，以及西班牙和欧洲中部，穷困的中产阶级和农民聚集在退伍军人领导的运动周围，他们的队伍由那些还不到服役年龄的人组成，他们痴迷于极端民族主义、反现代主义 [44] 和（大多数情况下的）反犹太主义。

新的法西斯运动宣扬战争前线的男子气概和威权领导。他们是狂热的反社会主义者和反共产主义者，寻求民族的荣耀和征服，并（通常作为必然结果）提倡严格的自给自足的经济政策。法西斯主义为战后农民和中产阶级的渴望提供了简单化和看似有效的答案。法西斯主义用强硬和分级的领导取代混乱的民主，重建传统的父权制，打破工会的权力，排除威胁进口的因素，保护传统农业，恢复民族自豪感，必要时征服所需的原材料来源地。尽管这些呼吁在战后即刻发生的混乱中受到了热捧（而且，事实上，1922 年法西斯主

义掌控了意大利政权），但它们随着繁荣和贸易在 20 世纪 20 年代中期部分复苏而减弱，然后随着 1929 年之后世界经济陷入萧条和自给自足的状态，它又再次赢得了大众和精英的支持。

虽然法西斯运动很多——甚至在英国和美国也出现了——但只在少数几个国家实现了他们所渴望的"极权主义"权力，最显著的是意大利、德国、西班牙和日本。只有在德国，法西斯最初才获得了大量的选举支持，而一旦掌权，并能够在外交和经济政策上显示出重大成就，法西斯主义往往能够赢得民众的热烈支持，当然，特别是在它的受益者当中：农民、传统中产阶级和军队。

之所以对德国特别感兴趣，是因为我们知道，或者可以可靠地推断出，谁支持法西斯主义——或者更准确地说，谁不支持法西斯主义——至少只要选举保持自由和公正。在国家和地区一级，天主教和工人阶级的选民几乎完全不受法西斯主义的影响。随着经济状况的恶化，许多选民转向共产主义，但在很少数情况下转向了法西斯主义。在宗教压力下，德国天主教徒仍然顽强地忠于他们传统的 412
中央党。相反，纳粹选票的上升几乎与传统的中产阶级自由派政党的下降成正比，尤其是斯特雷斯曼（Stresemann）的右派自由德国人民党（German People's Party，DVP）和拉特瑙（Rathenau）的左翼自由德国民主党（German Democratic Party，DDP）。[45] 法西斯主义也似乎在选举的后期，从传统的君主主义支持者［新闻界大亨胡根贝格（Hugenberg）狂热支持的德国民族人民党，或者叫 DNVP］中赢得了大约一半的选票，并赢得了以前非选民中的一些新支持者。然而，这些选区与前几批投向纳粹的自由派选民相比，显得黯然失色。正是这种"自由派的背叛"，导致西摩·马丁·利普塞特（Seymour Martin Lipset）把法西斯主义定性为"中间的极端主义"。[46] 就我们所知，大多数其他国家的法西斯主义得到了传统右翼的最有力支持——但必须承认的是，主要是来自传统右翼的中产阶级支持者。

法西斯主义是支持还是反对资本主义？虽然法西斯主义当然反对（并没收）“犹太资本主义”，但它很乐意与每个国家的主要公司，特别是那些对其领土扩张和侵略计划至关重要的行业的工业公司和信托机构合作：钢铁、军备、飞机、能源、化学品和建筑。与此同时，法西斯政权毫不犹豫地夺取抵制它们的计划或执行得太慢的公司；它们经常在它们认为特别重要的部门建立国有企业；而且，最重要的是，它们放弃了资本主义关于自由国际贸易的正统观念，无情地追求自给自足，即使这样做会使得数百万人陷入饥饿或可能走上更“人道”的灭绝之路。[47] 此外，在追求反现代主义社会愿景的过程中，法西斯主义者尽可能地将重要的群体——尤其是妇女和农民——排除在工业劳动力之外，即使这样做会损害他们的战时效率。

回顾往事，法西斯统治世界的努力尝试大胆到了愚蠢的地步：法西斯列强加起来，即使在其征服行动的巅峰时期，也不能与美国和大英帝国的工业能力或苏联的人力媲美。但是也必须承
413 认，法西斯主义险些获胜，这样的胜利会改变资本主义，使其走向毁灭。

两次世界大战之间的经历是一个引人注目的例子，突出说明了资本主义的失败，特别是破坏资本主义的战争，如何能够激起对资本主义狂热的和高度破坏性的抵抗（哈里森，本卷第 11 章）。然而，到 1945 年，法西斯主义的彻底失败为世界资本主义的胜利复兴奠定了基础，这一次是在美国的领导下，实际上也是大多数资本主义国家经济增长、社会和平和福利体系扩张的又一个“黄金时代”。胜利的阴暗面是，资本主义现在面对的是一个更加有效和坚

定的对手，即斯大林的社会主义，它几乎控制了全球的一半地区。

社会主义

第一次世界大战、俄国十月革命和欧洲社会主义政党选举的成功巩固了世界社会主义运动中社会民主党派和共产党之间的分裂。到了 20 世纪 20 年代，前者坚定地致力于参与民主政治进程，并取得了重大成功。后者则致力于双重使命：保卫苏联，以及组织资本主义世界当中的革命运动。

俄国社会主义运动的布尔什维克派作为世界最大国家的统治力量的出现，震惊了资本主义世界和社会主义者。到了 20 世纪 20 年代初，双方都清楚地认识到，苏联并不是一时的反常。在发达的工业化国家，它的出现的主要含义是，社会主义运动被组织成苏联领导下的有纪律的国际力量。这是一种新现象：一场控制着世界各地大片领土和反对党的全球性激进运动。苏联本身的出现并没有那么重要，因为苏联在经济和军事上都很薄弱，在国际政治中几乎没有发挥作用。但是，由苏联领导的共产国际所组织的运动，在世界上几十个国家都是一支有意义的力量，特别是在大萧条扩大了（被许多人认为是）资本主义所导致的苦难之后更是如此。

在殖民地世界，社会主义取得了更大的成功。苏联几乎在任何 414
地方都与反殖民活动人士结盟。苏联和其他西方列强之间的敌视使社会主义者的反帝资格获得了可信度。而苏联也为建立起一个进步的多民族国家做出了很大的努力。对殖民地世界的许多人来说，中亚的新社会主义共和国代表了苏联，这些共和国是伊斯兰世界中最早从文化到经济都实现现代化的地区之一。不久，许多苏联的支持者在反对殖民主义运动中表现突出，而苏联本身似乎是殖民地和半殖民地经济和政治发展模式的一个可行选择。

社会主义的吸引力在整个20世纪30年代仍然有限。苏联太弱、太孤立，共产主义运动离具有实际影响力从而对世界主要国家的政治生活产生实质性影响还太远。[48] 尽管如此，社会主义家园和共产主义运动都代表着传统资本主义和专制法西斯主义的明确替代品。苏联式社会主义和美国式资本主义之间真正的分裂直到第二次世界大战后才出现。

当代资本主义

第二次世界大战后出现的资本主义世界经济秩序，至少在两
415 个维度上是前所未有的。第一，它的大致轮廓经过了主要经济大国的谈判，该谈判主要是在新罕布什尔州布雷顿森林的度假酒店举行的会议上完成的。布雷顿森林体系代表着一种有组织和有计划的尝试，目的是重建一个运作良好、相对开放的国际资本主义制度。第二，世界资本主义面临着一种成熟的替代性国际经济秩序，即以苏联为首的世界社会主义阵营。这一资本主义的替代现在从中欧延伸到朝鲜，囊括了世界上人口最多的国家，并吸引了来自整个殖民地世界的追随者。

狂热者：布雷顿森林体系的妥协

随着第二次世界大战的结束，主要大国就战后国际经济的大致轮廓达成了一致。[49] 虽然实施的体制与纸面上计划的不同，但其总体特征大体上与由美国的哈里·德克斯特·怀特（Harry Dexter White）和英国的约翰·梅纳德·凯恩斯（John Maynard Keynes）领导的盟国决策者所设想的一致。战后秩序是在19世纪和20世纪初的古典开放经济和发达工业化国家中的新兴福利国家之间达成的一

个广泛的妥协。这些实施的安排反映了资本主义的改革派支持者的观点，他们在 20 世纪 30 年代走上了政治舞台，并主导了战争结束之后几十年的“中间派共识”。

布雷顿森林体系的核心原则包括对国际经济一体化、多边协定、国际组织和渐进主义的一般承诺。布雷顿森林三大国际经济机构涵盖贸易（关税和贸易总协定，或 GATT，由世界贸易组织或 WTO 继承）、货币和金融关系（国际货币基金组织）以及发展（世界银行）。[50]

在贸易方面，布雷顿森林体系致力于贸易自由化，但由于认识到某些部分太过有争议，无法取得迅速进展，因而受到削弱。因此，农产品贸易壁垒被明确地排除在自由化议程之外，服务贸易也是如此；发展中国家有很大的余地采取保护主义措施。此外，各国被允许在受限制的条件下，以及在（定义不明的）经济需 416
要时，对“倾销”采取临时贸易壁垒。这给政府提供了使用“免责条款”以避免或推迟政治困难措施的余地，这反过来又使它们更容易参与关贸总协定成员正在谈判的自由化进程。贸易壁垒的降低缓慢但一直在持续，到 20 世纪 60 年代末，发达国家之间的贸易几乎与 19 世纪末期一样自由——而且增长速度是当时的两倍。

国际货币基金组织监督着一套经过大幅修改的金本位制，即美元与黄金挂钩，其他货币与美元挂钩。同样，这也涉及实质性的妥协。美国不能改变其汇率，但其他国家可以改变本国汇率，同时也确实这样做了，以作为对（未明确的）“根本性失衡”的回应。正如凯恩斯和怀特所预料的那样，资本管制无处不在。其结果是建立了一个稳定外汇的货币制度，同时允许各国政府实行适合本国的货币政策，特别是在它们认为必要时进行需求管理。世界银行的任务则是，帮助外国投资者重新激发在发展中国家和新独立的国家投资的兴趣。在货币和金融稳定的环境下，世界金融市场和外国投资得到了迅速增长。

布雷顿森林体系取得了巨大成功，因为世界经济比以往任何时候都增长得更快了。然而，这一成功使该制度难以维持，因为它是建立在妥协的基础上的。国际经济越是一体化，它就越难维持真正独立的国家政策。最终，体制的矛盾发现这一缺陷。1971 年，货币秩序崩溃了，取而代之的是浮动汇率。更普遍的是，战后初期的主要妥协随着世界经济的增长，变得更加紧密地融合在一起而开始瓦解。尽管如此，资本主义的狂热者仍然牢牢掌握着发达国家经济政策的杠杆。在发展中国家，尤其是那些最近摆脱殖民关系的国家，情况并不那么明朗。

怀疑论者：非殖民化与发展主义

在欠发达国家，对古典资本主义的热情在两次世界大战期间逐渐消退。在某种程度上，这是由于战争之间资本主义本身的糟糕表现。从独立的欠发达国家和许多殖民地的角度来看，从 1914 年到
417 20 世纪 50 年代初的整个时期，发达国家中发生的各种事件在很大程度上是无关紧要或有害的。1914 年以后的 10 年里，工业化国家一直忙于战争和重建。在短暂的正常化之后，出现了 20 世纪 30 年代的萧条，其间国际贸易和投资崩溃；接着又是一个 10 年的到来，人们继续专注于战争和重建。

在这接近 40 年的时间里，发展中国家别无选择，只能在很大程度上依赖自己的经济资源。出口市场因战争而萧条或被切断，而制成品的供应商往往为战争或重建而生产。即使有外国制成品，贸易条件也经常大幅度恶化，以致由于价格过高而被挤出当地市场。

所有这些都为当地企业家生产以前主要从欧洲或北美进口的工业产品创造了强大的动力。其结果是独立的发展中国家，如主要的拉丁美洲国家和土耳其，以及在许多较发达的前殖民地，如印度，迅速开展了工业化。

非殖民化从 20 世纪 40 年代末开始加速发展，甚至当世界贸易和支付活动复苏以后也是如此（奥斯汀，本卷第 3 章）。然而，过去 40 多年的经验对长期独立和新近独立的发展中国家的政治发展都产生了强大的影响。现在，许多国家都有重要的工业部门，从或多或少不受外国竞争影响的环境中成长起来的企业，它们几乎不想改变。与此同时，政治影响力在很大程度上已经从以前占主导地位的出口导向型群体——农民、矿工、农场主——转移到了城市化的、工业化的当地人口群体。所有这一切共同致力于构建民族和民族主义身份，这往往与现在受到谴责的殖民地和半殖民地统治者，及其开放经济模式形成了鲜明对比。

其结果是，几乎所有最不发达国家都背离了世界贸易，转而保护和补贴国内工业。最后被称为“进口替代工业化”（import-substituting industrialization，ISI）的新战略，使用包括进口壁垒、信贷补贴、税收减免和其他以国内产品取代进口的各种政策，为国内工业提供支持。一些国家的经济原本一直以外贸为主，现在却对许多进口产品关闭市场，在某些情况下也不允许外国投资。进口替代工业化经常伴随着政府对经济的大量参与，政府拥有从矿山、钢铁厂到银行和航空公司的一切。在很多情况下，就像在印度，这种向内的倾向与苏联式的计划有关；在其他国家，这只是民族主义者 418
发展本土市场努力尝试的一部分。

民族主义经济政策通常是以对资本主义国际经济秩序结构的尖锐批评为理由的。对一些人来说，一种新的“依赖理论”提供了一些知识上的证明，认为全球资本主义在结构上对穷国有偏见。一些人认为，初级产品生产者的贸易条件不断恶化，因此，遵循比较优势是一条死胡同。另一些人则抱怨世界经济的各项规则是由富人制定的。还有一些人认为跨国公司和国际银行是西方帝国主义的工具，试图通过经济手段延续殖民列强被迫放弃的统治地位。20 世纪 70 年代初，欠发达国家聚集在各种国际论坛上，要求建立一个新的国际经济秩序，这是一种改良的国际资本主义，能更直接地为它们的利益服务。

发展中国家对改革国际资本主义的要求在很大程度上被富国所忽视。与此同时，最不发达国家的半专制政策开始显现出严重紧张的迹象。20 世纪 80 年代初，一场债务危机甚至袭击了较发达的发展中国家，这揭示了进口替代工业化的一些真正弱点——特别是在经济困难时期追求进口替代工业化的国家在刺激出口方面所面临的困难。在 20 世纪 80 年代，几乎所有最不发达国家都抛弃了它们以前对出口、世界贸易和国际投资的敌意，开始采用更加开放的经济模式。发展中国家对西方资本主义模式的排斥基本上已经不复存在了。

拒绝者：苏联集团

如果发展中国家对全球资本主义的可取性持怀疑态度的话，那么苏联及其盟友显然是有敌意的。苏联领导的社会主义阵营规模大得多，包括东欧和中欧、中国，以及越来越多的发展中国家盟友。其成员在原理上和实践上都谴责资本主义。

苏联集团转向了中央计划经济，试图用政府制定的战略取代市场。价格在很大程度上脱离了对相对稀缺性的考虑，主要用于记账
419 目的。资源由中央分配，或至少由向中央政府报告的经济部和地区

进行分配。消费必需品的价格明显被低估了，并且始终处于短缺状态。“奢侈”的商品，如电子产品和汽车，要么没有，要么严格配给。投资，特别是重工业投资，比扩大消费品生产更受青睐。特别是在苏联，军事需求被优先考虑。

中央计划经济在第二次世界大战后的 20 年间实现了快速增长，因为它们将未充分利用的资源用于生产。但是，苏联式的计划经济有许多局限性。与进口替代经济体一样，苏联集团发现，它越来越需要进口——不仅是食品，还有技术和精密零件——这些它们缺乏硬通货购买的产品。事实证明，集体化的农业效率极低，迫使此前出口粮食的苏联，年复一年地将稀缺的外汇用于进口谷物。旨在增加制成品出口的经常性运动，特别是来自该集团最发达经济体（如民主德国）的运动，却收效甚微。只有苏联集团的原材料和少数手工产品在西方找到了现成的买家。由于缺乏激励措施，工人和管理人员几乎不需要监测质量，或在生产过程中和在新产品方面进行创新。随着时间的推移，工厂越来越落后于西方普遍采用的技术和质量标准，到了 20 世纪 80 年代，增长速度急剧放缓。由于西欧可以轻易接触到苏联集团中的中欧和东欧国家的人民，他们的公民很容易看到该体系的相对失败。

20 世纪 70 年代末，中国和越南都赞同实行市场经济，包括对世界其他（资本主义）经济进行开放。苏联及其盟友试图逐步进行经济改革，但在 1989 年之后，苏联和东欧的政府实际上崩溃了，大多被转向全球资本主义的新统治者所取代。

全球化：“华盛顿共识”

当社会主义经济体停滞不前时，它们的资本主义竞争对手经历了创新、生产力和增长的新爆发。1971 年布雷顿森林体系的瓦解， 420

表明发达国家放弃了资本管制，资本管制已经被广泛地回避了。跨境投资蓬勃发展，世界资本规模更大、流动性更强，这既鼓励了人们承担更大的风险，又允许生产很容易地转移到其他司法管辖区，进而削弱了工会的力量。美国放松对这种僵化的行业，如电信、运输，以及航空公司的管制，刺激了竞争，降低了价格，也提高了生产能力。

与此同时，资本主义经济经历了一系列创新，在当代人看来，这些创新似乎从科幻小说中脱颖而出：激光；光纤；最初是数千个，然后是数百万个，现在能够将数十亿个晶体管装在一个芯片上的微处理器[51]；个人电脑；互联网；基因工程；以及更普通但也许更重要的集装箱运输。[52]劳动力、土地和智力的生产力都在飞升，这得益于更为廉价的通信和运输，全球专业化程度大大提高了。

同 19 世纪一样，这种“第二次全球化”为各国和各区域开辟了诱人的新市场。智利、阿根廷、墨西哥、巴西、印度尼西亚、马来西亚、中国、印度、几乎所有前苏联集团国家，以及最近非洲快速增长的部分地区都放弃了早先的进口替代，现在都在不断变化的新全球分工中占据一席之地。贸易开放、专业化、外国投资和新技术的结合往往产生了远远超过“第一次全球化”的经济增长。中国就是一个突出的例子，在过去的 30 年间，中国的人均 GDP 以每年 8% ～ 10% 的速度持续增长。因此，每 8 年平均翻一番，1980—2010 年增长了 10 ～ 15 倍，大约是 19 世纪德国或日本经济增长率的 4 倍。

而这种全球化，就像它的前身一样，产生并维持着它自己的正统观念：不再是金本位，而是“华盛顿共识”[53]，是国际货币基金组织、世界银行、美国财政部和发达国家的银行家及官员更普

遍认为的经济增长的神奇方案。“共识”涉及许多方面：对贸易和 421
投资的开放，有保障的财产权，财政平衡（公共债务仅用于生产性投资，例如基础设施投资），一个现实（甚至可能被低估）的汇率，主要用于人力资本和实物资本投资的公共支出，适度的边际税率，以及废除令人窒息的监管［例如，印度人称之为“证照准许制”（permit raj）］。

就像一个世纪前的金本位一样，“共识”迅速赢得了全球精英的认可。与以往一样，一些国家对这一信条采取了温和的异端版本：亚洲“四小龙”保护着新兴产业；几乎所有地方的知识产权都不安全；农业被视为“特例”，“在某些情况下”被悉心保护（韩国），但在另一些情况下（阿根廷、非洲大部分地区）则受到剥削。

通常，新的正统主义取得了显著的成功，最显著的是在一些前进口替代工业化国家或前社会主义国家（巴西、智利、东欧大多数国家），而有时这种“魔法”会失灵或遭遇到不可逾越的抵抗（在北美自由贸易协定初期的墨西哥和在叶利钦领导下的俄罗斯）。这些失败，就像跌落的舒芙蕾（Soufflés）一样，引起了大厨们的疯狂追问：这些文化是不可调和的反资本主义文化，是政府或者其臣民的顽固专制或腐败，是有“（就像一句关于俄罗斯的笑话一样）太多的休克和太少的治疗吗？”或者甚至“共识”可能在某种程度上是错误的——当然，不是在其主旨上，而是在一个或另一个不可预见的细节上？

最后，“共识”再次与金本位的早期正统思想紧密平行，在这种情况下催生了狂热者：完全有效市场的信徒、完全理性的参与者甚至是损害了对银行的审慎监督或对公共安全的基本保障的放松监管。市场只会给人类带来福祉：市场将迅速而持续地增长，腐败的市场会被那些诚实的市场所取代，收入完全等于边际产品，而且最重要的是市场可以进行准确的定价和风险分配，从而使市场前所未有地趋于平稳。一言以蔽之，没有惊喜，没有泡沫，也没有萧条。[54]这一次，确实是不同的。[55]但事实并非如此。

全球化及其不满：2007 年危机至今

422 正当全球化似乎大获全胜时，灾难降临了。2007 年，美国经济陷入困境。在经历了几年的增长，以及房地产和资产市场的特别显著扩张之后，房价开始下跌。这导致该国金融体系的一个重要部分，即抵押贷款支持证券及其衍生产品市场陷入困境。最终，这一困境蔓延到整个美国金融体系，导致现代版的整个系统的大规模银行挤兑，并立即传播到世界其他地区。2008 年 10 月初，整个资本主义世界似乎正处于大规模金融崩溃的边缘，因为市场冻结的方式自 20 世纪 30 年代以来从未出现过，也没有被新正统派预想到。[56]随着金融危机的影响在全球经济中回响，一场大衰退开始了。[57]

在大多数工业国家，大衰退比 20 世纪 30 年代以来经历的任何一次衰退的时间都更长、更深，同时复苏速度更慢，有更多的停顿。事实上，欧洲在 2012 年陷入了第二次衰退。这是一个熟悉的问题：几十个国家积累了大量债务，包括外债，而这些债务现在无法按合同偿还。这实际上是 2000 年之后出现的一种奇怪但历史上熟悉的模式的结果，在这种模式中，一大群国家开始依赖外国融资来推动其经济。而另一大批国家则开始依赖出口作为其经济增长的引擎。[58]第一组是那些开始了债务融资消费热潮的国家，包括美国、英国，以及欧盟外围国家（爱尔兰、西班牙、葡萄牙、希腊、大部分中欧国家和波罗的海国家）。第二组是增长由出口驱动（并贷款给消费国）的国家，包括北欧国家、东亚国家和石油生产国。在经历了数年来日益狂热的借贷和资产价格上涨之后，这只“旋转木马”在 2008 年秋天突然停止转动了。

随着经济复苏滞后，失业率达到并维持着几十年来未见的水平，在这一特殊的事态发展中，不满情绪蔓延开来。因为更严重的 423
经济问题是在 OECD 国家当中发生的，大部分政治冲突也发生在这些国家之中。长期的危机激起了右翼势力反对移民的情绪，在某些方面也煽动了对福利国家组成部分的反对。这场危机引发了左翼势力针对日益加剧的不平等，以及针对政府对商业和金融监管不足的新一轮反对。危机发生时，几乎每个主要债务国的现任政府都被推翻，在某些情况下（希腊、意大利），整个政治体系陷入混乱。

在危机结束后，世界资本主义再次面临着宏观经济和分配难题。正如一直存在的那样，人们将继续就如何最好地刺激和鼓励经济复苏和增长进行争论。在要求谁为恢复已经停滞的经济体的活力而牺牲自己利益的问题上，将继续存在冲突。而且，对于政府在现代资本主义经济中的适当作用，将继续存在激烈的分歧。

结　论

从 2007 年开始的经济衰退虽然严重，但它只是提醒我们现代资本主义的两个持久现实，这两个现实引发了人们对金融体系的敌意：它容易再次出现反复发作的危机；这与富人和穷人之间的巨大差距相关。几乎每个人都会同意，市场经济的好处大于其波动性及其可能滋生的不平等代价。但是，与资本主义经济秩序所带来的创造性破坏相比，人们在波动性和不平等的影响上存在着巨大的分歧。对于政府应该如何积极应对资本主义特征性的周期性波动和收入不平等，也存在着同样多的分歧。

这些问题自资本主义在近代欧洲早期作为一个一体化经济秩序首次出现以来就一直存在。有些人，无论是空想社会主义者还是苏联式的共产主义者，都希望政府进行大规模的干预，以抑制波动和不平等——而以资本主义提高生产力和促进经济扩张的能力为代价。其他人，从国家资本主义者到法西斯主义者，也希望政府进行干预，尽管这与其说是为了减少不平等，不如说是为了压制异己和强迫投资。现代资本主义的正统派狂热者表示，他们相信这个体系能够而且将在很大程度上照顾好自己。无论真相是什么，似乎毫无疑问的是，只要资本主义与我们同在，那么关于是否应该保留它，以及应该如何保留的问题，都会发生冲突。

注 释

[1] Smith（1776），Book Ⅳ.

[2] 这一时期的标准历史叙述仍然是 Woodward（1962：25–30）和他的第一册第 1 章。关于更全面的记录，参见 Buttle（2011）。

[3] 即使在下议院通过该法案之后，地主主导的上议院也威胁要拒绝它；只有在首相和妥协主义保守党人的压力下，国王威胁要创造足够多的新贵族，以确保议案在上议院获得多数票，他们的反对才被克服了。这一威胁不需要被行使——一旦它被可信地做出，现有的领主们就会让步——但这场宪法危机表明，有多大风险，权力平衡就已经发生了多大的变化。

[4] 参见 James and Lake（1989：18，20）。

[5] 导致许多法国葡萄树死亡的根瘤蚜疫情，结果只是暂时的挫折。对于品酒行家来说，通过提供足够坚硬的根茎，使其对根瘤蚜有免疫力，美国还清了欠拉法耶特（Lafayette）的债务。.

[6] 请注意，在巴尔扎克（Balzac）的小说中，在他塑造的努力奋斗的巴黎人角色中，很少有人希望从工业甚至商业中致富；但同时又有很多人希望从政府恩惠、政府任命、贵族赞助，或者（奇怪的，但与上述所有有关的）艺术成就中获得财富。

[7] 诚然，法国大革命和拿破仑征服的经历加速了人们对更有序、更田园诗般的

过去的艺术渴望；但是，除了罕见的例外，知识分子们寻求的是工业化前的，而不是明确的革命前的过去。

[8]　海涅的诗《可怜的纺织工人》（Die armen Weber），被通俗地改名为《西里西亚纺织工人》（The Silesian Weavers），1844 年首次出现在卡尔·马克思的报纸《前进报》（*Vorwärts*）上，并因其"颠覆倾向"而被普鲁士立即禁止出版了。

[9]　约翰·奈（John Nye，2007）认为，英国贸易自由化的程度被夸大了；尽管他的论点很有趣，但仍然没有被普遍的历史共识所接受。

[10]　正如巴林顿·摩尔（Barrington Moore）所观察到的那样，东普鲁士的地主在当时大致相当于美国南部的种植园所有者。两者都严重依赖出口市场，都强烈反对征收保护性关税。

[11]　参见《麦迪逊历史 GDP 数据》（Maddison Historical GDP Data），第 38 页。关于这一时期的一项出色研究，见 Marsh（1999）。

[12]　参见 O'Rourke and Williamson（1999：209）。

[13]　按人均计算，增长速度更令人印象深刻。根据《麦迪逊历史 GDP 数据》中的第 264 页，世界人均 GDP 从公元 1000 年的 435 美元增长到 1820 年的 667 美元，仅增长了 50%，而到 1913 年则比 1820 年增长了一倍多，达到了 1 510 美元。所有数据均以 1990 年国际美元为单位。

[14]　这种别号似乎很合时宜地忽略了普鲁士的扩张性战争、巴黎公社的惨状，以及对美国内战的灭绝式屠杀（每 12 个成年男性中就有 1 个死亡）；但无可否认，这些事件与第一次世界大战的屠杀相比，都黯然失色。

[15]　这种"大萧条"应该更准确地描述为"大通缩"，因为名义价格特别是初级商品价格下降了。

[16]　1896 年美国"重组"（realigning）选举，在很大程度上取决于对金本位制的忠诚［民粹主义者和大多数民主党人曾支持威廉·詹宁斯·布赖恩（William Jennings Bryan）的银本位制主张］，而大多数城市工人排斥布赖恩的观点，坚持金本位制的正统观念。

[17]　相对于当时世界上任何其他地区，欧洲都有丰富的劳动力：中欧每平方千米有将近 120 名居民，南欧有 70 人，西北欧有 55 人；东亚为人口第二密集的地区，每平方千米有 45 名居民（United Nations，1961：41）。

[18]　在每个议会区，所有成年男性都按上一年缴纳的直接税（从最多到最低）的顺序列出，并计算了在该地区征收的直接税总额。然后，官员们继续按照这份清单收税，直到直接税总额的三分之一已经入账。这些人是"一等选民"，他们的数量很少超过选民的 10%；事实上，在大地主占主导地位的地区，有时只有一个人。名单继续往下，直到下一个三分之一的直接税已经入账，这些人属于"二等选民"。纳税总额的最后三分之一（几乎总是绝大多数选民）的纳税人是"三等选民"。在投票站，每个团体分别投票，不是直接投给议会候选人，而是（在每个团体中）投票给一个"选举团"的三名成员。在民众投票统计完毕后，获胜的九名"选举人"聚集在一起，选出真正的国

会议员。因此，在实践中，最富有的少数选民通常拥有三分之二的选票，而这些选票在选区代表的选举中才真正重要。

[19] 俾斯麦在很大程度上摆脱了那个时代流行的反犹太主义——即使不是在他的演讲中，至少在他的行动中是如此。他确保严守教规的犹太人在法院受到公正对待，相互与犹太朋友进行家庭访问并共进晚餐，支持严守教规的犹太人领袖成为贵族（包括最早于 1872 年成为贵族的布莱希罗德），同时——也许是其最大胆的举动——与布莱希罗德和其他人合作，开发了现在的柏林格吕内瓦尔德地区（当时是沼泽），作为城市的一个不歧视犹太买家的别墅区，实际上，到 1933 年，大约 40% 的买家是犹太人。格吕内瓦尔德的开发对俾斯麦个人来说是有利可图的，他（也许是当时的典型情况）并没有受到利益冲突的严重制约，而是把他自己的一大部分钱都投入其中。

[20] 参见 Stern（1977）。

[21] 一个特别委员会进行了一次环游世界之旅，以研究各种可能的西方模式，包括美国、英国、西班牙、法国和德国的政府体系。毫不奇怪，该委员会发现普鲁士－德国模式最值得效仿。

[22] 参见 Nolte（1963）。

[23] 参见 Geehr（1990）。

[24] 关于这样一个政党及其产生的背景的仔细研究，参见 Norda（2009）。

[25] 参见 Levy（1975）。

[26] 尽管有禁令，社会主义者的地下互动仍然很活跃，甚至设法出版报纸和选举一些代表（当然不是带有这样的标志）进入国会。

[27] 在 1890 年，天主教中央党（Catholic Center Party）以 18.6% 的票数位居第二；民族自由党（National Liberal）和进步党（Progressive，左翼自由派）各赢得了约 16% 的选票；其余的选票都投给了保守派和地区政党。在这一点上，将成为第一共和国主导的“魏玛联盟”的社会主义者、中间和左翼自由主义者赢得了大多数选票（大约 55%）。

[28] 参见 Engels（1895）。

[29] 在 1912 年的德国全国大选中，社会党赢得了 34.8% 的选票，左翼自由派赢得了 12.3% 的选票，中间派（天主教徒）赢得了 16.4% 的选票，保守派赢得了 11.5% 的选票，而作为最坚定的自由资本主义捍卫者的民族自由主义者，在每 8 人中只赢得了 1 名选民的选票（13.6%）。

[30] 参见 Sassoon（1996：10）。

[31] 参见 Harley（1980：218-250）。

[32] 参见 Coatsworth and Williamson（2004：205-232）。

[33] 例如，在西非，经典的分析是由霍普金斯（Hopkins，1976）完成的。

[34] 参见《麦迪逊历史 GDP 数据》。

[35] 参见 Tomlinson（1993）。

[36] 参见 Hobsbawm（1968：148）。

[37] 同上，147 页。

[38] 参见《麦迪逊历史 GDP 数据》。

[39] 弗里登（Frieden，2006：Chaps 6-10）详细介绍了这一时期。

[40] 参见例如 Eichengreen and Temin（2000：183-207）。

[41] 艾森格林（Eichengreen，1996）对这一案例进行了经典论述。

[42] 鲁杰（Ruggie，1982）关于这一点的论述是众所周知的。

[43] 不仅在美国的人们会有如此疑问，用当时流行歌曲的歌词来说就是，“在他们已经见识过巴黎后，你要怎么才能把他们留在农场呢？”

[44] 在大多数情况下，这延伸到对现代艺术和音乐的一种抛弃 [纳粹分子称之为“堕落”（degenerate）]。在意大利，未来主义艺术运动与法西斯主义相互拥抱，而这是一个罕见的例外。

[45] DVP 传统上得到了大工业和精英专业人士的支持；DDP 的支持者来自小企业和主流专业人士。正如当时的一句格言所说，学者们投票给 DDP，直到获得终身教职，然后转而支持 DVP。

[46] 参见 Lipset（1960：chap.5）。

[47] 托泽（Tooze，2006）现在已成为纳粹时期德国经济政策的权威研究者。

[48] 但是，德国共产党（KPD）通过拒绝与社会民主党的所有合作而对纳粹上台做出了显著贡献，德国共产党经常谴责社会民主党是“社会法西斯分子”。

[49] 本节参考了 Frieden（2006）第 11 章和第 12 章中的材料，更详细的讨论和参考文献见该文。

[50] 关贸总协定实际上是解决最初建立世界贸易组织的条约未能得到美国立法者批准的“临时”解决方案。

[51] 这是摩尔定律的基础，根据摩尔定律，计算能力的价格大约每 18 个月减半。

[52] 参见 Levinson（2006）。

[53] 这个词是经济学家约翰·威廉姆森在 1989 年提出的，但后来发展出了一个威廉姆森意料之外的、更广泛的不同含义。“黄金紧身衣”等更具贬义的术语和“新自由主义”大致相等。

[54] 理论宏观经济学家接受这种信念并不一定会引起担忧。不幸的是，这个极端正统教派最狂热的追随者之一是美联储主席艾伦·格林斯潘（Alan Greenspan）。因此，格林斯潘对资产泡沫没有采取任何行动（事实上，他否认存在这种泡沫的可能性。）

[55] 参见 Reinhart and Rogoff（2009）。

[56] 有名的是，格林斯潘后来在公开声明中承认，他以“令人震惊，难以置信”来看待这些事件。

[57] 参见 Chinn and Frieden（2011）。

[58] 这与 20 世纪 20 年代有着可怕的相似之处，当时美国是贷款国，战后欧洲（尤其是德国）是借款国。

参考文献

Buttle, P. (2011). *England's Rotten Boroughs: A Compendium*. Edinburgh: Amadorn.

Chinn, M. and J. Frieden (2011). *Lost Decades: The Making of America's Debt Crisis and the Long Recovery*. New York: W W Norton.

Coatsworth, J. and J. Williamson (2004). " Always Protectionist? Latin American Tariffs from Independence to Great Depression, " *Journal of Latin American Studies* 36(2): 205–232.

Eichengreen, B. (1996). *Golden Fetters: The Gold Standard and the Great Depression, 1919–1939*. New York: Oxford University Press.

Eichengreen, B. and P. Temin (2000). " The Gold Standard and the Great Depression, " *Contemporary European History* 9(2): 183–207.

Engels, F. (1895). " Introduction to Karl Marx's *The Class Struggles in France 1848–1850*, " Available at www.marxists.org/archive/marx/works/1895/03/06.htm (acccssed March 12, 2012).

Frieden, J. (2006). *Global Capitalism: Its Fall and Rise in the Twentieth Century*. New York: W W Norton.

Geehr, R. S. (1990). *Karl Lueger: Mayor of Fin de Siècle Vienna*. Detroit, MI: Wayne State University Press.

Harley, C. K. (1980). " Transportation, the World Wheat Trade, and the Kuznets Cycle, 1850–1913, " *Explorations in Economic History* 17: 218–250.

Hopkins, A. G. (1976). *Economic History of West Africa*. New York: Columbia University Press.

Hobsbawm, E. J. (1969 [1968]). *Industry and Empire. The Pelican Economic History of Britain*. Vol. Ⅲ : *From 1750 to the Present Day*. Harmondsworth: Penguin Books.

James, S. and D. Lake (1989). " The Second Face of Hegemony: Britain's Repeal of the Corn Laws and the America Walker Tariff of 1846, " *International Organization* 43(1): 18–20.

Levinson, M. (2006). *The Box: How the Shipping Container Made the World Smaller and the World Economy Bigger*. Princeton University Press.

Levy, R. S. (1975). *The Downfall of the Anti-Semitic Political Parties in Imperial Germany*. New Haven, CT: Yale University Press.

Lipset, S. M. (1960). *Political Man: The Social Bases of Politics*. Garden City, NY: Doubleday and Co.

Maddison Historical GDP Data. World Economics. Available at www.worldeconomics.com/Data/MadisonHistoricalGDP/Madison%20Historical%20GDP%20Data.efp.

Marsh, P. T. (1999). *Bargaining on Europe: Britain and the First Common Market, 1860–*

1892. New Haven, CT: Yale University Press.

Nolte, E. (1963). *Der Fascismus in seiner Epoche*. (Translated from the German: L. Vennewitz (transl.) (1965). *Three Faces of Fascism*. New York: Holt, Rinehart and Winston.)

Norda, G. (2009). *Die Deutschsoziale Partei (DSP): Entstehung, Aufstieg und Niedergang einer antisemitischen Partei im Deutschen Kaiserreich*. Norderstedt: GRIM Verlag.

Nye, J. (2007). *War, Wine, and Taxes: The Political Economy of Anglo-French Trade, 1689–1900*. Princeton University Press.

O'Rourke, K. H. and J. G. Williamson (1999). *Globalization and History: The Evolution of a Nineteenth-Century Atlantic Economy*. Cambridge, MA: The MIT Press.

Orwell, G. (1980[1952]). *Homage to Catalonia*. Orlando, FL: Harcourt.

Reinhart, C. and K. Rogoff (2009). *This Time is Different: Eight Centuries of Financial Folly*. Princeton University Press.

Ruggie, J. G. (1982). " International Regimes, Transactions, and Change: Embedded Liberalism in the Postwar Economic Order," *International Organization* 36(2): 379–415.

Sassoon, D. (1996). *One Hundred Years of Socialism: The West European Left in the Twentieth Century*. New York: Tauris Publishers.

Smith, A. (1776). *The Wealth of Nations*.

Stern, F. (1977). *Gold and Iron: Bismarck, Blerichröder, and the Building of the German Empire*. New York: Alfred A. Knopf.

Tomlinson, B. R. (1993). *The Economy of Modern India, 1860–1970*. New York: Cambridge University Press.

Tooze, A. (2006). *The Wages of Destruction: The Making and Breaking of the Nazi Economy*. London: Allen Lane.

United Nations (1961). *Statistical Yearbook*, 13th issue, 41.

Woodward, L. (1962). *The Age of Reform*: *1815–1870*, 2nd edn. Oxford: Clarendon Press.

第
13
章

劳工运动

迈克尔·休伯曼

426 1900年，OECD未来成员国组成的工业和工业化国家的工会密度约为5%。到2000年，全球工会密度达到23%左右。[1] 虽然由此得出20世纪属于劳工的结论是轻率的，但这些进展并不是微不足道的。可以肯定的是，此前归功于劳工运动所取得的一些成就，如减少劳动时间、改善就业条件和消除童工，可能都只是经济增长的结果。但是，劳工运动在一定程度上促进了进步，如果只是通过保持工人在生产率中所占的份额，这一直是一个挑战，而且自20世纪80年代以来更是如此。该运动的成就也有地理维度的差异。如表13－1所示，劳工运动从“老”工业核心扩展到非洲、亚洲和南美洲的遥远地区，对各地的工人福利都产生了影响。

表13－1 世界和区域工会密度

区域（国家数量）	2000年的工会密度（%）	
	平均水平	人口加权
欧盟（15）	37.4	23.3

续表

区域（国家数量）	2000 年的工会密度（%）	
	平均水平	人口加权
东欧和前苏联地区（13）	46.1	56.4
大洋洲和北美洲（4）	21.1	14.1
南亚和东南亚（14）	15.8	20.5
中东（9）	25.6	18.6
非洲（25）	13.7	13.5
拉丁美洲（21）	17.1	20.9
世界	24.1	21.7

资料来源：Visser（2003：376-399）.

这些数字肯定低估了劳工运动的影响，正如本章所述，劳工运动包括大量非正式的无组织劳工、社会团体、改革者和政治代表，在国家和国际如国际劳工组织及其前身的不同层面运作。在它们折中的目标中，这些群体的共同点是它们最初反对资本主义；事实上，是劳工首先定义了他们的对手。但是，除了资本雇佣劳动这一老生常谈之外，工人们还开始分享这个体系的利益，尽管从来没有达到像劳工运动的先驱者预言的那种程度。事实上，20 世纪 OECD 国家的经济增长在劳工运动达到顶峰时也最为强劲。因此，在过去的 100 年里，反对已经让位给了一个不那么热心的接受，这一立场可能有助于该运动具备非凡的韧性。劳工运动已经超越了不 427
同的政治、经济和社会时代，从 19 世纪末的自由秩序开始，延伸到了两次世界大战之间的时期、冷战时期、华盛顿共识以及未来更远的时期。本章的目的是将这一历史作为国内外因素的产物联系起来，其相对重要性已经在空间和时间上发生了变化。我的论点是，这些力量相互重叠、相互关联，这看似是一种平庸的观察，但很奇怪地被人们忽视了。

劳工运动史上的主要叙述几乎完全突出了国内的关切。这一历史的主要轮廓是众所周知的。在法国大革命的鼓舞下，在滑铁卢战役之后的一个世纪里，劳工建立了正式和非正式的组织，他们要求更好的工作条件、结束长时间的工作和禁止雇佣童工，并希望从工业化的成果中分得一杯羹。追随恩格斯的观点，并且后来由埃里克·霍布斯鲍姆所传播，劳工运动被作为一章写进了国家历史，其中，民族国家的崛起被认为是过去两个世纪的主导性“历史力量”。

将这一论点延伸开来，典型的比较研究方法，是将基于国内环境和制度的劳工运动的案例历史并列起来，例如劳动力在非农业活动中所占的比例、工人投票的百分比、种族分裂、政治和法律结
428 构，以及收入的一般增长。[2] 这些历史产生了众所周知的类型，在推理中几乎是同义反复的。因为它的初始条件，劳工运动首先在西欧及其富裕的海外分支国家中扎根，而反过来又是在这些地方主要实现了劳工运动。不过也有例外，如美国，那里的劳工运动的发展植根于更广泛的个人主义和机会主义思想。至于在南欧、东欧、殖民地世界和外围其他地区的贫困地区，由于结构转型缓慢，劳工运动被推迟了。但在这里，基本模式也被重复了一遍。劳工运动起源于制造业部门，积极参与为这些地区带来民主和国家独立的行动，并从同样的社会和政治潮流中受益。

典型的劳工史并没有完全忽视思想传播等外部影响。[3] 更普遍的是，国际竞争被认为由于商业竞争对手廉价的劳动力成本和不受阻碍地获得资本而危及劳动力。事实上，现代劳工运动往往被视为全球化力量的牺牲品（Tilly，1995）。[4] 问题是，国内外力量之间的关系并不直接。全球化不仅仅是共同冲击的渠道，它还从根本上改变了劳动力流动的性质、增长和方向。全球化既是劳工运动衰落的预言者，也是劳工运动的帮凶。

1914 年之前，新旧世界劳资关系的分歧，是我提出的国内外力量纠缠不清的核心所在。旧世界领先的技术和相对丰富的劳动力和资本造就了一个繁荣的制造业——劳工运动的据点。到战争前夕，欧洲劳工对资本主义的反对与接受融为一体。外国市场的扩大对劳动力来说是一笔意外之财，劳工开始把其对贸易的支撑作用当作一种杠杆，以获得更好的工资和就业条件。贸易和劳工运动因此进入了一个良性循环。因为它在资源上的比较优势，这些有益的影 429
响在 1914 年之前在新世界的大部分地区更弱，有时甚至没有。当然，有组织的劳工在那些寻求为进口竞争部门提供庇护的国家取得了立足之地，但这也是全球化的结果，或者至少是对全球化的反作用力。随着外围国家融入全球经济，它们加剧开发资源，牺牲本土制造业，给有组织的劳工的崛起投下了一层阴影。在某些国家，资源所有权的高度集中加剧了收入不平等。更贫穷地区的劳工实际上被国际贸易力量和国内政治排斥拒之门外了。

比较优势从来都不是一成不变的。在 20 世纪中后期，技术从工业核心国家向外传播。按照克鲁格曼 - 维纳布尔斯（Krugman-Venables, 1995）的国际贸易模式，外围国家增加的制造业就业改变了国家内部和区域间的谈判能力。对于旧的核心而言，制造业被替代导致工会会员人数减少（见表 13 - 1），迫使已有的劳工运动寻求其他渠道来捍卫工资、就业条件和社会权利。至于新兴经济体，劳工运动的实现取决于当地的发展，比如要求更广泛的政治代表权背后的国内力量，但民主的崛起本身并不独立于全球化力量或它们的缺席（López-Córdova and Meissner，2008）。这就是问题所在。对于全球资本主义而言，到处都是软弱无力的劳工运动并不能保证它自己的成功。日益加剧的不平等可能会把劳工的冷淡接受推向彻底的反对，并给整个资本主义体系带来不可预见的后果。

我分析的出发点是，奥罗克和威廉姆森在本卷导言一章中的全球资本主义传播的年表，以及何塞·路易斯·卡多佐（José Luis Cardoso）和罗纳德·罗戈夫斯基对最终合并为劳工运动的不同群体的理论起源的描述（分别是第一卷第 18 章和本卷第 12 章）。虽然我将这一运动大致界定为涵盖国家和国际各级的正式组织和非正式压力团体，但我将关注有组织的劳工和劳工党派，因为劳工运动的这一部分比其他组成部分更容易辨认，而且最常与其他组成部分相关。第一次全球化浪潮在一个多世纪的劳资关系上留下了不可磨灭的印记，我特别考虑的是战争年代和最近的全球化浪潮之前的早期阶段。

第一次全球化浪潮中的旧世界劳工运动

430 在现代资本主义时代，工厂是劳工运动形成的熔炉。劳工对长时间的工作、工厂不健康的工作条件、匮乏和往往不确定的报酬，以及雇主随意解雇和替换工人的意愿提出了质疑。在英国这一工业化的鼎盛时期和中心地带，工人的议价能力很弱，工会的法律地位尚未确定，此时的收入分配有利于资本家（Allen，2009）。最初，非正式的工人组织完全反对资本主义，渴望回到道德经济，在道德经济中，他们一天的工作将会得到公平的报酬。但是，从宪章运动的消亡（1848 年）到工党成立（1900 年）的这半个世纪以来，英国劳工的后继世代仍在谴责资本主义，并没有放弃社会经济组织的替代模式，准备利用集体谈判和投票箱来实现他们的目标。承认资本主义的基本结构是不言而喻的。非洲大陆也发生了相同的转变。然而，好战从来没有被彻底放弃过，它表现为不时爆发的阵阵暴力活动，比如罢工潮，或者类似 1871 年的巴黎公社那样的对抗。这些事件使得产生更广泛的劳工运动具有了可信度，迫使精英们通过承认正式的劳工运动来避免彻底的社会动荡（Acemoglu and Robinson，2012）。

传统的劳工运动史把大国和富国，即法国、德国和英国视为实现社会改革的榜样。投票权的扩大既是劳工声音不断升级的原因，也是其结果。在英国，工会联盟（Trades Union Congress）成为要求进行选举改革的先锋，而在德国，社会党在选举中的成功推动了工会会员人数的上升（Crouch，1993）。工作场所的改革是首要的议程。在 1914 年之前的 10 年里，整个欧洲的劳工工作时间得以减少是毫无疑问的（Huberman and Minns，2007），同时在许多工业化国家，就像林德特在本卷第 14 章中进行的更详细的记述一样——工人们获得了一些早期形式的社会保险。[5]

另一种竞争性的说法是，从 1870 年开始的工作时间的长时 431
间下降是收入增长和休闲成本相对下降的结果（Vandenbroucke，2009）。但是，尽管几乎所有地方都出现了下降趋势，但在 1914 年之前就出现了差异化的国家和地区工作时间模式。由于工时和劳动标准一样，是所有工厂或工厂的所有工人都必须遵守的公共利益，因此法律要求必须存在某种形式的集体决策（Wright，1987）。这一进程甚至在同一发展水平的不同国家之间也有差异，这取决于劳动力的性别和族裔构成、技能水平、现有技术和讨价还价能力等因素。诚然，一些群体会不可避免地被边缘化。例如，在早期的历史上，有组织的劳动力几乎完全由男性熟练工人组成，其影响反映在减轻工厂生产制度的“罪恶”性上。[6] 取消妇女夜班将有效地减少劳动力市场的竞争，从而提高男性的工资，而并不一定能改善妇女的社会和经济地位。[7] 尽管如此，改革带来的社会利益可能抵消了这些影响。理查德·弗里曼和詹姆斯·梅多夫（Richard Freeman

and James Medoff，1984）的分析预计，随着解雇的威胁下降，有组织的劳工会付出更多的努力。此外，最低劳动年龄的提高，以及随后的教育年限的增加，都具有长期的经济和社会效益。

即使在这个时刻，全球化也是故事的一部分。面临全球竞争的工人有着具体的关切。国际一体化使劳动力需求对其价格变化更加敏感，其结果是需求的冲击导致收入和工作时数的波动，这比 19 世纪上半叶普遍存在的封闭经济中出现的波动大得多（Rodrik，2011）。金本位制度加剧了贸易冲击对工资的影响，因为随着价格的下跌，调整的负担落在了劳动力身上（Frieden，2006）。这种结构调整形式是发展中经济体有组织的劳动力在 1980 年之后几十年中面临的压力的前奏。我在下文会回到这个相似之处。

贸易部门对稳定收入和就业的需求，与国内改革运动长期存
432 在不满相重叠。劳工监管是他们政治纲领的基石。限制劳动供给的立法压缩了工资分配，结果导致了再分配，为世界贸易秩序的不确定性和波动性提供了一些保证。[8] 小国的劳工运动加剧了人们的担忧，因为它们的经济比较大的经济体更多地依赖于贸易，它们要求采取更直接的措施，如社会权利，以纠正波动和不确定性。在丹麦这样一个小型开放经济体，劳工申请并领取社会保险，以补贴从不断收缩部门到不断扩大部门的重新安置。应该补充的是，丹麦抵制了这一时期保护主义的反弹，这是一个很好的例子，说明劳工运动如何从贸易风险的增加中获益。

劳工运动的一个约束因素是它依靠政治盟友来推动改革。有利的方面是联盟在公共领域建立了有保障的劳工地位。在阿西莫格鲁和鲁宾逊（Acemoglu and Robinson，2012）的分析框架内，西欧及其在新世界分支国家的有组织劳工逐渐融入了这些国家获得经济成

功所不可或缺的多元和包容性的政治体制之中。早期联盟的性质表明了相互依存的国内外力量。例如，劳动力充裕的比利时在理论上有充分的理由支持自由贸易，尤其是在 19 世纪 80 年代铁路网络扩张之后，当劳动力在其边界内流动起来的时候。[9]19 世纪 90 年代初投票权扩大后，比利时工人党（Belgian Workers' Party）与自由派结成了联盟，其选民包括制造商和商业利益集团。在议会中，劳工代表们用他们对降低关税的支持，以交换加强劳动监管和改善社会福利。具体来说，劳工在减少工时和改善工作环境方面分享了全球化带来的好处。关键是，国内因素不足以满足社会改革的要求，因为劳动力本身不能决定政治议程。全球化使新的联盟成为可能，使政治力量的平衡向改革倾斜。结果就是欧洲劳工、资本和第二次世界大战后凝聚在一起成为国家之间的一种大交易（The Grand Bargain）的早期变体。

旧世界劳工运动的发展轨迹当然不一致。在欧洲外围国家，非正规和正规组织受到限制，因为农业工人占多数，选民人数却微不足道。但是，也不能由此断章取义。加泰罗尼亚的纺织业是社会主义和无政府主义的温床。劳工运动成功地推动了改革，到 433
1914 年，西班牙的工作时间与欧洲大陆其他地方的工作时间相当（Huberman and Minns，2007）。在俄国这样落后的经济体中，担心政治和社会环境的外国投资者，与萌芽中的劳工运动一致要求改善工厂条件（Gorshkov，2009）。欧洲的发展中小国，甚至意大利这类较大国家的情况仍然不同。在特定情况下，更富有的贸易伙伴关注的是竞争者更廉价的劳动力，迫使竞争对手通过工厂和就业立法。由于这些事件是 WTO 和国际劳工组织最近试图在各国之间建立最低劳工标准的前奏，所以我将在下面对它们进行更全面的描述。

殖民经济和殖民地中的劳工运动

新定居地区的移民和土著劳工运动有机会借鉴旧世界的想法、经验和立法，但这两个地区的劳工面临不同的政治和经济背景，到1914年，他们的运动目标已经产生了分歧。一些人坚持认为，尽管殖民者经济中拥有更大的选举权，但新世界的联邦结构——劳工法是次国家单位、省或州的责任——分裂并削弱了新生的改革运动。澳大利亚劳工的成功驱散了这一论点。[10] 在许多方面，新世界的劳工法领先于欧洲。1857年的墨西哥宪法宣布了自由劳动的权利，而在英国，直到1875年的《主仆法案》（Master and Servant Act）仍然规定，如果工人放弃了他们的工作，他们将面临刑事制裁（Suarez-Potts，2012：38）。[11] 还有一种说法是，与旧世界相比，新世界国家更经常与雇主站在一边，更倾向于使用武力镇压罢工（Friedman，1998）。但这主要适用于美国。按照英国的模式，加拿大在经历了一段时间活跃的劳工运动之后，成立了仲裁委员会，将各方团结起来以解决争端（Craven，1980）。更根本的是，至少对
434 美国和加拿大的部分地区来说，广阔大陆上由于劳动力高度流动可以接触到的机遇让人尴尬，这与似乎根深蒂固的个人反应倾向相吻合，而不利于集体主义行动。

国际贸易从其他方面造成了新旧世界劳工目标和成就的差异。在欧洲核心国家，专门物品的贸易很重要。[12] 如果各国不模仿商业伙伴的立法，它们就会面临出口禁运并受到贸易条件的冲击。以这种方式，跨阶级和跨境联盟给顽固不化的政府带来了压力，要求它们认真对待改善工作条件的要求。19世纪90年代初的法国－瑞士贸易战为国内议程提供了一个外部压力的例子。瑞士最初不愿对工作时间实行限制，因为担心如果瑞士在主要伙伴之前颁布立法，

就会失去出口市场。德国和法国在 1891 年和 1892 年确实对妇女的工作实行了限制。在随后与法国的贸易战中，瑞士人无法找到出口高档棉织品、丝绸、钟表和奶酪的替代渠道。1894 年，瑞士听从了法国生产者的要求，他们加入了国内改革运动，并同意限制妇女夜班工作和规定每天工作 11 个小时。

在新世界里，国内的担忧压倒了外部压力。最近殖民的土地相对丰富地区主要是出口食品和原材料，其价格在世界市场上是固定的。因此，由于市场损失的威胁不可信，各国政府没有被迫通过与主要贸易伙伴的法律。例如，1903—1910 年，德国发动贸易战以抗议渥太华与伦敦的优惠协议后，加拿大的小麦出口没有收缩；事实上，担心附带损害的是英国制造商和工人。这一论点并不完全适用于 1914 年之前开始发展出口制造业产品的美国，但资源仍占其出口的很大一部分。无论如何，美国的许多制造业出口产品都是标准化的，出口商可以在不造成严重损失的情况下转移出口渠道。美国通过的许多劳动立法只是将现有的做法编纂成法典，或者是普遍繁荣的结果（Fishback，1998）。最终的结果是欧洲社会和自由美国之间的分歧越来越大。

国际移民加深了新旧世界社会运动之间的分歧。在大西洋地 435
区，对奴隶和契约劳工的依赖降低了，已经被一个无限制和非强迫的大规模移民时代所取代。来自旧世界的非技术移民在 20 世纪末加速发展，对低收入阶层的工资产生了向下的影响。移民工人经常被用来作为罢工的破坏者，这挑战了劳工动员的能力（Rosenbloom，2002）。虽然熟练的新世界劳工在很大程度上不受这些压力的影响，但他们的组织却并非如此。越来越多的异质性工人群体在集体谈判或公共产品方面遇到了困难。

对于要求更好的工作条件和要求更严格的移民控制之间的劳

工运动的权衡而言，加拿大的经验是有启发性的（Goutor，2007）。由于劳动力相对不足，加拿大的制造业工人有充分的理由支持1879年的国家政策，该政策直到20世纪30年代仍是加拿大关税结构的框架。进口替代促进了几乎完全由熟练男性工人组成的工会运动的发展。最初，国家接纳了劳工，通过新的立法来保障工会的权利。但是，就像在比利时一样，加拿大工人依靠跨阶级联盟来满足改善劳动立法的要求。劳工与制造商的联盟迅速瓦解。监管被推迟，因为不确定立法是属于联邦层面还是省级层面的管辖范围（Drummond，1987：234）。更重要的是，资本不准备超越限制儿童和妇女工作的基本准则，声称在没有附加关税变化的情况下，它们无法将监管成本转嫁给消费者。有组织的劳工试图与农村和出口利益搭建起联系，但同样徒劳无益。对于新世界来说，澳大利亚劳工成功地组成了一个与农村利益有关的联盟，但加拿大农民的热情却没有那么高，他们担心早些时候对铁路行业的监管增加了运输成本；面对世界市场，劳工管制会令出口行业的投入价格上升。[13]

到了1900年，对劳工监管的需求让步于对移民配额的要求。与其预期效果相反，关税保护似乎将工人的命运与国际经济力量联系在一起，因为外国工人被加拿大的商业政策所保护的收入和就业保障所吸引。在1914年之前的10年里，加拿大劳工将花费大量的政治精力，要求结束门户开放政策。不像规制那样，移民是属于联
436 邦管辖的，但在这个层面上，联盟的建立并不容易，劳工在工业和农业领域也很少找到盟友。在20世纪初，贸易和劳工大会（Trades and Labour Congress）曾威胁要撤销对关税的认可，认为在移民问题上它的声音被听到同样重要。

> 虽然政府对移民的援助迫使劳动者以最低的价格出

卖自己的劳动，以能够与全世界竞争，但雇主往往受到超过 50% 的关税保护，从而免受外国竞争的影响。（引自 Craven，1980：277）

加拿大制造商拒绝将移民与关税联系在一起。依赖季节性劳动力供应的农村利益集团也没有理由支持配额。在 1910 年，加拿大对入境实施了新的限制，但就像以前的法律一样，它们的适用和范围受到限制，因为国家坚持开放的政策。对配额的广泛支持不得不等到 20 世纪 20 年代，主要是为了回应美国的政策才出现（Hatton and Williamson，2005：177）。任何用于限制外国工人的政治资本，都必须转化为更少的资源来要求更好的劳动法规和社会权利。在 1914 年的加拿大，工作时长和 1880 年差不多。

欧洲劳工的焦点在其他地方，因为欧洲大陆内部的移民似乎对劳动力市场的结果没有产生同样的影响。现有要素供给中的非熟练劳动力，使该区域在劳动密集型项目中的比较优势保持不变。当然，欧洲工业核心区域的某些劳工运动不利于外国工人，但这并不是以对劳动法规和社会权利需求的增加为代价的。法国丝绸工人因雇主雇用意大利人代替他们而发生骚乱，但到 20 世纪初期，劳工运动将注意力转向为移民提供社会福利。在英国，一些劳工组织支持 1905 年的《外国人法》（Aliens Act）（Hunt，1985：186），但基尔·哈迪（Keir Hardie）主张移民不会导致失业。在他的领导下，英国工党（British Labour Party）致力于全面改善工作条件。欧洲国家对劳工在移民问题上的立场并不公正，因为为了维护它们自己的信誉，它们有一种动机来保护已经达成的社会契约，正如我在下面描述的那样，甚至把其扩展到它们的边境以外。

不可避免的是，加拿大劳工运动诉诸由来已久的保护和改善工

437 人生计的劳资关系的做法。很显然，1914 年前，以罢工次数来衡量，加拿大的劳资矛盾比欧洲大陆更激烈，这股骚动的浪潮导致了工会成员的激增，1902—1914 年工会成员增加了两倍（Huberman and Young，1999）。虽然对抗关系是欧洲大陆劳资关系不可分割的一部分，但欧洲与其海外分支之间的争端性质存在分歧。加拿大的冲突与美国一样，涉及工资问题，因为罢工者在工资问题上获得成功的可能性更大（Card and Olson，1995）；欧洲的争端主要集中在工作条件上。组织形式也不同。这一时期的一个讽刺之处是，国际工会几乎只限于北美。跨越 49 度纬线（美国和加拿大的陆地边境线）的熟练工人联合起来，以匹配雇主从资本外逃的威胁中汲取力量的讨价还价能力。工会使工人们有了同等的流动性。一个多世纪以来，这些欧洲大陆工会一直是工人运动的支柱。虽然资本同样跨越了欧洲的边界，但国际性工会几乎在欧洲大陆上不存在，而那些在 1914 年之前建立起来的工会，并没有在两次世界大战期间的民族主义复兴中幸存下来。

在欧洲核心国家及其海外分支国家之外，劳工几乎没有什么收获。在日本，尽管纺织业发展迅速，但家长式作风仍然是劳资关系的主要意识形态（Hunter and Macnaughtan，2010）。在南亚，印度人和中国人的移民规模与欧洲和美洲之间的移民规模相同（McKeown，2004）。这些群体实际上被禁止进入在北美和澳大利亚的富有西方海外分支国家，所以他们反而聚集在南亚、非洲和加勒比海地区的商品出口经济体中了。随着奴隶制的结束，契约劳工或资助移民（assisted migration）构成了这些人口流动的很大一部分。契约劳工实际上是不流动的，这是一个似乎无法抵御价格和工资冲击的具体要素。[14] 至于外围国家的本土制造业部门，由于贸易力量迫使经济体更加专业化于资源开采方面，劳动力流失了。随着去工业化势头的增强，任何资源型经济体中的劳工或改革运动的迹象都变得越来越难以察觉。在这个关头，可以说，外围国家劳工运动的停滞发展是其在核心国家的早熟萌芽的另一面。

在 1914 年之前，随着农产品出口价格的下降和制成品进口价格的上涨，有迹象表明情况出现了逆转。在巴西，城市中心的本地 438
业务和外国技术的进口以及建立现代棉纺织工业，这预示着 20 世纪后半叶比较优势的转移。工人们开始组织起来了。同样，移民也产生了抵消效应。城市的新移民使土著和以前的奴隶人口流离失所，他们因此成为劳动力的支柱。虽然许多工会积极分子在旧世界的社会改革理想方面有过第一手经验，但他们在传递信息的过程中遇到了障碍。

> 意大利人的劳工领袖未能认识到最近抵达的葡萄牙人的特殊经济困境……在 20 世纪早期，像圣保罗的砖匠工会这样的组织很难将非意大利人留在工会中，因为工会集会和宣传使用的是意大利语。（引自 Maram，1977：258–259）

这些裂痕与无政府主义者、社会主义者和自由主义改革者之间的意识形态冲突重叠（Wolfe，1993）。在不同的经济和政治条件下，劳工运动在两次世界大战期间将获得更大的力量。

在缺乏投票权、自由派和改革者的支持，以及与贸易伙伴要求采用更好的劳工标准的外部压力隔绝的情况下，外围国家的工人依靠特殊的环境来改善他们的福利。墨西哥工人抓住革命创造的机会，成功地挑战了工作场所的管理当局。1910 年之后，墨西哥纺织厂的就业条件有了很大改善。按照欧洲规范，工作时间从 14 个小时缩短到 8 个小时，并引入了事故赔偿（Bortz，2000）。革命废除了债役雇农制（debt peonage）（Suarez-Potts，2012）。他们取得的这些成就在外围国家实属特例。

帝国在劳工运动和劳资关系上留下了持久的印记。由于工人在农业和非正规活动中的比例很大，大约在 1900 年，独立的印度很难通过任何能够得到公认的劳工法。在殖民时期的印度，第一批殖民立法实际上是针对工人的，如果他们在合同期间离职，就会受到惩罚（Hensman，2011：95-99）。这些法律在种植园的实施尤其严苛。从 19 世纪 80 年代开始，立法开始限制雇主的无限权力。第一个工厂法案背后的动力，以及本土劳工运动的兴起，都得到了兰开夏郡那些渴望保护他们国际竞争力的工厂主们的支持和资助。但是，印度和英国的做法之间仍有很大差别。1881 年的法令禁止雇
439 用 7 岁以下的儿童——英国当时禁止雇用 11 岁以下儿童——妇女的工作时间在 1891 年限制为每天 11 个小时——在英国大约为 9 个小时（Huberman，2012）。最重要的是，大量工人没有被工厂法案所涵盖，这是塑造了独立后的立法的殖民主义遗产。

全球化时代的国际劳工运动

即使在全球化引导旧世界和新世界的劳动力需求的同时，国际经济一体化也是其取得成就的支撑框架。从一开始，社会改革者就认识到，全球压力使得国家劳工法对工作日或童工的限制失去了效力。19 世纪 30 年代，现代英国劳工运动的先驱罗伯特·欧文提出建立国际准则，以协调工作环境；欧洲大陆的其他人也对这一呼吁进行回应，这场运动从 19 世纪 70 年代开始势头不断增强。在许多方面，劳工国际运动在第一次全球化浪潮中的目标和成果与 20 世纪末的第二次全球化浪潮的目标和结果是平行的。

2000 年，早期的改革者就确立了不同的目标，劳工组织、社会活动家和欧洲各国举行了不同的会议。对劳工组织举行的会议有许多可能的解读。其中第一种解释是，他们被弗里登和罗戈夫斯基在本卷第 12 章中描述的国际社会主义的理想所驱使；第二种解释是，劳工是决心消除童工和减少妇女工作时间的各种人道主义团体的代言人，同时各种国际会议是建立实现这些目标的网络的机会。但是，第三种解释是，工人们把国家利益和阶级利益混为一谈，认识到运输成本的下降从根本上改变了国际贸易秩序，他们利用国际会议来捍卫自己行业的竞争优势，并且认为，这些竞争优势保证了这些他们帮助促成的劳动法规和标准，或者是社会契约。

第四种解读似乎更接近其目标。劳工组织的会议在协调各个国家的准则方面进展甚微。起初，代表们在工人国际（Workers' International）的组织下开会，但社会主义革命的支持者和国际自由主义的拥护者之间的冲突分裂了这场运动，结果是劳工代表在 1890 年左右开始按不同的部门或产业界线开会（Donald，2001）。虽然这些团体继续就维持国际友谊的利益交换意见，但他们提出的 440
想象中的共同体并没有掩盖潜在的分歧。在一种与他们的雇主非常相似的话语中，劳工更加有动力从其竞争者手中夺取切实的优势，并最终捍卫现有的经济结构。在理想与利益的冲突中，后者似乎占了上风。

在行业层面，劳工组织非正式和正式地召开了会议。1900 年，英国棉纺工会邀请比利时、法国和德国的工会代表参观兰开夏郡。在早期，纺织工会一直站在要求普选权和工厂管制的前列，尽管它们开始更多地依靠集体谈判而不是立法来实现其目标。在这一世纪之交，英国工作时间的小时数比欧洲大陆平均水平低 20%，这使得兰开夏郡的工业处于竞争劣势，因为棉纺技术的进步增加了国内和国外生产产品之间的可替代性，其目的是向欧洲人展示兰开夏郡工厂的优越组织及其社会和道德救济。如果一切按计划进行，欧洲的工人们将向他们的老板和政府施加压力，要求减少工作时间。英国的计划适得其反。在访问兰开夏郡时，外国工会发现，在这里工作的儿童比例高于欧洲大陆。如果英国工会推动加大对儿童就业的限制，他们将同意敦促缩短工作日。由于担心其不断萎缩的海外市场进一步受到限制，英国（男性）工人畏缩不前。韦伯夫妇（Sidney and Beatrice Webb，1902：868）总结了劳工的挫折感。

> 事实上，如果我们能够达到教育和卫生、休闲和工资的国际最低标准（如果低于这一标准，任何国家都不会允许其任何部分的体力劳动者从事任何工作），那么工业的寄生状态将成为过去。但是，这种国际主义——基于普遍的工厂法案和公平工资条款的商业同盟——显然是乌托邦式的。

随着工会主义者未能实现公平竞争，社会活动家控制了改革计划。在1888年巴西废除奴隶贸易后，对产业工人的保护成为全世界改革者的名片。到了19世纪90年代，一场以协调国际劳工标准为目标的广泛运动已经形成。该运动的许多领导人是比利时人和瑞士人，他们的小型开放经济体可以从国际准则中获益良多。1897
441 年在布鲁塞尔和苏黎世举行的早期会议聚集了劳工代表、社会主义者、天主教徒和自由派改革家，但很快就可以看出，劳工不相信这场运动的方向和目标。1900年在巴黎成立国际劳工立法协会（International Association for Labor Legislation，IALL）时，社会改革者制定了议程。战后，国际劳工组织大量借用IALL模式。

IALL主要是一个认知社区，其主要目标是建设以证据为基础的政策和宣传（Van Daele，2005）。IALL 依靠国家分支机构收集关于工作场所条件的标准化信息，并在其网络中传播。改革者并不回避抨击本国劣质的劳动法和展示其他地方的成就。欧洲利益集团主导程序。日本派代表出席会议，但在审议中发挥了微不足道的作用，美国劳工局的创始人卡罗尔·赖特（Carroll Wright)，偶尔也是一位新的世界观察家。尽管这场运动有先例，但 IALL 的新奇之处在于，它将劳工监管置于全球化背景下。改革派认为，虽然贸易可能增加了波动性和就业风险，但如果设计得当，劳工监管将确保工人获得全球经济一体化的好处。IALL 会议没有对全球化提出异议；代表们反而抨击了保护主义，而反对保护主义的许多主要发言人支持自由贸易。

IALL 的会议并不总是和谐的。“核心标准”的概念，作为 21 世纪关于国际劳工行为准则的辩论的组成部分，并没有得到正式发展。人们对规划中的劳工标准的竞争优势和劣势一直争论不休，而且，像工会会议一样，代表们又回到了各国认为合适的立法权上。从一开始，意大利和挪威的活动人士就反对提高童工合法年龄的建议，他们认为，国际标准保护了富裕国家的市场份额，就像穷国今天所做的那样。关于妇女的夜班工作，1905 年伯尔尼会议的代表建议妇女夜间连续休息 12 小时，但比利时（该协议的原始提案国）要求休息 10 小时，以保护其出口利益。最后在 11 小时的水平上达成了妥协，而比利时在得到新法律的实施将被推迟 4 年的保证之后，才接受了该提议。伯尔尼的讨论也涉及职业安全，就火柴中磷的含量达成一项协议。多数国家确实采用了这一安全措施，但是美国拒绝了，它声称其主要竞争对手日本已经选择退出该协议（Huberman，2012）。

协调各国立法的崇高目标遭到了抵制。由于道义上的劝导或 442

软胁迫，而且没有确保批准的程序，IALL 的权力同其继承者——国际劳工组织一样受到了限制。和今天的安排一样，劳工标准和市场准入之间没有任何联系。就连它的主要缔造者也把这场运动看作是一个仅限于使用“道德力量”的“充满希望的篇章”（Fontaine，1920：181）。实际上，几乎没有几个条约得到签署，根据斯坦利·恩格曼（Stanley Engerman，2003：37–38）的说法，由于许多签字国以前曾提出过这些条款，所以影响很小或没有。尽管如此，作为改革的理想推动者，IALL 可能很重要。在伯尔尼会议之后的 5 年里，比利时、意大利、葡萄牙、西班牙和瑞典所有这些改革运动的后来者，都禁止妇女上夜班。各国关于妇女和儿童最长工作时间的立法也趋于一致了（Huberman，2012）。在战争爆发前的 10 年里，参加会议的人数增加了，尽管在具有可比要素禀赋的国家中，目标的共同性最强。就连英国代表也在讨论中扮演了决定性的角色，与以前的国际协会不同，他们的贡献通常是平和的（Lyons，1963）。

对于一个先锋组织来说，IALL 的成就并非不为人所知。那些派代表监督这些进程的国家看到，IALL 不是一个激进运动，但受制于激进的利益。各国政府得益于所进行的科学研究，因为在许多国家，新成立的劳动部门没有做好必要的准备工作。更重要的是，各国吸取了这样的教训：多边协定的谈判成本很高，同时协定很难被遵守和执行。相反，各国越来越倾向于双边劳工协议，以协调劳工标准。与 IALL 的宣言不同，双边协定之所以成功，是因为它们与贸易直接挂钩。

1904 年的法国－意大利劳工条约为改革运动提供了模板。法国和意大利进行了一场始于 1886 年的贸易战，这实际上持续到了 20 世纪初。这场斗争对意大利来说尤其艰难，因为它依赖法国出口专业产品。虽然意大利丝绸是一个相对标准化的产品，生产商很容易在瑞士找到市场，但该国的专业葡萄酒生产商却不那么幸运，他们不得不抛售库存。作为结束贸易战协议的一部分，法国要求意大利将某些劳工标准提高到国际规范的水平，以允许其出口商有更多的市场准入。作为交换，法国同意给予意大利迁徙工人（migrant workers）与法国工人相同的福利。它还通过取消意大利进口商品的选择性商业关税来吸引其贸易伙伴。意大利没有反对法国的倡议。443
其劳动立法的历史是最近才开始的，而且由于合格选民的比例很低，自由主义政府利用法国的主动行动来规避反对社会改革的既得利益集团。在这方面，意大利劳工在一种跨阶级和跨国界的联盟中得到了法国资本的支持。

在 1914 年之前的 10 年里，欧洲国家签署了 30 项基于法国 - 意大利模式的协议。[15] 这些协议的基础是各国希望保障其专业产品的市场准入标准。因此，欧洲各个国家政府开始支持它们的劳工运动，因为当商业竞争对手采用更好的标准时，它们本国的“出口”相对较便宜，进口也会更加便宜。最终的结果是增加了欧洲内部的贸易并创造了劳工立法中的公平竞争环境。劳工和资本的迁移不会带来一场“追逐底线”的竞赛。双边劳工协议背后的基本思想在目前关于贸易协定中列入社会条款的辩论中重新浮出水面，尽管形式不同。我在结语中会回到劳工运动在这些当代辩论中的作用。

两次世界大战之间的劳工运动

两次世界大战之间的宏观经济和政治动荡改变了劳动力市场的力量平衡。在战争结束后不久，在俄国革命的推动下，劳工运动试图利用工人们的爱国主义而获得的“政治资本”——劳工党支持战争——以及作为平民和战斗人员所承受的牺牲。直接的结果是一次全球性的罢工浪潮。女性和工人阶级男性选举权的扩大，更加根本地改变了游戏规则。回顾过去，广义上的劳工运动也许从未像冲突后的几十年，以及进入布雷顿森林体系时期那样强大。根据巴里·艾森格林（Barry Eichengreen，1992）的说法，金本位制的消亡本身就是新的大众政治的必然结果。在一些国家，工会会员数量在 20 世纪 20 年代停滞不前，但萧条导致动员激增，因为工人加入工会的愿望增加，而雇主的抵制下降了（Freeman，1998）。有组织的劳工将其代表范围扩大到非熟练工人和妇女。这并不一定意味着
444 与过去完全决裂。劳工代表和立法者在很大程度上依赖于从第一次全球化浪潮中吸取的经验教训，同时，尽管在国家一级的反应多种多样，但 1914 年以前，旧世界和新世界劳工运动之间的分歧即使没有得以扩大，也仍然是显而易见的。在这种情况下，即使国际贸易崩溃，国内外力量也仍然纠缠在一起。

如果说 1914 年之前贸易成本的下降导致了世界劳动力市场的趋同，那么第一次世界大战后经济民族主义不断上升的浪潮就把它们拆散了。经济萧条以及对此的不同反应，加剧了各国经济的分化。在 20 世纪的很大一部分时间里，劳动力市场的空间维度受到国家边界的限制，当然，直到开始于 20 世纪 70 年代的最近全球化浪潮。这意味着，由国家、企业和劳工推动的不同类型的社会和经济长期目标，不受国际竞争的影响，可以共存。

在整个新世界，劳工运动中长期存在的移民限制要求已经实现了，非欧洲人被排除在外，而欧洲人的入境是基于配额的。例如，英国政府从 20 世纪 30 年代初开始限制英联邦公民入境。劳工的议价优势得到了增强，因此在国民收入中占了更大的份额。随着工资分配的崩溃，程度越来越高的平均主义得到了推动，按照

林德特（Lindert，2004）的罗宾汉悖论（Robin Hood paradox）的思路，他对再分配方案有进一步的要求。至少在两次世界大战之间，米尔顿·弗里德曼认为，“你不能同时拥有自由移民和福利体系”，因为在北美洲政府财政的压力接近这一水平（Razin，Sadka，and Suwankiri，2011）。

美国的发展是新世界劳工命运逆转的典型。由于大量欧洲移民的结束，劳动力供应的减少导致劳动力市场的运行发生了彻底的变化。离职率下降，就业时间延长，同时雇佣标准提高了。人力资源部门的引入是对劳工议价能力提高的直接反应（Jacoby，1985）。到萧条前夕，美国工人的平均年龄更大，受教育程度更高，更希望从事工业工作（Wright，2006）。随后，新政立法保留并扩大了工人的收益。《瓦格纳法案》（The Wagner Act）促进了半技术部门工会组织的发展，1928—1939 年，工会参与率翻了一番，达到非农业劳动力的 21%。加上对使用童工的限制和义务教育年龄的提高，收入全面增加，但也许最显著的改善体现在收入分配的最底层。由于
劳动力市场受到新的限制，20 世纪 30 年代的失业并没有像理论上 445
那样对工资施加下行压力。由新政导致的劳动力市场变化为美国劳工的黄金时代奠定了基础，这一时代一直持续到了 20 世纪 70 年代初。

由于在社会和经济政策制定方面各个国家试验的多样性特征，旧世界的路线图更难读懂了。在德国，战争标志着德国劳资关系史上的一个重大转折点（Kaufman，2004：475）。就像其他地方在战争动员的压力下所发生的那样，德国政府从猜疑政策转向与工会合作。德国战败引发了一波民众起义以及对城市和工厂的革命性接管。但是，由于担心放弃它们艰苦奋斗的成果，主要工会与商业利益集团结成了联盟，捍卫代议制民主，并保留市场经济的基本轮

廓。在纳粹统治下，劳工的独立性受到严重损害，但20世纪20年代的联盟构成了后来成为社会伙伴关系原则的样板，这一协议为持续的社会改革方案和建立工作委员会打开了大门，而后者是德国劳资关系中的一个关键组成部分，也是20世纪后半叶经济增长的决定因素。

在劳工党派选举成功的地方，欧洲的自由民主国家扩大了战前社会立法和权利方面的收益。20世纪20年代初，各国对失业保险计划进行了修订。尽管许多国家没有批准国际劳工组织成立大会提出的一天8小时工作制——我会在下面更多地讨论——但到1929年，每周的工作时长通常已经从战争前的近56小时下降到了48小时。此外，许多国家的政府都引入了带薪假期，到20世纪30年代，欧洲工人享受着大约两周的带薪假期。劳工也求助于过去，大量借鉴了1914年以前国际社会流行的社会改革蓝图。欧洲劳工运动在移民问题上即使不现实，也仍然很灵活。战争造成的人口错位相当严重，作为回应，几个国家试图按照1904年法国－意大利协议的方针进行谈判，以保证市场准入，同时扩大安全网，从而确保公平的竞争环境。法国寻求与波兰和捷克斯洛伐克签署这类协定。

新旧世界劳工运动之间的历史分歧依然存在。这方面的一个例子是，他们对工作分担的不同态度是在大萧条之后开始的。欧洲有着在需求收缩期间减少工作时间的长期传统。这最初是一种非正式的经验法则，工作分担被列入20世纪20年代修订和扩充的
446 失业保险计划，其中包括对工作时间损失的补贴。相比之下，美国没有分享工作的传统，它在20世纪30年代的实验也是苦乐参半的。虽然一些工作可能得到保留，但许多人认为，管理人员任意使用该政策，使一组工人与另一组工人之间对立起来了（Moriguchi，2005）。在伯利恒钢铁公司（Bethlehem Steel），只有“效率高、忠

心耿耿的工人”才能在大萧条时期继续现有的工作（Jacoby，1985：212）。战后，美国劳动合同避免了分工条款，根据资历进行裁员。

虽然国内势力在两次世界大战期间可能占上风，但国际影响并不是不存在的。两次世界大战之间是国际劳工组织的鼎盛时期，这是《凡尔赛条约》的产物，该组织的使命是促进和保障工作场所的基本人权和男女平等的就业条件。[16] 与苏联的意识形态不同，国际劳工组织接受跨阶级的协商。劳工组织的许多主要人物一直积极参与 IALL 的工作。对其创始人来说，国际劳工组织代表着一个重大的转变，它脱离了自由主义经济学，也就是他们所说的“劳动商品方法”（Kaufman，2004：205），但矛盾的是，它的缔造者是狂热的自由贸易者，声称国际贸易是将劳工标准或社会正义从工业化核心国家传递到外围国家的一条途径。国际劳工组织与两次世界大战之间劳工支持者对全球化的反对意见相距甚远，这是卡尔·波拉尼（Karl Polanyi）反对国家——即社会保护——和市场的化身（Polanyi，1944）。比利时工党的赞助人、第二国际（Second International）的前任主席、在国际劳工组织成立之年活跃的埃米尔·范德维尔德（Émile Vandervelde）警告称，随着国际贸易订单的收缩，新兴国家将无法制定更好的工作条件。无论是富裕经济体还是贫困经济体，劳工运动都将受到影响。

> 关税壁垒将小国排除在世界大市场外，将使它们陷入拥挤而狭隘的生活，从而制约其各个部门的工业发展，并阻碍实现劳工改革和工人向高生活水平方面的进展，而这些是国际劳工组织的目标。（引自 Vandervelde，1920：130）

面对 20 世纪 30 年代饱受谴责的日益高涨的孤立主义，国际

447 劳工组织承担了劳工政策领域杰出研究机构的角色，同时追求“科学建设”与“问题解决”（Kaufman，2004：210）。虽然许多国家没有认可其关于工作时间、休假时间以及健康和安全准则的建议，但它们仍然属于国家劳工运动的职权范围。当国际贸易崩溃时，这些思想继续跨境流动。《国际劳工评论》（*International Labour Review*）是该组织研究成果的一个发布渠道。到第二次世界大战前夕，早期和晚期工业化国家同样都有标准的工作时间和劳动条件。具有讽刺意味的是，工作时间的趋同在任何时候都比不上反全球化的20世纪30年代，美国、法国和苏联的每周工作时间大致相同（Huberman and Minns，2007）。很难将这一结果仅仅归咎于巧合。第一次全球化浪潮的成果——协调一致理想得到接受也很重要。

在拉丁美洲，政府支持工会独裁政权的兴起和劳工政治的结合始于20世纪30年代。但即使是在孤立主义盛行的时候，国际劳工组织还是具有一定的影响力。巴西的案例很有启发意义。继加拿大和美国之后，巴西在第一次世界大战后实施了移民限制，劳工运动随后变得越来越强大。从20世纪20年代开始，政府开始寻求城市部门主要工会的支持，以维持社会秩序。劳工政策是以自上而下的方式实施的，并嵌入到更大的进口替代计划中。但是，在1943年，当总统热图利奥·瓦加斯（Getúlio Vargas）汇编《劳动合并法》（Consolidation of Labor Act）中的规章和社会权利的现行法律规定时，他广泛引用了国际劳工组织的建议（French，2004）。在这一时期，巴西人和全世界各地的工人一样辛苦工作。

甚至殖民地的劳资关系也有国际劳工组织公约的一些痕迹。在说英语的非洲殖民地推行工会制度化的最初动力来自西德尼·韦伯（Sidney Webb）。韦伯以殖民地国务秘书的身份行事，在20世纪30

年代早期，他向各个殖民地的总督写信建议，通过制定保护性劳工法，以及以 1871 年《英国工会法案》为蓝本的立法，英国的利益保障将得到进一步提高。作为一名家长式的官员，他告诫总督们要小心行事，并指出“没有具有同情心的监督和对工会的指导……可能将他们的活动转移到不正当和有害的目的上去”（Kaufman，2004：521）。尼日利亚于 1938 年通过了《工会条例》（Trade Union Ordinance）；同年，肯尼亚通过了一项《就业法》。但进一步推动这些法律举措的是，英国和其他殖民国家感到有压力要遵守或至少近似符合国际劳工组织的劳工标准，例如《强迫劳动公约》（Forced 448
Labor Convention，1930）。

国内和国际压力之间的协同作用在印度有不同的演变。到了 20 世纪 20 年代，对契约劳工的需求已经减少，当地的制造业与手工部门一起建立起来了。受英国法律的启发，1926 年的《印度工会法》（Indian Trade Union Act）要求至少有 7 人才能组成工会，并允许每个工厂有无限数量的工会。虽然有组织的劳工在改善工作环境方面几乎没有取得什么成果，但一个本土和激进的劳工运动显示出了进行罢工的能力和意愿（Wolcott，2008）。事实上，在这些年份，印度次大陆的争端比英国或美国更常见。

一位历史学家说，国际劳工组织的到来“刺激印度工人开始活跃起来”（Rodgers，2011：47）。1928 年，国际劳工组织在德里建立了一个分支机构，到 1929 年，它已经为皇家劳工委员会（Royal Commission on Labour）关于集中化劳工法律的决定做出了贡献。国际劳工组织公约影响了从 20 世纪 30 年代开始的劳工立法的通过（Menon，1956），尽管这并不意味着立即与富裕国家协调一致。《凡尔赛条约》赋予殖民地和非宗主国领土将较低的标准作为本地劳工法典的一部分的可选项（Rodgers et al.，2009：41–42）。

在这一时刻，印度纺织工人仍然可以依靠兰开夏工会和工人的支持，但面对印度雇主的抵制，劳工组织建议采用此前IALL协议的双重框架。例如，关于工作时间的第一公约规定了每周48小时的一般限制，但日本为57小时，印度为60小时。在讨论最低就业年龄时，国际劳工组织建议采用“渐进式原则”，以避免“扼杀和阻碍”印度发展中的工业制度（Rodgers，2011：48）。尽管国际劳工组织1930年的公约旨在最终消除强迫劳动，但也使用了类似的论点。到此时为止，印度已经批准了国际劳工组织28项公约中的11项。

在战后非殖民化时期，人们抛弃了本土劳工准则的概念。印度独立后，新成立的印度政府迅速遵循了国际劳工组织的一套标准，包括结社自由和集体谈判自由，并通过了200多项劳工法，以保障劳工获得在发展中国家中的一些最慷慨的自由。契约劳工的雇用被禁止了，国家对解雇实行限制性法律（Rudra，2008：112）。显然，后殖民地时期的印度尽管有其早期的热情，但在工作环境方面的国
449 际准则上却有一个很糟糕的记录。这一逆转反映了发展中世界正在出现的政治和经济压力，这将在第二次全球化浪潮中对世界各地的劳工运动产生影响。

布雷顿森林体系下的劳工运动

1951年5月1日，热图利奥·瓦加斯向巴西工人发表了演说：

> 劳动节的庆祝活动对你我而言都具有象征意义：它代表着工人和政府的新的联合。我们满怀深情地重建了这种关系……工人们从来不来找我寻求私利或私人恩

惠。他们还以他们所属的集体名义发言，为了承认他们的权利，为了改善他们的生活条件，为了补偿他们阶级成员的委屈，为了那些分担这些困难的人的福祉……我需要你们，巴西的工人……就像你们需要我一样。（Rudra，2008：200）

瓦加斯似乎在为 20 世纪 50 年代的许多政治领导人代言；甚至杜鲁门总统和艾森豪威尔总统也会以大致相同的方式对美国工人发表演说。1945 年后不久，工会的成长突飞猛进，工会对社会变革的兴趣也重新燃起。从其在制造业中的基础开始，有组织的劳工扩展到教育、服务和政府部门。成为工会会员的妇女比以往任何时候都多。在布雷顿森林体系下，国内力量似乎在劳工运动的命运中占了上风。20 世纪 70 年代是一个转折点。国际经济一体化的深化，在世界各地都构成了严峻的挑战。旧世界和新世界的劳工运动之间的历史差异与北方和南方劳动力之间日益扩大的差距重叠，因为制造业的比较优势转移到发展中经济体。[17]

在美国，新政的劳资关系框架为 20 世纪 70 年代初的劳工黄金时代奠定了基础，这个时代被描述为一个统一的高工资国家体制（Rosenbloom and Sundstrom，2011）。1947 年的《塔夫特 – 哈特利法案》（Taft-Hartley Act）减少了劳工在 20 世纪 30 年代所取得的一些收益，而美国的工会参与率则在这一时期达到了顶峰。在整个经济体系中，劳工是一种有效的补偿力量。实行较高的最低工资确立了一个工资支付的底价，工作时间减少了。在最重要的汽车行业， 450
充满斗志的工人迫使工会代表和企业基于模式谈判达成了《底特律条约》（Treaty of Detroit），而这迅速扩展到其他活动部门。根据这一解决方案，管理层保留了决定生产方向的权利，但工会规定了这些决定对车间的影响。很明显，少数群体和妇女被排除在谈判达成的一些利益之外，但总体来说，普通工人分享了经济生产力增长的成果（Levy and Temin，2011）。

在劳工运动的黄金时代，美国 GDP 中的贸易占比很低。加拿大和美国的劳工运动试图利用本国工业在国外市场上的优势，从它们对马歇尔计划的支持可以看出这一点。在没有强大的外国竞争的情况下，正式的劳工并不反对增加贸易风险。关税最初处于较高水平，即使是微小的下降幅度，也会带来贸易方面的巨大收益，但对收入分配的影响却是微不足道的（Rodrik，2011）。劳工似乎得到了维护，因为工资全面上涨了。这是一项短期决策，随着贸易分配效应的增强，这一决策将被取消。同样，有组织的劳工组织也不反对修改 1965 年的《美国移民法案》，该法案终止了对来自亚洲移民的禁令，并对西半球的移民实行了配额制度。再一次，劳动态度的演变是国内外因素共同作用的结果。很难维持对正在成为重要贸易伙伴的国家的歧视性政策。民权运动之后的社会和政治变革推动了劳工运动朝着同样的方向发展。

战后劳动力市场发展历史上的一个矛盾之处就是，与北美洲的工会相比，欧洲工会似乎在其要求上更加通融。在两次世界大战之间的崩溃之后，欧洲劳工重申了贸易对持续增长的作用。工人们选择了工资限制，这一战略在具有集中谈判制度的国家（德国和斯堪的纳维亚地区国家）比在有着分散谈判制度的国家（法国和英国）更为可行。在商业方面，工人们用工资的调整换取利润再投资于技术进步；随着国家的发展，工人们致力于社会和平，因为他们不想损害失业保险、健康和退休福利的延长，以及更多的休假时间。作为社会契约的一部分，各方都同意扩大在国际上的接触范围，这也是一种约束的手段。这是一项长期的承诺，在 20 世纪 90 年代之

前一直为欧洲人服务。工人们不要求过高的工资，因为担心自己定
价过高，公司在面对激烈的进口竞争时就会升级工厂和设备，各国 451
保证贸易伙伴的市场准入，以获得政治和商业协会成员资格的好处（Eichengreen，2008）。由于核心国家劳动力短缺，控制移民是平衡的一部分。欧洲人因他们的调整而得到回报，从 20 世纪 60 年代开始，他们每周工作时间逐渐减少，休假天数不断增加。

与过去的那种连续性并没有在同时代的人身上消失，当然也没有在贸易经济学家身上失去。1955 年，国际劳工组织授权一个由伯蒂尔·俄林担任主席的委员会，就“欧洲经济合作问题的社会方面”提供报告。该委员会（ILO，1956：1）解释了其职权范围，即调查“劳动力成本，特别是社会费用方面的国际差异”，是否构成经济一体化的障碍；“一个更加自由的国际市场”是否要求“比目前程度更大的国际协商与合作”；最后，“国际劳工自由流动”是否会夺回现有的劳工标准和权利（ILO，1956：1–4）。该委员会的反应结合了当时的理论见解和追溯到 IALL 的历史观察。首先，俄林和他的同事声称，即使贸易扩大，各种不同的国家劳工标准共存也是自然的，因为工作条件上的差异是由生产力的差异引起的，这本身就是国与国之间贸易增加的结果。然而，“可能发现在某种程度上协调行动以提高工人的生活水平是可取的”，其中任何一个部门的工资都低于经济平均水平，这可能是由于工人的讨价还价能力差（ILO，1956：61）。同时，可能需要国际压力，使这些部门达到某种可接受的标准。“这种协调措施不应被视为贸易自由化的先决条件，而应在过渡时期采取”（ILO，1956：73）。俄林接着说道，当它们有市场准入保障的时候，低标准国家有动力改善就业条件，这是在第一波全球化浪潮中正在进行的进程。同样，只要贸易壁垒低，劳动力流动就不会对富国的社会政策构成威胁。“各国将对接

纳外国工人的问题采取更加灵活的态度，我们认为这是与自由国际贸易相伴随的令人满意的办法”（ILO，1956：75）。同样，这类安排是在1914年之前实施的。

俄林的报告为进入第二次全球化浪潮中的欧洲劳工提供了蓝
452 图。对外接触并不被视为与社会保护相对立，即使各国有不同的劳动规则，而且竞争环境也不均衡。劳动管制与贸易之间的强烈相互反馈，对关于劳动和社会保护对生产力和就业的影响的激烈争论产生了影响。对一些人来说，劳动监管在劳动力市场的内部人和外部人之间造成了分歧。通过就业保护立法限制了一个群体的人力资本形成，抵消了与另一个群体的稳定工作有关的任何生产力总收益。[18] 但是，在1945年以后的开放经济背景下，随着监管缩减了劳动力供应并提高了劳动力成本，欧洲经济的比较优势转向了价值更高、资本更密集型的商品。这样，社会保护在贸易条件的改善中得到了体现。保罗·艾皮法尼和吉诺·甘恰（Paolo Epifani and Gino Gancia，2009：630）写道：“如果诺基亚手机的价格部分地反映了较高的国内税收，那么出售给外国人的每一台手机都会向芬兰这个福利国家提供补贴。”市场的扩展在贸易和非贸易部门都产生了生产力效应。由于欧洲劳工受到高度的社会保护，他们有很好的理由保持对国际贸易的依附。

欧洲模式不容易转移到其他环境和大陆中去，这在一定程度上反映了旧世界政治影响力的消亡。苏联提供了一种替代性的劳资关系模式，这种模式在其于1954年加入国际劳工组织后变得越来越容易容忍。国际劳工组织是1919年的《凡尔赛条约》所建立的国际机构当中，唯一成功生存到了战后时期的，但由于它被卷入关于相互竞争的意识形态和发展模式的辩论中，其权威性受到了考验。美国人试图填补这一空白。1954年，克拉克·克尔（Clark Kerr）

和约翰·邓洛普（John Dunlop）等人共同组成了经济发展劳工问题的校际研究项目小组（Kaufman，2004：307）。这一群体背后的动机之一是坚信美国的劳资关系过于孤立，可以通过工业化过程中的劳工跨国比较来拓宽这一领域的视野。但该研究团队还旨在将美国的劳资关系模式的各个方面引入发展中国家和发达国家。国际劳工组织开始在这个项目中发挥作用，克尔和他的同事在埃及、印度和日本得到了接纳。

很明显，克尔没有接触过拉丁美洲（Kaufman，2004：537）。
该地区已经与贸易的力量脱离，但这并不意味着劳动力会像被承诺 453
的那样获得进口替代收益。在阿根廷，胡安·佩隆（Juan Perón）作为劳工部长，与工会和更广泛的劳工运动建立了联盟。起初，劳工从 1943 年的军事政变中获得了收益（Acemoglu and Robinson，2012：330），到 20 世纪 50 年代中期，工会密度达到了 48%（Visser，2003：107）。这一时期标志着它的影响达到了顶峰。1966 年和 1976 年的军事干预后，劳工实际上被边缘化了，到 2000 年时，工会密度降至 25%。然而，各种社会运动的兴起填补了有组织劳工运动衰落所造成的真空（Atzeni and Ghigliani，2007：116）。1973 年以后智利和乌拉圭的状况也是类似的。

巴西的劳工似乎从较早的时候就被排斥了。政府奖励了其在商业和工会中的选民。进入 20 世纪 90 年代，巴西一直处于关税最高的国家之列，保持着一些国际标准上最严厉的劳动力市场法律，并作为该地区的特例，批准了 81 项国际劳工组织的公约，这是印度或加拿大这类先进国家的两倍。然而，这并不意味着社会和平。农村和低工资工人，约占劳动力的 50%（Rudra，2008：204），他们被排除在这一国家的慷慨善举之外，在有组织的行业部门，工资也落后于生产力的变化。不平等现象激增。最终，有组织的劳工的激进化创造了一种不信任的气氛。在没有对外贸易作为惩戒手段的情况下，劳工与资本之间的关系是对立的。尽管在这一时期，在国内外资本的推动下，经济增长强劲，但没有产生欧洲那样的劳工“黄金时代”（Colistete，2007）。随着 1964 年军事独裁统治的到来，劳工的孤立几乎完全结束了。在随后的几十年里，劳工被迫重新审视其起源，正如欧洲劳工在一个世纪前所完成的那样，把推动民主的建立（重建）作为改革的先决条件。这是一场将有组织的劳工及其伙伴的各种资源在更大的社会运动中汇集起来的斗争。

在印度，劳资关系保留了殖民起源的痕迹。虽然工会站在独立运动的前列，但印度国大党不愿意容忍一个自主的劳工运动。立法没有促进集体谈判，而集体谈判实际上被政府接管了。少数工会成员偶尔因其对政府进口替代政策的影响而获得了成功（Visser，2003：387）。但是，通过将小商店和工厂的工人排除在外，劳工立法歧视了非正规活动。因此，非正规部门的机构和工人数量有所增加。
454 20 世纪 60 年代是一段经济停滞时期，竞争性工会激烈争夺会员，由于政治忠诚以及地区和种族分裂，竞争加剧了。工会组织的权力变得分散，任何它们曾经拥有的影响力随后都减弱了。

劳工运动与超全球化

1973 年爆发的石油危机、意识形态格局的转变、信息技术的采用，以及 20 世纪 90 年代全球化进程的加速，都使各地的劳工运动处于守势。这些因素对这一状况的个别影响引起了人们的争论。在美国，信息技术革命引发了对熟练和受过教育的工人的强烈需求。由于他们的供应增长速度并不总是与需求同步，熟练和非熟练工人之间的工资差距扩大了。20 世纪 80 年代以来，意识形态上的再平衡削减了实际最低工资并促进了非工会化，最终终结了劳工的“黄金时代”。但不断变化的国际格局也很重要。丹尼·罗德里克（Dani Rodrik，2011：85）表示，1983—2002 年，美国制鞋机运营商面临的进口竞争几乎翻了一番。“很难想象，这一变化不会对他或她的工资产生实质性影响。”自布雷顿森林体系鼎盛时期以来，商业壁垒已大幅下降，实现贸易进一步收益的代价是收入分配的变化。不平等的扩大与劳工运动的削弱是同时进行的。可能在依赖新信息技术和熟练劳动力就业的部门，全球化对劳动力的影响更多的是想象出来的，而不是真实存在的。但是，新技术投资背后的动力本身并不是全球贸易秩序变化的外生因素。“制造业采用新技术的偏向，是由该国在世界经济中不断变化的比较优势的有利位置，而不是技术本身固有的必要条件形成的”（Wright，2006：152）。

对劳工运动所施加的压力无处不在，甚至在其中心地带，即欧洲的工业核心地区，劳工的政治代表性仍然保持不变。据杰拉尔德·弗里德曼（Gerald Fricdman，2008）所述，在各大洲，有组织的劳工已经萎缩，其防御的姿态有时也会因为罢工活动的减少而变得有气无力，并且未能调整自己的方向，使自己转向传统领域以外的活动部门和议题。其中的一些问题已被包括反全球化主义者和反华尔街抗议者在内的各种社会运动所弥补。尽管如此，劳工运动，即使是狭义的定义，似乎还是在 20 世纪最后几十年的政治动荡中幸存下来。苏联的解体是防止世界工会成员数量大幅下降的后 455
盾。乌克兰有 2 000 多万名工人加入工会，密度接近 100%（Visser，2003：380）。

在日本，商业组织结构的变化限制了工会的战斗性。第二次世界大战结束后，以美国《瓦格纳法案》为蓝本的《工会法》保障了人们加入工会的权利。人们立即做出了反应，从 1945 年秋天到 1946 年夏天，工会人数以每月 50 万人的速度增长，工会密度在 1949 年达到 55% 的顶峰。只要在工业大公司的就业没有受到挑战，工会的成员资格就会持续下去，因为日本工会往往不会在这一部门之外组织劳工运动。但是，随着国际竞争的加剧，以及大公司就业岗位的减少，劳工运动受到了挤压（Tsuru and Rebitzer，1995）。中国的劳工运动经历了类似的转变。中华全国总工会（All-Chinese Federation of Trade Unions）的成立是为了缓解争端。只要中国选择实行自给自足，富国和穷国都不会受到其劳工政策的影响。但 20 世纪 90 年代后，令中国经济的竞争对手感到懊恼的是，外商投资企业部门的工会会员人数一直很低，约占劳动力的十分之一至三分之一（Visser，2003：388）。很特殊的是，韩国工人抵制了类似的压力。在汽车业，日本跨国公司和当地制造商试图引进新的自动化技术，但遭到了一波劳工斗争浪潮的冲击，最终导致了 1996 年 12 月中下旬长达 20 天的总罢工（Silver，2003：61–64）。[19]

在欧洲，劳工运动向公共和服务部门的扩张本应该抵消全球化的直接影响，但移民已成为劳工挫折感的一个引爆点。这标志着过去时期的一个逆转。一些欧盟国家，如德国，由于人口老龄化而面临劳动力市场的萎缩，移民似乎提供了缓解即将到来的发放养老金和其他社会福利危机的喘息机会。但人们普遍认为，来自欧盟新成员国的移民倾向于滥用福利体系，尽管没有证据表明，在控制教育水平和家庭特征之后，他们得到的转移支付比本地人更多（Boeri，
456 2010）。尽管如此，低技能的移民尤其被富裕国家所吸引，这些国家拥有最广泛的福利体系，而这正是令欧盟公民不安的根源。还有一个真正的担忧就是，移民在这些国家排挤了低技能的本国工人，

这些低技能工人已经变得依赖社会福利了。人们担心，如果移民仍然不受控制，福利体系——劳工运动的辉煌成就——将会螺旋式下降。汉斯－沃纳·辛恩（Hans-Werner Sinn，2007：269）呼应了米尔顿·弗里德曼的观点，他认为，在德国，“压缩工资政策、扩大福利体系和大规模移民是三件根本不协调的事情”。

这些压力激发了对配额的需求，但事实证明这些措施是无效的，因为这些限制没有阻止非法移民。作为另一种选择，劳工运动促进了欧盟核心国家和外围国家之间劳工标准的统一（Boeri，2010）。与此同时，欧洲劳工并没有放弃对国际贸易的依附。历史为调和劳工对公平竞争环境的要求及其对贸易的依附提供了指导。回想一下，欧洲福利国家最初鼓励社会包容，同时确保贸易伙伴之间的劳工标准协调一致。在这个标志性的例子中，随着意大利改善了劳工标准，法国接受了意大利工人。市场准入保证意大利较高的劳动力成本不会损害其出口。这是一件水涨船高的事情。

对于新兴国家来说，国内和外部力量的平衡向前者倾斜，这一变化反映了基于低工资、南方国家技术适应和外包扩张的世界贸易新秩序。直到 20 世纪 50 年代，国际劳工组织是向该地区传递价值观的主要渠道，从瓦加斯到尼赫鲁等政治领导人批准了国际公约，以安抚劳工运动的支持者。随着发展中国家减少贸易壁垒，变得更加富有，各国开始挑战国际劳工组织的作用。与早期不同的是，印度自独立以来一直无视国际劳工组织，只批准了其 189 项公约中的 41 项。从 20 世纪 90 年代开始，巴西取消了对劳工保护的保证。费尔南多·恩里克·卡多佐（Fernando Henrique Cardoso）总统宣布了巴西关于终止遵守就业的第 158 号公约，以灵活的短期合同取而代之。瓦加斯和他的继任者们分割了内部人和外部人之间的劳工运动，并在这些改革以及随后的有利于技术工人和公共部门工人的养老金制度改革上持不同观点（Rudra，2008：189–203）。与西欧不同的是，劳工组织未能成功地将增加的国际敞口与一个确
457 定的安全网相结合，由于该国长期存在的不平等，其影响是相当大的。

非洲劳工运动发展过程中内部和外部力量之间的动态发展仍有不同的表现。起初，前者似乎占主导地位。与100年前欧洲劳工运动的历史相似，非洲工会积极参与公民社会，是在殖民主义和民主化之间发生转变以及种族隔离政权解体的关键参与者。在西非法语国家，劳工运动有助于扩大和深化民众对政治进程的参与（Phelan，2011a：476）。进入20世纪80年代，民主化导致工会迅速扩散。但是，出口价格疲软和源于华盛顿共识的结构调整计划限制了公共部门的规模，加剧了潜在的社会和族裔分歧以及政治不稳定（Phelan，2011b）。结果，工会密度下降，劳工运动因政府干预而被排挤。在西非法语国家，工会依赖外部组织提供支持，就像殖民时代依赖法国工会一样。

结　论

21世纪初，关于采用国际劳工标准的辩论再次造访了在本章中讨论过的许多主题。一个世纪以来，工业化国家的制造业一直是劳工运动的基石，但最近的全球化浪潮对劳工讨价还价能力的基础提出了挑战。在20世纪90年代苏联解体后，随着中国和印度放弃了保护主义政策，据估计，20世纪90年代，全球劳动力供应增长了一倍（Freeman，2005）。在某些国家，教师、护士和政府工作人员已经成为工会运动的最后阵地，自20世纪80年代以来，工会运动几乎在任何地方都有所下降（见表13－1）。

对于旧工业核心国家的工人来说，许多发展中经济体由于工
资低和监管环境脆弱而具有不公平的贸易优势。作为回应，富裕
国家的劳工代表提出了协调贸易规则和公平竞争环境的若干备选
方案。它们试图在区域贸易协定中附加社会条款，以迫使疏忽或执
拗的商业伙伴改善其监管环境。在全球舞台上，富国呼吁世贸组
织和劳工组织对改革运动的后来者采取行动。然而，在发展中经 458
济体，劳工组织及其发言人认为，国际准则是富裕国家试图阻止
贸易的一种自负的做法，而这种做法会导致较贫穷国家推迟采用
劳工标准，因为这会对收入产生有害影响。所谓的贫困国家低于
标准的工作环境与贸易无关，这是由工业化的副作用所引起的国
内问题，类似于今天的 OECD 经济体在 100 年以前的经历（Singh，
2003）。

争论的重点是国家主权与国际权威之间的平衡。在过去的 100 年里，富国和穷国的劳工运动的地位，相对于国内和外部力量的重要性发生了逆转。对许多同时代的人来说，20 世纪 70 年代工业核心国家的劳工运动力量被国内政治所束缚；外围国家的劳工运动依赖于外来的，例如殖民强国和国际劳工组织的影响和指导。到了 2000 年，这一角色发生了逆转，富裕地区的工人呼吁国际组织推行公平竞争，而贫穷国家的劳工则反对这种干预。

WTO 和国际劳工组织的会议反映了这种紧张局势。自 20 世纪 60 年代以来，国际劳工组织的权威已经削弱，它不愿意代表工业核心国家的工人进行干预。1999 年，美国在西雅图发起了一个由政府和工会组成的联盟，其中包括美国劳工联合会 - 产业工会联合会（AFL-CIO）和国际自由工会联合会（International Confederation of Free Trade Unions，ICFTU），它们试图向世贸组织施加压力，在贸易协定中增加社会条款。[20] 但是，发展中国家让这一想法付出

了代价。在印度，外部压力促使全国工会联合会和政府联合起来反对社会条款（Hensman，2011）。在这一失败之后，国际劳工组织为了在劳工问题上重新发挥领导作用，采用了核心标准的概念，以协调成员国相互竞争的利益。[21] 标准的采用与贸易无关，相反，国际劳工组织加强了对实施的监督。

我们有理由对未来保持乐观。劳工运动经受住了 20 世纪的动荡。政治政权、技术革命和社会试验来来去去，但劳工运动却坚持了下来。劳工运动的地理范围比以往任何时候都要广泛（见表 13 - 1）。
459 随着制造业从工业核心国家向外扩散，劳工运动在发展中国家确立了自己的地位，其在欧洲的密度仅略高于亚洲。这一成就相当可观，是国内外力量发展的结果，而这些力量很少是独立的，它们可能是互补的，也可能是对立的。

然而，任何乐观情绪都需要保持警惕。自 20 世纪 80 年代以来，世界贸易秩序对工人构成了严重的挑战，各国的收入没有跟上生产力的变化（ILO，2012）。但也存在一些反例。前几代工人利用全球化为自己谋取更好的工资和改善工作条件。在整个时期，劳工从未放弃其对抗性角色，但资本似乎也没有被放弃。强大的劳工运动与强大的资本主义齐头并进。经验就是，工人们需要围坐在谈判桌旁，这既是为了他们自己，也是为了资本的利益。

注 释

[1] 1900 年和 2000 年的数字来自 Friedman（2008）和 Visser（2003），他们也给出了国家估计数。

[2] 这类实证研究见 Bain 和 Elsheikh（1976）。

[3] 关于劳工史上的跨国转折，见 Van der Linden（2003）。

[4] 典型的是佐尔伯格（Zolberg，1995：28）：在“后工业社会中，工人们的‘劳

动权利’正在迅速消失，今天他们已成为一种残存的濒危物种了。”

[5] 马雷斯（Mares，2003）介绍了欧洲劳工运动与福利国家之间关系的研究案例。

[6] 勒迪格和福纳（Roediger and Foner，1989：vii）提供了一种对缩短工作日要求“一致同意”的报告。

[7] 关于英国的女工和有组织的劳工，参见 Rose（1992）。

[8] 在欧洲，如果仅仅因为立法是由商业竞争对手强加于其贸易伙伴的，该立法也影响了劳动力市场的结果。在新世界，情况却并非如此。见下文的分析。

[9] 关于比利时的劳工运动和贸易，参见 Huberman（2012）。

[10] 关于联邦制对劳工运动影响的回顾，参见 Archer（2007）。

[11] 关于自由劳动的法律地位，参见 Steinfeld（1991）。

[12] 接下来的两段是基于 Huberman and Meissner（2010）。

[13] 关于澳大利亚和美国的比较，参见 Archer（2007）。

[14] 因此，契约劳工地区的工资波动要比自由劳动力经济体大得多。

[15] 罗（Lowe，1935）列出了这些劳工协定的完整清单。

[16] 关于国际劳工组织的早期历史，参见 Shotwell（1934）；关于两次世界大战之间的情况，参见 Kott（2010）。

[17] 关于一些案例研究，参见 Silver（2003）。

[18] 阿拉德和林德特（Allard and Lindert，2007）发现，20 ～ 30 年的就业保护立法对生产力具有延迟的负面影响，其对就业的影响较小。恩福罗（Enflo，2011）报告了类似的一些发现。

[19] 资本似乎并非总是得逞。跨国公司寻找廉价劳动力的策略往往被证明是昂贵的。关于 RCA 的案例研究，参见 Cowie（1999）。

[20] 迪尔多夫和斯特恩（Deardorff and Stern，2002）对这一西雅图事件有一个均衡的考虑分析。

[21] 这些核心标准包括结社自由和消除一切形式的强迫或强制劳动、有效废除童工，以及消除在就业和职业方面的歧视。

参考文献

Acemoglu, D. and J. A. Robinson (2012). *Why Nations Fail: The Origins of Power, Prosperity, and Poverty*. New York: Crown Business.

Allard, G. J. and P. H. Lindert (2007). “ Euro-Productivity and Euro-Jobs since the 1960s: Which Institutions Really Mattered,” in T. J. Hatton, K. H. O’Rourke, and A. M. Taylor (eds.), *The New Comparative Economic History*. Cambridge, MA: The MIT Press, pp. 365–394.

Allen, R. C. (2009). “ Engels’ Pause: Technical Change, Capital Accumulation, and

Inequality in the British Industrial Revolution," *Explorations in Economic History* 46: 418-435.

Archer, R. (2007). *Why Is There No Labor Party in the United States?* Princeton University Press.

Atzeni, M. and P. Ghigliani (2007). " The Resilience of Traditional Trade Union Practices in the Revitalisation of the Argentine Labour Movement," in C. Phelan (ed.), *Trade Union Revitilisation: Trends and Prospects in 34 Countries*. Oxford: Peter Lang, pp. 105-121.

Bain, G. S. and F. Elsheikh (1976). *Union Growth and the Business Cycle*. Oxford: Blackwell.

Boeri, T. (2010). "Immigration to the Land of Redistribution," *Economica* 77: 651-687.

Bortz, J. (2000). " The Revolution, the Labour Regime, and Conditions of Work in the Cotton Textile Industry in Mexico, 1910-1927," *Journal of Latin American Studies* 32: 671-703.

Card, D. and C. A. Olson (1995). " Bargaining Power, Strike Durations, and Wage Outcomes: An Analysis of Strikes in the 1880s," *Journal of Labor Economics* 13: 32-61.

Colistete, R. P. (2007). " Productivity, Wages, and Labor Politics in Brazil, 1945-1962," *Journal of Economic History* 67: 93-128.

Cowie, J. R. (1999). *Capital Moves: RCA's Seventy-Year Quest for Cheap Labor*. Ithaca, NY: Cornell University Press.

Craven, P. (1980). " *An Impartial Umpire": Industrial Relations and the Canadian State 1900-1911*. University of Toronto Press.

Crouch, C. (1993). *Industrial Relations and European State Traditions*. Oxford: Clarendon.

Deardorff, A. V. and R. M. Stern (2002). " What You Should Know about Globalization and the World Trade Organization," *Review of International Economics* 10: 404-423.

Donald, M. (2001). " Workers of the World Unite? Exploring the Enigma of the Second International," in M. H. Geyer and J. Paulmann (eds.), *The Mechanics of Internationalism: Culture, Society, and Politics from the 1840s to the First World War*. Oxford University Press, pp. 177-204.

Drummond, I. (1987). *Progress Without Planning: The Economic History of Ontario from Confederation to the Second World War*. University of Toronto Press.

Eichengreen, B. (1992). *Golden Fetters: The Gold Standard and the Great Depression, 1919-1939*. New York: Oxford University Press.

(2008). *The European Economy since 1945: Coordinated Capitalism and Beyond.* Princeton University Press.

Enflo, K. (2011). " The Institutional Roots of Post-war European Economic

Underperformance: A Regional Approach," *European Review of Economic History* 15: 329–355.

Engerman, S. J. (2003). "The History and Political Economy of International Labor Standards," in K. Basu, H. Horn, L. Roman, and J. Shapiro (eds.), *International Labor Standards: History, Theory, and Policy Options*. Oxford: Blackwell, pp. 9–83.

Epifani, P. and G. Gancia (2009). "Openness, Government Size and the Terms of Trade," *Review of Economic Studies* 76: 629–668.

Fishback, P. (1998). "Operations of 'Unfettered' Labor Markets: Exit and Voice in American Labor Markets at the Turn of the Century," *Journal of Economic Literature* 36: 722–765.

Fontaine, A. (1920). "A Review of International Labour Legislation," in E. J. Solano (ed.), *Labour as an International Problem*. London: Macmillan.

Freeman, R. B. (1998). "Spurts in Union Growth: Defining Moments and Social Process," in M. D. Bordo, C. Goldin, and E. N. White (eds.), *The Defining Moment: The Great Depression and the American Economy in the Twentieth Century*. University of Chicago Press, pp. 265–296.

(2005). "The Great Doubling: Labor Policy in the New Global Economy," Georgia State University, 2005 Usery Lecture in Labor Policy.

Freeman, R. B. and J. Medoff (1984). *What Do Unions Do*? New York: Basic Books.

French, J. D. (2004). *Drowning in Laws: Labor Law and Brazilian Political Culture*. Chapel Hill, NC: University of North Carolina Press.

Frieden, J. A. (2006). *Global Capitalism: Its Fall and Rise in the Twentieth Century*. New York: Norton.

Friedman, G. (1998). *State-Making and Labor Movements: France and the United States, 1876–1914*. Ithaca, NY: Cornell University Press.

(2008). *Reigniting the Labor Movement: Restoring Means to Ends in a Democratic Labor Movement*. New York: Routledge.

Gorshkov, B. B. (2009). *Russia's Factory Children: State, Society, and Law, 1800–1917*. University of Pittsburgh Press.

Goutor, D. (2007). *Guarding the Gates: The Canadian Labour Movement and Immigration, 1872–1934*. Vancouver: UBC Press.

Hatton, T. J. and J. G. Williamson (2005). *Global Migration and the World Economy: Two Centuries of Policy and Performance*. Cambridge, MA: The MIT Press.

Hensman, R. (2011). *Workers, Unions, and Global Capitalism: Lessons from India*. New York: Columbia University Press.

Hobsbawm, E. (1988). "Working Class Internationalism," in F. van Holthoon and M. van der Linden (eds.), *Internationalism in the Labour Movement, 1830–1914*. Leiden: E. J. Brill, pp. 3–16.

Huberman, M. (2012). *Odd Couple: International Trade and Labor Standards in History*. New Haven, CT: Yale University Press.

Huberman, M. and C. M. Meissner (2010). "Riding the Wave of Trade: The Rise of Labor Regulation in the Golden Age of Globalization," *Journal of Economic History* 70: 535–567.

Huberman, M. and C. Minns (2007). " The Times They Are Not Changin': Days and Hours of Work in Old and New Worlds, 1870–2000, " *Explorations in Economic History* 44: 538–567.

Huberman, M. and D. Young (1999). " Hope Against Hope: Strike Activity in Canada, 1920–1939," *Explorations in Economic History* 39: 315–354.

Hunt, E. H. (1985). *British Labour History, 1815–1914*. London: Weidenfeld and Nicolson.

Hunter, J. and H. Macnaughtan (2010). " Japan," in L. H. van Voss, E. Hiemstra-Kuperus, and E. van Nederveen Meerkerk (eds.), *The Ashgate Companion to the History of Textile Workers, 1650–2000*. Farnham: Ashgate, pp. 305–332.

International Labor Organization (1956). *Social Aspects of European Economic Co-operation*. Studies and Reports, new series, no. 46. Geneva: ILO.

(2012). *Global Wage Report 2012/2013: Wages and Equitable Growth*. Geneva: ILO.

Jacoby, S. (1985). *Employing Bureaucracy: Managers, Unions, and the Transformation of Work in American Industry, 1900–1945*. New York: Cambridge University Press.

Kaufman, B. (2004). *The Global Evolution of Industrial Relations: Events, Ideas and the IIRA*. Geneva: ILO.

Kott, S. (2010). " Constructing a European Social Model: The Fight for Social Insurance in the Interwar Period," in M. Rodriguez Garcia, J. van Daele, and M. van der Linden (eds.), *ILO Histories: Essays on the International Labour Organization and its Impact on the World During the Twentieth Century*. Berne: Peter Lang, pp. 173–195.

Krugman, P. and A. J. Venables (1995). " Globalization and the Inequality of Nations, " *Quarterly Journal of Economics* 110: 857–880.

Levy, F. and P. Temin (2011). " Inequality of Institutions in Twentieth-Century America," in P. W. Rhode, J. L. Rosenbloom, and D. F. Weiman (eds.), *Economic Evolution and Revolution in Historical Time*. Stanford University Press, pp. 357–386.

Lindert, P. H. (2004). *Growing Public: Social Spending and Economic Growth since the Eighteenth Century.* New York: Cambridge University Press.

López-Córdova, J. E. and C. M. Meissner (2008). " The Impact of International Trade on Democracy: A Long-Run Perspective," *World Politics* 60: 539–575.

Lowe, B. E. (1935). *The International Protection of Labor: International Labor Organization, History and Law*. New York: Macmillan.

Lyons, F. S. L. (1963). *Internationalism in Europe, 1815–1914*. Leiden: A.W. Sythoff.

Maram, S. L. (1977). " Labor and the Left in Brazil, 1890–1921: A Movement Aborted," *Hispanic American Historical Review* 57: 254–272.

Mares, I. (2003). *The Politics of Social Risk: Business and Welfare State Development.* New York: Cambridge University Press.

McKeown, A. (2004). " Global Migration, 1846–1940, " *Journal of World History* 15: 155–189.

Menon, V. K. R. (1956). " The Influence of International Labour Conventions on Indian Labour Legislation," *International Labour Review* 73: 551–571.

Moriguchi, C. (2005). " Did American Welfare Capitalists Breach Their Implicit Contracts During the Great Depression? Preliminary Findings from Company-level Data," *Industrial and Labor Relations Review* 59: 51–81.

Phelan, C. (2011a). " Trade Unions, Democratic Waves, and Structural Adjustment: The Case of Francophone West Africa," *Labor History* 52: 461–481.

ed. (2011b). *Trade Unions in West Africa: Historical and Contemporary Perspectives*. Oxford: Peter Lang.

Polanyi, K. (1944). *The Great Transformation: The Political and Economic Origins of Our Time*. Boston, MA: Beacon Press.

Razin, A., E. Sadka, and B. Suwankiri (2011). *Migration and the Welfare State: Political-Economy Policy Formation*. Cambridge: The MIT Press.

Rodgers, G. (2011). " India, the ILO and the Quest for Social Justice since 1919, " *Economic & Political Weekly* 46: 45–52.

Rodgers, G., E. Lee, L. Swepston, and J. van Daele (2009). *The International Labor Organization and the Quest for Social Justice*. Ithaca, NY: ILR Press.

Rodrik, D. (2011). *The Globalization Paradox: Democracy and the Future of the World Economy*. New York: W. W. Norton.

Roediger, D. R. and P. S. Foner (1989). *Our Own Time: A History of American Labor and the Working Day*. Westport, CT: Greenwood.

Rose, S. O. (1992). *Limited Livelihoods: Gender and Class in Nineteenth-Century England.* Berkeley, CA: University of California Press.

Rosenbloom, J. L. (2002). *Looking for Work, Searching for Workers*. New York: Cambridge University Press.

Rosenbloom, J. L. and W. A. Sundstrom (2011). " Labor-Market Regimes in US Economic History, " in P. W. Rhode, J. L. Rosenbloom, and D. F. Weiman (eds.), *Economic*

Evolution and Revolution in Historical Time. Stanford University Press, pp. 277–310.

Rudra, N. (2008). *Globalization and the Race to the Bottom in Developing Countries. Who Really Gets Hurt*? New York: Cambridge University Press.

Shotwell, J. T., ed. (1934). *The Origins of the International Labor Organization*. New York: Columbia University Press.

Silver, B. J. (2003). *Forces of Labor: Workers' Movements and Globalization since 1870*. Cambridge University Press.

Singh, N. (2003). " The Theory of International Trade Standards from an Economic Perspective, " in K. Basu, H. Horn, L. Romain, and J. Shapiro (eds.), *International Labor Standards: History, Theory, and Policy Options*. Malden, MA: Blackwell.

Sinn, H.-W. (2007). *Can Germany Be Saved? The Malaise of the World's First Welfare State*. Cambridge, MA: The MIT Press.

Steinfeld, R. J. (1991). *The Invention of Free Labor*. Chapel Hill, NC: University of North Carolina Press.

Suarez-Potts, W. J. (2012). *The Making of Law: The Supreme Court and Labor Legislation in Mexico, 1875–1931*. Stanford University Press.

Tilly, C. (1995). " Globalization Threatens Labor's Rights, " *International Labor and Working Class History* 47: 1–23.

Tsuru, T. and J. B. Rebitzer (1995). " The Limits of Enterprise Unionism: Prospects for Continuing Union Decline in Japan," *British Journal of Industrial Relations* 33: 459–492.

Van Daele, J. (2005). " Engineering Social Peace: Networks, Ideas, and the Founding of the International Labour Organization," *International Review of Social History* 50: 435–466.

Van der Linden, M. (2003). *Transnational Labour History: Explorations*. Aldershot: Ashgate.

Vandenbroucke, G. (2009). " Trends in Hours: The U.S. from 1900 to 1950," *Journal of Economic Dynamics and Control* 33: 237–249.

Vandervelde, E. (1920). " Labour Reforms in Belgium," in E. J. Solano (ed.), *Labour as an International Problem*. London: Macmillan, pp. 105–131.

Visser, J. (2003). " Unions and Unionism Around the World," in J. T. Addison and C. Schnabel (eds.), *International Handbook of Trade Unions*. Cheltenham: Edward Elgar, pp. 366–413.

Webb, S. and B. Webb (1902). *Industrial Democracy*, new edn in one vol. London: Longmans, Green and Co.

Wolcott, S. (2008). " Strikes in Colonial India, " *Industrial and Labor Relations Review* 61: 46–84.

Wolfe, J. (1993). *Working Women, Working Men: São Paulo and the Rise of Brazil's*

Industrial Working Class, 1900–1955. Durham, NC: Duke University Press.

Wright, G. (1987). " Labor History and Labor Economics, " in A. J. Field (ed.), *The Future of Economic History*. Boston, MA: Kluwer, pp. 313–347.

(2006). " Productivity Growth and the American Labor Market: The 1990s in Historical Perspective, " in P. Rhode and G. Toniolo (eds.), *The Global Economy in the 1990s: A Long-Run Perspective*. New York: Cambridge University Press, pp. 139–160.

Zolberg, A. (1995). " Response: Working-Class Dissolution, " *International Labor and Working Class History* 47: 28–38.

第 14 章

私人福利和福利国家

彼得·H. 林德特[1]

概 要

研究的问题

464 人们自然会想知道，通过慈善、私人保险市场和私人资本市场等私人手段，贫困和经济风险可以降低多少。当然，我们知道，从大约 1880 年到大约 1980 年，那些成功增长的国家趋向于不再依赖私人保险和贫穷救济这些解决办法了。然而，在这 100 年中，所有富裕国家，即使是私人的社会援助和社会保险都增加了。

这一章总结了人们对救助增长的原因和影响的了解，以及在

① 感谢拉里·尼尔、杰弗里·威廉姆森、马德里会议的与会者以及韩国大学、首尔国立大学和斯泰伦博斯（Stellenbosch）世界经济史大会的听众对早先文稿的批评和建议。

21 世纪向公共救助转变的前景。人们必须面对这些紧迫的问题：

- 为什么直到过去的 100 年为止，世界上的赠予和保险是如此之少，为什么最近它的上升集中在富裕的工业化 OECD 国家？在整个 21 世纪，这种增长可能还会持续吗？
- 在赠予和保险的资金来源中，为什么税收融资超过了私人融资，税收在这些资金中所占的份额或占 GDP 的比重还会继续上升吗？
- 在这些资金的用途当中，为什么老年人的贫困和需求比年轻人减少得多，这种情况还会继续下去吗？
- 从提高人均 GDP 的角度来看，这些发展是否有效？[1] 如果有效，为什么这些增长被推迟到直到过去的 100 年才得以实现？如果是效率低下的，为什么变化又是如此普遍呢？

与其他一些基本的历史性探索相比，找到这些基本的长期问题 465
的答案并不需要特别长的过程。结果发现，至少在一定程度上，通过一般的理论和常识，可以得到似乎真实但未被注意到的答案。

广义和狭义的定义

然而，这一过程的一个初步准备就是确定基本的主题。

（1）更广义的活动：社会支出。本章将从被最近的一些学者，包括管理 OECD 的 SOCEXP 数据集的学者，称为“社会支出”或“社会福利支出”的广义概念开始。传统的定义范围非常广泛，以至于限制了它的用处。OECD 和学者们对社会福利支出的可用衡量标准包括任何能够缓解人们低水平的——或短期下降的——健康、收入和总体福利的支出。[2] 其中一些测度包括教育支出，而另一些测度（如 OECD 的 SOCX 系列）则不包括教育支出。本章有时包括教育支出，特别是公共教育支出，有时将其排除在外，具体取决于要分析的问题。值得注意的是，社会支出的广泛测度并没有限制由谁支付这些支出或由谁接受这些支出。[3] 支付者不必比领取者更富有。付款人和接受者往往是不同家庭的人，但即使这种趋势也有例外，就像你从以前的工资缴款中得到的“社会”养老金支出一样。

（2）更狭义的活动：帮助最需要帮助的人。本章采用的是较窄但仍是传统的做法，重点放在保障或减轻极端需要的开支上。即
466 生活在贫困线以下，或即使超过贫困线，但丧失工作能力，使物质福利大大减少的人。[4] 也就是说，我们强调社会保险和社会援助的种类，它们总是引起更多的争议，因为它们涉及更多的收入纵向再分配。[5]

（3）界定成功和效率。在下文中，我们将根据私营和公共机构在降低贫困率、减少身体痛苦、降低目标人口的收入差异、实现高国内社会回报率和提高 GDP 等方面的记录来评判它们。

一些结果的预览

本章得出了以下初步结论：

（1）私人捐赠似乎是由相对狭隘的情绪所驱动的。捐赠是由捐助人自己的“温情效应”所驱动的，而人们往往会向自己所属的社会经济团体大量捐赠。随着收入的增加，私人捐赠略有增加，尽管它在经济中所占的份额从来就不是很大。

（2）公共福利支出的增加并没有挤出私人捐赠，尽管人们普遍担心这会发生。随着时间的推移，这两者实际上是正相关的。

（3）公共社会开支的现代增长可能在效率、GDP 和莱安德鲁·帕尔多斯·艾斯克苏拉（Leandro Prados de la Escosura）所写的本卷第 15 章中量化的更大的人类福利概念方面取得了相当大

的进步。[6] 这些对人类的投资几千年来一直被软弱和贪婪的政府，拒绝普及公立学校教育、家庭援助和公共医疗保险的政治权力集中所阻挠。一旦投票权的扩大为大规模的全民社会保险打开了大 467
门，规模经济和全民覆盖的经济就降低了征税和社会投资的运营成本。

（4）然而，自 20 世纪 60 年代以来，公共社会项目的扩大可能已经使效率的提高停止了，这是因为记者们所称的“使命偏离”。几个国家，尤其是日本、美国、意大利和希腊，已经偏离了它们最初投资于年轻一代的使命，同时保持了有利于老年人的代际转移。20 世纪末，这一趋势并没有给 GDP 带来任何明显的净损失，但由于 21 世纪人口的进一步老龄化，国家将被迫进行改革，使老年人能够在可持续的稳定状态范围内得到支持。

将福利理论与历史联系起来：一些容易实现的目标

将经济理论与社会保险和赠予的广泛历史模式联系起来并不困难。微观经济学家们已经提出了一些似乎具有良好预测能力的理论思想，有些甚至从 20 世纪 60 年代开始就在数据上进行了测试。为了处理更广泛的历史，我们应该专注于一个常识性的程序，在我们等待更为聚焦的统计测试时，可以建立良好的初步解释。这一步骤是计量经济学家的双重差分技术的一个简单的定性模拟。一旦构建了社会保险和社会援助的总体历史模式（下一节），我们就可以检查一下每一个常用的解释变量的时间和地理差异，看看它们与保险或援助水平的差异有多大关系。我们可以在其他研究的帮助下进一步判断它们可能的单位影响或系数。

常用的解释变量按示意图排列在表 14－1 中。从这两栏的比较可以看出，社会援助（右栏）和社会保险（左栏）的理论影响因素清单几乎相同。这种相似性的直接原因是，社会援助的目标群体是那些社会保险本应覆盖的、已经在忍受恶劣条件的人。尽管二者具有不同的单位影响，但影响其中一个的因素一般会影响另一个。相
468 应地，在讨论社会保险和社会援助的同时，表 14 - 1 从上到下介绍了主要相关变量。

表 14 - 1　社会保险和社会援助的理论影响因素

社会保险（家庭以外）	社会援助（补助金、减税）
私人保险服务的供给：	**私人慈善事业的供给：**
交易成本（-）	交易成本、搭便车（-）
税后单位经营成本（-），反映投入品价格和信息	税后单位经营成本（-），反映投入品价格和信息
私人税后收入，净值（+）	私人税后收入，净值（+）
	品味（温情效应、利他主义、社交亲和力）
公共税收资助的保险服务的供给：	**公共税收资助的援助的供给：**
交易成本、搭便车（-）	交易成本、搭便车（-）
税后单位经营成本（-），反映投入品价格、技术和国家财政能力	税后单位经营成本（-），反映投入品价格、技术和国家财政能力
私人税后收入，净值（+）	私人税后收入，净值（+）
团体需求，或对保险的“需要”：	**团体需求，或对保险的“需要”：**
有效需求（例如资本约束 [-]）	有效需求（例如资本约束 [-]）
由于宏观冲击，人们对风险的感受上升（+）（Moene and Wallerstein，2001）	由于宏观冲击（+），人们对风险的感受上升（+），最贫穷群体的收入（-）
要求保险的团体的政治“声音”：	**要求援助的团体的政治“声音”：**
特许权的改变，游说团体社会亲和力（+）	特许权的改变，游说团体社会亲和力（+）

保险或援助的慷慨程度是由熟悉的供求力量决定的，例如供应方的成本决定因素以及需求方的收入、价格和品味。

交易成本和搭便车[7]

成立提供保险的企业或机构需要克服将其组织起来的交易成本，使私人企业与法律制度相一致，并克服来自既得利益集团的 469
反对。相关的工作是克服来自消费者的搭便车行为和对供应商的模仿。潜在参与者的人数越多，障碍就越大。经济学家对克服交易成本和搭便车行为的前景并不完全悲观。他们注意到，在某些情况下，解决办法甚至可以私下达成，就像教科书的港口支付灯塔费用例子一样。现在是时候为这个问题注入更多的历史气息了：何时、何地以及如何实现私人解决方案？

解决私人社会援助的公共产品问题可能比保险更难。许多从向穷人提供的社会援助中受益的人可以“搭便车”，因为他们知道自己的贡献可能并不重要。在某些情况下，这个问题可以通过将有能力的慈善机构的供应集中在少数人手中来解决，这样搭便车就不会导致供给不足。在其他情况下，捐助方将不会搭便车，这只是因为他们从捐赠的行为中获得了“温情效应”。同时，在一些情况下，一位潜在的大捐赠者可能会用配对资助的方式赢得其他捐赠者的支持，只要他们在没有匹配的情况下退缩是一个可信的威胁就可以做到这一点。[8]

公共财政教科书的理论家和作者通常认为，有更充分的理由要求公共部门进行干预，从而使援助具有强制性，更大的问题是“搭便车”，因为援助是一种公共产品，这一问题阻碍了调动私人的积极性。然而，这些公共方式也面临着搭便车的问题，在民主国家更是如此。选民意识到他们的个人选票不太可能是关键的，因此他们往往不愿投票，从而削弱了竞选活动。组建一个支持公共解决方案的压力团体，面临着与私人努力同样的困难。此外，即使当选的代表也可能有搭便车的激励，通过避免支持他们希望执行的公共解决办法，以逃避对此反对的选民的愤怒。因此，我们需要探讨在历史上如何降低或提高私人和公共提供社会援助的障碍，以及这些变化与观察到的提供水平的变化有多大关系。

单位运营成本

显然，如果行政费用或保险和慈善的减税降低了其单位运营成
470 本，保险或慈善活动都会增加。关于这种成本的关键问题是经验和比较上的，而不是理论或概念上的。经验记录表明，就像我们会看到的那样，私营和公共的保险以及赠予的规模和（因此导致的）单位运营成本，存在明显的差异化模式。

收入效应

社会保险和社会援助是奢侈品，所以随着收入的增加，它们在经济中所占的比重会越来越大吗？在赠予这方面，理论上的答案是肯定的。收入并不直接支配私人保险的供给，即收入决定消费者需求行为的方式。相反，收入的增加对私人保险供给的影响是通过增长和发展的趋势间接发生作用的，从而降低保险公司的资本成本。我们应该期望，私人社会保险将随着资本成本的降低而扩大，而资本成本是增长过程中不可或缺的一部分。

私人慈善的供给比保险的供给具有更直接（更积极）的收入效应，因为慈善机构的供给相当于消费者对于提供救济的需求，而任何消费者的需求都会对收入做出反应。

收入增长是否应该增加保险和援助的公共供给？这一点在理论上不像私人捐赠那么清晰。所谓的“瓦格纳法则”假设，随着收入的增加，政府支出在 GDP 中所占的比例会上升，而对于政府支出

中的社会部分来说，似乎很自然能够如此假设。然而，瓦格纳法则只是对数据的想象，几乎没有什么理论依据支撑，就像关于不平等与发展的库兹涅茨曲线，或 20 世纪 60 年代宏观经济学的菲利普斯曲线一样。[9] 虽然我们将探讨公共支持可能的收入弹性，但我们这样做时不会有任何明确的理论假设来检验。

品味因素（温情效应对利他主义，亲和性与多样性）

著名的“温情效应”的私人赠予理论认为，人们从他们自身的行为得到直接的效用。同样的欲望可能被贴上自尊的标签，或者对于一个信教的人来说，因为精神上的救赎而获得赠予。正如詹姆斯·安德罗尼（James Andreoni）所强调的那样，温情效应理论否认受赠者的幸福是一种纯粹的公共产品。如果是这样的话，那么其他 471
人的额外捐款就会减少或“挤出”自己的捐款。因此，温情效应是一种利他的私人赠予理论的替代。[10]

经济学家也相当重视个人选择目标群体的定位和检验理论。人们会选择给哪个私人提供捐赠——与他们相似的人，还是处境艰难的人？流行的理论和最近的证据都表明，他们更愿意给予自己直接的社会和经济伙伴，而不是给予疏远的群体。一个直接的含义是，对任何给定的价格结构，社会多样性和经济不平等都减少了私人捐赠。[11]

在公共社会保险和公共援助方面，理论上，尤其是经验上也有类似的趋势，即强调支付群体和受援群体之间的社会亲和性作用。无论是在国家内部还是在国家之间，证据似乎都表明，种族和宗教多样性对允许公共方案以穷人为目标的意愿产生了负面影响。人口越多样化，中上收入群体似乎就越不愿意将公共转移支付和应享权利通过政府从“我们”再分配到“他们”。[12] 一个必然的结果似乎是，接纳更多不同种族和宗教的移民将减少公共援助的提供。

需求方的“需要”

一般的直觉和正式的理论都认为，在经济不景气的时候以及贫困地区，社会保险应该得到更多的补贴，社会援助也应该更容易获得。实际需要是对需求的感知，无论是其利他的变体（“他们需要我们的帮助”）还是其自我投射的变体（“那可能就是我”），两者都经常引发筹款活动和新的保障计划。关于贫穷和宏观经济的历史数据使检验这种需求的力量相对容易，因为人们的看法大概是根据宏观经济的实际情况而变化的。

472 还有一个主要的“需要”变量是资本约束的一般严重程度。纵观人类历史，很大一部分人口陷入了无法为自己未来的生产力投资进行借贷的困境，无论是用于教育等人力投资，还是土地改良等非人力投资。在任何发展阶段，社会保险和社会援助都是缓解这种制约和促进增长与平等的有效手段。这种从社会保险和社会援助中获得的有效收益的重要性，可能会随着经济的发展而下降。

政治发言权

到目前为止引入的各种理论还没有面临这样的问题：“社会保险和社会援助的公共决策是由谁制定的呢？”为此，我们必须转向政治经济学领域，寻找一场承认再分配的政治拉锯战取决于政治话语权分配的文献。正如那个文献所强调的，富有的、有实力的纳税人拥有更大的游说力量，是纵向再分配的公共税收转移计划中的一个主要的负面影响因素。在同一枚硬币的另一面，将投票权扩大到收入更低的群体，提高了基于税收的社会保险和社会援助的预期价值。显然，如果我们要理解全球社会支出的悠久历史，我们就必须考虑到投票权和精英力量的变化。

18 世纪末以来的社会支出

为了弄清楚这些最流行的理论中，哪些对解释私人和公共援助的悠久历史帮助最大，哪些帮助最少，本节首先描绘出这段漫长历史的全球轮廓。

18 世纪晚期之前很少

虽然有许多描写早期援助机构的书籍和文章，但在 18 世纪末之前，向穷人提供社会保险和社会救助的方式相对较少。诚然，一些私人互助机构确实为其成员提供了保险，这符合社会亲和性的发展趋势，即与自己的社会群体交换帮助。从我们拥有的少量数据进行判断，同时推测缺乏数据往往会暴露出缺乏慷慨的援助，在 18 世纪末的英格兰、威尔士和荷兰，私人保险和互助似乎达到了最高水平，正如表 14－2 中的一些估计所示。马尔科 · 范莱文（Marco 473
van Leeuwen）最近对荷兰私人保险资金储备的重要研究表明，在

表 14－2　为穷人提供福利的教会和私人慈善机构占 18 世纪和 19 世纪国民生产总值的比例

（1）1790 年荷兰私人和教会的援助估计值	= GNP 的 0.67% ～ 1.49%
（2）1790 年法国教会的救济金	≤ GNP 的 0.17%
（3）1819—1837 年英格兰和威尔士的救济金	≤ GNP 的 0.40%
（4）1861—1876 年英格兰和威尔士的救济金	≤ GNP 的 0.10%
（5）1868 年意大利的救济金	≤ GNP 的 0.50%
（6）1880 年法国私人和教会的救济金	≤ GNP 的 0.50%

资料来源：Lindert（1998：103-108）及其引用的资料。

18 世纪后半叶，人们在丧葬费、疾病津贴、医疗费用、丧偶和老年方面支付了大量的救济金。对于那些领取这些资金的人来说，他们的养老金和老年福利是当时一般工资水平的 20% ～ 50%。然而，那些被覆盖的人代表了社会的一个小边缘，主要是重要城市大型手工业行会的中产阶级成员。其限制性和小规模是避免逆向选择的一种方法。[13]

在大约 1800 年之前，即使我们将宗教机构的援助包含进来，并且把我们的搜索范围局限于相对繁荣的西欧，也还是很难找到对穷人的大量私人保险或援助。私人和教会慈善机构无处不在，它们精心设计——却微不足道。每个国家都有数万件遗物。富有的人寻求拯救，而不仅仅是施舍和建立他们自己的信托基金，就像今天许多人所做的那样。大多数慈善机构不是为了穷人，而是为了支持一般的教徒、学徒和综合医院。

从官方调查和后来的历史研究中我们可以得到的最好的数据就是，教会和其他私人慈善机构在 18 世纪和 19 世纪很少向穷人提供援助（见表 14－2）。在相对慷慨的英国，官方监控下的慈善机构向所有受援者提供了不到 0.4% 的国民收入，其中只有一些流向穷人。当然，这些数据遗漏了一些未记录的个人馈赠。然而，在 18 世纪
474 末，大概之前几个世纪也是如此，按照现代标准来看，救济及捐赠都很少，尽管总数中包括了对教育的捐赠。在西欧的天主教国家，穷人得到的教会援助显然也很少，大概还不到国民收入的 0.5%。[14]

到 18 世纪末，公共部门最常见的社会支柱仅限于自己的雇员，尤其是军队。即使是军队自己的养老金和遗属抚养费也不可靠，除非国家本身能够长期存在。一个稳定的军事国家的崛起为罗马帝国和近代早期的幸存军事人员提供了可靠的养老金。养老金往往体现在土地的赠与上。[15]

18 世纪末以前，公众对穷人、残疾人和受抚养人的支持极为有限。关于西欧的文献有时将贫穷救济兴起的日期定得太早，因为这些文献认为，在某些早期法律（例如 1597 年和 1601 年伊丽莎白时代的《济贫法》）通过后，救济工作就变得充实起来了。事实上，这类法律的主要目的是限制或至少规范现行做法，而不是为扩大援助提供资金。17 世纪和 18 世纪的大部分立法都是惩罚性的，要求对流浪汉进行越来越严厉的对待。直到 1750 年之后，对穷人的救济才超过国民收入的 1%，然后在荷兰和英格兰 – 威尔士这两个国家，在 1834 年的《济贫法修正案》削减援助之前达到 2.5% 左右的峰值（见图 14 – 1）。即便是由税收资助的公共教育也明显

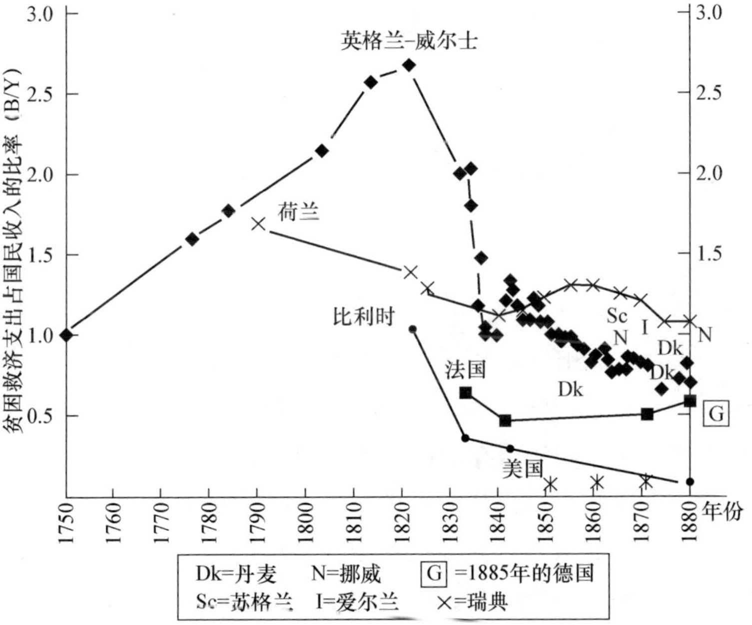

图 14 – 1　欧洲和美国贫困救济支出占国民收入的份额（1750—1880 年）

资料来源：Lindert（2004：Vol I，chap.3）.

地在世界各地缺位，几千年都是如此，尽管一些君主［例如1763年普鲁士的腓特烈大帝（Frederick Ⅱ）和1775年奥地利的玛丽亚·特蕾莎（Maria Theresa)］通过了没有经费支撑的命令，告诉地方它们应该教育本地的儿童。[16]

1800—1945年的逐渐上升

即使在19世纪和20世纪初，相对于支付能力而言，对社会保险和援助的支持只是缓慢增长。私人保险公司仍然很少与家庭做生意。例如，到1929年，美国家庭只支付了88 000万美元；不到GDP的1%用于人寿保险，而医疗保险支付的金额更加微不足道
475 （仅为200万美元）。战后时期，私人购买个人保险的速度加快，到1999年一直增长，人寿保险和个人养老金计划占GDP的比例略高于1%，个人购买医疗保险占GDP的0.7%，再加上战后对雇主保险计划的更多贡献。[17]

私人慈善活动仍然不多，而且只有一小部分是针对穷人和那些健康状况不好的人。因此，我们从美国的数据中得出结论，美国是为数不多的几个量化慈善捐赠的国家之一，也许也是私人捐赠最多的国家之一。表14－3显示了1927年和1970年私人捐赠贡献占GDP份额的估计数。即使所有的慈善事业在1927年都被用于“福利”，这也只贡献了GDP的1.52%，比英格兰和威尔士地方政府在一个世纪前根据旧的《济贫法》给予穷人的份额还要低。正如表14－3进一步提醒我们的那样，美国的慈善事业资助很少到达穷人手中，或者仍然在去往穷人手中的路上。1927年，只有
476 0.1%的GDP用于“青年服务、福利和种族关系”。穷人和有需要的人收到的其他类别的部分很可能被他们没有收到的部分所抵消。私人对“福利”的贡献远远低于对教会、教区学校和高等教育的

贡献（例如常春藤大学联盟或者斯坦福大学）。

表 14－3　1927 年和 1970 年美国受惠者的慈善收入

	（占 GDP 的百分比）	
	1927 年	1970 年
总数	1.52	1.74
宗教组织	0.81	0.66
教区学校	0.16	0.14
高等教育	0.22	0.24
青年服务、福利和种族关系	0.10	0.20
医院和健康	0.06	0.23
其他	0.06	0.27

资料来源：拉尔夫・纳尔逊（Ralph L. Nelson）教授关于美国人口普查局的文稿（1976 年）中的系列数据 H398-H411。关于略有不同的估计数字，参见美国人口普查局（US Census Bureau，1973：Table 510）。

另一个美国记录中引人注目的模式，是由 1927 年以后的私人捐赠行为，以及大萧条时期巨大需求的到来所揭示的。图 14－2 描绘了这段历史，将福利类受助人提供私人资助的两种不同措施，以及向同一目标群体提供公共援助的时间路径进行了比较。自 20 世纪 20 年代以来，私人援助一直在增长，尽管增长速度不如公共援助。在大萧条之前，公共援助在国家收入中所占的比例很小，之后增长了两次。在新政下的首次公共救助行动期间，私人慈善机构几乎没有什么变化，部分原因是私人慈善机构很小，部分原因是 1929—1933 年产生的资产价值损失让它更难有资金进行捐赠。第二次大幅度的公共救济上升跨越了整个战后时期，并在经济衰退期间出现了暂时性的加速。有趣的是，无论是从对穷人的较窄和更有针对性的支出来看，还是从较少的私人福利服务来看，战后私人捐 477
赠继续（较慢）上升了。

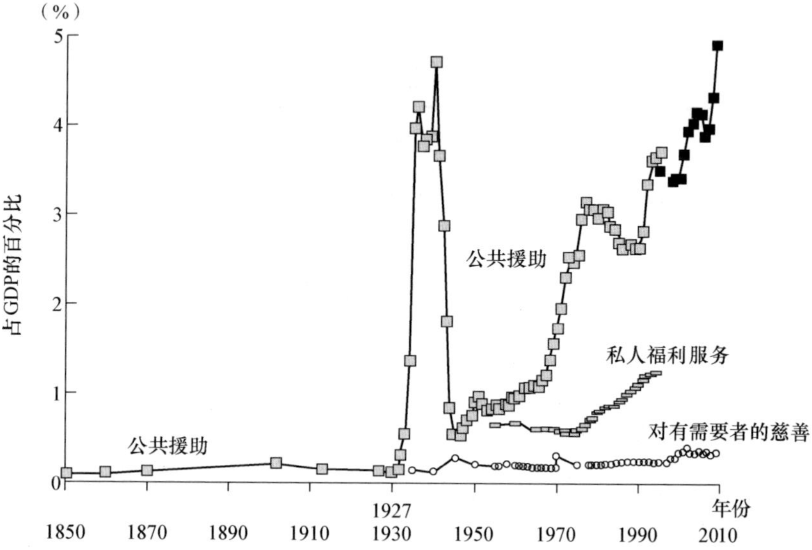

图 14－2 1850—2009 年美国向穷人提供的公共和私人援助

注：“公共援助”＝贫困救济，1850—1870 年：US Superintendent of the Census，*Compendium of the Ninth Census*（1872）：530–537。这些数字可能包括对私人慈善机构的一些公共补贴。

所有公共开支（联邦、州和地方），1902—1970 年：*Bicentennial Hist. Stats.*，Series Y533–Y566。

GNP 的现行价格：Carter et al.（2006），Series Ca10，collated by Richard Sutch。

关于 1890 年、1902 年、1913 年和以后的公共福利、健康卫生和教育的替代估计数，见 Musgrave and Culbertson（1953：114）。在林德特（Lindert，1994）的研究中使用了马斯格雷夫－卡伯特森估计。

关于 1995—2009 年公共援助的进一步补充说明＝

人口普查局自己的注释解释说：

“包括各种联邦福利（食品券福利、补充性社会保障收入、直接救济、收入抵免、对非营利机构的支付、对学生的援助，以及退伍军人及其家属在非军事设施接受医疗服务的费用）和州福利（医疗保险，向有受抚养子女的家庭提供援助、补充性社会保障收入、一般援助、能源援助、紧急援助和为穷人支付医疗保险费）。资金来源于联邦政府和州政府的财政收入。”

为有需要者提供的私人慈善服务，替代系列＝

（a）1930—1970 年，以“青年服务、福利、种族关系”为主题的支出：Bicentennial HSUS，Series H405–H411。

对于 1955 年、1960—2009 年，“捐赠美国”系列，以及不断变化的系列：

(b) 1955 年、1960—1962 年的“福利”，但 1963—1967 年无法使用该数据，因为它缺失了用于“福利”人口的保健支出。

(c) 1964—1975 年的“人力资源（福利）”，现在不包括捐赠给福利机构的医疗开支。

(d) 1960 年、1965 年、1970 年、1973—1981 年的“社会福利”。

(e) 1970 年、1975—2009 年的“公众服务”和“公共 / 社会福利”。

私人福利服务 = 私人社会支出，福利服务（Historical Statistics of the United States, 2006）。不是专门针对那些低于贫困线的人或残疾人。

对其他国家及美国来说，20 世纪公共社会支出的增长速度加快，如图 14－3 所示。直到 1930 年，尚没有一个国家把 GDP 的 5% 用于公共社会项目，甚至北欧国家也是如此。在北欧，它后来徘徊在 GDP 的 30%。我们必须回到解释图 14－3 中一些突出的历 478 史事实的任务上去：为什么人类历史的大部分时间没有重大的社会保险或社会援助？为什么它们在各国之间的最终崛起如此不平等呢？

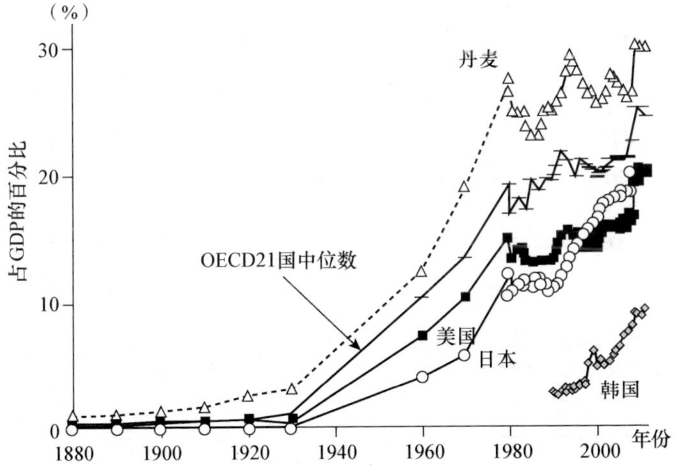

图 14－3　公共社会支出占 GDP 的比重，OECD 国家 1880—2011 年

资料来源：Lindert（1994），OECD（1985），OECD 社会支出数据库。

该系列不包括公共教育支出。

OECD 在 1980 年进行了一系列改革，导致支出中位数占 GDP 的比例下降了 2.2%。

战后福利国家革命

公共社会支出，同时可能是较小程度的私人社会支出的实际增长，如图 14－1 和图 14－2 所示，在第二次世界大战之后到来了。也就是说，凯文·奥罗克和杰弗里·威廉姆森在这本书的导言中重点提到的主要形成阶段中[18]，社会支出的增加伴随着战后全球资本主义的“蔓延和深化”，而不是更早的两次世界大战之间的倒退。1980 年之后，在支出最高的福利国家当中，这一趋势已经停止了，如图 14－3 的丹麦，社会支出在许多 OECD 国家的 GDP 中所占的比例继续上升。战后公共社会保障急剧上升的核心是向普遍的权利转变，从“根据收入调查结果而确定的”支持转变为仅限于
479 穷人（那些“经济能力差”的人）。特别是养老金，在绝对购买力方面，对中等收入群体的支持大于对穷人的支持，因为在工作中挣的越多，个人的养老金就越来越多。因此，从富人到穷人的再分配跟不上公共社会支出增长的步伐。[19]

在这种情况下，同时在如此多的历史环境设定中，一种现象的兴起促使各国政府衡量和宣传这一现象。福利国家革命导致了社会支出数据收集的扩散，首先针对的是几十个 OECD 国家，然后是全球。利用这种扩散，我们可以在表 14－4 的帮助下更清楚地研究洲际模式。

480 **表 14－4　2007 年私人和公共社会支出占 GDP 的份额（%）**

	私人社会支出		公共社会支出				
	强制性	自愿性	公共合计	养老金	工龄收入支持	卫生服务	其他
澳大利亚	0.5	3.3	16.0	3.4	4.0	5.7	2.9
奥地利	0.8	1.0	26.4	12.3	5.3	6.8	2.1
比利时	0.0	4.7	26.3	8.9	7.2	7.3	3.0
加拿大	—	5.3	16.9	4.2	2.5	7.0	3.2
智利	1.2	—	10.6	5.2	0.9	3.7	0.9

续表

	私人社会支出		公共社会支出				
	强制性	自愿性	公共合计	养老金	工龄收入支持	卫生服务	其他
捷克	0.2	0.2	18.8	7.4	4.4	5.8	1.2
丹麦	0.2	2.3	26.0	5.5	7.0	6.5	7.0
爱沙尼亚	—	0.0	13.0	5.2	3.1	4.0	0.7
芬兰	—	1.1	24.9	8.3	6.0	6.1	4.6
法国	0.3	2.6	28.4	12.5	4.6	7.5	3.8
德国	1.1	1.8	25.2	10.7	4.0	7.8	2.7
希腊	—	1.5	21.3	11.9	2.0	5.9	1.6
匈牙利	—	0.2	22.9	9.1	5.3	5.2	3.2
冰岛	1.6	3.6	14.6	1.9	3.7	5.7	3.2
爱尔兰	—	1.5	16.3	3.6	5.3	5.8	1.6
以色列	—	0.5	15.5	4.8	4.0	4.3	2.3
意大利	1.6	0.6	24.9	14.1	2.8	6.6	1.4
日本	0.6	3.1	18.7	—	—	—	—
韩国	0.6	2.0	7.6	1.7	0.8	3.5	1.5
卢森堡	0.3	0.7	20.6	6.5	5.7	6.4	2.1
墨西哥	—	0.2	7.2	1.4	0.9	2.6	2.3
荷兰	0.6	6.3	20.1	4.7	5.3	6.0	4.1
新西兰	—	0.4	18.4	4.3	5.1	7.1	1.9
挪威	1.2	0.8	18.4	4.3	5.1	7.1	1.9
波兰	—	0.0	19.8	10.6	3.5	4.6	1.1
葡萄牙	0.4	1.5	22.5	10.8	4.0	6.6	1.1
斯洛伐克	0.1	0.8	15.7	5.8	3.5	5.2	1.1
斯洛文尼亚	—	1.0	20.3	9.6	3.9	5.6	1.1
西班牙	—	0.5	21.6	8.0	5.1	6.1	2.4
瑞典	0.4	2.5	27.3	7.2	5.6	6.6	8.0
瑞士	7.2	1.1	18.5	6.4	4.3	5.6	2.2
土耳其	—	—	10.5	—	—	—	—
英国	0.8	5.0	20.5	5.4	4.5	6.8	3.8
美国	0.3	10.2	16.2	6.0	2.0	7.2	1.0
OECD	0.6	1.9	19.3	6.9	4.0	5.8	2.5

资料来源：Adema et al.（2011：21，24）。

注：OECD 的这一定义不包括教育支出。

20 个国家的私人支出份额与公共支出总额的相关性 =-0.19。

截至 2007 年，OECD 目前已对广义的私人和公共社会支出作了相当明确的概述。私人社会保险可以通过法律强制执行，比如在瑞士，或者像在美国那样，绝大多数是自愿的，或者两者兼而有之。2007 年，这些国家中的最低比例——在墨西哥占 GDP 的 7.2%——与 1930 年前世界上没有一个国家在社会服务上花费如此大的份额形成对比，从而突显了向公共社会支出转变的程度。[20] 对于表 14－4 中的 20 个国家，我们现在可以探讨公共和私人社会支出之间的国际相关性。这种负相关（−0.19）表明，随着时间的推移，公共项目“挤出”私人捐款的问题在国家间的对比中比在国家内部有更大的潜能。

低收入国家仍将较低的收入份额用于社会支出的事实提出了一个问题：就像瓦格纳法则所预测的，当它们的收入赶上发达国家的收入水平时，它们的社会支出份额会赶上吗？这个关于追赶的问题的答案是，其结果在世界各地区各不相同。前苏联集团的国家，包括中欧国家，在社会服务上的支出占 GDP 的比重肯定比日本、瑞典或美国高。同时，韩国、新加坡和其他东亚国家的支出低于收入比较本应表明的水平。在其他地区，拉丁美洲和中东地区的社会预
481 算往往比它们的收入所暗示的要大，就像表 14－4 中的智利或土耳其。相比之下，南亚国家的支出水平不高。我们似乎看到了由历史差异驱动的社会支出差异的全球地理格局的出现。是否有任何非欧洲国家和非社会主义国家会发展出一个福利体系，比如将 GDP 的 20% 以上用于公共社会支出，还有待观察。[21]

解释推迟的上升

为什么私人社会支出没有快速增长?

正如数据所允许的那样，在广泛的历史运动中，我们可以提

问，是否任何理论预测的影响的简单组合能解释这些运动的方向和时间——从 18 世纪末之前的几千年中没有任何已知的运动开始?

第一个问题是，为什么个人和组织，包括教会，在家庭和组织本身的界限之外，特别是在 19 世纪以前，提供的私人援助或保险微不足道？当私人捐赠的增长非常缓慢的时候，表 14－1 中的基本变量在整个 18 世纪甚至 19 世纪与它们在 20 世纪的表现不同吗?

最明显的区别是，过去有能力的捐献者更穷。然而，历史限制了这种收入效应的可能重要性。正如我们所看到的，到 1800 年，私人捐赠仍然不到西欧收入的 1%，那时富裕阶层的收入已经大幅增加了，而在 1927 年更富裕的美国，私人捐赠也同样很低。1800 年富裕的家庭和组织比今天更穷一些，但这一事实不可能产生很大的影响，因为我们知道捐赠的税后价格并没有相对上涨，也没有从捐赠偏离的任何全球性改变，这在假设上可能隐藏了强烈的正收入效应。从长期来看，收入弹性不可能很高。[22]

历史同样也限制了这样一种观念，即私人社会保险或赠与的 482
税后价格在 1800 年之前更高。的确，私人保险产业在过去由于较弱的金融和产权制度而发展缓慢。它所供给的人们能负担得起的保险的能力可能会随着随后的金融发展而大为改善。然而，正如我们所看到的那样，美国的经验表明，私人健康保险直到战后才超过 GDP 的 1%。至于私人慈善捐赠的长期价格历史，在一般不存在所得税或基于慈善的扣减额的情况下，也不会有太大的变化。

如果私人捐赠率和捐赠价格没有什么变化，而收入在 19 世纪和 20 世纪大幅上升，那么我们就只能对私人捐赠在收入中所占份额的长期变化的迟滞和渐进性做出三种解释。即：

（1）事实上，收入效应是很大的，但它们对捐赠的刺激作用在

很大程度上被外界对慈善兴趣的转移所抵消；或

（2）事实上，收入效应是很大的，但福利国家的崛起挤出了利他主义者私人捐赠的大幅增长，这些利他主义者关心的是私人捐赠的总金额（导致其偏好发生转变）；或

（3）收入弹性实际上很小，富人从不愿意给予太多。

在 19 世纪和 20 世纪收入加速增长的同时，我没有看到为什么偏好应该从慈善转向的历史原因，我对第一种解释表示暂时怀疑。第二种解释是，如果有历史证据表明在收入增长、福利体系却不存在的长期，私人捐赠有所增加，那么巨大的收入影响就会被挤出福利体系的影响所抵消。然而，美国的经验发现，人均收入在 1800—1927 年大幅上升，在这一时期的开始或结束，都没有出现可观的私人捐赠。

第三种解释与当今微观经济学文献所青睐的“温情效应”模式相吻合。几个世纪以来，人们私下给予援助，是因为他们从施舍的行为中获得了效用，而他们所给予的数额对向目标群体提供竞争性援助物资（即没有挤出利他主义者）没有多大反应。对于“温情效应”理论，这种简单的历史解读表明了一种友好的修正：“温情效应”是通过极低水平的给予来实现的。也许几个世纪以来，捐款者
483 至少通过提供一些东西而获得了满足感，并且觉得没有必要“付出直到受到伤害”。这将有助于解释为什么总是有这么多的慈善机构，而贫困差距却很少被消除。

福利国家为何姗姗来迟?

下一个解释性的任务是思考，为什么公共社会保险和援助的增长在历史上这么晚，直到第二次世界大战之后才到来，以及为什么在几个欧洲民主国家中，公共社会保险和援助的增长如此之大。一

组后续问题涉及所观察到的历史的效率：如果福利国家早点到来，从实现高回报率和提高 GDP 的意义上来说，它是否会有效；或者，这种变化是否仅在战后条件下有效；还是从来都是没有效率的？部分答案即将揭晓，采用的是模仿计量经济学“双重差分”方法的定性对比。

在第二次世界大战之前的任何时候，今天的这种社会支出的更高份额是否会有效率？当然，一个人的回答一定意味着他要判断是什么阻止了福利国家更早的到来。通往一个全面的初步答案的最快途径，是以税收为基础的公共初等教育，这是最早的以税收为基础的社会支出形式之一。从公共教育开始的原因是，这是一个众所周知的高回报率的情况，特别是在不太发达的环境中，甚至没有计算其“外部性”利益的价值。据我们所知，在过去的 6 个世纪或更长的时间里，初等教育的回报率一直很高，并等待着某种现代化进程的到来。识字和算术都有回报，尤其对男性更是如此。即使进入某些职业（如政府官职）会人为受限，年轻人也可以将他的识字和算术应用于对他有用的、不受管制的商业和手工业。对小学教育的历史性制约一直是资本约束无法解决的问题。私人资本市场从来没有解决过儿童教育的普遍投资问题，因此，即使在亚当·斯密、托马斯·杰斐逊和米尔顿·弗里德曼的眼中，初等教育也总是需要税收支持。[23]

在初等教育方面实现有效公共投资的第一个历史性步骤是建立国家财政能力，以便政府能够以最低限度的错误和腐败来管理公共投资，同时以反映政府自身信誉的低利率借款。正如马克·蒂切克（Mark Dincecco）所证明的那样，一旦各国的政治历史为有限的中 484
央集权政府扫清道路，就像 1688 年光荣革命之后的英国，国家财政能力就在不同国家的不同时期出现了。蒂切克和加布里埃尔·卡茨（Gabriel Katz）进一步表明，国家财政能力不仅带来了更强大的军事力量，而且带来了教育和基础设施投资，并对 GDP 的增长产生了统计意义上显著的重大刺激。[24]

即使在消除了这一财政障碍之后，大多数政府在过去几十年里也没有为普及初等教育提供税收支持，这让整个经济付出了代价，在某些情况下甚至连政府自己的预算都要付出代价。正如我在其他地方所量化的两种环境，即维多利亚时代的英国和 20 世纪 50—80 年代的委内瑞拉（Lindert，2009：Tables 5 and 6），没有在初等教育领域进行的基于税收的投资的社会回报率如此之高，以至于政府本来可以根据接受过基于税收的教育的成年人的额外税收，来获得更有竞争力的回报率。在英国的例子中，我们所知道的关于利率和熟练工人的工资溢价表明，1717—1891 年实施《收费法》（Fees Act）以来，政府和社会一直在推高回报率。进一步的研究应该继续发现其他的历史案例，初步证据表明，公立学校的高回报率被忽略了。

对于其他社会投资来说，回报会很高吗？为何不早点进行投资呢？

贫困救济是第二种在预期寿命、劳动力供应和国民生产总值这些方面可能产生高回报率的社会支出。罗德里克·弗拉德（Roderick Floud）、罗伯特·福格尔（Robert Fogel）、伯纳德·哈里斯（Bernard Harris）和洪丽完（Sok Chul Hong）提供了大量证据，他们证明在 18 世纪和 19 世纪初，为英国和法国社会十分位人群中最底层二分位的人提供额外营养会提高劳动力的供应和生产力。如果人们进一步认为，贫困救济带来了本应带来的额外营养，那么在 1834 年之前，英国贫困救济在养活穷人和增加劳动力供应方面的相对慷慨，理应得到很高评价。与著名的保守派观点相比，通过鼓励懒惰和傲慢，对穷人的救济会减少劳动力供给，考虑到弗拉德、福格尔、哈里斯和洪丽完估计的积极生存效应（positive survival effects）的规模，劳动力供应总体上可能会增加。不幸的是，英格 485
兰和威尔士在 1834 年和 1870 年削减了对穷人的救济，从而将一些营养收益推迟到 19 世纪末。[25] 在这里，效率似乎也因限制社会开支而被牺牲了。

第三个错失的机会可能是公共卫生投资的延误，例如城市卫生。杰弗里·威廉姆森认为，英国对城市卫生设施的投资落后于人们对霍乱和其他疾病是由水传播的认识几十年。[26] 第三种情况是暂时性投资不足，这似乎不如初等教育的情况那么明显，因为卫生基础设施并没有在发现潜在利益后滞后那么久，而当学校教育所带来的好处被众所周知时则被滞后多年。

尽管政府有能力为高回报的社会投资提供资金，但为何要这么容易地记录高回报的社会投资没有得到税收支持的历史案例呢？比较各国政府和时间段可以得到一个明确的答案。必须解决的第二个关键障碍是，政治权力集中在反对为促进增长的公共投资征税的精英手中。[27] 只有通过将权力转移到潜在的受益群体，才能打破这种集中。在整个 19 世纪和 20 世纪初，投票权最终变得更加广泛，而在欧洲和北美的一个个国家，投票变成匿名的了。由于早先对投票权的限制有利于富人，分散投票的影响是越来越多地将财政问题交给中低收入群体决定了。这种话语权的传播在增加对学校教育、家庭援助和公共卫生的公共投资方面发挥了明显的作用。[28]

尽管这两种解释力量——国家财政能力的提高和政治声音的传 486
播——理应成为直到 1930 年左右社会支出逐步上升的原动力，但当我们的历史解释涵盖一直到 1980 年左右的公共开支增长的进一步加速时，它们必须与其他几种力量分享这种突出作用。

一个长期有利于高预算政府社会项目的因素是，它们在税收和支出方面能够提供更低的单位运营成本的效率。繁荣和民主使各国能够从狭窄和昂贵的税收和转移支付转向广泛的税收和广泛的权利，这能够节省行政费用。在税收方面，历史表明，在整个 19 世纪和 20 世纪初，无论是在英国还是在美国，间接税征收的行政成本比例都急剧下降了，如图 14－4 所示。在这两个国家，征税成本从 19 世纪中期或更早的达到征收金额的 4.5% 以上，下降到了 2% 或更少。规模经济降低了官僚机构的成本，例如，美国的国内收入署只花费了征收金额的一半。在其他国家也是如此，公共社会支出上升的历史在一定程度上与蒂切克关于提高政府效率的观点是一致的。[29]

在公共社会支出方面，我们关于行政成本分担的时间序列并不早于 20 世纪 30 年代，但我们可以在今天加入公共和私人交付系统进行比较。这些比较表明，通过规模经济和减少监管，从狭窄和严格监管的社会援助转向广泛的公共福利项目，从而降低了成本。早在 1880 年之前，欧洲的主要项目类型就是典型的贫困救济计划。致力于强迫所有体格健全的人工作的社会试图强调“室内救济”，人们被关在济贫院或贫民习艺所里。欧洲从未成功地使这种“室内”救济占其预算的一半，或使其能够覆盖一半的受益人。尽管如此，在室内救济的范围内，行政费用占总开支的比例很高，通常为 25%。原因很简单，就是穷人必须受到监管，同时政府为其提供生活所需。相比之下，一旦民主、繁荣和其他变化使穷人更愿意在自己的家中、在社会最低限度的监督下获得帮助，行政成本在支出总额中的比例就会下降。更严格的制度反而更官僚，成本也更高。

487

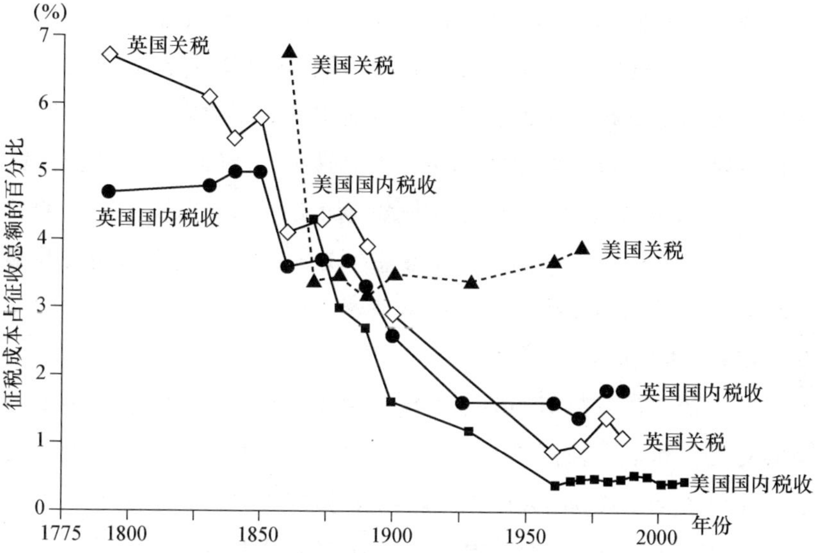

图 14－4 征税成本占美国和英国中央政府征收金额的百分比（1787/96—2011 年）

注：美国两大收入机构：1960 年之前的成本百分比是根据美国财政部长的年度报告计算的五年平均数。1966—2011 年的年度数据公布在美国国内收入署的在线档案中，网址是 www.irs.gov/taxstats。感谢密歇根大学的乔尔·斯莱姆罗德（Joel Slemrod）指出了国内收入署系列数据的这种延续性。

英国的主要收入服务部门：在第一次世界大战前的年代里，数据是将征税成本的官方估算除以总收入，而第一次世界大战后的数字则是将其除以所谓的“净收入”。官方惯例的改变没有什么意义，因为将征税费用加到分母中只会使这一比例本身改变大约 1%。

1787—1796 年：这些数字是根据英国金融特别委员会 1797 年 7 月 19 日的《第四次报告》计算出来的。征税成本仅被称为“税收征收”的“管理费”，并与总收入进行比较。1830—1860 年：这些数字的主要来源是下议院的特别报告。这个来源的每一个数字都是指从所列年度开始的单一财政年度。然而，1840 年、1850 年和 1860 年的关税百分比是以同一财政年度为中心的五年平均数。1873—1900 年：这些数字来源于海关和税务专员的年度报告。从 4 月 1 日开始的财政年度的税收数字是单一年度数字，而海关的数字是以该年度为中心的五年平均数。1855/6 年度至 1876/7 年度的海关数字必须向上调整，以纠正暂时排除海岸警卫队费用的情况。1926—1986 年：单年数字是根据海关专员和税务局局长的年度报告计算的。

图 14－4 显示了英国的海关数据系列和税收数据系列，假定它们始终以同样的方式被定义。也就是说，这一数字忽略了一个事实，在 1900 年数据点和 1926 年数据点之间，消费税从税务局系列被转移到了海关（和消费税）序列。

488 战后，高收入的 OECD 国家的项目运营成本已经下降到几乎可以忽略不计的水平。所以说，穷人的项目数据，甚至是养老金的项目数据都是如此。有关养老金支持计划的国际数据显示，在所有高收入国家，行政费用都不到养老金计划预算的 3%，而且往往低于 1%。这就好像是在全球范围内重演历史一样，发展中国家的公共养老金体系的成本负担要高得多，部分原因在于它们采用的并不是普遍的，而是相对狭窄的、不缴费率较低的、有利于公共部门本身的重新分配的项目。[30]

卫生部门也有类似的成本对比，尽管它表现为两种混合系统之间的对比，而不是纯粹的公有和纯私有之间的对比。最好的对比记录是，以人均为基础，美国更私营的医疗系统的行政和管理（即官僚）开销，远远高于加拿大和德国这样的全民医疗保险国家。[31]

公共部门相对于私人社会项目的相对效率可以从今天的私人慈善机构的粗略行政成本份额中得到证明，这一比例往往高于公共养老金和广泛的公共援助项目的 3% 这一数字。例如，在 2010 年，美国红十字会的行政费用负担约占当前支出的 8%，而比尔及梅琳达·盖茨基金会（Bill and Melinda Gates Foundation）的“计划和行政费用”占 13.7%，其中很大一部分来自行政成本。由于“一般、行政和筹款”的支持服务大约花费 10%，而“品牌领导、竞选和公共关系”的支出在 2010 年又增加到 17.2%，因此，联合劝募会（United Way）的官僚负担似乎更为明显。其中一些会计科目类别可能会将一些真正的赠款援助与行政负担结合起来，但后者的份额可
489 能仍然远远高于公共项目的成本负担。[32] 造成这些费用差异的最可能原因是，私营机构必须对筛选申请人进行更多投资，而且由于捐助方的慷慨程度有限，必须在较小的规模上运作。

虽然公共社会项目的扩大逐渐降低了运营成本，但是 20 世纪

不连续的各种冲击使得人们的偏好转向了全民社会保险和社会援助。最重要的是，两次世界大战和 20 世纪 30 年代的大萧条，提高了公众分担下行风险的意识，并促进了新的具有社会亲和力的纽带的发展。对于美国和瑞典来说，“福利体系”的历史是在 20 世纪 30 年代和平时期的背景下启动的。然而，对大多数西欧国家来说，两次世界大战似乎在开创现代福利国家方面发挥了更大的作用。第二次世界大战还带来了罗马天主教会社会思想的革命。战前，教会一直是保守主义的堡垒，反对国家干预社会保险。战后，它开始倡导福利体系对有需要的人提供援助。[33]

虽然国家财政能力、政治发言权的传播、基础广泛的社会项目
的效率不断提高以及世界大战和萧条的冲击，主导了我们对公共社
会支出何时加速的解释，但必须引入其他力量来解释公共社会支出
是在哪里加速的。一种经常被注意到的影响因素是种族、民族和宗
教的分离运动。如前所述，从理论上讲，任何削弱社会亲和力的东
西都可以阻止利用公共部门来缓解困难。一旦人们控制了收入水平
和其他变量，统计分析表明统计权力是公共社会和基础设施项目的
一个负面决定因素，例如在非洲国家之间，或者在美国各州之间，
或者在 OECD 核心国家之间的对比中。[34] 尽管如此，它在国家间差
异方面的解释力并没有那么强大。考虑两个国家之间的对比，它们不
符合种族细分与公共社会支出的常见的负面关联性。韩国的人口在种 490
族上是同质的，但也很少利用公共部门来帮助穷人。比利时是另一种
异类，佛兰芒语和法语人口之间存在着痛苦甚至几乎分裂的关系，但
其福利状况却很好。[35] 这类离群点非常普遍，以至于历史学拒绝在
种族划分和公共社会支出之间提供简单的负相关关系。只有当收入和
其他变量保持不变时，这种负向关系才会出现。移民增加导致的种族
分化加剧，可能会削弱一些国家对普遍应享权利的政治支持。[36]

银发力量、使命转移与效率停滞

到目前为止，以税收为基础的社会保险和援助的兴起似乎是一个成功的故事，在 GDP 和更大的收入保障方面取得了巨大的收益。这种成功体现了不同国家的不同类型的社会支出。一些国家，特别是美国，主要通过公共教育实现增长效应，而欧洲福利国家则通过改善穷人的公共卫生和安全网取得了相对较大的收益。

然而，自 20 世纪 60 年代以来，政府社会预算的进一步扩大改变了重点，从 GDP 受益最大的人力投资转向对老年人和中产阶级的支持，对 GDP 的影响迄今为止更为中性。本节描述了使命转移，首先考察了它成功的轨迹，然后从社会支出行为的角度考察了它的印记，最后推测了它的效率后果及其对未来的影响。

自 20 世纪 60 年代以来，老年人的贫困率比儿童或劳动适龄人口的贫困率下降得更多。图 14 - 5 显示了美国的情况，而表 14 - 5 显示了 OECD 国家组的平均数。在美国，自 20 世纪 60 年代以来，

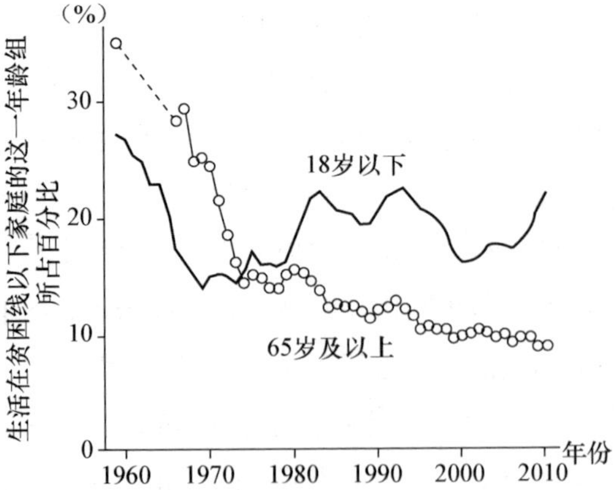

图 14 - 5　1959—2010 年美国老年人和年轻人中的贫困比例

资料来源：www.census.gov/hhes/www/poverty/data/historical/people.html，2011 年 12 月 31 日。

表 14－5 20 世纪 70 年代中期至 21 世纪前十年中期 OECD 按个人年龄分类的相对贫困风险 491

		每年总人口的贫困率 =100						
		18 岁以下	18～25 岁	26～40 岁	41～50 岁	51～65 岁	66～75 岁	75 岁以上
OECD—23	20 世纪 80 年代中期	110	95	78	70	93	134	190
	20 世纪 90 年代中期	116	112	83	69	83	115	169
	21 世纪前十年中期	119	127	85	77	80	99	144
OECD—7	20 世纪 70 年代中期	84	113	61	66	119	180	214
	20 世纪 80 年代中期	115	120	78	64	87	120	178
	20 世纪 90 年代中期	116	143	81	61	82	99	149
	21 世纪前十年中期	112	147	86	72	78	95	150

资料来源：OECD（2008：chap.5，Figure 5.5），2008 年 9 月 12 日。

OECD—23 是所有 OECD 国家的平均贫困率，澳大利亚、比利时、冰岛、韩国、波兰、斯洛伐克和瑞士除外。

OECD—7 是加拿大、芬兰、希腊、荷兰、瑞典、英国和美国的平均水平。20 世纪 80 年代中期的数据指的是 1990 年前后的捷克、匈牙利和葡萄牙；21 世纪前十年中期的数据指的是奥地利、比利时、捷克、爱尔兰、葡萄牙和西班牙（2005 年的数据与前几年的数据不可比）。数据是基于现金收入。

65 岁以上人口的贫困状况急剧下降，但儿童的情况并非如此。在 OECD 国家的大集团组别中，我们看到在 50 岁左右年龄存在明显差距。50 岁以下的所有年龄组相对于全体人口而言，贫穷所占的比例都有所增加，而 50 岁以上的年龄组的脱贫速度快于全体人口。492

老年人的贫困率比儿童和工作适龄人口的贫困率下降趋势要更明显，这显然与支出政策的偏倚有关，特别是在某些国家。为了证明这一点，人们需要避免仅仅把社会支出作为 GDP 的一部分来审视，因为这可能是由年龄组占总人口的比例所驱动的。一种更能说明问题的支出测度是相对支持比率，用每个老年人的社会支出除以每个年轻人的社会支出。当然，这一比率应该高于 1，因为 65 岁以上的人的平均抚养比率高于较年轻的年龄组。我们可以将这一比率在不同国家之间进行比较以发现异常值。计算这样的比率需要做一些工作，但幸运的是，大部分工作已经被我们完成了。图 14－6 给出了茱莉亚·林奇（Julia Lynch）对这样一个年龄组间的支持比率的一些计算，并与社会支出的总体份额作了对比。[37] 图 14－6 中的大多数国家具有相似的年龄组比率，无论它们是像法国和瑞典这样的高预算福利国家，还是像澳大利亚、爱尔兰或加拿大这样预
493 算较低的国家。然而，有四个异常值，它们的社会支出都严重倾向于老年人：日本、美国、意大利和希腊。对美国来说，人们会立即想到这样一个事实：社会保障和医疗保险都集中在 65 岁以上的美

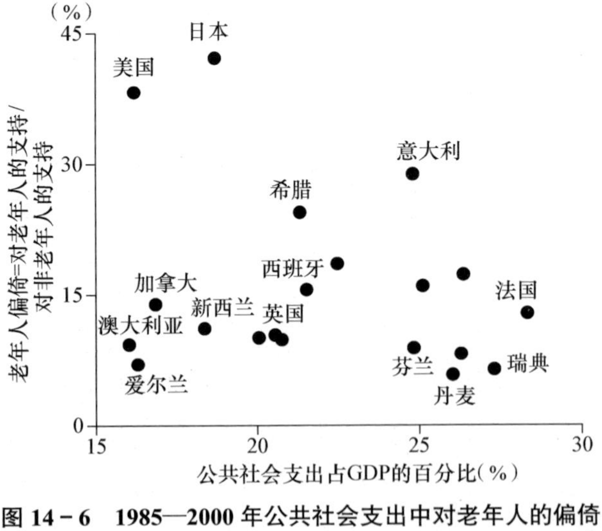

图 14－6　1985—2000 年公共社会支出中对老年人的偏倚

资料来源：Lynch（2006）. 关于包括 1980 年、1985 年和 1993 年的类似数字，见 Lynch（2001）。

国人身上，这比对处于劳动年龄的穷人的公共支持更慷慨。然而，按老年人的人均社会支出除以人均 GDP 的定义，这些离群点国家对老年人的慷慨支持本身并不极端。相反，它们之所以显得比较突出，是因为它们对那些处于劳动年龄的人和孩子们给予的太少了。

为了加强社会支出偏倚测度与消除贫穷的成功程度之间的联系，让我们考虑一种不同的数据集，该数据集包括林奇的研究中忽略的额外一些国家。图 14－7 借鉴了 OECD 的一项研究，将适龄

494

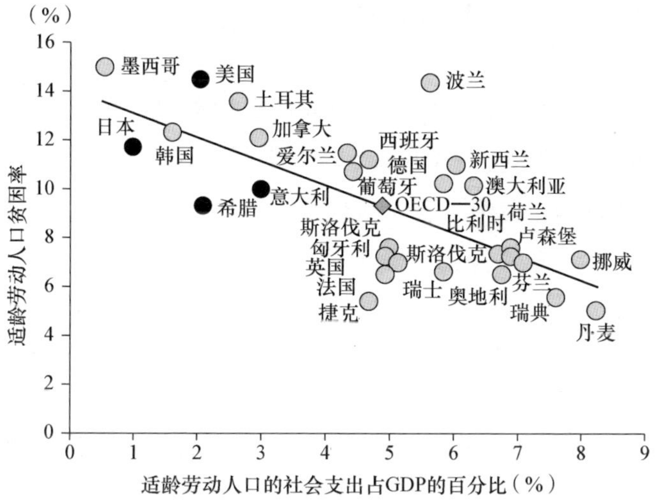

图 14－7　2005 年左右适龄劳动人口的社会支出与贫困率

资料来源：OECD（2008：143），使用 OECD 收入分配调查问卷和 OECD 社会支出数据库（SOCX）数据计算的结果。

注：贫困率以家庭可支配收入中位数的一半为阈值。社会支出包括公共和强制性私人现金支出（即不包括非现金交易服务）。劳动适龄人口的社会支出被定义为丧失工作能力、家庭、失业、住房和其他（即社会援助）方案的支出总额；退休年龄人口的社会支出是老年和遗属津贴的总和。社会支出以要素成本占国内生产总值的百分比表示。关于贫困率的数据是指 2000 年中期所有国家的贫困率；社会支出数据指除土耳其（1999 年）以外的所有国家 2003 年的数据。

从其年龄组分析来看，OECD 的报告（2008：143-144）推断，“这种模式反映了大多数 OECD 国家中与收入相关的养老金性质。它还表明，可以通过将养老金方案的支出转用于面向收入最低的适龄工人及其子女的方案，从而在减少贫困方面取得更大进展。”

劳动的贫困人口与给予特定适龄劳动人口的社会支出进行比较。在图 14－6 中，日本、美国、意大利和希腊的这四个异常值再次占据了该光谱的一端，而且现在加入了墨西哥、韩国、土耳其和加拿大。这一国家集团在将占国内生产总值的一定比例投资于适龄劳动人口上具有最低的意愿，结果就是它们在 18 ～ 64 岁这个年龄组中的贫困率最高。同样，它们的区别不在于它们在年轻人和中年人身上投资税款的意愿很低，而在于它们对老年人的待遇。OECD 的一份相关图表显示，老年人的贫穷和支出率没有显示出有启发意义的差异。[38]

对于 65 岁以下的人而言，对他们的投资相对不足是否使 GDP 的增长成本高昂呢？答案取决于社会预算的反事实选择。以下是主要的可能选择：

> 反事实 A：取出一些政府花在老年人身上的钱，并将其转用于主要针对儿童和适龄劳动人口的社会计划（教育、儿童预防性门诊保健、工人再培训等）。
>
> 反事实 B：将养老金私有化，减税，并强制规定用于老年人的个人储蓄账户。

到目前为止，这篇文章意味着，我们正在把真实的实践与反事实 A 进行比较，而对于这种比较，答案显然是肯定的，偏向于老年人的偏倚显然是昂贵的。从一个简单的事实就可以看出，在认知和职业发展的不同阶段，越早投资于人的发展，就会带来越高的回报。佩德罗・卡内罗（Pedro Carneiro）和詹姆斯・赫克曼（James Heckman）等人的著作最近强调了这一点的重要性，发现在儿童期，父母和社会对儿童的干预年龄越早，回报率越高。[39]

相对地，将实际做法与反事实 B 进行比较就意味着，GDP 没有明显差异。从 20 世纪的数据可以看出，适当调整针对老年人方案中的参数，个人储蓄和税收储蓄就可以产生同样的 GDP 结果。人们可能会注意到，与私人养老金计划或个人投资相比，像美国 495
的社会保险这样的全民计划的管理成本更低，违约风险也更低。同时，我们有理由担心政治进程会导致公共养老金资金不足。20 世纪的面板数据分析结果让我们不能否认，选择公共养老金而不是强制规定的个人养老金对 GDP 的净影响为零。因此，向老年人提供税收资金的历史趋势要么会造成 GDP 的损失，要么取决于人们是想考虑反事实 A 还是反事实 B。

如果把社会保险和援助转移到老年人身上，GDP 也没有明显的增长，那么为什么这么多的社会要这样做呢？答案似乎是银发力量。在战后的民主国家中，越来越多的人口由老年人和接近老年的人组成，老年人的参政率相对较高。无论是否对国内生产总值产生了净影响，他们都成功地获得了代际转移支付。

然而，正如许多人早就警告过的那样，在 21 世纪，一些东西必须有所让步。65 岁以上的人在成年人口中所占的比例将继续上升，就像在近几个世纪中发生的那样。在东亚和意大利，老年人相对于劳动适龄人口的比例正在上升，这是最不祥的预兆，但没有哪个国家可以幸免。主要原因就是老年人预期寿命上升。让人们工作到晚年，以固定他们成年后花费在工作上的时间比例，这一自然解决方案因男性平均退休年龄的下降而遭到破坏，尽管在历史上，延长退休时间的贡献要小于预期寿命改善做出的贡献。[40] 正如一些人所主张的，各国需要将每个年龄组的年度养老金福利与其在年老时的预期寿命挂钩，以想方设法防止因养老金（和老年医疗保健）而征收的税赋上升。瑞典的“固定缴费型”养老金制度具有这一可取的特点，尽管瑞典——与其他 OECD 国家一样——仍在探索老年人健康护理方面问题的解决办法。[41]

结　论

496 虽然社会保险和社会援助的私人和公众行动的历史才刚刚开始在全球层面书写，但本章发现，人们很容易在经济理论与以北大西洋经验为特色的经济史之间建立联系，以轻松获得一些相对容易的成果。下一个明显的任务是突破欧洲和北美经验的局限，投身于其他大陆的非家庭社会保险和社会援助的历史当中。

在法治和收入增长的帮助下，私人保险和慈善事业似乎缓慢地发展到了适度水平。私人捐赠并没有被公共援助的上升挤出，因为它总是比关心总体的利他主义模式更适合“温情效应”模式。

本章对提供社会保险和社会援助的效率的历史提出了一些尝试性的简要判断。纵观历史，即使到今天，仍有许多促进增长的机会被这两个部门牺牲了。这些机会表现在几个方面的高边际回报率，特别是对人力资本形成的投资上。私营部门面临着巨大的问题，如援助上的搭便车、某些自愿保险市场的信息不对称，尤其是无法执行长期贷款合同，而这些合同将偿还私营部门对人力资本的投资。公共部门面临着组织、搭便车和将发言权集中于特殊利益集团，而这些群体的目标与最大限度地提高社会效率相冲突的巨大问题。

公共社会保险和社会援助的兴起被拖延了几千年，直到国家财政能力的提高，加上大众政治声音的传播。这些因素合在一起，为更低成本、更高效、更少官僚的公共供给打开了大门。以税收支撑的全民教育和医疗的上升给 GDP 带来了巨大的增长，早期的贫困救济也可能做到了这一点。然而，从 20 世纪 60 年代开始，社会支出的进一步扩张已经从其支持增长的平等社会目标，转移到了相对低估对年轻人的援助和过于重视对老年人的援助上了。在 21 世纪迅速老龄化的社会中，有些事情必须做出让步。

注　释

[1]　在整个这一章中，在经济学家修改 GDP 以使其更好地衡量福利的多种方式中，我们必须特别铭记其中一个。个人捐赠不同于基于雇主或税基的转移支付和保险，是一种将效用直接传递给个体赠予者的消费形式。它的货币部分可以算作消费的一部分，尽管国民收入核算认为个人捐赠是一种转移支付，而不是生产性服务的报酬。志愿者的时间捐赠也可以被视为志愿者的消费，尽管这在传统的会计中也被忽略了。

[2]　OECD 对社会支出的正式定义如下："公共和私营机构向家庭和个人提供福利和捐助，以便在其福利产生不利影响的情况下对其提供支持，只要提供的福利和捐款既不是对某一特定物品或服务的直接支付，也不是单独的合同或转让。"参见 Adema et al.（2011：90）。

[3]　参见 Fishback（2010）；Garfinkel，Rainwater，and Smeeding（2010），以及 Adema，Fron，and Ladaique（2011）提供的广义包容性测度。

[4]　同样地，与更广义的社会支出概念一样，较窄和更有针对性的概念将视具体情况而定，包括或排除教育支出。

[5]　在这一章中，我们重点关注货币和商品支出，而不是捐助者花费的时间。这再次使我们能够把重点放在那些更具争议性的资源转移上。关于争议较少的志愿者时间捐赠方面的全球数据，参见 Charities Aid Foundation（2010）和 Giving USA（2010）。

[6]　莱安德鲁·帕尔多斯·艾斯克苏拉在本卷第 15 章（图 15－8 和图 15－9）中指出，他的广义福利测度与社会转移支付在国内生产总值中所占的份额之间存在着很强的尽管不断降低的国际相关性。在他的背景文章中，社会支出和传统的福利标准之间的历史相似性得到了更充分的发展。

[7]　关于建立私营企业和更广泛的政府机构的交易成本和体制障碍，见诺思（North，1981，1990）的研究。关于搭便车问题及其可能的解决方案，参见 Olson（1965），以及 Musgrave（1989），Stiglitz（2000），特别是 Gruber（2005：Part Ⅱ）等在教科书中的概要论述。

[8]　卡兰和李斯特（Karlan and List，2007，2012）提供了大型捐赠者提供匹配补助金的威力的实验证据。他们从理论上说明了以下观点：部分力量可能来自小捐赠者确

信大型捐赠者能够更有效地监督慈善行为。

[9] 参见 Bird（1971）。原始文献是阿道夫·瓦格纳的《政治经济学基础》（*Grundlegung der Politischen Ökonomie*，1863）。

[10] 参见 Andreoni（1988，1990，2006）和 Andreoni and Payne（2011）。

[11] 参见 Rotemberg（2011）和 Andreoni et al.（2011）。当然，收入不平等对私人捐赠的影响可能对税收结构很敏感。如果慈善捐款的税收扣减比率随着收入的增加而大幅上升，那么税前收入的更大不平等可能会增加慈善捐赠。

[12] 关于强调社会亲和力是再分配的基础的一个政治压力理论，参见 Kristov，Lindert，and McClelland（1992）。有关民族分化对公共社会和基础设施支出的负面效应的实证检验，参见 Easterly and Levine（1997）；Alesina，Baqir，and Easterly（1999）；Alesina and Glaeser（2004）；Dahlberg，Edmark，and Lundqvist（2012）。

[13] 参见 Van Leeuwen（2000，2012）。规模较大的行会还通过迫使会员支付费用来解决逆向选择的潜在问题，这些费用有助于为保险储备提供资金。

[14] 参见 Lindert（2004：Vol Ⅰ，40–45）。当然，所提供的数额在捐助者收入中所占的份额将高于其在国民收入中的份额。之所以使用国民收入作为分母，是因为国民收入的份额表明总体再分配和贫困减少的程度有限。

[15] 参见 Clark，Craig，and Wilson（2003，chaps. 2–3）。

[16] 参见 Lindert（1998 and 2004：Vol Ⅰ，chaps. 1，3 and 5）。

[17] 参见 Carter et al.（2006：Series Cd44，Cd48，Cd206 and Cd214）。

[18] 参见威廉姆森和奥罗克，本卷第 1 章。

[19] 参见 Reynolds and Smolensky（1977）和 Baldwin（1990）。

[20] 一个可能的例外是 1930 年以前的苏联，我们缺乏关于它的社会支出的充分数据。

[21] 文中写着“非欧洲国家和非社会主义国家”，是为了允许出现古巴这一特殊情况。

[22] 当然，这一论点必然仍旧是粗略的和暂时性的。私人慈善捐赠的收入和价格弹性非常难以统计。即使是在今天的美国，我们有一个丰富的数据库，也很难提取收入或税后价格的外生指标，部分原因是慈善捐赠的所得税扣减是一种与收入直接相关的价格效应。关于衡量收入和价格弹性的困难程度的详细讨论，见 Andreoni（2006：1233-1258）。

[23] 这一节对公共初等教育历史的处理借鉴了 Go and Lindert（2010），以及 Lindert（2009）。

[24] 参见 Dincecco（2011），Dincecco and Katz（in press）。

[25] 关于将英国和法国穷人的营养和健康与劳动力供应相关联的证据，参见 Floud et al.（2011：125–225）。我们应该再增加一对关联，即从贫困救济到生育和从生育到劳动力供应的联系。博耶（Boyer，1989）的统计显示，英国的贫困救济促进了生

育，从而进一步促进了长期的劳动力供应增长。

[26]　参见 Williamson（1990：276–298）。

[27]　这里概述的发展状况与杰弗里·弗里登和罗纳德·罗戈夫斯基在本卷第 12 章所描述的“自由资本主义的新替代品”相似。长期以来，人们一直怀疑，权力根深蒂固、不受政治竞争的精英会阻碍促进经济增长的创新和投资。关于这一点的当前理论模型，见 Acemoglu and Robinson（2006）。

[28]　关于选举权和投票率的扩散的时间顺序情况，参见 Flora，Kraus，and Pfenning（1983），以及 Mackie and Rose（1991，1997）。对于公共社会支出和纳税问题而言，投票权的广泛程度似乎比用来衡量行政和政党间竞争的约束因素的政治指数更为有用。关于选民的声音在 1930 年之前的学校教育、贫穷救济和公共卫生方面的作用，参见 Lindert（2004：chaps.4，7，15 and 16），Go and Lindert（2010），Williamson（1990：294–298）。投票权所产生的同样影响也被安塞尔（Ansell，2010）在战后全球范围内的教育支出的研究记载了。

[29]　参见 Lindert（2004：vol.1, Figure 12.1 and the accompanying text），以及 Dincecco（2011）。

[30]　美国社会保障管理局的行政费用为 2012 财年的 1.6%，2013 财年预计为 1.4%。参见 www.ssa.gov/budget/FY13Files/2013KeyTables.pdf，2012 年类似。至于 20 世纪后半叶的数据，参见 Estrin（1988）。20 世纪初较不普遍的援助计划的成本份额略高一些，参见 Gordon（1940）。对于拉丁美洲发展中国家较高的行政费用比率，参见 K. Lindert，Skoufias，and Shapiro（2006：76–78）。

[31]　参见 Woodlander，Campbell，and Himmelstein（2003：771），以及 Reinhardt（2000）。

[32]　关于 2010 年美国红十字会的开支，参见 www.redcross.org/flash/ AnnualReport/2010/AnnualReport.html。关于比尔及梅琳达·盖茨基金会的数据，参见 www.gatesfoundation.org/annualreport/2010/Pages/overview.aspx；关于联合劝募会的数据，参见 www.unitedway.org/pages/2010-annual-report；以上全部是 2012 年 4 月 27 日检索的。

[33]　参见 Lindert（2004：chaps.7，16 and 17）。然而，在西班牙，这一转变只是在 20 世纪 60 年代，即在佛朗哥独裁统治的第二阶段才开始。在那之前，教会仍然是佛朗哥反对大型社会项目的盟友，他们与葡萄牙的萨拉查（Salazar）结成了类似的联盟。尽管如此，在那些威胁要投票给社会主义者的国家，比如意大利和法国，教会对社会安全网的支持更多。

[34]　还可以参见 Easterly and Levine（1997），Alesina et al.（1999），以及 Alesina and Glaeser（2004）。

[35]　至于比利时在 20 世纪初是如何建立社会契约的，尽管存在分歧但仍为社会援助提供了一个解释，参见 Huberman（2008，2012，以及本卷第 13 章）。

[36]　参见 Dahlberg，Edmark，and Lundqvist（2012）。他们的研究表明，那些更

容易受到移民影响的瑞典部分地区，现在对福利国家产生了更多的怀疑。

[37] 参见 Lynch（2001，2006）。

[38] 参见 OECD（2008）。

[39] 参见 Carneiro and Heckman（2003），以及其引用的资料来源。

[40] 关于美国的历史退休趋势，参见例如 Costa（1998）和 Lee（1998，2001）。人们还应该注意到，自 2000 年以来，许多 OECD 国家男性提前退休的趋势已经逆转。

[41] 关于需要一个税率上限公式将养老金福利与生存和老年劳动力参与联系起来，以及瑞典 1998 年的改革，参见 Lindert（2004：chaps. 9 and 11）。

参考文献

Acemoglu, D. and J. A. Robinson (2006). " Economic Backwardness in Political Perspective," *American Political Science Review* 100(1): 115–131.

Adema, W., P. Fron, and M. Ladaique (2011). " Is the European Welfare State Really More Expensive? Indicators on Social Spending, 1980–2012; and a Manual to the OECD Social Expenditure Database (SOCX), " OECD Social, Employment and Migration Working Papers, No. 124, OECD Publishing. Available at http://dx.doi.org/10.1787/ 5 kg2d2d4pbf0-en (accessed January 17, 2012).

Alesina, A., R. Baqir, and W. Easterly (1999). " Public Goods and Ethnic Divisions, " *Quarterly Journal of Economics* 114(4): 1243–1284.

Alesina, A. and E. Glaeser (2004). *Fighting Poverty in the US and Europe: A World of Difference.* Oxford University Press.

Andreoni, J. (1988). " Privately Provided Public Goods in a Large Economy: The Limits of Altruism," *Journal of Public Economics* 35(1): 57–73.

(1990). " Impure Altruism and Donations to Public Goods: A Theory of Warm-Glow Giving," *Economic Journal* 100(401): 464–477.

(2006). "Philanthropy," in S.-C. Koln and J. Mercier Ythier (eds.), *The Handbook of Giving, Reciprocity, and Altruism*. Amsterdam: North-Holland, pp. 1201–1269.

Andreoni, J. and A. Payne (2011). " Crowding-Out Charitable Contributions in Canada: New Knowledge from the North " (November). Available at http://econ.ucsd.edu/~ jandreon/research.htm (accessed June 24, 2013).

Andreoni, J., J. Smith, and D. Karp (2011). " Diversity and Donations: The Effect of Religious and Ethnic Diversity on Charitable Giving" (October). Available at http://econ.ucsd.edu/~jandreon/research.htm (accessed June 24, 2013).

Ansell, B. W. (2010). *From the Ballot to the Blackboard: The Redistributive Political*

Economy of Education. Cambridge University Press.

Åslund, A. (1997). " Social Problems and Policy in Postcommunist Russia, " in E. B. Kapstein and M. Mandelbaum (eds.), *Sustaining the Transition: The Social Safety Net in Postcommunist Europe*. New York: Council on Foreign Relations, 124–146.

Baldwin, P. (1990). *The Politics of Social Solidarity and the Bourgeois Basis of the European Welfare State, 1875–1975*. Cambridge University Press.

Bird, R. M. (1971). " Wagner's ' Law ' of Expanding State Activity, " *Public Finance/ Finances Publiques* 26(2): 1–26.

Boyer, G. R. (1989). " Malthus Was Right after All: Poor Relief and Birth Rates in Southeastern England," *Journal of Political Economy* 97(1): 93–114.

Carneiro, P. and J. Heckman (2003). " Human Capital Policy, " in J. Heckman and A. Krueger (eds.), *Inequality in America: What Role for Human Capital Policies*? Cambridge, MA: The MIT Press.

Carter, S., S. S. Gartner, M. R. Haines, A. L. Olmstead, R. Sutch, and G. Wright, eds. (2006). *The Historical Statistics of the United States: Millennial Edition*, 5 vols. Cambridge University Press.

Charities Aid Foundation (2010). *The World Giving Index*. Available at www.cafonline.org (accessed June 24, 2013).

Clark, R. L., L. A. Craig, and J. W. Wilson (2003). *A History of Public Sector Pensions in the United States*. Philadelphia, PA: University of Pennsylvania Press.

Costa, D. L. (1998). *The Evolution of Retirement: An American Economic History,1880–1990*. University of Chicago Press.

Dahlberg, M., K. Edmark, and H. Lundqvist (2012). " Ethnic Diversity and Preferences for Redistribution," *Journal of Political Economy* 120(1): 41–76.

Dincecco, M. (2011). *Political Transformations and Public Finances: Europe, 1650–1913*. Cambridge University Press.

Dincecco, M. and G. Katz. (in press). " State Capacity and Long-Run Performance, " *Journal of Economic Growth*.

Easterly, W. and R. Levine (1997). " Africa's Growth Tragedy: Policies and Ethnic Divisions," *Quarterly Journal of Economics* 112(44): 1203–1250.

Espuelas, S. (2012). " Are Dictatorships Less Redistributive? A Comparative Analysis of Social Spending in Europe, 1950–1980," *European Review of Economic History* 16(2): 211–232.

Estrin, A. (1988). " Administrative Costs for Social Security Programs in Selected Countries," *Social Security Bulletin* 51(88): 29–31.

Fishback, P. V. (2010). " Social Welfare Expenditures in the United States and the Nordic

Countries, 1900–2003," NBER Working Paper No. 15982 (May).

Fishback, P. V. and M. A. Thomasson (2006). " Social Insurance and Public Assistance," in *Carter et al.* Vol. Ⅱ , pp. 2-693–2-835.

Flora, P., F. Kraus, and W. Pfenning (1983). *State, Economy and Society in Western Europe, 1815–1975*. Frankfurt: Campus Verlag.

Floud, R., R. W. Fogel, B. Harris, and S. C. Hong (2011). *The Changing Body: Health, Nutrition, and Human Development in the Western World since 1700*. Cambridge University Press.

Garfinkel, I., L. Rainwater, and T. Smeeding (2010). *Wealth and Welfare States: Is America a Laggard or a Leader*? Oxford University Press.

Giving USA Foundation (2010). *Giving USA Annual Report 2010*. Glenview: Giving USA Foundation.

Go, S. and P. H. Lindert (2010). " The Uneven Rise of American Public Schools to 1850," *Journal of Economic History* 70(1): 1–26.

Gordon, J. (1940). " Comparative Costs of Administering Public Assistance: An Analysis of the Administrative Expenses of 28 Public Assistance Agencies during 1938–39, " *Social Security Bulletin* 3(2): 11–20.

Gruber, J. (2005). *Public Finance and Public Policy*. New York: Worth.

Huberman, M. (2008). " Ticket to Trade: Belgian Workers and Globalization Before 1914," *Economic History Review* 61: 326–359.

(2012). *Odd Couple: International Trade and Labor Standards in History*. New Haven, CT: Yale University Press.

Karlan, D. and J. A. List (2007). " Does Price Matter in Charitable Giving? Evidence from a Large-Scale Natural Field Experiment," *American Economic Review* 97(5): 1774–1793.

(2012). " How Can Bill and Melinda Gates Increase Other People's Donations to Fund Public Goods?" NBER Working Paper No. 17954 (March).

Kramer, M. (1997). " Social Protection Policies and Safety Nets in East-Central Europe: Dilemmas of the Postcommunist Transformation, " in E. B. Kapstein and M. Mandelbaum (eds.), *Sustaining the Transition: The Social Safety Net in Postcommunist Europe*. New York: Council on Foreign Relations, pp. 46–123.

Kristov, L., P. Lindert, and R. McClelland (1992). " Pressure Groups and Redistribution," *Journal of Public Economics* 48(2): 135–163.

Lee, C. (1998). " Rise of the Welfare State and Labor Force Participation of Older Males: Evidence from the Pre-Social Security Era," *American Economic Review* 88(2): 222–226.

(2001). " The Expected Length of Male Retirement in the United States, 1850–1990, " *Journal of Population Economics* 14(4): 641–650.

Lindert, K. A., E. Skoufias, and J. Shapiro (2006). "Redistributing Income to the Poor and the Rich: Public Transfers in Latin America and the Caribbean," World Bank, SP Discussion Paper 0605 (August).

Lindert, P. H. (1994). " The Rise of Social Spending, 1880–1930, " *Explorations in Economic History* 31(1): 1–37.

(1998). " Poor Relief before the Welfare State: Britain versus the Continent, 1780–1880, " *European Review of Economic History* 2(2): 101–140.

(2004). *Growing Public: Social Spending and Economic Growth since the Eighteenth Century*. 2 vols. Cambridge University Press.

(2009). " Revealing Failures in the History of School Finance," NBER Working Paper No. 15491 (November).

Lynch, J. (2001). " The Age-Orientation of Social Policy Regimes in OECD Countries," *Journal of Social Policy* 30(3): 411–436.

(2006). *Age in the Welfare State*. Cambridge University Press.

Mackie, T. T. and R. Rose (1991). *The International Almanac of Electoral History*, 3rd edn. London: Macmillan.

(1997). *A Decade of Election Results: Updating the International Almanac*. Glasgow: University of Strathclyde, Centre for the Study of Public Policy.

Moene, K. O. and M. Wallerstein (2001). " Inequality, Social Insurance, and Redistribution," *American Political Science Review* 95: 859–874.

Musgrave, R. and P. B. Musgrave (1989). *Public Finance in Theory and Practice*, 5th edn. New York: McGraw-Hill.

Musgrave, R. A. and J. M. Culbertson (1953). " The Growth of Public Expenditures in the United States," *National Tax Journal* 6(2): 97–115.

North, D. C. (1981). *Structure and Change in Economic History*. New York: W.W. Norton.

(1990). *Institutions, Institutional Change and Economic Performance*. Cambridge University Press.

Organisation for Economic Cooperation and Development (OECD) (1985). *Social Expenditure 1960–1990*. Paris: OECD.

(2008). *Growing Unequal? Income Distribution and Poverty in OECD Countries*. Paris: OECD.

Olson, M. (1965). *The Logic of Collective Action: Public Goods and the Theory of Groups*. Cambridge, MA: Harvard University Press.

Reinhardt, U. E. (2000). " Health Care for the Aging Baby Boom: Lessons from Abroad," *Journal of Economic Perspectives* 14(2): 71–84.

Reynolds, M. and E. Smolensky (1977). *Public Expenditures, Taxes, and the Distribution of Income: The United States, 1950, 1961, 1970*. New York: Academic Press.

Rotemberg, J. J. (2011). " Charitable Giving when Altruism and Similarity Are Linked," NBER Working Paper No. 17585 (November).

Stiglitz, J. E. (2000). *Economics of the Public Sector*, 3rd edn. New York: W.W. Norton.

U S Census Bureau (1973). *Statistical Abstract of the United States*.

(1976). *Historical Statistics of the United States, Bicentennial Edition.*

Van Leeuwen, M. H. D. (2000). *The Logic of Charity: Amsterdam 1800–1850*. Houndmills and New York: Macmillan.

(2012). " Guilds and Middle-Class Welfare, 1550–1800: Provisions for Burial, Sickness, Old Age, and Widowhood," *Economic History Review* 65(1): 61–90.

Williamson, J. G. (1990). *Coping with City Growth during the British Industrial Revolution.* Cambridge University Press.

Woodlander, S., T. Campbell, and D. U. Himmelstein (2003). " Costs of Health Care Administration in the United States and Canada, " *New England Journal of Medicine* 349(8): 768–775.

第
15
章

资本主义和人类福利

莱安德鲁·帕尔多斯·艾斯克苏拉[①]

在过去的一个半世纪里面，在资本主义制度下，福利是如何演化的呢？发达的资本主义国家，即西欧和具有欧洲背景的地区，再加上日本——1994 年前的 OECD，与世界其他地区（剩下的国家）相比如何呢？社会支出是否以及如何促进了 OECD 国家的人类发展呢？如果有所促进，促进了多少？资本主义社会和社会主义社会在经济发展初期的福利程度相比如何？这些都是需要历史解答的重要问题。 501

资本主义概念的模糊性使其对人类福利影响的任何评估都复杂化了，尽管它并没有阻止无休止的争论（Engerman，1997）。利用市场作为分配商品和生产要素的主要方式，以及资源的私有财产占

① 感谢参加 2012 年 11 月 14—16 日 BBVA 基金组织的马德里“资本主义史”会议的与会者的评论，特别是我的讨论者杰弗里·弗里登和罗纳德·罗戈夫斯基。还要感谢杰夫·威廉姆森的细致评论和他的鼓励。感激拉斐尔·德尔皮诺基金会（Fundación Rafael del Pino）的“历史视角的自由和福祉”研究项目和 HI-POD 项目，以及第七研究框架项目合同第 225342 号所提供的资金支持。

主导地位似乎是资本主义定义的最小要素（Hartwell and Engerman 2003）。[1] 资本主义的传播与自由市场和契约自由有关，也就是说不干涉代理人的决策（或“消极”经济自由）。然而，20 世纪政府干预的增加和福利国家的出现与这种描述相矛盾，这增加了对资本主义福利的长期影响评估的复杂性（Pryor，2010；Frieden，2006；
502 弗里登和罗戈夫斯基，本卷第 12 章）。第一次世界大战后，计划经济体制的出现，为不同形式的资本主义的成就和不足的评价提供了一个方便的尺度。

长期以来，经济史学家在评估资本主义对福祉的影响时，一直关注英国工业革命期间的生活水平。对这种早期经济增长经验的负面评价（所谓的“悲观假说”），在很大程度上植根于马克思在历史文献中占主导地位的贫困化假说（Allen，2007；Feinstein，1998；Hartwell and Engerman，2003）。即使是最温和的经济史学家的评价也强调，尽管自 18 世纪末以来经济持续增长，但工人的生活水平从 19 世纪 20 年代才有了很大的改善（Lindert and Williamson，1983）。对实际工资的系统性研究为这一更大地理范围上的悲观评估提供了支持。除英国和低地国家外，前工业化欧洲国家的生活水平一直停滞不前，直到 19 世纪初工业化引发了持续的改善为止，其余国家远远落在后面（Allen，2001；Allen et al.，2011；Li and Van Zanden，2010；Pomeranz，2000）。然而，这一观点并没有得到所有人的认同（Broadberry and Gupta，2006 and Maddison，2006）。

随着工业化的进行，商品和要素市场一体化（即全球化）对福利的影响值得思考。全球化不仅增加了有关国家或地区的经济活动，带来了更高的人均收入，还提高了当时是“原始劳动”的丰富要素的相对回报，就像 19 世纪的欧洲和东亚的例子一样。全球化减缓了收入不平等趋势，而人口大规模迁移的出现强化了这一趋势（Lindert and Williamson，2003；O'Rourke and Williamson，1999）。前工业化时代与工业时代的比较表明，由于全球化和经济增长，在平均收入和公平方面，工业化时代的整体福利都有显著改善（O'Rourke and Williamson，2005）。

从 19 世纪初开始，越来越多的国家都出现了关于福利和经济进步的证据。例如，在过去 200 年里，实际工资率在西欧及其海外分支国家中表现出了持续的增长（Williamson，1995）。现代社会的福利改善也可以根据人均实际 GDP 的（粗略）估计来确定（Maddison，2010），尽管人们对这一福利衡量方法不断表现出争议，但它仍然被广泛使用（Engerman，1997）。

各种替代性的福利测度之间的矛盾已经凸显出来了。例如，实 503
际工资的趋势——原理上这是那些处于收入分配最底层的人的收入——不符合人均实际收入的趋势。[2] 事实上，这两个指标之间的低相关性没有什么不寻常之处，因为它们涉及收入的不同方面：对所有生产要素的回报（就 GDP 而言）和对单一因素即原始劳动的回报（在实际工资方面），除非收入分配随着时间的推移保持不变，否则没有理由让两者一同变化（Williamson，2002）。[3] 事实上，收入不平等的长期趋势可以粗略地根据人均实际 GDP 与实际工资率的比值来衡量，或理想的情况是，根据每个工人的实际 GDP 与实际工资率的比值来衡量，即所谓的威廉姆森指数（Williamson Index）。通过假设每个要素（劳动力、资本、土地）的人均回报分布基本不变，人与人之间的收入分配也是如此，威廉姆森指数为收入的功能性分配提供了一个合理的代理变量。零散的证据表明，收入的功能性分配反映了直到 20 世纪初欧洲国家的个人收入分配趋势（Dumke，1988；Prados de la Escosura，2008；Waldenström，

2009）。现有的估计数字表明，20 世纪收入不平等趋势全面得到缓解，这始于 20 世纪初，结束于 20 世纪 80 年代（Van Zanden et al., 2013）。

对人均收入的福利调整，包括收入分配，被定义为人均 GDP 与平等程度的乘积，是由阿马蒂亚·森（Amartya Sen，1973）设计，并在早期的《人类发展报告》(Human Development Reports) 中被采用的（UNDP，1993）。由于缺乏对各国个人收入分配的历史估计，将可用的个人收入分配估计（例如基尼系数）与威廉姆森指数（以及从身高数据中得出的不平等测量方法）相结合，可以得出不平等的长期趋势。因此，根据麦迪逊（Maddison，2010）的实际人均 GDP 以及基尼系数和拟基尼系数（pseudo-Gini coefficients，Van Zanden et al.，in press)，可以计算出世界各区域的森 - 福利指数，或经过不平等程度调整后的人均收入（1 与基尼系数之差再乘
504 以人均 GDP）的历史估计数。图 15 - 1 给出了世界各地区经不平等程度调整后的人均 GDP 的长期趋势。尽管整体上的森 - 福利指数水平增加了，但它们比人均 GDP 增长得少（1870—2007 年分别为每年 1.2% 和 1.5%)，这一差异在很大程度上出现在 1950 年以前。此外，如果用不平等调整后的人均 GDP 来衡量，发达区域和发展中区域之间的差距会进一步扩大，因为 OECD 国家从 20 世纪初到 20 世纪末的不平等程度有所下降，而发展中区域的差距仍然很高。实际上，尽管西欧倾向于缩小与西方海外分支国家在福利指数方面的差距，而亚洲自 20 世纪 70 年代以来同样如此，但拉丁美洲和非洲却进一步落后了。苏联解体后，东欧的相对状况恶化，这是经济停滞和不平等加剧的综合影响。

如果选择一个涵盖过去 500 年的长期比较，证据表明，工业化和全球化对福利有长期的积极影响，这不仅是因为收入水平的

提高，而且是因为不平等程度的下降。在近代早期，欧洲的不平等加剧，直到现代，特别是在 20 世纪才不断下降（Álvarez-Nogal and Prados de la Escosura，2013；Hoffman et al.，2002；O’Rourke and Williamson，2005）。最近对最高收入群体收入份额的研究证 505 实，发达国家和发展中国家近百年来的不平等现象持续下降，尽管自 1990 年以来出现了部分逆转（Atkinson，Piketty，and Saez，2011）。这些发现为工业革命后生活水平是否更高的问题提供了一个肯定的回答。然而，它们不能回答在其他制度下生活水平是否会更高的问题。

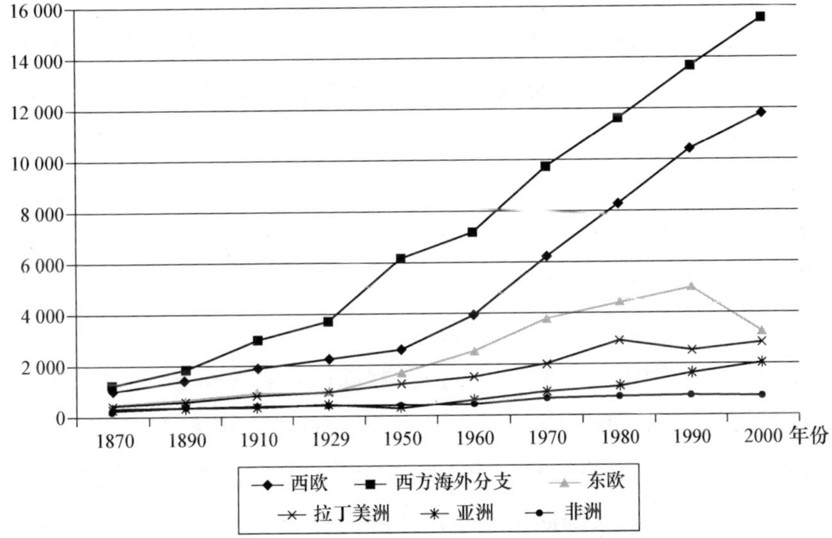

图 15－1　世界各区域的森－福利指数值
（经过不平等程度调整后的人均实际 GDP）

到日前为止，人们已经从实际工资或实际不平等的角度讨论了福利的发展趋势——调整后的 GDP。然而，人们普遍认为人类福利是一种多维度的现象，其中人均收入（及其分配）只是一个方面。事实上，提供更全面的生活标准测度的努力可以追溯到现代国民核算的起源（Engerman，1997）。它的非收入维度，如婴儿死亡率、出生时预期寿命、身高、成人识字率、入学率等，已经单独地或合并起来以指数形式（物质生活质量、基本需要和最近的人类发展）被用于衡量 GDP 之外的福利。因此，在本章的其余部分，将采用多维方法，对人类发展及其健康和知识维度进行研究。人类发展被定义为“扩大人民选择的进程”（UNDP，1990：10），即享有健康的生活、获得知识和达到体面的生活水准，使他们能够过“他们有理由珍视的生活”（Sen，1997）。

我将首先介绍全世界及其主要区域的人类发展趋势。然后，我将探讨自由放任和受管制的资本主义，以及实行市场经济（资本主义）和中央计划（社会主义）的不同社会在它们经济发展的早期阶段在人的发展方面所呈现的差异。最后，我将研究人类发展的各个维度对其总体表现的贡献，以及它们在多大程度上有助于我们理解西方和其他国家之间所呈现的差异。

至于所考察的时间跨度，19 世纪 70 年代是一个适当的起点。缺乏更早之前的数据是选择这一时间的原因之一。另一个原因是，在 19 世纪 80 年代以后，西欧和欧洲的海外分支中出现了大规模的健康改善情况，而疾病的细菌学理论的传播（Easterlin，1999；Preston，1975）和大众教育对此做出了重大贡献（Benavot
506 and Riddle，1988；Lindert，2004）。同时在 19 世纪下半叶，社会支出开始在西欧及其海外分支地区不断增加（Lindert，2004；Riley，2001）。

有些发现是值得强调的。自 1870 年以来，特别是在 1913 年之后，世界范围内可见的人类发展取得了重大进展。虽然发达资本主义国家（OECD）与其余国家之间的绝对差距扩大了，但在 1913—

1970 年，一种不完全的赶超在整个发展中国家群体中产生了。在过去的 40 年间，区域增长绩效的差异很大。亚洲在中国和印度的推动下，以及拉丁美洲和北非，在一定程度上实现了赶超，而中东欧（包括俄罗斯）和撒哈拉以南非洲则落后了。

人类发展方面的重大成就是西方在资本主义受管制阶段取得的，当时公共卫生和教育的提供似乎在人类发展的推进中发挥了独特的作用。在社会主义社会，到 20 世纪 60 年代末，人类发展的增长已与资本主义经济的增长相匹配，在某些情况下，这表明社会主义在最初的低水平基础上在提高健康和教育方面取得了成功。苏联以及中欧和东欧的社会主义国家的经验尤其如此，这有助于解释社会主义对 20 世纪中叶非洲和亚洲新独立国家的吸引力。然而，随着预期寿命和人均收入的相对增长停止，追赶让位于落后，这种情况在 20 世纪 60 年代末出现了巨大的分化。古巴在提高寿命和教育水平方面取得的成功验证了这种情况。那么，至少在发展的早期阶段，自由与提供公共产品之间是否存在任何冲突？然而，人类发展的概念排除了这种冲突，因为主体性和自由是其最终目标。

教育，以及在较小程度上的出生时预期寿命，似乎是外围国家在 1970 年之前人类发展水平成就有限的背后原因。从那时起，世界其他地区在预期寿命指数方面都落后于 OECD 国家。第一次健康转型主要是降低儿童死亡率，而不是提高老年人的预期寿命。在第二次健康转型中，西方国家出生时预期寿命增长得更快，健康年数在总寿命中所占的比例上升。在其余国家，第一次健康转型时期是它们在预期寿命方面取得重大进展的唯一时期。这就大体解释了
尽管在 20 世纪末，教育规模扩大，人均收入增长也不断追赶，但 507
其余国家仍然未能赶上西方的原因。

衡量人类发展

人类发展的不同维度被组合成了一种简约形式的指数：出生时预期寿命被当作健康生活的指标，获取知识的教育测度（学校教育、识字率）以及经折现的人均收入被当作教育和健康以外的其他福利方面的替代因素（Anand and Sen，2000；UNDP，2001：240）。

如何衡量人类发展方面的进展至关重要。通常，社会变量（预期寿命、学校教育）的原始值未经转换（例如参见 Acemoglu and Johnson，2007；Becker，Philipson，and Soares，2005；Lindert，2004）。然而，由于社会变量通常具有渐近极限，所以采用线性变换将其维度转化为人类发展指数中的指数形式（UNDP，1990）。因此，通过缩小分母，指数的范围就会扩大。对于每个维度，原始值 (x) 都被转换为指数 (I)。

$$I = (x-M_0) / (M-M_0) \qquad (1)$$

其中 M_0 和 M 是变量的最大值和最小值，或者两个端点。因此，每一个变量的取值范围在 0 和 1 之间。[4]

因此，人类发展指数是每个维度的转换值的乘积组合，每个维度的权重相等，因为所有维度都被认为是不可或缺的。通过将出生预期寿命和教育的非线性转换值表示为 LEB 和 EDU，并将调整后的人均收入表示为 UNY，它就可以表示为，

$$HIHD = LEB^{1/3}EDU^{1/3}UNY^{1/3} \qquad (2)$$

508 然而，传统的人类发展指数（UNDP，2010）中所采用的社会和非收入维度的线性转变仍然是一个严重的障碍，它阻碍了人类发展水平在空间和时间上的比较。在线性转化中，某一维度的给定绝对变化反映了同样的变化，而不论其起始水平如何，因此，初始水

平越低，其相应的增长将越大，这有利于人类发展初始水平较低的国家。事实上，它应该是相反的，因为用森的话来说（Sen，1981：292），“随着……寿命变得越来越长，把寿命进一步提高就更像是一项成就了”。

当考虑到质量时，线性变换的局限性变得更加明显了。出生时的预期寿命、识字率和上学率分别只是“健康长寿”和获得知识的粗略代理变量，是人类发展的实际目标。不幸的是，有关经健康调整的预期寿命或质量调整的教育信息仅在最近几年才能得到。过去 20 年的研究得出结论：健康预期寿命随着总预期寿命的增加而增加，随着预期寿命的增加，同一年龄组的残疾人数减少了（Salomon et al.，2012）。同样，随着受教育数量（总识字率和入学率）的增加，以认知技能衡量的教育质量比这一比例增长得更多（Hanushek and Kimko，2000）。时间序列和横截面数据的基本论点是，更多的生命和教育意味着儿童和青少年的健康和教育质量更高。

这种因线性变化所造成的问题的实际解决办法是由卡克瓦尼（Kakwani，1993）提供的，他利用一个成就函数（achievement function）构造了一个标准化指数，在这种情况下，在一个较高水平的国家，其生活水平的提高意味着，在较低的水平上将会取得更大的成就。

$$I = f(x, M_0, M) = [\log(M-M_0) - \log(M-x)] / \log(M-M_0),\ \varepsilon = 1 \quad (3)$$

在上面的方程中，x 代表一个国家的生活水平指标，M 和 M_0 分别代表最大值和最小值，log 代表取自然对数。

因此，该指数的社会、非收入层面的原始值已被转换了，不是利用了一种线性转换（表达式 1），而是利用了一个凸成就函数 509
（表达式 3），从而使非收入维度的质量随着数量的增加而超比例地增长。[5]

人类发展的趋势

世界范围内的人类发展长期呈上升趋势，在 1870—2007 年期间增长了 6 倍，这意味着年增长率为 1.3%。我们可以将其区分为三个主要阶段：第一，在 1913 年以前取得的稳定和适度进展；第二，1913—1970 年之间的加速发展（但第二次世界大战除外）；第三，20 世纪 70 年代和 80 年代的减速，然后从 1990 年起又重新让位于扩张（见图 15 - 2）。

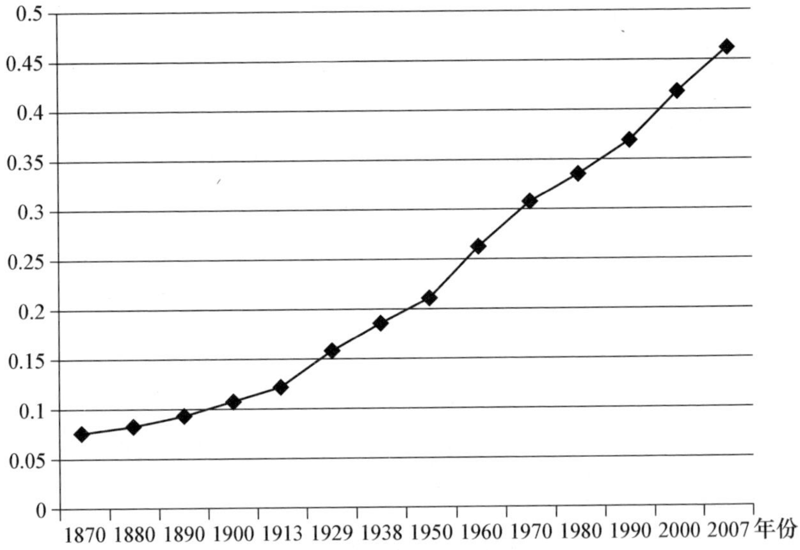

图 15 - 2　1870—2007 年世界人类发展

人类发展的趋势与从人均 GDP 中所观察到的趋势不太相符（见图 15 - 3）。更具体地说，经济全球化的各个阶段对人均收入增长有着巨大的影响（Lindert and Williamson，2003），但对人类发展的进步没有影响。人们发现，在第一次世界大战前，人类发展
510 与人均收入之间缺乏联系，这有悖常理。虽然随着疾病的细菌学

理论得到了传播，健康方面最初的大规模进步可以追溯到 19 世纪末（Riley，2001），同时在自由资本主义时代，初等教育经历了重大的进步（Benavot and Riddle，1988），但人类发展方面的进展与全球化和工业化所带来的经济进步相距甚远。城市化对预期寿命的不利影响以及缺乏教育和卫生方面的公共政策，可能是 19 世纪末人类发展进展缓慢的原因（Easterlin，1999；Lindert，2004）。更重要的是，虽然在两次世界大战期间全球化出现倒退，人均实际 GDP 停滞不前或下降，但人类发展却稳步推进。在 1914—1950 年期间的经济反弹中，健康和教育的一些实践做法日益全球化。我们能够假设经济全球化对人类发展具有延迟的影响吗？自 1950 年以来，人类发展的进步与世界经济的增长并驾齐驱，尽管在黄金时代（1950—1973 年）和 2000 年以来增长速度有所减缓。

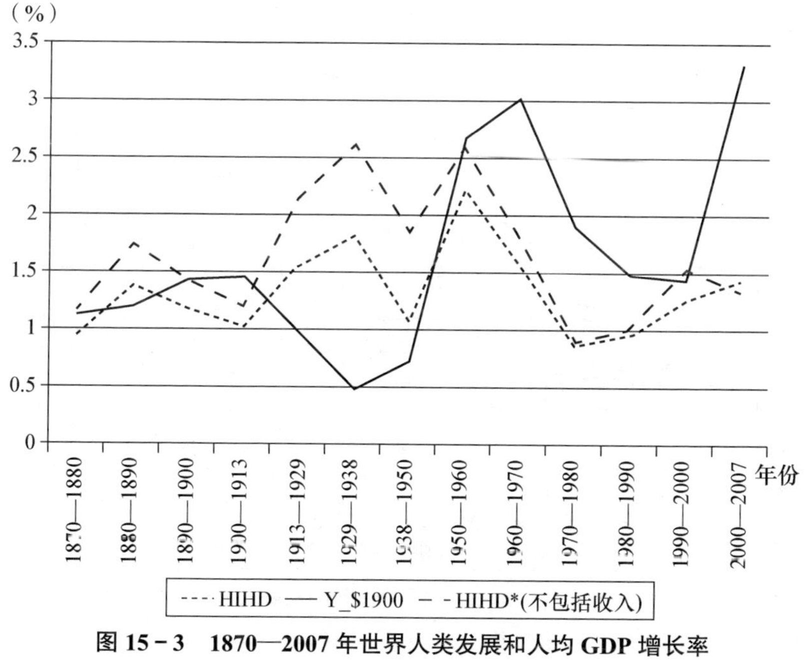

图 15－3　1870—2007 年世界人类发展和人均 GDP 增长率

511 对世界人类发展的更深层次的认识来自比较不同区域的绝对表现，及其相对于 OECD 国家的表现（见图 15－4）。OECD 国家与其他国家在人类发展方面的差距是否随着时间的推移而扩大？答案是否定的。相对于 OECD 国家，其他国家的平均表现一直到 1913 年还很稳定，之后则开始追赶，一直到 1970 年追赶得更激烈——除了第二次世界大战的一些年份以外——之后就逐渐减弱。然后，追赶 OECD 国家的速度在 1970 年之后急剧放缓，到 2007 年，其水平仍然仅达到 OECD 国家的 50%。总的来说，相对于核心国家，边缘国家在人类发展方面要比以人均收入来衡量的表现更好（Prados de la Escosura，2013b）。因此，到 2007 年，剩余国家的人类发展已经达到 OECD 国家 1950 年的水平，但按实际人均 GDP 计算仅为其 1938 年的水平。

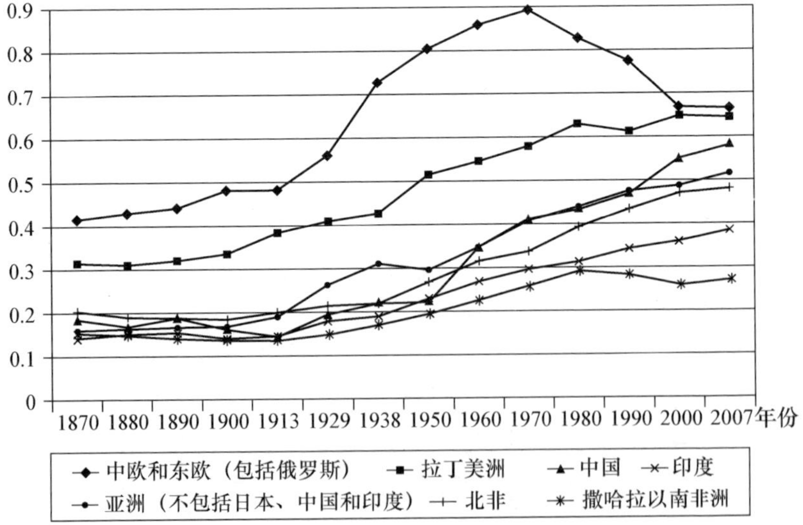

图 15－4　1870—2007 年整个发展中国家的相对人类发展水平（OECD=1）

发展中地区人类发展的长期表现呈现出很大的差异。拉丁美洲在 1980 年之前一直在追赶 OECD 国家，尽管其在 20 世纪上半叶的发展更加迅速。非洲在 20 世纪 20—70 年代出现了持续的改善和追赶，自 1980 年以来，北非的经济增长放缓，撒哈拉以南非洲则完全停止了增长。亚洲从低水平起步，其人类发展在 1970 年之前 512
有了很大的改善，在世纪之交也是如此。中欧和东欧落后于 OECD 国家、亚洲（特别是中国）和北非的赶超速度，这些地区与拉丁美洲之间的趋同进程从 20 世纪 70 年代开始，而撒哈拉以南非洲则落在了后面。

什么能够解释富裕资本主义经济体优异的人类发展表现呢？有人认为，系统性市场失灵需要公共干预，因为市场不会有助于控制疾病传播、鼓励免疫或刺激医学研究（Easterlin，1999）。政府干预的日益增长、社会支出的扩大以及福利国家的引入，对 OECD 的福利成就起到了至关重要的作用吗？林德特（Lindert，2004：20–21，188；以及林德特，本卷第 14 章）将社会支出相对规模的增加与全球化、经济增长、民主化和预期寿命增长联系起来。全球化与社会支出之间的联系是基于这样一个事实来进行预测的：国际市场一体化增加了外部风险，从而增加了对政府主导的社会保护的需求（Rodrik，1997）。在第一个全球化时代（1870—1913 年），国际贸易不断增加，以及因此产生的欧洲工人之间的不确定性，导致了人们对社会保护和政府实行“劳工契约”的要求（Huberman and Lewchuk，2003）。因此，在很大程度上，在自由市场的扩张与经济繁荣和民主息息相关的同时，全球化和社会保护似乎齐头并进了（Huberman，2012；以及休伯曼，本卷第 13 章）。

社会支出水平较高的国家是否实现了更长的寿命和更多的教

育，从而实现了更高的人类发展呢？图 15－5 将一组 OECD 国家的人类发展水平与按国内生产总值的比例表示的社会转移支付（即所有社会支出，但教育支出除外）相对照。[6] 结果表明，社会保护的扩大与人类发展的改善之间存在着正向的非线性关系，这种关系稳定在社会转移支付的低门槛值（GDP 的一个比例）之上。在图的左边，社会转移的微小变化与人类发展的大幅度增
513 长有关。然后，我们转向右边，我们观察到社会转移支付的增加与虽然较小但依然为正的人类发展相关。当社会转移支付达到 GDP 的 25% 时，曲线趋于平缓，这意味着高于 30% 的水平将发生逆转。

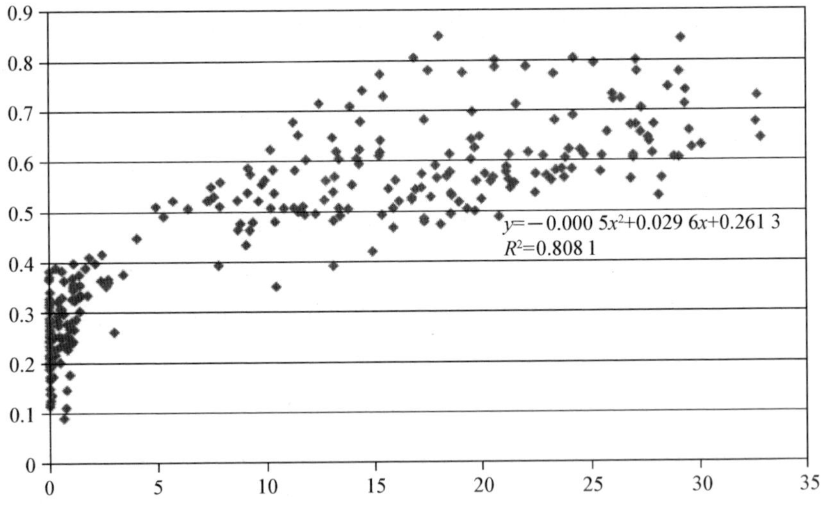

图 15－5　1880—2000 年一组 OECD 国家的人类发展（纵轴）和社会转移支付（占 GDP 的百分比）(横轴，%)

福利体系在资本主义国家扩张的同时，社会主义作为另一种

经济和社会制度兴起了。[7] 资本主义制度和社会主义制度如何比较呢？人们经常认为，当社会处于较低的经济发展水平时，社会主义在提高人类福利方面比资本主义具有优势，特别是在它的非收入维度上。回顾苏联可以发现，20 世纪 20—60 年代，它的人类发展取得了巨大的进步，这带来了一种令人印象深刻的对 OECD 国家的追赶。一直到 20 世纪 60 年代中期，苏联在人类发展进步和追赶背后的健康和教育方面取得了重大成就，而在社会主义阵营的中欧和东欧，1950 年以来也可以看到这一点。然而，自 20 世纪 60 年代中期以来，相对于 OECD 国家而言，这一进展被停滞所取代，在 2000 年之前一直在急剧下降，而在 20 世纪 90 年代期间下降特别严重。

事实上，20 世纪中叶苏联在提高预期寿命和教育方面取得的 514
成功，为第二次世界大战后亚洲和非洲新独立的国家提供了一个有吸引力的模式，因为它们正面临满足基本需求的挑战（Collier and O’Connell，2008；Ivanov and Peleah，2010）。古巴是美洲唯一的社会主义实践成果，在 1959 年革命之后取得了显著的成功，这完全是由其非收入层面所驱动的。在亚洲，在 20 世纪上半叶，中国的人类发展水平显著改善，在 20 世纪 60 年代以前的社会主义时期，以及 1978 年改革开放之后，中国的人类发展水平增长都在加速。在印度，直到 20 世纪末，当体制改革使其经济自由化时人类发展水平才比较成功。因此，越南、老挝和柬埔寨直到 1990 年才赶上东亚平均水平。撒哈拉以南非洲的社会主义经验在人类发展方面没有取得成功，贝宁、埃塞俄比亚、刚果、安哥拉和莫桑比克的例子就说明了这一点。政治－经济扭曲，特别是那些脱离市场资源分配的扭曲，似乎与撒哈拉以南非洲的人类发展的进展成负相关关系（Prados de la Escosura，2013a）。初步评估结果表明，除了个别国家以外，社会主义并没有给发展中国家带来比资本主义更高的人类发展。

到目前为止，这里使用“衡量”人类发展的捷径，把主体性和自由抛在了一边。没有主体性——追求和实现一个人有理由重视的目标的能力——和自由，人类发展指数就变成了一种“基本需求”指数（Ivanov and Peleah，2010）。因此，为了全面描述人类发展，还需要考虑到个人行使其政治能力和影响公共决策的机会（Cheibub，2010；Dasgupta and Weale，1992）。然而，自 1950 年以来，人类发展和民主化就是相互关联的，随着它们各自水平的提高，两者之间的联系也越来越强，正如回归中二次项的正号所暗示的那样（见图 15－6）。[8]

515

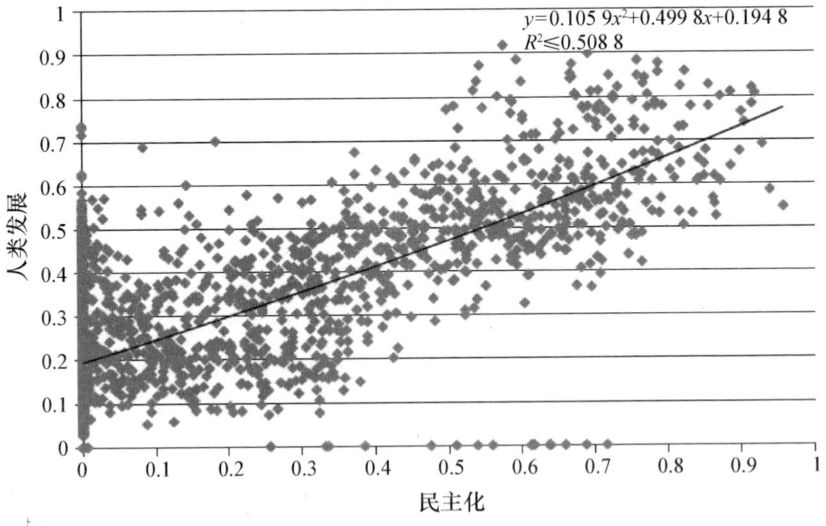

图 15－6　1950—2007 年全世界人类发展和民主化

人类发展增长的崩溃

人类发展的长期收益主要来自其非收入层面、预期寿命和教育的进步。在世界不同区域，出生时预期寿命指数和教育卡克瓦尼指数都取得了持续的发展。一些例外情况是，中欧和东欧自 20 世纪 60 年代以来，以及撒哈拉以南非洲自 20 世纪 80 年代以来的预期寿命指数增长实际上停滞了。尽管如此，剩余国家中的改善仍未达到 OECD 国家的水平，追赶要么停止了，就像 1970 年以后预期寿命的情况一样，要么就像教育方面的情况一样，未能完全实现（见图 15－7 和图 15－8）。 516

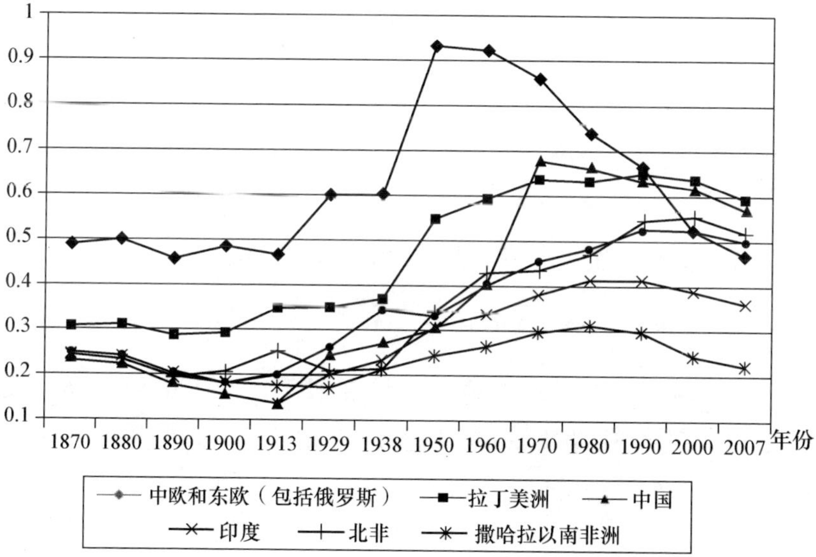

图 15－7　1870—2007 年世界各区域的预期寿命卡克瓦尼指数（OECD=1）

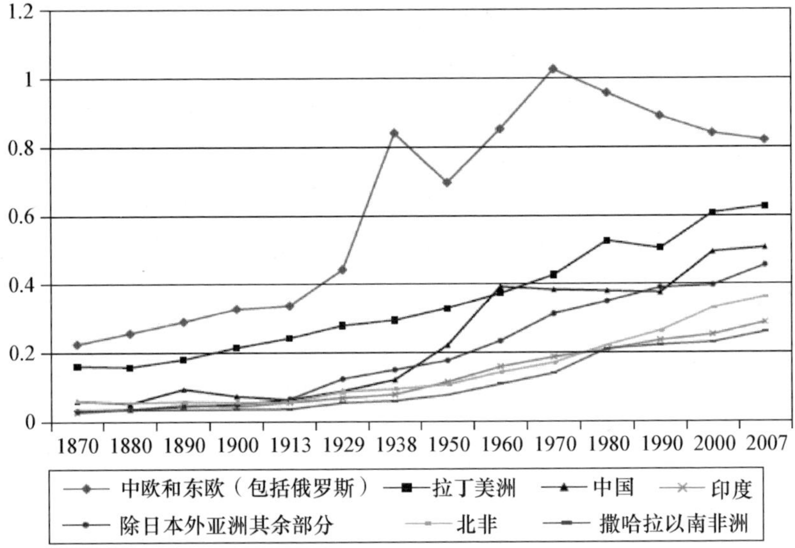

图 15－8　1870—2007 年世界各区域的
教育卡克瓦尼指数（OECD=1）

517 人类发展（*HIHD*）的增长可以基于上面的表达式（2）分解为不同维度的贡献——出生时预期寿命（*LEB*）、教育（*EDU*）和截断的收入（*UNY*）。用小写字母表示其变化率：

$$hihd = \frac{1}{3}\,leb + \frac{1}{3}\,edu + \frac{1}{3}\,uny \qquad (4)$$

随着时间的推移，这些社会维度似乎推动了世界人类发展的增长，其中预期寿命是 20 世纪 20 年代和 40 年代的主导力量，而教育在 20 世纪 30 年代、50 年代和 90 年代占主导地位（见图 15－9）。

预期寿命的提高是由于预防疾病的方法的传播（Preston，1975；Riley，2005）、营养改善（Fogel，2004）、医疗技术变革［19 世纪 90 年代以来的疫苗和磺胺药物（20 世纪 30 年代）以及抗生素（20 世纪 50 年代）的应用，以治疗传染病］（Easterlin，1999；Jayachandran，Lleras-Muney，and Smith，2010）以及公共卫生服务的改善（Cutler and Miller，2005；Loudon，2000），这些因素在流行病或健康转型中至关重要。在这种转变过程中，随着传染病让位于慢性病，成为普遍的发病形式和主要死亡原因，死亡率不断下降，存活率不断提高（Omran，1971；Riley，2005）。

518

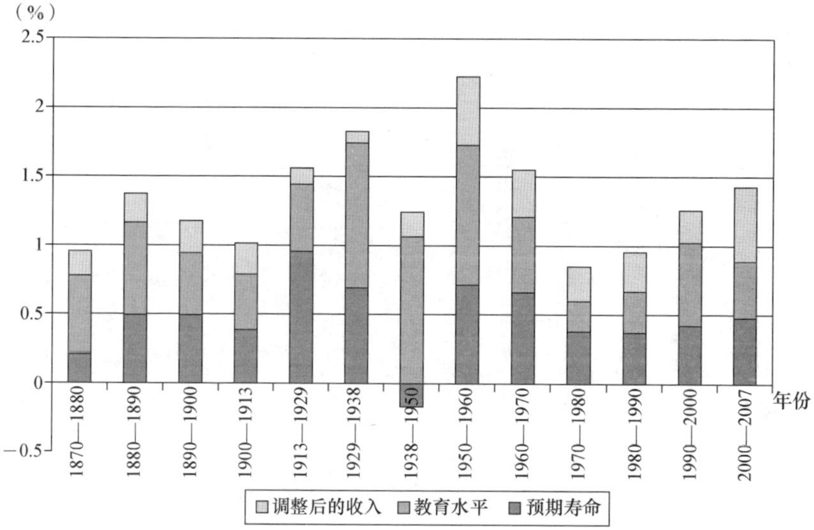

图 15－9　1870—2007 年世界人类发展增长贡献分解

为什么长寿在人类发展中的推动作用在 20 世纪中期消失了？OECD 国家和其他国家的经验之间的对比具有启发性。在发达国家的例子中，自 1880 年以来，预期寿命的改善推动了人类发展的进步（20 世纪 60 年代除外）（见图 15－10）。20 世纪末和 21 世纪初，预期寿命方面的持续改善与健康寿命年龄的增长有关，在世纪之交，生活在 OECD 国家的人的这一比例达到了寿命的 90%。[9] 因此，OECD 国家当中发生了第二次健康转型，老年人因早年更好地治疗心血管疾病和具备更好的健康和营养条件而使死亡率下降了（Eggleston and Fuchs，2012）。这些健康状况的改善不仅延长了寿命，而且使健康的生命延续得更长了（Salomon et al.，2012）。

519

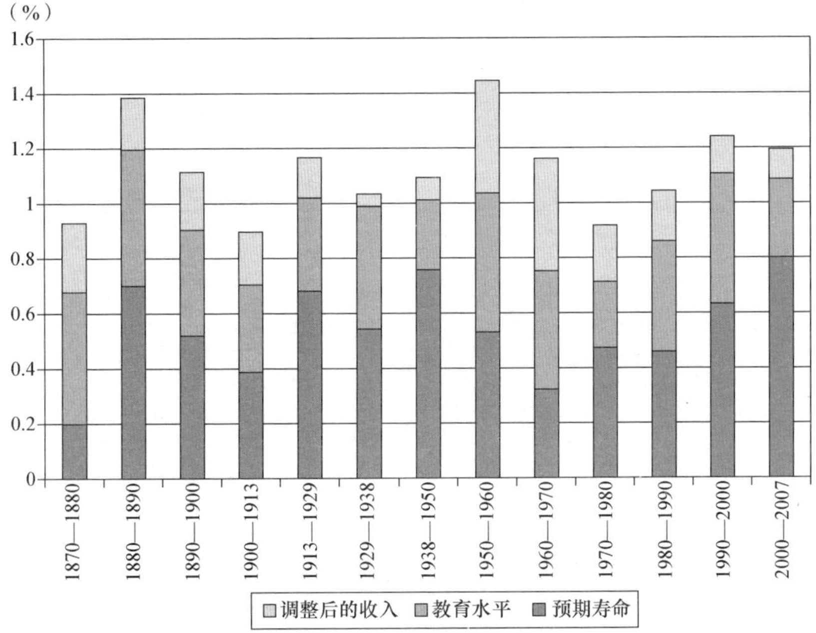

图 15－10　1870—2007 年 OECD 国家人类发展增长贡献分解

在剩余的国家，预期寿命在人类发展指数进步中的作用，尽管在 1913—1970 年取得了令人印象深刻的进展，却不那么具有决定性，特别是在 1970 年之后更是如此，这是因为当第一次健康转型完成后，教育成为人类发展长期进步的主要动力，预期寿命的增长似乎已经减缓了（见图 15－11）。

剩余国家对 OECD 国家人类发展的追赶集中在 1913—1970 年，更集中在两次世界大战之间的几十年和 20 世纪 50 年代，在这些年份当中，大部分剩余国家仍处于殖民统治之下。自 1970 年以来，在剩余国家缓慢追赶的过程中，预期寿命发挥了关键和消极的作用，从而支持了这样一种观点，即随着发达国家以更快的速度引进新的卫生技术和知识，各国之间的健康不平等程度上升了（Cutler，Deaton，and Lleras-Muney，2006：117）。只有在 2000 年之后，人均收入才成为剩余国家追赶的主要因素。

520

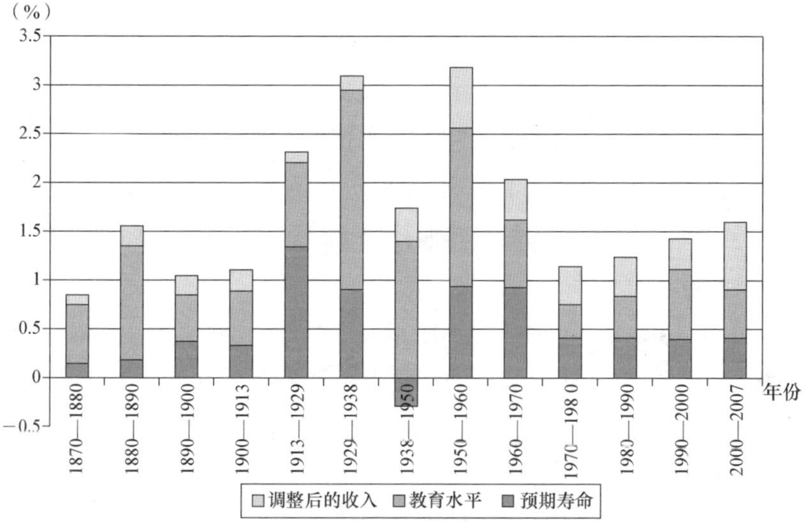

图 15－11　1870—2007 年其余国家人类发展增长贡献分解

瞟一眼外围国家的主要区域，就能看出这一点。在东欧和中欧 521
（包括苏联），人类发展方面的大多数改善发生在 1970 年之前，在 19 世纪 90 年代以及 20 世纪 20—50 年代，当追赶核心国家的过程发生的时候，人类发展的改善更为强烈。东欧和中欧的人类发展进程在 1970 年之后崩溃了，落后于 OECD 国家，2000 年后才略有恢复。教育是推动力量，但在 20 世纪 20 年代和 40 年代，预期寿命的大幅提高起了带头作用。自 2000 年以来，收入已成为人类发展进步的主要维度。俄罗斯是该地区最主要的国家，它的表现证实并强调了这种描述，尽管它的大部分追赶局限于 19 世纪 90 年代，以及 1913—1950 年。

在苏联，把医疗保健推广到全体人民的工作在防治传染病和降低儿童死亡率方面尤其成功。婴儿死亡率在 1940—1965 年迅速下降了（Brainerd，2010b；Brainerd and Cutler，2005）。在过去的 40 年，特别是在 20 世纪 50 年代的显著改善之后，到 20 世纪 60 年代中期，出生时的预期寿命实际上已与西欧趋同了（Mazur，1969）。然而，由于成人（男性）寿命的下降，1965 年之后的预期寿命下降了，达顿（Dutton，1979）把这归因于循环系统疾病、意外死亡率上升、自杀、中毒和酗酒。自 1970 年以来婴儿死亡率的上升，加剧了这一下降趋势。在东欧其他社会主义国家，预期寿命的增长在 20 世纪 60 年代中期之后消失了。

社会主义在中欧和东欧的崩溃，以及苏联的解体，带来了预期寿命的下降，这在前苏联地区更严重和持久，并且一直没有完全恢复（Brainerd，2010a；Brainerd and Cutler，2005）。然而，在欧洲中部和东部的前社会主义国家，在 20 世纪 90 年代中期以后，预期寿命迅速恢复和延长了，特别是在捷克斯洛伐克、波兰和匈牙利
522（Brainerd，2010a；Stillman，2006）。俄罗斯预期寿命的下降与中年和婴儿的死亡率上升有关。酒精消费和向市场经济转型带来的压力（中年工人的失业不确定性、不平等程度不断加剧），以及饮食、健康的恶化和物质匮乏，似乎是死亡率上升的主要原因（Brainerd，2010a；Cutler and Brainerd，2005；Shkolnikov，McKee and Leon，2001）。至于主体性问题，在前社会主义欧洲地区，公民自由和政治自由的发展非常不平衡，这在前苏联国家受到严重限制，但在中欧和波罗的海各共和国取得了无可争议的进展。

拉丁美洲的人类发展在 1880—1980 年经历了温和和稳定的进步，以及追赶。在这个地区，教育也是人类发展的主要方面，特别是在 20 世纪后半叶（20 世纪 80 年代除外）。在 20 世纪初，特别是在 20 世纪 40 年代，在对 OECD 国家最强劲的追赶发生时，其预期寿命发挥了显著的作用。有趣的是，这一进展并不是磺胺类药物、抗生素和疫苗接种这些传染病治疗方法传播的结果，因为虽然有这些方法，但低收入人口无法获得这些，就像 20 世纪初发生在英属圭亚那和牙买加的，卫生习惯在人口中传播的例子中所表明的那样（Mandle，1970；Riley，2005）。例如牙买加在 1920—1965 年死亡率急剧下降，但在 20 世纪 20 年代末至 30 年代期间死亡率下降更为剧烈，而实际人均 GDP 则相对停滞。在引入抗生素之前，低成本的公共卫生措施和卫生健康知识的扩散在消除传染病（腹泻病、疟疾和肺结核）过程中起到了重要的作用（Riley，2005）。拉丁美洲与发达国家之间的弱趋同值得研究。特别是，我们需要更好地了解 20 世纪末不平等在限制获得卫生和教育方面所起的作用。

古巴是美洲的一个例外，它为其他社会主义实践提供了一个有趣的对立面。与 1959 年革命以来古巴糟糕的经济表现形成鲜明对比的是，其预期寿命有了显著改善（Devereux，2010；Ward and Devereux，2010，2012）。这一态势建立在 20 世纪上半叶的更早趋势之上，始于美国占领之后，美国占领为古巴提供了卫生设施和公共卫生创新，特别是为城市贫民带来了良好的卫生服务（Díaz-Briquets，1981；McGuire and Frankel，2005）。20 世纪初的医疗保健进步意味着，在 1959 年革命前夕，古巴处于拉丁美洲和南欧国家的平均水平之上。从 1959 年起，在抗击和根除婴儿死亡率 523
方面取得的成功主要是社会主义国家做出承诺的结果（Devereux，

2010）。因此，古巴的情况提供了一个极端的例子，即古巴在实现“基本需要”方面的成功与未能扩大人民选择之间形成了对比，这是因为主体性和自由受到了一个政治政权的严重限制。

在过去一个世纪，亚洲人类发展取得了重大进展，尽管亚洲各区域的人类发展差异很大。在过去的100年里，中国在人类发展方面取得了令人印象深刻的进步，尤其是在1913—1938年和毛泽东思想形成的初期，教育和预期寿命是中国进步的主要因素。在过去的40年间，收入因素主导了人类发展的进步，这主要是1978年后改革开放的结果，而其社会组成部分（特别是预期寿命）起了次要作用。健康改善的放缓被认为是新经济政策的直接后果（Cutler，Deaton，and Lleras-Muney，2006；Drèze and Sen，2002）。

自19世纪末以来，印度在人类发展方面取得了稳定的进步，并在20世纪一直在追赶OECD国家，特别是在20世纪20年代、40年代和50年代。从长期来看，教育似乎是推动这一进步的主要因素，尽管出生时的预期寿命在20世纪初（1913—1950年）也推动了这一进程。卫生改善、医疗保健和饥荒预防——基于新的交通网络、经济多样化和政府救济——成功地减少了疟疾、天花和霍乱等传染病的影响（McAlpin，1983；Roy，2006：311-312）。这些成就尤其引人注目，因为它们发生在人均实际收入停滞不前的时期（Maddison，2010；Roy，2006：78）。有趣的是，尽管存在投资不足和医疗基础设施薄弱的说法，但在独立之前，在福利方面已经取得了显著的进步（Amrith，2009），这就提出了殖民统治如何影响福利的问题。在过去30年中，收入层面与教育一起，在人类发展进程中发挥了重要作用，这是一个与亲市场改革的经济影响相关的特征，中国就是如此。自20世纪70年代以来，在市场经济的帮助下，极端贫困率降低了一半（Kotwal，Ramaswami，and Wadhwa，

2011）。至于中国，婴儿死亡率的缓慢下降发生在实施新经济政策的时候（Drèze and Sen，2002）。

在亚洲其他地区（不包括日本），自 1870 年以来，人类发展 524
取得了持续的进展，从 1913 年起就可以看到赶上 OECD 国家的迹象，特别是 1938 年以及 20 世纪 50 年代和 60 年代。教育和健康的改善共同促进了东南亚的人类发展。就像印度一样，印度在独立之前就取得了卫生条件的改善。印度尼西亚、菲律宾和中国台湾在 20 世纪 20 年代通过具体的公共卫生措施，减少了天花、霍乱和鼠疫的死亡率（Preston，1975）。

在非洲，在其北部和撒哈拉以南地区之间，可以观察到非常独特的不同表现。在北非，人类发展在稳步改善，这基于 20 世纪 40 年代经历了重大改善的长寿和教育收益，使该地区得以在 20 世纪不断追赶 OECD 国家，特别是在 20 世纪 40 年代、50 年代以及 70 年代。在撒哈拉以南地区，1913—1980 年也是人类发展进步和追赶的时期。然而，预期寿命所起的主导作用仅限于 20 世纪 30 年代和 40 年代，教育是进步的主要来源，特别是在 20 世纪最后 25 年人均经济增长急剧下降的情况下。预期寿命增长的停滞是由于艾滋病的蔓延和疟疾的反弹，加上增长的停滞和教育扩展的减速。所有这些似乎主要是由经济管理不善、政治动荡和内战造成的。21 世纪初人类发展的激增得益于经济活动的复苏，以及在较小程度上是预期寿命恢复的结果，但教育仍然是推动其发展的主要力量。

结　论

人类发展提供了一种多维度的福利测度方法。通过重建人类发展自 1870 年以来的趋势，我们能够确定它在资本主义时代的进步程度。它也为我们提供了西方发达资本主义国家与剩余国家之间，以及整个发展中地区的新兴和发达国家之间的差异的衡量标准。此外，它突出了主导维度。在过去的一个半世纪里，世界的人类发展取得了实质性但不充分的改善，尽管这处于第一次世界大战与20世纪70年代石油危机之间，但当时的福利增长最为迅速，而且得到了全面扩张。因此，在1920—1950年，即在全球化时期，一个
525 卫生和教育全球化的主要阶段诞生了，从而在人类发展方面取得了重大进展。

在过去40年里，人类发展的进步有所减缓，OECD与其他国家之间的绝对差距也在扩大。尽管如此，其余国家背后隐藏着区域行为的巨大差异。亚洲、北非和拉丁美洲大部分地区的进步和追赶，与前社会主义欧洲国家和撒哈拉以南非洲的崩溃和落后并存。

西方人类发展向前迈进的关键因素是寿命，不仅因为其人口寿命更长，而且因为它带来了更高的生活质量。相反地，在其余国家，直到20世纪中叶以后，即人口和流行病转型时期，预期寿命才对人类发展的进步和追赶起主要作用。此后，其推动作用减弱了。与西方可比较的第二波寿命增长，在其余国家尚未出现。因此，在过去40年中，教育在人类发展进程中占据了最重要的地位，而收入维度在追赶OECD国家方面起着决定性作用：在中国和印度为正数，而在撒哈拉以南非洲和俄罗斯，以及前社会主义欧洲国家则为负数。

经济和社会制度的选择对各国人类发展的进步产生了重要影响。社会主义和资本主义模式意味着二者采用不同的卫生和教育政策，以及不同的经济政策。

对证据的回顾引发了一个研究议程。为什么我们观察到人类

发展的驱动因素中发生了重要的整体性转型？特别地，为什么预期寿命在 20 世纪中期之后不再是它的驱动力？一旦“第一次”健康转型完成，其主导作用就消失了。为什么其余国家没有触发“第二次”转型，就像 OECD 国家目前正在进行的那样？是由于缺乏公共政策，还是由于新技术造成的不平等？抑或是因为健康和教育是高收入弹性商品？

当人均收入的增加应该有助于改善营养、健康和教育的时候，为什么人均 GDP 和人类发展的趋势随着时间的推移却不太相关呢？为什么剩余国家在人类发展、预期寿命方面而不是在人均 GDP 方面在追赶 OECD 国家？这种差异与公共政策——公共教 526
育、公共卫生、福利体系的兴起——或医疗技术是一种公共产品有关吗？

注　释

[1] 根据普赖尔（Pryor，2010：8）的研究，“资本主义是一个经济系统。其中的商品、劳动力、土地、金融服务是通过竞争相对激烈的，以及主要是私人拥有生产方式的市场进行转移的”。

[2] 除了在概念上取消实际工资率（Maddison，2001）和人均 GDP（Williamson，1995）作为衡量福利的指标之外，人们还试图调和这些指标（Angeles，2008；Van Zanden，2001）。

[3] 范赞登（Van Zanden，2001）对荷兰和爪哇进行的比较表明，非熟练工人工资方面的差异比人均收入方面的差异更大，这意味着宗主国的收入不平等程度更高。

[4] 所谓的“混合”HDI（Gidwitz et al.，2010：3）的值域在这里得到了应用（所有的数据都来自 Prados de la Escosura，2013b）。预期寿命的上限和下限分别为 83.2 岁和 20 岁。在教育方面（成人识字率以及小学、中学和大学总入学率），分别采用三分之二和三分之一的加权数将最大值 100 和最小值 0 结合在一起了。就人均国内生产总值而言，1870—2007 年的观测最高值和最低值分别用 1990 年的 Geary-Khamis[G-K] 美元表示为 42 916 美元和 206 美元（Maddison，2010），然后被转化为对数形式。

[5] 关于编制人类发展指数及其主要维度所使用的方法、来源和程序的更详细说

明，见 Prados de la Escosura（2013b）。

[6] 1880—2000 年的每 10 年间隔（1960 年除外，当时数据间隔为 5 年）的 OECD 国家（澳大利亚、奥地利、比利时、加拿大、丹麦、芬兰、法国、德国、希腊、爱尔兰、意大利、日本、荷兰、新西兰、挪威、瑞典、瑞士、英国和美国）的社会转移支付占国内生产总值的比例数据，来自林德特（Lindert，1994）和彼得·林德特的网站 http://lindert.econ.ucdavis.edu（2012 年 8 月 18 日）中 Allard-Lindert OECD 1950—2001 年数据集。

[7] 参见 Ivanov and Peleah（2010）。

[8] 民主化指数来自万哈宁（Vanhanen，2011），标准化的方法是将它的值除以其潜在最大值，因此它的取值范围在 0 至 1 之间，并可以与 HIHD 进行比较。

[9] 参见 www.conferenceboard.ca/hcp/details/health/life-expectancy.aspx#quality。

参考文献

Acemoglu, D. and S. Johnson (2007). " Disease and Development: The Effects of Life Expectancy on Economic Growth," *Journal of Political Economy* 115: 925–985.

Allen, R. C. (2001). " The Great Divergence in European Wages and Prices from the Middle Ages to the First World War," *Explorations in Economic History* 38: 411–447.

(2007). " Pessimism Preserved: Real Wages in the British Industrial Revolution, " Oxford University, Department of Economics, Working Paper No. 314.

Allen, R. C., J.-P. Bassino, D. Ma, C. Moll-Murata, and J. Luiten Van Zanden (2011). " Wages, Prices, and Living Standards in China, 1738–1925: In Comparison with Europe, Japan, and India," *Economic History Review* 64(S1): 8–38.

Álvarez-Nogal, C. and L. Prados de la Escosura (2013). " The Rise and Fall of Spain, 1270– 1850," *Economic History Review* 66: 1–37.

Amrith, S. S. (2009). " Health in India since Independence, " University of Manchester Brooks World Poverty Institute Working Paper 79.

Anand, S. and A. Sen (2000). " The Income Component of the Human Development Index," *Journal of Human Development* 1: 83–106.

Angeles, L. (2008). " GDP per Capita or Real Wages? Making Sense of Conflicting Views on Preindustrial Europe," *Explorations in Economic History* 45: 147–163.

Atkinson, A. T. P. and E. Saez (2011). "Top Incomes in the Long-run of History," *Journal of Economic Literature* 49: 3–71.

Becker, G. S., T. J. Philipson, and R. R. Soares (2005). " The Quantity and Quality of Life and the Evolution of World Inequality," *American Economic Review* 95: 277–291.

Benavot, A. and P. Riddle (1988). " The Expansion of Primary Education, 1870–1940: Trends and Issues," *Sociology of Education* 61: 191–210.

Brainerd, E. (2010a). " Human Development in Eastern Europe and the CIS since 1990," UNDP Human Development Reports Research Paper No. 2010/16.

(2010b). " Reassessing the Standard of Living in the Soviet Union: An Analysis Using Archival and Anthropometric Data," *Journal of Economic History* 70: 83–117.

Brainerd, E. and D. M. Cutler (2005). " Autopsy on an Empire: Understanding Mortality in Russia and the Former Soviet Union," *Journal of Economic Perspectives* 19: 107–130.

Broadberry, S. N. and B. Gupta (2006). " The Early Modern Great Divergence: Wages, Prices and Economic Development in Europe and Asia, 1500–1800, " *Economic History Review* 59: 2–31.

Cheibub, J. A. (2010). " How to Include Political Capabilities in the HDI? An Evaluation of Alternatives," UNDP Human Development Reports Research Paper 2010/41.

Collier, P. and S. A. O'Connell (2008). " Opportunities and Choices," in B. J. Ndulu, S. A. O'Connell, J. P. Azam, R. H. Bates, A. K. Fosu, J. W. Gunning, and D. Njinkeu (eds.), *The Political Economy of Economic Growth in Africa, 1960–2000*, 2 vols. Cambridge University Press, Vol. 1, pp. 76-136.

Cutler, D. and G. Miller (2005). " The Role of Public Health Improvements in Health Advance: The Twentieth Century United States," *Demography* 42: 1–22.

Cutler, D., A. Deaton, and A. Lleras-Muney (2006). " The Determinants of Mortality," *Journal of Economic Perspectives* 20: 97–120.

Dasgupta, P. and M. Weale (1992). " On Measuring the Quality of Life, " *World Development* 20(1): 119–131.

Devereux, J. (2010). " The Health of the Revolution: Explaining the Cuban Health Care Paradox" (unpublished).

Díaz-Briquets, S. (1981). " Determinants of Mortality Transition in Developing Countries before and after the Second World War: Some Evidence from Cuba, " *Population Studies* 35: 399–411.

Drèze, J. and A. K. Sen (2002). *India: Development and Participation*. Delhi: Oxford University Press.

Dumke, R. (1988). " Income Inequality and Industrialization in Germany, 1850–1913: Images, Trends, and Causes of Historical Inequality," *Research in Economic History* 2: 1–47.

Dutton Jr., J. (1979) " Changes in Soviet Mortality Patterns, 1959–77," *Population and Development Review* 5: 267–291.

Easterlin, R. (1999). " How Beneficient is the Market? A Look at the Modern History of Mortality," *European Review of Economic History* 3: 257–294.

Eggleston, K. N. and V. Fuchs (2012). " The New Demographic Transition: Most Gains in Life Expectancy Now Realized Late in Life," *Journal of Economic Perspectives* 26: 137–156.

Engerman, S. L. (1997). " The Standard of Living Debate in International Perspective: Measure and Indicators, " in R. H. Steckel and R. Floud (eds.), *Health and Welfare during Industrialization*. University of Chicago Press/NBER, pp. 17–45.

Feinstein, C. (1998). " Pessimism Perpetuated: Real Wages and the Standard of Living in Britain during and after the Industrial Revolution," *Journal of Economic History* 58: 625– 658.

Fogel, R. W. (2004). *The Escape from Hunger and Premature Death, 1700–2010: Europe, America and the Third World*. New York: Cambridge University Press.

Frieden, J. (2006). *Global Capitalism: Its Fall and Rise in the Twentieth Century*. New York: Norton.

Gidwitz, Z., M. P. Heger, J. Pineda, and F. Rodríguez (2010). " Understanding Performance in Human Development: A Cross-national Study, " UNDP Human Development Reports Research Paper No.2010/42.

Hanushek, E. A. and D. D. Kimko (2000). " Schooling, Labor-Force Quality, and the Growth of Nations," *American Economic Review* 90(5): 1184–1208.

Hartwell, R. M. and S. L. Engerman (2003). " Capitalism," in J. Mokyr (ed.), *The Oxford Encyclopedia of Economic History*, 5 vols. New York: Oxford University Press. Vol. 1, pp. 319–325.

Hoffman, P. T., D. S. Jacks, P. A. Levin, and P. H. Lindert (2002). " Real Inequality in Europe since 1500," *Journal of Economic History* 62: 322–355.

Huberman, M. (2012). *Odd Couple: International Trade and Labor Standards in History*. New Haven, CT: Yale University Press.

Huberman, M. and W. Lewchuk (2003). " European Economic Integration and the Labour Compact, 1850–1913," *European Review of Economic History* 7: 3-41.

Ivanov, A. and M. Peleah (2010). " From Centrally Planned Development to Human Development," UNDP Human Development Reports Research Paper No. 2010/38.

Jayachandran, S., A. Lleras-Muney, and K. V. Smith (2010). " Modern Medicine and the Twentieth Century Decline in Mortality: Evidence on the Impact of Sulfa Drugs, " *American Economic Journal: Applied Economics* 2: 118–146.

Kakwani, N. (1993). " Performance in Living Standards: An International Comparison," *Journal of Development Economics* 41: 307–336.

Kotwal, A., B. Ramaswami, and W. Wadhwa (2011). " Economic Liberalization and Indian Economic Growth: What's the Evidence? " *Journal of Economic Literature* 49: 1152–1199.

Li, B. and J. L. Van Zanden (2010). "Before the Great Divergence? Comparing the Yangzi

Delta and the Netherlands at the Beginning of the Nineteenth Century," CEPR Discussion Paper No. 8023.

Lindert, P. H. (2004). *Growing Public: Social Spending and Economic Growth since the Eighteenth Century*, 2 vols. Cambridge University Press.

and J. G. Williamson (1983). "English Workers' Living Standards during the Industrial Revolution: A New Look," *Economic History Review* 36: 1–25.

(2003). "Does Globalization Make the World More Unequal?" in M. Bordo, A. M. Taylor, and J. G. Williamson (eds.), *Globalization in Historical Perspective*. University of Chicago Press/NBER, pp. 227–271.

Loudon, I. (2000). "Maternal Mortality in the Past and its Relevance to Developing Countries Today," *American Journal of Clinical Nutrition* 72 (supplement): 241S–246S.

Maddison, A. (2001). *The World Economy: A Millennial Perspective*. Paris: OECD Development Centre.

(2006). *The World Economy*. Paris, OECD Development Centre.

(2010). Statistics on World Population, GDP and Per Capita GDP, 1–2008 AD. Available at www.ggdc.net/maddison/ (accessed June 24, 2013).

Mandle, J. R. (1970). "The Decline of Mortality in British Guiana, 1911–1960," *Demography* 7: 301–315.

Mazur, D. P. (1969). "Expectancy of Life at Birth in 36 Nationalities of the Soviet Union: 1958–60," *Population Studies* 23: 225–246.

McAlpin, M. B. (1983). "Famines, Epidemics, and Population Growth: The Case of India," *Journal of Interdisciplinary History* 14: 351–366.

McGuire, J. W. and L. B. Frankel (2005). "Mortality Decline in Cuba, 1900–1959: Patterns, Comparisons, and Causes," *Latin American Research Review* 40: 83–116.

Omran, A. R. (1971). "The Epidemiological Transition: A Theory of Epidemiology of Population Change," *Milbank Memorial Fund Quarterly* 49: 509–538.

O'Rourke, K. H. and J. G. Williamson (1999). *Globalization and History: The Evolution of a Nineteenth Century Atlantic Economy*, Cambridge, MA: The MIT Press.

(2005). "From Malthus to Ohlin: Trade, Industrialisation and Distribution since 1500," *Journal of Economic Growth* 10: 5–34.

Pomeranz, K. (2000). *The Great Divergence: China, Europe, and the Making of the Modern World Economy*. Princeton University Press.

Prados de la Escosura, L. (2008) "Inequality, Poverty, and the Kuznets Curve in Spain, 1850–2000," *European Review of Economic History* 12: 287–324.

(2013a). "Human Development in Africa: A Long-run Perspective," *Explorations in Economic History* 50: 179-204.

(2013b). " World Human Development, 1870–2007, " Universidad Carlos III Working Papers in Economic History 13–01.

Preston, S. H. (1975). " The Changing Relationship between Mortality and Level of Economic Development," *Population Studies* 29: 231–248.

Pryor, F. L. (2010). *Capitalism Reassessed.* New York: Cambridge University Press.

Riley, J. C. (2001). *Rising Life Expectancy: A Global History*. New York: Cambridge University Press.

(2005). *Poverty and Life Expectancy: The Jamaica Paradox*. New York: Cambridge University Press.

Rodrik, D. (1997). " Trade, Social Insurance, and the Limits to Globalization, " NBER Working Paper No. 5905.

Roy, T. (2006). *The Economic History of India 1857–1947*, 2nd edn. New Delhi: Oxford University Press.

Salomon, J. A., H. Wang, M. K. Freeman, T. Vos, A. D. Flaxman, A. D. Lopez, and C. J. L. Murray (2012). " Healthy Life Expectancy for 187 Countries, 1990–2010: A Systematic Analysis for the Global Burden Disease Study 2010," *Lancet* 380: 2144–2162.

Sen, A. K. (1973). *On Economic Inequality.* Oxford: Clarendon Press.

(1981). " Public Action and the Quality of Life in Developing Countries," *Oxford Bulletin of Economics and Statistics* 43: 287–319.

(1997). "Human Capital and Human Capability," *World Development* 25: 1959–1961.

Shkolnikov, V., M. McKee, and D. A. Leon (2001). " Changes in Life Expectancy in Russia in the Mid-1990s," *The Lancet* 357: 917–921.

Stillman, S. (2006). " Health and Nutrition in Eastern Europe and the Former Soviet Union during the Decade of Transition: A Review of the Literature, " *Economics and Human Biology* 4: 104–146.

United Nations Development Program [UNDP] (1990–2011). *Human Development Report*. New York: Oxford University Press.

Van Zanden, J. L. (2001). " Rich and Poor before the Industrial Revolution: A Comparison between Java and the Netherlands at the Beginning of the 19th Century, " *Explorations in Economic History* 40: 1–23.

Van Zanden, J. L., J. Baten, P. Foldvari, and B. van Leeuwen (2013). " The Changing Shape of Global Inequality, 1820–2000: Exploring a New Dataset, " *Review of Income and Wealth* 59(4).

Vanhanen, T. (2011). Measures of Democracy 1810–2010 [computer file]. FSD1289, version 5.0 (2011–07–07). Tampere: Finnish Social Science Data Archive. Available at www. fsd. uta.fi/en/data/catalogue/FSD1289/meF1289e.html (accessed July 23, 2012).

Waldenström, D. (2009). *Lifting All Boats? The Evolution of Income and Wealth Inequality over the Path of Development*. Lund: Lund Studies in Economic History.

Ward, M. and J. Devereux (2010). " The Absolution of History: Cuban Living Standards after Fifty Years of Revolutionary Rule" (unpublished).

(2012). " The Road Not Taken: Pre-Revolutionary Cuban Living Standards in Comparative Perspective," *Journal of Economic History* 72: 104–132.

Williamson, J. G. (1995). " The Evolution of Global Labor Markets since 1830: Background Evidence and Hypotheses," *Explorations in Economic History* 32: 141–196.

(2002). " Land, Labor, and Globalization in the Third World, 1870–1940, " *Journal of Economic History* 62: 55–85.

第

16

章

资本主义的未来

拉里·尼尔和杰弗里·G. 威廉姆森

530 当“剑桥资本主义史”项目于2005年启动时，资本主义似乎在全世界范围内取得了胜利。事实上，经济学家戴维·黑尔（David Hale）为2007年7月31日的《华尔街日报》（*The Wall Street Journal*）撰写了一篇专栏文章，题目就是《有史以来最好的经济》（The Best Economy Ever），当时的事实也证明了他的观点。目前，在地球上生存的人比历史上任何时候都多，贫困率比以往任何时候都低得多。以2006年美元价值计算，全球人均收入为10 200美元，也是有记录以来的最高水平。按实际价值计算，世界生产总值以每年超过5%的速度增长，全世界人均收入以每年2%～4%的速度增长，这也是前所未有的经济成就。然而，随着2007年夏天事态的发展，“有史以来最好的经济”开始出现一些裂痕，首先是在德国，然后是在美国、英国和荷兰。2006年9月，国际货币基金组织的《世界经济展望》（*World Economic Outlook*）杂志对这四个国家进行了赞美，称它们领导了由放松管制和技术进步推动的金融变革，而这些变革正在改变全球经济（IMF，2006：chap. 4）。现在它们站在自 20 世纪 30 年代大萧条以来最严重的全球金融危机的最前线。

因此，随着《剑桥资本主义史》的两卷——关于“资本主义的崛起”的第一卷和关于“资本主义的传播”的第二卷——在 2012 年底接近完成时，我们所知道的资本主义的未来是非常令人怀疑的。在世界缓慢地走出长期衰退之际，写一章来论述“资本主义的未来”的讽刺意味是显而易见的。一些批评该项目的人甚至建议我们迅速推出第三卷——“资本主义的衰落和失败”！但全球经济的持续危机，给早在 2006 年 9 月赞颂过的金融创新——在这两卷书所涵盖的漫长的历史中——蒙上了一层阴影，被简单地看作是从一开始就困扰资本主义发展的最新的成长痛苦。回顾一下，1848 年， 531
我们把它作为“资本主义的传播”的开端，同年马克思和恩格斯发表了《共产党宣言》。在这本小册子里，他们预测了资本主义的衰落。正如本卷中的章节所表明的那样，资本主义在第一次世界大战前的几十年里并没有衰落，而是在世界范围内蔓延开来，最终创造了一个真正的全球经济。[1] 在第一次全球化繁荣的鼎盛时期，安杰尔在他的畅销书《大幻觉》（*The Great Illusion*，1913）中淡化了欧洲战争的威胁。他中肯地说，将世界工业国家联系在一起，使它们互惠互利地产生金融联系，使它们无法想象它们会通过相互开战来破坏全球经济。但是，当然，它们确实发动了战争，不仅受到“大战”的破坏，就像第一次世界大战被赋予的名字一样，还有大萧条，以及更可怕的第二次世界大战的代价（哈里森，本卷第 11 章；Broadberry and Harrison，2005）。1929 年，最著名的美国经济学家欧文·费雪（Irving Fisher）在这一年的 10 月 17 日［从 10 月 28 日（即股票价格开始急剧下跌的黑色星期一）到 1932 年中期股票的价值几乎损失了 90% ］声称，“股价已达到看似永久的高位”，人们至今对此仍记忆犹新。就在 1956 年西方资本主义“经济增长的黄金时代”如火如荼的时候，尼基塔·赫鲁晓夫（Nikita Khrushchev）咆哮着说：“我们会埋葬你！”并预言西方最终将崩溃，社会主义将取得胜利（*Time*，November 26，1956）。

与其冒着未来经济学家和历史学家的这种受屈辱的风险，我们在这里引用第一卷已有的，但主要是本卷前几章中的分析，以确定资本主义未来必须面对的具体挑战，同时注意到它们过去是如何应对这些挑战的——无论是否成功。随着资本主义在 20 世纪的最后四分之一的时间里蔓延到世界各地，以及随着替代经济体系的崩溃，不同的国家和文化形成了自己特有的资本主义种类，就像它们在直到 1914 年全球资本主义第一次涌现时所做的那样。不同的类型反映了各国在不同的时间和不同的地方环境中进入国际经济时所作的调整。每一个面对全球经济挑战的国家都必须决定资本主义的哪些方面最具吸引力，以及哪些方面最容易融入其现有的经济体
532 制。从整个历史上最繁荣的发达经济体所享有令人艳羡的明显成功看来，地方政治家们一直试图确定这一成功的关键是什么，以及如何模仿——往往在第一次尝试时就会出错。建立资本、劳动力和商品的自由市场是很难做到的。要使资本市场走上正轨尤其困难。政府进入资本市场对于启动转型和维持资本主义在国内的传播至关重要。然而，这一目标往往难以实现，因为精英群体有能力征用资金，从而进一步巩固他们的权力。

然而，每当一个国家在 19 世纪采用其特定种类的资本主义时，它也开始经历现代经济的增长。人均收入持续上升——至少直到第一次世界大战，或者在某些情况下，直到世界大萧条才开始。隐藏在资本主义、金融市场和现代经济增长的历史巧合背后的问题当然

是，这些现象有多么相互依存，它们是否有因果关系，以及它们是不是可持续的。即使在 20 世纪初资本主义似乎终于在世界的各个角落蔓延开来，这个问题仍然还没有解决。20 世纪末，许多国家试图使资本主义适应自己的情况，从而想实现资本主义经济体已经取得的现代经济增长的好处。资本主义在一直到 1914 年的半个世纪里都在全球范围内蔓延，但在 20 世纪中叶，其进一步的发展受阻了（奥罗克和威廉姆森，本卷第 1 章）。21 世纪头十年，资本主义的复苏是会导致全球经济的持续增长，还是像本章结尾部分讨论的，这些增长的障碍将证明资本主义最终会垮台，又或者至少证明资本主义会被进行严重的修改？让我们先来看看第二次世界大战后资本主义复兴的原因，以及它的一些历史遗留问题。

经济转型、华盛顿共识和哥本哈根标准

在第一次世界大战之前，人们普遍认为，美国资本主义成功的关键在于其以整个大陆为国内市场的范围，而英国资本主义之所以成功，是因为其以殖民地为主导的海外市场的全球范围。在两次世界大战期间，德国、日本和意大利试图模仿这些自给自足的经济 533
帝国模式，但在第二次世界大战中被它们的失利挫败了。第二次世界大战的经历结束了德国对“生存空间”以及日本对“大东亚共荣圈”的追求，但战后的事态发展也结束了比利时、英国、荷兰、法国、葡萄牙甚至最近时期的美国的殖民冒险。欧洲列强在非殖民化问题上至少花了整整一代人的战后经验，才使世界其他国家的政府认识到，市场规模以外的其他因素解释了美国和英国资本主义的显著成功。战后各国也重新认识到了 19 世纪末就已经熟知的教训：小国和资源稀缺的国家可以利用世界市场来获得规模好处，并抵消

自然资源禀赋缺乏的不利影响。因此，第二次世界大战后资本主义经济的复苏与非殖民化（奥斯汀，本卷第 10 章）和贸易量的增加是同时进行的。与此相反，苏联和中国仍然封闭，并在计划经济的领导下，尝试治理大部分欧亚大陆。苏联失败了，但中国的尝试还在继续。这一竞争经济制度的试验应该启示我们重新思考过去推动资本主义发展的因素，以及未来推动资本主义发展的因素。虽然外国市场为工业发展提供了实现规模经济的机会，但显然，在这些市场内争夺技术优势的激烈程度对维持经济增长可能更为重要。

向竞争开放，加上为应对竞争挑战而提供资金的能力，是 1950—1972 年工业化领导者在经济增长的黄金时代，推动经济持续增长和资本主义进步的主要因素。到 20 世纪 80 年代末，国际货币基金组织和世界银行——第二次世界大战后最关心资本主义传播的两个国际组织——的经济学家用“华盛顿共识”简洁地总结了这一经验，之所以这样命名，是因为这两个组织的总部都设在华盛顿特区。他们对希望享受资本主义成果的国家的建议是，稳定化、私有化和自由化。这是国际货币基金组织为确保向债务危机国家（主要是 20 世纪 80 年代的拉丁美洲国家）提供偿付款而设定的各种条件的关键部分。

各种国际组织和银行也适用这些条件，以满足 1991 年苏联解
534 体后转型经济体的需要——这考验了它们对资本主义成功背后的因素的看法。它们被立即应用于波兰这个最先脱离苏联，并走向资本主义的国家。其结果是对一个同时进行多重转型（经济、政治和社会转型）的国家造成了严重的冲击。正是鉴于波兰在经历了所谓的休克疗法之后的痛苦，其他放弃了中央计划的大多数国家决定引入更为渐进的转型方式。苏联统治下的最成功的东欧国家——德意志民主共和国的公民在 1990 年 4 月以压倒性多数赞成票加入了现有

的德意志联邦共和国，成为德国的一部分。德国统一于 1990 年 10 月，也就是柏林墙倒塌后不到一年的时间。统一的条件是，前民主德国尽快采纳所有在联邦德国已经存在的制度，包括使用其货币德国马克。民主德国公民接受这些条款，联邦德国公民则承担额外纳税的责任，以资助民主德国经济向联邦德国式资本主义制度的转型。

其余的从苏联赢得独立的东欧、南欧和波罗的海国家，都希望尽快加入欧洲联盟（European Union，EU），并希望尽可能以接近民主德国从联邦德国获得的条件的方式加入。欧盟不愿承担联邦德国为吸收民主德国而承担的费用，这导致欧盟与每个申请国达成了一系列的入盟协议。欧盟领导人商定了一套每个申请国在加入欧盟前都必须达到的标准——在 1993 年底宣布的所谓的“哥本哈根标准”。从本质上讲，这些标准是对申请国在公众支持下使资本主义经济制度发挥作用的制度能力的检验。申请国不必接受类似波兰实施的休克疗法，或民主德国实施的严格的统一条款。但是，它们必须在政治制度的运作、经济企业的竞争力以及官僚机构有效执行欧盟的许多指令和条例等方面，达到欧盟的各项标准。

华盛顿共识将宏观经济稳定作为转型经济体的头等大事。对国际货币基金组织专家来说，这意味着中央政府的预算平衡，以及具备一个致力于通过对货币供应的独立控制来维持价格稳定的中央银行。相反，哥本哈根标准则将具有普遍选举权、无记名投票、公平选举、法治和保护人权的一个运转正常的民主国家作为第一优先事项。宏观经济问题留待未来解决，每个国家都同意至少最终在获得 535
欧洲中央银行的批准后，采用共同货币。

华盛顿共识的第二个优先事项是国有企业私有化，并保证产权，这样新的所有者就有动力更有效地使用资本和劳动力，并投资于新技术。鉴于联邦德国在 1990 年以后试图将民主德国的农场和企业私有化的经验，欧盟预计到转型经济体的企业将与现有欧盟成员国的企业进行竞争，因此欧盟的哥本哈根标准软化了第二个优先事项的要求。这将取决于每个国家如何做到这一点，但欧盟不会像联邦德国对待民主德国那样提供补贴或基础设施融资，欧盟也不会像对待波兰那样免除其现有债务。

华盛顿共识的第三个也是最后一个优先事项是开放市场，从而使各种竞争力量得以决定价格，以及资本、劳动力和产出的分配。相反，哥本哈根标准的第三个优先事项是由该国政府的行政机构对经济进行有效的监管，这意味着可以维持价格控制，以及对落后地区或农业生产者的补贴，但只能维持在欧盟协商一致的水平上（Neal，2007：chap.19）。

在 20 世纪 90 年代的金融危机中，华盛顿共识的处方中国际货币基金组织受援国的支持常常导致政治动荡、经济持续低迷，最终引发人们对共识是否智慧的重新思考。对那些亟须得到国际货币基金组织财政援助的国家实施的处方显然并不总是能产生预期的结果，无论它们是想得到更好的增长表现、降低失业率、降低通胀，还是三者兼而有之。例如，马来西亚从 20 世纪 90 年代末亚洲金融危机中恢复过来的政策，就是直接对新加坡银行实施了临时资本管制，从而无视了国际货币基金组织。另一个例子是，阿根廷经济在 2000 年的大规模违约（之后被排除在国际资本市场之外）后反弹，并幸免于 2008 年全球金融危机的影响，至少在一段时间内是如此。然而，印度尼西亚继续遵守国际货币基金组织的规则，但经济持续萎靡不振。这些对比表明，需要进行其他体制改革，以补充甚至取代华盛顿共识。当那些遵守国际货币基金组织规则的国家的经济迅
536 速复苏时，华盛顿共识的处方看起来不错。当那些遵守规则的受援者陷入持续的政治和 / 或经济困境时，处方看上去很糟糕。当那些

不遵守国际货币基金组织规则的国家表现良好时，华盛顿共识看起来也很糟糕。因此，对于华盛顿共识显然需要进行重新评估。

另一方面，哥本哈根标准存在的问题是，建立维持制度变革所需的组织的过程需要很长时间。第一批加入欧盟的国家是在欧盟的官员和各国官员进行了 10 年的密切监督和合作之后，于 2004 年才加入的。此外，欧盟对于申请国的接纳更多的是出于政治原因，而不是经济原因——所有 10 个候选国同时被接纳，尽管它们的体制差别很大。自 2010 年开始的欧元区危机使采用欧元的意愿下降以来，新的欧盟申请国面临的最后一个障碍——采用欧元——在 2013 年依然存在。

跟踪整个欧亚大陆向资本主义过渡成为欧洲复兴开发银行（European Bank for Reconstruction and Development，EBRD）的职能之一，它们的观察使我们能够看到华盛顿共识和哥本哈根标准政策是如何在各国不同条件下发挥作用的。欧洲复兴开发银行成立于 1990 年，目的是处理以前实行中央计划体制的转型经济体，它将哥本哈根标准的制度重点与华盛顿共识的基本经济方面结合起来了。在运行了二十多年的项目和与世界银行的合作之后，欧洲复兴开发银行可以在其 2012 年的《转型报告》（*Transition Report*）中指出，评级最高的国家是那些在 2004 年获得正式成员资格之前通过了欧盟审查程序的国家（EBRD，2012：9，Table 1-1）。以休克疗法为基础的转型战略的前两个测试案例——波兰和民主德国——被证明是从次贷危机中恢复最好的，同时也最能经受住欧元区危机的考验。它们取得相对成功的大部分原因必须归功于它们更长的转型经历，而不仅仅是接受了国际货币基金组织、世界银行和欧盟的各种强制要求。因此，它们取得成功的至少部分原因是，它们从 1990 年开始就完全致力于转型，这与其他国家在苏联解体后所进行的断断续续的尝试形成了鲜明对比（Aslund，2002）。

世界银行用其年度发布的《全球商业环境报告》（*Doing Business*）扩大了欧洲复兴开发银行《转型报告》的地理范围，这一报告始于2003年，到2013年覆盖了185个国家。虽然《全球商业环境报告》仅限于政府对私营部门所实施的法律和规章，但人们仍然发现它设计的指数与人均收入水平呈正相关关系。它还报告
537 说，各国政府在放松建立新企业的监管和法律障碍方面取得了持续的进展。最令人鼓舞的是，最贫穷和表现最差的国家（绝大多数位于撒哈拉以南非洲）改善得相对较快，受欧元区金融危机影响最严重的国家（希腊、意大利、葡萄牙和西班牙）也进行了积极的监管改革。虽然世界各国政府在过去10年里使各国向资本主义过渡变得有些容易，但进展仍然缓慢。协调在全球市场上运作的资本主义经济的各个方面——特别是金融方面——需要时间来恢复正常。资本主义的历史一再证明了这一点。

主权债务与资本主义转型

在前工业化的欧洲，在19世纪的全球化时代，以及在最近的全球化时代，获得资本对于那些正在向资本主义过渡的国家来说是至关重要的。新兴国家在伦敦和巴黎资本市场上发行的主权债券是19世纪转型经济体的主要融资来源（米基，本卷第8章；詹姆斯，本卷第9章）。虽然新兴跨国公司的外商直接投资在当时也很重要，但在21世纪，它已被证明是转型经济体资金的主要来源，因为跨国公司在20世纪70年代以后越来越多地将其海外投资投向新兴经济体（琼斯，本卷第6章）。

虽然转型的、新兴的和发展中的经济体的国际资金来源是私人

的而不是官方的，但它们的主权债务被用来同时为私人项目以及国有企业和基础设施融资。然而，发达资本主义经济体的主权债务在国内生产总值中所占的份额也继续上升。此外，在 2010 年初欧元区危机爆发之前，此类债务越来越多地被海外国家持有，其中最引人注目的是中国和日本持有的美国政府债务。海外私人利益集团普遍持有主权债务，加上美国和德国国债利率较低——凸显出政府债券在全球金融以及资本主义的兴起和传播中所起的关键作用。

这在以前甚至很久以前就发生过。1688—1689 年的光荣革命后，国家财政的兴起和英国国债的建立，就与资本主义的崛起有关（Dickson，1967；Neal，1990；North and Weingast，1989）。其他欧洲国家试图模仿拿破仑战争结束时英国的成功，这是何塞·路易斯·卡多佐和佩德罗·莱恩斯（Pedro Lains）在他们所著的《为 538
自由主义国家付出代价》（*Paying for the Liberal State*）中明确记载的。英国模式对可以大规模销售的基本消费品征收了现代消费税，中央政府的官僚机构可以很容易地对其进行管理，而且征收成本也很低（林德特，本卷第 14 章）。然后，英国利用这些税收来偿还不断增长的主权债务（奥布莱恩，第一卷第 12 章；Daunton，2010）。通过稳定的税收资源来偿还长期债务，在英国的竞争者看来似乎很简单，但它并不是那么容易模仿的。掌握依赖于持续繁荣的消费者的稳定税收收入，与富裕的中产阶级为长期储蓄所持有的公共债务的吸引力之间的重要互补性，对欧洲的管理精英来说并不是那么容易。1848 年的革命迫使执政东普鲁士的容克阶级认识到，有必要通过改善基础设施来增加就业机会以安抚西普鲁士的城市劳动力，特别是建立一个铁路网络，而所有这些都需要大规模的资金（Spoerer，2010；Tilly，1966）。

因此，市场经济和自由国家之间的最终互补性，并不仅仅取决于保护对于有效市场至关重要的私人财产权和公正地执行私人合同。同时，这当然也并不取决于较轻的税收，因为资本主义经济体的税收一直比传统经济体的高（林德特，本卷第 14 章）。然而，很明显，资本主义与自由政府的互补性，的确要求把主权债务作为公众最喜欢持有的长期资产（奥布莱恩，第一卷第 12 章；Neal，2010；MacDonald，2003）。对于企业和家庭来说，政府债务为日常生活的变化无常提供了保险，而企业家们则将其作为即使是在遥远的地方和不知名的投资者也会接受的抵押品。无论投票权是否被广泛地扩大，普遍持有主权债务都显示出对政府的政治支持。这在今天和 1848 年，甚至更早之前都是一样的。

联邦、工会和金融

从第二次世界大战结束到 1973 年，随着市场资本主义在西方发达经济体的扩张，政府的相对规模也在扩大，其特点是不断上升的税收收入和未偿还的政府债务。虽然 20 世纪 70 年代的石油危机使发达工业经济体的“增长奇迹”停止了，但同样的冲击实际上鼓
539 励了政府债务的进一步增长。根据一国出口加上进口占国内生产总值的比例来衡量的全球开放程度，随着 1973 年第一次石油危机的发生而有所提高。这是当石油出口国（主要是非工业化和怀疑资本主义的国家）串通起来提高原油价格的时候，工业化的资本主义经济体所面临的一个巨大的负面贸易条件。因此，资本主义经济体的开放程度明显提高的一个原因是，石油输出国组织（Organization of the Petroleum Exporting Countries，OPEC）所实施的政策导致原油价格急剧上涨，从而导致进口成本上升。

然而，为进口成本这一永久的上升提供资金需要进行许多调

整，包括对国际金融采取新的办法。作为加入国际货币基金组织条件的一部分而被接受的资本管制首先被规避了，这主要是通过回收石油输出国组织成员国通过欧元－美元市场赚来的石油美元实现的。但到了 20 世纪 80 年代，OECD 成员国一致认为资本管制应该完全取消。在一个由各国组成、每个国家都对本国货币行使主权，而每个国家都保持固定汇率和稳定汇率的关税联盟内保持自由贸易是不可能的，因为资本管制在一个由欧洲美元和石油美元构成的新世界市场中正在失去效力。欧盟通过创造一种共同货币，即欧元来解决这个被称为“三重困境”的问题。因此，大多数欧盟成员国同意放弃对本国货币供应的控制权。那么，欧盟解决宏观经济三大难题的办法就变成了资本自由流动、不可撤销的固定汇率（在成员国彼此之间而不是世界其他地区），以及放弃货币的独立性。

然而，放弃货币独立并非易事，所有加入欧元区的国家都坚持财政独立于国内税基和支出决策，以弥补它们对货币供应失去控制的损失。欧元银行体系的一个技术方面最终被证明是它崩溃的原因。由于欧盟本身没有独立的征税权力，它无法在任何可信后盾的支持下发行债券。不存在共同的欧盟债券，只是每个成员国有以欧元计价的债券。然而，在向成员国银行提供短期贷款时，欧洲央行接受每个成员国的主权债券，就好像它们是欧盟共同债券池的一部分。其结果是，当其作为整个欧盟短期贷款的抵押品时，把意大利、希腊、葡萄牙和西班牙的高风险债券与德国、荷兰或法国的低风险债券视为一样的就好了。由于银行监管仍然是各成员国的责任，这种对成员国债券价值的乐观看法导致一些国家（爱尔兰和西 540
班牙）银行贷款过多，而其他国家（意大利、希腊和葡萄牙）出现了巨额政府财政赤字。低利率的未偿还债务刺激了政府支出和债务的上升。

欧盟如何应对欧元区危机，将决定欧元在其自由贸易和一体化劳动力市场范围内的未来，以及所有成员国财政自主权的未来。同样，欧盟内部资本主义的未来取决于这些决定的结果，因为它们影响到国际金融的基本规则。虽然美国的资本主义未来得到了美国财政部和美联储迅速而有力的回应的保证，但它在很大程度上也取决于欧盟行动的结果。金融，作为现代资本主义最显眼的一面，也是最容易受到政治压力的一面（Rajan and Zingales，2004），这种压力既来自寻求维护其地位的既得利益集团，也来自因金融危机及其纾困所造成损失而寻求报复的愤怒公民。然而，两条防线帮助维持了资本主义的活力和前景，并且使其都在危机中幸存下来。其中一条防线是允许国内公司通过最低限度的贸易壁垒进行外部竞争；另一条防线是通过新公司获得创业融资来允许内部竞争。

展望金融前沿

无论其具体的政策挑战如何，每个国家都应侧重于促进资本的生产性使用政策，这种政策意味着越来越多地体现在人（人力资本）、土地（可开采的自然资源）或建筑物和设备（有形资本）上。此外，要有效地利用各种形式的资本，就需要在不同的时间范围内反复解决协调问题。正如历史一再表明的那样，随着资本家们满脸通红地寻求政府的支持，成功地保留他们的特权，最初的成功可能会停滞下来。随着第一次世界大战后全球化的巨大逆转，世界范围内似乎就是这种情况了（Rajan and Zingales，2004：chap. 9）。不过，如果经济中其他地方出现互补性倡议并成为支持措施，初步的成功是可以持续的（莫克和杨贤，本卷第 7 章）。例如，家庭农场比集体农场或种植园更能成功地为城市人口提供充足的食物（费德里科，本卷第 3 章；Federico，*Feeding the World*，2005）。

在主要由前殖民国家及其国际机构向发展中国家提供政府援助 541
几十年之后，20 世纪 70 年代资本管制的取消，使私人资本得以流动，其最初形式是为非洲、南美洲和亚洲的资本主义企业提供资金的外商直接投资。这些私人资本流动的规模比战后初期国际机构的援助流量，以及政府对政府的贷款及赠款的援助流量要大一个数量级。正如我们在此后的年份中所看到的那样，在全球范围内运作的资本主义企业能够承受专制的政府。在需要采矿或钻探作业的、具有可开采的自然资源的地方往往就是如此。利用政府控制开采自然资源的大型企业，一般得以从非人格化的股权和债券市场获得资金，这始于 17 世纪的英国和荷兰东印度公司，一直到 21 世纪的跨国石油和矿业公司都是如此。为了广大人民的利益，使资金来源的组合正确，这必须是国家的责任。国家的困境是如何为应对外部冲击所造成的紧急情况提供资金，无论是因为战争、自然灾害、饥荒、疾病还是金融危机。资本主义经济体的政府今后面临的挑战将是，如何保持资本主义企业继续创造新产品和提高对生产力的激励，从而提高生活水平和获得民众的支持。然而，仅凭激励可能还不够。

增长与资本主义的未来

21 世纪资本主义的未来将取决于保持快速的经济增长、和平的全球关系以及高效的全球贸易、要素和金融市场。1848 年以后，资本主义对非资本主义制度的吸引力，得益于工业化和资本主义领先国家人均 GDP 的不断上升而大大增强。21 世纪也会有同样的要求。但是，1913 年的第一次全球化经济，以及 1950 年以来的第二次全球化经济，都需要所有参与者进行痛苦的社会和经济变革——

无论是适应新的和更便宜的产品进口，还是适应更多的外国移民、新的技术、复杂的金融机构，还是军事和政治权力的新分布，这些变化都引起了那些已经失去和那些已经获得的人的广泛反应。这些反应发生在国家内部和国家之间，它们有时甚至是暴力的。资本主
542 义和 21 世纪的全球化将需要持续的变革才能维持生存，而在某种程度上，它们是公共产品，它们的变化是国家的责任。历史应该在这方面提供一些指导。本书的贡献在于提供了这样一个编年史，记录了资本主义在 19 世纪和 20 世纪走向成熟的过程中不断出现的挑战和回应，其中既有创造性的，也有破坏性的。

即使全球资本主义总是在输家和赢家之间产生斗争（奥斯汀，本卷第 10 章；弗里登和罗戈夫斯基，本卷第 12 章；哈里森，本卷第 11 章；休伯曼，本卷第 13 章；以及奥罗克和威廉姆森，本卷第 1 章），快速的经济增长使所有参与者更能容忍金融危机和竞争性调整的奖赏。19 世纪，欧洲资本主义俱乐部的成员发展得更快，同时更多的欧洲国家和它们的海外分支加入了这个俱乐部。因此，对资本主义的宽容，甚至是热情的接受也随之而来。在两次世界大战期间，缓慢的增长和大萧条对这种观点提出了挑战。看起来，通过竞争的经济体系可以更好地获得增长的成果。在第二次世界大战之后的年份里，资本主义却再次占据上风。为什么呢？因为它再次获得了增长的奖项。但是，就像林德特在本卷第 14 章和莱安德鲁·帕尔多斯·艾斯克苏拉在本卷第 15 章中所记录的，资本主义经济体发起的福利项目既有利于增长（通过改善教育、营养和健康），也有利于增进福利（通过使生命更长寿、使其更健康，以及为人类享受创造更多机会）。其原因是维持资本主义制度的政治合法性，同时有时需要进行痛苦的变革，以恢复经济的迅速增长。

那么，21 世纪的增长奖项将花落谁家呢？

为了回答这个问题，让我们首先重复一段在开始时的观察：21世纪初，同时在最近的大衰退之前，世界实际 GDP 的年增长率超过 5%，这是前所未有的经济成就。此外，资本主义可能会占据很大一部分功劳。这种快速增长的速度有可能持续到整个世纪吗？答案几乎可以是肯定的——这是不可能的。最近世界的快速增长主要是由中国、印度、印度尼西亚、巴西和俄罗斯等新兴大国的“奇迹”般的增长推动的。所有新兴国家都会在追赶领先者的时候实现“奇迹”般的增长。新古典经济学做出了这样的预测（Barro，1991，1997；Solow，1956），而新的内生增长文献也是如此（Helpman，2004；Lucas，1988；Romer，1986，1990），因为最好的技术、制 543
度和政策被转移到了穷国，在那里它们取代了旧的和低效的技术、制度和政策。穷国的转变和适应速度越快，它们的增长就越神奇。但随着新兴国家的追赶，国外最佳实践做法与国内传统做法之间的差距越来越小，“奇迹”增长的可能性也随之缩小了。

新兴国家经济的放缓还有另一个原因——人口统计学。这些经济体经历了工业化前的贫穷向工业化后的富有的过渡，它们也经历了所谓的人口转型（Bloom and Williamson，1998；Williamson，2013）。随着婴儿死亡率的下降，儿童群体越来越庞大，在 20 年的滞后期之后，劳动人口比例上升了，促进了人均收入的增长。人口转型的这一阶段也被称为人口红利。出于所有三个原因——新古典主义经济学、内生增长理论和人口统计学——新兴国家的增长率飙升到了“奇迹”般的速率。但是，随着这些经济体完成转型，并寻求一些成熟的稳定状态，它们就像工业化的领先国家一样，上升之后就会下降。当然，这将拖累世界增长率。唯一能阻止未来的这种第三世界经济放缓的力量，就是在“奇迹”俱乐部中加入新的新兴国家，比如撒哈拉以南非洲或中东的国家。但是，随着贫穷、工业化前国家数量的消失，世界经济放缓将变得越来越不可避免。

那么所谓的领先国家中的“稳态增长”是什么样的呢？这些国家的增长率也有可能下降吗？这似乎是可能的，甚至可能多半会如此。首先，人口转型对它们也起作用，而且随着 OECD 国家逐渐老龄化，它们拖累了人均收入的增长。但有更多的理由预测富裕资本主义世界的增长会放缓。罗伯特·戈登（Robert Gordon，2012）认为，还有五个原因（教育、能源 / 环境、不平等、全球化以及消费者和政府债务过剩）会导致北美和欧盟这些领先国家的经济增长放缓。除了人口统计学因素以外，我们认为戈登的五项研究中有四项可能也很重要。第一，教育正变得越来越少地成为这些领先国家增长的载体，部分原因是良好的中学和高等教育的相对成本已经飙升，而且还将进一步飙升，或许会使它处于除了上层社会之外，其他所有人都无法获得的状况。更糟糕的是，随着退休公民要求更大比例的公共支出份额，领先国家对教育的公共投资似乎会减少。第二，能源成本的上升和对改善环境质量的要求（尤其是在那些新兴的、仍然是“肮脏”环境的大国）将进一步导致经济增长放缓。第
544 三，自 20 世纪 70 年代以来，全球资本主义一直与主要参与国家，比如美国作为领导者、印度和俄罗斯作为追赶者之间日益加剧的不平等保持一致。上层的富人、底层的穷人和受到挤压的中产阶级之间不断扩大的差距，会导致政治危机和经济增长的崩溃吗？无论读者在这些问题上的立场如何，21 世纪的全球经济增长率都将下降：这些追赶者的速度肯定会下降，同时现在这些领先者的速度也将会下降。

的确，全球化可以抵消这些降低增长速度的力量，因为全球化直接通过改善全球劳动力和资本配置，或者间接通过贸易及由此产生的专业化，又或者两者兼而有之，提高了世界各地的生活水平。

但是，各国会继续支持自由贸易、大规模移民和全球资本市场的运作吗？也许吧，但我们已经在 1914—1950 年之间看到了相反的情况（奥罗克和威廉姆森，本卷第 1 章）。在本章中，我们详细讨论了金融资本市场，但劳动力市场和贸易又是怎样的呢？高工资的资本主义国家对移民的限制，当然没有下降的迹象，而亚洲新的经济强国从来没有移民的传统（Hatton and Williamson，2005）。此外，亚洲、非洲和拉丁美洲的许多发展中国家自 1848 年以来就对自由贸易表示怀疑（Williamson，2011），而在 20 世纪末期开始开放的那些国家现在正在重新考虑这一问题。

当然，增长并不是一切。资本主义政府也可以继续实施莱安德鲁·帕尔多斯·艾斯克苏拉（本卷第 15 章）所识别的、在 1914—1950 年间全球化的强烈倒退中实际上增加了人类福利的那些干预措施。无论是个人债务还是政府债务，都需要时间来解决，但不太可能成为长期阻碍经济增长政策的因素，前提是政府能够行使必要的政治意愿，将资源重新配置到教育——特别是生物医药领域的研发当中去。

尽管如此，如果资本主义能从 19 世纪初以来世界经济的长期增长中得到肯定的话，那么世界是否也会因为 21 世纪任何的长期增长放缓而责难资本主义呢？如果是的话，它是否会选择其他替代性选项呢？或者，资本主义经济体是否会通过引入持续改善人类状况的政策来适应可能的增长放缓呢？

注　释

[1]　公平地说，马克思的确预言，资产阶级资本主义释放出来的能量将很快包围整个世界，然后就会陷入崩溃境地。

参考文献

Angell, N. (1913). *The Great Illusion: A Study of the Relation of Military Power to National Advantage*, 4th rev. and enl. edn. London: G. P. Putnam & Sons.

Aslund, A. (2002). *Building Capitalism: The Transformation of the Former Soviet Bloc*. Cambridge University Press.

Bank for International Settlements (2012). *Annual Report*. Basel: BIS.

Barro, R. J. (1991). " Economic Growth in a Cross Section of Countries, " *Quarterly Journal of Economics* 106: 407–443.

(1997). *Determinants of Economic Growth*. Cambridge, MA: The MIT Press.

Bloom, D. and J. G. Williamson (1998). " Demographic Transitions and Economic Miracles in Emerging Asia," *World Bank Economic Review* 12(3): 419–455.

Broadberry, S. and M. Harrison, eds. (2005). *The Economics of World War I*. Cambridge University Press.

Cardoso, J. L. and P. Lains (2011). *Paying for the Liberal State: The Rise of Public Finance in Nineteenth Century Europe*. Cambridge University Press.

Daunton, M. (2010). " The Case of Great Britain," in J. L. Cardoso and P. Lains (eds.), *Paying for the Liberal State: The Rise of Public Finance in Nineteenth Century Europe.* Cambridge University Press, pp. 27–56.

Dickson, P. G. M. (1967). *The Financial Revolution in England: A Study in the Development of Public Credit, 1688–1756*. New York: Macmillan.

European Bank for Reconstruction and Development (2012). *Transition Report, 2012*. London: EBRD.

Federico, G. (2005). *Feeding the World: An Economic History of Agriculture, 1800–2000*. Princeton University Press.

Gordon, R. J. (2012). " Is U.S. Economic Growth Over? Faltering Innovation Confronts the Six Headwinds, " Working Paper 18315, Cambridge, MA: National Bureau of Economic Research (August).

Hatton, T. J. and J. G. Williamson (2005). *Global Migration and the World Economy: Two Centuries of Policy and Performance*. Cambridge, MA: The MIT Press.

Helpman, E. (2004). *The Mystery of Economic Growth*. Cambridge, MA: Harvard University Press.

International Monetary Fund (2006). *World Economic Outlook, 2006*, Washington, DC: IMF.

(2012). *Global Financial Stability Report*, April 2012, Washington, DC: IMF.

Lucas, R. E. (1988). "On the Mechanics of Economic Development," *Journal of Monetary Economics* 22: 3–42.

MacDonald, J. (2003). *A Free Nation Deep in Debt: The Financial Roots of Democracy*. New York: Farrar, Straus & Giroux.

Neal, L. (1990). *The Rise of Financial Capitalism: International Capital Movements in the Age of Reason*. Cambridge and New York: Cambridge University Press.

(2007). *The Economics of Europe and the European Union*, Cambridge University Press.

(2010). "The Monetary, Fiscal, and Political Architecture of Europe, 1815–1914," in J. L. Cardoso and P. Lains (eds.), *Paying for the Liberal State: The Rise of Public Finance in Nineteenth-Century Europe*. Cambridge University Press, pp. 279–302.

North, D. C. and B. Weingast (1989). "Constitutions and Commitment: The Evolution of Institutions Governing Public Choice in 17th Century England," *Journal of Economic History* 48(4): 803–832.

Rajan, R. and L. Zingales (2004). *Saving Capitalism from the Capitalists: Unleashing the Power of Financial Markets to Create Wealth and Spread Opportunity*. Princeton University Press.

Romer, P. M. (1986). "Increasing Returns and Long Run Growth," *Journal of Political Economy* 94: 1002–1037.

(1990). "Endogenous Technological Change," *Journal of Political Economy* 98: S71–S102.

Solow, R. M. (1956). "A Contribution to the Theory of Economic Growth," *Quarterly Journal of Economics* 70: 65–94.

Spoerer, M. (2010). "The Evolution of Public Finances in Nineteenth Century Prussia," in J. L. Cardoso and P. Lains (eds.), *Paying for the Liberal State: The Rise of Public Finance in Nineteenth Century Europe*. Cambridge University Press, pp. 103–131.

Tilly, R. (1966). "The Political Economy of Public Finance and the Industrialization of Prussia, 1815–1866," *Journal of Economic History* 4(26): 484–497.

Williamson, J. G. (2011). *Trade and Poverty: When the Third World Fell Behind*. Cambridge, MA: The MIT Press.

(2013). "Demographic Dividends Revisited," *Asian Development Review* 30(3): 1–25.

World Bank (2013). *Doing Business 2013: Smarter Regulations for Small and Medium-Size Enterprises*. Washington, DC: International Finance Corporation and World Bank.

索 引

图书在版编目（CIP）数据

剑桥资本主义史 /（美）拉里·尼尔，（美）杰弗里·G. 威廉姆森主编；李酣译. -- 北京 ： 中国人民大学出版社，2022.2
（剑桥经济史系列）
ISBN 978-7-300-29540-4

Ⅰ. ①剑… Ⅱ. ①拉… ②杰… ③李… Ⅲ. ①资本主义－研究 Ⅳ. ① D091.5

中国版本图书馆 CIP 数据核字（2021）第 261123 号

审图号　GS（2021）5192 号

剑桥经济史系列
剑桥资本主义史
拉里·尼尔　主编
杰弗里·G. 威廉姆森　主编
李酣　译
Jianqiao Zibenzhuyishi

出版发行	中国人民大学出版社		
社　　址	北京中关村大街 31 号	**邮政编码**	100080
电　　话	010－62511242（总编室）		010－62511770（质管部）
	010－82501766（邮购部）		010－62514148（门市部）
	010－62515195（发行公司）		010－62515275（盗版举报）
网　　址	http://www.crup.com.cn		
经　　销	新华书店		
印　　刷	涿州市星河印刷有限公司		
规　　格	147 mm × 210 mm　32 开本	**版　　次**	2022 年 2 月第 1 版
印　　张	47.125 插页 12	**印　　次**	2022 年 2 月第 1 次印刷
字　　数	1 125 000	**定　　价**	468.00 元（共 4 册）